Elisabeth Häge
Dimensionen des Erhabenen bei Adalbert Stifter

Studien zur deutschen Literatur

Herausgegeben von
Georg Braungart, Eva Geulen,
Steffen Martus und Martina Wagner-Egelhaaf

Band 214

Elisabeth Häge

Dimensionen des Erhabenen bei Adalbert Stifter

—

DE GRUYTER

Gedruckt mit Unterstützung des Förderungsfonds Wissenschaft der VG WORT.

ISBN 978-3-11-068284-7
e-ISBN (PDF) 978-3-11-049821-9
e-ISBN (EPUB) 978-3-11-049767-0
ISSN 0081-7236

Library of Congress Cataloging-in-Publication Data
A CIP catalog record for this book has been applied for at the Library of Congress.

Bibliografische Information der Deutschen Nationalbibliothek
Die Deutsche Nationalbibliothek verzeichnet diese Publikation in der Deutschen
Nationalbibliografie; detaillierte bibliografische Daten sind im Internet
über http://dnb.dnb.de abrufbar.

© 2019 Walter de Gruyter GmbH, Berlin/Boston
Dieser Band ist text- und seitenidentisch mit der 2018 erschienenen
gebundenen Ausgabe.
Druck und Bindung: CPI Books GmbH, Leck
⊖ Gedruckt auf säurefreiem Papier
Printed in Germany

www.degruyter.com

Meinen Eltern

Danksagung

Mein Dank gilt besonders meinen beiden Betreuern Georg Braungart und Ralf Georg Czapla für ihre Unterstützung während meiner Promotion. Ihre Hinweise und ihr Rat haben mir immer sehr geholfen. Zugleich ließen sie mir große Freiheiten und ermöglichten es mir, meine eigenen Interpretationsansätze zu verfolgen. Außerdem danke ich Georg Braungart und Ralf Georg Czapla sowie Dorothee Kimmich für die Gutachten zu meiner Arbeit. Von ihrer Kritik und ihren Anregungen habe ich bei der Überarbeitung meiner Dissertation sehr profitiert.

Meine Korrekturleser und Korrekturleserinnen Andreas Öffner, Markus Gottschling, Lenka Fehrenbach, Nicolas Schupp, Desirée Grözinger und Sophie Stern halfen mir sehr, meine Studie in Form zu bringen. Andreas Öffner und Markus Gottschling haben darüber hinaus einige Kapitel im Entwurf gelesen. Ohne Ihre Kritik, ihr Wissen und ihre Ermunterungen, meinen eigenen Überlegungen und Ideen zu Stifters Texten zu trauen, wäre meine Studie heute nicht das, was sie ist.

Während der Doktorandenkolloquien des Lehrstuhls profitierte ich sehr von der Kritik und den Anregungen und auch von den Beiträgen meiner Kolleginnen und Kollegen. Über die Jahre hinweg waren die Gespräche über unsere jeweiligen Projekte mit Frederik Schneeweiss, Simone Oechslen und David Schulz besonders fruchtbar für meine Arbeit. Mario Gotterbarms Erfahrungen halfen mir bei der Vorbereitung des Rigorosum – herzlichen Dank dafür.

Das Stipendium der Studienstiftung des deutschen Volkes ermöglichte es mir, drei Jahre lang sehr konzentriert an meiner Studie zu schreiben. Vielen Dank für dieses Vertrauen. Mein Dank gebührt auch Angelika Hermann, Susanne Rade und Anja-Simone Michalski vom De Gruyter Verlag für ihre Hilfe bei der Überarbeitung des Manuskripts und ihre Unterstützung im gesamten Veröffentlichungsprozess.

Ganz herzlich danke ich meinen Eltern für ihre Unterstützung während meines Studiums und meiner Promotion. Sie haben mich sehr ermutigt, die Promotion zu wagen, und zeitweise schien besonders meine Mutter, die die Drucklegung meiner Arbeit nicht mehr miterleben kann, überzeugter von diesem Weg zu sein als ich selbst.

Stuttgart, im Juli 2017

Inhalt

III Formen und Funktionen des Erhabenen in Stifters Prosa

Siglen

Einleitung

„[D]üstere Schönheit" – mit diesen Worten versucht Otto Falkhaus, Ich-Erzähler in Adalbert Stifters *Zwei Schwestern*, seine Wahrnehmung der Hochebene zu erfassen, die er in diesem Moment durchwandert und die „so unaussprechlich" auf ihn wirkt.[1] In *Brigitta* sind es die „schönen düstern Augen" der gleichnamigen Haupt-figur, die eine ähnliche Ambivalenz entfalten und dabei eine so große Macht über den namenlosen Ich-Erzähler erlangen, „daß ich immer stehen müsse, daß ich keinen Fuß heben könne, und daß ich alle Tage meines Lebens nicht mehr von dem Flecke der Haide weg zu kommen vermöge."[2] Im *Nachsommer* kommt die ‚düstere' Schönheit' einem naturwissenschaftlichen Produkt zu, nämlich der geologischen Karte vom Lautersee, die Heinrich Drendorf nach jahrelanger Vermessungsarbeit schließlich „in schwermüthiger Düsterheit und in einer Schönheit vor [...] Augen" liegt, die er „selber nicht erwartet hatte."[3] In *Die Narrenburg* ist es nicht Schönheit, sondern das Heitere der idyllisch anmutenden Fichtau, die der Düsternis des Schlosses Rothenstein gegenübergestellt wird. Der Erzähler verspricht, am Ende der Geschichten über die Scharnasts, Herren der Burg, „wieder in die Gegenwart ein-zulenken" und so das „dämmernde[], düstere[] Bild in einen heitern freundlichen Rahmen gestellt zur Ansicht zu bringen."[4] In all diesen Texten Stifters bildet sich im Oxymoron aus Düsterheit und Schönheit bzw. dem Heiteren das dem Erhabenen inne liegende „gemischte[] Gefühl"[5] aus „Unlust [...] und eine[r] dabei zugleich erweckte[n] Lust" ab,[6] wie es im achtzehnten Jahrhundert unter anderem von Friedrich Schiller und Immanuel Kant definiert wurde. Stifter schrieb – und das soll in dieser Studie gezeigt werden – an der literarischen Geschichte des Erhabenen[7] mit: „Während die Theorie des Erhabenen allmählich auf die Position um 1800 – von Kant bis Hegel – gleichsam eingefroren wird, führt die ästhetische Praxis des

---

1 Zwei Schwestern. In: HKG, Bd. 1,6, S. 261.
2 Beide Zitate aus Brigitta. In: HKG, Bd. 1,5, S. 447 und 445.
3 Der Nachsommer. In: HKG, Bd. 4,2, S. 233.
4 Die Narrenburg. In: HKG, Bd. 1,4, S. 361.
5 Friedrich Schiller, Ueber das Erhabene. In: Schillers Werke. Nationalausgabe. Bd. 21, hg. von Benno von Wiese, Weimar 1963, S. 38–54, hier 42.
6 Immanuel Kant, Analytik des Erhabenen. In: Immanuel Kant. Werke. Bd. X: Kritik der Ur-teilskraft 1, hg. von Wilhelm Weischedel, Frankfurt a. M. 1968, S. 328–371 (§ 23–29), hier 344 f. Die *Analytik des Erhabenen* wird in dieser Studie, obwohl sie Teil der *Kritik der Urteilskraft* ist, auf-grund der häufigen Verwendung bibliographisch wie ein eigenständiger Text behandelt.
7 Das ‚Erhabene' wird nicht als ‚Objekt' wie z. B. ein Baum verstanden; es erscheint, meist aus figürlicher Perspektive, angesichts von Objekten und muss als ein Phänomen zwischen Objekt-haftigkeit und Rezeptionsverhalten gefasst werden, das spezifische textuelle Darstellungsformen findet.

https://doi.org/10.1515/9783110498219-001

Erhabenen in dem Maße ein Eigenleben, wie sich die erhabenen Gegenstände fortlaufend verändern"[8] – und genau an diesen fortlaufenden Veränderungen partizipiert Stifters Prosa. Erhabene Gegenstände sind darin nicht nur solche der Natur wie die ‚düstere Schönheit' der Hochebene in *Zwei Schwestern*; vielmehr reicht das Spektrum in Stifters Erzählungen und Romanen vom Erhabenen in der Musik in *Zwei Schwestern* über erhabene Komik in den *Nachkommenschaften*, erhabene Hässlichkeit in *Brigitta* und dem Erhabenen in der Erinnerung (*Narrenburg*) bis hin zur Rolle des Erhabenen in den Naturwissenschaften, wie sie in *Abdias* und im *Nachsommer* je unterschiedlich hervortritt. In Stifters Natur[9] – so wird sich zeigen – kommt dem Erhabenen eine besondere Funktion zu: in den Beschreibungen außergewöhnlich ‚leerer' Räume und Landschaften, die nur noch mithilfe des Erhabenen erfahr- und teilweise auch organisierbar sind. Über das Erhabene kann Natur und Naturerfahrung bei Stifter neu eingeordnet werden, denn in ersterer liegt – so soll gezeigt werden – gerade keine „artifizielle Ordnung", die „die abhanden gekommene Ordnung der äußeren Welt" ersetzt;[10] vielmehr wird die äußere Unordnung der ambivalenten Natur über das Erhabene ein erfahrbares und zelebriertes Phänomen. Nicht nur die Natur Stifters wird Thema dieser Studie sein; Ziel ist es nicht zuletzt, den Stifter'schen Weiterentwicklungen des Erhabenen nachzugehen, wie sie sich beispielsweise in der ‚Erfindung' neuer erhabener Gegenstände manifestieren.

1 Stand der Forschung

Zu Stifters Werk liegen bereits umfangreiche Forschungen vor, wobei besonders seine Naturdarstellungen große Beachtung fanden. In älteren Beiträgen wird die oft bedrohlich erscheinende Natur angesichts der in den Texten geleisteten Kultivierungsarbeit meist als, so hier Renate Obermaier, „nach außen projizierte Triebnatur, die gezügelt werden muß", gelesen.[11] Die Idylle der Stifter'schen Natur

---

8 Walter Erhart, Verbotene Bilder? Das Erhabene, das Schöne und die moderne Literatur. In: Jahrbuch der Deutschen Schillergesellschaft 41 (1997), S. 76–106, hier 90.

9 Schon in der antiken Schrift *Perí hýpsus* wird das Erhabene mit Naturerscheinungen verbunden. Vgl. Longinus, Vom Erhabenen, hg. von Otto Schönberger, Stuttgart 1988, besonders S. 87–89 (35,4).

10 So Christian Begemanns Einschätzung von Natur bei Stifter. Vgl. Christian Begemann, Metaphysik und Empirie. Konkurrierende Naturkonzepte im Werk Adalbert Stifters. In: Danneberg, Lutz/Vollhardt, Friedrich (Hg.), Wissen in Literatur im 19. Jahrhundert, Tübingen 2002, S. 92–126, hier 125.

11 Vgl. Renate Obermaier, Stadt und Natur. Studien zu Texten von Adalbert Stifter und Gottfried Keller, Frankfurt a. M. u. a. 1985, S. 309f.

müsse deshalb, so Alfons Glück, in Reaktion auf 1848 als „Flucht in ein irdisches Jenseits" verstanden werden, in der das wohlgeordnete „österreichische Alte Regime als ‚Natur'" erscheine.[12] Nach Joachim Müller dagegen sei dem „unruhigen und beunruhigenden Treiben der Menschenwelt" bei Stifter stets „das ruhige Bleiben der Natur" gegenübergestellt.[13] Wolfgang Matz arbeitet schließlich unter dem Stichwort *Gewalt des Gewordenen* in Stifters Texten eine spezifische Angst vor der Natur heraus, deren „Auslöser [...] die unheilbare und ewige Fremdheit der Natur" sei: „Stifters Dichten ist fern von jeder Beseelung der Natur durch menschliche Regungen", denn in ihr zeige sich nur „wahrhaft ontische[] Fremdheit gegenüber denen, die in ihr leben."[14] Trotz dieser grundsätzlichen Fremdheit habe Stifter, so Johann Lachinger anhand des in der *Vorrede* zu den *Bunten Steinen* formulierten ‚Sanften Gesetzes'[15], am „christlich-aufklärerischen Welterklärungsmodell [...] festgehalten auch angesichts [...] des Materialismus und des skeptizistisch-pessimistischen Nihilismus und angesichts einer Naturwissenschaft, die sich mehr und mehr von der Metaphysik verabschiedete." Dennoch bleibe Natur ein „Rätsel", denn „Angst und Schrecken mischen sich in die Bewunderung der Naturkräfte, [...] denen der Mensch fast ohnmächtig ausgeliefert ist."[16] Nach Alfred Doppler zeuge Stifters Werk „von einer unaufhebbaren Le-

---

12 Vgl. Alfons Glück, Stifter – Naturreservate und künstliche Paradiese nach 1848. In: Koebner, Thomas/Weigel, Sigrid (Hg.), Nachmärz. Der Ursprung der ästhetischen Moderne in einer nachrevolutionären Konstellation, Opladen 1996, S. 312–345, hier 312f. und 343.
13 Joachim Müller, Stifters ‚Zwei Schwestern'. Versuch einer Strukturanalyse. In: VASILO 8 (1959), S. 2–18, hier 8f.
14 Wolfgang Matz, Gewalt des Gewordenen. Adalbert Stifters Werk zwischen Idylle und Angst. In: Deutsche Vierteljahrsschrift für Literaturwissenschaft und Geistesgeschichte 63 (1989), S. 715–750, hier 722. Trotzdem wurde Natur bei Stifter immer wieder als Spiegel des Inneren der Figuren gelesen. Vgl. z. B. Christiane Baumann, Angstbewältigung und ‚sanftes Gesetz'. Adalbert Stifter: *Brigitta* (1843). In: Freund, Winfried (Hg.), Deutsche Novellen. Von der Klassik bis zur Gegenwart, München 1993, S. 121–129, besonders 126f.
15 Darin verquickt Stifter Natur- und Sittengesetz: „Das Wehen der Luft das Rieseln des Wassers [...] halte ich für groß: das prächtig einherziehende Gewitter, den Bliz, [...] halte ich nicht für größer als obige Erscheinungen, [...] weil sie nur Wirkungen viel höherer Geseze sind". Im Folgenden heißt es: „Ein ganzes Leben voll Gerechtigkeit Einfachheit Bezwingung seiner selbst Verstandesgemäßheit [...] halte ich für groß: mächtige Bewegungen des Gemüthes furchtbar einherrollender Zorn [...] halte ich nicht für größer, sondern für kleiner, da diese Dinge so gut nur Hervorbringungen einzelner und einseitiger Kräfte sind, wie Stürme feuerspeiende Berge Erdbeben." Vorrede [zu den Bunten Steinen]. In: HKG, Bd. 2,2, S. 10 und 12.
16 Johann Lachinger, Adalbert Stifter – Natur-Anschauungen. Zwischen Faszination und Reflexion. In: Laufhütte, Hartmut/Möseneder, Karl (Hg.), Adalbert Stifter. Dichter und Maler, Denkmalpfleger und Schulmann. Neue Zugänge zu seinem Werk, Tübingen 1996, S. 96–104, hier 98. Dennoch habe sich Stifter mit den „melancholischen, pessimistischen und skeptizistischen Strömungen der Restaurationszeit" auseinandergesetzt, zugleich aber „durch den Rekurs auf die

bensspannung", die als „gegenläufige Erzähllebene" in die erbauliche Oberfläche der Texte eingewoben sei.[17] Das ‚Sanfte Gesetz' stelle deshalb „kein Gesetz im naturwissenschaftlichen Sinn" dar, vielmehr handle es sich um „die Veranschaulichung eines literarischen Programms" gemäß eines „Damm[s] [...] gegen die im Menschen wuchernde Agression [sic!]".[18] Es gehe Stifter also nicht darum, mithilfe eines Gesetzes die Abgründe zu verschleiern,[19] sondern schlicht darum, „die Abgründe auszuhalten", die sich besonders in der Natur zeigten: „Die Natur ist bei Stifter Lehrmeisterin und zugleich ein mächtiger, unheimlicher Gegenspieler des Menschen."[20] Nach Sabina Becker und Katharina Grätz geben Stifters „heile Welten" immer wieder den Blick „auf schwindelnde Abgründe" in der Natur frei.[21] Dennoch, so Becker an anderer Stelle, seien seine Erzählungen und Romane in erster Linie „Ausprägungen" eines „Ordnungsdrangs" und von „Regulierungsobsessionen" bestimmt; besonders beim *Nachsommer* handle es sich um eine „Versöhnungsutopie, in der Harmonie als Einverständnis mit der Natur wie mit der Zivilisation gleichermaßen perspektiviert" werde.[22] Auch Hartmut Laufhütte interpretiert „Stifters gesamtes schriftstellerischer Schaffen als Beschwörung, als Schaffen von Ordnung gegen das ringsum drohende Chaos".[23] In der neueren Stifterforschung wird also die Ambivalenz von Stifters Naturbe-

---

rationalistische Position des aufklärerischen Vernunftoptimismus und auf eine christlich-religiöse Kosmologie" schließlich „Bewältigungsstrategien" entwickeln können. Johann Lachinger, Schreiben gegen den ‚Weltschmerz'. Adalbert Stifter am Horizont von Byronismus und Skeptizismus. In: JASILO 1 (1994), S. 17–27, hier 17 und 25.

17 Vgl. Alfred Doppler, Schrecklich schöne Welt? Stifters fragwürdige Analogie von Natur- und Sittengesetz. In: JASILO 1 (1994), S. 9–15, hier 10 f.

18 Alfred Doppler, Das sanfte Gesetz und die unsanfte Natur in Stifters Erzählungen. In: Enklaar, Jattie/Ester, Hans (Hg.), Geborgenheit und Gefährdung in der epischen und malerischen Welt Adalbert Stifters, Würzburg 2006, S. 13–22, hier 16.

19 Nach Horst Dieter Rauh lebe „Stifters Ästhetik [...] insgeheim von jenem Abgrund, den sie in der Natur wie im Menschen erahnt", zugleich aber verschleiern wolle. Vgl. Horst Dieter Rauh, Der verschleierte Abgrund. Mensch und Natur bei Stifter. In: Allgaier, Karl/Schreier, Josef (Hg.), Begegnungen mit Adalbert Stifter. Aachener Akademietagung zum 200. Geburtstag, Aachen 2006, S. 93–115, hier 96.

20 Doppler, Das sanfte Gesetz und die unsanfte Natur, 2006, S. 17.

21 Vgl. Sabina Becker/Katharina Grätz, Einleitung. In: dies. (Hg.), Ordnung – Raum – Ritual. Adalbert Stifters artifizieller Realismus, Heidelberg 2007, S. 7–16, hier 7 und 11.

22 Vgl. Sabina Becker, Nachsommerliche Sublimationsrituale. Inszenierte Ordnung in Adalbert Stifters *Nachsommer*. In: dies./Grätz, Katharina (Hg.), Ordnung – Raum – Ritual. Adalbert Stifters artifizieller Realismus, Heidelberg 2007, S. 315–338, hier 320 f.

23 Hartmut Laufhütte, Harmoniemetaphern gegen das Chaos. Naturkonzepte und ihre Funktionalisierung bei Adalbert Stifter und Gottfried Keller. In: Enklaar, Jattie/Ester, Hans (Hg.), Geborgenheit und Gefährdung in der epischen und malerischen Welt Adalbert Stifters, Würzburg 2006, S. 107–120, hier 118.

schreibungen seit Wolfgang Matz' wegweisendem Beitrag zwar deutlicher herausgestellt als zuvor; seine Erzählungen und Romane werden aber dennoch immer wieder als Bewältigungsstrategien, als Verschleierungsversuche und gegen das Chaos geschaffene Idyllen gelesen, ein Streben, das – so eine gängige Forschungsmeinung[24] – besonders im *Nachsommer* gelungen sei. Ziel dieser Studie ist es unter anderem zu zeigen, dass Stifters Texte Abgründe und Brüche, seien es nun solche in der Natur oder solche in anderen Gegenständen wie der Musik (*Zwei Schwestern*), nicht zu verschleiern oder zu verleugnen versuchen; vielmehr treten die Brüche im Erhabenen offen zutage und werden zudem mittels des Erhabenen bewusst wahrgenommen und auch zelebriert.

Zu Stifters oft unzugänglich und verschlossen wirkenden Texten entstand mit Albrecht Koschorkes und Andreas Ammers Beitrag zum *Frommen Spruch* eine Forschungslinie, die sich mit der Zeichenhaftigkeit in Stifters Erzählungen und Romanen auseinandersetzt. Nach Koschorke und Ammer mache *Der Fromme Spruch* in besonderem Maße „die Decodierung seiner Zeichen zum eigenen Thema". Die Erzählung wolle „keinen Interpretationsraum lassen und so der ästhetischen Tendenz nach wohl auch nicht gelesen werden"; vielmehr liege ihr ein „Ringen um Monovalenz" inne, das schließlich zur Bedeutungslosigkeit der Zeichen führe. Das sei neben der Natur auch in den Figuren verwirklicht: „Stifters Gestalten wünschen nichts, leben auf nichts zu, als was nicht ohnehin Gang der Dinge ist und in Erfüllung geht. [...] Subjektivität, die sich in der Differenz behauptet, würde die starre ratio der Ordnung verfehlen."[25] Eva Geulen erhebt die ‚Selbstreferentialität' zum „*Effekt* eines *immanenten* poetischen Prinzips": Stifter gehe es um die „restlose Tilgung des Abstands zwischen Darstellung und Dargestelltem"; Literatur habe in seinen Augen „die Dichotomie zwischen Zeichen und Bezeichnetem aufzulösen", so dass „Bedeutung gar nicht als Problem erscheint, sondern ein Faktum

---

24 Vgl. Hartmut Laufhütte, Der ‚Nachsommer' als Vorklang der literarischen Moderne. In: ders./ Möseneder, Karl (Hg.), Adalbert Stifter. Dichter und Maler, Denkmalpfleger und Schulmann. Neue Zugänge zu seinem Werk, Tübingen 1996, S. 486–507, besonders 505; Rauh, Der verschleierte Abgrund, 2006, S. 96; Doppler, Das sanfte Gesetz und die unsanfte Natur, 2006, S. 19. Nach Matz dagegen liege „der Gehalt von Wahn und Grauen" auch im Spätwerk „offen zutage". Matz, Stifters Werk zwischen Idylle und Angst, 1989, S. 739.

25 Vgl. Albrecht Koschorke/Andreas Ammer, Der Text ohne Bedeutung oder die Erstarrung der Angst. Zu Stifters letzter Erzählung *Der fromme Spruch*. In: Deutsche Vierteljahrsschrift für Literaturwissenschaft und Geistesgeschichte 61 (1987), S. 676–719, hier 679, 717 und 714. Stifter errichte „[g]egen die Romantik des Schreckens [...] einen Schrecken der Harmonie." Ebd., S. 691. Auch Koschorke und Ammer konstatieren Stifters Texten also, Abgründe zum Verschwinden bringen zu wollen. Auch wenn das für den *Frommen Spruch* zutreffend sein mag, so kann es doch nicht für alle Texte Stifters gelten.

ist."[26] Nach Christian Begemann verfolge Stifter in seinen Texten „die Probleme und Implikationen seines Gegenstands bis an den Punkt [...], wo alle Eindeutigkeit schwindet. In dieser Hinsicht ist Stifter ein dekonstruktiver Autor, und für die Analyse stellt sich die Aufgabe, die Dekonstruktion, die Stifter selbst betreibt, zu rekonstruieren." Realität sei bei Stifter immer ein „Komplex von Zeichen [...], die zu entziffern sind", und dessen „spezifische Ambivalenz" besonders im Verhältnis von „Kultur und Natur" zum Vorschein komme.[27] An anderer Stelle geht Begemann diesem Verhältnis in der Erzählung *Brigitta* nach: Indem darin „das Ich sich der objektiven Welt der Dinge tätig" zuwende, trete es „aus seiner verschlossenen Subjektivität mit ihren leidenschaftlichen Verirrungen" heraus, „und zwar kraft eines Remediums, das hier in extenso vorgeführt wird: Es ist der Landbau, die Kultivierung der Natur". Darin liege die Ambivalenz des Textes, denn „der Landbau" realisiere „de facto nur eine subjektive Erdichtung [...]: Er *erfindet* das erst, was ihm als objektive Bestimmung der Natur zugrunde liegen soll", und zeige so, *„daß es nichts anderes ist als die menschliche Setzung, was der vorgeblich naturnahen Kultur zugrunde liegt."*[28] Das Verhältnis von Natur und Kultur erweise sich bei Stifter deshalb als ein ‚durchkreuzter Gegensatz'; infolgedessen präge sich der „Subjektivismus [...] weniger in der Charakteristik der Figuren" aus, „wo er bis auf Spuren verschwunden ist, als in der Struktur" des Romans: „Der Text ‚weiß' das – besser vermutlich als sein Autor."[29]

Besonders Begemanns semiotische Lesart ist problematisch. Erstens ist die Einschätzung, Stifters Texte wüssten mehr bzw. geben mehr preis, als vom Autor gewollt, nicht wirklich neu. Bereits 1987 erfasst Doppler Stifters „literarische[] Technik" als eine, die „in scheinbar umständlichen Beschreibungen von Äußerlichkeiten das von den Figuren Verschwiegene, das Verdrängte, das Halb- und Unbewusste" mitteile und so also „mehr" preisgebe, als der Autor „selber wissen wollte und sich selber eingestand".[30] Zweitens führt diese Einschätzung, wie bereits

---

26 Stifter habe sich „nicht dem Gesetz der Natur oder der Wahrnehmung, sondern dem der Sprache unterworfen". Eva Geulen, Worthörig wider Willen. Darstellungsproblematik und Sprachreflexion in der Prosa Adalbert Stifters, München 1992, S. 34 und 153.
27 Christian Begemann, Die Welt der Zeichen. Stifter-Lektüren, Stuttgart/Weimar 1995, S. 3f.
28 Christian Begemann, Natur und Kultur. Überlegungen zu einem durchkreuzten Gegensatz im Werk Adalbert Stifters. In: JASILO 1 (1994), S. 41–52, hier 47 und 49.
29 So Begemann zum Nachsommer. Begemann, Welt der Zeichen, 1995, S. 349.
30 Alfred Doppler, Die unaufhebbare Lebensspannung: Themen und Tendenzen bei Adalbert Stifter und Thomas Bernhard. In: ders., Geschichten im Spiegel der Literatur. Aufsätze zur österreichischen Literatur des 19. und 20. Jahrhunderts, Innsbruck 1990, S. 75–83, hier 77 [erstmals in VASILO 36 (1987), S. 19–29].

Doppler feststellt,[31] zu einer Rückwendung in Biographisches bzw. in Selbstdarstellungen des Dichters.[32] Auch bei Begemann rücken über die dekonstruktive Lektüre die Biographie sowie Selbstzeugnisse Stifters wieder in den Blickpunkt[33] – allerdings nicht willentlich: „Gewiß verfolgt der Autor Stifter beim Schreiben Intentionen, und er hat sie [...] immer wieder in Worten artikuliert [...]. Die literarischen Werke aber gehen in den Selbstaussagen ihres Urhebers nicht nur nicht auf, wie man verschiedentlich bemerkt hat, sie scheinen diese gerade zu opponieren."[34] Drittens wird Begemanns für nahezu alle Texte Stifters angenommener ‚durchkreuzter Gegensatz' von Natur und Kultur zu einem so starren Erklärungsmuster, dass Natur sowie das Erleben von Natur durch Figuren im Text nur unterkomplex beschrieben werden – ein solches Muster wird aber Stifters Naturschilderungen, beispielsweise in der *Narrenburg*,[35] bei Weitem nicht gerecht. Zudem führt Bege-

---

31 Nach Doppler erkläre sich die „unaufhebbare[] Spannung" in Stifters Texten aus seiner Biographie: „Wir wissen heute, daß es aber gerade die aus der Lebensspannung kommende Lebensangst ist, daß es die Sorge um den Menschen ist, die den Natur- und Landschaftsbeschreibungen Stifters ihre besondere Bedeutung verleiht." Ebd. Auch Koschorke und Ammer gehen von der Person Stifters aus: „Gegen die immerfort drohende Revolte der Denkmöglichkeiten, die nur noch katastrophale Möglichkeiten sein können", habe er ein „Bollwerk des schweigenden Schreibens" errichtet, das auf „biographische Zwangsvorstellungen" zurückzuführen sei. Stifter sei sich dieser „Latenz des Wahnsinns" bewusst gewesen. Koschorke/Ammer, Der Text ohne Bedeutung, 1987, S. 679 und 717.
32 Nach Mathias Mayer seien besonders Stifters Selbstzeugnisse „literarisch überformt [...]. Stifter ist wohl immer von der Wahrheit und realistischen Aufrichtigkeit seines Schreibens überzeugt gewesen; gerade deshalb ist ihm der literarische Charakter vielfach nicht bewusst geworden, sodass auch seiner expliziten Selbsteinschätzung mit Skepsis begegnet werden muss." Mathias Mayer, Adalbert Stifter. Erzählen als Erkennen, Stuttgart 2001, S. 10. Mayers Band versammelt Erscheinungsdaten, Forschung und eigene Interpretationen zu allen Texten Stifters; er wird in dieser Studie deshalb immer wieder herangezogen.
33 Auch Jochen Berendes kritisiert diesen Impetus der „dekonstruktive[n] Stifter-Lektüren", die „ohne die Inszenierung eines Autorbildes und ohne Konstruktion des vermeintlich intentional Angestrebten" nicht wüssten, „wie sie die eigenen Pointen setzen" sollten. Zudem offenbare sich das Autorbild, das Begemann und andere ihrer Interpretation zugrunde legen, als „zunehmend fragwürdig". Jochen Berendes, Ironie – Komik – Skepsis. Studien zum Werk Adalbert Stifters, Tübingen 2009, S. 23. Berendes geht zwar auch den Brüchen in Stifters Texten nach, nicht aber unter den Prämissen der Zeichenhaftigkeit und deren Dekonstruktion, sondern er versucht „potentiell komische[] Defizite" in den „schwelende[n] bzw. verleugnete[n] Krisen" der Figuren aufzuzeigen. Besonders die Ironie müsse als „Schwebezustand" gefasst werden, in dem „[l]eitende Konzepte [...] durch das Erzählen entsubstantialisiert" würden und „das reflektierende Subjekt vorzüglich in seiner latenten Haltlosigkeit auf sich selbst verwiesen" werde. Das impliziere „ein Plädoyer für eigenständiges Denken, für Individualität und Freiheit." Ebd., S. 6 f.
34 Stifters Schreiben befinde sich deshalb „in einem unschlichtbaren Widerstreit mit sich selbst". Begemann, Welt der Zeichen, 1995, S. 2.
35 Vgl. dazu Kapitel III.7 in dieser Arbeit.

manns ‚durchkreuzter Gegensatz‘, der ja auch vor den Figuren nicht Halt macht,[36] dazu, dass Naturerlebnisse und Kulturerlebnisse (um Begemanns Terminologie zu verwenden) in den Texten Stifters kaum mehr als das wahrgenommen werden, was sie sind: subjektive und äußerst individuelle Erfahrungen. Liest man Stifters Texte aber unter den Vorgaben eines starren Schemas, wie Begemann das tut, kann die Komplexität der Figurenzeichnung kaum mehr erfasst werden.

Dennoch wurden besonders Begemanns, aber auch Koschorkes und Ammers Überlegungen in der Forschung weiter vertieft. Cornelia Blasberg geht der „literarische[n] Traditionsbildung" nach, in der sich Stifters Texte „durch den Rekurs auf zitierte Vorlagen" konstituierten, um so der von Koschorke und Ammer sowie Begemann behaupteten Modernität Stifters Historizität zurückzugeben.[37] Roland Schneider schließt direkt an Begemanns semiotische Lesart an, indem er den „widersprüchlichen Verweisungszusammenhang von Natur und Kultur" in der Figur der Chelion in Stifters *Narrenburg* herauszuarbeiten sucht.[38] Brigitte Prutti baut Begemanns Thesen zu *Brigitta* weiter aus: „[D]ie aus pragmatischen Gründen kultivierte Natur erschließt sich unter einem ästhetisierenden Blick, der den ökonomischen Nutzen je schon auf die Schönheit der Erscheinung hin zu überschreiten sucht. Infolgedessen kann Kultur als Natur erscheinen". In der landwirtschaftlichen Kultivierung liege deshalb „nicht weniger als eine zweite Genesis, in der die Natur [...] erst entsteht, und die anthropomorphen Konturen eines schönen und fruchtbaren Leibes gewinnt."[39] Helena Ragg-Kirkby sieht das differenzierter: „Stifter focuses on death, destruction and strife in nature just as

---

36 Nach Begemann werde besonders im *Nachsommer* das „Subjekt mit seinen willkürlichen Wünschen, Strebungen und Affekten [...] mit einer Radikalität verabschiedet, die allenfalls noch vom ‚Witiko‘ überboten wird." Andererseits aber sei „im Innersten" der „vermeintlich ökologische[n] Kulturation der Natur wieder nur das Subjekt am Werk." Begemann, Welt der Zeichen, 1995, S. 322 und 346. Allerdings erschien im Jahr 2000 ein Beitrag Begemanns zum *Nachsommer*, in dem von „[v]iele[n] Möglichkeiten" der *Nachsommer*-Lektüre ausgegangen wird. Christian Begemann, Adalbert Stifter: Der Nachsommer. In: Klein, Dorothea/Schneider, Sabine M. (Hg.), Lektüren für das 21. Jahrhundert. Schlüsseltexte der deutschen Literatur von 1200 bis 1990, Würzburg 2000, S. 203–225, hier 204.
37 Vgl. Cornelia Blasberg, Erschriebene Tradition. Adalbert Stifter oder das Erzählen im Zeichen verlorener Geschichte, Freiburg i. Br. 1998, S. 9 f. Bei Koschorke und Ammer heißt es: „Stifter arbeitet an einer totalen und absurden Reduktion, in der allein nicht nur die Wahrhaftigkeit der Dichtung, sondern auch ihre Qualität, ja Kunstgenuß überhaupt sich noch behaupten können. Sein altmodisches Sprachspiel des Verstummens birgt die Kunstapokalypsen der Moderne schon in sich, ohne von ihnen zu reden." Koschorke/Ammer, Der Text ohne Bedeutung, 1987, S. 719.
38 Roland Schneider, Naturgestalten. Zum Problem von Natur, Kultur und Subjekt in den Erzählungen Joseph von Eichendorffs und Adalbert Stifters, Marburg 2000, S. 134 f.
39 Brigitte Prutti, Künstliche Paradiese, strömende Seelen: Zur Semantik des Flüssigen in Stifters *Brigitta*. In: JASILO 15 (2008), S. 23–45, hier 23 und 30.

strongly as he does on its gentle blossoming. What is truly radical about him, however, is that he does not necessarily see death and devastation as nature's negative side: all of its aspects simply belong in an allmost Darwinian vision of nature existing just for itself, beyond good and evil."[40] Den Fokus ausschließlich auf die Kultivierung zu legen, vernachlässigt also die bedrohliche Seite der unkultivierten Natur, die aber gerade in *Brigitta* deutlich zur Sprache kommt. In einem Einfall von Wölfen in die kultivierte Natur wird die ‚naturbelassene' Natur – hier eben durch die Wölfe repräsentiert – zur körperlichen und besonders zur geistigen Bedrohung; zur geistigen wird sie aber, weil ihr Ausbruch völlig „leidenschaftslos" gegenüber jeglichem menschlichen Schicksal erscheint und ein „Augenzucken, ein Nichts Grund werden" kann für den Tod.[41] Hier zeigt sich deshalb, wiederum mit Helena Ragg-Kirkby: „Nature, then, simply *is:* it exists in a state of permanent, self-correcting equilibrium because it functions according to natural laws that never cease and never fail."[42]

Auch Begemanns bzw. Koschorkes und Ammers These[43] von der fehlenden Subjektivität[44] in Stifters Figuren ist wirkmächtig geworden. So sei nach Stefan Braun im *Nachsommer* „die gesamte Perspektivität menschlichen Seins" zwar nicht aufgrund eines ‚durchkreuzten Gegensatzes' von Natur und Kultur, sondern „aus der Logik modernen Wissenschaftsverständnisses heraus" durchformt, allerdings um den Preis – und hier decken sich Begemann und Braun – der „Degradierung des Subjekts zum Betrachter, der Entfremdung menschlicher Existenz durch eine ri-

---

40 Helena Ragg-Kirkby, ‚Sie geht in ihren großen eigenen Gesetzen fort, die uns in tiefen Fernen liegen, [...] und wir können nur stehen und bewundern': Adalbert Stifter and the Alienation of Man and Nature. In: The German Quarterly. A Journal of the American Association of Teachers of German 72 (1999), S. 349–361, hier 357 f.

41 Brigitta. In: HKG, Bd. 1,5, S. 431 und 468.

42 Ragg-Kirkby, Stifter and the Alienation of Man and Nature, 1999, S. 354. Ragg-Kirkby nimmt so Matz' These von der „Gewalt des Gewordenen" und dem „blinden Sein" der Natur Stifters wieder auf. Vgl. Matz, Stifters Werk zwischen Idylle und Angst, 1989, S. 719 f. Gefährlich werde Natur, so Ragg-Kirkby, nur dann, wenn der Mensch an ihr schuldig werde, also für „humans who symbolically sully and violate nature, and who consequently reap the inexorable punishment for their fool deed." Dabei nutze Stifter eine Sprache „with undoubtedly sexual undertones", die zeige, „that man's ‚crime' is [...] that he soils nature's purity, sanctity and integrity with his poison." Ragg-Kirkby, Stifter and the Alienation of Man and Nature, 1999, S. 352. Eine solche Interpretation mag die Natur im *Hochwald* erfassen, nicht aber die in Erzählungen wie *Abdias* oder *Das Haidedorf*. In letzterer wird z. B. die jegliches Leben bedrohende Dürre von einem „ewig blau und ewig mild" lächelnden Himmel begleitet. Das Haidedorf. In: HKG, Bd. 1,4, S. 202.

43 Vgl. Koschorke/Ammer, Der Text ohne Bedeutung, 1987, S. 714.

44 Auch Arno Schmidt beschrieb die Figuren des *Nachsommers* als „Menschen ohne Gesichter". Arno Schmidt, Der sanfte Unmensch. Einhundert Jahre Nachsommer. In: ders., Dya na sore. Gespräche in einer Bibliothek, Frankfurt a. M. 1985, S. 195–229, hier 225.

gorose Objektivierungskampagne." Besonders für den Ich-Erzähler Heinrich Drendorf bedeute das: „[S]ein eigener Wille zählt nichts", sondern „nur die ‚Dinge', von denen er sich (als wäre er selbst ein solches ‚Ding') schieben" lasse.[45] Mittels des Erhabenen offenbart sich aber ein ganz anderer Umgang mit Natur sowie mit anderen, nicht der Natur zugehörigen Gegenständen. Denn, nimmt man das Erhabene als systematische Analysekategorie, erweist sich (Natur-)Erfahrung bei Stifter als ein äußerst individueller Vorgang.[46] Gerade im *Nachsommer* offenbart sich das Erhabene, das Heinrich beispielsweise auf dem Gletscher der Echern empfindet, als „radikal subjektiv".[47] Doch nicht nur am Ende des Romans, sondern schon an seinem Anfang ist das Gefühl des Erhabenen für Heinrichs subjektive Entwicklung äußerst bedeutsam, denn vermittelt darüber reift in ihm der Entschluss, sich der Geologie zu widmen;[48] das Erhabene als subjektives Gefühl wird so zum handlungsbestimmenden Motiv.[49] Dabei bleibt auch im *Nachsommer* das Bedrohliche[50] in der als erhaben wahrgenommenen Natur bestehen; schließlich ist das Scheitern dem Erhabenen als Teil und Voraussetzung immer eingeschrieben.[51] Im Erhabenen nähert sich so, mit Wolfgang Frühwalds Einschätzung zur Naturerfahrung bei Stifter, „menschliches Leben [...] seinem kosmischen Ursprung an"; Stifter gelinge es, „allein durch die Wucht der Beschreibung eine Ahnung davon zu

---

45 Stefan Braun, Naturwissenschaft als Lebensbasis? Adalbert Stifters Roman *Der Nachsommer* und weitere Schriften Stifters als Dokument eines Versuchs der Daseinsgestaltung auf der Grundlage naturwissenschaftlichen Forschens, Linz 2006, S. 227 f.
46 Das gilt auch für die Erzählungen: So beschreibt der Ich-Erzähler den oben erwähnten Wolfsangriff in *Brigitta* als „ein Schauspiel, so gräßlich und so herrlich, daß noch jetzt meine Seele schaudert und jauchzt." Brigitta. In: HKG, Bd. 1,5, S. 468.
47 Michaël Fœssel, Analytik des Erhabenen (§ 23 – 29). In: Höffe, Otfried (Hg.), Immanuel Kant. Kritik der Urteilskraft, Berlin 2008, S. 99 – 119, hier 103. Zur Gletscherwanderung vgl. in Kapitel III.1 dieser Arbeit den Abschnitt *Auf dem Gipfel – Der Nachsommer*.
48 „Die Betrachtung der unter mir liegenden Erde, der ich oft mehrere Stunden widmete, erhob mein Herz zu höherer Bewegung, und es erschien mir als ein würdiges Bestreben, [...] dem Entstehen dieser Erdoberfläche nachzuspüren". Der Nachsommer. In: HKG, Bd. 4,1, S. 43 f. Vgl. dazu Kapitel III.6 in dieser Arbeit.
49 Nach Kant ist das Erhabene „nicht in den Dingen der Natur, sondern allein in unsern Ideen zu suchen". Kant, Analytik des Erhabenen, 1968, S. 335.
50 Die These, im *Nachsommer* zeige sich weder in der Natur noch in den Figuren etwas Gewalttätiges oder etwas Bedrohliches, ist weit verbreitet. Vgl. z. B. Begemann, Welt der Zeichen, 1995, S. 326; Doppler, Das sanfte Gesetz und die unsanfte Natur, 2006, S. 19; Rauh, Der verschleierte Abgrund, 2006, S. 96.
51 Vgl. Christine Pries, Einleitung. In: dies. (Hg.), Das Erhabene. Zwischen Grenzerfahrung und Größenwahn, Weinheim 1989, S. 1 – 30, besonders 9; Fœssel, Analytik des Erhabenen, 2008, S. 119.

vermitteln, daß der Mensch mehr ist als Gestalt und Gefühl".[52] Besonders das Erhabene erweist sich – so eine meiner Thesen – als ein Wahrnehmungsmodus, der unterschiedlichste Positionierungen gegenüber der Bedrohung durch die Natur zulässt: Es kann vermittelt über das erhabene Gefühl zu einem Selbstverlust in der Natur oder zu einer Erhebung über die Natur kommen.[53]

In diesem Komplex spielen die Naturwissenschaften eine besondere Rolle,[54] die seit einiger Zeit im Fokus der Stifterforschung stehen.[55] Nach Mathias Mayer gehe es Stifter bei der Darstellung bzw. Diskussion der Naturwissenschaften meist um „Erkenntniskritik". Besonders *Abdias* habe eine „Sinnverweigerung zum Thema", denn eine Interpretation könne trotz verschiedenster Sinnangebote nicht zu einem klaren Ergebnis kommen: „[D]iese Ambivalenz, die die Vorgänge [...] unentscheidbar und unlesbar hält, desavouiert die verharmlosenden Versuche des Erzählers, die Rätselhaftigkeit" der Erzählung „zu reduzieren".[56] Erika Schellenberger-Diederich sieht das ähnlich: In der Rückführung des eigentlich schon Erforschten in das Magische liege bei Stifter eine „kritische Haltung gegenüber der Fortschrittsgläubigkeit".[57] Nach Monika Ritzer habe aber das, was bei Stifter – sie spricht hier vom *Nachsommer* – nach „Wissenschaftsskepsis" klinge „im Kontext der 50er Jahre eine andere Bedeutung". In Frage stehe nicht die „Geltung der Wissenschaft für die Erforschung des Gegebenen, sondern die (traditionelle) Erwartung, auf diesem Wege zu ‚totalen' Erklärungen vorzustoßen."[58] Stifters Erzählungen und Romane arbeiteten deshalb nicht gegen die

---

52 Frühwald spricht das Erhabene nicht an. Wolfgang Frühwald, Eine Kosmologie des Schmerzes. Über die Naturerfahrung Adalbert Stifters. In: JASILO 13 (2006), S. 9–14, hier 11 f.

53 Vgl. dazu Kapitel III.1 in dieser Arbeit.

54 Auch Frühwald spricht das an: Stifter gehe es nach der Zergliederung der Natur durch die Wissenschaften um die „Wiederentdeckung der ganzen Natur als Landschaft"; darin sei er ein Schüler Alexander von Humboldts. Vgl. Frühwald, Kosmologie des Schmerzes, 2006, S. 13.

55 Der naturwissenschaftliche Diskurs in Stifters Texten wurde auch schon von Lachinger und Laufhütte angesprochen. Vgl. Lachinger, Stifter – Natur-Anschauungen, 1996, besonders S. 100 f.; Hartmut Laufhütte, Das sanfte Gesetz und der Abgrund. Zu den Grundlagen der Stifterschen Dichtung ‚aus dem Geiste der Naturwissenschaft'. In: Hettche, Walter u. a. (Hg.), Stifter-Studien. Ein Festgeschenk für Wolfgang Frühwald zum 65. Geburtstag, Tübingen 2000, S. 61–74. Vgl. auch Martin Selge, Adalbert Stifter. Poesie aus dem Geiste der Naturwissenschaft, Stuttgart u. a. 1996.

56 Mayer, Erzählen als Erkennen, 2001, S. 116 f. und 58 f.

57 Schellenberger-Diederich geht der Gesteinsmetaphorik in Stifters *Die Pechbrenner*, erste Fassung der Erzählung *Granit* aus der Sammlung *Bunte Steine*, nach. Vgl. Erika Schellenberger-Diederich, Geopoetik. Studien zur Metaphorik des Gesteins in der Lyrik von Hölderlin bis Celan, Bielefeld 2006, besonders S. 250–257, Zitat im Text S. 257.

58 Schließlich wechsle Heinrich, Ich-Erzähler im *Nachsommer*, aufgrund der Konfrontation „mit der Unabschließbarkeit des wissenschaftlichen Weltbildes [...] zur Kunst". Monika Ritzer, Die Ordnung der Wirklichkeit. Zur Bedeutung der Naturwissenschaft für Stifters Realitätsbegriff. In:

Naturwissenschaften, sondern mit an der „Formierung des Naturbegriffs" im neunzehnten Jahrhundert: „Was die Philosophie infolge epochal vergleichbarer weltanschaulicher Orientierungsprozesse argumentativ zu explizieren sucht, gestaltet sich in der figurativen Literatur auf differenzierteste Weise zu Formen menschlichen Selbst- und Weltverständnisses, die zugleich noch alle Problematik der Neuorientierung sichtbar werden lassen."[59] Gerade zu Stifters Lebzeiten bestand, so Michael Gamper und Karl Wagner in ihrer Einleitung zum Sammelband *Figuren der Übertragung*, in dem auch Ritzers Beitrag erschienen ist, „eine Konjunktur von Phänomenen, die ein Übertragungswissen bereit halten und weitere Reflexionen darüber herausfordern."[60] Eine solche Eigenschaft komme, so Gamper in seinem Beitrag zu *Abdias*, besonders der Elektrizität zu. Eine Untersuchung von „Stifters Elektrizität" ermögliche es, „Literatur und Wissenschaft in ihren performativen und repräsentativen Möglichkeiten und Grenzen als Dispositiv des Wissens" zu fassen und ihre „Gemeinsamkeiten und Differenzen" zu diskutieren.[61] Dafür eigenen sich aber nicht nur Gegenstände der Naturwissenschaften wie die Elektrizität, dafür eignet sich gerade – so meine These – das Erhabene. Es wird sich als ein Motiv erweisen, das in Literatur und Naturwissenschaften gleichermaßen eine Rolle spielt – ein Umstand, der besonders für Stifters Erhabenes ausschlaggebend ist. Im ersten Kapitel dieser Studie wird es um die Frage gehen, woher Stifter das Erhabene kennen konnte, wie also das Erhabene in sein Werk eingehen konnte. Meines Wissens hat er sich nie unmittelbar mit der Philosophie des Erhabenen auseinandergesetzt;[62] zumindest lässt sich

---

Doppler, Alfred u. a. (Hg.), Stifter und Stifterforschung im 21. Jahrhundert. Biographie – Wissenschaft – Poetik, Tübingen 2007, S. 137–159, hier S. 157. In Kapitel III.6 wird dagegen gezeigt werden, dass Heinrich nicht von der Geologie zur Kunst wechselt, sondern über den gesamten Roman hinweg seinem Beruf treu bleibt; in der Kunst versucht er sich zwar, doch Künstler oder auch nur Kunstkenner wird er nicht.

59 Monika Ritzer, Zur Formierung von Stifters Naturbegriff im Kontext der zeitgenössischen Philosophie. In: Gamper, Michael/Wagner, Karl (Hg.), Figuren der Übertragung. Adalbert Stifter und das Wissen seiner Zeit, Zürich 2009, S. 63–76, hier 75. Vgl. auch Rauh, Der verschleierte Abgrund, 2006, S. 93.

60 Michael Gamper/Karl Wagner, Einleitung. In: dies. (Hg.), Figuren der Übertragung. Adalbert Stifter und das Wissen seiner Zeit, Zürich 2009, S. 7–12, hier 10.

61 „Literatur und Wissenschaft werden an diesen Stellen von Stifters Werk vergleichend problematisiert hinsichtlich ihrer Fähigkeiten der Wissensproduktion, der Wissenspräsentation und der Wissensreflexion" und eröffnen so auch einen „Zugang zu zentralen poetologischen Aspekten von Stifters Schreiben". Vgl. Michael Gamper, Stifters Elektrizität. In: ders./Wagner, Karl (Hg.), Figuren der Übertragung. Adalbert Stifter und das Wissen seiner Zeit, Zürich 2009, S. 209–234, hier 209 f.

62 „Was ist Schönheit? Männer der ältesten und jüngsten Zeiten haben sich bestrebt, die Frage zu beantworten. Sie sagen: schön ist, was unbedingt gefällt, oder, schön ist das Göttliche, das dem

eine solche Auseinandersetzung kaum belegen.[63] Das Erhabene floss aber in populärwissenschaftliche Werke der Zeit ein und konnte deshalb, so die Annahme, auf diesem Weg von Stifter rezipiert und in seinen Texten weiter ver- und bearbeitet werden. Von einer solchen Bearbeitung eines an den Naturwissenschaften orientierten Erhabenen zeugt besonders der *Nachsommer*, dessen Thema ja die Geologie ist;[64] in der Erzählung *Abdias* kommen neben zeitgenössischen Theorien zur Elektrizität, die auch Gamper heranzieht,[65] naturwissenschaftliche Überlegungen zum Tragen, nämlich Reflexionen über Wahrheit und Wahrscheinlichkeit von naturwissenschaftlichem Wissen. Besonders in diesem Diskurs hat das Erhabene eine wichtige Funktion: *Abdias* hat keine „Sinnverweigerung zum Thema",[66] vielmehr wird das Erhabene in der Erzählung als ein ästhetisches Erkenntnisinstrument genutzt, mit dem selbst kaum zu erklären Naturphänomenen Sinn verliehen werden kann.[67]

Wie schon angedeutet, ist die Geologie im *Nachsommer* grundlegend für die Handlung; aufgrund dessen und aufgrund der Sammlung *Bunte Steine*, die nicht nur über diesen Titel, sondern auch über die Titel der darin versammelten Erzählungen einen Bezug zur Gesteinsmetaphorik herstellt,[68] waren geologische Motive in Stifters Texten immer wieder Thema der Forschung.[69] Georg Braungart arbeitet

---

Sinne erscheint, oder noch Anderes. Aber die Sache scheint von dem Worte schön hier nur auf andere Worte übertragen zu sein." Winterbriefe aus Kirchschlag. In: HKG, Bd. 8,2, S. 339. Offenbar spricht Stifter hier der Philosophie einen Erkenntniswert ab.

63 In Stifters Bibliothek fanden sich keine Schriften zum Erhabenen. Vgl. Erwin Streitfeld, Aus Adalbert Stifters Bibliothek. Nach den Bücher- und Handschriftenverzeichnissen in den Verlassenschaftsakten von Adalbert und Amalie Stifter. In: Jahrbuch der Raabe-Gesellschaft 1977, S. 103–148.

64 So schon Erhard Banitz. Vgl. Erhard Banitz, Das Geologenbild Adalbert Stifters. In: Müller, Joachim (Hg.), Gestaltung, Umgestaltung, Leipzig 1957, S. 206–238, besonders 209.

65 Gamper zieht Andreas von Baumgartners Naturlehre heran. Vgl. Gamper, Stifters Elektrizität, 2009, S. 211. Auch in dieser Studie wird dem Einfluss dieses populärwissenschaftlichen Texts auf Stifter – unter der Maßgabe des Erhabenen – nachgegangen. Vgl. dazu in Kapitel I dieser Arbeit den Abschnitt *Das Erhabene in Physik und Astronomie – Baumgartner und Littrow*.

66 So die oben schon dargelegte These von Mayer. Vgl. Mayer, Erzählen als Erkennen, 2001, S. 59.

67 Vgl. dazu Kapitel III.5 in dieser Arbeit.

68 Beispielsweise *Turmalin* oder *Bergkristall*.

69 Z. B. Tobias Bulang, Die Rettung der Geschichte in Adalbert Stifters Nachsommer. In: Poetica. Zeitschrift für Sprach- und Literaturwissenschaft 32 (2000), S. 373–405; Sabine Schneider, Kulturerosionen. Stifters prekäre geologische Übertragung. In: Gamper, Michael/Wagner, Karl (Hg.), Figuren der Übertragung. Adalbert Stifter und das Wissen seiner Zeit, Zürich 2009, S. 249–269; Peter Schnyder, Die Dynamisierung des Statischen. Geologisches Wissen bei Goethe und Stifter. In: Zeitschrift für Germanistik. Neue Folge 19 (2009), S. 540–555; Herwig Gottwald, Felsen, Steine, Mineralien. Wandlungen eines Motivs im Werk Stifters. In: JASILO 16 (2009), S. 71–81.

unter anderem anhand von Stifters *Nachsommer* die „transhumane Perspektive" heraus, die sich in der Geologie eröffnet.[70] Braungart zufolge führe die Entdeckung, dass die Erde älter als die über das Alte Testament errechneten 6000 Jahren ist, zu einer „ungeheuren Relativierung des Menschen" gegenüber der Erdgeschichte; durch die Geologie werden so „Dimensionen eröffnet, welche den Menschen in seinen individuellen und kollektiven Bedeutsamkeiten radikal relativierten."[71] Nun nämlich beschränkte sich, so Stephen Jay Gould, „das menschliche Erdendasein letzten Endes auf eine Millimikrosekunde".[72] Es sei zu einer „fundamentale[n] Erschütterung" von Menschen- und Weltbild gekommen, „an deren Verarbeitung [...] die Literatur beteiligt war", nicht zuletzt Stifters *Nachsommer*. Nach Braungart versuche Heinrich darin, trotz seiner zeitlichen Marginalisierung durch die Geologie, mithilfe derselben Wissenschaft „die scheinbar statische Landschaft in Bewegung zu bringen, unterstützt durch die Einbildungskraft das große Epos von der Entstehung der Welt zu singen"[73] – und dabei komme der Diskurs des Erhabenen ins Spiel: „Die unermeßlichen Zeiträume, welche nicht das Anschauungsvermögen des Menschen in quantitativer Hinsicht überfordern (wie beim Mathematisch-Erhabenen Kants) oder seine Selbsterhaltung bedrohen (wie beim Dynamisch-Erhabenen), sondern ihn in der zeitlichen Dimension nahezu annihilieren, wären der Ausgangspunkt für das *Geologisch*-Erhabene."[74]

---

70 Georg Braungart, ‚Katastrophen kennt allein der Mensch'. Die transhumane Perspektive in der Kulturgeschichte der Geologie. In: Recherche. Zeitung für Wissenschaft Nr. 2 (Oktober/November 2008), S. 17–19.
71 Georg Braungart, Poetik der Natur. Literatur und Geologie. In: Anz, Thomas (Hg.), Natur – Kultur. Zur Anthropologie von Sprache und Literatur, Paderborn 2009, S. 55–77, hier 56 und 60.
72 Gould, auf den sich Braungart bezieht, reiht die ‚Entdeckung' der Tiefenzeit in Sigmund Freuds Liste der menschlichen Kränkungen durch die Wissenschaften – die Kopernikanische Wende, Darwins Evolutionstheorie und Freuds eigene Psychoanalyse – als „vierte Kränkung" im Sinne einer zeitlichen Marginalisierung ein. Vgl. Stephen Jay Gould, Die Entdeckung der Tiefenzeit. Zeitpfeil und Zeitzyklus in der Geschichte unserer Erde, München/Wien 1990, S. 13 f.
73 Braungart, Poetik der Natur. Literatur und Geologie, 2009, S. 56 und 69. Auch Franziska Frei Gerlach geht Geologischem bei Stifter nach und legt dabei den Fokus auf den Sand als Material im „Spannungsfeld von Materialität und Signifikation"; Sand fungiere als „materielles Gedächtnis einer Gesteinsformation [...] auch im übertragenen Sinn als Gedächtniszeichen" und verweise „über das ‚Versanden' aber zugleich auf den Korrespondenzbegriff des Vergessens." Franziska Frei Gerlach, Die Macht der Körnlein. Stifters Sandformationen zwischen Materialität und Signifikation. In: Schneider, Sabine/Hunfeld, Barbara (Hg.), Die Dinge und die Zeichen. Dimensionen des Realistischen in der Erzählliteratur des 19. Jahrhunderts, Würzburg 2008, S. 109–122, hier 109 f. und 112.
74 Georg Braungart, Die Geologie und das Erhabene. In: ders./Greiner, Bernhard (Hg.), Schillers Natur. Leben, Denken und literarisches Schaffen, Hamburg 2005, S. 157–176, hier 166. Braungarts Thesen werden in dieser Studie in Kapitel III.6 weiterverfolgt.

Neben Braungarts Thesen zum Geologisch-Erhabenen im *Nachsommer* liegen noch weitere Beiträge vor, die dem Erhabenen bei Stifter nachgehen. Hans Heinrich Bosshard fasst das Erhabene allerdings ausschließlich im Sinn der rhetorischen Dreistillehre und wirft Stifter so eine „Manier des Kunstvollen, [...] Lebensfremden" vor.[75] Damit verkennt er nicht nur die Vielschichtigkeit der Philosophie, die sich schon mit Pseudo-Longinos' *Perí hýpsus*[76] von der Rhetorik zu lösen begann;[77] damit verkennt er auch das Erhabene in Stifters Texten. Frank Nobbes Beitrag zum Erhabenen im *Bergkristall* ist in theoretischer Hinsicht ergänzungsbedürftig. Nobbe setzt mit der These, Stifter habe im ‚Sanften Gesetz' mit dem Großen in erster Linie das Erhabene zurückgewiesen, „Groß" und „Erhaben" gleich. Ebenso undifferenziert vermischt er im Versuch, Kriterien aufzustellen, „wann vom Erhabenen die Rede sein darf", die Philosophie Burkes mit der Kants,[78] ohne deren gegensätzlichen Ansatzpunkte herauszuarbeiten.[79]

---

75 Vgl. Hans Heinrich Bosshard, Natur, Atopon des Erhabenen, in Stifters ‚Nachsommer'. In: ders., Natur-Prinzipien und Dichtung, Bonn 1979, S. 6–35, hier 29. Zudem fasst Bosshard Stifters Dichtung unter einer „naturwissenschaftliche[n] Sicht" und wirft ihr fehlende „Echtheit" vor: Die Verknüpfung von Mensch und Natur sei in „hohe[m] Maße unsachlich". Ebd., S. 7f. Eine passgenaue Übertragung naturwissenschaftlicher Kategorien auf Literatur kann im Ergebnis ebenfalls nichts anderes als ‚unsachlich' sein.

76 *Perí hýpsus* wurde bis Ende des achtzehnten Jahrhunderts fälschlicherweise Cassius Longinus bzw. im *Codex Parisinus* einem Autor namens Dionysios Longinos zugeschrieben; allerdings ist ein „Schriftsteller namens Dionysios Longinos" abgesehen von dieser Zuschreibung „nirgends bezeugt". Heute „gilt das Werk im allgemeinen als anonym." Vgl. Manfred Fuhrmann, Die Dichtungstheorie der Antike. Aristoteles – Horaz – ‚Longin'. Eine Einführung, Darmstadt ²1992, S. 162f. Im Folgenden wird, wenn von Longin die Rede ist, die Schrift *Perí hýpsus* gemeint sein.

77 Vgl. Dietmar Till, Das doppelte Erhabene. Eine Argumentationsfigur von der Antike bis zum Beginn des 19. Jahrhunderts, Tübingen 2006, S. 18 f.

78 Vgl. Frank Nobbe, Das Erhabene in Stifters *Bergkristall*. In: Hilmes, Carola/Mathy, Dietrich (Hg.), Die Dichter lügen, nicht. Über Erkenntnis, Literatur und Leser, Würzburg 1994, S. 149–162, hier 151–155. Sepp Domandl geht den Spuren Kants in Stifters ‚sanftem Gesetz' nach und kommt dabei zu dem Schluss, Stifter habe bei Kant „viele Stellen" gefunden, „in denen [...] Erhabenes als klein betrachtet und sogar abgewertet wird"; so sei er, vermittelt über Goethe, in seiner „Ablehnung des formlos Erhabenen bestärkt" worden. Sepp Domandl, Die philosophische Tradition von Adalbert Stifters ‚Sanftem Gesetz'. In: VASILO 21 (1972), S. 79–103, hier 89 und 99. Domandl versteht hier aber Kants Verwendung von Begrifflichkeiten wie formlos und zweckwidrig falsch; sie dienen nicht der Ablehnung, sondern der Einordnung des Erhabenen unter die ästhetischen Urteile. Vgl. dazu Fœssel, Analytik des Erhabenen, 2008, besonders S. 104 f.

79 „Erhaben ist bei ihm [i. e. Kant, E. H.] und Schiller der Widerstand gegen das, was vorher das Erhabene hieß." Winfried Menninghaus, Zwischen Überwältigung und Widerstand. Macht und Gewalt in Longins und Kants Theorie des Erhabenen. In: Poetica. Zeitschrift für Sprach- und Literaturwissenschaft 23 (1991), S. 1–19, hier 6.

Burkhard Meyer-Sickendiek kommt im Zuge seiner Untersuchung der Epigonalität des *Nachsommers* auch auf das Erhabene zu sprechen: Der Roman lasse sich als Fortschreibung von Goethes *Wilhelm Meisters Wanderjahren* begreifen; die „Persönlichkeitsentwicklung" Heinrichs entfalte sich „anhand jener Erhabenheitssphäre, die auch der Wilhelm Meister der ‚Wanderjahre'" durchlaufe. Heinrichs „‚Einweihung' in das Erhabene" sei dabei „durch [...] die Gespräche mit Risach" vermittelt; die „Erfahrung", die er „aus seinen Arbeiten als Geologe und Erdforscher" gewinne, reiche dagegen „für eine solche geistige Sicherheit nicht aus".[80] Neben dieser meines Erachtens eklatanten Fehleinschätzung – gerade das Erhabene, das Heinrich im Gebirge erfährt, festigt sein Selbst – zieht Meyer-Sickendiek offenbar nur die Stellen heran, in denen das Wort ‚erhaben' fällt.[81] Auf diese Weise wird er dem Komplex des Erhabenen im *Nachsommer* (und auch möglicherweise dem Erhabenen in Goethes *Wanderjahren*) nicht gerecht. Mit ähnlich mäßigem Erfolg geht auch Sean Ireton Heinrichs Entwicklung bzw. Selbstbildung nach; im zufolge sei das Klettern im Gebirge zusammen mit einer „panoramic height of reflection" dafür ausschlaggebend. Diesen Blick verbindet Ireton aber nicht mit dem Erhabenen, sondern recht uneindeutig mit „feelings of awe" und Petrarcas Besteigung des Mont Ventoux[82] – Petrarcas Gipfelerlebnis als ästhetisches Erleben von Landschaft bzw. Natur zu werten, ist aber in der Forschung umstritten.[83]

---

80 Burkhard Meyer-Sickendiek, Die Ästhetik der Epigonalität. Theorie und Praxis wiederholenden Schreibens im 19. Jahrhundert: Immermann – Keller – Stifter – Nietzsche, Tübingen/Basel 2001, S. 175 und 202f. An anderer Stelle geht Meyer-Sickendiek dem Erhabenen Jean Pauls im *Nachsommer* nach und kommt dabei zum selben Schluss: Heinrich erfahre eine „‚Erweiterung' seiner Persönlichkeit [...] dadurch, dass er als Naturforscher und Geologe von Risach in die Welt der klassischen Kunst [...] eingeführt wird." Seine „Persönlichkeitsentwicklung" entfalte sich dabei „anhand diverser Erhabenheitssphären, die [...] jedoch nurmehr als Ansammlung von Gegenständen der Kunstgeschichte" erscheinen. Burkhard Meyer-Sickendiek, Vollglück in der Beschränkung. Bedingungen moderner Idyllik bei Jean Paul und Stifter. In: Becker, Sabina/Grätz, Katharina (Hg.), Ordnung – Raum – Ritual. Adalbert Stifters artifizieller Realismus, Heidelberg 2007, S. 287–314, hier 309f.
81 Es gibt ein paar Nennungen. Vgl. z. B. Zwei Schwestern. In: HKG, Bd. 1,6, S. 262; Abdias. In: HKG, Bd. 1,5, S. 295; Nachkommenschaften. In: HKG, Bd. 3,2, S. 92; Der Nachsommer. In: HKG, Bd. 4,1, S. 44 und Bd. 4,3, S. 295. Des Weiteren fällt das Wort auch im Sinne von ‚höher stehend', ohne auf das philosophische Erhabene zu rekurrieren. Vgl. ebd., Bd. 4,2, S. 74.
82 Vgl. Sean Ireton, Geology, Mountaineering, and Self-Formation in Adalbert Stifter's *Der Nachsommer*. In: ders./Schaumann, Caroline (Hg.), Heights of Reflection. Mountains in the German Imagination from the Middle Ages to the Twenty-First Century, Rochester, NY 2012, S. 193–209, hier 193–195.
83 Nach Ruth und Dieter Groh reflektiere Petrarca nur „Gelesenes", nicht aber „Gefühle für die Schönheit oder Erhabenheit der Natur". Man sei hier „am Nullpunkt mittelalterlicher Naturer-

Stefan Seeber kommt im Zuge seiner Analyse des Humors in den *Nachkommenschaften* auch auf das Erhabene im *Nachsommer* zu sprechen. Demnach sei die „Fähigkeit, Erhabenheit erfassen zu können, [...] im *Nachsommer* bedingt durch die Entwicklung hin [...] zur Überwindung der Leidenschaften." Seeber zieht dabei den Roman als Schablone für seine Interpretation der *Nachkommenschaften* heran und kann so die Erzählung als Beispiel schädlicher „Heftigkeit der Emotion" deuten, die dem Erkennen von Erhabenheit entgegenstehe.[84] Eine solche Interpretation wird nun weder dem *Nachsommer* noch den *Nachkommenschaften* gerecht, denn – so wird sich in dieser Studie erweisen – im *Nachsommer* werden Leidenschaften besonders von Heinrich mittels des Erhabenen generiert; in den *Nachkommenschaften* ist es nicht zu große Leidenschaft, die das Empfinden des Erhabenen verhindert, sondern gerade mangelnde Leidenschaft, die sich durch das Fehlen einer Malperspektive ausdrückt.[85] Seebers Analyse ist zwar im Gegensatz zu denen von Meyer-Sickendiek und Ireton bezüglich des Erhabenen theoretisch versierter; seine Deutung des Erhabenen verfehlt aber dessen Kern als subjektives und ästhetisches Gefühl.

Doch nicht nur der *Nachsommer* stand im Fokus von Analysen des Erhabenen; so widmet Hans Dietrich Irmscher seine Untersuchung in erster Linie den Erzählungen Stifters wie *Haidedorf*, *Kalkstein* und *Zwei Schwestern* und kommt dabei zu profilierteren Ergebnissen. Zum einen vertritt er die These, Stifter habe die Qualität des Erhabenen nicht im Gebirge, sondern in Landschaften mit „bestimmende[r] *Negativität*" entdeckt, „die durch *Monotonie* charakterisiert sind."[86] Besonders diese Überlegungen Irmschers werden in meiner Studie weiterverfolgt: Stifters Landschaften sind sehr häufig ‚monoton' und merkmalarm und erscheinen zum Teil sogar ‚leer'[87] – eine Charakteristik, die nicht nur der Heide, der Steppe, der Hochebene oder der Wüste (*Abdias*) zukommt, sondern auch im Ge-

---

fahrung" angelangt. Vgl. Ruth Groh/Dieter Groh, Kulturelle Muster und ästhetische Erfahrung. In: Zimmermann, Jörg (Hg.), Ästhetik und Naturerfahrung, Stuttgart-Bad Cannstatt 1996, S. 27–41, hier 28.

84 Stefan Seeber, Der Humor in Adalbert Stifters *Nachkommenschaften*. In: Jahrbuch der Österreichischen Goethe-Gesellschaft 110 (2006), S. 291–317, hier 305–307.

85 Vgl. Kapitel III.3 und Kapitel III.6 in dieser Arbeit.

86 Vgl. Hans Dietrich Irmscher, Phänomen und Begriff des Erhabenen im Werk Adalbert Stifters. In: VASILO 40 (1991), S. 30–58, hier 33.

87 So heißt es in *Brigitta* über die ungarische Puszta: „Anfangs war meine ganze Seele von der Größe des Bildes gefaßt: wie die endlose Luft um mich schmeichelte [...]: – aber wie das morgen wieder so wurde, übermorgen wieder – *immer gar nichts*, als der feine Ring, in dem sich Himmel und Erde küßten, gewöhnte sich der Geist daran, das Auge begann zu erliegen, und von dem *Nichts* so übersättigt zu werden, als hätte es Massen von Stoff auf sich geladen". Brigitta. In: HKG, Bd. 1,5, S. 413, Hervorhebung E. H.

birge (*Hagestolz, Nachsommer*) eine außerordentliche Rolle für das Erhabene spielt.[88] Zum anderen überträgt Irmscher den in Kants *Analytik des Erhabenen* geforderten sicheren Standort des erlebenden Subjekts[89] auf das „Verhältnis des Lesers zur fiktionalen Darstellung" und „auf das Verhältnis einer erdichteten Figur zur Natur",[90] ein Ansatz, der auch in dieser Studie dem Erhabenen als textuellem Phänomen zugrunde gelegt wird.[91] Allerdings interpretiert Irmscher Stifters Erhabenes fast ausschließlich „ohne den Rückgriff auf das Subjekt als ein gegenständliches Phänomen"[92] und geht deshalb den Wirkungen des Erhabenen auf Figuren im Einzelnen kaum nach. In dieser Studie wird sich dagegen zeigen, dass das Erhabene als Gefühl bei Stifter nicht ohne subjektive Wahrnehmung auftritt, dass es also fast ausnahmslos an eine Figur gebunden erscheint.

Im Anschluss an Irmscher macht Franziska Schößler eine monoton wirkende „Urlandschaft" in Stifters Texten aus, „die auf den Ort seiner Herkunft" verweise: „[D]ie Schilderungen exotischer, d. h. Stifter weitgehend unbekannter Orte können auf die Topographie der Oberplaner Gegend zurückgeführt werden", die die Monotonie schon im Namen trage. Das Erhabene der Stifter'schen Landschaften verwirkliche dabei Arthur Schopenhauers Philosophie, denn der erhebe die Ödnis „zum Ort erhabener Empfindungen", indem er Kants Beispiele des Dynamisch-Erhabenen erweitere. Allerdings geht Schößler kaum weiter auf das Erhabene ein; wie das Erhabene auf die Figuren im Text wirkt, wird nur unter Verweis auf Irmscher kurz angesprochen.[93] Der legt seiner Interpretation aber nicht Scho-

---

88 Vgl. dazu Kapitel III.1 in dieser Arbeit.

89 Nach Kant wird der „Anblick" eines Objekts des Erhabenen „nur um desto anziehender, je furchtbarer er ist, wenn wir uns nur in Sicherheit befinden". Kant, Analytik des Erhabenen, 1968, S. 349.

90 Irmscher, Phänomen und Begriff des Erhabenen, 1991, S. 34.

91 Vgl. dazu Kapitel II in dieser Arbeit.

92 Vgl. Irmscher, Phänomen und Begriff des Erhabenen, 1991, S. 39. Eine Ausnahme bildet dabei der *Nachsommer*. Hier interpretiert Irmscher das Erhabene als ein das erlebende Subjekt objektivierendes Gefühl: In der Gletscherwanderung werde Heinrichs „Subjektivität zurückgenommen [...], um das Große der Wirklichkeit in ihrer Gesetzlichkeit zur Geltung zu bringen." Ebd., S. 44 und 53. In dieser Arbeit wird sich dagegen zeigen, dass das Erhabene, das Heinrich auf dem Gletscher empfindet, eine außergewöhnliche Wirkung auf ihn hat und seine Subjektivität mit ausbildet.

93 Schößler argumentiert mit dem tschechischen Wort planá (Stifter wuchs in Oberplan, tschechisch Horní Planá, im Böhmischen Wald auf), das Fläche bedeutet, also auf eine gewisse Eintönigkeit verweise. Vgl. Franziska Schößler, ‚Die düstere Schönheit solcher Oeden'. Zu Stifters Landschaften. In: Ritter, Alexander (Hg.), Sealsfield-Studien 2, München 2000, S. 43–54, hier 45–48. Schößler geht an anderer Stelle dem Erhabenen im *Nachsommer* nach; darin werde – auch hier lassen sich ihre Ergebnisse mit denen Irmschers in Einklang bringen – im Erhabenen die „völlig entäußerlichte Hauptfigur [...] nicht in einem plastischen, detailreichen Innenleben präsentiert, sondern als leere Hülle den Naturprozessen analogisiert." Franziska Schößler, Der

penhauers, sondern in erster Linie Friedrich Theodor Vischers Philosophie zugrunde: Bei Stifter sei das Erhabene „immer schon im Übergang zum Schönen" begriffen, während das Schöne sich „stets zum Erhabenen hin" öffne. Zeichen dafür sei „der Vorgang des Landbaus": In dem Maße, wie sich „menschliche Inseln" im Raum vergrößern, weiche „auch das bedrohlich Große weiter zurück, um dem *Erhabenen* Platz zu machen, das nur im Verhältnis zum Schönen" sich zeige.[94] Diese Deutung scheint mir aber vor allem der Vischer'schen Theorie geschuldet, in der das Erhabene nicht mehr vom Schönen getrennt wird.[95] Deshalb ist es wenig sinnvoll, Stifters Räume nur mit einem Entwurf des Erhabenen – sei es nun Schopenhauers oder Vischers – in Verbindung zu bringen; weit erhellender ist es, mehrere Theorien mit einzubeziehen. Ziel des ersten Interpretationskapitels ist es, aufzuzeigen, dass das Erhabene nicht nur an den Rändern der kultivierten Räume erfahren wird, sondern auch im, mit Irmscher gesprochen, ‚bedrohlich Großen'. Dessen Bedrohlichkeit lässt sich, da ist Irmscher zuzustimmen, kaum mit Vischers Erhabenem fassen, liegt aber besonders dem Erhabenen Edmund Burkes zugrunde.[96]

Neben Schößler knüpft auch Michael Minden an Irmschers Beitrag, besonders an seine Einschätzungen zum Verhältnis von Schönheit und Erhabenheit an: „This ambition in Stifter to combine the Sublime with the Beautiful [...] corresponds to Freud's official theory of artistic creativity, the notion of sublimation. [...] Both Stifter and Freud want to rescue the Sublime for polite society, and this means associating it with the Beautiful in the Romantic fashion." Stifter gehe es dabei um die Frage, „how the Romantic move tended to drive a wedge between moral responsibility and aesthetic experience, exacerbated by his sense of the moral threat of revolutionary insurrection, which he associated with sexual

---

Weltreisende Alexander von Humboldt in den österreichischen Bergen. Das naturwissenschaftliche Projekt in Adalbert Stifters *Nachsommer*. In: Becker, Sabina/Grätz, Katharina (Hg.), Ordnung – Raum – Ritual. Adalbert Stifters artifizieller Realismus, Heidelberg 2007, S. 261–285, hier 278.

94 Vgl. Irmscher, Phänomen und Begriff des Erhabenen, 1991, S. 51.

95 Das Erhabene ist nach Vischer eine „Gärung innerhalb des Schönen selbst", also ein Teil des Schönen und damit kein eigenständiger ästhetischer Begriff. Vgl. Friedrich Theodor Vischer, Über das Erhabene und Komische. In: ders., Über das Erhabene und Komische und andere Texte zur Ästhetik, Frankfurt a. M. 1967, S. 37–215, hier 69 f. Das Erhabene Vischers wird aber auch in dieser Studie herangezogen. Vgl. dazu Kapitel III.3 in dieser Arbeit.

96 Burke definiert das Erhabene als „delightful horror". Edmund Burke, A Philosophical Enquiry into the Origin of Our Ideas of the Sublime and the Beautiful, Mineola, NY 2008, S. 105. Zudem wurde seine Philosophie wirkmächtig, weil darin das Erhabene erstmals eindeutig vom Schönen getrennt wurde: „They are indeed ideas of a very different nature, one beeing founded on pain, the other on pleasure". Ebd., S. 97.

depravity."[97] Zu diesem Schluss kann Minden gelangen, indem er Briefe heranzieht, in denen sich Stifter freilich nicht zum Erhabenen, sondern zu zeitgenössischen Ereignissen wie der ungarischen Revolution von 1848/1849 äußerst.[98] Allerdings handelt sich bei dem Verweis auf Freuds Begriff der Sublimierung nur um einen Zwischenschritt in Mindens Argumentation; im Grunde geht es ihm darum, Stifters Darstellung des Unheimlichen in Vergleich zum Unheimlichen E. T. A. Hoffmanns als „in a way commensurate with the real effect of the traditional Sublime" zu interpretieren, um Stifter so als den „missing link in a continuous chain in the cultural history leading from the traditional philosophical Sublime to the uncanny Sublime of modernity" herausstellen zu können.[99] Eine solche Einordnung wirft aber gleich mehrere Probleme auf. Zum einen gibt es schlichtweg nicht nur einen ‚wirklichen' oder ‚echten' Effekt des Erhabenen oder überhaupt nur ein ‚traditionelles' Erhabenes; vielmehr sind die jeweiligen Entwürfe an „unterschiedlichen Paradigmata orientiert und – dementsprechend – auf unterschiedliche Typen des Erhabenen gerichtet".[100] Zum anderen kann eine Charakterisierung der Stifter'schen Verarbeitung des Erhabenen als postmodern, wenigstens aber als Vorläufer des Lyotard'schen Erhabenen – und an diesem Punkt gelangt Minden an[101] – kaum Erkenntnisse darüber liefern, wie das Erhabene in Stifters Texten erscheint, woran es in einer Interpretation festgemacht werden kann und in welcher Weise es auf die Figuren wirkt. Es scheint, als eigne sich das postmoderne Erhabene Lyotards[102] nicht, um solche Fragen zu beantworten: Nach Torsten Hoffmann habe Lyotard zwar „einen internationalen, interdisziplinären Forschungsboom in Gang gesetzt", ohne aber selbst eine „ko-

---

97 Michael Minden, Stifter and the Postmodern Sublime. In: JASILO 11 (2004), S. 9–21, hier 12.

98 Vgl. ebd., Anm. 24.

99 Ebd., S. 17.

100 Werner Strube, Der Begriff des Erhabenen in der deutschsprachigen Ästhetik des 18. Jahrhunderts. In: Kreimendahl, Lothar (Hg.), Aufklärung und Skepsis. Studien zur Philosophie und Geistesgeschichte des 17. und 18. Jahrhunderts, Stuttgart-Bad Cannstatt 1995, S. 272–302, hier 299 f.

101 Minden, Stifter and the Postmodern Sublime, 2004, S. 17 f.

102 Nach Lyotard gehe es im Erhabenen um das „Fragezeichen selbst" in der „Weise, in der das *Es geschieht*, sich zurückhält und ankündigt: *Geschieht es?*" Das Erhabene werde dabei durch „die Drohung, daß nichts mehr geschieht", hervorgerufen. Vgl. Jean-François Lyotard, Das Erhabene und die Avantgarde. In: Le Rider, Jacques/Raulet, Gérard (Hg.), Verabschiedung der (Post-)Moderne? Eine interdisziplinäre Debatte, Tübingen 1987, S. 251–269, hier 254 und 261. Lyotard nutzt diese Definition, um der Frage nachzugehen, was postmodern ist; demnach ist etwas postmodern, „das sich auf die Suche nach neuen Darstellungen begibt, jedoch nicht, um sich an deren Genuss zu verzehren, sondern um das Gefühl dafür zu schärfen, dass es ein Undarstellbares gibt." Jean-François Lyotard, Antwort auf die Frage: Was ist postmodern?. In: ders., Postmoderne für Kinder. Briefe aus den Jahren 1982–1985, Wien ³2009, S. 13–32, hier 31.

härente Theorie des Erhabenen formuliert" zu haben. „Seine zahlreichen Veröffentlichungen zum Thema schließen an unterschiedliche begriffsgeschichtliche Bezugspunkte an und verfügen über keine einheitliche Terminologie."[103] Marcus Hahn, der Zuschreibungen wie die Mindens kritisiert, bringt das Problem auf den Punkt: Schreibe man Stifter „eine ‚Modernität' oder ‚Postmodernität' zu", müsse man sich bewusst sein, dass „diese Namen dann weniger Epochenkategorien als die Inkommensurabilität von ‚Literatur' überhaupt bezeichnen."[104]

Auch Isolde Schiffermüller legt ihrer Interpretation von Stifters *Sonnenfinsterniß am 8. Juli 1842* das Erhabene Lyotards zugrunde. Bei der *Sonnenfinsterniß* handle es sich um den „Schlüsseltext für das Verständnis der Poetik" Stifters, denn darin werde die „ästhetische Struktur des Erhabenen [...] auf paradigmatische Weise lesbar." Es komme in einem Ereignis „zur Sprache, das die sprachliche Repräsentation an ihre Grenzen führt: mit der Quelle des Lichts entzieht sich die Sichtbarkeit und Darstellbarkeit der Welt." Ein „Bruch in der metaphorischen Bildlichkeit" markiere dabei „die Grenze des Repräsentierbaren", also das Erhabene.[105] Auch Daniel Tobias Seger geht der Grenze der Sprache in der *Sonnenfinsterniß* nach, allerdings unter den Vorgaben des Kant'schen Erhabenen: Der Erzähler versuche über die Metapher „Lichtmusik" die „bloß lautliche Äußerung des Körpers jenseits sprachlicher Strukturiertheit" wieder „einzuholen". Das berge aber die Gefahr, dass die Betrachter der Sonnenfinsternis „zu erstarrten, sprachlosen, nur noch zu rein körperlichen Reaktionen fähigen Wesen verzeichnet werden". Deshalb erweise sich die „erhabene Selbstkonstitution [...] als zwangsläufig fragwürdig".[106] Zwar kann das Erhabene an einer Metapher bzw. an

---

103 Torsten Hoffmann, Konfigurationen des Erhabenen. Zur Produktivität einer ästhetischen Kategorie in der Literatur des ausgehenden 20. Jahrhunderts (Handke, Ransmayr, Schrott, Strauß), Berlin/New York 2006, S. 30 f.

104 Vgl. Marcus Hahn, Stifters ‚Garten voll Gespenster'. Epigonalität/‚Postmoderne', *Narrenburg/Nachkommenschaften*. In: JASILO 11 (2006), S. 56 – 65, hier 60.

105 Vgl. Isolde Schiffermüller, Buchstäblichkeit und Bildlichkeit bei Adalbert Stifter. Dekonstruktive Lektüren, Bozen 1996, S. 31 f. Nach Geulen zeige sich in der Metapher kein Bruch, sondern Erhebung: „Daß das Erhabene hier die Selbsterhebung des Autors ist, zeigt sich zuletzt daran, daß die Feder nicht nur das Ereignis beschreibt, sondern es, zumindest qua Metapher, selbst ist. [...] Keine sprachlose Naturgewalt beweist ihre Macht, an der Vernunft ihres eigenen Scheiterns inne zu werden droht, sondern eine allerdings als göttlich apostrophierte Schrift." Geulen, Darstellungsproblematik und Sprachreflexion, 1992, S. 24.

106 Vgl. Daniel Tobias Seger, Jenseits der Rahmen. Stifters Verzeichnis des Erhabenen. In: Weimarer Beiträge. Zeitschrift für Literaturwissenschaft, Ästhetik und Kulturwissenschaften 48 (2002), S. 290 – 296, hier 293 – 295. Vgl. dazu Sonnenfinsterniß am 8. Juli 1842. In: PRA, Bd. 15,2, S. 15 f. Auch Ritzer geht zumindest an einer Stelle auf das Erhabene in der *Sonnenfinsterniß* ein, äußert sich aber nicht zu anderen Texten Stifters. „Wenn Stifter in diesem Kontext die Dialektik des Erhabenen zitiert, so zielt dies nicht mehr auf die Subjektivitätsvergewisserung des acht-

einem ‚metaphorischen Bruch' im Text in Erscheinung treten; es aber ausschließlich an Metaphern bzw. an einer bestimmten Metapher festzumachen, wird jedoch weder den Theorien des Erhabenen noch Stifters Verarbeitungen gerecht. Zudem stellt die *Sonnenfinsterniß* als Augenzeugenbericht sicherlich eine Ausnahme innerhalb von Stifters Werk dar. Für eine umfassendere Untersuchung des Erhabenen bei Stifter müssen auch seine Erzählungen und Romane herangezogen werden.

In diesem Sinne beschäftigt sich Bettine Menke mit dem Erhabenen in Stifters *Condor* – seine Erzählung über eine Ballonfahrt. Darin werde das Erhabene in Anlehnung an Kants vorkritische Schrift *Beobachtungen über das Gefühl des Schönen und Erhabenen* als Teil der „Geschlechterpolitik des 18. Jahrhunderts" dargestellt: Während die im Luftschiff anwesenden Männer sich vor dem „Versagen in Sachen Erhabenheit" über eine „naturwissenschaftliche Perspektive" retten könnten, müsse Cornelia, einzig anwesende Frau, daran scheitern. In ihrem Scheitern kennzeichne „Stifters Novelle [...] die Desintegration, die die Wahrnehmung im Aufstieg des Ballons bedrohe, als Ent-Rahmung".[107] Seger, der neben der *Sonnenfinsterniß* auch den *Condor* für seine Analyse des Erhabenen heranzieht, schließt sich Menkes Interpretation an: Im *Condor* sei „das Erhabene als Kategorie der Selbstergreifung des Subjekts als Vernunftwesen im Sinne Kants auf den Rahmen bezogen, während es jenseits desselben (d. h. im Inneren des Werks) bzw. bei seiner Dynamisierung sich ins Gegenteil verzeichnet sieht und die Subjekte entmenschlicht."[108] Aus diesem Scheitern der Rahmung, so nun Menke, erklärten sich „die Versuche der späten Texte Stifters, Ordnung ‚immer schon' etabliert zu haben, eine Ordnung, die die ihnen vorausgehende Differenz, den Ab-Grund ohne Unterscheidungen und Gegebenheit [...], gar nicht erst ignorieren müßte."[109] Ähnlich sieht das Monika Ehlers: „Während philosophische Untersuchungen [...] das Erhabene als undarstellbares, grenzenloses Außerhalb ihrer begrifflichen Ordnung thematisieren, [...] gehen Texte [...] Stifters den Ritualen und performativen Akten der Grenzziehung nach, die diese Ordnung etablieren." Stifters Schreiben stelle sich, so Ehlers anhand von *Condor, Aus dem Bairischen*

---

zehnten Jahrhundert, sondern auf die Bedeutung des Verstandes, der die Gesetzmäßigkeit der Natur zu begreifen vermag." Die scheinbare „Lenkung" der Natur setze aber „das Bewußtsein von der Fundamentalität und faktischen Dominanz der Natur voraus." Ritzer, Zur Bedeutung der Naturwissenschaft für Stifter, 2007, S. 140 f.

107 Vgl. Bettine Menke, Rahmen und Desintegrationen. Die Ordnung der Sichtbarkeit, der Bilder und der Geschlechter. Zu Stifters ‚Der Condor'. In: Weimarer Beiträge. Zeitschrift für Literaturwissenschaft, Ästhetik und Kulturwissenschaften 44 (1998), S. 325–363, hier 333f. und 336.

108 Seger, Stifters Verzeichnis des Erhabenen, 2002, S. 292.

109 Menke, Rahmen und Desintegrationen, 1998, S. 345.

Walde und *Ein Gang durch die Katakomben,* als „ritualisierter Versuch einer erzählerischen Rahmung" gegen den „Schrecken des Formlosen, Chaotischen,
Abgründigen", über die „sich Ordnungen erst etablieren".[110] Dagegen wird sich in
dieser Studie zeigen, dass beispielsweise im *Nachsommer* das Erhabene und der
darin liegende ‚Abgrund' regelrecht aufgesucht werden, nicht um Ordnung zu
etablieren, sondern um Ordnung zu ‚entkommen'. Heinrichs Erfahrungen des
Erhabenen stehen außerhalb der Risach'schen Ordnung im Asperhof, denn er
erlebt es nicht dort, sondern auf seinen Expeditionen im Gebirge. Geht es in
Stifters Texten darum, Ordnung als immer schon etablierte darzustellen, so dient
dafür nicht das Erhabene; denn es ist das Erhabene, das – besonders im *Nachsommer* – die Möglichkeit bietet, aus Ordnungen ‚auszubrechen'.[111]

Die nicht-fiktionalen Texte[112] *Ein Gang durch die Katakomben* und *Aus dem
Bairischen Walde* sind nicht nur bei Ehlers Textgrundlage einer Analyse des Erhabenen. Nach Florian Welle knüpfe Stifter besonders in Letzterem an die „Ästhetik des Erhabenen" im Sinne Burkes an. Da der Schneefall „Stifters Auge [...]
keine Orientierungspunkte mehr" erkennen lasse, versage aber der „identitäts-
stiftende Diskurs des Erhabenen"; zurück bleibe nur „furchtbare[r] Schrecken".
Welles Interpretation ist zwar nachvollziehbar, er übersieht aber, dass das Burke'sche Erhabene keine Erhebung des Subjekts durch, so Welles Worte,
„menschliche Vernunft" kennt.[113] Es ist also nicht das Erhabene ‚an sich', das
scheitert, denn nur das Kant'sche Erhabene und in dessen Folge das Schiller'sche
gehen von einer vernunftgemäßen Erhebung des Subjekts über die Natur aus.
Auch Joseph Metz' Lektüre von *Ein Gang durch die Katakomben* ist im Umgang mit
der Philosophie ungenau. Ihm zufolge werde darin zwar Kants Erhabenes verarbeitet, allerdings „gefährlich *un*-kantisch", denn der eigentlich dynamisch-erhabene Tod werde mathematisch-erhaben beschrieben: Die „Katakomben und ihre
Darstellung durch Stifter enthalten mehr Leichen, als jemals in sie hineinpassen
könnten." Der Essay bewege sich deshalb „auf die Formulierung eines neuen
Erhabenen hin, das den ‚desublimierenden' und profanisierenden Kräften der

---

110 Monika Ehlers, Grenzwahrnehmungen. Poetiken des Übergangs in der Literatur des
19. Jahrhunderts. Kleist – Stifter – Poe, Bielefeld 2007, S. 73 und 166.
111 Vgl. dazu Kapitel III.6 in dieser Arbeit.
112 Mayer versammelt diese Texte unter dem Schlagwort „[n]icht-fiktionale Prosa", stellt aber
zugleich heraus, dass z. B. die *Sonnenfinsterniß* „zwischen autobiographischem Bericht und
Fiktion" angesiedelt werden kann. Vgl. Mayer, Erzählen als Erkennen, 2001, S. 213.
113 Vgl. Florian Welle, Der irdische Blick durch das Fernrohr. Literarische Wahrnehmungsexperimente vom 17. bis zum 20. Jahrhundert, Würzburg 2009, S. 187–189.

Moderne entspricht."[114] Das tut es aber nur, sofern man Kants Erhabenes zugrunde legt. Nimmt man stattdessen das Burke'sche, das den Tod als erhabenen Gegenstand kennt,[115] kann es kaum als ‚unkantisch' und ‚neu' interpretiert werden.

Es dürfte offensichtlich sein, dass die hier gelisteten Beiträge zum Erhabenen bei Stifter jeweils ‚Lücken' offen lassen oder im Umgang mit den verschiedenen Theorien Defizite aufweisen (Metz, Welle, auch Bosshard, Nobbe). Zudem wird das Erhabene nicht nur an den Stellen in Stifters Texten dargestellt bzw. zur Darstellung bestimmter Aspekte herangezogen, in denen der Begriff fällt (Meyer-Sickendiek). Des Weiteren ist das Erhabene bei Stifter kein gegenständliches Phänomen (Irmscher), vielmehr erweist es sich als ein äußerst subjektiver Wahrnehmungsmodus *von* Gegenständen: Die Erfahrung des Erhabenen ist fast immer an eine Figur im Text gebunden. Dabei etabliert bzw. zerstört das Erhabene keine wie auch immer geartete Ordnung (Ehlers, Menke, Seger), sondern lässt das jeweilige erlebende Subjekt gerade die Unordnung, das Chaos der äußeren Welt erfahren. Weder Petrarcas Bericht vom Mont Ventoux (Ireton) noch Lyotards Überlegungen zum postmodernen Erhabenen (Minden, Schiffermüller) eignen sich für eine Analyse des Erhabenen bei Stifter; Ersteres, weil Petrarca nicht das Erhabene beschreibt, Letzteres, weil darin keine kohärente Theorie des Erhabenen aufgestellt wird. Dennoch ist die Stifter'sche Verarbeitung des Erhabenen nicht auf allein eine theoretische Basis zu beschränken (Irmscher, Schößler); vielmehr ist sie so variantenreich, dass neben den philosophischen Konzepten Kants und Schillers die Ausführungen Vischers, Burkes und Longins ebenfalls Erkenntnisgewinn versprechen. Dieser Variantenreichtum zeigt sich aber nur, wenn man der Analyse des Erhabenen in Stifters Werk ein breiteres Textcorpus zugrunde legt. Einige Texte Stifters, besonders aber die Erzählungen, wurden bezüglich des Erhabenen bisher überhaupt noch nicht in den Blick genommen;[116] es fällt sogar eine gewisse Häufung von Lektüren nicht-fiktionaler Texte wie der

---

114 Vgl. Joseph Metz, ‚Es ist ein seltsam, furchtbar erhabenes Ding, der Mensch': Verdinglichung, absoluter Mehrwert und das perverse Erhabene in Adalbert Stifters proto-benjaminischen Stadtbildern. In: Arndt, Christiane/Brodersen, Silke (Hg.), Organismus und Gesellschaft. Der Körper in der deutschsprachigen Literatur des Realismus (1830–1930), Bielefeld 2011, S. 49–67, hier 59–61.

115 Nach Burke kann alles, was Schmerz oder Schrecken hervorruft, eine Quelle des Erhabenen sein, besonders aber der Tod: „[A]s pain is stronger in its operation than pleasure, so death is in general a much more affecting idea than pain". Auch Ewigkeit und Unendlichkeit geht Burke nach: „The ideas of eternity, and infinity, are among the most affecting we have". Burke, A Philosophical Enquiry, 2008, S. 25 und 43.

116 Hoffmanns Forschungsüberblick legt nahe, dass das Erhabene bei Stifter ausreichend erforscht sei. Vgl. Hoffmann, Konfigurationen des Erhabenen, 2006, S. 15f.

Sonnenfinsterniß, Ein Gang durch die Katakomben und *Aus dem Bairischen Walde* auf. Die wenigen Beiträge, die sich mit dem *Nachsommer* beschäftigen, versuchen fast durchgängig – als Ausnahme können wohl nur Braungarts Überlegungen zum „*Geologisch*-Erhabene[n]" gelten[117] – die Rede von der alles still stellenden Ordnung im Roman zu festigen.[118] Dabei werden besonders Heinrichs Erfahrungen im Gebirge vernachlässigt, in denen ihm aber – so meine These – nahezu immer das Erhabene zuteil wird. Schließlich liefert keine der hier genannten Ausführungen eine zufriedenstellende Methode zum Erhabenen als Textphänomen. Die Frage, wie und wo Stifter die Philosophie des Erhabenen rezipieren konnte, ist offensichtlich noch gar nicht gestellt worden.[119]

2 Thesen, Ziele und Aufbau der Arbeit

Es kann kaum davon ausgegangen werden, dass Stifter sich unmittelbar mit der Philosophie des Erhabenen auseinandergesetzt hat; zumindest finden sich dafür keine Belege. Einerseits hat er sich – trotz seiner ausgiebigen Beschäftigung mit dem Gebirge[120] – meines Wissens nie zu Theorien des Erhabenen geäußert,[121]

---

117 Braungart, Die Geologie und das Erhabene, 2005, S. 166.

118 So eine weit verbreitete These. Vgl. z. B. Begemann, Welt der Zeichen, 1995, S. 322; Becker, Inszenierte Ordnung in Stifters *Nachsommer*, 2007, S. 318; Rina Schmeller, Die Lücken schließen. Pädagogische und poetologische Dimensionen der Architektur in Adalbert Stifters ‚Nachsommer'. In: Hofmannsthal. Jahrbuch. Zur europäischen Moderne 21 (2013), S. 315–352, besonders 318 f.

119 Sieht man einmal von Schößlers Beitrag, der den Spuren Alexander von Humboldts in Stifters *Nachsommer* nachgeht, ab. Wie in Humboldts Texten präsentiere sich das Erhabene auch im *Nachsommer* als „olympische[r]" Blick; bei Stifter werde aber die „völlig entäußerlichte Hauptfigur [...] nicht in einem plastischen, detailreichen Innenleben präsentiert, sondern als leere Hülle den Naturprozessen analogisiert.", Vgl. Schößler, Das naturwissenschaftliche Projekt, 2007, S. 277 f. In dieser Studie wird dagegen gezeigt werden, wie Heinrichs Subjektivität über das Erhabene an Kontur gewinnt.

120 Zur Verbindung der Alpen mit dem Erhabenen vgl. z. B. Lucas Marco Gisi, ‚Für lauter Wollust sah gar nichts'. Der Wandel des ‚Blicks' auf die Alpen im 18. Jahrhundert. In: Variations. Literaturzeitschrift der Universität Zürich 12 (2004), S. 91–107.

121 Allerdings geht Stifter in *Winterbriefe aus Kirchschlag* der Frage nach, was Schönheit ist, um schließlich ein Beispiel zu bringen, das traditionell dem Erhabenen zugesprochen wird – ohne einen philosophischen Ansatz zu erwähnen. Vielmehr spricht er, wie in Anm. 62 dargelegt, der Philosophie einen Erkenntniswert ab. „Was ist Schönheit? [...] Wenn man den Sternenhimmel betrachtet, und wenn man weiß, daß das Licht, welches in der Sekunde einen Weg von 40.000 Meilen macht, von manchen Sternen zu uns her Jahrtausende braucht, [...] wenn man weiß, daß der Nebelring der Milchstraße aus lauter Sonnensistemen in ungeheurem Abstande von uns besteht, [...] und wenn man nun frägt, hat dieses Alles eine Gränze, und wenn man sich vorstellen will, daß außerhalb der Gränze der leere Raum fortgeht, und wenn man sich dies nicht

andererseits lässt auch seine Bibliothek[122] nicht auf eine unmittelbare Rezeption schließen.[123] Geht man davon aus, dass Stifter das Erhabene dennoch ein Begriff war, muss man sich die Frage stellen, wie, das heißt, über welche Texte, er es rezipieren konnte – ein Problem, dem in der bisherigen Forschung nicht nachgegangen wurde. Meiner These nach ist das Erhabene dem natur- und populärwissenschaftlichen Diskurs des achtzehnten und frühen neunzehnten Jahrhunderts inhärent; vor allem Kants *Analytik des Erhabenen* hielt, zusammen mit der *Kritik der reinen Vernunft*,[124] Einzug in naturwissenschaftliche Werke der Zeit. Darin fand es aber nicht nur Verwendung, sondern es erfuhr zudem eine dezidierte Weiterverarbeitung, die ganz eigene und im Vergleich zum theoretischen Erhabenen neue Funktionen offenbart: Das Erhabene des achtzehnten Jahrhunderts kann diskursgeschichtlich als eine Denkfigur begriffen werden,[125] die deutlich von den durch die Naturwissenschaften ausgelösten Erschütterungen des Weltbildes beeinflusst wurde.[126] Dennoch mussten auch die Naturwissenschaften darauf reagieren – und das taten sie unter anderem mithilfe des Erhabenen. Im ersten Kapitel der vorliegenden Studie wird diese Zirkulation des Erhabenen in den Naturwissenschaften herausgearbeitet: Es ist als Reaktion auf die besonders durch Astronomie und Geologie ausgelösten Weltbildwandel entstanden, um schließlich wieder in die Naturwissenschaften einzugehen und dort als eigenständiges ästhetisches Argumentationsmuster Verwendung zu finden. Stifter konnte so das Erhabene über populärwissenschaftliche Texte rezipieren, ohne die jeweiligen philosophischen Texte gelesen zu haben. Dass er sich ausgiebig mit den Naturwissenschaften beschäftigt hat, geht indessen aus seiner

---

vorstellen kann, und wenn man sich vorstellen will, das Weltall geht ins Endlose fort, und wenn man sich das auch nicht vorstellen kann: so steht eine Schönheit vor uns auf, die uns entzükt, und schaudern macht, die uns beseligt und vernichtet." Winterbriefe aus Kirchschlag. In: HKG, Bd. 8,2, S. 340.

122 Siehe Streitfeld, Aus Stifters Bibliothek, 1977.

123 Auch Metz geht davon aus, dass Stifter Kant „aus zweiter Hand gekannt" hat. Metz, Verdinglichung, absoluter Mehrwert und das perverse Erhabene, 2011, S. 59. Allerdings geht auch Metz nicht der Frage nach, woher Stifter das Erhabene Kants kannte.

124 Zu Kants Einfluss auf die Naturwissenschaften Ende des achtzehnten und Anfang des neunzehnten Jahrhunderts vgl. Harry A. M. Snelders, Über den Einfluß des Kantianismus und der romantischen Naturphilosophie auf Physik und Chemie in Deutschland zu Beginn des 19. Jahrhunderts. In: Donnert, Erich (Hg.), Europa in der Frühen Neuzeit, Bd. 3, Weimar u. a. 1997, S. 767–777.

125 Nach Walter Erhart ist das Erhabene eine „Denkfigur", die „literarische Inhalte" hervorbringen und „zugleich eine moderne Poetik der Kultur" beschreiben könne. Erhart, Das Erhabene, das Schöne und die moderne Literatur, 1997, S. 105.

126 Vgl. dazu Hans Blumenberg, Die Genesis der kopernikanischen Welt, Frankfurt a. M. 1975, S. 77 f.

Biographie[127] und seinem Werk gleichermaßen hervor.[128] Allerdings erweist sich sein Wissenschaftsverständnis als äußerst heterogen und widersprüchlich. Beispielsweise fand über Georg Christian Raffs *Naturgeschichte für Kinder* (1780) die „Drei-Reiche-Lehre", die schon zu Stifters Lebzeiten als einigermaßen antiquiert galt[129] und dennoch immer wieder zum Tragen kam,[130] Eingang in die Erzählung *Zwei Schwestern*.[131] Über Wissenschaftler wie Andreas Baumgartner und Josef Johann von Littrow lernte Stifter den gerade entstehenden Empirismus und – zugleich – die Philosophie des Erhabenen kennen. So heißt es in Littrows *Die Wunder des Himmels*: „Zwei Dinge sind es, sagt der unsterbliche Mann, der Deutschland zur philosophischen Schule Europas gemacht hat, zwei Dinge sind es, die vor allen anderen würdig erscheinen, die Aufmerksamkeit des menschlichen Geistes zu fesseln, und die ihn mit immer neuer Bewunderung erfüllen: *das moralische Gesetz in uns, und der gestirnte Himmel über uns.*"[132] Über Adolph von Morlots *Erläuterungen zur geologischen Übersichtskarte der nordöstlichen Alpen* – ein Text, der bisher nicht mit Stifter in Verbindung gebracht wurde[133] – und über Friedrich Simonys Expeditionsberichte konnte Stifter nicht nur den zeitgenössischen Wissensstand der Geologie, sondern zugleich, so Braungart, die „Vorstellung des Erhabenen",[134] besonders aber das „*Geologisch*-Erhabene", das ja auf der Marginalisierung des Menschen durch die Entdeckung der geologischen Tiefenzeit fußt, rezipieren.[135]

---

127 Vgl. z. B. Moriz Enzinger, Adalbert Stifters Studienjahre (1818–1830), Innsbruck 1950.
128 Stifters Figuren betätigen sich oft wissenschaftlich, z. B. im *Nachsommer*, in der *Narrenburg* oder in *Brigitta*.
129 Auch Herder vertrat noch die Drei-Reiche-Lehre. Vgl. Begemann, Metaphysik und Empirie, 2002, S. 113 f.
130 In Kapitel I wird von Samuel Schillings *Grundriß der Naturgeschichte* die Rede sein, der sich auch an der Drei-Reiche-Lehre orientiert und dennoch 1862 in der achten Auflage erscheinen konnte.
131 Vgl. *Zwei Schwestern*. In: HKG, Bd. 1,6, S. 356 f.
132 Joseph Johann von Littrow, Die Wunder des Himmels oder gemeinfaßliche Darstellung des Weltsystems. Zweite verbesserte Auflage in Einem Bande, Stuttgart 1837, S. 3. Vgl. dazu Immanuel Kant, Schriften zur Ethik und Religionsphilosophie 1. In: Immanuel Kant. Werke. Bd. VII, hg. von Wilhelm Weischedel, Frankfurt a. M. 1974, S. 300 [Kritik der praktischen Vernunft].
133 Stifter besaß diesen Band. Vgl. Streitfeld, Aus Stifters Bibliothek, 1977, S. 142.
134 Georg Braungart, Der Hauslehrer, Landschaftsmaler und Schriftsteller Adalbert Stifter besucht den Gletscherforscher Friedrich Simony. Hallstatt, im Sommer 1845. In: ders. u. a. (Hg.), Bespiegelungskunst. Begegnungen auf den Seitenwegen der Literaturgeschichte, Tübingen 2004, S. 101–118, hier 112.
135 Vgl. Braungart, Die Geologie und das Erhabene, 2005, S. 166.

Anschließend wird im zweiten Kapitel das Problem behandelt, wie das Erhabene, das in der Philosophie mit wirklicher Natur verbunden[136] und schon *per definitionem* sprachlich nicht fassbar ist,[137] an der Oberfläche einer literarisch beschriebenen Natur (und anderer Gegenstände) als *textuelles* Phänomen erscheinen kann. Stifters Stil, der schon in der zeitgenössischen Kritik als statisch[138] und in der Forschung als monoton und langweilig charakterisiert wurde,[139] scheint, denkt man an Quintilians Definition des *genus sublime*,[140] kaum geeignet, das Erhabene darzustellen. Mit Longins Einordnung des *fiat lux*-Zitats unter diejenige „Quelle" des Erhabenen, die die „kraftvolle Fähigkeit" hat, „erhabene Gedanken zu erzeugen",[141] kommt es aber, so Dietmar Till, zu einer „Verbindung von Sublimität und Simplizität, von erhabenem Inhalt und einfachem Stil". Diese „erhabene Simplizität" außerhalb des „kunst*vollen*" rhetorischen Systems[142] ist in Stifters zur Langatmigkeit neigendem Stil greifbar. Um auch das erhabene Gefühl[143] vor diesem Hintergrund als textuelles Phänomen fassen zu können, gehe ich von einem Ausdruck im ‚gemischten Gefühl' aus,[144] das über die Qualität des Widersprüchlichen mit dem Erhabenen verbunden ist:[145] Burke definierte das Erhabene als „delightful horror"[146] und Kant beschrieb es als ein „Gefühl der

---

[136] Schon Longin verband das Erhabene mit Naturerscheinungen wie dem „Krater des Ätna". Vgl. Longinus, Vom Erhabenen, 1988, S. 89 (35,4).

[137] Nach Raoul Schrott ist das Erhabene „ein Rätsel, das gerade im Unvermögen liegt, es genau mit Worten zu benennen." Raoul Schrott, Tropen. Über das Erhabene, München/Wien 1998, S. 8.

[138] Vgl. z. B. Georg Lukács, Erzählen oder Beschreiben? Zur Diskussion über Naturalismus und Formalismus. In: ders., Probleme des Realismus, Berlin ²1955, S. 103–145, besonders 121.

[139] Vgl. z. B. Peter Küpper, Literatur und Langeweile. Zur Lektüre Stifters. In: Stiehm, Lothar (Hg.), Adalbert Stifter. Studien und Interpretationen. Gedenkschrift zum 100. Todestag, Heidelberg 1968, S. 171–188.

[140] Quintilian definiert das *genus sublime* als „Strom, der Felsen mitreißt". Quintilian (Marcus Fabius Quintilianus), Ausbildung des Redners. Zwölf Bücher. Institutionis oratoriae libri XII, hg. von Helmut Rahn, Darmstadt ³1995, S. 781 (XII 10, 61).

[141] Vgl. Longinus, Vom Erhabenen, 1988, S. 25–27 (9,9) und 19 (8,1).

[142] Vgl. Till, Das doppelte Erhabene, 2006, S. 42f.

[143] Kant definiert das Erhabene als „ästhetisches Gefühl". Vgl. Fœssel, Analytik des Erhabenen, 2008, S. 102. Nach Burke ist das Erhabene „productive of the strongest emotion which the mind is capable of feeling." Burke, A Philosophical Enquiry, 2008, S. 24.

[144] Der Begriff stammt von Schiller, der das Erhabene in Anlehnung an Kant als ein „gemischtes Gefühl" aus „Wehseyn" und „Frohseyn" definiert. Schiller, Ueber das Erhabene, 1963, S. 42.

[145] Das ‚gemischte Gefühl' avancierte im achtzehnten Jahrhundert zwar zu einem Terminus der Ästhetik, blieb aber auch in der Theorie ein widersprüchliches Phänomen. Vgl. Carsten Zelle, ‚Angenehmes Grauen'. Literarhistorische Beiträge zur Ästhetik des Schrecklichen im achtzehnten Jahrhundert, Hamburg 1987, S. XVII.

[146] Burke, A Philosophical Enquiry, 2008, S. 105.

Unlust [...] und eine dabei zugleich erweckte Lust".[147] Wenn Otto Falkhaus als erlebendes Subjekt in *Zwei Schwestern* die „düstere Schönheit solcher Oeden" schildert und so versucht, deren „unaussprechlich[e]" Wirkung in Worte zu fassen,[148] vollzieht er die Widersprüchlichkeit des Erhabenen nach.

Vor diesem methodischen Hintergrund werden im dritten Teil dieser Studie einschlägige Texte Stifters analysiert. Das Textcorpus bezieht sich dabei auf das Erzählwerk; nicht-fiktionale bzw. essayistische Schriften werden dagegen nicht analysiert.[149] Der Grund dafür liegt darin, dass es in dieser Arbeit nicht zuletzt darum geht, das Erhabene als subjektives Gefühl herauszuarbeiten, das besondere Funktion für die Figurenentwicklung aufweist. Anders als in Schiffermüllers Beitrag zur *Sonnenfinsterniß* wird dabei kein „Schlüsseltext für das Verständnis der Poetik" Stifters[150] bzw. eine bestimmte Philosophie als grundlegend für das Erhabene in seiner Prosa angenommen; das würde weder den jeweiligen Texten noch dem theoretischen Erhabenen gerecht. Schließlich sind die Theorien des Erhabenen, wie oben schon angedeutet, an „unterschiedlichen Paradigmata orientiert und – dementsprechend – auf unterschiedliche Typen des Erhabenen gerichtet".[151] Im Zentrum stehen Erzählungen der Sammlung *Studien* und *Der Nachsommer*, denn in diesen Erzählungen wie im Roman kommen dem Erhabenen unterschiedliche Qualitäten und Funktionen zu: Es erscheint zum einen gebunden an die Natur, aber auch – und das wurde bisher kaum gesehen – an andere Gegenstände wie die Musik oder die Naturwissenschaften; es wird teilweise handlungstragend und erscheint – so im Besonderen in *Die Narrenburg* – in der Struktur einzelner Texte. Die Erzählungen der *Studien* liegen alle in zwei Fassungen vor;[152] in dieser Studie werden die Buchfassungen herangezogen, die Journalfassungen finden dagegen kaum Beachtung, auch um, mit Ulrich Dittmann, die „Werkstruktur beider Fassungen" nicht zu „verletzen" und deren „Eigenständigkeit" jeweils anzuerkennen. Es soll hier keine Hierarchie eröffnet werden, indem beispielsweise „parallele Passagen der Buchfassung den Journalfassungen als ‚fehlend' [...] implantier[t]" werden, um dann „je nach Bedarf

---

147 Kant, Analytik des Erhabenen, 1968, S. 344 f.

148 Zwei Schwestern. In: HKG, Bd. 1,6, S. 261.

149 Mit Ausnahme von *Aussicht und Betrachtungen von der Spitze des St. Stephansthurmes* aus der Sammlung *Wien und Wiener*. Vgl. Kapitel III.1 in dieser Arbeit, S. 298–300.

150 So, wie oben schon dargelegt, Schiffermüller über die *Sonnenfinsterniß*. Schiffermüller, Buchstäblichkeit und Bildlichkeit bei Stifter, 1996, S. 31.

151 Strube, Der Begriff des Erhabenen, 1995, S. 299 f.

152 Gemeinhin wird zwischen Journalfassung und Buch- oder Studienfassung unterschieden. Vgl. dazu und zu den Erscheinungsdaten Mayer, Erzählen als Erkennen, 2001, S. 25 f. Die Erzählung *Nachkommenschaften*, Gegenstand des Kapitels III.3 in dieser Arbeit, ist nicht in den *Studien*-Bänden erschienen und liegt nur in einer Fassung (1864) vor. Vgl. dazu ebd., S. 201.

aus Journal- und Buchfassung" zitieren zu können, ein Vorwurf, den Dittmann in Hinblick auf Irmschers und Begemanns Arbeiten formuliert.[153] Aus werkgenetischen Gründen bietet es sich dabei an, die Buchfassungen als Textgrundlage heranzuziehen. So stellt bereits Werner Hoffmann in seinem Fassungsvergleich von *Zwei Schwestern* fest, dass gerade Landschaftliches in der Buchfassung ein „Eigenrecht" gewinne, indem das Subjekt – hier der Wanderer Otto – zurückgenommen werde.[154] Ähnlich sieht das Dittmann: In den Buchfassungen werde das „früher spannend zu lesende[] Geschehen[]" zugunsten von „geschilderte[r] Alltäglichkeit" reduziert.[155] In den Buchfassungen erscheint deshalb beides eigenständiger: das die Landschaft erlebende Subjekt sowie die Landschaft selbst, so dass das Erhabene als subjektives Gefühl angesichts von Natur (oder anderen erhabenen Gegenständen) deutlicher hervortritt.

Trotz der Vielfalt der in Stifters Texten als erhaben verhandelten Gegenstände steht im ersten Interpretationskapitel dieser Studie das Erhabene in der Natur im Fokus. Ziel ist es dabei, Natur und Naturerfahrung bei Stifter mit dem Erhabenen neu einzuordnen und die Forschung vor allem in Hinblick auf den oft behaupteten Dualismus von Natur als Chaos und deren Kultivierung als neu erlangte Ordnung zu revidieren. In Stifters Texten zeigt sich über das Erhabene, entgegen Begemanns Einschätzung, kein „Bemühen, die äußere Natur zu entmächtigen".[156] Vielmehr wird die äußere Unordnung der ambivalenten Natur – ihre Macht – im Erhabenen ein erfahrbares und von den jeweiligen Figuren auf je unterschiedliche Weise zelebriertes Phänomen. Um diesen Zusammenhang darzulegen, wird Stifters literarischen Räumen, in denen sich Natur als Landschaft zeigt, in einem eigenen Kapitel nachgegangen. Dabei wird erstmals Gilles Deleuzes und Félix Guattaris Raumtheorie herangezogen, um über die Begriffe ‚glatt' und ‚gekerbt' die spezifische Darstellung von Räumen in Stifters Texten beschreiben zu können. Besonders in den Erzählungen *Abdias*, *Brigitta*, *Zwei Schwestern* und *Der Hagestolz* sowie in Auszügen aus dem *Nachsommer* bieten die Natur-Räume dem jeweiligen Wanderer – um einen solchen handelt es sich meist – so wenig Gegenständliches und Begrenztes, dass Räume der besonderen Art entstehen: im Fortschritt der jeweiligen Wanderung immer ‚leerer' werdende und damit glatte Räume, denen im Prozess des Glättens durch den Wanderer mehr und mehr Attribute zugesprochen werden, die charakteristisch sind für den „glatte[n] Raum

153 Ulrich Dittmann, Die hermeneutische Relevanz der Journalfassungen von Adalbert Stifters *Studien*. In: JASILO 4 (1997), S. 8–15, hier 10 f.
154 Werner Hoffmann, Adalbert Stifters Erzählung ‚Zwei Schwestern'. Ein Vergleich der beiden Fassungen, Frankfurt a. M. 1959, S. 91 f.
155 Dittmann, Die hermeneutische Relevanz der Journalfassungen, 1997, S. 14.
156 Begemann, Natur und Kultur, 1994, S. 42.

par excellence" – das Meer.[157] Es handelt sich dabei aber nicht um ein Herumirren im Raum, sondern alle Wanderer haben ein Ziel, meist Wohnhäuser; diese Orte erscheinen wie ‚Inseln' im Glatten, als „form- und ordnungsstiftende Denkfiguren" und als „epistemologische Analyseinstrumente",[158] also als ‚Einkerbungen' im glatten Raum.[159] Trotz dieser festen Punkte ist das Sein wie das Wandern im Glatten ein ‚ungewisses';[160] als Ausdruck dieser Ungewissheit des erlebenden Subjekts wird das Gefühl des Erhabenen angenommen: Die scheinbare Leere von Stifters an das Meer erinnernden Räumen kann im Modus des Erhabenen figürlich-subjektiv wahrgenommen werden, so dass die durch die scheinbare Leere bedingte Glätte für die Figuren im Erhabenen je unterschiedlich erfahrbar wird.

In den beiden folgenden Kapiteln stehen die Verbindungen des Erhabenen zu anderen Begriffen der Ästhetik im Fokus. Stifters *Brigitta* ist eines der wenigen literarischen Beispiele, das den Topos der weiblichen Schönheit aufbricht und weibliche Hässlichkeit zum Thema macht. In der Forschung scheint es Konsens zu sein, die Erzählung als Gegenüberstellung von innerer Schönheit und äußerer Hässlichkeit zu lesen und diesen Widerspruch mit Stifters didaktischem Anliegen zu lösen: Am Ende sei die äußere Hässlichkeit als innere Schönheit erkannt und überwunden.[161] Meine Studie wird den Versuch unternehmen, Brigittas Hässlichkeit unter dem Aspekt des Erhabenen zu fassen,[162] um so deren Wirkung auf andere Figuren im Text gerecht zu werden. In den *Nachkommenschaften* kommt das Erhabene wiederum der Natur zu, nämlich den Gegenständen des Malers Friedrich Roderer, dem Dachstein und dem Lüpfinger Moor. Friedrich scheitert aber nicht – so die These entgegen der bisherigen Forschung – an einem zu

---

157 Vgl. Gilles Deleuze/Félix Guattari, Kapitalismus und Schizophrenie. Tausend Plateaus, Berlin 1992, S. 664.

158 Patrick Ramponi u. a., Vorwort. In: ders. u. a. (Hg.), Inseln und Archipele. Kulturelle Figuren des Insularen zwischen Isolation und Entgrenzung, Bielefeld 2011, S. 7–11, hier 7.

159 Nach Deleuze und Guattari ist das Meer auch „Archetyp für alle Einkerbungen des glatten Raumes", denn „[d]er glatte Raum ist zuerst auf dem Meer gezähmt worden, auf dem Meer hat man ein Modell für [...] das Aufzwingen der Einkerbung gefunden." Deleuze/Guattari, Tausend Plateaus, 1992, S. 665.

160 „Im Glatten zu reisen ist ein [...] schwieriges, ungewisses Werden." Ebd., S. 669.

161 Vgl. z. B. Rosemarie Hunter-Lougheed, Adalbert Stifter: Brigitta. In: Interpretationen. Erzählungen und Novellen des 19. Jahrhunderts. Bd. 2, Stuttgart 1990, S. 41–97; Mayer, Erzählen als Erkennen, 2001, S. 64–72; Barbara Potthast, ‚Ô Beauté! monstré énorme!' Überlegungen zur menschlichen Schönheit und Häßlichkeit in der Literatur. In: Weimarer Beiträge. Zeitschrift für Literaturwissenschaft, Ästhetik und Kulturwissenschaften 53 (2007), S. 241–266, besonders 253 f.

162 „Ugliness I imagine likewise to be consistent enough with an idea of the sublime." Burke, A Philosophical Enquiry, 2008, S. 92.

ambitionierten[163] bzw. überzogenen Malprogramm[164] – er will beispielsweise „den Dachstein so treu und schön [...] malen, als er ist" –, sondern schon an seiner äußerst mangelhaften ästhetischen Wahrnehmung: Ihm geht der Blick eines Malers bezüglich der Fähigkeit, „die Düsterheit, die Einfachheit und Erhabenheit des Moores" wahrnehmen zu können,[165] völlig ab – eine Tatsache, die sich im Erzählstil niederschlägt, der zwischen dem Komischen, hier mit Friedrich Theodor Vischer als „ein *deutlich* gemachtes Erhabenes" verstanden, und dem das Erhabene zerstörenden Lächerlichen[166] hin und her schwankt. Auch wenn der Reiz für die Forschung bezüglich der *Nachkommenschaften* bisher vor allem in Fragen nach Realismus und Medialität lag, steht in meiner Lektüre die Figur des Friedrich und sein Blick auf die Dinge im Fokus des Interesses. Nichtsdestotrotz geht es auch um Medialität, allerdings auf einer anderen Ebene: Friedrich erfasst eine ästhetische Wirkung des Moors nicht am Moor selbst, sondern nur an einem Medium – an seinem eigenen, gleichwohl unfertigen Bild.

Im vierten Interpretationskapitel werden die Form und Funktion des Erhabenen in der Musik, wie sie sich in der bisher oft vernachlässigten Erzählung *Zwei Schwestern* darstellen, herausgearbeitet. Da Musik zum Teil explizit aus der Philosophie des Erhabenen ausgeklammert wird, werden dabei im Besonderen zwei musikästhetische Konzepte zur Analyse herangezogen, in denen das Erhabene verarbeitet wurde: Erstens die „romantische Theorie der ‚reinen, absoluten Tonkunst', die in der ‚erhabenen' Instrumentalmusik eine ‚Sprache über der Sprache' entdeckte"[167] und, so wird sich zeigen, in *Zwei Schwestern* über Schillers Pathetischerhabenes erfasst werden kann;[168] zweitens das Konzept vom „Topos von der Gewalt in der Musik", in dem nach dem vorläufigen Höhepunkt der Diskussion

---

163 So z. B. Ottmar Metzger, Kunstgeschichtliche Bemerkungen zu Stifters ‚Nachkommenschaften'. In: VASILO 26 (1977), S. 35–38.

164 So z. B. Christian Begemann, Roderers Bilder – Hadlaubs Abschriften. Einige Überlegungen zu Mimesis und Wirklichkeitskonstruktion im deutschsprachigen Realismus. In: Schneider, Sabine/Hunfeld, Barbara (Hg.), Die Dinge und die Zeichen. Dimensionen des Realistischen in der Erzählliteratur des 19. Jahrhunderts, Würzburg 2008, S. 25–41.

165 Beide Zitate aus Nachkommenschaften. In: HKG, Bd. 3,2, S. 29 und 92.

166 Vgl. Vischer, Über das Erhabene und Komische, 1967, S. 160. Nach Vischer ist das Lächerliche „der uralte Todfeind des Erhabenen", ebd., S. 158.

167 Carl Dahlhaus, Die Idee der absoluten Musik, Basel u. a. ³1994, S. 64.

168 Friedrich Schiller, Vom Erhabenen. (Zur weiteren Ausführung einiger Kantischen Ideen). In: Schillers Werke. Nationalausgabe. Bd. 20, hg. von Benno von Wiese, Weimar 1962, S. 171–195, hier 192–195.

über das Erhabene im achtzehnten Jahrhundert der Burke'sche „delightful horror" weiterhin wirkte.[169]

Kapitel fünf und sechs stehen ganz im Zeichen der Naturwissenschaften. Ausgehend von Littrows *Die Wunder des Himmels* und Baumgartners *Die Naturlehre nach ihrem gegenwärtigen Zustande*[170] kann dargestellt werden, wie sich in Stifters Erzählung *Abdias*, trotz der Rätselhaftigkeit der Einleitung, über die zeitgenössischen Naturwissenschaften und über das Erhabene ein spezifischer Sinn des Geschehens konstituiert. Naturwissenschaftler wie Baumgartner und Littrow verwendeten das Erhabene, um eigentlich unvorstellbare oder (noch) unerklärbare Phänomene der Natur darzustellen; über dieses Vorgehen können die jeweiligen Erscheinungen zwar nicht in einer naturwissenschaftlichen Logik, doch aber mithilfe einer spezifischen, nämlich ‚erhabenen' Argumentation vermittelt werden. Auch *Abdias* nutzt das Erhabene in den Wissenslücken, die die zeitgenössischen Theorien zur Elektrizität aufweisen, um der Wirkung des Blitzes – heil- und todbringend zugleich – zumindest einen ästhetischen Sinn zu verleihen. Im sechsten Kapitel steht die Geologie im Fokus; mit ihrer Entstehung und Etablierung änderte sich der Blick auf ihren Gegenstand der ersten Stunde – das Hochgebirge – grundlegend: Wo ehemals furchterregende Berge waren, entstand im neunzehnten Jahrhundert ein neues wissenschaftliches Forschungsfeld, eingebettet in das Erhabene.[171] Gerade Stifters *Nachsommer* zeugt von dieser Entwicklung; hier wird die geologisch-erhabene Alpenwahrnehmung bearbeitet und weiterentwickelt.[172] Dem Erhabenen kommen dabei unterschiedliche Funktionen zu: Erstens findet Heinrich, so wird sich zeigen, erst über das Erhabene zur Geologie und damit zu einem Beruf, dessen Ausübung ein Gegengewicht zu Risachs Asperhof und der dort verordneten affektlosen Bildung darstellt.[173] Denn in der geologischen Forschungsarbeit – so die zweite These – kommt es gerade nicht

---

169 Vgl. dazu Corina Caduff, Die ‚Gewalt der Musik' und das Erhabene. In: Weimarer Beiträge. Zeitschrift für Literaturwissenschaft, Ästhetik und Kulturwissenschaften 48 (2002), S. 485–519, besonders 497. Vgl. auch Burke, A Philosophical Enquiry, 2008, S. 104.

170 Die *Naturlehre* wurde schon mehrfach zur Interpretation von *Abdias* herangezogen. Vgl. Leopold Federmair, Das himmlische Kind. Entwicklungspsychologie und Elektrizität in Stifters ‚Abdias', mit Blick auf das autobiographische Fragment ‚Mein Leben'. In: Sprachkunst. Beiträge zur Literaturwissenschaft 39 (2008), S. 3–20; Gamper, Stifters Elektrizität, 2009. Das Erhabene war dabei aber nie Thema.

171 Zur ‚Entdeckung' der erhabenen Alpenlandschaft vgl. Gisi, Der Wandel des ‚Blicks' auf die Alpen, 2004.

172 Vgl. Braungart, Die Geologie und das Erhabene, 2005, S. 166.

173 Zur Affektlosigkeit im *Nachsommer* vgl. z. B. Begemann, Welt der Zeichen, 1995, besonders S. 322; Becker, Inszenierte Ordnung in Stifters *Nachsommer*, 2007, besonders S. 317–320.

zu einer Objektivierung des Selbst,[174] sondern sie ist, verbunden mit dem Erhabenen, für Heinrich eine Möglichkeit, die eigene Subjektivität und Identität zu schärfen. Voraussetzung dafür ist neben dem Erhabenen die Geologie selbst, in der sich keine abgeschlossene Ordnung zeigt, schließlich sind die unfassbaren Zeiträume der Erdgeschichte ihr Gegenstand. Über die geologische Tiefenzeit eröffnet sich so für Heinrich eine „transhumane Perspektive", die die Existenz des Menschen nahezu marginalisiert.[175] Auch im *Nachsommer* erweist sich Natur deshalb – entgegen der gängigen Forschungsmeinung[176] – als nicht zu beherrschende und nie ganz zu erforschende Gewalt, die auf besondere Weise, nämlich im Modus des Erhabenen wahrgenommen und zelebriert wird.

Im letzten Kapitel dieser Studie geht es um Gedächtnis und Erinnerung in Stifters früher Erzählung *Die Narrenburg*. Die Auseinandersetzung mit den „unauslotbaren Abgründe[n] von Erinnerung und Gedächtnis" wird – so die These – in der Erzählung zur Bedrohung für das erlebende Subjekt, denn die dort dargestellte Erinnerung lässt scheinbar nichts vergessen:[177] Es drohen Selbstverlust und Wahnsinn in den Massen an Geschichten und Schicksalen, die in den Schriften des Scharnast-Geschlechts erzählt werden.[178] Der Text zeichnet dabei – und insoweit stellt er unter den in dieser Studie analysierten Texten eine Ausnahme dar – nicht das erhabene ‚gemischte Gefühl' des achtzehnten Jahrhunderts nach, sondern das antike Longin'sche Erhabene, wonach nur das „wahrhaft groß ist [...], wogegen man nur schwer, besser gesagt, gar nicht, aufkommt und was sich dem Gedächtnis fest und unauslöschlich einprägt".[179] Das Erhabene zeigt sich hier über eine absolute Identifikation mit der Vergangenheit,[180] die ein eigenständiges Leben in der (jeweiligen) Gegenwart nahezu unmöglich macht.

---

174 So die These von Stefan Braun. Vgl. Braun, Naturwissenschaft als Lebensbasis?, 2006, S. 227 f.

175 Braungart, Die transhumane Perspektive in der Kulturgeschichte der Geologie, 2008, S. 18.

176 Zur These von der Gewaltlosigkeit der Natur im *Nachsommer* vgl. z. B. Rauh, Der verschleierte Abgrund, 2006, besonders S. 96; Doppler, Das sanfte Gesetz und die unsanfte Natur, 2006, besonders S. 19.

177 Manfred Weinberg, Das ‚unendliche Thema'. Erinnerung und Gedächtnis in der Literatur/ Theorie, Tübingen 2006, S. 657. Demnach sind Gedächtnis und Erinnerung durch „Verkürzungen ausgezeichnet", durch „die Reduktion eines Unendlichen auf jeweilige Themen; durch ein Vergessen also." Ebd., S. 17.

178 Vgl. Die Narrenburg. In: HKG, Bd. 1,4, S. 321 f.

179 Longinus, Vom Erhabenen, 1988, S. 17 (7,3).

180 Nach Hans-Thies Lehmann fordere das Erhabene Longins eine absolute Identifikation des Hörers mit dem Redner. Vgl. Hans-Thies Lehmann, Das Erhabene ist das Unheimliche. Zur Theorie einer Kunst des Ereignisses. In: Merkur. Deutsche Zeitschrift für europäisches Denken 43 (1989), S. 751–764, hier 754.

Die Protagonisten der *Narrenburg*, Heinrich und Jodok, entwickeln je unterschiedliche Strategien, dieses Longin'sche Erhabene zu bewältigen, um so dem Wahnsinn – vorgeführt anhand von Ruprecht, Kastellan der Burg – zu entgehen.

Stifters Gegenstände des Erhabenen decken also ein breites Spektrum ab, vom ‚leeren' Raum über die erhabene Hässlichkeit der Figur der Brigitta in der gleichnamigen Erzählung, erhabene Komik im Künstlerideal der *Nachkommenschaften*, das Erhabene in der Musik in *Zwei Schwestern*, das Erhabene in naturwissenschaftlichen Gegenständen wie der Elektrizität (*Abdias*) und der Geologie (*Nachsommer*) bis hin zum Erhabenen in Erinnerung und Gedächtnis, wie es sich in der *Narrenburg* darstellt. Ziel dieser Studie ist es nicht zuletzt, die Bandbreite des Erhabenen in Stifters Texten aufzuzeigen, denn seine Verarbeitungen des Erhabenen – und das wurde bisher kaum gesehen – gehen weit über die Darstellung erhabener Naturgegenstände hinaus. Erharts Einschätzung bezüglich der „ästhetische[n] Praxis des Erhabenen" und dessen „Eigenleben" in der Literatur gilt in besonderem Maße für Stifters Romane und Erzählungen. Zudem ist die Qualität des Erhabenen in den hier analysierten Texten keinesfalls auf eine bestimmte Theorie beschränkt; auch in diesem Sinne ist Stifters Prosa an der „Geschichte" des „Nicht-Darstellbare[n]" beteiligt: In ihr werden unterschiedlichste „Topographien, Darstellungen und Bilder[]" des Erhabenen bearbeitet,[181] so dass neue entstehen.

---

181 Vgl. Erhart, Das Erhabene, das Schöne und die moderne Literatur, 1997, S. 90 und 95 f.

I Das Erhabene – eine Denkfigur aus den Naturwissenschaften

1 Das Erhabene im naturwissenschaftlichen Diskurs

Stifter hat sich – trotz seiner ausgiebigen Beschäftigung mit dem Gebirge – meines Wissens nie zu Theorien des Erhabenen geäußert, und auch seine Bibliothek[1] lässt nicht auf eine unmittelbare Rezeption schließen. Das Erhabene ist aber – so meine These – dem natur- und populärwissenschaftlichen Diskurs des späten achtzehnten und frühen neunzehnten Jahrhunderts inhärent. Im Gegensatz zum Erhabenen der Antike, wie es in Longins *Perí hýpsus* dargestellt ist,[2] und zum Erhabenen des zwanzigsten Jahrhunderts nach Jean-François Lyotard[3] kann das Erhabene des achtzehnten Jahrhunderts als eine Denkfigur[4] begriffen werden, die deutlich von durch die Naturwissenschaften ausgelösten Erschütterungen des jeweiligen Weltbildes beeinflusst wurde.[5] Auch die Naturwissenschaften mussten auf die von ihnen gerissenen Brüche reagieren – und das taten sie unter anderem mithilfe des Erhabenen. Stifter konnte so das Erhabene über natur- und populärwissenschaftliche Texte rezipieren, obwohl *er* aller Wahrscheinlichkeit nach keine der Theorien gelesen hat.

Um dieser These nachzugehen wird im Folgenden,[6] ausgehend von einem kurzen Forschungsüberblick zur Frage nach dem Erhabenen in der Wissenschaftspopularisierung, dargelegt, inwieweit die kopernikanische Wende und die

---

1 Streitfeld, Aus Stifters Bibliothek, 1977.

2 Vgl. Longinus, Vom Erhabenen, 1988.

3 Nach Lyotard ist die „moderne Ästhetik […] eine Ästhetik des Erhabenen, bleibt aber als solche nostalgisch. Sie vermag das Nicht-Darstellbare nur als abwesenden Inhalt anzuführen, während die Form dank ihrer Erkennbarkeit dem Leser oder Betrachter weiterhin Trost gewährt […]. Das Postmoderne wäre dasjenige, […] das sich auf die Suche nach neuen Darstellungen begibt, […] um das Gefühl dafür zu schärfen, dass es ein Undarstellbares gibt. […] Künstler und Schriftsteller arbeiten […], um die Regel dessen zu erstellen, *was gemacht worden sein wird*." Jean-François Lyotard, Antwort auf die Frage: Was ist postmodern? In: ders., Postmoderne für Kinder. Briefe aus den Jahren 1982–1985, Wien ³2009, S. 13–32, hier 31.

4 Nach Walter Erhart ist das Erhabene eine „Denkfigur", die „literarische Inhalte" hervorbringen und „zugleich eine moderne Poetik der Kultur" beschreiben könne. Vgl. Erhart, Das Erhabene, das Schöne und die moderne Literatur, 1997, S. 105.

5 Hans Blumenberg führt Kants *Analytik des Erhabenen* auf die kopernikanische Wende zurück. Vgl. Blumenberg, Die Genesis der kopernikanischen Welt, 1975, S. 77 f.

6 Dieses Kapitel geht z. T. auf meinen Artikel *Die Erfahrung der ‚Tiefenzeit' im Erhabenen* zurück. Vgl. Elisabeth Häge, Die Erfahrung der ‚Tiefenzeit' im Erhabenen. Geologische Alpen-Wahrnehmung in Adalbert Stifters *Nachsommer*. In: Lughofer, Johann Georg (Hg.), Das Erschreiben der Berge. Die Alpen in der deutschsprachigen Literatur, Innsbruck 2014, S. 99–109.

https://doi.org/10.1515/9783110498219-002

Entdeckung der geologischen ‚Tiefenzeit'[7] Voraussetzungen für die Neuprägung des Erhabenen im achtzehnten Jahrhundert sind. Außerdem wird ein kurzer Überblick über die Rezeption Kants durch die Naturwissenschaften dieser Zeit gegeben, um schließlich zum eigentlichen Kern der Argumentation zu kommen: das Erhabene und dessen Funktion in den Werken einzelner Wissenschaftler des frühen neunzehnten Jahrhunderts, mit denen Stifter im Laufe seines Lebens entweder direkt oder indirekt über deren (populär-)wissenschaftliche Texte in Berührung kam.

1.1 Das Erhabene der populären Naturwissenschaft – ein Forschungsüberblick

Ausgangspunkt vieler Beiträge zur Frage nach dem Verhältnis von Literatur und Naturwissenschaft[8] ist Roland Barthes' Antrittsvorlesung *Leçon*.[9] Demnach seien „im literarischen Monument [...] alle Wissenschaften präsent", denn die Literatur bringe „Kenntnisse zum Kreisen, sie fixiert und fetischisiert keinen einzigen ihrer Bereiche, sie gibt jedem einen indirekten Platz, und dieses Indirekte ist kostbar"; sie arbeitet also „in den Zwischenräumen der Wissenschaften: sie ist ihnen gegenüber in Verzug oder ihnen voraus".[10] Werner Frick entwickelt diesen Gedanken des ‚Einfließen' von Wissen in Literatur unter der Annahme weiter, dass Literatur und Naturwissenschaft nicht kategorisch voneinander getrennt werden könnten – wie auch Charles Percy Snow in seinem berühmten Essay über die ‚Two Cultures'

---

7 Der Begriff ‚Tiefenzeit' (engl. *deep time*) wurde von John McPhee geprägt. Vgl. dazu Gould, Die Entdeckung der Tiefenzeit, 1990, S. 14.

8 Einen Überblick bieten Nicolas Pethes, Literatur und Wissenschaftsgeschichte. Ein Forschungsbericht. In: Internationales Archiv für Sozialgeschichte der deutschen Literatur 28 (2003), S. 181–231 und Monika Schmitz-Emans, Literatur und Wissenschaft. Einleitung. In: dies. (Hg.), Literature and Science. Literatur und Wissenschaft, Würzburg 2008, S. 35–57. Zum literarischen und naturwissenschaftlichen Experiment vgl. besonders Marcus Krause/Nicolas Pethes (Hg.), Literarische Experimentalkulturen. Poetologien des Experiments im 19. Jahrhundert, Würzburg 2005, S. 7–18 und Michael Gamper (Hg.), Experiment und Literatur. Themen, Methoden, Theorien, Göttingen 2010.

9 Z. B. Anne-Kathrin Reulecke, Der Thesaurus der Literatur. ‚Semiotropische' Perspektiven auf das Verhältnis von Literatur und Wissenschaft. In: dies. (Hg.), Von null bis unendlich. Literarische Inszenierungen naturwissenschaftlichen Wissens, Köln u. a. 2008, S. 7–16. Bezüglich Barthes' Erzähltheorie vgl. Gillian Beer, Darwin's Plot. Evolutionary Narrative in Darwin, George Eliot and Nineteenth-Century Fiction, London u. a. 1983.

10 Roland Barthes, Leçon/Lektion. Antrittsvorlesung im Collège de France. Gehalten am 7. Januar 1977, Frankfurt a. M. 1980, S. 27.

annahm[11] –, sondern sich vielmehr zueinander „wie wechselseitig durchlässige, sich fasziniert beobachtende, einander bald inspirierende, bald kritisierende Idiome der menschlichen Welterzeugung und Weltdeutung" verhalten.[12] Auch Nicolas Pethes führt Ansätze auf, die „Wissenschaft und Literatur als *zwei* Repräsentationsformen" begreifen, die aber „*einem* diskursiven Boden erwachsen."[13] Nach Joseph Vogl sind Wissenschaft und Literatur beide gleichermaßen Wissen.[14] Barthes dagegen sieht das differenzierter: „[D]ie Literatur sagt niemals, daß sie etwas weiß, sondern daß sie von etwas weiß."[15] Snows ‚Two Cultures' finden also insoweit Anklang, als dass zwar grundsätzlich von zwei getrennten wissenschaftlichen und literarischen Sphären bzw. Kulturen ausgegangen wird, die sich aber gegenseitig wahrnehmen und beeinflussen. Der Literatur kommt hierbei meist eine rezipierende, aber auch eine weitaus offenere Stellung zu als den Naturwissenschaften: Sie ist – mit Barthes gesprochen – ein Zwischenraum, in dem „alle Wissenschaften präsent" sind, ohne Wissen „letztgültig" zu verhandeln, denn: „Die Wissenschaft ist grobschlächtig, das Leben ist subtil: um diesen Unterschied auszugleichen, bedürfen wir der Literatur."[16]

Umgekehrt arbeiten auch die Naturwissenschaften mit narrativen und ästhetischen Elementen. Sie sind, so Walter Erhart, „keineswegs bloßes Datenmaterial, sondern bestehen ihrerseits aus narrativen Konstruktionen, aus Metaphern, Ikonographien und Fiktionen, die jeweils in ein Wechselspiel mit den literarischen Diskursen eintreten."[17] Beiden Kulturen sei, so Vogl, ein spezifisches Erkenntnismoment eigen: „Eine Geschichte des Wissens schreibt [...] keine Geschichte der wissenschaftlichen Gegenstände und Referenten, sondern führt Problematisierungsweisen dessen vor, was man Wahrheit oder Erkenntnis nennen könnte."[18] An dieser Stelle nun liegt die besondere Rolle der Populärwissenschaft, die immer „stark von den soziokulturellen, sich auch in der Literatur

---

11 Zur *Two-Cultures*-Debatte vgl. Pethes, Literatur und Wissenschaftsgeschichte, 2003, S. 186 – 191.

12 Werner Frick, ‚Und sehe, daß wir nichts wissen können ...'. Poetische Wissenschaftsskepsis bei Goethe, Kleist und Büchner. In: Elsner, Norbert/ders. (Hg.), ‚Scientia poetica'. Literatur und Naturwissenschaft, Göttingen 2004, S. 243 – 271, hier 269 f.

13 Pethes, Literatur und Wissenschaftsgeschichte, 2003, S. 229.

14 Vgl. Joseph Vogl, Einleitung. In: ders. (Hg.), Poetologien des Wissens um 1800, München 2002, S. 7 – 16, besonders 14.

15 Barthes, Leçon/Lektion, 1980, S. 27.

16 Ebd.

17 Walter Erhart, Medizingeschichte und Literatur am Ende des 19. Jahrhunderts. Ein Forschungsbericht. In: Scientia Poetica. Jahrbuch für Geschichte der Literatur und der Wissenschaften 1 (1997), S. 224 – 267, hier 238.

18 Vogl, Einleitung [in: Poetologien des Wissens], 2002, S. 14.

ausdrückenden Verhältnissen der jeweiligen Zeit geprägt" war.[19] Diesem Umstand Rechnung tragend rückte in den letzten dreißig Jahren die Popularisierung von Wissen und Wissenschaft und die damit verbundenen Texte in das Blickfeld nicht nur der Literatur-, sondern auch der Geschichtswissenschaft, Rhetorik sowie der Medien- und Kommunikationswissenschaften.[20] Den Anfang machte der 1985 erschienene Band *Expository Science* von Terry Shinn und Richard Whitley mit einer sehr weit gefassten Definition von Popularisierung, die nicht nur Zustimmung fand.[21] Demnach liege Wissenspopularisierung immer dann vor, wenn es zu (irgend-)einer Kommunikation zwischen einem Experten- und einem Laienkreis kommt, „which involves transformation."[22] Mag man sich dem nun anschließen oder nicht – es ist Whitleys und Shinns Verdienst, die Popularisierung als Thema[23] entdeckt zu haben und einen Raum für interessante Thesen eröffnet zu haben. So gelingt Kurt Bayertz im selben Band eine, wie mir scheint, sinnvolle Darstellung der Entwicklung der Wissenschaftspopularisierung im deutschsprachigen Raum des neunzehnten Jahrhunderts. Wissenschaftspopularisierung sei demnach schon Ende des achtzehnten Jahrhunderts[24] entstanden, habe ihren

---

19 Norbert Elsner/Werner Frick, Einführung. In: dies. (Hg.), ‚Scientia poetica'. Literatur und Naturwissenschaft, Göttingen 2004, S. 7–8.

20 Zur Geschichtswissenschaft vgl. Angela Schwarz, Der Schlüssel zur modernen Welt. Wissenschaftspopularisierung in Großbritannien und Deutschland im Übergang zur Moderne (ca. 1870 – 1914), Stuttgart 1999 und Andreas W. Daum, Wissenschaftspopularisierung im 19. Jahrhundert. Bürgerliche Kultur, naturwissenschaftliche Bildung und die deutsche Öffentlichkeit 1848–1914, München 1998. Zur Rhetorik vgl. Richard Nate, Wissenschaft, Rhetorik und Literatur. Historische Perspektiven, Würzburg 2009. Zu den Medien- und Kommunikationswissenschaften vgl. Petra Boden/Dorit Müller, Popularität – Wissen – Medien. In: dies. (Hg.), Populäres Wissen im medialen Wandel seit 1850, Berlin 2009, S. 7–16.

21 Schwarz knüpft an Whitleys Definition an. Vgl. Schwarz, Wissenschaftspopularisierung, 1999, S. 47. Nach Kretschmann müsse man Popularisierung gar als „kulturelle Praxis *par excellence*" fassen. Vgl. Carsten Kretschmann, Wissenspopularisierung. Verfahren und Beschreibungsmodelle – ein Aufriss. In: Boden, Petra/Müller, Dorit (Hg.), Populäres Wissen im medialen Wandel seit 1850, Berlin 2009, S. 17–34, hier 33. Nach Daum besitze Whitleys Popularisierungsbegriff aber kaum noch Aussagewert; man müsse ihn „durch den von den traditionellen Trivialitätsvorwürfen freien Begriff der Präsentation" ersetzen. Vgl. Daum, Wissenschaftspopularisierung im 19. Jahrhundert, 1998, S. 28.

22 Vgl. Richard Whitley, Knowledge Producers and Knowledge Acquirers: Popularisation as a Relation between Scientific Fields and Their Publics. In: Shinn, Terry/ders. (Hg.), Expository Science: Forms and Functions of Popularisation, Dordrecht 1985, S. 3–28, hier 9 und 25.

23 Vgl. Kretschmann, Wissenspopularisierung, 2009, S. 21.

24 Diese Datierung ist nicht unumstritten. Schwarz knüpft zwar bezüglich ihres Untersuchungszeitraums 1870–1914 an Bayertz an, stellt aber fest, dass Popularisierung „kein Produkt der Epoche" sei. Schwarz, Wissenschaftspopularisierung, 1999, S. 17. Nach Kretschmann blicke Popularisierung „auf eine Tradition" zurück, „die nicht erst in den Paradigmenwechseln des 17./

Höhepunkt aber erst im neunzehnten Jahrhundert erlebt, eine Entwicklung, die mithilfe dreier Determinanten beschrieben werden könne: „[A] popularization motivated (1) by a philosophical conception of science; (2) by professional interests; (3) by political ambitions involving social criticism." Die zweite Hälfte des Jahrhunderts sei im Gegensatz zur ersten „mainly by the second and especially the third determinants" kontrolliert worden[25] – zu Beginn des Jahrhunderts war Popularisierung also noch sehr viel mehr durch die Philosophie geprägt, ein Umstand, der gerade auch für die Frage nach dem Erhabenen in den Naturwissenschaften wichtig ist.

Geht man nun mit Vogl davon aus, dass den Naturwissenschaften wie der Literatur gleichermaßen ein Erkenntnismoment zukommt[26] und beide Sphären in populärwissenschaftlichen Texten eine enge Beziehung eingehen, so müsse nach Kretschmann die Literaturwissenschaft[27] das Augenmerk besonders auf den „Unterhaltungsaspekt" lenken: Indem Kunst, Literatur und Popularisierung einen „eigenen Zugang zur Wirklichkeit eröffnen, konstruieren sie eine Wahrheit höheren Ranges und beanspruchen zugleich eine den (natur)-wissenschaftlichen [sic!] Begründungsverfahren ebenbürtige, wenn nicht überlegene Authentizität, eine nicht weiter zu überschreitende Unmittelbarkeit, Plausibilität und Evidenz."[28] Gerade dem Erhabenen in populärwissenschaftlichen Texten kommen solche Eigenschaft zu: Es wird, und das wird sich im zweiten Teil dieses Kapitels zeigen, genau dann regelrecht ‚eingesetzt', wenn wissenschaftliche Theorien (noch) fehlen, Erkenntnisse rein hypothetischer und spekulativer Art oder kaum plausibel sind. Ernst Peter Fischers Abwandlung von Ludwig Wittgensteins Satz – ‚wovon man nicht sprechen kann, davon muß man erzählen,' nicht aber

---

18. Jahrhunderts einsetzt". Carsten Kretschmann, Einleitung: Wissenspopularisierung – ein altes, neues Forschungsfeld. In: ders. (Hg.), Wissenspopularisierung. Konzepte der Wissensverbreitung im Wandel, Berlin 2003, S. 7–21, hier 13.

25 Vgl. Kurt Bayertz, Spreading the Spirit of Science: Social Determinants of the Popularisation of Science in Nineteenth-Century Germany. In: Shinn, Terry/Whitley, Richard (Hg.), Expository Science: Forms and Functions of Popularisation, Dordrecht 1985, S. 209–227, hier 209 und 222f.

26 Vgl. Vogl, Einleitung [in: Poetologien des Wissens], 2002, S. 14.

27 An anderer Stelle sieht Kretschmann die Aufgabe der Literaturwissenschaft darin, die Verbindungen von Ästhetik und Naturwissenschaft aufzuzeigen. Vgl. Kretschmann, Einleitung [in: Wissenspopularisierung], 2003, S. 10. Georg Braungart und Dietmar Till haben verschiedene Ansätze gesammelt, in denen Wissenschaft als Kontext der Literatur untersucht werden kann. Vgl. Georg Braungart/Dietmar Till, Kontexte: Wissenschaft. In: Anz, Thomas (Hg.), Handbuch Literaturwissenschaft. Bd. 1, Stuttgart/Weimar 2007, S. 407–419, besonders 409.

28 Kretschmann, Wissenspopularisierung, 2009, S. 30.

schweigen[29] – kann seine Verwirklichung im Erhabenen finden: „Weil die Literatur die Rede in Szene setzt, statt sie nur zu benutzen, bringt sie das Wissen in das Räderwerk der endlosen Reflexivität: durch die Schreibweise hindurch reflektiert das Wissen unablässig über das Wissen, entsprechend einem Diskurs, der nicht mehr epistemologisch, sondern dramatisch ist".[30]

Sharon Ruston findet eine solche ‚Dramatik' in Charles Darwins *Origin of Species* – allerdings fasst sie sie nicht unter dem Begriff des Erhabenen, sondern unter dem des Übernatürlichen und Wundervollen:

> The idea that one can find the miraculous or the wonderful in the material and the everyday is something both literature and science have claimed for themselves at different times. Often stemming from Darwin's final passage of *Origin of Species*, where he declares upon contemplating the entangled bank, ‚there is a grandeur in the view of life', popular science writers have made it their career to enthuse the public with a sense of wonder at the natural world.[31]

Die Rede vom Wundervollen und Übernatürlichen sowie die Rede vom Erhabenen[32] gelang jedoch nicht erst mit Darwin in den (populär-)wissenschaftlichen Diskurs; vielmehr hat das Erhabene – so meine These – in natur- und populär-

---

29 Vgl. Ernst Peter Fischer, Wovon man nicht sprechen kann, davon muß man erzählen. Poetische Hilfen für die Wissenschaften von der Natur. In: Elsner, Norbert/Frick, Werner (Hg.), ‚Scientia poetica'. Literatur und Naturwissenschaft, Göttingen 2004, S. 9 – 29, hier 14. Fischer geht, ohne das Erhabene zu nennen, davon aus, „daß die beiden Kulturen der literarischen Intelligenz und des wissenschaftlichen Erkenntnisstrebens vielfach in einem Verhältnis zueinander stehen, das man mit dem Ausdruck Komplementarität belegen kann. Mit der Idee der Komplementarität wird die Tatsache anerkannt, daß keine einzelne Beschreibung der Welt ausreicht, um sie zu erfassen." Ebd., S. 12.
30 Barthes, Leçon/Lektion, 1980, S. 29.
31 Sharon Ruston, Introduction. In: dies. (Hg.), Literature and Science, Cambridge 2008, S. 1 – 12, hier 6. Ruston bezieht sich auf den letzten Satz der *Origin of Species*: „There is grandeur in this view of life, with its several powers, having been originally breathed into a few forms or into one; and that, whilst this planet has gone cycling on according to the fixed law of gravity, from so simple a beginning endless forms most beautiful and most wonderful have been, and are being, evolved." Charles Darwin, The Origin of Species, by Means of Natural Selection or the Preservation of Favoured Races in the Struggle for Life, hg. von J. W. Burrow, Harmondsworth, Middlesex 1970, S. 459 f.
32 Carl W. Neumann übersetzt ‚there is grandeur in this view' mit „[e]s ist wahrlich etwas Erhabenes um die Auffassung", Charles Darwin, Die Entstehung der Arten durch natürliche Zuchtwahl. Übersetzt von Carl W. Neumann, Stuttgart 1963, S. 678. Paul Seliger gibt denselben Ausdruck mit „[e]s liegt etwas Großartiges in dieser Auffassung" wieder, Charles Darwin, Die Entstehung der Arten durch natürliche Zuchtwahl, oder Die Erhaltung der bevorzugten Rassen im Kampfe ums Dasein. Aus dem Englischen von Paul Seliger. Bd. 2, Leipzig/Wien [1901], S. 324.

wissenschaftlichen Texten eine weit ältere Tradition, die sich – so Safia Azzouni – bis ins zwanzigste Jahrhundert fortsetze. Ihr zufolge verstehen um 1900 die inzwischen hauptberuflichen Popularisierer ihre Tätigkeit in doppelter Hinsicht „als nach oben strebende Bewegung": Nicht nur der Popularisierer werde emporgehoben, sondern auch der Leser könne – und hier wird eine durchlässige Wissenshierarchie zugrunde gelegt – emporgehoben werden. Belege hierfür findet Azzouni unter anderem bei Schiller, der der Popularisierung die Rolle der Volkserziehung zugewiesen habe, weil „das Populäre nur so eine Richtschnur für eine poetische Ästhetik sein könne", wenn es das „Gedachte in Gefühl" umwandle. Zwar lasse Schiller offen, um welches Gefühl es sich handelt; dennoch könne man eine Verbindung zu Kants Erhabenem herstellen, wie es in der *Kritik der praktischen Vernunft* beschrieben ist.[33] Bezüge auf das Kant'sche Erhabene sind jedoch keine Erfindung des zwanzigsten Jahrhunderts; vielmehr wird es bereits in populärwissenschaftlichen Werken, die im ersten Drittel des neunzehnten Jahrhunderts[34] entstanden sind, zitiert. So heißt es in Joseph Johann von Littrows[35] *Die Wunder des Himmels*, erstmals erschienen 1834–1836: „Zwei Dinge sind es, sagt der unsterbliche Mann, der Deutschland zur philosophischen Schule Europas gemacht hat, zwei Dinge sind es, die vor allen andern würdig erscheinen, die Aufmerksamkeit des menschlichen Geistes zu fesseln, und die ihn mit immer neuer Bewunderung erfüllen: *das moralische Gesetz in uns, und der gestirnte Himmel über uns.*"[36]

Außerdem erfassen Azzounis Ergebnisse nicht alle Funktionen des Erhabenen, die ihm in der Populärwissenschaft des frühen neunzehnten Jahrhunderts zukommen. Zwar wird es auch als „motivisches Element" zur Neu-Verzauberung

---

33 Vgl. Safia Azzouni, Der Topos des Erhabenen als Schlüssel zur Methode populärwissenschaftlichen Schreibens um 1900. In: Hahnmann, Andy/Oels, David (Hg.), Sachbuch und populäres Wissen im 20. Jahrhundert, Frankfurt a. M. 2008, S. 211–220, hier 212–215. Vgl. auch Kant, Schriften zur Ethik, 1974, S. 300: „Zwei Dinge erfüllen das Gemüt mit immer neuer und zunehmender Bewunderung, je öfter und anhaltender sich das Nachdenken damit beschäftigt: *der bestirnte Himmel über mir und das moralische Gesetz in mir.*"
34 Das von Azzouni für das 20. Jahrhundert nachgezeichnete Selbstverständnis von Populärwissenschaftlern lässt sich im frühen 19. Jahrhundert noch nicht finden. Der Berufsstand ist erst im letzten Drittel des Jahrhunderts entstanden. Vgl. Schwarz, Wissenschaftspopularisierung, 1999, S. 121.
35 Littrow war zu Stifters Studienzeit Astronom mit ordentlichem Lehrstuhl in Wien, vgl. Begemann, Metaphysik und Empirie, 2002, S. 105. Mit den *Wundern des Himmels* wurde er zum „meistgelesenen deutschsprachigen Astronomen". Daum, Wissenschaftspopularisierung im 19. Jahrhundert, 1998, S. 268.
36 Littrow, Wunder des Himmels, 1837, S. 3.

der naturwissenschaftlich entzauberten Welt verwendet[37] – im Übrigen Konsens der Popularisierungsforschung speziell für das neunzehnten Jahrhundert.[38] Azzounis Schlussfolgerung aber, populärwissenschaftliche Texte zielten in erster Linie darauf ab, „beim Leser ein als erhabenes Selbstbewusstsein des Menschen zu bezeichnendes Gefühl zu erzeugen",[39] kommt beim eigentlichen Ausgangspunkt der Argumentation, nämlich bei der Definition des Erhabenen nach Kant, wieder an: Beim Vermögen, uns als von der Natur unabhängig zu beurteilen, uns also über sie zu erheben.[40] Nicht populärwissenschaftliche Texte, die sich des Erhabenen bedienen, fordern den Leser auf, „sich selbst zu denken",[41] sondern das Erhabene selbst trägt diese Aufforderung in sich. Es wird sich im zweiten Teil dieses Kapitels zeigen, dass das Erhabene zwar auch bei Andreas Baumgartner und bei Littrow eingesetzt wird, um – so ein weiteres Ergebnis Azzounis – die eigene „Fachwissenschaft zu erheben";[42] viel wichtiger ist aber, dass beide das Erhabene gerade dann heranziehen, wenn es um Naturphänomene geht, die nicht mehr (bzw. noch nicht) mit gesicherten Fakten erklärt werden können, die also nicht nur die menschliche Einbildungskraft,[43] sondern auch den derzeitigen naturwissenschaftlichen Horizont scheitern lassen. Nach Angela Schwarz werde durch Popularisierung ein Bild der „Ordnung, Einheit und Harmonie" vermittelt, „die laut populärwissenschaftlicher Literatur sowohl die Natur als auch die Wissenschaft auszeichneten";[44] nach meiner These aber greift das Erhabene in genau den Momenten, in denen ein solches abgeschlossenes Bild nicht mehr vermittelt werden kann. Dem Erhabenen als Topos in populärwissenschaftlicher Literatur kommt also eine eigene Funktion zu, und zwar eine Funktion, die nicht schon dem Erhabenen immanent ist – nämlich das Verschleiern von Erkenntnisgrenzen und von naturwissenschaftlichen Unzulänglichkeiten.

---

37 Vgl. Azzouni, Topos des Erhabenen, 2008, S. 216.
38 Z. B. Angela Schwarz, Bilden, überzeugen, unterhalten: Wissenschaftspopularisierung und Wissenskultur im 19. Jahrhundert. In: Kretschmann, Carsten (Hg.), Wissenspopularisierung. Konzepte der Wissensverbreitung im Wandel, Berlin 2003, S. 221–234, hier 233; Daum, Wissenschaftspopularisierung im 19. Jahrhundert, 1998, S. 14.
39 Azzouni, Topos des Erhabenen, 2008, S. 219.
40 Vgl. Fœssel, Analytik des Erhabenen, 2008, S. 114.
41 Vgl. Azzouni, Topos des Erhabenen, 2008, S. 220.
42 Ebd., S. 216.
43 „Das Gefühl des Erhabenen ist also ein Gefühl der Unlust, aus der *Unangemessenheit der Einbildungskraft* in der ästhetischen Größenschätzung, zu der Schätzung durch die Vernunft, und eine dabei zugleich erweckte Lust". Kant, Analytik des Erhabenen, 1968, S. 344 f., Hervorhebung E. H.
44 Schwarz, Bilden, überzeugen, unterhalten, 2003, S. 228.

Beim Erhabenen handelt es sich deshalb um ein von der literarischen[45] wie der naturwissenschaftlichen Kultur genutztes, motivisches Element der Inszenierung von Wissen und Nicht-Wissen. In diesem Sinne besitzt das Erhabene, mit Vogl gesprochen, „eine poetologische Dimension [...], die das Auftauchen neuer Wissensobjekte und Erkenntnisbereiche zugleich als Form ihrer Inszenierung" begreifen muss.[46] Deshalb geht es in diesem Kapitel nicht um einen reinen „literaturzentrierte[n] Beschreibungsmodus" bzw. um eine einseitige Rezeption naturwissenschaftlicher Themen durch Literatur, sondern um einen „Analysehabitus, der beide Bereiche auf allgemeinere Schemata und Denkformen bezieht",[47] in diesem Fall auf die Denkform des Erhabenen.

1.2 Voraussetzungen für das Erhabene in Astronomie und Geologie

Die (Wieder-)Entdeckung des Erhabenen im achtzehnten Jahrhundert wird gemeinhin mit dem Wandel der Naturwahrnehmung und mit der ästhetischen Entdeckung der Alpen[48] im selben Jahrhundert verbunden. Der für die Entstehung des Erhabenen als ästhetischen Begriff notwendige Weltbildwandel vollzog sich jedoch sehr viel früher infolge von Nikolaus Kopernikus' *De Revolutionibus Orbium Coelestium* von 1543. Die zeitgenössischen Reaktionen auf Kopernikus' heliozentrisches System waren zwar nicht durchschlagend, dennoch löste, so Alexandre Koyré, seine Astronomie mit einiger Verzögerung im siebzehnten Jahrhundert eine „radikale geistige Revolution" aus: Mit der nun erfahrenen „Zerstörung des Kosmos" verlor der Mensch „seinen Ort in der Welt, oder vielleicht genauer: eben diese Welt, in der er lebte und über die er nachdachte"; er war so gezwungen, „das gesamte Gefüge seines Denkens [zu] ändern und neu [zu]

---

45 Nach Erhart hat gerade die Literatur großen Anteil an der Weiterentwicklung des Erhabenen: „Während die Theorie des Erhabenen allmählich auf die Position um 1800 – von Kant bis Hegel – gleichsam eingefroren wird, führt die ästhetische Praxis des Erhabenen in dem Maße ein Eigenleben, wie sich die erhabenen Gegenstände fortlaufend verändern." Erhart, Das Erhabene, das Schöne und die moderne Literatur, S. 90.
46 Vogl, Einleitung [in: Poetologien des Wissens], 2002, S. 13.
47 Braungart/Till, Kontexte: Wissenschaft, 2007, S. 411.
48 Zum Wandel des Blicks auf die Alpen vgl. Lucas Marco Gisi, ‚Für lauter Wollust sah gar nichts'. Der Wandel des ‚Blicks' auf die Alpen im 18. Jahrhundert. In: Variations. Literaturzeitschrift der Universität Zürich 12 (2004), S. 91–107. Zur Verbindung der Alpen mit dem Erhabenen z. B. Peter Hughes, The Grotesque & the Alpin Sublime. In: Hedinger, Martin u. a. (Hg.), Das Groteske. Le grotesque. The Grotesque, Fribourg 2005, S. 143–159; Hofmann, Alpenrausch, 2010.

gestalten".[49] Auch Hans Blumenberg sieht in der kopernikanischen Wende eine Zäsur für die Neuzeit, obwohl Kopernikus' Intention im siebzehnten Jahrhundert missverstanden worden sei:

> [D]ie kopernikanische Konzeption ist weder in dieser ihrer Absicht noch überhaupt als kosmologische Aussage für das neuzeitliche Bewußtsein effektiv geworden. Als ihr eigentlicher Triumph begann, war ihr ursprünglicher Kern, die Heliozentrik, schon ausgehöhlt und angesichts eines unermeßlichen Alls zu einer *provinziellen*, auf unser Planetensystem beschränkten Erkenntnis geworden. Der kopernikanische Umsturz ist nicht als theoretischer Vorgang Geschichte geworden, sondern als *Metapher:* die Umkonstruktion des Weltgebäudes wurde zum Zeichen für den Wandel des menschlichen Selbstverständnisses, für eine neue Selbstlokalisation des Menschen im Ganzen der gegebenen Natur oder für den Verlust dieser Lokalisierbarkeit und für die Bedeutungslosigkeit einer Weltstelle.[50]

Kopernikus' eigentliche Intention – die „Bewährung der menschlichen Vernunft"[51] – wurde im siebzehnten Jahrhundert nicht erkannt; gerade deshalb konnte mit der kopernikanischen Wende eine neue Natur- und Unendlichkeitserfahrung entstehen. Der Mensch wurde, so Johannes Stückelberger, mit dem Verlust seiner privilegierten Position innerhalb des Weltgefüges gezwungen, die Unendlichkeit als eine „Sache der Wahrnehmung und des Denkens", nicht mehr als eine Sache des Glaubens, zu akzeptieren: „Als unendlich galt nun nicht mehr nur das Jenseits, als unendlich erfahren wurde auch das Diesseits"; hier liege die „Geburtsstunde der Ästhetik des Erhabenen."[52] Von einer „Geburtsstunde" des Erhabenen als ästhetischem Begriff in der kopernikanischen Wende zu sprechen, erscheint mir aber schwierig, da das Erhabene erst mit Nicolas Boileaus Übertragung von Longins Schrift *Perí hýpsus* 1674 in der Ästhetik diskutiert[53] und erst

---

49 Alexandre Koyré, Von der geschlossenen Welt zum unendlichen Universum, Frankfurt a. M. 1980, S. 11 f. Die kopernikanische Wende war demnach Ursache dafür, dass die „Vorstellung von der Welt als endliches, geschlossenes und hierarchisch geordnetes Ganzes [...] abgelöst wurde durch ein [...] unendliches Universum, das durch die Identität seiner fundamentalen Bestandteile und Gesetze zusammengehalten wird und in dem alle diese Bestandteile auf derselben Stufe des Seins stehen." Ebd., S. 12.

50 Hans Blumenberg, Die kopernikanische Wende, Frankfurt a. M. 1965, S. 100. So z. B. Philipp Melanchthon: „Kopernikus [...] sah den Kosmos als Manifestation einer Vernunft, deren der Mensch teilhaftig ist, ohne der Mitteilung bedürftig zu sein, [...] sofern er nur [...] den Nullpunkt der Konstruktion gefunden hat, auf dem der Schöpfer sozusagen den Zirkel ansetzte. Bei Melanchthon *unterwirft* sich der Mensch als Erforscher des Himmels, bei Kopernikus *vergleicht* er sich Gott." Ebd., S. 119 f.

51 Ebd., S. 115.

52 Vgl. Johannes Stückelberger, Wolkenbilder. Deutungen des Himmels in der Moderne, München 2010, S. 20.

53 Vgl. Till, Das doppelte Erhabene, 2006, S. 26 und 42–45.

mit Edmund Burkes *A Philosophical Enquiry into the Origin of Our Ideas of the Sublime and the Beautiful* von 1757 explizit vom Begriff des Schönen geschieden wurde.[54] Die kopernikanische Wende und der damit zusammenhängende, allmähliche Wandel des Weltbildes sind aber – so meine ich – wichtige Voraussetzungen für die Entstehung des Erhabenen im Sinne Boileaus, Burkes und infolgedessen auch Kants und Schillers.

Allerdings finden sich Spuren dieser neu erfahrenen Unendlichkeit schon früher, in Blaise Pascals fragmentarisch gebliebenen *Pensées*[55] (1670): „Das ewige Schweigen dieser unendlichen Räume macht mich schaudern."[56] Ob Pascal das Erhabene wirklich intendiert, ist aber umstritten. Nach Koyré formuliere Pascal nicht das Erhabene, sondern vielmehr eine Reaktion auf den religiösen Sinn-Verlust: „Am Ende der Entwicklung finden wir die stumme und schreckenserregende Welt des Pascalschen ‚libertin', die sinnlose Welt der modernen wissenschaftlichen Philosophie. Am Ende finden wir Nihilismus und Verzweiflung."[57] Winfrid Hover lehnt eine Deutung im Sinne des Erhabenen zwar auch ab, zugleich sieht er Pascal aber als einen Denker, der schon über die Neuzeit hinausreiche „in die noch namenlose Nach-Neuzeit". Pascals Erschauern vor dem unendlichen Universum sei in diesem Sinne Zeichen eines neuzeitlichen Daseinsgefühl, in dem sich die „Existenz [...] jeder Basis beraubt" fühle.[58] Es ist aber zweitrangig, ob Pascal das Erhabene gemeint hat;[59] wichtig ist in erster Linie, wie er gelesen wurde. Koyré selbst deutet eine Lesart im Sinne eines erhabenen Gefühls an: Ihm

---

54 Vgl. Burke, A Philosophical Enquiry, 2008, S. 97.

55 So auch Klaus Poenicke: „Und doch werden die im 18. und 19. Jahrhundert literaturwirksamsten Kräfte dieser Ästhetik ohne Zweifel aus dem Natürlich- und vor allem dem Räumlich-Erhabenen generiert. Schließlich hatten die dramatischen Einbrüche der *New Science* in das christliche Weltbild [...] eine schwindelerregende Öffnung des neuzeitlichen Bewußtseins auf ein Raum-Unendliches bewirkt". Gerade Pascal habe „in den Pensées den mit dieser Öffnung unaufhebbar verbundenen Schrecken" dokumentiert. Klaus Poenicke, Eine Geschichte der Angst? Appropriationen des Erhabenen in der englischen Ästhetik des 18. Jahrhunderts. In: Pries, Christine (Hg.), Das Erhabene. Zwischen Grenzerfahrung und Größenwahn, Weinheim 1989, S. 75–90, hier 79 f.

56 Blaise Pascal, Über die Religion und über einige andere Gegenstände (Pensées), Heidelberg ⁶1963, S. 115.

57 Koyré, Von der geschlossenen Welt, 1980, S. 49.

58 Vgl. Winfrid Hover, Der Begriff der Herzens bei Blaise Pascal. Gestalt, Element der Vorgeschichte und der Rezeption im 20. Jahrhundert, Fridingen a. D. 1993, S. 190–193.

59 Nach Emma Gilby rekurrieren Texte französischer Autoren des 17. Jahrhunderts auch vor Boileaus *Perí hýpsus*-Übertragung auf das Erhabene. Vgl. Emma Gilby, Sublime Worlds. Early Modern French Literature, London 2006, S. 5. Im Fall von Pascal untersucht Gilby die Rolle des Erhabenen in der menschlichen Erfahrung des Göttlichen in den *Pensées*. Vgl. ebd., S. 85–102.

zufolge sei diese Intention „gewöhnlich von Pascals Historikern angenommen",[60] der Gedanke also wörtlich – ohne religiöse Dimension – rezipiert worden.[61] Damit hat das Erhabene eine traditionelle Verbindung zur Astronomie, sprich: einen unmittelbaren Bezug zu den Naturwissenschaften. Es verhält sich ähnlich wie im Fall der kopernikanischen Wende: Auch sie wurde ‚falsch' verstanden, aber so in einem erweiterten Kontext rezipiert.

Die Hypothese, dass Pascal in die unmittelbare Vorgeschichte der Theorie des Erhabenen eingeordnet werden könne, wird durch eine weitere Äußerung in den Pensées nahegelegt: „Durch den Raum erfaßt mich das Weltall und verschlingt mich wie einen Punkt, durch das Denken erfasse ich es."[62] Bei Kant heißt es: „Der erstere Anblick einer zahllosen Weltenmenge vernichtet gleichsam meine Wichtigkeit, als eines *tierischen Geschöpfs* [...]. Der zweite erhebt dagegen meinen Wert, als einer *Intelligenz*".[63] Pascal beschreibt das Paradox des Erhabenen aus Scheitern und Triumph angesichts des unendlichen Universums, die auch dem Kant'schen Erhabenen eigen ist, ohne aber dessen moralische Dimension[64] zu erfassen. Die *Pensées* beinhalten also einzelne Stellen, die als Vor-Formulierung, zumindest aber als Voraussetzung des Erhabenen des achtzehnten Jahrhunderts[65] gelesen werden können (und gelesen wurden), auch wenn Pascal selbst eine solche Lesart nicht intendierte. Das Erhabene des achtzehnten Jahrhunderts fußt somit nicht nur auf Boileaus Übertragung von Longins *Perí hýpsus* und der Entdeckung der ästhetischen Qualitäten des Hochgebirges; vielmehr wäre es ohne die kopernikanische Wende und deren Rezeption im Laufe des siebzehnten Jahrhunderts

---

60 Koyré, Von der geschlossenen Welt, 1980, S. 49, Anm. 29.

61 Nach Karl Heinz Bohrer zeige sich das bei Baudelaire: „Die unendliche Natur ist hier das Erhabene, das sich von dessen romantisch-klassizistischer Fassung dergestalt gelöst hat, als die Nichtdarstellbarkeit des unendlichen Erhabenen [...] nunmehr zur Gesetzesformel einer neuen Ästhetik des Schrecken wird". Karl Heinz Bohrer, Naturgefühl ist kein Gefühl der Natur. Die surrealistische Evokation der Natur mit Rücksicht auf das romantische Erhabene. In: Zimmermann, Jörg (Hg.), Ästhetik und Naturerfahrung, Stuttgart-Bad Cannstatt 1996, S. 419–440, hier 425.

62 Pascal, Über die Religion, 1963, S. 168.

63 Kant, Schriften zur Ethik, 1974, S. 300.

64 Nach Kant hat das Erhabene „seine Grundlage in der menschlichen Natur, [...] nämlich in der Anlage zum Gefühl für (praktische) Ideen, d. i. zu dem moralischen." Kant, Analytik des Erhabenen, 1968, S. 354.

65 Nach Busch handle es sich in der „Ästhetisierung der dramatischen Naturphänomene" über das Erhabene um einen „Säkularisierungsprozess": Die „schreckenden Erscheinungen brauchten zur Entlastung nicht mehr an eine überirdische Distanz delegiert zu werden, vielmehr waren sie innerweltlich mit Hilfe naturwissenschaftlicher Erkenntnis abzuarbeiten." Werner Busch, Die Naturwissenschaften als Basis des Erhabenen in der Kunst des 18. und frühen 19. Jahrhunderts. In: Jahrbuch des Historischen Kollegs 2004, S. 83–109, hier 95.

unter anderem durch Pascal nicht denkbar gewesen. Das Paradox des Erhabenen ist gebunden an die Entdeckung des unendlichen, unermesslichen Universums durch die Astronomie.[66]

Gerade in den *Kritiken* Kants dient die kopernikanische Wende als eine Metapher, deren Kreierung ohne die eigentlich ‚falsche' Rezeption von Kopernikus im siebzehnten Jahrhundert nicht denkbar wäre. Blumenberg zeigt, wie „Steigerung und Erniedrigung des Menschen [...] gleichermaßen ihren Ausgang von der kopernikanischen Enthüllung genommen haben." Kant habe sich das zunutze gemacht im Sinne einer neuen, zweiten kopernikanischen Wende, nicht nur, um die „transzendentale Umbegründung des menschlichen Weltverhältnisses" zu rechtfertigen, sondern auch als „Akt der Selbsterhaltung gegenüber den vermeintlichen Konsequenzen der ersten kopernikanischen Wende".[67] Auch Kant verankert also die Philosophie des Erhabenen in der Astronomie, sprich: in den Naturwissenschaften bzw. – nach Blumenberg – im Bruch, der der kopernikanischen Wende folgte:

> Das Prädikat der Unendlichkeit taucht zwar am Beginn der Neuzeit als eine der großen weltlichen Emphasen auf, verliert aber seine Faszination durch die unvermeidliche Konsequenz, daß alle Erfahrung nun einen Hintergrund der Unerreichbarkeit um sich her transportiert. Mochte auch die Methodenidee der Wissenschaft an die Stelle des einzelnen, der den gestirnten Himmel als die Erscheinung der Totalität der Natur betrachtet hatte, ein neues Übersubjekt der Erfahrung über Zeit und Raum hinweg gesetzt haben, so wird doch der Hiatus zwischen der objektiven Akkumulation von Erkenntnis und dem subjektiven Bedürfnis nach Anschauung und Totalität, kurz: zwischen Begriff und Idee, immer bedrückender.[68]

---

66 Ruth und Dieter Groh deuten einen Zusammenhang von Astronomie und der Entwicklung der Begriffe des Schönen und des Erhabenen in der englischen Philosophie an: „Hatte das festgefügte Sphärenhaus des Ptolemäus als unwandelbarer Garant von Maß, Ordnung und Begrenztheit gelten können, so war nun nach der Entdeckung der Milchstraße [...] die Möglichkeit einer Menge von Welten, Varianten und Variabilität offen". Groh/Groh, Kulturelle Muster, 1996, S. 36.
67 Vgl. Blumenberg, Die kopernikanische Wende, 1965, S. 126–128. Vgl. dazu Immanuel Kant, Kritik der reinen Vernunft 1. In: Immanuel Kant. Werke. Bd. III, hg. von Wilhelm Weischedel, Frankfurt a. M. 1968, S. 25 [Vorrede zur zweiten Auflage]: „Bisher nahm man an, alle unsere Erkenntnis müsse sich nach den Gegenständen richten; aber alle Versuche [...] gingen unter dieser Voraussetzung zunichte. Man versuche es daher einmal, ob wir nicht [...] besser fortkommen, daß wir annehmen, die Gegenstände müssen sich nach unserem [sic!] Erkenntnis richten [...]. Es ist hiermit eben so, als mit den ersten Gedanken des *Kopernikus* bewandt, der, nachdem es mit der Erklärung der Himmelsbewegungen nicht gut fort wollte, wenn er annahm, das ganze Sternenheer drehe sich um den Zuschauer, versuchte, ob es nicht besser gelingen möchte, wenn er den Zuschauer sich drehen, und dagegen die Sterne in Ruhe ließ."
68 Blumenberg, Die Genesis der kopernikanischen Welt, 1975, S. 77.

Die Naturwissenschaften führen zwar zum Wissen vom unendlichen Universums, zugleich sind es aber dieselben Naturwissenschaften, die den Menschen ortlos machen und ihm seine eigene Beschränktheit vor Augen führen, denn das Wissen vom Unendlichen kann nicht zu einer totalen Wahrnehmung des Unendlichen führen. Mit dieser ‚Entdeckung' der Unendlichkeit im sechzehnten und der Auflösung des hierarchischen Welt- und Naturbildes im siebzehnten Jahrhundert korrespondierte „ein entsprechend gewandeltes Menschenbild". Bereits mit Galileis Theorien erfahren auch die Begriffe Wissenschaft und Erkenntnis einen grundsätzlichen Umbruch; hier wird *„im erkennenden Subjekt das Konstruktionsprinzip der Natur entdeckt."*[69] Gerade Kants *Analytik* müsse, so Blumenberg, innerhalb dieser Entwicklung gelesen werden; denn Kant habe einen der „letzten großen Versuche gemacht, dieses Auseinanderfallen in kollektiven Besitz der Theorie einerseits und individuellen Anspruch auf Anschauung andererseits zwar nicht zu überwinden, aber als positive Spannung zu rechtfertigen."[70] Das Kant'sche Erhabene antwortet also auf die mit der Astronomie entstandene Ambivalenz ihrerseits mit einer Ambivalenz aus einem „Gefühl der Unlust [...] und eine[r] dabei zugleich erweckte[n] Lust";[71] Erhabenes und Astronomie streben beide auf je ihre Weise danach, das der sinnlichen Wahrnehmung verschlossene Unendliche mit der Vernunft zu durchdringen.[72]

Neben der ‚Entdeckung' der Unendlichkeit durch die Astronomie lässt sich eine weitere Linie im neuen Weltbild erkennen, die eine besondere Rolle für das Erhabene spielt: Mit den Naturwissenschaften „öffnete sich erstens die Aussicht in einen Raum ohne Mittelpunkt und Grenzen und zweitens der Blick in die Weite einer nicht auf den Menschen bezogenen Zeit." Ersteres ist gekennzeichnet durch Größen der Astronomie und Physik wie Kopernikus, Kepler, Galilei und Newton, Letzteres durch die Entstehung der Geologie und später Darwins Evolutionstheorie.[73] Besonders mit der Geologie beginnt sich um 1800 das Bild von einer

69 Lothar Schäfer, Wandlungen des Naturbegriffs. In: Zimmermann, Jörg (Hg.), Das Naturbild des Menschen, München 1982, S. 11–44, hier 21 und 26.

70 Blumenberg, Die Genesis der kopernikanischen Welt, 1975, S. 77 f.

71 Kant, Analytik des Erhabenen, 1968, S. 344 f.

72 Bei Kant heißt es dazu: „Aber eben darum, daß in unserer Einbildungskraft ein Bestreben zum Fortschritte ins Unendliche, in unserer Vernunft aber ein Anspruch auf absolute Totalität, als auf eine reelle Idee liegt: ist selbst jene Unangemessenheit unseres Vermögens der Größenschätzung der Dinge der Sinnenwelt für diese Idee die Erweckung des Gefühls eines übersinnlichen Vermögens in uns". Ebd., S. 336.

73 Vgl. Wolf von Engelhardt, Wandlungen des Naturbildes der Geologie von der Goethezeit bis zur Gegenwart. In: Zimmermann, Jörg (Hg.), Das Naturbild des Menschen, München 1982, S. 45–73, hier 45. Busch macht die Entstehung des Erhabenen an Newton fest. Seine Mechanik brachte die „Religion in Rechtfertigungszwang [...]: Biblische Grundüberzeugungen und naturwissenschaft-

historischen Natur durchzusetzen.[74] Voraussetzung dafür ist aber ein Text, der lange vor Darwin und auch vor der Etablierung und Institutionalisierung der Geologie einen ersten Schritt hin zur Evolution der species wagt: Georges-Louis Leclerc, Comte de Buffons Essay *De la dégéneration des animaux* von 1754.[75] Der Höhepunkt dieser Entwicklung liegt schließlich in Darwins *Origin of Species*; hier setzt sich die „Auffassung von der Historizität der Natur [...] unaufhaltsam durch", mit weitreichenden Folgen: Zum Verlust der Sonderstellung des Menschen im Kosmos kommt nun auch der Verlust seiner Sonderstellung unter den Bewohnern der Erde. Der Mensch wird zum „Bewohner der Welt neben allen anderen".[76]

Doch auch wenn Naturwissenschaften und Gesellschaftstheorien[77] im Laufe des neunzehnten Jahrhunderts immer stärker von Darwins Evolutionstheorie geprägt waren, war es doch die Geologie, die noch vor den Anfängen der Evolutionstheorie – abgesehen von Buffons *De la dégéneration des animaux* – „in einem viel stärkeren Maße Einfallstor historischer Theorien über die Natur" wurde. Ausschlaggebend war auch hier Buffon mit *Théorie de la Terre* (1749) und mehr noch *Époques de la Nature* (1778). Darin geht er als einer der Ersten von einem sehr viel höheren Erdalter als dem biblisch errechneten von ca. 6000 Jahren aus.[78] Die Etablierung der Geologie, ihre immer weiter fortschreitende Professionalisierung

---

liche Ergebnisse waren abzugleichen, und eine Sprachregelung war zu finden, die unveräußerliche Glaubenswahrheiten nicht in Frage stellte." Dies habe die Physikotheologie übernommen; „aus einer ihrer Rechtfertigungsstrategien resultierten erste Ansätze einer Ästhetik des Sublimen." Busch, Die Naturwissenschaften als Basis des Erhabenen, 2004, S. 86.

74 Vgl. Wolf Lepenies, Historisierung der Natur und Entmoralisierung der Wissenschaften seit dem 18. Jahrhundert. In: ders., Gefährliche Wahlverwandtschaften. Essays zur Wissenschaftsgeschichte, Stuttgart 1989, S. 7–38, hier 26. Michaela Haberkorn sieht in der Entstehung der Geologie und der Entdeckung des Erdalters „Erschütterungen des religiösen Zeitbegriffs", die sie unter dem Schlagwort „[d]ie zweite kopernikanische Wende" fasst. Michaela Haberkorn, Naturhistoriker und Zeitenseher. Geologie und Poesie um 1800. Der Kreis um Abraham Gottlob Werner (Goethe, A. v. Humboldt, Novalis, Steffens, G. H. Schubert), Frankfurt a. M. 2004, S. 56–59.

75 Buffon zwinge so „aktuell Vorhandenes als ein Gewordenes" zu betrachten. Vgl. Heinz-Dieter Weber, Die Verzeitlichung der Natur im 18. Jahrhundert. In: ders. (Hg.), Vom Wandel des neuzeitlichen Naturbegriffs, Konstanz 1989, S. 97–131, hier 113f.

76 „Daß der Mensch nicht von vornherein an der Spitze der ganzen organischen Stufenleiter *steht*, sondern dorthin *gelangt* ist – diese Erkenntnis bildet den anthropologischen Kern der Evolutionstheorie." Lepenies, Historisierung der Natur, 1989, S. 28f.

77 Nach Lepenies hat sich die „Kombination von Erklärungsanspruch und Orientierungsverzicht, die zum Aufstieg und zur gesellschaftlichen Anerkennung der Naturwissenschaften beigetragen hatte", mit der Durchsetzung von Darwins Evolutionstheorie „endgültig stabilisiert". In dieser Lücke konnten dann die Human- und Sozialwissenschaften entstehen. Vgl. ebd.

78 Vgl. Weber, Verzeitlichung der Natur, 1989, S. 115f.

fand zusammen mit dem Streit zwischen Genesis und Geologie[79] ihren Anfang in Buffons These, lange bevor Darwin seine formulierte. Buffon ging es aber nicht nur um das Erdalter, sondern er wollte die Erdgeschichte auch in den „Kosmos der Naturgesetze" einordnen, „die das astronomische Weltbild so eindrucksvoll beherrschen."[80] Zum einen zeigt sich hier eine deutliche Verbindung zwischen Astronomie und Geologie, deren Spuren sich – wie im zweiten Teil dieses Kapitels anhand des Erhabenen gezeigt werden wird – auch im neunzehnten Jahrhundert noch finden lassen. Zum anderen hatte schon Buffons *Époques de la Nature* gravierende Folgen für die Position des Menschen innerhalb der Welt:

> Während auf der unveränderlich-statischen Bühne des Kepler-Newtonischen Weltbildes das Drama der Menschengeschichte als ein der Natur ganz fremdes Schauspiel ablief, ordnet sich die Geschichte des Menschen in ihrem gewesenen Verlauf und in ihren künftigen Möglichkeiten organisch dem Weltbild ein, das Buffon entwarf. Es dürfte gerade dieser, Natur- und Menschenwelt verbindende Zug der Buffonschen Hypothese gewesen sein, welcher die große Wirkung seines Werks veranlasste.[81]

Der Mensch steht nicht nur und staunt, dem von der Astronomie mitgeprägten Topos zur Beschreibung der Wirkung des Unendlichen entsprechend; vielmehr muss der Mensch seine eigene Geschichte in die Geschichte der Erde integrieren. Denn trotz anfänglicher Erfolge der geologischen Katastrophentheorie, wonach einzelne Ereignisse wie Vulkanausbrüche zur heutigen Gestalt der Erdoberfläche geführt haben, etablierte sich schließlich Charles Lyells Prinzip der Uniformität der Naturgesetze. Mit *Principles of Geology* (erstmals 1833) nahm Zeit die „Stelle der Gewalt als Gestaltungselement der Erdoberfläche ein."[82] Die Folgen dieser neu entdeckten Zeitlichkeit waren ähnlich weitreichend wie die der kopernikanischen Wende im siebzehnten Jahrhundert und die der Evolutionstheorie Darwins fast ein Jahrhundert später, denn die „Tiefenzeit" der Geologie „ist so etwas Fremdes, daß wir sie wirklich nur als Metapher begreifen können." Stephen Jay Gould reiht deshalb die Geologie in Sigmund Freuds Liste der menschlichen Kränkungen durch die Wissenschaften – die kopernikanischen Wende, Darwins Evolutionstheorie und Freuds eigene Psychoanalyse – als „vierte Kränkung" im Sinne einer zeitlichen Marginalisierung ein.[83] Das „große Zeitalter" der Geologie an der Wende zum neunzehnten Jahrhundert hatte deshalb, so Georg Braungart in An-

---

79 Vgl. Charles Coulston Gillispie, Genesis and Geology, Cambridge, Mass./London 1996; Braungart, Poetik der Natur. Literatur und Geologie, 2009.
80 Engelhardt, Wandlungen des Naturbildes der Geologie, 1982, S. 46.
81 Ebd., S. 48. Vgl. dazu Weber, Verzeitlichung der Natur, 1989, S. 115 f.
82 Vgl. Schwarz, Wissenschaftspopularisierung, 1999, S. 4 f.
83 Vgl. Gould, Die Entdeckung der Tiefenzeit, 1990, S. 15 und 13.

schluss an Gould, den geistesgeschichtlichen Effekt der Relativierung der biblischen Schöpfungsgeschichte. Damit verbunden ist das „Auseinanderdriften der Menschheitsgeschichte [...] und der Geschichte der Natur in ihrer Entwicklung." Die Geschichte der Menschheit wurde mit der Geologie zur „bloßen Episode, zum Epiphänomen von Prozessen ganz anderer, unvorstellbarer zeitlicher Dimensionen", eine Konstellation, die über die Geologie eine „transhumane Perspektive" eröffnet.[84] Nach Braungart liegt deshalb eine „*dritte* Variante des Erhabenen" in der Geologie: „Die unermeßlichen Zeiträume, welche nicht das Anschauungsvermögen des Menschen in quantitativer Hinsicht überfordern (wie beim mathematisch-Erhabenen Kants) oder seine Selbsterhaltung bedrohen (wie beim Dynamisch-Erhabenen), sondern ihn in der zeitlichen Dimension nahezu annihilieren, wären der Ausgangspunkt für das *Geologisch*-Erhabene." Der räumlichen Infragestellung des Menschen durch die Astronomie folgte also eine „radikale Infragestellung des Menschen in seiner *zeitlichen* Anschauungsform" und ein damit verbundener, neuer Diskurs des Erhabenen. Was die Unendlichkeit des Universums für die Astronomie war, das ist die Unermesslichkeit der Zeit für die Geologie.[85]

Bei dieser Entwicklung spielte auch die ästhetische Wahrnehmung der Bergwelt im achtzehnten Jahrhundert eine entscheidende Rolle,[86] denn die „unmittelbare Zuordnung von Natur als Landschaft auf das *betrachtende* Subjekt vollzieht sich im achtzehnten Jahrhundert eins mit der Entdeckung einer neuen Erfahrungsweise der Aisthesis – dem Erhabenen". Die Relation zwischen wahrnehmendem Subjekt und wahrgenommenem Objekt ändert sich gravierend: „[A]n die Stelle des handelnden Menschen, zu dem die heroische Landschaft nur den Begleitakkord abgibt, ist der Betrachter der Natur getreten, dessen Blick im Geschauten aufgeht, wie andererseits das Geschaute erst durch seinen Blick bedeutungsvoll erscheint"; und: „[N]icht die weltverneinende Wendung nach innen, sondern die weltergreifende Wendung nach außen ist die Bewegung, die den Schauenden in der Korrespondenz von Landschaft und Seele sein wahres Selbst

---

84 Braungart, Die Geologie und das Erhabene, 2005, S. 159. Nach Braungart stand die Geologie „nicht nur zur Schöpfungsgeschichte, sondern auch zur entstehenden Leitwissenschaft der Spätaufklärung, der Anthropologie" in Opposition. Braungart, Poetik der Natur. Literatur und Geologie, 2009, S. 55. Nach Sean Franzel ist die Verbindung von Zeit und Erhabenem gängige Praxis in der Literatur um 1800. Vgl. Sean Franzel, Time and Narrative in the Mountain Sublime around 1800. In: ders./Schaumann, Caroline (Hg.), Heights of Reflection. Mountains in the German Imagination from the Middle Ages to the Twenty-First Century, Rochester, N. Y. 2012, S. 98–115, hier 103.
85 Braungart, Die Geologie und das Erhabene, 2005, S. 166 und 169.
86 Zur ‚Entdeckung' der erhabenen Alpenlandschaft vgl. z. B. Hofmann, Alpenrausch, 2010.

finden läßt."[87] Die neue Wahrnehmung der Natur als erhabene oder auch schöne Landschaft fand nicht nur Eingang in Alexander von Humboldts „Naturgemäl-de[n]"[88] im *Kosmos* und in seine Reiseberichte, sondern auch in Texten weit unbekannterer Wissenschaftler des frühen neunzehnten Jahrhunderts, die sich Humboldts literarischen Anspruch[89] nicht gesetzt haben, aber dennoch in Bezug auf das Erhabene auf ähnliche Weise vorgehen. Dabei handelt es sich um Wissenschaftler, die für Stifter ähnlich bedeutsam wurden wie Humboldt.[90]

Zudem war die immer engere Verbindung der Geologie zum Erhabenen ein Grund für das Interesse der Literatur im neunzehnten Jahrhundert: „Die Beschreibung [...] der Erdphänomene und des geologischen Geschehens erzeugt eine Sprache", so Erika Schellenberger-Diederich, „die mit Worten auch das Erstaunen gegenüber dem Phänomen des Steinernen zu erfassen versucht. [...] Poetisierungen finden sich daher in geologiegeschichtlichen Texten sehr häufig und werden von der Dichtung adaptiert."[91] Die Literatur hatte, was der jungen Naturwissenschaft fehlte: eine Sprache, der es möglich war, komplexe Sachverhalte und unvorstellbare Naturphänomene zu erfassen. In der Geologie verban-

---

87 Hans Robert Jauß, Aisthesis und Naturerfahrung. In: Zimmermann, Jörg (Hg.), Das Naturbild des Menschen, München 1982, S. 155–182, hier 172 und 174 f.

88 Alexander von Humboldt, Ansichten der Natur. In: Alexander von Humboldt. Darmstädter Ausgabe. Bd. V, hg. von Hanno Beck, Darmstadt 2008, S. 35.

89 Zum Literarischen und Erhabenen bei Humboldt vgl. Hartmut Böhme, Ästhetische Wissenschaft. Aporien der Forschung im Werk Alexander von Humboldts. In: Ette, Otmar u. a. (Hg.), Alexander von Humboldt – Aufbruch in die Moderne, Berlin 2001, S. 17–32; Daniel Tobias Seger, ‚… die wunderbar aneignende Kraft des menschlichen Gemüthes …'. Alexander von Humboldt und das Erhabene. In: Scientia Poetica. Jahrbuch für Geschichte der Literatur und der Wissenschaften 6 (2002), S. 59–76.

90 Stifter bezieht sich in einer seiner Darstellungen der Hierarchie von Religion, Kunst und Naturwissenschaft direkt auf Humboldt: „Und so ist die Kunst nicht nur eines der höchsten Dinge der Menschheit, sie ist ein Theil der menschlichen Bestimmung, des menschlichen Daseins selber. Als die Darstellung des Göttlichen im Reize kömmt sie gleich nach dem Höchsten, was der Mensch hat, nach der Religion. Die Wissenschaft, dieses erhabene Gut des menschlichen Geschlechts, folgt erst nach ihr [...]. Man lese Humboldts Einleitung zum Kosmos." Über die Beziehung des Theaters zum Volke. In: HKG, Bd. 8,1, S. 119 f. Der Einfluss Humboldts auf Stifter ist relativ gut erforscht – deshalb wird Humboldt in dieser Arbeit kein eigenes Kapitel gewidmet. Vgl. dazu z. B. Roland Duhamel, Natur und Kunst. Zum didaktischen Konzept von Stifters *Nachsommer*. In: JASILO 1 (1994), S. 151–168; Schößler, Das naturwissenschaftliche Projekt, 2007.

91 Schellenberger-Diederich, Geopoetik, 2006, S. 346. Das Wissenschaft und Literatur verbindende Element ist demnach die Metapher. Vgl. ebd., S. 24. Nach Peter Schnyder wurde es die Aufgabe der Geologie, „untergegangene Welten" zu rekonstruieren: „Mit ihrer Rekonstruktionsleistung wurden die Wissenschaftler mithin gleichsam zu rückwärtsgewandten Schöpfern, und es deutet sich darin schon eine verborgene Verwandtschaft mit den Dichtern an". Schnyder, Medien geologischen Wissens, 2009, S. 236 f.

den sich so literarische Elemente mit Empirie, besonders aber, so Braungart, Metaphern mit dem Erhabenen der Zeit[92] bzw., nach Hartmut Böhme, mit dem Erhabenen des Steinernen.[93] Neben der zeitgenössischen Verquickung von Laien- und professioneller Wissenschaftlichkeit,[94] von Popularisierung und Professionalisierung profitierte die Geologie von einem ihr ursprünglich zugehörigen literarischen Charakter – ein Charakter, der auch Eingang in Friedrich Simonys und Adolph von Morlots populärwissenschaftliche Texte fand, die im zweiten Teil dieses Kapitels besprochen werden.

Zur örtlichen Dezentrierung des Menschen durch die Astronomie und zur zeitlichen Marginalisierung durch die Geologie tritt zu Beginn des neunzehnten Jahrhundert die Technisierung der Natur. Galt Natur zu Beginn des achtzehnten Jahrhunderts noch als reines Erkenntnisobjekt, so wurde sie mit der beginnenden Industrialisierung immer mehr und im Laufe des folgenden Jahrhunderts auch im großen Stil als Rohstoffreservoir genutzt; sie wurde zum „Industriefaktor".[95] Natur galt nun als beherrschbar, sie erschien unter der Wahrnehmung der sich langsam herauskristallisierenden, experimentell-empirischen Wissenschaften als Maschine oder Uhrwerk mit erkennbaren Gesetzmäßigkeiten[96] – ein Prozess, dessen Auswirkungen bereits zu Stifters Schul- und Studienzeit spürbar wurden.[97] Zu dieser „vermeintliche[n] Siegesgewissheit über die Natur" trat aber schon mit dem Erdbeben von Lissabon 1755 – Zeichen absoluter Unbeherrschbarkeit der Natur – eine „enorme Verunsicherung". Aufgrund von neuen naturwissenschaftlichen Erkenntnissen griffen die üblichen Erklärungsmodelle nicht mehr; das Erdbeben konnte nicht mehr als Strafe Gottes verstanden werden, doch rein naturwissenschaftliche Erklärungsmuster waren noch nicht hinreichend etabliert, um religiöse Deutungen vollständig zu ersetzen: „Das Spektrum von ver-

---

92 Vgl. Braungart, Die Geologie und das Erhabene, 2005, S. 166.

93 Vgl. Hartmut Böhme, Das Steinerne. Anmerkungen zur Theorie des Erhabenen aus dem Blick des ‚Menschenfremdesten'. In: Pries, Christine (Hg.), Das Erhabene. Zwischen Grenzerfahrung und Größenwahn, Weinheim 1989, S. 119 – 141.

94 Vgl. Julia Bertschik, Gesammeltes Wissen. Wissenschafts-Dilettanten und ihre Sammlungen bei Stifter, Raabe und Vischer. In: Jahrbuch der Raabe-Gesellschaft 2006, S. 78 – 96, hier 80.

95 Klaus Mainzer, Von der Naturphilosophie zur Naturwissenschaft. Zum neuzeitlichen Wandel des Naturbegriffs. In: Weber, Heinz-Dieter (Hg.), Vom Wandel des neuzeitlichen Naturbegriffs, Konstanz 1989, S. 11 – 31, hier 23.

96 Vgl. Thomas Gil/Joachim Wilke, ‚Natur' im Umbruch: Zur Einführung. In: Bien, Günther u. a. (Hg.), ‚Natur' im Umbruch. Zur Diskussion des Naturbegriffs in Philosophie, Naturwissenschaft und Kunsttheorie, Stuttgart-Bad Cannstatt 1994, S. 11 – 21, hier 12.

97 Nach Wolfgang Frühwald habe Stifter Natur erzählt, wie sie gewesen sein könnte, nicht wie sie war, denn schon zu seiner Zeit begann deren Zerstörung durch die Industrialisierung. Vgl. Frühwald, Kosmologie des Schmerzes, 2006, S. 10 f.

meintlicher Berechenbarkeit elementarer Naturkräfte war dementsprechend breit zwischen diesen beiden extremen Positionen angelegt." Deshalb, so Schellenberger-Diederich weiter, erfülle das „Prinzip des Erhabenen [...] offenbar eine Schutzfunktion."[98] Es wird sich im weiteren Verlauf dieser Studie zeigen, dass der Philosophie des Erhabenen auch im letzten Drittel des neunzehnten Jahrhunderts eine solche Funktion zukam. Phänomene der Natur, die (überhaupt oder noch) ein Erklärungsmuster entbehren, mit dem Erhabenen zu verbinden, ist zudem keine genuine Eigenart der Geologie, sondern hat – wie oben angedeutet – ihren Vorläufer schon in der Astronomie, eine Tradition, die auch in den Naturwissenschaften des frühen neunzehnten Jahrhunderts noch lebendig ist. In diesem Sinne zirkulierte das Erhabene in den Naturwissenschaften: Es ist als Reaktion auf die durch Astronomie und Geologie ausgelösten Weltbildwandel entstanden, um schließlich wieder in die Naturwissenschaften einzugehen[99] und dort als eigenständiges ästhetisches Argumentationsmuster Verwendung zu finden.

1.3 Kants Naturlehre und deren Rezeption in den modernen Naturwissenschaften

Immanuel Kant wird in populärwissenschaftlichen Schriften des frühen neunzehnten Jahrhunderts immer wieder als Referenz genannt und auch zitiert;[100] seine Philosophie scheint also schon kurze Zeit nach ihrer Begründung großen Einfluss auf die Naturwissenschaften gehabt zu haben.[101] Um im Folgenden populärwissenschaftliche Schriften auf die Spuren des Kant'schen (und des Burke'schen) Erhabenen hin untersuchen zu können, wird in diesem Abschnitt nun zum einen der Einordnung, zum anderen der Wirkung von Kants naturwissen-

---

98 Schellenberger-Diederich, Geopoetik, 2006, S. 43.

99 Das zeigt sich in dieser Studie zumindest für die Astronomie und die Geologie, könnte aber auch für weitere Naturwissenschaften gelten.

100 Vgl. Andreas Baumgartner, Die Naturlehre nach ihrem gegenwärtigen Zustande mit Rücksicht auf mathematische Begründung. Dritte umgearbeitete und vermehrte Auflage, Wien 1829, S. 9; Littrow, Wunder des Himmels, 1837, S. 3 und 640.

101 Nach Lutz-Henning Pietsch lassen besonders die Kontroversen um Kants *Kritik der reinen Vernunft* die Wissensbestände dieser Epoche klarer hervortreten. Geht man dem nach, werde mit Berücksichtigung des „historisch-kulturellen Kontextes [...] der Blick nicht nur auf die kognitiven Gehalte selbst, sondern auch auf die Umstände und Bedingungen ihrer Vermittlung und Verbreitung gelenkt." Lutz-Henning Pietsch, Topik der Kritik. Die Auseinandersetzung um die Kantische Philosophie (1781–1788) und ihre Metaphern, Berlin/New York 2010, S. 4.

schaftlichem Konzept[102] nachgegangen. Dabei wird sich zeigen, dass schon die Klassifizierung des Kant'schen naturwissenschaftlichen Systems in der Forschung äußerst divergent und auch dessen Rezeption, besonders die in der ersten Hälfte des neunzehnten Jahrhunderts, überaus unsystematisch und darum komplex ist.

Einer der frühesten Beiträge stammt vom Hegel-Schüler Karl Rosenkranz; er erkannte bereits 1840 das Potential[103] der Kant'schen Philosophie. Besonders in die Naturwissenschaften sei Kant äußerst wirkmächtig geworden, denn er habe deren Ausdifferenzierung und Spezialisierung vorausgeahnt. Seine Philosophie habe

> den Gegensatz der philosophischen und der Fachwissenschaften nicht nur vor[gefunden], sondern steigerte ihn sogar noch, indem sie die Nichtbefriedigung der Spekulation in Ansehung der höchsten Interessen eingestand und dadurch die Empirie um so mutiger machte, sich für sich gehen zu lassen und von der Philosophie die Kategorieen nur zu borgen, ihrer sich als Instrumente zum Ordnen ihres mannigfaltigen Stoffs zu bedienen. Dies Subsumieren eines Gegebenen unter eine Kategorie hieß, die Kant'sche Philosophie auf etwas *anwenden* [...]. Solche Übertünchung der empirischen Wissenschaften mit Kant'scher Topik gedieh in kurzer Zeit sehr weit.[104]

Auch Michael Friedman betont das Empirische in der Naturlehre Kants: In Verbindung mit Newtons Physik erweise es sich als „a genuinely *empirical* one". Denn: „[T]he role of the categories [...] is to provide the a priori conditions that make possible *any and all* objects of experience, including all those objects of experience not yet accounted for by universal gravitation [...] – objects that will only receive their proper a priori grounding as empirical natural science continually advances beyond Newtonian physics."[105] Anders sieht das Karl Ameriks.

---

102 Allerdings ohne Anspruch auf Vollständigkeit; eine detaillierte Forschungsdiskussion zu Kants naturwissenschaftlichem Konzept und dessen Wirkung würde den Rahmen dieser Arbeit übersteigen.

103 „Eine wahrhafte Philosophie muß Epoche machen, denn sie erschafft den Zeitgenossen das höchste Bewußtsein über ihr Wesen. Sie gibt ihnen, was keine Winkelphilosophie vermag [...], den reinsten Ausdruck ihres Geistes. [...] Mit elektrischer Schnelligkeit pflanzte die Kant'sche Philosophie durch Deutschland sich fort und überschritt sogar die Grenzen desselben ziemlich früh." Karl Rosenkranz, Geschichte der Kant'schen Philosophie, hg. von Steffen Dietzsch, Berlin 1987, S. 240.

104 Ebd., S. 270.

105 Michael Friedman, Matter and Motion in the *Metaphysical Foundation* and the First *Critique:* The Empirical Concept of Matter and the Categories. In: Watkins, Eric (Hg.), Kant and the Sciences, Oxford 2001, S. 53–69, hier 66 f.

Kant spreche sich nicht für oder gegen eine bestimmte Art des naturwissenschaftlichen Forschens aus, wie beispielsweise den Empirismus, sondern:

> Kant's approach is systematic in a multiple sense because it claims a necessary and tightly connected framework that provides philosophical principles that bridge the extrems of common and scientific judgment, while also implying similar although somewhat looser structures within each of the spheres of common and scientific judgments themselves, structures that parallel the architectonic of the philosophical principles.

Deshalb sei nicht die Durchsetzung des empirischen Vorgehens für Kant zentral, sondern:

> [T]he opening up of a plausible role for philosophy as a systematic articulation of the sphere of conceptual frameworks that mediate between the extremely informal and the highly formal levels of judgment within our complex objective picture of the world. The crucial point about Kant's enthusiastic talk about a philosophical ‚system‘ is simply that he understood that more is possible [...] than a simple reliance on a chaos of popular truths or an absolutized set of quantitative theories.[106]

Auch Michael Bies liest Kants Schriften zur Naturlehre als Vermittlung zwischen naturwissenschaftlicher Anschauung und Verstand. Kant erweise besonders über den Aspekt des Fiktiven in mathematischen, diskursiven und kausalen Darstellungen von Naturforschung, „dass von dem, was das Leben dieser Natur ausmacht, kein sicheres, mathematisch begründbares Wissen erlangt und die lebendige Natur allein mithilfe der Fiktion verstanden werden kann“. Dabei werde die „Unterbestimmung durch das Prinzip der Zweckmäßigkeit“ kompensiert, „durch das die reflektierende Urteilskraft jenes Ganze vorwegnimmt, das dem Verstand unbegreiflich bleiben muss.“[107] Der Kern des Kant'schen naturwissenschaftlichen Konzepts wird also in einer großen Bandbreite interpretiert: von einer Lesart als genuin empirisch bis hin zu einer an der Kant'schen Urteilskraft gebundenen Interpretation, die den Aspekt des Fiktiven in Kants Vermittlung zwischen Vernunft, Einbildungskraft und Anschauung – ohne direkte Zuschreibung zu einem naturwissenschaftlichen Denkmuster – herausstellt.

Parallel zu diesen unterschiedlichen Einordnungen der naturwissenschaftlichen Schriften Kants sind auch die Einschätzungen zu seiner Wirkung und Rezeption in den Naturwissenschaften vor allem im frühen neunzehnten Jahrhun-

---

106 Beide Zitate aus Karl Ameriks, Kant on Science and Common Knowledge. In: Watkins, Eric (Hg.), Kant and the Sciences, Oxford 2001, S. 31–52, hier 45.
107 Vgl. Michael Bies, *Im Grunde ein Bild*. Die Darstellung der Naturforschung bei Kant, Goethe und Alexander von Humboldt, Göttingen 2012, S. 36 und 59.

dert stark divergent. Wie Rosenkranz bereits 1840 schreibt, sei Kants Einfluss auf die gerade entstehenden Naturwissenschaften kaum zu leugnen:

> Wieviel nun Kant's Philosophie in den Fachwissenschaften gewirkt habe, läßt sich in den meisten derselben [...] gar nicht recht übersehen. Im Kreise der *Naturwissenschaften* geht die von ihm gegebene Anregung unaufhörlich fort. Der sporadischen Berufung auf Kant begegnet man jeden Augenblick. Der Kristallograph [...] geht ebenso wohlauf [sic!] ihn zurück als der Physiologe [...]. Die Mathematiker wurden durch Kant's Kommentator Schulze, der selbst Mathematiker war, angezogen und die Forscher der angewandten Mathematik, Astronomen und Mechaniker, konnten sich mit ihm, da er an den Newton'schen Prinzipien festhielt, leicht befreunden.[108]

Nach heutiger Sicht ist Rosenkranz' Einschätzung allerdings überholt: Kants Philosophie und besonders sein Konzeption der Naturlehre wurde schon zur Zeit der ersten Rezeption von den eigenen Rezipienten eingeholt. Nach Brigitte Falkenburg handle es sich bei Kants Transzendentalphilosophie zwar um eine „echte[] wissenschaftliche[] Revolution in Kuhns Sinne", denn als Kant „die Vorstellungen von Raum und Zeit mit subjektiven Formen der Anschauung anstelle objektiver Begriffe identifizierte, vollzog er einen radikalen Bruch mit der Leibniz-Wolffschen Ideenlehre, dessen erkenntnistheoretische Folgen er selbst zu dieser Zeit keineswegs überschaute." Dennoch habe die kritische Wende nicht zu der „wissenschaftlichen Revolution in der Philosophie des ausgehenden achtzehnten Jahrhunderts geführt, die Kant intendiert" habe:

> Kant selbst machte sich in den als *opus postumum* bezeichneten Schriften erneut daran, an den Grundlagen seines Systems zu rütteln. Zur selben Zeit begann der nachkantische Idealismus, sich kritisch mit den drei *Kritiken* Kants auseinander zu setzen, bevor überhaupt deren Inhalte gründlich rezipiert waren. Zusammen mit der rapiden Entwicklung der empirischen Naturwissenschaften um 1800, die ja auch Kant in seinem Alterswerk stark beschäftigte, bereitete dies den Weg dafür, das Projekt einer systematischen Metaphysik der Natur für obsolet zu erklären.[109]

Die schnelle Abkehr von Kants kritischer Philosophie, bedingt durch eine ungenaue Rezeption, hatte auch durchgreifende Wirkung auf das neunzehnte Jahr-

---

108 Rosenkranz, Geschichte der Kant'schen Philosophie, 1987, S. 271.

109 Nach Falkenburg war „[g]rundlegend für die neue epistemische Theorie von Raum und Zeit [...] die Unterscheidung von *Anschauungen* und *Begriffen*, die mit der rationalistischen Ideenlehre brach." Nach Abschluss der kritischen Wende habe Kant aber „die bescheidenere Position eines empirischen Realismus" vertreten. „Real ist danach nur, was epistemisch zugänglich ist; oder: bloß Gegenstände einer möglichen Erfahrung haben objektive Realität." Brigitte Falkenburg, Kants Kosmologie. Die wissenschaftliche Revolution der Naturphilosophie im 18. Jahrhundert, Frankfurt a. M. 2000, S. 15 f. und 307.

hundert, vor allem aufgrund der Umdeutung der *Kritiken* durch die Naturphilosophie des deutschen Idealismus. Kants Philosophie wurde zwar nicht vollständig abgelehnt, aber, so Falkenburg, nur „bezüglich des Programms einer systematischen Naturphilosophie" aufgegriffen, „die eigenständig gegenüber den Naturwissenschaften ist." Schelling, Hegel und Fichte sei es nicht darum gegangen, „die Gewißheit der naturwissenschaftlichen Erkenntnis zu erweisen, sondern sie wollten die Grundbegriffe naturwissenschaftlicher Theorien nach nicht-mechanistischen Prinzipien reformulieren."[110] Die „auf Kant folgenden Idealisten" haben, so auch Andreas Färber, die „Herausforderung" der Kant'schen Philosophie angenommen: „Ihre Konzeptionen lassen sich durchaus als Versuche verstehen, dem Subjekt Substantialität oder auch, umgekehrt, der Substanz Subjektivität zu verleihen". Dies sei gerade Hegels Verdienst, denn dessen „dialektische Konzeption" lasse sich „als – in durchaus zulässiger Vereinfachung – Synthese von spinozistischer und Kantischer Philosophie begreifen."[111] Die Rezeption Kants durch die Naturwissenschaften sei nach Harry A. M. Snelders überdies stark von der Naturphilosophie beeinflusst; deshalb sei die Transzendentalphilosophie in den Naturwissenschaften erst im Lauf des Jahrhunderts obsolet geworden: „Als Reaktion auf die romantische Naturphilosophie entstand in der zweiten Hälfte des 19. [Jahrhunderts] eine Kluft zwischen Philosophie und Naturwissenschaft und gleichzeitig als Folge davon ein Hang, die Erklärung der Naturphänomene völlig von metaphysischen Voraussetzungen zu lösen."[112] Die Entwicklung hin zum Positivismus der Naturwissenschaften setze zwar schon zu Beginn des neunzehnten Jahrhunderts ein, von einer Durchsetzung des Positivismus oder auch des reinen Empirismus könne aber keine Rede sein.

> In den deutschen Naturwissenschaften im Zeitraum zwischen der Veröffentlichung von Schellings ‚Ideen zu einer Philosophie der Natur' (1797), dem Tod Hegels (1831) und den ‚Kosmosvorlesungen' Alexander von Humboldts in Berlin (1827–1828) stoßen wir auf eine Skala von Wissenschaftlern, die sich zwischen den Extremen von rationalistischen, experimentellen Naturwissenschaftlern einerseits, die mit Hilfe des Experiments bewußt nach Zusammenhängen in der anorganischen und organischen Natur suchten, und romantischen Naturphilosophen andererseits bewegten, die die Naturwissenschaft völlig a priori konstruieren wollten.[113]

---

110 Ebd.

111 Vgl. Andreas Färber, Die Begründung der Wissenschaft aus reiner Vernunft. Descartes, Spinoza und Kant, Freiburg/München 1999, S. 278.

112 Snelders, Über den Einfluß des Kantianismus, 1997, S. 777.

113 Snelders ordnet Naturwissenschaftler dieser Zeit den unterschiedlichen philosophischen Konzepten zu, vom Kantianismus über die Romantik bis zur Naturphilosophie. Vgl. ebd., S. 769. Auch Friedman beschäftigt sich mit einer Verknüpfung von Kants *Kritiken*, der Philosophie Schellings und den modernen Naturwissenschaften im 19. Jahrhundert: mit der Entdeckung des

Frederick Beiser betont zudem, dass die späteren Vorbehalte gegen die deutsche Romantik und die Naturphilosophie nicht aus diesen Denkarten selbst resultierten, sondern Ergebnis des Neukantianismus des späten neunzehnten Jahrhunderts seien.[114] Reinhold Breil dagegen führt die „systematische und historische Bedeutung des Neukantianismus" auf die viel früher geführte Debatte zwischen experimenteller Naturwissenschaft und romantischer Naturphilosophie zurück. Schon „in einer frühen Phase um die Mitte des 19. Jahrhunderts" könne man „die gemeinsame Auseinandersetzung von Positivismus und Neukantianismus mit dem deutschen Idealismus und im Rückgriff auf Kant als den Begründer einer ‚Theorie der Erfahrung', insbesondere einer Grundlegung der empirischen Naturwissenschaften, finden."[115] Weil Idealismus und Naturphilosophie zu einer Verzögerung der Kant-Rezeption geführt haben, so Falkenburg, standen Naturwissenschaften wie die Mathematik und auch die Physik zu Anfang selbst unter dem Einfluss der Naturphilosophie. Erst die mathematische Physik des späten neunzehnten Jahrhunderts definiere sich in deutlicher Abgrenzung, so dass der deutsche Idealismus zusammen mit der Naturphilosophie zur „Zielscheibe scharfer empirisch orientierter Metaphysik-Kritik" werden konnte.[116] Oder – mit Breil gesprochen, und um einen kurzen historischen Ausblick auf die Entwicklung der Wissenschaftstheorie des späten neunzehnten Jahrhunderts zu bieten: Nur über den Umweg der Naturphilosophie war um 1860 ein Rückbezug auf den Empirismus und Kant in dieser Tragweite möglich. „Kant wurde so zum Zeugen gegen den naturphilosophischen Idealismus und zum ‚Anwalt' der Naturwissenschaften"[117] – so deutlich allerdings erst nach dem dieser Arbeit zugrunde gelegten Untersuchungszeitraum.

Elektromagnetismus durch den dänischen Physiker und Chemiker Hans Christian Ørsted. Ørsteds intellektueller Kontext sei zwischen Kants Begriffstheorie und Schellings Naturphilosophie anzusiedeln; beide Theorien seien nötig gewesen, um die Naturwissenschaften in diesem Bereich über Ørsteds Forschungen voranzubringen. Vgl. Michael Friedman, Kant – *Naturphilosophie* – Electromagnetism. In: ders./Nordmann, Alfred (Hg.), The Kantian Legacy in Nineteenth-Century Science, Cambridge, Mass./London 2006, S. 51–79.

114 Vgl. Frederick Beiser, Kant and *Naturphilosophie*. In: Friedman, Michael/Nordmann, Alfred (Hg.), The Kantian Legacy in Nineteenth-Century Science, Cambridge, Mass./London 2006, S. 7–26, hier 22f.

115 Reinhold Breil, Die Grundlagen der Naturwissenschaft. Zu Begriff und Geschichte der Wissenschaftstheorie, Würzburg 2011, S. 25.

116 Vgl. Falkenburg, Kants Kosmologie 2000, S. 307f.

117 „Kants Philosophie [...] wurde neben dem positivistischen Ansatz beispielsweise im Neukantianismus zum willkommenen Instrument, Möglichkeit, Grundlage und Reichweite wissenschaftlicher Erkenntnis zu untersuchen." Breil, Die Grundlagen der Naturwissenschaft, S. 23.

In der ersten Hälfte des neunzehnten Jahrhunderts war die Verbindung von Transzendental- und Naturphilosophie mit den jungen Naturwissenschaften noch verhältnismäßig stark. Kants *Kritiken* führten zwar nicht, wie oben schon angesprochen, zur intendierten „Revolution der Denkart",[118] doch auch die eher unsystematische und wenig tiefgehende Auseinandersetzung mit Kant bot neben der weiteren Verwendung seiner Konzeption der Naturwissenschaften auch Raum für die um und mit ihm entstandene Bildlichkeit und Metaphorik[119] in der Darstellung von Naturphänomenen und -forschung. Grund dafür sei, so Bies, Kants „Darstellungsbegriff zur Beschreibung eines diskursiv und kausal Undarstellbaren". Dabei handle es sich um ein Verfahren, das bei Kant und später auch bei seinen Rezipienten in „als bildlich entworfenen Texten" umgesetzt werde; in Texten, „die zunächst vor allem auf die Nachbildung der Visualität, Körperlichkeit und Lebendigkeit ihrer Gegenstände zielten und sich erst dann um die Darlegung der diskursiven Zusammenhänge bemühten." Das so aufgezeigte Wissen sei eher ein „unscharfes und bewegliches, ein gleichsam ästhetisches, auf Evidenz basierendes",[120] sprich: intuitives und weniger diskursives Wissen, das besonders mithilfe des Erhabenen dargestellt werden kann.

Reflexe des Kant'schen Erhabenen finden sich aber nicht nur in den die Naturforschung betreffenden Werken Goethes oder der stilistisch anspruchsvollen, naturwissenschaftlichen Prosa Alexander von Humboldts – Autoren, denen Bies nachgeht –, sondern auch in relativ nüchternen populärwissenschaftlichen Schriften wie Baumgartners *Naturlehre nach ihrem gegenwärtigen Zustande* oder Littrows *Wunder des Himmels*. Wie hier gezeigt werden konnte, entstanden ihre Schriften zu einer Zeit, die besonders in den Naturwissenschaften von einer

---

118 Kant, Kritik der reinen Vernunft 1, 1968, S. 22 [Vorrede zur zweiten Auflage].

119 Pietsch stellt im Anschluss an seine metaphorologisch orientierte Kontroversenforschung zur Kant'schen Philosophie fest, dass Untersuchungen zu weiterführenden kultur- und literaturwissenschaftlichen Fragestellungen in diesem Bereich weitgehend fehlen. „Die symbolisch-metaphorischen Abbreviaturen und Zuspitzungen, die kontrovers verhandelte Positionen im Zuge öffentlicher Debatten erfahren, bilden nicht selten ein bevorzugtes Rohmaterial für imaginative (populärwissenschaftliche, literarische) Ausformungen, unter denen diese Positionen (bzw. ihre Vertreter) dann mitunter auch langfristig Eingang ins kulturelle Gedächtnis finden." Vgl. Pietsch, Topik der Kritik, S. 307.

120 Bies, Darstellung der Naturforschung, 2012, S. 12f. Nach Bies handle es sich bei den Beispielen für das Dynamisch-Erhabene um „Allgemeinplätze, die zum einen den zeitgenössischen Schriften zum Erhabenen entlehnt scheinen, in denen die Faszination des Überwältigenden meist vor dem Hintergrund einer physikotheologischen Naturanschauung erläutert wurden"; so finde man deutliche Spuren von Edmund Burkes *Enquiry*. Zum anderen seien sie „der zeitgenössischen Reiseliteratur entnommen". Kants „Erklärungen des Erhabenen" seien also „von einem Lebenswissen geprägt, das hier vor allem als ein Lektürewissen spezifiziert werden kann." Ebd., S. 113–115.

großen theoretischen Offenheit geprägt war. Gerade die Widersprüchlichkeit des Erhabenen konnte deshalb in ihrer Bildlichkeit genutzt und so zu einer – und das wird Thema des zweiten Teils dieses Kapitels sein – nahezu eigenständigen, ästhetischen Argumentation avancieren. Adalbert Stifter, dessen Schul- und Universitätsbildung der Zeit entsprechend auch von einem Nebeneinander verschiedenster, zum Teil einander entgegengesetzter Wissenschaftstheorien geprägt war, konnte auf diese Weise – über den Umweg über die Natur- und Populärwissenschaften – das Erhabene rezipieren und in seinem literarischen Werk weiter verarbeiten.

2 Die Kategorie des Erhabenen in Stifters naturwissenschaftlicher Bildung

Dass Stifter sich ausgiebig mit den Naturwissenschaften beschäftigt hat, geht aus seiner Biographie[121] und seinem Werk[122] gleichermaßen hervor; allerdings erweist sich sein Verständnis von Naturwissenschaft als äußerst heterogen und zum Teil widersprüchlich. Über Wissenschaftler wie Andreas Baumgartner und Joseph Johann von Littrow lernte Stifter den gerade entstehenden Empirismus kennen. Dennoch fand über Georg Christian Raffs *Naturgeschichte für Kinder* die ‚Drei-Reiche-Lehre' – ein Konzept, das schon zu Stifters Lebzeiten als einigermaßen antiquiert galt[123] und dennoch immer wieder zum Tragen kam[124] – Eingang in die Erzählung *Zwei Schwestern*. Stifters Texte können deshalb als, so Horst Dieter Rauh, Spiegel ihrer Zeit verstanden werden: „Wer die Sinnkrise des bürgerlichen Geistes im neunzehnten Jahrhundert zu beschrieben versucht, stößt unvermeidlich auf Adalbert Stifter. Als Seismograph wider Willen nimmt er inmitten vorwaltender Selbstsicherheit die Risse im Wertesystem wahr. Sein Werk, das zu beruhigen scheint, beunruhigt."[125] Nach Monika Ritzer arbeiten Stifters Erzählungen und Romane an der „Formierung des Naturbegriffs" im neunzehnten Jahrhundert mit: „Was die Philosophie infolge epochal vergleichbarer weltanschaulicher Orientierungsprozesse argumentativ zu explizieren sucht, gestaltet sich in der figurativen Literatur auf differenzierteste Weise zu Formen menschlichen Selbst- und Weltverständnisses, die zugleich noch alle Problematik der Neuorientierung sichtbar werden lassen." Literatur fungiere, so Ritzer anhand von Stifters Erzählung *Das Haidedorf*, „generierend, nicht transformierend. Stifters Text wird [...] transparent auf die Formierung von Begründungsstrukturen, wie sie sich zu Beginn der ‚Stifter-Zeit' quer durch alle Disziplinen abzeichnet –

---

121 Vgl. z. B. Enzinger, Stifters Studienjahre, 1950.
122 Stifters Figuren betätigen sich oft wissenschaftlich, z. B. im *Nachsommer*, in der *Narrenburg* oder in *Brigitta*. Die ‚Naturwissenschaftlichkeit' von Stifters Texten bzw. seine Darstellung von Naturwissenschaften wurden mehrfach besprochen. Vgl. z. B. Selge, Poesie aus dem Geiste der Naturwissenschaft, 1996; Braun, Naturwissenschaft als Lebensbasis?, 2006; Ritzer, Zur Bedeutung der Naturwissenschaft für Stifter, 2007.
123 Auch Herder vertrat noch die Drei-Reiche-Lehre. Vgl. dazu Begemann, Metaphysik und Empirie, 2002, S. 113 f.
124 Im Folgenden wird von Samuel Schillings *Grundriß der Naturgeschichte* die Rede sein, der sich auch an der Drei-Reiche-Lehre orientiert und dennoch 1862 in der achten Auflage erscheinen konnte.
125 Rauh, Der verschleierte Abgrund, 2006, S. 93.

https://doi.org/10.1515/9783110498219-003

wie sie aber an dieser, alle Lebensbereiche des Menschen reflektierenden Differenziertheit nur der Darstellungsmodus der Literatur manifestieren kann."[126]

Das Erhabene spielt dabei – so wird sich zeigen – für die Naturwissenschaften zu Beginn des neunzehnten Jahrhunderts und für Stifters Schreiben[127] gleichermaßen eine außerordentliche Rolle. Stifters Herangehensweise an das Erhabene erweist sich zudem, geht man von den *Winterbriefen aus Kirchschlag* aus, als genuin naturwissenschaftlich und nicht philosophisch:

> Was ist Schönheit? Männer der ältesten und jüngsten Zeiten haben sich bestrebt, die Frage zu beantworten. Sie sagen: schön ist, was unbedingt gefällt, oder, schön ist das Göttliche, das dem Sinne erscheint, oder noch Anderes. Aber die Sache scheint von dem Worte schön hier nur auf andere Worte übertragen zu sein. Etwa ist es mit der Schönheit wie mit tausend Dingen, die wir haben und genießen, ohne zu wissen, was sie sind. Sicher ist, daß das Gefühl für Schönheit ein Gefallen ist, und daß wir die Schönheit durch den Sinn wahrnehmen. Und so haben wir sie, und jeder hat eine andere. Je mehr das Gefühl für Schönheit angeboren und durch sich und durch Kenntnisse entwickelt ist, desto höhere empfinden wir, und desto höher empfinden wir sie.[128]

Mit Sprache könne weder Schönheit noch das menschliche Empfinden dafür erklärt werden, auch wenn sich Generationen von Philosophen darum bemüht haben, Schönheit mit Worten zu erfassen. Stifter dagegen will das Gefühl des Schönen nicht erklären, sondern mit ‚Kenntnissen' unterfüttern; Kenntnisse, die in diesem Fall einem Gegenstand der Astronomie entnommen sind, dem Universum, und die von einem Topos des Erhabenen eingeleitet werden – dem Sternenhimmel.[129] Stifter spricht zwar von Schönheit, meint aber – und auch das wird sich im Folgenden erweisen – das Erhabene. Dabei zitiert er das Erhabene in der Weise, wie er es bei Naturwissenschaftlern, in diesem Fall bei Baumgartner (s. u.), vorgefunden hat.

Im Folgenden werden besonders die Spuren der Kant'schen Philosophie, aber auch die des Burke'schen Erhabenen in Baumgartners und Littrows Texten zu Physik und Astronomie herausgearbeitet. Das hier zum Tragen kommende ‚Astronomisch-Erhabene' des Unendlichen floss – darum wird es anschließend gehen – auch in geologische Abhandlungen von Friedrich Simony und Adolph von Morlot ein und erfuhr dort zum Teil eine Umdeutung hin zu einem „*Geolo-*

---

126 Ritzer, Zur Formierung von Stifters Naturbegriff, 2009, S. 64 und 75.
127 Fragen nach Formen und Funktionen des Erhabenen in Stifters Prosa werden im vierten Teil dieser Studie nachgegangen.
128 Winterbriefe aus Kirchschlag. In: HKG, Bd. 8,2, S. 339 f.
129 Vgl. ebd., S. 340 f.

gisch-Erhabene[n]"[130] der Zeit. Um der Heterogenität von Stifters Ansichten über die Naturwissenschaften und seiner eigenen Aussage, wonach er sich seit frühester Kindheit mit den Naturwissenschaften beschäftigt habe,[131] gerecht zu werden, folgt in diesen Ausführungen ein kurzer Exkurs über die Zusammenhänge zwischen der Drei-Reiche-Lehre und Stifters Erzählung *Zwei Schwestern.*

2.1 Das Erhabene in Physik und Astronomie – Baumgartner und Littrow

Am prägendsten für den jungen Stifter war sicherlich – so auch die einhellige Meinung seiner Biographen[132] – seine Gymnasialzeit im Stift Kremsmünster. Hier wurde nach Moriz Enzinger ein Weltbild vermittelt, das zum einen stark von der Religion, zum anderen aber auch von Kant geprägt gewesen sei. Gerade der Religionsunterricht und die hierfür herangezogenen Lehrbücher beruhten ihm zufolge „auf einer Verquickung von Ideen von Leibniz-Wolff und der Popularphilosophie der Zeit mit Kant, Ansichten des Idealismus sowie religiös-christlichen, wobei das offenkundige Bestreben vorherrscht, beides in Einklang zu bringen."[133] Enzinger liest auch Baumgartners *Naturlehre* (erstmals 1824[134]), die für den Un-

---

130 Braungart, Die Geologie und das Erhabene, 2005, S. 166.

131 „Als Knabe quälte ich alle Leute, besonders Vater und Mutter um den Grund aller Dinge, die uns umgaben, besonders der Himmelserscheinungen und der Pflanzenwelt." Brief an Leo Tepe am 26. Dezember 1867. In: PRA, Bd. 22, S. 179. Nach Moriz Enzinger solle man solche Aussagen nicht zu ernst nehmen, da aus Stifters früher Kindheit keine Zeugnisse überliefert sind. Vgl. Enzinger, Stifters Studienjahre, 1950, S. 11. Nach Mathias Mayer seien seine Lebensumstände „von Anfang an literarisch überformt […]. Stifter ist wohl immer von der Wahrheit und realistischen Aufrichtigkeit seines Schreibens überzeugt gewesen; gerade deshalb ist ihm der literarische Charakter vielfach nicht bewusst geworden, sodass auch seiner expliziten Selbsteinschätzung mit Skepsis begegnet werden muss." Mayer, Erzählen als Erkennen, 2001, S. 10.

132 So z. B. Enzinger, Stifters Studienjahre, 1950, S. 13 f. Nach Franz Baumer fielen Stifters erste Mal- und Schreibversuche in seine Schulzeit. Vgl. Franz Baumer, Adalbert Stifter, München 1989, S. 35 f. Nach Peter A. Schoenborn war es die Alpenlandschaft, die bleibenden Eindruck auf Stifter machte. Vgl. Peter A. Schoenborn, Adalbert Stifter. Sein Leben und Werk, Bern 1992, S. 7 f. Nach Mayer habe Stifter „die Schulzeit zu den glücklichsten Erfahrungen seines Lebens" gezählt. Vgl. Mayer, Erzählen als Erkennen, 2001, S. 13.

133 Den „Ausschlag" habe dabei aber immer „die religiös-kirchliche Einstellung" gegeben. Enzinger, Stifters Studienjahre, S. 68.

134 Vgl. Franz Pichler, Andreas Baumgartner und sein Werk zur ,Naturlehre'. In: Doppler, Alfred u. a. (Hg.), Stifter und Stifterforschung im 21. Jahrhundert. Biographie – Wissenschaft – Poetik, Tübingen 2007, S. 117–125, hier 119.

terricht in den beiden letzten sogenannten philosophischen Klassen[135] zur Vorbereitung auf ein Universitätsstudium herangezogen wurde, als deutliche Be-
kundung zu Kants kritischer Philosophie. Besonders am Ende der Schulzeit sei
„Kant weitgehend herangezogen" worden, „wenn man ihn auch gelegentlich zu
widerlegen suchte."[136] Stefan Braun dagegen kommt zu einer anderen Einschätzung: „Die schulische Lehre war noch ungebrochen verhaftet in den überkommenen Auffassungen des Rationalismus und [...] im frühneuzeitlichen Huma-
nismus, über den hinaus sogar Anbindungen an mittelalterliche Traditionen
erkennbar sind." In Preußen habe Kant im neunzehnten Jahrhundert als höchste
Autorität gegolten, in Österreich aber bestanden Vorbehalte gegen seine Philosophie. In den Schulbüchern, die in Kremsmünster verwendet wurden, sei Kant
deshalb der Leibniz-Wolff'schen Lehre und dem christlichen Offenbarungsglau-
ben deutlich untergeordnet worden. In seiner Schulzeit habe Stifter Kant möglicherweise dem Namen nach kennengelernt, das „Spezifikum der philosophischen
‚Wende' Kants" sei ihm aber „verborgen geblieben".[137] Bezüglich der *Naturlehre*
Baumgartners, die ja auch als Unterrichtsmaterial herangezogen wurde, täuscht
sich Braun allerdings; so bezeichnet auch Sepp Domandl Baumgartner als
„Kantianer".[138] Ob Stifter die Bezüge zu Kant im Detail nachvollziehbar waren, ist
hier allerdings zweitrangig. Wichtig ist für diese Studie nur, dass Stifter, auch
wenn er Kants kritische Philosophie nie systematisch kennengelernt haben
mag,[139] über Baumgartner mit dessen Philosophie des Erhabenen in Berührung
gekommen ist.

Baumgartner – wie Littrow einer der wichtigsten österreichischen Wissenschaftler der Zeit[140] – war für Stifter von besonderer Bedeutung, denn er stand mit

---

135 Die Bezeichnung für die beiden letzten Klassen, die Stifter 1824–1826 in Kremsmünster
absolvierte, variiert; Wolfgang Matz spricht von „Poesie-Klassen". Vgl. Wolfgang Matz, Adalbert
Stifter oder Diese fürchterliche Wendung der Dinge. Biographie, Wien 1995, S. 53.
136 Enzinger, Stifters Studienjahre, 1950, S. 71 f.
137 Vgl. Braun, Naturwissenschaft als Lebensbasis?, S. 50 f.
138 Domandl legt dar, wie mit Baumgartners Werken ein Stück von Kants Philosophie auf Stifter
überging. Vgl. Sepp Domandl, Wiederholte Spiegelungen. Von Kant und Goethe zu Stifter. Ein
Beitrag zur österreichischen Geistesgeschichte, Linz 1982, S. 62 und 79.
139 Joseph Metz geht davon aus, dass Stifter Kant „aus zweiter Hand gekannt" hat, ohne aber zu
präzisieren, woher. Vgl. Metz, Verdinglichung, absoluter Mehrwert und das perverse Erhabene,
2011, S. 59.
140 Baumgartner und Littrow, beide Lehrstuhlinhaber, gründeten zusammen mit anderen Naturwissenschaftlern die Akademie der Wissenschaften, die eine „glanzvolle Epoche der Naturwissenschaften" in Österreich einleitete. Vgl. Karl Bardachzi, Andreas Freiherr von Baumgartner
als Vorbild und Wegweiser Adalbert Stifters. In: Anzeiger der österreichischen Akademie der
Wissenschaften 87 (1950), S. 523–543, hier 526. Dass beide, obwohl beruflich erfolgreich, popu-

ihm über weite Strecken seines Lebens in Kontakt. Während seines Studiums in Wien besuchte er Baumgartners Vorlesungen und wurde Ende der 1820er Jahre sein Schüler. Baumgartners Förderung Stifters ging so weit, dass er ihm einen Lehrstuhl für Physik und angewandte Mathematik in Prag verschaffen wollte. Doch dieses Bestreben scheiterte an Stifters eigener Unentschlossenheit, der zur entscheidenden Prüfung nicht erschien.[141] Trotz aller Verbindungen und Ähnlichkeiten in Herkunft und Biographie[142] legt der eher spärliche Briefwechsel mit Baumgartner[143] kein herzliches und inniges Verhältnis nahe. Vielmehr scheint sich Stifter Baumgartners Stellung und Einfluss zunutze gemacht zu haben, offenbar auch um seinem eigenen Leben ein wenig Glanz zu verleihen: „Stifter hatte nach und nach Zutrit zu bedeutenden Menschen erlangt, insbesondere zu Andreas Baumgartner, Profeßor der Phisik und nachmaliger Minister, mit dem sich

---

lärwissenschaftliche Bücher schrieben, ist dem damaligen Zustand der naturwissenschaftlichen Fächer geschuldet, die zu Beginn des 19. Jahrhunderts im akademischen Bereich noch nicht etabliert waren. Baumgartner, Littrow oder auch Justus Liebig waren deshalb gezwungen, über populärwissenschaftliche Werke Geld zu verdienen. Doch nicht nur materielle Werte mussten eingeworben werden: „The social reputation of the scientists depended upon their activity's being intellectually cultivated and their being seen as men of culture." Vgl. Bayertz, Social Determinants of the Popularisation of Science, 1985, S. 212–216, Zitat S. 215f.

141 Vgl. Johann Lachinger, Andreas Freiherr von Baumgartner (1793–1865). Naturwissenschaftler, Minister, Akademiepräsident und Förderer Adalbert Stifters. In: JASILO 12 (2005), S. 50–60. Stifters Studienzeit war von großer Unentschlossenheit geprägt: „Obwohl er regelmäßig den Lehrveranstaltungen folgte und am Ende des ersten Jahres auch die vorgesehenen Prüfungen in Naturrecht ablegte [...], begann er sich immer mehr in seinen Tätigkeiten zu verzetteln. Denn neben dem juridischen Pflichtpensum hörte er Vorlesungen in Mathematik, Astronomie und Physik, beschäftigte sich weiterhin mit klassischer und moderner Literatur, verbrachte nicht zuletzt einen ständig wachsenden Teil seiner Zeit mit der Malerei; und alles betrieb er mit der ihm eigenen Gewissenhaftigkeit." Matz, Diese fürchterliche Wendung, 1995, S. 67.

142 Auch Baumgartner kam aus dem Böhmerwald, ist in bescheidenen Verhältnissen aufgewachsen und verließ, wie Stifter, in sehr jungen Jahren sein Elternhaus, um eine bessere Schulbildung zu erlangen. Beide hatten als Studenten schwer um ihren Lebensunterhalt zu kämpfen, den sie schließlich als Hauslehrer – Stifter wahrscheinlich auf Empfehlung Baumgartners – sichern konnten. Der Bruch zwischen den Biographien geht einher mit Baumgartners erfolgreicher, akademischer und politischer Karriere und seiner Erhebung in den Adelsstand. Vgl. Bardachzi, Baumgartner als Vorbild und Wegweiser Stifters, 1950, S. 524–527.

143 Stifter hat Baumgartner nachweislich nur zwei Briefe geschrieben, am 26. Dezember 1860 und am 15. April 1865; beide sind nicht erhalten. Vgl. PRA, Bd. 24, S. 370. Nach den Antworten Baumgartners zu schließen, deren Wortlaut zumindest teilweise bekannt ist, ging es im ersten um Subventionen für den Ankauf eines Gemäldes durch den oberösterreichischen Kunstverein, dem Stifter angehörte. Ebd., S. 1 und 239. Im zweiten ging es um Stifters Pension. Ebd., S. 63 und 254. Beiden Antworten ist ein sehr sachlicher Ton eigen; sie können kaum als Zeugnis eines innigen Verhältnisses herangezogen werden.

ein Freundschaftsband bis zu dem Tode dieses Mannes fortsetzte",[144] so Stifter selbst in einer Lebensbeschreibung. Stifter wird Baumgartner für seinen Erfolg bewundert haben;[145] eine Bewunderung, die nach verschiedenen Forschungsmeinungen in der Figur des Gustav von Risach im *Nachsommer* ihren direkten Ausdruck gefunden habe.[146] Ob Stifter mit Risach wirklich Baumgartner würdigen wollte, sei dahingestellt; sicher ist aber, dass Stifter Baumgartners naturwissenschaftliches Werk, besonders die *Naturlehre*, kannte, und dass die Naturwissenschaften mittels Baumgartner – so wird sich im Interpretationsteil dieser Studie zeigen – ihren Niederschlag in Stifters literarischem Schreiben fanden.[147]

Im Stift Kremsmünster begegneten Stifter aber nicht nur Naturlehre und Physik, auch mit der Astronomie[148] kam er hier zum ersten Mal in Berührung. Pater Marian Koller, Lehrer für die Naturwissenschaften in Kremsmünster,[149] scheint Stifters Interesse dafür geweckt zu haben. Neben seiner Tätigkeit als Lehrer war Koller seit 1830 für die Sternwarte der Schule verantwortlich,[150] so dass Stifter die Möglichkeit hatte, sich ausführlich mit der Astronomie zu beschäftigen. Während seines Studiums in Wien konnte er sein Wissen weiter vertiefen; hier traf er auf den Mathematiker, Physiker und Astronomen Joseph Johann von Littrow, der zu Stifters Studienzeit Vorlesungen in Wien hielt.[151] Es kann davon ausge-

---

144 Brief an Leo Tepe am 26. Dezember 1867. In: PRA, Bd. 22, S. 177.

145 „Ich glaube, daß es sehr Schade ist, daß dieser so verständige Mann [i. e. Baumgartner, E. H.] nicht länger benützt worden ist." Brief an Amalia Stifter am 2. Dezember 1860. In: PRA, Bd. 19, S. 254.

146 Bardachzi interpretiert Risach als „dichterisch vollendet[e]" Darstellung Baumgartners. Vgl. Karl Bardachzi, Andreas Freiherr von Baumgartner als Risach in Adalbert Stifters ‚Nachsommer'. In: Anzeiger der österreichischen Akademie der Wisseschaften 88 (1951), S. 139 – 149, hier 149. Auch Lachinger hält Baumgartner für das Vorbild Risachs. Vgl. Lachinger, Baumgartner, 2005, S. 50. Gleiches gilt für Braun; ihm zufolge stelle sich Baumgartner in Stifters Augen als der „Inbegriff des Naturforschers" dar, Braun, Naturwissenschaft als Lebensbasis?, 2006, S. 102.

147 So auch Eva Sophie Wiedemann; ihr zufolge fand „Stifter bei Baumgartner nicht nur im Objektbereich, also auf der Ebene der verhandelten naturwissenschaftlichen Themen, sondern auch im Bereich ihrer naturwissenschaftlichen Verarbeitung, ihrer Instrumentalisierung die Vorgaben [...], die sich literarisch verarbeiten ließen." Eva Sophie Wiedemann, Adalbert Stifters Kosmos. Psychische und experimentelle Weltbeschreibung in Adalbert Stifters Roman *Der Nachsommer*, Frankfurt a. M. 2009, S. 98.

148 Nach Stifters eigener Aussage interessierte er sich schon als Kind in besonderer Weise für „Himmelserscheinungen". Vgl. Brief an Leo Tepe am 26. Dezember 1867. In: PRA, Bd. 22, S. 179.

149 Koller hat Chemie, Mathematik und Astronomie studiert. Vgl. Baumer, Stifter, 1989, S. 40.

150 Vgl. Enzinger, Stifters Studienjahre, 1950, S. 21 und 52. Stifter sollte Koller wiedertreffen: „Noch als Schulrat unterhielt Stifter zu Marian Koller, der auch zu den Mitbegründern der österreichischen Realschulen gehörte [...], freundschaftliche Beziehungen." Vgl. Baumer, Stifter, 1989, S. 40.

151 Vgl. Begemann, Metaphysik und Empirie, 2002, S. 105.

gangen werden, dass Stifter auch Littrows wichtigstes Werk, *Die Wunder des Himmels* (erstmals 1834–1836), kannte, auch wenn es nach seinem Tod nicht in seiner Bibliothek zu finden war.[152] Immerhin war Littrow der „meistgelesene deutschsprachige Astronom"; *Die Wunder des Himmels* wurden sogar ins Französische und Englische übersetzt.[153]

Littrow war also einer der wichtigsten Popularisierer in der Astronomie des frühen neunzehnten Jahrhunderts, zu einer Zeit, in der – so wird sich zeigen – dem Paradox des Erhabenen gerade in populärwissenschaftlichen Werken eine besondere Rolle zukam. Gerade die Astronomie hatte dabei eine Sonderstellung inne, denn sie musste sich nicht im gleichen Maß wie viele andere Naturwissenschaften von der Naturphilosophie emanzipieren:

> Mit ihrer zweieinhalbjahrtausendealten Tradition stellte sie im 19. Jahrhundert weder als Forschungsgegenstand noch als eigenständige Disziplin ein Novum dar [...]. Und dennoch unterlag auch sie den Verschiebungen in der öffentlichen Einschätzung, erlebte auch sie durch die Erkenntnisfortschritte, Differenzierungen und die Technisierung der Arbeitsmethoden entscheidende Veränderungen, die, in dieser Disziplin besonders markant, einer Entzauberung gleichkamen.[154]

Trotz ihrer Sonderstellung als eine der ältesten Wissenschaften war auch die Astronomie gezwungen, „[w]eniger eine Entzauberung, als eine Wiederverzauberung der Welt [...] zum Movens [ihrer] Popularisierung" zu machen,[155] um sich wie alle anderen modernen Naturwissenschaften etablieren bzw. ihre neuen Methoden vermitteln zu können.

Um den Wert der Naturwissenschaften in der öffentlichen Meinung zu steigern, war es außerdem notwendig, die naturwissenschaftliche Vorgehensweise, ihre Methoden und Verfahren, dem Laienpublikum näherzubringen.[156] Baumgartner sah sich offenbar noch 1860 dazu veranlasst und veröffentlichte im *Österreichischen Volks- und Wirtschaftskalender* eine Abhandlung, deren Titel *Das Große und Kleine in der Natur* Parallelen zu Stifters *Vorrede* in den *Bunten Steinen*, der Formulierung des von ihm so genannten „sanfte[n] Gesez", vermuten lässt. Schon auf den ersten Blick zeigt sich: Während Stifter Erscheinungen wie das „Wehen der Luft das Rieseln des Wassers" für zwar unscheinbar, aber dennoch

---

152 Vorhanden war aber ein anderes Werk Littrows: *Die Wahrscheinlichkeitsrechnung in ihrer Anwendung auf das wissenschaftliche und practische Leben* (1833). Vgl. Streitfeld, Aus Stifters Bibliothek, 1977, S. 138.
153 Vgl. Daum, Wissenschaftspopularisierung im 19. Jahrhundert, 1998, S. 268.
154 Schwarz, Wissenschaftspopularisierung, 1999, S. 55.
155 Daum, Wissenschaftspopularisierung im 19. Jahrhundert, 1998, S. 14.
156 Vgl. Bayertz, Social Determinants of the Popularisation of Science, S. 217.

„groß" hält, weil sie von Kräften bestimmt seien, die „[w]elterhaltend[]" sind,[157] beschäftigt sich Baumgartner neben ähnlich augenfälligen Naturphänomenen auch mit chemischen Stoffen, die eine große zerstörerische Kraft entfalten können.[158] Zunächst steht hier aber die Frage im Fokus, inwieweit sich Baumgartner auf Kants kritische Philosophie bezieht, beispielsweise in seinen Ansichten über den Raum:

> Das Größte [...] ist der Raum. Ohne in eine kritische Prüfung dieses Ausspruches einzugehen, soll nur bemerkt werden, daß wir den Raum für unbegrenzt [sic!] halten müssen, weil wir uns keine Grenzen denken können, jenseits welcher es keinen Raum mehr gibt. Es hat aber schon der Raum, innerhalb dessen Grenzen sich materielle Dinge befinden, eine Erstreckung, die sich kaum aussprechen läßt, außer man legt ein Maß von ungeheurer Ausdehnung zum Grunde. [...]
> Wir überzeugen uns bei jeder Gelegenheit, daß das von menschlicher Kraft Erreichbare nach allen Seiten hin in ziemlich enge Grenze eingeschlossen sei, und es ist kaum zu bezweifeln, daß der überwiegend größere Theil der Dinge im Raume weit außerhalb der Grenze des für uns Wahrnehmbaren liege. Aber schon das, was unserer sinnlichen Wahrnehmung zugänglich ist, reicht hin, uns mit Bewunderung für jenes Große in der Natur zu erfüllen, das sich als solches durch seine räumliche Umgrenzung darstellt.[159]

Bei Kant heißt es:

> Der Raum ist kein empirischer Begriff, der von äußeren Erfahrungen abgezogen worden. Denn damit gewisse Empfindungen auf etwas außer mich bezogen werden [...], imgleichen damit ich sie als außer und neben einander, mithin nicht bloß verschieden, sondern als in verschiedenen Orten vorstellen könne, dazu muß die Vorstellung des Raumes schon zum Grunde liegen. Demnach kann die Vorstellung des Raumes nicht aus den Verhältnissen der äußern Erscheinung durch Erfahrung erborgt sein, sondern diese äußere Erfahrung ist selbst nur durch gedachte Vorstellung allererst möglich [...].[160]

Kant definiert den Raum als einen Begriff a priori, und erst mit dieser Konstruktion des Begriffs erklärt sich überhaupt die menschliche Vorstellung eines, so

---

157 Alle Zitate aus Vorrede [zu den Bunten Steinen]. In: HKG, Bd. 2,2, S. 12 und 10.
158 „Wenn ein Regentropfen auf ein trockenes Bret [sic!] fällt und da eingesaugt wird, denken wohl wenige an die Kraft, welche sich hier wirksam zeigt und doch ist sie mächtig genug, um Felsen zu zersprengen. Wie unscheinbar ist ein Körnchen Schießpulver, Knallquecksilber oder ein Tropfen Chlorstickstoff! Aber ein kleines Fünkchen zerlegt ersteres in eine nicht unbedeutende Luft- und Dampfmasse und die mindeste Reibung erweckt am zweiten, ja selbst eine einfache Berührung mit gewissen Körpern am letzteren eine zerstörende Kraft von höchster Intensität." Andreas Baumgartner, Das Große und Kleine in der Natur. In: Österreichischer Volks- und Wirtschaftskalender 9 (1860), S. 3 – 11, hier 7.
159 Ebd., S. 3f.
160 Kant, Kritik der reinen Vernunft 1, 1968, S. 72.

Baumgartner, „unbegränzt[en]" Raums. Baumgartner bezieht sich also zum einen auf Kants systematische Grundlegung von menschlicher Sinnlichkeit und menschlichem Verstand,[161] zum anderen erklärt er den unendlichen Raum zur Grundursache für die menschliche „Bewunderung für jenes Große in der Natur". In Ansätzen zeigt sich hier nach Kant eine „subjektive[] Zweckmäßigkeit im Gebrauche unsrer Erkenntnisvermögen [...] an der Erweiterung der Einbildungskraft an sich selbst",[162] oder, anders gesagt: eine Fassung des Unendlichen, die auch dem Erhabenen zugrunde liegt. Der Kant'sche Begriff von Raum wie auch das Kant'sche Erhabene konnte also über Baumgartners Vorlesungen – davon ausgehend, das auch hier die Kant'sche Philosophie eine Rolle gespielt hat[163] – von Stifter rezipiert werden.

Trotz des frühen Erscheinens von Baumgartners Abhandlung nötigen die sehr deutlichen Parallelen zum ‚sanften Gesetz'[164] zu einem kurzen Vergleich. Wie oben schon angedeutet, heißt es in Stifters *Vorrede*:

Das Wehen der Luft das Rieseln des Wassers das Wachsen der Getreide das Wogen des Meeres das Grünen der Erde das Glänzen des Himmels das Schimmern der Gestirne halte ich

---

161 Demnach gibt es „zwei Stämme der menschlichen Erkenntnis [...], die vielleicht aus einer gemeinschaftlichen, aber uns unbekannten Wurzel entspringen, nämlich Sinnlichkeit und Verstand, durch deren ersteren uns Gegenstände *gegeben*, durch den zweiten aber *gedacht* werden." Ebd., S. 66.

162 Kant, Analytik des Erhabenen, 1968, S. 335.

163 Bardachzi arbeitet Baumgartners Bezüge zu Herder, Goethe und Jean Paul heraus und sieht darin eine direkte Parallele zu Stifters ‚sanftem Gesetz'. Vgl. Bardachzi, Baumgartner als Vorbild Stifters, 1950, S. 527–532. Allerdings ist Baumgartners Abhandlung erst 1860 erschienen, also sieben Jahre nach Stifters Erzählband *Bunte Steine*. Wenn es zu einer Einflussnahme Baumgartners auf Stifter gekommen ist, dann möglicherweise in seinen Vorlesungen.

164 Zu Stifters ‚sanftem Gesetz' gibt es unterschiedlichste Meinungen: Renate Obermaier sieht darin einen „Rettungsversuch" alter Verhältnisse als Reaktion auf 1848. Vgl. Obermaier, Stadt und Natur, 1985, S. 77. Nach Selge handelt es sich um den „Versuch einer poetologischen Neudefinition des Verhältnisses von Besonderem und Allgemeinem" in Analogie zur Naturwissenschaft, um so „das Besondere als Merkmal und das Allgemeine als Gesetz zu interpretieren." Selge, Poesie aus dem Geiste der Naturwissenschaft, 1996, S. 59. Mayer sieht darin aufgrund der Relativierung von Groß und Klein ein „Instrument der Erkenntniskritik". Vgl. Mayer, Erzählen als Erkennen, 2001, S. 116f. Nach Ritzer werde ein Naturbegriff dargestellt, der keine Bestimmungskategorie des Subjekts mehr in Naturausbrüchen zeige. Gleichzeitig komme es zu einer Stabilisierung des Weltbildes, indem die Natur als Normbildung des Menschen eingeführt werde. Vgl. Ritzer, Zur Bedeutung der Naturwissenschaft für Stifter, 2007, S. 150–153. Nach Wolfgang Häusler liege dem ‚sanften Gesetz' „ein mineralogisch-geologisches System- und Symboldenken zugrunde." Wolfgang Häusler, Goethe-Zeit. Zur Entwicklung der Erdwissenschaften im Bildungsprozeß des österreichischen Bürgertums. In: Berichte der geologischen Bildungsanstalt 53 (2001), S. 17–30, hier 26.

für groß: das prächtig einherziehende Gewitter, den Bliz, welcher Häuser spaltet, den Sturm, der die Brandung treibt, den feuerspeienden Berg, das Erdbeben, welches Länder ver-schüttet, halte ich nicht für größer als obige Erscheinungen, ja ich halte sie für kleiner, weil sie nur Wirkungen viel höherer Geseze sind. Sie kommen auf einzelnen Stellen vor, und sind die Ergebnisse einseitiger Ursachen. Die Kraft, welche die Milch im Töpfchen der armen Frau empor schwellen und übergehen macht, ist es auch, die die Lava in dem feuerspeienden Berge empor treibt, und auf den Flächen der Berge hinab gleiten läßt. Nur augenfälliger sind diese Erscheinungen, und reißen den Blik des Unkundigen und Unaufmerksamen mehr an sich, während der Geisteszug des Forschers vorzüglich auf das Ganze und Allgemeine geht, und nur in ihm allein Großartigkeit zu erkennen vermag, weil es allein das Welterhaltende ist.[165]

Stifter beschreibt Großes und Kleines in der Natur und stellt dem scheinbar Größeren dabei die immense Wirkkraft des scheinbar Kleineren entgegen; es geht ihm, wie Baumgartner, um „das Ineinandergreifen auch der kleinsten Zähne des großen Uhrwerkes."[166] Doch auch wenn eine gravierende „Ähnlichkeit, ja nahezu Gleichheit des Inhalts zwischen den Ausführungen Baumgartners und Stifters" besteht,[167] so unterscheiden sie sich dennoch grundlegend in ihrer jeweiligen Intention: Baumgartner betrachtet das Problem aus einer naturwissenschaftli-chen Sicht, während Stifter die Naturwissenschaften nutzt, um ein Sittengesetz zu propagieren.

So wie es in der äußeren Natur ist, so ist es auch in der inneren, in der des menschlichen Geschlechtes. Ein ganzes Leben voll Gerechtigkeit Einfachheit Bezwingung seiner selbst Verstandesgemäßheit Wirksamkeit in seinem Kreise Bewunderung des Schönen verbunden mit einem heiteren gelassenen Streben halte ich für groß: mächtige Bewegungen des Ge-müthes furchtbar einherrollender Zorn die Begier nach Rache den entzündeten Geist, der nach Thätigkeit strebt, umreißt, ändert, zerstört, und in der Erregung oft das eigene Leben hinwirft, halte ich nicht für größer, sondern für kleiner, da diese Dinge so gut nur Hervor-bringungen einzelner und einseitiger Kräfte sind, wie Stürme feuerspeiende Berge Erdbe-ben.[168]

Eine Gleichsetzung von Natur- und Sittengesetz deutet Baumgartner nicht an, auch wenn er Stifters Verteidigung des „Kleinere[n] und Unbedeutendere[n]" wissenschaftlich bestätigt,[169] indem er die Wirkung kleiner Naturerscheinungen betont und den Naturgesetzen eine ähnliche Stellung gibt: „Größer aber als alles

---

165 Vorrede [zu den Bunten Steinen]. In: HKG, Bd. 2,2, S. 10.
166 Baumgartner, Das Große und Kleine, 1860, S. 9.
167 Bardachzi, Baumgartner als Vorbild Stifters, 1950, S. 531.
168 Vorrede [zu den Bunten Steinen]. In: HKG, Bd. 2,2, S. 12.
169 Stifter geht hier auf Kritiker ein: „Es ist einmal gegen mich bemerkt worden, daß ich nur das Kleine bilde, und daß meine Menschen stets gewöhnliche Menschen seien." Ebd., S. 9.

große in der materiellen Natur ist die unverrückbare Gesetzmäßigkeit in allen Naturerscheinungen".[170] Eine solche Sicht ist, und hier ist Domandl zuzustimmen,[171] von Kants Philosophie beeinflusst.[172] Domandl geht allerdings davon aus, dass Stifters Anlehnung an Kant noch weitergehe als die Baumgartners, denn Stifter rezipiere in der Gleichsetzung von Natur- und Sittengesetz den Kant'schen Freiheitsbegriff.[173] Doch abgesehen davon, dass Kant den Freiheitsbegriff in der *Kritik der Urteilskraft* parallel zu den Naturbegriffen entwickelt und daran die Einteilung seiner Philosophie vornimmt, handelt es sich hierbei gerade nicht um eine Gleichsetzung; vielmehr kritisiert Kant ein solches Vorgehen:

> Es hat aber bisher ein großer Mißbrauch mit diesen Ausdrücken zur Einteilung der verschiedenen Prinzipien, und mit ihnen auch der Philosophie, geherrscht: indem man das Praktische nach Naturbegriffen mit dem Praktischen nach dem Freiheitsbegriffe für einerlei nahm, und so, unter denselben Benennungen einer theoretischen und praktischen Philosophie, eine Einteilung machte, durch welche (da beide Teile einerlei Prinzipien haben konnten) in der Tat nichts eingeteilt war.[174]

Es ist zwar möglich, dass Stifter die Einteilung der Philosophie nach den Prinzipien der Natur und den Prinzipien der Freiheit in seiner Schul- und Studienzeit

---

170 Vgl. Baumgartner, Das Große und Kleine, 1860, S. 7 f., Zitat S. 9.

171 Vgl. Domandl, Wiederholte Spiegelungen, 1982, S. 105 f.

172 Deutlicher zeigt sich das in den *Anfangsgründen der Naturlehre*: „Bei der Untersuchung des Causalnexus der Erscheinungen lernt man häufig Phänomene kennen, die von einer sinnlich wahrnehmbaren Ursache herrühren und welche Ursache daher selbst wieder der Zurückführung auf eine andere Ursache bedarf, mithin zugleich Ursache und Wirkung ist." Andreas Baumgartner, Anfangsgründe der Naturlehre. Zweite, umgearbeitete und vermehrte Auflage, Wien 1850, S. 4 (erste Auflage 1837). Bei Kant heißt es: „Die Kausalverbindung, sofern sie bloß durch den Verstand gedacht wird, ist eine Verknüpfung, die eine Reihe (von Ursachen und Wirkungen) ausmacht, welche immer abwärts geht [...]. Diese Kausalverbindung nennt man die der wirkenden Ursachen (nexus effectivus)." Immanuel Kant, Kritik der Urteilskraft 2. In: Immanuel Kant. Werke. Bd. X, hg. von Wilhelm Weischedel, Frankfurt a. M. 1968, S. 484. Über Baumgartner ging das in Stifters *Abdias* ein: „[E]ine heitre Blumenkette hängt durch die Unendlichkeit des Alls und sendet ihren Schimmer in die Herzen – die Kette der Ursachen und Wirkungen". Abdias. In: HKG, Bd. 1,5, S. 238. Allerdings wird sich im Kapitel III.5 dieser Arbeit zeigen, dass dort nicht nur Überlegungen zum Kausalnexus eine Rolle spielen, sondern – und ganz entscheidend – auch Überlegungen zu Fragen nach Zufall und Wahrscheinlichkeit, wie sie von Littrow dargelegt werden. Vgl. dazu Littrow, Wunder des Himmels, 1837, S. 768.

173 Vgl. Domandl, Philosophische Tradition, 1972, S. 80 und 87 f.

174 Darin stellt Kant seine Systematik von Natur- und Freiheitsbegriffen auf und teilt die „Philosophie in zwei, den Prinzipien nach ganz verschiedene, Teile, in die theoretische als *Naturphilosophie*, und in die praktische als *Moralphilosophie*". Kant, Kritik der Urteilskraft 1, 1968, S. 242.

kennengelernt hat; Stifters ,sanftes Gesetz' als Zitation Kants zu lesen, ist aber schlicht falsch, denn hier werden dem Natur- und dem Sittengesetz gleiche Prinzipien zugrunde gelegt: „So wie es in der äußeren Natur ist, so ist es auch in der inneren".[175]

Eine solche Verquickung von Moral und Natur findet sich weder bei Baumgartner noch bei Kant – sie findet sich aber, zumindest in Ansätzen, bei Littrow. Littrow schreibt in einem Kapitel der *Wunder des Himmels*, das sich mit der Frage der „Hinneigung aller Erscheinungen der Natur zu einer gewissen Ordnung", beschäftigt:

> Dieselbe Erscheinung, daß sich alle, selbst die zufälligsten Dinge, sehr oft wiederholen, zu einer bestimmten Regelmäßigkeit hinneigen, und zwar desto mehr hinneigen, je öfter sie wiederholt werden – diese sonderbare Erscheinung bringt sich uns gleichsam als ein allgemeines Gesetz bei allen Ereignissen der physischen und selbst der *moralischen* Welt auf. Es scheint, daß gewisse konstante Kräfte der Natur regelmäßige Wirkungen hervorbringen, und daß sie eben dadurch andere veränderliche Einflüsse mit der Zeit überwiegen und so gleichsam aus dem Schooße der Unordnung eine gewisse Ordnung, und aus der Verwirrung selbst eine Art Zusammenhang und Harmonie erzeugen.[176]

Littrow kommt aber, trotz der Verquickung von Moral und Naturgesetzlichkeit, schließlich wieder auf die Naturwissenschaften zurück: „Wenn wir bei unseren Versuchen einmal dahin gelangt sind, diese Harmonie aufzufassen und das Gesetz dieses Zusammenhangs zu erblicken, so sind wir dann auch in den Stand gesetzt, die künftige Gestaltung dieser Ereignisse mit einer Sicherheit vorauszusagen, von der wir uns selbst nicht immer strenge Rechenschaft geben können".[177] Stifters Ziel im ,sanften Gesetz' ist dagegen die Sittlichkeit: „Wir wollen das sanfte Gesez zu erbliken suchen, wodurch das menschliche Geschlecht geleitet wird. [...] [W]ir stellen den Stand wieder her, daß [...] ein Mensch neben dem Andern bestehe [...], und wenn wir das gethan haben, so fühlen wir uns befriedigt, wir fühlen uns noch viel höher und inniger als wir uns als Einzelne fühlen, wir fühlen uns als ganze Menschheit."[178] Wenn Stifters ,sanftes Gesetz' ein Vorbild hat, so sind es zumindest in der Verquickung von Moral und Naturgesetz vielmehr Littrows Gedanken zu Ordnung und Harmonie in der Natur – sicherlich aber nicht die Kants. Über Baumgartner mag Stifter Anregungen zu Fragen nach Großem und Kleinem und nach der Gesetzlichkeit in der Natur gewonnen haben; die Gleich-

---

175 Vorrede [zu den Bunten Steinen]. In: HKG, Bd. 2,2, S. 12.
176 Littrow, Wunder des Himmels, 1837, S. 770, Hervorhebung E. H.
177 Ebd.
178 Vorrede [zu den Bunten Steinen]. In: HKG, Bd. 2,2, S. 12. Man beachte die gleiche Wortwahl: Littrow wie auch Stifter geht es um das ,Erblicken' des Gesetzes.

setzung von Sittlichkeit und Naturgesetzlichkeit kann er aber hier nicht rezipiert haben.

Dennoch konnte Stifter über Baumgartners *Naturlehre* weitere Details der Kant'schen Philosophie erfahren. So weist dessen Einführung in die naturwissenschaftliche Arbeitsweise deutliche Parallelen zu den *Metaphysischen Anfangsgründen der Naturwissenschaft* auf:

> Wiewohl es keinem Zweifel unterworfen ist, daß wir nur mittelst unserer Sinne zur Kenntniß der Körperwelt gelangen: so läßt sich doch nicht läugnen, daß diese Kenntniß immer das Gepräge des anschauenden und denkenden Subjectes an sich trägt; denn wir können Dinge außer uns nur der, allen Menschen gemeinschaftlichen, Form der Sinnlichkeit gemäß anschauen, und über so gewonnene Anschauungen nur nach Regeln denken, die in der Natur unseres Verstandes gegründet sind. Kennen wir die Gesetze unseres Denk- und Anschauungsvermögens, so sind wir im Stande, über Dinge außer uns etwas a priori, d. i. ohne wirkliche Anschauung auszusagen, das ihnen nothwendig zukommen muß. Hieraus erwächst die *reine* Naturlehre, im Gegensatze mit der *Erfahrungsnaturlehre*, deren Quelle sinnliche Wahrnehmungen sind.[179]

Diese Einteilung der Naturlehre nach Urteilen a priori und Urteilen a posteriori, also Urteilen, die ausschließlich auf Erfahrung gründen,[180] basiert auf Kants Theorie der Naturwissenschaft, wonach sowohl Raum und Zeit sowie die Bewegungsgesetze a priori gegeben sind.[181]

> Die Naturwissenschaft würde nun wiederum entweder *eigentlich*, oder *uneigentlich* so genannte Naturwissenschaft sein, wovon die erstere ihren Gegenstand gänzlich nach Prinzipien a priori, die zweite nach Erfahrungsgesetzen behandelt [...].
> Man nennt eine Naturerkenntnis von der ersteren Art *rein*; die von der zweiten Art aber wird *angewandte* Vernunfterkenntnis genannt. [...]
> Alle *eigentliche* Naturwissenschaft bedarf also einen *reinen* Teil, auf dem sich die apodiktische Gewißheit, die die Vernunft in ihr sucht, gründen könne [...]. Reine Vernunfterkenntnis aus bloßen *Begriffen* heißt reine Philosophie, oder Metaphysik; dagegen wird die, welche nur auf der *Konstruktion* der Begriffe, vermittelst Darstellung des Gegenstandes in einer Anschauung a priori, ihr [sic!] Erkenntnis gründet, Mathematik genannt.[182]

---

179 Baumgartner, Naturlehre, 1829, S. 3.

180 Vgl. Eberhard Döring, Immanuel Kant. Eine Einführung, Wiesbaden 2004, S. 126.

181 Zu Raum und Zeit vgl. Kant, Kritik der reinen Vernunft 1, 1968, S. 72 und 78. Zu den Bewegungsgesetzen vgl. Immanuel Kant, Metaphysische Anfangsgründe der Naturwissenschaft. In: Immanuel Kant. Werke. Bd. IX, hg. von Wilhelm Weischedel, Frankfurt a. M. 1957, S. 11–135, besonders 17.

182 Ebd., S. 12f. Vgl. auch Kant, Kritik der reinen Vernunft 1, 1968, S. 23 [Vorrede zur zweiten Auflage]: „Als *Galilei* seine Kugel die schiefe Fläche mit einer von ihm selbst gewählten Schwere herabrollen [...] ließ [...]: so ging allen Naturforschern ein Licht auf. Sie begriffen, daß die Vernunft nur das einsieht, was sie selbst nach ihrem Entwurfe hervorbringt, daß sie mit Prinzipien ihrer

Baumgartner hat Kant also ganz eindeutig rezipiert, auch wenn, wie oben schon dargestellt, die systematische Metaphysik der Natur für die modernen Naturwissenschaften immer unwichtiger wurde.[183]

Dessen ungeachtet verarbeitet Baumgartner über die Frage nach dem Nutzen der Naturwissenschaften für das menschliche Leben auch Kants Philosophie des Erhabenen. Demnach gibt es einen ‚praktischen' Nutzen der Naturwissenschaften, wie Weiterentwicklungen im „technischen Gewerbe", im „Ackerbau" und in der Kriegskunst, daneben aber auch einen ‚moralischen' Nutzen, den Baumgartner wie folgt beschreibt:

> Nicht kleiner ist der moralische Nutzen der Naturlehre. Sie ist die Lehrerin der Klugheit, indem sie die Erfolge mancher Ereignisse voraussehen lehrt; sie predigt Demuth und Bescheidenheit, indem sie uns die Größe und Herrlichkeit der Natur, und die Unmöglichkeit sie ganz zu begreifen darstellt; sie zeigt aber auch die Größe des menschlichen Geistes von der schönsten Seite, und flößt Vertrauen zu unseren Kräften ein. Man kann mit vollem Rechte von der ganzen Physik sagen, was ein großer Genius der Deutschen von einem ihrer Theile, der Sternkunde, sagt: daß sie dem Menschen ein erhabenes Herz gibt, und ein Auge, das über die Erde hinausreicht, und Flügel, die in die Unermeßlichkeit heben, und einen Gott, der nicht endlich, sondern unendlich ist.[184]

Eine solche Vereinnahmung Kants ist, und auch das wurde oben schon besprochen, nach Rosenkranz in der ersten Hälfte des neunzehnten Jahrhunderts – seine *Geschichte der Kant'schen Philosophie* erschien 1840 – in den Naturwissenschaften üblich: „Im Kreise der *Naturwissenschaften* geht die von ihm gegebene Anregung unaufhörlich fort. Der sporadischen Berufung auf Kant begegnet man jeden Augenblick."[185] Dennoch ist es bezeichnend, dass Baumgartner Kant, der zwar nicht namentlich, dennoch unmissverständlich als ‚großer Genius der Deutschen' erwähnt wird, gerade an dieser Stelle und in dieser Art zur Untermauerung seiner Argumentation heranzieht. Denn Baumgartner nutzt Kants Philosophie hier nicht um Grundlegendes des Wissenschaftssystems zu erklären, wie in der Definition der reinen und der Erfahrungsnaturlehre, sondern er nutzt explizit das Erhabene, um Physik und Moral zusammenzubringen[186] und um die

---

Urteile nach beständigen Gesetzen vorangehen und die Natur nötigen müsse, auf ihre Fragen zu antworten, nicht aber sich von ihr allein gleichsam am Leitbande gängeln lassen müsse; denn sonst hängen zufällige, nach keinem vorher entworfenen Plane gemachte Beobachtungen gar nicht in einem notwendigen Gesetze zusammen, welches doch die Vernunft sucht und bedarf."

183 Vgl. Falkenburg, Kants Kosmologie, 2000, S. 307.

184 Baumgartner, Naturlehre, 1829, S. 9.

185 Rosenkranz, Geschichte der Kant'schen Philosophie, 1987, S. 271.

186 Nach Wiedemann sei das der „Versuch, die physische und moralische Welt zusammenzubringen." Vgl. Wiedemann, Stifters Kosmos, 2009, S. 94. Das Erhabene erwähnt Wiedemann nicht.

Physik beim Leser anzupreisen und ihren allumfassenden und nicht nur für das alltägliche Leben praktischen Wert darzustellen – allerdings verwendet Baumgartner das Konzept des Erhabenen ganz anders, als von Kant intendiert:

> Wenn man also den Anblick des bestirnten Himmels *erhaben* nennt, so muß man der Beurteilung desselben nicht Begriffe von Welten, von vernünftigen Wesen bewohnt, und nun die hellen Punkte, womit wir den Raum über uns erfüllt sehen, als ihre Sonnen, in sehr zweckmäßig für sie gestellten Kreisen bewegt, zum Grunde legen, sondern bloß, wie man ihn sieht, als ein weites Gewölbe, was alles befaßt; und bloß unter dieser Vorstellung müssen wir die Erhabenheit setzen, die ein reines ästhetisches Urteil diesem Gegenstande beilegt.[187]

Nach Kant ist das Erhabene als ästhetisches Urteil unabhängig von jedem außerhalb des erlebenden Subjekts liegenden Zweck.[188] Er spricht deshalb auch nie von der Erhabenheit einer Naturwissenschaft wie der Astronomie (oder überhaupt von der Erhabenheit eines Objekts), auf die sich Baumgartner bezieht, wenn er von der ‚Sternkunde‘ spricht, die imstande sei, ‚dem Menschen ein erhabenes Herz‘ zu geben. Er bezieht sich zwar auf Kants Erhabenes, wonach die Natur „in derjenigen ihrer Erscheinungen, deren Anschauung die Idee ihrer Unendlichkeit bei sich führt“,[189] ein erhabenes Gefühl im erlebenden Subjekt auslösen kann, lässt es aber zweckgebunden erscheinen. Dadurch werden – und das ist sicherlich Baumgartners Intention – Physik und Astronomie selbst erhoben;[190] sie bekommen so einen ganz eigenen moralischen Wert, der sie selbst und auch eine Beschäftigung damit gesellschaftlich und moralisch legitimiert.[191]

Diese Übertragung des Erhabenen auf eine Naturwissenschaft erscheint auf den ersten Blick überraschend, und man könnte sie als eine Eigenheit des Baumgartner'schen Stils abtun. Doch Baumgartner ist nicht der einzige Naturwissenschaftler des frühen neunzehnten Jahrhunderts, der sich das Erhabene in einer solchen Weise aneignet. Auch Littrow vereinnahmt es auf ähnliche Weise, obwohl er im Zuge der Darstellung einzelner Naturphänomene – wie sich im

---

187 Kant, Analytik des Erhabenen, 1968, S. 360.

188 Nach Kant hat der „Begriff des Erhabenen der Natur [...] überhaupt nichts Zweckmäßiges in der Natur selbst, sondern nur in dem möglichen *Gebrauche* ihrer Anschauungen, um eine von der Natur ganz unabhängige Zweckmäßigkeit in uns selbst fühlbar zu machen". Ebd., S. 331.

189 Ebd., S. 342.

190 Wie oben schon dargestellt, dient das Erhabene nach Azzouni in der Populärwissenschaft dazu, die eigene Fachwissenschaft und auch den Leser „zu erheben". Vgl. Azzouni, Topos des Erhabenen, 2008, S. 216.

191 Zu Erinnerung: Die neuen, noch nicht restlos etablierten Wissenschaften mussten um die Aufmerksamkeit der Öffentlichkeit kämpfen, um sich einerseits zu legitimieren, aber auch, um sich zu finanzieren. Vgl. Bayertz, Social Determinants of the Popularisation of Science, 1985, S. 212–216.

Folgenden noch zeigen wird – weniger mit Kants, sondern eher mit Edmunds Burkes Erhabenem fassbar ist. Ein weiterer Unterschied zu Baumgartner besteht darin, dass Littrow dem modernen Wissenschaftssystem um einiges näher zu stehen scheint, denn er widmet sich in *Die Wunder des Himmels* (erstmals 1834 – 1837) fast ausschließlich einem Gegenstand:[192] der Astronomie. Baumgartner deckt in der *Naturlehre* neben Bereichen der Physik wie der Optik, Wärmelehre und Elektrizität auch die anorganische Chemie und die Mathematik, Astronomie, Geographie, Meteorologie, physische Geographie und geologische Evolution ab.[193] Littrow dagegen versteht sich in *Wunder des Himmels* als Astronom und behandelt andere Naturwissenschaften mit einer gewissen Herablassung, besonders die Geologie: „Diese Tafel mag unseren allzeitfertigen Geologen Stoff zu neuen Hypothesen geben; wir wollen uns begnügen, sie angezeigt zu haben. Auch mag es dem bloßen Rechner erlaubt seyn, solchen Spekulationen einen Augenblick nachzuhängen, ohne jedoch einen größeren Werth darauf zu legen, als sie in der That verdienen", so Littrows bissiger Kommentar im Anschluss an eine – astronomische und nicht geologische – Berechnung des Erdalters. Interessant daran ist nicht nur, dass er offenbar seinem Rechenergebnis, der Entstehung der Erde im Jahr 19656 v. Chr.,[194] keinerlei Bedeutung beimisst, weder für die Astronomie noch für die Geologie; interessant daran ist auch, dass er die Geologie – so scheint es zumindest – als Konkurrentin der Astronomie wahrnimmt. Littrow grenzt sich sehr deutlich ab und ist in diesem Punkt seiner Zeit fast schon voraus[195], während Baumgartner sich zwar als Physiker[196] versteht, aber auch Naturwissenschaften wie die Geographie und die Geologie behandelt.

---

192 Allerdings kommentiert Littrow auch den Stand anderer Wissenschaften wie z. B. Den der Psychologie und besonders, so wird sich zeigen, den der Geologie. Vgl. Littrow, Wunder des Himmels, 1837, S. 773 f.

193 Vgl. Baumgartner, Naturlehre, 1829, S. XIII–XVI.

194 Vgl. Littrow, Wunder des Himmels, 1837, S. 604.

195 Nach Hans-Otto Hügel wurde im Laufe des 19. Jahrhunderts der Markt für Sachbücher immer größer. Das zwang Autoren dazu, sich weiter zu spezialisieren und ihren Themen- wie Leserkreis einzugrenzen. Deshalb verzichteten sie mehr und mehr auf didaktische Momente und setzten auf „Beurteilungskriterien, wie sie auch bei der Besprechung von fiktionalen Erzählungen vorkommen, etwa die ‚poetische Diction'". Das heißt, „statt Popularisierung von Wissen wird im Verlauf des Jahrhunderts zunehmend auf die Popularität des Sachbuchs gesetzt." vgl. Hans-Otto Hügel, Hinwendung zur Unterhaltung. Die Tageskritik zum Sachbuch im 19. Jahrhundert. In: Hahnmann, Andy/Oels, David (Hg.), Sachbuch und populäres Wissen im 20. Jahrhundert, Frankfurt a. M. 2008, S. 159 – 179, hier 161 f.

196 In der „Einleitung" spricht Baumgartner von der Physik. Vgl. Baumgartner, Naturlehre nach, 1829, S. 9.

Trotz der Spezialisierung auf die Astronomie zeugen aber auch *Die Wunder des Himmels* von einer Entwicklungs- und Übergangsepoche hin zu den modernen positivistischen Naturwissenschaften. Siegfried Exler sieht in Littrow sogar einen heimlichen Anhänger der Naturphilosophie, eine Annahme, die sicherlich zu weit geht.[197] Stattdessen gilt es zu sehen, dass manche Formulierungen dem populärwissenschaftlichen Charakter geschuldet sind[198] – das macht Littrow aber nicht zu einem Vertreter der Naturphilosophie. Andere seiner wissenschaftlichen Abhandlungen wie die *Darstellung der grossen und merkwürdigen Sonnenfinsterniss des 7. Septembers 1820* bestätigen das. Darin findet sich kein Verweis auf Gott oder irgendeine Verbindung zur Metaphysik; vielmehr erklärt Littrow das Naturphänomen ganz sachlich: Es handle sich um „*scheinbare[]* Finsternisse", bei denen „das dem Körper *eigene* Licht nicht ihm selbst, aber doch uns, unserem Anblicke, entzogen wird, oder in welchen jene selbst leuchtende Körper ihres Lichtes durch einen zwischen sie und unser Auge tretenden dunklen Körper uns beraubt zu werden *scheinen.*"[199] Ohne menschliche Beobachtung von der Erde aus handelt es sich nicht um eine Finsternis, sondern lediglich um ein astronomisches Phänomen – damit ist eine metaphysische Deutung oder eine Deutung als göttliches Zeichen ausgeschlossen.

Nichtsdestotrotz verfolgt Littrow eine ähnliche Strategie wie Baumgartner und überträgt in der „Vorrede" der *Wunder des Himmels* das Erhabene auf seinen Gegenstand, die Astronomie:

> Wenn es wahr ist, und wer zweifelt daran, daß die eigentliche Schönheit der Astronomie, die selbst unter denen, die sie nicht kennen, schon zu einer Art von Sprüchwort geworden ist, weder in einem gedankenlosen Anstaunen des Himmels, noch in einer trockenen, chronikenmäßigen Aufzählung seiner Wunder, sondern daß sie in dem *Nachdenken* über diese Wunder besteht, so kann es wohl auch eben so wenig bezweifelt werden, daß jede Darstellung dieser Wissenschaft auch ihre Richtung gegen dieses Nachdenken nehmen muß, wenn sie anders nicht ihren Zweck verfehlen, und, was ihrer ganz unwürdig wäre, in eine bloße, leere Unterhaltung zur beliebigen Zeitverkürzung für müßige Leute ausarten soll.[200]

Littrow preist seinen Gegenstand bei seinen Lesern an, indem er zum einen auf die der Astronomie eigenen Tradition verweist, zum anderen zeigt sich auch hier,

---

197 Vgl. Siegfried Exler, Literatur und Wissenschaft. Josef Johann von Littrow und Rudolf Kippenhahn im Vergleich, Frankfurt a. M. 2007, S. 35.
198 Nach Begemann habe Gott im letzten Satz von *Die Wunder des Himmels* ein „eher ornamental bleibendes Gastspiel ohne jede konzeptuelle Relevanz." Begemann, Metaphysik und Empirie, 2002, S. 105.
199 Joseph Johann von Littrow, Darstellung der grossen und merkwürdigen Sonnenfinsterniss des 7. Septembers 1820. Für die vorzüglichsten Städte Deutschlands, Pesth 1820, S. 3.
200 Littrow, Wunder des Himmels, 1837, S. VII.

wie schon bei Baumgartner: Nicht nur die Wissenschaft selbst wird erhoben, sondern mit ihr auch der Wissenschaftler und infolgedessen auch der Leser.[201] Was Nachdenken über die Phänomene des Himmels bedeutet, wird in der „Einleitung" weiter ausgeführt: Der Astronomie komme nicht nur eine sprichwörtliche Schönheit zu, sie wird von Littrow auch zum „Gegenstand unserer Bewunderung, und [zum] Stolz des menschlichen Geistes" erhoben.[202] Weiter heißt es:

> [D]er Weg, welcher ihn [i. e. der Gegenstand, hier die Astronomie, E. H.] dazu führte, auch die Art, wie er ihn zurücklegte, scheint mehr geeignet, uns mit bescheidener Demuth, als mit Stolz, zu erfüllen, und uns, indem wir das Wenige, was uns nach so vieler Mühe von den großen Werken der Natur zu wissen gegönnt ist, dankbar hinnehmen, durch diesen unseren sogenannten Reichthum selbst an unsere Armuth und an das Gefühl der Ohnmacht zu erinnern, welches der gewöhnliche Begleiter des Menschen auf seiner Bahn zur Wahrheit ist.[203]

Littrow überträgt die Kant'sche Philosophie des Erhabenen auf die Astronomie, indem er deren Widersprüchlichkeit nachzeichnet. Der Widerspruch aus Ohnmacht und gleichzeitiger Erhebung entspricht dem Dynamisch-Erhabenen: Demnach gibt „die Unwiderstehlichkeit ihrer Macht [i. e. der Natur, E. H.] uns, als Naturwesen betrachtet, zwar unsere physische Ohnmacht zu erkennen, aber entdeckt zugleich ein Vermögen, uns als von ihr unabhängig zu beurteilen, und eine Überlegenheit über die Natur".[204] Dem Gegenstand der Astronomie, aber auch ihrer Ausübung liegt – nach Littrow – etwas Bedrohliches inne, das nach Kant eigentlich nur angesichts von Natur erfahren werden kann, das aber – und hier entsprechen sich Kant und Littrow wieder – von der menschlichen Vernunft durchdrungen und so gebannt und sogar in ihr Gegenteil gewandelt werden kann. Erhabenes und nach Littrow auch die Astronomie tragen immer auch das Scheitern der Einbildungskraft in sich.[205] Aus diesem Dilemma, oder mit Christine Pries gesprochen, dieser dem Erhabenen inne liegenden Widersprüchlichkeit,[206] rettet sich Littrow genauso, wie Kant es tut – indem er Kant fast wortwörtlich

---

201 Vgl. dazu Azzouni, Topos des Erhabenen, 2008, S. 216.

202 Hier zeigt sich, wie schon angemerkt, dass „[w]eniger eine Entzauberung, als eine Wiederverzauberung der Welt [...] zum Movens der Popularisierung" wurde. Daum, Wissenschaftspopularisierung im 19. Jahrhundert, 1998, S. 14.

203 Littrow, Wunder des Himmels, 1837, S. 1.

204 Kant, Analytik des Erhabenen, 1968, S. 349 f.

205 Grundlage des Mathematisch-Erhabenen ist nach Kant die „Unangemessenheit der Einbildungskraft in der ästhetischen Größenschätzung". Ebd., S. 344 f.

206 „Wenn man ein gemeinsames Merkmal der diversen Konzeptionen des Erhabenen benennen will, so ist es in dem Umstand zu sehen, daß sie alle mit extremen Doppelungen arbeiten. Das Erhabene wird jeweils durch Gegensatzpaare beschrieben, in deren Spannungsfeld es sich konstituiert." Pries, Einleitung [in: Das Erhabene], 1989, S. 6.

zitiert: „Zwei Dinge sind es, sagt der unsterbliche Mann, der Deutschland zur philosophischen Schule Europas gemacht hat, zwei Dinge sind es, die vor allen andern würdig erscheinen, die Aufmerksamkeit des menschlichen Geistes zu fesseln, und die ihn mit immer neuer Bewunderung erfüllen: *das moralische Gesetz in uns, und der gestirnte Himmel über uns.*"[207] Damit verbindet Littrow nicht nur Moral und Astronomie, sondern gesteht seiner Wissenschaft zudem zu, ein ‚übersinnliches Vermögen' – nach Kant liegt darin die Wirkung des erhabenen Gefühls[208] – vermitteln zu können.

Littrows *Wunder des Himmels* und Baumgartners *Naturlehre* sind also Belege dafür, dass das Erhabene nicht nur von naturwissenschaftlichen Erkenntnissen beeinflusst ist, sondern auch in naturwissenschaftliche Abhandlungen zurück-kehrt und also quasi zirkuliert. Es ist in Reaktion auf den durch die Astronomie ausgelösten Weltbildwandel entstanden (s. o.), um schließlich wieder, wenn auch zum Teil in neuer Gestalt, in diese Naturwissenschaft einzugehen.

Zudem versuchen Littrow und Baumgartner – so wird sich zeigen – über das Kant'sche bzw. Burke'sche Erhabene, den Bruch zwischen Mensch und Welt, den zuallererst ihre Wissenschaft mit der kopernikanischen Wende gerissen hat,[209] zu schließen. So liefert Baumgartner in der *Naturlehre*, die nach Enzinger „durchaus sachlich" bleibe und sich „weder in moralischen noch in religiösen Ergüssen" ergehe,[210] sehr wohl ‚unsachliche' Beschreibungen und Erklärungen, besonders im Falle des Planetensystems:

Aus allem Bisherigen geht hervor, daß das unendliche Heer der Himmelskörper aus meh-reren Systemen besteht, deren Theile durch das Gesetz der gegenseitigen Anziehung zu ei-nem Ganzen vereiniget sind. Das kleinste dieser Systeme ist das der Trabanten und ihres Hauptplaneten; das nächst größere bilden die Planetensysteme, deren einem unsere Erde angehört. Millionen solcher Planetensysteme mit ihren Sonnen bewegen sich um einen größeren Centralkörper, und bilden wieder ein höheres System; eine ungemessene Zahl solcher Systeme erkennt wieder einen anderen Centralkörper als Beherrscher und bildet ein System, wovon unsere Milchstraße und vielleicht jeder Nebelfleck eines vorstellt, und so übersteigt der sichtbare Theil der Schöpfung schon die engen Grenzen unseres Verstandes,

---

207 Littrow, Wunder des Himmels, 1837, S. 3. Vgl. dazu Kant, Schriften zur Ethik, 1974, S. 300.
208 Vgl. Kant, Analytik des Erhabenen, 1968, S. 341.
209 Zur Erinnerung: Blumenberg führt Kants *Analytik* auf die kopernikanische Wende zurück. Vgl. Blumenberg, Die Genesis der kopernikanischen Welt, 1975, S. 77 f.
210 Enzinger, Stifters Studienjahre, 1950, S. 72. Nach Begemann könne Baumgartner nicht ohne Zweifel als fester Vertreter einer von jeglicher Metaphysik freien Empirie gelten, wie Enzinger anzudeuten scheint. Die *Naturlehre* sei zwar weitgehend von einer Verabschiedung theologischer Prämissen und Implikationen geprägt, doch positivistische Züge fehlen gänzlich. Vgl. Begemann, Metaphysik und Empirie, 2002, S. 103.

und doch ist er gewiss nur der Vorhof des unendlichen Tempels, dessen Größe unser Vorstellungsvermögen übersteigt.[211]

Diese Beschreibung erinnert an Kants Beispiele für das Mathematisch-Erhabene:

> Beispiele vom Mathematisch-Erhabenen der Natur in der bloßen Anschauung liefern uns
> alle die Fälle, wo uns nicht sowohl ein größerer Zahlbegriff, als vielmehr große Einheit als
> Maß [...] für die Einbildungskraft gegeben wird. Ein Baum, den wir nach Mannshöhe
> schätzen, gibt allenfalls einen Maßstab für einen Berg; und wenn dieser etwa eine Meile
> hoch wäre, kann er zur Einheit für die Zahl, welche den Erddurchmesser ausdrückt, dienen,
> um den letzteren anschaulich zu machen; der Erddurchmesser für das uns bekannte Pla-
> netensystem; dieses für das der Milchstraße, und der unermeßlichen Menge solcher
> Milchstraßensysteme unter dem Namen der Nebelsterne, welche vermutlich wiederum ein
> dergleichen System unter sich ausmachen, lassen uns hier keine Grenzen erwarten.[212]

Kant entwickelt das Mathematisch-Erhabene zwar in Anlehnung an die Mathematik, gleichzeitig aber in Opposition zu ihr, nämlich entlang des „Unterschied[s]"
zwischen mathematischer und ästhetischer Schätzung". Die mathematische
Schätzung kann kein Maximum erreichen: Da es „immer möglich ist, einer Zahl
eine Einheit zu addieren, ist das Unendliche arithmetisch nicht definierbar." Im
Erhabenen aber kann das Unendliche erfahren werden, allerdings nur als Unangemessenheit zwischen der „Auffassung und der Zusammenfassung". Das
heißt, die Einbildungskraft „kann das ihr zu sehen gegebene Unendliche nicht
totalisieren."[213] Erhaben ist nach Kant das, „was *schlechthin groß* ist", also eine
Größe, die „gar keine Vergleichung" haben kann;[214] deshalb sind Sinnlichkeit und
Einbildungskraft im Erhabenen dem Unendlichen ausgesetzt.

Diese Überlegungen Kants macht sich Baumgartner gleich auf mehrere Arten
zunutze. Zum einen vollzieht er dessen Aufzählung in gewisser Weise nach, indem
er vom ‚Kleinsten' im All, den Planeten, zum ‚Größten', der nicht mehr zu fassenden Unendlichkeit, fortschreitet. Zum anderen scheint Baumgartners Beschreibung gerade an der Stelle zu kippen, an der er von Dingen spricht, die für
den Menschen auch über ein Teleskop nicht mehr wahrnehmbar sind: Es ist die
‚ungemessene Zahl solcher Systeme', die uns nach Kant ‚keine Grenzen erwarten'
lassen und deshalb den Übergang von einer unmöglichen mathematischen
Schätzung zur einzig möglichen ästhetischen Schätzung im Erhabenen markiert.

---

211 Baumgartner, Naturlehre, 1829, S. 622 f.
212 Kant, Analytik des Erhabenen, 1968, S. 343.
213 Vgl. Fœssel, Analytik des Erhabenen, 2008, S. 109 f.
214 Kant, Analytik des Erhabenen, 1968, S. 333 f.

Kant schließt der Aufzählung möglicher Vergleichsgrößen bis hin zur unvergleichlichen Unendlichkeit die Definition des Mathematisch-Erhabenen an. Hier hießt es:

> Nun liegt das Erhabene, bei der ästhetischen Beurteilung eines so unermeßlichen Ganzen, nicht sowohl in der Größe der Zahl, als darin, daß wir im Fortschritte immer auf desto größere Einheiten gelangen; wozu die systematische Abteilung des Weltgebäudes beiträgt, die uns alles Große in der Natur immer wiederum als klein, eigentlich aber unsere Einbildungskraft in ihrer ganzen Grenzlosigkeit, und mit ihr die Natur als gegen die Ideen der Vernunft, wenn sie eine ihnen angemessene Darstellung verschaffen soll, verschwindend vorstellt.[215]

Kant ‚rettet' die Einbildungskraft des erlebenden Subjekts, die gegenüber dem Unendlichen eigentlich scheitern muss, mithilfe ihrer eigenen ‚Grenzenlosigkeit' und mithilfe der Vernunft, deren Ideen und das menschliche Vermögen, diese zu erkennen, immer größer seien als die Natur, ja, gegenüber der die Natur ‚verschwindet'.

Das ist ein Schritt, den Baumgartner trotz des deutlichen Kant-Bezugs nicht vollständig nachvollzieht. Hier heißt es stattdessen: „[U]nd so übersteigt der sichtbare Theil der Schöpfung schon die engen Grenzen unseres Verstandes, und doch ist er gewiss nur der Vorhof des unendlichen Tempels, dessen Größe unser Vorstellungsvermögen übersteigt."[216] Statt die eigene Vernunft über die Natur zu erheben, zeigt sich hier das, was Baumgartner in der *Einleitung* den „moralische[n] Nutzen der Naturlehre" genannt hat: Die Naturlehre „predigt Demuth und Bescheidenheit, indem sie uns die Größe und Herrlichkeit der Natur, und die Unmöglichkeit, sie ganz zu begreifen, darstellt." Gegenüber einem realen Gegenstand der Natur aber, der ja in der ‚Einleitung' nicht direkt behandelt wird, fehlt der zweite Teil des an Kant orientierten Erhabenen. Das unendliche Weltall zeigt uns nicht „die Größe des menschlichen Geistes von der schönsten Seite"[217] – so die ‚Einleitung' –, sondern nur das Scheitern der menschlichen Einbildungskraft.

Wie aber kommt es, dass Baumgartner seine Leser dennoch nicht unbefriedigt zurücklässt? Betrachtet man die Metaphern, die er hier verwendet, etwas genauer, kommt man der Antwort näher: Mit der metaphorischen ‚Anrufung' der Unendlichkeit schon zu Beginn der Passage – „das unendliche Heer der Himmelskörper" – und der metaphorischen Kulmination der Beschreibung, dem „Vorhof des

215 Ebd., S. 343 f.
216 Baumgartner, Naturlehre, 1829, S. 623.
217 Ebd., S. 9.

unendlichen Tempels der Schöpfung",[218] bringt er den Rezipienten in Bahnen, die ihm wohlbekannt sein müssen. Der Sternenhimmel ist ein Naturphänomen, das traditionell mit dem Erhabenen verbunden ist,[219] das jeder Leser sehen kann und das, zumindest ist das äußerst wahrscheinlich, auch jeder schon einmal aktiv betrachtet hat. Die Gegenüberstellung Mensch und Unendlichkeit, sein Scheitern an der Größe der Schöpfung bzw. der Natur – Grundvoraussetzung des Erhabenen – scheint so be- und anerkannt zu sein, dass Baumgartner seine Erklärung getrost in diesem Paradox enden lassen kann und sich offenbar sicher sein kann, den Leser damit zufriedengestellt zu haben. Die von Kant propagierte „Lust" aus der „Übereinstimmung eben dieses Urteils der Unangemessenheit des größten sinnlichen Vermögens mit Vernunftideen"[220] liegt hier nicht in der Anrufung eben dieser Vernunftideen, sondern in einer Metapher, die als ästhetische Erkenntnis dient.[221] Baumgartners empirischer Blick endet zwar an der Stelle, an der eine mathematische Größenschätzung aufgrund des Scheiterns der Sinnlichkeit und der Einbildungskraft nicht mehr möglich ist; doch mit dem Erhabenen – auch wenn er es im Sinne Kants nicht ganz zu Ende bringt – und mit der verwendeten Metaphorik gelingt es ihm, sein eigenes Scheitern gegenüber der Größe seines Gegenstands, der Natur, zu rechtfertigen. Das Erhabene dient bei Baumgartner nicht nur der Erhebung von Autor und Leser; das Erhabene wird hier Teil einer naturwissenschaftlichen Argumentation und zwar in dem Moment, als eine naturwissenschaftliche Argumentation eigentlich nicht mehr möglich ist.

Diese ästhetische Argumentation floss auch in Stifters Texte ein. Er nutzt sie sowohl in seinen Erzählungen, beispielsweise in *Abdias*,[222] als auch in den

---

218 Ebd., S. 622f.
219 Vgl. Kant, Analytik des Erhabenen, 1968, S. 343 und 360. Auch Moses Mendelssohn spricht in der *Rhapsodie* vom „unzählbare[n] Heer der Sterne". Moses Mendelssohn, Rhapsodie, oder Zusätze zu den Briefen über die Empfindungen. In: Mendelssohn, Moses, Ästhetische Schriften, hg. von Anne Pollok, Hamburg 2006, S. 142–187, hier 158.
220 Kant, Analytik des Erhabenen, 1968, S. 345.
221 Das bestätigt Buschs These, wonach das Erhabene einen naturwissenschaftlichen „Säkularisierungsprozess" darstelle: „Die bisher über das Begreifen gehenden schreckenden Erscheinungen brauchten zur Entlastung nicht mehr an eine überirdische Distanz delegiert zu werden, vielmehr waren sie innerweltlich mit Hilfe naturwissenschaftlicher Erkenntnis abzuarbeiten." Busch, Die Naturwissenschaften als Basis des Erhabenen, 2004, S. 95.
222 Vgl. Kapitel III.5 in dieser Arbeit. Nach Metz gebe es ein ähnliches Erhabenes in *Ein Gang durch die Katakomben*: „Hier evozieren die apokalyptische Mise-en-abîme und der unendliche Regress des Universums weniger eine religiöse als eine physikalisch-materielle und säkularwissenschaftliche [...] Weltsicht". Metz, Verdinglichung, absoluter Mehrwert und das perverse Erhabene, 2011, S. 58f.

Winterbriefen aus Kirchschlag (1866).[223] Wie oben schon angedeutet, geht Stifter darin der Frage nach, was Schönheit ist, und versucht, die Frage mithilfe eines Beispiels zu klären, das, philosophisch betrachtet, nicht das Schöne, sondern das erhabene Gefühl betrifft:

> Was ist Schönheit? [...] Wenn man den Sternenhimmel betrachtet, und wenn man weiß, daß das Licht, welches in der Sekunde einen Weg von 40.000 Meilen macht, von manchen Sternen zu uns her Jahrtausende braucht, wenn man weiß, daß eine Million Erdkugeln in der Sonne Platz hätten, oder daß die Erde sammt ihrer Mondbahn in der Sonne Raum fände, wenn man weiß, daß unser ganzes Sonnensystem mit seinen entferntesten Planeten in der Höhlung des Sternes Capella unbeirrt wohnen könnte, wenn man weiß, daß der Nebelring der Milchstraße aus lauter Sonnensistemen [sic!] in ungeheurem Abstande von uns besteht, daß Lichtnebelfleke, die wir sehen, im Fernrohre wieder Sternsammlungen sind, noch ferner und vielleicht noch größer als unsere Milchstraße, wenn man mit dem Fernrohre in den tiefsten Fernen des Himmels wieder neue Lichtnebelfleke entdekt, und wenn man nun frägt, hat dieses Alles eine Gränze, und wenn man sich vorstellen will, daß außerhalb der Gränze der leere Raum fortgeht, und wenn man sich dies nicht vorstellen kann, und wenn man sich vorstellen will, das Weltall geht ins Endlose fort, und wenn man sich das auch nicht vorstellen kann: so steht eine Schönheit vor uns auf, die uns entzükt, und schaudern macht, die uns beseligt und vernichtet.[224]

Stifter beginnt, wie Baumgartner in der *Naturlehre*, mit dem für jeden sichtbaren Sternenhimmel, um dann schrittweise – der Eindruck der Steigerung verstärkt sich dabei über die Wiederholung der Konjunktion ‚und‘ – über die Entfernungen zwischen den Planeten im All, die Größe der Sonne, den Sonnensystemen der Milchstraße und anderer, noch weiter entfernt liegender Sterne bis zur ‚Gränze‘ der menschlichen Vorstellungskraft zu gehen. Auch er beschreibt etwas, „was *schlechthin groß* ist“, also eine Größe, die „gar keine Vergleichung" haben kann:[225] das Unendliche. Dass Stifter dies tut, um darzulegen, was Schönheit ist, aber

---

223 Michael Gamper geht dieser Frage anhand der in den *Winterbriefen* verhandelten Elektrizität nach, allerdings ohne auf das Erhabene zu rekurrieren. Stifters Gedanken zur Elektrizität seien „durchsetzt von Wendungen und Bemerkungen, welche die Grenzen dieses Wissens bezeichnen und hervorheben". So weise er „auf die besondere Verwobenheit der epistemologischen Problemlage mit den Fragen des Menschseins hin" und demonstriere damit, „dass ein Unwissen von der Elektrizität immer auch auf die Instanz zurückschlägt, die wissen will". Diese Einsicht habe „ihre Entsprechung in der wissenschaftlichen Literatur der Zeit", z. B. bei Baumgartner. Vgl. Gamper, Stifters Elektrizität, 2009, S. 210 f.
224 Winterbriefe aus Kirchschlag. In: HKG, Bd. 8,2, S. 340 f.
225 Kant, Analytik des Erhabenen, 1968, S. 333 f.

schlussendlich bei einem der wirkmächtigsten erhabenen Topoi[226] anlangt, zeigt nur ein weiteres Mal, wie wenig er offenbar mit der systematischen Philosophie anzufangen wusste.[227] Dennoch zitiert er hier das Erhabene:

> [S]o steht eine Schönheit vor uns auf, die uns entzükt, und schaudern macht, die uns beseligt und vernichtet. Da hat menschliches Denken und menschliche Vorstellung ein Ende. Und doch kann auf der Spize des Berges unter der ungeheuren Himmelsgloke, wenn in klaren Winternächten die millionenfache und millionenfache Welt über unsern Häuptern brennt, und wir in Betrachtung unter ihr dahin wandeln, ein Gefühl in unsere Seele kommen, das alle unsere kleinen Leiden und Bekümmernisse majestätisch überhüllt und verstummen macht, und uns eine Größe und Ruhe gibt, der man sich beugt.[228]

Diese Beschreibung eines ‚gemischten Gefühls‘[229] bildet allerdings nicht das Kant'sche Erhabene aus Lust und Unlust ab, das den Menschen ein Vermögen erkennen lässt, das selbst übersinnlich ist.[230] Besser lässt sich das Erhabenen in den *Winterbriefen* mit Burkes „delightful horror",[231] der auch in mehreren Erzählungen Stifters zum Zuge kommt,[232] fassen. Denn Stifters ‚Schönheit‘ erhebt das erlebende Subjekt nicht, vielmehr wird es ‚gebeugt‘, ‚überhüllt‘ und gar ‚vernichtet‘; es verliert sein Mensch-Sein in dem Moment als ‚menschliches Denken und menschliche Vorstellung ein Ende‘ haben. Stifters Darstellung des Erhabenen anhand des Universums trägt also sehr viel bedrohlicher Züge als das Mathematisch-Erhabene Kants[233] und auch als die Darstellung Baumgartners, die

---

226 Wie oben dargestellt, findet sich der Topos der Unendlichkeit schon bei Pascal: „Das ewige Schweigen dieser unendlichen Räume macht mich schaudern." Pascal, Über die Religion, 1963, S. 115.

227 Wie oben schon angedeutet, spricht sich Stifter hier gegen die Philosophie aus: „[D]ie Sache scheint von dem Worte schön hier nur auf andere Worte übertragen zu sein. Etwa ist es mit der Schönheit wie mit tausend Dingen, die wir haben und genießen, ohne zu wissen, was sie sind." Winterbriefe aus Kirchschlag. In: HKG, Bd. 8,2, S. 339 f.

228 Ebd., S. 340 f.

229 Schiller fasst das Erhabene als „gemischtes Gefühl". Schiller, Ueber das Erhabene, 1963, S. 42. Das ‚gemischte Gefühl‘ wird in dieser Studie als ein möglicher textueller Ausdruck des Erhabenen angenommen, vgl. dazu Kapitel II in dieser Arbeit.

230 Vgl. Kant, Analytik des Erhabenen, 1968, S. 344 f. und 336.

231 Burke, A Philosophical Enquiry, 2008, S. 104.

232 Vgl. dazu in Kapitel III.1 dieser Arbeit den ersten Abschnitt *Stifters Öden, Steppen und Wüsten*, außerdem die Kapitel III.2, III.3 und III.5.

233 Nach Menninghaus komme es bei Kant zwar zu einer Freiheitsberaubung, die aber der Erfahrung einer größeren Freiheit als übersinnliches Wesen diene: „Erhaben ist bei ihm und Schiller der Widerstand gegen das, was vorher das Erhabene hieß." Vgl. Menninghaus, Macht und Gewalt in Longins und Kants Erhabenem, 1991, S. 6.

zwar an die „engen Grenzen unseres Verstandes" führt,[234] die aber nicht mit Zerstörung des erlebenden Subjekts drohen.

Auch in *Die Wunder des Himmels* spielt die Bedrohung des Menschen durch die Natur eine große Rolle. Im Kapitel „Dauer des Weltsystems" erörtert Littrow die Frage, ob die Erde und das dazugehörige Planetensystem ewig bestehen können, denn: „[W]o immer im Wechsel der Dinge *Fortgang* ist, da ist auch *Untergang*".[235] Zuvor gibt er im Kapitel „Ursprung des Weltsystems" einen Abriss über die „[b]isher aufgestellten Geologien",[236] die sich mit der Entstehung der Erde beschäftigen – nicht ohne einige Spitzen gegen Geologen:[237] Er lässt kaum eine geologische Theorie zur Erdentstehung gelten.[238] Ausgenommen davon ist Pierre-Simon de Laplace,[239] der wiederum in erster Linie Astronom war,[240] und dem Littrow zudem die Urheberschaft seiner Theorie abspricht. Schon Kant habe die dafür notwendigen Grundannahmen formuliert:

> Endlich wollen wir noch bemerken, daß dieselbe Hypothese mit allen ihren Hauptmomenten schon früher von einem Manne aufgestellt worden ist, auf den unser deutsches Vaterland stolz zu seyn Ursache hat. *Kant* hat in seiner Schrift: ,Allgemeine Naturgeschichte und Theorie des Himmels. Königsberg 1755' aus denselben drei allgemeinen Erscheinungen unseres Planetensystems dieselben Folgerungen abgeleitet und auf eine seinem Geiste

---

234 Baumgartner, Naturlehre, 1829, S. 623.

235 Littrow, Wunder des Himmels, 1837, S. 648.

236 Vgl. ebd., S. 629–640.

237 Ein Beispiel: „Diese Lust, seine Abstammung zu erfahren und sie auf so viele Generationen, als nur immer möglich, auszudehnen, [...] hat [...] ganz besonders die Sefte unserer sogenannten Geologen ergriffen. Ueber keinen Gegenstand hat man, in unserer hypothesenreichen Zeit, so viele, und man darf es kühn hinzusetzen, so alberne Theorien aufgestellt, als über die Entstehung der Erde. Nur die drei letzten Decennien haben ihrer mehr als ein halbes Hundert ausgebrütet, so daß auf jedes Jahr wenigstens zwei derselben kommen, und man ist dabei auf eine Art zu Werke gegangen, daß man sich eigentlich nur darüber wundern muß, warum man nicht noch mehr, warum man in derselben Zeit nicht wenigstens *Tausend und Eines* dieser Mährchen zu Tage gefördert hat." Ebd., S. 629 f.

238 So urteilt Littrow über Buffon und andere Wissenschaftler: „Man muß diese Leute nicht stören, man muß sie gehen lassen, ja man soll sie vielleicht sogar um ihr Glück beneiden. Wir andern, die wir die Autokratie der sogenannten Vernunft anerkennen und an den Fesseln der Denkgesetze liegen, wir Armen sind gar nicht im Stande zu begreifen, wie glücklich ein Mann seyn muß, der ohne alle Gesetze und ohne allen Zwang, so allein für sich, in den Tag hineindenken darf." Ebd., S. 630.

239 „So schön und sinnreich diese Erklärung erscheint, so kann sie doch, wie auch Laplace selbst bemerkt, nur mit demjenigen Mißtrauen vorgetragen werden, dem Alles ausgesetzt bleiben muß, was nicht unmittelbares Resultat einer strengen Berechnung ist." Ebd., S. 639.

240 Laplaces Hauptwerk ist die fünfbändige Abhandlung *Traité de mécanique céleste.* Vgl. Roger Hahn, Pierre Simon Laplace, 1749–1827. A Determined Scientist, Cambridge, Mass./London 2005, S. 81 f.

würdige Art ausgeführt, so daß die Nachwelt diese Entdeckung, wenn sie sich bewährt, mit Recht nach seinem Namen nennen wird.[241]

Ein Blick in Kants vorkritische Schrift[242] *Allgemeine Naturgeschichte und Theorie des Himmels* bestätigt ihn auch als Vordenker des folgenden Kapitels zur „Dauer des Weltsystems". Darin geht Kant von einer Kausalität der sich jeweils bedingenden Zu- und Abnahme der Materie aus: „[D]enn es ist einmal ein gewisses Naturgesetz: alles, was einen Anfang hat, nähert sich beständig seinem Untergange, und ist demselben um so viel näher, je mehr es sich von dem Punkte seines Anfanges entfernet hat."[243] Diese Stelle könnte Littrow vor Augen gehabt haben, als er folgende Überlegungen zu Papier brachte:

> Aber wir sehen, daß allen Dingen dieser Erde nur eine, oft sehr kurze Periode ihres Daseyns angewiesen ist, nach welcher sie alle verschwinden, und, wenigstens in dieser Gestalt, nicht mehr wieder kommen. Jeder kommende Winter zerstört die schönen Gebilde unserer Fluren. Zahlreiche Familien und ganze Geschlechter von Thieren sind bis auf die letzten Reste derselben verschwunden, [...] und Alles, Alles, was uns hier unten umgibt, wird von dem Strome der Zeit fortgerissen, und eilt unaufhaltsam seinem Endzustande der Auflösung und Zerstörung entgegen [...].
>
> Von diesem, wie es scheint, nicht minder allgemeinen Gesetze der Natur, deren zerstörende Wirkungen uns von allen Seiten in der Nähe umgeben – soll davon diese Erde selbst und der über sie ausgespannte Himmel eine Ausnahme machen? Welches Recht hätten sie zu solchen Ansprüchen? Oder welches Recht haben wir, selbst nur von gestern her, und morgen schon nicht mehr, die ewige Existenz dieses unseres Wohnortes zu fordern? Haben wir nicht Sterne am Himmel verschwinden, und ganze Sonnensysteme daselbst auflodern sehen? – Schreckliche Schauspiele fürwahr, gegen die unsere Wasserfluthen und Erdbeben und der Tod von Tausenden in einer Stunde ganz verschwinden. [...]
>
> Wenn daher dieser, schon gegen das übrige Planetensystem gleichsam verschwindende Punkt, wenn diese unsere Erde, gleich den Früchten ihrer Fluren, auch allmählig ihrer Bestimmung entgegen reisen und altern, wenn sie vielleicht von denselben Kräften, die sie erzeugt und so lange erhalten haben, auch einmal wieder zerstört werden sollte – wollen wir uns auflehnen gegen das ewige Gesetz der Natur? [...] Wenn [...] diese Sonne, die uns so lange erleuchtet und erwärmt hat, die alles Lebende so viele Jahrtausende auferzog und an goldenen Seilen um ihr erfreuendes Antlitz lenkte, [...] ja wenn sie selbst, die Königin unserer Tage, wenn auch sie ihre Zeit gelebt und ihre Bestimmung erfüllt hat, wenn endlich sie selbst erlischt und verschwindet aus der Reihe der erschaffenen Wesen – so entsetzlich dieß auch

---

241 Littrow, Wunder des Himmels, 1837, S. 640.

242 Littrows Bezug auf eine vorkritische Schrift kann als Zeichen der ungenauen Rezeption der Kant'schen Philosophie durch die Naturwissenschaften im 19. Jahrhundert interpretiert werden. Vgl. dazu Falkenburg, Kants Kosmologie, 2000, S. 307.

243 Kant, Immanuel, Allgemeine Naturgeschichte und Theorie des Himmels. In: Immanuel Kant. Werke. Bd. I, hg. von Wilhelm Weischedel, Wiesbaden 1960, S. 219 – 400, hier 379. Vgl. zur Materie und Mechanik der Weltentstehung ebd., 7. Hauptstück, S. 326 – 345.

uns scheinen mag – was geschähe dann anders, als was nach dem ewigen Gesetze der Natur geschehen muß?

Denn überall, wo wir in dem Weltraume Entstehen, Wachsthum und Zunahme bemerken, da muß auch Abnahme und Tod seyn, und wo immer im Wechsel der Dinge *Fortgang* ist, da ist auch *Untergang:* scheinbarer Untergang wenigstens, Abwechslung von Gestalten und Formen. Alles, was Körper, das heißt, was sterblich ist, eilt seiner Auflösung entgegen, und kann von keiner Kraft davon zurück gehalten werden.[244]

Littrow erklärt, nachdem er sich im Kapitel zuvor zu Kants *Theorie des Himmels* bekannt hat, den Weltuntergang mit derselben Kausalität, wobei er aber, sicherlich um dem populärwissenschaftlichen Charakter von *Die Wunder des Himmels* und den Ansprüchen seiner Leser gerecht zu werden, seine Erklärung sehr ausschmückt und in das Erhabene einbettet. Dabei wird der mögliche Weltuntergang über Analogien zu anderen Naturphänomenen, denen jeder Mensch über seine Sinne gewahr werden kann, an die menschliche Lebenswelt zurückgebunden. So zieht Littrow die Jahreszeiten heran – „[j]eder kommende Winter zerstört die schönen Gebilde unserer Fluren" –, nennt die Sterne „Blumen des Himmels", die – den Pflanzen der Erde entsprechend – „verblühen und abfallen [werden], wie welke Blätter, mit denen die Winde spielen", und beruft sich auch – trotz seiner harschen Kritik daran – auf Gegenstände der Paläontologie und Geologie, auf die „Ruinen [...] von Pflanzen und Thieren der Vorwelt", die die Erde bedecken. Offensichtlich geht Littrow davon aus, dass seine Leser auch mit diesen Naturwissenschaften zumindest in Ansätzen vertraut sind. All diese Beispiele dienen dazu, die Alltäglichkeit der Vergänglichkeit vor Augen zu führen. Die Zeit ist es, die die Natur zum Wandel zwingt, nicht aber nur zu einem zyklischen Wandel wie bei den Jahreszeiten, sondern eben auch zu einem zumindest teilweise endgültigen Verschwinden wie im Fall der Tiere und Pflanzen einer vergangenen Vorwelt. Mithilfe dieser Analogien spricht Littrow aber nicht nur einzelnen Naturphänomenen ein unendliches Bestehen ab, sondern der Natur im Gesamten, und diagnostiziert ihr so eine in ihrer Gesetzmäßigkeit liegende Entwicklung bis hin zum endgültigen Untergang. Die Erde und die Natur werden von „denselben Kräften, die sie erzeugt und so lange erhalten haben", schlussendlich zerstört werden; die Sterne werden von derselben „Welle, die sie so lange getragen hat, [...] dereinst auch herab[gezogen] in die Tiefe des Weltmeers, in den Abgrund der ewigen Nacht." Die Erklärung langt schließlich nicht beim Menschen an, sondern bei Gott: „Nur *Einer*, den kein Name nennt, *Einer* nur wird bleiben, hoch über dem Ocean der Welten, der zu den Füßen seines Thrones rauscht, dessen

---

[244] Littrow, Wunder des Himmels, 1837, S. 647 f.

Wogen immer wechselnd vor ihm auf und nieder ziehen, während *Er* allein unwandelbar und ewig ist."[245] Damit schließt das Kapitel.

Wie aber stellt sich das Erhabene in diesem Weltuntergangsszenario dar? Littrow knüpft zwar in Grundzügen an seine „Einleitung" an, wenn er die grundsätzliche Kleinheit des Menschen gegenüber der Natur und der Unendlichkeit betont: „Aber, so groß uns auch eine Catastrophe dieser Art erscheinen mag – sie *scheint* uns nur so groß, weil wir selbst so klein sind." Von dieser Marginalisierung ist aber nicht nur der Mensch, sondern auch der Planet Erde betroffen; er wird gegenüber der Unendlichkeit des Universums zu einem „unmerkliche[n] Punkt der ganzen, großen, endlosen Welt!" Zudem handelt es sich um ein zukünftiges Geschehen, dessen Ursachen in einer weit entfernten Vergangenheit, nämlich am Beginn alles Seins, liegen. Der Mensch aber ist „selbst nur von gestern her, und morgen schon nicht mehr". Littrow bezieht sich also nicht nur räumlich auf die Unendlichkeit, sondern auch zeitlich. Damit eröffnet sich auch in den astronomischen *Wundern des Himmels* eine „transhumane Perspektive", die nach Braungart auf die zeitliche Marginalisierung des Menschen durch die geologische ‚Tiefenzeit' gründet.[246] Auch wenn der Weltuntergang als notwendige Kausalität dargestellt wird, lässt das Szenario keinen Raum für eine Erhebung des Menschen über die Natur: Weder der Unendlichkeit des Universums noch den unermesslichen, vergangenen wie zukünftigen, Zeiträumen kann der Mensch beikommen: „[W]ollen wir uns auflehnen gegen das ewige Gesetz der Natur?" Das ewige Walten der Naturgesetze verliert trotz naturwissenschaftlicher Durchdringung nicht das für den Menschen Bedrohliche. Was bleibt, ist nicht Kausalität – sie ist nur abstrakt[247] –, sondern was bleibt, ist das menschliche Erschrecken vor den „[s]chreckliche[n] Schauspiele[n]"[248] sie sich ihm boten und die sich ihm noch bieten werden.

---

245 Alle Zitate ebd., S. 647 f. Das ist (m. W.) die einzige Stelle in *Wunder des Himmels*, in der auf eine göttliche Allmacht verwiesen wird. Vgl. auch Begemann, Metaphysik und Empirie, 2002, S. 105.

246 Braungart, Die Geologie und das Erhabene, 2005, S. 159.

247 Abstrakt bleibt sie trotz Littrows Überlegungen zur Entstehung des Mondes; hier heißt es: „Es ist möglich, es ist sogar sehr wahrscheinlich, daß dieser Himmelskörper, dem es jetzt an Luft und Wasser fehlt, seit jener großen Revolution nur mehr ein trockenes, nacktes Felsengerippe ist, auf welchem vielleicht weder Vegetation, noch Leben, noch irgend eine Bewegung, sondern nur ewige Ruhe und Grabesstille herrscht, und daß daher der Mond entweder sich selbst überlebt hat und nur als unbrauchbare Schlacke aus der Reihe bewohnbarer Welten herausgetreten ist, oder daß er in einer Art Verpuppung seinem neuen, bessern Leben, seiner Auferstehung entgegen schlummert." Littrow, Wunder des Himmels, 1837, S. 378.

248 Alle Zitate ebd., S. 647 f.

Ein solches Erschrecken vor der Natur kann nicht mit Kants *Analytik des Er-habenen*[249] in Einklang gebracht werden. Dennoch liegt gerade hier das Erhabene, allerdings das Erhabene, wie es Edmund Burke 1757 in *A Philosophical Enquiry* und Kant 1764 in der vorkritischen Schrift *Beobachtungen über das Gefühl des Schönen und Erhabenen* in Anlehnung an Burke formuliert haben[250] – und hier schließt sich der Kreis, geht doch die von Littrow beschriebene Kausalität des Weltuntergangs auch auf den vorkritischen Kant zurück. Bezeichnend für das Erhabene bei Burke ist, dass es nicht an etwas wie Subjekt, Objekt oder Sprache festgemacht, sondern empirisch dargestellt wird. Burke geht davon aus, dass die Herkunft des Erhabenen nicht bewiesen werden kann, sondern ausschließlich in der Erfahrung des Schreckens aus einer Distanz heraus erscheint:[251] „Whatever is fitted in any sort to excite the ideas of pain, and danger, that is to say, whatever is in any sort terrible, or is conversant about terrible objects, or operates in a manner analogous to terror, is a source of the *sublime.*"[252] Auch Kant betont, zumindest in den *Beobachtungen*, den Schrecken: Dasjenige sei erhaben, das „Wohlgefallen, aber mit Grausen" erregt und deshalb *„Schreckhafterhabene[s]"*[253] genannt wer-den könne. Was bei Burke, beim vorkritischen Kant und auch in *Die Wunder des Himmels* fehlt, ist die Erhebung des Subjekts über die Natur und die sittliche Funktion, die Kant dem Erhabenen in der *Analytik* zuspricht. Littrow kann einem möglichen Weltuntergang keinen Triumph abtrotzen, noch versucht er, diesen Mangel zu verschleiern, wie Baumgartner das in seiner Darstellung des Plane-tensystems tut; er kann den Untergang nur in eine, über dem Menschen stehende Kausalität der Naturgesetze einbetten. Die Naturwissenschaften zeigen dabei zwar die menschlichen Möglichkeiten zur Erkenntnis, zugleich aber auch deren Grenzen bezüglich des Raums und der Zeit: „In jenen Höhen wird mit einem andern Maß gemessen".[254]

---

249 „*Erhaben ist, was auch nur denken zu können ein Vermögen des Gemüts beweiset, das jeden Maßstab der Sinne übertrifft.*" Kant, Analytik des Erhabenen, 1968, S. 336.
250 Nach Werner Strube sei Kant „mit dieser Schrift vor allem *Burke* verpflichtet". Strube, Der Begriff des Erhabenen, 1995, S. 289f. In der *Analytik* dagegen versuche Kant, so Hans-Thies Lehmann, das Erhabene zu „rationalisieren", Lehmann, Das Erhabene ist das Unheimliche, 1989, S. 752.
251 Vgl. Philip Shaw, The Sublime. London u. a. 2006, S. 53f.
252 Burke, A Philosophical Enquiry, 2008, S. 24. In diesem Sinne rechnet Burke das Erhabene dem Selbsterhaltungstrieb des Menschen zu. Vgl. dazu Shaw, The Sublime, 2006, S. 56f.
253 Immanuel Kant, Beobachtungen über das Gefühl des Schönen und Erhabenen. In: Imma-nuel Kant. Werke. Bd. II, hg. von Wilhelm Weischedel, Wiesbaden 1960, S. 820 – 884, hier 826f. Im Folgenden spricht Kant vom „Schrecklicherhabene[n]". Vgl. ebd., S. 832.
254 Littrow, Wunder des Himmels, 1837, S. 647.

Littrows Text schwankt an dieser Stelle zwischen Möglichkeit und Unmöglichkeit von Erkenntnis. Eine Möglichkeit der Erkenntnis liegt in der Mathematik als eine rationale Deutung von Natur, wie sie in Littrows *Darstellung der grossen und merkwürdigen Sonnenfinsterniss* erscheint; Gegenstand sind hier „die *noch zu beobachtenden* Finsternisse oder ihre *Vorherbestimmung* durch Rechnung“.[255] Mithilfe der Mathematik wird dabei eine „Lenkung“ der Natur suggeriert; doch auch eine solche Lenkung setzt „das Bewußtsein von der Fundamentalität und faktischen Dominanz der Natur“ voraus,[256] denn die Natur bleibt Grundlage jeder menschlichen Berechnung. Und: Die Unmöglichkeit von Erkenntnis und Erklärung liegt nicht nur an der Grenze der Berechenbarkeit, sondern auch an der Grenze des für den Menschen Begreifbaren. Diesen Bruch kann auch Littrow nicht schließen, selbst wenn er die Sterblichkeit aller Körper, die Vergänglichkeit von Mensch und Natur einem naturwissenschaftlichen Erkenntnisrahmen unterwirft. Die Unendlichkeit der Naturgesetze, ihr ewiges Wirken unabhängig vom Menschen – „Alles, was Körper, das heißt, was sterblich ist, eilt seiner Auflösung entgegen, und kann von keiner Kraft davon zurück gehalten werden“ – kommt hier zusammen mit einer existenziellen Bedrohung des Menschen: „[S]o entsetzlich dieß auch *uns* scheinen mag“.[257] Unendliches Leben gilt zwar nicht mehr für den Menschen, dennoch kann er zumindest versuchen, die gegebene Unendlichkeit mithilfe der Naturwissenschaften zu durchdringen, auch wenn dies nie ganz gelingen wird. Was also bleibt, ist die Bedrohung des Menschen durch die Natur, die sich hier als Burke'scher „delightful horror“[258] bzw. als Kant'sches Schreckhafterhabenes niederschlägt.

Littrows Werk ist also von einem Bruch durchzogen, der mit dem Erhabenen Burkes markiert ist; Baumgartner dagegen gelingt über den Gebrauch bestimmter Metaphern und über das Kant'sche Erhabene zumindest ein Verschleiern des Bruchs zwischen Natur und Mensch – aber auch er kann ihn nicht aufheben. Solche Brüche[259] und das Erhabene[260] finden sich auch bei Stifter; in seinem

---

255 Littrow, Sonnenfinsterniss, 1820, S. 4.

256 Ritzer, Zur Bedeutung der Naturwissenschaft für Stifter, 2007, S. 141.

257 Littrow, Wunder des Himmels, 1837, S. 648.

258 Burke, A Philosophical Enquiry, 2008, S. 105.

259 Einige Studien beschäftigen sich mit Brüchen in Stifters Werk; allerdings wird nur in den seltensten Fällen auf das Erhabene verwiesen. z. B. nach Alfred Doppler sei das ‚sanfte Gesetz‘ zwar als Analogie von Sitten- und Naturgesetz formuliert, erweise sich aber in der Praxis als Antagonismus, da Stifter die Gewaltherrschaft der Natur thematisierte. Vgl. Doppler, Stifters fragwürdige Analogie von Natur- und Sittengesetz, 1994, S. 11. Für einen ausführlicheren Überblick siehe die *Einleitung* in dieser Arbeit.

260 Nach Metz sei in *Ein Gang durch die Katakomben* Kants *Analytik* verarbeitet, allerdings „gefährlich *un*-kantisch“. Bei Stifter werde der Tod, eigentlich dynamisch-erhabene, mathema-

Texten geht die Natur „in ihren großen eigenen Gesezen fort, die uns in tiefen Fernen liegen, sie nimmt keine Rüksicht, sie steigt nicht zu uns herab, um unsere Schwächen zu theilen, und wir können nur stehen und bewundern",[261] wie in *Zwei Schwestern*. Oder sie steht als eine „Schönheit vor uns auf, die uns entzükt, und schaudern macht, die uns beseligt und vernichtet", so dass „ein Gefühl in unsere Seele" kommt, „das alle unsere kleinen Leiden und Bekümmernisse majestätisch überhüllt und verstummen macht, und uns eine Größe und Ruhe gibt, der man sich beugt",[262] wie in den *Winterbriefen aus Kirchschlag*. Oder sie lässt Heinrich Drendorf im *Nachsommer*, den „Wissenschafter im Allgemeinen"[263] und späteren Geologen,[264] angesichts der „stille[n] Größe" des Sternenhimmels „Verehrung des Unendlichen" empfinden und angesichts seines Gegenstands, dem Hochgebirge, Fragen stellen wie: „Wird sich vieles, wird sich alles noch einmal ganz ändern?"[265]

2.2 Das Erhabene in der Geologie – Simony und Morlot

Neben Physik und Astronomie lernte der junge Stifter in Kremsmünster auch die Alpen kennen: „Ich durchstreifte diese Gebirge in meiner Jugend weit und breit, und so entstand aus der Liebe zur Natur endlich auch ein Verständnis derselben".[266] So ist es gerade die Geologie, die in Stifters Werk eine herausragende Rolle spielt;[267] seine Biographie weist zumindest zu einem professionellen Geologen persönliche Verbindungen auf, zum österreichischen Gletscherforscher Friedrich Simony. Stifter lernte Simony über Metternich kennen, dessen Söhne er

---

tisch-erhaben beschrieben, denn die „Katakomben und ihre Darstellung [...] enthalten mehr Leichen, als jemals in sie hineinpassen könnten". Der Essay bewege sich „auf die Formulierung eines neuen Erhabenen hin, das den ‚desublimierenden' und profanisierenden Kräften der Moderne" entspreche. Vgl. Metz, Verdinglichung, absoluter Mehrwert und das perverse Erhabene, 2011, S. 59–61. Man könnte möglicherweise auch in diesem Fall von einem Burke'schen Erhabenen sprechen, denn demnach ist der Tod als „king of terrors" besonders erhaben. Vgl. Burke, A Philosophical Enquiry, 2008, S. 24 f.

261 Zwei Schwestern. In: HKG, Bd. 1,6, S. 357.

262 Winterbriefe aus Kirchschlag. In: HKG, Bd. 8,2, S. 340 f.

263 Der Nachsommer. In: HKG, Bd. 4,1, S. 17.

264 „Die Betrachtung der unter mir liegenden Erde, der ich oft mehrere Stunden widmete, erhob mein Herz zu höherer Bewegung, und es erschien mir als ein würdiges Bestreben [...], dem Entstehen dieser Erdoberfläche nachzuspüren". Ebd., S. 43 f.

265 Ebd., Bd. 4,3, S. 12 und Bd. 4,2, S. 31.

266 Brief an August Piepenhagen am 11. August 1859. In: PRA, Bd. 19, S. 166.

267 Vgl. dazu z. B. Banitz, Das Geologenbild Stifters, 1957; Braungart, Die Geologie und das Erhabene, 2005; Braungart, Stifter besucht den Gletscherforscher Friedrich Simony, 2004.

während seiner Studienzeit in Mathematik und Physik unterrichtete. Im Sommer 1845 trafen Stifter und Simony in Hallstatt noch einmal aufeinander,[268] eine Begegnung, die Simony, „heute eine lokale Größe in der Dachsteingegend", zu einem „bescheidenen Platz in der Literaturgeschichte" verhalf.[269] Die Beziehung zwischen Stifter und Simony wird vor allem aufgrund dieses Treffens nahezu von allen Stifter-Biographen als bedeutende Freundschaft im Leben Stifters beschrieben.[270] Auch Sean Ireton schließt sich dieser Interpretation an: Die Beschreibung der winterlichen Gletscherwanderung im *Nachsommer* sei „largly based on, if not copied from, Simony's article ‚Drei Dezembertage auf dem Dachsteingebirge' [...]. To Stifter's credit, he is paying homage to his geologist friend rather than simply appropriating images to which he, a less hearty outdoorsman who never set foot on a glacier, was not privy."[271] Auch Braungart, dessen Aufsatz Ireton leider keine Beachtung schenkt, zieht eindeutige Parallelen zwischen Simonys Berichten und Stifters *Nachsommer*: „Fast alles, was Stifters Held und Ich-Erzähler Heinrich Drendorf im Kontext der Naturforschung tut oder denkt, hat sein Vorbild bei Simony: das Sammeln von Versteinerungen, das Vermessen von Alpenseen, die Besteigung der hohen Bergmassive im Winter, das Zeichnen und Aufzeichnen von Naturphänomenen als eine Form der wissenschaftlichen Bestandsaufnahme." Dabei handle es sich aber nicht um reines Kopieren oder einen Freundschaftsdienst; vielmehr suche Stifter die „direkte Auseinandersetzung mit Simonys Wissenschaftsverständnis": Stifters Darstellungen der Geologie und deren Arbeitsmethoden läsen sich „vor dem rekonstruierten Hintergrund wie eine späte Antwort auf Simonys damalige, stilistisch-poetisch durchaus ehrgeizige Schilderungen."[272] Zu diesem Schluss kommt Braungart nicht nur aufgrund der Lektüre des *Nachsommers*, sondern und zuerst aufgrund eines genauen Vergleichs zwischen einer Eishöhlenbeschreibung bei

---

268 Vgl. Urban Roedl, Adalbert Stifter. Mit Selbstzeugnissen und Bilddokumenten, Reinbek bei Hamburg [17]2005, S. 75.

269 Braungart, Stifter besucht den Gletscherforscher Friedrich Simony, 2004, S. 101.

270 Nach Fritz Krökel spreche alles für eine „geistige Verwandtschaft Stifters und Simonys", Fritz Krökel, Stifters Freundschaft mit dem Alpenforscher Friedrich Simony. In: VASILO 4 (1955), S. 97–117, hier 115. Vgl. auch Otto Jungmair, Adalbert Stifters Linzer Jahre. Ein Kalendarium, Nürnberg 1958, S. 14–16; Roedl, Stifter, 2005, S. 75 und 84f.

271 Ireton, Geology, Mountaineering, and Self-Formation, 2012, S. 200f. Ähnlich sieht das Schellenberger-Diederich, vgl. Schellenberger-Diederich, Geopoetik, 2006, S. 254f.

272 Vgl. Braungart, Stifter besucht den Gletscherforscher Friedrich Simony, 2004, besonders S. 109–112.

Simony und Stifters *Bergkristall* – eine Verbindung, die auch Ireton zieht,[273] allerdings ähnlich unreflektiert wie bezüglich der Gletscherwanderung im *Nachsommer*. Braungart dagegen kommt zu dem Schluss: „Hält man Passagen wie diese neben Stifters Erzählungen, dann muten die Texte wie der Schauplatz eines Kampfes um Diskurshoheit an: Es geht um die Hoheit über den Natur-Diskurs."[274] In diesem Sinne ordnet Braungart die Beziehung zwischen dem Geologen und dem Schriftsteller in die „Epoche der Populärwissenschaft mit ihren literarischen Darstellungsformen" ein, in der es zwangsläufig zu „Territorialkonflikte[n] mit der Literatur und ihrem traditionellen Anspruch auf Weltdeutung" kommen musste.[275] Iretons Interpretation des *Bergkristalls* als „a product of their friendship"[276] wird weder der Beziehung zwischen Simony und Stifter noch der komplexen Beziehung zwischen Literatur und Populärwissenschaft im neunzehnten Jahrhundert gerecht.

Wie oben dargelegt, änderte sich mit der Entdeckung der ‚Tiefenzeit'[277] durch die Geologie im neunzehnten Jahrhundert der Blick auf das Hochgebirge grundlegend: Wo ehemals furchterregende Berge waren, entstand jetzt ein neues wissenschaftliches Forschungsfeld, eingebettet in das Erhabene.[278] Buffons Essay *Époques da la Nature* (1778) ist der Ausgangspunkt für das Bewusstsein, „daß die Natur veränderlich ist, daß sie über eine Geschichte verfügt und sich über Jahrtausende und Jahrmillionen zu dem entwickelt hat, was sie gegenwärtig darstellt."[279] Der räumlichen Infragestellung des Menschen durch die Astronomie folgte also eine „radikale Infragestellung des Menschen in seiner *zeitlichen* Anschauungsform" und ein damit verbundener, neuer Diskurs des Erhabenen.[280] Friedrich Simonys Texte sind Zeugnisse dieser Entwicklung; in ihnen spielt die „Vorstellung des Erhabenen"[281] eine herausragende Rolle. Nach Braungart ist das Erhabene bei Simony zum einen an den „Habitus des Augenzeugen" gebunden, zum anderen setzt sich der „Wissenschaftler [...], als exemplarischer Vertreter der

---

273 Ireton nennt Simonys Bericht *Zwei Septembernächte auf der Hohen Dachsteinspitze* als Quelle für den *Bergkristall*, setzt sich aber nicht weiter damit auseinander. Vgl. Ireton, Geology, Mountaineering, and Self-Formation, 2012, S. 201.
274 Braungart, Stifter besucht den Gletscherforscher Friedrich Simony, 2004, S. 106 f.
275 Zugleich ließ sich Stifter von Naturwissenschaften, v. a. von der Geologie, inspirieren. Vgl. ebd., S. 118.
276 Ireton, Geology, Mountaineering, and Self-Formation, 2012, S. 201.
277 Vgl. dazu Gould, Die Entdeckung der Tiefenzeit, 1990, S. 14.
278 Vgl. Zelle, ‚Angenehmes Grauen', 1987. Zur ‚Entdeckung' der erhabenen Alpen vgl. z. B. Gisi, Der Wandel des ‚Blicks' auf die Alpen, 2004; Hughes, The Grotesque & the Alpin Sublime, 2005.
279 Engelhardt, Wandlungen des Naturbildes der Geologie, 1982, S. 50 f.
280 Vgl. Braungart, Die Geologie und das Erhabene, 2005, S. 169 und 166.
281 Braungart, Stifter besucht den Gletscherforscher Friedrich Simony, 2004, S. 112.

Gattung Mensch und als Vorposten seines Lesepublikums, einer Natur aus, die ihm prinzipiell feindlich gesonnen ist, [...] die statt den Charakter einer bergenden Idylle, eines ‚locus amoenus' zu haben, eher ein ‚locus desertus' bzw. ‚locus terribilis' [ist]. Durch diese Konstellation liegt der Diskurs des ‚Erhabenen' nahe".[282] Neben *locus desertus* und *locus terribilis* findet sich bei Simony auch das Erhabene des unendlichen Universums, weniger aber das der ‚Tiefenzeit' – obwohl er Geologe war und aus geologischem Interesse heraus im Winter auf Gletscher stieg. So beschreibt Simony in *Eine Winterwoche auf dem Hallstätter Schneegebirge* die Aussicht, die ihm direkt nach dem Erklimmen der Dachsteinspitze zuteil wird, folgendermaßen:

> Welch ein unermesslich grossartiges Bild rollte jetzt um mich auf – dieser über einen sieben Länder umschliessenden Horizont gebreitete Winter! Nicht jener bunte Wechsel von Gletschern, Firnen, Felsen, Wäldern, Wiesen, Seen, den dieses unabsehbare Panorama im Hochsommer dem muthigen Ersteiger bietet und dessen Blick durch das Uebermass von Formen und Farben beinahe verwirrt – wie der von der Hand des höchsten Geistes in den Weltraum hineingezeichnete Schöpfungsgedanke einer neuen Erde, welche nun plötzlich in vollendeter luftiger Lichtgestalt aus dem dunkeln Chaos hervortritt, der aber noch die volle Verkörperung, die Farbe des Lebens fehlt – so erschien mir jetzt dieses schneeverhüllte Ländergemälde.[283]

Wenn Simony das Panorama als ein ‚in den Weltraum' hinein gezeichnetes ‚unermesslich grossartiges Bild' beschreibt, referiert er auf Begriffe der Landschaftsmalerei; sein Text scheint sich an Alexander von Humboldts „Naturgemälde"[284] aus *Ansichten der Natur* zu orientieren. Des Weiteren bettet er die

---

282 Ebd., S. 103. Dies zeigt sich z. B. in Simonys Bericht *Zwei Septembernächte auf der Hohen Dachsteinspitze:* „Die tröstenden Sterne über mir sind verschwunden. Rings um mich farblose Finsternis. Eine fürchterliche Stille ist eingetreten, die Geister der Lüfte sind verstummt. Nur ein leises kurzes Zischen von der Feueresse trifft mein geängstigtes Ohr und im gleichen Augenblicke stechen mir rieselnde Eiskörner aus der Wolke ins Gesicht. [...] Dicht ziehe ich den Mantel über meinen Kopf, die Augen schließend und in Ergebung mein bevorstehendes Schicksal erwartend." Friedrich Simony, Auf dem hohen Dachstein, Wien 1921, S. 92 [Zwei Septembernächte auf der Hohen Dachsteinspitze].
283 Friedrich Simony, Eine Winterwoche auf dem Hallstätter Schneegebirge und Ersteigung der 9492 Wiener Fuss hohen Dachsteinspitze am 14. Jänner 1847. In: Haidinger, Wilhelm von (Hg.), Berichte über die Mittheilungen von Freunden der Naturwissenschaften in Wien. Bd. 2, Wien 1847, S. 124 – 136, hier 133.
284 Humboldt, Ansichten der Natur, 2008, S. 35. An anderer Stelle bei Simony heißt es: „Auch meine Leute sind stumm in dem Anblicke des wunderbaren Phantoms versunken, unverwandt blicken sie auf das *Luftgemälde*, welches von Stunde zu Stunde an Schönheit und Erhabenheit zunimmt." Simony, Auf dem hohen Dachstein, 1921, S. 60 [Zwei Septembernächte auf der Hohen Dachsteinspitze], Hervorhebung E. H.

Metaphorik der Landschaftsmalerei[285] in das Astronomisch-Erhabene der Unendlichkeit ein: Der Weltraum wird zum Rahmen des in ihn hinein gezeichneten Bildes, das Panorama erscheint sternengleich als ‚luftige Lichtgestalt'.

Ähnlich verfährt Simony in *Drei Dezembertage auf dem Dachsteingebirge* (1842): Hier wird das Astronomisch-Erhabene auf das Gebirge übertragen. So tauchen vor den Bergsteigern, nachdem es Nacht wurde, „die gewaltigen Riesen des Dachsteingebirges in ihren phantastischen Formen auf; [...] schauerlich groß und mächtig, daß es mich in dem geheimnisvollen Dunkel der Nacht fast dünkte, sie seien die unerschütterlichen Säulen des Weltalls oder die gigantischen Arme des Atlas",[286] der als eine von Zeus auferlegte Strafe die ganze Welt auf seinen Schultern tragen musste.[287] Die Erhabenheit des Dachsteingebirges resultiert in diesen beiden Texten also nicht aus den unermesslichen Zeiträumen der Erdgeschichte, für die es eigentlich Zeugnis gibt, sondern sie wird mithilfe des unendlichen Universums heraufbeschworen. Das Astronomisch-Erhabene stellt eine Verbindung zwischen Erde und unendlichem Raum her, wobei das Gebirge aber nicht von der Unendlichkeit gerahmt wird; vielmehr sind es die Berge selbst, die zum Träger des Unendlichen[288] werden und so die Unendlichkeit über Vermittlung des Erhabenen in den Wahrnehmungshorizont des Menschen ziehen.

Auch in *Zwei Septembernächte auf der Hohen Dachsteinspitze* folgt Simony dieser Strategie. Dort beschreibt er weniger die Gebirgslandschaft, die ihn umgibt, sondern die Erscheinungen des Himmels, die er offenbar in dieser Nacht von

---

285 Interessant ist, dass Simony in einem Überblickswerk zum Dachsteingebiet zu reiche Illustrationen in wissenschaftlichen Abhandlungen ablehnt. Die Passage erscheint fast wie eine Kritik an seinen eigenen Texten: „Wohl findet die Bedeutung des Landschaftsbildes als naturhistorisches und geographisches Veranschaulichungsmittel eine schon seit lange [sic!] stetig wachsende Anerkennung [...]. Nichtsdestoweniger erfüllt das in Büchern gebotene seinen Zweck häufig nur unvollkommen und einseitig insofern, als die Art der Ausführung, wenn auch von künstlerisch geschulter Hand herrührend, in der Regel doch viel mehr dem *malerischen* Effekt und der ästhetischen Wirkung, als einer naturtreuen Wiedergabe des *wissenschaftlich* Bedeutungsvollen in der Landschaft Rechnung trägt. So kommt es, dass in einem das Auge des Laien vollkommen befriedigenden Bilde der durch das Studium der Natur geschärfte Blick des Forschers nur allzuoft sich vergeblich abmüht, ein oder das andere wirklich instruktive und wissenschaftlich verwertbare Moment aufzufinden." Friedrich Simony, Das Dachsteingebiet. Ein geographisches Charakterbild aus den österreichischen Nordalpen, Wien 1895, o. S. [Prospect zu dem in Ausführung begriffenen Werke].
286 Simony, Auf dem hohen Dachstein, 1921, S. 20 [Drei Dezembertage auf dem Dachsteingebirge].
287 Vgl. Sylvia Zimmermann, Atlas (1). In: Metzler Lexikon Antike, hg. von Kai Brodersen und Bernhard Zimmermann, Stuttgart/Weimar 2000, S. 66 – 67.
288 So gelingt es Simony, wie es auch Baumgartner und Littrow gelang, seinen Gegenstand und seine „Fachwissenschaft zu erheben". Vgl. Azzouni, Topos des Erhabenen, 2008, S. 216.

seinem erhöhten Standpunkt aus beobachten konnte: „Die Sterne blickten so helle wie in kalter Winternacht vom dunklen Himmelsdome hernieder; vorzüglich die Venus hatte ich nie früher in solchem Glanze gesehen, mit welchem sie jetzt dem Osten als Morgengestirn entstieg."[289] In der Nacht dient der Berg nicht mehr der Wahrnehmung des Panoramas unter einem nach unten gerichteten Blickwinkel des erlebenden Subjekts, vielmehr wird der Berg zum Teleskop, dem folgend sich der Blick nach oben auf den Himmel richtet.

Mit Anbruch des folgenden Tages verschwindet in diesem Text das Erhabene des unendlichen Weltalls, dennoch bezieht sich Simony auch weiterhin nicht auf die Tiefenzeit, sondern beschreibt abgründige Schluchten und gewaltige Felsformationen. So heißt es von Eduard, einem der vielen Besucher auf dem Gletscher:

> Auf Eduard, dessen Geist vorzüglich nur von dem Großartigen in der Natur angeregt wurde, machten die uns von drei Seiten in schwindelnder Tiefe umstarrenden Eisfelder, die ihnen entsteigenden Steinpyramiden und Wände [...], die furchtbar drohend wie eine unbezwingbare Leibwache von Giganten den hohen Dachstein umlagern, dann der grauenvolle Abgrund nach Süden, über welchem wir uns unmittelbar befanden, die felsumgürteten Seen der Gosau, die Gletschermeere der aus der Ferne zu uns herüberblickenden Hochtauern und die wilden Mauern der julischen Alpen den größten Eindruck [...].

Es ist auch Eduard, der die Wirkung der Aussicht auf den Punkt bringt:

> Herr, wie groß ist deine Schöpfung und doch ein Gedanke, ein einziger nur von dir! Was ist der Mensch gegen dich! Ich möchte weinen über meine Winzigkeit, die ich nie so tief empfunden wie hier, auf diesem Obelisk der Schöpfung, wo eine Welt wie ein Staubkörnchen mich verschlingt, und wieder möchte ich jubeln, daß mein Geist fähig ist, sich zu dir emporzuschwingen, dich zu empfinden, dich zu begreifen, an dessen Wink das Sein des Weltalls hängt![290]

Angesichts von Gegenständen des Dynamisch-Erhabenen wie Abgründen und Schluchten,[291] denen sich Eduard ausgesetzt fühlt und die er sprichwörtlich überwunden hat – schließlich hat er den Gipfel des Berges erreicht –, zitiert er das Mathematisch-Erhabene Kants: Erhaben ist etwas dann, wenn „wir für dasselbe keinen ihm angemessenen Maßstab außer ihm, sondern bloß in ihm zu suchen

---

289 Simony, Auf dem hohen Dachstein, 1921, S. 66 [Zwei Septembernächte auf der Hohen Dachsteinspitze].

290 Beide Zitate ebd., S. 74 f. Und 73.

291 Nach Kant können „[k]ühne überhangende gleichsam drohende Felsen" das Subjekt das Dynamisch-Erhabene erfahren lassen. Vgl. Kant, Analytik des Erhabenen, 1968, S. 349.

verstatten. Es ist eine Größe, die bloß sich selber gleich ist."[292] Eduard scheitert an der Größe der Schöpfung, erkennt seine ‚Winzigkeit',[293] und doch liegt in seinem Geist ein Triumph, der all das ‚empfinden' und ‚begreifen' kann. Bei Kant heißt es: „Aber eben darum, daß in unserer Einbildungskraft ein Bestreben zum Fortschritte ins Unendliche, in unserer Vernunft aber ein Anspruch auf absolute Totalität, als auf eine reelle Idee liegt: ist selbst jene Unangemessenheit unseres Vermögens der Größenschätzung der Dinge der Sinnenwelt für diese Idee die Erweckung des Gefühls eines übersinnlichen Vermögens in uns".[294]

Das Kant'sche Erhabene wird also in diesem Bericht Simonys einschließlich seiner moralischen Intention zitiert; allerdings werden seine beiden Unterscheidungen des Erhabenen, dynamisch und mathematisch, miteinander verquickt. Die unermesslichen Zeiträume des Bestehens der Erde spielen dabei aber keine Rolle. Die Frage nach der Zeit,[295] die ein solches Gebirge überdauert haben muss, oder überhaupt Fragen nach der Entstehung kommen nicht auf – Fragen, die gerade im *Nachsommer* einen hohen Stellenwert haben.[296] Dennoch lässt sich Heinrichs Betätigung als Geologe auf Simonys Berichte und auf die darin immer wiederkehrenden naturwissenschaftlichen Messungen[297] zurückführen.[298] Be-

---

292 Ebd., S. 335.

293 Auch in der Gletscherwanderung im *Nachsommer* wird die Kleinheit des Menschen gegenüber der Größe der Natur hervorgehoben: So heißt es, nachdem Heinrich und Kaspar den Gletscher erreicht haben: „Sonst war nichts zu sehen, als der ungeheure dunkle ganz heitere Himmel über uns, und in der einfachen großen Fläche, die die Natur hieher gelegt hatte, standen nur die zwei Menschen, die da winzig genug sein mußten." Der Nachsommer. In: HKG, Bd. 4,3, S. 108.

294 Kant, Analytik des Erhabenen, 1968, S. 336.

295 In *Die Alterthümer vom Hallstätter Salzberg* rekurriert Simony deutlicher auf den Aspekt der Zeit, allerdings nicht über die Geologie, sondern über die menschliche Frühgeschichte: Es wird ein Friedhof gefunden und Skelette zutage gefördert, „deren Träger einer fern vergangenen Zeit und einem Volke zugerechnet werden, welches längst vom Schauplatze der Erde verschwunden ist". Friedrich Simony, Die Alterthümer vom Hallstätter Salzberg und dessen Umgebung, Wien 1851, S. 5.

296 „Wird sich vieles, wird sich alles noch einmal ganz ändern? In welch schneller Folge geht es? [...] Hat es schon lange gedauert? [...] Wird es noch lange dauern? [...] Wie viele Millionen Jahre müssen verfließen, bis ein menschliches Werkzeug die Änderung messen kann?" Der Nachsommer. In: HKG, Bd. 4,2, S. 31 f.

297 Z. B. Simony, Auf dem hohen Dachstein, 1921, S. 18 u. ö. [Drei Dezembertage auf dem Dachsteingebirge]. So hofft Simony, Erkenntnisse über die Beschaffenheit von Gletschern zu erlangen: „Vor allem aber wollte ich mich jetzt über den Umstand belehren, ob der Gletscher im Winter auf seiner untern Fläche durch die Erdwärme abschmelze oder nicht." Ebd., S. 33. Auch Heinrich im *Nachsommer* geht es bei seiner Gletscherwanderung im Winter um naturwissenschaftliche Erkenntnisse; er möchte beweisen, dass „die Wärme hier oben größer sei, als wir sie gestern zur gleichen Tageszeit unten in der Ebene des Sees gehabt hatten." Der Nachsommer. In: HKG, Bd. 4,3, S. 104.

sonders in der Wirkung der winterlichen Gletscherlandschaften entsprechen sich
die Beschreibungen nahezu: „Die tiefe Empfindung, welche jezt immer in meinem
Herzen war, und welche mich angetrieben hatte, im Winter die Höhen der Berge
zu suchen, hatte mich nicht getäuscht. Ein erhabenes Gefühl war in meine Seele
gekommen",[299] heißt es im *Nachsommer*. Simonys Bericht *Drei Dezembertage auf
dem Dachsteingebirge* schließt mit den Worten: „[D]iese dreitägige Wanderung [...]
war [...] eine der lohnendsten, und unauslöschlich werden die herrlichen Natur-
szenen, die ich in den drei Tagen erlebte, meinem Geiste eingeprägt bleiben."[300]
  Auch in Stifters *Winterbriefen aus Kirchschlag* finden sich Spuren Simonys. So
bezieht sich Stifter, nachdem er das Erhabene mithilfe der Unendlichkeit des Alls
zu erklären versucht hat, auf ein Astronomisch-Erhabenes (s. o.), das an Simonys
Zwei Septembernächte auf der Hohen Dachsteinspitze erinnert. Dort heißt es von
einem „Meteor", den Simony in der zweiten Nacht beobachtet haben will:

> Sein Lichtglanz war außerordentlich. Schon hinter der dichten Nebelsphäre, die den Erd-
> horizont vom Himmel fast 30 Grad hochabgrenzte, war es als ein dunkelroter Feuerstrahl
> sichtbar, über diese heraustretend, glich es ganz einer ungeheuren mit Brilliantfeuersatz
> gefüllten Rakete, die, nach rückwärts einen langen Strahl von Myriaden Funken entsendend,
> auf ihrem Kopf eine feuersprühende Leuchtkugel trägt und in ruhiger Majestät sich über den
> Himmel hinbewegt, bis sie unter Krachen in tausend Gluttrümmern zerbirst.[301]

Auch Stifters Blick geht in den *Winterbriefen* von einer Bergspitze aus nicht nach
unten, sondern nach oben; allerdings ist seine Betrachtung des Sternenhimmels
weniger theatralisch als die Simonys:

> Da hat menschliches Denken und menschliche Vorstellung ein Ende. Und doch kann auf der
> Spize des Berges unter der ungeheuren Himmelsgloke, wenn in klaren Winternächten die
> millionenfache und millionenfache Welt über unsern Häuptern brennt, und wir in Be-
> trachtung unter ihr dahin wandeln, ein Gefühl in unsere Seele kommen, das alle unsere

---

298 Vgl. Braungart, Stifter besucht den Gletscherforscher Friedrich Simony, 2004, S. 110 f.
299 Der Nachsommer. In: HKG, Bd. 4,3, S. 111. Zur Gletscherwanderung vgl. in Kapitel III.1 dieser
Arbeit den Abschnitt *Auf dem Gipfel – Der Nachsommer*.
300 Simony, Auf dem hohen Dachstein, 1921, S. 42 f. [Drei Dezembertage auf dem Dachsteinge-
birge]. Vgl. auch Simony, Eine Winterwoche, 1847, S. 133: „Eine unnennbare Erhabenheit lag in
dieser winterlichen Monotonie, eine fühlbare Gottesmajestät, die mich gewaltiger erfasste als alle
früheren Eindrücke".
301 „Einige Minuten nach ½ 3 Uhr überraschte mich ein prachtvolles Meteor [...]. Sein Erscheinen war von einem raketenähnlichen Geräusche begleitet, welches so stark war, daß die
beiden Schläfer erschreckt auffuhren und in banger Verwunderung das Lichtphönomen [sic!]
anstarrten." Simony, Auf dem hohen Dachstein, 1921, S. 66 [Zwei Septembernächte auf der Hohen
Dachsteinspitze]. Allerdings häufen sich solche Zufälle in Simonys Berichten. Vgl. ebd., S. 90.

kleinen Leiden und Bekümmernisse majestätisch überhüllt und verstummen macht, und uns eine Größe und Ruhe gibt, der man sich beugt.[302]

Statt offensichtlichen Übertreibungen, statt Simonys ‚Brilliantfeuersatz‘ beschränkt sich Stifter auf die Millionen von Welten, die ‚über unsern Häuptern brennen‘. Dieser Beschreibung schließt Stifter eine Reflexion über das Erhabene an, nach der sich das erlebende Subjekt nicht erheben kann, sondern angesichts der Größe der Natur ‚gebeugt‘ wird. Während Simony, so könnte man sagen, das erlebende Subjekt – also sich selbst –, dessen Sprache und dessen Bezwingung der Natur feiert, erhebt Stifter in den *Winterbriefen* die Natur über den Menschen.

Inspiration für Geologisches fand Stifter nicht nur in Simonys Texten;[303] auch Adolph von Morlot (1820–1867), Geologe und Prähistoriker, Schüler Bernhard von Cottas an der Freiberger Bergakademie, später Professor für Geologie und Mineralogie in Lausanne,[304] scheint eine Rolle für Stifter gespielt zu haben. Zumindest besaß Stifter einen Teilband von Morlots *Erläuterungen zur geologischen Übersichtskarte der nordöstlichen Alpen*,[305] erschienen 1847 in Wien. Dabei handelt es sich um eine zusammenfassende Darstellung der bisherigen geologischen Erkenntnisse über diese Gegenden der Alpen sowie um eine grundsätzliche Einführung in die Geologie der Zeit. Zwar gibt es keine Anzeichen dafür, dass Stifter zu Morlot persönlichen Kontakt hatte, seine *Erläuterungen* werden dennoch für diese Studie herangezogen, weil der Band zum einen deutliche Parallelen zu Stifters *Nachsommer* aufweist, zum andern zitiert auch Morlot die Philosophie des Erhabenen, obwohl er ganz offensichtlich keinen übermäßigen literarischen Anspruch verfolgt. Während es sich bei Simonys Berichten um äußerst „sprachgewaltige“ Texte handelt,[306] ist Morlots Buch eine „gemeinfassliche, oder wenn man will populäre Darstellung“ der Geologie und des untersuchten Gebiets.

Entsprechungen zu Simony liegen zwar in diesem populärwissenschaftlichen Charakter des Textes, der schlägt sich aber weniger auf sprachlicher Ebene nieder, sondern wird vor allem programmatisch verstanden. Im Vorwort heißt es: „Man

---

302 Winterbriefe aus Kirchschlag. In: HKG, Bd. 8,2, S. 340 f.

303 Nach Braungart kann die Begegnung mit Simony „durchaus als Impuls für eine Intensivierung von Stifters Verhältnis zur Geologie betrachtet werden“. Braungart, Stifter besucht den Gletscherforscher Friedrich Simony, 2004, S. 113. Nach Lori Wagner aber erinnere Stifters Verarbeitung der Geologie an Goethe. Vgl. Lori Wagner, Schick, Schichten, Geschichte: Geological Theory in Stifter's *Bunte Steine*. In: JASILO 2 (1995), S. 17–41, hier 18.

304 Wilhelm von Gümbel, Morlot, Ch. Adolph von. In: Allgemeine Deutsche Biographie 22 (1885), S. 325–327.

305 Vgl. Streitfeld, Aus Stifters Bibliothek, 1977, S. 142.

306 Braungart, Stifter besucht den Gletscherforscher Friedrich Simony, 2004, S. 116.

wird [...] in der vorliegenden Arbeit nur ein in allen seinen einzelnen Theilen höchst mangelhaftes, unvollständiges Gerippe erkennen, wo vieles angedeutet und noch nichts ausgeführt ist. Aber die spezielle Erforschung [...] des Gebiets der Karte mit Krain und dem übrigen Theil von Untersteyer ist nicht in einem Jahr, nicht in einem Menschenleben vollständig abzuschliessen."[307] Dieser Verweis auf die Größe des Gegenstands und die geringen Möglichkeiten des einzelnen Forschers, diesen überhaupt zu erfassen, ist kein Kniff der sonst üblichen populärwissenschaftlichen Rhetorik; Morlot will hier auch nicht auf das Erhabene hinaus. Vielmehr geht es ihm um einen Aufruf an die Leserschaft:

> Die geringsten Beiträge, nähere Angaben über irgend einen erwähnten Punkt, sei es über Geologie im engern Sinne, über Gebirgsformationen oder Vorkommen von Versteinerungen, oder über Physikalische Geographie, über die Bildungen der jetzigen Periode, über Meteorologie oder gar endlich über den Zusammenhang der Geologie mit verwandten Wissenschaften und Künsten, mit der Botanik, mit der Geschichte u. s. w. – alles soll – bei dem großen Mangel an näheren Angaben – willkommen sein.[308]

Morlot fordert den Leser auf, sich aktiv an den Forschungen zu beteiligen, die Ergebnisse in die Karte – damit ist der erste Teilband gemeint, der in Stifters Bibliothek offenbar nicht vorlag – einzutragen und sie an den Autor zu schicken, der verspricht, die Ergebnisse unter dem Namen des jeweiligen Urhebers zu veröffentlichen.[309] Dass Morlot seine Leser auffordert, aktiv mitzuarbeiten, ist nicht ungewöhnlich. Gerade die Geologie galt, zusammen mit der Archäologie und der Paläontologie, bis weit ins neunzehnte Jahrhundert hinein als Disziplin, die von sogenannten „Dilettanten" vorangetrieben wurde; und „das meint hier: eine Zusammenarbeit zwischen interessierten Laien, die z. T. über umfangreiche private Sammlungen verfügten, *und* Fachleuten an den in Deutschland sich jetzt etablierenden Universitäten." Vor diesem Hintergrund erscheint auch Heinrichs wissenschaftliche ‚Karriere' als Geologe in einem anderen Licht: „Daß Stifters Protagonist dabei als Privatmann, ohne berufliche Anbindung an eine wissenschaftliche Institution handelt, kennzeichnet ihn als Dilettanten – allerdings nicht, wie in der Stifterforschung zumeist attestiert, im abwertend gebrauchten Wortsinn unserer Zeit",[310] denn eine akademische Ausbildung war bis weit ins

---

307 Adolph von Morlot, Erläuterungen zur geologischen Übersichtskarte der nordöstlichen Alpen. Ein Entwurf zur vorzunehmenden Bearbeitung der physikalischen Geographie und Geologie ihres Gebietes, Wien 1847, S. IV und VI.
308 Ebd., S. VII.
309 Vgl. ebd., S. VIIf.
310 Bertschik, Wissenschafts-Dilettanten und ihre Sammlungen, 2006, S. 80.

neunzehnten Jahrhundert hinein nicht möglich.[311] Der *Nachsommer* gibt also das zeitgenössische Vorgehen in der Geologie wieder, wie Morlots *Erläuterungen* belegen; Heinrichs laienhaft anmutendes, das heißt, an keine Institution gebundenes Geologendasein muss in diesem Kontext gesehen werden.

Neben dem Dilettantentum Heinrichs weisen auch seine Sammelleidenschaft Parallelen zu Morlots Einführung in die Mineralogie auf. So heißt es in einem Vergleich zu anderen, schon etablierten bzw. etablierteren Wissenschaften:

> Während die Astronomie fast von jeher die engen Schranken einer blos benennenden, beschreibenden und ordnenden Wissenschaft überschritten und die Veränderungen und Bewegungen der Weltkörper so lange verfolgt und in ihrem Wesen ergründet hat bis *Newton* alles auf *eine* Ursache, auf das Gesetz der Schwere zurückführte und dem menschlichen Geist einen ewigen Triumph bereitete:
> Während durch solche Forschungen der Zoolog, der Botaniker, der Astronom zu einer auserordentlich [sic!] umfassenden und tiefen Kenntniss der Natur gelangt sind und am Himmel wie auf Erden die allgemeine ewige *Veränderung* des – aus der in ihren Elementen wie in ihrer Quantität unveränderlichen Materie Erzeugten – der *Naturprodukte* bei der strengsten Konstanz und Unveränderlichkeit des Erzeugenden – der *Naturgesetze* – erkannt haben: Während das alles geschah, ist die Mineralogie noch in ihrer ersten Entwicklungsstufe begriffen, sie ist noch eine reine, blosse klassifikatorische Wissenschaft. Sie beschreibt und ordnet die Naturprodukte und sucht sie der leichteren Uebersicht wegen in ein mehr oder minder willkürliches System einzureihen, kümmert sich aber dabei wenig um die Entstehung der Mineralien und ihre Veränderungen [...]. Die Mineralogie entbehrt noch ihre Entwicklungsgeschichte, ihre Physiologie.[312]

Die noch junge Mineralogie und infolgedessen auch die Geologie brauchen Laien, die sich an den Forschungen beteiligen, um den Stand einer bisher ‚bloss klassifikatorischen Wissenschaft' zu überwinden und sich – mit dem *Nachsommer* gesprochen – „in das große und erhabene Ganze auszubreiten",[313] also Fragen nach der Entstehung und Entwicklung der Erde erörtern zu können. Heinrich beschreitet genau diesen Weg, der hier von Morlot aufgezeigt wird: Er findet von der Sammlung unzähliger kleiner Details wie verschiedenen Mineralien und selbst angefertigten Zeichnungen von Pflanzen und Steinen[314] schließlich – angesichts des Gebirges – zur Geologie:

> Die Betrachtung der unter mir liegenden Erde, der ich oft mehrere Stunden widmete, erhob mein Herz zu höherer Bewegung, und es erschien mir als ein würdiges Bestreben, ja als ein

---

311 Studiengänge in der Geologie mussten erst noch geschaffen werden. Vgl. Braun, Naturwissenschaft als Lebensbasis?, 2006, S. 91.
312 Morlot, Erläuterungen zur geologischen Übersichtskarte, 1847, S. 22.
313 Der Nachsommer. In: HKG, Bd. 4,1, S. 44.
314 Vgl. ebd., S. 41.

Bestreben, zu dem alle meine bisherigen Bemühungen *nur Vorarbeiten* gewesen waren, dem Entstehen dieser Erdoberfläche nachzuspüren, und *durch Sammlung vieler kleiner Thatsachen* an den verschiedensten Stellen sich in das große und erhabene Ganze auszubreiten, das sich unsern Blicken darstellt, wenn wir von Hochpunkt zu Hochpunkt auf unserer Erde reisen, und sie endlich alle erfüllt haben, und keine Bildung dem Auge mehr zu untersuchen bleibt als die Weite und die Wölbung des Meeres.[315]

Auch in Morlots *Erläuterungen* wird die Mineralogie als Grundlage der Geologie und als ein unumgänglicher Schritt zu deren Etablierung als vollwertige Wissenschaft verstanden:

Dann erst wird die Geologie eine streng wissenschaftliche Durchführung desjenigen Theils der Geschichte der Erde unternehmen können, welcher die *Veränderungen im Innern der Gebirgsmassen, die latente Metamorphose* betrifft, bis dahin muss man sich mit den indirekten Schlussfolgen begnügen [...]. Wie aber der Meeresschlamm zu Gneiss und Glimmerschiefer und die Lava zu Porphyr oder Granit wurde – bleibt der kommenden Forschung vorbehalten.[316]

Auch Heinrich möchte der Bildung von Gesteinen nachspüren: „Ich begann, durch diese Gefühle und Betrachtungen angeregt, gleichsam als Schlußstein oder Zusammenfassung aller meiner bisherigen Arbeiten die Wissenschaft der Bildung der Erdoberfläche und dadurch vielleicht der Bildung der Erde selber zu betreiben."[317] Was Heinrich beschreibt, das Ziel, das er sich hier selbst wählt, formuliert Morlot in den *Erläuterungen* folgendermaßen:

Aus dem gesammelten Schatz von Beobachtungen und Thatsachen, der nie zu gross, zu speziell und zu ausführlich sein kann, und der die Anatomie, die Zergliederung der Erdkruste vorstellt, wird der Geolog in letzter Instanz ihre Physiologie entwickeln, das heisst, die relative gegenseitige Bedeutung der verschiedenen Theile seines Körpers aufsuchend und die verschiedenen Glieder aneinanderhängend – die Geschichte der Veränderungen auf und in der Erde oder schlechtweg die *Geschichte der Erde* zusammenstellen. – *Das ist Geologie.*[318]

Die im *Nachsommer* verfolgte und von Morlot proklamierte Methode der Geologie dient dem Nachvollzug der Geschichte der Erde, also der Konstruktion eines Ganzen, das eigentlich erst mit der Geologie zergliedert worden ist. „Die wissenschaftliche Methode [...] bot sich auch hier als Mittel an, Einheit in die Vielheit, Gleichheit in der Ungleichheit – der wissenschaftlichen Tätigkeit –, Integration in

---

315 Ebd., S. 43 f., Hervorhebungen E. H.
316 Morlot, Erläuterungen zur geologischen Übersichtskarte, 1847, S. 34.
317 Der Nachsommer. In: HKG, Bd. 4,1, S. 44.
318 Morlot, Erläuterungen zur geologischen Übersichtskarte, 1847, S. 36.

der Heterogenität zu suggerieren und damit einen Halt inmitten der Auflösung zu bieten."[319]

Neben der mineralogischen und geologischen Arbeitsweise konnte Stifter, wie oben angedeutet, auch das Erhabene über Morlots populärwissenschaftliche Abhandlung rezipieren:

> Vor 100 Jahren wusste man im allgemeinen so viel als nichts von Schichtung, von der verschiedenen Beschaffenheit des Bodens in den verschiedenen Ländern und hatte keine Ahnung einer durch die Versteinerungen entwickelten Geschichte der Erde in langen, der Erschaffung des Menschen vorhergehenden Periode. [...] Man besitzt [jetzt] mehr oder weniger genaue geologische Karten der ganzen Welt und ist schon weit gekommen im Verständniss der Bildung und Entwicklung der Erdoberfläche. Dass aber noch genug Räthsel zu lösen bleiben, haben wir gesehen und dass überhaupt des Dunkeln immer viel sein wird, geht aus der Beschränktheit der Natur des Menschen hervor, dessen Geist nur Schritt für Schritt die Grenzen der Erkenntniss weiter hinausrücken und nur allmählig sein erst so ganz kleines Gebiet erweitern kann, welches aber immer, so gross und herrlich es oft scheinen mag, gegen das unendliche All verschwindend klein bleibt. Auch wir [i. e. die Geologen, E. H.] sind [...] ans Unerklärliche gelangt, werden aber streben weiter zu dringen, ermuntert durch das Resultat des schon zurückgelegten Weges, durch die Entwicklungsgeschichte der Wissenschaft [...].[320]

Morlot betont die ‚Beschränktheit der Natur des Menschen', dessen Erkenntnismöglichkeiten immer an eine Grenze stoßen müssen; dabei stellt er sich in eine Traditionslinie, die schon vor seinem wissenschaftlichen Wirken in den Naturwissenschaften bestand. Erinnert sei an Littrows *Wunder des Himmels*, worin es über die Möglichkeit menschlicher Erkenntnis heißt:

> Denn so hoch auch das Ziel stehen mag, welches er [i. e. der Mensch, E. H.] zu erreichen strebte, und auch in der That, großentheils wenigstens, erreicht hat – der Weg, welcher ihn

---

319 Schwarz, Wissenschaftspopularisierung, 1999, S. 63 f. Bei Morlot zeigt sich, wie die Geologie am Diskurs über wissenschaftliche Methoden im 19. Jahrhundert beteiligt war, denn er stellt heraus, dass Hypothesen unumgänglich sind. Littrow dagegen spricht nur ein Jahrzehnt früher zumindest geologischen Spekulationen über das Erdalter „einen größeren Werth" ab. Vgl. Littrow, Wunder des Himmels, 1837, S. 604. Man könnte nun sagen, dass Littrow noch „Bacons und Descartes' Vorstellungen von sicheren Wahrheiten als Resultat wissenschaftlicher Tätigkeit" anhängt, während Morlot den Wahrheitsanspruch „zugunsten eines Status der Theorien [...] aufgegeben [hat], der weniger Unumstößlichkeit als hohe Wahrscheinlichkeit reklamiert[]". Vgl. Schwarz, Wissenschaftspopularisierung, 1999, S. 60. Da Littrow in *Wunder des Himmels* aber auch über Wahrscheinlichkeit schreibt, ist seine Ablehnung geologischer Hypothesen sicherlich auch als Zeichen des Konkurrenzkampfes zwischen den Naturwissenschaften zu verstehen. Vgl. dazu Littrow, Wunder des Himmels, 1837, S. 768.
320 Morlot, Erläuterungen zur geologischen Übersichtskarte, 1847, S. 16.

dazu führte, auch die Art, wie er ihn zurücklegte, scheint mehr geeignet, uns mit bescheidener Demuth, als mit Stolz, zu erfüllen, und uns, indem wir das Wenige, was uns nach so vieler Mühe von den großen Werken der Natur zu wissen gegönnt ist, dankbar hinnehmen, durch diesen unseren sogenannten Reichthum selbst an unsere Armuth und an das Gefühl der Ohnmacht zu erinnern, welches der gewöhnliche Begleiter des Menschen auf seiner Bahn zur Wahrheit ist.[321]

Wissenschaft lehrt den Menschen nach Littrow Demut und Bescheidenheit und lässt ihn seine Ohnmacht gegenüber der Natur spüren; Morlot betont – ähnlich wie Littrow –, dass das Gebiet der menschlichen Erkenntnis ,gegen das unendliche All' immer ,verschwindend klein' bleiben wird. Das Erhabene in den *Erläuterungen* wird also vorerst nicht aus geologischen, sondern – der Tradition folgend – aus astronomischen Gegenständen heraus entwickelt. Auch Morlot nutzt den Topos des unfassbaren Unendlichen zur Legitimierung der eigenen Wissenschaft: Die Geologen seien schon wie die Astronomen ,ans Unerklärliche' gelangt, doch dies sei kein Mangel ihrer Wissenschaft; vielmehr kann Morlot das Nicht-Wissen, das Nicht-Erkennen-Können seiner Wissenschaft unter Verweis auf die Astronomie und mithilfe des dort vorgeprägten Erhabenen als notwendigen Entwicklungsschritt darstellen. Zugleich erkennt auch er die Größe der Natur und die im Vergleich dazu ,Kleinheit' der Geologie bzw. des Menschen an und verleiht so seiner Wissenschaft eine moralische Wirkung. Die Geologie stößt immer wieder an die Grenzen menschlicher Auffassungs- und Erkenntnismöglichkeiten und lässt den Menschen so seine beschränkten Möglichkeiten gegenüber der Natur erfahren; zugleich können diese Grenzen aber mithilfe der Geologie immer wieder neu überschritten und weiter hinausgeschoben werden. Mit Kant gilt also auch für die Geologie: Die „Zusammenfassung wird immer schwerer, je weiter die Auffassung fortrückt, und gelangt bald zu ihrem Maximum, nämlich dem ästhetisch-größten Grundmaße der Größenschätzung" als Voraussetzung für das Erhabene.[322] Das ,Unerklärliche' wird so Teil einer ,normalen', naturwissenschaftlichen Entwicklung, und das Erhabene wird durch den Rückgriff auf astronomische Gegenstände auch für die Geologie zu einer Möglichkeit der Legitimation.

Morlot nutzt nicht nur das Erhabene, sondern vergleicht seinen Gegenstand, die Erde, mit einem Buch, dessen Text von Geologen gelesen werden müsse: „So wird die Geschichte der verschiedenartigsten stattfindenden Ereignisse in die steinernen Blätter des grossen Buches der Geologie einregistrirt, um wieder ein Kapitel der Geschichte der Erde zu liefern".[323] Dabei handelt es sich um einen

---

321 Littrow, Wunder des Himmels, 1837, S. 1.
322 Kant, Analytik des Erhabenen, 1968, S. 337.
323 Morlot, Erläuterungen zur geologischen Übersichtskarte, 1847, S. 177.

Topos, der auch in Stifters *Nachsommer* tragend ist: „Die Quellen zu der Geschichte der Erde bewahrt sie selber wie in einem Schriftengewölbe in ihrem
Innern auf, Quellen, die vielleicht in Millionen Urkunden niedergelegt sind, und
bei denen es nur darauf ankömmt, daß wir sie lesen lernen, und sie durch Eifer
und Rechthaberei nicht verfälschen. Wer wird diese Geschichte einem klar vor
Augen haben?"[324] In Stifters *Nachsommer* wie auch in Morlots *Erläuterungen*
werden die unermesslichen geologischen Zeiträume dem Menschen wieder näher
gebracht, indem auf den Topos vom Buch der Natur, „auf die Metapher von der
Lesbarkeit der Welt", zurückgegriffen wird.[325]

Doch auch wenn ‚Urkunden‘ und ‚Bücher‘ als Zeugnisse der Erdentwicklung
deren Zeiträume metaphorisch lesbar erscheinen lassen, bleibt das Bedrohliche
der ‚Tiefenzeit‘ trotz geologischer Forschungen bestehen. Selbst über den Rückgriff auf den Topos vom Buch der Natur behält die Zeit den Stellenwert in der
Geologie, der ihr seit Lyells *Principles of Geology* zukommt: Dort hat sie „die Stelle
der Gewalt als Gestaltungsmerkmal der Erdoberfläche" eingenommen.[326] So heißt
es in Morlots Kapitel zur „Entwicklungsgeschichte des betrachteten Theils der
Erde" unter Rückgriff auf den Topos von der Lesbarkeit der Welt:

> Abnorme Erscheinungen, vulkanische Ausbrüche u.d.m. nehmen auch in einigen Ländern
> ihren Fortgang und die Erdbeben mahnen daran, dass die unterirdischen Kräfte, welche in
> frühern Zeiten so bedeutende Umwälzungen hervorgebracht haben, – noch immer in der
> Tiefe schlummern, um vielleicht nach einer noch lange fortdauernden Periode der Ruhe
> wieder einmal eine Krise der Natur herbeizuführen, welche die jetzige Schöpfung vernichten,
> die Oberflächenverhältnisse des Landes verändern und wieder ein Kapitel der Geschichte der
> Erde abschliessen wird, um wieder ein neues zu eröffnen und von der Vergangenheit keine
> andere Spur als nur die Versteinerungen in den jeweiligen abgelagerten Gebirgsschichten
> übrig zu lassen.[327]

Morlots Beschreibung der Kräfte von Vulkanausbrüchen und Erdbeben erinnert
an Littrows Beschwörung eines Weltuntergangsszenarios, wobei aber in den *Erläuterungen* die Position des Menschen zu derartigen Naturphänomenen nur indirekt zur Sprache kommt. Bei Littrow dagegen heißt es: „[W]elches Recht haben
wir, selbst nur von gestern her, und morgen schon nicht mehr, die ewige Existenz
dieses unseres Wohnortes zu fordern?"[328] Dennoch hält auch Morlot das Entste-

---

324 Der Nachsommer. In: HKG, Bd. 4,2, S. 32f.
325 So Braungart über den *Nachsommer*. Braungart, Poetik der Natur. Literatur und Geologie,
2009, S. 70.
326 Schwarz, Wissenschaftspopularisierung, 1999, S. 51.
327 Morlot, Erläuterungen zur geologischen Übersichtskarte, 1847, S. 177 f.
328 Littrow, Wunder des Himmels, 1837, S. 647.

hen einer neuen Schöpfung durch Zerstörung der alten für möglich. Was bei Littrow in Anlehnung an Kants *Theorie des Himmels*[329] der Dualismus aus Fortgang und Untergang ist,[330] beschreibt Morlot als mögliche ‚Krise der Natur', die die ‚jetzige Schöpfung vernichten' und damit aber auch ein neues ‚Kapitel der Geschichte der Erde' aufschlagen kann. Es geht hier zwar nicht um den Untergang des gesamten Sonnensystems, aber um den Untergang der dem Menschen bekannten Welt; und auch hier wird der Mensch in seiner Existenz bedroht – denn eines Tages könnten von dieser Welt und von ihm selbst ‚keine andere Spur als nur die Versteinerungen' übrig sein. Morlot schreibt das mögliche Verschwinden der jetzigen Welt einer Kausalität ein – Altes wird durch Neues ersetzt werden –, wie auch Littrow den Untergang des Universums in eine Kausalität eingeschrieben hat (s. o.). Doch mit dem Verweis auf die Fossilien als Spuren vergangener Welten setzt Morlot an die Stelle des unendlichen Universums die unermesslichen Zeiträume der Erdgeschichte und verweist so auf die ‚Tiefenzeit' der Erde und auf das mögliche Ende der Menschheitsgeschichte – auch Heinrich im *Nachsommer* erkennt, dass der „Mensch nur ein Einschiebsel" in der Geschichte der Erde ist, „und wer weiß es, welch ein kleines, da sie von anderen Geschichten vielleicht höherer Wesen abgelöset werden kann."[331]

Allerdings wird sich im Kapitel zum *Nachsommer* in dieser Studie zeigen,[332] dass Stifters Darstellung der unermesslichen Zeiträume und das damit verbundene ‚Geologisch-Erhabene' über Morlots *Erläuterungen* weit hinausgeht. Die gewaltigen Zeiträume der Erdgeschichte, die über die Geologie eine „transhumane Perspektive" eröffnen – nach Braungart nicht nur von Stifter, sondern auch von Annette von Droste-Hülshoff oder Autoren des zwanzigsten Jahrhunderts wie Max Frisch und Peter Handke literarisch bearbeitet[333] –, werden gerade im *Nachsommer* zu einem Gegenstand des Erhabenen.[334] *Der Nachsommer* beweist so

---

329 Zu Erinnerung: „[D]enn es ist einmal ein gewisses Naturgesetz: alles, was einen Anfang hat, nähert sich beständig seinem Untergange, und ist demselben um so viel näher, je mehr es sich von dem Punkte seines Anfanges entfernet hat." Kant, Allgemeine Naturgeschichte, 1960, S. 379.

330 „Denn überall, wo wir in dem Weltraume Entstehen, Wachsthum und Zunahme bemerken, da muß auch Abnahme und Tod seyn, und wo immer im Wechsel der Dinge *Fortgang* ist, da ist auch *Untergang*: [...] Alles, was Körper, das heißt, was sterblich ist, eilt seiner Auflösung entgegen, und kann von keiner Kraft davon zurück gehalten werden." Littrow, Wunder des Himmels, 1837, S. 648.

331 Der Nachsommer. In: HKG, Bd. 4,2, S. 32f.

332 Siehe Kapitel III.6 in dieser Arbeit. Erste Überlegungen dazu finden sich in Häge, Die Erfahrung der ‚Tiefenzeit' im Erhabenen, 2014.

333 Vgl. Braungart, Die transhumane Perspektive in der Kulturgeschichte der Geologie, 2008, S. 18.

334 Vgl. Braungart, Die Geologie und das Erhabene, 2005, S. 169.

wie auch andere Texte Stifters, die sich nicht oder weniger explizit mit den Naturwissenschaften beschäftigen,[335] dass Stifter den Topos des Erhabenen nicht nur mittels populärwissenschaftlicher Werke rezipiert hat, sondern auch literarisch weiter bearbeitet hat.[336] In diesem Sinne ist das Erhabene ein verbindendes Motiv von Literatur und Naturwissenschaft, nämlich ein von beiden Kulturen[337] benutztes motivisches Element der Inszenierung von Wissen, Nicht-Wissen bzw. – und dies ist der Literatur, besonders aber dem *Nachsommer* eigen – auch von figürlichem Handeln. *Der Nachsommer* und andere Texte Stifters arbeiten nicht nur „in den Zwischenräumen der Wissenschaften",[338] sondern bearbeiten auch das Erhabene: als Motivation für eine naturwissenschaftliche Betätigung, als identitätsstiftendes Moment und auch als Möglichkeit, das Scheitern an der Unendlichkeit des Universums, an der ‚Tiefenzeit' der Erdgeschichte oder an anderen, unfassbaren und unerklärlichen Phänomenen auszuhalten.

2.3 Exkurs: Die Drei-Reiche-Lehre in Stifters *Zwei Schwestern*

„Die Gelehrten theilen den gesamten Vorrath von Thieren, Pflanzen und Steinen in 3 Theile oder Reiche ein: nämlich in das *Thierreich*, in das *Pflanzenreich*, und in das *Stein-* oder *Mineralreich*."[339] Georg Christian Raffs dialogisch[340] geschriebene *Naturgeschichte für Kinder*, erschienen 1780, teilt die Naturdinge also nach der Drei-Reiche-Lehre ein und orientiert sich dabei vornehmlich an Carl von Linnés Klassifikation und Terminologie.[341] Diese Sicht auf Naturdinge ist – nach Aussage seines Freundes Johann Aprent – die erste wissenschaftliche, mit der der Knabe

---

335 Die Bandbreite reicht – abgesehen vom Erhabenen und den Naturwissenschaften in *Abdias* und im *Nachsommer* – vom Erhabenen und der Musik in *Zwei Schwestern* über erhabene Komik in den *Nachkommenschaften* und erhabene Hässlichkeit in *Brigitta* bis hin zum Erhabenen in der Erinnerung in Stifters Erzählung *Die Narrenburg*.

336 Vgl. dazu Erhart, Das Erhabene, das Schöne und die moderne Literatur, 1997, S. 90.

337 In diesem Sinne geht es dabei nicht um eine einseitige Rezeption naturwissenschaftlicher Themen durch Literatur, sondern um einen „Analysehabitus, der beide Bereiche auf allgemeinere Schemata und Denkformen bezieht". Braungart/Till, Kontexte: Wissenschaft, 2007, S. 411.

338 Barthes, Leçon/Lektion, 1980, S. 27.

339 Georg Christian Raff, Naturgeschichte für Kinder, Frankfurt/Leipzig 1780, S. [4].

340 Dabei handelt es sich um eine für diese Zeit nicht unübliche Form der Wissensvermittlung, die nicht nur in Büchern für Kinder zum Einsatz kam: „Die literarische Form der im 18. Jahrhundert populären Werke war meistens die Dialog- oder Briefform. Sie entsprach der geistvollen Konversation als Grundlage für den geselligen Verkehr in den Salons." Antoon Berentsen, ‚Vom Urnebel zum Zukunftsstaat'. Zum Problem der Popularisierung der Naturwissenschaften in der deutschen Literatur (1880 – 1910), Berlin 1986, S. 23.

341 Raff bezieht sich ausdrücklich auf Linné, vgl. Raff, Naturgeschichte, 1780, S. a5.

Stifter in Berührung kam. Zwar besaß Stifter Raffs *Naturgeschichte* nie selbst, in seiner Grundschulzeit hatte er sich das Buch aber offenbar von seinem Lehrer geborgt.[342] Nach seinem Tod fand sich ein in mancher Hinsicht vergleichbares Werk in Stifters Bibliothek: Es handelt sich dabei um Samuel Schillings *Grundriß der Naturgeschichte des Thier-, Pflanzen- und Mineralreichs* in der achten Bearbeitung (1862).[343] Stifter kannte diese Art der Einteilung von Naturdingen also nicht nur von Kindesbeinen an, er hat sich wohl noch mit über sechzig Jahren mit der Drei-Reiche-Lehre auseinandergesetzt. Schillings Einteilung aber geht über die von Raff hinaus:

> (1) Das *Thierreich* enthält solche organischen Wesen, welche das Vermögen haben, zu empfinden und sich willkürlich zu bewegen. [...] Die Wissenschaft, welche sich mit Betrachtung der Thiere beschäftigt, heißt *Zoologie*.
> (2) Das *Pflanzenreich* enthält solche organischen Wesen, welche weder Empfindungs- noch Bewegungsvermögen besitzen [...]. Die Wissenschaft, welche sich mit Betrachtung der Pflanzen beschäftigt, heißt *Botanik*.
> (3) Das *Mineralreich* enthält die unorganischen Naturkörper oder die Mineralien. Die Wissenschaft, welche sich mit Betrachtung der Mineralien beschäftigt, heißt *Mineralogie*.[344]

Schillings *Grundriß* vertritt zwar noch die Drei-Reiche-Lehre[345] und trägt zudem den Begriff Naturgeschichte im Titel,[346] erkennt aber die um 1860 schon weit

---

342 Vgl. Johann Aprent, Adalbert Stifter. Eine biographische Skizze, Nürnberg 1955, S. 30. Aprents Skizze (erstmals 1869) sollte jedoch mit Vorsicht behandelt werden: „Was uns von Zeitgenossen über Leben und Eigenart der Dichter berichtet wird, ist meist von dem Umstand wachsenden Ruhmes bestimmt. [...] Vieles wird [...] nachträglich niedergeschrieben [...], vieles verdankt auch einer gewissen Eitelkeit des Berichterstatters sein Dasein, der sich nun der Freundschaft oder wenigstens Bekanntschaft des gefeierten Dichters zu rühmen sucht." Moriz Enzinger, Einleitung. In: Aprent, Johann, Adalbert Stifter. Eine biographische Skizze, Nürnberg 1955, S. 7–22, hier 7. Es kann aber wohl davon ausgegangen werden, dass Stifter Raffs *Naturgeschichte* kannte; dass er damit noch vor seinem 13. Geburtstag „selbständige[] naturwissenschaftliche[] Studien" begonnen habe, geht aber sicherlich zu weit. Vgl. dazu Rosemarie Weidinger, Adalbert Stifter und die Naturwissenschaften. In: VASILO 3 (1954), S. 129–138, hier 133.
343 Vgl. Streitfeld, Aus Stifters Bibliothek, 1977, S. 139.
344 Samuel Schilling, Grundriß der Naturgeschichte des Thier-, Pflanzen- und Mineralreichs, Breslau ⁸1862, S. 2.
345 Wie oben schon angedeutet, galt die Drei-Reiche-Lehre zu Stifters Zeit als eingermaßen antiquiert. Vgl. dazu Begemann, Metaphysik und Empirie, 2002, S. 114.
346 Nach Lepenies verlief der Übergang vom klassifikatorischen zum historischen Denken „keineswegs synchron", denn: „Die Beschäftigung mit der Naturgeschichte [...] bildet [...] bis ins 20. Jahrhundert den Topos eines Verhaltens, in welchem Sammelleidenschaft und Klassifikationsdrang sich mischen". Wolf Lepenies, Das Ende der Naturgeschichte. Wandel kultureller Selbstverständlichkeiten in den Wissenschaften des 18. und 19. Jahrhunderts, München/Wien 1976, S. 10 und 57. Schilling konnte also 1862 problemlos der Naturgeschichte festhalten. Im

fortgeschrittene Spezialisierung und Professionalisierung der Naturwissenschaften an. Neben den im Zitat oben genannten Wissenschaften Zoologie, Botanik und Mineralogie erklärt Schilling beispielsweise auch die einzelnen „Abtheilungen der Mineralogie", namentlich die Oryktognosie, die Geognosie und auch die Geologie.[347] Seine Darstellung dieser Naturwissenschaften bleibt aber immer an die Drei-Reiche-Lehre gebunden.

Dass die Drei-Reiche-Lehre Stifter ein Begriff war, zeigt ein Blick in die Erzählung *Zwei Schwestern*; hier stellt die Figur Alfred Mussar fest, wie „sonderbar" die „Abstufung der Dinge, unter denen wir leben, auf den Menschen wirkt", um fortzufahren:

> Wie fremd sind uns die Minerale, wie [...] unbekannt ist uns ihr Entstehen in dem dunkeln Schoße der Erde, wo sie in einander verwachsen und wunderlich gebildet ruhen und lauschen. Wie näher sind uns schon die Pflanzen, sie sind unsere Gesellschaft über der Erde [...]; ihre Nahrung und ihr Wachsen sind wie das unsrige [...]. Noch näher sind uns die Thiere, wenigstens die außer der Erde lebenden und vollkommneren. [...] Sie sind die Spiegelbilder von uns, die abgeblaßten. [...] Das Nächste aber ist für den Menschen doch immer wieder der Mensch, der ihm sein eigenes Herz, sein Ahnen und sein Hoffen entgegen trägt.[348]

Als Einteilung dienen nicht in erster Linie äußere Merkmale von Steinen, Pflanzen und Tieren, sondern das Zugehörigkeitsgefühl des Menschen zu den einzelnen Naturdingen. Auch Raffs *Naturgeschichte* lässt eine solche Einteilung erkennen:[349] Ausgehend vom Menschen orientiert er sich an den Kriterien „Leben" und „Empfinden". So zählt zum Tierreich alles, „was lebt und empfindet", zum Pflanzenreich „gehören Dinge, die leben, aber nicht empfinden" und zum Mineralreich „rechnet man Geschöpfe, die weder leben noch empfinden."[350] Alfreds Postulat hält sich an die von Raff aufgestellten Kriterien, wenn er seine Einteilung mit menschlichen Gefühlen begründet. Die Mineralien und Steine sind dem Menschen „fremd", und „hart seltsam abentheuerlich sind uns ihre Farben". Die Pflanzen dagegen sind ihm zum einen räumlich näher, da sie über der Erde wachsen, zum anderen sind sie es auch auf der Ebene der Gefühle: Ihre Schönheit – ihre „holden" Farben – berühren den Menschen und befremden ihn nicht.

Übrigen führt er gleich zu Beginn die Unterscheidung von Naturgeschichte und Naturlehre ein. Vgl. Schilling, Grundriß der Naturgeschichte, 1862, S. 1.

347 Vgl. ebd., S. 187.

348 Zwei Schwestern. In: HKG, Bd. 1,6, S. 356 f.

349 Schilling dagegen verweist nicht auf Empfindungen; er ordnet die Naturdinge nur den Begriffen organisch und anorganisch zu. Vgl. Schilling, Grundriß der Naturgeschichte, 1862, S. 2.

350 Raff, Naturgeschichte, 1780, S. [4]. Vgl. auch Schilling, Grundriß der Naturgeschichte, 1862, S. 2.

Die Tiere schließlich sind ihm am nächsten, denn „in ihrer Hülflosigkeit" erkennt und „lieb[t]" der Mensch etwas, das „wie zurükgesezte Menschen" erscheint.[351] Trotz gemeinsamer Kriterien gibt es zwischen den populärwissenschaftlichen Darstellungen der Drei-Reiche-Lehre und der in *Zwei Schwestern* gravierende Unterschiede: Raff setzt den Menschen nicht explizit an die Spitze seiner Hierarchie. Seine Einteilung endet vielmehr mit der Vorhersage: „[I]hr [i. e. die Kinder, E. H.] werdet dem lieben Gott danken, daß er so viele, und so sehr schöne, artige und nüzliche Dinge gemacht hat."[352] Der Mensch steht also nicht in der Natur, sondern als ihr Nutznießer außerhalb von ihr. Bei Stifter dagegen ist der Mensch ein „Glied" der „Natur im Ganzen",[353] ohne nähere Bestimmung der Position. Schilling schließlich reiht den Menschen zwar in das Reich der Säugetiere mit ein, nimmt dabei aber – im Gegensatz zu Stifter – eine Positionierung vor: Der Mensch führt als Säugetier „[e]rst[r] Ordnung" die Hierarchie der Lebewesen an.[354]

Das Postulat in *Zwei Schwestern* dagegen lässt gerade durch das Nicht-Positionieren des Menschen eine Leerstelle zurück, die eine ganz andere Naturerfahrung als Raffs Naturnutzen und Schillings Schöpferkrone Mensch zulässt. Die Natur „ist das Kleid Gottes, den wir anders als in ihr nicht zu sehen vermögen [...], sie ist der Ausdruk der Majestät und der Ordnung: aber sie geht in ihren großen eigenen Gesezen fort, die uns in tiefen Fernen liegen, sie nimmt keine Rüksicht, sie steigt nicht zu uns herab, um unsere Schwächen zu theilen, und wir können nur stehen und bewundern."[355] Auch wenn die Natur in *Zwei Schwestern* nach der Drei-Reiche-Lehre hierarchisiert wird und ein deutlicher Bezug auf Gott besteht, der sich auch bei Raff[356] (nicht mehr aber bei Schilling) findet, schwingt eine Unsicherheit – und aufgrund der ‚Rücksichtslosigkeit' der Natur fast schon Furcht – mit. Die Natur erweist sich als eine aus sich selbst heraus und nur für sich selbst existierende Größe, als ein Dasein vollkommen unabhängig vom Menschen, der aber als ihr ‚Glied' sehr wohl abhängig von ihr ist.

Der Bezug auf die Drei-Reiche-Lehre zeigt zwar eine eher konservative Haltung gegenüber den gerade entstehenden spezialisierten Naturwissenschaften; dennoch bringt die Hierarchie nicht die in ihr liegende Sicherheit des Überblickens und Verstehens mit sich. Trotz der eindeutigen Zentrierung auf den Menschen – er ist es, der alles andere wahrnimmt – kann die Drei-Reiche-Lehre in *Zwei Schwestern* die Welt nicht mehr restlos ordnen, wie es noch in Raffs *Natur-*

---

351 Vgl. Zwei Schwestern. In: HKG, Bd. 1,6, S. 356f.
352 Raff, Naturgeschichte, 1780, S. [5].
353 Zwei Schwestern. In: HKG, Bd. 1,6, S. 357.
354 Schilling, Grundriß der Naturgeschichte, 1862, S. 9.
355 Zwei Schwestern. In: HKG, Bd. 1,6, S. 357.
356 Vgl. Raff, Naturgeschichte, 1780, S. [5] und [9].

geschichte möglich war und wie es sich auch, unter anderen Vorzeichen, in Schillings *Grundriß* zeigt. Vom „grossen Garten unsers Gottes", in dem man den „gütigen Schöpfer mit seinen Werken erkennen" kann,[357] scheint wenig übrig geblieben zu sein. Die Erzählung *Zwei Schwestern* steht zwischen den Zeiten.[358] Trotz der vermeintlichen Ordnung der Dinge über die Drei-Reiche-Lehre offenbart sich in der Natur – gerade in ihrer ewigen Gesetzmäßigkeit – eine nicht zu verstehende Gewalt, die nicht bewältigt werden kann: „[W]ir können nur stehen und bewundern." Diese Leerstelle zwischen Natur und Mensch kann aber in der Literatur wie auch, so konnte in diesem Kapitel gezeigt werden, in den Naturwissenschaften vom Erhabenen besetzt werden.

---

357 Ebd., S. [9].

358 Nach Helena Ragg-Kirkby greife Stifter so Darwin vor: „Stifter focuses on death, destruction and strife in nature just as strongly as he does on its gentle blossoming. [...] [H]e does not necessarily see death and devastation as nature's negative side: all of its aspect simply belong to an allmost Darwinian vision of nature existing just for itself, beyond good and evil." Ragg-Kirkby, Stifter and the Alienation of Man and Nature, 1999, S. 358. Nach Gould sei die Natur erst mit Darwins Evolutionstheorie endgültig von Moralvorstellungen wie der Humboldts befreit worden: Sie wurde so, „was sie ist; sie existiert nicht zu unserer Erbauung, unserer moralischen Unterweisung oder unserem Vergnügen. Und deshalb erfüllt die Natur nicht immer [...] unsere Hoffnungen. Humboldt verlangte zu viel von der Natur [...]. Deshalb wählte er eine zweifelhafte und sogar gefährliche Taktik – denn die gleichgültige Natur liefert unter Umständen nicht die Antworten, nach denen unsere Seele sich sehnt." Stephen Jay Gould, The Heart of the Andes: Eine Begegnung von Kunst und Wissenschaft im Schicksalsjahr 1859, als Curch malte, Humboldt starb, Darwin schrieb und die Natur blinzelte. In: ders., Das Ende vom Anfang der Naturgeschichte, Frankfurt a. M. 2005, S. 125 – 148, hier 147.

II Dimensionen des Erhabenen im literarischen Text

Ziel dieser Studie ist es nicht, das Erhabene in Stifters Texten als reine ‚Illustration' des philosophischen Diskurses zu beschreiben; deshalb ist neben der Rezeption auch eine methodische Frage grundlegend: Wann findet tatsächlich eine literarische Verarbeitung des Erhabenen statt und wie kann man eine solche Verarbeitung für literaturwissenschaftliche Fragestellungen fruchtbar machen? Das Erhabene als Motiv oder als emotionales Phänomen mit je eigener Funktion in einem literarischen Text fassen zu wollen, wirft jedoch mehrere grundsätzliche Probleme auf. Zum einen muss erörtert werden, wie ein von Rhetorik[1] und Philosophie entworfenes Konzept, das besonders in den philosophischen Abhandlungen mit wirklicher Natur verbunden wird,[2] im Text erscheinen kann; zum anderen ist das Erhabene per definitionem sprachlich kaum fassbar.[3] Aus diesem Grund wird in dieser Studie nicht der Versuch unternommen, das Erhabene eindeutig zu definieren oder nur eine philosophische Prägung des Erhabenen in Stifters Texten herauszuarbeiten – besonders Kants (und infolgedessen auch Schillers) Erhabenes stellen überraschender Weise eher die Ausnahme dar: Viele von Stifters Figuren erleben keine Erhebung über die Natur (oder einen anderen Gegenstand), sondern eine Überwältigung.

Um diesen verschiedenen Wirkungen und den motivischen Weiterentwicklungen des Erhabenen, beispielsweise in *Brigitta* und in *Die Narrenburg*, gerecht werden zu können, wird es als Textphänomen gefasst, das sich in erster Linie aus philosophischen, aber auch aus andersartigen Texten speißt. Mithilfe dieser Texte lassen sich Dimensionen des Erhabenen beschreiben, die unterschiedlich zusammengesetzt und gewichtet werden können – so entstehen auch in Stifters Texten Variationen des Erhabenen. Es geht also darum, eine idealtypische Bestimmung des Erhabenen zu erhalten, die dessen Variantenreichtum gerecht wird, um mit dieser Grundlage die unterschiedlichen Verarbeitungen des Erhabenen in Stifters Texten nachzeichnen zu können.

Ausgangspunkt sind dabei Naturtopoi, die in philosopischen Ausführungen als erhaben beschrieben werden wie die überwältigende Weite einer Hochebene oder die kaum zu erfassende Höhe eines Berges – alles Naturgegenstände, die

---

1 Erst mit Nicolas Boileaus Übertragung von *Perí hýpsus* 1674 löste sich das Erhabene aus der rhetorischen Tradition. Vgl. Jörg Heininger, Erhaben. In: Ästhetische Grundbegriffe. Historisches Wörterbuch in sieben Bänden. Bd. 2, hg. von Karlheinz Brack u. a. Stuttgart/Weimar 2001, S. 275 – 310, hier 280 f.

2 Schon Longin verband das Erhabene mit Natur. Vgl. Longinus, Vom Erhabenen, 1988, S. 87– 89 (35,4).

3 Raoul Schrott spricht angesichts der wechselvollen Geschichte des Erhabenen in der Philosophie von einem „Rätsel, das gerade im Unvermögen liegt, es genau mit Worten zu benennen." Schrott, Tropen, 1998, S. 8.

Stifter immer wieder eingehend schildert. In einem zweiten Schritt wird dargelegt, dass Stifters montoner, zur Langatmigkeit neigender Stil der Philosophie des Erhabenen gerade nicht widerspricht: In seinen Texten verbindet sich Sublimität mit Simplizität, also der erhabene Inhalt mit dem einfachen oder auch montonen Stil – eine Verbindung, die mit der Rezeption der antiken Schrift *Perí hýpsus* im 17. Jahrhundert entstand und die im 18. Jahrhundert prägend wurde für alle folgenden philosophischen Konzepte.[4] Um das Erhabene schließlich auch als textuell dargestellte Emotion fassen zu können, greift die Studie in einem dritten Schritt auf den von Schiller für das Erhabene verwendeten Ausdruck „gemischtes Gefühl"[5] zurück. Es umschreibt eine Qualität des Widersprüchlichen, die dem erhabenen Gefühl auch in anderen Theorien zugesprochen wird: Der englische Philosoph Edmund Burke spricht von „delightful horror";[6] Kant definiert das Erhabene als ein „Gefühl der Unlust [...] und eine dabei zugleich erweckte Lust".[7]

Es wird sich im vierten Teil der Studie zeigen, dass besonders die an eine Figur gebundene emotionale Dimension des Erhabenen in Stifters Texten eine besonders große Rolle spielt, eine Variation des Erhabenen, die auch in den philosophischen Ausarbeitungen großen Raum einnimmt. Nicht nur Kant und Schiller definieren das Erhabene als Gefühl, es wird auch in anderen Theorien unter seiner emotionalen Dimension erfasst.[8] Um diesen Umständen Rechnung zu tragen, folgt zunächst ein kurzer Überblick zur literaturwissenschaftlichen Emotionsforschung, in der auch das Erhabene hin und wieder Gegenstand war.

Die Emotionsforschung erfuhr 2003 mit Simone Winkos Studie *Kodierte Gefühle* einen ersten, wichtigen Impuls. Darin macht Winko die „szientistische Wende der 70er Jahre" für die Vernachlässigung des der Literaturwissenschaft eigentlich naheliegenden Gegenstands verantwortlich: „Emotionen wurden – und werden oft noch immer – als subjektive Phänomene aufgefaßt, die sich nicht objektivieren lassen und intersubjektiv nicht erfaßbar sind."[9] Martin Huber forderte 2004 aus diesem Grund eine literaturwissenschaftliche Wendung hin zur „emotiven Seite von Literatur", um so einerseits deren Emotionalität gerecht zu

---

4 Vgl. Till, Das doppelte Erhabene, 2006, S. 42f. und unten.
5 Schiller, Ueber das Erhabene, 1963, S. 42.
6 Burke, A Philosophical Enquiry, 2008, S. 105.
7 Kant, Analytik des Erhabenen, 1968, S. 344f.
8 Nach Burke ist das Erhabene „productive of the strongest emotion which the mind is capable of feeling." Burke, A Philosophical Enquiry, 2008, S. 24. Moses Mendelssohn spricht von „vermischten Empfindungen". Mendelssohn, Rhapsodie, 2006, S. 154. Auch Vischer bezeichnet das Erhabene als Gefühl. Vgl. Vischer, Über das Erhabene und Komische, 1967, S. 177 u. ö.
9 Simone Winko, Kodierte Gefühle. Zu einer Poetik der Emotionen in lyrischen und poetologischen Texten um 1900, Berlin 2003, S. 10. Winko geht den Emotionsbegriffen in den Lyrik-Konzeptionen um 1900 nach.

werden und andererseits als Wissenschaft wieder gesellschaftliche Relevanz zu erlangen.[10] Unter Bezug auf Winkos Studie attestierte Thomas Anz 2008 der Literaturwissenschaft in Anlehnung an Doris Bachmann-Medicks Kriterien gar einen „Emotional Turn"[11]. Ähnliches gilt nach Suzanne Keen für den englischsprachigen Raum: „The explosion of interest in narrative and the emotions, broadly constructed, shows in the variety of topics taken up recently by literary scholars encouraged by and participating in the affective turn." Ihr zufolge wurde die Wende auch von anderen Fachwissenschaften mitgetragen,[12] federführend von der Psychologie[13] und den Kognitionswissenschaften,[14] aber auch von der Mediävistik[15] und der Linguistik.[16] Anz teilt die Einschätzung Keens, besonders bezüglich den Kognitionswissenschaften und der Psychologie, geht aber in erster

---

10 Vgl. Martin Huber, ‚Noch einmal mit Gefühl'. Literaturwissenschaft und Emotion. In: Erhart, Walter (Hg.), Grenzen der Germanistik. Rephilologisierung oder Erweiterung?, Stuttgart/Weimar 2004, S. 343–357, hier 344.

11 Anz verbindet die Emotionsforschung mit der „historischen Anthropologie", zu deren „bevorzugten Gegenstandsbereichen" die Emotionen gehören. Thomas Anz, Literaturwissenschaftliche Text- und Emotionsanalyse. Beobachtungen und Vorschläge zur Gefühlsforschung. In: Schöll, Julia (Hg.), Literatur und Ästhetik, Würzburg 2008, S. 39–66, hier 40 f.

12 Der Begriff „affective turn" geht auf Patricia Ticineto Clough und Jean Halley zurück. Vgl. Suzanne Keen, Introduction: Narrative and the Emotions. In: Poetics Today. International Journal for Theory and Analysis of Literature and Communication 32 (2011), S. 1–53, hier 37 und 7.

13 Katja Mellmann versucht, eine „leistungsfähige moderne Literaturpsychologie" aufzustellen, um Emotionen beim Lesen von literarischen Texten erfassen zu können. Vgl. Katja Mellmann, Emotionalisierung – Von der Nebenstundenpoesie zum Buch als Freund. Eine emotionspsychologische Analyse der Literatur der Aufklärungsepoche, Paderborn 2006, S. 14 f.

14 Die kognitive Emotionstheorie stand in den letzten Jahren verstärkt im Fokus der Forschung. Dabei wird die Entstehung von Emotionen meist „als Folge bestimmter Kognitionen und ihrer Bewertung gesehen, so dass die Untersuchung der Auslösung von Emotionen durch kognitive Gegebenheiten zentral ist". Gesine Lenore Schiewer, Kognitive Emotionstheorien – Emotionale Agenten – Narratologie. Perspektiven aktueller Emotionsforschung für die Sprach- und Literaturwissenschaft. In: Huber, Martin/Winko, Simone (Hg.), Literatur und Kognition. Bestandsaufnahmen und Perspektiven eines Arbeitsfeldes, Paderborn 2009, S. 99–114, hier 100. Sonja Koroliov definiert unter Bezug auf die Kognitionswissenschaften Emotionen „als Form des Erkennens". Sonja Koroliov, Einleitung. In: dies. (Hg.), Emotion und Kognition. Transformationen in der europäischen Literatur des 18. Jahrhunderts, Berlin/Boston 2013, S. 1–7, hier 6. Mellmann wirft diesen Ansätzen vor, den Begriff Kognition durch Emotion zu ersetzen. Vgl. Mellmann, Emotionalisierung, S. 16.

15 Vgl. dazu Armin Schulz, Die Verlockungen der Referenz. Bemerkungen zur Emotionalitätsdebatte. In: Beiträge zur Geschichte der deutschen Sprache und Literatur 128 (2006), S. 472–495.

16 Z. B. Reinhard Fiehler, Wie kann man über Gefühle sprechen? Sprachliche Mittel zur Thematisierung von Erleben und Emotionen. In: Ebert, Lisanne u. a. (Hg.), Emotionale Grenzgänge. Konzeptualisierungen von Liebe, Trauer und Angst in Sprache und Literatur, Würzburg 2011, S. 17–33.

Linie auf literaturwissenschaftliche Fragestellungen und Probleme bei der Analyse von Gefühlen ein. Der *emotional turn* trage erst seit wenigen Jahren „dem lange Zeit [...] ignorierten Sachverhalt Rechnung, dass literarische Kommunikation in der Regel ein hochgradig emotionales Geschehen ist." Allerdings tendiere die Literaturwissenschaft weiterhin entweder dazu, „in ihrer philologisch versierten Fixierung auf Texte die Analyse von Emotionen realer Autoren und Leser auszuklammern," oder sie vernachlässige „in der Analyse dieser Emotionen die Analyse der Texte, durch die Emotionen ausgedrückt und hervorgerufen werden."[17] Deshalb müsse sich die Literaturwissenschaft, so Huber, hin zu Fächern erweitern, die „empirische Erkenntnisse zu den psychologischen und physiologischen Bedingungen von Schreiben, Lesen und Textverstehen liefern."[18] Nach Winko sollte eine Zuordnung von im Text präsentierten Gefühlen auf den Leser allerdings nur als „Reaktions*möglichkeiten*" beschrieben werden: „Der direkte Schluß von Textstruktur auf Eigenschaften tatsächlicher Rezeptionsprozesse dagegen ist methodisch so fragwürdig, daß er vermieden werden sollte."[19] Auch in dieser Studie wird nicht die Wirkung des Erhabenen auf einen realen Leser analysiert; es wird nur als Gefühl in Abhängigkeit von einem erlebenden Subjekt im Text erfasst. Eine wirkungsästhetisch konzipierte Untersuchung von Emotionen[20] würde, so man davon ausgeht, dass ein solches Vorhaben verwirklicht werden kann, eine weitere, anders ausgerichtete Arbeit erfordern.

Um das Erhabene als emotionales und textuelles Phänomen fassen zu können, orientiere ich mich an Winkos Einteilung von Gefühlen im Text. Demnach gibt es „zwei Typen der sprachlichen Gestaltung", die „Thematisierung" und die „Präsentation" von Emotionen: „Thematisiert werden Emotionen meistens explizit, präsentiert werden sie implizit", wobei sich dies nicht immer eindeutig voneinander trennen lasse.[21] Zwar will Winko keine Untersuchung einer reinen

---

17 Vgl. Anz, Literaturwissenschaftliche Text- und Emotionsanalyse, 2008, S. 49 f. und 43 f.
18 Vgl. Huber, Literaturwissenschaft und Emotion, 2004, S. 355 f.
19 Winko, Kodierte Gefühle, 2003, S. 46 f.
20 Henrike F. Alfes untersucht „Gefühle, die in literarischer Kommunikation, genauer beim Schreiben und Lesen von Literatur eine Rolle spielen." Henrike F. Alfes, Literatur und Gefühl. Emotionale Aspekte literarischen Schreibens und Lesens, Opladen 1995, S. 1. Wulf Wülfing nimmt sich der Frage an, „wie dem Erzähler die Übertragung der Angst auf den Leser gelingen könne." Wulf Wülfing, Von ‚schaudernder Lust' zum ‚tyrannisierenden Gesellschafts-Etwas': Spuren literarischer Angst im 19. Jahrhundert. In: Fuchs, Anne/Strümper-Krobb, Sabine (Hg.), Sentimente, Gefühle, Empfindungen. Zur Geschichte und Literatur des Affektiven von 1770 bis heute, Würzburg 2003, S. 75–94, hier 79.
21 Vgl. Winko, Kodierte Gefühle, 2003, S. 111 f. „[V]ermittelt über die Handlung des Textes, das Verhalten der Figuren [...], und über Objekte, mit denen umgegangen wird oder die beschrieben werden", erscheinen Emotionen implizit. Explizite Vorkommnisse von Emotionen liegen dann

Thematisierung von Emotionen leisten; dennoch ist auch ihre Studie auf eine abstrakte Thematisierung gegründet, um so zu einem „Modell der Emotionen als Gegenstand und ‚Ausdruck' literarischer Texte" zu gelangen. Hierfür geht sie verschiedenen Disziplinen nach, in denen Emotionen erforscht werden. So bezieht sie physiologische und psychologische Arbeiten mit ein, um zu klären, „inwieweit mit einem subjektiven Anteil in Emotionen zu rechnen ist" und wie „das Zusammenspiel von Physis und Psyche konzipiert wird". Über soziologische Theorien sucht sie, Emotionen als „kollektive[s] Phänomen[]", das heißt „Ort und Funktion der Emotionen im sozialen und kulturellen System" zu erfassen, „die für Literatur als Kulturprodukt zentral sind". Zudem bezieht sie, da das Medium literarischer Texte die Sprache ist, auch linguistische Forschungen mit ein. Vor diesem Hintergrund erfasst Winko Emotionen, „[s]emiotisch betrachtet," als „*eigenständigen Kode*"; zugleich seien Emotionen „selbst *kulturell kodiert*. Diese Kodierungen repräsentieren das gemeinsame kulturelle Wissen über Emotionen, sie formen und kontrollieren Wahrnehmung und Ausdruck von Emotionen und prägen das Wissen über emotionsauslösende Situationen."[22] Winko versucht so – und hier schließt sich Anz trotz Kritik an[23] –, über eine reine Diskursgeschichte von Gefühlen hinauszugehen: „Literarische Texte werden in erster Linie als Belegspender für diskursgeschichtliche Thesen herangezogen, die sich ebenso, oft sogar besser, mit Hilfe nicht-literarischer Texte stützen ließen. Daß dasselbe Sprachmaterial [...] Stimmungen und Gefühle vermittelt, wird nur selten berücksichtigt oder gar analysiert."[24]

---

vor, wenn sie „thematisiert" werden, also wenn „Figuren oder die Erzählinstanz [...] über Emotionen" sprechen oder über sie „abstrakt" reflektieren. Vgl. ebd., S. 47 f.

22 Vgl. ebd., S. 69 und 109. Winko geht davon aus, „daß sprachlicher Emotionsausdruck konventionalisiert ist, daß Literatur an diesen Konventionen partizipiert, zugleich aber die Möglichkeit hat, sie zu modifizieren, zu erweitern, zu differenzieren und zu erneuern". Ebd., S. 129.

23 Vgl. Anz, Literaturwissenschaftliche Text- und Emotionsanalyse, 2008, S. 48. Anz wirft Winko Ungenauigkeit und Unsauberkeit in der Verwendung einiger Termini vor, v. a. bei Formulierungen wie ‚Emotionen in Texten' oder ‚Affekte der Literatur': „Literarische Texte können selbst jedoch nun mal keine Affekte haben. Affekte können in ihnen benannt, thematisiert oder als Befindlichkeiten von Figuren dargestellt, von Autoren als eigene Befindlichkeit mit literarischen Texten ausgedrückt oder bei Lesern durch literarische Texte hervorgerufen oder hervorzurufen versucht werden." Ebd., S. 47 f.

24 Winko, Kodierte Gefühle, 2003, S. 12. Nach Huber, der die sprachliche Gestaltung von Gefühlen auch in Thematisierung und Präsentation einteilt, umfassen Emotionen in literarischen Texten nicht nur kulturelle, sondern auch „psychische, physische [...] und textuelle Aspekte". Man dürfe sie „nicht als Gegenspieler ansehen, die der Intellekt überwinden muss, sie sind vielmehr die Grundlage unseres Bewusstseins und rationalen Handelns." Huber, Literaturwissenschaft und Emotion, 2004, S. 343 f. und 355.

Torsten Hoffmanns *Konfigurationen des Erhabenen* untersucht als offenbar einzige umfassende Studie „literarische Präsentationen" des Erhabenen. Dabei geht Hoffmann ähnlich wie Winko von einer Kodierung des Erhabenen aus, die in den philosophischen Entwürfen liege. Er unterscheidet deshalb zwischen der Theorie und einer „literarische[n] Ästhetik" bzw. „praktische[n] Ästhetik"[25] des Erhabenen. Diese Einteilung liegt auch dieser Studie zugrunde: Das Erhabene in Stifters Texte wird jeweils vor einem philosophischen Hintergrund analysiert, hier besonders Longin, Edmund Burke, Kant, Schiller und Friedrich Theodor Vischer. Deren Thematisierungen des Erhabenen bilden die Grundlage zur Untersuchung der Stifter'schen literarischen Präsentation des Erhabenen.

Dass Literatur bei der Kodierung von Gefühlen eine außergewöhnliche Rolle zukommt, scheint in der Forschung unstrittig zu sein. Nach Huber werden Gefühle nicht nur über Literatur kommuniziert, „sondern zu einem großen Teil überhaupt erst durch literarische Texte erschaffen," wie „etwa im Falle von ‚Heimat', ‚Heimweh' und ‚Sehnsucht'." Literarische Emotionen sind deshalb nicht ausschließlich ein „Rezeptionsphänomen", sondern haben „eine textuelle Basis".[26] Ähnliches stellt Walter Erhart für das erhabene Gefühl fest; ihm zufolge sei die „Geschichte des Erhabenen nach Kant [...] bis in die jüngste Zeit hinein eine Theorie-Geschichte geblieben", obwohl es auch eine literarische Geschichte habe: „Während die Theorie des Erhabenen allmählich auf die Position um 1800 – von Kant bis Hegel – gleichsam eingefroren wird, führt die ästhetische Praxis des Erhabenen in dem Maße ein Eigenleben, wie sich die erhabenen Gegenstände fortlaufend verändern."[27] Hoffmann kritisiert besonders den stiefmütterlichen Umgang mit „literarische[n] Erscheinungsformen des Erhabenen", geht aber im Gegensatz zu Erhart davon aus, dass mit Kant und Martin Seel eine nur „graduelle Differenzierung" zwischen dem philosophischen und dem literarischen Diskurs um das Erhabene möglich sei: Gerade Kant ersetze eine logische Argumentation durch eine rhetorische Metaphorik und begründe damit die literarische Qualität

---

25 Vgl. Hoffmann, Konfigurationen des Erhabenen, 2006, S. 9 f. und 12, Anm. 34.

26 Auch Huber kritisiert den literaturwissenschaftlichen Umgang mit Emotionen: Diskursgeschichtliche Untersuchungen seien zwar fruchtbar, die Literaturwissenschaft verliere so aber an Profil; es werde vergessen, „dass Literatur die potentielle Fähigkeit hat, Emotionen selbst zu generieren." Huber, Literaturwissenschaft und Emotion, 2004, S. 346.

27 Vgl. Erhart, Das Erhabene, das Schöne und die moderne Literatur, 1997, S. 84 und 90. Erhart untersucht das Erhabene in Mary Shelleys *Frankenstein*, Paul Valérys *Monsieur Teste* und Hugo von Hofmannsthals *Lord-Chandos-Brief*, um zu zeigen, „daß Theorie und Praxis des Erhabenen nicht miteinander konform gehen, sondern jeweils an ganz unterschiedlichen Entwicklungspunkten hervortreten und nicht selten im Widerstreit stehen." Vgl. ebd., besonders S. 84.

des Erhabenen; von einem einseitigen Nachwirken der Philosophie in der Literatur könne deshalb keine Rede sein.[28]

Erstaunlich ist, dass das Erhabene in der Literaturwissenschaft trotz Erharts und Hoffmanns Hinweisen noch immer selten Analysegegenstand ist.[29] Zwar gibt es Studien zu einzelnen Phänomenen, die zur Naturmotivik des Erhabenen gehören,[30] außerdem zur angloamerikanischen Tradition des Erhabenen[31] sowie zum Verhältnis des Erhabenen zum Komischen;[32] noch immer fehlen, abgesehen von Hoffmanns *Konfigurationen*, einschlägige und breit angelegte Analysen zum Erhabenen als textuelles und literarisches Phänomen abseits bestimmter Thematiken wie dem Meer. Möglicherweise ist dafür auch die Flut an theoretischen und philosophischen Beiträgen zum Erhabenen in den 1980er Jahren verantwortlich; so schrieb Christine Pries 1989: „Das Erhabene ist allgegenwärtig. [...] Eine Flut von wissenschaftlichen Publikationen steht uns bevor, denn es gibt kaum noch eine Universität, die nicht mindestens ein Seminar zum Erhabenen anbietet".[33] Theoretische Diskussionen, die mittels Jean-François Lyotard meist mit einer Debatte über die Postmoderne verknüpft waren,[34] scheinen Untersuchungen des Erhabenen als Motiv der Literatur kaum zugelassen zu haben. Im Jahr 2010 schließlich fordert James Elkins, auch im Zuge einer harschen Kritik am „postmoderne[n] Erhabene[n]", das „als Konzept derart vertrackt" sei, „daß es ohne umfangreiche Erläuterungen praktisch wertlos" sei, das „Erhabene als Werkzeug der Interpretation" aufzugeben. Denn: „Letzten Endes ist das Erhabene verdorbene Ware. Man hat ihm aus zu vielen Gründen zuviel Arbeit abverlangt,

---

28 Vgl. Hoffmann, Konfigurationen des Erhabenen, 2006, S. 15 und 62, für den Bezug auf Erhart vgl. S. 17.

29 Für einen Überblick vor 2006 vgl. ebd., S. 12–18. Darin verweist Hoffmann besonders auf Forschung zu Rilke und Musil.

30 Z. B. Joachim Grage, Chaotischer Abgrund und erhabene Weite. Das Meer in der skandinavischen Dichtung des 17. und 18. Jahrhunderts, Göttingen 2000.

31 „[T]he Americanization of this sublime rhetoric represented, in effect, the interiorization of national claims as this Americanized self's inalienable ground. [...] The genre of the sublime helped to consolidate an American identity founded in representing a landscape of immensity and wildness [...] open to multiple identifications". Rob Wilson, American Sublime. The Genealogy of a Poetic Genre, Madison, Wisc. u. a. 1991, S. 4 f. Vgl. auch Justin Quinn, American Errancy. Empire, Sublimity & Modern Poetry, Dublin 2005.

32 Z. B. Hans Richard Brittnacher/Thomas Koebner (Hg.), Vom Erhabenen und vom Komischen. Über eine prekäre Konstellation, Würzburg 2010.

33 Pries, Einleitung [in: Das Erhabene], 1989, S. 2.

34 Nach Lyotard gebe es eine moderne und eine postmoderne Ausführung des Erhabenen. Die postmoderne begebe sich „auf die Suche nach neuen Darstellungen [...], jedoch nicht, um sich an deren Genuss zu verzehren, sondern um das Gefühl dafür zu schärfen, dass es ein Undarstellbares gibt." Lyotard, Was ist postmodern?, 2009, S. 31.

und es ist schwach geworden." Elkins schlägt deshalb vor, „das Wort mit einem Moratorium zu belegen: Sagen wir doch, was wir in Kunst und Wissenschaft bewundern, aber sagen wir es direkt, mit Wörtern die unverbraucht und exakt sind."[35]

Eine Untersuchung des Erhabenen in Stifters Erzählungen und Romanen ist aber – so wird sich im Interpretationsteil dieser Studie zeigen – äußerst fruchtbar: Zum einen kann über eine Analyse des Erhabenen in vielen Texten Stifters bisher wenig Beachtetes erhellt werden;[36] so birgt das Erhabene beispielsweise für die Erzählung *Die Narrenburg* einen ganz neuen Zugang[37] und für den *Nachsommer* die Möglichkeit, die Gebirgserfahrungen des Protagonisten Heinrich Drendorf als wichtige Momente in dessen Persönlichkeitsentwicklung zu erfassen.[38] Zum anderen ist das Erhabene – bei Stifter meist als Präsentation im Sinne Winkos vorhanden[39] – nicht nur an dessen traditionelle Naturmotivik oder an andere ästhetische Begriffe wie das Hässliche und das Komische gebunden, sondern auch an literarische Darstellungen der Musik, der Naturwissenschaften und der Erinnerung. Dabei ist seine Qualität in den hier analysierten Texten keinesfalls auf eine bestimmte Theorie beschränkt, während Stifters Quellen, populärwissenschaftliche Texte des frühen neunzehnten Jahrhunderts, sich in erster Linie auf das Kant'sche, seltener auch auf das Burke'sche Erhabene beziehen.[40] Das bedeutet: Stifters Prosa ist an der „Geschichte" des „Nicht-Darstellbare[n]" jenseits der Theorie beteiligt; sie bearbeitet jeweils unterschiedlichste „Topographien, Darstellungen und Bilder[]" des Erhabenen[41] und lässt zum Teil neue entstehen.

Elkins kritisiert auch die Praxis, das Erhabene als „transhistorische Kategorie" zu nutzen: Man könne es „sinnvollerweise nur auf bestimmte Bereiche von

---

35 James Elkins, Gegen das Erhabene. In: Hoffmann, Roald/Whyte, Iain Boyd (Hg.), Das Erhabene in Wissenschaft und Kunst. Über Vernunft und Einbildungskraft, Berlin 2010, S. 97–113, hier 97 und 112.

36 Hoffmanns Forschungsüberblick legt nahe, dass das Erhabene bei Stifter ausreichend erforscht sei. Vgl. Hoffmann, Konfigurationen des Erhabenen, 2006, S.15f. Es liegt aber bis heute keine Monographie dazu vor.

37 Vgl. dazu Kapitel III.7 in dieser Arbeit.

38 Vgl. dazu Kapitel III.6 in dieser Arbeit.

39 Am deutlichsten wird das Erhabene (m.W.) in den *Winterbriefen aus Kirchschlag* thematisiert. Dabei handelt es sich nicht um einen literarischen, sondern eher um einen essayistischen Text, der „in einem anspruchsvollen Plauderton Belehrungen und Beobachtungen" über „Licht und Wärme, Elektrizität, Luft und Wasser" enthält. Vgl. Mayer, Erzählen als Erkennen, 2001, S. 219.

40 Vgl. dazu in Kapitel I dieser Arbeit den Abschnitt *Die Kategorie des Erhabenen in Stifters naturwissenschaftlicher Bildung.*

41 Erhart, Das Erhabene, das Schöne und die moderne Literatur, 1997, S. 95f.

Kunstwerken anwenden, die größtenteils im 19. Jahrhundert geschaffen wurden.“[42] Im ersten Kapitel dieser Arbeit konnte dagegen gezeigt werden, dass das Erhabene des achtzehnten Jahrhunderts vor einem naturwissenschaftlichen Hintergrund entworfen wurde, um besonders im ersten Drittel des neunzehnten Jahrhunderts wieder in die Naturwissenschaften ‚zurückzukehren‘: als beliebtes ästhetisches Argumentationsmuster in populärwissenschaftlichen Texten. Es lässt sich also nicht nur auf Kunstwerke anwenden bzw. nur in Kunst finden.

Als ‚transhistorische‘, also in seinen Ausprägungen konstante Kategorie wird das Erhabene in dieser Studie allerdings nicht verstanden, schließlich bleibt die Version Kants, der sich Naturwissenschaftler wie Littrow und Baumgartner oft bedienen, in deren Verarbeitung inhaltlich gerade nicht konstant, sondern wird erweitert, umgedeutet und auf Objekte übertragen, obwohl das Erhabene nach Kant ein „reines ästhetisches Urteil“ ist, das zwar einem Gegenstand beigelegt wird, aber nicht dem Gegenstand selbst zukommt.[43] Dennoch werden im Folgenden nicht nur zeitgenössische bzw. zu Stifter zeitlich nahe Theoretiker, sondern auch die antike Schrift *Perí hýpsus* herangezogen, um so Stifters Variationen des Erhabenen erfassen zu können. Eine solche Vorgehensweise bietet sich an: Zum einen kommt das Longin'sche Erhabene in Stifters *Narrenburg* zum Tragen; zum anderen ging – so wird sich im Folgenden zeigen – die ‚Wiederentdeckung‘ des Erhabenen im siebzehnten und achtzehnten Jahrhundert über eine Rezeption des antiken Erhabenen vonstatten.[44]

---

42 Elkins, Gegen das Erhabene, 2010, S. 97.

43 Vgl. Kant, Analytik des Erhabenen, 1968, S. 360. Baumgartner spricht das Erhabene der Physik zu. Vgl. Baumgartner, Naturlehre, 1829, S. 9 und Kapitel I in dieser Arbeit.

44 *Perí hýpsus* ist nach Dietmar Till der „zentrale Referenztext der Tradition des Erhabenen vor Burke und Kant.“ Vgl. Till, Das doppelte Erhabene, 2006, S. 5.

1 Naturtopoi des Erhabenen

Das Erhabene hatte im achtzehnten und frühen neunzehnten Jahrhundert großen Einfluss auf das Naturgefühl: Es kann als eines der grundlegenden „kulturellen Muster" in der neuen ästhetisierten Naturerfahrung gelten.[45] Deshalb werden im Folgenden die diese neue Erfahrung mit bedingenden Naturtopoi in den für die vorliegende Studie relevanten Theorien aufgezeigt, beginnend mit Longin und dessen Rezeption in Frankreich, England und im deutschsprachigen Raum, über Burke, Kant und Schiller bis hin zum Erhabenen Vischers.

Schon in *Perí hýpsus* werden Phänomene der Natur zur Verdeutlichung des Erhabenen herangezogen, obwohl es darin einerseits als stilistischer Effekt verstanden wird[46] und andererseits seine Erzeugung an die Naturbegabung des Redners bzw. des Dichters gebunden ist:[47] Das Erhabene könne „den ganzen Stoff wie ein plötzlich zuckender Blitz" zerteilen und so „schlagartig die geballte Kraft des Redners" offenbaren. Später heißt es in einer der berühmtesten Stellen des Traktats:

> Deshalb genügt dem Schauen und Sinnen der menschlichen Kühnheit nicht einmal die ganze Welt, sondern oft überschreitet unser Denken sogar die Grenzen, die uns einschließen. Und wer beim Blick ins Leben ringsum sieht, welchen Vorrang das Ungemeine, Große und Schöne überall genießt, dem wird die Bestimmung des Menschen bald offenbar werden. Daher bewundern wir aus einem natürlichen Trieb wahrhaftig nicht die kleinen Bäche, wenn sie auch klar und nützlich sind, sondern den Nil, die Donau oder den Rhein und viel mehr noch den Ozean; auch das Flämmchen, das wir auf Erden entfacht haben, bewundern wir deshalb, weil es sein Licht rein bewahrt, nicht mehr als die Himmelslichter, die sich doch oft verdunkeln, noch halten wir es für staunenswerter als die Krater des Ätna, dessen Ausbrüche Steine und ganze Felsmassen aus der Tiefe emporschleudern und manchmal Ströme des erdgeborenen, elementaren Feuers ergießen.[48]

---

45 „Die sinnliche, die ästhetische Wahrnehmung von Natur erfolgt nicht unmittelbar, sondern präformiert durch Vorstellungen, Symbolisierungen, kulturelle Muster. Ändern sich die kulturellen Muster, blicken wir auf die Natur mit anderen Augen." Groh/Groh, Kulturelle Muster, 1996, S. 27.

46 Vgl. dazu Till, Das doppelte Erhabene, 2006, S. 363.

47 Vgl. Hans Graubner, Erhaben. In: Reallexikon der deutschen Literaturwissenschaft. Bd. I, hg. von Harald Fricke, Berlin/New York 1997, S. 490–493, hier 490. Nach Heinz Paetzold führe „Longins Lehre das Erhabene als eine Qualität der Rede" ein, mache aber „zwischen poetischer und rhetorischer Rede kein[en] Unterschied". Heinz Paetzold, Rhetorik-Kritik und Theorie der Künste in der philosophischen Ästhetik von Baumgarten bis Kant. In: Raulet, Gérard (Hg.), Von der Rhetorik zur Ästhetik. Studien zur Entstehung der modernen Ästhetik im 18. Jahrhundert, Rennes 1992, S. 9–40, hier 25.

48 Longinus, Vom Erhabenen, 1988, S. 7 (1,4) und 87–89 (35,3f.).

https://doi.org/10.1515/9783110498219-004

In diesem Zitat finden sich einige Aspekte des Erhabenen, die erst in Entwürfen des achtzehnten Jahrhunderts ihre volle Wirkkraft entwickeln. Nach Manfred Fuhrmann versuche Longin über Naturphänomene und über die Definition des Erhabenen als „Widerhall von Seelengröße"[49], die „privilegierte Stellung literarischer Größe anthropologisch zu begründen." Große Autoren seien dem „Betrachten des gesamten Kosmos" verpflichtet, denn die Natur habe den Menschen mit einem „unzähmbaren Verlangen nach dem Großen und Göttlichen erfüllt", so dass sein „Denken über die Grenzen der ihn umgebenden Welt" hinaus strebe: Daher die Faszination des Menschen für Naturphänomene wie den Nil und den Ozean.[50] Nach Georg Braungart legt Longins Bezug auf den Ätna den Grundstein für die traditionelle Verbindung des Erhabenen zum Hochgebirge und zu „schauerlich-gewaltsamen Naturprozessen": Die Topik des Erhabenen decke sich schon hier in vielfacher Weise mit der topischen Tradition des *locus amoenus* oder des korrespondierenden *locus terribilis* bzw. *desertus*, also mit solchen „Naturbeispiele[n], die seit 1800 disziplinär [...] von der eben entstehenden Wissenschaft der Geologie verwaltet werden."[51]

Neben der traditionellen Verbindung des Erhabenen zu Naturtopoi und zu Phänomenen der Geologie begründet der Traktat auch die Tradition des Erschreckens vor dem Gewaltigen wie den ‚Kratern des Ätna', obwohl Longin im *phóbos* einen niederen Affekt sieht. Mit der Rezeption von Longins *hýpsos*-Konzept in der Neuzeit wird das Erhabene schließlich immer stärker auf den Aspekt des „Schrecklichen" eingeschränkt[52] und durch die Benennung des Weiten, des Unermesslichen und des Gewaltigen in der äußeren Natur als ‚erhaben' ergänzt.[53] Dennoch blieb der Begriff ein rhetorischer terminus technicus, der bestimmte stilistische Qualitäten bezeichnet.[54] Erst mit Nicolas Boileau-Despréaux' Übertragung von *Perí hýpsus* im Jahr 1674 löst sich das Erhabene aus der rhetorischen Tradition und wird zu einer Kategorie der ästhetischen Reflexion. Wesentlich zu seiner Hervorbringung ist nicht mehr der Regelkanon der Rhetorik, sondern Inhalt

---

49 Ebd., S. 21 (9,2).

50 Vgl. Fuhrmann, Die Dichtungstheorie der Antike, 1992, S. 184.

51 Vgl. Braungart, Die Geologie und das Erhabene, 2005, S. 158.

52 Vgl. Till, Das doppelte Erhabene, 2006, S. 364 und 93.

53 Vgl. Jörg Zimmermann, Zur Geschichte des ästhetischen Naturbegriffs. In: ders. (Hg.), Das Naturbild des Menschen, München 1982, S. 118–154, hier 122.

54 Vgl. Christian Begemann, Erhabene Natur. Zur Übertragung des Begriffs des Erhabenen auf Gegenstände der äußeren Natur in den deutschen Kunsttheorien des 18. Jahrhunderts. In: Deutsche Vierteljahrsschrift für Literaturwissenschaft und Geistesgeschichte 58 (1984), S. 74–110, hier 74. Zum Erhabenen in der Lehre der *genera dicendi* vgl. Till, Das doppelte Erhabene, 2006, S. 48–57.

und Wirkung.[55] So entsteht neben dem Erhabenen der rhetorischen Dreistillehre ein Erhabenes, das nicht nur beispielhaft, sondern nun angesichts von Objekten der Natur direkt erfahren werden kann.[56] Das hatte auch Auswirkungen auf spätere Übersetzungen von *Perí hýpsus*:[57]

> Deswegen begnügt sich auch unsere Aussicht nicht mit den Gränzen dieser Welt allein; sondern unsere Gedanken steigen darüber hinaus ins *Unendliche*. Sehet an den ganzen Kreis der menschlichen Dinge! Ueberzeugt uns nicht unser ganzes *Gefühl* von dem größern Eindruck des Großen und Schönen, wozu wir geboren sind? Schon von Natur bewundern wir nicht den Lauf des kleinen Bachs, so hell er dahin fließt, so nützlich er ist; aber, wie *erweitert sich unsere Seele* beim Anblick des Nils, der Donau, des Rheins, und vor allem des Oceans? Die Flamme, die wir anzünden, so rein sie lodert, *erhebt* uns lange nicht wie die Lichter des Himmels, wenn auch ihre Strahlen noch so oft verdunkelt werden, oder wie die Flammen des Aetna, die, wenn sie hervorbrechen, Steine und Felsen aus den Abgründen der Erde auswerfen, und Ströme von Feuer ergießen.[58]

Johann Georg Schlosser nutzt für seine Longin-Übersetzung Begriffe und Wirkungen, die erst im siebzehnten und achtzehnten Jahrhundert mit dem Erhabenen verbunden wurden wie Unendlichkeit, Erweiterung der Seele und das Erhobenwerden.[59] *Perí hýpsus* prägt zwar grundsätzlich die Tradition, das Erhabene über Naturphänomene zu erklären; doch ohne die Rezeption im achtzehnten Jahrhundert, die die Schrift auch über die Verwendung eines bestimmten Vokabulars quasi dem zeitgenössischen Erhabenen einverleibt – so zeigt schon ein

---

55 Boileaus Übertragung, erschienen unter dem Titel *Traité du sublime, ou Du merveilleux dans le discours, Traduit du grec de Longin*, habe die „Entwicklung" des Erhabenen „hin zu einem ästhetischen Begriff" eingeleitet. Vgl. Heininger, Erhaben, 2001, S. 280 f.

56 Till spricht deshalb vom *Doppelten Erhabenen*: Schon mit *Perí hýpsus* sei neben das Erhabene der Rhetorik ein Erhabenes des Einfachen getreten. Vgl. Till, Das doppelte Erhabene, 2006, S. 18 f.

57 Bei dieser Übersetzung handelt es sich um diejenige, die Stifters Lebenszeit (1805 – 1868) am nächsten kommt. Offenbar ist erst 1895 eine weitere Übersetzung (Georg Meinel) entstanden. Vgl. Demetrio St. Marin, Bibliography of the ‚Essay on the Sublime' (Perí hýpsus), o. O. 1967, Nr. 58 und 114. Im Interpretationsteil wird Schlossers Übersetzung dann herangezogen, wenn sie mehr Erkenntnisgewinn als die von Otto Schönberger (1988) verspricht.

58 Longin, Vom Erhabenen, mit Anmerkungen und einem Anhang von Johann Georg Schlosser, Leipzig 1781, S. 219 f., Hervorhebung E. H. Abschnitt 1,4 übersetzt Schlosser wie folgt: „Der Überredung kann man widerstehen, aber der Sturm des Erhabenen reißt immer und unwiderstehlich dahin." Ebd., S. 32. Auch der Sturm wurde im achtzehnten Jahrhundert immer wieder mit dem Erhabenen in Verbindung gebracht. Vgl. z. B. Friedrich Schiller, Zerstreute Betrachtungen über verschiedene ästhetische Gegenstände. In: Schillers Werke. Nationalausgabe. Bd. 20, hg. von Benno von Wiese, Weimar 1962, S. 222 – 240, hier 225; Kant, Analytik des Erhabenen, 1968, S. 343.

59 Zum Unendlichen vgl. z. B. ebd., S. 334. Zur Erweiterung der Seele respektive Einbildungskraft vgl. S. 336. Zum „Vermögen [...], eine Überlegenheit über die Natur" empfinden zu können vgl. S. 350.

Blick in Schlossers Übertragung[60] –, wäre weder Longin noch diese Tradition so wirkmächtig geworden.

Im deutschen Sprachraum beginnt die Phase verstärkter Longin-Rezeption Ende der 1720er Jahre mit Johann Jakob Bodmers und Johann Jakob Breitingers Traktat *Von dem Einfluß und Gebrauche der Einbildungs-Krafft* (1727). Bodmer und Breitinger liefern darin, so Dietmar Till, „fast alle Zentralstellen von Longins Traktat in einer erstaunlich zuverlässigen deutschen Übersetzung."[61] Auch in den darauffolgenden Abhandlungen zu Gegenständen der Ästhetik ziehen sie das Longin'sche Erhabene immer wieder heran; Breitinger beispielsweise beschreibt in *Critische Dichtkunst* das hier sogenannte „poetische Schöne"[62] folgendermaßen:

> Da wir nun alles, was uns gefällig, ist und uns belustiget, schön zu nennen pflegen, uns aber nichts gefällig seyn, noch uns belustigen kan, als was auf die Wahrheit gründet und dabey neu ist, so sehen wir zugleich, worinnen das poetische Schöne bestehet, nemlich, es ist ein hell leuchtender Strahl des Wahren, welcher mit solcher Kraft auf die Sinne und das Gemüthe eindringet, daß wir uns nicht erwehren können, so schwer die Achtlosigkeit auf uns lieget, denselbigen zu fühlen; es ist unsere angebohrne vorwitzige Begierde nach Wissenschaft, mit einem Abscheu gegen alle Unwissenheit vergesellschaftet.[63]

Das „poetische Schöne" wird bei Breitinger also auf ganz ähnliche Weise beschrieben wie das Longin'sche „Großartige", das „unwiderstehliche Macht und Gewalt ausübt und jeglichen Hörer überwältigt", indem es „den ganzen Stoff wie ein plötzlich zuckender Blitz zerteilt"; es wird dabei aber nicht auf die „Seelengröße"[64] des Redners, sondern auf den menschlichen Drang nach Erkenntnis bezogen.

---

60 Dem wurde nicht systematisch nachgegangen; es handelt sich nur um Stichproben.

61 Till, Das doppelte Erhabene, 2006, S. 263 f.

62 Erst Burke trennte das Erhabene explizit vom Schönen: „They are indeed ideas of a very different nature, one beeing founded on pain, the other on pleasure." Burke, A Philosophical Enquiry, 2008, S. 97.

63 Johann Jakob Breitinger, Critische Dichtkunst. Faksimiledruck nach der Ausgabe von 1740. Bd. 1, Stuttgart 1966, S. 111 f. Breitinger bezieht sich zur Verdeutlichung des Erhabenen auch auf die Astronomie, auf das „Ergetzen", das der Mensch angesichts der „seltsamen Zeitungen" spüre, „welche uns die Sternseher und übrigen Schüler der Natur von den entferntesten himmlischen und andern Cörpern [...] gebracht haben". Ebd., S. 110. Zur Verbindung des Erhabenen mit der Astronomie und anderen Naturwissenschaften vgl. Kapitel I in dieser Arbeit.

64 Longinus, Vom Erhabenen, 1988, S. 7 (1,4) und 21 (9,2). Breitingers Beschreibung des „poetisch[] Schöne[n]" ist zudem von zwei Longin-Zitaten eingerahmt. Vgl. Breitinger, Critische Dichtkunst, 1966, S. 109 und 118 f. Zur weiteren Rezeption des Longin'schen Traktats im deutschsprachigen Raum vgl. Till, Das doppelte Erhabene, 2006, S. 263–290.

Auch im England des achtzehnten Jahrhunderts wurde Longins Schrift über das Erhabene rezipiert und erfuhr dabei – wie schon in Boileaus Übertragung – eine Wandlung:

> Wird hier Natur tatsächlich als Landschaft verstanden, so beruht die Anknüpfung der im 18. Jahrhundert in England entwickelten Ästhetik der erhabenen Natur an den (Pseudo-) Longinschen Traktat über das Erhabene auf einer weitgehenden Umdeutung der ursprünglichen Intention. Denn Longinus versteht unter der Natur primär die innere Natur der menschlichen Seele. Die später immer wieder betonte Korrespondenz zwischen erhabenem Gefühlszustand und erhabener Landschaft läßt sich lediglich an einer einzigen Stelle des Traktats herauslesen; diese Stelle wurde aber gerade dadurch wirkungsgeschichtlich von besonderer Bedeutung.[65]

Mit dieser Umdeutung des Erhabenen zu einer landschaftlichen Qualität kam es im englischen Kontext zu einem grundlegend gewandelten Blick auf das Hochgebirge – vor allem auf die Alpen. Bis ins siebzehnten Jahrhundert hinein galten die Alpen in erster Linie als gefährliches Hindernis für Reisende, erfuhren aber Ende dieses Jahrhunderts – wiederum durch Reisende – eine Aufwertung im Sinne einer ästhetischen Ambivalenz. Erstes Zeugnis dafür ist Thomas Burnets *Theoria sacra telluris* von 1680; es folgten unter anderem John Dennis' Alpendurchquerung (1688) und Joseph Addisons *Pleasures of Imagination* (1712), worin das Erhabene offenbar in Anlehnung an Burnet mit der Wahrnehmung von unwirtlicher Natur verbunden wird:[66] „Die Wirkung der wilden Natur auf die Einbildungskraft vollzieht sich nach Addison vorrangig vermittelt durch Ansichten und Szenerien, ihre Größe stellt sich primär dem Auge dar, und ihre Vielfältigkeit ist letztlich nur mit dem Sehsinn zu fassen."[67]

Burkes Schrift *A Philosophical Enquiry into the Origin of our Ideas of the Sublime and Beautiful* (1757)[68] bricht schließlich – sicherlich in Folge von Addison

---

65 Zimmermann, Zur Geschichte des ästhetischen Naturbegriffs, 1982, S. 122. Vgl. dazu Longinus, Vom Erhabenen, 1988, S. 89 (35,5): „Doch wird man bei all diesem sagen, daß für die Menschen das Nützliche und Nötige leicht zu erwerben ist, immer jedoch das Außerordentliche bewundernswert bleibt." Dazu Zimmermann: „Dieser Gegensatz von nützlicher und erhabener Natur wird im 18. Jahrhundert angesichts wachsender technischer Beherrschung und Ausbeutung auch als Gegensatz von ‚unterdrückter' und ‚freier' Natur verstanden." Zimmermann, Zur Geschichte des ästhetischen Naturbegriffs, 1982, S. 123.

66 Die mit Burnet entstandene Tradition, Berge als lebensfeindliche „Orte des Schreckens" zu beschreiben, spielt für das Erhabene im *Nachsommer* eine Rolle. Zu Burnet vgl. Zelle, ‚Angenehmes Grauen', 1987, S. 83–85; zum *Nachsommer* vgl. Kapitel III.6 in dieser Arbeit.

67 Vgl. Hofmann, Alpenrausch, 2010, S. 170–176, Zitat S. 175.

68 Vgl. dazu Shaw, The Sublime, 2006, S. 48–71. Zur Entwicklung des Begriffs des Erhabenen im englischen Kontext vgl. ebd., S. 27–46.

und Dennis – teilweise mit der Longin'schen Tradition. Burke gehe, so Till, „nicht von Texten aus, anhand derer das Erhabene als stilistischer Effekt analysiert würde," sondern baue „seine Theorie über den Ursprung des Erhabenen und Schönen auf psychologischen Beobachtungen auf."[69] In Longins *Perí hýpsus* ist das Erhabene, auch wenn einige Naturbeispiele herangezogen werden,[70] dagegen immer an die Naturbegabung des Redners bzw. des Dichters und damit an Texte gebunden, die ein begeisterndes Pathos erzeugen.[71] Mit Burkes *Enquiry* sei, so Till, der „Rahmen des Erhabenen, wie er durch die antike Überlieferung und deren frühneuzeitliche Rezeption gezogen wurde", endgültig verlassen.[72] Nach Jörg Zimmermann werde die Kategorie der erhabenen Natur darin „erstmals [...] in den Mittelpunkt der Argumentation gestellt" und zudem noch weiter auf den Aspekt des Schrecklichen eingeschränkt; als „Kriterien des Erhabenen" gelten nun „Rätselhaftigkeit, Unbestimmtheit und der Eindruck einer Übermacht, die im Subjekt ‚lustvolle Furcht' erweckt, ebenso wie Dunkelheit, leere, leblose Stille, ungeheure Ausdehnung, hoffnungslose Unendlichkeit."[73] So heißt es in einer von Burkes Erklärungen: „An immense mountain covered with a shining green turf, is nothing in this respect, to one dark and gloomy".

Dennoch zieht auch Burke eine Verbindung zwischen dem Erhabenen und der Sprache; er widmet ein Kapitel in der *Enquiry* der Frage, „[h]ow Words [sic!] influence the passion"[74] und bringt unter anderem ein Beispiel aus Miltons *Paradise Lost* an[75] – alles aber unter dem Aspekt des Schrecklichen, denn, so heißt es: „Whatever is fitted in any sort to excite the ideas of pain, and danger, that is to say, whatever is in any sort terrible, or is conversant about terrible objects, or operates in a manner analogous to terror, is a source of the *sublime*; that is, it is productive of the strongest emotion which the mind is capable of feeling."[76]

Die Entwicklung hin zu einem Erhabenen der weiten Landschaft und der ‚schrecklich' erscheinenden Natur ist – wie oben schon angedeutet – eng mit der

---

69 Till, Das doppelte Erhabene, 2006, S. 363. Burke folgt aber weiterhin der Tradition der Longin-Rezeption und stellt das Erhabene der Natur über das Erhabene der Kunst: „No work of art can be great, but as it deceives; to be otherwise is the prerogative of nature only." Burke, A Philosophical Enquiry, 2008, S. 56.

70 Vgl. Longinus, Vom Erhabenen, 1988, S. 87–89 (35,4).

71 Vgl. Graubner, Erhaben, 1997, S. 490.

72 Till, Das doppelte Erhabene, 2006, S. 365.

73 Vgl. Zimmermann, Zur Geschichte des ästhetischen Naturbegriffs, 1982, S. 132.

74 Burke, A Philosophical Enquiry, 2008, S. 61 und 136.

75 Burke zitiert folgende Passage: „O'er many a dark and dreary vale/They pass'd, and many a region dolorous;/O'er many a frozen, many a fiery Alp;/Rocks, caves, lakes, fens, bogs, dens and shades of death/A universe of death." Zitiert nach ebd., S. 137.

76 Ebd., S. 24.

Wandlung der Naturerfahrung im achtzehnten Jahrhundert verbunden; beide sind jeweils ohne das andere nicht denkbar: „Die unmittelbare Zuordnung von Natur als Landschaft auf das *betrachtende* Subjekt vollzieht sich im 18. Jahrhundert ineins mit der Entdeckung einer neue Erfahrungsweise der Aisthesis – dem Erhabenen."[77] Der Ästhetik des Erhabenen entsprechend wird das Gewaltige der Natur nicht mehr mit Furcht und Angst betrachtet, sondern die ‚schreckliche‘ Natur – und gerade auch die Gefahr in ihr – erregt Lust und wird zum Lustgewinn aufgesucht.[78] Es entsteht eine breite, alltagskulturelle Bewegung in die Natur, die auch in bisher gemiedene, nun aber für Naturgenießer[79] und -forscher gleichermaßen interessante Gebiete wie das Hochgebirge führt. Dabei bedingen sich die ästhetische und naturwissenschaftliche Entdeckung der Alpen wechselseitig; es entstehen drei miteinander zusammenhängende neue Wahrnehmungsformen:

> Zunächst haben wir es mit einem ‚naturwissenschaftlichen‘ Blick auf die Alpen zu tun, geprägt von einer Prävalenz der Beobachtung, um die Dinge [...] zu sehen. Einen zweiten Typus bildet der ‚ästhetische‘ Blick, bei dem sich die Beobachtung vornehmlich auf die Darstellung(sform) richtet und an theoretischen Kategorien – etwa dem Erhabenen, der synästhetischen oder sympathetischen Wirkung – orientiert. Der ‚theoretische Blick‘ schließlich zielt auf eine Anleitung und Überprüfung der Darstellung der Beobachtung in den beobachteten Dingen selbst.[80]

Allerdings führt der neue naturwissenschaftliche Blick auf Naturphänomene zusammen mit der neuen ästhetischen Wahrnehmung der Natur zur allmählichen Auflösung der Kategorie ‚erhabene Natur‘. Ein vorläufiger Höhepunkt dieser Entwicklung liegt in Schillers ‚Idealschönem‘; der darin postulierten „Versöhnung" von „Natur und Freiheit"[81] sei, so Zimmermann, die „Verdrängung des metaphysischen durch den wissenschaftlichen Naturbegriff" zeitlich vorgelagert – eine Entwicklung, an der besonders „jener ernüchterte Naturbegriff der kritischen Philosophie Kants" Anteil gehabt habe.[82] Auch das Hochgebirge bleibt davon nicht ausgenommen: „Die Integration der Alpen in den Bereich der Äs-

---

77 Jauß, Aisthesis und Naturerfahrung, 1982, S. 172.

78 Vgl. Begemann, Erhabene Natur, 1984, S. 75 f.

79 Zur malerischen und literarischen ‚Entdeckung‘ der Alpen vgl. Barbara Lafond-Kettlitz, Die Alpen in Literatur und Malerei. Albrecht von Haller, Caspar Wolf, Ludwig Hohl, Ferdinand Hodler. In: Etudes germaniques. Allemagne, Autriche, Suisse, pays scandinaves et néerlandais 64 (2009), S. 933–953.

80 Gisi, Der Wandel des ‚Blicks‘ auf die Alpen, 2004, S. 106.

81 Schiller entwerfe das Idealschöne „als künftige, zeitüberwindende Versöhnung zwischen Natur und Freiheit, in der sich das Erhabene verliert." Graubner, Erhaben, 1997, S. 491.

82 Zimmermann, Zur Geschichte des ästhetischen Naturbegriffs, 1982, S. 129 f.

thetik, indem der Betrachter befreit wird, ist letztlich das, was die Ersetzung des Bedrohlichen durch das Erhabene bezeichnet – die Alpen rücken wieder in den ‚Hintergrund'."[83]

Auch wenn Kants *Kritiken* diesen neuerlichen Wandel der Naturerfahrung mit vorbereiten, löst sich in der *Analytik des Erhabenen* die Verknüpfung von Erhabenem und Natur nicht auf. Obwohl Kant das Erhabene als Gefühl in das erlebende Subjekt verlegt,[84] greift auch er auf Naturtopoi zurück:

> Kühne überhangende gleichsam drohende Felsen, am Himmel sich auftürmende Donnerwolken, mit Blitzen und Krachen einherziehend, Vulkane in ihrer ganzen zerstörenden Gewalt, Orkane mit ihrer zurückgelassenen Verwüstung, der grenzenlose Ozean, in Empörung gesetzt, ein hoher Wasserfall eines mächtigen Flusses u. d. gl. machen unser Vermögen zu widerstehen, in Vergleichung mit ihrer Macht, zur unbedeutenden Kleinigkeit. [...] [W]ir nennen diese Gegenstände gern erhaben, weil sie die Seelenstärke über ihr gewöhnliches Mittelmaß erhöhen, und ein Vermögen zu widerstehen von ganz anderer Art in uns entdecken lassen, welches uns Mut macht, uns mit der scheinbaren Allgewalt der Natur messen zu können.[85]

Das Erhabene ist zwar keine Qualität eines Objekts, dennoch aber benötigt es ein Objekt, anhand dessen es fühlbar wird; das Erhabene bleibt also auch bei Kant eng mit der äußeren Natur verbunden.[86]

---

83 Gisi, Der Wandel des ‚Blicks' auf die Alpen, 2004, S. 106.

84 Das Erhabene ist ein ästhetisches Urteil und radikal subjektiv; es wird nicht auf das Objekt, sondern auf das reflektierende Subjekt zurückgeführt. Vgl. Fœssel, Analytik des Erhabenen, 2008, S. 103. Vgl. dazu Kant, Analytik des Erhabenen, 1968, S. 343: „Man sieht hieraus auch, daß die wahre Erhabenheit nur im Gemüte des Urteilenden, nicht in dem Naturobjekte, dessen Beurteilung diese Stimmung desselben veranlaßt, müsse gesucht werden. Wer wollte auch ungestalte Gebirgsmassen, in wilder Unordnung über einander getürmt, mit ihren Eispyramiden, oder die düstere tobende See, u. s. w. erhaben nennen?"

85 Ebd., S. 349. Braungart spricht diesbezüglich von einer „geologische[n] Phänomenologie" im Erhabenen Kants. Vgl. Braungart, Die Geologie und das Erhabene, 2005, S. 165. Auch in der vorkritischen Schrift zum Schönen und Erhabenen zieht Kant Naturtopoi heran: „Tiefe Einsamkeit ist erhaben, aber auf eine schreckhaft Art. Daher große weitgestreckte Einöden, wie die ungeheure Wüste Schamo in der Tartarei, jederzeit Anlaß gegeben haben, fürchterliche Schatten, Kobolde und Gespensterlarven dahin zu versetzen." Kant, Beobachtungen über das Gefühl des Schönen und Erhabenen, 1960, S. 827 f.

86 Nach Michael Bies sind Kants Beispiele – er verweist hier auf Burkes *Enquiry* – „Allgemeinplätze, die [...] den zeitgenössischen Schriften zum Erhabenen entlehnt scheinen, in denen die Faszination des Überwältigenden meist vor dem Hintergrund einer physikotheologischen Naturanschauung erläutert wurden." Bies, Darstellung der Naturforschung, 2012, S. 113.

Schiller bezieht sich auf Kants *Analytik*, indem er die Kant'schen Definitionen des Mathematisch- und Dynamisch-Erhabenen auf die Tragödie überträgt;[87] so gelangt er zur Definition des Pathetisch-Erhabenen,[88] also zu einer „radikalen Wendung [...] in den Bereich menschlichen Handelns".[89] Dennoch führt Schiller die traditionelle Beschreibung des Dynamisch-Erhabenen – in seinem Fall des „Kontemplativerhabene[n] der Macht"[90] – und die bei Kant vorgefundene „geologische Phänomenologie" fort:[91] „Ein Abgrund, der sich zu unsern Füßen aufthut, ein Gewitter, ein brennender Vulkan, eine Felsmasse, die über uns herabhängt, als wenn sie eben niederstürzen wollte, ein Sturm auf dem Meere [...] u. d. gl. sind solche Mächte der Natur, gegen welche unser Widerstehendes [sic!] Vermögen für nichts zu rechnen ist, und die mit unsrer physischen Existenz doch im Widerspruche stehen."[92]

Letztlich lässt Schiller das Erhabene aber im oben schon erwähnten „Idealschönen" aufgehen, in dem „Vernunft und Sinnlichkeit" zusammen stimmen sollen;[93] so ordnet er es dem Schönen unter – ein Gedanke, der sich in Folge auch bei Vischer findet. Vischer schließlich unterscheidet das Erhabene nur noch graduell vom Schönen[94] und macht so Platz für eine neue Kategorie der Ästhetik:

---

87 Vgl. Helmut Koopmann, Kleinere Schriften nach der Begegnung mit Kant. In: ders. (Hg.), Schiller-Handbuch, Stuttgart 1998, S. 575–586, hier 575; Carsten Zelle, Vom Erhabenen (1793)/ Über das Pathetische (1801). In: Luserke-Jaqui, Matthias (Hg.), Schiller-Handbuch. Leben – Werk – Wirkung, Stuttgart/Weimar 2005, S. 398–406.

88 „Zum *Pathetischerhabenen* werden [...] zwey Hauptbedingungen erfordert. *Erstlich* eine lebhafte Vorstellung des *Leidens*, um den mitleidenden Affekt in der gehörigen Stärke zu erregen. *Zweytens* eine Vorstellung des *Widerstandes* gegen das Leiden, um die innre Gemüthsfreyheit ins Bewußtseyn zu rufen. Nur durch das erste wird der Gegenstand *pathetisch*, nur durch das zweyte wird das pathetische zugleich *erhaben*./Aus diesem Grundsatz fließen die beiden Fundamentalgesetze aller tragischen Kunst. Diese sind *erstlich*: Darstellung der leidenden Natur; *zweytens*: Darstellung der moralischen Selbstständigkeit im Leiden." Schiller, Vom Erhabenen, 1962, S. 195.

89 Braungart, Die Geologie und das Erhabene, 2005, S. 165.

90 Vgl. dazu Schiller, Vom Erhabenen, 1962, S. 186–192.

91 Braungart, Die Geologie und das Erhabene, 2005, S. 165. Braungart bezieht sich v. a. auf Schillers Gedicht *Der Spaziergang*. Vgl. ebd., S. 157–160.

92 Schiller, Vom Erhabenen, 1962, S. 187.

93 Schiller, Ueber das Erhabene, 1963, S. 43. Vgl. dazu Graubner, Erhaben, 1997, S. 491.

94 Das Erhabene ist nach Vischer eine „Gärung innerhalb des Schönen selbst", also Teil des Schönen und kein eigenständiger ästhetischer Begriff. Aus dem Schönen, gedacht als „ununterscheidbare Einheit der Idee und des sinnlichen Gegenstandes", entsteht das Erhabene, wenn die Idee ein Übergewicht bekommt: „Um nun ihre Selbständigkeit diesem Elemente gegenüber zu bewähren, reißt sich zuerst die Idee aus jener ruhigen Einheit los, greift über die begrenzte, individuelle Erscheinung hinaus und hält ihr ihre Unendlichkeit entgegen. So entsteht die erste Art ästhetischer *Disharmonie*, der erste *Kontrast* im Schönen." Vischer, Über das Erhabene und Komische, 1967, S. 69 f.

für das Hässliche, das nun „einen wirklichen Gegensatz zum Schönen" bilde. Trotz der schrittweisen Auflösung des Erhabenen im Schönen und trotz der Tatsache, dass das Erhabene „von Vischer nach der Preisgabe seines Systems des Schönen in späteren ästhetischen Schriften nicht mehr zentral behandelt" werde,[95] macht auch er sich die traditionelle Naturmotivik des Erhabenen zunutze. Einerseits finden sich bei ihm Naturtopoi zur Verdeutlichung des Erhabenen,[96] andererseits auch zur Verdeutlichung des Zusammenspiels von Erhabenem und Komischem:[97] „Wir sehen jemanden voll des Gefühls der Erhabenheit an den gestirnten Himmel hinaufblicken, aber der Gute hat lange nichts gegessen, er kann sich den Gedanken an eine fette Hammelkeule denn doch nicht ganz ferne halten, und es ist derselbe Mensch, den der höchste Aufschwung des Gefühls und den die unabweislichen Anforderungen des Magens beherrschen."[98]

Abschließend kann festgehalten werden, dass nach Werner Strube zwar „der Begriff des Erhabenen nicht einheitlich und exakt bestimmt ist", da die „Theoretiker des Erhabenen [...] an unterschiedlichen Paradigmata orientiert und – dementsprechend – auf unterschiedliche Typen des Erhabenen gerichtet" sind;[99] eine Parallele in den hier dargestellten Theorien liegt aber in der Verwendung von Naturtopoi bzw. zum Teil auch einer geologischen Phänomenologie. Gerade in diesem deutlichen Bezug auf Naturtopoi – vom Schrecklichen in der Natur bis hin zur ungeheuren Ausdehnung der Natur, von Vulkanen bis zum Ozean – und in der

---

95 Vgl. Renate Homann, Erhaben, das Erhabene. In: Historisches Wörterbuch der Philosophie. Bd. 2, hg. von Joachim Ritter u. a., Darmstadt 1972, Sp. 624–635, hier 633f. Homann bezieht sich auf Vischers *Aesthetik* (1846–1857).

96 Das gilt z. B. für den Ozean: „Es wächst für die Phantasie der Gegenstand fort und immer weiter [...]. Der weite Ozean scheint sich fort und fort zu dehnen ohne Ende, und wir schwimmen im Kahne der Phantasie ins Reich des Unendlichen hinüber." Vischer, Über das Erhabene und Komische, 1967, S. 80. Zumindest in der *Ästhetik* greift Vischer auch auf Beispiele aus der Geologie und der Bergwelt zurück: „Ein Gebirge z. B., neben welchem alles Umliegende sich als unendlich klein darstellt, scheint für sich positiv erhaben. Allein in Wahrheit ist das Materielle an diesem Gebirge in negativem Verhältnisse zu der Kraft, welche diese Massen emporgeworfen hat: die Naturkraft selbst, welche unendlich mehr ist auch als dieses Gebirge, hat das ungeheure Gewicht, als wäre es ohne Schwere, übereinander getürmt." Friedrich Theodor Vischer, Das Schöne im Widerstreit seiner Momente. In: ders., Aesthetik oder Wissenschaft des Schönen. Erster Teil, München ²1922, S. 226–358, hier 238.

97 Auch das Komische unterscheidet sich nur graduell vom Schönen bzw. vom Erhabenen: „Hat nämlich im Erhabenen das eine der beiden Momente des Schönen, die Idee, das Übergewicht bekommen, so wird das andere, die Erscheinung, nun auch sein Recht haben wollen und, wo immer möglich, der Idee ein Bein stellen"; so entstehe das Komische, vgl. Vischer, Über das Erhabene und Komische, 1967, S. 158.

98 Ebd., S. 177.

99 Strube, Der Begriff des Erhabenen, 1995, S. 299f.

Rezeption von *Perí hýpsus* liegen die Voraussetzungen für das (Natur-)Erhabene in Stifters Texten. Um dies zu zeigen, werden im Folgenden Stifters Landschaftsbeschreibungen in die hier herausgearbeitete Motivik eingeordnet.

2 Stifters Natur- und Landschaftsbeschreibungen: erhabene Monotonie

Die charakteristische Langatmigkeit und Behäbigkeit von Stifters Texten, gerade in seinen Naturbeschreibungen, wurde schon zu seinen Lebzeiten harsch kritisiert. „Im deutschen Sprachgebiet gibt es wohl kaum einen Dichter, dem mit solch geballter Häufigkeit und Heftigkeit der Vorwurf der Langeweile gemacht worden ist, wie Adalbert Stifter."[100] So warf Friedrich Hebbel Stifter und anderen „Naturdichter[n]"[101] zu viel Liebe zum Detail vor:

> Weil das Moos sich viel ansehnlicher ausnimmt, wenn der Maler sich um den Baum nicht bekümmert, und der Baum ganz anders hervortritt, wenn der Wald verschwindet, so entsteht ein allgemeiner Jubel, und Kräfte, die eben für das Kleinleben der Natur ausreichen und sich auch instinktiv die Aufgabe nicht höher stellen, werden weit über andere erhoben, die den Mückentanz schon darum nicht schildern, weil er neben dem Planetentanz gar nicht sichtbar ist. [...] Kurz, das Komma zieht den Frack an und lächelt stolz und selbstgefällig auf den Satz herab, dem es doch allein seine Existenz verdankt.[102]

Über all den Detailreichtum[103] – „[w]as wird hier nicht alles weitläufig betrachtet und geschildert" – verschwinde, so Hebbel, jegliche epische Einheit besonders in Stifters *Nachsommer*; an anderer Stelle deklassiert er den Roman deshalb kon-

---

100 Küpper, Literatur und Langeweile, 1968, S. 172.

101 So Hebbel in einem Gedicht, das sich laut Untertitel auch an Barthold Heinrich Brockes und Salomon Geßner richtet mit dem Vorwurf: „Wißt ihr, warum euch die Käfer, die Butterblumen so glücken?/Weil ihr die Menschen nicht kennt, weil ihr die Sterne nicht seht!" Friedrich Hebbel, Die alten Naturdichter und die neuen. In: Friedrich Hebbel. Werke. Bd. 3, hg. von Gerhard Fricke u. a., München 1965, S. 122.

102 Weiter heißt es: „Erst [...] dem behäbigen Adalbert Stifter, war es vorbehalten, den Menschen ganz aus den Augen zu verlieren [...]. Es ist [...] durchaus kein Zufall, daß ein Stifter kam, und daß dieser Stifter einen ‚Nachsommer' schrieb, bei dem er offenbar Adam und Eva als Leser voraussetzte, weil nur diese mit den Dingen unbekannt sein können, die er breit und weitläufig beschreibt." Friedrich Hebbel, Das Komma im Frack. In: Friedrich Hebbel. Werke. Bd. 3, hg. von Gerhard Fricke u. a., München 1965, S. 684–687, hier 685–687.

103 In der *Vorrede* zu den *Bunten Steinen* – besser bekannt als ‚Sanftes Gesetz' – geht Stifter auf Hebbels Kritik ein: „Es ist einmal gegen mich bemerkt worden, daß ich nur das Kleine bilde, und daß meine Menschen stets gewöhnliche Menschen seien." Vorrede [zu den Bunten Steinen]. In: HKG, Bd. 2,2, S. 9.

https://doi.org/10.1515/9783110498219-005

sequenterweise zur „sogenannten Erzählung".[104] Knapp hundert Jahre später kommt Georg Lukács zu einem ähnlichen Schluss:

> Mit dem Verlust der wirklichen Kultur der Erzählung sind die Einzelheiten nicht mehr Träger konkreter Handlungsmomente. Sie erlangen eine unabhängige Bedeutung von der Handlung, vom Schicksal der handelnden Menschen. Damit geht aber jeder künstlerische Zusammenhang mit dem Ganzen der Dichtung verloren. Die falsche Gegenwärtigkeit des Beschreibens drückt sich in einer Atomisierung der Dichtung in selbstständige Momente, in einem Zerfall der Komposition aus. [...] Erstarrte, fetischisierte Dinge werden von einer wesenlosen Stimmung umflattert.[105]

Jedoch gehen Lukács und Hebbel, so Peter Küpper, ihrer eigenen subjektiven Sicht auf den Leim, denn: „Dafür, ob ein Buch langweilig ist oder nicht" oder, mit Lukács, ob ein Buch „von einer wesenlosen Stimmung umflattert" ist oder nicht, lasse sich „mit Hilfe rein literarischer Kriterien kaum ein Nachweis erbringen. Die literarische Langeweile ist nur vom Subjekt, nicht vom Objekt der Lektüre erfaßbar." Man müsse, so Küpper weiter, die Monotonie in Stifters Texten als Stilmittel begreifen: „Die Monotonie hält die Neugier wach, sie produziert Spannung und steigert sie bis zur Klimax. Sie birgt ihr gerades Gegenteil, ihre eigene Antithese in sich, die Monotonie schlägt dialektisch in Spannung um, sie wird ‚sensationell'."[106]

Langatmige und scheinbar vorherbestimmte Handlung,[107] offenbar fehlende Spannung und detaillierteste Beschreibungen von Naturphänomenen und Ereignissen lassen Stifters Erzählungen und Romane noch in einem anderen Kontext erscheinen – in dem der Malerei.[108] Schon Hebbel erkennt – und kritisiert – die Verbindung von Stifters Prosa zur Malerei;[109] Georg Lukács schließt sich dem an: Bei Dichtern des Naturalismus, namentlich auch bei Stifter, würden „Zustände

---

104 Friedrich Hebbel, Der Nachsommer. Eine Erzählung von Adalbert Stifter. In: Friedrich Hebbel. Werke. Bd. 3, hg. von Gerhard Fricke u. a., München 1965, S. 682f. Der Untertitel des *Nachsommers* lautet: „Eine Erzählung".
105 Lukács, Erzählen oder Beschreiben?, 1955, S. 123 f.
106 Küpper, Literatur und Langeweile, 1968, S. 172 und 182. Küpper bezieht sich hier auf einen Brief Thomas Manns: „Es ist ein stiller, blasser, pedantischer Zauber, der fester hält, als das meiste Interessante und einem demonstriert, was, welches Maß von Langweiligkeit unter Umständen möglich ist, möglich gemacht werden kann [...]. Das Sensationellwerden der Langeweile ist ohnehin im schönsten Sinne unheimlich." Thomas Mann, Brief an Fritz Strich am 27. November 1945. In: ders., Briefe 1937–1947, hg. von Erika Mann, Frankfurt a. M. 1963, S. 458f.
107 Vgl. dazu Rudolf Wildbolz, Adalbert Stifter. Langeweile und Faszination, Stuttgart u. a. 1976, S. 143.
108 Stifter hat selbst gemalt. Vgl. dazu Fritz Novotny, Adalbert Stifter als Maler, Wien ³1947.
109 Siehe oben, Zitat zur Anm. 102.

beschrieben, Statisches, Stillstehendes, Seelenzustände von Menschen oder das zuständliche Sein von Dingen, États d'âme oder *Stilleben.*"[110] Auch die Forschung verweist immer wieder auf die Bedeutung der Malerei für Stifters literarisches Schaffen. Karl Möseneder kommt bei der Analyse von Stifters Malertagebuch zu dem Schluss, Stifter habe in seinen Äußerungen über die Landschaftsmalerei oft die Stimmung, den „Totaleindruck" eines Gemäldes in den Vordergrund gestellt und in seinem Selbstverständnis als Kunstkritiker auch eingefordert: „Stifter vergegenwärtigt dem Leser Landschaftsgemälde über ihre bloße Gegenständlichkeit hinaus konsequent nach den jeweils Ganzheit stiftenden atmosphärischen Stimmungsqualitäten und gedenkt dabei wiederholt der entsprechenden Gefühlswirkung beim Rezipienten."[111]

Möseneders Verweis auf die Begriffe ‚Ganzheit' und ‚Totaleindruck' überrascht zunächst, will man Stifters Malertagebuch mit der Kritik an seinen Erzählungen und Romanen in Einklang bringen; schließlich wurde diesen gerade fehlende epische Einheit durch zu detaillierte Erzählweise vorgeworfen. Nach Wolfgang Preisendanz müsse man aber unter dem Begriff Natur bei Stifter „etwas ganz Einfaches [...] nämlich die sinnfälligen Erscheinungen der Natur außerhalb des Menschen" verstehen, „also Himmel, Gestirne, Wolken, Luft und Winde [...] sowie die *Vereinigung* solcher Erscheinungen in dem, was wir Landschaft, Tageszeit, Jahreszeit oder Wetter nennen"; so entstehe auch in seinen Texten der Eindruck von Ganzheit. Die nahezu bis zum Stillstand reichende Langatmigkeit in den Naturschilderungen sei einem genauen Beobachten aus der Perspektive der Figuren geschuldet: „Stifter thematisiert in seinen Schilderungen die Wahrnehmung als eine autonome Bewußtseinsart mit, seine Naturdarstellung impliziert stets die Subjektivität als die Perspektive, in der Natur als objektive Wirklichkeit erscheint."[112] Nach Wolfgang Frühwald stehe Stifter deshalb in der Tradition Alexander von Humboldts; er versuche, mittels der Figurenperspektive das Ganze in dem Moment darzustellen, als die neu erforschten wissenschaftlichen Details

---

110 Lukács, Erzählen oder Beschreiben?, 1955, S. 121, Hervorhebung E. H.

111 Karl Möseneder, Stimmung und Erdleben. Adalbert Stifters Ikonologie der Landschaftsmalerei. In: Laufhütte, Hartmut/ders. (Hg.), Adalbert Stifter. Dichter und Maler, Denkmalpfleger und Schulmann. Neue Zugänge zu seinem Werk, Tübingen 1996, S. 18–57, hier 25, Zitat S. 27. Zum Motiverepertoire Stifters vgl. Hannes Etzlstorfer, ‚Die Wolken, ihre Bildung [...] waren mir wunderbare Erscheinungen' (‚Nachsommer'). Bemerkungen zu Adalbert Stifters Motiverepertoire als Landschaftsmaler. In: JASILO 12 (2005), S. 61–74.

112 Wolfgang Preisendanz, Die Erzählfunktion der Naturdarstellung bei Stifter. In: Wirkendes Wort. Deutsche Sprache und Literatur in Forschung und Lehre 16 (1966), S. 407–418, hier 407 und 410.

drohen, das Ganze zu verschütten.[113] Jannetje Enklaar-Lagendijk versucht, Stifter über einen Vergleich seines Erzählstils mit Malerei als „Sonderfall" innerhalb der Literaturgeschichte zu begründen;[114] schließlich ist das in der Antike entstandene Schlagwort *ut pictura poesis*[115] schon mit Lessings *Laokoon*[116] aus der Ästhetik verschwunden. Hierzu macht Enklaar-Lagendijk vergleichbare „ästhetische[] Moment[e] der Wahrnehmung" in der Bildlichkeit der Malerei und in der der Literatur aus. Erzählen sei immer „räumlich konditioniert", es enthalte, allerdings weniger augenscheinlich, „die gleichen konstitutiven Elemente" wie die Malerei. Besonders in Stifters Texten werde mit den Figuren und deren Handlungen anschaulich gemacht, was in der Malerei durch eine verborgene, im Normalfall außerhalb des Bildes liegende Zuschauerperspektive räumlich vorhanden ist: der Raum als „Konstante[]".[117]

---

113 Stifter habe in einer Zeit geschrieben, in der Natur aufgrund von wissenschaftlichen Erkenntnissen und der beginnenden Industrialisierung dem Menschen fremd wurde. Dies führte zur Neuentdeckung der Natur als Landschaft: Noch einmal habe man versucht, die entgleitende Totalität zu fassen. Vgl. Wolfgang Frühwald ‚Wie eine versteinerte Träne'. Adalbert Stifters Naturgefühl. In: JASILO 12 (2005), S. 29–34, hier 32f. Nach Hans Blumenberg ist auch Humboldts Blick auf die physische Wirklichkeit durch seine Zeichnungen bestimmt. Der *Kosmos* zeige „Natur als Einheit der Landschaft, auf Standort und Blick des menschlichen Betrachters bezogen." Vgl. Hans Blumenberg, Ein Buch von der Natur wie ein Buch der Natur. In: ders., Die Lesbarkeit der Welt, Frankfurt a. M. 1981, S. 281–299, hier 281.
114 Jannetje Enklaar-Lagendijk, Adalbert Stifter. Landschaft und Raum, Alphen an den Rijn 1984, S. 15.
115 Bei der Wendung *ut pictura poesis* handelt es sich um ein verkürztes Zitat von Horaz (*De arte poetica*). Eigentlich meint der Vers, dass es sowohl in der Poesie als auch in der Malerei den Unterschied zwischen Effekthascherei und wahrer Schönheit gebe. Die Wendung wurde isoliert und bis ins achtzehnte Jahrhundert hinein für die Verwandtschaft, Vergleichbarkeit und Ähnlichkeit von Malerei und Poesie herangezogen. Vgl. Monika Fick, Laokoon: oder über die Grenzen der Malerei und Poesie. In: dies., Lessing-Handbuch. Leben – Werk – Wirkung, Stuttgart/Weimar ²2004, S. 216–241, hier 223f.
116 Hebbel bezieht Lessings Laokoon in seine Kritik an Stifter mit ein: „Anfangs schüchtern und durch die Erinnerung an Lessings Laokoon in der behäbigen Entfaltung seiner aufs Breite und Breiteste angelegten Beschreibungsnatur vielleicht noch ein wenig gestört, machte er bald die Erfahrung, daß dieser einst so gefährliche Laokoon in unseren Tagen niemand mehr schadet, und faßte Mut." Hebbel, Der Nachsommer, 1965, S. 682.
117 Es dürfe deshalb „nicht wundernehmen, daß in vielen" von Stifters „erzählerischen Werke[n] dasjenige, was am Anfang da ist (eine bestimmte Landschaft, die in ihrer räumlichen Struktur hervorgehoben wird) am Ende *immer noch da ist*." Enklaar-Lagendijk, Landschaft und Raum, 1984, S. 21 und 23f. Zwar gehe auch ich davon aus, dass Raum bei Stifter über eine subjektive Perspektive manifestiert wird; allerdings sind seine Raumdarstellungen wie auch die -wirkungen – so wird sich in Kapitel III.1 dieser Arbeit zeigen – gerade mittels dieser Perspektive immer veränderbar. Von einer Konstanten zu sprechen, ist also missverständlich. Vgl. dazu Kapitel III.1 in dieser Arbeit.

Gerade für die Darstellung des Erhabenen als Gefühl in einem – sei es lite-
rarischen oder bildnerischen – Kunstwerk ist ein Figurenperspektive essentiell,
denn als Gefühl setzt es ein erlebendes Subjekt voraus.[118] Ähnlich wie Caspar
David Friedrich in seinen Gemälden *Wanderer über dem Nebelmeer* und *Der
Mönch am Meer* die Betrachterperspektive mit in das Bild malt, so schreibt auch
Stifter eine Wahrnehmungsperspektive in seine Landschaften mit ein.[119] Über
diese Perspektive erlangt beides – Friedrichs Malerei[120] und Stifters Erzählen –
Bedeutung durch subjektive Wahrnehmung der jeweiligen erlebenden Subjekte.
Besonders das Affektive, auch eine Dimension des Erhabenen, ist – so wird sich
im Interpretationsteil zeigen – in Stifters Prosa ausschließlich über eine Figur im

---

118 Wie schon angedeutet, verlegt Kant das Erhabene vom Objekt ins Subjekt. Vgl. Kant, Analytik
des Erhabenen, 1968, S. 343. Erleben wird hier, mit Reinhard Fiehler, als „ganzheitlicher Modus"
verstanden, „in dem Personen sich in ihrer Beziehung zur Umwelt und zu sich selbst erfahren." Es
setze sich „aus Sinneswahrnehmungen, Eindrücken, Kognitionen, Bewertungen, Empfindungen,
Emotionen, Handlungsantrieben und physiologischen Zuständen" zusammen, „mit denen die
Umwelt registriert und bewertend zu ihr Stellung genommen wird." Fiehler, Sprachliche Mittel zur
Thematisierung von Erleben und Emotionen, 2011, S. 17.
119 So auch Enklaar-Lagendijk, Landschaft und Raum, 1984, S. 21–23. Nach Johannes Grave
scheine die Figur in *Mönch am Meer* zwar „zunächst zur Identifikation einzuladen [...], doch wirft
sie zugleich neue Probleme auf." Denn: „Versucht der Betrachter aber, die Position des Mönchs
einzunehmen, [...] so sieht er sich in eine ungewöhnlich instabile, haltlose Lage versetzt, da ihm
mit der Staffagefigur die letzte Orientierung genommen ist." Im *Wanderer* habe die Rückenfigur zu
„individuelle[] Züge", um als Identifikationsfigur dienen zu können; dennoch sei sie „unver-
zichtbar. Ohne sie verlöre die Berglandschaft ihr Zentrum." Grave folgert deshalb: „Weniger die
Landschaft selbst, als deren Betrachtung scheint das eigentliche Thema des Bildes zu sein"; es
gebe keinen „Anlass zu sublimen Empfindungen". Johannes Grave, Caspar David Friedrich,
München u. a. 2012, S. 159 und 203–205. Nach Werner Busch könne das Bild nicht als Zitation des
Erhabenen betrachtet werden; vielmehr handle es sich um ein „Erinnerungsbild" an einen Verstorbenen: „Nur das kann für Friedrich, den überzeugten Protestanten, Sinn machen. Denn gegen
nichts hat er in Wort und Bild intensiver Stellung bezogen als gegen jede Art von menschlicher
Selbstüberhebung, noch und noch fordert er Demut." Busch, Die Naturwissenschaften als Basis
des Erhabenen, 2004, S. 108. Anthony Ozturk widerspricht: „This picture is iconic for the ‚Rückenfigur' [...] of the Kantian image of man isolated in existential vertigo. [...] [T]he figure in *Der
Wanderer* represents the spectator in the process of perceiving the sublime in nature." Anthony
Ozturk, Interlude: Geo-Poetics: The Alpin Sublime in Art and Literature, 1779–1860. In: Ireton,
Sean/Schaumann, Caroline (Hg.), Heights of Reflection. Mountains in the German Imagination
from the Middle Ages to the Twenty-First Century, Rochester, N. Y. 2012, S. 76–97, hier 89 f.
120 Zumindest an einer Stelle scheint sich Friedrich zum Erhabenen zu äußern: „Ich meines
Theils vordere [sic!] von einem Kunstwerke Erhebung des Geistes und wenn auch nicht allein und
ausschließlich religiösen Aufschwung." Caspar David Friedrich, Äußerungen bei Betrachtung
einer Sammlung von Gemälden von größtenteils noch lebenden und unlängst verstorbenen
Künstlern. In: Caspar David Friedrich. Kritische Edition der Schriften des Künstlers und seiner
Zeitzeugen. Bd. 1, Frankfurt 1999, S. 115.

Text erfassbar; ohne deren individuelle Erfahrung kann es als Gefühl nicht bestimmt werden. Auch aus diesem Grund kann in dieser Studie keine wirkungsästhetische Analyse geleistet werden,[121] denn das Erhabene bei Stifter funktioniert auch als Emotion in erster Linie textimmanent.

Natürlicher Raum – und bei Stifter meist die Landschaft – konstituiert sich also über eine Betrachterperspektive, die an eine subjektive, nämlich einer Figur des Textes zukommende Wahrnehmung gebunden ist. So beschreibt beispielsweise der Protagonist Otto in *Zwei Schwestern* die Hügellandschaft seiner Heimat, „wo Obstbaum an Obstbaum steht, Wäldchen sich mit Wäldchen ablöset, grüne Wiesen dazwischen ansteigen, und das Gold der Weizenfelder leuchtet, wo kein Plätzchen unbenützt ist, ohne daß ein Kräutlein oder Baum steht, wo Quellen und Bäche in Menge rieseln, manche klare Flüsse und Ströme ziehen, und weit draußen das sanfte Blau der Gebirge geht".[122] Auch wenn hier alles, was die Landschaft ausmacht, zum Teil mit Farbgebung ‚nur' aufgezählt und aneinandergereiht wird, so bekommt der beschriebene Raum doch eine Bedeutung, die sich gerade über das malende Erzählen, sozusagen über das Nacherzählen einer Perspektive auf ein inexistentes Gemälde, konstituiert. Die Gegenstände füllen den Raum nicht einfach nur, vielmehr werden sie aktiven in den Raum hineingemalt: Die Wiesen ‚steigen an', die Weizenfelder ‚leuchten', die Bäche ‚rieseln' und das ‚sanfte Blau der Gebirge geht'. So *erfüllt* sich der Raum über eine subjektive Wahrnehmung. Auch das Gebirge bekommt bei Stifter über eine Figurenperspektive ganz unterschiedliche Wirkungen zugesprochen. Beispielsweise im *Hagestolz* erscheint die nur wenige Seiten zuvor noch als „freundlich" beschriebene Bergwelt dem Protagonisten Victor bei Dämmerung plötzlich bedrohlich: „Die Berge [...], die ihm [...] gar so sehr gefallen hatten, wurden immer schwärzer, und legten drohende dunkle und zersplitterte Fleke auf den See, auf welchem noch das Blaßgold des Abendhimmels lag, das selbst in den dunklen Bergspiegelungen zuweilen aufzukte."[123] Und selbst dort, wo nichts ist, lassen Stifters Beschreibungen sich stets verändernde Bilder entstehen wie im Fall der Puszta in *Brigitta*: „Anfangs war meine ganze Seele von der Größe des Bildes gefaßt: wie die endlose Luft um mich schmeichelte, wie die Steppe duftete, und ein Glanz der Einsamkeit überall und allüberall hinaus webte: – aber wie das morgen wieder so

---

121 Anz und Huber bemängeln, wie oben schon dargestellt, das Fehlen solcher empirischer Studien. Vgl. Anz, Literaturwissenschaftliche Text- und Emotionsanalyse, 2008, S. 43 f.; Huber, Literaturwissenschaft und Emotion, 2004, S. 355 f.
122 Zwei Schwestern. In: HKG, Bd. 1,6, S. 261 f.
123 Der Hagestolz. In: HKG, Bd. 1,6, S. 59 und 71.

wurde, übermorgen wieder – immer gar nichts, als der feine Ring, in dem sich Himmel und Erde küßten".[124]

Allerdings darf das erlebende Subjekt, so Burke und Kant, nicht körperlich in Gefahr sein oder sich fürchten,[125] um das Erhabene empfinden zu können. Nach Kant wird der „Anblick" eines Objekts des Erhabenen „nur um desto anziehender, je furchtbarer er ist, wenn wir uns nur in Sicherheit befinden".[126] Bei Burke heißt es: „When danger or pain press too nearly, they are incapable of giving any delight, and are simply terrible; but a certain distances, and with certain modifications, they may be, and they are delightful".[127] Für den Leser ist der ‚sichere Standort' gewährleistet; er verfolgt zwar das Geschehen bzw. die Naturschilderungen in den Texten, ist aber nie körperlich daran beteiligt. Doch auch der Erzähler, der Erlebtes berichtet, bzw. die erlebende Figur sind – zumindest zum Zeitpunkt des Erzählens – nicht ‚körperlich' betroffen, sofern Vergangenes erzählt wird.[128] So wird beispielsweise der Wolfsangriff in *Brigitta* erst als literarische Verarbeitung eines Schon-Geschehenen Ursache der Empfindung des Erhabenen; erst im Erzählen zeigt sich „ein Schauspiel, so gräßlich und so herrlich, daß *noch jetzt* meine Seele schaudert und jauchzt".[129]

Doch auch wenn man davon ausgeht, dass ein literarisches Erhabenes immer eine Verarbeitung eines meist schon vergangenen Ereignisses ist, bleibt die Frage zu klären, wie ein literarischer Text ein per definitionem undarstellbares Phänomen darstellen kann. Im Fall des Gemäldes *Der Mönch am Meer* habe Caspar David Friedrich, so Jörg Zimmermann, „eine Darstellungsform gewählt, die im Sinne der Ästhetik des Erhabenen in der notwendigen Begrenztheit des Bildes den Eindruck von Grenzenlosigkeit zu wecken vermag: Die unendliche Natur muß

---

124 Brigitta. In: HKG, Bd. 1,5, S. 413.
125 Bei Longin dagegen wird keine Sicherheit des erlebenden Subjekts vorausgesetzt; nach Hans-Thies Lehmann fordere das Longin'sche Erhabene eine absolute „Identifikation" des Zuhörers mit dem Redner, ein „Einswerden", das in einem „Selbstverlust" resultiere. Vgl. Lehmann, Das Erhabene ist das Unheimliche, 1989, S. 754.
126 Kant, Analytik des Erhabenen, 1968, S. 349.
127 Burke, A Philosophical Enquiry, 2008, S. 25. Vgl. dazu Sabine Kleine, Ästhetik des Häßlichen. Von Sade bis Pasolini, Stuttgart/Weimar 1998, S. 154; Poenicke, Appropriationen des Erhabenen, 1989, S. 87.
128 Das zeigt sich nicht nur, wenn über eine interne Fokalisierung erzählt wird; wenn Vergangenes erzählt wird, ist es irrelevant, inwieweit sich Figur und Erzähler decken bzw. inwieweit sich Erzählzeit und erzählte Zeit entsprechen. Vgl. dazu Gérard Genette, Die Erzählung, Paderborn ³2010, S. 119.
129 Brigitta. In: HKG, Bd. 1,5, S. 468, Hervorhebung E. H

nach den Kriterien überlieferter Bildkomposition ‚formlos' erscheinen",[130] selbst wenn sie in einen Rahmen gepresst wird. Wie aber kann ein Text das nicht darstellbare Erhabene fassen? Nach Monika Ehlers gehe Stifter in seinen Texten der Uneingeschränktheit des Erhabenen über „Rituale[] und performative[] Akte[] der Grenzziehung" nach und könne so das Erhabene zumindest ausloten, obwohl es in der Philosophie als „undarstellbares, grenzloses Außerhalb ihrer begrifflichen Ordnung" thematisiert werde.[131] Dass eine literarische Präsentation des Erhabenen immer auch einer Grenze nachgeht, ist allerdings schon in den Theorien angelegt; beispielsweise nach Kant wird im erhabenen Gefühl die Grenze der Einbildungskraft ausgelotet und mithilfe der Vernunft quasi überschritten.[132]

Es bleibt also die Frage, wie eine Präsentation des Erhabenen im Text erfasst werden kann. Ehlers geht, um eine Lösung für das Problem zu finden, vom ‚Sanften Gesetz'[133] aus: „Das Kleine bleibt […] der einzige mögliche Zugang zum Erhabenen. Das Sammeln der Dinge wie die wissenschaftliche Beobachtung des Einzelnen stehen im Dienste einer Erkenntnis allgemeiner Gesetze, die letztlich wie die Ideen der Vernunft undarstellbar bleiben." Beides verknüpfe sich in ihrer jeweiligen Eigenschaft, „die Grenze der Wahrnehmung und die Grenzen des Darstellbaren" zu berühren.[134] Damit ist zwar möglicherweise ein poetologisches Programm, wie es im ‚Sanften Gesetz'[135] gesehen werden kann, beschrieben, nicht aber, wie man eine Darstellung des Erhabenen in Stifters Texten erfassen kann.

---

130 Jörg Zimmermann, Konstellationen von bildender Kunst und Natur im Wandel der ästhetischen Moderne In: Bien, Günther u. a. (Hg.), ‚Natur' im Umbruch. Zur Diskussion des Naturbegriffs in Philosophie, Naturwissenschaft und Kunsttheorie, Stuttgart-Bad Cannstatt 1994, S. 283–329, hier 293. Demnach ist *Mönch am Meer* das Bild, „das vor dem Hintergrund des traditionellen Mimesisprinzips zum ersten Mal mit aller Entschiedenheit das Problem der Darstellbarkeit von Natur" reflektiere. Ebd., S. 291.
131 Ehlers, Grenzwahrnehmungen, 2007, S. 73.
132 Vgl. Kant, Analytik des Erhabenen, 1968, S. 334 f.
133 „Das Wehen der Luft das Rieseln des Wassers […] halte ich für groß: das prächtig einherziehende Gewitter, den Bliz, welcher Häuser spaltet, […] halte ich nicht für größer als obige Erscheinungen, ja ich halte sie für kleiner, weil sie nur Wirkungen viel höherer Geseze sind. […] Nur augenfälliger sind diese Erscheinungen, und reißen den Blik des Unkundigen und Unaufmerksamen mehr an sich, während der Geisteszug des Forschers vorzüglich auf das Ganze und Allgemeine geht, und nur in ihm allein Großartigkeit zu erkennen vermag, weil es allein das Welterhaltende ist." Vorrede [zu den Bunten Steinen]. In: HKG, Bd. 2,2, S. 10.
134 Vgl. Ehlers, Grenzwahrnehmungen, 2007, S. 107–109.
135 Z. B. nach Martin Selge handle es sich beim ‚Sanften Gesetz' um den „Versuch einer poetologischen Neudefinition des Verhältnisses von Besonderem und Allgemeinem" in Analogie zur Naturwissenschaft, um so „das Besondere als Merkmal und das Allgemeine als Gesetz zu interpretieren." Selge, Poesie aus dem Geiste der Naturwissenschaft, 1996, S. 59.

Um das Erhabene lokalisieren zu können, muss geklärt werden, wie Stifters einfache und zur Wiederholung neigende Erzählweise – sein Stil der ewigen „Wiederkehr des Gleichen"[136] – mit der eigentlich rhetorischen Vorstellung vom Erhabenen[137] zusammengebracht werden kann. Das Erhabene der klassischen Rhetorik widerspricht einer solchen Erzählweise; bis heute[138] ist es Teil der Systematik der *genera dicendi* und wird mit der höchsten der drei Stilebenen, dem *genus grande* oder auch *genus sublime*, assoziiert.[139] In diesem Sinne ist nach Quintilian zur Erzeugung von Erhabenheit in der Rede der Redeschmuck, speziell die zu den Tropen zählende Metapher, ausschlaggebend: „Und manchmal aus solchen Metaphern, die in kühner und beinahe wagehalsiger Übertragung gewonnen werden, entsteht wunderbare Erhabenheit, wenn wir gefühllosen Dingen ein Handeln und Leben verleihen". An anderer Stelle vergleicht Quintilian die Wirkung des höchsten Stils mit einem „Strom, der Felsen mitreißt [...] und sich sein Ufer selbst schafft" und so den Hörer zu überzeugen sucht.[140] Stifters langatmige und behäbige Erzählweise aber kann kaum in diese rhetorische Tradition eingebettet werden. Zwar erinnern manche gewaltigen Naturausbrüche – beispielsweise der Wolfsangriff in *Brigitta* – an Longins „Krater des Ätna, dessen Ausbrüche Steine und ganze Felsmassen aus der Tiefe emporschleudern",[141] und werden auch, in Anlehnung an Quintilian, dementsprechend ‚mitreißend' geschildert.[142] Meist können Stifters monotone Beschreibungen aber weder mit Longins mitreißendem Pathos oder auch mit der Burke'schen Plötzlichkeit,[143] noch mit Quintilians ‚waghalsigem' Redeschmuck in Einklang gebracht werden.

Dennoch liegt gerade in der Einfachheit der gewählten Naturgegenstände wie auch in deren monotoner Darstellung – erinnert sei hier an die „Größe des Bildes"

---

136 Wildbolz, Langeweile und Faszination, 1976, S. 142.

137 Auch *Perí hýpsus* bezieht sich in erster Linie auf den Redner. Vgl. Longinus, Vom Erhabenen, 1988, z. B. S. 7 (1,4) und 21 (9,3). Nach Paetzold werde aber „zwischen poetischer und rhetorischer Rede kein Unterschied gemacht". Paetzold, Rhetorik-Kritik und Theorie der Künste, 1992, S. 25.

138 Das *genus sublime* soll „eine starke Affektregung hervorrufen", indem der Redner „[a]lle glanzvollen und prächtigen Kunstmittel der Sprache [...] und des Vortrags" ausschöpft. Gert Ueding/Bernd Steinbrink, Grundriß der Rhetorik. Geschichte – Technik – Methode, Stuttgart ⁵2011, S. 234.

139 Vgl. Craig Kallendorf, Das Erhabene. 1. Antike. In: Historisches Wörterbuch der Rhetorik. Bd. 2, hg. von Gert Ueding, Tübingen 1994, Sp. 1357–1361, hier 1357.

140 Quintilian, Ausbildung des Redners, 1995, S. 221 (VIII 6, 11) und 781 (XII 10, 61).

141 Longinus, Vom Erhabenen, 1988, S. 89 (35,4).

142 Vgl. dazu in Kapitel III.1 den Abschnitt *Die Steppe – Brigitta*, S. 214–218.

143 Vgl. Burke, A Philosophical Enquiry, 2008, S. 62. Auch nach Longin müsse das Erhabene „plötzlich" und „schlagartig" auftreten. Vgl. Longinus, Vom Erhabenen, 1988, S. 7 (1,4).

der Puszta, in der sich dem Wanderer „immer gar nichts" zeigt[144] – die Möglichkeit zum Erhabenen. Nach Till entstehe mit Longins Wirkungsgeschichte aus der eigentlichen Dominanz des rhetorischen Diskurses ein Spannungsverhältnis, das unter dem Begriff des *Doppelten Erhabenen* (so der Titel seiner Studie) gefasst werden kann: Die Schrift *Perí hýpsus* löse dabei die klassische Opposition zwischen dem Erhabenen und dem Einfachen auf,[145] auch wenn Longin das Erhabene nicht explizit vom erhabenen Stil der Rhetorik trennt. Erst mit seiner Wirkungsgeschichte im siebzehnten Jahrhundert, beginnend mit Boileaus Longin-Übertragung von 1674, werde diese Unterscheidung schließlich festgeschrieben. Deshalb ließ sich schon im siebzehnten Jahrhundert nicht nur ein außer-rhetorisches Erhabenes, sondern auch „eine ästhetische Qualität von Texten durch Bezug auf einen anerkannten antiken Autor legitimieren, die unter der Vorherrschaft des rhetorischen Paradigmas ein Paradoxon, einen Verstoß gegen das alle Textproduktionsprozesse regulierende Prinzip des *aptum*, markierte: Gemeint ist die Verbindung von Sublimität und Simplizität, von erhabenem Inhalt und einfachem Stil."[146] Dafür sei Longins Einordnung des *fiat lux*-Zitats unter die erste der fünf „Quellen" des Erhabenen, die die „kraftvolle Fähigkeit" hat, „erhabene Gedanken zu erzeugen",[147] wegweisend: Von nun an, besonders aber mit der Rezeption Longins, lasse sich Einfachheit mit Erhabenheit verbinden.[148] Denn nicht die schmuckreiche Sprache sei es hier, die das Erhabene entstehen lasse, sondern der hohe Gedanke: Gott erschafft „durch sein Sprechen die Dinge, die er benennt". Dieses kurze Zitat werde deshalb in den stiltheoretischen Diskussionen seit Beginn des siebzehnten Jahrhunderts zum „Kronzeugen" für eine „erhabene Simplizität". Mit Kants vorkritischer Schrift *Beobachtungen über das Gefühl des Erhabenen und Schönen* von 1764 sei der Kontext der rhetorischen Dreistillehre schließlich endgültig verlassen, denn darin gehen Erhabenheit und Simplizität

---

144 Brigitta. In: HKG, Bd. 1,5, S. 413.

145 Nach Meyer-Kalkus sei das eine Voraussetzung für die Laokoon-Debatte: „[M]an hat zeigen können, daß Winckelmann mit der Rede von der großen Seele an stoizistische Vorstellungen von der *magnanimitas* anknüpft, daß weiterhin die Verbindung von edler Einfalt und stiller Größe begriffsgeschichtlich auf jene Verbindung von *simplicité* und *sublime*, von Einfachheit und Erhabenheit bzw. Größe zurückgeht, die wohl erstmals in der Antike durch Longinus' Traktat hergestellt und die durch die französische Klassik für das Aufklärungszeitalter wirkungsmächtig wurde." Meyer-Kalkus, Zur Diskussion pathetisch-erhabener Darstellungsformen, 1992, S. 81 f.

146 Till, Das doppelte Erhabene, 2006, S. 42.

147 Vgl. Longinus, Vom Erhabenen, 1988, S. 25 – 27 (9,9) und 19 (8,1).

148 Meyer-Kalkus betont den gesellschaftlichen Aspekt: Die Verbindung von Sublimen und Einfachem stelle „eine Brücke dar, auf der sich die hohen adligen Stände mit den aufstrebenden bürgerlichen Mittelschichten treffen konnten". Meyer-Kalkus, Zur Diskussion pathetisch-erhabener Darstellungsformen, 1992, S. 86.

eine notwendige Verbindung ein:[149] „Das Erhabene muß einfältig, das Schöne kann geputzt und geziert sein."[150] Das Erhabene könne also, so Tills Interpretation der Stelle, „nur dort entstehen, wo die rhetorische *ars* abwesend ist".[151] In diesem Sinne können gerade Stifters Erzählungen und Romane das Erhabene erzeugen; Stifters monotone Erzählweise widerspricht deutlich den Figuren und dem Schmuck der rhetorischen *ars*.

Selbst nach Elkins, der den Begriff ‚erhaben' mit einem „Moratorium" belegt wissen will, liege hier, also in der einfachen, aber auch detailreichen Beschreibung, die einzige Berechtigung, die das Erhabene noch haben könne:

> Diese Strategie, die Einzelheiten vorzuziehen und statt der Emotionen den Vorgang ins Blickfeld zu rücken – kann viele Nuancen des Erhabenen vermitteln. Was sage ich, wenn ich überwältigt bin von der ungeheuren Erscheinung der Milchstraße, die sich von einem Horizont zum anderen erstreckt und in deren Mitte das Sternbild Schwan erstrahlt [...]? Ich versuche es lieber zu sagen, wie ich es sehe, in möglichst genauen Worten, und Wörter wie Ehrfurcht, Staunen oder das Erhabene zu vermeiden – Wörter, die so viele Male gedankenlos benutzt worden sind, daß sie ungeprägten Münzen gleichen, abgegriffen von Tausenden von Fingern, bis sie nichts anderes sind als dünne blanke Scheiben.[152]

Damit trifft Elkins, trotz aller Kritik am Erhabenen als Interpretationsgegenstand und -instrument, vor allem eines: Stifters Beschreibung und Verarbeitung des Erhabenen, denn in seinen Texten wird das Erhabene in vielen Fällen mittels einer äußerst detaillierten Schilderung eines Natur-Raums oder eines anderen Gegenstands dargestellt. Nur an manchen Stellen schlägt sich die Verbindung von Einfachheit und Erhabenheit wörtlich nieder; so zeigt sich dem Protagonisten in *Zwei Schwestern* die norditalienische „Oede" in einer „so ruhige[n] Schönheit [...],

---

149 Vgl. Till, Das doppelte Erhabene, 2006, S. 42 f. und 45 f. Longins *hýpsos*-Konzept und das *genus grande* der rhetorischen Dreistillehre repräsentieren demnach zwei antike Traditionen, die sich im Sinne eines „verdoppelten Erhabenen" weder unvermittelt gegenüber, noch in einem Verhältnis der Ablösung, sondern in einem fortwährenden Widerstreit stehen, an dessen Ende es aber zu einer Privilegierung des Longin'schen *hýpsos* und zu einer Abwertung des rhetorischen *genus grande* komme. Vgl. ebd., S. 20.

150 Kant, Beobachtungen über das Gefühl des Schönen und Erhabenen, 1960, S. 828. Wie wirkmächtig die erhabene Simplizität wurde, zeigt sich z. B. bei Friedrich Simony. In seinem Bericht *Auf dem hohen Dachstein* beschreibt er das Panorama der „gewaltigen Riesen des Dachsteingebirges" als „einfache[s] und erhabene[s] Gemälde". Simony, Auf dem hohen Dachstein, 1921, S. 20.

151 Till, Das doppelte Erhabene, 2006, S. 46.

152 Beide Zitate aus Elkins, Gegen das Erhabene, 2010, S. 112 f.

als legte die Natur ein einfach erhabenes Heldengedicht vor mich hin."[153] Weit öfter liegt schon in Stifters Gegenständen eine erhabene Simplizität[154] wie beispielsweise in der Puszta in *Brigitta*.[155] Nach Hans Dietrich Irmscher haben Stifters Naturdarstellungen „eine auffällige Neigung zum Typus der grenzenlosen, eintönigen, eher melancholisch stimmenden als lieblich anheimelnden" Landschaft;[156] dazu die Beschreibung der norditalienischen Hochebene in *Zwei Schwestern:*

> [D]a war kein Baum, kein Gesträuchlein, kein Haus, keine Hütte, keine Wiese, kein Feld, sondern nur das sehr dürftige Gras und die Felsen [...]. In allen Stufen des matten Grün, Grau und Blau lag das fabelhafte Ding hinaus; schwermüthig dämmernde schwebende webende Tafeln von Farben stellten sich hin, und die Felsen rissen mattschimmernde Lichtzuckungen hinein; und wo das Land blos lag, und etwa nur Sand und Gerölle hatte, drangen Flächen fahlen Glanzes oder sanft gebrochene Farbtöne vor.[157]

Die für Stifter typische Aufzählung[158] von den Dingen, die den Blick des Betrachters einer Landschaft in der Regel bestimmen – Baum, Strauch, Haus oder Feld – zeichnen die Ödnis gerade durch ihre Abwesenheit aus; statt Dingen, abgesehen von Felsen und Gras, werden hier Farben und die Wirkungen des Lichts beschrieben: Sie sind die einzigen erfassbaren Gegenstände der Hochebene, so dass der Raum grenzenlos wirkt.[159]

---

153 Zwei Schwestern. In: HKG, Bd. 1,6, S. 262. Hier zeigt sich, dass eine exakte Trennung von Thematisierung und Präsentation von Emotionen nicht immer möglich ist. Vgl. dazu Winko, Kodierte Gefühle, 2003, S. 111.

154 Auch darin widerspricht das Erhabene bei Stifter dem *genus sublime*, denn demnach müssen auch „[d]ie Redegegenstände [...] der großartigen Sprechweise angemessen sein, ihre Gewichtigkeit muß die Kraft des pathetischen Stils rechtfertigen." Ueding/Steinbrink, Grundriß der Rhetorik, 2011, S. 234.

155 Vgl. Brigitta. In: HKG, Bd. 1,5, S. 413.

156 Irmscher, Phänomen und Begriff des Erhabenen, 1991, S. 32.

157 Zwei Schwestern. In: HKG, Bd. 1,6, S. 261.

158 Zur Syntax und Aufzählung bei Stifter vgl. Ludwig M. Eichinger, Beispiele einer Syntax der Langsamkeit. Aus Adalbert Stifters Erzählungen. In: Laufhütte, Hartmut/Möseneder, Karl (Hg.), Adalbert Stifter. Dichter und Maler, Denkmalpfleger und Schulmann. Neue Zugänge zu seinem Werk, Tübingen 1996, S. 246–260; Robert Ruprecht, Subtile Signale. Beobachtungen zur Syntax bei Adalbert Stifter, Bern 2001.

159 Vgl. dazu Kapitel III.1 in dieser Arbeit. Darin wird anhand der Erzählungen *Abdias*, *Brigitta*, *Zwei Schwestern* und *Der Hagestolz* sowie anhand von Auszügen aus dem *Nachsommer* gezeigt, wie die darin durchwanderten Räume dem Wanderer so wenig Gegenständliches und Begrenztes bieten, dass Räume der besonderen Art entstehen: glatte Räume, denen in diesem Prozess des Glättens Attribute zugesprochen werden, die, mit Gilles Deleuze und Félix Guattari, charakteristisch sind für den „glatte[n] Raum par excellence", das Meer. Das Wandern ist deshalb von den

Das Moor in den *Nachkommenschaften*, dessen Einfachheit und Erhabenheit an einer Stelle auch direkt genannt wird, grenzt sich zwar von anderen Dingen der Landschaft ab, ist also in seiner Ausdehnung klar definiert; dennoch ist auch diese Landschaft von einer eigentümlichen Merkmallosigkeit geprägt: „[I]ch suchte das Moor und den daranstoßenden, einfärbigen Fichtenwald und die gegenüber liegenden Weidehügel und den hinter ihm liegenden, ebenfalls einfärbigen Fichtenwald, und die hinter diesem Fichtenwalde emporstehenden blauen und mit grauen Lichtern glitzernden Berge zu malen."[160] Das Einförmige des Moors überträgt sich auf die umliegenden landschaftlichen Gegenstände, so dass selbst die Fichtenwälder als homogene Fläche erscheinen – allein den Bergen am Horizont wird noch eine individuelle Farbgebung zugesprochen. Dabei ist die Merkmallosigkeit nicht nur an die beschriebenen Gegenstände gebunden, sondern zeigt sich auch über die Wiederholung von Wörtern wie ‚einfärbig' und ‚Fichtenwald' sowie über die Häufung von grammatikalischen Konstruktionen: Das Moor und seine Lage in der Landschaft werden ausschließlich über eine attributiv verwendete Konversion des Partizip Präsens beschrieben wie den ‚liegenden' Fichtenwäldern, den ‚emporstehenden' und ‚glitzernden' Bergen. – Die Merkmallosigkeit der beschriebenen Landschaften bedingt die Monotonie der Beschreibung und umgekehrt.

Elemente in der Erzählweise wie Einfachheit, Monotonie, Wiederholung und Schmucklosigkeit und Eigentümlichkeiten der erzählten Räume wie Merkmallosigkeit und scheinbare Leere stehen einer Darstellung des Erhabenen keinesfalls entgegen; vielmehr sind sie – mit Boileaus Longin-Rezeption bis hin zu Kants vorkritischer Forderung nach einem ‚einfältigen' Erhabenen – prädestiniert dafür. In diesem Sinne können auch Stifters ‚langweilige' und äußerst detailliert erzählte Texte das Erhabene darstellen, obwohl ein solcher Erzählstil zum einen der Rhetorik des Erhabenen, zum anderen auch Longins Pathos und Burkes Forderung nach Plötzlichkeit widerspricht.

---

nach Deleuze und Guattari charakteristischen Reisebedingungen des glatten Raums bestimmt: „Im Glatten zu reisen ist [...] ein schwieriges, ungewisses Werden." Deleuze/Guattari, Tausend Plateaus, 1992, S. 664 und 669. Als Ausdruck der Ungewissheit des erlebenden Subjekts im glatten Raum wird das Gefühl des Erhabenen angenommen: Die scheinbare Leere von Stifters an das Meer erinnernden Räumen kann mit dem Erhabenen wahrgenommen und erfahren werden.
160 Nachkommenschaften. In: HKG, Bd. 3,2, S. 92 und 32.

3 Das Erhabene als ‚gemischtes Gefühl'

Stifter hat sich meines Wissens nur an einer Stelle direkt zum Erhabenen geäußert bzw. es eindeutig thematisiert: in den *Winterbriefen aus Kirchschlag*. Darin fragt er, „[w]as ist Schönheit", um endlich nicht bei einem schönen, sondern einem erhabenen Gegenstand anzulangen, dem Sternenhimmel.[161] Zugleich spricht er der Philosophie einen Erkenntniswert ab: Nicht sie sei es, die erklären kann, was – in Stifters Worten – Schönheit ist; vielmehr müsse die Erfahrung für sich selbst stehen.

> Was ist Schönheit? Männer der ältesten und jüngsten Zeiten haben sich bestrebt, die Frage zu beantworten. Sie sagen: schön ist, was unbedingt gefällt, oder, schön ist das Göttliche, das dem Sinne erscheint, oder noch Anderes. Aber die Sache scheint von dem Worte schön hier nur auf andere Worte übertragen zu sein. Etwa ist es mit der Schönheit wie mit tausend Dingen, die wir haben und genießen, ohne zu wissen, was sie sind. Sicher ist, daß das Gefühl für Schönheit ein Gefallen ist, und daß wir die Schönheit durch den Sinn wahrnehmen. Und so haben wir sie, und jeder hat eine andere. Je mehr das Gefühl für Schönheit angeboren und durch sich und durch Kenntnisse entwickelt ist, desto höhere empfinden wir, und desto höher empfinden wir sie. Wenn man den Sternenhimmel betrachtet, [...] so steht eine Schönheit vor uns auf, die uns entzükt, und schaudern macht, die uns beseligt und vernichtet.[162]

Es ist also fraglich, ob sich Stifter, außer über Vermittlung von (populär-)wissenschaftlichen Werken, mit der Philosophie des Erhabenen beschäftigt hat. Offenbar muss man davon ausgehen, dass er Theorien wie die Kants oder Schillers nie direkt rezipiert hat. In seinen Erzählungen und Romanen wird das Erhabene kaum wörtlich genannt[163] oder, wie in den *Winterbriefen*, thematisiert, aber es wird – so meine These – in vielfacher Weise als Gefühl präsentiert.[164] Elkins' oben

---

161 Vgl. z. B. Kant, Analytik des Erhabenen, 1968, S. 343 und 360; Mendelssohn, Rhapsodie, 2006, S. 158.

162 Winterbriefe aus Kirchschlag. In: HKG, Bd 8,2, S. 339 – 341. Vgl. dazu in Kapitel I dieser Arbeit den Abschnitt *Das Erhabene in der Astronomie – Baumgartner und Littrow*, S. 87 – 90.

163 Neben den oben dargelegten Nennungen in Verbindung zu ‚Einfachheit' gibt es noch einige weitere Stellen, in denen das Wort ‚Erhaben' fällt. Vgl. Abdias. In: HKG, Bd. 1,5, S. 295; Der Nachsommer. In: HKG, Bd. 4,1, S. 44 und Bd. 4,3, S. 295. Des Weiteren fällt das Wort auch im Sinne von ‚höher stehend', ohne auf das philosophische Erhabene zu rekurrieren. Vgl. ebd., Bd. 4,2, S. 74.

164 Zu Erinnerung: Winko versteht unter „Präsentation" von Emotionen „die sprachliche Gestaltung von Emotionen [...], deren Vorkommnisse nicht selbst Propositionen [i. e. Thematisierungen, E. H] bilden" und die „im Text durch implizite sprachliche und strukturelle Mittel umgesetzt" werden. Winko, Kodierte Gefühle, 2003, S. 116.

https://doi.org/10.1515/9783110498219-006

schon dargelegter Vorwurf, der Begriff des Erhabenen habe aufgrund von übermäßigem und gedankenlosem Gebrauch inzwischen seine Bedeutung verloren, kann für Stifter kaum gelten – schließlich gebraucht er den Begriff kaum. Elkins' Forderung aber, erhabene Gegenstände „in möglichst genauen Worten" zu beschreiben,[165] wird dagegen gerade in Stifters Texten verwirklicht: Sie nehmen dabei zwar alte Bedeutungen auf, zugleich verleihen sie dem Erhabenen aber gerade aufgrund der detaillierten Beschreibungen auch neue Bedeutungen, Funktionen und Gegenstände, allerdings meist – so wird sich zeigen – mittels einer subjektiven Perspektive im Text. Um auch diese Dimension des Erhabenen fassen zu können, wird im Folgenden die Frage erörtert, wie sich das erhabene Gefühl als *textuelles* Phänomen[166] darstellt oder, mit Erhart gesprochen, wie eine „literarische Figur des Erhabenen"[167] in Abhängigkeit von einer subjektiven Perspektive im Text erfasst werden kann.

Das Problem dabei ist, dass das Erhabene keine eindeutige Definition erfahren hat. Schon *Perí hýpsus* beantwortet die Frage nach der Lehrbarkeit des erhabenen Stils nicht eindeutig; der zu Beginn aufgestellten Behauptung, es gäbe eine Kunstlehre des Erhabenen, wird später eine Absage erteilt: Das Erhabene sei ein Produkt der Natur (*physis*), das Schöne aber beruhe auf der Kunst (*téchne*).[168] Nach Raoul Schrott ist es gerade die definitorische Unschärfe, die das Erhabene ausmacht:

---

165 Vgl. Elkins, Gegen das Erhabene, 2010, S. 113.

166 Nach Andrea Vierle erweise sich das Erhabene „als sprachliches Phänomen", das „das philosophische Denken zur Sprache drängt." Ihr zufolge berühren sich Dichten und Denken im Erhabenen schon in den frühen Theorien auf eigentümliche Weise: Der „Augenblick der Höhe im Dichterischen" umfasse eine „bestimmte Form des einsehenden und hellsichtigen Denkens" und auch die Reflexionen über das Erhabene stehen in einer „philosophisch-poetische[n] Doppeldeutigkeit". Dichten und Denken geraten im Erhabenen in eine „bizarre Nähe", in der beide als „grundlegende Erscheinungsweisen menschlichen Berührtseins und Verstehens erscheinen." Andrea Vierle, Die Wahrheit des Poetisch-Erhabenen. Studien zum dichterischen Denken. Von der Antike bis zur Postmoderne, Würzburg 2004, S. 391 f.

167 Erhart, Das Erhabene, das Schöne und die moderne Literatur, 1997, S. 95 u. ö.

168 Vgl. Till, Das doppelte Erhabene, 2006, S. 42 f. und 96 f.; Longinus, Vom Erhabenen, 1988, S. 7–9 (2,1–3) und 89 (36,1–2). Nach Manfred Weinberg handle es sich an dieser Stelle nicht um einen Widerspruch; vielmehr gehe es im Erhabenen Longins um ein Zusammenspiel von Natur und Kunst: „Das Natürliche des Erhabenen wird also als eine wesentliche Bestimmung gefasst, so aber, dass diese nur im Rahmen einer Kunstlehre als [...] deren ‚Anderes‘ und sie abgründig Bestimmendes gedacht werden kann. Dass das Erhaben nicht *bloß* natürlich ist, sondern eben *auch* eine Kunst, macht es somit zum Natürlichen (erst) in der Kunstlehre vom Erhabenen." Weinberg, Erinnerung und Gedächtnis, 2006, S. 486. Nach Nicola Gess widerspricht sich *Perí hýpsus* auch in Bezug auf die Musik. Vgl. Nicola Gess, Gewalt der Musik. Literatur und Musikkritik um 1800, Freiburg i. Br./Berlin ²2011, S. 249.

Landschaften feindlich und unzugänglich zu nennen, heißt bereits, sie unter einem humanen Blickwinkel zu denken; doch wenn die Natur eines ist, dann indifferent. Um diese Gleichgültigkeit trotzdem irgendwie faßbar zu machen, müßte man imstande sein, von den Kategorien des menschlichen Denkens zu abstrahieren. Da uns aber kein anderer Ausgangspunkt zur Verfügung steht, wird sie uns eigentlich nur als Differenz bewußt – darin besteht das Paradoxon, dem man mit dem Begriff des Erhabenen Ausdruck zu verleihen sucht.[169]

Auch nach Pries ist das Erhabene nicht eindeutig definiert; den unterschiedlichen Theorien sei höchstens eine gewisse Widersprüchlichkeit gemeinsam.[170] Strube kritisiert diesen Ansatz. Er geht zwar auch davon aus, dass der „Begriff des Erhabenen nicht einheitlich und exakt bestimmt" ist, lässt aber das Paradox als verbindendes Element aller Theorien nicht gelten: „Die Theoretiker des Erhabenen sind vielmehr an unterschiedlichen Paradigmata orientiert und – dementsprechend – auf unterschiedliche Typen des Erhabenen gerichtet".[171] Dennoch, so soll im Folgenden gezeigt werden, machen sich die verschiedenen Entwürfe des Erhabenen jeweils eine Ambivalenz, mit Schrott eine Paradoxie bzw. mit Pries eine Widersprüchlichkeit zunutze, obwohl sie von unterschiedlichen philosophischen und ästhetischen Grundlegungen ausgehen. In diesem von Pries und Strube gleichermaßen angesprochenen Variantenreichtum des Erhabenen liegt zudem eine Chance für literarische Texte. Nach Erhart könne Literatur eine „Gegenrechnung" zur seit Kant fast ausschließlich theoretisch geführten Geschichte des Erhabenen aufstellen.

---

169 Schrott, Tropen, 1998, S. 8.

170 „Das Erhabene ist [...] nicht nur in seinen historischen Ausprägungen sehr variantenreich, sondern auch *in sich* äußerst widersprüchlich. Diese Widersprüchlichkeit macht sein Charakteristikum aus. Wenn man ein gemeinsames Merkmal der diversen Konzeptionen des Erhabenen benennen will, so ist es in dem Umstand zu sehen, daß sie alle mit extremen Doppelungen arbeiten. Das Erhabene wird jeweils durch Gegensatzpaare beschrieben, in deren Spannungsfeld es sich konstituiert." Es zeichne sich deshalb durch „Ortlosigkeit" aus, durch ein „Verharren *auf* einer Grenze". Pries, Einleitung [in: Das Erhabene], 1989, S. 6.

171 Strube, Der Begriff des Erhabenen, 1995, S. 299 f. Strube wirft Pries und anderen Theoretikern des ‚postmodernen' Erhabenen terminologische Unsauberkeit vor: „Weil man in dieser Diskussion offenbar von der (viel zu grobschlächtigen) Dichotomie Schönes – Erhabenes ausgeht, muss man sich, um die moderne [...] Kunst und Zeit zu charakterisieren, des Begriffs des Erhabenen bedienen. Weil die moderne Kunst und Zeit nicht erhaben im traditionellen Sinn sind, muß man diesen Begriff des Erhabenen erheblich erweitern." ebd., S. 301. Auch Till übt Kritik am ‚postmodernen' Erhabenen und knüpft ausdrücklich „an diese Debatte nicht an". Ihm geht es um den „‚blinden Fleck' der Erhabenheitsdebatte [...]: ihre[] Geschichtslosigkeit." Vgl. Till, Das doppelte Erhabene, 2006, S. 4.

Die literarische Geschichte des Erhabenen nämlich spricht eine andere Sprache als die ästhetisch-philosophische Theorie, und das scheinbar Nicht-Darstellbare ist in der literarischen Geschichte des Erhabenen außerordentlich vielfältig dargestellt worden. [...] Entscheidend ist vielmehr, daß die Denkfigur des Erhabenen seit dem 18. Jahrhundert die von
der Ästhetik verbotenen Bilder in wachsendem Maße selbst erst hervorgebracht hat: im
Widerspiel des Schönen mit dem Erhabenen, als Doppelbewegung des Erhabenen zwischen
Negation und Erhoben-Sein.[172]

Auch Stifters Erzählungen und Romane können als Gegenrechnung zur theoretischen Diskussion um das Erhabene gelesen werden in dem Sinne, dass das
Stifter'sche Erhabene zwar von verschiedenen Theorien beeinflusst ist, dabei
aber – so wird sich im Interpretationsteil dieser Studie zeigen – keine Theorie
bevorzugt: In Stifters Verarbeitung des Erhabenen lassen sich Paradigmen aus
den Theorien Kants, Schillers und Vischers, aber auch Burke'sche und Longin'sche Gedanken zum Erhabenen finden. Die Gefahr für eine Analyse des Erhabenen als Emotion liegt also darin, willkürlich subjektive Wahrnehmungen und
Gefühle als erhaben zu fassen; es muss eine sprachliche Konstruktion gefunden
werden, um so einer ‚Erfindung‘ von erhabenen Gefühlen entgegenzuwirken –
auch wenn eine literaturwissenschaftliche Analyse des Erhabenen freier agieren
kann als eine philosophische Systematik oder Diskussion.

Torsten Hoffmann legt in *Konfigurationen des Erhabenen* den „erhabenen
Schock" im Sinne einer „Unlusterfahrung mit einem Lustgefühl" und – zumindest
über Kant, Schiller und die Theorien des zwanzigsten Jahrhunderts – ein durch
diese Erfahrung ausgelöstes „Freiheitsgefühl" als ‚Ort‘ des Erhabenen im Text
fest.[173] Für das Erhabene bei Stifter erscheint mir die Festlegung auf einen Schock
allerdings zu eng; schließlich impliziert diese Bezeichnung eine gewisse Plötzlichkeit des Geschehens.[174] In Stifters Texten bricht aber äußerst selten ein Geschehen plötzlich über die Figuren herein;[175] auch seinen Verarbeitungen des

---

172 Erhart, Das Erhabene, das Schöne und die moderne Literatur, 1997, S. 84. Hoffmann sieht das
ähnlich: „Die Mehrdeutigkeit des Begriffs ist für die Untersuchung literarischer Spielformen des
Erhabenen keinesfalls hinderlich – es macht sie, ganz im Gegenteil, gerade interessant. Denn vor
dem Hintergrund der theoretischen Debatten kann nun gefragt werden, welche Interpretation das
Erhabene im literarischen Diskurs erfährt." Hoffmann, Konfigurationen des Erhabenen, 2006,
S. 67.
173 Vgl. ebd., S. 62–67.
174 So arbeitet Hoffmann anhand von Barthold Brockes' Gedicht *Das Firmament* folgende Elemente des ‚erhabenen Schocks‘ heraus: Die „Plötzlichkeit des Erlebnisses", die „Hilflosigkeit des
Bewusstseins", das „Schwindelgefühl des Betrachters" und den „Verlust gewohnter Ich- und
Weltrepräsentationen". Ebd., S. 63.
175 Beispiele hierfür sind der Wolfsangriff in *Brigitta* und die z. T. überraschenden Blitzschläge
in *Abdias*.

Erhabenen sind die für ihn charakteristische Langatmigkeit und Behäbigkeit eigen.[176] Des Weiteren wird sich zeigen, dass in Stifters Texten neben dem Kant'schen Erhabenen[177] und dem darin verankerten ‚Freiheitsgefühl' auch die Theorien Burkes[178] und Longins[179] trotz ihres Bezugs auf Plötzlichkeit und Pathos eine Rolle spielen. In ihren Theorien geht das Erhabene aber nicht in einer vernunftgemäßen Befreiung des am Erhabenen gescheiterten Subjekts auf,[180] sondern führt zu einer Freiheitsberaubung[181] bzw. kann dazu führen.[182] Vom ‚erhabenen Schock' und einem daraus resultierenden ‚Freiheitsgefühl' auszugehen, ist für eine Analyse des Erhabenen bei Stifter zu einschränkend.

Anders als in Hoffmanns *Konfigurationen* kann es in dieser Studie zudem nicht um einen „literarischen Diskurs",[183] zumindest nicht im Sinne eines Vergleichs von unterschiedlichen Ausprägungen des Erhabenen bei mehreren Autoren – Hoffmann beschäftigt sich mit Peter Handke, Christoph Ransmayr, Raoul Schrott und Botho Strauß – gehen, da nur Texte Stifters untersucht und Vergleiche zu literarischen Werken anderer Autoren nicht gezogen werden. Des Weiteren thematisieren Stifters Texte, wie schon mehrfach dargelegt, das Erhabene nur

---

176 Besonders in der Beschreibung der oberitalienischen Hochebene in *Zwei Schwestern*, der ungarischen Puszta in *Brigitta* oder auch des Gletschers im *Nachsommer*.

177 Siehe dazu in Kapitel III.1 den Abschnitt *Auf dem Gipfel* und Kapitel III.6 in dieser Arbeit.

178 Vgl. dazu in dieser Arbeit in Kapitel III.1 den Abschnitt *Stifters Öden, Steppen und Wüsten*, außerdem die Kapitel III.2, III.3 und III.5.

179 Vgl. dazu Kapitel III.7 in dieser Arbeit; aber auch das eben schon erwähnte Kapitel III.2.

180 Nach Weinberg liege auch im Erhabenen Kants ein Bruch: Im Mathematisch-Erhabenen gehe es zwar um eine „Hierarchisierung der Vermögen", nämlich um den „Vorrang der Vernunft vor der Einbildungskraft"; allerdings habe die Vernunft hier „eigentlich nichts zu suchen" und müsse „von daher auch unvermögend sein, eine der Einbildungskraft unmögliche Synthese doch noch möglich zu machen." Deshalb handle es sich um einen „unmögliche[n] Übergang". Weinberg, Erinnerung und Gedächtnis, 2006, S. 511 f.

181 Nach Lehmann fordere das Longin'sche Erhabene eine absolute „Identifikation" des Zuhörers mit dem Redner, ein „Einswerden", das in einem „Selbstverlust" resultieren müsse. Lehmann, Das Erhabene ist das Unheimliche, 1989, S. 754. Vgl. auch Menninghaus, Macht und Gewalt in Longins und Kants Erhabenem, 1991, S. 4 f.; Weinberg, Erinnerung und Gedächtnis, 2006, S. 487.

182 Bei Burke ist ein Selbstverlust nicht zwangsläufig: „*In this case* the mind is so entirely filled with its object, that it cannot entertain any other, nor by consequence reason on that object which employs it. Hence arises the great power of the sublime, that far from beeing produced by them, it anticipates our reasonings, and hurries us on by an irresistible force." Burke, A Philosophical Enquiry, 2008, S. 39, Hervorhebung E. H

183 Hoffmann, Konfigurationen des Erhabenen, 2006, S. 67. Nach Hoffmann werde das Erhabene in Texten des zwanzigsten Jahrhunderts immer mehr als „prinzipielle Bedingung menschlichen Existierens begriffen [...]. Die erhabene Unlusterfahrung, die es ‚auszuhalten' gilt, wird damit aus dem Kontext einer konkreten Wahrnehmungssituation gelöst und an die *conditio humana* gebunden." Ebd., S. 334.

äußerst selten,[184] während bei Schrotts *Tropen* schon der Untertitel *Über das Erhabene* auf die Konzeption des Gedichtbands als „Kombination von theoretischen und poetischen Äußerungen zum Erhabenen" hinweist.[185] Gerade deshalb und aufgrund von Stifters mangelnden Kenntnissen der Philosophiegeschichte zum Erhabenen wird sich in seinen Texten immer wieder zeigen, „daß Theorie und Praxis des Erhabenen nicht miteinander konform gehen, sondern jeweils an ganz unterschiedlichen Entwicklungspunkten hervortreten und nicht selten im Widerstreit stehen."[186]

Um dem Variantenreichtum des Erhabenen bei Stifter gerecht zu werden, wird sich diese Studie zur Erfassung eines unter subjektiver Perspektive erlebten Erhabenen auf die Ästhetik des ‚gemischten Gefühls‘[187] stützen; der Begriff ist zwar nicht so trennscharf definiert[188] wie der erhabene Schock, das hat aber den Vorteil, dass mannigfaltige Erscheinungsformen und Spielarten von figürlichen Erhabenheitserlebnissen darunter gefasst werden können. Bevor dieser Konstruktion in den Texten Stifters nachgegangen wird, werden im Folgenden die Verbindungen des ‚gemischten Gefühls‘ zu einigen philosophischen Texten, deren Gegenstand entweder explizit das Erhabene ist oder die den Komplex des Erhabenen zumindest mit behandeln oder streifen, dargestellt, um die Verwendung des Begriffs, seine Ausprägung und seine Charakteristik zu verdeutlichen.

---

184 So in den schon erwähnten *Winterbriefen aus Kirchschlag*, aber auch in *Zwei Schwestern:* „[G]ewiß wenige Künstler hätten das für die Aufgabe eines Meisters gehalten, wenn sie nicht früher die Erfahrung gemacht hätten, wie so unaussprechlich die düstere Schönheit solcher Oeden auf die Seele des Menschen zu wirken vermag." Zwei Schwestern. In: HKG, Bd. 1,6, S. 261. Hier lässt sich die Thematisierung des Erhabenen aber nicht eindeutig von seiner Präsentation trennen.

185 Damit reihe sich Schrott „so offenkundig wie kein zweiter Autor am Ende des 20. Jahrhunderts in die Geschichte des Erhabenen ein." Hoffmann, Konfigurationen des Erhabenen, 2006, S. 145.

186 Erhart, Das Erhabene, das Schöne und die moderne Literatur, 1997 S. 84. Nach Hoffmann sei – wie oben schon dargelegt – mit Kant und Seel „zwischen dem philosophischen und dem literarischen Diskurs um das Erhabene keine kategoriale, sondern nur eine graduelle Differenzierung möglich [...] – von einem einseitigen Nachwirken der Philosophie in der Literatur kann deshalb keine Rede sein." Hoffmann, Konfigurationen des Erhabenen, 2006, S. 62.

187 Verwendung fand dieser Ausdruck bei Schiller. Vgl. Schiller, Ueber das Erhabene, 1963, S. 42. Auch Moses Mendelssohn spricht von „vermischten Empfindungen". Vgl. Mendelssohn, Rhapsodie, 2006, S. 158.

188 Nach Carsten Zelle avancierten vermischte Empfindungen schon im achtzehnten Jahrhundert zu einem „Terminus der Ästhetik", blieben aber trotz ihres Einzugs in ästhetische Schriften immer ein sonderbares und paradox anmutendes Phänomen. Vgl. Zelle, ‚Angenehmes Grauen‘, 1987, S. XVII.

Schon in der Debatte um die Laokoon-Gruppe kommt der Aspekt des Widersprüchlichen zur Sprache und wird – wenn auch lose – mit dem Erhabenen verbunden. Sylvie Hurstel geht den Beziehungen von Johann Joachim Winckelmanns *Idealischem Schönen* zu den „Paradoxien des Erhabenen in der Kunst" nach, wie sie sich in *Gedanken über die Nachahmung der Griechischen Werke in der Malerei und Bildhauerkunst* (1755) darstellen. Ihr zufolge halte Winckelmann zwar noch an einer „metaphysisch begründeten Auffassung der Schönheit fest, in der das Erhabene als deren maßvolle Vollendung immer noch ästhetisch undifferenziert erscheint"; zugleich zeige sich aber schon das „Ferment der Aporie" des Erhabenen. Winckelmanns *Idealische Schönheit* sei „als das Ergebnis eines spannungsvollen dialektischen Verhältnisses zwischen Natur und Verstand" zu verstehen: „[E]inerseits als Erkenntnis und Synthetisierung der Naturschönheiten [...], andererseits aber als entschlossene geistige Erhebung aus derselben."[189] Auch wenn Winckelmann das Erhabene nicht vom Schönen löst und dem Begriff keinen ästhetischen Eigenwert zuspricht[190] und also unter ganz anderen Paradigmen mit dem Erhabenen umgeht, als das Burke tun wird, so zeigt sich doch auch schon in seiner Philosophie eine grundlegende Paradoxie, die allerdings noch nicht mit dem Begriff ‚erhaben' erfasst wird.

Was sich in der Laokoon-Debatte andeutet, führt schon wenige Jahre nach dem Erscheinen von Winckelmanns *Gedanken* zu weiteren begrifflichen Verschiebungen in der Ästhetik: Die Kategorie des Erhabenen tritt zunehmend mit dem Wert des Schönen in Konkurrenz.[191] Vorerst abgeschlossen wird dieser Prozess mit Burkes *Enquiry* (1757); wie oben schon angesprochen führte diese Neubestimmung erstmals zu einer expliziten Trennung des Erhabenen vom Schö-

---

189 Sylvie Hurstel, Zur Entstehung des Problems des Erhabenen in der Ästhetik des achtzehnten Jahrhunderts. J. J. Winckelmann und G. E. Lessing. In: Raulet, Gérard (Hg.), Von der Rhetorik zur Ästhetik. Studien zur Entstehung der modernen Ästhetik im 18. Jahrhundert, Rennes 1992, S. 108–144, hier 123, 112 und 114. Hurstel folgert daraus: „Die Aporie der kunstgemäßen Gestaltung eines metaphysisch bestimmten Erhabenen ist in dem kunstgeschichtlichen Übergang des Hohen Stils zum Schönen Stil zwar angedeutet, wird aber von Winckelmann selbst nicht problematisiert. [...] Die unüberwindbaren Widersprüche der Winckelmannschen Thesen über das Erhabene wirkten für die Nachfolger wie eine implizite Herausforderung, dem Erhabenen selbst einen ästhetischen, der Menschheit auch zugänglichen Eigenwert zu verschaffen." Ebd., S. 128 f.

190 Nach Hurstel werde das Erhabene in Lessings Beitrag zur Debatte dagegen „ausdrücklich von der Schönheit abgegrenzt und in seiner Spannung zur schönen Gestalt problematisiert." Ebd., S. 146.

191 Vgl. Zelle, ‚Angenehmes Grauen', 1987, S. 417. Zelle spricht von einer „doppelten Ästhetik", die durch eine vielfältige Opposition entlang der Linie Schönheit/Erhabenheit gekennzeichnet sei. Vgl. Carsten Zelle, Die doppelte Ästhetik der Moderne. Revision des Schönen von Boileau bis Nietzsche, Stuttgart 1995, S. 3.

nen,[192] denn die Begriffe werden darin als nicht vermittelbare Gegensätze aufgefasst:

> For sublime objects are vast in their dimensions, beautiful ones comparatively small; beauty should be smooth, and polished; the great, rugged and negligent; beauty should shun the right line, yet deviate from it insensibly; the great in many cases loves the right line, and when it deviates, it often makes a strong deviation; beauty should not be obscure; the great ought to be dark and gloomy; beauty should be light and delicate; the great ought to be solid, and even massiv. They are indeed ideas of a very different nature, one beeing founded on pain, the other on pleasure.[193]

Das Schöne wird also nicht durch „gleichmäßige Proportionen, Zweckmäßigkeit oder Vollkommenheit hervorgerufen, sondern durch eine Idee von Schwäche",[194] von Glätte, Ebenheit, Kleinheit und Zartheit. So kann Burke das Schöne als weiblich und das Erhabene im deutlichen Gegensatz dazu als männlich definieren sowie das Schöne dem Geselligkeitstrieb und das Erhabene dem Selbsterhaltungstrieb zusprechen.[195]

Burkes grundlegende Theorie zum Erhabenen und Schönen wurde im deutschsprachigen Raum ausführlich rezipiert. Einer der ersten, die die *Enquiry* gelesen haben, war Mendelssohn,[196] der, so Paetzold, über diese Rezeption die Ästhetik dynamisiert[197] und infolgedessen, wie schon Burke vor ihm, das Erhabene als eigenständigen ästhetischen Begriff aufgefasst habe. Nach Strube habe Mendelssohn das Erhabene jedoch nur graduell vom Schönen unterscheiden wollen, in der Ausführung scheine er „den Begriff des Erhabenen dann aber doch als *neben* dem Begriff des Schönen stehenden *klassifikatorischen* Begriff aufzufassen", indem er das Erhabene als den „*äußerste[n] Grad*" von „sinnlich vorgestellter Vollkommenheit" definiere.[198] Einmal abgesehen davon, ob Mendelssohn das Erhabene eindeutig vom Schönen getrennt hat oder es weiterhin nur graduell

---

192 Vgl. Heininger, Erhaben, 2001, S. 288–290.

193 Burke, A Philosophical Enquiry, 2008, S. 97.

194 Ehlers, Grenzwahrnehmungen, 2007, S. 75.

195 Vgl. Shaw, The Sublime, 2006, S. 56 f.

196 Vgl. Moses Mendelssohn, Anmerkungen über das englische Buch: On the sublime and the beautiful. In: ders., Ästhetische Schriften, hg. von Anne Pollok, Hamburg 2006, S. 108–126.

197 Paetzold geht bei Mendelssohn von einer „Dynamisierung" der „Ästhetik der Baumgartenschen Schule" aus in dem Sinn, dass das dieser Ästhetik zugrunde liegende „Axiom der Vollkommenheit [...] gedoppelt" werde. Es gebe zwar bei Mendelssohn eine Vollkommenheit im Sinne von Harmonie; daneben könne sich Vollkommenheit aber „auch bemerkbar machen in der Freude einer sich immer wieder belebenden dynamischen Vorstellungstätigkeit", die sich in „grausigen Anblicken" zeige. Paetzold, Rhetorik-Kritik und Theorie der Künste, 1992, S. 15 f.

198 Strube, Der Begriff des Erhabenen, 1995, S. 283.

davon geschieden sehen wollte – wichtig ist, dass sich das Erhabene mit Burkes *Enquiry* und Mendelssohns Rezeption zu einem immer festeren Terminus in der Ästhetik entwickelt hat, der aber weiterhin seltsam unscharf blieb. So heißt es bei Burke:

> [I]f the pain and terror are so modified as not to be actually noxious; if the pain is not carried to violence, and the terror is not conversant about the present destruction of the person, as these emotions clear the parts, whether fine or gross, of a dangerous and troublesome incumbrance, they are capable of producing delight; not pleasure, but a sort of delightful horror, a sort of tranquillity tinged with terror; which as it belongs to self-preservation is one of the strongest of all passions. Its object is the sublime.[199]

Bei Burke sind Schrecken und Schmerz die Ursachen des Erhabenen, wenn sie fähig sind, ‚delight' hervorzubringen. Das Oxymoron ‚delightful horror', der „frohe Schrecken"[200] dient hier zwar nicht logisch, aber doch empirisch einer Definition des Erhabenen. Auch Mendelssohn nutzt in seiner Theorie der „vermischten Empfindungen" eine spezifische Paradoxie:

> Das Unermeßliche, das wir zwar als ein Ganzes betrachten, aber nicht umfassen können, erregt gleichfalls eine vermischte Empfindung von Lust und Unlust. [...] Das große Weltmeer, eine weit ausgedehnte Ebene, das unzählbare Heer der Sterne, die Ewigkeit der Zeit, jede Höhe oder Tiefe, die uns ermüdet, ein großes Genie, große Tugenden, die wir bewundern, aber nicht erreichen können, wer kann diese ohne Schauern anblicken, wer ohne angenehmes Schwindel zu betrachten fortfahren? *Diese Empfindung ist von Lust und Unlust zusammengesetzt.* Die Größe des Gegenstandes gewähret uns Lust, aber unser Unvermögen, seine Grenzen zu umfassen, vermischt diese Lust mit einiger Bitterkeit, die sie desto anziehender machet.[201]

Das ‚gemischte Gefühl' des achtzehnten Jahrhunderts ist also bereits in Burkes *Enquiry*, neben Boileaus Longin-Übersetzung eine der wirkmächtigsten Neubestimmungen des Erhabenen,[202] und infolgedessen bei seinem Rezipienten Mendelssohn zu finden, auch wenn hier das Erhabene weiterhin „auf die Vollkommenheiten des *menschlichen Geistes* bezogen bleibt und von Mendelssohn nicht – so wie das Wort ‚sublime' bei Burke – auf Weltmeere, Hochgebirge u. ä. bezogen" wird.[203]

---

199 Burke, A Philosophical Enquiry, 2008, S. 105.
200 Übersetzung von Friedrich Bassenge. Siehe Edmund Burke, Philosophische Untersuchung über den Ursprung unserer Ideen vom Erhabenen und Schönen, hg. von Werner Strube, Hamburg ²1988, S. 176.
201 Mendelssohn, Rhapsodie, 2006, S. 158, Hervorhebung E. H.
202 Vgl. Heininger, Erhaben, 2001, S. 288.
203 Strube, Der Begriff des Erhabenen, 1995, S. 289.

Kant schließlich, und in seiner Folge auch Schiller, distanzieren sich in vielen Punkten von Burkes Psychologie;[204] zugleich nutzen aber auch sie das ‚gemischte Gefühl' zur sprachlichen Darstellung des Erhabenen. So greift Kant Mendelssohns ‚vermischte Empfindungen aus Lust und Unlust'[205] in der Definition des Mathematisch-Erhabenen auf:

> Das Gefühl des Erhabenen ist also ein Gefühl der Unlust, aus der Unangemessenheit der Einbildungskraft in der ästhetischen Größenschätzung, zu der Schätzung durch die Vernunft, und eine dabei zugleich erweckte Lust, aus der Übereinstimmung eben dieses Urteils der Unangemessenheit des größten sinnlichen Vermögens mit Vernunftideen, sofern die Bestrebung zu denselben doch für uns Gesetz ist. Es ist nämlich für uns Gesetz (der Vernunft) und gehört zu unserer Bestimmung, alles, was die Natur als Gegenstand der Sinne für uns Großes enthält, in Vergleichung mit Ideen der Vernunft für klein zu schätzen [...].[206]

Kant will das Paradox des Erhabenen ausgleichen, also die Vernunft mit der überforderten Sinnlichkeit bzw. Einbildungskraft versöhnen – so die gängige Forschungsmeinung.[207] Das zeigt sich auch in der Kant'schen Verwendung des Begriffspaars Unlust und Lust. War bei Mendelssohn das Erhabene noch eine ‚vermischte Empfindung von Lust und Unlust', wobei das „Vermischt-Sein [...] ein Alternieren" bedeutet,[208] sich also abwechselnd jeweils Lust und Unlust einstellen, so resultiert im Kant'schen Erhabenen die Lust aus der Unlust. Das heißt, das Gefühl des Erhabenen bleibt zwar ein gemischtes, es ist bei Kant aber kein sich ewig vermischendes mehr: Das Unermessliche findet eine subjektive Darstellung negativ aus der Idee heraus;[209] das Subjekt erkennt mittels des Scheitern von

---

204 Nach Ehlers liege der Unterschied zu Kant darin, dass Burke alle Sinne einbeziehe, während Kant von einer Überforderung der Einbildungskraft ausgehe. Vgl. Ehlers, Grenzwahrnehmungen, 2007, S. 77.

205 „Dieses widersprüchliche Gefühl, Lust und Unlust, Freude und Angst, Exaltation und Depression, ist im Laufe des 17. und 18. Jahrhunderts in Europa immer wieder unter dem Namen des *Erhabenen* benannt worden." Lyotard, Das Erhabene und die Avantgarde, 1987, S. 254.

206 Kant, Analytik des Erhabenen, 1968, S. 344 f.

207 Nach Menninghaus komme es bei Kant zwar auch zu einer Freiheitsberaubung, diese diene aber der Erfahrung einer noch größeren Freiheit als übersinnliches Wesen: „Erhaben ist bei ihm und Schiller der Widerstand gegen das, was vorher das Erhabene hieß." Allerdings hätten „Longin und Burke [...] ihre Kritik durch Kant selbst schon vorweggenommen." Menninghaus, Macht und Gewalt in Longins und Kants Erhabenem, 1991, S. 6 und 9 f. Nach Lehmann habe Kant das Erhabene „vom pathologischen und sexuellen Beigeschmack" säubern und es „mittels einer Geste zur sittlich-moralischen Vergewisserung" domestizieren wollen. Lehmann, Das Erhabene ist das Unheimliche, 1989, S. 754. Nach Fœssel trage die „Befreiung vom Objekt" dazu bei, „das Erhabene zur reinen Lust zu zählen." Fœssel, Analytik des Erhabenen, 2008, S. 102.

208 Strube, Der Begriff des Erhabenen, 1995, S. 282.

209 Vgl. Pries, Einleitung [in: Das Erhabene], 1989, S. 10.

Sinnlichkeit und Einbildungskraft „ein Vermögen, das selbst übersinnlich ist" in der eigenen Vernunft.[210] Eine solche Erhebung der Vernunft über die Unendlichkeit bzw. die Natur ist aber nur möglich, indem Kant das Erhabene zum einen als ein nicht alternierendes Gefühl definiert und zum anderen dem Subjekt zuspricht und es nicht, wie Burke,[211] an äußerlichen Objekten der Natur festmacht.

Kommt es bei Kant also zu einer endgültigen Aussöhnung von Vernunft und Sinnlichkeit bzw. Einbildungskraft? Auch wenn die Vernunft die Einbildungskraft vor einer Überforderung ‚rettet', so ist es zugleich eben jene Vernunft, die die Einbildungskraft zwingen will, die betreffenden Gegenstände zusammenzufassen; in diesem Sinne könne sich die Vernunft schließlich, so Pries, „im wahrsten Sinne des Wortes über die Natur" und über die Einbildungskraft erheben. Das „Scheitern der Einbildungskraft" bleibe aber immer „Voraussetzung dafür, daß die Idee in Erscheinung treten kann";[212] und das heißt: Das Scheitern bleibt dem Triumph des Subjekts über die Natur immer eingeschrieben. Auch Michaël Fœssel stellt in seinem Beitrag zur *Analytik des Erhabenen* abschließend fest:

> Es gibt keine Offenbarung des Geistes, die den Abgrund zwischen dem Sinnlichen und dem Intelligiblen auffüllen könnte: Das Erhabene ist das Zeichen dieser Unmöglichkeit. [...] Angesichts des Erhabenen versteht sich also das Subjekt als frei, indem es den sich zwischen dem Sinnlichen und dem Intelligiblen etablierenden ‚Widerstreit' reflektiert. Doch dieser Prozeß hebt den Widerspruch nicht auf: *Er setzt ihn voraus.* Es steht am Horizont des Kantischen Erhabenen keine Versöhnung.[213]

Kant knüpft also zum einen an den Burke'schen ‚delightful horror'[214] und an Mendelssohns ‚vermischte Empfindung von Lust und Unlust' an, zum anderen

---

210 Kant, Analytik des Erhabenen, 1968, S. 341.

211 Zwar definiert auch Burke das Erhabene als ein Gefühl, doch es hat seine Ursache nicht im Subjekt, sondern in schrecklich auf das Subjekt wirkenden Objekten. Vgl. Burke, A Philosophical Enquiry, 2008, S. 105.

212 Deshalb könne man auch von einer – „im Kantischen Sinne – dialektische[n] Struktur des Erhabenen sprechen." Pries, Einleitung [in: Das Erhabene], 1989, S. 9.

213 Fœssel, Analytik des Erhabenen, 2008, S. 119. Auch Blumenberg interpretiert Kants *Analytik* als „einen der letzten großen *Versuche*", die bereits mit der kopernikanischen Wende entstandene Kluft zwischen Natur und Idee zwar nicht zu schließen, aber doch als „positive Spannung" zu rechtfertigen. Vgl. Blumenberg, Die Genesis der kopernikanischen Welt, 1975, S. 77 f., Hervorhebung E. H. Nach Weinberg bleibe auch in des Kants Fassung des Erhabenen ein „Bruch und Abgrund" bestehen: „Entscheidend" sei die „sich einstellende und bemerkte Unfähigkeit, ein äußeres Unendliches oder (unmöglich) als Unendliches *Erscheinendes* einem inneren Endlichen zu integrieren." Vgl. Weinberg, Erinnerung und Gedächtnis, 2006, S. 511 f.

214 In den *Beobachtungen über das Gefühl des Schönen und Erhabenen* ist Kants Bezug auf Burke deutlicher; nach Strube sei Kant „mit dieser Schrift vor allem *Burke* verpflichtet", wobei er aber

führt er die Ambivalenz des Erhabenen weg vom Objekt und hin zu einem Gefühl des Subjekts. Eine solche Transformation des Erhabenen hebt dessen Widersprüchlichkeit keinesfalls auf, bringt sie aber auf eine andere Ebene, auf die Ebene der Sinnlichkeit, der Einbildungskraft und der Vernunft des erlebenden Subjekts. Kant erfasst das Erhabene zwar logisch als ästhetisches Urteil;[215] er kann aber den Übergang vom Sinnlichen zur Erkenntnis der Vernunftideen nur an den Rändern definieren: „Es muss eine Differenz geben zwischen dem formlosgrässlich Sinnlichen und dem Erhabenen. Der Moment dieses Übergangs, dieses Ur-Sprungs bleibt jedoch uneinholbar, Spur eines Bruchs, dessen Rand vom Grässlichen wie vom Erhabenen umschrieben wird.“[216]

Auch in Schillers Definition des Erhabenen, die an Kants *Analytik* anknüpft, bleiben Sinnlichkeit und Vernunft – vorerst – unausgesöhnt: „*Erhaben* nennen wir ein Objekt, bey dessen Vorstellung unsre sinnliche Natur ihre Schranken, unsre vernünftige Natur aber ihre Ueberlegenheit, ihre Freyheit von Schranken fühlt; gegen das wir also *physisch* den Kürzern ziehen, über welches wir uns aber *moralisch* d. i. durch Ideen erheben.“[217] Gleich zu Beginn seiner Schrift *Vom Erhabenen* zeigt Schiller also den „indirekte[n], zweitaktige[n] Wirkungsmechanismus des Erhabenen“, der in für „Schiller typischer Weise auf die sinnliche/sittliche Anthropologie, die den Menschen als Mischwesen auszeichnet“, bezogen ist.[218] Zu einer Versöhnung von Sinnlichkeit und Vernunft kommt es erst mit einer Historisierung des Erhabenen, in der die Ideen von Freiheit und Sittlichkeit selbst zu historischen werden.[219] Mit dieser geschichtsphilosophischen Wendung, an deren Ende sich das Erhabene im „Idealschönen“ verliert,[220] wird die Kluft zwischen Sinn und Intellekt geschlossen.[221] Allerdings bleibt das Erhabene bis dahin auch bei Schiller ein „gemischtes Gefühl“, eine „Zusammensetzung von *Wehseyn*, das sich in seinem höchsten Grad als ein Schauer äußert, und von *Frohseyn*, das bis zum Entzücken steigen kann“.[222]

---

bereits weniger „von den *Gegenständen* und deren sinnlichen Qualitäten“ ausgehe, sondern auf das Gefühl des Schönen und Erhabenen fokussiere. Vgl. Strube, Der Begriff des Erhabenen, 1995, S. 289 f.

215 Vgl. Kant, Analytik des Erhabenen, 1968, S. 360.
216 Ehlers, Grenzwahrnehmungen, 2007, S. 81.
217 Der Untertitel der Schrift *Vom Erhabenen* lautet: „Zur weitern Ausführung einiger Kantischen Ideen.“ Vgl. Schiller, Vom Erhabenen, 1962, S. 171, Zitat im Text ebd.
218 Zelle, Vom Erhabenen/Über das Pathetische, 2005, S. 400.
219 Vgl. Heininger, Erhaben, 2001, S. 294.
220 Schiller, Ueber das Erhabene, 1963, S. 43.
221 Vgl. Graubner, Erhaben, 1997, S. 491.
222 Schiller, Ueber das Erhabene, 1963, S. 42.

In Vischers *Über das Erhabene und Komische* (1837) wird das Erhabene schließlich wieder nur graduell vom Schönen unterschieden. Vor dem Hintergrund von Jean Pauls Komischem als „umgekehrte[m] Erhabne[n]",[223] dessen Grundlage auch eine „Paradoxie" ist im Sinne einer „Dissonanz, die Vergnügen bereitet",[224] definiert Vischer das Erhabene als „Gärung innerhalb des Schönen selbst" aufgrund eines Überwiegen der Idee gegenüber der Erscheinung: „Um nun ihre Selbständigkeit diesem Elemente gegenüber zu bewähren, reißt sich zuerst die Idee aus jener ruhigen Einheit los, greift über die begrenzte, individuelle Erscheinung hinaus und hält ihr ihre Unendlichkeit entgegen. So entsteht die erste Art ästhetischer *Disharmonie*, der erste *Kontrast* im Schönen."[225] Vischer lässt das Erhabene also „als notwendige Entwicklungsstufen aus der Idee des Schönen hervorgehen und in sie zurückkehren" – das Erhabene ist Teil des Schönen. Aufgrund dessen scheint das Erhabene bei Vischer „im Grund funktionslos geworden zu sein. So wird es [...] in späteren ästhetischen Schriften nicht mehr zentral behandelt."[226] Auch wenn das Erhabene mit Vischers Ausführungen theoriegeschichtlich immer weiter an Bedeutung verliert, stützt sich auch Vischer auf eine Paradoxie:

> Dieser Dualismus des Erhabenen darf jedoch nicht als absoluter Gegensatz betrachtet werden, und der obige Satz, daß das Unendliche immer an einem endlichen Gegenstand erscheinen müsse, wird dadurch nicht aufgehoben, und zwar deswegen, weil genau betrachtet auch das negative Erhabene diese Negation nur durch eine positive Kraft hervorbringt. Alles Erhabene ist eigentlich zugleich positiv und negativ; positiv, weil die Idee als eine überlegene Macht darin wirkt, negativ, weil neben dem Akt, worin dies sich offenbart, alles andere verschwindet.[227]

Die Paradoxie des Erhabenen ist in Vischers Ästhetik ein gleichzeitiges Erscheinen zweier Pole, dem positiven in der Idee und dem negativen in deren Dominanz

---

223 Jean Paul, Vorschule der Ästhetik. In: Jean Paul. Werke. Bd. 5, hg. von Norbert Miller, München 1963, S. 7–456, hier 129.

224 Rolf-Peter Janz, Erhaben und lächerlich – eine denkwürdige Allianz. In: Brittnacher, Hans Richard/Koebner, Thomas (Hg.), Vom Erhabenen und vom Komischen. Über eine prekäre Konstellation, Würzburg 2010, S. 15–23, hier 18.

225 Schönheit dagegen entstehe über die harmonische Einheit von Idee und Erscheinung. Vgl. Vischer, Über das Erhabene und Komische, 1967, S. 69 f.

226 Als Gründe dafür nennt Homann Vischers „vielfältige Unterteilungen" des Erhabenen, „von denen er eine seiner Zeit kaum noch entsprechende Tragödientheorie" ableite. Homann, Erhaben, 1972, Sp. 633 f.

227 Vischer, Über das Erhabene und Komische, 1967, S. 75.

über die Erscheinung. Auch Vischers Philosophie legt dem Erhabenen ein ‚gemischtes Gefühl‘ zugrunde.[228]

Trotz der Tatsache, dass „der Begriff des Erhabenen nicht einheitlich und exakt bestimmt ist", weil die jeweiligen Ansätze „an unterschiedlichen Paradigmata orientiert und [...] auf unterschiedliche Typen des Erhabenen gerichtet" sind,[229] kann das ‚gemischte Gefühl‘ als eine Konstruktion gesehen werden, die zumindest vielen Theorien[230] des Erhabenen eigen ist. Deshalb bildet das ‚gemischte Gefühl‘ zusammen mit der Rezeption von Longins *Perí hýpsus* im achtzehnten Jahrhundert und der daraus resultierenden Verbindung von Einfachheit und Erhabenheit (s. o.) die theoretische Basis, auf der sich das Erhabene in den literarischen Werken Stifters als textuelles Phänomen in Abhängigkeit zum Empfinden einer Figur zu erkennen gibt.

Wie die Verbindung von Erhabenheit und Einfachheit so findet sich auch das ‚gemischte Gefühl‘ in Stifters Prosa, allerdings immer bezogen auf eine subjektive Wahrnehmung im Text. Schon auf den ersten Blick stechen beispielsweise in den Naturschilderungen semantische Brüche ins Auge, die an das ‚gemischte Gefühl‘ erinnern. So heißt es in *Zwei Schwestern*: „Als [...] die Sonne sich über die Berge erhoben hatte, und ihr Licht über die *wunderschöne Oede* dieser Landschaft ausgegossen hatte, kamen wir an dem Geröllstrome und an dem Höllwässerlein an. Dieses Mal waren weder die Fischer noch der Ziegenknabe anwesend, sondern die Gegend war völlig menschenleer."[231] Das Grimmsche Wörterbuch nennt als erste Bedeutung der Öde „die leere, das ödsein", im Sinne einer „unangebaute[n]

---

228 Auch Vischer fasst das Erhabene als Gefühl. Vgl. ebd., S. 177 u. ö.

229 Strube, Der Begriff des Erhabenen, 1995, S. 299 f.

230 Das ‚gemischte Gefühl‘ bleibt auch bei Jean-François Lyotard konstituierend für das Erhabene. Unter Bezugnahme auf Kant sei das „Gefühl des Erhabenen" ihm zufolge „eine Lust, die aus der Unlust hervorgeht". Allerdings bezieht Lyotard dieses Gefühl nicht auf die Natur, sondern ausschließlich auf die Kunst; dabei geht es ihm um das „Fragezeichen selbst" in der „Weise, in der das *Es geschieht* [i. e. eines künstlerischen Ereignisses, E. H.], sich zurückhält und ankündigt: *Geschieht es?*" Das Erhabene werde, so Lyotard schließlich unter Bezugnahme auf Burke, durch „die Drohung, daß nichts mehr geschieht", hervorgerufen; Lust entstehe dabei durch die Distanz zum Schrecken über die Vermittlung durch die Kunst, bei der es sich dennoch um eine „Beraubung zweiten Grades" handle: „Diese Lust der sekundären Beraubung unterscheidet Burke von der positiven Lust und nennt sie *delight*, Frohsinn." Lyotard, Das Erhabene und die Avantgarde, 1987, S. 254–261. Nach Hoffmann habe Lyotard „einen internationalen, interdisziplinären Forschungsboom in Gang gesetzt", ohne selbst eine „kohärente Theorie des Erhabenen formuliert" zu haben: „Seine zahlreichen Veröffentlichungen zum Thema schließen an unterschiedliche begriffsgeschichtliche Bezugspunkte an und verfügen über keine einheitliche Terminologie." Hoffmann, Konfigurationen des Erhabenen, 2006, S. 30 f.

231 Zwei Schwestern. In: HKG, Bd. 1,6, S. 373, Hervorhebung E. H.

und unbewohnte[n] gegend" bzw. eines „verlassene[n] oder zerstörte[n] ort[s]".[232]
Das Wort Öde ist also in erster Linie negativ besetzt und bezeichnet einen unwirtlichen und sogar lebensfeindlichen Ort. Der Ich-Erzähler in *Zwei Schwestern*
übernimmt zwar diese semantische Besetzung – die Öde erscheint ‚völlig menschenleer' –; gleichzeitig kommt es aber zu einer positiven Wertung im Oxymoron
‚wunderschöne Oede' oder in dem Ausdruck „Feierlichkeit der Oede"[233] als
emotionale und ästhetische Wahrnehmung des Erzählers.

Solche paradoxen Wortspiele und semantischen Brüche finden sich auch in
anderen Erzählungen Stifters. In *Abdias* ist die Rede von der „Lieblichkeit der
Wüste";[234] Victor im *Hagestolz* „erschrak [...] über die Pracht" der Berge;[235] in
Brigitta „wandelt" der Erzähler „auf einer Pußta, so prachtvoll und öde, als sie
nur immer Ungarn aufzuweisen mag";[236] im *Nachsommer* leitet ein Paradox den
Geologen Heinrich Drendorf zu den Grundfragen seiner Wissenschaft:

> Ich fand *todte Wälder*, gleichsam Gebeinhäuser von Wäldern, nur daß die Gebeine hier nicht
> in eine Halle gesammelt waren, sondern noch aufrecht auf ihrem Boden standen. Weiße
> abgeschälte todte Bäume in großer Zahl, so daß vermuthet werden mußte, daß an dieser
> Stelle ein Wald gestanden sei. [...] Jezt konnte an der Stelle ein Baum gar nicht mehr
> wachsen, es sind nur Kriechhölzer um die abgestorbenen Stämme, und auch diese selten. Ist
> diese Thatsache eine vereinzelte nur durch vereinzelte Ortsursachen hervorgebracht? Hängt
> sie mit der großen Weltbildung zusammen? Sind die Berge gestiegen, und haben sie ihren
> Wälderschmuck in höhere todbringende Lüfte gehoben? Oder hat sich der Boden geändert,
> oder waren die Gletscherverhältnisse andere? Das Eis aber reichte einst tiefer: *wie ist das
> alles geworden?*[237]

Was Stifters Texte hier jeweils mithilfe eines semantischen Bruchs zum Ausdruck
bringen, ist das ‚gemischte Gefühl', das das Erhabene als subjektive Erfahrung
einer Figur auf der Ebene des Textes abbildet. Der semantische Bruch, beispielsweise in Form einer Differenz zwischen äußerer Natur und innerem Empfinden, aber auch in Form einer Ambivalenz in der Natur selbst überträgt die
Widersprüchlichkeit des Erhabenen in den literarischen Text; allerdings immer
unter Voraussetzung eines erlebenden Subjekts, das die Ambivalenz emotional
erfasst.

---

232 Grimmsches Wörterbuch, Bd. 7, Sp. 1145 f.
233 Zwei Schwestern. In: HKG, Bd. 1,6, S. 298.
234 Abdias. In: HKG, Bd. 1,5, S. 305.
235 Der Hagestolz. In: HKG, Bd. 1,6, S. 83 f.
236 Brigitta. In: HKG, Bd. 1,5, S. 413.
237 Der Nachsommer. In: HKG, Bd. 4,2, S. 31 f., Hervorhebungen E. H.

Dabei bleibt das ‚gemischte Gefühl‘ im Fall Stifters nicht nur auf die Beschreibung von Naturlandschaften beschränkt; es wird auch auf andere Phänomene übertragen, beispielsweise auf die Musik (*Zwei Schwestern*) oder auf eine Figur (*Brigitta*), und es kann, wie im *Nachsommer*, handlungsbestimmend werden.[238] Doch auch wenn das textuelle Erhabene im ‚gemischten Gefühl‘ lokalisierbar ist, handelt es sich in den hier analysierten Erhabenheitserfahrungen nicht um ‚wirkliche‘; sie sind literarisch verarbeitete, also sprachlich gestaltete Erlebnisse, deren Wirkung in ihrer Emotionalität deshalb auch nur innerhalb des Textes erfasst wird. Dabei bleibt aber dennoch das Problem der Darstellbarkeit in einem literarischen (sowie in einem philosophischen)[239] Text bestehen. Das Erhabene ist, so Schrott, „letztlich Ausdruck einer existenziellen Haltung, die immer wieder an der Unantastbarkeit der Natur scheitert, eine Haltung, die sich gerade an diesem unüberwindlichen Bruch orientiert“.[240] Eine Erfahrung des Erhabenen im Text kann nie unmittelbar erfolgen; auch das ‚gemischte Gefühl‘, das das Erhabene textuell ausdrückt, ist eine Reflexion – eine literarische Verarbeitung des Erhabenen – und kann nur als solche erfasst werden.[241] Greifbar wird dieses Gefühl nur über Vermittlung durch die Wahrnehmung einer Figur im Text. Das Paradox ist nicht auflösbar; es bleibt immer bestehen bzw. unauflösbare Voraussetzung des erhabenen Gefühls.

---

238 So kommt Heinrich über Vermittlung des Erhabenen zur Geologie. Vgl. Der Nachsommer. In: HKG, Bd. 4,1, S. 44 und Kapitel III.6 in dieser Arbeit.

239 Nach Pries müsse auch die Theorie des Erhabenen selbst ‚erhaben‘ sein, weil mit dem Erhabenen versucht werde, etwas Unnennbares zu nennen. So beuge sich schon bei Longin die Theorie ihrem Gegenstand. Vgl. Pries, Einleitung [in: Das Erhabene], 1989, S. 6.

240 Schrott, Tropen, 1998, S. 8.

241 Lehmann sieht das Erhabene im Übergang von Sinnlichkeit und Vernunft: „Wie aber, wenn das Erhabene [...] allein im Übergang zwischen beiden zu suchen ist? [...] Wenn [...] diese Erfahrung eben das *Vorübergleiten* des Wahns wäre, des Selbstverlusts, ein Vorbeistreifen, das sogleich – auch vom erlebenden Subjekt selbst – aufatmend in einer begrifflichen Artikulation dingfest gemacht, dadurch aber zugleich in seiner Realität verfälscht aufgehoben, ‚erhaben‘ gemacht wird?“ Lehmann, Das Erhabene ist das Unheimliche, 1989, S. 763, Hervorhebung E. H.

4 Stifters Variationen des Erhabenen – eine Hinführung

Die hier vorgestellten Dimensionen des theoretischen Erhabenen werden in Stifters Texten – und das wird sich im Interpretationsteil dieser Studie erweisen – vielfältig kombiniert, aber auch erweitert. Nicht immer erscheint das Erhabene an Gegenständen der Natur, nicht immer wird es mit Einfachheit verbunden oder in einem ‚einfachen‘ und ‚monotonen‘ Erzählstil präsentiert, nicht immer wird es direkt an das ‚gemischte Gefühl‘ und an ein erlebendes Subjekt im Text gebunden. Außerdem können die Stifter'schen Verarbeitungen des Erhabenen nicht nur mit einem einzigen philosophischen Entwurf erfasst werden; vielmehr kennen sie Spielarten, die in einem Spektrum beginnend mit Longin, über Burkes, Kants und Schillers Ausführungen bis hin zu Vischers Erhabenem beschrieben werden können. Über diese Kombinationsvielfalt entstehen in Stifters Prosa zum Teil neue Variationen des Erhabenen, die in diesen Formen und Funktionen mit keiner der philosophischen Theorien vollständig erfasst werden können. So wird beispielsweise in *Brigitta* neben der ungarischen Puszta auch eine Person, nämlich die Titelfigur, als erhaben dargestellt und unter diesem Modus auch von anderen Figuren im Text wahrgenommen.[242] In *Abdias* kommt eine Dimension des Erhabenen zum Tragen, die nicht im vorliegenden Kapitel, sondern in Kapitel I dargelegt wurde: Das Erhabene wird darin in Anlehnung an die zeitgenössischen Naturwissenschaften argumentativ verwendet; den scheinbar jeden Sinn entbehrenden Blitzschlägen – heil und todbringend zugleich – wird so zumindest ein ästhetischer Sinn verliehen. Dies zeigt sich nicht mittels eines erlebenden Subjekts, sondern mittels des Erzählers, der das Geschehen in das Erhabene einbettet.[243] Neben diesen Gegenständen ist auch die Natur in *Abdias* und *Brigitta*, also die ungarische Steppe und die nordafrikanische Wüste, vom Erhabenen bestimmt. Stifters Natur-Räume werden, so soll im ersten Kapitel des Interpretationsteils gezeigt werden, in vielen Fällen und in vielfältiger Weise mittels des Erhabenen erfahren; dabei kann es – und auch hier zeigt sich der Stifter'sche Variantenreichtum des Erhabenen – zu einem Selbstverlust in der Natur, aber auch zu einer Erhebung über die Natur kommen, die jeweils mit verschiedenen Theorien, von Longin über Burke bis hin zu Kant, beschrieben werden können.[244] Vischers Entwurf zum Erhabenen und Komischen ist für eine Interpretation der

---

242 Vgl. dazu Kapitel III.2 in dieser Arbeit.
243 Vgl. dazu Kapitel III.5 in dieser Arbeit.
244 Vgl. dazu Kapitel III.1 in dieser Arbeit.

https://doi.org/10.1515/9783110498219-007

Erzählung *Nachkommenschaften* fruchtbar. Denn darin zeigt sich das Erhabene nicht über das ‚gemischte Gefühl', vielmehr bildet es sich fast ausschließlich negativ ab, nämlich in der „Schwäche menschlicher Erhabenheit", die wiederum auf den „inneren Widerspruch des Weltganzen" zurückgeführt wird.[245] Es konstituiert sich also über einen Bruch, der das Komische entstehen lässt, und liegt deshalb nur als die eine Seite eines Widerspruchs vor, obwohl es in der Perspektive einer Figur entsteht.[246] Auch die *Narrenburg* zeichnet nicht das ‚gemischte Gefühl' des Erhabenen, wie es im achtzehnten Jahrhunderts entstanden ist, nach, sondern das antike Longin'sche Erhabene, wonach nur das „wahrhaft groß ist [...], wogegen man [...] gar nicht aufkommt und was sich dem Gedächtnis fest und unauslöschlich einprägt."[247] Das Erhabene zeigt sich also nicht über eine Widersprüchlichkeit, vielmehr liegt es – so die These – in einer absoluten Identifikation, einem Einswerden[248] mit Gegenständen der Vergangenheit.[249]

Das Erhabene als Analysegegenstand sowie die Theorien des Erhabenen als Analyseinstrumente offenbaren also – und das dürfte offensichtlich sein, auch wenn hier nicht alle Spielarten aufgezählt wurden – nicht eine Verarbeitung, sondern mannigfaltige Variationen. Das Erhabene ist – auch innerhalb des Werks eines Autors – immer uneindeutig: Es kann unterschiedlichste Ausprägungen haben, unterschiedlichsten Gegenständen zugesprochen werden oder im Erzählstil liegen; es kann auf unterschiedlichste Weise von Figuren wahrgenommen werden oder ganz unabhängig von erlebenden Subjekten im Text erscheinen.

---

245 Vgl. Vischer, Über das Erhabene und Komische, 1967, S. 180.
246 Vgl. dazu Kapitel III.3 in dieser Arbeit.
247 Longinus, Vom Erhabenen, 1988, S. 17 (7,3).
248 Vgl. Lehmann, Das Erhabene ist das Unheimliche, 1989, S. 754.
249 Vgl. dazu Kapitel III.7 in dieser Arbeit.

III Formen und Funktionen des Erhabenen in Stifters Prosa

1 Das Erhabene in Stifters ‚leeren' Räumen

„Anfangs war meine ganze Seele von der Größe des Bildes gefaßt: wie die endlose Luft um mich schmeichelte, [...] und ein Glanz der Einsamkeit überall und all-überall hinaus webte: – aber wie das morgen wieder so wurde, übermorgen wieder – immer gar nichts, als der feine Ring, in dem sich Himmel und Erde küßten."[1] Die Beschreibung der ungarischen Puszta in *Brigitta* offenbart eine spezifische Merkmallosigkeit des Raums, die – so soll im Folgenden gezeigt werden – typisch ist für Stifters Landschaftsschilderungen. Stifters Wanderer finden sich immer wieder in besonders ‚leeren', das heißt besonders glatten Räumen wieder, denen im Lauf der jeweiligen Wanderung mehr und mehr Attribute zugesprochen werden, die, mit Gilles Deleuze und Félix Guattari, charakteristisch sind für den „glatte[n] Raum par excellence" – das Meer. Die jeweiligen Ziele der Wanderer, Wohnhäuser, Schlösser oder auch Berghütten, stellen meist die einzigen festen Einkerbungen im Raum dar:[2] Sie sind als ‚Inseln' in den jeweiligen „Landmeere[n]"[3] die einzige Möglichkeit, den glatten Raum zu organisieren; nur an diesen Punkten können sich die Wanderer eindeutig verorten.[4] Für die eigentliche Wanderung aber gilt: „Im Glatten zu reisen ist ein regelrechtes Werden, und zwar ein schwieriges, ungewisses Werden."[5] Verortungsversuche des Subjekts müssen – so scheint es – in einem solchen Raum immer scheitern; über das Gefühl des Erhabenen, seit dem achtzehnten Jahrhundert an Unbegrenztheit, Weite und Unendlichkeit gebunden,[6] werden solche Versuche jedoch zumindest auf der Ebene der Wahrnehmung möglich. Im Folgenden soll gezeigt werden, wie die Glätte der Räume in der Perspektive des jeweiligen Wanderers in den Erzählungen *Abdias*, *Brigitta*, *Zwei Schwestern* und *Der Hagestolz* sowie in der Gletscherwanderung im *Nachsommer* entsteht. Dabei wird sich das Erhabene jeweils als Vermittlungsinstanz zwischen dem glatten Raum und dem darin

---

1 Brigitta. In: HKG, Bd. 1,5, S. 413.
2 Vgl. Deleuze/Guattari, Tausend Plateaus, 1992, S. 663f., Zitat S. 664. Die Begrifflichkeiten ‚glatt'/‚gekerbt' werden im Lauf des ersten Abschnitts dieses Kapitels als Analyseinstrumente etabliert.
3 Vgl. Christian Moser, Archipele der Erinnerung: Die Insel als Topos der Kulturisation. In: Böhme, Hartmut (Hg.), Topographien der Literatur. Deutsche Literatur im transnationalen Kontext, Stuttgart/Weimar 2005, S. 408 – 432, hier 409.
4 Vgl. dazu Wolfgang Hallet/Birgit Neumann, Raum und Bewegung in der Literatur: Zur Einführung. In: dies. (Hg.), Raum und Bewegung in der Literatur. Die Literaturwissenschaften und der Spatial Turn, Bielefeld 2009, S. 11–32, hier 20.
5 Deleuze/Guattari, Tausend Plateaus, 1992, S. 669.
6 Vgl. z. B. Zimmermann, Zur Geschichte des ästhetischen Naturbegriffs, 1982, S. 122.

https://doi.org/10.1515/9783110498219-008

wandernden Subjekt erweisen: Mithilfe des Erhabenen nähern sich die Wanderer auf je unterschiedliche Weise der Natur als glatten Raum an.

Die Häufung von Natur- und Landschaftsbeschreibungen in Adalbert Stifters Texten ist der Forschung natürlich nicht verborgen geblieben, wenngleich der figürlich-subjektive Umgang mit Natur bisher nicht mithilfe des Erhabenen erklärt wurde. So hat sich die bisherige Forschung immer wieder mit der Darstellung von Natur und mit Landschaftsbeschreibungen in Stifters Texten auseinandergesetzt. In älteren Beiträgen wird die oft bedrohlich erscheinende Natur angesichts der in den Texten geleisteten Kultivierungsarbeit meist als, so hier Renate Obermaier, „nach außen projizierte Triebnatur, die gezügelt werden muß",[7] interpretiert. Besonders Stifters *Nachsommer*, der im Mittelpunkt dieses Ansatzes steht, müsse nach Gerhart Mayer deshalb als „normative Utopie" gelesen werden,[8] in der, so Alfons Glück, das „österreichische Alte Regime als ‚Natur'" erscheine und die deshalb in Reaktion auf 1848 als „Flucht in ein irdisches Jenseits" zu verstehen sei.[9] Die neuere Forschung legt dagegen das Augenmerk verstärkt auf Ambivalenzen in Stifters Naturdarstellungen, nimmt dabei aber meist den *Nachsommer* aus. So liegt nach Alfred Doppler unter der Oberfläche von Stifters Natur eine „zweite gegenläufige Erzählebene", in der sich die im ‚sanften Gesetz' formulierte „Analogie" aus Sitten- und Naturgesetz „in der Lebenswelt als Antagonismus" erweise; im *Nachsommer* aber werde jegliche Emotion und Gewalt durch die Kultivierung der Natur zum Schweigen gebracht.[10] Hartmut Laufhütte fasst „Stifters gesamtes schriftstellerischer Schaffen als Beschwörung, als Schaffen von Ordnung gegen das ringsum drohende Chaos."[11] Christian Begemann, der sich auf den Aspekt der Natur als Zeichen konzentriert,[12] geht von einer „artifizielle[n] Ordnung" von Natur aus, die „die abhanden gekommene Ordnung der äußeren Welt" ersetze.[13] Nach Markéta Balcarová sei Stifters Erzählstrategie zwar „doppelbödig", denn sie stelle „das Idyllische und das gegen dieses Verstoßende gegeneinander"; dort, „wo diese zwei Dimensionen aufeinander stoßen", entstehe „ein Bruch in der jeweiligen friedlich angelegten Naturkonzeption." Im *Nach-*

---

7 Obermaier, Stadt und Natur, 1985, S. 309 f.
8 Vgl. Gerhart Mayer, Adalbert Stifter: Der Nachsommer. In: ders., Der deutsche Bildungsroman. Von der Aufklärung bis zur Gegenwart, Stuttgart 1992, S. 130–136, hier 133.
9 Vgl. Glück, Naturreservate und künstliche Paradiese nach 1848, 1996, S. 343 und 312 f.
10 Vgl. Doppler, Stifters fragwürdige Analogie von Natur- und Sittengesetz, 1994, S. 10 und 14.
11 Laufhütte, Harmoniemetaphern gegen das Chaos, 2006, S. 118.
12 „Realität für Stifter" sei „ein Komplex von Zeichen", der „zu entziffern" und auf das Verhältnis von „Kultur und Natur" zu übertragen sei. Vgl. Begemann, Welt der Zeichen, 1995, S. 4. Für eine ausführlichere Diskussion von Begemanns semiotischer Lesart vgl. die *Einleitung* dieser Arbeit, S. 6–8.
13 Begemann, Metaphysik und Empirie, 2002, S. 125.

sommer aber verschmelze das „Wesen der Natur und des Menschen [...] im Kunstwerk"; Natur erscheine deshalb nur als wohlgeordnete Idylle.[14] Stifter setze, so Sabina Becker und Katharina Grätz, „Ordnung" gleich mit „erfülltem, Unordnung hingegen mit verfehltem Leben." Dennoch geben seine „heile[n] Welten" – und hier wird *Der Nachsommer* nicht explizit ausgenommen – immer wieder den Blick „auf schwindelnde Abgründe" in der Natur frei.[15]

Problematisch sind diese Einschätzungen nicht, weil sie Naturkultivierung im *Nachsommer* und in anderen Texten Stifters als ordnungsschaffende Strategie lesen – das ist naheliegend. Problematisch sind sie, weil sie sich meist nur mit der kultivierten Natur beschäftigen. Die ‚naturbelassene', vom Menschen nicht kultivierte Natur, die auch im *Nachsommer* besonders in der Thematik der Geologie eine wichtige Rolle spielt, wird dabei vernachlässigt. Es sind aber gerade die nicht kultivierten Natur-Räume (bzw. auch die ‚Grenzen' zwischen kultivierter und nicht kultivierter Natur), die – so soll im Folgenden gezeigt werden – weder geordnet sind, noch geordnet werden können, denn sie zeichnen sich durch eine spezifische Merkmallosigkeit, ja ‚Leere' aus. Aufgrund der Leere entstehen im Blick der Figuren Räume, die bedrohlich werden können; zugleich kann die Bedrohlichkeit aber mittels des Erhabenen erfahren, manchmal bewältigt und zum Teil kann der Raum gar – so besonders im *Nachsommer* – über das Erhabene organisiert werden.

Neben Beiträgen zu Natur bzw. Landschaft liegen auch einige Beiträge zum Raum bei Stifter vor. Stefan Gradmann macht in Stifters Texten einen „Raumverlust" aus, der aus der Angst vor der Brüchigkeit der eigenen biographischen Ordnung resultiere und – aus Angst vor dem Verlust identitätsstiftender Räumlichkeit – zu einem „paranoid-geschlossene[n], geradezu unheimlich homogene[n] Modell[] von Raum" führe.[16] Abgesehen davon, dass die Konzentration auf Stifters Biographie sein literarisches Schaffen eher in den Hintergrund verweist, fragt Gradmann zum einen weder nach der Funktion solcher ‚verlorener' Räume für die jeweiligen Erzählungen noch, wie ein ‚verlorener' Raum überhaupt in Erscheinung treten kann; zum anderen mündet seine Argumentation wiederum in der angeblich durch Stifters Biographie belegbaren – und von Stifters Biographie ging Gradmann ja gerade aus – „paranoide[n] Angst" und „Ordnungsobses-

---

14 Vgl. Markéta Balcarová, Adalbert Stifters doppelbödige Erzählstrategie am Beispiel seiner Naturbeschreibungen. In: Germanoslavica. Zeitschrift für germano-slavische Studien 24 (2013), S. 19 – 32, hier 31, zum *Nachsommer* vgl. S. 28.
15 Becker/Grätz, Einleitung [in: Ordnung – Raum – Ritual], 2007, S. 7 und 11.
16 Vgl. Stefan Gradmann, Topographie/Text. Zur Funktion räumlicher Modellbildung in den Werken von Adalbert Stifter und Franz Kafka, Frankfurt a. M. 1990, S. 70 f.

sion".[17] Damit verfestigt auch Gradmann die recht einseitige Lesart von den ordnungsschaffenden Naturbeschreibungen, wie sie beispielsweise schon von Obermaier, aber auch von Laufhütte formuliert wurde.[18]

Marcel Oswald beschäftigt sich mit den „Wegerzählungen" Stifters und kommt dabei zu profilierteren Ergebnissen. Kern seiner Studie ist die Einbildungskraft der Protagonisten, die er als „dritte[s] Auge" fasst und die er anhand des *Hagestolzes* stellvertretend für alle Wegerzählungen (*Brigitta, Zwei Schwestern, Bergkristall, Granit* und *Der Waldstieg*) herausarbeitet: „Überall dort, wo Stifter den Einfluss der Einbildungskraft anzeigen will, lässt er seine Figuren aus der Ferne blicken." Dabei sei die „Auffassung einer täuschenden Distanz, vom Blick aus der Ferne, der über die wahre Gestalt der Dinge hinwegsieht, [...] eines der wichtigsten Motive der Wegerzählungen". Es gehe also um „einen fundamentalen Wahrnehmungsmechanismus", nämlich den eines „Ergänzungsprozess[es]" von Erscheinungen mit der eigenen Erfahrung, um so zu einer vom Subjekt erschlossenen, wirklichen Gestalt des Raums zu gelangen. Allerdings sei es kennzeichnend für „Stifters Misstrauen gegenüber der menschlichen Einbildung, dass dieser Schluss [...] meist fehlschlägt. Das Verfahren, der Landschaftsbeschreibung den täuschenden Blick aus der Ferne zu integrieren, ist der dichterische Ausdruck dieses Misstrauens." Auch wenn Oswald das ‚dritte Auge' im Sinne von „paradigmatische[n] Wahrnehmungsvorgänge[n]", die jeweils den „Erkenntnisweg" der Protagonisten „mustergültig" vorweg nehmen,[19] interpretiert, und auch in dieser Studie ein spezifischer Modus von Wahrnehmung im Mittelpunkt steht, ist seine Herangehensweise an das Problem nicht hinreichend. Gerade die Passagen in den Erzählungen, die meines Erachtens das Erhabene

---

17 Gradmann ist sich offenbar des Problems bewusst: „[E]s soll hier nicht darum gehen, die Texte Stifters in einem biographistischen Ansatz auf das Substrat eines gleichwie gearteten Modells von der Person Stifters zu reduzieren, es sollte hier nur ein weiteres Mal auf die existentielle Verankerung des Bewußtseins für die räumliche Ordnungshaftigkeit der Dingwelt verwiesen werden." Ebd., S. 81.

18 Vgl. Obermaier, Stadt und Natur, 1985, S. 309 f.; Laufhütte, Harmoniemetaphern gegen das Chaos, 2006, S. 118 und oben.

19 Vgl. Marcel Oswald, Das dritte Auge. Zur gegenständlichen Gestaltung der Wahrnehmung in A. Stifters Wegerzählungen, Bern 1988, S. 34 – 36. Oswalds These erinnert an Joachim Ritters Überlegungen *Zur Funktion des Ästhetischen*. Ausgehend von Petrarcas Besteigung des Mont Ventoux erfasst Ritter die ästhetische Wahrnehmung von „Landschaft" als „Frucht und Erzeugnis des theoretischen Geistes". Mit Petrarcas Bericht werde Landschaft „Abkömmling der philosophischen Theorie, in dem genauen Sinne, daß sie Gegenwart der ganzen Natur ist." Vgl. Joachim Ritter, Landschaft. Zur Funktion des Ästhetischen in der modernen Gesellschaft. In: ders., Subjektivität. Sechs Aufsätze, Frankfurt a. M. 1974, S. 141 – 163, hier 146 und 151.

zeigen, werden meist ausgelassen, obwohl die These vom ‚dritten Auge' das Erhabene, zumindest im Sinne Kants, nahelegen könnte.[20]

Auch Dietrich Jäger widmet sich der „Darstellung und Funktion des Weges" in einer Erzählung Stifters, nämlich im *Waldgänger*. Dabei untersucht er Stifters Räume vor allem unter dem Aspekt der „Mimesis", um zu zeigen, „wie Linienzüge einer Landschaft, wie die wechselseitige Zuordnung von Raumorten, wie deren Beziehungen zueinander und zu Geschehensträgern, die sie wahrnehmen oder mit ihnen umgehen, im Medium der Sprache nachgebildet werden." Es sei Stifter „nicht darum zu tun, nur menschliche Schicksale sich entwickeln zu lassen, sondern sie werden eingebettet in eine dargestellte Umwelt von allgemeinerem Anspruch, und die Abschnitte, die darauf verwendet werden, haben eine gewisse Selbständigkeit."[21] Damit kritisiert Jäger die Praxis, natürliche Umwelten in Stifters Erzählungen zu Spiegeln des Innenlebens der Figuren zu erklären;[22] eine Kritik, der hier zugestimmt wird. Natur bei Stifter ist nicht beseelt, sie kann nicht über ein wie auch immer gestaltetes Seelenleben der Figuren erfasst werden; vielmehr ist Natur Objekt, das außerhalb der Figuren steht, das aber mithilfe des Erhabenen auch in seiner Ambivalenz erfahren werden kann.

Dabei kommen dem Erhabenen in den jeweiligen Texten unterschiedliche Funktionen zu: Naturwahrnehmung als erhaben ist subjektiv generiert und wirkt deshalb auf das erlebende Subjekt zurück. Jäger geht allerdings nur dem „Aspekt des Darstellerischen" nach, eine Beschränkung, die – so er selbst – zwangsläufig dazu führe, „daß die *Funktionen* der Umweltschilderungen, etwa für die Charakterisierung von Personen, für die Handlung oder für die Thematik, nicht im Mittelpunkt [des] Forschungsinteresses stehen."[23] Ein solches Vorhaben ist befremdlich, hat doch schon Wolfgang Preisendanz herausgearbeitet, wie eng

---

20 Bei Kant scheitert die Einbildungskraft an der Größe oder der Macht der Natur; dabei offenbart sich ein übersinnliches Vermögen bzw. ein ‚Vermögen zu widerstehen'. Vgl. Kant, Analytik des Erhabenen, 1968, zum Mathematisch-Erhabenen S. 336, zum Dynamisch-Erhabenen 349 f. Das erlebende Subjekt erweitert also angesichts des Scheiterns der Einbildungskraft seinen ästhetischen Erkenntnishorizont.

21 Vgl. Dietrich Jäger, Erzählte Räume. Studien zur Phänomenologie der epischen Geschehensumwelt, Würzburg 1998, S. 177 f. und 207.

22 Vgl. z. B. Baumann, Angstbewältigung und ‚sanftes Gesetz', 1993, besonders S. 126 f.

23 Jäger, Erzählte Räume, 1998, S. 8 f. Hans Schröder liest Stifters literarische Räume mit Gastons Bachelards *Poétique de l'espace*. Allerdings scheint mir die Verquickung von Bachelards Poetik und Stifters Texten zu eng, denn Schröder sieht eine „tief verwurzelte und eindeutig begründbare philosophische Koalition", die Stifters Figuren „mit französischer, phänomenologisch imprägnierter Zunge" sprechen lasse. Vgl. Hans Schröder, Der Raum als Einbildungskraft des Dichters bei Stifter, Frankfurt a. M. u. a. 1985, S. 14 f. und 297 f.

Schilderung und Perspektive in Stifters Texten zusammenhängen.[24] Besonders aber das ‚gemischte Gefühl' des Erhabenen – so konnte in Kapitel II dieser Studie gezeigt werden – konstituiert sich über eine Betrachterperspektive, die wiederum an eine subjektive, nämlich einer Figur des Textes zukommende Wahrnehmung gebunden ist. Der Erfahrung des Erhabenen kann so, und das wird sich nun in diesem Kapitel zeigen, wichtige Funktionen für die Figuren zukommen.

Bei Stifter kommen zudem unterschiedliche Arten von Raum-Wahrnehmung zum Tragen, die auch, allerdings bewegliche, Grenzen im Raum entstehen lassen. Nach Gunter H. Hertling liege hierin die „Zentralthematik" der Erzählsammlung *Studien*.[25] In den jeweiligen Erzählungen entscheide sich das „Schicksal[]" der Figuren immer „an den Grenzpunkten zweier oder mehrerer Raumschichten". Allerdings bedeute das Überschreiten solcher Grenzpunkte eine Verletzung der Natur und der göttlichen Naturgesetzlichkeit und müsse deshalb immer „tragisch enden".[26] Im Folgenden wird sich dagegen zeigen, dass Grenzen im Raum zum einen nicht an die Natur und noch weniger an göttliche Naturgesetzlichkeit gebunden sind; vielmehr entstehen Raum-Grenzen immer im Blick einer Figur. Zum anderen ist das ‚Tragische' in Stifters Texten nicht an einen Grenzübertritt gebunden, sondern an die jeweilige Erfahrung des Erhabenen, also an den jeweiligen Umgang mit der Leere des Raums.

Auch wenn Hertlings und Oswalds Überlegungen einige Anknüpfungspunkte bezüglich Wahrnehmung bzw. Raum[27] bieten, so ist es doch besonders Hans Dietrich Irmschers Aufsatz *Phänomen und Begriff des Erhabenen im Werk Adalbert*

---

24 „Stifter thematisiert in seinen Schilderungen die Wahrnehmung als eine autonome Bewußtseinsart mit, seine Naturdarstellung impliziert stets die Subjektivität als die Perspektive, in der Natur als objektive Wirklichkeit erscheint." Preisendanz, Die Erzählfunktion der Naturdarstellung, 1966, S. 410.

25 Zu den *Bunten Steinen* vgl. auch Matthias Göritz, Vom Lesen in der Landschaft. Topografie und Wissen in Adalbert Stifters ‚Bunte Steine'. In: Text + Kritik. Zeitschrift für Literatur 160 (2003), S. 21–35.

26 Vgl. Gunter H. Hertling, Grenzübergang und Raumverletzung. Zur Zentralthematik in Adalbert Stifters *Studien*. In: ders., Bleibende Lebensinhalte. Essays zu Adalbert Stifter und Gottfried Keller, Bern u. a. 2003, S. 13–42, hier 14–17 und 32.

27 Robert Stockhammer geht der „Kartierbarkeit eines in der Literatur fingierten Geländes" sowie der „Kartizität der literarischen Beschreibung selbst, ihre Affinität oder Distanz zu kartographischen Darstellungsverfahren" nach, nicht im Sinne einer „Semantik der in Karte oder Text beschriebenen Räume", sondern im Sinne einer „vergleichende[n] Geschichte der Zeichensysteme, mit denen Räume repräsentiert und konstruiert werden." In Stifters *Nachsommer* liege eine „Neigung zur Karte als Aufzeichnungsmedium", die sich im „linearen Text freilich nicht unvermittelt" niederschlage; es lasse sich aber „von ihr erzählen, und zwar so, dass dabei einige ihrer Merkmale emuliert werden." Robert Stockhammer, Kartierung der Erde. Macht und Lust in Karten und Literatur, München 2007, S. 68 und 173.

Stifters, der mit zum Impulsgeber für die vorliegende Studie wurde. Irmscher geht darin den Stifter'schen „Landschaftsformen" nach, die „durch *Monotonie* charakterisiert" seien und die „die Qualität des Erhabenen" mit sich führten.[28] In Folge schließt sich Franziska Schößler Irmschers Gedanken zur monotonen Landschaft an; Stifters Landschaftsbeschreibungen seien „als Ausdruck einer Erfahrung zu lesen [...], die sich Stifters Herkunft verdankt, dort ihre mimetischen Details gewinnt." Es gebe in seinen Texten – Schößler beschäftigt sich mit den Erzählungen *Der Hagestolz*, *Brigitta*, *Zwei Schwestern*, *Der Hochwald* und *Der beschriebene Tännling* – eine „Urlandschaft, die auf den Ort seiner Herkunft" verweise: „[D]ie Schilderungen exotischer, d. h. Stifter weitgehend unbekannter Orte können auf die Topographie der Oberplaner Gegend zurückgeführt werden". Das Erhabene der Stifter'schen Landschaften verwirkliche dabei Arthur Schopenhauers Philosophie, denn der erhebe die Ödnis „zum Ort erhabener Empfindungen", indem er Kants Beispiele des Dynamisch-Erhabenen erweitere. Allerdings geht Schößler kaum weiter auf das Erhabene ein; wie das Erhabene auf die Figuren im Text wirkt, wird nur unter Verweis auf Irmscher kurz angesprochen.[29] Der legt seiner Interpretation aber nicht Schopenhauers, sondern in erster Linie Friedrich Theodor Vischers Erhabenes zugrunde: Bei Stifter zeige sich das Erhabene „immer schon im Übergang zum Schönen", während das Schöne sich „stets zum Erhabenen hin" öffne. Zeichen dafür sei „der Vorgang des Landbaus"; in dem Maße, wie sich „menschliche Inseln" im Raum vergrößern, weiche „auch das bedrohlich Große weiter zurück, um dem *Erhabenen* Platz zu machen, das nur im Verhältnis zum Schönen" sich zeige.[30]

Diese Deutung scheint aber vor allem der Vischer'schen Theorie geschuldet zu sein, in der das Erhabene nicht mehr vom Schönen getrennt wird.[31] Zudem ist es wenig sinnvoll, Stifters Natur-Räume mit allein *einer* philosophischen Prägung des Erhabenen – sei es nun Schopenhauers oder Vischers – erklären zu wollen; weit erhellender ist es, bezieht man mehrere Theorien mit ein. So wird sich im Folgenden zeigen, dass das Erhabene nicht nur an den Rändern der kultivierten Räume wahrgenommen wird, sondern auch im, mit Irmscher gesprochen, ‚be-

---

28 Vgl. Irmscher, Phänomen und Begriff des Erhabenen, 1991, S. 33.

29 Schößler argumentiert mit dem tschechischen Wort planá (Stifter wuchs in Oberplan, tschechisch Horní Planá, im Böhmischen Wald auf), das Fläche bedeutet, also auf eine gewisse Eintönigkeit verweise. Vgl. Schößler, Zu Stifters Landschaften, 2000, S. 45 – 48.

30 Vgl. Irmscher, Phänomen und Begriff des Erhabenen, 1991, S. 51.

31 Das Erhabene ist nach Vischer eine „Gärung innerhalb des Schönen selbst", also ein Teil des Schönen und damit kein eigenständiger ästhetischer Begriff. Vischer, Über das Erhabene und Komische, 1967, S. 69 f. Allerdings kann die *Nachkommenschaften* unter den Maßgaben von Vischers Theorie gelesen werden. Vgl. Kapitel III.3 in dieser Arbeit.

drohlich Großen'. Dessen Bedrohlichkeit lässt sich, da ist Irmscher zuzustimmen, kaum mit Vischers Erhabenem fassen – offenbar geht Irmscher dem deshalb nicht weiter nach –, es kann aber mithilfe des Burke'schen Erhabenen beschrieben werden.[32] Dennoch wird in dieser Studie nicht ausschließlich von Burkes Philosophie ausgegangen; auch das Longin'sche Erhabene und Kants *Analytik des Erhabenen* sind für Stifters Raum-Darstellungen aufschlussreich. Die Wahrnehmung der Räume in Stifters Texten demonstriert, dass die „ästhetische Praxis des Erhabenen in dem Maße ein Eigenleben" führt, „wie sich die erhabenen Gegenstände" und deren Qualitäten „fortlaufend verändern".[33] Im Anschluss werden einige methodische Grundlagen der nachfolgenden Interpretationen skizziert, die neben der Philosophie des Erhabenen auch Theorien zum (literarischen) Raum und den besonderen Raum der Insel miteinbeziehen, um so das ‚Eigenleben' des Erhabenen in Stifters ‚leeren' Räumen erfassen zu können.

Mit dem *spatial turn*[34] rückte auch die Insel als eine Örtlichkeit besonderen Charakters in den Fokus der Forschung. Volkmar Billig stellt fest, dass schon die Etymologie des Wortes zweifelhaft sei und der Begriff bis heute einer eindeutigen Definition entbehre.[35] Nach Christian Moser ist der „spezifische Charakter" der Insel „auf zwei hierarchische Oppositionen zurückzuführen", die die „okzidentale [n] Vorstellungen der Insularität" prägen: zum einen die Opposition zum Festland, die die Insel marginal, randständig und von „lähmender Stagnation" bestimmt erscheinen lasse; zum anderen der Gegensatz „zwischen Land und Meer, zwischen dem Festen und dem Flüssigen", der dem Blick „[i]nmitten der unermeßlichen Wasserwüste" den einzigen „festen Anhaltspunkt" biete.[36] Michael Makropoulos betont die Verschiedenartigkeit und prinzipielle Unvergleichbarkeit der ‚Elemente' Wasser und Erde; deshalb seien die Grenzen zwischen Land und Meer „mehr als alle anderen Grenzlinien Symbole absoluter Differenz".[37] Zudem könne, so wiederum Moser, „aufgrund seiner schieren Größe [...] der Kontinent

---

32 Burke definiert das Erhabene als „delightful horror". Burke, A Philosophical Enquiry, 2008, S. 105.

33 Erhart, Das Erhabene, das Schöne und die moderne Literatur, 1997, S. 90.

34 In den 1980er Jahren kam es in den Kultur- und Sozialwissenschaften zu einer „Renaissance des Raumbegriffs", die Raum „zu einer neuen zentralen Wahrnehmungseinheit und zu einem theoretischen Konzept" werden ließ. Doris Bachmann-Medick, Spatial Turn. In: dies., Cultural Turns. Neuorientierungen in den Kulturwissenschaften, Reinbek bei Hamburg ³2009, S. 284–328, hier 286 und 284.

35 Vgl. Volkmar Billig, Inseln. Geschichte einer Faszination, Berlin 2010, S. 19.

36 Vgl. Moser, Die Insel als Topos der Kulturisation, 2005, S. 408f.

37 Michael Makropoulos, Meer. In: Wörterbuch der philosophischen Metaphern, hg. von Ralf Kornersmann, Darmstadt ³2011, S. 240–252, hier 242.

selbst das Ansehen eines unüberschaubaren ‚Landmeeres' gewinnen."[38] Billig argumentiert mit Blick auf die Insel ähnlich: „In erster Linie stellt die Insel einen durch seine Nähe zum Wasser ausgezeichneten, in zweiter einen von der Außenwelt weitgehend abgekoppelten Raum dar. Als solcher korrespondiert sie mit anderen landschaftlichen und kulturellen Erscheinungen, etwa einem entlegenen Bergtal oder einer befestigten Anlage wie einer Burg oder einem Garten."[39] Die prinzipielle Offenheit der Inselvorstellungen und die dadurch bedingte Offenheit der Vorstellungen vom Meer[40] ermöglichen es, auch Stifters Erzählungen innerhalb dieses Diskurses zu sehen.[41] Denn die darin beschriebenen ‚leeren' Räume gewinnen, mit Irmscher gesprochen, ihren „Charakter der Merkmallosigkeit" auch deshalb, weil sie „in ein verflüssigendes Medium" getaucht[42] gleichsam als grenzenlose ‚Landmeere' erscheinen.

Nun entstehen Stifters literarische Landschaften meist in der Perspektive eines Wanderers: In *Abdias* durchquert der gleichnamige Protagonist die nordafrikanische Wüste gleich mehrmals, zum Teil zu Fuß, zum Teil auf einem Kamel reitend. In *Brigitta* wandert der namenlose Ich-Erzähler in der ungarischen Puszta und in *Zwei Schwestern* überquert der Protagonist Otto Falkhaus die oberitalienische, gegenstandsarme Hochebene ebenfalls per pedes. In der Erzählung *Der Hagestolz* verlangt der Oheim von seinem jungen Neffen Victor, ihn zu besuchen – und die Reise zu ihm zu Fuß zu absolvieren.[43] Und im *Nachsommer* wird das Wandern sogar zu einem Teil der Berufsausübung des Geologen Heinrich Drendorf, denn die Gipfel des Hochgebirges sind nur zu Fuß erreichbar. Diese häufige Thematisierung des Wanderns in Stifters Erzählungen und Romanen ist insofern nicht überraschend, entstanden sie doch in der Anfangszeit des bürgerlichen Wandertourismus, der auch gerade abgelegene Orte wie das Hochgebirge er-

---

38 Vgl. Moser, Die Insel als Topos der Kulturisation, 2005, S. 408 f.

39 Billig, Inseln, 2010, S. 19 f.

40 Das Meer hat Stifter nur in einer Erzählung beschrieben: in *Abdias*. Vgl. Abdias. In: HKG, Bd. 1,5, S. 296.

41 Auch Schößler beschreibt ‚Inseln' in Stifters Räumen. Ihr zufolge unterbrechen die „Inseln" die Eintönigkeit der Landschaft als *loci amoeni*, eine Kontrastierung, die „ein dominantes Landschaftsschema Stifters" bilde, „das einerseits auf topische Landschaftsformationen" zurückgehe, „ebenso auf ästhetische Konzepte des 19. Jahrhunderts, andererseits jedoch auch auf den Herkunftsort Stifters" verweise. Schößler, Zu Stifters Landschaften, 2000, S. 49. Im Folgenden wird sich zeigen, dass Häuser und Anwesen zwar einen Kontrast zum Glatten darstellen; sie sind aber keine reinen *loci amoeni*, weil sie in der Figurenperspektive meist vom Glatten bedroht bleiben.

42 Vgl. Irmscher, Phänomen und Begriff des Erhabenen, 1991, S. 34.

43 Vgl. Der Hagestolz. In: HKG, Bd. 1,6, S. 120.

fasste.[44] Mit und über das Wandern als neue Kulturpraxis kristallisierten sich eine neue „Raum- und Naturerfahrung, Körper-, aber auch Gesellschafts- und Zeiterfahrung" als „zentrale[] Elemente des bürgerlichen Fußreiseprogramms" heraus.[45] Im Allgemeinen wird dem (literarischen) Wanderer dabei die Möglichkeit einer direkten Teilnahme am Räumlichen zugesprochen; Kirsten Wagner sieht in ihm nicht nur einen Beobachter, vielmehr bedeute seine „Bewegung des Gehens [...] in die Welt eingebunden zu sein, und sie ist eine der elementarsten Formen der Aneignung wie Erschließung räumlicher Anordnungen."[46] Aus literaturwissenschaftlicher Sicht sei deshalb, so Wolfgang Hallet und Birgit Neumann, Raum ohne Bewegung eines Subjekts kaum zu denken, denn erst die „Korrelierung von Raum und Bewegung ermöglicht es, subjektive Verortungsversuche in literarischen Texten beschreibbar zu machen."[47] Der Wanderer muss, um sich verorten zu können, den Raum – so möchte man meinen – über seine Bewegung eindeutig organisieren. Stifters ‚leere' Räume aber, so wird sich zeigen, entziehen sich zumindest herkömmlichen Aneignungs- und Verortungsversuchen durch das Subjekt.

In diesem Kapitel soll deshalb anhand der Erzählungen *Abdias*, *Brigitta*, *Zwei Schwestern* und *Der Hagestolz* sowie anhand der Gletscherwanderung im *Nachsommer* gezeigt werden, wie die hier durchwanderten Räume den Wanderern so wenig Gegenständliches[48] und Begrenztes bieten, dass in ihrer Perspektive Räume der besonderen Art entstehen: im Fortschritt des jeweiligen Wanderers immer glatter werdende Räume, denen im Prozess des Glättens mehr und mehr Attribute zugesprochen werden, die charakteristisch sind für das Meer, den „glatte[n] Raum par excellence". Es handelt sich dabei aber nicht um ein zielloses Herumirren in

---

44 Vgl. Wolfgang Albrecht, Kultur und Physiologie des Wanderns. Einleitende Vorüberlegungen eines Germanisten zur interdisziplinären Erforschung der deutschsprachigen Wanderliteratur. In: ders./Kertscher, Hans Joachim (Hg.), Wanderzwang – Wanderlust. Formen der Raum- und Sozialerfahrung zwischen Aufklärung und Frühindustrialisierung, Tübingen 1999, S. 1–12, hier 5–9.
45 Hans-Joachim Althaus, Bürgerliche Wanderlust. Anmerkungen zur Entstehung eines Kultur- und Bewegungsmusters. In: Albrecht, Wolfgang/Kertscher, Hans Joachim (Hg.), Wanderzwang – Wanderlust. Formen der Raum- und Sozialerfahrung zwischen Aufklärung und Frühindustrialisierung, Tübingen 1999, S. 25–43, hier 41.
46 Kirsten Wagner, Im Dickicht der Schritte. ‚Wanderung' und ‚Karte' als epistemologische Begriffe der Aneignung. In: Böhme, Hartmut (Hg.), Topographien der Literatur. Deutsche Literatur im transnationalen Kontext, Stuttgart 2005, S. 177–206, hier 194.
47 Hallet/Neumann, Raum und Bewegung in der Literatur, 2009, S. 20.
48 Gegenstandslosigkeit ist hier nicht mit Homogenität im Sinne von Deleuze und Guattari zu verwechseln, denn bei Stifter entstehen keine ‚einfachen' homogenen Räume – nach der Theorie Zeichen des Gekerbten –, sondern Räume, die trotz ihrer Merkmalarmut einer „kontinuierliche[n] Variation" unterliegen, so dass einzelne Gegenstände kaum noch erfasst werden. Das ist wiederum Zeichen des Glatten. Vgl. Deleuze/Guattari, Tausend Plateaus, 1992, S. 676.

einem ‚Landmeer', sondern alle Wanderer haben ein Ziel innerhalb des geglätteten Raums, meist Wohnhäuser, oder sie wollen – so in *Abdias* – den glatten Raum durchqueren, um an einen anderen Ort zu gelangen. Ziel ist also meist ein „Punkt" im Raum, der insoweit der „Bahn untergeordnet" bleibt,[49] als dass er dem jeweiligen Raum immer wieder abgerungen werden muss. Es handelt sich um vom Glatten bedrohte ‚Inseln', die dennoch „sowohl form- und ordnungsstiftende Denkfiguren als auch epistemologische Analyseinstrumente",[50] also ‚Einkerbungen' im eigentlich unerschlossenen Raum sind,[51] die die Entstehung wie auch die Organisation des glatten Raums in der Perspektive der Figuren mit bedingen.

Das Wandern in einem glatten ‚Landmeer' unterliegt dabei bestimmten Bedingungen, denn das Meer ist „metaphorisch der Inbegriff eines Wirklichkeitsbereichs, der letztlich jeden Ordnungsversuch" und, so könnte man ergänzen, auch jeden Verortungsversuch „vereitelt".[52] Für Stifters Wanderer gilt deshalb: „Im Glatten zu reisen ist ein regelrechtes Werden, und zwar ein schwieriges, ungewisses Werden."[53] Ein Wandern im Glatten ist zwar möglich, der Raum ist aber in besonderer Weise abhängig vom erlebenden Subjekt, dessen Perspektive auf den Raum und dessen Gefühl angesichts des Raums.[54] Gefühle, so Gertrud Lehnert, können „vom Subjekt aufgrund der strukturellen Ähnlichkeiten zwischen Leib und Raum leiblich erfahren" werden; „sie entstehen nicht im Subjekt, sondern das Subjekt tauche gleichsam in sie ein". Dabei unterliegen die Räume „unterschiedliche[n] atmosphärische[n], ästhetische[n] und emotionale[n] Qualitäten, die sie entfalten und die ihnen zugefügt werden."[55] Der Raum ist also nicht

---

49 Vgl. ebd., S. 663 f.

50 Ramponi u. a., Vorwort [in: Inseln und Archipele], 2011, S. 7.

51 Ottmar Ette betont in einer Analyse von Reinaldo Arenas' Roman *Otra vez el mar* die Unmöglichkeit, das Meer zu erfassen: „Das Meer kann nicht im eigentlichen Sinne *definiert* werden, also in seinen Grenzen und Enden bestimmt werden, verbindet es sich doch mit dem Land, dessen Grenzraum [...] es ebenso in immer neuen Bewegungen durchdringt wie den Himmel, von dem es sich nicht wirklich abgrenzen lässt. Das Meer ist überall, füllt den gesamten Horizont aus." Ottmar Ette, Insulare ZwischenWelten der Literatur. Inseln, Archipele und Atolle aus transarealer Perspektive. In: Wilkens, Anna E. u. a. (Hg.), Inseln und Archipele. Kulturelle Figuren des Insularen zwischen Isolation und Entgrenzung, Bielefeld 2011, S. 13 – 56, hier 14.

52 Makropoulos, Meer, 2011, S. 243.

53 Deleuze/Guattari, Tausend Plateaus, 1992, S. 669.

54 „Reisen unterscheidet sich weder durch die objektive Qualität, noch durch die meßbare Quantität der Bewegung, noch durch irgend etwas, das nur im Geiste stattfindet, sondern durch die Art der Verräumlichung, durch die Art im Raum zu sein". Ebd., S. 668. Glatt und Gekerbt sind also keine Qualitäten des Raums; vielmehr bezeichnen sie einen je subjektiven Umgang mit dem Raum.

55 Gertrud Lehnert, Raum und Gefühl. In: dies. (Hg.), Raum und Gefühl. Der Spatial Turn und die neue Emotionsforschung, Bielefeld 2011, S. 9 – 25, hier 14 und 12.

als Konstante vorhanden,[56] vielmehr könne „[je]der Ort [...] nacheinander und vielleicht sogar gleichzeitig eine Vielzahl von *Räumen* werden, je nachdem, wann und wie er von wem ‚bespielt‘ wird.“[57] Besonders Stifters Naturdarstellungen, so stellte bereits Preisendanz fest, sind immer auf subjektive Wahrnehmung bezogen.[58] und können so zum wesentlichen Moment des Geschehens werden. In den folgenden Lektüren geht es also um die Frage, wie ein dem Subjekt ‚leer‘ erscheinender Raum überhaupt als solcher wahrgenommen werden kann und was das Durchqueren bzw. Sein in einem solchen Raum für die Figur bedeutet – wie sich also das ‚ungewisse Werden‘[59] in Stifters scheinbar leeren und dadurch auch glatten Räumen manifestiert.

Dabei wird sich zeigen, dass sich, auch wenn Stifters Räume mit Deleuzes und Guattaris Begriffen beschrieben werden können, in seinen Texten nicht dieselbe Wertung von ‚glatt‘ und ‚gekerbt‘ findet wie in der Theorie:[60] Stifters glatte Räume

---

56 Nach Jannetje Enklaar-Lagendijk werde besonders in Stifters Texten mit den Figuren und deren Handlungen anschaulich, was in der Malerei durch eine verborgene, außerhalb des Bildes liegende Zuschauerperspektive räumlich vorhanden ist: der Raum als „Konstante[]“. Es dürfe deshalb „nicht wundernehmen, daß in vielen seiner erzählerischen Werke dasjenige, was am Anfang da ist (eine bestimme Landschaft, die in ihrer räumlichen Struktur hervorgehoben wird) am Ende *immer noch da ist.*“ Vgl. Enklaar-Lagendijk, Landschaft und Raum, 1984, S. 23. Zwar gehe auch ich davon aus, dass Raum bei Stifter über eine subjektive Perspektive manifestiert wird; allerdings sind seine Raumdarstellungen wie auch die -wirkungen mittels dieser Perspektive immer veränderbar. Von einer Konstanten zu sprechen, ist also missverständlich.

57 Lehnert, Raum und Gefühl, S. 12.

58 Vgl. Preisendanz, Die Erzählfunktion der Naturdarstellung, 1966, S. 410.

59 ‚Werden‘ ist bei Deleuze und Guattari äußerst positiv besetzt: Nach Stefan Heyer sei ihre Philosophie dem Begriff des ursprungslosen und endlosen Werdens unterworfen: „Deleuze&Guattari [sic!] haben versucht, mit ihrer Philosophie eine Logik der Relationen zu entwerfen und *Tausend Plateaus* ist das Werk von ihnen, welches am stärksten eine Logik des Dazwischen verwirklicht“, wobei Werden „nicht [...] als rückwärtsgewandter, verklärender Akt, sondern als ein molekularer, minoritärer Prozeß der Deterritorialisierung“ verstanden werde. Deshalb könne man von einer „Philosophie des Werdens“ sprechen. Stefan Heyer, Deleuzes & Guattaris Kunstkonzept. Ein Wegweiser durch Tausend Plateaus, Wien 2001, S. 99, 113 und 147. Bei Stifter ist das ‚Werden‘ im Glatten, so wird sich zeigen, nicht eindeutig positiv: Das Glatte kann zwar ein ‚Werden‘, einen Übergang für das Subjekt darstellen; dieser Übergang kann auch positiv für dessen Persönlichkeit sein. Es kann aber auch zu einer Entsubjektivierung oder wenigstens zu einer Bedrohung in diesem Sinne kommen. Entsubjektivierung wird bei Stifter aber als eine Gefahr dargestellt, während Deleuze und Guattari Asubjektivität als Chance begreifen. Vgl. Deleuze/Guattari, Tausend Plateaus, 1992, S. 380 f

60 Die negative Bewertung des Gekerbten zeigt sich z. B. im Vokabular: Die Kerbung wird dem Glatten ‚aufgezwungen‘, das muss das Glatte ‚erdulden‘, es wird ‚gezähmt‘ und ‚unterworfen‘. Zwar seien glatte Räume „nicht von sich aus befreiend. Aber in ihnen verändert und verschiebt sich der Kampf, und in ihnen macht das Leben erneut seine Einsätze, trifft es auf neue Hindernisse, erfindet es neue Haltungen, verändert es die Widersacher.“ Vgl. ebd., S. 665 und 693. Mit

sind nicht eindeutig positiv besetzt; sie erscheinen im Blick der jeweiligen erlebenden Subjekte als bedrohlich, zugleich aber auch faszinierend. Das Gekerbte dagegen erweist sich in den hier analysierten Erzählungen und auch im *Nachsommer* als ein Ort, der einerseits immer vom Glatten bedroht wird, von dem aus das Glatte aber dennoch als bedrohliches Faszinosum erlebt werden kann; andererseits sind Einkerbungen bei Stifter die einzigen Punkte im Raum, in denen eine Verortung möglich ist – sie werden, so wird sich zeigen, zu ‚rettenden Ufern' für die jeweiligen Wanderer. Die Begriffe ‚glatt' und ‚gekerbt' werden also im Folgenden nicht eins zu eins im Sinne der Theorie verwendet; vielmehr werden sie als Analyseinstrumente genutzt,[61] um das Entstehen des Glatten über die Perspektive einer Figur und den Umgang der jeweiligen Figur mit dieser Perspektivierung beschreiben zu können. Dabei wird sich zeigen: Eine ‚Ungewissheit' angesichts des Glatten bleibt in Stifters Texten immer bestehen. Als Ausdruck dieser Ungewissheit des erlebenden Subjekts im glatten Raum wird hier das Gefühl des Erhabenen angenommen:[62] Die scheinbare Leere von Stifters an das Meer erinnernden Räumen kann – so wird sich zeigen – von den Figuren im Modus des Erhabenen wahrgenommen werden, so dass die durch die Leere bedingte Glätte im Erhabenen für sie erfahrbar wird.

Blick auf die Großstadt stellt Heyer fest, dass es Deleuze und Guattari darum gehe, „[d]en kartographierten Raum wieder neu zu öffnen, die eingeschlagenen Kerben zu glätten, Nomade in der Stadt werden: [...] Eine Philosophie als Einführung in eine neue Lebenskunst." *Tausend Plateaus* könne „als Entwurf einer nomadischen Ethik gelesen werden, einer Ethik für Stadtnomaden." Ziel ist es aber nicht, Nomade zu sein, sondern: „So sehr Deleuze&Guattari [sic!] mit dem Nomaden sympathisieren, so wenig können und wollen sie selbst Nomaden sein, sie wollen es nicht sein, sondern werden. Das Werden ist ein Prozess des Lernens, eine Entwicklung, welche endlos ist. Das Ziel ist nicht erreichbar, es gibt kein Ziel." Heyer, Deleuzes & Guattaris Kunstkonzept, 2001, S. 22 und 39. Nach Deleuze und Guattari ist es einzig ‚Nomaden' möglich, im Glatten zu sein, ohne zu kerben: „Sie sind Nomaden, weil sie sich nicht bewegen, weil sie nicht umherwandern, weil sie einen glatten Raum halten". Deleuze/Guattari, Tausend Plateaus, 1992, S. 668.

61 In einem Gespräch mit Michel Foucault äußert sich Deleuze zum Umgang mit Theorien: „[E]ine Theorie, das ist genauso wie ein Werkzeugkasten [...]. Es muss zu etwas dienen, es muss funktionieren. Und nicht um seiner selbst Willen." Michel Foucault/Gilles Deleuze, Die Intellektuellen und die Macht. In: Michel Foucault, Schriften in vier Bänden. Dits et Ecrits. Bd. II, hg. von Daniel Defert und François Ewald, Frankfurt a. M. 2002, S. 382–393, hier 384 f.

62 Mit Raoul Schrott kann man das Erhabene als eine Art der Positionierung gegenüber Natur verstehen: „Was sich [...] als Konstante an den verschiedensten Bestimmungen des Sublimen [...] ablesen läßt, ist das Gegenüber der Natur und die Position, die man dazu einnimmt. Das Erhabene ist so letztlich Ausdruck einer existenziellen Haltung, die immer wieder an der Unantastbarkeit der Natur scheitert, eine Haltung, die sich gerade an diesem unüberwindlichen Bruch orientiert". Schrott, Tropen, 1998, S. 8.

Eine Verbindung des Erhabenen mit ‚Leere' und Unbegrenztheit lässt sich gleich auf zweifache Weise ziehen. Zum einen ist eine Verknüpfung des Erhabenen mit dem Meer, dem „Archetypus aller glatten Räume",[63] bereits in der frühesten Abhandlung über das Erhabene, in der antiken Schrift *Perí hýpsus*, belegt: „Und wer beim Blick ins Leben ringsum sieht, welchen Vorrang das Ungemeine, Große [...] überall genießt, dem wird die Bestimmung des Menschen bald offenbar werden. Daher bewundern wir aus einem natürlichen Trieb wahrhaftig nicht die kleinen Bäche [...], sondern den Nil, die Donau oder den Rhein und viel mehr noch den Ozean".[64] In der Philosophie des achtzehnten Jahrhunderts nimmt das Betrachten des Meeres für das Erhabene eine zentrale Rolle ein: Wer könne „das große Weltmeer [...] ohne angenehmes Schwindel" betrachten,[65] fragt Moses Mendelssohn; man könne, so Kant, auch den „Ozean [...] erhaben finden";[66] und Schiller erklärt den „Horizont", betrachtet man ihn über die „offenbare See", zum „erhabensten, was dem Aug je erscheinen kann."[67]

Zum anderen sind Grenzenlosigkeit und Unendlichkeit, und beides kann durch Leere gekennzeichnet sein, als Grundlagen des erhabenen Gefühls beschrieben worden.[68] Schon Blaise Pascal, dessen fragmentarisch gebliebenen *Pensées* (1670) zur Vorgeschichte des Erhabenen gezählt werden können, erschauert vor dem „ewige[n] Schweigen dieser unendlichen Räume" des Universums.[69] Nach Edmund Burke sind „[t]he ideas of eternity, and infinity, [...] among the most affecting we have".[70] Johann Georg Schlosser übersetzt die oben zitierte Stelle bei Longin mithilfe des frühestens mit Kopernikus bzw. dessen Rezeption im siebzehnten Jahrhundert entstandenen Begriffs des Unendlichen:[71] „Deswegen begnügt sich auch unsere Aussicht nicht mit den Gränzen dieser Welt allein;

---

63 Deleuze/Guattari, Tausend Plateaus, 1992, S. 665.
64 Longinus, Vom Erhabenen, 1988, S. 87–89 (35,3 f.).
65 Mendelssohn, Rhapsodie, 2006, S. 158.
66 Kant, Analytik des Erhabenen, 1968, S. 360.
67 Schiller, Zerstreute Betrachtungen, 1962, S. 238.
68 Nach Klaus Poenicke wurden die „literaturwirksamsten Kräfte" des Erhabenen im achtzehnten und neunzehnten Jahrhundert „ohne Zweifel aus dem Natürlich- und vor allem dem Räumlich-Erhabenen generiert. Schließlich hatten die dramatischen Einbrüche der *New Science* in das christliche Weltbild, verbunden mit Namen wie Kopernikus, Kepler, Galilei, vor allem eine schwindelerregende Öffnung des neuzeitlichen Bewußtseins auf ein Raum-Unendliches bewirkt." Poenicke, Appropriationen des Erhabenen, 1989, S. 79 f.
69 Pascal, Über die Religion, 1963, S. 115. Vgl. dazu in Kapitel I dieser Arbeit den Abschnitt *Voraussetzungen für das Erhabene in Astronomie und Geologie*, S. 49–51.
70 Burke, A Philosophical Enquiry, 2008, S. 43.
71 Vgl. Koyré, Von der geschlossenen Welt, 1980, S. 11 f.

sondern unsere Gedanken steigen darüber hinaus ins Unendliche."[72] Und Kants Definition des Mathematisch-Erhabenen gründet auf der Größe der das erhabene Gefühl auslösenden Objekte: Die „bloße Größe desselben" kann, „selbst wenn es als formlos betrachtet wird, ein Wohlgefallen bei sich führen [...], das allgemein mittelbar ist, mithin Bewußtsein einer subjektiven Zweckmäßigkeit im Gebrauche unserer Erkenntnisvermögen enthalte; aber nicht etwa ein Wohlgefallen am Objekte, wie beim Schönen [...]: sondern an der Erweiterung der Einbildungskraft an sich selbst"[73]. Auch in der Philosophie des zwanzigsten Jahrhunderts bleibt das Erhabene mit Unendlichkeit, Weite und mit Leere verbunden; so beruht es nach Raoul Schrott auf „einer Projektion": „Die Leere, die darin sichtbar wird, findet sich auch an anderen Orten, den Bergen, dem Meer; es ist eine Leere, die das Auge immer wieder wie einen Fluchtpunkt fixiert."[74]

Das Erhabene kann also als Versuch gedeutet werden, Unbegrenztheit als eine Größe zu verstehen, die über jegliches wahrnehmbare Maß hinausgeht,[75] die aber emotional erfahrbar ist; hier liegt eine mögliche Dimension des Modells. Auch Stifters ‚leere' Räume erscheinen, wie sich zeigen wird, dem erlebenden Subjekt aufgrund ihrer Gegenstandsarmut nahezu unbegrenzt; Verortungsversuche müssen – so scheint es – in einem solchen Raum immer scheitern, aber über das Gefühl des Erhabenen[76] werden solche Versuche zumindest auf einer Ebene der Emotionen teilweise möglich. Im Folgenden soll gezeigt werden, wie die Glätte der Räume in der Perspektive des jeweiligen Wanderers in den Erzählungen *Abdias*, *Brigitta*, *Zwei Schwestern* und *Der Hagestolz* sowie in der Gletscherwanderung im *Nachsommer* entsteht, inwieweit diese Wahrnehmung der ‚leeren' Räume von den Wanderzielen bedingt ist, den ‚Inseln' im jeweiligen ‚Landmeer', und inwiefern sich die Wanderer über das Erhabene dem Glatten annähern können – und welche Unterschiede sich dabei in den jeweiligen Erzählungen auftun.

---

72 Longin, Vom Erhabenen, 1781, S. 219.

73 Kant, Analytik des Erhabenen, 1968, S. 334 f.

74 Schrott, Tropen, 1998, S. 9.

75 Vgl. Fœssel, Analytik des Erhabenen, 2008, S. 104.

76 Annika Schlitte denkt das Erhabene „als eine örtlich vermittelte Beziehung, in der die Natur zwar als das *Andere* des Menschen erscheint, aber doch auf ihn bezogen bleibt." Das Erhabene des achtzehnten Jahrhundert liest sie „analog zur religiösen Raumerfahrung als Transzendentalerfahrung", womit „nicht das Numinose, sondern die Natur selbst gemeint" sei. So lasse sich „die Erfahrung des Naturerhabenen als eine säkularisierte Version einer Ortserfahrung deuten." Annika Schlitte, Das Erhabene als Ortserfahrung. Vorüberlegungen zu einer Hermeneutik des Ortes. In: dies. u. a. (Hg.), Philosophie des Ortes. Reflexionen zum Spatial Turn in den Sozial- und Kulturwissenschaften, Bielefeld 2014, S. 45 – 61, hier 61 und 58 f.

1.1 Stifters Öden, Steppen und Wüsten

Die Wüste – *Abdias*

Adalbert Stifter hat einige der Natur-Räume, die er beschrieben hat, selbst nie bereist. Auch die nordafrikanische Wüste, Schauplatz der Erzählung *Abdias*, kannte er nur aus Reiseberichten, die kaum gesicherte naturwissenschaftliche Erkenntnisse boten.[77] Dennoch war die Wüste schon zu dieser Zeit, so Uwe Lindemann, von einem „äußerst dichte[n] Bedeutungsgeflecht" überzogen,[78] ein Bedeutungsgeflecht, das prädestiniert für eine für Stifter so ungewöhnliche Erzählung zu sein scheint: Im Mittelpunkt steht der Jude Abdias, der in einer alten Ruine in der Wüste geboren wird. Als er das Alter eines Erwachsenen erreicht, sendet ihn sein Vater Aron in die Wüste hinaus, um durch Handel Geld zu verdienen. Während einer dieser Handelsreisen findet Abdias eine Frau – Deborah. Nach der Hochzeit und nach anfänglichen Erfolgen im Handel wird Abdias von mehreren Schicksalsschlägen heimgesucht: Die Wüstenstadt wird von Melek-Benn-Amar überfallen und Abdias deshalb in der Gemeinschaft isoliert. Zudem stirbt Deborah bei der Geburt der Tochter Ditha. Abdias versucht nun, seiner aussichtslosen Lage zu entfliehen, und zieht mit seiner Tochter und einer Amme durch die Wüste bis ans Mittelmeer, um nach Europa überzusetzen. Sein Diener Uram folgt ihm, verirrt sich aber in der Wüste und wird nur gerettet, weil sein Kamel die Reisegruppe aufspürt. In Europa angelangt, baut Abdias für sich, Ditha und Uram ein Haus und beginnt, Landwirtschaft zu betreiben, lebt aber weiterhin sehr isoliert. Zugleich wird er von der Sorge um Ditha geplagt, die blind zur Welt kam, bis sie eines Tages durch einen Blitzschlag sehend wird. Doch das nun ungetrübte Glück ist nur von kurzer Dauer, denn Ditha stirbt nur wenige Zeit später durch einen weiteren, ebenso unvermittelten Blitzschlag – Abdias muss seine Tochter um weitere dreißig Jahre überleben.

---

77 Im Kommentar zur Erzählung *Abdias* der Historisch-Kritischen Gesamtausgabe wird Stifters Wissen von der Wüste auf die (wahrscheinliche) Lektüre von Moritz Wagners Reisebericht *Reisen in der Regentschaft Algerien in den Jahren 1836, 1837 und 1838* zurückgeführt. Der Text beschreibe die zu Stifters Lebzeiten weitgehend unerforschte Wüste nördlich des Atlas-Gebirges sowie das Gebirge selbst. Vgl. HKG, Bd. 1,9, S. 278 und 286. Nach Uwe Lindemann begann die systematische Erforschung der nordafrikanischen und arabischen Wüsten durch europäische Wissenschaftler allerdings schon gegen Ende des achtzehnten Jahrhunderts. Vgl. Uwe Lindemann, Die Wüste. Terra incognita, Erlebnis, Symbol. Eine Genealogie der abendländischen Wüstenvorstellungen in der Literatur von der Antike bis zur Gegenwart, Heidelberg 2000, S. 37.
78 Ebd., S. 13.

Auch wenn die Erzählung nur zum Teil in der Wüste spielt, ist es doch erstaunlich, dass die Stifterforschung sich zwar immer wieder ausführlich mit *Abdias* beschäftigt, sich aber dabei nur äußerst peripher für diesen doch sehr speziellen Raum interessiert hat.[79] Beiträge, die den Landschaften nachgehen, interpretieren diese meist in Abhängigkeit vom Charakter der Figuren bzw. vom Schicksal des Abdias. So stellt Primus-Heinz Kucher zwar Stifters unverklärten Blick auf den Orient heraus, der eine „unmißverständlich als ungastliche, periphere und öde, in Bilder der Ver-Wüstung [...] gefaßte Landschaft außerhalb jeglicher präziser Koordinaten" zeige; gleichzeitig verbindet Kucher die Ödnis der Natur mit dem „Außenseiterstatus" des Abdias und liest eine Verwüstung im doppelten Sinne: die der äußeren Natur und die des Seelenlebens des Protagonisten.[80] Auch Roland Schneider, der in Anlehnung an Christian Begemann die Thematik der Erzählung im richtigen „Lesen von Zeichen", in der „richtige[n] Zuordnung von Innen und Außen" und im „Erkennen einer verborgenen Gesetzmäßigkeit" sieht, interpretiert die „Zeichenwelt der Wüstenstadt" als ein Zurückfallen der Kultur in die Natur und die Wüste einzig als „das offenkundig Andere, dem gegenüber das Subjekt bestehen muß."[81] Beide Lektüren nehmen die Wüste weder als Raum noch als Landschaft noch deren eigentümliche, gewiss auch menschenfeindliche Natur wirklich ernst: Der außergewöhnliche Erzähl-Raum von *Abdias* wird nur in Abhängigkeit zum Seelenleben der Figur und deren Schicksal erfasst; die (ästhetische) Wirkung der Wüste wird so vernachlässigt, und das obwohl Stifters frühe Wüstendarstellung[82] – wie sich zeigen wird – exemplarisch ist für viele weitere Darstellungen von Natur-Räumen in seinem Werk.

Franziska Frei Gerlachs Interpretation von *Abdias* schließt in gewisser Weise an Kuchers und Schneiders an; auch sie spricht von einer „expliziten Parallelisierung von Landschaft mit der physischen Struktur, dem Gemeinwesen und seiner Kultur", aufgrund derer man die Wüste metaphorisch lesen müsse: Der Sand der Wüste führe unweigerlich zu einem Versanden von Kultur und Kommunikation. Die Wüste sei deshalb „[p]oetologisch" zu verstehen als „Allegorie der Unlesbarkeit, die vom Versuch erzählt, nach dem Verlust der Zeichen in der

---

79 An dieser Stelle werde ich mich auf Beiträge beschränken, die der Wüsten wenigsten etwas Aufmerksamkeit schenken. Für einen umfassenderen Forschungsüberblick v. a. zu den Blitzschlägen und der Einleitung vgl. Kapitel III.5 in dieser Arbeit.

80 Vgl. Primus-Heinz Kucher, Verfremdete – fremde Welt: Zu Stifters *Abdias* (1842). In: Bobinac, Marijan (Hg.), Literatur im Wandel, Zagreb 1999, S. 25 – 37, hier 31 f.

81 Vgl. Schneider, Zum Problem von Natur, Kultur und Subjekt, 2002, S. 152 f.

82 *Abdias* erschien erstmals 1842 und kann, wie die meisten Erzählungen der ersten beiden Studienbände (1844 und 1847), zu Stifters Frühwerk gezählt werden. Zur Entstehung und zu den Erscheinungsdaten der Fassungen vgl. den Kommentarband zu den *Studien*: HKG, Bd. 1,9.

Mimikry des Lesevorgangs [...] den Referenten direkt zu finden, der auf der weißen Fläche nicht ist, weil dort die Zeichen von ihm wären, was schließlich zum Ausfall des Sehens führt.“[83] Frei Gerlach macht also zwar die in der Wüste gestörte Wahrnehmung, die sich in *Abdias* in besonderem Maße findet, zum Thema und räumt so dem Natur-Raum einen gewissen Stellenwert ein; ihre These von der ‚Unlesbarkeit' der Wüste lässt sich aber gerade bezüglich des Protagonisten nicht ohne Weiteres halten, denn Abdias entwickelt sich über fünfzehn Jahre hinweg zu einem ‚Wüsten-Experten', der Glück empfindet, wenn er „nur erst wieder hoch auf dem Kamehle saß“ und die Wüste durchstreift. Sein Diener Uram dagegen ist nicht an die Wüste gewohnt – nachdem sein Kamel Abdias gefunden hat, ist sein „Antlitz [...] so entstellt, als sei der Knabe in diesen zwei Tagen um zehn Jahre älter geworden.“[84] Als ‚unlesbar' erscheint die Wüste also nur demjenigen, der sie nicht kennt.

Irmscher hat sich verhältnismäßig ausführlich mit Stifters von „*Negativität*“ bestimmten und „durch *Monotonie* charakterisiert[en]“ Landschaften beschäftigt. Die Erzählung *Abdias* wird im Zusammenhang mit den „Darstellungen merkmalloser, oft leerer Landschaften in den Erzählungen der *Studien*“ zumindest erwähnt. Demnach mache sich in *Abdias*, aber auch in *Das Haidedorf*, *Der Hochwald* und *Zwei Schwestern* die „Tendenz bemerkbar, die Wirklichkeit als einen unübersehbaren, ‚erhabenen' Zusammenhang zu zeigen, dem das Herz in seinen wechselnden Stimmungen sich beugen muß.“[85] Leider geht Irmscher nicht mehr weiter auf *Abdias* ein; dennoch wird hier zumindest teilweise an seine These angeknüpft,[86] um die Besonderheiten der ‚merkmallosen' Wüste in *Abdias* sowie die des dort erfahrenen Erhabenen weiter herauszuarbeiten.

---

83 Vgl. Frei Gerlach, Stifters Sandformationen, 2008, S. 112f. und 116.
84 Beide Zitate aus Abdias. In: HKG, Bd. 1,5, S. 251 und 295.
85 Irmscher, Phänomen und Begriff des Erhabenen, 1991, S. 33 und 40. Zu erwähnen bleibt noch Jannetje Enklaar-Lagendijk, die sich mit dem sozialen Wüsten-Raum beschäftigt. Ihr zufolge liege der Grund für Abdias' ‚Schicksal', beginnend mit seiner Pockenerkrankung über Meleks Überfall auf die Römerstadt, den Tod von Deborah bis hin zu Blindheit und Tod seiner Tochter Ditha, in einer sozialen Raumverletzung, denn Abdias verlasse und gefährde seinen sozialen Raum bereits, als er beginnt, von der Römerstadt aus Handel zu betreiben. Vgl. Enklaar-Lagendijk, Landschaft und Raum, 1984, S. 128–131.
86 Ich knüpfe nur teilweise an Irmschers These an, weil ich zwar auch dem Komplex des Erhabenen einen wichtigen Stellenwert in Stifters Erzählwerk zuschreibe, aber Irmschers These zu *Abdias* nicht zustimmen kann. Demnach erscheine das „Erhabene [...] nicht mehr dem Herzen als das Außerordentliche, sondern dem Verstand als ein gesetzlich geregeltes Ganzes.“ Irmscher, Phänomen und Begriff des Erhabenen, 1991, S. 39 f. In Kapitel III.5 dieser Arbeit wird sich zeigen, dass Naturphänomene in der Erzählung gerade dann mithilfe des Erhabenen dargestellt werden, wenn der Verstand versagt und versagen muss.

Um die Wüste in *Abdias* fassen zu können, lohnt ein Blick auf die Geschichte der Wüstenvorstellungen, wie sie sich in der Literatur darstellt. Nach Lindemann ist die Wüste, die seit den Anfängen der Literatur zu ihren Schauplätzen gehöre, ein „Topos im doppelten Sinne":

> Wörtlich genommen, ein Ort mit irregulären phänomenalen Strukturen, der sich mit nur wenigen anderen Orten bzw. Landschaften der Erde vergleichen läßt. Im übertragenen Sinn, ein Komplex von typisierten Vorstellungen, die sich zum einen auf wenige Schlagwörter wie Sand, Dünen, Beduinen, Hitze und Durst reduzieren lassen, zum anderen aber ein äußerst dichtes Bedeutungsgeflecht nach sich ziehen, das aus einer Vielzahl an Überschneidungen mit anderen Themenbereichen herrührt.[87]

Solche Themenbereiche der Wüste sind, so Lindemann, „Einsamkeit", die „Konfrontation des Eigenen mit dem Fremden", der „Ethnozentrismus, [die] Xenophobie und [der] Eskapismus", aber auch die „Orientbegeisterung im 19. Jahrhundert". Lindemann betont das „religiöse[] bzw. mythologische[] Potential" der Wüste, das von einer Dämonisierung bis hin zur Inszenierung als Ort der göttlichen Offenbarung reiche. Vor allem nennt er aber – und hieran knüpft dieses Kapitel an – die „Erhabenheits- und Melancholieproblematik" sowie den „Aspekt der Verwüstung", der sich in apokalyptischen Vorstellungen und in der Darstellung von Ruinen im achtzehnten Jahrhundert gleichermaßen zeige. Es kursieren also schon seit den ersten literarischen Arbeiten, in denen Wüsten eine Rolle spielen, mannigfaltige Vorstellungen von der Wüste.[88]

Auch die systematische Erforschung vor allem der nordafrikanischen und arabischen Wüsten, die nach Lindemann Ende des achtzehnten Jahrhunderts und damit vor Stifters Schaffensphase einsetzt, änderte daran nichts grundlegend. Lindemann stellt in seiner Studie frühe wissenschaftliche Abhandlungen gegenüber, die nahezu zeitgleich entstanden sind: Zum einen Werke des Wissenschaftlers Carsten Niebuhr, der mit vielen Wüstenvorstellungen breche, auch wenn er keine wissenschaftliche Beschreibung der arabischen Wüsten liefere; zum anderen Schriften von Johann Ludwig Burckhardt, dessen Darstellung der Wüste ganz andere Züge trage: „Während der erste die Fremdheit der *terra incognita* mit geradezu utopischen Zügen versieht, ist für den letzteren die Wüste weit mehr Hölle denn Paradies. Beide zählen ähnliche Charakteristika der Wüste auf (Ort der Freiheit, Ursprünglichkeit usw.), bewerten sie aber vollkommen an-

---

87 Lindemann, Die Wüste, 2000, S. 13.
88 Vgl. ebd., S. 13 f.

ders."[89] Im Folgenden wird sich zeigen, dass beide Wüsten-Vorstellungen in *Abdias* eingeflossen sind.

Carsten Niebuhr vergleicht zudem den Blick über die Wüste mit dem über das Meer: „Man hat in der Wüste einen fast eben so freyen Horizont als auf der See".[90] Auch Deleuze und Guattari zeichnen eine Ähnlichkeit zwischen dem Meer und der Wüste nach. Demnach „ist das Meer [...] auch zum Archetyp für alle Einkerbungen des glatten Raumes geworden: Einkerbung der *Wüste*, Einkerbung der Luft, Einkerbung der Stratosphäre."[91] Das Meer und die Wüsten weisen also, auch wenn man sich gemeinhin kaum unterschiedlichere Räume vorstellen kann, gemeinsame Eigenschaften und Wirkungen auf, nämlich eine gewisse Widerständigkeit gegenüber jeglichen Versuchen der Einkerbung, die aber auch besondere Maßnahmen zur Zähmung des Raums entstehen lassen.

Eine solche Einkerbung des glatten Raums ist in *Abdias* die alte, verfallene Römerstadt, mit der die eigentliche Erzählung beginnt[92] – sie zeigt sich als ‚Insel' inmitten der unüberschaubaren Wüste und ist gleichzeitig deutlich von der Glätte der Wüste geprägt:

> Tief in den Wüsten innerhalb des Atlasses steht eine alte, aus der Geschichte verlorene Römerstadt. Sie ist nach und nach zusammengefallen, hat seit Jahrhunderten keinen Namen mehr, wie lange sie schon keine Bewohner hat, weiß man nicht mehr, der Europäer zeichnete sie bis auf die neueste Zeit nicht auf seine Karten, weil er von ihr nichts ahnete, und der Berber, wenn er auf seinem schnellen Rosse vorüber jagte, und das hängende Gemäuer stehen sah, dachte entweder gar nicht an dasselbe und an dessen Zweck, oder er fertigte die Unheimlichkeit seines Gemüthes mit ein paar abergläubischen Gedanken ab, bis das letzte

---

89 Vgl. ebd., S. 37–43, Zitat S. 42. Lindemann beschäftigt sich nicht mit Stifters Wüstendarstellung. Seine Einschätzung, wonach die „literarische Motivik der Wüste im 18. Jahrhundert durch zwei neue Elemente belebt" werde, kann zudem nicht für *Abdias* gelten, denn darin ist die Wüste weder ein „Aufenthaltsort für das einsame, universale Gedächtnis, das die Ereignisse einer Heils- oder der Weltgeschichte rückblickend reflektiert", noch kommt es zu einer bewussten Ausschöpfung der „imaginativen Potentiale der Wüste [...], wobei der halluzinierende Eremit als Dichterfiguration gelesen werden kann." Vgl. ebd., S. 112.

90 So Niebuhr in *Beschreibung von Arabien. Aus eigenen Beobachtungen und im Lande selbst gesammelten Nachrichten*, erschienen 1772 in Kopenhagen. Zitiert nach Lindemann, Die Wüste, 2000, S. 38.

91 Deleuze/Guattari, Tausend Plateaus, 1992, S. 665, Hervorhebung E. H. Die Ähnlichkeit zwischen topographisch verschiedenen glatten Räumen leitet sich demnach von ähnlichen Eigenschaften und Erscheinungen ab. Vgl. ebd., S. 664.

92 Dass die Örtlichkeit Wüste mehr als ein Spiegel der in ihr dargestellten Figuren ist, zeigt schon die exponierte Stelle dieses Zitats: Es schließt direkt an die von der Forschung viel beachtete Einleitung der Erzählung und an eine kurze Vorstellung des – alten und inzwischen in Europa sesshaft gewordenen – „Jude[n] Abdias" an. Vgl. Abdias. In: HKG, Bd. 1,5, S. 239. Die eigentliche Erzählung beginnt also mit der Einkerbung des Wüsten-Raums, mit der alten Römerstadt.

Mauerstück aus seinem Gesichte, und der letzte Ton der Schakale, die darin hausten, aus seinem Ohre entschwunden war. Dann ritt er fröhlich weiter, und es umgab ihn nichts, als das einsame, bekannte, schöne, lieb gewordene Bild der Wüste.[93]

Die Beschreibung der Römerstadt und ihrer Lage ist vom okzidentalen Blick auf Inseln geprägt: Weil sie noch nie von einem Europäer gesehen wurde, wird sie weder von dessen Geschichtsschreibung (‚aus der Geschichte verlorene Römerstadt'), noch von dessen Wissenschaft erfasst; zudem hat die Stadt keinen Namen, also keine gesicherte und definierte Bezeichnung. Sie existiert weder in der Zeit – von außen betrachtet unterliegt sie scheinbar keinem ‚geschichtlichen Wandel' – noch im Raum,[94] denn auch darin, also auf Karten, wird ihr kein Platz zugesprochen: Die Stadt „bildet somit aus europäischer Sicht einen Winkel der Vergessenheit" und wirkt „wie eine kleine Abspaltung von der gewaltigen Landmasse – ein Stück seines Randes, das ins Meer gefallen ist und sich von ihm entfernt hat",[95] nur dass diese ‚Insel' nicht von Wasser, sondern von Sand umgeben ist. Die Römerstadt ist aber nicht nur aus europäischer Sicht aus der Welt gefallen, sondern auch aus der Perspektive des einheimischen Berbers, der ihr zwar ansichtig wird, sie aber entweder überhaupt nicht beachtet oder sich so sehr vor ihr fürchtet, dass er ‚abergläubische Gedanken' hegt. Über den Blick des Berbers erlangt die Römerstadt so eine weitere und im weiteren Sinne auch insulare Eigenschaft: Sie erscheint nicht nur als randständig, sondern im Aberglauben der Einheimischen auch als eine Art ‚Weltrand', vor dem zufällige Reiter die Flucht ergreifen und so die Abgeschiedenheit des insularen Orts weiter zementieren, statt ihn zu entdecken und zu Erkenntnissen über ihn zu gelangen[96] –

---

93 Abdias. In: HKG, Bd. 1,5, S. 239 f.

94 So auch Helena Ragg-Kirkby, ‚So ward die Wüste immer größer': Zones of Otherness in the Stories of Adalbert Stifter. In: Forum for Modern Language Studies 35 (1999), S. 207–222, hier 215.

95 Vgl. Moser, Die Insel als Topos der Kulturisation, 2005, S. 408 f. Eva Geulen liest die Römerstadt als „Nicht-Ort in einer Nicht-Zeit"; so aktualisiere sich „ein altes antisemitisches Vorurteil, demzufolge die Juden gar nicht in die Geschichte eingetreten sind, sondern sich in den Trümmern anderer Weltgeschichten einrichten. Wie diese Gemeinschaft keine Gemeinschaft ist, hat sie auch keine Geschichte und ist folglich vom Lauf der Welt vorab ausgeschlossen." Eva Geulen, Stifter-Gänge. In: Gellhaus, Axel u. a. (Hg.), Kopflandschaften – Landschaftsgänge. Kulturgeschichte und Poetik des Spaziergangs, Köln u. a. 2007, S. 219–231, hier 231. Die Frage, inwieweit *Abdias* antisemitisch ist, wurde in den letzten Jahren ausführlich diskutiert. Vgl. dazu Joseph Metz, The Jew as Sign in Stifter's *Abdias*. In: The Germanic Review. Literature, Culture, Theory 77 (2002), S. 219–232; Martha B. Helfer, Natural Anti-Semitism: Stifter's *Abdias*. In: Deutsche Vierteljahrsschrift für Literaturwissenschaft und Geistesgeschichte 78 (2004), S. 261–286.

96 „Tatsächlich [...] markiert der Weltrand, wie ihn Epos und Roman konstruieren, keinen Fluchtraum, sondern einen privilegierten Ort der Welterkenntnis. Wer sich an die Grenze der Welt begibt, entfernt sich nicht aus ihr, vielmehr will er etwas über sie in Erfahrung bringen." Christian

einzig der ‚Ton der Schakale' dringt an das Ohr des Berbers, bevor er sich wieder der Wüste zuwendet, die ihm im Vergleich zur Römerstadt ein „einsame[s], *bekannte[s]*, schöne[s], lieb gewordene[s] Bild" ist.[97]

Auch die jüdischen Bewohner der Ruine zementieren das Aus-der-Welt-Gefallen-Sein ihres Zuhauses. Sie haben zwar Zugang zur Welt außerhalb der Römerstadt und betreiben einen regen Handel; doch ihr Wohnort ist niemandem bekannt, auch nicht ihren Handelspartnern, einzig „Glaubensbrüder, die draußen wohnen", kennen ihn. Die Bewohner, „[d]üstre, schwarze, schmutzige Juden", bemühen sich, die Stadt als unbewohnt erscheinen zu lassen und füttern zu diesem Zweck den Schakal, dessen Ruf zufällige Reiter daran hindert, die Stadt zu betreten.[98] Namentlich vorgestellt wird nur eine Familie unter den Bewohnern der Römerstadt, die des Juden Aron, Vater von Abdias. „Aron war der reichste in der alten Römerstadt", eine Tatsache, die zwar den Bewohnern bekannt ist,

> aber nie ist ein Beispiel erhört worden, daß es der vorüber jagende Beduine erfuhr, oder der träge Bei im Harem: sondern über der todten Stadt hing schweigend das düstere Geheimniß, als würde nie ein anderer Ton in ihr gehört, als das Wehen des Windes, der sie mit Sand füllte, oder der kurze heiße Schrei des Raubthieres, wenn die glühende Mondesscheibe ober ihr stand, und auf sie nieder schien. [...] [U]nd wenn einer ihrer andern Mitbewohner, ein Schakal, hinaus kam, so ward er erschlagen und in einen Graben geworfen.[99]

Die Juden der Römerstadt wohnen „eingekerbt in [der] Wüste[]";[100] ihre ‚todte Stadt' kann „in einem emphatischen Sinne als *Ort*" begriffen werden,[101] auch als der einzige Ort, der ihnen gerade aufgrund seiner Insularität Sicherheit bietet. Diese Sicherheit hat Ihren Preis: Selbst die Bewohner „gingen wie Schatten in den Trümmern herum" und ihr eigentliches Leben findet versteckt unter der Erde statt, denn dort liegen ihre „weitläufigen Wohnung[en]".[102]

Das ewige Verstecken vor der Außenwelt führt nicht nur dazu, dass die Außenwelt nichts von den Bewohnern der Römerstadt erfährt; auch die Juden er-

---

Moser, Der Weltrand als mythopoetischer Reflexionsraum. Epische Passagen an die Grenzen der Erde von ‚Gilgamesch' bis zu Mary Shelleys ‚Frankenstein'. In: Geulen, Eva/Kraft, Stephan (Hg.), Grenzen im Raum – Grenzen in der Literatur, Berlin 2010, S. 51–73, hier 56. Diese Art der Welterkenntnis von ihrem Rand, der Römerstadt aus, funktioniert in *Abdias* gerade nicht, denn sie wird nicht von Außenstehenden besucht, sondern gemieden.

97 Abdias. In: HKG, Bd. 1,5, S. 239, Hervorhebung E. H.
98 Vgl. ebd., S. 240.
99 Ebd., S. 242.
100 Deleuze/Guattari, Tausend Plateaus, 1992, S. 668.
101 Moser, Die Insel als Topos der Kulturisation, 2005, S. 408.
102 Abdias. In: HKG, Bd. 1,5, S. 240 f. Allerdings ist die Wohnung des Aron die einzige, die beschrieben wird.

fahren trotz ihrer Geschäfte in der Wüste kaum etwas von der Außenwelt. So heißt es von Abdias, nachdem er von seinem Vater „in die Welt" gesandt wurde, um die „Fähigkeit des Erwerbens" zu erlernen: „Von nun an ertrug Abdias das Peitschen des Regens und Hagels in seinem Angesichte – er zog Land aus, Land ein, über Wässer und Ströme, aus einer Zeit in die andere – er kannte keine Sprache, und lernte sie alle, er hatte kein Geld, und erwarb sich dasselbe, um es in Klüften, die er wieder fand, zu verstecken, er hatte keine Wissenschaft, und konnte nichts".[103] Die Juden der Römerstadt wohnen nicht nur „eingekerbt" mitten in der glatten Wüste; weil sie sich von eben dieser Wüste, die zugleich der Raum ihrer Handelsbeziehungen ist, weiter abkapseln (müssen), leben sie noch randständiger, als allein die Lage ihres Wohnorts vermuten lässt. Sie werden förmlich von der Wüste und zugleich von ihrer eigenen Einkerbung eingekesselt. Ihre Stadt ist ein Ort des Stillstandes und der „lähmende[n] Stagnation";[104] als solcher erscheint er aber nur in Abhängigkeit zur Wüste, in der zudem, denkt man an Abdias' Tätigkeit, mehr Leben zu herrschen scheint als in der Ruine: Das Eingekerbt-Sein der Römerstadt ist bedingt durch die Glätte der Wüste – und umgekehrt.[105] So muss Abdias, nachdem er die Römerstadt verlassen hat, nicht nur neue Sprachen erlernen, sondern er wechselt abgesehen vom Raum auch die Zeit: ‚Er zog Land aus, Land ein, über Wässer und Ströme, aus einer Zeit in die andere'. Die Zeit- und Geschichtslosigkeit der Römerstadt verstärkt sich mit dem Blick von außen aus der Glätte der Wüste heraus, der dagegen Zeitlichkeit zukommt. Erst mit Abdias' Verlassen der Römerstadt und der dadurch bedingten Erschließung der Wüste als weiterer Erzähl-Raum wird die Römerstadt als Einkerbung sichtbar. Schon hier deutet sich an, dass sich die jeweiligen Räume in der Figurenperspektive wie auch für den Leser erst in Abhängigkeit voneinander überhaupt als unterschiedliche Räume erfassen lassen.

Es ist die Römerstadt, die den Blick über die „gegenstandslose[] Wüste"[106] organisiert, ihm eine Richtung vorgibt, und so das Erhabene des glatten Raums erfahrbar werden lässt. Nachdem Abdias' Habe zuerst von Melek-Benn-Amar und anschließend von seinen Nachbarn geplündert wurde und er verschiedene Goldverstecke aufgesucht hat, geht sein Blick über die Wüste: „[U]nd nachdem er

---

103 Vgl. ebd., S. 243 f.
104 Moser, Die Insel als Topos der Kulturisation, 2005, S. 408 f.
105 „Und manchmal müssen wir uns auch daran erinnern, daß die beiden Räume nur wegen ihrer wechselseitigen Vermischung existieren: der glatte Raum wird unaufhörlich in einen gekerbten Raum übertragen und überführt; der gekerbte Raum wird ständig umgekrempelt, in einen glatten Raum zurückverwandelt. Im einen Fall wird sogar die Wüste organisiert; im anderen Fall gewinnt und wächst die Wüste". Deleuze/Guattari, Tausend Plateaus, 1992, S. 668.
106 Abdias. In: HKG, Bd. 1,5, S. 278.

die unendliche Leere, gleichsam als müßte er von einem Paradiese scheiden, lange angeschaut hatte, stieg er nieder, ging in sein Gewölbe und begab sich bald zur Nachtruhe."[107] Gesehen von der zumindest für Abdias nicht mehr sicheren ‚Wüsten-Insel' Römerstadt erscheint die Leere der Wüste erhaben: Sie lässt Abdias zum einen Grenzenlosigkeit und Unendlichkeit erfahren; zum anderen wirkt sie auf ihn gerade aufgrund ihrer Leere paradiesisch;[108] paradiesisch, obwohl es kaum einen lebensfeindlicheren Raum gibt, in dem sich ein Mensch aufhalten kann. So findet im Oxymoron vom ‚leeren Paradies' das ‚gemischte Gefühl' des Erhabenen einen textuellen Ausdruck.

In der Wahrnehmung Urams, des Dieners von Abdias, erhält die Wüste schließlich eine Charakterisierung als bedrohliches „Landmeer[]".[109] Uram versucht, nachdem er bemerkt hat, dass Abdias zusammen mit seiner Tochter Ditha und der Amme Mirtha die Römerstadt verlassen hat, Abdias' Spuren zu folgen, um ihn einzuholen. Nachdem er ihn schließlich in einer Oase[110] gefunden hat, berichtet er ihm von seinem Ritt durch die Wüste:

---

107 Vgl. ebd., S. 254–258 und 286. Infolge des Überfalls und der Geburt von Ditha stirbt Deborah; Abdias fasst daraufhin den Entschluss, die Wüste zu verlassen und nach Europa zu gehen. Vgl. ebd., S. 258–267. Schon vor diesen Schicksalsschlägen kommt ihm diese Idee: „Er dachte, er sehne sich nach dem kalten feuchten Weltheile Europa, es wäre gut, wenn er wüßte, was dort die Weisen wissen, und wenn er lebte, wie dort die Edlen leben. [...] Aber es waren nur flatternde Gedanken, wie einem, der auf dem Atlas wandert, eine Schneeflocke vor dem Gesichte sinkt, die er nicht haschen kann." Ebd., S. 250.

108 Mit dieser Charakterisierung des Glatten als paradiesisch liegt *Abdias* auf der Linie der Bewertung des Glatten von Deleuze und Guattari. Vgl. dazu Heyer, Deleuzes & Guattaris Kunstkonzept, 2001, S. 22.

109 Moser, Die Insel als Topos der Kulturisation, 2005, S. 409. *Abdias* ist, wie oben schon einmal erwähnt, die einzige Erzählung Stifters, in der das Meer beschrieben ist: „Am frühen Morgen des neun und zwanzigsten Tages ihres Zuges, da sie über eine strauchlose sachte ansteigende Fläche zogen, riß plötzlich die Farbe des Landes, die lieblich dämmernde, die sie nun so viele Wochen gesehen hatten, ab, und am perlenlichten Morgenhimmel draußen lag ein unbekanntes Ungeheuer. Uram riß die Augen auf. Es war ein dunkelblauer, fast schwarzer Streifen, in furchtbar gerader langer Linie sich aus der Luft schneidend, nicht wie die gerade Linie der Wüste, die in sanfter Schönheit, oft in fast rosenfarbner Dämmerung unerkennbar in den Himmel lag; sondern es war wie ein Strom, und seine Breite stand so gerade empor, als müßte er augenblicklich über die Berge herein schlagen." So wie der Wüste etwas Flüssiges zugesprochen wird, so wird dem Meer etwas so Festes verliehen, dass es scheinbar selbst Berge in die Knie zwingen kann. Schließlich ist es wieder das Land, das, vom Meer aus betrachtet, verflüssigt wirkt: „[U]nd so lag eines Nachmittags die schimmernde freundliche Küste Europas auf dem blauen Wasser". Abdias. In: HKG, Bd. 1,5, S. 296 und 299.

110 Im Übrigen wird die Oase als „Insel" in der Wüste bezeichnet. Vgl. ebd., S. 295.

Zuerst hat er die Spuren der Eselin gesucht, und dieselben wirklich in den Thälern zwischen den Trümmern gefunden, wie sie in Umwegen gegen die Wüste hinausgingen. Dann erst hat er das Kamehl genommen, ist darauf gestiegen, und zu dem Punkte in aller Schnelligkeit hin geritten, wo die Spur in die Wüste mündete. Allein so deutlich die Tritte des Hufes, dessen kleine Gestalt er recht gut kannte, in dem Trümmerwerke und vorzüglich auf lockerem Grasboden waren, so sehr waren sie in dem weichen Sande der Wüste verschwunden. Er sah gar nichts mehr, das einem Tritte ähnlich war, sondern nur die feinen Schneiden des ge- wehten Sandes, und da mußte er gegen die muthmaßliche Richtung zu beiden Seiten immer hin und her jagen, ob er auf der fahlen Fläche, die da schimmerte und noch unzählige viele andere Sternchen und Flimmerchen hatte, die glänzten, nicht den schwarzen Punkt sähe, der die Hinziehenden vorstelle, oder etwa zufällig die Reisespuren wieder fände.[111]

Solange sich Uram innerhalb der Einkerbung, also innerhalb der Römerstadt befindet, ist es kein Problem für ihn, den Spuren zu folgen, doch sobald er in der Wüste ist, gelingt ihm das nicht mehr. Der Sand verwischt die Spuren, er spült sie weg wie Wasser; der Raum selbst verflüssigt sich in seinen Augen zunehmend zu einer ‚fahlen Fläche, die da schimmerte'. Vergleicht man diese Raum-Erfahrung mit einer auf dem Meer, dann steht die Wüste hier nicht nur „für die Unendlichkeit und Grenzenlosigkeit, sondern auch für Unberechenbarkeit, Gesetzlosigkeit und Orientierungswidrigkeit". Sie wird so zum „Inbegriff für die Sphäre der für den Menschen unverfügbaren Willkür der Gewalten, denen er [...] schicksalhaft ausgesetzt ist".[112] In einem solchen Raum, „[i]nmitten d[ieses] unermeßlichen [Sand]meeres" muss sich Urams Blick förmlich „verlier[en]", denn er bewegt sich in einem „stets bewegten und wandelbaren Elementen des Flüssigen", das kaum eine Orientierung zulässt.[113] Die „kontinuierliche Variation" und die „kontinu- ierliche Entwicklung der Form" des Glatten[114] ergreift schließlich auch Besitz von Urams Wahrnehmung: „Dann sei er so durstig geworden und so erhitzt, daß er nichts mehr sehen konnte, weil der Boden vor seinen Augen zu wallen angefangen habe",[115] beschreibt er seine Empfindung. Urams Reise durch das Glatte der Wüste ist nun von keinem Punkt aus mehr organisierbar; seine Wahrnehmung kann nichts Festes mehr ausmachen, sondern befördert die ewige Variation des Raums noch: Eine Verortung im Raum[116] ist nicht mehr möglich.

Schließlich bleibt Uram nichts anderes übrig, als sich seinem Schicksal – dem glatten Raum – zu ergeben: „Hierauf habe er sich mit beiden Händen an dem

---

111 Ebd., S. 293.
112 Makropoulos, Meer, 2011, S. 243.
113 Vgl. Moser, Die Insel als Topos der Kulturisation, 2005, S. 409.
114 Deleuze/Guattari, Tausend Plateaus, 1992, S. 663.
115 Abdias. In: HKG, Bd. 1,5, S. 293.
116 Vgl. dazu Hallet/Neumann, Raum und Bewegung in der Literatur, 2009, S. 20.

Kamehle gehalten, weil es doch viel stärker gewesen sei, als er – und dieses sei heute Nachts geraden Weges hierher gerannt. Es muß die Reisenden oder die Quelle gewittert haben".[117] Es ist also das Kamel, das eine glatte Bewegung vorführt; es bewegt sich instinktiv durch den Raum, es ist in der Lage, „wie der Raum zu sein".[118] Urams Schwierigkeiten, das Glatte in irgendeiner Weise zu bewältigen, zeichnen sich dagegen selbst auf seinem Gesicht ab: Am Morgen nach seiner Odyssee betrachtet Abdias seinen Diener und „traute [...] seinen Augen kaum – es war der furchtbar abgehetzte Knabe Uram, der da vor dem Kamehle auf dem Boden lag. Derselbe schlief auf dem Rücken liegend und das Antlitz gerade gegen den Himmel empor zeigend. Dieses Antlitz, das sonst so jugendlich heiter und frisch war, war aber jetzt so entstellt, als sei der Knabe in diesen zwei Tagen um zehn Jahre älter geworden."[119] Der glatte Raum hat Uram – ganz im Gegensatz zu Abdias – für sein Leben gezeichnet, ja scheinbar ist das Glatte in der Lage, einem Reisenden, der es durchquert, Lebensjahre zu nehmen: Uram stirbt schließlich sehr jung in Europa.[120]

Abdias dagegen, in dessen Blick die Wüste ja als „Paradies[]" erscheint,[121] versucht in Europa (genauer: im Böhmerwald)[122] einen Ort zu finden, der „nicht minder schön, erhaben und furchtbar" als die Wüste ist.[123]

> Es liegt ein sehr vereinsamtes Thal in einem fernen und abgelegenen Theile unsers schönen Vaterlandes. Sehr viele werden das Thal nicht kennen, da es eigentlich nicht einmal einen Namen hat, und, wie wir sagten, so sehr vereinsamt ist. Es führt keine Straße durch, auf der Wägen und Wanderer kämen, es hat keinen Strom, auf dem Schiffe erschienen, es hat keine Reichthümer und Schönheiten, um die Reiselust zu locken, und so mag es oft Jahrzehnte da liegen, ohne daß irgend ein irrender Wanderer über seinen Rasen ginge.[124]

---

117 Abdias. In: HKG, Bd. 1,5, S. 293 f.

118 „Reisen unterscheidet sich [...] durch die Art der Verräumlichung, durch die Art im Raum zu sein, oder wie der Raum zu sein." Deleuze/Guattari, Tausend Plateaus, 1992, S. 668.

119 Abdias. In: HKG, Bd. 1,5, S. 292.

120 Vgl. ebd., S. 308.

121 Ebd., S. 286.

122 Nach dem Kommentarband zu den *Studien* denke Stifter hier „wohl an seine böhmische Heimat". Siehe HKG, Bd. 1,9, S. 293.

123 Mit diesen Worten – im übrigen eine der wenigen Stellen bei Stifter, in der das Wort ‚erhaben' fällt – wird nicht der Böhmerwald und auch nicht direkt die Wüste, sondern eine Einöde beschrieben, die Abdias zusammen mit Tochter und Dienern durchquert, um an das Mittelmeer zu gelangen: „Dann bog er wieder gegen die Einöden ab, die hier ganz anders waren, als in der Wüste, aber gewiß nicht minder schön, erhaben und furchtbar." Abdias. In: HKG, Bd. 1,5, S. 295.

124 Ebd., S. 300.

Abdias zieht an einen Ort, der exakt die gleichen Eigenschaften hat wie die alte Römerstadt,[125] in der er geboren wurde: Auch sein neues Zuhause trägt keinen Namen, es liegt außerhalb jeglichen kartierten Raums, denn es wurde nie durch Straßen oder Wege erschlossen, und es zeichnet sich vor allem negativ aus[126] durch all die Dinge, die es in ihm gerade nicht gibt. Nur eine Sache ist dem Tal eigen, und diese Sache ist verantwortlich dafür, dass es Abdias hierher zieht: „Aber ein sanfter Reiz der Oede und der Stille liegt darüber ausgegossen, ein freundlich Spinnen der Sonnenstrahlen längs der grünen Fläche, als schienen sie mit vorzugsweiser Liebe und und Milde auf diesen Ort".[127] Abdias suchte nicht nur einen Raum,[128] der ein Äquivalent zur Wüste darstellt,[129] also auch öde und gegenstandsarm ist, sondern er sucht nach einem Raum, der eine ähnliche ästhetische Wirkung auf ihn hat wie die Wüste; deshalb zieht er in ein Tal, das so ‚leer' erscheint, dass sich auch hier das Erhabene erfahren lässt. Nachdem Abdias diesen glatten Raum gefunden hat, beginnt er, ihn einzukerben – sprich: eine ‚Insel' zu errichten: „Zur Zeit, da sich das zutrug, was wir hier erzählt haben, war das Thal ganz und gar unbewohnt: jetzt steht in nettes weißes Haus auf seinem Weidegrund, und einige Hütten rings herum, sonst ist es noch fast so öde wie vorher."[130] – So entsteht ein Ort, der alle Eigenschaften der Römerstadt in den Böhmerwald transportiert.

Die Erzählung *Abdias* beschreibt also gleich zwei glatte Räume, die jeweils einen eingekerbten Punkt in sich tragen. Die Wüste erscheint als glatter Natur-Raum, der über den darin liegenden insularen Punkt wahrgenommen werden kann, wobei sich gerade hier die starke Abhängigkeit des glatten Raums ‚Wüste' zur Einkerbung ‚Römerstadt' und umgekehrt zeigt.[131] Der Protagonist Abdias erlernt auf seinen Handelsreisen den Umgang mit diesen Räumen; er kann die glatte Wüste zwar nicht beherrschen, aber er ist in der Lage, sie zu durchqueren. Dies zeigt sich besonders im Vergleich zu Urams Umgang mit dem Glatten: Uram geht daran zugrunde; er wird ein Opfer der Gefahr, die mittels der eigenen Wahrnehmung vom glatten Raum ausgehen kann. Die Wüste erscheint in Abdias' Blick als

---

125 Vgl. ebd., S. 242.
126 Nach Irmscher sind Stifters Landschaften von „*Negativität*" bestimmt. Vgl. Irmscher, Phänomen und Begriff des Erhabenen, 1991, S. 33.
127 Abdias. In: HKG, Bd. 1,5, S. 300.
128 „Als Abdias in sehr vielen Ländern Europas herumgewandert war, *um eine Stelle zu finden*, an der er sich niederlassen könnte, und zufällig auch in das oben beschriebene Thal kam, beschloß er sogleich, hier zu bleiben." Ebd., S. 301 f., Hervorhebung E. H. Man kann also sagen, dass Abdias aktiv nach einem glatten Raum sucht.
129 Vgl. dazu auch Schößler, Zu Stifters Landschaften, 2000, S. 52.
130 Abdias. In: HKG, Bd. 1,5, S. 300 f.
131 Vgl. dazu Deleuze/Guattari, Tausend Plateaus, 1992, S. 658.

Verkörperung des Paradieses und – zeitgleich – in Urams Blick als Raum der Hölle; die Erzählung zeichnet also gleich zwei grundlegende Bedeutungen des Wüstentopos nach.[132]

Abdias ist nicht nur in der Lage, die Glätte der Wüste auszuhalten, sondern er ist auch – wie sich schließlich im einsamen Tal des Böhmerwalds zeigt – fähig, selbst einen glatten Raum einzukerben und ihn damit zu organisieren. Er kann zwar sein Schicksal – vor allem das Sehend-Werden und den Tod seiner Tochter Ditha durch Blitzschläge – weder abwenden noch verstehen,[133] er kann aber zum Beherrscher des Raums werden. Diese Fähigkeit ist es, die ihn auch das ‚Paradiesische' der ‚leeren' Wüste zuteil werden lässt – im Gegensatz zu Uram, der angesichts der Wüste nur Furcht empfinden kann.[134] Abdias aber erkennt die Erhabenheit des Glatten, gerade weil er die Wüste immer wieder durchquert und sie so nicht nur topographisch, sondern auch ästhetisch quasi organisieren lernt: Er trägt den ‚sicheren Standort', den einige Theorien als Voraussetzung für die Empfindung des Erhabenen definieren,[135] in sich – eine Konstruktion, die besonders im *Nachsommer* wieder aufgenommen wird (s. u.). Über das Erhabene als subjektiven Wahrnehmungsmodus gegenüber dem Glatten gelingt es Abdias, den Raum über seine eigene Person einzukerben; seine Positionierung gegenüber dem Glatten ist also immer von der jeweiligen Erfahrung des Erhabenen und dessen sicheren Standort bestimmt. Deshalb kann er, ganz im Gegensatz zu Uram, gegenüber dem Glatten bestehen, auch wenn es immer bedrohlich bleibt. Ob der glatte Raum zum Beherrscher der in ihm reisenden oder verweilenden Subjekte oder aber zum Beherrschten wird und sich dem Menschen und dessen Einkerbungen beugen muss, hängt in *Abdias* eng mit der Fähigkeit des Subjekts zusammen, den glatten Raum als erhaben wahrnehmen zu können.

---

132 Vgl. Lindemann, Die Wüste, 2000, S. 43.

133 Vgl. Abdias. In: HKG, Bd. 1,5, S. 319–323, 338–341.

134 Vgl. Abdias. In: HKG, Bd. 1,5, S. 286 und 293.

135 „When danger and pain press too nearly, they are incapable of giving any delight, and are simply terrible". Burke, A Philosophical Enquiry, 2008, S. 25. „Kühne überhangende gleichsam drohende Felsen [...] u. d. gl. machen unser Vermögen zu widerstehen, in Vergleichung mit ihrer Macht, zur unbedeutenden Kleinigkeit. Aber ihr Anblick wird nur um desto anziehender, je furchtbarer er ist, wenn wir uns nur in Sicherheit befinden". Kant, Analytik des Erhabenen, 1968, S. 349.

Die Steppe – *Brigitta*

Brigitta – „Stifters vielleicht berühmteste Erzählung"[136] – spielt in Ungarn, das Stifter von einer Donaureise im September 1841 kannte, bei der er allerdings nicht bis nach Ostungarn, wo die Erzählung zum größten Teil angesiedelt ist, gekommen ist. Für die Beschreibung der Puszta musste er wie schon für die Beschreibung der Wüste in *Abdias* auf Reiseberichte zurückgreifen.[137] Der Aufbau der Handlung ist von der Wanderung des Protagonisten durch die Puszta bestimmt und erinnert insofern an andere Erzählungen Stifters.[138] Berichtet wird das Geschehen aus Sicht eines jungen namenlosen Ich-Erzählers, der auf dem Weg zu seinem weit älteren Reisefreund Stephan Murai – ihm bekannt als ‚der Major' – die ungarische Puszta durchwandert. Nachdem er das Gut des Majors, Uwar, erreicht hat und auch das benachbarte Gut Marosheli,[139] das die Titelfigur Brigitta betreibt, besichtigt hat, wird er schließlich Zeuge der Versöhnung von Brigitta und Murai, die, eigentlich verheiratet, nach einem Betrug Murais seit Jahren getrennt leben. Erst nachdem der gemeinsame Sohn Gustav durch ein Rudel Wölfe in tödliche Gefahr gerät, kommt es zur Aussöhnung und erneut zu einem gemeinsamen Leben. Der Handlung vorangestellt ist eine kurze ‚Einleitung',[140] die das Problem von äußerer Hässlichkeit und innerer Schönheit diskutiert. Im Folgenden soll es aber nicht um die anhand der Figur der Brigitta diskutierte Hässlichkeit gehen,[141] sondern um Art und Funktion der in der Erzählung beschriebenen Steppe.

In der Forschung zu *Brigitta* wird die Darstellung der Steppe oft – und insoweit erinnert diese Lesart an die Forschung zu *Abdias* – als Sinnbild der inneren Wüste der Figuren interpretiert,[142] entweder als innere Wüste des Majors, dem die innere Schönheit von Brigitta durch deren Hässlichkeit verstellt sei, oder als die von Brigitta, die als ungeliebtes Kind ihre innere Wüste durch Kultivierung der

---

136 Die Erzählung stieß auf großes Interesse und wurde bereits 1850 ins Englische übersetzt. Eine weitere Übersetzung folgte schon 1851, 1862 auch eine ungarische. Vgl. Mayer, Erzählen als Erkennen, 2001, S. 65.

137 Vgl. dazu Moriz Enzinger, Adalbert Stifters Erzählung ‚Brigitta' und Ungarn. In: Südostdeutsches Archiv 1 (1958), S. 122–132; Christian van der Steeg, Wissenskunst. Adalbert Stifter und Naturforscher auf Weltreise, Zürich 2011, S. 92–98.

138 Z. B. *Abdias, Zwei Schwestern, Der Hagestolz*, aber auch *Bergkristall*.

139 Z. T. auch „Maroshely". Vgl. Brigitta. In: HKG, Bd. 1,5, S. 428.

140 Die ‚Einleitung' ist als solche nicht gekennzeichnet, wird aber in der Forschung im Allgemeinen so benannt.

141 Siehe dazu Kapitel III.3 in dieser Arbeit.

142 Z. B. Baumann, Angstbewältigung und ‚sanftes Gesetz', 1993, S. 126f.

Steppe überwinden müsse.[143] So heißt es bei Christian Begemann: „Indem das Ich sich der objektiven Welt der Dinge tätig zuwendet, tritt es aus seiner verschlossenen Subjektivität mit ihren leidenschaftlichen Verirrungen heraus." Von diesen Leidenschaften seien am Ende „alle Protagonisten ‚geheilt' und ins Vorbildhafte verwandelt, und zwar kraft eines Remediums, das hier in extenso vorgeführt wird: Es ist der Landbau, die Kultivierung der Natur."[144] Die Natur in *Brigitta* erscheine deshalb nur noch als „Bild und Mittel der Selbsterziehung", als „ein Vorgang praktischer Selbstbehauptung", und die Ursprünglichkeit der Natur werde so ihrer Kultiviertheit untergeordnet und gleichzeitig entwertet. Stifters vielzitierte „Ehrfurcht vor den Dingen" liege darum nicht in deren materiellem Dasein, sondern nur in ihrer „Wesenheit", also im vom Menschen aufgezwungenen Telos, der Vervollkommnung durch Kultivierung.[145] Auch Mathias Mayer betont die „breite Thematik der Kultivierung in diesem Text", die durch „Brigittas verborgene Schönheit" gerechtfertigt werde. Die Naturkultivierung diene als „äußere Manifestationen" der „‚Kultivierung' [der] Triebnatur" des Majors, der so „Brigittas Innerlichkeit wert" werden könne.[146] Christian van der Steeg erweitert diese These um den Aspekt der Botanik. Brigitta werde metaphorisch als Pflanze beschrieben, durch ihre Kultivierungsmaßnahmen werde „Natur zum menschlichen Antlitz"; in Brigittas Augen[147] spiegle sich „die blühende Seele der hässlichen Landschaft".[148] Diese These von der Sinnbildhaftigkeit der Steppe und der Steppenkultivierung als Kultivierung des Inneren der Figuren lässt sich zwar belegen; sie erfasst aber die Steppe nicht als das, was sie ist: als Natur-Raum, der zwar in Teilen kultiviert wird, aber dennoch nie seine Ursprünglichkeit einbüßt.[149] Einzig Hans Dietrich Irmscher betont den erhabenen, merkmallosen Charakter der Steppendarstellung;[150] wie schon im Abschnitt zur Erzählung *Abdias* werde ich auch hier an seine These anknüpfen und dabei versuchen, die Natur in *Brigitta* in ihrer Bedeutung als Raum für Stifters Gesamtwerk zu fassen. Wie schon die Wüste

---

143 Brigittas unglückliche Kindheit wird innerhalb einer auktorial dargebrachten Binnenerzählung nacherzählt: Es ist die Hässlichkeit des Kindes, das zu dessen Vernachlässigung führt. Interpretationen der Erzählung beziehen sich meist auf den den Seelenzustand des Kindes beschreibenden Satz: „So ward die Wüste immer größer." Brigitta. In: HKG, Bd. 1,5, S. 446.
144 Begemann, Natur und Kultur, 1994, S. 47.
145 Vgl. Begemann, Welt der Zeichen, 1995, S. 267–273.
146 Vgl. Mayer, Erzählen als Erkennen, 2001, S. 71.
147 Nur die Augen Brigittas werden als außergewöhnlich schön beschrieben, als „in der That schöne[] düster[e] Augen". Brigitta. In: HKG, Bd. 1,5, S. 447.
148 Vgl. Steeg, Wissenskunst, 2011, S. 97f.
149 „[S]o viel Wildheit, so viel Ueppigkeit, trotz der uralten Geschichte so viel Anfang und Ursprünglichkeit" liege in der Steppe. Brigitta. In: HKG, Bd. 1,5, S. 417.
150 Vgl. Irmscher, Phänomen und Begriff des Erhabenen,1991, S. 34.

in *Abdias*, so wird sich im Folgenden erweisen, zeigt sich auch die Steppe in *Brigitta* aufgrund ihrer Leere dem erlebenden Subjekt als glatter Raum, dessen Glätte über Vermittlung des Erhabenen erfahren werden kann. Der Beschreibung der Puszta sind dabei, ganz ähnlich wie in der Beschreibung der Wüste, Merkmale eigen, die eigentlich dem Meer – dem „Archetypus aller glatten Räume"[151] – zugesprochen werden können: Die Puszta wird im Blick des Erzählers zu einem erhabenen „Landmeer[]".[152]

Bei all diesen Ähnlichkeiten kommt die Frage auf, warum eine eigene Untersuchung der Steppendarstellung in *Brigitta* lohnenswert ist. Abgesehen davon, dass in dieser Studie gezeigt werden soll, dass sich die außergewöhnliche Darstellung von Natur-Räumen als ‚leere' Räume in Stifters Texten nicht nur auf seine frühen Erzählungen beschränkt, sondern in seinem gesamten Werk und selbst – und das ist sicherlich auf den ersten Blick überraschend – in der Darstellung des Hochgebirges im *Nachsommer* handlungstragend ist,[153] hat die ausführliche Besprechung der Pusztabeschreibung in *Brigitta* auch textimmanente Gründe. Zum einen sind die Motive der jeweiligen Protagonisten, sich einem in beiden Fällen grundsätzlich lebensfeindlichen Raum auszusetzen, ganz unterschiedliche: Abdias muss in die Wüste, um Handel zu betreiben;[154] dem namenlosen Ich-Erzähler in *Brigitta* dagegen sind keine äußeren Zwänge auferlegt: „Ich hatte den Major auf einer Reise kennen gelernt, und schon damals lud er mich wiederholt ein, ihn einmal in seiner Heimat zu besuchen. [...] Da es nun eben Frühling war, da ich neugierig war [...], da ich eben nicht wußte, wo ich hin reisen sollte: beschloß ich, seiner Bitte nachzugeben".[155] Diese sehr unterschiedlichen Motive schlagen sich auch in den jeweiligen Erfahrungen des Erhabenen nieder, wie im Verlauf dieses Abschnittes deutlich werden wird. Zum anderen stellt sich die gegenseitige Bedingtheit von Insel oder Einkerbung und Landmeer oder glattem Raum in *Brigitta* durchaus anders und vor allem weit komplexer dar als in *Abdias*, denn im Erzählverlauf ist es nicht die Insel in der Landschaft[156] – in *Brigitta* sind es zudem gleich zwei, nämlich die Güter Uwar und Marosheli –, die als erstes beschrieben werden, sondern die Steppe. Dennoch wird auch die glatte Steppe erst über die Inselhaftigkeit von Uwar und Marosheli organisierbar. Des Weiteren erscheint der

---

151 Deleuze und Guattari erwähnen neben der Wüste auch die „Steppe" und das „ewige[] Eis" als prädestiniert für glatte Räume. Vgl. Deleuze/Guattari, Tausend Plateaus, 1992, S. 664 f.
152 Vgl. Moser, Die Insel als Topos der Kulturisation, 2005, S. 409.
153 Vgl. unten den Abschnitt *Auf dem Gipfel – Der Nachsommer* und Kapitel III.6 in dieser Arbeit.
154 Vgl. Abdias. In: HKG, Bd. 1,5, S. 243 f.
155 Brigitta. In: HKG, Bd. 1,5, S. 412.
156 In *Abdias* wird zuerst die „alte, aus der Geschichte verlorene Römerstadt" beschrieben. Abdias. In: HKG, Bd. 1,5, S. 239.

Wolfsangriff auf den Knaben Gustav in der Perspektive des Erzählers als besondere „Vermischung" von Glatt und Gekerbt.[157]

Am Anfang der Reise des Ich-Erzählers steht zunächst einzig die Steppe, nicht als Sinnbild für ein verfehltes (Seelen-)Leben,[158] sondern als gegebener Natur-Raum. Die „prachtvoll[e] und öde" Puszta – und schon hier wird das Paradox des Erhabenen im Ausdruck des ‚gemischten Gefühls' gefasst – ist so leer, dass sich dem Blick des Ich-Erzählers nichts Gegenständliches zeigt, sondern einzig das „Nichts":

> Anfangs war meine ganze Seele von der Größe des Bildes gefaßt: wie die endlose Luft um mich schmeichelte, wie die Steppe duftete, und ein Glanz der Einsamkeit überall und allüberall hinaus webte: – aber wie das morgen wieder so wurde, übermorgen wieder – *immer gar nichts*, als der feine Ring, in dem sich Himmel und Erde küßten, gewöhnte sich der Geist daran, das Auge begann zu erliegen, und von dem *Nichts* so übersättigt zu werden, als hätte es Massen von Stoff auf sich geladen [...].[159]

In der Beschreibung der Steppe treten deren wenige Gegenstände hinter der „kontinuierliche[n] Variation" des glatten Raums zurück,[160] denn selbst hier, wo ‚nichts' ist – so wird über die Verben vermittelt – ist alles in Bewegung: Es ‚schmeichelte, duftete, webte'. Der Ich-Erzählers ist in einem Raum, in dem er nichts Gegenständliches ausmachen kann, in dem ihm aber dennoch die Leere als „bedrohliche[s], stets bewegte[s] und wandelbare[s] Element des Flüssigen" erscheint.[161] In einem solchen Raum besteht Wahrnehmung nur „aus Symptomen" und „Intensitäten",[162] nicht aber aus faktisch Gegebenem – eine herkömmliche Verortung ist nicht möglich.[163] Die Leere, hier sogar das „Nichts" des glatten Raums wird aber im Erhabenen spürbar,[164] vor allem aber das dem Erhabenen

---

157 Vgl. dazu Deleuze/Guattari, Tausend Plateaus, 1992, S. 658.
158 Nach Rosemarie Hunter-Lougheed bedeute „[z]ielloses Wandern [...] bei Stifter Lebensleere". Hunter-Lougheed, Stifter: *Brigitta*, 1990, S. 65. Allerdings wird Wandern, auch zielloses, bei Stifter immer wieder handlungstragend: Im *Nachsommer* gelangt Heinrich über zielloses Wandern zu seiner Profession, der Geologie, denn sein erster Besuch im Gebirge entbehrt jeden Grund: „[I]ch war nur im Allgemeinen in das Gebirge gegangen, um es zu sehen". Nachsommer. In: HKG, Bd. 4,1, S. 39.
159 Brigitta. In: HKG, Bd. 1,5, S. 413, Hervorhebungen E. H.
160 Deleuze/Guattari, Tausend Plateaus, 1992, S. 663.
161 Moser, Die Insel als Topos der Kulturisation, 2005, S. 409.
162 Deleuze/Guattari, Tausend Plateaus, 1992, S. 663 f.
163 Vgl. dazu Hallet/Neumann, Raum und Bewegung in der Literatur, 2009, S. 20.
164 Auch in der als ‚Nichts' bezeichneten ‚Leere' der Puszta liegt Unendlichkeit, die in philosophischen Texten als eine Grundlage des Erhabenen beschrieben wird. Vgl. Pascal, Über die

inne liegende Bedrohliche: ‚Immer gar nichts' wird dem Auge geboten, ein Nichts, das nur von einem ‚feinen Ring, in dem sich Himmel und Erde küßten', begrenzt zu sein scheint. Die Gegenstandslosigkeit ist so absolut – es werden an dieser Stelle zudem (noch) keine einzelnen Dinge der Steppe wie Gräser oder Steine benannt oder etwa die Farbigkeit der Steppe beschrieben wie beispielsweise in *Zwei Schwestern* (s. u.) –, dass sich der Geist nicht über die Natur erhebt, sondern sich ‚gewöhnt', und schließlich selbst ‚das Auge zu erliegen' beginnt. Hinter der Erfahrung des ‚Nichts' erscheint keine Kant'sche Vernunftidee,[165] sondern im Nichts droht der Tod (der Wahrnehmung) im Sinne eines totalen Seh- und Selbstverlusts. Der Wanderer droht, mittels seiner eigenen Wahrnehmung in den glatten Raum einzugehen, also unwahrnehmbar zu werden und dadurch seine Subjektivität zu verlieren. Selbst ein „Gefühl der Unlust"[166] entsteht nicht – es werden auch keine Emotionen beim Anblick der Steppe beschrieben –, sondern nur Gefühllosigkeit, die an Edmund Burkes „king of terrors", den Tod,[167] bzw. an einen Selbstverlust[168] erinnert, allerdings nicht in einem plötzlichen[169] Erschrecken vor dem ‚Nichts', sondern in einem schleichenden. Schließlich versucht der Erzähler dem ‚Erliegen seines Auges' zu entkommen, indem er das ‚Nichts' der Steppe mit Gedanken an die eigene Vergangenheit bzw. mit der Rekapitulation des Kennenlernens des Majors anzufüllen versucht:

[E]s [i. e. das Auge] kehrte in sich zurück, und wie die Sonnenstrahlen spielten, die Gräser glänzten, zogen verschiedene einsame Gedanken durch die Seele, alte Erinnerungen kamen wimmelnd über die Haide, und darunter war auch das Bild des Mannes, zu dem ich eben auf

---

Religion, 1963, S. 115; Burke, A Philosophical Enquiry, 2008, S. 43; Kant, Analytik des Erhabenen, 1968, S. 334 f.

165 Demzufolge kann „das eigentliche Erhabene […] in keiner sinnlichen Form enthalten sein, sondern trifft nur Ideen der Vernunft". Kant, Analytik des Erhabenen, 1968, S. 330.

166 Ebd., S. 344.

167 Demnach kann alles, was Schmerz oder Schrecken hervorruft, eine Quelle des Erhabenen sein. Der Tod spielt dabei eine außergewöhnliche Rolle: „[A]s pain is stronger in its operation than pleasure, so death is in general a much more affecting idea than pain". Burke, A Philosophical Enquiry, 2008, S. 24 f.

168 Zum Selbstverlust heißt es bei Burke: „The passion caused by the great and sublime in *nature*, when those causes operate most powerfully, is Astonishment; and astonishment is that state of soul, in which all its motions are suspended, with some degree of horror. In this case the mind is so entirely filled with its object, that it cannot entertain any other, nor by consequence reason on that object which employs it. Hence arises the great power of the sublime, that far form being produced by them, it anticipates our reasonings, and hurries us on by an irresistible force." Ebd., S. 39.

169 „In every thing sudden and unexpected, we are apt to start; that is, we have a perception of danger, and our nature rouses us to guard against it." Ebd., S. 62.

der Wanderung war – ich griff es gerne auf, und in der Oede hatte ich Zeit genug, alle Züge, die ich von ihm erfahren hatte, in meinem Gedächtnisse zusammen zu suchen, ihnen neue Frische zu geben.[170]

Das erfahrene ‚Nichts' kann nicht verarbeitet werden. Dem erlebenden Subjekt bleibt nur die Flucht ‚in sich zurück', in die in der Erinnerung begrenzten und deshalb fassbaren Gedanken und Erlebnisse,[171] die das erhabene ‚Nichts' zwar nicht bewältigen, die es aber durch Ausblendung erträglich machen. Die Kehre in die eigenen Erinnerungen trägt aber keinesfalls „primärnarzißtisch-regressive Züge", sie stellt auch keinen „Akt individueller Willkür"dar;[172] sondern sie ist reiner Selbstschutz vor der qualvollen Wirkung, die dem Erhabenen nach Burke eigen sein kann.[173] Hier zeigt sich das Bedrohliche des Glatten in besonderem Maße: Der Erzähler verhindert durch ein aktives Erinnern an den Major das Sich-Verlieren im Raum, das Unwahrnehmbar-Werden und damit ein Eingehen oder Übergehen in den Raum.[174] Weil der Erzähler sich nicht mehr auf einen sicheren Standort zurückziehen kann,[175] kann sich auch keine Erhabenheitserfahrung mehr einstellen. Stattdessen droht er an seiner Wahrnehmung der Steppe als glatten Raum zugrunde zu gehen. Es zeigt sich hier, in Anlehnung an Hans-Thies Lehmann, wie das Erhabene weder an einem Gegenstand noch an einer Vernunftidee festgemacht werden kann, sondern nur im Übergang beider als ein

---

170 Brigitta. In: HKG, Bd. 1,5, S. 413.

171 Nach Manfred Weinberg sind Gedächtnis und Erinnerung durch „Verkürzungen ausgezeichnet", nämlich „die Reduktion eines Unendlichen auf jeweilige Themen; durch ein Vergessen also". Weinberg, Erinnerung und Gedächtnis, 2006, S. 17.

172 Begemann interpretiert diese Erhabenheitserfahrung als „Akt individueller Willkür". Vgl. Begemann, Welt der Zeichen, 1995, S. 281.

173 Burke schließt das zweite Buch seiner Abhandlung mit den Beobachtungen, „that the sublime is an idea belonging to self-preservation. That it is therefore one of the most affecting we have. That its strongest emotion is an emotion of *distress*, and that no pleasure from a positive cause belongs to it." Burke, A Philosophical Enquiry, 2008, S. 65, Hervorhebung E. H.

174 Bei Deleuze und Guattari heißt es u. a. zum Unwahrnehmbar-Werden: „Dann ist man wie Gras: man hat aus der Welt, aus aller Welt ein Werden gemacht, weil man eine zwangsläufig kommunizierende Welt gemacht hat, weil man alles an sich selbst unterdrückt hat, was uns daran gehindert hat, zwischen die Dinge zu gleiten, inmitten der Dinge zu wachsen." Dabei gilt das „Unwahrnehmbare" als „das immanente Ziel des Werdens, seine kosmische Formel". Deleuze/Guattari, Tausend Plateaus, 1992, S. S. 382 und 400. Hier zeigt sich, dass das Glatte sowie das damit verbundene ‚Werden' in Stifters Texten ganz anders charakterisiert wird als in der Theorie: Bei Stifter kann das Glatte mittels des Erhabenen zu einem eindeutigen Verlust führen, während bei Deleuze und Guattari das ‚Werden', das ja in besonderer Weise im Glatten geschieht, einen Gewinn bedeutet, ohne zu einem endgültigen Zustand zu führen (oder einen Ursprung zu haben). Zum Werden im Glatten vgl. ebd., S. 669.

175 Vgl. Burke, A Philosophical Enquiry, 2008, S. 25; Kant, Analytik des Erhabenen, 1968, S. 349.

„Vorübergleiten des Wahns [...], ein Vorbeistreifen, das sogleich – auch vom erlebenden Subjekt selbst – aufatmend in einer begrifflichen Artikulation dingfest
gemacht, dadurch aber zugleich in seiner Realität verfälscht, aufgehoben" wird.[176]
In der ersten Steppenerfahrung des Ich-Erzählers in *Brigitta* folgt das Gemüt dem
Auge nicht,[177] das von der Erhabenheit der Steppe angezogen wird; schlussendlich weicht das erlebende Subjekt der Gefahr und damit dem Erhabenen des
‚Nichts' aus und flieht in Erinnerungen.

Nach der ersten Steppenerfahrung begibt sich der Erzähler nicht auf direktem
Wege zu seinem Reisefreund Murai,[178] sondern erst „[n]ach monatelangem Her-
umwandern", nachdem er schon „des vielen Schauens doch etwas müde" geworden war, beschließt er, „dem Pilgern ein Ziel zu setzen". Offenbar ist dem
Erzähler nun daran gelegen, dieses Ziel möglichst schnell zu erreichen; beim
Anblick des nächsten Anwesen, das auf seinem Weg liegt, wünscht er sich
„sehnlich, das Haus möge Uwar heißen", muss aber erfahren, dass es sich um das
benachbarte Anwesen Marosheli, Brigittas Landgut, handelt.[179] Im Verlauf der
nun nicht mehr ziellosen Wanderung von Marosheli nach Uwar zeigt sich in der
Wahrnehmung des Ich-Erzählers, wie der prinzipiell „einfache Gegensatz ‚ge-
kerbt-glatt' [...] jedesmal zu immer schwierigeren [...] Überlagerungen" der beiden
Räume führt. Denn je näher er seinem Ziel kommt, desto mehr erweist sich: Auch
in *Brigitta* gibt es keine stabile Grenze zwischen der Glätte der Puszta und den
Einkerbungen Marosheli bzw. Uwar. Vielmehr existieren „die beiden Räume nur
wegen ihrer wechselseitigen Vermischung [...]: der glatte Raum wird unaufhörlich
in einen gekerbten Raum übertragen und überführt; der gekerbte Raum wird
ständig umgekrempelt, in einen glatten Raum zurückverwandelt."[180] In *Brigitta*
erscheinen die wechselseitigen Vermischungen in mehreren Abstufungen: Wie
sich im Anschließenden, vor allem aber anhand des Wolfsangriffs in der Erzählung noch zeigen wird, sind die Einkerbungen der Güter einerseits dem glatten
Raum unter besonderer Anstrengung abgerungen.[181] Andererseits lässt die je-

---

176 Vgl. Lehmann, Das Erhabene ist das Unheimliche, 1989, S. 763.
177 Es kommt allerdings angesichts von Brigittas dämonisch-erhabener Wirkung zu einem
Selbstverlust, vgl. dazu Kapitel III.2 in dieser Arbeit.
178 „Ich ging aber doch nicht in gerader Richtung auf das mir in dem Briefe bezeichnete Gut des
Majors los, sondern ich machte Kreuz- und Querzüge, um mir das Land zu besehen." Brigitta. In:
HKG, Bd. 1,5, S. 416.
179 Vgl. ebd., S. 417–418.
180 Deleuze/Guattari, Tausend Plateaus, 1992, S. 667f. und 658. Um Glatt und Gekerbt theoretisch zu beschreiben, wird auch von einem „Gegensatz", einer „Differenz" ausgegangen. Vgl. ebd.,
S. 658.
181 Ganz abgeschlossen ist die Einkerbung offenbar nur in Brigittas Park, der von „eine[r] hohe[n] Mauer gegen die Wölfe" umgeben ist. Vgl. Brigitta. In: HKG, Bd. 1,5, S. 463. Jens Stüben zeigt,

weilige Wahrnehmung des Erzählers die angestrebte Abgrenzung der Inseln von dem sie umgebenden glatten Raum je unterschiedlich erfolgreich erscheinen.

Aufschlussreich für die Vermischung der Räume ist die Beschreibung des Wegs, den der Ich-Erzähler noch gehen muss, um von Marosheli nach Uwar zu gelangen. Nachdem er die ersten Ausläufer der Anlagen erreicht hat, trifft er auf Brigitta, die er aber nicht für die Gutsbesitzerin, sondern für eine „Art Schaffnerin" hält. Sie geleitet ihn durch ihr Gut:

> Ich ging hinter ihr her und hatte Gelegenheit, meine Blicke auf die Umgebung richten zu können – und in der That, ich bekam immer mehr Ursachen, mich zu verwundern. Wie wir höher kamen, öffnete sich zusehends das Thal hinter uns, ein ganz ungeheurer Gartenwald lief von dem Schlosse in die Berge hinein, die hinter ihm begannen, Alleen erstreckten sich gegen die Felder, ein Wirtschaftsstück nach dem andern legte sich blos, und schien in trefflichem Stande. Ich habe nie dieses lange, fette, frische Blatt des Maises gesehen, und nicht ein Gräschen war zwischen seinen Stängeln. Der Weinberg, an dessen Rande wir eben ankamen, erinnerte mich an die des Rheins [...]. Die Ebene zwischen den Kastanien und dem Schlosse war eine Wiese, so rein und sanft, als wäre Sammet gebreitet [...]. Das ganze hob sich wunderbar von dem Steinfelde ab, das ich heute durchwandelt hatte, und das jetzt in der Abendluft draußen lag und in den röthlich spinnenden Strahlen heiß und trocken herein sah zu dieser kühlen grünen Frische.[182]

Wie Wasser und Wellengang des Meeres gibt auch die Steppe erst allmählich den Blick auf die ‚Insel' Marosheli frei, die sich aber, sieht man sie schließlich, im Gegensatz zur Steppe als gegenstandsreich erweist: Statt des ewigen „Nichts"[183] der Puszta beschreibt der Erzähler die Dinge der Bewirtschaftung äußerst genau und mit eindeutiger Farbgebung – hier verschwimmt nichts. Dabei erhält Marosheli paradiesischen Charakter:[184] Fast jedes Produkt wird nicht nur gelobt, sondern sogar überhöht, wie das ‚fette, frische Blatt des Maises', das vom Ich-Erzähler bisher ‚nie gesehen' wurde. Hier – in der Mitte von Marosheli – scheint

---

dass die Güter nicht – wie oft behauptet – von einer durchgehenden Mauer umgeben sind. Vgl. Jens Stüben, Naturlandschaft und Landschaftskultur. Zur Symbolik des Schauplatzes in Adalbert Stifters ‚rumänischer' Erzählung *Brigitta*. In: Transcarpathica. Germanistisches Jahrbuch Rumänien 2 (2003), S. 132–157, hier 152.

182 Brigitta. In: HKG, Bd. 1,5, S. 419.

183 Ebd., S. 413.

184 Auch Begemann hebt den paradiesischen Charakter der kultivierten Natur in *Brigitta* hervor; dabei werde der bearbeiteten Natur Ursprünglichkeit zugesprochen. Vgl. Begemann, Welt der Zeichen, 1995, S. 274f. Ähnlich sehen das Prutti und Schößler. Vgl. Prutti, Zur Semantik des Flüssigen, 2008, S. 24; Schößler, Zu Stifters Landschaften, 2000, S. 50. Paradiesisch kann jedoch nicht mit ursprünglich gleichgesetzt werden; das zeigt sich nicht nur in der Raumanalyse, sondern auch an einem Zitat: „[S]o viel Wildheit, so viel Ueppigkeit, trotz der uralten Geschichte so viel Anfang und Ursprünglichkeit". Brigitta. In: HKG, Bd. 1,5, S. 417.

die Einkerbung absolut zu sein, denn hier ist jede Materie in ihrer Form (und in ihrer Farbe) eindeutig organisiert.[185] Die Glätte der Steppe überlagert bzw. vermischt sich nicht mit der Einkerbung; Marosheli kann zumindest in seiner Mitte „in einem emphatischen Sinne als *Ort* begriffen" werden.[186] Als ein solcher zeigt sich Marosheli aber nur in Abhängigkeit von der Steppe: ‚Das ganze hob sich wunderbar von dem Steinfelde ab, das ich heute durchwandelt hatte'. Auch nachdem der Ich-Erzähler Marosheli zusammen mit dem Diener Milosch zu Pferde hinter sich gelassen hat, um noch am selben Tag nach Uwar zu gelangen, sind die unterschiedlichen Räume nur in Abhängigkeit zueinander wahrnehmbar:

> In der That war es eine Wüste, in die wir jenseits der Weinberge geriethen, und die Ansiedlung war wie eine Fabel darinnen. Eigentlich war die Wüste wieder mein altes Steinfeld, und zwar sich selber so gleich geblieben, daß ich wähnte, wir reiten denselben Weg zurück, den ich gekommen bin, wenn mich nicht das schmutzige Roth, das noch hinter meinem Rücken am Himmel glühte, belehrt hätte, daß wir eigentlich gegen Morgen reiten.[187]

Als ‚Fabel' kann das Anwesen nur erscheinen, weil es von der wüstenartigen Steppe umgeben ist[188] – das ‚Steinfeld', von dem der Ich-Erzähler auf seiner Wanderung begleitet wird, rahmt Marosheli ein, so dass es zur ‚Insel' im Glatten wird.

Im weiteren Verlauf der Erzählung verändert sich das Zusammenspiel von glattem Raum und Einkerbung – und damit auch das Erhabene der Landschaft von einem Erhabenen des ‚Nichts' bzw. des Unendlichen zu einem Burke'schen Erhabenen der Dunkelheit.[189] Nachdem Milosch den Wanderer bis zu einem bestimmten Punkt begleitet hat, einem Galgen, der offenbar genau zwischen den Gütern Marosheli und Uwar steht, setzt der Erzähler seinen Weg alleine und wieder zu Fuß fort – inzwischen ist es Nacht geworden.[190]

---

185 „Während im gekerbten Raum die Formen eine Materie organisieren, verweisen im glatten Raum die Materialien auf Kräfte." Deleuze/Guattari, Tausend Plateaus, 1992, S. 664.
186 Auch Moser stellt die gegenseitige Bedingtheit von Meer und Insel heraus. Vgl. Moser, Die Insel als Topos der Kulturisation, 2005, S. 408.
187 Brigitta. In: HKG, Bd. 1,5, S. 420 f.
188 Hier zeigt sich das „imaginative[] Potential[] der Wüste", denn Brigitta wird als eine Art schöpferischer Eremitenfigur dargestellt. Vgl. Lindemann, Die Wüste, 2000, S. 112. Nachdem sie auf ihr Gut gezogen ist, beginnt „ihr Geist [...] die Oede rings um sich zu bearbeiten", bis „in das öde Steinfeld [...] ein kraftvoll weiterschreitend Heldenlied gedichtet" war. Brigitta. In: HKG, Bd. 1,5, S. 418 und 461.
189 Burke widmet der Dunkelheit („Obscurity") als Ursache des Erhabenen einen eigenen Abschnitt. Vgl. Burke, A Philosophical Enquiry, 2008, S. 40 f.
190 Vgl. Brigitta. In: HKG, Bd. 1,5, S. 418 und 420.

> Es standen zwei Säulen, und darauf war ein Querbalken. So ragte es in das gelbe Mondlicht
> empor. Oben lag etwas, wie ein Kopf. [...] Ich ging weiter, gleichsam als ob das Gras der Haide
> hinter mir lispelte, und sich etwas am Fuße des Galgens rührte. Von Milosch war nicht mehr
> das Geringste zu vernehmen, als sei er gar nie da gewesen. Ich kam sogleich zu der To-
> deseiche. Der Bach schillerte und glänzte und ringelte sich um Binsen, wie eine todte
> Schlange. Daneben war der schwarze Bau des Baumes. Ich ging um ihn herum und jenseits
> war ein gerader weißer Weg, von dem Monde beschienen. Der Weg war gestampft und hatte
> Gräben und eine Allee junger Pappeln. Es that mir wohl, daß ich wieder meine Schritte
> schallen hörte, wie es daheim in unserem Lande auf den Wegen der Fall ist.[191]

Die Dunkelheit führt dazu, dass das ‚Immer gar Nichts'[192] der Steppe bei Tag,
dessen Ursache ja in der faktischen Monotonie und der daraus folgenden
scheinbaren Endlosigkeit der Puszta liegt, abgelöst wird durch das Erhabene des
Schreckens und der Dunkelheit[193] oder, so Kant in den *Beobachtungen über das
Gefühl des Schönen und Erhabenen*, durch „das *Schreckhafterhabene*".[194] Dieses
Erhabene bleibt aber nicht nur auf den Galgen bzw. die Todeseiche, die ehemals
als Galgen diente,[195] beschränkt, sondern liegt auch in der Stille, die nach Mi-
loschs Weggang zurückbleibt. Schließlich zeigt sich das Schreckhafterhabene
dem Ich-Erzähler sogar an einem kleinen Bach, der ihm ‚wie eine todte Schlange'
erscheint. Erst mit Erreichen des Weges, also der Kerbung, verliert sich die Wirkung des Schreckens – um sogleich zurückzukehren:

> Ich ging langsam dahin. Der Mond hob sich mehr und mehr und stand endlich klar an dem
> warmen Sommerhimmel. Die Haide lief wie eine fahle Scheibe unter ihm weg. Endlich, da
> eine gute Stunde vergangen sein mochte, hoben sich vor mir schwarze Klumpen, wie ein
> Wald oder Garten, und in kurzer Frist stieß der Weg an ein Gitter, das in einer Mauer stand,
> die außer dem Walde hinlief, und hinter sich riesengroße Wipfel hatte, die todesstille in dem
> Silber der Nachtluft empor standen.[196]

---

191 Ebd., S. 422.
192 Vgl. ebd., S. 413.
193 Zum Schrecken als Ursache des Erhabenen heißt es bei Burke: „Whatever therefore is terrible, with regard to sight, is sublime too". Burke, A Philosophical Enquiry, 2008, S. 39. Dunkelheit
fördere demnach das Schreckliche: „To make any thing very terrible, obscurity seems in general to
be necessary." Ebd., S. 40.
194 Demnach ist das Schreckhafterhabene ein „Gefühl", das „bisweilen mit einigem Grausen"
begleitet ist. Vgl. Kant, Beobachtungen über das Gefühl des Schönen und Erhabenen, 1960, S. 827.
Nach Strube ist Kant in dieser Schrift „vor allem *Burke* verpflichtet." Strube, Der Begriff des Erhabenen, 1995, S. 289 f.
195 Vgl. Brigitta. In: HKG, Bd. 1,5, S. 421.
196 Ebd., S. 422 f.

Der Ich-Erzähler befindet sich zu diesem Zeitpunkt schon innerhalb der Anlagen von Uwar, genau genommen kurz vor dem Wohnhaus, dennoch verliert sich die Wirkung des Schreckhafterhabenen nicht. Uwar ist kein fester Punkt im Raum, vielmehr wird in der Dunkelheit das Glatte der Steppe in die eigentlich kultivierte Landschaft, ja selbst ins Wohnhaus hineingetragen. Der Ich-Erzähler kann keine Gegenstände ausmachen, sondern lediglich Materie, die aber keine eindeutige Form aufweist:[197] Sie sind nur als ‚schwarze Klumpen' erkennbar. Selbst als der Wanderer das Schloss betreten hat und die Landschaft von seinem Zimmerfenster aus betrachtet, bleibt das Glatte bestehen: „Es war nicht viel zu sehen. Das aber erkannte ich im Mondlichte, daß die Landschaft nicht deutsch sei. Wie eine [...] riesengroße Bunda lag der dunkle Fleck des Waldes oder Gartens unten auf die Steppe gebreitet – draußen schillerte das Grau der Haide – dann waren allerlei Streifen, ich wußte nicht, waren es Gegenstände dieser Erde, oder Schichten von Wolken."[198] Sicher sehen kann der Protagonist nur, dass sich die Landschaft von seiner heimatlichen unterscheidet; begrenzte Gegenstände entziehen sich allerdings seiner Wahrnehmung, so dass selbst landschaftliche Elemente nicht mehr sicher als solche erkannt werden können: Sie könnten auch dem Himmel angehören. Den „Vorgang des Landbaus und der Urbarmachung einer öden Landschaft als Sinnbild für schöpferische, künstlerische Tätigkeit" zu interpretieren, wie das Irmscher unter anderem für die Erzählungen *Zwei Schwestern* und *Brigitta* tut, erfasst Stifters Gegenüberstellung von kultiviert-inselhaftem und dem bedrohlich-erhabenen glatten Raum nicht hinreichend. Irmscher zufolge weiche „das bedrohlich Große" in dem Maße „weiter zurück", wie „die menschliche Insel sich im *wildfremden Raum* [...] vergrößert [...], um dem *Erhabenen* Platz zu machen, das nur im Verhältnis zum Schönen sich" zeige.[199] Der Vermischung der Räume wird aber die Philosophie Friedrich Theodor Vischers – und davon geht Irmscher aus[200] – kaum gerecht, denn darin wird das Erhabene nur graduell im Sinne einer Steigerung vom Schönen unterschieden.[201] Allerdings erfasst auch das vorkritische Schreckhafterhabene Kants und das Burke'sche Erhabene der Dunkelheit die Erfahrung des Wanderers nicht vollständig: In allen Etappen seiner Wanderung von Marosheli nach Uwar beschreibt der Ich-Erzähler die Dinge des Raums nicht nur in ihrer Schrecken auslösenden Formlosigkeit, sondern bringt sie auch in die Nähe des Todes. Der Bach bei der Todeseiche – eigentlich

---

197 Vgl. dazu Deleuze/Guattari, Tausend Plateaus, 1992, S. 664.
198 Brigitta. In: HKG, Bd. 1,5, S. 425.
199 Irmscher, Phänomen und Begriff des Erhabenen, 1991, S. 51.
200 Vgl. ebd., besonders S. 35 – 38.
201 Vischer definiert das Erhabene als „Gärung innerhalb des Schönen selbst". Vischer, Über das Erhabene und Komische, 1967, S. 69.

ein Zeichen des Lebens – erscheint ihm „wie eine todte Schlange", und der „Wald oder Garten" vor dem Schloss Uwar zeichnet sich durch „[T]odesstille" aus. Die bedrohliche Wirkung der Landschaft bleibt auch bestehen, nachdem er Uwar erreicht, das Schloss betreten und sich schlafen gelegt hat: „Dann entschlummerte ich, und alles war todt, was schon in meinem Leben gewesen ist, und was ich sehnlichst wünschte, daß noch in dasselbe eintreten möchte."[202] Die Formlosigkeit der Puszta, sei es nun die, die sich ihm in der scheinbaren Leere zeigt, oder die, die erst mit der Dunkelheit der Nacht erscheint, verfolgt den Ich-Erzähler bis in den Schlaf, der – ähnlich wie Bäche, Wälder und Gärten – so in die Nähe des Todes gerückt wird. Die Steppe trägt also auch die Erhabenheit des Todes, nach Burke der „king of terrors",[203] in sich – es ist dieses Erhabene, das vom Erzähler in einem solchen Maße verspürt wird, dass er es in die eigentlich vom Glatten abgegrenzten Güter hineinträgt.

Wie abhängig das Erhabene von der Raumerfahrung des Ich-Erzählers ist, zeigt die Schilderung seines ersten Ritts über das Gut Uwar bei Tag. Gerade der direkt am Schloss angrenzende Wald, der bei Nacht nicht eindeutig als solcher erkennbar ist, und als „Wald oder Garten" bzw. später als „Urwald" bezeichnet wird, ist bei Tageslicht ein ganz anderer Raum:

> Der Park, durch den wir zuerst ritten, war eine freundliche Wildniß, sehr gut gehegt, rein gehalten, und von Wegen durchschnitten. Als wir hinaus auf die Felder kamen, wogten sie im dunkelsten Grün. Nur in England habe ich ein gleiches gesehen; […]. Ueberall war ein dunkles breites Blatt, die Pflanzungen nahmen einen großen Strich ein, an allen Stellen waren Pfirsichbäume eingestreut, und von den gehörigen Orten blickten, wie in Maroshely, die weißen leuchtenden Punkte der Wächterhäuschen herüber.[204]

Bei Tag verliert der Raum um Uwar seinen Charakter der Formlosigkeit und wird ähnlich beschrieben wie das Gut Marosheli nur wenige Seiten zuvor.[205] Statt eines Erhabenen des Schreckens und des Todes zeigen sich hier Gegenstände, deren Form und Farbgebung eindeutig sind. Bei Tag erscheint die Einkerbung des Raums absolut; der noch bei Dunkelheit glatte Raum erweist sich nun als ‚Insel' in der Steppe, als fester Punkt im Formlosen.[206] Die Beschreibungen Uwars zeigen deutlich, dass gekerbte und glatte Räume nicht eindeutig voneinander zu trennen

---

202 Alle Zitate aus Brigitta. In: HKG, Bd. 1,5, S. 422 f. und 426.
203 Vgl. Burke, A Philosophical Enquiry, 2008, S. 25.
204 Brigitta. In: HKG, Bd. 1,5, S. 422 f. und 428.
205 Vgl. ebd., S. 419 f.
206 Vgl. Moser, Die Insel als Topos der Kulturisation, 2005, S. 409.

sind;[207] dabei entsteht die Vermischung in der Wahrnehmung des erlebenden Subjekts. Raumwahrnehmung in *Brigitta* ist stark abhängig von der „Art im Raum zu sein, oder wie der Raum zu sein",[208] wobei sich mit der Art der Wahrnehmung auch die Charakteristik eines Raums verändern kann. Mit dem Glatten verliert der Wald um Uwar das Erhabene und erscheint als ‚freundliche Wildniß', geordnet durch Wege, und als ‚Park' – nun erst wird der kultivierte Charakter deutlich. Das Erhabene in Stifters Erzählungen kann also keineswegs als „ein gegenständliches Phänomen" gedeutet werden, das „ohne Rückgriff auf das Subjekt" auskomme;[209] vielmehr ist die erhabene Wirkung von Stifters ‚leeren', formlosen Räumen wie auch der Grad der Glätte bzw. der Kerbung immer abhängig von der Wahrnehmung eines Subjekts.

Deutlich zeigt sich das während eines Sonnenuntergangs auf der Puszta, den der Ich-Erzähler gemeinsam mit dem Major betrachtet:

> Abends zeigte mir mein Gastfreund das Abendroth der Haide. [...] Wir warteten, da wir hinaus gekommen waren, an dem von ihm angegebenen Punkte, bis die Sonne untergegangen war. Und in der That, es war ein prachtvoller Anblick, der nun folgte: auf der ganzen schwarzen Scheibe der Haide war die Riesenglocke des brennend gelben, flammenden Himmels gestellt, so sehr in die Augen wogend und sie beherrschend, daß jedes Ding der Erde schwarz und fremd wird.[210]

Mit dem Tempuswechsel innerhalb eines Satzes verliert sich die Grenze zwischen Betrachter und Betrachtetem. Die Wirkung des ‚gemischten Gefühls', des zugleich ‚prachtvollen' und ‚fremden' Anblicks beherrscht das Subjekt so sehr, dass die Nacherzählung des Geschehens in die Gegenwart geholt wird; das Erzählte erscheint unmittelbar und hebt – für den Erzähler wie auch für den Leser – die Distanz zum Objekt auf. Hier wird zu Ende geführt, was sich schon zu Beginn der Wanderung über die Puszta angedeutet hat: Der Wanderer verliert sich im weiten und verfremdeten Raum der Steppe nahezu selbst.[211] Bezeichnend dafür ist, wie das Geschehen dennoch in Sätze und Worte übertragen wird:

> Ein Grashalm der Haide steht wie ein Balken gegen die Glut, ein gelegentlich vorüber gehendes Thier zeichnet ein schwarzes Ungeheuer auf den Goldgrund, und arme Wachholder und Schlehenbüsche malen ferne Dome und Paläste. Im Osten fängt dann nach wenigen

---

207 Schößlers These, wonach „die florierenden Landschaftsgärten des Majors und Brigittas" deutlich „[g]legen diese Einöde" abgesetzt seien, kann hier nicht zugestimmt werden. Vgl. Schößler, Zu Stifters Landschaften, 2000, S. 50.
208 Vgl. Deleuze/Guattari, Tausend Plateaus, 1992, S. 658, Zitat S. 668.
209 Irmscher, Phänomen und Begriff des Erhabenen, 1991, S. 39.
210 Brigitta. In: HKG, Bd. 1,5, S. 429.
211 Vgl. Burke, A Philosophical Enquiry, 2008, S. 25.

Augenblicken das feuchte kalte Blau der Nacht herauf zu steigen an, und schneidet mit trübem und undurchsichtigem Dunste den einheitlichen Glanz der Kuppel des Himmels.[212]

Der Ich-Erzähler wird mit der Aufhebung der Distanz zur Steppe keineswegs, wie man meinen könnte, sprachlos. Aber er kann die Erfahrung des Erhabenen offenbar nur in Vergleichen mit Dingen der menschlichen Vorstellungs- bzw. Lebenswelt übersetzen. Die Übersetzung des Gesehenen in die Sprache lässt das Ereignis dabei nicht plastischer und greifbarer,[213] sondern trotz seiner zeitlichen Distanzlosigkeit räumlich noch entfernter und ungegenständlicher wirken. Der kleine ‚Grashalm' wird zu einem riesigen ‚Balken', ein Tier wird zu einem ‚schwarzen Ungeheuer', ‚arme Schlehenbüsche' zu ‚Dome und Päläste'. Auch hier zeigt sich: Die Aufhebung der Grenze zwischen Subjekt und Objekt, die keine gegenständliche Beschreibung mehr zulässt und stattdessen die Objekte des Raums verzerrt, kann kaum als ein Erhabenes „ohne den Rückgriff auf das Subjekt als ein gegenständliches Phänomen" gedeutet werden.[214] Denn es ist das Subjekt selbst, das zwar von einem sicheren, nämlich dem aus Sicht des Ereigniszeitpunkts zukünftigen Standpunkt der Niederschrift des Geschehens aus[215] dieses drohende Sich-Verlieren im Erhabenen, das dem eigenen Tod nahe kommt,[216] wiedergibt.

Neben der geistigen Bedrohung durch das Erhabene wird der Ich-Erzähler im weiteren Verlauf der Erzählung auch körperlich durch ein Rudel hungriger Wölfe bedroht – doch selbst diese faktische Gefahr wird im Erhabenen ästhetisiert. In der Forschung wurde der Wolfsangriff auf den Knaben Gustav oft als Einbruch der wilden Natur in die bis dahin zur Idylle kultivierten Güter interpretiert.[217] Man

---

212 Brigitta. In: HKG, Bd. 1,5, S. 429.

213 Nach Raoul Schrott bleibe das Erhabene immer „ein Rätsel, das gerade im Unvermögen liegt, es genau mit Worten zu benennen." Schrott, Tropen, 1998, S. 8.

214 Irmscher, Phänomen und Begriff des Erhabenen, 1991, S. 39.

215 Vgl. Burke, A Philosophical Enquiry, 2008, S. 25; Kant, Analytik des Erhabenen, 1968, S. 349. Irmscher überträgt die Notwendigkeit der Sicherheit für das Subjekt auf das „Verhältnis des Lesers zur fiktionalen Darstellung" und „auf das Verhältnis einer erdichteten Figur zur Natur", interpretiert aber dennoch Stifters Erhabenes v. a. als „gegenständliches Phänomen" unabhängig von einer subjektiven Wahrnehmung. Vgl. Irmscher, Phänomen und Begriff des Erhabenen, 1991, S. 35 und 39.

216 Vgl. Burke, A Philosophical Enquiry, 2008, S. 25.

217 Begemann geht davon aus, dass die Ursprünglichkeit der Natur der Kultiviertheit untergeordnet werde; erst mit der Kultivierung der Natur erreiche sie das, was als Telos in ihr liege. Vgl. Begemann, Welt der Zeichen, 1995, S. 273. An anderer Stelle sieht Begemann in der Kultivierung das konstitutive Element für die Entwicklung aller Figuren: „Am Ende ihrer Entwicklung sind alle Protagonisten ‚geheilt' und ins Vorbildhafte verwandelt, und zwar kraft [des] Landbau[s]". Be-

kann aber schwerlich von einem plötzlichen Einbruch der Natur in die Landgüter sprechen, da weder Uwar noch Marosheli vollständig abgeschlossene Räume sind, wie in der Forschung gerne angenommen wird.[218] Der Wolfsangriff ist kein Angriff der äußeren Natur auf die kultivierte, vielmehr zeigt sich darin die Vermischung von gekerbtem und glattem Raum. Der Angriff der Wölfe kann deshalb als ein Problem des Raums bzw. der Grenzen oder Übergänge zwischen den Räumen interpretiert werden – zugleich wird sich zeigen, dass dieses Ereignis in derselben Manier des Burke'schen Erhabenen geschildert wird wie auch die Puszta, die ja an sich keine direkte körperliche Gefahr für den Menschen darstellt.

Bezeichnenderweise findet der Wolfsangriff nicht innerhalb einer der Güter statt, sondern an der Grenze beider Güter, an der „Todeseiche", die der namenlose Wanderer schon zu Beginn der Erzählung passieren musste, um von Marosheli nach Uwar zu gelangen. Der Erzähler und sein Gastgeber werden von „zwei dumpfen Schüssen", an deren Ton Murai Gustavs Pistolen erkennt, zum Schauplatz des Angriffs gerufen.

> Ehe ich etwas begreifen und fragen konnte, sprengte er schon die Allee entlang, so furchtbar, wie ich nie ein Pferd habe laufen gesehen, ich folgte ihm nach, weil ich ein Unglück ahnete, und als ich wieder zu ihm kam, traf ich auf ein Schauspiel, so gräßlich und so herrlich, daß noch jetzt meine Seele schaudert und jauchzt: an der Stelle, wo der Galgen steht, und der Binsenbach schillert, hatte der Major den Knaben Gustav gefunden, der sich nur noch matt gegen ein Rudel Wölfe wehrte.[219]

Der Bericht, zwar zu Anfang noch ausschließlich in der Vergangenheit gehalten, überwindet mit dem zeitweiligen Gebrauch des Präsens auf ähnliche Weise jegliche Distanz zum Erzähler wie schon im Fall des Sonnenuntergangs auf der Steppe. Auch der Wolfsangriff erscheint unmittelbar und gegenwärtig, so dass ‚noch jetzt' – also zum Zeitpunkt des Erzählens – die ‚Seele schaudert und jauchzt'. Zugleich zeichnet die Schilderung mit den Gegensatzpaaren ‚gräßlich' und ‚herrlich', ‚schaudern' und ‚jauchzen' die Widersprüchlichkeit des Erhabenen nach, und wird also, wie schon das „Nichts" der Puszta,[220] im ‚gemischten Gefühl' ausgedrückt. Nun aber überträgt sich die Charakteristik der vermischten, je nach

---

gemann, Natur und Kultur, 1994, S. 47. Damit misst Begemann offenbar dem Angriff der Wölfe kein wirkliches Gewicht bei. Dagegen betont z. B. Mayer, dass es die „tödliche Gefährdung des Sohnes Gustav" sei, die „die Lösung, prekär genug, herbeiführt". Vgl. Mayer, Erzählen als Erkennen, 2001, S. 71.

218 Darauf hat Stüben hingewiesen. Vgl. Stüben, Naturlandschaft und Landschaftskultur, 2003, S. 152.

219 Brigitta. In: HKG, Bd. 1,5, S. 422 und 468.

220 Ebd., S. 413.

Wahrnehmung des Erzählers mehr eingekerbten oder glatten Räume auch auf ein Geschehen, auf einen Teil der Handlung; und zwar auf den Teil, der die Lösung für Brigitta und den Major bringt.[221]

> Zwei hatte er [i. e. Gustav, E. H.] erschossen, einen, der vorne an sein Pferd gesprungen war, wehrte er mit seinem Eisen, die andern bannte er für den Augenblick mit der Wuth seiner vor Angst und Wildheit leuchtenden Augen, die er auf sie bohrte; aber harrend und lechzend umstanden sie ihn, daß eine Wendung, ein Augenzucken, ein *Nichts* Grund werden könne, mit eins auf ihn zu fallen – da, im Augenblicke der höchsten Noth, erschien der Major.[222]

Neben dem Burke'schen Erhabenen des Schreckens zeigt sich im Wolfsangriff auch das Erhabene des ‚Nichts', oder, anders gesagt, die Natur wird hier, in Form der aus dem Glatten kommenden Wölfe zu einem Akteur, dessen Beweggründe nicht erkennbar sind. Die Natur ist „leidenschaftslos"[223] gegenüber jeglichem menschlichen Schicksal; ein ‚Nichts' kann ‚Grund werden' für Gustavs Tod. Gerade in der Situation der körperlichen Bedrohung gilt Wolfgang Frühwalds Diktum für Stifters Naturschilderungen: Der Mensch, hier speziell Gustav, ist eingeschrieben „in die Existenz einer Macht, die sein eigenes Denken uneinholbar weit übersteigt."[224] Die Gegenstandslosigkeit des glatten Steppen-Raums bricht sich in der Grundlosigkeit des Wolfsangriffs Bahn. Gustav bleibt nur, sich zur Wehr zu setzen, ein erkennbares Motiv für den Ausbruch der Natur gegen ihn gibt es nicht, denn sie wird auch hier vom ‚Nichts'[225] regiert – ein ‚Nichts' aber, das auch den Menschen zu einem Teil des Glatten werden lassen kann. So verliert Murai im Kampf gegen die Wölfe seine menschlichen Züge:

> Als ich ankam, war er schon wie ein verderblich Wunder, wie ein Meteor, mitten unter ihnen – der Mann war fast entsetzlich anzuschauen, ohne Rücksicht auf sich, fast selber wie ein Raubthier warf er sich ihnen entgegen. Wie er von dem Pferde gekommen war, hatte ich nicht gesehen, da ich später ankam; den Knall seiner Doppelpistolen hatte ich gehört, und wie ich auf dem Schauplatze erschien, glänzte sein Hirschfänger gegen die Wölfe, und er war zu Fuß.[226]

---

221 Die Wölfe greifen Brigittas und Murais gemeinsamen Sohn Gustav an und verletzen ihn. An Gustavs Krankenbett kommt es schließlich zur Versöhnung der Ehegatten, die sich nach einem Betrug Murais getrennt hatten. Vgl. Brigitta. In: HKG, Bd. 1,5, S. 472f.
222 Ebd., S. 468, Hervorhebung E. H.
223 Ebd., S. 437.
224 Frühwald, Stifters Naturgefühl, 2005, S. 12.
225 Später erklärt Murai den Angriff der Wölfe: „Es muß einen harten Winter geben, und er muß in den nördlichen Ländern schon begonnen haben, daß sie sich bereits so weit herab drücken." Ebd., S. 470.
226 Ebd., S. 468f.

Seger interpretiert den Wolfsangriff als Einbruch in den Rahmen der Erzählung, auf den das „Vernunftwesen im Sinne Kants" bezogen sei; „jenseits desselben [...] bzw. bei seiner Dynamisierung ins Gegenteil" erscheinen die „Subjekte entmenschlicht".[227] Und sicherlich verliert hier der Major seine menschliche Gestalt; er zeigt sich ‚fast selber wie ein Raubthier'. Doch, anders als Seger annimmt, bricht sich die Bedrohung des Subjekts nicht am Rahmen und verlässt auch nicht die Vorgaben des Erhabenen ‚an sich', sondern nur die Vorgaben des Kant'schen Erhabenen, dessen Ziel ja im Erkennen der eigenen Vernunft auch als Voraussetzung fürs Mensch-Sein liegt: Der Major wird aber ‚meteor'-gleich, also zu etwas Außerweltlichem bzw. zu etwas Tierischem.[228] ‚Entsetzlich anzuschauen', ist er, weil sich an ihm keine Souveränität einer rationalen Instanz inmitten des Gefühls mehr zeigt;[229] ihm geht das Kant'sche „Vermögen zu widerstehen [...], welches uns Mut macht, uns mit der scheinbaren Allgewalt der Natur messen zu können",[230] völlig ab. Mit dem Vermögen zu widerstehen verschwindet auch die Freiheit des Menschen von der Natur im ästhetischen Gefühl[231] in dem Moment, als der Major zum „rohen Menschen" ohne Sittlichkeit,[232] kurz: zu einem Tier unter Wölfen und damit zu einem Teil des glatten Raums wird.[233]

---

227 Seger geht ausschließlich von Kants Erhabenem aus. In diesem Fall muss man natürlich feststellen, dass das Erhabene Kants in *Brigitta* versagt. Vgl. Seger, Stifters Verzeichnis des Erhabenen, 2002, S. 292.

228 In diesem Sinne kann man die ‚Verwandlung' des Majors auch mit Deleuzes und Guattaris „Tier-Werden" zu erklären versuchen: Dabei handelt es sich um einen – positiv gewerteten – „Affekt", der „kein persönliches Gefühl und auch keine Eigenschaft mehr" ist, „sondern eine Auswirkung der Kraft der Meute, die das Ich in Aufregung versetzt und taumeln läßt." Die Meute und ihre „Gewalt" sind es, „die einen, wenn auch nur für einen Augenblick, aus der Menschheit herausreißen und [...] einem die gelben Augen der Raubkatze verleihen". Murai unterliegt der „Ansteckung der Meute", also des Wolfsrudels, und vollzieht „dadurch [...] das Tier-Werden". Der „Dämon", der ihn zum Tier werden lässt, ist die „höhere Macht über der Bande", also das ‚Nichts', von dem Gustav bedroht ist. Vgl. Deleuze/Guattari, Tausend Plateaus, 1992, S. 332. Im ‚Tier-Werden' verliert das Subjekt seine Subjektivität – es kann also das Erhabene nicht mehr erfahren, denn diese Fähigkeit setzt Subjektivität voraus.

229 Vgl. Fœssel, Analytik des Erhabenen, 2008, S. 107.

230 Kant, Analytik des Erhabenen, 1968, S. 349.

231 Vgl. Fœssel, Analytik des Erhabenen, 2008, S. 113.

232 „In der Tat wird ohne Entwicklung sittlicher Ideen das, was wir, durch Kultur vorbereitet, erhaben nennen, dem rohen Menschen bloß abschreckend vorkommen. Er wird an den Beweistümern der Gewalt der Natur in ihrer Zerstörung und dem großen Maßstabe ihrer Macht, wogegen die seinige in nichts verschwindet, lauter Mühseligkeit, Gefahr und Not sehen". Kant, Analytik des Erhabenen, 1968, S. 354.

233 Dem Major gelingt es so, „wie der Raum zu sein". Vgl. Deleuze/Guattari, Tausend Plateaus, 1992, S. 668.

Es verschwindet also nicht das Erhabene ‚an sich'; das „Schauspiel" bleibt „so gräßlich und so herrlich, daß noch jetzt meine Seele schaudert und jauchzt",[234] und der Erzähler bleibt in der Erhabenheit des Wolfsangriffs gefangen, bis die Gefahr vorüber ist. Der Major kann in einer außermenschlichen und außerweltlichen, meteorgleichen Wildheit handeln, während ihm „blos Zeit" bleibt, sein „Jagdgewehr unter sie abzudrücken, und die unheimlichen Thiere waren in den Nebel zerstoben, als wären sie von ihm eingetrunken worden",[235] als habe sie der glatte Raum wieder verschluckt. Der Erzähler ist gefangen im ‚gemischten Gefühl' des Erschreckens und Jauchzens und ist der Verwandlung des Majors so enthusiastisch zugetan, dass ihm selbst kaum Handlungsspielraum bleibt. Dieses Erhabene kann zwar mit Burkes Selbstverlust erfasst werden;[236] mehr noch steht es aber in der Tradition des Longin'schen Erhabenen, das entgegen Burkes Philosophie keinen sicheren Standort als Voraussetzung für das Erhabene kennt. Vielmehr wird das Erhabene in *Perí hýpsus* als „das Großartige", das „unwiderstehliche Macht und Gewalt ausübt und [...] überwältigt" beschrieben;[237] es zwingt den Zuhörer zu einer „Identifikation" mit dem Redner und beraubt ihn so seiner Handlungsspielräume und damit der Möglichkeit, frei ein Urteil zu bilden.[238] Einen sicheren Standort erreicht der Erzähler nur noch in der Erzählung, also nach dem Geschehen.

In *Brigitta* ist also nicht das Erhabene der *Analytik* verarbeitet, noch wird es gebrochen; vielmehr zeigt sich das, was Kant mit seiner Theorie bekämpfen wollte. Es kommt bei Kant zwar auch zu einer Freiheitsberaubung des Subjekts, sie dient aber der Erfahrung einer noch größeren Freiheit als übersinnliches Wesen: „Erhaben ist bei ihm [...] der Widerstand gegen das, was vorher das Erhabene hieß."[239] Dieses Erhabene, gegen das Kant in der *Analytik* angeschrieben hat, zeigt sich in *Brigitta* gleich mehrfach: Im Fall der Steppenerfahrung des Erzählers kann es mit dem Burke'schen Selbstverlust erfasst werden, im Fall der Vermischung der Räume erweist es sich als Burkes Erhabenes des Todes bzw. als

---

234 Brigitta. In: HKG, Bd. 1,5, S. 468.
235 Ebd., S. 468 f.
236 Vgl. Burke, A Philosophical Enquiry, 2008, S. 39.
237 Longinus, Vom Erhabenen, 1988, S. 7 (1,4).
238 Vgl. Lehmann, Das Erhabene ist das Unheimliche, 1989, S. 754.
239 Allerdings haben Menninghaus zufolge „Longin und Burke [...] ihre Kritik durch Kant selbst schon vorweggenommen." So habe Longin „im enthusiastischen Transport reflexive Wendungen eingebaut, welche die überwältigende Macht des Hohen daran hindern, einfach mit sich selbst gleichzubleiben. Er inszeniert gewissermaßen, ohne es zu sagen, einen Prozeß der Macht mit sich selbst und nicht nur ihre irrationale Affirmation als ekstatischer Freiheitsberaubung, von der seine theoretischen Äußerungen künden." Menninghaus, Macht und Gewalt in Longins und Kants Erhabenem, 1991, S. 6 und 9 f.

das Schreckhafterhabene des vorkritischen Kant. Der Wolfsangriff kann dagegen mit der Longin'schen „Ekstase"[240] beschrieben werden, die den Erzähler nahezu handlungsunfähig macht. Diese verschiedenen Erhabenheitserfahrungen angesichts des glatten Raums bzw. angesichts der Raum-Grenzen bieten aber dem Erzähler an keiner Stelle eine Erhebung, noch ist er in der Lage, das Glatte, das in seiner eigenen Wahrnehmung erst entsteht, zu bewältigen. Es scheint deshalb kaum verwunderlich, dass er Uwar, anders als Begemann annimmt, nicht „‚geheilt' und ins Vorbildhafte verwandelt" verlässt,[241] vielmehr ist er immer noch in den Erfahrungen des Selbstverlusts bzw. des Beinahe-Selbstverlusts gefangen: „Mit trüben, sanften Gedanken zog ich weiter, bis die Leitha überschritten war, und die lieblichen blauen Berge des Vaterlandes vor meinen Augen dämmerten."[242]

Die Hochebene – *Zwei Schwestern*

Stifters *Zwei Schwestern* wurde im Vergleich zu anderen Erzählungen von der Forschung eher stiefmütterlich behandelt,[243] obwohl der Text neben der Thematik der Musik eine Fülle an Landschaftsbeschreibungen bietet, die in vielerlei Hinsicht Erstaunliches bereithalten. Da es in der vorliegenden Lektüre nicht um die Thematik der Musik geht, folgt an dieser Stelle nur eine sehr knappe Inhaltsangabe: Erzählt wird, so der selbsternannte „Nacherzähler" in der „Einleitung", der „Zustand einer Familie", wie sie ihm von „einem Freund" zugetragen wurde.[244] Es handelt sich um die Geschichte einer Begegnung zwischen dem Ich-Erzähler Otto Falkhaus[245] und einem alten Mann namens Franz Rikar in einem Wiener Gasthaus, aus der eine sehr lose Freundschaft erwächst. Mehrere Jahre nach der Begegnung befindet sich der Erzähler auf einer Reise in Italien in der Nähe des Gardasees. Er erinnert sich an seinen Reisefreund, der hier lebt, und beginnt, da er weder Adressdaten noch in der vergangenen Zeit ein Lebenszeichen von ihm erhalten hat, ihn zu suchen, nicht nur, um die alte Freundschaft wieder aufleben zu lassen, sondern um „den alten Mann nach Treulust",[246] sein landwirtschaft-

---

240 Vgl. dazu Lehmann, Das Erhabene ist das Unheimliche, 1989, S. 754.
241 Vgl. Begemann, Natur und Kultur, 1994, S. 47.
242 Brigitta. In: HKG, Bd. 1,5, S. 412 und 475.
243 Deshalb wird im Folgenden auch Literatur aus den 1950ern Beachtung finden.
244 Zwei Schwestern. In: HKG, Bd. 1,6, S. 217.
245 Der Name des Ich-Erzählers fällt nur einmal. Vgl. ebd., S. 342.
246 Ebd., S. 246. Nach Renate Bürner-Kotzam liege hierin das grundsätzliche Problem zwischen Gast und Gastgeber; Ottos Plan sei „anmaßend[]", denn er besuche Rikar nicht, „um über Er-

liches Gut, zu bringen. Zum einen wünscht sich der Erzähler eine Art Gesellschafter, um der eigenen Einsamkeit zu entfliehen,[247] zum anderen wähnt er Rikar
in ärmlichen und einsamen Verhältnissen, aus denen er gerettet werden müsse.
Als Otto schließlich das Haus Rikars nach mehrtägiger Suche und einer längeren
Wanderung über die Hochebene findet, muss er allerdings feststellen, dass Rikar
weder verarmt noch allein ist, sondern eine Familie mit zwei Töchtern hat – Camilla, die Geigenvirtuosin, und Maria, die Wirtschafterin – und von Marias
„Pflanzenwirtschaft" zwar bescheiden aber dennoch gut leben kann. Otto
freundet sich mit allen Familienmitgliedern und einem Nachbarn namens Alfred
Mussar, dem späteren Ehemann Camillas, an, besucht die Familie noch ein
zweites Mal, verliebt sich in Maria, heiratet sie jedoch vorerst nicht. Im „Nachwort"[248] wird schließlich vom schon bekannten Nacherzähler angedeutet, dass
aus Otto und Maria doch noch Gatte und Gattin werde.

In all dem ist die Musik zentral, im Folgenden werden aber die Natur-Räume
im Vordergrund stehen; der Thematik der Musik wird innerhalb dieser Arbeit ein
eigenes Kapitel gewidmet.[249] Ein solches Vorgehen ist sinnvoll, wenn man bedenkt, dass Stifters Erzählungen und Romane zwar ausführliche und zum Teil
überraschende Landschaftsbeschreibungen enthalten, die aber selten um ihrer
selbst Willen untersucht, sondern meist als eine Art landschaftliche Rahmung des
Geschehens bzw. als Spiegelung des Inneren der Figuren interpretiert werden. So
spricht Mathias Mayer bezüglich der Hochebene in *Zwei Schwestern* von „einer
untergründigen Dialektik"; ihr Reiz liege gerade in der „Defizienz". Doch die
Ödnis wird auch hier nur als Vorbereitung für die weitere Handlung genommen:
„Mit diesem Wagnis des Paradoxen bereitet der Text auf die Widersprüchlichkeit
der beiden Schwestern vor."[250] In dieser, dem Raumparadigma Stifters gewid-
meten Analyse wird der Versuch unternommen, die Widersprüchlichkeit, die der

---

fahrungen zu berichten, er will in Erfahrung bringen." Die „herablassende Güte des jungen
Falkhaus, der den Reisegefährten wie ein erworbenes Objekt auf sein Gut" bringen wolle, verdecke
„das Eingeständnis eigener Einsamkeit hinter caritativem Hochmut". Das zeuge vom „beschränkten Erwartungshorizont seiner Lebensplanung [...], der sich im Komplettieren des Bestehenden erschöpft, weil Veränderungen nicht denkbar sind". Renate Bürner-Kotzam, Vertraute
Gäste – Befremdende Begegnungen in Texten des bürgerlichen Realismus, Heidelberg 2001,
S. 152f.
247 „[I]ch bin ganz allein, er könnte unbeirrt sein, er könnte etwas thun, oder auch nicht; wenn
ich zurük käme, könnte ich mit ihm reden und umgehen; vielleicht gewinne ich ihn gar lieb,
kränke mich um ihn, wenn er krank wird, pflege ihn, und weine um ihn, wenn er stirbt." Zwei
Schwestern. In: HKG, Bd. 1,6, S. 246.
248 Beide Zitate ebd., S. 327 und 378.
249 Vgl. Kapitel III.4 in dieser Arbeit.
250 Vgl. Mayer, Erzählen als Erkennen, 2001, S. 84.

Ödnis am Gardasee eigen ist, in der ihr eignen Funktion herauszustellen; dabei wird sich zeigen, dass dieser Widersprüchlichkeit in *Zwei Schwestern* eine besondere Wirkung zukommt, die sich mit dem Erhabenen fassen lässt – und die gravierende Unterschiede zu den Verabeitungen des Erhabenen in *Brigitta* und *Abdias* aufweist.

Ähnlich wie schon in *Brigitta* beschreibt Stifter in *Zwei Schwestern* eine Landschaft, die er nicht kannte; er ist nie am Gardasee gewesen.[251] Bisher hat die Forschung abgesehen von Goethes *Italienischer Reise* keine weiteren Quellen aufgetan. Joachim Müller geht allerdings davon aus, dass Stifter Abbildungen des Gardasees gesehen haben muss, zugleich wirft er ihm aber vor, „einfach an die billige konventionelle Tradition anzuknüpfen", indem er „eine oft genannte Landschaft" beschreibe,[252] die, so Horst Rüdiger, „dem Österreicher damals vertraut[]" und ein beliebtes Reiseziel vieler Landsleute Stifters gewesen sei.[253] Woher Stifter sein Wissen über den Gardasee hatte, kann auch hier nicht geklärt werden. Sicher scheint aber – und dies streift einen wichtigen Aspekt der folgenden Lektüre –, dass Italien auch im Österreich der 1840er und 1850er Jahre[254] noch als Sehnsuchtsort galt.[255]

Gemein ist vielen Untersuchungen zur oberitalienischen Hochebene in *Zwei Schwestern*, Natur und Landschaft als Spiegel der Protagonisten zu lesen. So heißt

---

251 Stifter bereiste im Sommer 1857 das nordöstliche Italien, also sieben Jahre nach dem Erscheinen der *Zwei Schwestern*. Vgl. Horst Rüdiger, Exotische Landschaft am Garda-See. Zu Stifters Erzählung ‚Zwei Schwestern'. In: Rössner, Michael/Wagner, Birgit (Hg.), Aufstieg und Krise der Vernunft. Komparatistische Studien zur Literatur der Aufklärung und des Fin-de-siècle, Wien u. a. 1984, S. 365–372, hier 368.

252 Müller, Stifters ‚Zwei Schwestern', 1959, S. 5.

253 Rüdiger, Exotische Landschaft am Garda-See, 1984, S. 368.

254 Die Erzählung erschien 1850 zusammen mit *Der beschriebene Tännling* im letzten Band der *Studien* und liegt in zwei Fassungen vor. Die erste Fassung wurde 1844/45 geschrieben und erschien im *Iris*-Taschenbuch für 1846 unter dem Titel *Die Schwestern*. Vgl. Mayer, Erzählen als Erkennen, 2001, S. 82. Für einen ausführlichen Fassungsvergleich siehe Hoffmann, Stifters Erzählung ‚Zwei Schwestern', 1959.

255 Insoweit sind sich Müller und Rüdiger einig; bezüglich der Frage, inwieweit Stifters Beschreibungen die reale Landschaft am Gardasee abbildet, kommen sie zu überraschend unterschiedlichen Ergebnissen: Nach Müller sei die „Schilderung Rivas und der Ufer des Gardasees [...] fotografisch getreu." Müller, Stifters ‚Zwei Schwestern', 1959, S. 5. Nach Rüdiger sei es „niemandem möglich [...], nach dieser Schilderung eine bestimmte Uferlandschaft [...] zu identifizieren. Stifter malt einen Alpen-See, der sich ebensogut in Österreich, in der Schweiz oder in Bayern befinden könnte." Rüdiger, Exotische Landschaft am Garda-See, 1984, S. 369. Abgesehen davon, ob man Rüdigers Einschätzung folgen möchte: Erfolgreich war dieses Verfahren nicht, denn die Erzählung wurde „eher unfreundlich" aufgenommen. Vgl. Mayer, Erzählen als Erkennen, 2001, S. 84.

es bei Müller: „Das, was auf dieser Wanderung an Landschaft und Natur erfahren wird, muß im Rahmen des Grundgeschehens der Menschenbegegnung gesehen werden",[256] allerdings nicht als Verdeutlichung der Kontrastierung Camillas durch Maria, wie Mayer schreibt;[257] vielmehr sei dem „unruhigen und beunruhigenden Treiben der Menschenwelt [...] das ruhige Bleiben der Natur gegenüber [gestellt]".[258] Im Folgenden wird sich dagegen zeigen, dass weder der Landschaft noch der Natur ein ‚ruhiges' oder ‚beruhigendes Bleiben' inne liegt; vielmehr erlangt besonders die Hochebene in der Perspektive des Wanderers einen äußerst bedrohlichen Charakter. Ähnlich wie im Fall von *Brigitta* wird die Hochebene immer wieder als Spiegelung des Seelenlebens von Otto bzw. Camilla interpretiert. Beispielsweise Martin Beckmann zufolge helfe Natur und Landschaft dabei, „die innere und äußere Welt des Menschen gleichnishaft [zu] erschließen und [zu] erhellen". Die Hochebene fordere „die heroische imaginäre Kraft der Seele heraus, das Chaos zu deuten, es mit Sinn zu erfüllen und in eine neue Ordnung zu verwandeln. Das Ich findet in diesem Akt eine neue Identität in der ästhetischen Selbsterfahrung"; der Weg des Erzählers lasse sich deshalb „als ein Erlösungsweg begreifen".[259] Andrea Bartl liest die Erzählung als ein „Musterfall der Depression und Melancholie und deren Heilung", bezogen auf die Figuren Camilla und Otto; allerdings habe ihr zufolge nicht die Wanderung über die Hochebene, sondern Marias Pflanzenwirtschaft eine heilende Wirkung: Die Hochebene müsse als „symbolische[r] Raum" und dessen landwirtschaftliche Bearbeitung als „Überwindung, Therapierung" von menschlichen Leidenschaften verstanden werden.[260] In der hier vorliegenden Analyse wird sich dagegen erweisen, dass der Erzähler am Ende keineswegs eine neue gefestigte Identität erlangt oder seine, mit Bartl gesprochen, ‚Melancholie' überwunden, sei es nun durch Marias Vorbild oder durch die Wanderung auf der Hochebene. Vielmehr ist es gerade die Hoch-

---

256 Müller, Stifters ‚Zwei Schwestern', 1959, S. 8f.

257 Vgl. Mayer, Erzählen als Erkennen, 2001, S. 84.

258 Müller, Stifters ‚Zwei Schwestern', 1959, S. 9. Rüdiger hält zwar die Landschaftsdarstellungen für die „sprachlich gelungensten" Stifters, moniert aber zugleich dessen Rückgriff auf „die mehr oder minder trivialen Schemata der späten Romantik und des Biedermeier", da Stifter bemerkt habe, „daß bloßes Anschauen und reine Beschaulichkeit [...] der Geneigtheit des Lesers nicht dienen können." Rüdiger, Exotische Landschaft am Garda-See, 1984, S. 367.

259 Martin Beckmann, Formen der ästhetischen Erfahrung im Werk Adalbert Stifters. Eine Strukturanalyse der Erzählung ‚Zwei Schwestern', Frankfurt a. M. 1988, S. 54 und 41.

260 Vgl. Andrea Bartl, Ungleiche Zwillinge: Adalbert Stifters *Zwei Schwestern* – mit einem anthropologischen Seitenblick auf Ernst von Feuchtersleben. In: Onnen-Isemann, Corinna/Rösch, Gertrud Maria (Hg.), Schwestern. Zur Dynamik einer lebenslangen Beziehung, Frankfurt a. M. 2005, S. 153–169, hier 160f. Diese These gibt es auch bezüglich der Erzählung *Brigitta*. Vgl. z. B. Begemann, Welt der Zeichen, 1995, S. 267–273.

ebene und deren Wirkung auf den Erzähler, die einer Identitätsfindung, ‚Heilung‘ oder auch nur einer Persönlichkeitsfestigung entgegenstehen.

Wie schon in den Interpretationen zum leeren Raum in den Erzählungen *Abdias* und *Brigitta* knüpfe ich auch in dieser Lektüre zum einen an Hans Dietrich Irmschers treffende Beschreibung von Stifters erhabenen Landschaften als negativ und monoton, als Landschaften, „die sozusagen ‚nichts Besonderes‘ an sich haben“, an.[261] Zum anderen werde ich auch hier ausgehend von Christian Mosers und Volkmar Billigs Überlegungen zum Insel-Diskurs und Deleuzes und Guattaris Raumkonzept des Glatten und Gekerbten zeigen, wie in *Zwei Schwestern* die oberitalienische Hochebene in der Perspektive Ottos immer mehr ihre feste Begrenzung verliert und schließlich als erhabenes „Landmeer“ erscheint, aus dessen Glätte, wiederum in Ottos Blick, eine „Insel“ – das Rikar'sche Anwesen – hervorsticht, die „in einem emphatischen Sinne als *Ort* begriffen“ werden kann.[262] Auch nach Franziska Schößler konkretisiere sich die oberitalienische Hochebene „über einen vornehmlich negativen Beschreibungsstil“; in diesen „Kreis der Abwesenheiten“ sei aber „eine Insel eingelassen – das schön bestellte Anwesen Rikars“, das die Eintönigkeit der Landschaft als *locus amoenus* unterbreche.[263] Dabei handelt es sich aber – so soll hier gezeigt werden – nicht um einen ‚stabilen‘ *locus amoenus*, wie Schößler annimmt; vielmehr ist die Anlage auf der Hochebene immer vom glatten Raum bedroht, dem sie einst abgetrotzt wurde.[264]

Außerdem wird in diesem Abschnitt auch die Besonderheit des Schauplatzes der Erzählung berücksichtigt werden: Italien als traditioneller Sehnsuchtsort in der Literatur. Nach Billig könne die „Italienwahrnehmung am Ende des 18. Jahrhunderts unter der Formel einer insularen Glückseligkeit subsummiert [sic!] werden“, eine Entwicklung die mit „dem Beginn der Ausgrabungen in Herculaneum (1737) und Pompeji (1748)“ einsetze. Es seien „um die Mitte des 18. Jahrhunderts zunächst archäologisch interessierte, vor allem deutsche Gelehrte“ gewesen, die so „die höfisch-aristokratische Tradition der Kavalierstour mit dem Programm einer humanistischen Bildungsreise nach Italien beerbten.“ Schließ-

---

261 Vgl. Irmscher, Phänomen und Begriff des Erhabenen, 1991, S. 33. Allerdings misst Irmscher dem Landbau in *Zwei Schwestern* eine ähnliche Bedeutung zu wie Bartl und interpretiert die „Urbarmachung einer öden Landschaft als Sinnbild für schöpferische, künstlerische Tätigkeit“, die das immer schon im Übergang zum Schönen begriffene Erhabene einer Landschaft erst entstehen lasse. Vgl. ebd., S. 51. Irmscher erfasst also auch das Erhabene in *Zwei Schwestern* wie das der Erzählung *Brigitta* mit Vischer als eine Vervollkommnung hin zum Schönen (s. o.).
262 Vgl. Moser, Die Insel als Topos der Kulturisation, 2005, S. 408.
263 Vgl. Schößler, Zu Stifters Landschaften, 2000, S. 49 f.
264 So besonders in Marias Bewirtschaftung. Vgl. Zwei Schwestern. In: HKG, Bd. 1,6, z. B. S. 282–290.

lich habe der in den 1780er Jahren einsetzende Tourismus Italien und im Speziellen seine Inseln wie beispielsweise Capri als neue „Sehnsuchtsadresse" entdeckt; analog zu ,richtigen' und zudem exotischen Inseln wie Tahiti sei auch die italienische Halbinsel zur „okzidentale[n] Ursprungslandschaft verdichtet" worden.[265]

Zudem werde Italien, so Billig weiter, besonders in Reiseberichten des achtzehnten Jahrhunderts als „natürlicher Landschaftsgarten und Hort einer frühlingshaft-paradiesischen Sinnlichkeit" beschworen, dem selbst „orientalische[] Elemente[]" zugesprochen werden.[266] Ähnlich verfahre nach Rüdiger auch Stifter, wenn er in *Zwei Schwestern* „zwei weitbekannte Namen" wie Riva und Meran nennt, „um die Erzählung in einer Gegend zu lokalisieren, die auf dem Weg nach dem ersehnten Italien lag"; damit nutze Stifter „das in der Literatur so beliebte Mittel des Exotismus, um die Phantasie seiner Leser anzuregen."[267] Außerdem, so kann ergänzt werden, bezieht sich die Erzählung direkt auf die der Italien-Faszination inne liegende „Vergegenwärtigung der antiken Vorzeit. Schon alltäglichste Begegnungen und Reiseerlebnisse genügten, die Brücke in die allgegenwärtige Vergangenheit zu schlagen."[268] Auch der Ich-Erzähler in *Zwei Schwestern* sieht in der Gegenwart Italiens dessen große Vergangenheit weiterleben – nicht in den Bauwerken Pompejis oder in den Ruinen Roms, sondern in den Menschen selbst: „Es ist ein großer, sonderbarer Anblick, dieses merkwürdige Geschlecht im Ganzen zu überschauen – wie es sich immer und immer geändert hat und immer zu größerer Vollkommenheit zu gehen vermeinte."[269] Otto sieht Italien als eine Art „homerische Ursprungslandschaft" und überträgt so die „Vorstellung von Inseln als Restbestand einer versunkenen Vorgeschichte", die nach Billig besonders den

---

265 Vgl. Billig, Inseln, 2010, S. 153 f. Diese Art der Inselreden über Italien ist demnach besonders von zwei Schriftstellern geprägt worden, die Stifter ausgiebig rezipiert hat: Goethe und Jean Paul. Zu Goethe vgl. ebd., S. 163 – 177, zu Jean Paul S. 199 – 208. Zu Goethes Einfluss auf Stifter vgl. z. B. Domandl, Wiederholte Spiegelungen, 1982. Speziell zum Einfluss der *Italienischen Reise* auf Stifters *Zwei Schwestern* vgl. Rüdiger, Exotische Landschaft am Garda-See, 1984, S. 368. Zu Jean Paul vgl. z. B. Meyer-Sickendiek, Bedingungen moderner Idyllik bei Jean Paul und Stifter, 2007; Helmut Pfotenhauer, Stifters Jean Paul. Neue Anmerkungen zu einem alten Thema – am Beispiel des *Condor*. In: JASILO 20 (2013), S. 13 – 22.

266 Vgl. Billig, Inseln, 2010, S. 155.

267 Rüdiger, Exotische Landschaft am Garda-See, 1984, S. 371. Rüdiger zeigt anhand von Briefen, dass Stifter schon im September 1845 den Plan hatte, Italien zu bereisen, ihm aber offenbar die Mittel fehlten: „In der Reise seines Erzählers spiegelt sich zweifellos die imaginären Reisen Adalbert Stifters." Vgl. ebd., S. 368.

268 Billig, Inseln, 2010, S. 157.

269 Zwei Schwestern. In: HKG, Bd. 1,6, S. 243 f.

italienischen Mittelmeerinseln zugesprochen wurde,[270] auf das norditalienische Festland. Trotz der Anknüpfungen an diesen Diskurs steht in *Zwei Schwestern* die eigentliche Reise, die, so Rüdigers Einschätzung, „reichhaltiger als die alte Kavalierstour"[271] sei, nicht im Vordergrund der Handlung. Das sehr umfangreiche Programm, von Tirol über Oberitalien bis nach Rom, Neapel, Capri und Florenz, wird vom Aufenthalt auf der Hochebene unterbrochen. Zwar setzt Otto seine Reise fort, ihr weiterer Verlauf, der ihn „noch gar in die Südspize der Halbinsel und nach Sicilien" führt, wird aber in nur wenigen Zeilen abgehandelt; schließlich gibt der Erzähler „[d]en Plan eines längeren Verweilens in Italien [...] vollends auf."[272]

Die von Billig dargestellte Inselrede wird in *Zwei Schwestern* also auf nur eine Region Italiens bezogen: auf den Gardasee und seine Ufer, in erster Linie aber auf das auch im Reiseplan randständige neue Ziel, das Haus von Franz Rikar: Der Erzähler will, da er sich gerade in der Nähe des Gardasees befindet, „bei dieser Gelegenheit auch in Meran nach meinem alten Reisefreunde fragen", der ihn zu sich eingeladen und einen Brief mit seiner zükünftigen Adresse versprochen hatte,[273] welcher allerdings nie bei Otto ankam. Randständig ist zudem auch die Lage von Rikars Haus: Das neue Reiseziel des Erzählers scheint einschließlich seiner Bewohner in Vergessenheit geraten zu sein.[274] So erfährt der Erzähler in Meran, dass sich Rikar – angeblich verarmt, krank und einsam – „an die Ufer des Gardasees zurük gezogen" habe. Als er nach dem Ort fragt, in dem Rikar nun lebt, antwortet ihm ein Gastwirt: „[D]en wisse er nicht genau, wenn es aber nicht Riva sei, so müsse es ganz gewiß in der Nähe sein." Otto ändert daraufhin seine Reisepläne, um Rikar in Riva zu suchen, kommt aber mit seiner Suche auch hier nicht weit, denn „in ganz Riva kannte niemand den Namen Rikar, und als ich den Mann beschrieb, war niemand vorhanden, der sich erinnern konnte, je einen solchen gesehen zu haben." Schließlich sucht er auf eigene Faust mit einem Boot die Ufer

---

270 Vgl. Billig, Inseln, 2010, S. 160.
271 Rüdiger, Exotische Landschaft am Garda-See, 1984, S. 368. Überraschend ist aber nicht nur das Programm, überraschend ist auch, dass Stifter überhaupt eine Reise ähnlich einer Kavalierstour beschreibt, bedenkt man, dass Ende des achtzehnten Jahrhunderts die große „Länderreise als einmalige Angelegenheit" mehr und mehr von „kürzere[n], periodische[n] Reisen" abgelöst wurde. Vgl. Mathis Leibetseder, Die Kavalierstour. Adlige Erziehungsreisen im 17. und 18. Jahrhundert, Köln 2004, S. 202. Auch in anderen Texten Stifters werden Reisen beschrieben, die an die Kavalierstour erinnern. Vgl. Der Hagestolz. In: HKG, Bd. 1,6, S. 141; Der Nachsommer. In: HKG, Bd. 4,3, S. 255f.
272 Vgl. Zwei Schwestern. In: HKG, Bd. 1,6, S. 242f., zur Reisebeschreibung S. 368f., Zitate im Text S. 369.
273 Vgl. ebd., S. 242 und 234.
274 So erweist sich das ‚Haidehaus' von Meran aus gesehen als „ein Stück des Randes", ein „Winkel der Vergessenheit". Vgl. Moser, Die Insel als Topos der Kulturisation, 2005, S. 408f.

des Gardasees ab und beginnt so eine regelrechte Erkundungsfahrt über den See und seine Ufer, die – so ziellos Ottos Bootsfahrten auch wirken mögen – doch ein Ziel hat: Nämlich „den alten Mann nach Treulust zu schaffen",[275] nicht nur um Gesellschaft zu haben, sondern auch um Rikar aus seiner – so Ottos Vermutung – misslichen Lage zu befreien.[276] Als Otto nach mehrtägiger Suche auf dem See und der Wanderung über die Hochebene Rikars Haus schließlich erreicht, zeigt sich, wie sehr die Inselhaftigkeit des Orts vom Blick der Bewohner Rivas und anderer Dörfer und Städte an den Ufern des Sees bestimmt ist. Alle Informationen, die Otto erhalten hat, erweisen sich durchweg als falsch: Rikar ist keineswegs krank, verarmt oder einsam; er hat eine Familie mit zwei Töchtern, wovon die ältere die Verwaltung des Anwesens übernommen hat und auf eigenem Grund und Boden eine „Pflanzenwirtschaft" betreibt, deren Erzeugnisse über Riva bis nach Nordeuropa verschickt werden. Vom ‚Festland' gesehen, in diesem Fall Riva, bleibt die ‚Insel', also das „Haidehaus",[277] trotz ihrer Güter randständig und birgt deshalb eine „gewisse Unschärfe":[278] Niemand verbindet den Namen Rikar mit den Pflanzen, die in Riva ankommen und von dort aus weitertransportiert werden. All das offenbart sich dem Erzähler (und dem Leser) erst nach und nach; selbst nachdem er Rikar gefunden hat, in dessen Stube zu Abend isst – ein Essen, das nichts „Bettelhaftes an sich" hat – und bemerken konnte, dass Rikar zwar bescheiden, aber nicht in Armut lebt, lässt er nicht von seinem Plan ab. Er versucht sogar, während des Gesprächs „etwas von meinem Plane mit ihm leise einfließen [zu] lassen". Erst nachdem Rikars Tochter Maria ihm die Gärten gezeigt hat – also die Grundlage von Rikars Existenz –, gesteht sich Otto ein, dass sein Plan hinfällig ist.[279] So wie sich die „Vorstellung der insularen Begrenztheit" im Allgemeinen als ein „kulturelles Konstrukt" bzw. eine „symbolische[] Praxis" erweist,[280] so sind auch Ottos Vorstellungen von Rikar selbst noch nach der Ankunft im ‚Haidehaus' von vorgefassten Urteilen geprägt: „Die Isolation der Inseln bewirkt also eine gewisse Verunsicherung ihrer Wirklichkeit".[281] Der ‚Insel' in *Zwei Schwestern* sind, mehr noch als den Landgütern in *Brigitta*, die „Attribute der Marginalität, Be-

---

275 Vgl. Zwei Schwestern. In: HKG, Bd. 1,6, S. 245–248.
276 Es ist ein Hirtenjunge, der den richtigen Weg weist. Noch bevor Otto ihn fragt, wo er Rikar finden kann, erkundigt er sich nach dessen Verhältnissen: „Ist er wohl sehr abgetragen und zerrissen?" Ebd., S. 251.
277 Ebd., S. 327 und 378.
278 Billig, Inseln, 2010, S. 20.
279 Alle Zitate aus Zwei Schwestern. In: HKG, Bd. 1,6, S. 273 und 290, zu Rikars Lebensumständen vgl. S. 269, zu Ottos Einsicht S. 290.
280 Moser, Die Insel als Topos der Kulturisation, 2005, S. 412f.
281 Billig, Inseln, 2010, S. 20.

grenztheit und innerer Homogeneität [sic!] [...] gerade nicht von Natur aus zu eigen, sie werden ihr vielmehr durch einen bestimmten Diskurs zugewiesen",[282] der in diesem Fall zum einen von Ottos falschen Vorstellungen bezüglich der Verhältnisse Rikars geprägt ist; zum anderen wird die Inselhaftigkeit von Rikars Haus in besonderer Weise – so wird sich im Anschließenden zeigen – von Ottos Wanderung über die Hochebene bestimmt.

Der Erzähler befindet sich schon den zweiten Tag in Folge auf dem See und sucht die Ufer ab, als er schließlich einen Hirtenjungen findet, der ihm den Weg in eine Schlucht weist. Hier trifft er auf den Einsiedler Hieronimus,[283] der ihm den Weg über die Hochebene zu Rikars Haus beschreibt. Von einer richtigen Wegbeschreibung kann aber keine Rede sein, denn einen durchgängigen Pfad gibt es nicht. Der Wanderer muss sich auf einzelne, hervorstechende Merkmale verlassen, doch auch die sind rar: „Die Steine auf dem Hochlande sehen einer dem andern gleich", warnt Hieronimus. Orientierung bietet nur der Stand der Sonne, Sicherheit bietet nur der Blick zurück auf eine deutlich von allen anderen Steinen zu unterscheidende „Steinwulst",[284] die den Eingang zu Hieronimus' Schlucht markiert, und Otto zumindest die Möglichkeit zur Umkehr gibt. Martin Selge bezeichnet die Wegbeschreibung als eine „explikative Annäherung" an das Reiseziel; beim aktiven Durchqueren der Ödnis komme schließlich das „Verfahren der Signifikation oder Verifikation" zum Tragen.[285] Renate Bürner-Kotzam schließt sich dieser Interpretation an und erweitert sie. Ihr zufolge sei die „Bereitschaft zu fortwährender Wahrnehmungsprüfung [...] Ausdruck tiefer Verunsicherung" des Wanderers; die Wanderung reduziere sich „auf die Erfüllung der Anweisungen, so als hätten die ankündigenden Worte der noch unbekannten Landschaft von vornherein jede Herausforderung entzogen."[286] Otto vollzieht Hieronimus' Weg-

---

282 Moser, Die Insel als Topos der Kulturisation, 2005, S. 412.

283 Möglicherweise ein Bezug Stifters auf Albrecht Dürers Gemälde *Der heilige Hieronymus in der Einöde* (1495).

284 Vgl. Zwei Schwestern. In: HKG, Bd. 1,6, S. 247–259. Zur Steinwulst heißt es später: „Das sah ich sehr bald, daß der Greis mit seiner Warnung recht hatte, die besagte, daß ich öfters auf den Bühel zurük schauen und ihn mir merken solle; denn wie sehr sich die Felsen auf dieser Berghalde [...] glichen, kann nur der ermessen, der schon in solchen Gegenden gegangen ist. Wenn man daher die Richtung verliert, und kein Merkmal hat, an dem man sie wieder gewinnen kann, so könnte man in jeder beliebigen falschen gehen, ohne es zu wissen. Allein das Merkmal, welches mir der Greis angegeben hatte, war sehr deutlich zu erkennen." Ebd., S. 262.

285 Selge, Poesie aus dem Geiste der Naturwissenschaft, 1996, S. 42 f.

286 Bürner-Kotzam, Befremdende Begegnungen, 2001, S. 155. Auch Marcel Oswald schließt sich Selge an: „Die Wegfindung ist [...] Ausdruck einer konsequent durchgehaltenen voraussetzungslosen Blickeinstellung des Erzählers und damit Muster des unter dieser Blickstellung zurückgelegten Erkenntnisweges". Oswald, Zur gegenständlichen Gestaltung der Wahrnehmung,

beschreibung aber nur zu Beginn und gegen Ende der Wanderung nach;[287] seine ‚Wahrnehmungsprüfung‘ hat ihren Grund deshalb nicht in einer seelischen Verunsicherung, sondern im Raum, der eine Überprüfung des Weges und der Richtung immer wieder notwendig macht. So stellen sich ihm, nachdem er die Hochebene über die von Hieronimus erwähnte Schlucht erreicht hat und in der „obersten Höhe des Bühels" angekommen ist, vorerst keine in der Wegbeschreibung angegebenen Merkmale mehr dar, sondern eine nie zuvor gesehene Art von Landschaft, die er fasziniert betrachtet:

> Hier war es ganz anders, als unten. Die Fruchtbarkeit hatte ganz und gar und völlig aufgehört. Der Grund war mit dem grüngrauen Filze bedeckt, den ich oft auf Steinen angetroffen hatte, nur war er hier noch um vieles schaler und schwächer, als irgend wo. Aber die Aussicht, von welcher der Greis nur im Allgemeinen geredet hatte, war außerordentlich schön. Sie ging größtentheils nur in die Gegend, gegen welche ich wandern sollte. War ich schon unten am See von den manigfaltigen seltsamen Dingen, die ich angetroffen hatte, ergriffen, so war ich hier vollständig hingerissen, und ich kann sagen, in der Tiefe meiner Seele entzükt.[288]

Die Ödnis, in der sich der Erzähler plötzlich wiederfindet, bietet nichts Signifikantes oder Verifizierbares: Sie zeigt sich ihm als eine Fläche, aus der keine besonderen Merkmale hervorstechen. Der Wanderer erfasst den Raum, in dem er sich befindet, deshalb auch nicht nach den zuvor in der Wegbeschreibung „festgelegten Intervallen, nach [...] festgesetzten Einschnitten" – eine Eigenschaft des gekerbten Raums. Vielmehr wird er, wie es für das Glatte charakteristisch ist, „in einem offenen Raum ‚verteilt‘".[289] Es sind keine Merkmale, die der Wanderer wahrnimmt, sondern er fühlt eine Erhabenheit des Raums, die ihn ‚in der Tiefe‘ seiner ‚Seele‘ entzücken lässt. So heißt es weiter:

> Die Maler haben eigentlich diese Dinge noch nicht gemalt; denn da war kein Baum, kein Gesträuchlein, kein Haus, keine Hütte, keine Wiese, kein Feld, sondern nur das sehr dürftige Gras und die Felsen – gewiß wenige Künstler hätten das für die Aufgabe eines Meisters gehalten, wenn sie nicht früher die Erfahrung gemacht hätten, wie so unaussprechlich die düstere Schönheit solcher Oeden auf die Seele des Menschen zu wirken vermag. In allen Stufen des matten Grün, Grau und Blau lag das fabelhafte Ding hinaus; schwermüthig

---

1988, S. 55. Zu einer solchen Interpretation kann Oswald aber nur kommen, indem er die Leere übersieht, in der sich Otto schließlich verliert. Vgl. Zwei Schwestern. In: HKG, Bd. 1,6, S. 262.

287 Zu Anfang heißt es: „Endlich kam ich zu den Stufen, von welchen der alte Mann gesprochen hatte." Gegen Ende heißt es: „Als ich eine Weile so gewandert war, stellte sich auch das letzte Merkmal, das mir angegeben worden war, dar, der schwarze Stein mit der verdorrten Fichte." Ebd., S. 260 und 264.

288 Ebd., S. 260 f.

289 Deleuze/Guattari, Tausend Plateaus, 1992, S. 666.

dämmernde schwebende webende Tafeln von Farben stellten sich hin, und die Felsen rissen mattschimmernde Lichtzuckungen hinein; und wo das Land blos lag, und etwa nur Sand und Gerölle hatte, drangen Flächen fahlen Glanzes oder sanft gebrochene Farbtöne vor.[290]

Die Schilderung der Hochebene lebt von Dingen, die gerade nicht da sind, denn der Erzähler macht sich die Mühe, all diese fehlenden Dinge aufzuzählen. Auch Merkmale, die ihm als Orientierungshilfen genannt wurden, zeigen sich nicht bzw. kaum noch.[291] Hinzu kommt, dass die Hochebene, mit Irmscher gesprochen, in „ein verflüssigendes Medium" getaucht wird,[292] also einer „kontinuierliche[n] Variation" unterworfen ist,[293] wie es für den glatten Raum typisch ist. Das Bild, das die Hochebene zeigt, verflüssigt sich in Ottos Wahrnehmung – es wird zum ‚Landmeer': Es gibt keine Dinge in der Öde, die sie begrenzen könnten; die Öde selbst wird zu einem ‚fabelhaften Ding', das fast ausschließlich über ‚Tafeln von Farben' wie Grün, Blau und Grau wahrgenommen wird. Feste Orientierungspunkte bieten die Farben nicht, auch wenn sie an „Deutlichkeit und Unabhängigkeit" gewinnen.[294] Sie zeigen sich dem Wanderer in ewigen Veränderungen, sie sind ‚fahl', ‚gebrochen', ‚dämmernd, schwebend und webend', also in ständiger schwimmender, aber zielloser Bewegung. Die Hochebene stellt sich zwar, wie Wilfried Thürmer schreibt, als „abgestorbene und zerstörte Landschaft", als „Negativ-Form lebendig-kultivierter Vegetation" dar;[295] sie erlangt aber zugleich, so Rüdiger treffend, über „Licht und Farben [...] Leben". Dieses Lebendige erklärt sich aber nicht nur darüber, dass „der entzückte Bewunderer die Landschaft mit den Augen des Malers gleichsam von neuem" erschafft,[296] sondern sie erhält in Ottos Blick ein eigentümliches Leben, weil er sie in ihrer besonderen ästhetischen

---

290 Zwei Schwestern. In: HKG, Bd. 1,6, S. 261.
291 Im Verlauf des Abschnitts wird zumindest noch ein Merkmal genannt, nämlich ein roter Berg, den Hieronismus angekündigt hat. Vgl. ebd., S. 259. Doch selbst dieses Merkmal, das nicht nur über die Hochebene hinausragt, sondern sich auch farblich vom Einerlei aus Grün, Grau und Blau absetzt, also eigentlich leicht auszumachen ist, verliert in Ottos Wahrnehmung an Kontur: „Draußen über allem *duftete* ruhig und *schwach röthlich* ein Berg, der die rothen Steine enthalten mochte, von denen der Greis gesprochen hatte." Ebd., S. 261, Hervorhebungen E. H.
292 Irmscher, Phänomen und Begriff des Erhabenen, 1991, S. 34.
293 Deleuze/Guattari, Tausend Plateaus, 1992, S. 663.
294 Hans-Werner Eroms, Ansätze zu einer sprachlichen Analyse von Stifters Erzählweise in den ‚Studien' am Beispiel der Erzählung ‚Zwei Schwestern'. In: Laufhütte, Hartmut/Möseneder, Karl (Hg.), Adalbert Stifter. Dichter und Maler, Denkmalpfleger und Schulmann. Neue Zugänge zu seinem Werk, Tübingen 1996, S. 435–454, hier 449.
295 Wilfried Thürmer, Von der Dauer des Schönen – nach des Schrecklichen Anfang. Erzählkunst des Biedermeier als Modell einer Geschichtskorrektur in Adalbert Stifters Erzählung ‚Zwei Schwestern'. In: JASILO 6 (1999), S. 38–63, hier 39.
296 Rüdiger, Exotische Landschaft am Garda-See, 1984, S. 370.

Wirkung wahrnimmt: Ihre ‚düstere Schönheit' vermag ‚unaussprechlich auf die Seele des Menschen zu wirken'. Das Oxymoron bildet zum einen die ewig flie-ßende Bewegung des glatten Raums ab, zum anderen bettet Otto das Gesehene in das Erhabene ein. Die Hochebene kann genauso wenig wie das Meer in ihren „Grenzen und Enden bestimmt werden", auch lässt sie sich „nicht wirklich" vom Himmel „abgrenzen"; wie das Meer ist sie scheinbar „überall, füllt den gesamten Horizont aus"[297] und wird so zu einem „Affekt-Raum",[298] und zwar zu einem Raum des erhabenen Gefühls, das selbst von Unschärfe, Widersprüchlichkeit und Op-position lebt. Das ‚gemischte Gefühl' des Erhabenen, das sich in ‚düstere Schönheit' textuell abbildet, lässt den Raum, wenn schon nicht in seinen Formen, so doch in seiner Wirkung wahrnehmbar und erfahrbar werden.

Der Ich-Erzähler eignet sich den Raum nicht nur durch eine ästhetische Ka-tegorisierung emotional an, sondern auch, indem er der kontinuierlichen Varia-tion des Glatten einen Raum gegenüberstellt, der „unterschiedliche Formen" eindeutig „ordnet und einander folgen lässt"[299] – die Landschaft seiner Heimat:

> Gewohnt an die lieblichen Höhen meines Vaterlandes, wo Obstbaum an Obstbaum steht, Wäldchen sich mit Wäldchen ablöset, grüne Wiesen dazwischen ansteigen, und das Gold der Weizenfelder leuchtet, wo kein Plätzchen unbenüzt ist, ohne daß ein Kräutlein oder Baum steht, wo Quellen und Bäche in Menge rieseln, manche klare Flüsse und Ströme ziehen, und weit draußen das sanfte Blau der Gebirge geht, hatte ich keinen anderen Begriff von Schönheit der Landschaft, als daß sie so sein müsse – ja in einem schönen Lande lebend, achtete ich nicht einmal sonderlich auf derlei Reize [...].[300]

Alles in der ‚lieblichen' Heimat ist in einer fest umgrenzten Form – hier fließt und rieselt nur, was auch fließen und rieseln soll. Es gibt keine Stelle, an der nichts ist, sondern alles wird ‚benüzt', und auch die Farben sind bis hin zum ‚sanften Blau der Gebirge, eindeutig. Zudem ist die Beschreibung der lieblichen Landschaft aktivisch und dadurch richtungsgenau bewegt – die Wiesen ‚steigen an', das ‚sanfte Blau der Gebirge geht' –, während in der Beschreibung der erhabenen Hochebene über Partizipien wie „dämmernd", „schwebend" und „webend"[301] jegliche zielgerichtete Bewegung verloren geht. Im gedanklichen Erlebnis des „gekerbten Raum[s]" der Hügellandschaft kehrt sich das Verhältnis von Form, Bewegung und Materie im Vergleich zur Hochebene um: Hier organisieren die „Formen [der Gegenstände] eine Materie", während „im glatten Raum" der

---

297 Vgl. Ette, Insulare ZwischenWelten der Literatur, 2011, S. 14.
298 Deleuze/Guattari, Tausend Plateaus, 1992, S. 664.
299 Ebd., S. 663.
300 Zwei Schwestern. In: HKG, Bd. 1,6, S. 261 f.
301 Vgl. ebd., S. 261.

Hochebene „die Materialien auf Kräfte" verweisen oder „ihnen als Symptome" dienen,[302] ohne eine deutliche Form oder Bewegung zu haben.

Der Ich-Erzähler kehrt, nachdem er über die Erinnerung an seine Heimat versucht hat, den Raum, in dem er sich gegenwärtig befindet, sozusagen in Opposition zu erfassen, gedanklich wieder zur Ödnis zurück: „[A]ber hier stand ich in einer Oede, wo alles fehlte, wo gar keine Mittel waren, etwas darzustellen, und wo sich doch eine so ruhige Schönheit zeigte, als legte die Natur ein einfach erhabenes Heldengedicht vor mich hin. Ich war gleichsam gebeugt, und die Lautlosigkeit rükte erst alles recht in die Weite und Breite, daß ich mich verlor. –"[303] Die ‚Weite und Breite' des Raums[304] sind es, die den Wanderer eine dem Glatten spezifische „Intensität[]" oder „Qualität[]" wahrnehmen lassen:[305] Der ‚leere' Raum droht, in Ottos Wahrnehmung zum eigentlichen Akteur zu werden. Ottos Blick verliert sich,[306] und die Hochebene wird nun selbst in ihrer Färbung nicht mehr beschrieben, sondern nur in einem metaphorischen Vergleich erfasst. Dort, ‚wo alles fehlte, wo gar keine Mittel' sind, ‚etwas darzustellen', und also auch der Blick des Malers scheitern muss, verweist Otto auf Dichtung, auf eine ‚einfach erhabene' Helden-Dichtung als etwas für den Menschen Verstehbares, um die Wirkung der Ödnis auch auf der Ebene des Textes erscheinen zu lassen. Einfachheit und ‚Leere' verbinden sich in ihrer Wirkung zum Erhabenen,[307] von dem der Erzähler ‚gleichsam gebeugt' wird, bis er sich ‚in die Weite und Breite' der Ödnis verliert. Im glatten Raum der Hochebene „reißt die Bahn den Stillstand fort",[308] das heißt in diesem Fall, der Raum nimmt eine Position ein, gegen dessen Macht sich der Wanderer nicht mehr zur Wehr setzen kann.[309] Zwar schreitet im Sinne des Kant'schen Erhabenen die eigene „Einbildungskraft [...] von selbst, ohne daß ihr etwas hinderlich wäre, ins Unendliche fort",[310] doch die Wirkung der Erhabenheit des glatten Raums ist so machtvoll, dass es nicht zu einer Erhebung, sondern zu einer Beugung des Subjekts und zu einem Burke'schen Selbstverlust

---

302 Deleuze/Guattari, Tausend Plateaus, 1992, S. 664.

303 Zwei Schwestern. In: HKG, Bd. 1,6, S. 262.

304 Bürner-Kotzams Einschätzung, wonach „Wandern [...] nicht mehr Ausschreiten in eine sehnsuchtsbezogene Ferne" bedeute, ist der Tatsache geschuldet, dass sie diesem Abschnitt keine Beachtung schenkt. Vgl. Bürner-Kotzam, Befremdende Begegnungen, 2011, S. 155.

305 Deleuze/Guattari, Tausend Plateaus, 1992, S. 664.

306 Vgl. Moser, Die Insel als Topos der Kulturisation, 2005, S. 409.

307 Simplizität wird hier wörtlich mit dem Erhabenen verbunden. Vgl. dazu Till, Das doppelte Erhabene, 2006, S. 42 und Kapitel II in dieser Arbeit.

308 Deleuze/Guattari, Tausend Plateaus, 1992, S. 663.

309 Ein Verortungsversuch des Wanderers im Raum muss also fehlschlagen. Vgl. dazu Hallet/ Neumann, Raum und Bewegung in der Literatur, 2009, S. 20.

310 Kant, Analytik des Erhabenen, 1968, S. 340.

kommt:[311] „In this case the mind is so entirely filled with its object, that it cannot entertain any other, nor by consequence reason on that object which employs it. Hence arises the great power of the sublime, that far from beeing produced by them, it anticipates our reasonings, and hurries us on by an irresistible force."[312]

Natürlich fordert die Öde deshalb die „heroische Kraft der Seele" des Ich-Erzählers heraus, „das Chaos zu deuten, es mit Sinn zu erfüllen", doch die Erfahrung verbildlicht entgegen Beckmanns These nicht „den inneren Weg des Ichs zu sich selbst".[313] Vielmehr bricht das erlebende Subjekt mit dem Verlust der Macht über sich selbst in dem Moment ab und versucht nicht mehr, die Erfahrung in Worte zu übertragen – auch die Sprache verschwindet[314] im Unendlichen des Raums: Die Erfahrung des Erhabenen der Hochebene endet in einer Ellipse, die sich auf Textebene in einem Gedankenstrich zeigt.[315] Das Unnennbare,[316] das Nicht-Beschreibbare wird nicht in Worte gefasst und dennoch in dem Augenblick des Selbstverlusts auch als textuelles Phänomen im Gedankenstrich ausgedrückt. Doch damit erlangt der Ich-Erzähler keineswegs, wie Beckmann betont, eine „neue Identität in der ästhetischen Selbsterfahrung",[317] auch nicht, wenn man der Ödniserfahrung die Philosophie des Erhabenen zugrunde legt, denn weder zeigt sich eine irgendwie neue Identität des Erzählers, noch gelangt er zu einer Erkenntnis von Vernunftideen, wie es ja von Kant gefordert wird.[318] Was sich hier textuell im Gedankenstrich manifestiert, ist, mit Deleuze und Guattari, ein ‚Unwahrnehmbar-Werden' Ottos, das sich ja auch schon in *Brigitta* angekündigt hat. Entgegen dem Wanderer auf der Steppe weicht er dieser Erfahrung aber nicht

---

311 Zwar verlangt Longins Erhabenes sehr viel deutlicher nach einem Selbstverlust als das Erhabene Burkes, hier aber fehlt – im Gegensatz zum Wolfsangriff in *Brigitta* – das Ekstatische. Vgl. dazu Lehmann, Das Erhabene ist das Unheimliche, 1989, S. 754.

312 Burke, A Philosophical Enquiry, 2008, S. 39.

313 Vgl. Beckmann, Formen der ästhetischen Erfahrung, 1988, S. 54 f.

314 Nach Rüdiger gewinnt die Hochebene in Stifters Beschreibung „plötzlich Konturen und verschwimmt nicht mehr im Gegenstandslosen, obwohl sie nahezu gegenstandslos ist", denn handle es sich um „eine der geglückten Schilderungen" Stifters, „bei denen die Realität ihre Bedeutung verloren hat, weil die Vision die Sprache formt." Rüdiger, Exotische Landschaft am Garda-See, 1984, S. 370. Abgesehen davon, ob diese Schilderung nun geglückt ist oder nicht, formt die Vision auf ihrem Höhepunkt die Sprache allerdings nur insoweit, dass sie unter der Last des Erhabenen in einem Gedankenstrich verschwindet.

315 Vgl. Zwei Schwestern. In: HKG, Bd. 1,6, S. 262.

316 Vgl. dazu z. B. Schrott, Tropen, 1998, S. 8.

317 Vgl. Beckmann, Formen der ästhetischen Erfahrung, 1988, S. 54. Beckmann bezieht sich nicht auf den Komplex des Erhabenen, sondern v. a. auf Hans Robert Jauß' Begriff der Ästhetischen Erfahrung und auf die Rezeptionsästhetik der Konstanzer Schule. Vgl. ebd., S. 17–23.

318 Demnach kann „das eigentliche Erhabene [...] in keiner sinnlichen Form enthalten sein, sondern trifft nur Ideen der Vernunft". Kant, Analytik des Erhabenen, 1968, S. 330.

durch eine Flucht in eigene Erinnerungen aus (s. o.), sondern er gibt sich ihr hin: Otto reduziert sich so „auf eine abstrakte Linie, ein Merkmal [...], um seine Zone von Ununterscheidbarkeit von anderen Merkmalen zu finden". Weil er „alles an sich selbst unterdrückt [...], was [ihn] daran gehindert hat, zwischen die Dinge zu gleiten, inmitten der Dinge zu wachsen",[319] verliert er sich im Erhabenen der Öde. Ottos Erfahrung ist deshalb mehr als ein „Vorübergleiten des Wahns [...], ein Vorbeistreifen, das sogleich [...] aufatmend in einer begrifflichen Artikulation dingfest gemacht, dadurch aber zugleich in seiner Realität verfälscht, aufgehoben" wird.[320] Zu einer ‚echten' Artikulation kommt es hier nicht mehr; vielmehr verschwindet die Sprache unter der Last des Erhabenen in einem Gedankenstrich und offenbart so die Bedrohung, die diese Erfahrung für das erlebende Subjekt darstellt[321] – allerdings nur für einen Moment: Otto gelingt es schließlich, wenn auch offenbar unter Anstrengung, sich der Macht des Glatten zu entziehen. „Ich ging *endlich* von diesem Plaze auf die Ebene von Gras- und Steinboden, die sich vor mir erstreckten, hinaus",[322] heißt es in einem neuem Absatz nach dem Erlebnis des Selbstverlusts. Es scheint, als habe Otto nun den sicheren Standort des Erhabenen, den Burke ja voraussetzt,[323] wiedergefunden und kann sich deshalb vom Verlust seines eigenen Selbst wieder befreien.

Im weiteren Verlauf der Wanderung kommt es zu ähnlichen Grenzverwischungen des glatten und gekerbten Raums wie schon in der Erzählung *Brigitta*; auch in *Zwei Schwestern* existieren „die beiden Räume nur wegen ihrer wechselseitigen Vermischung".[324] Unter dem Eindruck der ‚Leere' der Hochebene tun die Bäume – ein weiteres von Hiermonimus' Orientierungsmerkmalen –, Ottos „Augen so unsäglich wohl". Als erste ‚lebendige' Dinge, die den Weg säumen, werden sie ausführlich beschrieben: „Sie waren sehr groß, mußten bedeutend alte sein, und schienen in Kastanien, vielleicht mit Obstbäumen untermischt, zu

---

319 Deleuze/Guattari, Tausend Plateaus, 1992, S. 381 f.

320 Lehmann, Das Erhabene ist das Unheimliche, 1989, S. 763.

321 ‚Unwahrnehmbar-Werden' oder ‚Intensiv-Werden' bedeuten in der Theorie auch ‚asubjektiv' werden. Vgl. Deleuze/Guattari, Tausend Plateaus, 1992, S. 380 f. Auch dieser Begriff ist positiv besetzt, denn es geht bei Deleuze und Guattari darum, „[n]icht Subjekt oder Objekt [zu] werden, sondern sich [zu] substantivieren". Heyer weist auch darauf hin, dass diese „Begrifflichkeit [...] nicht unproblematisch" ist, „wird hier doch einerseits das Subjekt verabschiedet und doch, andererseits, in neuer Form, wieder eingeführt." Heyer, Deleuzes & Guattaris Kunstkonzept, 2001, S. 58. In *Zwei Schwestern* ist dagegen der Selbstverlust äußerst bedrohlich, auch wenn sich das erlebende Subjekt schließlich selbst davor ‚bewahren' kann.

322 Zwei Schwestern. In: HKG, Bd. 1,6, S. 262, Hervorhebung E. H.

323 Vgl. Burke, A Philosophical Enquiry, 2008, S. 25. Auch deshalb kann es sich hier nicht um ein Erhabenes Longins handeln, denn das kennt keinen sicheren Standort des erlebenden Subjekts.

324 Deleuze/Guattari, Tausend Plateaus, 1992, S. 658.

bestehen." Otto passiert die Bäume und einen eingehegten Garten und langt schließlich an einem verschlossenen Gitter an: „Der Abend war ganz still, hinter dem Hause hörte ich das Rauschen eines Springbrunnens, und in der Halle zündete ein altes Mütterlein eine Hängelampe an."[325] Man kann hier mit Thürmer von einem „idyllischen Ort par excellence" sprechen, der „Wärme, Häuslichkeit und Geborgenheit" verspricht, der aber auch „hochgradig ästhetisiert" erscheint[326] – allerdings nur auf den ersten Blick. Denn die Einkerbung bleibt trotz ihres idyllischen Charakters in Ottos Wahrnehmung vom glatten Raum bedroht: „Die Fäden dieses Lichtes spannen sich in den Garten heraus, der durch sie auf einmal viel dunkler wurde."[327] Auch Thürmer betont, dass das „Haus [...] von der Ödnis nicht strikt geschieden" sei, weil sie „temporär und partiell auf das Haus" übergreife.[328] Es ist aber mehr als ein Übergreifen: Die Hochebene bedroht das Haus in seiner Existenz, denn es ist das Licht des Hauses, eigentlich Zeichen der Geborgenheit, das die Ebene ‚viel dunkler' und damit bedrohlicher erscheinen lässt. Das Haus wird zwar erst, so wird sich im Folgenden zeigen, aufgrund der Glätte der Ebene als ‚Insel' wahrgenommen, zugleich bleibt es aber immer in einem Schwebezustand zwischen Einkerbung und Glattem, zwischen Idylle und Leere.

Von diesem bedrohlichen Schwebezustand ist selbst die Natur betroffen, wie Ottos Blick aus dem Fenster bei Nacht offenbart:

> Aber von einer Aussicht war in einer Nacht, wie dieser, keine Rede: Millionen dichter Sterne standen an dem fast schwarzen Himmel, und funkelten nicht in weißem, sondern fast buchstäblich, in goldenem Lichte hernieder. Unter ihnen lag die Gegend so unkenntlich, gleichsam wie eine schwarze Schlake, an der die Funken des Himmels verknisterten. Selbst in der nächsten Nähe unter mir konnte ich keine Gegenstände unterscheiden, als einige Ballen schweigender Bäume, und fahle Dinge, wie Anlagen und Geländer.[329]

Auch die Wirkung eines der beliebtesten Objekte zur Verdeutlichung des Erhabenen ändert sich mit Ottos vom Glatten bestimmte Raum-Wahrnehmung: der Sternenhimmel. In der *Kritik der praktischen Vernunft* heißt es im wohl berühmtesten Zitat Kants: „Zwei Dinge erfüllen das Gemüt mit immer neuer und zunehmender Bewunderung, je öfter und anhaltender sich das Nachdenken damit beschäftigt: *der bestirnte Himmel über mir und das moralische Gesetz in mir.*"[330] In

---

325 Zwei Schwestern. In: HKG, Bd. 1,6, S. 265 f.
326 Thürmer, Erzählkunst des Biedermeier, 1999, S. 40 f.
327 Zwei Schwestern. In: HKG, Bd. 1,6, S. 266.
328 Thürmer, Erzählkunst des Biedermeier, 1999, S. 44.
329 Zwei Schwestern. In: HKG, Bd. 1,6, S. 275.
330 Kant, Kritik der praktischen Vernunft, S. 300.

Zwei Schwestern ist der Sternenhimmel zwar auch unendlich, zugleich aber Ausdruck des Verlusts der Empathie für die Erfahrung der Unendlichkeit.[331] Das Licht der Sterne reicht nicht bis zum Menschen hinunter und die Erde erscheint als „schwarze Schlake". Die traditionelle Erhabenheit des Sternenhimmels scheitert an der Dunkelheit und der Formlosigkeit des Glatten, das keine Gegenständen erkennen lässt,[332] sondern nur ‚einige Ballen schweigender Bäume, und fahle Dinge'.

Mit dem Tageslicht verändert sich das Bild des Hauses. Wirkte es in der Nacht wie ein Hort der Geborgenheit, dessen Abgrenzung zur Ödnis der Landschaft allerdings nicht klar umrissen ist, so gewinnt es bei Tag – vorerst – an Gestalt: „Welche Einsamkeit! Wie eine Insel lag das weiße übertünchte Haus mit dem Grün seiner Bäume und Gemüse in dem allgemeinen grau blau und violettlich duftenden Grunde".[333] Bei Tag verstärkt sich die Inselhaftigkeit des Hauses – wie schon in *Brigitta* – im Blick des Ich-Erzählers gerade in Opposition zum glatten Raum der Hochebene. Interessant ist hier aber die Funktion, die dabei den Farben zukommt: Wie eine Insel wirkt das Haus vor allem, weil es sich durch die weiße Tünche von seiner Umgebung abhebt. Sein Weiß und das Grün der Bäume sind die einzigen Farben, die deutlich zu erkennen sind; die Farben der Hochebene dagegen verflüssigen sich, gehen ineinander über und sind deshalb auch nicht eindeutig, sondern nur ‚allgemein' als ‚grau blau und violettlich' benennbar. Die Hochebene ist wie das Meer „nicht eindeutig definierbar: Abhängig von der jeweiligen Blickrichtung und Beleuchtung zeigt es andere Farben, Formen und Dynamiken."[334] Das heißt, je nach Färbung der Hochebene in Abhängigkeit zu Licht und Dunkelheit verändert sich die Wirkung des Raums im Blick des Wanderers; „[d]er Wanderer bewegt sich stetig durch [ihn] hindurch, und [er] verändert sich in jedem Augenblick für den sich Bewegenden."[335] Und das gilt besonders für das Haus:

---

331 Nach Hans Blumenberg hat der kopernikanische Bruch eine Wende eingeleitet, die das „Prädikat der Unendlichkeit" seine „Faszination durch die unvermeidliche Konsequenz, daß alle Erfahrung nun einen Hintergrund der Unerreichbarkeit um sich her transportiert", verlieren lässt. Der Sternenhimmel versichert die Idee nicht mehr, sondern die Kluft „zwischen Begriff und Idee [wird] immer bedrückender." Blumenberg, Die Genesis der kopernikanischen Welt, 1975, S. 77.
332 Nach Bürner-Kotzam diene der Blick aus dem Fenster dagegen der Komplettierung der Orientierung Ottos „von einem geschützten Standpunkt aus", denn der „gerahmte Blick" erlaube „eine Sicht der Wirklichkeit ohne mit ihr in gefährdende Berührung zu kommen." Bürner-Kotzam, Befremdende Begegnungen, 2011, S. 158. Das ist aber kaum möglich, denn Otto kann keine Gegenstände klar erkennen.
333 Zwei Schwestern. In: HKG, Bd. 1,6, S. 275 und 298.
334 Ette, Insulare ZwischenWelten der Literatur, 2011, S. 17.
335 Müller nennt das „*Landschaftsgeschehen*". Müller, Stifters ‚Zwei Schwestern', 1959, S. 10.

> Die Schindeldächer des Hauses hoben sich nicht einmal von der Allgemeinheit des Ganzen heraus, sondern waren in ihrem Grau wie über dem Hause schwebende Steine. Das ältere Holzwerk, welches angebaut war, erschien ebenfalls in der aschenhaften Farbe, so daß das weiße Haus und das frische Grün der Bäume und Gewächse in der Unendlichkeit und Breite dieser einförmigen Umgebung von ferne aussah wie eine weiß und grün gestikte Rose auf grauem Grunde. Und über das Ganze war ein so tiefes Schweigen ausgebreitet, daß gerade die Feierlichkeit der Oede durch dieses menschliche Haus eher vermehrt, als vermindert wurde.[336]

In diesen wenigen Zeilen vermischen sich die beiden Räume an ihren Grenzen so sehr, dass man fast nicht mehr von einem Vermischen sprechen kann, sondern vielmehr von einem Schwanken der Räume sprechen sollte. Hier existiert – in Ottos Perspektive – Glattes und Gekerbtes fast zeitgleich; es zeigt sich, wie „[d]ie Konfrontation von Glattem und Gekerbtem, die Übergänge, die Wechsel und die Überlagerungen [...] in den unterschiedlichsten Richtungen statt[finden]“:[337] Zunächst bietet das Haus in seiner Inselhaftigkeit den einzigen „festen Anhaltspunkt“ im Raum, der „Orientierung, Sicherheit und Stabilität“ verheißt;[338] es wird zum einzigen Ort in der Fläche des glatten Raums, der optisch eindeutig wahrgenommen wird. Mit der grauen Färbung – eigentlich ein Zeichen der Hochebene – des Dachs und der Anbauten büßt das Haus schon in den nächsten beiden Sätzen seinen Stabilität verheißenden Status zum Teil wieder ein, ja die Ebene scheint das Haus zu überspülen: Das graue Dach erscheint ‚wie über dem Haus schwebende Steine‘, die es jederzeit unter sich begraben könnten. Rikars Haus steht dem glatten Raum der Hochebene also nicht als „ein klar umgrenzter Ort zivilisatorischer Anstrengungen“ gegenüber,[339] sondern es bleibt immer in seiner räumlichen Eigenständigkeit bedroht. Doch gerade weil das Haus im Blick Ottos so plötzlich wieder von der Ödnis bedroht wird und „die Bahn den Stillstand“ des eingekerbten Punktes fortzureißen scheint,[340] erscheint das Haus wiederum mehr wie eine ‚Insel‘, wie eine weiß und grün gestikte Rose auf grauem Grunde‘. Im letzten Satz des Zitats vereinigen sich schließlich beide Räume in ihrer jeweils vom anderen abhängigen Wirkung: Die ‚Feierlichkeit‘ des Glatten vermehrt sich noch ‚durch dieses menschliche Haus‘; das Haus erlangt durch „[d]ie Einsamkeit der Lage [...] etwas Eindringliches“,[341] wie es an anderer Stelle heißt. Erst das „Landmeer[]“ lässt das Haus, das es zugleich immer in seinen Grenzen bedroht,

336 Zwei Schwestern. In: HKG, Bd. 1,6, S. 298.
337 Deleuze/Guattari, Tausend Plateaus, 1992, S. 669.
338 Moser, Die Insel als Topos der Kulturisation, 2005, S. 409.
339 Schößler, Zu Stifters Landschaften, 2000, S. 46.
340 Deleuze/Guattari, Tausend Plateaus, 1992, S. 663.
341 Zwei Schwestern. In: HKG, Bd. 1,6, S. 304.

zum „Inbegriff eines deutlich markierten Ortes" werden.[342] Die Hochebene wiederum wird erst über die Einkerbung organisiert und in ihrer bedrohlichen Glätte klar wahrgenommen. An dieser Stelle scheint deshalb die Ähnlichkeit der oberitalienischen Hochebene zum Meer am deutlichsten. Zum einen ist „das Meer [...] der glatte Raum par excellence, und dennoch wird er am ehesten mit den Anforderungen einer immer strengeren Einkerbung konfrontiert";[343] eine solche strenge Einkerbung stellt das Haus dar. Zum anderen ist die „viellogische Strukturierung der Insel" durch „das bewegliche Element" des Raums bedingt,[344] das es umgibt. Die Erscheinung des Hauses schwankt beständig zwischen einer festen Gestalt, die in ihren Begrenzungen eindeutig ist, und einem verschwindenden Punkt, der immer wieder gegen die Übergriffe der Hochebene ‚verteidigt' werden muss. Mit diesem Schwanken zwischen den Räumen wird das erlebende Subjekt in eine sich immer wieder wiederholende Gegenüberstellung von scheinbar unendlicher Leere der Ödnis und begrenzter Fülle des Gartens,[345] zwischen Festem und Flüssigem, Formgebendem und Formnehmendem,[346] aber auch zwischen Lebendigem wie der Rose und Totem wie der grauen Steine des Dachs aufgerieben. Die Oppositionen und ihre Ballung an dieser Stelle der Erzählung lassen Otto ein ‚gemischtes Gefühl' erfahren: Der Erzähler beschreibt nicht nur die Schwankungen des Raums, vielmehr entstehen die Schwankungen erst in seiner Wahrnehmung; deshalb schwankt er förmlich mit und verleiht so der fließenden, aber dabei immer wieder die Fließrichtung ändernden Grenze zwischen den Räumen die Qualität des Erhabenen.[347]

Beide Widersprüchlichkeiten, die Widersprüchlichkeit der Räume sowie die des Erhabenen, sind in ähnlicher Weise von der Widersprüchlichkeit zwischen der Kleinheit des Menschen und der Größe der Natur bestimmt. Im Fall des Raums nimmt der Mensch Einkerbungen vor; er macht das Land urbar, muss es aber zugleich immer wieder gegenüber dem glatten Raum, der ja hier ein Natur-Raum ist, verteidigen. Das Erhabene wurde schon mit der Schrift *Perí hýpsus* mit scheinbar unbegrenzten Erscheinungen der Natur verbunden – das zeigt sich

---

342 Vgl. Moser, Die Insel als Topos der Kulturisation, 2005, S. 409.

343 Deleuze/Guattari, Tausend Plateaus, 1992, S. 664f.

344 Ette, Insulare ZwischenWelten der Literatur, 2011, S. 17.

345 Vgl. Zwei Schwestern. In: HKG, Bd. 1,6, z. B. S. 284: „Er war durchaus ein Nuzgarten, sehr viele Obstbäume, theils Zwerg- und Lattenobst, theils hohe reiche Stämme, standen auf dem Raume umher, und hatten die Blumen, und eine große Menge verschiedener Gemüse unter sich."

346 Vgl. Moser, Die Insel als Topos der Kulturisation, 2005, S. 409.

347 Auch in diesem Fall muss Otto, wie schon bei der ersten Wanderung auf der Hochebene, ganz bewusst an den Rückweg denken: „Als ich lange gestanden war, und als ich lange herum geschaut hatte, und als die Sonne bereits schon einen großen Theil ihres Vormittagsbogens zurük gelegt hatte, dachte ich an den Rükweg." Zwei Schwestern. In: HKG, Bd. 1,6, S. 299.

besonders in Johann Georg Schlossers Übersetzung von 1781.[348] Beiden liegt zudem eine Bedrohung inne: Dem gekerbten Raum des Hauses ist immer die Bedrohung durch den glatten Raum der Ebene, diesem „einfache[n] unkenntliche[n] undeutliche[n] erschütternde[n] Hauch, der [...] die Seele mit dem ganzen riesenhaften Eindruke des Unendlichen erfaßte",[349] eingeschrieben; das Erhabene bleibt immer mit einem Scheitern gegenüber der Natur verbunden.[350]

Dieses Scheitern wird in *Zwei Schwestern* auch direkt thematisiert:

> ‚[...] Freilich ist die Natur im Ganzen, wozu indeß der Mensch auch als Glied gehört, das Höchste. Sie ist das Kleid Gottes, den wir anders als in ihr nicht zu sehen vermögen, sie ist die Sprache, wodurch er einzig zu uns spricht, sie ist der Ausdruk der Majestät und der Ordnung: aber sie geht in ihren großen eigenen Gesezen fort, die uns in tiefen Fernen liegen, sie nimmt keine Rüksicht, sie steigt nicht zu uns herab, um unsere Schwächen zu theilen, und wir können nur stehen und bewundern.' – –[351]

Mit dem Anerkennen der Naturgesetze, von denen auch der Mensch ‚als Glied' der Natur betroffen ist, und der Anrufung Gottes entsteht zwar eine scheinbare Sicherheit des Menschen gegenüber der Natur – Naturgesetze können erkannt, Gott kann in der Natur und in ihren Gesetzen gesehen werden. Gleichzeitig muss die Versicherung des eigenen Mensch-Seins in einer Kränkung münden, deren Abgründigkeit, ähnlich wie beim Selbstverlust des Erzählers gegenüber der „Weite und Breite" der Hochebene,[352] in zwei Gedankenstrichen einen textuellen Ausdruck findet. Die „unendliche[n] Wandlungen"[353] der Natur können nie voll-

---

348 „Deswegen begnügt sich auch unsere Aussicht nicht mit den Gränzen dieser Welt allein; sondern unsere Gedanken steigen darüber hinaus ins Unendliche. Sehet an den ganzen Kreis der menschlichen Dinge! Ueberzeugt uns nicht unser ganzes Gefühl von dem größern Eindruck des Großen und Schönen, wozu wir geboren sind?" Longin, Vom Erhabenen, 1781, S. 219.

349 So Otto beim Blick von der „Adostaspize", Zwei Schwestern. In: HKG, Bd. 1,6, S. 309.

350 Das gilt auch für Kants *Analytik*: Erst die „Unangemessenheit unseres Vermögens der Größenschätzung" erweckt das Gefühl „eines übersinnlichen Vermögens in uns". Kant, Analytik des Erhabenen, 1968, S. 336.

351 Zwei Schwestern. In: HKG, Bd. 1,6, S. 356f.

352 Vgl. ebd., S. 262.

353 So in Bezug auf die Pflanzenwelt, eine im Übrigen beängstigend aktuelle Einschätzung: „Diese getrokneten Aehren in ihren Glaskästen [...] sind das auserlesenste und unbezwinglichste Heer der Welt, die sie unvermerkbar und unbestreitbar erobern. [...] Ich weiß nicht, wie es dann sein wird. Aber das weiß ich, daß es eine Veränderung der Erde und des menschlichen Geschlechtes ist, wenn zuerst die Cedern vom Libanon [...], dann die Ahorne Griechenlands [...], dann die Wälder und Eichen Italiens und Europa's verschwanden, und endlich der unermeßliche Schmuk und Wuchs, der jezt noch an dem Amazonenstrome steht, folgen und verschwinden wird. Es gibt unendliche Wandlungen auf der Welt, alle werden sie nöthig sein, und alle werden sie, eine auf die andere, folgen." Ebd., S. 353.

ständig erkannt werden, die Naturgesetze bleiben unabhängig[354] und ungerührt gegenüber der menschlichen Erkenntnis und dem menschlichen Schicksal.[355] Die Natur erscheint so nicht mehr als das „selbstverständlich Vertraute", vielmehr ist sie „zugleich nah und fern, vertraut und unheimlich".[356] In diesem grundsätzlichen Bruch zwischen Natur und Mensch liegt aber die Möglichkeit wie auch die Lust am Erhabenen – ein Aspekt, den Burke[357] wie auch Schiller herausstellt.[358]

Wenn aber in *Zwei Schwestern* eine solche Skepsis gegenüber der Möglichkeit, die Natur in ihrer Gesetzmäßigkeit zu erkennen oder sie gar beherrschen zu können – eine Möglichkeit die ja schon über die Beschreibung der Räume ausgeschlossen zu sein scheint –, geäußert wird, erscheint auch das „Nachwort" des schon in der Einleitung aufgetretenen „Nacherzähler[s]"[359] äußerst fraglich. Er lässt den Leser wissen, dass Otto, obwohl er die Hochebene in größtem Schmerz und Melancholie verlassen hat, „wieder nach Riva und in das Haidehaus gehen" wird. „Maria wird allgemach und unvermerkt seine Gattin werden, sie werden mit einander leben, eine Schaar blühender Kinder wird sie umgeben, und sie werden

---

354 So auch Ragg-Kirkby: „Nature, then, simply *is:* it exists in a state of permanent, self-correcting equilibrium because it functions according to natural laws that never cease and never fail." Ragg-Kirkby, Stifter and the Alienation of Man and Nature, 1999, S. 354.

355 Beckmanns Interpretation dieser Stelle scheint deshalb kaum haltbar, denn er liest in der „abgestufte[n] Welt der Dinge" eine Welt hinein, die „zum Haus des Menschen schlechthin" werde. Vgl. Beckmann, Formen der ästhetischen Erfahrung, 1988, S. 107.

356 Mayer, Erzählen als Erkennen, 2001, S. 86.

357 „It is our ignorance of things that causes all our admiration, and chiefly excites our passions. Knowledge and acquaintance make the most striking causes affect but little. It is thus with the vulgar, and all men are as the vulgar in what they do not understand." Burke, A Philosophical Enquiry, 2008, S. 43. Gerade Burkes Verweis auf den „vulgar", den einfachen und nicht-wissenden Mann, scheint mir das Verhältnis von Natur und Mensch, wie es sich in den *Zwei Schwestern* darstellt, besonders zu illustrieren. Nach Kant dagegen kann Nicht-Wissen oder fehlende Sittlichkeit nicht zum erhabenen Gefühl, sondern nur zu Furcht führen: „In der Tat wird ohne Entwicklung sittlicher Ideen das, was wir, durch Kultur vorbereitet, erhaben nennen, dem rohen Menschen bloß abschreckend vorkommen." Kant, Analytik des Erhabenen, 1968, S. 354.

358 „Eben der Umstand, daß die Natur im Großen angesehen, aller Regeln, die wir durch unsern Verstand ihr vorschreiben, spottet, daß sie auf ihrem eigenwilligen freyen Gang die Schöpfung der Weisheit und des Zufalls mit gleicher Achtlosigkeit in den Staub tritt, [...] – mit einem Wort – dieser Abfall der Natur im Großen von den Erkenntnißregeln, denen sie in ihren einzelnen Erscheinungen sich unterwirft, macht die absolute Unmöglichkeit sichtbar, durch *Naturgesetze* die *Natur selbst* zu erklären, [...] und das Gemüth wird also unwiderstehlich aus der Welt der Erscheinungen heraus in die Ideenwelt, aus dem Bedingten, ins Unbedingte getrieben." Schiller, Ueber das Erhabene, 1963, S. 50.

359 Zwei Schwestern. In: HKG, Bd. 1,6, S. 217.

ein festes, reines, schönes Glük genießen."[360] Das ist sicherlich keine überraschende Wendung der Dinge, bedenkt man, dass Stifters Erzählungen und Romane oft mit einem Brautpaar enden.[361] In *Zwei Schwestern* aber lässt die Ankündigung des Nacherzählers einen schalen Beigeschmack zurück, denn er schließt mit den Worten: „Dies ist so wahr, als die Sonne im Osten auf- und im Westen untergeht, und als sie noch viele Jahre auf- und untergehen wird" – kann aber der Lauf der Sonne noch als Beweis dienen, wenn doch auch er den „unendliche[n] Wandlungen auf der Welt"[362] unterworfen ist? „Das Spannende an dieser Herausgeber-Fiktion ist aber insbesondere, dass sie – statt die Risse des positiven Finales zu kitten – sie nur noch mehr offenbart", schreibt Bartl.[363] Die Brüchigkeit des positiven Endes liegt bereits – so zeigt sich hier – im Bruch zwischen Mensch und Natur, wie er sich im Erhabenen des glatten Raums offenbart. Italien steht zwar auch in *Zwei Schwestern* „unter der Formel einer insularen Glückseligkeit",[364] doch zu deren Erfüllung kann es aufgrund des Bruchs und – nicht trotz, sondern gerade wegen – des Nachworts der Erzählung nicht kommen.

Resümee

Ziel der Analysen zu den Erzählungen *Abdias, Brigitta* und *Zwei Schwestern* war es, zu zeigen, wie die in den Erzählungen beschriebenen ‚leeren' Natur-Räume jeweils von einem erlebenden Subjekt wahrgenommen und erfahren werden. Dabei sollte den Naturdarstellungen in Stifters Erzählungen zu ihrem Recht verholfen werden, mehr zu sein als ein Zeichen der menschlichen „Triebnatur" oder ein Anlass für die „artifizielle Ordnung" einer Kultivierung.[365] Wüste, Steppe und Hochebene wurden nicht als Sinnbilder oder Spiegelungen des Inneren der Figuren interpretiert,[366] sondern in den Mittelpunkt der Lektüren gestellt, um ihre Wirkung auf die sie durchquerenden Figuren beschreiben zu können: Den Natur-

---

360 Das vierte Kapitel endet wie folgt: „Ich sollte nur erkennen, was einzig schön und göttlich ist, um es dann auf ewig ferne zu haben"; gemeint ist hier Maria. Ebd., S. 378.

361 Zum Beispiel im *Nachsommer*, in der *Narrenburg* oder in den *Nachkommenschaften*.

362 Zwei Schwestern. In: HKG, Bd. 1,6, S. 378 und 353.

363 „Kapitel vier endet in der größtmöglichen Isolation und Melancholie, ein harter Schnitt folgt, und der Herausgeber greift tief in die Kiste klischeehafte Requisiten". Bartl, Ungleiche Zwillinge, 2005, S. 161.

364 Billig, Inseln, 2010, S. 153.

365 Vgl. Obermaier, Stadt und Natur, 1985, S. 309 f.; Begemann, Metaphysik und Empirie, 2002, S. 125.

366 Vgl. z. B. Baumann, Angstbewältigung und ‚sanftes Gesetz', 1993, S. 126 f.

Räumen in allen drei Texten ist so wenig Gegenständliches eigen, das heißt, sie erscheinen so ‚leer‘, dass mit der Bewegung des Wanderers und in seinem Blick glatte Räume entstehen, deren Glätte über das Erhabene erfahren und zum Teil verarbeitet werden kann. Dabei werden den Räumen Attribute des Meeres zugesprochen, die wiederum die jeweiligen Ziele der Wanderer als ‚Inseln‘ erscheinen lassen, als einzige Einkerbungen im Glatten, als „form- und ordnungsstiftende Denkfiguren".[367] Das Bedrohliche, aber auch die Schönheit, die diesen Natur-Räumen eigen sind, werden mittels des erhabenen Gefühls erfahren. Stifters Landschaften sind also gerade nicht idyllisch; sie sind nicht von einem Immer-Gleichen geprägt, wie oft in der Forschung behauptet. Vielmehr leben sie von äußerst ambivalenten Wirkungen auf Figuren, die Schönheit und Bedrohung gleichermaßen umfassen und deren Spektrum vom absoluten Selbstverlust in der Natur wie in *Zwei Schwestern* bis hin zu einer Erhebung über die Natur wie im *Nachsommer* reicht.

Die jeweilige Wirkung auf sowie der jeweilige Umgang mit diesen Räumen gestaltet sich sehr unterschiedlich: In *Abdias* offenbart sich Grundlegendes für die ästhetische Erfahrung des glatten Raums anhand der Wahrnehmung zweier Figuren: Uram und Abdias. Abdias wird die Erhabenheit des Glatten zuteil, gerade weil er die Wüste immer wieder durchquert und sie so nicht nur topographisch kennen-, sondern auch ästhetisch schätzen lernt; er trägt den sicheren Standort, den zumindest zwei Theorien als Voraussetzung des Erhabenen definieren,[368] in sich und kann sich deshalb in der Wüste verorten und das Glatte über seine Person quasi kurzzeitig einkerben. Diese Fähigkeit lässt ihn das ‚Paradiesische‘ der ‚leeren‘ Wüste wahrnehmen – im Gegensatz zu seinem Diener Uram, der die Fähigkeit nicht besitzt und deshalb angesichts der Wüste nur Furcht empfinden kann.[369] Ob der glatte Raum zum Beherrscher der in ihm reisenden Subjekte oder aber zum Beherrschten, sprich: eingekerbt wird, hängt also gerade mit der Fähigkeit des Subjekts zusammen, das Erhabene der glatten Räume auch in seiner Schönheit wahrnehmen zu können. Das Erhabene erweist sich so als ein Wahrnehmungsmodus, über den das Glatte bewältigt werden kann.

In *Brigitta* ist der Grad wie auch die Art der Glätte des Steppen-Raums ebenfalls von der Wahrnehmung eines erlebenden Subjekts – hier des namenlosen Ich-Erzählers – abhängig. Am Anfang seiner Wanderung über die Puszta ist der Raum von „Nichts",[370] also einer fast absoluten Gegenstandslosigkeit und

---

367 Ramponi u. a., Vorwort [in: Inseln und Archipele], 2011, S. 7.
368 Vgl. Burke, A Philosophical Enquiry, 2008, S. 25; Kant, Analytik des Erhabenen, 1968, S. 349.
369 Vgl. Abdias. In: HKG, Bd. 1,5, S. 286 und 293.
370 Brigitta. In: HKG, Bd. 1,5, S. 413.

,Leere' bestimmt, in der nur noch „Symptome" und „Intensitäten",[371] aber keine Merkmale mehr wahrgenommen werden können. Eine herkömmliche Verortung ist nicht möglich; die durch ‚Leere' bedingte Glätte wird aber im Erhabenen erfahrbar. Allerdings erscheint hinter dem ‚Nichts' keine Kant'sche Vernunftidee, sondern in ihm droht der Tod (der Wahrnehmung) im Sinne eines totalen Seh- und Selbstverlusts, so dass sich der Geist nicht über die Natur erhebt, sondern sich „gewöhnt[]" und schließlich selbst „das Auge [...] zu erliegen" droht[372] – eine Erfahrung, der der Wanderer in *Brigitta* über eine Flucht in Erinnerungen ausweicht.

Höhepunkt der Erzählung ist der Wolfsangriff. Hier zeigt sich, wie selbst ein Mensch dem Glatten zugehörig werden kann: Der Major verliert, während er seinen Sohn Gustav gegen die Wölfe verteidigt, seine menschlichen Züge; er wird „fast selber [zu] ein[em] Raubthier".[373] Ihm geht so das „Vermögen zu widerstehen" gegenüber der „scheinbaren Allgewalt der Natur"[374] völlig ab. Damit verliert er aber auch die Freiheit des Menschen von der Natur im ästhetischen Gefühl[375] und wird zum „rohen Menschen" ohne Sittlichkeit,[376] kurz: zu einem Tier unter Wölfen und damit zu einem Teil des glatten Raums.[377]

In *Zwei Schwestern* findet sich der Ich-Erzähler Otto während seiner Suche nach seinem Freund Rikar auf einer Hochebene wieder, deren Beschreibung von Dingen lebt, die gerade nicht da sind: „[D]a war kein Baum, kein Gesträuchlein, kein Haus, keine Hütte, keine Wiese, kein Feld".[378] Die Hochebene ist deshalb „viel mehr von Ereignissen [...] als von geformten und wahrgenommenen Dingen besetzt."[379] Ihre ‚Leere' nimmt der Wanderer im Erhabenen wahr, wird dabei aber so sehr „gebeugt", dass er sich „in die Weite und Breite" der Öde verliert. Dabei verschwindet selbst die Sprache im Grenzenlosen: Die Erfahrung des Erhabenen der Hochebene endet in einer Ellipse, die sich auf Textebene in einem Gedankenstrich zeigt.[380] Das Unnennbare[381] wird nicht in Worte gefasst und dennoch im

---

371 Deleuze/Guattari, Tausend Plateaus, 1992, S. 663 f.

372 Vgl. Brigitta. In: HKG, Bd. 1,5, S. 413.

373 Ebd., S. 468.

374 Kant, Analytik des Erhabenen, 1968, S. 349.

375 Vgl. Fœssel, Analytik des Erhabenen, 2008, S. 113.

376 Kant, Analytik des Erhabenen, 1968, S. 354.

377 In diesem Sinne kann man die ‚Verwandlung' des Majors auch mit Deleuzes und Guattaris „Tier-Werden" zu erklären versuchen; im ‚Tier-Werden' verliert das Subjekt seine Subjektivität – es kann also das Erhabene nicht mehr empfinden, denn diese Fähigkeit setzt Subjektivität voraus. Vgl. Deleuze/Guattari, Tausend Plateaus, 1992, S. 332.

378 Zwei Schwestern. In: HKG, Bd. 1,6, S. 261.

379 Deleuze/Guattari, Tausend Plateaus, 1992, S. 663 f.

380 Vgl. Zwei Schwestern. In: HKG, Bd. 1,6, S. 262.

Augenblick des Selbstverlusts auch als textuelles Phänomen im Gedankenstrich erfahrbar: als ein ‚Unwahrnehmbar-Werden' Ottos, das sich auch in *Brigitta* angekündigt. Entgegen dem Wanderer auf der Steppe weicht Otto der Erfahrung aber nicht durch eine Flucht in eigene Erinnerungen aus, sondern er gibt sich ihr hin: Weil er „alles an sich selbst unterdrückt [...], was [ihn] daran gehindert hat, zwischen die Dinge zu gleiten, inmitten der Dinge zu wachsen",[382] verliert er sich im Erhabenen der Öde. Ottos Erfahrung ist hier mehr als ein „Vorübergleiten des Wahns [...], das sogleich [...] aufatmend in einer begrifflichen Artikulation dingfest gemacht" wird.[383] Zu einer ‚echten' Artikulation kommt es nicht mehr; vielmehr verschwindet die Sprache unter der Last des Erhabenen im Gedankenstrich und offenbart so die Bedrohung, die diese Erfahrung für das erlebende Subjekt darstellt. Am Ende steht deshalb keine Erhebung des Ich-Erzählers über den Raum, sondern einzig Melancholie.[384]

Auch in *Brigitta* kann der Ich-Erzähler am Ende kaum als „„geheilt' und ins Vorbildhafte verwandelt" gesehen werden,[385] wie das die Forschung zum Großteil Glauben machen möchte. Vielmehr ist sein Leben immer noch von derselben Ziellosigkeit bestimmt, mit der er die Reise in die Puszta angetreten hat. Zu dieser Ziellosigkeit tritt auch hier schließlich ein melancholischer Zug: „Mit trüben, sanften Gedanken zog ich weiter, bis die Leitha überschritten war, und die lieblichen blauen Berge des Vaterlandes vor meinen Augen dämmerten."[386] Keiner der Protagonisten der hier interpertierten Erzählungen erlangt eine „neue Identität in der ästhetischen Selbsterfahrung",[387] und weder in *Abdias*[388] noch in *Brigitta* und *Zwei Schwestern* entwirft Stifter einen „Sublimationsraum", in dem alles geordnet und idealisiert ist,[389] bzw. eine „artifizielle Ordnung", die „die abhanden gekommene Ordnung der äußeren Welt" ersetzen könnte.[390] Vielmehr wird die äußere Unordnung der ambivalenten Natur – hier der ‚leere' Raum – im Erhabenen ein erfahrbares und zum Teil auch zelebriertes Phänomen. Für keinen der Prot-

---

381 Vgl. Schrott, Tropen, 1998, S. 8.
382 Deleuze/Guattari, Tausend Plateaus, 1992, S. 382.
383 Lehmann, Das Erhabene ist das Unheimliche, 1989, S. 763.
384 Vgl. Zwei Schwestern. In: HKG, Bd. 1,6, S. 378.
385 Vgl. Begemann, Natur und Kultur, 1994, S. 47.
386 Vgl. Brigitta. In: HKG, Bd. 1,5, S. 412, Zitat S. 475.
387 Vgl. Beckmann, Formen der ästhetischen Erfahrung, 1988, S. 54.
388 Auch *Abdias* endet unversöhnlich. Nach dem Tod seiner Tochter Ditha sitzt Abdias „auf dem Bänkchen vor seinem Hause, und sagte nichts". Trotzdem lebt er noch „[d]reißig Jahre nach dem Tode Ditha's", bevor er von seinem bedauernswerten, weil „nach glaublichen Aussagen [...] wahnsinnig[en]" Zustand erlöst wird. Vgl. Abdias. In: HKG, Bd. 1,5, S. 341.
389 Vgl. Becker, Inszenierte Ordnung in Stifters *Nachsommer*, 2007, S. 317 f.
390 Vgl. Begemann, Metaphysik und Empirie, 2002, S. 125.

agonisten liegt darin eine stärkende Erfahrung, beispielsweise eine Vernunftidee im Sinne Kants. Die Kluft zwischen erlebendem Subjekt und ‚leerem' Raum, ob sie sich nun nur in einer Bedrohung oder sogar in einem zeitweiligen Selbstverlust zeigt, kann auch mit dem Erhabenen nicht „als positive Spannung" überwunden werden.[391] Die Protagonisten bleiben in der Erfahrung gefangen.

Im *Hagestolz* wie auch im *Nachsommer* hat das Erhabene des geglätteten, weil ‚leeren' Raums eine andere Wirkung; es wird sich zeigen, dass hier die erlebenden Subjekte nicht im Erhabenen gefangen bleiben, sondern es der Erfahrung ihrer Persönlichkeit dient. Das Gebirge im *Hagestolz* und der winterliche Gletscher im *Nachsommer* gewinnen zwar über eine ganz ähnliche Erzähltechnik wie im Fall der Wüste in *Abdias* an Glätte, Formlosigkeit und Beweglichkeit und erinnern insofern auch an das Meer; ihre Wirkung auf die jeweiligen Wanderer ist aber grundlegend für deren Persönlichkeitsfestigung.

Allerdings gibt es selbst im *Nachsommer* eine Figur, die sich mit dem Erhabenen des glatten Raums, wie es sich in *Abdias*, *Brigitta* und *Zwei Schwestern* zeigt, auseinandersetzt; es ist der Maler Roland, sicherlich „eher ein Fremdkörper im gleichmäßigen Klima des Rosenhauses".[392] Roland wird das Erhabene des glatten Raums nicht zuteil, sondern er malt es.[393] So beschreibt Heinrich Rolands noch unfertiges Gemälde:

> Ich hatte nie etwas Ähnliches gesehen. [...] [I]n der Anlage und in dem Gedanken erschien mir das Bild merkwürdig. Es war sehr groß, es war größer als man gewöhnlich landschaftliche Gegenstände behandelt sieht [...]. Auf diesem wüsten Raum waren nicht Berge oder Wasserfluthen oder Ebenen oder Wälder oder die glatte See mit schönen Schiffen dargestellt, sondern es waren starre Felsen da, die nicht als geordnete Gebilde empor standen, sondern wie zufällig als Blöcke und selbst hie und da schief in der Erde staken, gleichsam als Fremdlinge [.] [...] [D]er Boden war [...] [,] wo er zerrissen und vielgestaltig ohne Baum und Strauch mit den dürren Gräsern den weiß leuchtenden Furchen, in denen ein aus unzähligen Steinen bestehender Quarz angehäuft ist, und mit dem Gerölle und mit dem Trümmerwerke, das überall ausgesät ist, der dörrenden Sonne entgegenschaut. So war Rolands Boden, so bedeckte er die ungeheure Fläche, und so war er in sehr großen und einfachen Abtheilungen gehalten, und über ihm waren Wolken, welche einzeln und vielzählig schimmernd und Schatten werfend in einem Himmel standen, welcher tief und heiß und südlich war.[394]

Roland erfüllt im *Nachsommer* ein Desiderat der Kunst, das Otto in *Zwei Schwestern* formuliert: „Die Maler haben eigentlich diese Dinge noch nicht ge-

---

391 Vgl. dazu Blumenberg, Die Genesis der kopernikanischen Welt, 1975, S. 77f.
392 Mayer, Erzählen als Erkennen, 2001, S. 168.
393 Ragg-Kirkby fasst Rolands Bild als „absolute otherness"; Stifter gehe es darum, „the realm which is *beyond* order, *beyond* structure" zu zeigen. Ragg-Kirkby, Zones of Otherness, 1999, S. 212f.
394 Der Nachsommer. In: HKG, Bd. 4,3, S. 118f.

malt; [...] gewiß wenige Künstler hätten das für die Aufgabe eines Meisters gehalten, wenn sie nicht früher die Erfahrung gemacht hätten, wie so unaussprechlich die düstere Schönheit solcher Oeden auf die Seele des Menschen zu
wirken vermag."[395] Roland malt die „düstere Schönheit" der oberitalienischen
Hochebene, obwohl er sie offenbar selbst nie gesehen hat: „Ich bin nicht auf irgend etwas besonderes ausgegangen, [...] sondern habe nur so Gestaltungen, wie
sie sich in dem Gemüthe finden, entfaltet."[396] Damit ist hier eine Formulierung
Cézannes erfüllt, die von Deleuze und Guattari in Bezug zum Glatten, also zum
„haptische[n] Raum", gesetzt wird: „Cézanne sprach von der Notwendigkeit, das
Kornfeld *nicht mehr zu sehen*, zu nah dran zu sein und sich ohne Anhaltspunkte
im glatten Raum zu verlieren. Danach kann es zur Einkerbung kommen: die
Skizze". Roland versucht das in gewisser Weise umzusetzen, indem er etwas malt,
was er nie gesehen hat, das er aber dennoch haptisch und in einer „nahsichtigen
Anschauung"[397] auf eine besonders große Leinwand zu bannen versucht. Der
‚leere' Raum, wie er sich in *Abdias*, *Brigitta* und *Zwei Schwestern* darstellt, zieht
sich also durch Stifters gesamtes Werk, bis in den *Nachsommer*, bis in Rolands
subjektive Einbildungskraft hinein. Allerdings zeigt der glatte Raum im *Nachsommer* wie auch im *Hagestolz* trotz aller Ähnlichkeiten in den Beschreibungen
eine andere Wirkung auf die Protagonisten: Er wird mittels des Erhabenen zum
Motor der Persönlichkeitsbildung Victors im *Hagestolz* und Heinrichs im *Nachsommer*.

1.2 Stifters Gebirge

Das Gebirge – *Der Hagestolz*

Auch wenn meist die Gebirgsdarstellung des *Nachsommers* im Fokus der For-
schung steht, ist der Roman nicht das erste Werk Stifters, in dem große Teile der
Handlung im Gebirge spielen. Schon die Erzählung *Der Hagestolz* ist über lange
Strecken in der österreichischen Bergwelt angesiedelt.[398] Stifters Beschäftigung

---

395 Zwei Schwestern. In: HKG, Bd. 1,6, S. 261.

396 Der Nachsommer. In: HKG, Bd. 4,3, S. 119.

397 Vgl. Deleuze/Guattari, Tausend Plateaus, 1992, S. 682.

398 Auch wenn keine real existierenden Ortsnamen fallen, lassen sich dennoch landschaftliche
Vorbilder ausmachen. Nach Moriz Enzinger hatte Stifter die Region um das oberösterreichische
Gmunden vor Augen, nämlich die Gemeinde Traunkirchen, die nicht auf einer Insel, aber auf einer
Landzunge im Traunsee liegt. Vgl. Moriz Enzinger, Der Schauplatz von A. Stifters ‚Hagestolz'. In:
ders., Gesammelte Aufsätze zu Adalbert Stifter, Wien 1967, S. 54–66, hier 63–66.

mit dem Gebirge floss also recht spät in sein literarisches Schaffen ein;[399] die Wüstenbeschreibung in *Abdias* und die der ungarischen Puszta in *Brigitta* sind dagegen bereits zwischen 1841 und 1843 entstanden.[400] Die „unermessliche Oede der Luft" und das „todähnliche Schweigen" der „Pracht"[401] der Berge im *Hagestolz* erinnern deshalb wohl nicht von ungefähr an die „endlose Luft" der ungarischen „Pußta, [...] prachtvoll und öde",[402] in *Brigitta*. Auch die oberitalienischen Hochebene in *Zwei Schwestern* weist,[403] wie sich im Folgenden zeigen wird, einige sehr prägnante Ähnlichkeiten zum Gebirge im *Hagestolz* auf.

Den Erzählungen sind zudem lange Wanderungen gemeinsam. Im *Hagestolz* verlässt der Protagonist Victor das Haus seiner Ziehmutter Ludmilla in der Nähe von Wien, um zu Fuß ins Gebirge zu seinem Onkel zu reisen. Dort angekommen trifft er auf seinen alten und über die ganze Erzählung hinweg namenlosen Onkel, der ihn zu einem Gefangenen auf seiner Gebirgsseeinsel macht, und auf eine Welt, die sich kaum mehr von der seiner Ziehmutter unterscheiden könnte. Mit der Zeit nähern sich Neffe und Onkel trotz aller Differenzen einander an, bis es schließlich während eines Gewitters zu einem klärenden Gespräch kommt. Zum Schluss des Gesprächs gibt der Oheim Victor sein vom Vater geerbtes Landgut, das er vor Gläubigern retten konnte, zurück und rät ihm, früh zu heiraten und das Gut zu bewirtschaften. Victor nimmt sich diesen Rat zu Herzen, verlässt die Insel und heiratet nach einer längeren Reise durch Europa Hanna, die Tochter seiner Ziehmutter. Am Ende der Erzählung scheint alles gelöst zu sein, nur der Hagestolz sitzt noch immer „ganz einsam auf seiner Insel",[404] weit entfernt von seinen Verwandten oder irgendeiner Art von Gesellschaft.

In der Forschung erhielt der namenlose Hagestolz, weil er ja titelgebend ist, den Status einer heimlichen Hauptfigur; heimlich, weil er keinerlei Entwicklung

---

399 *Der Hagestolz* wurde erstmals in der *Iris* 1844 veröffentlicht; eine stark überarbeitet Fassung erschien 1850 im fünften Band der *Studien*. Vgl. Mayer, Erzählen als Erkennen, 2001, S. 72. Für einen ausführlicheren Vergleich v. a. bezüglich der Syntax siehe Ruprecht, Beobachtungen zur Syntax bei Stifter, 2001, S. 53–124. Ich werde mich auf die Buchfassung beziehen und die Journalfassung nur zur Verdeutlichung heranziehen.

400 Vgl. Mayer, Erzählen als Erkennen, 2001, S. 53 und 64. Nach Irmscher hat Stifter entgegen des zeitgenössischen Diskurses das Erhabene nicht zuerst anhand der Alpen, sondern anhand von Wüsten und kargen Steppen entdeckt. Vgl. Irmscher, Phänomen und Begriff des Erhabenen, 1991, S. 33.

401 Der Hagestolz. In: HKG, Bd. 1,6, S. 83 f.

402 Brigitta. In: HKG, Bd. 1,5, S. 413.

403 *Zwei Schwestern* entstand nach dem *Hagestolz*. Vgl. Mayer, Erzählen als Erkennen, 2001, S. 82.

404 Der Hagestolz. In: HKG, Bd. 1,6, S. 142.

durchmacht und bis zum Schluss den Status eines Sonderlings behält,[405] ganz im Gegensatz zu Victor, dessen Lebensentwurf sich nach der Begegnung mit seinem Onkel grundlegend ändert. *Der Hagestolz* wurde deshalb dazu herangezogen, die „feierliche Verklärung" Stifters „als eines vorbehaltlosen Idealisten" und die „abwertende Festlegung des Dichters als eines antiquierten, biedermeierlichen Spießers" der frühen Rezeption zu revidieren. Ingeborg Scholz stellt hierfür die Spannungen in der Erzählung heraus: In der „Beschwörung der ‚heilen Welt' und der melancholischen Einsicht in die Bedrohung aller irdischen Erscheinungen" Stifters liege das „innerste seiner Dichtung".[406] Ähnlich interpretiert Elsbeth Wessel die Erzählung. Ihr zufolge stehe *Der Hagestolz* im Zeichen eines „profunden Pessimismus", eines „profunde[n] Mißtrauensvotum[s]" gegenüber der Schöpfung und gegenüber dem Menschen und müsse als Ausformulierung einer „Angst vor dem fundamentalen Sinnzusammenhang" gelesen werden: „Durch die Gestalt des Hagestolzes scheint Stifter die ganze Biedermeierwelt ad absurdum zu führen."[407] Nach Mathias Mayer ist *Der Hagestolz* „in gewissem Sinne vielleicht Stifters extremster Text, denn er stelle „eine Figur vor, wie sie bislang am ehesten als Objekt der Verlachkomödie Thema gewesen ist", die aber zugleich als „extremste[r] Menschenfeind" erscheine.[408]

Des Weiteren ließ die für Stifter außergewöhnliche Figur des Hagestolzes in der Forschung immer wieder die Frage nach autobiographischen Elementen in der Erzählung aufkommen. Bernhard Adamy interpretiert ihn aufgrund seiner Kinderlosigkeit, die er mit seinem Erfinder Stifter gemeinsam hat, als „extreme Fortdichtung von Stifters eigener Person ins Tragische".[409] Hartmut Reinhart sieht in der Erzählung zwar auch Persönliches des Dichters verarbeitet, verwahrt sich allerdings dagegen, einen Vergleich von Werk und Biographie als Leitfaden für eine Interpretation zu nehmen, denn man lande dabei schnell bei „Trivialitäten,

---

405 Zur Frage nach dem Status des Sonderlings, des Hagestolzes und des Junggesellen im biedermeierlichen Österreich und in der Erzählung vgl. Annette Runte, ‚Sonderlich beschieden'. Genealogie und Generation in Adalbert Stifters *Der Hagestolz*. In: dies. (Hg.), Literarische ‚Junggesellen-Maschinen' und die Ästhetik der Neutralisierung, Würzburg 2011, S. 103–123.
406 Ingeborg Scholz, ‚Melancholie' hinter dem Abbild der heilen Welt – Adalbert Stifters Erzählung *Der Hagestolz*. In: JASILO 9/10 (2002/2003), S. 7–18, hier 7 und 9.
407 ElsbethWessel, Am Rande der Existenz. Über Adalbert Stifters Novelle *Der Hagestolz*. In: Osloer Beiträge zur Germanistik 13 (1991), S. 167–184, hier 167–169 und 177.
408 Mayer, Erzählen als Erkennen, 2001, S. 72 und 78.
409 Bernhard Adamy, Beitrag zum Verständnis von Stifters Erzählung ‚Der Hagestolz'. In: VASILO 25 (1976), S. 83–100, hier 85.

nicht falsch, doch auch nicht ergiebig".[410] Nichtsdestotrotz interpretiert Reinhardt die Gewitterrede des Oheims, in der er sich, so wiederum Mayer, seine „pure Todesangst" offenbare,[411] als einen neuen „Unsterblichkeitsglauben" über Fortpflanzung. Indem sich hier das Christentum als bloßer „Immanenzglaube" offenbare, gebe es „keine Transzendenz [...], sondern ein Fortleben nur in der Generationenfolge und im Generationengedächtnis": Stifter habe gewusst, „daß es in der Fortpflanzung den letzten Rest einer christlichen Verheißung zu retten galt."[412] Mayer dagegen stellt abseits der Frage, ob Stifter nun überzeugter Christ war und ob sich das auch in seinem Werk zeigt, den einen Hoffnungsschimmer[413] der Erzählung heraus: „Dass ausgerechnet der extremste Menschenfeind, den Stifter erfunden hat, die Empfehlung formuliert, zu heiraten und Landwirtschaft zu betreiben, kann als novellistischer Höhepunkt der Erzählung gelten." Trotzdem müsse die Figur des Hagestolz in ihrer „Ambivalenz wahrgenommen werden" als „Zeichen jener letztlich unversöhnbaren Doppelexistenz [...], die menschliches Dasein insgesamt auszeichnet."[414]

Victors Heirat mit seiner Ziehschwester Hanna wird oft als Versöhnung der unterschiedlichen Lebensentwürfe des Oheims und der Ziehmutter gelesen. Herbert Seidler betont einerseits, dass beide „Erziehungswege [...] für sich ambivalent" erscheinen; „[d]as Ideal liegt in der Vereinigung beider Wege und beider Ziele: Festigkeit und Liebe". Andererseits dürfe man die Novelle weder ausschließlich im „freundlichen Schlußlicht um Victor und Hanna" sehen noch in der Düsternis der Welt des Oheims: „Zwei Menschenbilder stehen einander gegenüber, beide wertvoll und gefährdet zugleich, eine Synthese wird als Möglichkeit für die Zukunft offen gelassen."[415] Peter Dettmering versteht die Ziehmutter und

---

410 Hartmut Reinhardt, Literarische Trauerarbeit. Stifters Novellen *Das alte Siegel* und *Der Hagestolz* als Erzähltragödien. In: Hettche, Walter u. a. (Hg.), Stifter-Studien, Tübingen 2000, S. 20 – 39, hier 22.

411 Mayer, Erzählen als Erkennen, 2001, S. 77.

412 Reinhardt, Literarische Trauerarbeit, 2000, S. 25. Die Frage nach Stifters Glauben bzw. Frömmigkeit wurde schon in den 1970er Jahren u. a. anhand des *Hagestolzes* diskutiert. Vgl. dazu Bernhard Adamy, Widerschein des göttlichen Waltens. Eine Nachbemerkung zu: Beitrag zum Verständnis von Stifters Erzählung ‚Der Hagestolz'. In: VASILO 26 (1977), S. 95 – 109. Darin verwahrt sich Adamy gegen die These von Rosemarie Hunter, wonach Stifter kein Christ gewesen sei: „Todesfeindschaft bedeutet nicht automatisch Leugnung einer Transzendenz"; im *Hagestolz* zeige sich „[i]n bemerkenswert ambivalenter Verbindung [...] menschliches Leid und das Vertrauen in Gott." Vgl. ebd., S. 95, 98 und 100.

413 Vgl. auch Reinhardt, Literarische Trauerarbeit, 2000, S. 26.

414 Vgl. Mayer, Erzählen als Erkennen, 2001, S. 78 f.

415 Herbert Seidler, Adalbert Stifters Novelle ‚Der Hagestolz'. In: Interpretationen zur österreichischen Literatur, Wien 1971, S. 5 – 30, hier 14. Auch wenn es sich hierbei um eine sehr fundierte

den Oheim Victors gar als dessen „Eltern", weil sie einmal beinahe geheiratet hatten. Im *Hagestolz* werde deshalb ein „mütterliches Lebensprinzip [...] gegen ein väterliches ausgespielt". Victor falle es zu, „beide zumindest innerlich miteinander zu versöhnen, wenn schon die beiden Welten äußerlich auseinanderklaffen."[416] Die bisherige Forschung zum *Hagestolz* kreiste also vor allem um die Figur des Oheims,[417] um seinen Status als Sonderling außerhalb der Gesellschaft sowie um seine Rolle in Victors Erziehung in Opposition zur Erziehung durch die Ziehmutter. Zugleich wurde immer wieder der außergewöhnliche Charakter und Stellenwert der Erzählung im Vergleich zu anderen Werken Stifters betont: „Inhaltlich könnte die Erzählung als ein Gegenbeispiel zum *Nachsommer* beschrieben werden",[418] stellt beispielsweise Mayer fest.

Auch André Mumot beschäftigt sich mit der Figur des Oheims und kritisiert dabei die „Neigung, [...] Stifter aus den Vorurteilen über seine Biedermeier-Identität zu lösen"; das dürfe zumindest nicht so weit gehen, ihn „als ahnenden Apokalyptiker zu stilisieren und die offensichtlichsten Tendenzen seines schriftstellerischen Schaffens, die Flucht vor den Erkenntnissen seiner eigenen, vor sich selbst verleugneten Negativität, den pädagogischen Aufruf zur Entsagung abzustreiten oder wegzudeuten." Auch für den *Hagestolz* gelte: „Das Sehnen nach der Ferne, das Sehnen nach persönlicher Individuation muss sich in selbstlosen Gemeinschaftsdienst wandeln. Der eigentliche Lebenszweck [...] ist es, eine Frau zu heiraten [...] und – am Ende des Weges – Nachkommenschaften in die Welt zu setzen."[419] Mumots Interpretation des auf den Hagestolz angewendeten „Gleichni[sses] des unfruchtbaren Feigenbaumes"[420] am Ende der Erzählung hat zwar ihre Berechtigung, vernachlässigt aber, so soll im Folgenden gezeigt werden, einige Bedeutungsebenen, die in der Erzählung eröffnet werden. Jedoch gelingt es Mumot, die Bedeutung des Gehens im *Hagestolz* zu erschließen: Das Wandern kennzeichne „einen der wichtigsten Topoi" in Stifters Prosa, denn es ermögliche

---

Analyse handelt, erstaunt, dass Seidler den Schluss des *Hagestolzes* als eine Art offenes Ende interpretiert. Schließlich ist die Hochzeit von Victor und Hanna Teil der Erzählhandlung, ganz anders als z. B. in *Zwei Schwestern* (s. o.).

416 Peter Dettmering, Mutter- und Vaterwelt in Konflikt: Zu Adalbert Stifters ‚Der Hagestolz'. In: ders., Konfliktbewältigung durch Kreativität. Studien zu Literatur und Film, Würzburg 2004, S. 72–78, hier 72.

417 Abgesehen von Renate Bürner-Kotzams Studie zu „literarischen Gast-Texte[n] des 19. Jahrhunderts". Bürner-Kotzam, Befremdende Begegnungen, 2011, S. 41, zum *Hagestolz* vgl. S. 176–188.

418 Mayer, Erzählen als Erkennen, 2001, S. 72.

419 André Mumot, Irrwege zum Ich. Eine kleine Literaturgeschichte des Gehens, Marburg 2008, S. 46, 49 und 98.

420 Der Hagestolz. In: HKG, Bd. 1,6, S. 142.

„die Gestaltung der Auseinandersetzung zwischen Mensch und Natur, [die] Darstellung der Dialektik von Fremdheit und Teilnahme" und „die grundsätzliche Frage nach der autonomen Selbstverwirklichungsbefähigung des Subjekts in der Moderne": Der „Vollzug des Gehens" werde „zum eigentlichen Zweck". Diese Lektüre wird an einige Erkenntnisse Mumots anschließen können; Mumots Ergebnis aber, wonach es nicht zur einer „literarischen Ich-Werdung" komme und das, „was die Welt" Victor „zu sagen hätte" ausgespart bleibe,[421] kann nicht zugestimmt werden.

Auch Marcel Oswald geht der Natur im *Hagestolz*, vor allem aber ihrer Wahrnehmung durch Victor nach. Ihm zufolge sei die „Auffassung einer täuschenden Distanz, vom Blick aus der Ferne, der über die wahre Gestalt der Dinge hinwegsieht" – Oswald fasst das unter dem Stichwort des „dritte[n] Auge[s]" –, eines der wichtigsten Motive, denn „[ü]berall dort, wo Stifter den Einfluss der Einbildungskraft anzeigen will, lässt er seine Figuren aus der Ferne blicken." Es gehe dabei um einen bestimmten „Wahrnehmungsmechanismus", nämlich um den eines „Ergänzungsprozess[es]" von Erscheinungen mit der eigenen Erfahrung, um so zu einer vom Subjekt erschlossenen, wirklichen Gestalt der Landschaft zu gelangen. Es sei Kennzeichen von „Stifters Misstrauen gegenüber der menschlichen Einbildung, dass dieser Schluss in seiner Erzählwelt meist fehlschlägt. Das Verfahren, der Landschaftsbeschreibung den täuschenden Blick aus der Ferne zu integrieren, ist der dichterische Ausdruck dieses Misstrauens." Auch wenn Oswald die Wanderung Victors als mustergültigen „Erkenntnisweg" aufgrund der dort stattfindenden „paradigmatische[n] Wahrnehmungsvorgänge" fasst[422] und auch in dieser Studie ein spezifischer Modus von Wahrnehmung im Mittelpunkt steht, ist seine Herangehensweise an das Problem nicht hinreichend. Gerade die Passagen, die meines Erachtens das Erhabene zeigen, werden meist ausgelassen, obwohl die These vom ‚dritten Auge' das Erhabene eigentlich nahelegt.[423]

Bei Mumot und Oswald finden sich also einige Ansätze zu den Räumen, die Victor durchwandert; eine genauere Analyse wurde bisher aber nicht vorgenom-

---

421 Alle Zitate aus Mumot, Literaturgeschichte des Gehens, S. 41, 50 und 115.

422 Vgl. Oswald, Zur gegenständlichen Gestaltung der Wahrnehmung, S. 34–36.

423 Bei Kant scheitert die Einbildungskraft an der Größe oder der Macht der Natur; dabei offenbart sich ein übersinnliches Vermögen bzw. ein „Vermögen zu widerstehen". Vgl. Kant, Analytik des Erhabenen, 1968, zum Mathematisch-Erhabenen S. 336, zum Dynamisch-Erhabenen S. 349f. Das erlebende Subjekt erweitert also angesichts des Scheiterns der Einbildungskraft seinen ästhetischen Erkenntnishorizont.

men.[424] Das ist insofern erstaunlich, da die Erzählung in sehr unterschiedlichen Räumen spielt, die schon deshalb eine besondere Rolle für Victors Entwicklung haben, weil sie ausschließlich aus seiner Sicht erlebt und betrachtet werden.[425] Wie sich zeigen wird, wächst Victor nicht in erster Linie an der Auseinandersetzung mit dem Oheim, sondern – und in der Erzählung zeitlich davor – an den durchwanderten Räumen: „His journey to his uncle is the key to his identity as an adult and his prospects for his future",[426] stellt auch Pamela S. Saur fest. Dabei spielt das Erhabene eine besondere Rolle; schon seine Ausgestaltung ist außergewöhnlich: *Der Hagestolz* steht zwar im zeitgenössischen Ästhetik-Diskurs, der das ehemals furchterregende Gebirge seit Ende des achtzehnten Jahrhunderts im Kontext des Erhabenen neu betrachtet und bewertet.[427] Doch entgegen dem Diskurs liegt dem Erhabenen der Bergwelt bei Stifter nicht nur Größe und Pracht der Berge zugrunde; vielmehr erscheinen auch die Gebirgslandschaften in Victors Perspektive als glatte, „von Intensitäten, Winden und Qualitäten besetzt[e]" Räume und als „Affekt"-Räume des Erhabenen.[428] Der Schwerpunkt in dieser Lektüre des *Hagestolzes* liegt dementsprechend nicht auf den ersten beiden Kapiteln,[429] die in erster Linie in Haus und Garten der Ziehmutter[430] angesiedelt sind,

---

424 Es gibt allerdings erste Überlegungen: Scholz beschreibt das Haus der Ziehmutter als geschlossenen Raum, die Insel des Oheims dagegen als offenen, da sich Victor hier v. a. im Freien aufhalte. Vgl. Scholz, ‚Melancholie' hinter dem Abbild der heilen Welt, 2002/2003, S. 11. Im Folgenden wird sich allerdings zeigen, dass eine solche Einteilung gerade der Insel des Oheims nicht gerecht wird.

425 Nach Adamy gebe es ohne Victor kein Handlung, denn der „seelische Bereich des Hagestolz" erscheine meistens „abgewandt und unzugänglich", während Victors Inneres direkter mitgeteilt werde. Vgl. Adamy, Beitrag zum Verständnis von ‚Der Hagestolz', 1976, S. 85 und 87 f.

426 Saur vergleicht die Erzählung mit der griechischen Mythologie; sie sieht z. B. in der Gefangenschaft Victors auf der Insel eine Parallele zur Odyssee: „Like Odysseus, Victor is faced with threats from wind and water, as well as being held captive on an island, as Odysseus was held by Calypso." Vgl. Pamela S. Saur, Victor's Journey in Adalbert Stifter's Novella ‚Der Hagestolz'. In: South Carolina Modern Language Review 9 (2010), S. 62–79, hier 62 und 70. Man könnte auch von einer *rite de passage* sprechen.

427 Zur ‚Entdeckung' der erhabenen Alpenlandschaft siehe Gisi, Der Wandel des ‚Blicks' auf die Alpen, 2004.

428 Deleuze/Guattari, Tausend Plateaus, 1992, S. 664.

429 Allerdings werde ich zum Schluss dieser Untersuchung kurz auf das Eingangskapitel „Gegenbild" eingehen.

430 Bezüglich des Hauses und des Gartens der Ziehmutter ist man sich in der Stifterforschung ungewöhnlich einig. Nach Seidler sei die Landschaft der Ziehmutter durch Weichheit und Lieblichkeit charakterisiert.Vgl. Seidler, Stifters Novelle ‚Der Hagestolz', 1971, S. 16. Scholz sieht im Anwesen der Ziehmutter „Stifters Vision der ‚heilen Welt'". Scholz, ‚Melancholie' hinter dem Abbild der heilen Welt, 2002/2003, S. 11. Winfried Hartkopf, der sich speziell mit dem Gartenmotiv beschäftigt, rechnet den Hausgarten der Ziehmutter zu den *„gemischten Gärten*, d. h. er ist *Nutz-*

sondern auf den Kapiteln „Abschied", „Wanderung" und „Aufenthalt", denen auch in der Erzählung der größere Raum zukommt.

Allerdings lohnt ein Blick in das zweite Kapitel „Eintracht", denn hier kündigt sich Victors veränderter Blick auf die Natur der Bergwelt, den er auf der Wanderung gewinnen wird, quasi negativ an. Victor bereitet sich auf seine Reise zum Oheim und auf den Abschied von der Ziehmutter und seiner Ziehschwester Hanna vor:

> Oben in der der Stube, in der er nun so viele Jahre gewohnt hatte, war es erst recht traurig; denn nichts stand so, wie es in den Tagen der ruhig dauernden Gewohnheit gestanden war. Nur eines war noch so: der große Hollunderbusch [sic!], auf den seine Fenster hinaus sahen, und das rieselnde Wasser unten [...]; die Berge waren noch, die sonnenhell schweigend und hüthend das Thal umstanden; und der Obstwald war noch, der im Grund des Thales in Fülle und Dichte das Dorf umhüllt [...]. Alles andere war anders.⁴³¹

Die Natur ist unverändert, sie unterstreicht und spiegelt nicht das Seelenleben Victors. Tröstend ist sie allerdings auch nicht, vielmehr lässt sie sein Schicksal – und zumindest er selbst empfindet es als ein schweres⁴³² – gerade durch ihr schon fast grausames Ungerührt-Sein noch schwerer erscheinen. Erst nachdem Victor das heimatliche Tal verlassen hat und auf der „höchsten Schneide des Berges" steht, verändert sich der Raum in seinem Blick:

> Dann ging er noch die Streke bis zu der Bergschneide empor – er blikte doch wieder um – ein glänzend schöner Tag lag über dem ganzen Thale. – – Hierauf ging er die wenigen Schritte um die Kuppe herum, und alles war hinter ihm verschwunden, und ein neues Thal und eine neue Luft war vor seinen Augen. [...]
> ‚Jezt wird das Bettgestelle schon leer da stehen,' dachte er, ‚das lezte Geräthe, das mir blieb [...].'
> Und dann wandelte er weiter.
> Er kam immer höher empor, der Raum legte sich zwischen ihn und das Haus, das er verlassen hatte, und die Zeit legte sich zwischen seine jezigen Gedanken und die lezten Worte, die er in dem Hause geredet hatte. Sein Weg führte ihn stets an Berghängen hin, über die er nie gegangen war – bald kam er aufwärts, bald abwärts, im Ganzen aber immer höher. [...]. Die

---

und Ziergarten gleichzeitig", gekennzeichnet durch die „Usus-Kategorie" und dem *locus amoenus*, der wiederum eine „Affinität zur Idylle" habe bzw. selbst „Ort der Idylle" sei. Winfried Hartkopf, Literarische Gärten. Anmerkungen zum Gartenmotiv in Stifters Erzählung ‚Der Hagestolz'. In: Cepl-Kaufmann, Gertrude u. a. (Hg.), ‚Stets wird die Wahrheit hadern mit dem Schönen', Köln 1990, S. 289–320, hier 290–292.

431 Der Hagestolz. In: HKG, Bd. 1,6, S. 27 f.

432 Victor antwortet nur wenige Seiten zuvor auf die Frage der Ziehmutter, warum er nichts erzähle: „Weil mich schon gar nichts mehr freut". Vgl. ebd., S. 22.

Meierhöfe und Wohnungen, die ihm aufstießen, lagen bald rechts, bald links von seinem Wege – hie und da ging ein Mensch und achtete seiner nicht.[433]

Wandernd „erringt sich" Victor „die neue Welt als Tätiger, nicht im passiven Hinnehmen",[434] wie es im Haus der Ziehmutter noch der Fall war. Raum und Zeit werden zu aktiven Größen, die Victor vom Abschiedsschmerz, von seinen ‚letzten Worten', die er zu Hanna und der Ziehmutter gesprochen hat, trennen. Allerdings handelt es sich bei diesem Erringen einer neuen Welt um einen Prozess, der nur langsam und gebremst von Victors Trauer vorangeht. Natürlich ist dabei der ‚Wandel der Landschaftsbilder' entscheidend; der steht aber nicht für sich allein, sondern mit der Landschaft ändert sich auch Victors Betrachtungsweise von Natur. So wird der Schlusssatz des dritten Kapitels – „Die Welt wurde immer größer, wurde glänzender und wurde ringsum weiter, da er vorwärts schritt – und überall, wo er ging, waren tausend und tausend jubelnde Wesen" – im vierten Kapitel gesteigert wiederholt:

> Und noch größer und noch glänzender wurde die Welt, die tausend jubelnden Wesen waren überall, und Victor schritt von Berg zu Berg, von Thal zu Thal, den großen kindischen Schmerz im Herzen und die frischen staunenden Augen im Haupte tragend. Jeder Tag, den er ferne von der Heimath zubrachte, machte ihn fester und tüchtiger. Die unermeßliche Oede der Luft strich durch seine braunen Loken; die weißen wie Schnee glänzenden Wolken bauten sich hier auf, wie sie sich in seinem mütterlichen Thale aufgebaut hatten; seine schönen Wangen waren bereits dunkler gefärbt, das Ränzlein trug er auf seinem Rüken und den Reisestab in der Hand.[435]

Der neu entdeckte Natur-Raum ist „in jeder Hinsicht gesteigert",[436] allerdings lässt sich die Steigerung nicht an Gegenständen festmachen, denn die erscheinen nur in abstrakter Allgemeinheit: Es gibt hier ‚tausend jubelnde', aber unbestimmte ‚Wesen'; es gibt Berge über Berge, Täler über Täler, doch sie bleiben namenlos. Einzig Gegenstände, die nicht dem Raum des Erdbodens zukommen, werden näher beschrieben: die ‚weißen wie Schnee glänzenden Wolken' und die ‚unermeßliche Oede der Luft' – ein Bild, das schon in *Brigitta* auf ähnliche Weise bemüht wurde.[437] Weder Bäume, Felder, Dörfer oder etwa der Weg finden Erwäh-

---

433 Ebd., S. 52f.
434 Seidler, Stifters Novelle ‚Der Hagestolz', 1971, S. 17.
435 Der Hagestolz. In: HKG, Bd. 1,6, S. 53f.
436 Seidler, Stifters Novelle ‚Der Hagestolz', 1971, S. 17.
437 In *Brigitta* heißt es von der Puszta: „[W]ie die endlose Luft um mich schmeichelte, wie die Steppe duftete, und ein Glanz der Einsamkeit überall und allüberall hinaus webte". Brigitta. In: HKG, Bd. 1,5, S. 413.

nung; selbst Punkte der Orientierung, die in *Zwei Schwestern* eine wichtige Rolle spielen (s. o.), fehlen ganz. So zeigt sich: Auch der Raum des Gebirges ist bei Stifter von einer eigentümlichen ‚Leere' geprägt. Statt Gegenständen wird schließlich Victor ausführlich beschrieben: seine Gestalt, seine Wangen, sein Haar, selbst „das Ränzlein [...] auf seinem Rüken" und der „Reisestab in der Hand" finden Erwähnung.[438] Victor selbst, seine Person, wird so zum Punkt im ansonsten glatten Raum.

Wenn Gegenstände des Raums beschrieben werden, dann nur in einem bewussten Betrachten. Victor wendet sich immer wieder um, „um sich an den Blizen der nassen Tannen zu ergözen"; er hält „oft" auf „einer Anhöhe stille" und schaut „weit und breit über die Auen [...], über die langen Streifen der Felder, über die dunkeln Fleken der Wäldchen und über die weißen Kirchthürme der Dörfer." Im – nun aktiven – Blick Victors, in seinen nun „frischen, staunenden Augen"[439] erscheint der Raum schließlich wieder gegenständlich; die „Symptome" und „Intensitäten" des Glatten wandeln sich in deutliche „Organism[en]",[440] in wahrnehmbare, allerdings auch nur im allgemeinen benannte Gegenstände. Die Wanderung verändert Victor, bereitet ihn vielleicht auch auf das Zusammentreffen mit seinem Onkel vor,[441] vor allem aber lehrt der Raum ihn das richtige Sehen, das heißt, seine Überforderung angesichts des Glatten zwingt ihn zur Organisation durch aktives Betrachten. Er muss sich selbst dem Raum einverleiben, muss ein Teil von ihm werden, um ihn durchqueren zu können, denn „im glatten Raum reißt die Bahn den Stillstand fort, hier umfaßt das Intervall noch alles, ist das Intervall Substanz".[442] Einzige Gegenwehr gegen diese Wirkung liegt in der bewussten Wahrnehmung von Gegenständen, die in Grundzügen einer ‚Kerbung' gleichkommt, allerdings eine, die nur über Victors Blick funktioniert.

Unterbrochen wird der glatte Raum durch eine Landschaft, die den Wanderer an die seines heimatlichen Tals erinnert:

> Am achten Tage, nachdem er die Mutter und sein Thal verlassen hatte, kam er in eine Gegend, die ungleich mancher unwirthlichen, über die er bisher gewandert war, reinlich und wohlthätig über sanften Hügeln dahin lag, wieder den Wechsel der Obstwälder zeigte, wie zu Hause in seinem Thale, mit wohlhabenden Häusern geziert war, und kein handgroßes Stüklein aufwies, das nicht benützt war, und auf dem nicht etwas wuchs. In dem weiten Grün dahin war der Silberblik eines Stromes, und ferne war ein gar so sanftes, fast sehnsuchtreiches Blau der Berge. Diese Berge hatte er schon lange an seiner Linken hinziehend gehabt,

---

438 Vgl. Der Hagestolz. In: HKG, Bd. 1,6, S. 54.
439 Alle Zitate ebd., S. 54–56.
440 Vgl. Deleuze/Guattari, Tausend Plateaus, 1992, S. 664.
441 So die These von Seidler. Vgl. Seidler, Stifters Novelle ‚Der Hagestolz', 1971, S. 19.
442 Deleuze/Guattari, Tausend Plateaus, 1992, S. 663.

nun aber schwangen sie sich in einem Bogen näher gegen die Straße, und zeigten schon die mattfärbigen Lichter und Spalten in ihren Wänden.[443]

Wie schon in *Zwei Schwestern* wird der glatte Raum durch seinen Gegensatz, den gekerbten Raum kontrastiert; auch die ‚reinliche‘ Landschaft – in *Zwei Schwestern* ist es die „liebliche"[444] – umfasst mannigfaltige Gegenstände, die aber alle klar geordnet, geformt und benennbar sind und einen eindeutigen Nutzen aufweisen. Im Gegensatz zu der Beschreibung in *Zwei Schwestern* rückt hier zudem das Gebirge in den Blick. Dabei „taucht Stifter die Landschaft [...] in ein verflüssigendes Medium", so Irmschers Beschreibung des Phänomens, und kündigt, noch bevor Victor das Gebirge erreicht hat, dessen Charakter „des leeren, abweisenden Raumes" an.[445] Den Bergen wird, wie anderen glatten Räumen Stifters, keine klar auszumachende Gegenständlichkeit zugesprochen, sondern Victor nimmt nur Farben wie das ‚gar so sanfte, fast sehnsuchtreiche Blau‘ und uneindeutige, nämlich ‚mattfärbige Lichter‘ wahr. Je näher er dem Gebirge kommt, desto eindringlicher wird es in seiner Uneindeutigkeit erfasst – das Gebirge scheint immer ‚leerer‘ zu werden:

> Die riesigen hohen Lasten schritten immer näher gegen ihn, und zeigten im Laufe des Vormittages mannigfaltige, freundliche, schönfärbige Zeichnungen. [...] [U]nd ehe es zwölf Uhr war, saß Victor bereits unter dem Ueberdache des Gasthauses zu Attmaning, [...] und sah gegen die Gebirgsöffnung hinein, wo alles in blauen Lichtern flimmerte, und ein schmaler Wasserstreifen wie ein Sensenbliz leuchtete. [...]
> Victor blieb bis gegen vier Uhr an seinem Gassentischchen [...] sizen und ergözte sich an dem Anblike dieser hohen Berge, an ihrer schönen blauen Farbe und an den duftigen wechselnden Lichtern darinnen. Dergleichen hatte er nie in seinem Leben gesehen. Was ist der größte mächtigste Berg seiner Heimath dagegen?[446]

Einzig die Farbe Blau wird der Bergwelt eindeutig zugeordnet; der hier erwähnte ‚schmale Wasserstreifen‘ wird dabei von Victor nicht als das Ziel seiner Wanderung, als der Gebirgssee, auf dessen Insel sein Onkel lebt, identifiziert, sondern nur in seinem Leuchten wahrgenommen. Hinzu kommt, dass auch die Lichter der Berge zum „Charakter der Merkmallosigkeit" beitragen,[447] indem sie sich ‚duftig wechselnd‘ darstellen. Victors Bewunderung für die Größe der Landschaft – ‚Was ist der größte mächtigste Berg seiner Heimath dagegen?‘ – und die gleichzeitige

---

443 Der Hagestolz. In: HKG, Bd. 1,6, S. 57.
444 Vgl. Zwei Schwestern. In: HKG, Bd. 1,6, S. 261 f.
445 Irmscher behandelt die Erzählung in seinem Artikel nicht.
446 Der Hagestolz. In: HKG, Bd. 1,6, S. 58.
447 Irmscher, Phänomen und Begriff des Erhabenen, 1991, S. 34.

Merkmallosigkeit des Raums lassen das Erhabene erahnen. Dafür spricht auch, dass Victor, ähnlich wie Otto in *Zwei Schwestern*,[448] die Zeit vergisst: „Als es vier Uhr schlug, und die blauen Schatten allgemach längs ganzer Wände nieder sanken, und die ihm früher geschäzten Fernen derselben wunderlich verrückten, fragte er *endlich*, wohinaus die Hul liege."[449] Erst mit dem Läuten der Kirchturmglocke als Eindruck der Zivilisation erinnert sich Victor an sein Ziel.

„Gesichtstäuschungen"[450] im Gebirge werden im Verlauf der Wanderung neben der grundsätzlichen Glätte des Raums zu einem der Aspekte, auf denen das Erhabene der Bergwelt gründet. Nachdem Victor beim Wirt in Attmaning nach dem Weg zur Hul gefragt hat, legt der ihm einen Führer ans Herz: „Victor meinte zwar keines Führers zu bedürfen; denn die Bergmündung stand ja so freundlich und nahe drüben: aber er ließ es dennoch geschehen". Dass er den Weg alleine kaum finden würde, zeigt sich schon in seiner Verwunderung, „daß die Leute, wenn sie von der Hul sprachen, immer ‚oben' sagten, während für seine Augen die Berge dort so duftschön zusammen gingen, daß er den Wasserschein tief unten liegend erachtete". Doch seiner ersten Einschätzung zum Trotz wird er bergan geführt und findet sich schon wenig später in einem dichten Wald wieder, der von Attmaning aus nicht zu sehen war. Im Wald aber ändert sich das Bild: Hatte Victor das Gebirge vom Hügelland aus betrachtet als „freundlich", als „gar so sanftes, fast sehnsuchtreiches Blau" wahrgenommen, wirkt es nun immer „dunkler" und zeigt sich gar als „Wildniß". Der neue Eindruck verstärkt sich noch durch die dem Gebirge eigenen Gesichtstäuschungen, die kein Ende des Bergs erahnen lassen: „Stets glaubte Victor, jezt werde man bergab steigen, aber der Weg wikelte sich längs eines Hanges fort, der sich immer selber gebar, als rükte der Wald hinaus und schöbe auch den See vor sich her."[451] Auch Mumot bespricht diese eigentümliche Darstellung, in der der Raum sich scheinbar selbst erschafft bzw., mit Mumots Worten, sich mit der „Evokation des Unendlichen [...] eine unheimliche Eigenmächtigkeit der Natur" zeige: „Bei Stifter verselbständigt sich die Natur im Akt des Erzählens, sie wird vom literarischen Topos, vom Gegenstand sinnlicher Wahrnehmung wie gedanklicher Reflexion, zur eigenmächtigen literarischen Gestalt, zum unabhängig Handelnden."[452] Diese eigenmächtige Bewegung entsteht dadurch, dass im glatten Raum des Hochgebirges die „Punkte", hier Victor

---

[448] „Ich beschloß nun, recht tüchtig darauf los zu gehen, um bei Zeiten an meinem Ziele anzulangen." Zwei Schwestern. In: HKG, Bd. 1,6, S. 262.

[449] Der Hagestolz. In: HKG, Bd. 1,6, S. 58.

[450] So der Erzähler in *Brigitta* über die Puszta. Vgl. Brigitta. In: HKG, Bd. 1,5, S. 418.

[451] Alle Zitate aus Der Hagestolz. In: HKG, Bd. 1,6, S. 57–60.

[452] Mumot, Literaturgeschichte des Gehens, 2008, S. 74 und 81.

selbst, nicht nur der Richtung oder der „Bahn untergeordnet" sind,[453] sondern die unzureichende Wahrnehmung des erlebenden Subjekts auch dazu führt, dass die Bahn bzw. der Raum sich immer wieder selbst hervorzubringen scheint. Ein unabhängig Handelnder ist der Raum zwar nicht, schließlich geschieht dies alles in Victors Wahrnehmung; dennoch wird hier der glatte Raum zu einem erhabenen Raum, denn in ihm zeigen sich, mit Burke, „[t]he ideas of eternity, and infinity".[454]

Auch nachdem Victor den Pass erreicht hat, der Berg plötzlich endet und sich die Landschaft abrupt verändert, verliert sich diese Wirkung nicht:

> Der Wald hatte sich auseinander gerissen, der See lag dem Jünglinge zu Füßen, und alle Berge, die er von dem flachen Lande und Attmaning aus schon gesehen hatte, standen nun um das Wasser herum, so stille, klar und nahe, daß er darnach langen zu können vermeinte – aber dennoch waren ihre Wände nicht grau, sondern ihre Schluchten und Spalten waren von einem luftigen Blau umhüllt, und die Bäume standen wie kleine Hölzlein darauf, oder waren an andern gar nicht sichtbar, die schier mit einem ganz geglätteten Rande an dem Himmel hin strichen.[455]

Zuerst werden die Gegenstände, die Victor wahrnimmt, scheinbar aktiv im Raum: Der Wald reißt sich selbst auseinander, die Berge wechseln ihren Standort und stehen ‚nun' erst am Rande des Sees, der plötzlich als solcher erkennbar ist. Zwar werden die einzelnen Gegenstände bis hin zu den Wäldern auf den anderen Bergrücken deutlich benannt, gleichzeitig scheinen sie sich (auch hier sind die Berge von ‚einem luftigen Blau umhüllt') zu bewegen: Diese „kontinuierliche Variation" des Glatten lässt den Raum selbst zu einem Ereignis werden, so dass der Anblick an Kontur verliert: Die Berge scheinen in den Himmel,[456] der ja das Unendliche zeigen kann,[457] überzugehen. Neben Bewunderung empfindet Victor nun „[f]ast Furcht vor dieser Größe, die ihn hier umgab"[458] und zeichnet in diesem

---

453 Vgl. Deleuze/Guattari, Tausend Plateaus, 1992, S. 663.

454 Burke, A Philosophical Enquiry, 2008, S. 43. Ähnlich argumentiert Adamy, wonach allerdings nicht der Raum Unendlichkeit ausdrücke, sondern die „in unerschütterlicher Größe hinter allem Geschehen" stehende Zeit, die „die Relation zur menschlichen Kleinheit und Begrenztheit" setze. Vgl. Adamy, Beitrag zum Verständnis von ‚Der Hagestolz', 1976, S. 88. Adamy bezieht sich nicht auf Burkes *Enquiry* oder auf irgendeine andere Theorie des Erhabenen.

455 Der Hagestolz. In: HKG, Bd. 1,6, S. 61.

456 Der „eingekerbte Raum" wird im Gegensatz zum glatten Raum „vom Himmel als Maßstab und den sich daraus ergebenden, meßbaren visuellen Qualitäten überdeckt." Deleuze/Guattari, Tausend Plateaus, 1992, S. 663 f.

457 Das Unendliche kann das Erhabene zeigen. Vgl. Kant, Analytik des Erhabenen, 1968, S. 360.

458 Der Hagestolz. In: HKG, Bd. 1,6, S. 61.

Schwanken zwischen Angst und Staunen das ‚gemischte Gefühl' des Burke'schen „delightful horror" nach.[459]

Beim Abstieg zum Gebirgssee wiederholen sich die zuvor gewonnenen Eindrücke:

> Die Berge sanken allgemach in den Wald, die Bäume nahmen ihn wieder auf, und wie es schon auf dem Halse gewesen war, daß der flache See gleichsam die Berge, die er säumte, hinaus zu rüken schien, damit das Auge das zarte Duftbild schauen könne, das sich von dem Grün der Tannennadeln hinaus warf, so blikte auch hier immer das dämmrige Gewebe von Berg und Wasser links durch die Baumäste herauf. So wie er beim Hinaufgehen gemeint hatte, der Berg nehme kein Ende, so ging es nun auch wieder unaufhörlich und sachte hinunter. Stets hatte er den See zur Linken, als sollte er die Hand eintauchen können, und stets konnte er ihn nicht erreichen. Endlich wich der lezte Baum hinter ihm zurück, und er stand wieder unten an der Afel [...]. Victor meinte hundert Meilen von Attmaning entfernt zu sein, so einsam war es hier. Nichts war da, als er und das flache Wasser, das sich unaufhörlich und brausend in die Afel hinaus leerte.[460]

Auch der Abstieg ist von Gesichtstäuschungen geprägt. Der Gebirgssee, den Victor inzwischen vor Augen hat, scheint sich zusammen mit ihm zu bewegen;[461] der Raum setzt sich selbst fort und scheint immer größer zu werden. Gleichzeitig vermeint Victor, den See berühren zu können. Die gesamte Landschaft nimmt er als ein ‚dämmriges Gewebe von Berg und Wasser' wahr, die Gegenstände verschwimmen also in seiner Wahrnehmung, so dass das Gebirge das „Ansehen eines unüberschaubaren ‚Landmeeres'" gewinnt.[462] Der Ort Attmaning ist in große Ferne gerückt und Victor wird, zusammen mit der ‚Bahn' der Afel, selbst zum einzigen wahrnehmbaren Punkt in der Unendlichkeit des Raums. Erst durch die „Korrelierung von Raum und Bewegung" des Wanderers wird der Raum von einer „statischen zu einer dynamischen, prozessualen Größe";[463] im *Hagestolz* ist der Raum des Hochgebirges allerdings so wandelbar, dass sich nicht mehr das Subjekt im Raum verortet, sondern der in seinen Dimensionen und Entfernungen

---

459 Burke, A Philosophical Enquiry, 2008, S. 105.

460 Der Hagestolz. In: HKG, Bd. 1,6, S. 61 f.

461 Es geht nicht um Bewegung der Wasseroberfläche wie z. B. Wellengang, sondern der See im Ganzen verschiebt sich in Victors Wahrnehmung. Deutlicher ist in diesem Fall die Journalfassung der Erzählung: „Und an ihnen [i. e. den Bergen, E. H.] allen herum und sie alle säumend lag der See, ein flaches, weiches *unregbares* Bild, gleichsam all die Höhen in die Weite rückend, daß das Auge Raum gewinne in das zarte Duftbild zu schauen, das sich von dem düstern Grün der umgebenden Tannennadeln hinauswarf." Der Hagestolz [Journalfassung]. In: HKG, Bd. 1,3, S. 54, Hervorhebung E. H.

462 Moser, Die Insel als Topos der Kulturisation, 2005, S. 409.

463 Hallet/Neumann, Raum und Bewegung in der Literatur, 2009, S. 20 f.

immer dynamische, ja fast unendliche Raum setzt sich selbst über die subjektive Wahrnehmung zum Subjekt in Beziehung.

Schließlich erreicht Victor den See und findet einen Fischer, der ihn auf die Insel bringt. Schon auf der Überfahrt kündigt sich deren Gefängnischarakter in Kontrastierung zur Unendlichkeit des glatten Gebirges an:

> Victor war nie auf einem so großen Wasser gefahren. Das Dorf zog sich zurük und die Wände um den See begannen sehr langsam zu wandern. Nach einer Weile strekte sich eine buschige Landzunge hervor, und wuchs immer mehr in das Wasser. Endlich riß dieselbe gar von dem Lande ab, und zeigte sich als eine Insel. [...] Je näher man kam, desto deutlicher hob sie sich empor und desto breiter wurde der Raum, der sie von dem Lande trennte. Ein Berg hatte ihn früher gedekt. Man unterschied endlich sehr große Bäume auf ihr, Anfangs so, als wüchsen sie gerade aus dem Wasser empor, dann aber auf bedeutend hohem Felsenufer prangend, das fallrecht mit scharfen Klippen in die Fluth nieder ging.[464]

Reinhardt sieht in der Beschreibung sicherlich zu Recht Ähnlichkeit zur Böcklin'schen Toteninsel;[465] überhaupt wurde die Insel des Hagestolzes aufgrund ihrer isolierten Lage in der Forschung immer wieder in die Nähe des Todes gerückt und als Kontrastierung zum Lebendigen – meist zu Victors Jugend – gelesen.[466] Schon die „Fußwanderung" werde „zu einer Prüfung", noch bevor Victor den Gebirgssee erreicht hat, so Wessel: „Die Landschaft entzündet sich düster und bedrohend. Es wird immer deutlicher, daß sein Weg in die Vereinsamung und in die Isolation führt."[467] Dass die Insel des Oheims von Isolation und Einsamkeit geprägt ist, dem soll hier nicht widersprochen werden. Die Berglandschaft, in der die Insel liegt, kann aber kaum als Zeichen für Isolation gelesen werden; vielmehr kontrastiert sie als glatter Raum das Gekerbt-Sein der ‚Toteninsel'. So heißt es anschließend an die oben zitierte Passage: „Hinter dem Grün dieser Bäume wanderte ein sanfter Berg, der von dem Abende lieblich geröthet war." Der See fungiert als eine Art Übergangs-Raum zwischen dem Glatten des Hochgebirges, der Insel bzw. der Ortschaft Hul am Rand des Sees.

> Auf den Bergen herum war hie und da ein irrendes Licht. Der See hatte sogar Streifen bekommen, deren einige glänzten, und selbst Funken empor warfen, obwohl die Sonne schon seit längerer Zeit untergegangen war. Ueber alles das kamen die fortwährenden emsigen

---

464 Der Hagestolz. In: HKG, Bd. 1,6, S. 63 f.

465 Vgl. Reinhardt, Literarische Trauerarbeit, 2000, S. 23.

466 So z. B. Hans Höller, wonach „im Medium der Kunst die Entfremdung und [der] Tod" besiegt würden. Vgl. Hans Höller, Thomas Bernhard und Adalbert Stifter. Die Radikalisierung der Isolation und Todesfixierung von Stifters ‚Hagestolz'. In: Pittertschatscher, Alfred/Lachinger, Johann (Hg.), Literarisches Kolloquium Linz 1984: Thomas Bernhard. Materialien, Linz 1985, S. 29 – 41, hier 30 f.

467 Wessel, Am Rande der Existenz, 1991, S. 173.

Klänge des Glökleins herüber, gleichsam von unsichtbaren Händen tönend; denn die Hul war nicht zu sehen, und rings um den See war kein Fleklein, das nur entfernt einem menschlichen Aufenthalte ähnlich gesehen hätte.[468]

Der Gebirgssee zeigt sich während der Überfahrt als ein vermischter Raum, nämlich glatt und gekerbt zugleich.[469] Zum einen ist die Fahrt auf dem See, wie schon die Wanderung im Gebirge, von Gesichtstäuschungen[470] und Lichtspielen geprägt – der See selbst scheint Lichtquelle zu sein. Zum anderen ist die Gebetsglocke der Ortschaft Hul zu hören, allerdings als einziges Zeichen für menschliches Leben und ‚von unsichtbaren Händen tönend'. Nichtsdestotrotz unterbrechen die Ruderer ihre Fahrt, um das Abendgebet zu sprechen;[471] sie bleiben dem Festland auch auf dem Wasser verwurzelt.

Zudem geht Victors Blick immer wieder in die Bergwelt zurück, die dabei zunächst nicht einsam und bedrohlich, sondern tröstend wirkt. Nachdem er die Insel erreicht hat, langt er auf der Suche nach dem Haus seines Oheims an einem Eisengitter an:

Daß hier der Eingang in das Haus sei, zeigte sich nun deutlich. Hinter dem Eisengitter war ein geebneter, sandiger Plaz, auf welchem Blumen standen. An dem Plaze war ein Haus, von dem aber nur der Vordertheil sichtbar war, während der Hintertheil sich hinter Gebüsche verlief [...]. Jenseits des Plazes, der abermals mit Gebüschen gesäumt war, mußte wieder der See beginnen, denn es war hinter dem Grün der feine sanfte Dunst, der gerne über Bergwässern ist, und es stiegen die röthlich schimmernden Wände der Grisel hinan.[472]

Schon hier zeigt sich, dass die Isolation von Victors späterem Gefängnis,[473] das Haus und der Sandplatz vor dem Haus, vom Gebirge kontrastiert wird. Der glatte Raum kündigt sich als eine Möglichkeit des Trosts an; dem Haus aber mangelt es an Geborgenheit und Wohnlichkeit, denn es scheint, und das ist sicherlich untypisch für Stifter,[474] überhaupt nicht beleuchtet zu sein. Einzige Lichtquellen sind der See und die ‚röthlich schimmernden Wände der Grisel'.

---

468 Der Hagestolz. In: HKG, Bd. 1,6, S. 64.

469 Vgl. Deleuze/Guattari, Tausend Plateaus, 1992, S. 658.

470 Zuerst nimmt Victor die Insel als „eine buschige Landzunge" wahr, die sich schließlich „von dem Lande ab[reißt]". Auch die Bäume auf der Insel wirken „Anfangs so, als wüchsen sie gerade aus dem Wasser empor". Der Hagestolz. In: HKG, Bd. 1,6, S. 63 f.

471 Vgl. ebd., S. 64.

472 Ebd., S. 68 f.

473 Vgl. ebd., S. 92.

474 Das zeigt Seidler in einem Vergleich des Hauses des Hagestolzes mit anderen Häusern in Stifters Werken. Vgl. Seidler, Stifters Novelle ‚Der Hagestolz', 1971, S. 7.

Dennoch hat die Bergwelt, auch von der Insel aus betrachtet, bedrohliche Züge. Nachdem Victor von seinem Onkel abgewiesen wurde, weil er seinen Hund nicht ertränken wollte, kehrt er an den Landeplatz zurück und blickt, da das Boot schon auf dem Weg zur Hul ist, auf das Wasser hinaus.

> Die Berge, die schönen Berge, die ihm, da er gegen sie heran kam, gar so sehr gefallen hatten, wurden immer schwärzer, und legten drohende dunkle und zersplitterte Fleke auf den See, auf welchem noch das Blaßgold des Abendhimmels lag, das selbst in den dunklen Bergspiegelungen zuweilen aufzukte. Und immer sonderbarer, in die Schatten der Nacht sich hüllend, wurden die Gegenstände um ihn herum. Die Schlaken und das schwache Gold des Sees rührten sich und floßen öfters durcheinander, zum Zeichen, daß ein sanfter Luftzug dort herrschen müsse. Victors Auge, freilich nur an die schönen heiteren Eindrüke des Tages gewöhnt, konnte sich doch auch nicht wegwenden von diesem allmählichen Verfärben der Dinge und von dem Einhüllen zur Ruhe der Nacht.[475]

Das ‚Verfärben der Dinge‘ erinnert an die Nacht über der Hochebene in *Zwei Schwestern*. Auch hier werden die Gegenstände um das Haus auf der Ebene herum „fahl[]" und sind nicht mehr voneinander zu unterscheiden. Und auch hier ist die Rede von einer „schwarze[n] Schlake, an der die Funken des Himmels verknisterten."[476] Im Unterschied zu Otto befindet sich Victor aber nicht in einem gastlichen Haus, sondern im Freien auf einer ihm völlig unbekannten Insel, die er zudem nicht verlassen kann. Er betrachtet das Schauspiel des glatten Raums nicht von einem Punkt aus, der im „emphatischen Sinne als *Ort* begriffen" werden kann, sondern er selbst scheint im Glatten „zwischen Land und Meer, zwischen dem Festen und dem Flüssigen, dem Formlosen und der klar definierten Gestalt"[477] zu schweben und Teil des Übergangs-Raums zu werden. Hinzu kommt die Dunkelheit, die sich „mit immer größerer Schnelligkeit [...] über See, Gebirge und Himmel" ausbreitet. Sie lässt die vormals schönen Berge „drohende dunkle und zersplitterte Fleke auf den See" legen, deren Schwärze nur unterbrochen wird vom „schwache[n] Gold des Sees", offenbar einzige verbliebene Lichtquelle.[478] Wie schon in *Zwei Schwestern* fördert die Dämmerung ein Burke'sches Erhabenes der

---

475 Vgl. Der Hagestolz. In: HKG, Bd. 1,6, S. 69 f., Zitat S. 71.

476 „Aber von einer Aussicht war in einer Nacht, wie dieser, keine Rede: Millionen dichter Sterne standen an dem fast schwarzen Himmel, und funkelten nicht in weißem, sondern fast buchstäblich, in goldenem Lichte hernieder. Unter ihnen lag die Gegend so unkenntlich, gleichsam wie eine schwarze Schlake, an der die Funken des Himmels verknisterten. Selbst in der nächsten Nähe unter mir konnte ich keine Gegenstände unterscheiden, als einige Ballen schweigender Bäume, und fahle Dinge, wie Anlagen und Geländer." Zwei Schwestern. In: HKG, Bd. 1,6, S. 275.

477 Moser, Die Insel als Topos der Kulturisation, 2005, S. 408 f.

478 Vgl. Der Hagestolz. In: HKG, Bd. 1,6, S. 71.

Dunkelheit zutage:[479] „To make any thing very terrible, obscurity seems in general to be necessary. When we know the full extent of any danger, when we can accustom our eyes to it, a great deal of the apprehension vanishes."[480] Furcht empfindet Victor allerdings nicht, vielmehr kann er sich kaum von der erhabenen Dunkelheit losreißen, bis er schließlich von „großer Ermüdung" übermannt wird und zu schlafen versucht.[481]

Victor bringt die Nacht schließlich doch nicht im Freien zu, sondern folgt dem Diener Christoph ins Haus, allerdings erst, nachdem ihm dieser das Versprechen gegeben hat, dass dem Spitz nichts geschehen werde.[482] Nach einem von Seiten des Oheims eher wortkargen Abendessen wird Victor auf seine Zimmer gebracht und dort eingeschlossen. Umgeben von der „Ruhe der Todten im Haus" sieht er aus dem Fenster – und blickt auf eine Landschaft, die zwar dunkel, aber im Gegensatz zur Todesruhe des Hauses und zum ersten nächtlichen Blick über den See nun wieder tröstend ist: Das Bedrohliche der ‚immer schwärzer' werdenden Berge und der ‚Schlaken' des Sees nur wenige Seiten zuvor weichen hier einem Bild des Trosts, und „der Druk, der gleichsam auf seiner Seele lag", löst sich. Die Dämmerung ist inzwischen in Dunkelheit übergegangen, so dass die Lichtquellen der Nacht zu wirken beginnen. Im Licht der Sterne und im „Ranft des wachsenden Mondes" erscheinen die Berge nur noch wie „Schattenriß[e]" ihrer selbst, geziert mit „irdische[n] Ordenssternlein".[483]

Mit dem nächsten Morgen schon ändert sich das Bild des glatten Raums wieder. Dabei kommen auch hier Elemente der Beschreibung zum Tragen, die bereits von Victors Wanderung bekannt sind: Der Raum und seine festen Gegenstände scheinen zu verschwimmen, alles funkelt, leuchtet, „glänzte und flimmerte durcheinander"; die Berge bewegen sich scheinbar, während der See zu einem zarten, aber dennoch festen Spiegel wird.[484] Zugleich verliert Victor abermals die Orientierung,[485] er weiß nicht, „wo er hereingekommen war" und er hat sich in den Himmelsrichtungen gehörig geirrt, denn „die Sonne war an einem

---

479 Vgl. dazu auch Burkes Vergleich des Schönen mit dem Erhabenen: „[B]eauty should not be obscure; the great ought to be dark and gloomy". Burke, A Philosophical Enquiry, 2008, S. 97.
480 Ebd., S. 40.
481 Vgl. Der Hagestolz. In: HKG, Bd. 1,6, S. 71 f.
482 Vgl. ebd., S. 72–76.
483 Alle Zitate ebd., S. 81.
484 Alle Zitate ebd., S. 83 f.
485 Bürner-Kotzam sieht im nächtlichen Fensterblick den Höhepunkt von Victors „topographischer Verwirrung"; er ende „in vollkommener Orientierungslosigkeit". Grund dafür sei, dass Victor „sein Orientierungszentrum, das Haus der Mutter", verloren habe. Vgl. Bürner-Kotzam, Befremdende Begegnungen, 2011, S. 179 f. Hier zeigt sich aber, dass es Victors Wahrnehmung des glatten Raums ist, die zur Orientierungslosigkeit führt.

ganz andern Orte aufgegangen, als er erwartet hatte". Die „unermeßliche Oede der Luft" der Bergwelt, die er schon auf seiner Wanderung kennengelernt hatte, steigert sich zu einem „todähnliche[n] Schweigen" des Raums und wird vom „Getümmel an Lichtern und Farben" kontrastiert, ein Ausdruck, der nicht nur mit einem Durcheinander an Dingen, sondern eigentlich auch mit einem Durcheinander an Geräuschen assoziiert wird. Hier – zu Beginn des Kapitels „Aufenthalt" – scheint sich anhand der Bergwelt einzulösen, was zu Beginn des Kapitels „Wanderung" versprochen wurde: „Und noch größer und noch glänzender wurde die Welt, die tausend jubelnden Wesen waren überall";[486] doch auch hier zeigen sich diese ‚Wesen der Welt' nicht in ihrer deutlichen Form, sondern bleiben in Victors Blick eigentümlich unbestimmt.

Neben der Raumbeschreibung – die Berge wirken noch flüssiger und beweglicher, die Gesichtstäuschungen noch fundamentaler, die Bergwelt noch ‚toter' – steigert sich auch die Wirkung des Raums auf Victor. Bisher wurden ihm seine Empfindungen adjektivisch zugesprochen[487] oder es wurde betont, dass Victor „[d]ergleichen [...] nie in seinem Leben gesehen" hatte. Einmal empfindet er „[f]ast Furcht vor dieser Größe, die ihn hier umgab", und im ersten, noch nächtlichen Fensterblick wirken die Berge schließlich tröstend.[488] Hier aber nimmt er den glatten Raum der Bergwelt in all seiner Erhabenheit wahr: Er „erschrak [...] über die Pracht" und „[s]ein Erstaunen war außerordentlich". Erst nachdem er die Insel im Glatten erreicht hat, werden ihm eindeutig gemischte Empfindungen zugesprochen – Schrecken und Erstaunen; erst hier wird Victor zum vollwertigen erlebenden Subjekt, das fähig ist, das Erhabene in seiner paradoxen Bewegung wahrzunehmen. Wie sehr und wie nachhaltig er von der Erfahrung beeindruckt ist, zeigt sich, als er schließlich sein Zimmer verlässt: „Als er aber auf dem Gange war, fiel ihm ein, daß er heute zum ersten Male sein Morgengebet vergessen habe. Es mußte in der Wirkung der großen nie gekannten Eindrüke des heutigen Morgens geschehen sein."[489]

---

486 Alle Zitate aus Der Hagestolz. In: HKG, Bd. 1,6, S. 84 und 54.
487 Z. B. ebd., S. 57: „[U]nd ferne war ein gar so sanftes, fast *sehnsuchtreiches* Blau der Berge." Hervorhebung E. H.
488 Ebd., S. 58 und 61. Zum ersten Fensterblick vgl. S. 81.
489 Ebd., S. 85. Damit widerspreche ich Mumots Interpretation, wonach die „Erfahrung der Erhabenheit als moralische Mahnung zu verstehen" sei; das vergessene Morgengebet sei der „Höhepunkt" von Victors „Gefährdung". So werde „unmissverständlich deutlich", dass es für ihn nicht darum gehe, „neue Erfahrungen an sich heran zu lassen [...], als möglichst unbeschadet aus ihnen hervorzugehen." Mumot, Literaturgeschichte des Gehens, 2008, S. 92. Im Folgenden wird sich zeigen, dass Victor das Erhabene zudem regelrecht sucht.

Diese bisher deutlichste Erfahrung des Erhabenen im glatten Raum wird Victor erst vom Haus seines Oheims aus zuteil, weil dessen augenfälligste Eigenschaft seine Verschlossenheit ist.[490] Davon sind selbst die Innenräume nicht ausgenommen: Auf dem Weg in das Speisezimmer gelangt Victor in einen Gang, dessen Fenster verrammelt sind, „gleichsam als scheute man die Freiheit und Klarheit des Lichtes". Zudem ist der Gang mit mehreren Kästen ausgestattet, die sich nur zum Teil als Türen entpuppen: „Die vielen gleichen Kästen [...] schienen nur darum in den Gang gestellt worden zu sein, daß jemand, der in unredlicher Absicht durch eine Thür hinein gehen wollte, diese Absicht nicht leicht erreiche, weil er die kostbarste Zeit durch Untersuchung der wahren und falschen Thürkästen vergeuden mußte."[491] Auch außen ist das Haus weitestgehend verrammelt: Es gibt nur einen Zugang, der immer verschlossen ist, die Fenster sind vergittert. Das gesamte Anwesen ist von Mauern umgeben und das Gittertor am Eingang kann nur der Onkel öffnen. Das Haus wiederholt die Verschlossenheit der Insel, die „wie eine Festung" einst Mönchen Schutz bot vor den heidnischen Landesherren: „Nur an einer einzigen Stelle kann man landen [...]. Es sind daher die Väter geschüzt gewesen, so wie der alte Mann geschüzt ist, der sich die Insel zur Wohnung auserkohren hat."[492] Wovor sich Victors Onkel schützen muss, wird nicht ersichtlich; dennoch lebt er in einer Festung in der Festung, einer in sich geschlossenen Insel auf einer kaum zu erreichenden Insel. „In erster Linie stellt die Insel einen durch seine Nähe zum Wasser ausgezeichneten, in zweiter einen von der Außenwelt weitgehend abgekoppelten Raum dar."[493] Gerade der zweite Punkt potenziert sich im *Hagestolz*; die Insel auf der Insel erscheint in Opposition zum glatten Raum als absolut gekerbter Raum.[494]

Der Oheim selbst, als Zentrum[495] und Schöpfer des Orts, umgibt sich mit „leblose[n] und verdorbene[n] Dingen" wie den ausgestopften Vögeln, die er regelmäßig abstaubt.[496] „Vergänglichkeitsbilder umgeben den Hagestolz", die gerade deshalb Zeichen des Vergänglichen sind, „weil sie Leben, Dasein, Wachstum und Frische konservieren sollen". Auch die Zimmer des Hauses haben den Cha-

---

490 Nach Runte konfiguriere sich das Haus und seine Umgebung „fantasmatisch, nämlich im Laufe ihrer Erforschung durch den Jüngling, zu einer Allegorese der Verschlossenheit." Runte, Genealogie und Generation, 2011, S. 115.
491 Vgl. Der Hagestolz. In: HKG, Bd. 1,6, S. 85 f.
492 Vgl. ebd., S. 90 – 92, Zitat S. 66.
493 Billig, Inseln, 2010, S. 19.
494 Vgl. Deleuze/Guattari, Tausend Plateaus, 1992, S. 658.
495 Die Verschlossenheit des Hauses zeigt sich auch in seinem Zentrum, dem Oheim: „Die Züge [...] waren in sich geschlossen, wie von einem, der sich wahrt". Der Hagestolz. In: HKG, Bd. 1,6, S. 87.
496 Ebd., S. 86 f.

rakter eines „gespenstisch Museale[n], Absterbende[n]",[497] voller Gerümpel und Schmutz.[498] Seidler betont gerade bezüglich des Interieurs den „eindeutig negativen Wertakzent", der auf dem Haus liege: „Diese Atmosphäre um den Hagestolz wird in ihrer besonderen Art sehr deutlich, wenn wir an andere Häuser bei Stifter denken. Es sind meist Räume, in denen sich die Menschen geborgen fühlen, in denen sie geistig schaffen, von denen aus sie wirken".[499] Victor fühlt sich deshalb von Anfang an wie in einem Gefängnis, obwohl er erst am sechsten Tag zum Gefangenen wird. Seine Bitte, die Insel verlassen zu dürfen, wird brüsk zurückgewiesen. Der Onkel verweist gar darauf, dass nur er das Gitter, einziger Ausgang des Anwesens, öffnen könne.[500] Mayer hat darauf hingewiesen, wie außergewöhnlich die kurze Unterhaltung zwischen den Verwandten für Stifter ist: „Wenn Victor meint, der Onkel könne ihn unmöglich auf der Insel festhalten, dieser dagegen sagt, das könne er sehr wohl, dann ergibt sich daraus eine im Werk Stifters wohl einmalige Begegnung mit dem Bösen, die wiederum nur als Vor-Wand und Täuschung zu durchschauen einen erheblichen Aufwand einfordern wird".[501] Die Macht, die der Oheim über Victor gewinnt, zeigt sich auch im Umgang mit dem Raum: Victor kann sich selbst im Haus und auf dem Vorplatz nicht frei bewegen, er muss seinen Onkel bitten, die Tür aufzuschließen. Nachts wird er in seinen Zimmern eingeschlossen, und selbst das Bohlenhaus, in dem die Kähne liegen, ist verschlossen. Im Laufe der Erzählung entwickelt sich für das ständige Öffnen und Schließen sogar eine eigene Zeremonie.[502] Das Haus und der Sandplatz davor bilden eine geschlossene „Oberfläche", die „entsprechend den festgelegten Intervallen, nach den festgesetzten Einschnitten" – vom Onkel – wieder

---

497 Adamy, Beitrag zum Verständnis von ‚Der Hagestolz', 1976, S. 88 und 86.

498 Vgl. Der Hagestolz. In: HKG, Bd. 1,6, S. 87 f., 96, u. ö.

499 Seidler, Stifters Novelle ‚Der Hagestolz', 1971, S. 7.

500 Vgl. Der Hagestolz. In: HKG, Bd. 1,6, S. 101.

501 Victor müsse demnach die „Aggressivität des alten Mannes als Zeichen [...] der Schwäche und Verzweiflung, letztlich also der Ohnmacht" dechiffrieren. Vgl. Mayer, Erzählen als Erkennen, 2001, S. 77. In Ansätzen scheint ihm das schon recht früh zu gelingen. Nachdem er sich in der ersten Nacht auf der Insel davon überzeugt hat, dass das Gitter vor der Tür zu seinen Zimmern verschlossen ist, fragt er sich: „Du armer Mann, [...] fürchtest du dich etwa vor mir?" Der Hagestolz. In: HKG, Bd. 1,6, S. 81.

502 Vgl. Der Hagestolz. In: HKG, Bd. 1,6, S. 90, 81 und 104, zum Öffnen und Schließen der Türen vgl. S. 102: „An der Treppenthür war von innen und von außen ein Ring, der als Klöppel diente. Wollte Victor von nun an entweder hinein oder hinaus, so ging er nicht mehr, wie bisher, zu dem Oheime, daß er ihm öffne, sondern er stellte sich an die Thür, und schlug mit dem Klöppel gegen dieselbe. Auf dieses Zeichen kam der Oheim allemal, wenn er in seinem Zimmer war, heraus und öffnete."

aufgeteilt wird.[503] Im Sinne der Oberflächen-Intervalle des eingekerbten Raums eröffnet sich Victor mit dem Öffnen der Türen durch seinen Onkel das jeweils nächste Intervall.

Dennoch hofft Victor, die Insel verlassen zu können:

> Er ließ [...] von dem Gitter ab, und wandelte auf dem offenen Plaze vorwärts gegen den See, um von dem Felsenufer, wenn auch hier eines wäre, in das Wasser hinab zu schauen. Es war ein Felsenufer, und zwar, da er am äußersten Rande draußen stand, ein häuserhohes. Unten säumte das Wasser sanft den Strand; gegenüber stand die Grisel mit freundlichem Bergfuße, der seine weißen Steine und seine schimmernden Dinge im Wasser spiegelte. Und wenn er auf die Bergmauern ringsum schaute, an denen das Wasser dunkel, reglos und faltenlos lag, so war ihm, wie in einem Gefängnisse, und als sollte es ihm hier beinahe ängstlich werden. Er versuchte, ob er nicht eine Stelle zum hinunterklettern an das Wasser zu finden wäre, aber die von Regen und Sturm gepeitschte Wand war glatt, wie Eisen, ja sie ging sogar gegen das Wasser zu einwärts und überwölbte sich. Wie groß müssen erst die Wände der Grisel sein, dachte Victor, die schon von hier aus gesehen wie Paläste empor steigen, während das Felsenufer der Insel, da wir herfuhren, nur wie ein weißer Sandstreifen erschienen war.[504]

Die ihn umgebenden ‚Bergmauern‘ und das ‚häuserhohe‘ Felsenufer der Insel sind Gegenstände, die Victors Angst befördern, ein Gefangener auf der Insel zu sein; gleichzeitig bewundert Victor ihre Größe. Seine Empfindungen schwanken zwischen beginnender Furcht und dem Erstaunen vor den ‚Palästen‘ der Bergwelt. Die Landschaft um die Insel herum ist mitnichten von einer „enge[n] Geschlossenheit“ geprägt;[505] vielmehr lässt gerade sein Eingeschlossen-Sein Victor ihre Weite und ihre Größe erkennen. Er kann zwar der Enge des Sandplatzes nicht entfliehen, er kann sich aber – als eine Art Ersatz – mithilfe des ‚gemischten Gefühls‘ des Erhabenen, hier schwankend zwischen Angst und Bewunderung, aus den engen Grenzen seines Wirkungsbereichs loslösen: Das Erhabene der glatten Bergwelt, das Victor ja erst von der Insel aus deutlich empfindet, dient als emotionale Ausbruchsmöglichkeit aus dem Gefängnis[506] – es wird zum von Victor direkt gesuchten „Affekt-Raum“.[507]

---

503 Vgl. Deleuze/Guattari, Tausend Plateaus, 1992, S. 666.
504 Der Hagestolz. In: HKG, Bd. 1,6, S. 92f.
505 Vgl. Seidler, Stifters Novelle ‚Der Hagestolz‘, 1971, S. 7.
506 Der Radius erweitert sich im Lauf der Erzählung: Victor findet einen Weg, unter dem Tor des Bohlenhauses durch zu tauchen und gelangt so in den See, um dort zu schwimmen; schließlich öffnet der Onkel das Tor für ihn. Später stellen sich überhaupt „gegen ihn mildere Zeichen“ ein: „Die eiserne Gitterthür im Gange zu seinem Schlafzimmer wurde nicht mehr gesperrt, das Bohlenthor stand zur Schwimmzeit regelmäßig offen, und zum eisernen Hauptgitter der Mauer hatte Victor statt eines Schlüssels ein Pfeifchen von dem Oheime empfangen, auf dessen Pfiff das Gitter sich öffnete". Vgl. ebd., S. 104, 107, Zitat S. 109.
507 Vgl. Deleuze/Guattari, Tausend Plateaus, 1992, S. 663f.

Er hatte jede und alle Stellen des eingeschlossenen Raumes schon besucht und kennen gelernt. Er wurde nun auf das Gehen und Kommen der Lichter auf den Bergen aufmerksam, und erkannte nach und nach die Schauer der Farben, die über sie gingen, wenn gemach die Tageszeiten wechselten, oder wenn die Wolken schneller an der blanken Deke des Himmels hin liefen. Oder er horchte durch die todten Lüfte, wenn er so saß, wenn die Sonne am Mittage stand, oder eben am Bergrande untergegangen war, ob er denn nicht das Gebetglöklein der Hul hören könne – denn auf der Insel war wirklich weder der Schlag einer Thurmuhr noch der Klang einer Gloke zu vernehmen: – aber er hörte niemal etwas [...]. – Es waren nach lange dauernden Sternnächten – denn Victor war zur Zeit des abnehmenden Mondes gekommen – endlich auch sehr schöne Mondnächte erschienen. Victor öffnete da gerne seine Fenster, und sah, da er von Menschen geschieden war, das zauberhafte Flimmern und Glizzern und Dämmern auf See und Felswänden, und sah die schwarzen vom Lichte nicht getroffenen Blöke mitten in dieser Flirrwelt wie Fremdlinge schweben.[508]

Nachdem es im eingeschlossenen Bereich der Insel nichts mehr Neues zu sehen gibt, beobachtet Victor ganz bewusst die Berge außerhalb der Einkerbung und das ihnen zukommende Erhabene. Er gibt sich dem Studium des ‚Gehen und Kommen der Lichter' hin und betrachtet sie zu jeder Tageszeit. Er versucht, die Gebetsglocke der Hul zu hören, um seine Sehnsucht nach Menschen und Lebendigkeit zu stillen. Zugleich beobachtet er bewusst die im ‚Flimmern und Glizzern und Dämmern' des Sees ‚wie Fremdlinge' wirkenden Felsen. Der emotionale Ausbruch aus seinem Gefängnis ist nun nicht mehr einem einmaligen Lichtspiel auf dem See geschuldet,[509] sondern der Ausbruch ins Erhabene des glatten Raums wird zur Gewohnheit.

Die nun immer wieder angedeutete „Doppeldeutigkeit der Natur", wie sie sich im Erhabenen zeigt, spiegelt mitnichten „das innere Drama des alten Mannes" wider, noch ist sie „eine Erinnerung daran, was der Oheim durch seine Lebensführung verpaßt hat."[510] Vielmehr entsteht die Doppeldeutigkeit, das ‚gemischte Gefühl' des Erhabenen, in Victors Blick[511] und wird auch nur von ihm gesucht und

---

508 Der Hagestolz. In: HKG, Bd. 1,6, S. 105f.

509 Dementsprechend gibt es auch keinen Hinweis darauf, Victor habe ein solches Schauspiel noch nie gesehen, wie es früher der Fall war.

510 Wessel, Am Rande der Existenz, 1991, S. 176. Wessel spielt hier auf die verfehlte Liebe zwischen dem Oheim und Victors Ziehmutter Ludmilla an. Vgl. Der Hagestolz. In: HKG, Bd. 1,6, S. 125.

511 Adamy stellt fest, dass Victors Inneres direkt mitgeteilt wird, während „der seelische Bereich des Hagestolz abgewandt und unzugänglich" bleibe und nur über eine „Symbolsprache" zum Ausdruck komme. Vgl. Adamy, Beitrag zum Verständnis von ‚Der Hagestolz', 1976, S. 187f. Beides ist nur in Ansätzen richtig: Zwar eröffnet sich Victor wie auch dem Leser das Wesen des Hagestolzes zuerst über dessen Lebensweise, Räumlichkeiten und Gewohnheiten, nicht aber über die ihn umgebende Natur. Später in der Erzählung, während des Gewittergesprächs, in dem sich die Gründe für seine Isolation offenbaren, findet er deutliche Worte für seine Gefühle. Auf Victors

zelebriert. Die Natur bzw. der Raum ist nur in einem Sinn mit dem Inneren des Hagestolzes verbunden: Er tut nicht nur Victor Gewalt an, wenn er mit Gittern und Toren den Raum verschließt, sondern auch dem ‚eingeschlossenen Raum' selbst; er zähmt den ihn umgebenden Raum, zwingt ihm seine „Raumeinteilung" auf und unterwirft ihn so seinem eigenen Lebensraster.[512] Während Victor das Erhabene des glatten Raums direkt aufsucht, schenkt der Onkel dem Gebirge keinen Blick; überhaupt genießt er die Natur offenbar nur über seine Blumen, die er aber auch räumlich zu zähmen versucht: Sie sind alle an Stäbe angebunden.[513] Darum ist es bezeichnend, dass sich der Onkel während des klärenden Gewittergesprächs selbst einen Felsen – fest, bestimmend und unverrückbar – nennt: „[A]ber du solltest doch dein Herz nicht an bebenden Weibern üben, sondern an Felsen – und ich wäre eher ein Fels als etwas anders."[514]

Bei diesem Gespräch gelingt es Victor, dem Onkel trotz dessen Vorwürfen gegenüber der Ziehmutter und dem Vormund,[515] zuzuhören und die Vorwürfe zumindest zum Teil zu entkräften. Es zeigt sich hier, wie sehr sich sein Charakter in den letzten Wochen gefestigt hat, denn bei der ersten Begegnung der Verwandten reagierte Victor noch trotzig auf Unterstellungen.[516] Auf die Eröffnung des Onkels, ihn nicht von der Insel fortzulassen, droht er gar mit Selbstmord: „[I]ch gehe an das Felsenufer hinvor, und stürze mich gegen den See hinunter, daß sich mein Körper zerschmettert"; freilich „schämte er sich" sofort „seiner kindischen Drohung" wegen. Auf die Ansprache des Onkels reagiert er aber ganz anders.[517] Des Weiteren beschließt er noch am gleichen Abend, die Insel zu verlassen, um – wie sich im Fortschritt der Erzählung zeigt – den Rat des Hagestolzes zu befolgen, nämlich auf Reisen zu gehen und nach seiner Rückkehr Hanna zu heiraten, um mit ihr auf sein Landgut, von dessen Existenz Victor nun weiß, zu ziehen. Diese Entscheidung trifft er aber nicht während des Gesprächs, sondern erst danach angesichts der Erhabenheit der Berge:

Einwand, „[w]enn ihr jemanden liebtet, so würde euch wieder jemand lieben", schreit er heraus: „Dich hätte ich geliebt!" Der Hagestolz. In: HKG, Bd. 1,6, S. 118.

512 Vgl. dazu die Einkerbung des Meeres bei Deleuze/Guattari, Tausend Plateaus, 1992, S. 665.
513 Vgl. Der Hagestolz. In: HKG, Bd. 1,6, S. 18.
514 Ebd., S. 119.
515 Vgl. ebd., S. 125 f.
516 Der Onkel unterstellt Victor bei ihrer ersten Begegnung zu lügen und nennt den Vormund „ein[en] Narr[en], und ein[en] beschränkte[n] Mensch[en] [...]. Victor, der in seinem Leben keine rüksichtslosen Worte gehört hatte, war stumm, und wartete nur, daß der andere das Gitter öffnen werde." Ebd., S. 69 f.
517 Vgl. ebd., S. 101 f., zu Victors Reaktionen S. 123.

Er ging über den Sandplaz [...] gegen das Seeufer zu, wo ein erhöhter Plaz des Felsensaumes war, der eine bedeutende Umsicht gewährte. Dort blieb er stehen und schaute in die Gegend hinaus. Es war unterdessen schon der Abend gekommen. Einige Berge lagen mit dunkeln Wolkenstüken in Umarmung, andere ragten wie glühende Kohlen aus den Trümmern, und Inseln blassen Himmels schillerten ungesehen über dem Haupte des Jünglings. Dieser schaute in das Bild so hinaus, bis nach und nach alles verglomm und erlosch, und nichts mehr als die dichte Finsterniß war.

In derselben ging er an den schwarzen Geistern der Bäume vorbei, langsam und nachdenkend in das Haus.

Er hatte beschlossen, morgen doch die Insel zu verlassen.[518]

Victor ist, wie auch der Onkel feststellt, „stärker geworden"; doch sein Wesen hat sich nicht im Umgang mit dem Hagestolz gefestigt – während Victors Aufenthalt vermeiden Neffe und Onkel ein Zusammentreffen außerhalb der Essenszeiten[519] –, sondern am Zusammenspiel von Glatt und Gekerbt,[520] wie es sich in seiner Wahrnehmung darstellt. Denn der glatte Raum, durch den er gewandert ist, forderte, noch bevor Victor seinen Onkel traf, „gegen Gewalt und Druk an[zu]kämpfen", so der Hagestolz im Gewittergespräch. Allerdings spricht er nicht vom Erhabenen des glatten Raums: „Ich habe verlangt, daß du den Weg zu Fuße hieher machest, daß du die Luft, die Müdigkeit, die Selbstbezwingung ein wenig kennen lernest."[521] Der Onkel sieht in der Fußreise nur die üblichen Beschwerlichkeiten, die eine lange Wanderung mit sich bringt; Müdigkeit und Selbstbezwingung werden aber während der gesamten Wanderung nicht angesprochen – zur Sprache kommt stattdessen das Erhabene des glatten Raums. Für Victors Wanderung wie auch für seine Gewohnheit, den glatten Raum der Bergwelt auch von der eingekerbten Insel aus zu beobachten, gilt: „Im Glatten zu reisen ist ein regelrechtes Werden, und zwar ein schwieriges, ungewisses Werden." Weiter heißt es bei Deleuze und Guattari: „Vielleicht muß man sagen, daß jeder Fortschritt durch den und im gekerbten Raum vonstatten geht und daß jedes

---

518 Ebd., S. 129.

519 Ebd., S. 119, vgl. auch S. 106.

520 Dafür spricht auch, dass Victor schon sehr früh die Verzweiflung seines Onkels zu bemerken scheint, ohne die Gründe dafür zu kennen: Die Gesichtszüge des Onkels wirken auf ihn, „wie von einem, der sich wahrt, und der sich selber unzählige Jahre geliebt hat"; sein Haar scheint „niemals, seit es wuchs, von einer liebenden Hand gestreichelt." Als der Onkel Victor zum ersten Mal bittet, seinen Aufenthalt zu verlängern, heißt es: „Das alte eingeschrumpfte Angesicht kam ihm unsäglich verlassen vor – ja es war ihm, als zittere sogar irgend ein Gefühl darinnen." Während des Abschieds ist es der Oheim, der Qualen aussteht: „Der alte Mann gab einen dumpfen unheimlichen Laut von sich – es war, wie Schluchzen – und stieß den Jüngling bei dem Gitter hinaus." Victor lässt seinen Gefühlen dagegen freien Lauf. Vgl. ebd., S. 87, 113 und 132.

521 Ebd., S. 120.

Werden im glatten Raum geschieht."[522] Zwar festigt die Wanderung Victors Wesen, allerdings nicht aufgrund eines Fortschritts, also aufgrund einer Überwindung des eigenen Körpers; die Festigung liegt vielmehr in der Begegnung und Auseinandersetzung mit dem glatten Raum, die im Empfinden des Erhabenen Ausdruck und Höhepunkt von Victors Werden finden.[523] Victor hat sich, als er alles ihm bekannte hinter sich ließ, an eine persönliche Grenze begeben, die sich schon in Überwindung der „Bergschneide" am ersten Tag seiner Wanderung zeigt,[524] an – so könnte man sagen – einen persönlichen „Weltrand" im Sinne eines „privilegierten Ort[s] der Welterkenntnis";[525] Erkenntnis insofern, dass Victor sich selbst – schließlich auch in Abgrenzung zu seinem Onkel – erkennt. Auf dem Rückweg macht er wieder Halt auf dem Pass zwischen der Hul und Attmaning, um auf den Orlaberg zurückzuschauen: „Er schaute ihn jezt eine Zeit an, und dachte, hinter ihm ist die Insel, und auf derselben wird es jezt sein, wie so oft, wenn er von seinen Ausflügen zurük gekommen ist – von den wehenden Ahornen, von der rauschenden Brandung – daß nehmlich irgendwo die zwei einsamen Greise sizen, der Eine hier, der Andere dort, und daß keiner mit dem andern redet."[526] Das Erhabene des glatten Raums bringt, mit Burke gesprochen, Victors Selbsterhaltungstrieb[527] angesichts der Gefahr, „in einem offenen Raum ‚verteilt'" zu werden,[528] hervor. Victor geht der mit dem Erhabenen verbundenen Gefahr nicht aus den Wege, so Mumots Interpretation anhand eines Vergleichs mit Petrarcas Besteigung des Mont Ventoux,[529] sondern er sucht sie regelrecht und er wächst an ihr: Nachdem der „Schwellenraum des Weltrandes" ihm die Möglichkeit gab, „die Welt von außen in den Blick zu nehmen",[530] nimmt er sie an – deshalb ist auf dem Rückweg nichts mehr vom ehemals melancholischen Knaben, den „gar nichts mehr freut", zu spüren.

---

522 Deleuze/Guattari, Tausend Plateaus, 1992, S. 669 und 674.

523 Für Victor gilt also, entgegen *Brigitta* und *Zwei Schwestern*: Im glatten Raum „verschiebt sich der Kampf, und in ihnen macht das Leben erneut seine Einsätze, trifft es auf neue Hindernisse, erfindet es neue Haltungen, verändert es die Widersacher." Ebd., 693.

524 Vgl. Der Hagestolz. In: HKG, Bd. 1,6, S. 53 f.

525 Moser, Der Weltrand als mythopoetischer Reflexionsraum, 2010, S. 56.

526 Der Hagestolz. In: HKG, Bd. 1,6, S. 133. Gemeint sind hier der Onkel und sein Diener Christoph, von dem ersterer behauptet: „Und der alte Christoph liebt mich, [...] und vielleicht auch die alte Magd". Ebd., S. 118.

527 Vgl. Burke, A Philosophical Enquiry, 2008, S. 65.

528 Deleuze/Guattari, Tausend Plateaus, 1992, S. 666.

529 Demnach sei Victors Weg wie auch Petrarcas Wanderung auf den Mont Ventoux ein „sich zuspitzender Erkenntnisweg, der jedoch an seinem Gipfelpunkt abgelenkt, ja unterbrochen wird". Mumot, Literaturgeschichte des Gehens, 2008, S. 74.

530 Moser, Der Weltrand als mythopoetischer Reflexionsraum, 2010, S. 58.

Als er wieder zu den Feldern der Menschen, zu ihren Fahrstraßen und ihrem lustigen Treiben hinaus gekommen war, als sich die Fläche mit sanften Hügeln geschmückt in unermeßliche Länge und Breite vor ihm ausdehnte, und die verlassenen Gebirge nur mehr, wie ein blauer Kranz, hinter ihm schwebten: ging ihm das Herz in dieser großen Umsicht aus einander, und eilte ihm weit, weit über jenen fernen kaum sichtbaren Strich des Gesichtskreises voraus, hinter dem die über alles geliebte Ziehmutter und ihre Tochter Hanna wohnen mußten.[531]

Victors Reise ins Hochgebirge und sein Aufenthalt auf der Insel im Gebirgssee machen ihn nicht zu einem neuen Menschen, auch wenn er den Rat des Hage-stolzes befolgt; er wird nicht zu einem „Adler [...], der die Welt in seinen Fängen hält, und sie auch, wenn es sein muß, in den Abgrund wirft", eine Vorstellung, die der Oheim während des Gewitters äußert. Vielmehr bleibt er selbst nach seiner vierjährigen Grand Tour im Grunde derselbe: Von dieser Reise kam Victor „so verändert zurück, daß selber die Ziehmutter staunte [...]; denn aus dem fast kin-dischen Jünglinge war in der kurzen Zeit ein Mann geworden. Aber [...] das gute Herz, das sie in ihn gelegt, war unausrottbar geblieben".[532] Victors Auseinander-setzung mit dem Raum – Mumot spricht von Natur – besteht nicht in einer „Unterwerfung, in Vermeidung von Reflexion und Einordnung in eine naturhafte Ordnung",[533] das ja auch einem Eingehen ins Glatte und einem Selbstverlust gleichkommen würde, wie es besonders Otto in *Zwei Schwestern* geschieht (s. o.). Victor aber verliert nicht sich selbst, vielmehr erkennt er über die Bewältigung des Glatten im Erhabenen sein Wesen.

Das Erhabene steht also – auch in seiner Funktion der Selbsterkenntnis des erlebenden Subjekts – in engem Zusammenhang mit dem glatten Raum des Hochgebirges, der wiederum, wie oben besprochen, in Victors Wahrnehmung erhaben erscheint, weil er Züge von Unendlichkeit hat.[534] Das kommt im *Hagestolz* auch der im Raum sich abzeichnenden Zeit zu. So heißt es angesichts der Klos-terruine auf der Insel:

Einen Gegensaz mit dieser trauernden Vergangenheit machte die herumstehende blühende ewig junge Gegenwart. Die hohen Bergwände schauten mit der heitern Dämmerfarbe auf die grünende mit Pflanzenleben bedekte Insel herein, und so groß und so überwiegend war ihre Ruhe, daß die Trümmer der Gebäude, dieser Fußtritt einer unbekannten menschlichen Vergangenheit, nur ein graues Pünktlein waren, das nicht beachtet wird in diesem weithin knospenden und drängenden Leben. Dunkle Baumwipfel schatteten schon darüber, die

---

531 Beide Zitate aus Der Hagestolz. In: HKG, Bd. 1,6, S. 22 und 134.
532 Alle Zitate ebd., S. 123 f., 120 und 141.
533 Vgl. Mumot, Literaturgeschichte des Gehens, 2008, S. 115.
534 Auch Adamy sieht eine Verbindung zwischen Unendlichkeit und Raum im *Hagestolz*, die „sich als Beständiges, durch Dauer Erhabenes" zeige, also v. a. zeitlich gefasst sei. Vgl. Adamy, Beitrag zum Verständnis von ‚Der Hagestolz', 1976, S. 90.

Schlingpflanze kletterte mauerwärts und nikte hinein, unten blizte der See, und die Sonnenstrahlen feierten auf allen Höhen ein Fest in Gold- und Silbergeschmeide.[535]

Die Natur, in der sich die Zeit, also die ‚ewig junge Gegenwart' von den Bergen bis
zur kleinsten ‚Schlingpflanze', räumlich abbildet,[536] wird zu einem Sichtfenster,
das den Blick auf die Unendlichkeit freigibt. Zugleich lässt das Unendliche die
Ruinen des Klosters zu einem ‚grauen Pünktlein' werden, kaum wahrnehmbar in
der Ewigkeit von Zeit und Raum. *Der Hagestolz* umschreibt hier die über geologische Erkenntnisse ins Bewusstsein getretene „zeitliche Begrenzung" des Menschen: Mit der Entdeckung des unvorstellbar hohen Erdalters beschränkt sich
„das menschliche Erdendasein letzten Endes auf eine Millimikrosekunde";[537] es
eröffnet sich, so Georg Braungart, eine „transhumane Perspektive", obwohl
Geologie im *Hagestolz*, anders als im *Nachsommer*,[538] nicht Thema ist. Gleichzeitig
wird in dieser menschlichen „Kränkung"[539] das Erhabene greifbar:[540] Menschliches Wirken wird zu einem ‚Fußtritt einer unbekannten menschlichen Vergangenheit', und lässt so die Natur zeitlich wie räumlich besonders groß und un-
fassbar erscheinen.

Scheitert aber auch Victor, der aufgrund seiner Jugend „nur einen Genossen"
auf der Insel hat, „nehmlich die Laubwelt, die lustig in der Verfallenheit sproßte

---

535 Der Hagestolz. In: HKG, Bd. 1,6, S. 91 f.
536 Schon an diesem kurzen Zitat zeigt sich, dass Wessels Interpretation der Insel als „heidni-
sche" – dazu werde sie mit dem Tod der Mönche – nicht zutrifft, denn nicht alles um Victor herum
ist „verkümmert, verkommen". Vgl. Wessel, Am Rande der Existenz, 1991, S. 174. Ähnlich argumentiert auch Seidler, wonach sich auf der Insel „überall Verwahrlosung und Trostlosigkeit" zeige
und „[e]indringlich [...] die Natur- und Lebensferne betont" werde. Seidler, Stifters Novelle ‚Der
Hagestolz', 1971, S. 6. Die Natur verliert aber ihre Fähigkeit zur ewigen zyklischen Erneuerung
nicht.
537 Gould, Die Entdeckung der Tiefenzeit, 1990, S. 13 f.
538 Nach Braungart liegt in der transhumanen Perspektive das Grundmotiv der Geologie und
zugleich auch der Grund für die anhaltende Faszination, die sie ausübt: „Durch sie werden Dimensionen eröffnet, welche den Menschen in seinen individuellen und kollektiven Bedeutsamkeiten radikal relativiert". Braungart, Poetik der Natur. Literatur und Geologie, 2009, S. 60, zum
Nachsommer vgl. S. 69 f.
539 Stephen Jay Gould reiht die Geologie über die Entdeckung der Tiefenzeit in Sigmund Freuds
Liste der menschlichen Kränkungen durch die Wissenschaften – die Kopernikanischen Wende,
Darwins Evolutionstheorie und Freuds eigene Psychoanalyse – als „vierte Kränkung" im Sinne
einer zeitlichen Marginalisierung ein. Vgl. Gould, Die Entdeckung der Tiefenzeit, 1990, S. 13.
540 Nach Braungart kommt mit der radikalen Relativierung des Menschen gegenüber unermesslichen Zeiträumen der Diskurs des Erhabenen ins Spiel. Vgl. Braungart, Poetik der Natur.
Literatur und Geologie, 2009, S. 60.

und keimte",[541] am Erhabenen der Zeit? Ist auch Victor Teil des Verfalls? Oder gewinnt zwar alles auf der Insel „symbolischen Charakter für das gespenstisch Museale, Absterbende, in das der Junge eintaucht",[542] dem er aber nicht angehört? Dafür würde sprechen, dass sich Victor selbst nicht dem Verfall zuspricht und dass sich sein Schicksal der Alterung nur in „den Mienen des alten Mannes", der ihn beim Schwimmen beobachtet, manifestiert: „Auch die hohe Schönheit des Jünglings war eine sanfte Fürbitte für ihn, wie die Wasser so um die jugendlichen Glieder spielten und um den unschuldsvollen Körper floßen, auf den die Gewalt der Jahre wartete, und die unenträthselbare Zukunft des Geschikes."[543] Wenn solche Gedanken vom Hagestolz ausgehen, ist dann nicht, wie Wessel schreibt, er die heimliche „Hauptgestalt" und als solche die einzige, die „gleichsam in einen kosmischen Zusammenhang",[544] also unter die Gewalt der Zeit gestellt wird? Dazu ein Blick zurück in das Kapitel „Gegenbild", in dem die Welt Victors der seines Onkels gegenübergestellt wird: „Die nehmliche Nacht ging mit dem kühlen Mantel aller ihrer Sterne gleichgültig herauf, ob junge Herzen sich des entschwundenen Tages gefreut und nie an den Tod gedacht hatten, als wenn es keinen gäbe – oder ob ein altes sich vor gewaltthätiger Verkürzung seines Lebens fürchtete und doch schon wieder dem Ende desselben um eine Tag näher war." Hier steht nicht nur der Hagestolz unter der Macht der Zeit, sondern auch die Jugend – Victor und seine Freunde – ist von ihrer gleichgültigen Macht und von der eigenen Vergänglichkeit bedroht, selbst wenn sie „nie an den Tod gedacht" hat. Und auch das Ende der Erzählung nimmt Victor nicht aus, sondern umfasst alles Irdische:

> Dann scheint immer und immer die Sonne wieder, der blaue Himmel lächelt aus einem Jahrtausend in das andere, die Erde kleidet sich in ihr altes Grün, und die Geschlechter steigen an der langen Kette bis zu dem jüngsten Kinde nieder: aber er [i. e. der Onkeln, E. H.] ist aus allen denselben ausgetilgt, weil sein Dasein kein Bild geprägt hat, seine Sprossen nicht mit hinunter gehen in dem Strome der Zeit. – Wenn er aber auch noch andere Spuren gegründet hat, so erlöschen diese, *wie jedes Irdische erlischt* – und wenn in dem Ocean der Tage endlich *alles, alles untergeht*, selbst das Größte und das Freudigste, so geht er eher unter, weil an ihm schon alles im Sinken begriffen ist, während er noch athmet, während er noch lebt.[545]

---

541 Der Hagestolz. In: HKG, Bd. 1,6, S. 109.
542 Adamy, Beitrag zum Verständnis von ‚Der Hagestolz', 1976, S. 86.
543 Vgl. Der Hagestolz. In: HKG, Bd. 1,6, S. 107.
544 Vgl. Wessel, Am Rande der Existenz, 1991, S. 183.
545 Beide Zitate aus Der Hagestolz. In: HKG, Bd. 1,6, S. 19 und 142, Hervorhebung E. H.

Zwar wird der Hagestolz hier aufgrund seiner Kinderlosigkeit[546] mit dem „unfruchtbaren Feigenbaum[]" verglichen; auch bleibt er ein Opfer seines Hangs zur Einsamkeit.[547] Dennoch ist er nicht als der „vom Leben Ausgeschlossene [...] das Individuum par excellence" oder das „Opfer" im „Brennpunkt des Werkes",[548] denn ‚jedes Irdische erlischt' und es wird ‚alles, alles untergehen'. Victor ist davon nicht ausgenommen; nichts wird davon ausgenommen. Im apokalyptischen Schluss der Erzählung sind es die Tage – als Zeiteinheit –, die durch ihr Vergehen unwiderruflich den Untergang bringen, auch wenn sich immer wieder der blaue Himmel zeigt und die Pflanzen sich immer wieder in ihrem ‚alten Grün' kleiden. Der Untergang, und mag er noch so fern sein, bedroht nicht nur den alten Mann auf der Insel, sondern jedes Subjekt in seiner (auch im Sinne Kants)[549] Autonomie der Vernunft. Der Triumph der Vernunft über das Scheitern der Einbildungskraft[550] angesichts der Ewigkeit von Zeit und Raum muss einem Erschrecken weichen, das, wie schon die Gebirgserfahrungen Victors, vom Burke'schen Erhabenen zeugt:[551] Hinter der Zeit liegt der „king of terrors", der Tod, dessen

---

546 Vgl. dazu Adamy, Widerschein des göttlichen Waltens, 1977, S. 96–99.

547 Der Onkel kommt nicht zur Hochzeit seines Neffen, „denn wie er einmal selber gesagt hatte, es war alles, alles zu spät, und was versäumt war, war nicht nachzuholen." Der Hagestolz. In: HKG, Bd. 1,6, S. 142.

548 Wessel warnt davor, „aus Stifters Werken nur ein harmloses, glättendes Harmonieideal herauszulesen". Vgl. Wessel, Am Rande der Existenz, 1991, S. 183 f. Das herauszustellen erscheint mit wichtig, da selbst im Fall des *Hagestolzes*, dessen pessimistischer Schluss kaum geleugnet werden kann, nach einem solchen Ideal gefahndet wird. So geht Höller zwar von einer grundsätzlichen Gegenüberstellung von Totem und Lebendigem aus, doch werde „im Medium der Kunst die Entfremdung und [der] Tod" besiegt. Vgl. Höller, Bernhard und Stifter, 1985, S. 30 f. Nach Scholz gehe der Pessimismus in der „Beschwörung der ‚heilen Welt'" auf. Vgl. Scholz, ‚Melancholie' hinter dem Abbild der heilen Welt, 2002/2003, S. 9 f.

549 Nach Kant könne die „Freiheit des Willens" nichts anderes sein als „Autonomie, d. i. die Eigenschaft des Willens, sich selbst ein Gesetz zu sein". Deshalb müsse „Freiheit [...] als Eigenschaft des Willens aller vernünftigen Wesen vorausgesetzt werden." Das bedeute, „daß wir jedem vernünftigen Wesen, das einen Willen hat, notwendig auch die Idee der Freiheit leihen müssen, unter der es allein handle." Vgl. Kant, Schriften zur Ethik, 1974, S. 81–83 [Grundlegung der Metaphysik der Sitten].

550 Ach bei Kant sei das Erhabene „eine Figur der Ohnmacht der Einbildungskraft". Fœssel, Analytik des Erhabenen, 2008, S. 105.

551 Die Imagination des Weltuntergangs erinnert an Joseph Johann von Littrows *Wunder des Himmels*; dort heißt es: „Denn überall, wo wir in dem Weltraume Entstehen, Wachsthum und Zunahme bemerken, da muß auch Abnahme und Tod seyn, und wo immer im Wechsel der Dinge *Fortgang* ist, da ist auch *Untergang*: [...] Alles, was Körper, das heißt, was sterblich ist, eilt seiner Auflösung entgegen, und kann von keiner Kraft davon zurück gehalten werden." Littrow, Die Wunder des Himmels, 1837, S. 648. Auch Littrows Weltuntergangsszenario ist in das Burke'sche

Wirkung nach Burke noch weit eindrucksvoller ist als die des Schreckens oder des Schmerzes. Hinter dem Scheitern an der Unendlichkeit zeigt sich aber zugleich die Erhabenheit der Unendlichkeit: „It is our ignorance of things that causes all our admiration, and chiefly excites our passions. Knowledge and acquaintance make the most striking causes affect but little. [...] The ideas of eternity, and infinity, are among the most affecting we have, and yet perhaps there is nothing of which we really understand so little, as of infinity and eternity."[552] Dennoch muss auch Victor wie alle und alles – „selbst das Größte und das Freudigste" – eines Tages „in dem Ocean der Tage endlich [...] untergeh[en]"; auch er wird zum Teil eines „Fußtritt[s] einer unbekannten menschlichen Vergangenheit" werden.[553]

Auf dem Gipfel – *Der Nachsommer*

Lange vor der „Renaissance des Raumbegriffs"[554] schrieb Herbert Seidler über Adalbert Stifters *Nachsommer:* „[E]s gibt keine Stellen in dieser Dichtung, die nicht räumlich bestimmt und in Räumen eingefangen wären"; in der „Gesamt-anlage" des Romans sei „der Raum als Kosmos und Struktur vieler einzelner Raumgebilde sicher eine, wenn nicht die Ganzheit schaffende Kraft."[555] In diesem Abschnitt meiner Arbeit werde ich unter Rückgriff auf Seidler und Andere einen ganz speziellen Raum im *Nachsommer* analysieren – den Gletscher, „die Eisfelder der Echern".[556] Seidler ist nicht der einzige, dem die dezidiert räumliche Kon-struktion des *Nachsommers* aufgefallen ist; auch Christian Begemann stellt fest: „Zu Recht hat daher die Forschung den ‚Nachsommer' in die Tradition der Idylle und der Utopie, nicht zuletzt der Raumutopien des 18. Jahrhunderts gestellt."[557]

Erhabene eingebettet. Vgl. dazu in Kapitel I dieser Arbeit den Abschnitt *Das Erhabene in Physik und Astronomie – Baumgartner und Littrow*, S. 90 – 95.

552 Burke, A Philosophical Enquiry, 2008, S. 24 f., Zitat S. 43.

553 Der Hagestolz. In: HKG, Bd. 1,6, S. 142 und 92.

554 Bachmann-Medick, Spatial Turn, 2009, S. 286. Nach Bachmann-Medick ist der „erzählte" Raum schon vor dem *spatial turn* von der Phänomenologie bis zur Semiotik behandelt worden. Die Bedeutung des *spatial turn* liege deshalb darin, die Literaturwissenschaft weggeführt zu haben „von der Überbewertung innerer Räume und hin zu einer Aufwertung realer Räume, als Thema, aber auch als Bedingungsumfeld literarischer Texte". Vgl. ebd., S. 308 f., Zitat S. 310.

555 Herbert Seidler, Gestaltung und Sinn des Raumes in Stifters ‚Nachsommer'. In: Stiehm, Lothar (Hg.), Adalbert Stifter. Studien und Interpretationen, Heidelberg 1968, S. 203 – 226, hier 205 und 226.

556 Der Nachsommer. In: HKG, Bd. 4,3, S. 99.

557 Begemann, Welt der Zeichen, 1995, S. 323.

Allerdings beschäftigt sich Begemann – wie einige andere auch[558] – nur am Rande mit den Räumen des Hochgebirges. Für ihn steht der Raum und die Gesellschaft des Asperhofs alleinig im Mittelpunkt des Romans; von diesem doch sehr speziellen Raum schließt Begemann offenbar auf nahezu alle Räume in Stifters Werk: „Wie alle Räume in Stifters Welt, die strukturell auf merkwürdig verquere Weise eine hohe Stringenz entfalten, ist auch die räumliche Gestalt der Anlagen Risachs kein Zufall, sondern ein signifikantes Faktum". So präge sich der Subjektivismus „weniger in der Charakteristik der Figuren aus, wo er bis auf Spuren verschwunden ist, als in der Struktur."[559] Den Roman aufgrund der im „Rosenhaus"[560] vorherrschenden Kultivierung von Natur und Subjekt als, so Sabina Becker, „Ausprägungen [eines] Ordnungsdrangs und [von] Regulierungsobsessionen" zu interpretieren,[561] liegt zwar nahe; dennoch dürfen darüber die Räume des Hochgebirges, in denen sich besonders der Protagonist[562] und Ich-Erzähler Heinrich bewegt, nicht außer Acht gelassen werden. Seidler betont „eine unverwechselbare Atmosphäre, gleichsam eine Individualität" der Räume im *Nachsommer*, die aber nicht nur auf den Asperhof beschränkt bleibe. Gerade anhand

---

558 Z. B. nach Brahim Moussa werde im *Nachsommer* „kein Werdegang erzählt, sondern die Geschichte einer post-chronologischen Zeit [...]. Nicht eine Handlung wird erzählerisch verfolgt, sondern ein Stillstand, nicht eine zeitliche Entwicklung ist das Thema im *Nachsommer*, sondern der Raum", denn: „Im heterotopischen Raum wird keine Geschichte erzählt, sondern der Raum in seiner ganzen Fülle." Brahim Moussa, Heterotopien im poetischen Realismus. Andere Räume, andere Texte, Bielefeld 2012, S. 103 und 106. Allerdings beschäftigt sich Moussa wie schon Begemann fast ausschließlich mit dem Raum des Asperhofs.

559 Die Struktur entwickle „ihre volle ‚argumentative' Kraft, indem sie *zeigt*, daß im Innersten von Risachs vermeintlich ökologischer Kulturation der Natur wieder nur das Subjekt am Werk ist, das sein eigenes Begehren der Absicht der Natur selbst unterschiebt." Begemann, Welt der Zeichen, 1995, S. 346. Nach Moussa ist der Asperhof ein „Raum der Zwänge und Gewaltausübung". Moussa, Heterotopien im poetischen Realismus, 2012, S. 122.

560 Der Asperhof wird von Heinrich „Rosenhaus" genannt. Vgl. Der Nachsommer. In: HKG, Bd. 4,1, S. 177.

561 Für Becker bildet die Figur des Risachs das unangefochtene Zentrum der Ordnungsobsessionen: „Alle Beteiligten sind hiervon betroffen, nicht nur Risach, dessen Ordnungs- und Zuchtphantasien mit Blick auf seine unglücklich verlaufende Lebensgeschichte als sublimatorische Reaktion gedeutet werden können." Becker, Inszenierte Ordnung in Stifters *Nachsommer*, 2007, S. 321.

562 Wer der eigentliche Protagonist des Romans sei, wurde in der Forschung schon mehrfach diskutiert; da sich meine Arbeit hier wie auch im Kapitel III.6 auf das Erhabene und die Geologie konzentrieren wird, steht die Figur des Heinrich Drendorfs im Mittelpunkt. Des Weiteren findet Mathias Mayer eine, wie mir scheint, sehr gute Lösung dieser Frage: Der *Nachsommer* sei „nicht eine Individualgeschichte, sondern ein Familienroman, allerdings gerade nicht im realen, biologischen Sinn", sondern im Sinne von „Adoption", wie „bei Heinrich und auch bei Gustav", Risachs Ziehsohn. Mayer, Erzählen als Erkennen, 2001, S. 170.

seiner Gipfelerlebnisse ziehe Heinrich „in seinem Geist in Vorstellungen das, was er nicht sehen kann, noch mit ein [...]. In den Gedanken an die ungeheuren Perioden der Erdgeschichte umgreift er die Vergangenheiten unseres Planeten; im aufbrechenden Liebeserleben erschaut er in Ehrfurcht am nächtlichen Sternenhimmel die Grenzenlosigkeit und Unerforschlichkeit des Weltalls."[563] Auch Hans Dietrich Irmscher macht zwei verschiedene „Landschaftstypen" in Stifters Werk – hier speziell in *Zwei Schwestern* – aus, „die zudem häufig ausdrücklich einander entgegengesetzt werden: unfruchtbare Öde einerseits, fruchtbare Kulturlandschaft andererseits", wobei Ersteres das „Schwermütig-Erhabene" als „locus tristis" zeige.[564]

Neben Irmscher und Seidler, die den unterschiedlichen Räumen bei Stifter zumindest teilweise gerecht werden, und dem Extrem, neben dem Asperhof keine anderen Räume des *Nachsommers* Beachtung zu schenken, gibt es in der Forschung auch die umgekehrte Lesart: Sean Ireton erwähnt Risach und den Asperhof mit keinem Wort, sondern konzentriert sich ausschließlich auf den Schauplatz des Hochgebirges und Heinrichs sportliche Aktivitäten, vorzugsweise das Klettern. „Heinrich's development [...] occurs in continual correlation to the geological formations among which he roams".[565] Prinzipiell erscheint mir Iretons These in Grundzügen zutreffend – auch in dieser Arbeit soll die Funktion der Geologie[566] in Verbindung mit dem Erhabenen für Heinrichs Entwicklung untersucht werden. Dem Asperhof und seiner Gesellschaft aber überhaupt keine Beachtung zu schenken, wird dem Roman nicht gerecht, bedenkt man, wie viel Zeit Heinrich bei Risach verbringt. An dieser Stelle meiner Arbeit möchte ich mich

---

563 Seidler, Gestaltung und Sinn des Raumes, 1968, S. 205.

564 Hans Dietrich Irmscher, Adalbert Stifter. Wirklichkeitserfahrung und gegenständliche Darstellung, München 1971, S. 146.

565 Ireton, Geology, Mountaineering, and Self-Formation, 2012, S. 204.

566 Wie schon dargelegt, stellt Ireton das Klettern in den Vordergrund: „Moreover, Heinrich pursues his scientific research not only at the base or on the flanks of mountains but also on top of them, so that hiking and climbing inevitably become part of his education." Auch der „panoramic height of reflection", den Ireton allerdings nicht mit dem Erhabenen, sondern recht uneindeutig mit „feelings of awe" und Petrarcas Besteigung des Mont Ventoux zu erklären sucht, spiele eine Rolle. Vgl. ebd., S. 194 f. Petrarcas Briefbericht mit dem Erhabenen oder überhaupt mit einer ästhetischen Erfahrung zusammenzubringen, ist aber in der Forschung umstritten. Ruth und Dieter Groh ziehen den Bericht als eines „der spektakulärsten Beispiele dafür" heran, „daß ein kulturelles Muster die sinnliche, ästhetische Erfahrung von Natur verhindern kann". Petrarca reflektiere nur „Gelesenes" und „seine eigene Vergangenheit", nicht aber „Gefühle für die Schönheit oder Erhabenheit der Natur". Vgl. Groh/Groh, Kulturelle Muster, 1996, S. 28.

allerdings ganz auf „die Eisfelder der Echern"[567] konzentrieren, die – so meine These – wie schon die Hochebene in *Zwei Schwestern* oder die Wüste in *Abdias* einen glatten Raum darstellen, der dem Betrachter das Erhabene zuteil werden lässt.

Stifter war allerdings nie auf einem Gletscher; als Quelle dienten ihm deshalb in erster Linie die Berichte des Gletscherforschers Friedrich Simony wie *Drei Dezembertage auf dem Dachsteingebirge.*[568] Besonders in den Beschreibungen von Sonnenaufgängen auf dem Gletscher zeigt sich, „wie oft in diesen Zusammenhängen bei Stifter und Simony, die Vorstellung des Erhabenen".[569] Zudem finden sich auch bei Simony Stellen, in denen das Gebirge zumindest in Ansätzen als glatt beschrieben wird. So stellt Simony in *Eine Winterwoche auf dem Hallstätter Schneegebirge* die Wirkung des vom Schnee dominierten Panoramas im Vergleich zum Anblick im Sommer heraus:

> Welch ein unermesslich grossartiges Bild rollte jetzt um mich auf – dieser über einen sieben Länder umschliessenden Horizont gebreitete Winter! Nicht jener bunte Wechsel von Gletschern, Firnen, Felsen, Wäldern, Wiesen, Seen, den dieses unabsehbare Panorama im Hochsommer dem muthigen Ersteiger bietet und dessen Blick durch das Uebermass von Formen und Farben beinahe verwirrt – wie der von der Hand des höchsten Geistes in den Weltraum hineingezeichnete Schöpfungsgedanke einer neuen Erde, welche nun plötzlich in vollendeter luftiger Lichtgestalt aus dem dunkeln Chaos hervortritt, der aber noch die volle Verkörperung, die Farbe des Lebens fehlt – so erschien mir jetzt dieses schneeverhüllte Ländergemälde.[570]

---

567 Der Nachsommer. In: HKG, Bd. 4,3, S. 99. Der Rolle des Asperhofs in Heinrichs künstlerischer Ausbildung wird in dieser Arbeit in Kapitel III.6, besonders im Abschnitt *Natur oder Kunst?*, nachgegangen.

568 Die Beziehung zwischen Stifter und Simony wird nahezu von allen Stifter-Biographen als eine wichtige Freundschaft im Leben Stifters beschrieben. Vgl. z. B. Jungmair, Stifters Linzer Jahre, 1958, S. 14–16. Auch nach Ireton sei die Beschreibung der winterlichen Gletscherwanderung im *Nachsommer* „largly based on, if not copied from, Simony's article ‚Drei Dezembertage auf dem Dachsteingebirge' [...]. To Stifter's credit, he is paying homage to his geologist friend rather than simply appropriating images to which he, a less hearty outdoorsman who never set foot on a glacier, was not privy." Ireton, Geology, Mountaineering, and Self-Formation, 2012, S. 200 f. Nach Georg Braungart handelt es sich beim Rückgriff Stifters auf Simony allerdings nicht um ein reines Kopieren oder um einen Freundschaftsdienst, vielmehr suche Stifter die „direkte Auseinandersetzung mit Simonys Wissenschaftsverständnis"; seine Darstellung lese sich „wie eine späte Antwort auf Simonys damalige, stilistisch-poetisch durchaus ehrgeizige Schilderungen." Es geht also „um die Hoheit über den Natur-Diskurs." Braungart, Stifter besucht den Gletscherforscher Friedrich Simony, 2004, S. 106 f.

569 Ebd., S. 112.

570 „Eine unnennbare Erhabenheit lag in dieser winterlichen Monotonie, eine fühlbare Gottesmajestät, die mich gewaltiger erfasste als alle früheren Eindrücke". Simony, Eine Winterwoche, 1847, S. 133.

Simonys und Stifters Texte stehen zudem in derselben Tradition: Wo ehemals furchterregende Berge waren, entstand im späten achtzehnten und frühen neunzehnten Jahrhundert ein neues wissenschaftliches Forschungsfeld, eingebettet in das Erhabene.[571] Mit Naturwissenschaften wie der Geologie, Mineralogie aber auch der Meteorologie, so Martin Scharfe, kristallisierte sich schon zu Beginn des neunzehnten Jahrhunderts die sogenannte Epoche des „„wissenschaftliche[n] Alpinismus'" heraus, die „in kürzester Zeit [...] jahrtausendealte[] Tabus" überwand: „[S]ie ließ in einem aufregenden Prozess eine neuartige Neugier als kulturelle Norm entstehen; sie rannte in heftigen Wellen unermüdlich gegen die vorher nie bestiegenen ‚Eiswüsten' an. Sie bedeutet [...] den eigentlichen Durchbruch, und dieser Durchbruch geschah gleich zu Beginn der neuen Ära des Bergreisens." Scharfe betont den Zusammenhang zwischen Alpinismus und „Seelenerfahrungen" in dieser Zeit; demnach sei „zu vermuten, daß den Alpinhistorikern, die um 1900 [...] den Ton angaben, eine Großzahl der sensiblen Berichte aus der Zeit um 1800 suspekt war, weil sie die Verfasser – wegen ihrer freimütig mitgeteilten Schreckenserlebnisse, wegen ihrer Achtsamkeit auf feinste Gefühlsregungen [...] – nicht als ‚richtige Männer' wahrzunehmen in der Lage waren."[572] In diesem Kontext muss auch der *Nachsommer* – obwohl erst 1857 und damit nach dem von Scharfe untersuchten Zeitraum erschienen – gesehen werden; denn die Glätte, die dem Gipfel-Raum im *Nachsommer* zukommt, fördert das erhabene Gefühl zutage. Gerade im *Nachsommer*, so die These, zeigt sich dabei ein nahezu ‚reines' Kant'sches Erhabenes.[573]

Gletscher und Gipfelblick spielen in Heinrichs geologischen Forschungen von Anfang an eine wichtige Rolle: „[I]ch ließ mich von den Führern nicht blos auf das Eis der Gletscher geleiten, welches mich sehr anregte, und zur Betrachtung auf-

---

571 Zur ‚Entdeckung' der erhabenen Alpenlandschaft vgl. Gisi, Der Wandel des ‚Blicks' auf die Alpen, 2004.

572 Martin Scharfe, Berg-Sucht. Eine Kulturgeschichte des frühen Alpinismus 1750 – 1850, Wien u. a. 2007, S. 22 und 24. Scharfe setzt sich mit der gängigen Forschungsmeinung auseinander, die den modernen Alpinismus erst mit „Rekordmanie und Kult der Erstbesteigung" um 1900 beginnen lässt, und die die Ära der Naturwissenschaften als „*Prä*-Alpinismus" abwertet. Vgl. ebd., S. 20 f.

573 Damit wird hier Irmschers These widersprochen, wonach die „Kategorie des *Erhabenen*, mit deren Hilfe es den Dichtern des 18. Jahrhunderts noch gelungen war, die Schrecken des unendlichen Alls zu bannen und dem Menschen seine bevorzugte Stellung in ihm zu retten, [...] für Stifter, obwohl er zunächst hartnäckig an ihr festhält, ihren Charakter als spannungsvolle Einheit zu verlieren" beginne. Das Erhabene verwandle sich in das „bloß noch Furchtbare", es bleibe entweder die Flucht in die Subjektivität oder in die eigenen vier Wände. Vgl. Irmscher, Wirklichkeitserfahrung und gegenständliche Darstellung, S. 163.

forderte, sondern bestieg auch mit ihrer Hilfe die höchsten Zinnen der Berge",[574] heißt es zu Beginn des Romans. Und auch das Erhabene im Hochgebirge wird von Heinrich schon ab dem zweiten Besuch empfindet; ja, es scheint, als käme er erst mit dem Erhabenen zu seiner Berufung, der Geologie:[575]

> Hatte ich das erste Mal nur im Allgemeinen geschaut, [...] so ging ich jezt schon mehr in das Einzelne, ich war meiner schon mehr Herr, und richtete die Betrachtung auf besondere Dinge. Viele von ihnen drängten sich an meine Seele. Ich saß auf einem Steine, und sah die breiten Schattenflächen und die scharfen oft gleichsam mit einem Messer in sie geschnittenen Lichter. Ich dachte nach, weßhalb die Schatten hier so blau seien und die Lichter so kräftig und das Grün so feurig und die Wässer so blizend.[576]

Außerdem zeigt sich auch hier eine besondere Eigenheit von Stifters Raumdarstellung: Trotz des Detailreichtums werden nicht eindeutige Gegenstände benannt, sondern nur deren Farben, deren Schatten und die ‚gleichsam mit einem Messer in sie geschnittenen Lichter'. In diesem Sinne entsteht auch im Hochgebirge ein „Affekt-Raum",[577] dessen Wirkung auf Heinrich im Erhabenen liegt; hier ein Beispiel aus dem zweiten Band des Romans:

> Oft, wenn ich von dem Arbeiten ermüdet war, oder wenn ich glaubte, in dem Einsammeln meiner Gegenstände genug gethan zu haben, saß ich auf der Spize eines Felsens, und schaute sehnsüchtig in die Landschaftsgebilde, welche mich umgaben, oder blickte in einen der Seen nieder, wie sie unser Gebirge mehrere hat, oder betrachtete die dunkle Tiefe einer Schlucht, oder suchte mir in den Moränen eines Gletschers einen Steinblock aus, und saß in der Einsamkeit, und schaute auf die blaue oder grüne oder schillernde Farbe des Eises.[578]

Auch hier zeigt sich die für Stifter eigentümliche Gegenstandslosigkeit[579] und Heinrichs Faszination dafür. Zwar betrachtet er aktiv die ‚Landschaftsgebilde', die ihn umgeben, die Seen, die Gerölle der Gletscher, die Tiefen der Schluchten, schlussendlich sind es aber wieder nur die Farben und nicht die eindeutigen Gegenstände, die den Höhepunkt der Aufzählung bilden. Zugleich – und das ist besonders wichtig für die Gletscherwanderung – artikuliert Heinrich eine bestimmte Wirkung des Gebirges auf ihn hier zum ersten Mal: „Wenn ich wieder thalwärts kam, und unter meinen Leuten war, die sich zusammenfanden, war es

---

574 Der Nachsommer. In: HKG, Bd. 4,1, S. 40.
575 Vgl. dazu in Kapitel III.6 dieser Arbeit den Abschnitt *Heinrichs Berufung zur Geologie*.
576 Der Nachsommer. In: HKG, Bd. 4,1, S. 39.
577 Vgl. dazu Deleuze/Guattari, Tausend Plateaus, 1992, S. 664.
578 Der Nachsommer. In: HKG, Bd. 4,2, S. 10.
579 Vgl. dazu Irmscher, Phänomen und Begriff des Erhabenen, 1991, S. 34. Allerdings bezieht Irmscher den *Nachsommer* kaum in seine Untersuchung des Erhabenen bei Stifter mit ein.

mir, als sei mir alles wieder klarer und natürlicher."[580] Grund dafür ist nicht nur die sportliche Aktivität Heinrichs im Gebirge – Ireton stellt das Klettern in den Fokus seines Aufsatzes[581] –, Grund dafür ist in erster Linie der Blick in die Weite als ein Zeichen des Unendlichen,[582] wie sich in der Analyse der Gletscherwanderung noch deutlich zeigen wird.

Welchen Stellenwert das Gipfelerlebnis[583] für Heinrich haben wird, kündigt der Umstand an, dass es Natalie ist, gegenüber der er sein Vorhaben, einen Gletscher im Winter aufzusuchen, zum ersten Mal äußert. Während einer ihrer zufälligen Begegnungen im Sternenhof (zu Beginn des dritten Bands) legt Heinrich ihr seinen Plan dar: „Ich trage schon lange den Gedanken in mir, einmal auch im Winter in das Hochgebirge zu gehen, und dort eine Zeit zuzubringen, um Erfahrungen zu sammeln. Es ist seltsam, und reizt zur Nachahmung, was uns die Bücher melden, die von Leuten verfaßt wurden, welche im Winter [...] die Spizen bedeutender Berge erstiegen haben."[584] Neben der Darlegung seines Vorhabens gegenüber Natalie, die gerade deshalb bemerkenswert ist, weil Heinrich gegenüber Mitgliedern der Rosenhausgesellschaft eigentlich nur dann von seinem Beruf spricht, wenn er danach gefragt wird,[585] ist auch Heinrichs Herangehensweise an sein Unternehmen erstaunlich. Er bringt darüber den üblichen Ablauf des Jahres durcheinander – und er tut das auf eigenen Entschluss hin: „So war der Winter gekommen. Ich faßte, weil ich schon nach dem Rathe des Vaters beschlossen hatte, im Winter meinen Gastfreund zu besuchen, zugleich auch den Entschluß, einmal im Winter in das Hochgebirge zu gehen, und, wenn dies möglich sein sollte, einen hohen Berg zu besteigen, und auf dem Eise eines Gletschers zu verweilen." Auch wenn es der Vater ist, der Heinrich aufträgt, Risach im Winter zu besuchen, so ist es doch Heinrichs Entscheidung, einen solchen Besuch für eine Gletscherersteigung zu nutzen. Dabei stehen Risach und der Asperhof nur an zweiter Stelle, denn Heinrich „hatte vor, zuerst die Gebirge und dann meinen

---

580 Der Nachsommer. In: HKG, Bd. 4,2, S. 10.

581 Vgl. Ireton, Geology, Mountaineering, and Self-Formation, 2012, S. 198 f.

582 „Erhaben ist also die Natur in derjenigen ihrer Erscheinungen, deren Anschauung die Idee ihrer Unendlichkeit bei sich führt." Kant, Analytik des Erhabenen, 1968, S. 342.

583 Nach Braungart laufe der Roman auf das Gipfelerlebnis „im dritten Kapitel des letzten Bandes zunächst durchaus zu". Braungart, Stifter besucht den Gletscherforscher Friedrich Simony, 2004, S. 111.

584 Der Nachsommer. In: HKG, Bd. 4,3, S. 21. Es gibt noch einen weiteren Besuch eines Gletschers, der explizit erwähnt wird; Heinrich steigt zusammen mit Klotilde auf das Kargat. Vgl. ebd., S. 91.

585 Vgl. ebd., Bd. 4,1, S. 126, 307; Bd. 4,2, S. 212, 261; Bd. 4,3, S. 27. Nur seiner Schwester Klotilde und der Fürstin in Wien berichtet Heinrich von sich aus. Vgl. zur Fürstin Bd. 4,2, S. 57, 172; Bd. 4,3, S. 43 f., zu Klotilde v. a. die gemeinsame Reise im Hochgebirge ebd., S. 84 – 96.

Gastfreund zu besuchen".[586] Zumindest im Vorfeld der geplanten Gletscherwanderung kann das Rosenhaus nicht als Mitte und Zentrum des Romans gelten;[587] schließlich weicht Heinrich für die Expedition auf die Echern und im Übrigen auch für die gemeinsame Alpenreise mit seiner Schwester Klotilde vom üblichen Jahresablauf ab.[588] Diese Emanzipation vom Rosenhaus stellt die beiden Exkursionen in besonderer Weise heraus – beide sind, und im Falle der ersteren soll das hier gezeigt werden,[589] in eigentümlicher Weise bedeutungsvoll für die seelische Entwicklung Heinrichs. Gerade die Besteigung der Echernspitze bietet ihm die Möglichkeit eines Ausbruchs aus Risachs „Regulierungsobsessionen", die vor allem im Asperhof zentral sind und zumindest dort auch vor der Natur nicht Halt machen. Der Gletscher aber zeigt keine „gebändigte und gezüchtete Natur",[590] sondern ist das Gegenteil davon: Schreckliches, Magisches,[591] Unendliches liegt in ihm, also die unmittelbare Erfahrung des Erhabenen.

„In den Wanderungen [...] ‚erfährt' im wörtlichen Sinne Heinrich seine Entfaltung. Dabei spielt die Wiederholung des Wanderns durch gleiche Räume eine Rolle. Wiederholtes Gehen durch die Räume des Rosenhauses [...], wiederholte Fahrten zum Sternenhof, [...] wiederholte Besteigungen derselben Berge."[592] Seidlers Einschätzung der rhythmisierten, sich immer wieder wiederholenden

---

586 Beide Zitate ebd., S. 98.

587 Nach Seidler sei das Rosenhaus das Zentrum des Romans, „weil alle Exkursionen, Fahrten und Reisen nun vom Rosenhaus ausgehen und zu ihm zurückführen." Alle anderen Häuser seien nur „ein schwaches Abbild der zentralen Mitte des ganzen Romans", auch der Sternenhof. Vgl. Seidler, Gestaltung und Sinn des Raumes, 1968, S. 216 f.

588 Auch Walter Priebe betont die „beträchtliche Kombinationsvielfalt" in Heinrichs Jahresabläufen, Walter Priebe, Bild und Gegenbild – Entwicklungszyklen eines hermetischen Erfolgsmodells in Stifters *Nachsommer*. In: JASILO 6 (1999), S. 64 – 82, hier 68.

589 Zur gemeinsamen Reise der Geschwister ins Hochgebirge vgl. in Kapitel III.6 dieser Arbeit den Abschnitt *Das Freiheitsmoment im Erhabenen: Heinrichs Gebirgsexpeditionen*.

590 Vgl. Becker, Inszenierte Ordnung in Stifters *Nachsommer*, 2007, S. 321 und 329.

591 Auch in diesem Fall steht Stifter in der Tradition des Alpinismus zu Beginn des neunzehnten Jahrhunderts. Vgl. Scharfe, Berg-Sucht, 2007, S. 141 – 143.

592 Seidler, Gestaltung und Sinn des Raumes, 1968, S. 219. Der Vollständigkeit halber sei an dieser Stelle auch die Monographie *The Biedermeier Odyssey* von Geoffrey Charles Orth erwähnt. Orth geht es in erster Linie darum, in Stifters Reisebeschreibungen ein „Biedermeier ideal" zu belegen: „A prime task in Biedermeier literature – and in Stifter's works in particular – is the conversion of eccentrics and rootless wanderers to a useful and meaningful life in community." Demnach ‚erwandert' sich Heinrich sein „Biedermeier ideal". Vgl. Geoffrey Charles Orth, The Biedermeier Odyssey: The Motif of the Journey in Adalbert Stifter's Studien and Der Nachsommer, o. O. 1976, S. 10 f. und 99. Zum einen kann das kaum für alle Texte der *Studien* gelten, wie oben besonders anhand von *Abdias*, *Brigitta* und *Zwei Schwestern* gezeigt wurde. Zum anderen bespricht Orth die Gletscherwanderung überhaupt nicht.

Gänge Heinrichs ist sicherlich zuzustimmen; allerdings bildet die Gletscherwanderung, die ja schon den üblichen Jahresablauf durchbricht, auch bezüglich des Wanderns eine Ausnahme, denn hierbei handelt es sich um ein besonderes Wandern. Die „Korrelierung von Raum und Bewegung" ist im Fall der Gletscherwanderung von der Glätte des Raums bestimmt, so dass Heinrichs „subjektive Verortungsversuche"[593] im Raum besonders schwierig sind. Wie schon für die Erzählungen *Abdias*, *Brigitta*, *Zwei Schwestern* und *Der Hagestolz* gilt auch für den Gletscher im *Nachsommer*: Der Wanderer muss sich den Raum, den er durchwandert, in besonderer Weise zu eigen machen, er muss sich zumindest punktuell den speziellen Raum speziell organisieren und gerade in diesem Fall in besonderem Maße „wie der Raum [...] sein".[594] Letzteres gelingt, wie schon zuvor im *Hagestolz*, über die Andeutung einer Kerbung im Erhabenen.

Zu Beginn der Wanderung, nachdem Heinrich und sein Begleiter Kaspar die „Hochebene der Echern" erreicht haben – den Weg durch den Schnee können sie aber nur finden, weil sie „der Gegend sehr kundig waren" –, verweilt die Erzählung einige Zeit in diesem Raum:

> Die Oberfläche der Echern oder die Hochebene, wie man sie auch gerne nennt, ist aber nichts weniger als eine Ebene, sie ist es nur im Vergleiche mit den steilen Abhängen, welche ihre Seitenwände gegen den See bilden. Sie besteht aus einer großen Anzahl von Gipfeln, die hinter und neben einander stehen, verschieden an Größe und Gestalt sind, tiefe Rinnen zwischen sich haben, und bald in einer Spize sich erheben, bald breitgedehnte Flächen darstellen. Diese sind mit kurzem Grase und hie und da mit Knieföhren bedeckt, und unzählige Felsblöcke ragen aus ihnen empor. Es ist hier am schwersten durchzukommen. Selbst im Sommer ist es schwierig, die rechte Richtung zu behalten, weil die Gestaltungen einander so ähnlich sind, und ein ausgetretener Pfad begreiflicher Weise nicht da ist: wie viel mehr im Winter, in welchem die Gestalten durch Schneeverhüllungen überdeckt und entstellt sind, und selbst da, wo sie hervorragen, ein ungewohntes und fremdartiges Ansehen haben.[595]

Eine einfache Organisation des Räumlichen ist schon am Fuß des Gletscher kaum möglich; es gibt keine Punkte, an denen sich die Wanderer orientieren könnten, und auch – ganz ähnlich wie in *Zwei Schwestern* – keinen Pfad und keine Markierungen. Der offenbar in seiner Ausdehnung auch sehr große Raum – selbst die im Sommer hier grasenden Herden „verschwinden" darin[596] – ist zwar mit einer

---

593 Hallet/Neumann, Raum und Bewegung in der Literatur, 2009, S. 20.

594 Vgl. dazu Deleuze/Guattari, Tausend Plateaus, 1992, S. 668.

595 Der Nachsommer. In: HKG, Bd. 4,3, S. 102 f.

596 „Es sind mehrere Alpenhütten in diesem Gebiethe zerstreut, und es befinden sich im Sommer Heerden hier oben, die aber, wie zahlreich sie auch sind, in der großen Ausdehnung verschwinden, und sich gegenseitig oft Monate lang nicht sehen." Ebd., S. 103.

‚großen Anzahl von Gipfeln' unterschiedlichster Gestalt angefüllt, und ‚unzählige Felsblöcke' säumen den Weg, aber gerade diese Vielzahl von, wie es später heißt, „Erdbildungen",[597] verhindert eine eindeutige „Aneignung wie Erschließung [der] räumliche[n] Anordnungen".[598] Das zeigt sich schon in der Benennung des Raums als „Hochebene": Heinrich – der Geologe – stellt klar, dass der Raum „nichts weniger als eine Ebene" ist; der Raum ist also selbst in der Mundart der Einheimischen nicht ‚richtig' erfasst. Und Heinrich und Kaspar müssen sich sehr davor hüten, sich zu verirren: „Wir wünschten noch beim Lichte des Tages über diese Erdbildungen hinüber zu kommen, und hatten vor, zu Einhaltung der Richtung uns gegenseitig in unserer Kenntniß der Riffe und Hügelgestaltungen zu unterstüzen, und uns die entscheidenden Bildungen wechselseitig zu nennen und zu beschreiben."[599] Nur die in den Sommern gewonnene Ortskenntnis lässt sie den Weg durch die Felsenlandschaft finden, die im Winter aufgrund der ‚Schneeverhüllungen' selbst für so erfahrene Bergsteiger wie sie ‚ein ungewohntes und fremdartiges Ansehen haben'.

Erst nachdem Heinrich und Kaspar am „oberen Ende der Hochebene, wo wieder die größeren Felsenbildungen beginnen", angelangt sind, können sie sich anhand eines bestimmten Raummerkmals überzeugen, dass sie auf dem richtigen Weg zur „Sennhütte, die Ziegenalpe genannt", sind – ihr Quartier für die Nacht:

> Am Rande der Bergansteigung und dem Anfange der Hochebene, wo wir jezt waren, sezten wir uns nieder. Es liegt da ein großer Stein der beinahe ganz schwarz ist. Er ist nicht nur dieser Farbe willen an sich merkwürdig, sondern besonders darum, weil er durch eben diese

---

[597] Ebd. Heinrich verliert auch im glatten Raum nicht den Blick des Geologen; überhaupt spielen die Naturwissenschaften während des ganzen Verlaufs der Expedition eine wichtige Rolle. Heinrich beobachtet vor dem Aufbruch zur Wanderung eingehend das Wetter, auch unter Zuhilfenahme von Messinstrumenten: „Gegen die Mitte des Januars, zu welcher Zeit gewöhnlich das Wetter am ausdauerndsten zu sein pflegt, stellten sich die Zeichen ein, daß längere Zeit schöne Tage sein werden. [...] Meine Werkzeuge gaben starken Luftdruck und große Trockenheit an." Während der Wanderungen zeigt er Kaspar, „daß die Wärme hier oben größer sei, als wir sie gestern zur gleichen Tageszeit unten in der Ebene des Sees gehabt hatten." Ebd., S. 101 und 104. Auch in Stifters Vorlagen, z. B. in Simonys *Drei Dezembertage auf dem Dachsteingebirge*, wird von solchen Messungen berichtet. Allerdings erfährt der Leser eher wenig von Simonys wissenschaftlicher Betätigung auf dem Dachstein: „Stattdessen wird das Publikum [...] durch eine fulminante poetische, ja romanhaft-epische Exposition in die Geschichte hineingezogen." Braungart, Stifter besucht den Gletscherforscher Friedrich Simony, 2004, S. 105. Zur Naturwissenschaft in Stifters Romanen und Erzählungen vgl. auch Braun, Naturwissenschaft als Lebensbasis?, 2006.
[598] Kirsten Wagner sieht im Wanderer nicht nur den Beobachter, sondern seine „Bewegung des Gehens bedeutet in die Welt eingebunden zu sein". Vgl. Wagner, ‚Wanderung' und ‚Karte' als epistemologische Begriffe, 2005, S. 194.
[599] Der Nachsommer. In: HKG, Bd. 4,3, S. 103.

Farbe dann durch seine Größe und seine seltsame Gestalt von Weitem gesehen werden kann, und denen, die von der Ziegenalpe durch die Hochebene abwärts kommen, zum Zeichen, und wenn sie bei ihm angelangt sind, zur Beruhigung des richtig zurückgelegten Weges dient. Weil vielen, die auf der Hochebene sind [...], der Stein ein Versammlungsort ist, so findet sich von ihm ab schon ein merkbar ausgetretener Pfad [...].[600]

Merkwürdig ist dieser Stein in dem Sinne, dass er leicht bemerkt werden und man sich ihn leicht merken kann.[601] Er stellt im glatten Raum des Berges, ähnlich wie die „Steinwulst" in *Zwei Schwestern*,[602] den einzigen eindeutig auszumachenden Punkt auf dem Weg zur Ziegenalpe dar. Nur hier organisiert eine Form – der Felsen – eine Materie – das Gestein – in einer solchen Weise, dass er zur Einkerbung im ansonsten glatten Raum genutzt werden kann.[603] Gerade weil der Stein so (be-)merkbar ist, wird er für alle, die den Raum durchqueren, zum (Versammlungs-)Ort, so dass sich von hier ab zumindest im Sommer ein ‚merkbar ausgetretener Pfad' findet. Der Pfad ist im Winter natürlich nicht zu sehen, dennoch bietet der Stein gerade wegen des Schnees einen Orientierungspunkt: „Als wir an ihm angelangt waren, sahen wir freilich keine Spur eines Menschen rings um ihn; denn unberührter Schnee lag bis zu seinen Wänden hinzu, und er stand noch einmal so schwarz aus dieser Umgebung hervor."[604] Der Schnee verhüllt alle menschlichen Spuren, die man im Sommer finden kann, zugleich lässt das Weiß des Schnees den Stein aber noch schwärzer, und damit noch ‚merkwürdiger' erscheinen – auch im Winter wird er so Kaspar und Heinrich zum ‚Zeichen' der ‚Beruhigung des richtig zurückgelegten Weges'.

„Im Glatten wie im Eingekerbten gibt es Punkte des Stillstandes und Bahnen; aber im glatten Raum reißt die Bahn den Stillstand fort";[605] im *Nachsommer* wird diese Stelle aus *Das Glatte und das Gekerbte* in Heinrichs Erzählung von der Gletscherwanderung quasi belegt: „Mit großer Vorsicht suchten wir die Richtung, die uns noththat, zu bestimmen. Auf jeder Stelle, die eine größere Umsicht gewährte, hielten wir etwas an, und suchten uns die Gestalt der Umgebung zu vergegenwärtigen, und uns des Raumes, auf dem wir standen zu vergewissern. Ich zog zum Überflusse auch noch die Magnetnadel zu Rathe."[606] Der schwarze Stein am Ende der Hochebene ist nur ein Punkt im glatten Raum; sobald man ihn

---

600 Hier ist „das Verirren weit weniger möglich". Ebd., S. 103.
601 „[D]ie heutige sprache verbindet mit *merkwürdig* gern auch den abgeschwächteren sinn des auffallenden, verwunderlichen". Grimmsches Wörterbuch, Bd. 12, Sp. 2107.
602 Vgl. Zwei Schwestern. In: HKG, Bd. 1,6, S. 258.
603 Vgl. Deleuze/Guattari, Tausend Plateaus, 1992, S. 664.
604 Der Nachsommer. In: HKG, Bd. 4,3, S. 103 f.
605 Deleuze/Guattari, Tausend Plateaus, 1992, S. 663.
606 Der Nachsommer. In: HKG, Bd. 4,3, S. 105.

verlässt, wird man auch von der Möglichkeit einer eindeutigen Orientierung und Verortung verlassen. Nur hier scheinen sich die Wanderer den Raum wirklich aneignen zu können,[607] nicht aber in seiner ganzen Ausdehnung, sondern nur beschränkt auf den Stein. Nachdem sie den Stein wieder verlassen haben, müssen sich Kaspar und Heinrich wiederum vor dem Verirren hüten. Nur mit größter Vorsicht, einem aktiven Sich-Vergewissern des Raums und mithilfe einer Metrisierung[608] können Heinrich und Kaspar ihr erstes Ziel, die Ziegenalpe, erreichen. Trotzdem gelingt es den beiden Wanderern, den Raum des beginnenden Gletschers zeitweilig einzukerben: Da das Wetter, wie von Heinrich hervorgesagt, beständig bleibt, und kein weiterer Schnee fällt, können sie beim Abstieg ihren eigenen „Fußstapfen" folgen.[609] Zumindest für kurze Zeit können sie so den glatten Raum der verschneiten Bergwelt zähmen, bis ihre Spuren unter einer neuen Schicht von Schnee wieder verschwunden sein werden.[610]

Trotz aller Widrigkeiten erreichen Heinrich und Kaspar ihr Nachtquartier gerade zur rechten Zeit, nämlich zur Zeit des Sonnenuntergangs:

> Hier hatten wir einen eigenthümlichen Anblick. Es ist da eine Stelle, von welcher aus man nicht mehr zu dem See oder zu seiner Umgebung zurücksehen kann, dafür öffnet sich gegen Sonnenuntergang ein weiter Blick in die Richtung des Lauterthales besonders aber in das Echerthal [...]. In diese Ferne wollte ich noch einen Blick thun, ehe wir in die Hütte gingen. Aber ich konnte die Thäler nicht sehen. Die Wirkung, welche sich aus dem Aneinandergrenzen der oberen wärmeren Luft und der unteren kälteren [...] ergab, war noch stärker geworden, und ein einfaches wagrechtes weißlichgraues Nebelmeer war zu meinen Füssen ausgespannt. Es schien riesig groß zu sein, und ich über ihm in der Luft zu schweben. Einzelne schwarze Knollen von Felsen ragten über dasselbe empor, dann dehnte es sich weithin, ein trübblauer Strich entfernter Gebirge zog an seinem Rande, und dann war der gesättigte goldgelbe und ganz reine Himmel, an dem eine grelle fast strahlenlose Sonne stand, zu ihrem Untergange bereitet. Das Bild war von unbeschreiblicher Größe.[611]

---

607 Vgl. Wagner, ‚Wanderung' und ‚Karte' als epistemologische Begriffe, 2005, S. 194.

608 Nach Deleuze und Guattari ist „die Metrik von gekerbten Räume [...] unentbehrlich, um die befremdlichen Gegebenheiten einer glatten Mannigfaltigkeit zu übersetzen". Dabei handle es sich um eine „Operation, die darin besteht, den glatten Raum zu zähmen, zu übercodieren, zu *metrisieren* und zu neutralisieren." Deleuze/Guattari, Tausend Plateaus, 1992, S. 673, Hervorhebung E. H.

609 Der Nachsommer. In: HKG, Bd. 4,3, S. 110.

610 „[D]er glatte Raum wird unaufhörlich in einen gekerbten Raum übertragen und überführt; der gekerbte Raum wird ständig umgekrempelt, in einen glatten Raum zurückverwandelt." Deleuze/Guattari, Tausend Plateaus, 1992, S. 658.

611 Der Nachsommer. In: HKG, Bd. 4,3, S. 105. Das ‚Nebelmeer' ist ‚einfach' und ‚riesig groß' zugleich und zeigt so „die Verbindung von Sublimität und Simplizität". Vgl. dazu Till, Das doppelte Erhabene, 2006, S. 42.

Nach Seidler haben die Räume im *Nachsommer* eine „ausgeprägte Gebildehaftigkeit", die über die häufige Verwendung von Wörtern wie „Gestalt, Gestaltung, Bildung" vermittelt werde; deshalb seien Stifters Räume „das Gegenteil von Zerfließendem und Verschwimmendem".[612] Seidlers Einschätzung kann aber keinesfalls für alle Räume gelten; gerade das hier beschriebene ‚weißlichgraue Nebelmeer' ist von scheinbar ewigen monotonen Bewegungen und Leere geprägt. Es zeigt sich eine Landschaft, die „als homogene, undifferenzierte Masse[] sich darbiete[t], an de[r] nichts *einzelnes* hervorspringt", wie Irmscher über *Das Haidedorf* sehr treffend schreibt.[613] Was sich also darstellt, ist gerade das Zerfließende, Verschwimmende, sich Verflüssigende, das Seidler in Stifters Räumen nicht sieht. Wörter wie Gebilde oder Bildungen fehlen hier, denn Heinrich kann die Täler nicht sehen. Selbst das Gestein verliert seine Gebilde- und Gestalthaftigkeit und erscheint nur in Form von ‚Knollen'. Eindeutige „Erdbildungen"[614] werden vom ‚Nebelmeer' verdeckt, und selbst die Heinrich umgebenden Berge erscheinen ihm nur noch ‚als ein trübblauer Strich' am Rand. Mit dem Nebel, der alle Punkte im Raum verschwinden lässt, gewinnt auch das Hochgebirge in Heinrichs Blick Ähnlichkeit zu seinem Gegenteil: zum Meer, dem „Archetypus aller glatten Räume".[615]

Das Meer ist einer der wichtigsten Topoi zur Erläuterung des Erhabenen: Wer könne „das große Weltmeer [...] ohne angenehmes Schwindel" betrachten, fragt Moses Mendelssohn;[616] man könne, so Kant, auch den „Ozean [...] erhaben finden";[617] und Schiller erklärt den „Horizont", betrachtet man ihn über die „offenbare See", zum „erhabensten, was dem Aug je erscheinen kann".[618] Hinzu kommt, dass die Beschreibung des Gipfelblicks von den Echern – vielleicht nicht von ungefähr[619] – an ein bestimmtes Gemälde, das als Darstellung des Erhabenen im Hochgebirge gesehen werden kann, erinnert: an Caspar David Friedrichs *Der Wanderer über dem Nebelmeer* von 1818. Die Beschreibung des ‚Nebelmeers' zu Heinrichs Füßen liest sich nicht nur wegen der gleichen Wortwahl wie eine Beschreibung dieses Gemäldes: Auch im Bild zeigen sich nur ‚einzelne schwarzen Knollen von Felsen' und ‚ein trübblauer Strich entfernter Gebirge', ansonsten ist,

---

612 Seidler, Gestaltung und Sinn des Raumes, 1968, S. 205 f.

613 Irmscher, Phänomen und Begriff des Erhabenen, 1991, S. 33.

614 Der Nachsommer. In: HKG, Bd. 4,3, S. 103.

615 Deleuze/Guattari, Tausend Plateaus, 1992, S. 665.

616 Mendelssohn, Rhapsodie, 2006, S. 158.

617 Kant, Analytik des Erhabenen, 1968, S. 360.

618 Schiller, Zerstreute Betrachtungen, 1962, S. 238.

619 Stifter könnte die Bilder von Friedrich gekannt haben, allerdings geben die Register der Gesamtausgaben HKG und PRA keine Hinweise darauf.

abgesehen vom Wanderer selbst, nur Nebel und Dunst auszumachen. Heinrich scheint hier in die Figur des Wanderers bei Caspar David Friedrich zu schlüpfen und seinen Platz zusammen mit seiner Perspektive einzunehmen. Nach Johannes Grave „verlöre die Berglandschaft" ohne die „Rückenfigur [...] ihr Zentrum", denn diese sei „[a]uf vielfache Weise [...] subtil in die Bildstruktur eingespannt".[620] Ähnlich wie Caspar David Friedrich die Betrachterperspektive in das Bild selbst hinein gemalt hat, so hat auch Stifter Heinrichs Perspektive mit in die Beschreibung hineingeschrieben. Über die Perspektive des Wanderers wie auch über die Perspektive Heinrichs kann der Beschauer bzw. der Leser „die vor ihnen befindliche Landschaft [...] gleichzeitig mit ih[nen] erleben".[621] Zudem ist auch die Position der ‚Nebelmeer'-Betrachter in Gemälde und Roman eine ähnliche: Der Wanderer im Bild steht auf einer Bergspitze, und unter ihm liegt der Nebel; er scheint, um es mit dem *Nachsommer* zu sagen, über dem Nebel ‚in der Luft zu schweben'. Dieser Zustand der Erhöhung[622] ist nicht nur ein Ausdruck des Erhabenen,[623] sondern Caspar David Friedrichs Wanderer wie auch Heinrich im *Nachsommer* werden beide zum einzigen „festen Anhaltspunkt", quasi selbst zur ‚Insel' „[i]nmitten der unermeßlichen Wasserwüste", mit der das jeweils dargestellte ‚Nebelmeer' vergleichbar ist. Es kommt also nicht zu einer, so Stefan Braun,

---

620 Allerdings kritisiert Grave die Interpretation der „Figur des Wanderers als Stellvertreter des Betrachters", denn sie habe zu „individuelle[] Züge", um als Identifikationsfigur dienen zu können. Deshalb gebe das Gemälde keinen „Anlass zu sublimen Empfindungen im Sinne der kantischen Theorie des Erhabenen"; das Thema des Bildes sei „[w]eniger die Landschaft selbst, als deren Betrachtung". Grave, Caspar David Friedrich, 2012, S. 203–205. Auch nach Werner Busch könne *Der Wanderer* nicht als Zitation des Erhabenen betrachtet werden; vielmehr handle es sich um ein „Erinnerungsbild" an einen Verstorbenen: „Nur das kann für Friedrich, den überzeugten Protestanten, Sinn machen. Denn gegen nichts hat er in Wort und Bild intensiver Stellung bezogen als gegen jede Art von menschlicher Selbstüberhebung, noch und noch fordert er Demut. Selbstüberhebung jedoch ist die Kantische Definition des Erhabenen." Busch, Die Naturwissenschaften als Basis des Erhabenen, 2004, S. 108. Anthony Ozturk widerspricht: „This picture is iconic for the ‚Rückenfigur' [...] of the Kantian image of man isolated in existential vertigo. He stands on a mountain summit, contemplating with rapt awe the infinite space between the sandstone peaks and swirling clouds. [...] [T]he figure in *Der Wanderer* represents the spectator in the process of perceiving the sublime in nature." Ozturk, Geo-Poetics, 2012 S. 89 f.
621 Vgl. Enklaar-Lagendijk, Landschaft und Raum, 1984, S. 22.
622 „Die vielen Hochgebirgsschilderungen zeigen bei Stifter dasselbe; und erst wenn die ganze Gebirgswelt in greifbaren Gebilden sprachlich aufgebaut ist, erhebt sich darüber – also über diese klar abgehobenen Gebilde – die menschliche Ergriffenheit." Seidler, Gestaltung und Sinn des Raumes, 1968, S. 208. Heinrich kann jedoch keine Gebilde erkennen, ist aber dennoch in besonderer Weise emotional ergriffen.
623 Bei Kant geht es um eine Erhebung des Subjekts über die Natur; im Mathematisch-Erhabenen speziell um das menschliche Vermögen, das Große oder das „gegebene Unendliche [...] ohne Widerspruch *auch nur denken zu können*". Kant, Analytik des Erhabenen, 1968, S. 341.

„mystische[n] Vereinigung mit dem Sein selbst", weil „die Grenze zwischen dem Ich und den Dingen" zu „zerfließen" beginne,[624] denn Raum und Subjekt fließen nicht ineinander. Vielmehr gewinnen die jeweiligen Betrachter der ‚Nebelmeere' an Kontur, denn es sind gerade sie, die – wie schon Abdias in der Wüste (s. o.) – als einzige „Punkte des Stillstandes" im glatten Raum[625] „Orientierung, Sicherheit und Stabilität" verheißen.[626] Heinrich kann so, über diese außergewöhnliche Positionierung zum Glatten, den Raum zumindest kurzzeitig über seine eigene Person einkerben.

Orientierung bietet Heinrich, weil er sich (wie auch Caspar David Friedrichs Rückenfigur) über den glatten Raum erhebt; er selbst sagt: Das „Nebelmeer [...] schien riesig groß zu sein, und ich über ihm in der Luft zu schweben."[627] Ihm wird so ein dezidiert Kant'sches Erhabenes zuteil, denn, wenn er seinen eigenen Zustand als schwebend beschreibt, geschieht das nicht mehr nur aus einem „Wohlgefallen am Objekte" heraus, sondern aus einem Wohlgefallen „an der Erweiterung der Einbildungskraft an sich selbst".[628] Heinrichs Empfindung, die sich im Zustand des scheinbaren Schwebens manifestiert, ist mit Kant „radikal subjektiv"[629] insoweit, dass sein Zustand nicht auf das Objekt, das ‚Nebelmeer', sondern einzig auf das reflektierende Subjekt zurückgeführt werden kann. An dieser Stelle wird das betrachtende „Subjekt [zum] Ursprung des Erhabenen" – so Hans Dietrich Irmscher über eine Stelle im *Hochwald*, die „die einzige" sei in Stifters Werk, der das Kant'sche Erhabene in Reinform zugrunde liege.[630] Hier allerdings zeigt sich: Auch Heinrich vollzieht im Schwebe-Zustand über dem ‚Nebelmeer' einen Übergang zum reinen Erkenntnisvermögen, vom Gebiet der Naturbegriffe zum Gebiet des Freiheitsbegriffs im Erhabenen[631] und beweist so – nach Kant – „ein Vermögen, das selbst übersinnlich ist".[632]

---

624 Braun, Naturwissenschaft als Lebensbasis?, 2006, S. 122.

625 Vgl. Deleuze/Guattari, Tausend Plateaus, 1992, S. 663.

626 Moser, Die Insel als Topos der Kulturisation, 2005, S. 409.

627 Der Nachsommer. In: HKG, Bd. 4,3, S. 105.

628 Kant, Analytik des Erhabenen, 1968, S. 335.

629 Fœssel, Analytik des Erhabenen, 2008, S. 103.

630 Vgl. Irmscher, Phänomen und Begriff des Erhabenen, 1991, S. 36 f. Nach Mumot werde nirgendwo in Stifters Werk ein Kant'sches Erhabenes beschrieben, denn „[b]ei Stifter kann keine konstruierende Vernunft die Kluft zwischen Mensch und Natur überwinden, die Angst vor dem Anderen ist somit zu seinem eigentlichen Thema und zur Grundlage seiner (allerdings affirmativen) Determinationspoetik geworden." Mumot, Literaturgeschichte des Gehens, 2008, S. 81.

631 Vgl. Fœssel, Analytik des Erhabenen, 2008, S. 101.

632 Kant, Analytik des Erhabenen, 1968, S. 341. Nach Böhme belohnt der „Gipfelblick [...] nicht nur das Bestehen von Angst, sondern wird zum positiven Paradigma der Freiheit überhaupt."

Anders verhält es sich mit Heinrichs Begleiter Kaspar, der den erhebenden Schwebe-Zustand offenbar nicht nachempfindet. Den Ausblick von der Sennhütte, den Heinrich als ein „Bild [...] von unbeschreiblicher Größe" beschreibt, kommentiert er wie folgt: „Verehrter Herr, der Winter ist doch auch recht schön."[633] Stifter setzt nicht nur das Kant'sche Erhabene in Heinrichs Positionierung angesichts des glatten Raums deutlich um, sondern er unterscheidet auch zwischen den erlebenden Subjekten. Das Erhabene, so Fœssel zur *Analytik*, drücke „eine Form der Transzendenz des Subjekts in Bezug auf die Natur aus" und setze deshalb eine „gewisse moralische Bildung" voraus, also „die Fähigkeit des Subjekts, von der sinnlichen Welt abzusehen".[634] Kaspar fehlt neben passendem Vokabular die Erfahrung mit solchen Erlebnissen, während Heinrich das Erhabene im Lauf des Romans immer wieder empfinden konnte;[635] mit Kant könnte man sagen, dass Kaspar aufgrund dieses Mangels eine gewisse „Entwicklung sittlicher Ideen" – Grundvoraussetzung zur Empfindung des Erhabenen – fehlt.[636] Im *Nachsommer* wird diese Voraussetzung des Erhabenen noch um den Punkt des naturwissenschaftlichen Wissens erweitert, wie folgende Passage zeigt. Darin heißt es vom nächsten Morgen, als Heinrich und Kaspar auf dem Weg zum Gletscher sind:

> Auf den erklommenen Feldern war es schon ganz licht; allein die Berge, welche wir am östlichen Rande derselben unter uns und weit draußen erblicken sollten, waren nicht zu sehen, sondern am Rande der mit Schnee bedeckten Felder sezte sich eine Farbe die nur ein klein wenig von der Schneefarbe verschieden war, fast ins Unermeßliche fort, die des Nebels. Er hatte seit gestern noch mehr überhand genommen, und begrenzte unsere Höhe als Insel. Kaspar wollte erschrecken.[637]

Kaspar wollte erschrecken, tut es aber nicht, denn Heinrich erklärt ihm sehr ausführlich, warum der Nebel nicht Zeichen für einen Wetterumschwung, sondern vielmehr für seine Beständigkeit ist.[638] „Das Erschrecken seines Begleiters vor dem Nebel" bleibe Heinrich „erspart, da er die Phänomene in ihrer Gesetzlichkeit erklären und, gestützt auf seine Instrumente, ihre weitere Entwicklung

---

Hartmut Böhme, Berg. In: Wörterbuch der philosophischen Metaphern, hg. von Ralf Kornersmann, Darmstadt ³2011, S. 49 – 63, hier 60.
633 Der Nachsommer. In: HKG, Bd. 4,3, S. 105.
634 Vgl. Fœssel, Analytik des Erhabenen, 2008, S. 106.
635 Vgl. dazu Kapitel III.6 *Das Erhabene und die Geologie – Der Nachsommer* in dieser Arbeit.
636 Kant, Analytik des Erhabenen, 1968, S. 354.
637 Der Nachsommer. In: HKG, Bd. 4,3, S. 107.
638 Vgl. ebd., S. 107 f.

voraussagen" könne.[639] An dieser Stelle ist es Heinrichs meteorologisches Wissen, das ihn auf den von Kant für die Empfindung des Erhabenen vorausgesetzten sicheren Standort versetzt;[640] die Naturwissenschaft steht dem Erhabenen also nicht entgegen, sondern bringt es als Gefühl in Heinrich mit hervor. Der *Nachsommer* schreibt damit an einem Wandel der „Kulturtendenz" bezüglich von Gipfelerlebnissen mit, denn die „wendet sich gegen Ende des 18. Jahrhunderts" mit der Romantik „langsam ab von der Empfindung der Häßlichkeit, des Nichtsnutzigen, des Schrecklichen und fühlt zunehmend Sympathien für Wildnis, Gestein und Ewigen Schnee";[641] Sympathien, die zwar nicht ausschließlich vom wissenschaftlichen Blick abhängig sind, die aber mit dem Fortschritt des Wissens wachsen und so das Kant'sche Erhabene – im Gegensatz beispielsweise zu Burkes „delightful horror"[642] – befördern.

Noch während Heinrich Kaspar über die Wetterverhältnisse aufklärt, beweist der nun folgende Sonnenaufgang die Richtigkeit seiner Einschätzung:

> Während wir standen und sprachen, fing sich an einer Stelle der Nebel im Osten zu lichten an, die Schneefelder verfärbten sich zu einer schöneren und anmuthigeren Farbe, als das Bleigrau war, [...] und in der lichten Stelle des Nebels begann ein Punkt zu glühen, der immer größer wurde, und endlich in der Größe eines Tellers schweben blieb, zwar trübroth aber so innig glimmend wie der feurigste Rubin. Die Sonne war es, die [...] den Nebel durchbrannte. Immer röthlicher wurde der Schnee, immer deutlicher fast grünlich seine Schatten, die hohen Felsen zu unserer Rechten, die im Westen standen, spürten auch die sich nähernde Leuchte, und rötheten sich. Sonst war nichts zu sehen, als der ungeheure dunkle ganz heitere Himmel über uns [...]. Der Nebel fing endlich an seiner äußersten Grenze zu leuchten an wie geschmolzenes Metall, der Himmel lichtete sich, und die Sonne quoll wie blizendes Erz aus ihrer Umhüllung empor. Die Lichter schossen plötzlich über den Schnee zu unsern Füssen, und fing sich in den Felsen. Der freudige Tag war da.[643]

Die Beschreibung des Sonnenaufgangs über dem Gletscher ist in mehrerer Hinsicht erstaunlich. Zum einen hat Stifter Sonnenaufgänge in seinem Werk eher stiefmütterlich behandelt; Sonnenuntergänge werden sehr viel öfter dargestellt, beispielsweise in allen Erzählungen, die in dieser Arbeit unter dem Gesichtspunkt

---

639 Irmscher, Phänomen und Begriff des Erhabenen, 1991, S. 44.

640 „Die Natur, im ästhetischen Urteile als Macht, die über uns keine Gewalt hat, betrachtet, ist *dynamisch-erhaben.*" Kant, Analytik des Erhabenen, 1968, S. 348.

641 Scharfe, Berg-Sucht, 2007, S. 231f. Scharfe bezieht sich hier u. a. auf die Gipfelerlebnisse im *Nachsommer.* Allerdings spielt die mit Thomas Burnet entstandene Tradition, Berge als „Orte des Schreckens" zu beschreiben, auch für das Erhabene im *Nachsommer* eine Rolle. Vgl. dazu Zelle, ‚Angenehmes Grauen', 1987, S. 83 – 85 und das Kapitel III.6 in dieser Arbeit.

642 Burke, A Philosophical Enquiry, 2008, S. 105.

643 Der Nachsommer. In: HKG, Bd. 4,3, S. 108.

des glatten Raums analysiert wurden.[644] Auch das Vokabular, mit dem der Sonnenaufgang beschrieben wird, ist erstaunlich: Dem Licht der Sonne, das sich sonst bei Stifter meist nur in seinem „fahlen Glanz[]"[645] oder als „trüb gelbes Stückchen" zeigt, kommt hier eine machtvolle Wirkung zu. Die Sonne glüht, durchbrennt gar den nur zwei Seiten zuvor so wirkmächtigen und undurchdringlichen Nebel, und das Licht schießt plötzlich über den Schnee. Außerordentlich für Stifter ist auch, dass die Felsen das Licht offenbar nicht nur reflektieren und zu glänzen beginnen, wie in *Brigitta* „die Gräser glänzten"[646] oder in *Zwei Schwestern* die „Felsen [...] mattschimmernde Lichtzuckungen" in die Hochebene „rissen",[647] sondern die Felsen ‚spürten' das Licht und ‚rötheten sich' deshalb. Die Gegenstände im Raum reagieren aktiv[648] auf das Licht der Sonne, ja, ihnen werden sogar Empfindungen zugesprochen. Hinzu kommt am Ende der zitierten Passage ein metallisches Vokabular, das, soweit ersichtlich, bei Stifter seinesgleichen vergeblich sucht: Der Nebel, wenige Seiten zuvor noch „weißlichgrau[]",[649] erscheint als ‚geschmolzenes Metall' und die Sonne geht ‚wie blizendes Erz', wie ein Schwert auf. „Das Erlebnis des Sonnenunterganges in der Gipfelregion wird", und hier muss man nach der obigen Analyse Braungart zustimmen, „nur noch übertroffen von der Beobachtung des darauffolgenden Sonnenaufgangs, und hierbei stellt sich" – meines Erachtens zum zweiten Mal – „die Vorstellung des Erhabenen ein."[650] Die hier beschriebene Macht des Sonnenlichts, das selbst Felsen zum Leben zu erwecken scheint, wird aber nicht nur um seiner selbst Willen beschrieben, sondern zur Vorbereitung und Umrahmung eines halben Satzes im vorletzten Viertel der Passage: „[U]nd in der einfachen großen Fläche, die die Natur hieher gelegt hatte, standen nur die zwei Menschen, die da winzig genug sein mußten."[651]

Man könnte nun zu dem Schluss kommen, dass an dieser Stelle mit der Gewalt des Sonnenlichts das Kant'sche Erhabene wieder zurückgenommen wird und dass Heinrich das „Vermögen zu widerstehen [...], welches uns Mut macht, uns mit der scheinbaren Allgewalt der Natur messen zu können" – nach Kant die Wirkung

---

644 Vgl. Abdias. In: HKG, Bd. 1,5, S. 322; Brigitta. In: HKG, Bd. 1,5, S. 429; Zwei Schwestern. In: HKG, Bd. 1,6, S. 264; Der Hagestolz. In: HKG, Bd. 1,6, S. 71.
645 Zwei Schwestern. In: HKG, Bd. 1,6, S. 261.
646 Beide Zitate aus Brigitta. In: HKG, Bd. 1,5, S. 430 und 421.
647 Zwei Schwestern. In: HKG, Bd. 1,6, S. 261.
648 Das erinnert an den Gebirgs-Raum im *Hagestolz*, der selbst aktiv zu werden scheint, indem er „sich immer selber gebar, als rükte der Wald hinaus und schöbe auch den See vor sich her." Der Hagestolz. In: HKG, Bd. 1,6, S. 60 und oben.
649 Der Nachsommer. In: HKG, Bd. 4,3, S. 105.
650 Braungart, Stifter besucht den Gletscherforscher Friedrich Simony, 2004, S. 112.
651 Der Nachsommer. In: HKG, Bd. 4,3, S. 108.

des Dynamisch-Erhabenen –,[652] wieder verliert. Doch der Abschluss der Gletscherwanderung legt eine andere Interpretation nahe, obwohl Heinrich während des Sonnenaufgangs über dem Gipfel nicht mehr die außergewöhnliche Position zukommt, in eigener Person eine ‚Insel‘, also eine Kerbung im Glatten zu verkörpern. Am Tag nach ihrer Rückkehr gehen Kaspar und Heinrich ins „Ahornhaus", um Bericht zu erstatten:

> Alles umringte uns, und wollte unsere Erlebnisse wissen. Sie wunderten sich, daß die Unternehmung so einfach gewesen sei [...]. Kaspar war ein richtiger Mann geworden.

> Ich war aber von dem, was ich oben gesehen und gefunden hatte, vollkommen erfüllt. Die tiefe Empfindung, welche jezt immer in meinem Herzen war, und welche mich angetrieben hatte, im Winter die Höhen der Berge zu suchen, hatte mich nicht getäuscht. Ein erhabenes Gefühl war in meine Seele gekommen, fast so erhaben wie meine Liebe zu Natalien. Ja diese Liebe wurde durch das Gefühl noch gehoben und veredelt, und mit Andacht gegen Gott den Herrn, der so viel Schönes geschaffen und uns so glücklich gemacht hat, entschlief ich, als ich wieder zum ersten Male in meinem Bette in der wohnlichen Stube des Ahornhauses ruhte.[653]

Während Kaspars Lohn der Expedition in erster Linie im Erlangen von Männlichkeit und Bedeutung[654] liegt, wird Heinrich eine dauerhafte und ‚tiefe Empfindung‘ zuteil, ein ‚erhabenes Gefühl‘, das selbst seine Liebe zu Natalie noch stärker werden lässt.[655] Nach Ireton sei Heinrichs Bildung deshalb insoweit mit dem Gebirge verknüpft, „that Heinrich's development unfolds [...] analogous to that of the mountainous formations in whose midst he wanders, climbs, and *gradually* comes of age."[656] Martin Beckmann interpretiert das Bergsteigen im *Nachsommer* als „Akt der Ich-Überwindung", denn „der Blick von der Erhebung des Berges, dem exponierten Punkt der Wirklichkeit, enthebt das Ich seiner Verstrickung in diese Wirklichkeit und macht es frei für eine innere Bindung an das in

---

652 Kant, Analytik des Erhabenen, 1968, S. 349.

653 Der Nachsommer. In: HKG, Bd. 4,3, S. 111.

654 Möglicherweise weist Stifter hier auf den „Männlichkeitswahn" im Bergsteigen voraus, „der sich seit der zweiten Hälfte des 19. Jahrhunderts breitgrätschte." Scharfe, Berg-Sucht, 2007, S. 23. *Der Nachsommer* ist um 1850 entstanden. Vgl. Mayer, Erzählen als Erkennen, 2001, S. 145. Stifter steht also am Scheideweg der beiden Tendenzen im Bergsteigen.

655 Nach Martina Wedekind handelt es sich um eine „mythische[] Erfahrung", denn in der Mythologie entspreche „dem Sonnenaufgang die Auferstehung des Adonis und seine Wiedervereinigung mit der Göttin Venus." Martina Wedekind, Adalbert Stifter: Der Nachsommer. Eine intertextuelle Untersuchung. In: Euphorion. Zeitschrift für Literaturgeschichte 89 (1995), S. 401–427, hier 426 f. Dafür spricht aber allein die Tatsache, dass es ein Sonnenaufgang und kein anderes Phänomen ist, das Heinrich erlebt und beschreibt.

656 Ireton, Geology, Mountaineering, and Self-Formation, 2012, S. 196.

der ästhetischen Distanz erfahrene Ganze, das die Beschränkung durch das konkrete transzendiert."[657] Nach Winfried Rösler werde das „menschenferne Naturschauspiel [...] zum Gleichnis für das Spiel der menschlichen Natur" durch den Vergleich des Gefühls mit der Liebe zu Natalie.[658] Alle drei Interpretationen treffen einen Teil der emotionalen Wirkung des Gipfelerlebnisses: Heinrichs seelische Entwicklung, so zeigt sich schon hier, findet besonders in Auseinandersetzung mit dem Gebirge statt, und der Blick vom Gipfel lässt den Alltag klein erscheinen. Diese „innere Bindung an das in der ästhetischen Distanz erfahrene Ganze", so Beckmanns Worte, ist der konkreten Mitnahme seiner außergewöhnlichen Position über dem ‚Nebelmeer' in den Alltag geschuldet. Was Heinrich auch nach dem Abstieg vom Gletscher weiterhin erfüllt, ist eine neu gewonnene Freiheit von der Natur.[659] Als er über dem „wagrechte[n] weißlichgraue[n] Nebelmeer [...] in der Luft zu schweben"[660] schien, erlangte er über das Mathematisch-Erhabene eine Position im glatten Raum, die ihn „[d]as gegebene Unendliche [...] ohne Widerspruch" erkennen ließ. Zugleich erkannte er in seinem Erhoben-Sein über den Raum „ein Vermögen" seines Gemüts, „das selbst übersinnlich ist".[661]

Im Erleben des Sonnenaufgangs über dem Gipfel muss Heinrich zwar die „Unwiderstehlichkeit [der] Macht" der Natur und in der eigenen ‚Winzigkeit'[662] seine „physische Ohnmacht" gegenüber der Natur anerkennen. Dennoch festigt ihn das „erhabene Gefühl", das er auf dem Gipfel gesucht und gefunden hat, für sein weiteres Leben mit Natalie. In Auseinandersetzung mit der Gewalt der Natur entdeckt Heinrich in sich „ein Vermögen, uns als von ihr unabhängig zu beurteilen, und eine Überlegenheit über die Natur";[663] er ist nun „vollkommen erfüllt" von der „tiefe[n] Empfindung, welche jezt immer in meinem Herzen war".[664] Es sind in erster Linie diese Erlebnisse des nach Kant Mathematisch- und Dynamisch-Erhabenen auf dem Gipfel der Echern und deren Nachwirkung in den Alltag hinein, die Heinrich trotz Risachs „Ordnungs- und Zuchtphantasien",[665] die im Rosenhaus natürlich weiterhin ungebrochen herrschen, zum ganzen Men-

---

657 Martin Beckmann, Die ästhetische Funktion des Weg-Motivs in Stifters *Nachsommer*. In: VASILO 39 (1990), S. 3–23, hier 6.

658 Vgl. Winfried Rösler, Spiegelverkehrte Bildungswelten. Zu Adalbert Stifters NACHSOMMER und Thomas Manns ZAUBERBERG. Ein Essay, Würzburg 2012, S. 56 f.

659 Vgl. Fœssel, Analytik des Erhabenen, 2008, S. 101.

660 Der Nachsommer. In: HKG, Bd. 4,3, S. 105.

661 Kant, Analytik des Erhabenen, 1968, S. 341.

662 Der Nachsommer. In: HKG, Bd. 4,3, S. 108.

663 Vgl. Kant, Analytik des Erhabenen, 1968, S. 349 f.

664 Der Nachsommer. In: HKG, Bd. 4,3, S. 111.

665 Becker, Inszenierte Ordnung in Stifters *Nachsommer*, 2007, S. 321.

schen machen, weil er hier seiner Persönlichkeit,[666] Kant würde sagen, seiner eigenen Vernunft begegnet:[667] Die „Raumerkenntnis verbindet sich" für Heinrich über das Gefühl des Erhabenen „mit elementarer Selbsterkenntnis".[668] Zwar zeigt sich im *Nachsommer* in der Kultivierung der Natur eine „artifizielle Ordnung", die möglicherweise „die abhanden gekommene Ordnung der äußeren Welt" ersetzen soll;[669] gerade aber in Heinrichs Erfahrungen der gewaltig-erhabenen Räume bleibt Natur chaotisch, kaum organisierbar und vor allem völlig unkultiviert. Zudem wird ‚naturbelassene' Natur von ihm aufgrund ihrer Erhabenheit immer wieder gezielt aufgesucht.[670] Im *Nachsommer* werden also keineswegs, so Alfred Dopplers Einschätzung, jegliche Emotion und Gewalt durch die Kultivierung der Natur und des Selbst zum Schweigen gebracht.[671] Vielmehr werden das Gewaltige[672] sowie das Unendliche, die sich auf dem Gletscher gleichermaßen zeigen, über das Erhabene emotional erfahren und aktiv zelebriert.

Resümee

Die ‚leeren' Räume, die in den Naturschilderungen in *Abdias*, *Brigitta* und *Zwei Schwestern* so bestimmend sind, finden sich auch im *Hagestolz* und im *Nach-*

---

666 Heinrich ist also entgegen Mayers These mitnichten austauschbar, noch wird seine „Individualität zur generalisierten Person" reduziert. Mayer, Stifter: Der Nachsommer, 1992, S. 133. Er wird auch nicht, entgegen Begemann, als „besondere[s] Subjekt mit seinen willkürlichen Wünschen, Strebungen und Affekten [...] verabschiedet." Begemann, Welt der Zeichen, 1995, S. 322. In seiner Tätigkeit geht es nicht um „Entfremdung menschlicher Existenz durch eine rigorose Objektivierungskampagne". Braun, Naturwissenschaft als Lebensbasis?, 2006, S. 227 f. Vielmehr zeigt sich mittels seines äußerst individuellen Erlebnisses des Erhabenen, dass Heinrich sehr wohl Subjektivität zukommt.
667 Das „Vermögen in Beurteilung eines Dinges als erhaben" bezieht „sich auf die *Vernunft*, um zu deren *Ideen* (unbestimmt welchen) subjektiv übereinzustimmen." Kant, Analytik des Erhabenen, 1968, S. 343.
668 Das zeige sich im Allgemeinen in der Wanderliteratur. Vgl. Albrecht, Kultur und Physiologie des Wanderns, 1999, S. 3.
669 Vgl. Begemann, Metaphysik und Empirie, 2002, S. 125.
670 Das spielt auch bei anderen Exkursionen Heinrichs eine Rolle, die ihn zwar nicht in dezidiert glatte Räume führen, während derer ihm aber auch ein außerordentliches Gefühl von Freiheit zuteil wird. Vgl. in Kapitel III.6 dieser Arbeit den Abschnitt *Das Freiheitsmoment im Erhabenen: Heinrichs Gebirgsexkursionen*.
671 Vgl. Doppler, Stifters fragwürdige Analogie von Natur- und Sittengesetz, 1994, S. 14.
672 Angesichts eines Wintersturms, den Heinrich im geschützten Asperhof erlebt, stellt er fest: „Auch ist es nicht zu leugnen, daß der Sturm, wenn er eine gewisse Größe erreicht, etwas Erhabenes hat, und das Gemüth zu stärken im Stande ist." Der Nachsommer. In: HKG, Bd. 4,3, S. 121.

sommer. Darin werden allerdings keine Landschaften beschrieben, die von Natur aus monoton und gegenstandsarm sind wie die Wüste oder die Steppe, sondern Gebirgslandschaften, die dem Auge des Betrachters eigentlich mannigfaltige Dinge bieten. Im *Hagestolz* entsteht dennoch eine ähnliche Wirkung wie in der Beschreibung der Hochebene in *Zwei Schwestern:* Während Otto aber in einem ‚echten' merkmallosen Raum wandert – „da war kein Baum, kein Gesträuchlein, kein Haus, keine Hütte, keine Wiese, kein Feld"[673] –, ist es im *Hagestolz* gerade die Masse an Dingen, die Victor kaum etwas eindeutig wahrnehmen lässt. Statt die Fülle des Gebirges zu durchdringen, beschreibt der Erzähler schließlich Victor selbst: seine Wangen, sein Haar, „das Ränzlein" und den „Reisestab". Victor wird so zum Punkt im von der Bahn dominierten Raum: Er kann sich zum glatten Raum positionieren, sich ihm annähern und ihn schließlich auch über das Erhabene ästhetisch erfahren, ohne der Gefahr eines Selbstverlusts wie in *Brigitta* und in *Zwei Schwestern* ausgesetzt zu sein. Besonders vom Haus des Onkels aus betrachtet, also von einer eindeutig wahrnehmbaren Einkerbung, wird die Wirkung des Raums klar erfasst. Bis dahin wurden Victor seine Empfindungen nur adjektivisch zugesprochen; erst hier erlebt er den glatten Raum eindeutig in seiner Erhabenheit: Er „erschrak [...] über die Pracht" und „[s]ein Erstaunen war außerordentlich".[674] Von der Insel aus betrachtet nimmt er den glatten Raum des Gebirges also in deutlich gemischten Empfindungen wahr: Schrecken und Bewunderung, Burkes „delightful horror".[675]

Die Insel im Gebirgssee, der „Inbegriff eines deutlich markierten Ortes" im glatten Raum,[676] ist dabei so sehr von der Außenwelt abgeschlossen, dass sie Züge einer Böcklin'schen Toteninsel trägt.[677] Das Haus des Oheims wiederholt diese Verschlossenheit;[678] es erweist sich als ‚Insel' auf der Insel und wird, in Vergleichung zur Bergwelt, zum absolut gekerbten Raum.[679] Victor, nun ein „Gefangener" auf der Insel, bleibt als einzige Ausbruchsmöglichkeit der Blick auf das Gebirge: Er betrachtet das „Gehen und Kommen der Lichter", lernt „nach und nach die Schauer der Farben, die über" die Berge „gingen, wenn gemach die Tageszeiten wechselten", zu deuten und er beobachtet in Mondnächten die im „Flimmern und Glizzern und Dämmern" des Sees „wie Fremdlinge" wirkende

---

673 Zwei Schwestern. In: HKG, Bd. 1,6, S. 261.
674 Vgl. Der Hagestolz. In: HKG, Bd. 1,6, S. 54 und 57, Zitate S. 58, 61 und 38 f.
675 Burke, A Philosophical Enquiry, 2008, S. 105.
676 Moser, Die Insel als Topos der Kulturisation, 2005, S. 409.
677 Vgl. Reinhardt, Literarische Trauerarbeit, 2000, S. 23.
678 Vgl. Der Hagestolz. In: HKG, Bd. 1,6, S. 66, 90 – 92 und 85 f.
679 Deleuze/Guattari, Tausend Plateaus, 1992, S. 658.

Berge[680] – er gibt sich also der erhabenen Wirkung des glatten „Affekt-Raum[s]" hin,[681] bis ihm schließlich diese Flucht ins Erhabene zur Gewohnheit wird. Diese Gewohnheit aber hat eine außerordentliche Wirkung auf Victor: „Inseln sind auch häufig Stätten der Verwandlung, wo die Besucher einer Metamorphose [...] unterzogen werden"[682] – zu einer solchen Verwandlungsstätte wird die Gebirgsseeinsel für ihn. Das Erhabene des glatten Raums lässt seinen Selbsterhaltungstrieb[683] angesichts der Gefahr, „in einem offenen Raum ‚verteilt'" zu werden,[684] hervortreten: Mit der Reise zum Onkel begibt er sich an einen persönlichen „Weltrand", der für ihn zu einem „privilegierten Ort der Welterkenntnis" bzw. Selbsterkenntnis wird. Indem er sich dem Glatten mittels des Erhabenen annähert und auf der Insel „die Welt von außen in den Blick" nimmt,[685] nimmt er sie an – am Ende ist nichts mehr vom ehemals melancholischen Knaben, den „gar nichts mehr freut", zu spüren, und er kehrt „so verändert zurük, daß selber die Ziehmutter staunte [...]; denn aus dem fast kindischen Jünglinge war in der kurzen Zeit ein Mann geworden".[686] Seine Erfahrung des Erhabenen im Glatten lässt Victor nicht nur eine Position gegenüber dem Glatten finden; es lässt auch seine Individualität stärker hervortreten.

Doch obwohl Victor in der Lage ist, das Erhabene im Sinne einer Vermittlungsinstanz zur ästhetischen Organisation des Glatten zu nutzen, kann auch er der Ewigkeit von Raum und Zeit nichts entgegensetzen: Die Apokalypse am Ende der Erzählung, in der nicht nur der Hagestolz, sondern „jedes Irdische" im Strom der Zeit verschwindet, zeigt zwar das Erhabene; jedoch muss jede subjektive Einbildungskraft angesichts des „Ocean der Tage"[687] scheitern. Was bleibt, ist der Burke'sche Schrecken: Hinter der unaufhaltsamen Zeit verbirgt sich der „king of terrors", der Tod, und zugleich das Erhabene des Unendlichen: „It is our ignorance of things that causes all our admiration, and chiefly excites our passions. Knowledge and acquaintance make the most striking causes affect but little. [...] [P]erhaps there is nothing of which we really understand so little, as of infinity and eternity."[688] Die Zeit lässt dieselbe Leere zurück wie die Unendlichkeit des glatten Raums – und beides wird erfahrbar im Erhabenen.

---

680 Vgl. Der Hagestolz. In: HKG, Bd. 1,6, S. 101, Zitate S. 103 und 106.
681 Deleuze/Guattari, Tausend Plateaus, 1992, S. 663 f.
682 Moser, Die Insel als Topos der Kulturisation, 2005, S. 413.
683 Vgl. dazu Burke, A Philosophical Enquiry, 2008, S. 65.
684 Deleuze/Guattari, Tausend Plateaus, 1992, S. 666.
685 Moser, Der Weltrand als mythopoetischer Reflexionsraum, 2010, S. 56 und 58.
686 Alle Zitate aus Der Hagestolz. In: HKG, Bd. 1,6, S. 22 und 141.
687 Alle Zitate ebd. In: HKG, Bd. 1,6, S. 142.
688 Burke, A Philosophical Enquiry, 2008, S. 24 f. und 43.

Im *Nachsommer* ist es besonders die winterliche Gletscherwanderung, die im Zeichen des Glatten steht. Schon auf dem Weg zum Gletscher finden sich Heinrich und sein Begleiter Kaspar in einem Raum wieder, der keine Punkte zur Orientierung bietet. Er ist zwar mit einer „großen Anzahl von Gipfeln" und „unzählige[n] Felsblöcke[n]" angefüllt,[689] aber gerade die Fülle verhindert – wie schon im *Hagestolz* – eine „Erschließung [der] räumliche[n] Anordnungen".[690] Trotzdem erreichen Heinrich und Kaspar ihr Ziel gerade zum Sonnenuntergang, der einen „eigenthümlichen Anblick" bietet: „[E]in einfaches wagrechtes weißlichgraues Nebelmeer war zu meinen Füssen ausgespannt. Es schien riesig groß zu sein, und ich über ihm in der Luft zu schweben."[691] Besonders mit dem Nebel, der alle Punkte im Raum verschwinden lässt, gewinnt auch das Hochgebirge in Heinrichs Blick Ähnlichkeit zu seinem Gegenteil: dem Meer. Die Beschreibung des Gipfelblicks erinnert dabei an ein Gemälde, das als Darstellung des Erhabenen im Hochgebirge interpretiert werden kann – an Caspar David Friedrichs *Der Wanderer über dem Nebelmeer*: Heinrich wird wie Caspar David Friedrichs Wanderer zum einzigen „festen Anhaltspunkt", also selbst zur ‚Insel' im Raum: „Inmitten der unermeßlichen [Nebel]wüste" verheißt nur noch er „Orientierung, Sicherheit und Stabilität".[692] Heinrich kann so, über diese außergewöhnliche Positionierung zum Glatten, den Raum zumindest kurzzeitig über seine eigene Person einkerben. Dabei beweist er, indem er seinen eigenen Zustand als schwebend beschreibt, „ein Vermögen, das selbst übersinnlich ist";[693] Heinrich wird also ein dezidiert Kant'sches Erhabenes zuteil. Deshalb hat das Erhabene eine so starke Wirkung: Heinrich ist nun „vollkommen erfüllt" von der „tiefe[n] Empfindung, welche jezt immer in meinem Herzen war".[694] Es ist in erster Linie diese Erfahrung des Kant'schen Erhabenen auf dem Gipfel der Echern und deren Nachwirkung, die Heinrich trotz Risachs „Ordnungs- und Zuchtphantasien"[695] zum ganzen Menschen machen – die „Raumerkenntnis verbindet sich" für ihn – wie auch schon für Victor im *Hagestolz* – über das Gefühl des Erhabenen „mit elementarer Selbsterkenntnis."[696]

In Stifters Texten erweisen sich aber nicht nur Wüsten, Steppen, Hochebenen und das Gebirge als glatte Räume; auch die Stadt, die ja „[i]m Gegensatz zum Meer

---

689 Der Nachsommer. In: HKG, Bd. 4,3, S. 102f.
690 Wagner, ‚Wanderung' und ‚Karte' als epistemologische Begriffe, 2005, S. 194.
691 Der Nachsommer. In: HKG, Bd. 4,3, S. 105.
692 Moser, Die Insel als Topos der Kulturisation, 2005, S. 409.
693 Kant, Analytik des Erhabenen, 1968, S. 341.
694 Der Nachsommer. In: HKG, Bd. 4,3, S. 111.
695 Becker, Inszenierte Ordnung in Stifters *Nachsommer*, 2007, S. 321.
696 Albrecht, Kultur und Physiologie des Wanderns, 1999, S. 3.

[...] der eingekerbte Raum par excellence" ist,[697] ist bei Stifter eigentümlich leer. In *Aussicht und Betrachtungen von der Spitze des St. Stephansthurmes*, einem kurzen Text, der der Sammlung *Wien und Wiener* als Einleitung vorangestellt ist, eröffnet Stifter die Beschreibung Wiens mit diesen Worten: „So entrollen wir denn vorerst vor dem geneigten Leser dieser Blätter die ungeheure Tafel, auf der dies Häusermeer hinauswogt". Auch im weiteren Verlauf kommt die Metapher des Meeres immer wieder zum Tragen: So ist die Rede von einer „geblendeten Nachtigall", die „mitten im Steinmeere von grünen Zweigen träumt"; die Landhäuser hinter den Vorstädten erscheinen „herüberleuchtend wie ferne Segel in einem duftigen, grünblau dämmernden Meere"; Wien erwacht mit dem Sonnenaufgang langsam aus seinem „Todesschlummer", bis „ein einziges dichtes, dumpfes, fortgehendes Brausen unausgesetzt durch die ganze Stadt geht", das an Wellenschlag erinnert. Weder dem Auge noch dem Ohr bieten sich vorerst deutlich wahrnehmbar Gegenstände und Geräusche; selbst beim Panoramablick vom St. Stephansturm bietet sich dem Betrachter ein ununterscheidbares „Gewimmel und Geschiebe von Dächern, Giebeln, Schornsteinen, Thürmen, ein Durcheinanderliegen von Prismen, Würfeln, Piramiden, Parallelopipeden [sic!], Kuppeln".[698] Bei Stifter ist also sogar Wien ein von „kontinuierliche[r] Variation"[699] bestimmtes ‚Häusermeer', das – entgegen Michel de Certeaus Gedanken zum *Gehen in der Stadt* – selbst beim Panoramablick keine Distanz zum Betrachter zulässt. Auch aus einer „erhöhte[n] Stellung" heraus kann die Stadt nicht wie ein „Text, den man vor sich unter Augen hat", gelesen werden, und der „Voyeur" kann gerade keine Kontrolle über sie gewinnen.[700] Vielmehr hat sie mit „dieser Höhe der Vogelperspective angesehen [...] selbst für den Eingeborenen [...] etwas Fremdes und Abentheuerliches", und es stellt sich die zu Anfang des Textes versprochene „Erhabenheit" ein.[701] Der Betrachter der Stadt erlangt zwar nicht über seine erhöhte Stellung Kontrolle, denn er ist auch auf der Spitze des St. Stephansturms noch immer ein Teil der „Masse" und gerade kein „Ikarus".[702] Dennoch wird das Gewimmel schließlich organisiert,[703] allerdings unter Zuhilfenahme eines Fernrohrs: „Die

---

697 Deleuze/Guattari, Tausend Plateaus, 1992, S. 667.
698 Alle Zitate aus Aussicht und Betrachtungen von der Spitze des St. Stephansthurmes. In: HKG, Bd. 9,1, S. V, VIII und X.
699 Vgl. Deleuze/Guattari, Tausend Plateaus, 1992, S. 663.
700 Vgl. Michel de Certeau, Kunst des Handelns, Berlin 1988, S. 180 f.
701 Aussicht und Betrachtungen von der Spitze des St. Stephansthurmes. In: HKG, Bd. 9,1, S. IX und VI.
702 Nach Certeau werde der „Voyeur" durch seine „erhöhte Stellung" dem „mächtigen Zugriff der Stadt entrissen". Vgl. Certeau, Kunst des Handelns, 1988, S. 180.
703 Vgl. Aussicht und Betrachtungen von der Spitze des St. Stephansthurmes. In: HKG, Bd. 9,1, S. X–XV.

potentielle Datenmenge wird durch das rahmengebende Verfahren auf ein über-
schaubares Maß reduziert."[704] Bei Stifter ist es nicht der Blick von oben, die Vo-
gelperspektive, sondern der fokussierte Blick durch ein Fernrohr, der zur Kontrolle – nicht der ganzen Stadt, sondern nur eines Ausschnitts – führt. Der
Betrachter kann den glatten Raum der Stadt also nur dann organisieren, wenn er
dessen „Oberfläche [...] entsprechend den festgelegten Intervallen, nach festgesetzten Einschnitten" aufteilt; und das kommt einer Kerbung gleich.[705]

Stifters Räume, seien es Natur-Räume wie die Wüste und das Gebirge, sei es
die Stadt, sind immer dann, wenn sie von Leere, Weite und scheinbarer Unendlichkeit bestimmt sind, oder wenn sie sich unaufhörlich zu wandeln und zu bewegen scheinen, keine Räume mit festen Grenzen und eindeutig wahrnehmbaren
Gegenständen, sondern Räume, die im Blick des Betrachters so glatt erscheinen,
dass sie nur noch über das Erhabene wahrgenommen werden können. Dabei
erweist sich das Glatte und das Gekerbte in Stifters Texten als eine Methode der
Raumkonstitution, mit der je unterschiedlich, nämlich immer abhängig von der
Wahrnehmung eines Subjekts, umgegangen wird – es ist das Erhabene, das den
jeweiligen Umgang bestimmt: So gelingt es Abdias, Protagonist in Stifters
gleichnamiger Erzählung, über mannigfaltige Erfahrungen mit dem glatten
Wüsten-Raum einen sicheren Standort – Voraussetzung für die Empfindung des
Erhabenen[706] – in eigener Person zu gewinnen. Über diese Eigenschaft kann er
das Glatte offenbar ganz ohne Abstriche immer wieder, allerdings nur kurzzeitig,
das heißt gebunden an seinen jeweiligen Standort bzw. seine Bewegung, einkerben. Deshalb ist er, im Gegensatz zu den Protagonisten in *Brigitta* und in *Zwei
Schwestern*, nicht von einem Selbstverlust bedroht. Besonders der namenlose Ich-
Erzähler in *Brigitta* kann dagegen keine, sei es eine rein ästhetisch-emotionale, sei
es eine kerbende, Position gegenüber dem Glatten erlangen: Er verliert im Lauf
der Wanderung die Fähigkeit, mittels des Erhabenen einen sicheren Standort
gegenüber dem Glatten einzunehmen, und droht deshalb in die Steppe einzugehen; vor dieser Entsubjektivierung kann er sich nur bewahren, indem er sich in
Erinnerungen flüchtet. In Gegensatz dazu verliert sich Otto, Protagonist in *Zwei*

---

704 Nach Florian Welle sei der Text „als Anleitung zum richtigen Leben in der Großstadt zu
lesen. Schrittweise lehrt er die Annäherung an und den Umgang mit der urbanen Reizüberflu-
tung. Dabei kommt dem Gesichtssinn die entscheidende Rolle zu: über ein angemessenes Sehen
wird der Wanderer an die Stadt herangeführt". Welle, Literarische Wahrnehmungsexperimente,
2009, S. 154, Zitat im Text S. 181.
705 Vgl. Deleuze/Guattari, Tausend Plateaus, 1992, S. 666.
706 Vgl. Burke, A Philosophical Enquiry, 2008, S. 25; Kant, Analytik des Erhabenen, 1968, S. 349.

Schwestern im Erhabenen der glatten Hochebene; er wird ‚unwahrnehmbar'.[707] Dabei verschwindet auch die Sprache unter der Last des Erhabenen in einem Gedankenstrich – allerdings nur für einen Moment: Otto gelingt es schließlich, sich der Macht des Glatten zu entziehen, indem er den sicheren Standort des Erhabenen wiedererlangt; so kann er sich, vermittelt über das Erhabene selbst, das ja erst zu dieser Erfahrung führte, wieder aus dem Selbstverlust befreien. Dennoch führt der Selbstverlust bzw. der drohende Selbstverlust in *Zwei Schwestern* und in *Brigitta* gleichermaßen zu einer nachhaltigen Verunsicherung des Subjekts; das Gefühl des Verlusts bleibt auch bestehen, nachdem der glatte Raum verlassen wurde.

Inwieweit eine Festigung der Persönlichkeit über das Erlebnis des Glatten möglich ist, ist von der jeweiligen Positionierung des Wanderers zum Raum abhängig, die wiederum über das Erhabene vermittelt wird. Im *Hagestolz* und im *Nachsommer* gelingt in Vergleichung zu *Brigitta* und *Zwei Schwestern* eine zeitweilige Organisation des Raums: Victor und Heinrich können mittels des Erhabenen eine Positionierung gegenüber dem Glatten einnehmen, die einer eindeutigeren Kerbung gleichkommt. Zwar bleibt auch hier das Bedrohliche des Glatten, das ihm in Stifters Texten immer zukommen, bestehen; dennoch kann zumindest im Gebirge der glatte Raum über das Erhabene als Wahrnehmungsmodus organisiert werden. Der glatte Raum wird dabei zwar nicht vollständig gekerbt; die nur sehr kurzzeitige Kerbung erlaubt es aber dennoch mittels des sicheren Standorts im Erhabenen dem Glatten ohne Selbstverlust zu begegnen bzw. das Glatte ohne Selbstverlust zu bewältigen. Victor und Heinrich empfinden deshalb ein Erhabenes, das ihr Ich maßgeblich festigt. Im *Hagestolz* wird dafür das Burke'sche Erhabene des „delightful horror",[708] das sich hier besonders am Unendlichen zeigt, ausschlaggebend: Victor gelingt es, sich darüber dem Glatten näher zu bringen, es immer deutlicher zu erfahren und sich gleichzeitig der von ihm ausgehenden Faszination hinzugeben, ohne sich im Raum, also in der eigenen Wahrnehmung, zu verlieren. Im *Nachsommer* kommt es gar zu einer regelrechten Bezwingung des Glatten: Indem sich Heinrich mittels des Kant'schen Erhabenen über das Glatte erhebt und „ein Vermögen" seines Gemüts erkennt, „das selbst übersinnlich ist",[709] kerbt er es ein. Besonders im *Hagestolz* und im *Nachsommer* zeigt sich so: Das Glatte kann jeweils in Vermittlung über das Erhabene als Wahrnehmungsmodus Grundlage einer Persönlichkeitsfestigung werden.

---

707 Entgegen dem Wanderer auf der Steppe weicht Otto der Erfahrung nicht aus, sondern gibt sich ihr hin: Weil er „alles an sich selbst unterdrückt [...], was [ihn] daran gehindert hat, zwischen die Dinge zu gleiten", verliert er sich selbst. Vgl. Deleuze/Guattari, Tausend Plateaus, 1992, S. 382.

708 Burke, A Philosophical Enquiry, 2008, S. 105.

709 Kant, Analytik des Erhabenen, 1968, S. 341.

2 Erhabene Hässlichkeit – *Brigitta*

„Ugliness I imagine likewise to be consistent enough with an idea of the sublime."[1] In Edmund Burkes *A Philosophical Enquiry into the Origin of Our Ideas of the Sublime and the Beautiful* zeigt sich, wie sich im achtzehnten Jahrhundert unter dem Begriff des „angenehmen Grauens" die Ästhetik des Hässlichen und die Kategorie des Erhabenen treffen.[2] „Das Häßliche ist nur eine der vielen Kehrseiten des Schönen, die im 18. Jahrhundert an Interesse gewinnen"; dabei gehe es, so Carsten Zelle weiter, „angesichts aufbrechender Kontingenzerfahrungen" um „Selbstvergewisserung", wofür „an Kunst gemachte Ambivalenzerfahrungen [...] am geeignetsten" gewesen seien.[3] Nach Dieter Kliche bereitete das Erhabene des achtzehnten Jahrhunderts den „moderne[n] ästhetische[n] Grundbegriff ‚häßlich'" vor.[4] Dennoch definiert sich das Hässliche bis zur allmählichen Auflösung des klassizistischen Kunstideals Mitte des neunzehnten Jahrhunderts weiterhin als Gegenteil des Schönen: Alle theoretischen Überlegungen von Johann Georg Sulzer über Friedrich Schlegel bis Karl Rosenkranz[5] gehen von einem normativen Schönheitsbegriff aus,[6] unter dessen Vorgaben das Hässliche als Negation des Schönen, als das Formlose, Unvollendete oder Zersetzende, bestimmt wird.[7] Burke ist hier keine Ausnahme: Auch nach seiner Auffassung ist „ugliness [...] the opposite to beauty".[8] Außergewöhnlich ist aber die Verbindung von Hässlichkeit

---

1 Burke, A Philosophical Enquiry, 2008, S. 92.

2 Vgl. Zelle, ‚Angenehmes Grauen', 1987, S. XXIf.

3 Carsten Zelle, Ästhetik des Häßlichen: Friedrich Schlegels Theorie und die Schock- und Ekelstrategien der ästhetischen Moderne. In: Vietta, Silvio/Kemper, Dirk (Hg.), Ästhetische Moderne in Europa. Grundzüge und Problemzusammenhänge seit der Romantik, München 1998, S. 197–233, hier 211.

4 Dieter Kliche, Grenzüberschreitungen des Schönen. Versuch einer Begriffsgeschichte des Häßlichen bis zur Mitte des 19. Jahrhunderts. In: Barck, Karlheinz u. a. (Hg.), Ästhetische Grundbegriffe. Studien zu einem historischen Wörterbuch, Berlin 1990, S. 345–377, hier 352.

5 Günter Oesterle geht der Frage nach, inwieweit das Hässliche in der Ästhetik als ‚Ursprung der Moderne' gelten kann. Vgl. Günter Oesterle, Entwurf einer Monographie des ästhetisch Hässlichen. Die Geschichte einer ästhetischen Kategorie von Friedrich Schlegels *Studium*-Aufsatz bis zu Karl Rosenkranz' *Ästhetik des Häßlichen* als Suche nach dem Ursprung der Moderne. In: Bänsch, Dieter (Hg.), Zur Modernität der Romantik, Stuttgart 1997, S. 217–297.

6 So leite sich z. B. Rosenkranz' *Ästhetik des Häßlichen* (1853) „aus der Grundidee der Selbstvernichtung des Schönen zum Hässlichen her: Im Formlosen, im Inkorrekten, im Verbildeten, meinte er, erscheine das Hässliche nachgerade als Karikatur des idealisch Schönen." Kleine, Ästhetik des Häßlichen, 1998, S. 105.

7 Vgl. Wolfgang Henckmann, Hässlich. In: Reallexikon der deutschen Literaturwissenschaft. Bd. II, hg. von Harald Fricke, Berlin/New York 2000, S. 1–3.

8 Burke, A Philosophical Enquiry, 2008, S. 92.

https://doi.org/10.1515/9783110498219-009

und Erhabenheit, die er schon 1757 so offensichtlich zieht. Besonderer Stellenwert kommt hierbei dem Begriff *ugliness* zu: Nach Kliche sei Burke in „England der erste" gewesen, „der als Gegensatz des Schönen nicht *deformity*, sondern *ugliness*" wählte; über den „affektiven Nebensinn des Hasses und der Furcht", den *ugliness* mit einschließe, werde das Hässliche so in die „semantische Nähe" zum Erhabenen gebracht.[9] Vor diesem philosophiegeschichtlichen Hintergrund wird hier der Versuch unternommen, Stifters Erzählung *Brigitta* nicht in einem Dualismus von äußerer Hässlichkeit und innerer Schönheit zu lesen, sondern Brigittas Hässlichkeit unter dem Aspekt des Erhabenen zu fassen. Dabei handelt es sich, auch wenn Burke eine Verbindung zwischen Hässlichkeit und Erhabenheit zieht, um eine motivische Weiterentwicklung des Erhabenen, schließlich spricht keine der philosophischen Ausführungen das Erhabene einer Person zu. *Brigitta* steht somit in besonders deutlicher Weise für die mäanderne und gerade nicht starre Existenz des Erhabenen in Stifters Texten und im ästhetisch-literarischen Diskurs.

Brigitta ist eines der wenigen literarischen Beispiele, das den Topos der weiblichen Schönheit aufbricht und weibliche Hässlichkeit zum Thema macht. Das ist außergewöhnlich, bedenkt man, dass es selbst in der Literatur des zwanzigsten Jahrhunderts kaum hässliche Heldinnen gibt.[10] Die Handlung dagegen ist ähnlich aufgebaut wie in anderen Erzählungen Stifters:[11] Berichtet wird aus Sicht eines jungen namenlosen Erzählers, der seinen einstigen Reisebegleiter Stephan Murai – ihm bekannt als ‚der Major'[12] – auf seinem Gut Uwar in der ungarischen Puszta besucht. Hier lernt er Brigitta kennen, die das benachbarte Gut Marosheli[13] bewirtschaftet und Murai als Vorbild in der Kultivierung der eigentlich unfruchtbaren Puszta dient. Nach und nach offenbart sich dem Erzähler Brigittas Schicksal: Sie wurde schon als Kind aufgrund ihrer Hässlichkeit von der eigenen Mutter abgelehnt und verbrachte deshalb eine einsame Kindheit, bis sie schließlich den außergewöhnlich schönen Murai heiratet. Es kommt aber schon nach wenigen Ehejahren zur Scheidung, nachdem Murai Brigitta mit der beson-

---

9 Kliche, Grenzüberschreitungen des Schönen, 1990, S. 355.

10 Vgl. Patricia Howe, Faces and Fortunes: Ugly Heroines in Stifter's *Brigitta*, Fontane's *Schach von Wuthenow* and Saar's *Sappho*. In: German Life and Letters 44 (1991), S. 426–442, hier 426.

11 Nach Gunter H. Hertling könne *Brigitta* gar als Vorstudie des *Nachsommers* gelesen werden, vgl. Gunter H. Hertling, Adalbert Stifters *Brigitta* (1843) als Vor-‚Studie' zur ‚Erzählung' seiner Reife *Der Nachsommer* (1857). In: JASILO 9/10 (2002/2003), S. 19–54.

12 Vgl. Brigitta. In: HKG, Bd. 1,5, z. B. S. 412.

13 Auch „Maroshely". Vgl. ebd., z. B. S. 428.

ders schönen Gabriele betrügt.[14] Erst Jahre später, als der gemeinsame Sohn Gustav durch ein Rudel Wölfe in tödliche Gefahr gerät, kommt es zur Versöhnung, in deren Zuge sich die Lebenslage Murais und Brigittas für den Erzähler offenbart. Der Handlung ist eine kurze ‚Einleitung' vorangestellt,[15] die das Problem von äußerer Hässlichkeit und innerer Schönheit darlegt.

Die Einleitung wurde zusammen mit der Versöhnungsszene[16] immer wieder herangezogen, um die Novelle unter der Vorgabe des ‚sanften Gesetzes' zu interpretieren.[17] So spiegle nach Albert Meier *Brigitta* und das ‚sanfte Gesetz' gleichermaßen den „Wolffianismus" wieder, „der in der von A. G. Baumgarten entwickelten Ästhetik auch den unteren Seelenvermögen eine Erkenntnisfunktion" zuschreibe und so das „Phänomen der Schönheit von einer sinnlichen und daher ‚verworrenen', d. h. von einer nichtrationalen und deshalb auch nicht deutlichen Erkenntnis" herleite. Baumgartens Ästhetik werde in der Erzählung durch das Schaffen von Schönheit eingelöst, nämlich durch die Kultivierung der unfruchtbaren Puszta und die damit verbundene Kultivierung des Selbst; dabei gehe es nicht um eine „Eliminierung der Affekte", sondern um „ihre Einbindung in soziale Tugenden". In *Brigitta* zeige sich so eine „Vereinbarung von Sittlichkeit und individuellem Glück", die belege, „daß zwischen dem Sitten- und dem Naturgesetz, zwischen Vernunft und Sinnlichkeit, kein notwendiger Widerspruch" bestehe, wie es das ‚sanfte Gesetz' fordert.[18] Nach Gunter H. Hertling begebe sich Stifter in *Brigitta* „[i]m Wissen über die allgemein menschliche Unvollkommenheit [...] auf die Suche und Entdeckung eines ‚sanften Gesetzes'" im Sinne eines „phänomenologische[n] anstelle eines rein wissenschaftlichen Einvernehmen mit

14 Ob es sich wirklich um einen Betrug handelt, ist umstritten. Mayer spricht nur von einer „Neigung zu der natürlich-verführerischen Gabriele", die eigentlich „unschuldige Zerstörerin der Ehe" werde. Mayer, Erzählen als Erkennen, 2001, S. 70.
15 Die ‚Einleitung' ist nicht als solche gekennzeichnet, wird aber in der Forschung im Allgemeinen so benannt.
16 Dabei kommt ein „sanftes Gesetz der Schönheit" zur Sprache. Vgl. Brigitta. In: HKG, Bd. 1,5, S. 473.
17 „So wie es in der äußeren Natur ist, so ist es auch in der inneren, in der des menschlichen Geschlechtes. Ein ganzes Leben voll Gerechtigkeit Einfachheit Bezwingung seiner selbst Verstandesgemäßheit Wirksamkeit in seinem Kreise Bewunderung des Schönen [...] halte ich für groß: mächtige Bewegungen des Gemüthes furchtbar einherrollender Zorn die Begier nach Rache [...] halte ich nicht für größer, sondern für kleiner, da diese Dinge so gut nur Hervorbringungen einzelner und einseitiger Kräfte sind, wie Stürme feuerspeiende Berge Erdbeben". Vorrede [zu den Bunten Steinen]. In: HKG, Bd. 2,2, S. 12.
18 Stifter habe Baumgartens Ästhetik in Kremsmünster kennengelernt. Vgl. Albert Meier, Diskretes Erzählen. Über den Zusammenhang von Dichtung, Wissenschaft und Didaktik in Adalbert Stifters Erzählung ‚Brigitta'. In: Aurora. Jahrbuch der Eichendorff Gesellschaft 44 (1984), S. 213–223, hier 213 und 216 f.

den ‚Dingen'".[19] Ortrud Gutjahr interpretiert das ‚sanfte Gesetz' in *Brigitta* als *„poetologische Imago"*: Die „Form", in der die „Ehegeschichte zum einen zur Synthese von Privatheit und Öffentlichkeit führt und zum anderen über die Entfaltung von Kulturarbeit die Seelenarbeit darzustellen versucht", impliziere ein „Literaturverständnis", das „ein schrittweises Sich-Hineinbegeben in die *Textlandschaft*" verlange. Deshalb sei „das *sanfte Gesetz* [...] kein Gesetz, das direkt formulierbar wäre im Sinne eines kategorischen Imperativs", sondern es handle sich um ein „thematisches als auch strukturierendes Prinzip", also um eine Poetologie.[20] Auch Christian von Zimmermann liest *Brigitta* als Ausformulierung einer Lehre, zieht aber Ernst von Feuchterslebens *Zur Diätetik der Seele* (1838) heran. Die darin formulierte Kalobiotik, die Kunst, Seele und Geist in Harmonie zu verbinden, sei „bis in metaphorische Details hinein in der Erzählung ‚Brigitta' präsent". Stifter gestalte seine Figuren „seelenkundlich" und parallelisiere sie so „mit der Darstellung von Natur- und Kulturlandschaft", eine Vorgehensweise, die sich im doppelten „Veredelungsprozeß" von Brigitta offenbare, in dem sich ihre Seele in der landwirtschaftlichen Arbeit ausdrücke.[21] Helena Ragg-Kirkby beschäftigt sich auch mit der Kultivierung der Steppe in *Brigitta*, geht aber nicht von Stifters ‚sanftem Gesetz' aus. Dennoch geht es ihr zufolge in Brigittas Bemühungen, die Steppe zu kultivieren, um eine Vision, nämlich um das Schaffen von Harmonie: „Why [...] does Stifter conceal this vision? One answer is surely that it is so sharply at variance with conventional notions of morality, wholeness and harmony." Die Steppe müsse deshalb als „a zone of necessary chaos beyond good and evil" gelesen werden.[22]

Das gemeinsame Element dieser Beiträge scheint also die Parallelisierung von seelischem und landschaftlichem ‚Veredelungsprozess' zu sein. Diese Lesart ist aber nicht neu: Schon Walter L. Hahn interpretierte 1979 die Kultivierung der Steppe als Veredelung im doppelten Sinn. Indem Brigitta „dem ungefügten, wilden, öden Lande eine harmonische Ordnung zu entlocken vermag, verwandelt sie gleichzeitig ihr Inneres in eine ebenso ausgeglichene Harmonie."[23] Allerdings

---

19 Hertling, Stifters *Brigitta* als Vor-,Studie' zum *Nachsommer*, 2002/2003, S. 21.
20 Ortrud Gutjahr, Das *sanfte Gesetz* als psychohistorische Erzählstrategie in Adalbert Stifters *Brigitta*. In: Cremerius, Johannes u. a. (Hg.), Psychoanalyse und die Geschichtlichkeit von Texten, Würzburg 1995, S. 285–305, hier 303.
21 Christian von Zimmermann, ‚Brigitta' – seelenkundlich gelesen. Zur Verwendung ‚kalobiotischer' Lebensmaximen Feuchterslebens in Stifters Erzählung. In: Laufhütte, Hartmut/Möseneder, Karl (Hg.), Adalbert Stifter. Dichter und Maler, Denkmalpfleger und Schulmann. Neue Zugänge zu seinem Werk, Tübingen 1996, S. 410–434, hier 428.
22 Vgl. Ragg-Kirkby, Zones of Otherness, 1999, S. 209–211.
23 Walther L. Hahn, Zu Stifters Konzept der Schönheit: ‚Brigitta'. In: VASILO 19 (1979), S. 149–159, hier 156.

wird eine solche Lektüre weder der Steppe gerecht: Sie erfasst sie nicht als das, was sie ist, nämlich als Natur-Raum, der zwar in Teilen kultiviert wird, aber dennoch nie seine Ursprünglichkeit und Bedrohlichkeit einbüßt.[24] Noch wird sie der Figur Brigittas gerecht, denn deren Hässlichkeit verschwindet so hinter einem schwammigen Begriff von Sittlichkeit, die ihr – so wird sich zeigen – nicht zukommt. Die erhabene Wirkung Brigittas, der – und auch das wird im Folgenden herausgestellt – eine außerordentlich bedrohliche Wirkung zukommt, kann unter diesen Prämissen kaum erfasst werden.

Des Weiteren wurde die Erzählung unter den Prämissen einer pädagogischen Intention Stifters gelesen – mit unterschiedlichen Schwerpunkten. Nach Richard G. Rogan verfolge Stifter in *Brigitta* die Absicht, dem Leser das richtige Sehen, das „rechte Auge"[25], zu lehren: „Through this visual sense outer physical beauty and inner moral beauty may manifest themselves. Beyond that, the visual sense functions as the actual perceptual means of such beauty".[26] Robert C. Holub geht davon aus, dass die meist dem Realismus zugeschriebene Novelle[27] überhaupt kein Anspruch habe, ‚realistisch' zu sein, denn: „[T]he opening paragraph does not suggest that what we are going to encounter in the following pages is a realist novella but, rather, if anything, an exploration of perhaps an unveiling of the abyss". Der Lerneffekt bestehe darin, „how to avoid being drawn [...] into the darkness of chaos and passion, that mark the ominous boundaries of both the ideological and the literary order of German realism."[28] Markus Fauser bindet das Pädagogische in *Brigitta* an die Erzählperspektive: Thema der Erzählung sei, vermittelt über die Parallelisierung des Lebens des Majors mit dem des Erzählers, „die wahrnehmungspsychologische Grundlage der Kulturbedeutung des Alten, symbolisiert im Gestaltwandel des menschlichen Alters und der problematisierten Weitergaben von Erfahrung an jüngere Dritte."[29] Mathias Mayer liest *Brigitta*

---

24 „[S]o viel Wildheit, so viel Ueppigkeit, trotz der uralten Geschichte so viel Anfang und Ursprünglichkeit" liegt in der Steppe. Brigitta. In: HKG, Bd. 1,5, S. 417. Vgl. dazu in Kapitel III.1 dieser Arbeit den Abschnitt *Die Steppe – Brigitta*.
25 Vgl. Brigitta. In: HKG, Bd. 1,5, S. 446.
26 Richard G. Rogan, Stifter's *Brigitta*. The Eye to the Soul. In: German Studies Review 13 (1990), S. 243–251, hier 250.
27 Vgl. z. B. Hunter-Lougheed, Stifter: *Brigitta*, 1990; Stefanie Kreuzer, Zur ‚unerhörten' Erzähldramaturgie einer realistischen Novelle. Adalbert Stifters ‚Brigitta' (1847). In: Der Deutschunterricht. Beiträge zu seiner Praxis und wissenschaftlichen Grundlegung 59 (2007), S. 25–35.
28 Robert C. Holub, Adalbert Stifter's *Brigitta*, or the Lesson of Realism. In: Kontje, Todd (Hg.), A Companion to German Realism. 1848–1900, Rochester, NY, u. a. 2002, S. 29–51, hier 34 und 49.
29 Markus Fauser, Die Kulturbedeutung des Alten in Adalbert Stifters *Studien*. In: Becker, Sabina/ Grätz, Katharina (Hg.), Ordnung – Raum – Ritual. Adalbert Stifters artifizieller Realismus, Heidelberg 2007, S. 17–40, hier 24.

als „beispielhafte Erkenntnisgeschichte", die zwischen Schönheit und Hässlichkeit, zwischen Innen und Außen zur Erkenntnis von „wahrer" Schönheit gelange, nicht nur bezüglich der Figur Brigitta, sondern auch bezüglich der verborgenen Schönheit der Steppe.[30] Barbara Potthast bringt den Tenor dieser Lesarten auf den Punkt: In *Brigitta* sei das platonische Konzept der Kalokagathia verwirklicht, das auch im neunzehnten Jahrhundert, „nun frei von mittelalterlich-ständischen Implikationen, immer noch große Macht" besessen habe: „[M]an spielt mit ihr, kehrt sie um, bricht sie ironisch und bleibt ihr gerade dadurch verpflichtet." Stifters *Brigitta* bilde dabei „einen literarischen Höhepunkt der idealistischen Schönheitsauffassung in der gedanklichen Tradition Goethes", denn das „Gesetz der Schönheit", das am Schluss der Erzählung herangezogen wird, bezeichne „dezidiert nicht die physische Schönheit [...], sondern eine innere, moralische Schönheit, die mit Loyalität, Treue, Verständnis und Verzeihen verbunden" sei.[31] Auch Christian Begemann verbindet die Lesart von der pädagogischen Intention Stifters mit der von der Kultivierung der Seele durch landwirtschaftliche Tätigkeit: Indem „das Ich sich der objektiven Welt der Dinge tätig" zuwende, trete es „aus seiner verschlossenen Subjektivität mit ihren leidenschaftlichen Verirrungen" heraus: „Am Ende ihrer Entwicklung" seien deshalb „alle Protagonisten ‚geheilt' und ins Vorbildhafte verwandelt, und zwar kraft eines Remediums, das hier in extenso vorgeführt wird: Es ist der Landbau, die Kultivierung der Natur."[32] Dabei offenbare sich in der Kultivierung zugleich die grundlegende Ambivalenz des Textes, denn „der Landbau" realisiere „de facto nur eine subjektive Erdichtung [...]: Er *erfindet* das erst, was ihm als objektive Bestimmung der Natur zugrunde liegen soll."[33]

---

30 Vgl. Mayer, Erzählen als Erkennen, 2001, S. 66 f.

31 Potthast, Überlegungen zur menschlichen Schönheit und Häßlichkeit, 2007, S. 250 und 253 f.

32 Begemann, Natur und Kultur, 1994, S. 47. Brigitte Prutti schließt sich Begemanns Interpretation an: Das „narrative Telos" der Erzählung ziele „nicht darauf ab, den destruktiven weiblichen Liebesschmerz einfach zu eliminieren, sondern ihn im Sinne einer homöopathischen Kur mittels Liebe selbst zu entschärfen und so für die Kulturarbeit fruchtbar zu machen." In *Brigitta* liege „eine zweite Genesis, in der die Natur als lebendige, paradiesische, überhaupt erst entsteht". Prutti, Zur Semantik des Flüssigen, 2008, S. 30.

33 Begemann, Natur und Kultur, 1994, S. 49. Vgl. auch Begemann, Welt der Zeichen, 1995, S. 261. In einem jüngeren Artikel interpretiert Begemann die Einleitung in *Brigitta* innerhalb des Diskurses der Entdeckung bzw. ‚Erfindung' des Unbewussten zu Beginn des neunzehnten Jahrhunderts: „Wenn Stifter [...] über eine spezifische Wissensproduktion durch die Literatur neben der Wissenschaft nachdenkt, dann kann es sich nur um ein skeptisches und punktuelles, eher ahnendes als konstatierendes Wissen, um Nichtgewusstes im Bereich der Tiefendimensionen des Seelischen handeln". Christian Begemann, Erkundungen im ‚inneren Afrika'. Adalbert Stifter und das Unbewusste. In: JASILO 18 (2011), S. 11–29, hier 11. Allerdings geht Begemann nur in seinem

Die bisher dargestellte Forschung[34] zu *Brigitta* scheint sich also zumindest an einem Punkt zu treffen: Es wird vor allem bezüglich der Figur Brigittas fast immer eine Spannung zwischen Innen (Seele) und Außen (Hässlichkeit Brigittas bzw. der Steppe)[35] gesehen, die schließlich aufgelöst werde, sei es nun durch das Erkennen der wahren (also inneren) Schönheit oder durch das Erschaffen von (wahrer) Schönheit durch den Landbau. Damit gerät aber das grundlegende Thema der Erzählung ins Hintertreffen, nämlich Brigittas mehrfach betonte Hässlichkeit.[36] Es liegt also nahe, die Hässlichkeit in den Fokus einer Interpretation zu stellen. Auch hierfür gibt es in der Forschung einige Beispiele, die – bedenkt man die grundsätzliche Ähnlichkeit der oben dargestellten Analysen – zu erstaunlich unterschiedlichen Ergebnissen kommen, auch wenn sie zum Teil an Obiges anschließen. So liest Rosemarie Hunter-Lougheed *Brigitta* als eine Erzählung der weiblichen Emanzipation und sieht vor allem Stifters didaktisches Anliegen verwirklicht.[37] Patricia Howe dagegen interpretiert *Brigitta* als Verwirklichung des biedermeierlichen Ideals. Brigitta müsse am Ende als schön erkannt werden, um so doch noch der traditionellen Heldin zu entsprechen; dabei handle es sich aber

---

einleitenden Paragraphen *Brigitta* nach und bezieht sich dabei ausschließlich auf die Einleitung; der Hauptteil des Artikels beschäftigt sich mit *Drey Schmiede ihres Schicksals*.

34 Außerdem liegen zwei Beiträge vor, die *Brigitta* als ‚politische' Erzählung fassen. Richard A. Block sieht in der Erzählung „in fact a political allegory, how it predicts the fate of Hungary insofar as that land's quest for self-expression will always in the act of that self-positing awaken or give rise to law that structures and misdirects that effort; that is, a law that frustrates any attempt at self-expression." Richard A. Block, Stone Deaf: The Gentleness of Law in Stifter's *Brigitta*. In: Monatshefte für deutschen Unterricht, deutsche Sprache und Literatur 90 (1998), S. 17–33, hier 18. Nach Wilfried Thürmer entwerfe *Brigitta* ein „Konzept menschlichen Daseins [...], eine utopische Konzeption". Dabei stelle die Utopie „den Versuch dar, das erkannte Schreckliche zum Potential seines eigenen Umschlags in Schönheit und Humanität zu machen", wobei Schönheit aber „im stilisiert-rituell [sic!] Schönen" erstarre. Wilfried Thürmer, ‚Die ganze Welt kömmt in ein Ringen sich nutzbar zu machen, und wir müssen mit'. Zur Ambivalenz der Liebes-Geschichte in Stifters Erzählung *Brigitta*. In: Wirkendes Wort. Deutsche Sprache und Literatur in Forschung und Lehre 57 (2007), S. 231–256, hier 231 und 237.

35 Die Steppe in *Brigitta* wurde auch als Spiegel und Sinnbild der ‚inneren Wüste' der Figuren interpretiert. Vgl. Baumann, Angstbewältigung und ‚sanftes Gesetz', 1993, S. 126 f.

36 Nach Zimmermann gibt es „kaum einen Anhaltspunkt dafür, daß Brigitta tatsächlich häßlich ist: sie wird vielmehr als häßlich bezeichnet, empfunden, oder sie selbst nennt sich in Verzweiflung häßlich." Wenn sie am Ende schön erscheine, belege das nicht ihre vorherige Hässlichkeit, vielmehr werde „[i]n der Symbolik der Augen [...] eine Entwicklung manifest", in der Brigitta ihr „Gleichgewicht in sich selbst" finde. Dies zeige sich an den beiden Attributen „schön" und „düster", die „beide Pole des Charakters von Brigitta" repräsentierten, „wobei beide Adjektive jeweils Resultate einer psychologisch nachvollzogenen Entwicklung bezeichnen." Zimmermann, ‚Brigitta' – seelenkundlich gelesen, 1996, S. 418–420.

37 Vgl. Hunter-Lougheed, Stifter: *Brigitta*, 1990, S. 55 und 61.

um eine Illusion von Schönheit, die mithilfe von deren Ambiguität und – in Entsprechung zu Hunter-Lougheeds Lektüre – Stifters didaktischem Anliegen kreiert werde.[38] Christine Oertel Sjögren kritisiert solche Lesarten: Es könne nicht darum gehen, Brigitta als innerlich schön und diese innere Schönheit als Basis der Liebe zu ihr anzunehmen, denn „[s]uch reasoning eliminates the aesthetic problem by basing erotic appeal on ethical values and moral principles. But this simplistic theory [...] does not fit the complexity of the narrative, and it seems artificial and forced." Stephan Murai werde weniger von Brigittas Unschuld oder Tugend, sondern vielmehr von ihrem dämonischen Wesen und „genius for creation, which provides him too with access to a strange kingdom", angezogen – eine Eigenschaft, die schließlich ihren höchsten Ausdruck im Landbau und in Brigittas Mutterschaft finde.[39] Dem Dämonischen in Stifters Frauengestalten, besonders in *Brigitta* und in der *Mappe meines Urgroßvaters*, ging schon Walter Benjamin nach; ihm zufolge ereigne sich bei Stifter „eine Rebellion und Verfinsterung der Natur", die „ins höchste Grauenvolle, Dämonische umschlägt und so ihren Einzug in seine Frauengestalten [...] hält, wo sie als eine geradezu pervers und raffiniert verborgene Dämonie das unschuldige Aussehen der Einfachheit trägt."[40] Im Folgenden werden die Überlegungen Benjamins und Sjögrens weiterverfolgt. Dabei wird sich zeigen, dass Brigittas ‚Dämonie' weder unschuldig erscheint, noch ausschließlich Zeichen ihres Genius ist; vielmehr entwickelt ihre ‚Dämonie' eine überaus bedrohliche Wirkung für andere Figuren im Text.[41]

Außerdem liegen Beiträge vor, die sich mit der meist als männlich konnotiert beschriebenen Sexualität Brigittas auseinandersetzen. Nach Claude Owen liege eine homoerotische Leidenschaft Murais vor, die kaum ein zufriedenstellendes

---

38 Vgl. Howe, Ugly Heroines, 1991, S. 431 und 439.

39 Sjögren argumentiert des Weiteren mit Brigittas Gegenspielerin Gabriele: Brigitta sei die Schöpferin von schönen Gestaltungen und phantastischen Welten, Gabriele dagegen eine ästhetische Erscheinung der sinnlichen Schönheit und des poetischen Geistes. Vgl. Christine Oertel Sjögren, The Allure of Beauty in Stifter's *Brigitta*. In: Journal of English and Germanic Philology 81 (1982), S. 47–54, hier 48, 50 und 52.

40 Stifters Stil der „Ruhe" führe zu einer „Abwesenheit [...] vor allem jeglicher akustischen Sensation", denn: „Die Fähigkeit irgendwie ,Erschütterung' darzustellen deren Ausdruck der Mensch primär in der Sprache sucht fehlt ihm absolut. Auf dieser Unfähigkeit beruht das Dämonische das seinen Schriften in mehr oder weniger hohem Grade eignet und seine offenbare Höhe dort erreicht wo er auf Schleichwegen sich vorwärtstastet weil er die naheliegende Erlösung in der befreienden Äußerung nicht finden kann." Walter Benjamin, Stifter. In: Walter Benjamin. Gesammelte Schriften. Bd. II,2, hg. von Rolf Tiedemann und Hermann Schweppenhäuser, Frankfurt a. M. ²1989, S. 608–610.

41 Das ,gemischte Gefühl' des Erhabenen ist bei Stifter in der Regel an eine Figurenperspektive gebunden; es zeigt sich also in der Wirkung von erhabenen Gegenständen auf ein Subjekt. Vgl. dazu in Kapitel II dieser Arbeit den Abschnitt *Das Erhabene als ,gemischtes Gefühl'*.

Ende, also eine Lösung der Eheproblematik zulasse.[42] Gutjahr geht dagegen von gegenseitigen bisexuellen Neigungen Brigittas und Stephans aus: „In der komplementär ausgestalteten Paarkonstellation" betone „Stifter eine bisexuelle Anlage, die durch Erziehung auf ein Gesellschaftsideal hin überlagert wird." Es gehe in *Brigitta* also weniger um eine private Liebesgeschichte, vielmehr müsse die Erzählung im öffentlichen Diskurs der Ende des achtzehnten Jahrhunderts aufkommenden Liebesheirat gesehen werden, die „*psychohistorisch* eine Grundproblematik" darstelle und zu einem neuen „Legitimationsbedürfnis" geführt habe. Einmal abgesehen davon, ob Stifter hier explizit Kritik an gesellschaftlichen Geschlechter-Zuschreibungen übt, soll es in diesem Kapitel um einen Aspekt der Figur Brigitta gehen, den Gutjahr nur kurz anspricht: um „Anziehung und Bedrohung", die „zugleich" von ihr ausgehen. Nach Gutjahr mache der Text über eine „ambivalente Beurteilung der Augen das Anziehende und nach traditionellen Weiblichkeitszuschreibungen zugleich Abstoßende an Brigitta präsent, nämlich ihre in Bildern und Metaphern der Männlichkeit symbolisierte Potenz, ihre Naturhaftigkeit, Triebhaftigkeit, ihre Sexualität."[43] In der anschließenden Lektüre wird sich dagegen zeigen, dass auch eine andere Bewertung abseits von männlichen Attributen möglich ist, die Brigitta einerseits nur im Vergleich zum Major bzw. zu Gabriele beschreiben und die andererseits ihren Grund in ihrem Verhalten, nicht in ihren Gesichtszügen haben. Brigittas „schöne[] düster[e] Augen"[44] und auch ihre ganze Person stehen im Zeichen einer Erhabenheit, wie auch die „düstere Schönheit" der Hochebene in *Zwei Schwestern* deren Erhabenheit umschreibt.[45] Neben den schönen aber düsteren Augen ist es gerade Brigittas Hässlichkeit, die zur Grundlage für Anziehung und zeitgleicher Bedrohung wird, eine Wirkung, der nicht nur Stephan Murai, sondern auch der Erzähler ausgesetzt ist.

Bevor die Brigitta inne liegende Paradoxie dargestellt wird, gehe ich im Folgenden als Vorbereitung der späteren Argumentation auf die der Erzählung vorangestellte Einleitung ein. Dabei wird die Einleitung weder als Formulierung eines Gesetzes noch als didaktische Lese-Anweisung des Autors verstanden (s. o.);

---

42 Vgl. Claude Owen, Zur Erotik in Stifters ‚Brigitta'. In: Österreich in Geschichte und Literatur 15 (1971), S. 106–114, hier 107 f.
43 Nach Gutjahr stehe deshalb folgende Frage im Fokus: „Wie kann es gelingen, die Sexualität, die als Begehren des anderen zum Bewußtsein gelangt, so gesellschaftlich zu verankern, daß ihr intersubjektiv Raum gegeben werden kann?", Gutjahr, Das *sanfte Gesetz* als psychohistorische Erzählstrategie, S. 288–291.
44 Brigitta. In: HKG, Bd. 1,5, S. 447.
45 Zwei Schwestern. In: HKG, Bd. 1,6, S. 261.

auch führt sie den Leser, so wird sich zeigen, nicht in die Irre.[46] Vielmehr handelt es sich – wie es ja auch in der Erzählung selbst heißt – um eine Sammlung von „Bemerkungen":

> Es gibt oft Dinge und Beziehungen in dem menschlichen Leben, [...] deren Grund wir nicht in Schnelligkeit hervor zu ziehen vermögen. Sie wirken dann meistens mit einem gewissen schönen und sanften Reize des Geheimnißvollen auf unsere Seele. In dem Angesichte eines Häßlichen ist für uns oft eine innere Schönheit, die wir nicht auf der Stelle von seinem Werthe herzuleiten vermögen, während uns oft die Züge eines andern kalt und leer sind, von denen alle sagen, daß sie die größte Schönheit besitzen. Eben so fühlen wir uns manchmal zu einem hingezogen, den wir eigentlich gar nicht kennen, es gefallen uns seine Bewegungen, es gefällt uns seine Art, wir trauern, wenn er uns verlassen hat, und haben eine gewisse Sehnsucht, ja Liebe zu ihm, wenn wir oft noch in späten Jahren seiner gedenken: während wir mit einem Andern, dessen Werth in vielen Thaten vor uns liegt, nicht ins Reine kommen können. Daß zuletzt sittliche Gründe vorhanden sind, die das Herz heraus fühlt, ist kein Zweifel, allein wir können sie nicht immer mit der Wage des Bewußtseins und der Rechnung hervor heben, und anschauen.[47]

Die bisherige Forschung bezog sich vor allem auf die hier propagierten ‚sittlichen Gründe, die das Herz heraus fühlt'. So werde beispielsweise nach Hahn wahre, das bedeute, moralische Schönheit mit dem Herzen erkannt, denn bei Stifter sei es das Herz, das moralische und ästhetische Urteile fälle, nicht der Verstand.[48] Gutjahr kommt zu einem ähnlichen Schluss: „Stifter geht es [...] nicht um eine Ästhetik des Schönen, sondern um eine Ästhetik des Sittlichen".[49] Doch ob ein Urteil überhaupt möglich ist, zieht die Einleitung deutlich in Zweifel. Hahn und Gutjahr übersehen nicht nur, dass die ‚sittlichen Gründe' vom Menschen ‚nicht immer mit der Wage des Bewußtseins und der Rechnung' hervorgehoben und angeschaut werden können, sondern auch die einschränkenden Adverbien: Das Geheimnisvolle, das für den Menschen nicht zu Durchschauende wirkt nur ‚meistens' mit einem schönen Reize auf seine Seele, das Hässliche zeigt dem Betrachter ‚oft' – aber nicht immer – eine ‚innere Schönheit', wie auch das Schöne

---

46 Sjögren plädiert dafür, die Einleitung in *Brigitta* nicht weiter zu beachten, weil sie den Leser in die falsche Richtung führe. Vgl. Sjögren, The Allure of Beauty, 1982, S. 49. Auch Brigitte Prutti geht davon aus, dass man in der Einleitung „gleich zu Beginn [des] Textes aufs hermeneutische Glatteis geführt" werde, vgl. Prutti, Zur Semantik des Flüssigen, 2008, S. 39.

47 Brigitta. In: HKG, Bd. 1,5, S. 411.

48 Vgl. Hahn, Zu Stifters Konzept der Schönheit, 1979, S. 149 f. Vgl. auch Hertling, Stifters *Brigitta* als Vor-‚Studie' zum *Nachsommer*, 2002/2003, S. 21.

49 Gutjahr, Das *sanfte Gesetz* als psychohistorische Erzählstrategie, 1995, S. 298.

den Betrachter ,oft' kalt lässt. Das menschliche Seelenvermögen kann also kaum als sicheres Erkenntnisinstrument[50] dienen.

Auch die Wissenschaft, also die „Seelenkunde", kann nur bedingt Erkenntnisse liefern: Sie habe zwar „manches beleuchtet und erklärt, aber vieles ist ihr dunkel und in großer Entfernung geblieben."[51] Mit dieser Einschätzung steht die Erzählung nicht alleine; auch Joseph Johann von Littrow geht in *Die Wunder des Himmels* der Frage nach, inwieweit „höhere Physiologie, oder die *eigentliche* Psychologie des Menschen", in der Lage ist, Licht ins Dunkel der menschlichen Psyche zu bringen. Die Psychologie werde „so lange […] in ihrer bisherigen Nacht verborgen bleiben, bis man eine hinlängliche Masse guter Beobachtungen und Erfahrungen über diesen Gegenstand gesammelt haben wird. Noch fehlt es uns beinahe gänzlich an denselben, und selbst die Instrumente, mit welchen man diese Beobachtungen anstellen soll, sind uns größtentheils noch unbekannt."[52] Vor allem aber nutzt Littrow seine Überlegungen zur Psychologie und zu den menschlichen Instinkten, um die Philosophie in Schranken zu weisen: „Die gütige Natur ließ es bei dem Menschen, wie es scheint, nicht gern auf die Vernunft allein ankommen, und sie schickt oft schon den Trieb über uns, wenn wir mit dem Beweise noch lange nicht fertig sind. Auf diese Weise greift der Instinct fast immer dem geschlossenen Urtheile vor." Deshalb lehnt er die „sogenannten hyperphysischen Wissenschaften" ab und fragt: „[B]esteht nicht z. B. unsere Metaphysik, und unsere ganze Philosophie dazu, eigentlich doch nur darin, uns dessen etwas deutlicher, oder – soll ich sagen – etwas gelehrter bewußt zu machen, was wir auch ohne diese Wissenschaft, eigentlich schon längst gewusst haben?"[53] Vor diesem Hintergrund gelesen,[54] kommt in *Brigitta* weder der ,Seelenkunde' noch der Philosophie[55] die Fähigkeit zu, die Triebhaftigkeit des Menschen, die „Dinge

---

50 Nach Meier und Zimmermann werde der Seelenkunde eine Erkenntnisfunktion zugesprochen. Vgl. Meier, Über den Zusammenhang von Dichtung, Wissenschaft und Didaktik, 1984, S. 213; Zimmermann, ,Brigitta' – seelenkundlich gelesen, 1996, S. 410 f.

51 Brigitta. In: HKG, Bd. 1,5, S. 411.

52 Littrow, Wunder des Himmels, 1837, S. 774.

53 Weiter heißt es: „Unsere Philosophen sollten, statt der unfruchtbaren Spekulationen, mit welchen sie ihre Zeit vergeuden, vielmehr diese innere Organisation des Menschen genauer kennen lernen." Ebd., S. 773 f.

54 Vgl. dazu in Kapitel I dieser Arbeit den Abschnitt *Das Erhabene in Physik und Astronomie – Baumgartner und Littrow*.

55 In den *Winterbriefen aus Kirchschlag* spricht sich auch Stifter gegen die Philosophie aus: „Was ist Schönheit? Männer der ältesten und jüngsten Zeiten haben sich bestrebt, die Frage zu beantworten. Sie sagen: schön ist, was unbedingt gefällt, oder, schön ist das Göttliche, das dem Sinne erscheint, oder noch Anderes. Aber die Sache scheint von dem Worte schön hier nur auf andere Worte übertragen zu sein. Etwa ist es mit der Schönheit wie mit tausend Dingen, die wir

und Beziehungen in dem menschlichen Leben, die uns nicht sogleich klar sind",[56] zu erkennen. Die Erzählung rettet sich also nicht, so Johann Lachingers These, „aus den Widersprüchen und Abgründen mit dem Instrument der Vernunft und der aus ihr hergeleiteten Praxis der Bewältigung in der Kultivierung der verfügbaren Natur und der Erkenntnis der Gesetze des Unverfügbaren."[57] Vielmehr muss menschliche Erkenntnis und Vorstellungskraft auch gegenüber der eigenen Art, den Mitmenschen, und gegenüber dem eigenen, instinktiven und triebhaften Denken und Handeln scheitern: „Das Geheimnis der individuellen Anziehung und Abstoßung, das Ineinandergreifen von Liebe und Haß, der Gegensatz von kalter, leerer äußerlicher Schönheit und innerer Schönheit [...] lassen beständig die Vorstellung anwesend sein, daß jeder Mensch ein Abgrund sei"[58] – eine Abgründigkeit, die in *Brigitta* nahezu allumfassend wird:

> Wir glauben daher, daß es nicht zu viel ist, wenn wir sagen, es sei für uns noch ein heiterer unermeßlicher Abgrund, in dem Gott und die Geister wandeln. Die Seele in Augenblicken der Entzückung überfliegt ihn oft, die Dichtkunst in kindlicher Unbewußtheit lüftet ihn zuweilen; aber die Wissenschaft mit ihrem Hammer und Richtscheite steht häufig erst an dem Rande, und mag in vielen Fällen noch gar nicht einmal Hand angelegt haben.[59]

Nach Alfred Doppler gehört der Abgrund zu den „Unendlichkeitsmetaphern, die Natur abbilden, zugleich aber auch auf das weisen, was über die Natur hinausreicht", z. B. auf das „Göttlich-Undurchschaubare[]" und „Dämonisch-Widergöttliche[]".[60] In *Brigitta* droht also auch der hier beschriebene Abgrund[61] mit

---

haben und genießen, ohne zu wissen, was sie sind. Sicher ist, daß das Gefühl für Schönheit ein Gefallen ist, und daß wir die Schönheit durch den Sinn wahrnehmen. Und so haben wir sie, und jeder hat eine andere. Je mehr das Gefühl für Schönheit angeboren und durch sich und durch Kenntnisse entwickelt ist, desto höhere empfinden wir, und desto höher empfinden wir sie." Winterbriefe aus Kirchschlag. In: HKG, Bd. 8,2, S. 339 f.

56 Brigitta. In: HKG, Bd. 1,5, S. 411.

57 Lachinger, Stifter – Natur-Anschauungen, 1996, S. 100.

58 Alfred Doppler, Der Abgrund des Ichs. Ein Beitrag zur Geschichte des poetischen Ichs im 19. Jahrhundert, Wien u. a. 1985, S. 78 f. Auch nach Hartmut Laufhütte werde in der Einleitung zu *Brigitta* deutlich, dass hinter dem, was die Erkenntnis begrenzt, das „Nichts" sein könnte. Vgl. Laufhütte, Das *sanfte Gesetz* und der Abgrund, 2000, S. 63.

59 Brigitta. In: HKG, Bd. 1,5, S. 411 f. Die Journalfassung von *Brigitta* ist bezüglich der Wissenschaft noch radikaler: „Sie besieht und beschreibt den Körper, das Wesen liegt noch in heiliger Finsterniß, wie am ersten Schöpfungstage, und wer weiß, ob uns nicht erst nach und nach im Jenseits oder im Jenseits des Jenseits die Siegel von den Dingen abfließen werden?" Brigitta [Journalfassung]. In: HKG, Bd. 1,2, S. 213.

60 Doppler, Der Abgrund des Ichs, 1985, S. 9 f.

61 So auch Hunter-Lougheed: „Wenn Stifter eine Welt menschlicher Harmonie vergegenwärtigt, bildet sie stets nur das sichtbare Gebäude über einem Fundament, in das die Erfahrung der Pa-

Unendlichkeit, mit – wie später die Puszta – einem tiefen, undurchdringlichen ‚Nichts':[62] Die ‚Wissenschaft mit ihrem Hammer und Richtscheite', sei es nun die ‚Seelenkunde' oder eine andere, müsse daran scheitern,[63] und auch die ‚sittlichen Gründe' zum Erkennen von ‚wahrer' Schönheit bleiben im Dunkeln; einzig die Dichtung ‚lüftet' den Abgrund ‚zuweilen'. Selbst der Glaube scheitert: Gott wandelt mit den Geistern im unendlichen Abgrund (und nicht in einem über dem Menschen gespannten Himmel) – wie soll er so erkannt werden? Übrig bleibt nur das ‚gemischte Gefühl', mit dem der Mensch den ‚heiteren unermeßlichen Abgrund' im Erhabenen wahrnehmen und beschreiben kann[64] – die Einleitung formuliert also kein Gesetz zur Erkenntnis, sondern sie zeigt die ‚Leerstellen' der Erkenntnis auf, die auch mittels des Erhabenen erfahren werden können.

Auch der Figur Brigittas kommt aufgrund ihrer Hässlichkeit ein ähnlich abgründiges Erhabenes zu, obwohl der Ich-Erzähler ihre Hässlichkeit zunächst nicht erkennt. Nach längeren Wanderungen über die Steppe erblickt er „ein weißes Haus", von dem er hofft, es „möchte Uwar heißen" und also das Ziel seiner Reise sein. Auf dem Weg zu diesem Haus bemerkt er

> [i]n nicht großer Ferne [...] Felder [...], auf denen ich Menschen sah. Diese wollte ich fragen [...]. Ueber die Ebene aber sah ich eine Gestalt herüber sprengen, gerade auf die Felder zu, auf denen die Leute arbeiteten. Auch sammelten sich alle Arbeiter um die Gestalt, da sie bei ihnen angekommen war, wie um einen Herrn – aber meinem Major sah das Wesen ganz und gar nicht ähnlich. Ich ging langsam [...], und kam eben an, als bereits die ganze Glut der Abendröthe [...] um den Reiter loderte. Dieser aber war nichts anderes, als ein Weib, etwa vierzig Jahre alt, welches sonderbar genug die weiten landesmäßigen Beinkleider an hatte, und auch wie ein Mann zu Pferde saß.[65]

Brigittas Hässlichkeit nimmt der Erzähler nicht wahr – einen leisen Hinweis darauf kann man im Vergleich Brigittas mit dem außergewöhnlich schönen Major sehen.[66] Doch das scheint nicht der Grund zu sein, warum ihr Äußeres nicht

---

radoxie allen Lebens ebenso eingeschlossen ist, wie das Bewußtsein, daß das Chaos, welches die menschliche Ordnung negiert, jederzeit einbrechen und die Harmonie zerstören kann." Hunter-Lougheed, Stifter: *Brigitta*, 1990, S. 44 f.

62 Vgl. Brigitta. In: HKG, Bd. 1,5, S. 413. Für eine ausführliche Analyse des „Nichts" der Puszta vgl. in Kapitel III.1 dieser Arbeit den Abschnitt *Die Steppe – Brigitta*.

63 So auch, wie oben dargelegt, Begemann. Vgl. Begemann, Stifter und das Unbewusste, 2011, S. 12.

64 Es handelt sich also nicht einfach nur um einen „unwirtlicher Abgrund", wie Brigitte Prutti schreibt. Vgl. Prutti, Zur Semantik des Flüssigen, 2008, S. 40.

65 Brigitta. In: HKG, Bd. 1,5, S. 418.

66 „[N]ie hat man einen Mann gesehen, dessen Bau und Antlitz schöner genannt werden konnte, noch einen, der dieses Äußere edler zu tragen verstand." Ebd., S. 413.

weiter beschrieben wird. Ihre Gesichtszüge verschwinden hinter ihrem für den Erzähler äußerst erstaunlichen Auftreten als Gutsherr. Neben der, so Wilfried Thürmer, „[e]xponierte[n] Stellung", der „beinahe theatralische[n] Ausleuchtung" und der „Intensität der Effekte" aufgrund des beginnenden Sonnenuntergangs,[67] sind es Brigittas Kleidung, ihre Art zu reiten und ihre offenbar gehobene Position gegenüber den Feldarbeitern, die sie ‚sonderbar' erscheinen lassen. So sonderbar, dass der Erzähler ihr Gesicht schlussendlich kaum beschreibt: Nur einmal während des ersten Zusammentreffens wird ein Teil von Brigittas Gesicht benannt, und zwar die „Reihe sehr schöner Zähne", die sie lachend zeigt, als der Wanderer ihr ein „Geldstück für den Dienst" geben will.[68] Was bleibt, ist der Eindruck einer Begegnung, deren Sonderlichkeit vor allem in Brigittas männlich konnotiertem Verhalten liegt.[69]

Das Hässliche an ihr zeigt sich dem Erzähler erst später anhand eines Bildes,[70] das er auf dem Schreibtisch Murais findet – wobei er weder weiß, dass es sich um Brigitta handelt, noch, wer Brigitta ist.[71]

---

67 Nach Thürmer erscheine Brigitta deshalb schon beim ersten Zusammentreffen mit dem Erzähler wie ein „fast übermenschliche[s] Wesen". Vgl. Thürmer, Zur Ambivalenz der Liebes-Geschichte, 2007, S. 233. Diese Einschätzung scheint mir aber zu voreilig – schließlich wird Brigitta kaum beschrieben und vom Erzähler für „eine Art Schaffnerin" gehalten. Außerdem kommen die Lichtverhältnisse nicht Brigitta, sondern dem beginnenden Sonnenuntergang zu, der nicht nur sie, sondern alles und alle auf der Erdlehne in einem besonderen Licht erscheinen lässt: „Ich ging langsam gegen die Erdlehne empor [...] und kam eben an, als bereits die ganze Glut der Abendröthe um die dunkeln wogenden Maisfelder und die Gruppe bärtige Knechte, und um den Reiter loderte." Vgl. Brigitta. In: HKG, Bd. 1,5, S. 420 und 418.
68 Ebd., S. 420. Brigitta zeigt dem Wanderer den richtigen Weg nach Uwar, begleitet ihn ein Stück und gibt ihm schließlich einen ihrer Knechte als Führer an die Hand. Vgl. ebd., S. 419 f.
69 Nach Gutjahr werden, wie oben dargestellt, Brigitta v. a. männliche Attribute zugesprochen. Vgl. Gutjahr, Das *sanfte Gesetz* als psychohistorische Erzählstrategie, 1995, S. 288 f. Solche Zuschreibungen beziehen sich zumindest an dieser Stelle mehr auf Brigittas Verhalten und nicht auf ihre Gesichtszüge. Inwieweit Brigittas Äußeres, abgesehen von ihrer Kleidung, männlich ist, wird nicht klar, denn es wird nicht beschrieben.
70 Es gibt noch eine weitere Stelle, in der Brigitta direkt als hässlich bezeichnet wird; so erklärt Gömör, der ebenfalls ein Gut auf der Puszta besitzt, in einem Gespräch mit dem Erzähler die Beziehung zwischen Brigitta und Murai: „Es hat sich ein ungewöhnlich inniges und freundschaftliches Band entwickelt – der höchsten Freundschaft sei das Weib auch würdig – aber ob die Leidenschaft, die der Major zu der häßlichen und bereits auch alternden Brigitta gefaßt habe, natürlich sei, das sei eine andere Frage – und Leidenschaft sei es ganz gewiß, das erkenne ein jeder". Brigitta. In: HKG, Bd. 1,5, S. 444. Zimmermann lässt diese beiden Stellen aber nicht gelten, denn hier werde nur „eine Objektivität der schlichten Beobachtung suggeriert [...]", wenngleich ein Kontrast zum Bild außergewöhnlicher Schönheit, wie etwa in der Beschreibung des Majors oder Gustavs, dennoch deutlich" bleibe. Zimmermann, ‚Brigitta' – seelenkundlich gelesen, 1996, S. 418 f. Ähnlich argumentiert auch Howe, Ugly Heroines, 1991, S. 429.

> So stand auf dem Tische seines Schreibzimmers, in das ich sehr oft kam, [...] ein Bild – es war
> in schönem Goldrahmen das verkleinerte Bild eines Mädchens von vielleicht zwanzig – zwei
> und zwanzig Jahren – aber sonderbar war es, wie auch der Maler die Sache verschleiert
> haben mochte, es war nicht das Bild eines schönen, sondern eines häßlichen Mädchens –
> die dunkle Farbe des Angesichtes und der Bau der Stirne waren seltsam, aber es lag etwas,
> wie Stärke und Kraft darinnen, und der Blick war wild, wie bei einem entschlossenen Wesen.[72]

Brigittas Gesicht wird hier ganz deutlich als ‚häßlich‘ bezeichnet, und zwar so
hässlich, dass selbst der Maler es nicht verschleiern konnte. ‚Sonderbar‘ erscheint
es dem Erzähler, dass einem solchen Mädchen überhaupt ein Portrait mit goldenem Rahmen gewidmet wird. Dennoch nimmt er sich angesichts des Bildes –
anders als angesichts des Originals – Zeit, die Hässlichkeit des Mädchens zu ergründen. Dabei leitet er aus Äußerlichkeiten wie der ‚dunklen Farbe des Angesichtes‘ und dem seltsamen ‚Bau der Stirne‘ Charaktereigenschaften ab. Brigittas
Wesen wird aber keineswegs mit Tugendhaftigkeit zusammengebracht, sondern
ihr werden Attribute wie ‚Stärke‘, ‚Kraft‘ und Entschlossenheit zugesprochen. Der
Höhepunkt der Beschreibung liegt dabei in dem Satz: ‚Der Blick war wild‘ – ohne
irgendeinen Hinweis auf Brigittas ‚schöne Augen‘,[73] die in der Forschung immer
wieder als Zeichen ihrer inneren, moralischen Schönheit gelesen wurden.[74]

Das ‚Wilde‘ in Brigittas Wesen wird in der Binnenerzählung im Kapitel
„Steppenvergangenheit“, das ihre Kindheit und Jugend und auch Beginn und
Ende der Ehe mit Murai erzählt, wieder aufgenommen. Zuvor kommt der Binnen-
Erzähler, quasi einleitend in das Kapitel, noch einmal auf Schönheit zu sprechen:

> Es liegt im menschlichen Geschlechte das wundervolle Ding der Schönheit. Wir alle sind
> gezogen von der Süßigkeit der Erscheinung [...]. Oft wird die Schönheit nicht gesehen, weil
> sie in der Wüste ist, oder weil das rechte Auge nicht gekommen ist [...]. Es ist traurig für
> einen, der sie nicht hat, oder nicht kennt, oder an dem sie kein fremdes Auge finden kann.
> Selbst das Herz der Mutter wendet sich von dem Kinde ab, wenn sie nicht mehr, ob auch nur
> einen einzigen Schimmer dieses Strahles an ihm zu entdecken vermag.
> So war es mit dem Kinde Brigitta geschehen.[75]

---

71 Erst zu Beginn des vierten Kapitels „Steppengegenwart“ wird der Ich-Erzähler Brigitta
schließlich vorgestellt. Vgl. Brigitta. In: HKG, Bd. 1,5, S. 462.
72 Ebd., S. 439 f.
73 Zum ersten Mal werden die schönen Augen im Traum des Erzählers erwähnt. Vgl. ebd., S. 444 f.
74 Vgl. z. B. Hahn, Zu Stifters Konzept der Schönheit, 1979, S. 153 f.; Rogan, The Eye to the Soul,
1990.
75 Brigitta. In: HKG, Bd. 1,5, S. 445 f.

Hier nun, in der Einleitung zur Binnenerzählung, wird der doch abstrakte „heitere [] unermeßliche[] Abgrund" der Einleitung zu einem persönlichen Abgrund – nämlich zu Brigittas Schicksal:

> Als es [i. e. das Kind Brigitta, E. H.] geboren ward, zeigte es sich nicht als der schöne Engel, als der das Kind gewöhnlich der Mutter erscheint. Später lag es in dem schönen goldenen Prunkbettchen in den schneeweißen Linnen mit einem nicht angenehmen verdüsterten Gesichtchen, gleichsam als hätte es ein Dämon angehaucht. Die Mutter wandte, von sich selber unbemerkt, das Auge ab [...]. Der Vater ging öfter durch das Zimmer nach seinen Geschäften, und wenn die Mutter wohl manchmal gleichsam aus verzweiflungsvoller Brünstigkeit die andern Kinder herzte, sah sie nicht das starre schwarze Auge Brigitta's, das sich hin heftete, als verstünde das winzige Kind schon die Kränkung.[76]

Brigitta ist nicht nur ein hässliches, sondern ein dämonisch aussehendes Kind – sie ist von Geburt an selbst für die Mutter das ganz „fremde Andere".[77] Dämonisch an ihr ist dabei nicht nur ihr ‚nicht angenehmes verdüstertes Gesichtchen' und ihr ‚starres schwarzes Auge', dämonisch oder fremd ist vor allem ihr Verhalten. Brigitta sagt, so erfährt der Leser im Folgenden, „Laute, die sie von niemanden gehört hatte", sie „verdrehte [...] oft die großen wilden Augen, wie Knaben thun, die innerlich bereits dunkle Thaten spielen", und „[a]uf die Schwestern schlug sie"; man fand „oft Papiere, auf denen seltsame wilde Dinge gezeichnet waren, die von ihr sein mußten."[78] Alles an ihr – ihr Aussehen sowie ihr Verhalten – ist so wenig versteh- und durchschaubar,[79] dass Brigitta zu „eine[r] fremde[n] Pflanze" in ihrer eigenen Familie wird.[80]

Seinen Ausdruck findet das Dämonische – wie hier ja schon angedeutet – auch in Brigittas Augen: Es sind besonders „schöne[] düster[e] Augen".[81] Nach

---

76 Ebd., S. 411 und 446.

77 Gutjahr, Das *sanfte Gesetz* als psychohistorische Erzählstrategie, 1995, S. 287.

78 Brigitta. In: HKG, Bd. 1,5, S. 447 f. Wie oben dargelegt handelt es sich nach Benjamin um „eine geradezu pervers und raffiniert verborgene Dämonie", die „das unschuldige Aussehen der Einfachheit" trage. Benjamin, Stifter, 1989, S. 608. Bedenkt man aber Brigittas Verhalten in ihrer Kindheit, wirkt sie alles andere als unschuldig, auch wenn es auf einen Mangel an mütterlicher Liebe zurückgeführt wird.

79 Gutjahr sieht darin eine Verweigerung der weiblichen Rolle. Vgl. Gutjahr, Das *sanfte Gesetz* als psychohistorische Erzählstrategie, 1995, S. 288. Thürmer kommt zu einem ähnlichen Schluss: „Erkennbar über Brigittas ganze Jugendgeschichte hin sind Verweigerung und gezielter Protest gegen Normendruck, Abweichung von gesellschaftlichen Rollenschemata und Verletzung von Ritualen." Thürmer, Zur Ambivalenz der Liebes-Geschichte, 2007, S. 245. Allerdings ist Brigitta das Dämonische offenbar schon von Kind an gegeben; um eine gezielte Normverweigerung im Sinne einer weiblichen Emanzipation kann es sich hier kaum handeln.

80 Brigitta. In: HKG, Bd. 1,5, S. 448.

81 Ebd., S. 447.

Zimmermann repräsentieren „‚[s]chön' und ‚düster' [...] die beiden Pole des Charakters von Brigitta, wobei beide Adjektive jeweils Resultate einer psychologisch nachvollzogenen Entwicklung bezeichnen."[82] Allerdings verlieren die Augen, werden sie denn beschrieben, über die gesamte Erzählung hinweg nie das Düstere und Bedrohliche – selbst am Schluss der Erzählung bleibt, wie noch gezeigt werden soll, Brigittas Äußeres höchst ambivalent. Mit Gutjahr gesprochen liegt diese Ambivalenz in Brigittas „Anziehung und Bedrohung zugleich"; allerdings ist dafür in erster Linie nicht ihre „in Bildern und Metaphern der Männlichkeit symbolisierte Potenz" verantwortlich,[83] sondern der Grund liegt – so meine These – im Erhabenen. Das zeigt sich in der Wirkung Brigittas auf andere Figuren im Text.

Eine dieser Figuren ist Stephan Murai. Es geht also zunächst um die Frage, warum er ein solches ‚dämonisches' Geschöpf, das – so wird sich noch deutlicher erweisen – so „verstörend, beunruhigend, bedrohlich" wirkt, dass es zumindest in Grundzügen an Figuren der „dunkle[n] Romantik" eines E. T. A. Hoffmanns erinnert,[84] als „das herrlichste Weib auf dieser Erde"[85] bezeichnet. Schon in der Phase der Werbung gibt es Hinweise darauf, was Murai anzieht.[86] Von ihrem dritten und bis dahin einzigen Zusammentreffen, in dessen Verlauf ein Gespräch geführt wird, heißt es über ihn: „Er sprach nichts, als gewöhnliche Dinge, aber wenn man auf seine Stimme horchte, so war es, als sei etwas Furchtsames in derselben." Murais Furcht scheint gerechtfertigt: Brigitta selbst bittet ihn nur wenige Zeit später, nicht um sie zu werben: „[T]hun Sie es nicht, thun Sie es nicht, werben Sie nicht um mich, Sie würden es bereuen." Nach dem Grund für diese Bitte gefragt, antwortet Brigitta: „Weil ich [...] keine andere Liebe fordern kann, als die allerhöchste. Ich weiß, daß ich häßlich bin, darum würde ich eine höhere Liebe fordern, als das schönste Mädchen dieser Erde. Ich weiß es nicht, wie hoch, aber mir ist, als sollte sie ohne Maß und Ende sein. Seh'n Sie – da nun dies unmöglich ist, so werben Sie nicht um mich." Murai aber ignoriert Brigittas Warnung: „Daß Murai's Herz durch diese Worte nicht beschwichtigt, sondern nur

---

82 Zimmermann, ‚Brigitta' – seelenkundlich gelesen, 1996, S. 419 f.

83 Vgl. Gutjahr, Das *sanfte Gesetz* als psychohistorische Erzählstrategie, 1995, S. 289.

84 Vgl. dazu Monika Fick, Das Böse, das Deformierte, der Ekel: Prolegomena zu einer Phänomenologie des Hässlichen von der Romantik bis zur Gegenwart. In: Kapp, Volker u. a. (Hg.), Subversive Romantik, Berlin 2004, S. 433–461, hier 441 f., Zitate im Text S. 434.

85 Brigitta. In: HKG, Bd. 1,5, S. 442.

86 Block sieht das anderes: „Althougth one might argue that a premonition of Brigitta's inner moral worth is the basis of the Major's attraction to her, there is nothing in her ugly, masculine appearance and rather possessive nature to explain it." Die Beziehung sei vollkommen irrational: „The entire relationship seems to follow the same irrational path the narrator's introduction suggest it might", heißt es weiter. Block, The Gentleness of Law, 1998, S. 20.

noch mehr entflammt wurde, begreift sich",[87] heißt es in der Binnenerzählung. Sjögren sieht dementsprechend in Brigittas Warnung einen der Gründe für Murais Faszination: „[Y]oung Stephan, who is bent on conquests and adventures, perceives the wild, unpolished girl as a special challenge, promising an extraordinary experience."[88] Eine solche Einschätzung erscheint zwar naheliegend, sie erklärt aber nicht, wieso Murai, geht es ihm nur um die Herausforderung, auch nach dem Erfolg seines Werbens an Brigitta festhält. Doch es finden sich weitere Anhaltspunkte. So heißt es, nachdem Brigitta in die Heirat eingewilligt hat:

> Der Instinkt, der den Mann an dieses Weib gezogen, hatte ihn nicht getäuscht. Sie war stark und keusch, wie kein anderes Weib. Weil sie ihr Herz nicht durch Liebesgedanken und Liebesbilder vor der Zeit entkräftet hatte, wehte der Odem eines ungeschwächten Lebens in seine Seele. Auch ihr Umgang war reizend. Weil sie stets allein gewesen war, hatte sie auch allein ihre Welt gebaut, und er wurde in ein neues, merkwürdiges, nur ihr angehörendes Reich eingeführt.[89]

Stärke und Keuschheit Brigittas[90] lassen, mit Littrow gesprochen, Murais „Instinct" erwachen,[91] vor allem aber ist es das ‚merkwürdige, nur ihr angehörende Reich', das ihn fasziniert. Wie schon der Erzähler anhand des Portraits von Brigitta deren ‚Wildheit' und ‚Entschlossenheit' erkennt, erkennt auch Murai das ‚Dämonische' in ihrem Wesen, das sich hier nun nicht mehr nur auf das „verdüsterte[] Gesichtchen"[92] beschränkt. Denn im Dämon liegt mit der antiken Tradition des *daímōn* als Mittler zwischen Gott und den Menschen nicht nur das Dunkle und Böse, sondern auch das Gute;[93] im Sturm und Drang wurde das Dämonische vor diesem Hintergrund zu einem Synonym für genial: „Durch die Gleichsetzung des D[ämonischen] mit dem Genialen gerät […] das D[ämonische] vorwiegend in das Bedeutungsfeld des Praktischen im Sinne des künstlerisch Praktischen",[94] zunächst auch ohne moralische Wertung. Mit Schillers „*dämonische[r]* Freyheit" des

---

87 Alle Zitate aus Brigitta. In: HKG, Bd. 1,5, S. 452–454.

88 Sjögren, The Allure of Beauty, 1982, S. 48.

89 Brigitta. In: HKG, Bd. 1,5, S. 455.

90 Nach Gutjahr liege der Grund für Murais Liebe in Brigittas absoluter Unberührtheit gepaart mit ihrer männlichen Triebhaftigkeit. Vgl. Gutjahr, Das *sanfte Gesetz* als psychohistorische Erzählstrategie, 1995, S. 291.

91 Vgl. Littrow, Wunder des Himmels, 1837, S. 773.

92 Vgl. Brigitta. In: HKG, Bd. 1,5, S. 440 und 446.

93 Platon beschreibt Dämonen als Mittler zwischen Göttern und Mensch. Vgl. Fritz-Peter Hager, Dämonen. In: Historisches Wörterbuch der Philosophie. Bd. 2, hg. von Joachim Ritter u. a., Darmstadt 1972, Sp. 1–4, hier 1f.

94 Christos Axelos, Dämonisch, das Dämonische. In: Historisches Wörterbuch der Philosophie. Bd. 2, hg. von Joachim Ritter u. a., Darmstadt 1972, Sp. 4–5, hier 4.

Menschen[95] – in Anlehnung an Kants *Analytik des Erhabenen*[96] – kommt dem Begriff schließlich wieder das Moralisch-Sittliche zu. In *Brigitta* ist es zunächst eigentlich Murai, dem Züge eines solchen Genius zugesprochen werden,[97] die er allerdings nicht erfüllen kann, ganz im Gegensatz zu Brigitta. Deren besondere – und entgegen Schillers *Ueber das Erhabene* von aller Moral freie – Kreativität zeigt sich nicht erst in der Kultivierung der Steppe, sondern schon in ihrer Kindheit, wenn sie „Laute, die sie von niemanden gehört hatte", sagt oder „seltsame wilde Dinge",[98] die niemand versteht, auf Papier zeichnet. Darin liegt der Grund für Murais Faszination.[99]

Es ist aber nicht nur der Zug des Genies, der Brigittas Wesen bestimmt; vielmehr kommt ihr außerdem eine Ambivalenz zu, die sich – auch unter Bezug auf den Begriff des Dämons – mit dem Erhabenen beschreiben lässt. Bezeichnenderweise ist es der junge, gerade frisch vermählte Murai, der diese ambivalente Wirkung auf den Punkt bringt: „Wie gut und herrlich ist alles abgegangen, und wie schön hat es sich erfüllt. Brigitta! Ich habe dich erkannt. Da ich dich das erste Mal sah, wußte ich schon, daß mir dieses Weib nicht gleichgültig bleiben werde; aber ich erkannte noch nicht, werde ich dich unendlich lieben oder unendlich hassen müssen."[100] Murai erkennt instinktiv das Erhabene im Wesen seiner Frau;

---

95 „So lange der Mensch bloß Sklave der physischen Notwendigkeit war, aus dem engen Kreis der Bedürfnisse noch keinen Ausgang gefunden hatte, und die hohe *dämonische* Freyheit in seiner Brust noch nicht ahndete, so konnte ihn die *unfaßbare* Natur nur an die Schranken seiner Vorstellungskraft und die *verderbende* Natur nur an seine physische Ohnmacht erinnern. Er mußte also die erste mit Kleinmuth vorübergehen, und sich von der andern mit Entsetzen abwenden. Kaum aber macht ihm die frei Betrachtung gegen den blinden Andrang der Naturkräfte Raum, und kaum entdeckt er in dieser Fluth von Erscheinungen etwas Bleibendes in seinem eigenen Wesen, so fangen die wilden Naturmassen um ihn herum an, eine ganz andere Sprache in seinem Herzen zu reden: und das relativ Große ausser [sic!] ihm ist der Spiegel, worinn er das absolut Große in ihm selbst erblickt." Schiller, Ueber das Erhabene, 1963, S. 46 f.

96 In der Abhandlung *Über das radikale Böse in der menschlichen Natur* (1792) gehe Kant aber, so Sabine Kleine, „der These nach, der Keim des Bösen liege in der Vernunft, nicht im Leib". Demnach müsse auch „die böse Handlung als Akt der Freiheit angenommen werden: als Handlung also, die mit Bewußtsein und Vorsatz ums Sittengesetz sich nicht kümmert. Daraus folgt zunächst: der Vernunfursprung der bösen Tat. Sodann: Daß diese auch auf eine grundsätzlich moralische Handlungsmaxime zurückzuführen ist; Kant nennt sie das ‚radikal Böse'." Kleine, Ästhetik des Häßlichen, 1998, S. 22 f.

97 „Hier [in der Hauptstadt] wurde er bald der fast einzige Gegenstand der Gespräche. [...] Mehrere behaupteten, er sei ein Genie". Brigitta. In: HKG, Bd. 1,5, S. 449.

98 Ebd., S. 447 f.

99 So auch Sjögren: „Neither inner goodness nor external ugliness influences her appeal as an image of creativity, a source of creation, to young Stephan, who seems consistently indifferent to her appearance". Sjögren, The Allure of Beauty, 1982, S. 50 f.

100 Brigitta. In: HKG, Bd. 1,5, S. 456.

zugleich zeigt seine Reaktion, dass in diesem Wesen selber keine Wertung als gut oder böse liegt.[101] Brigittas mit Hässlichkeit verbundene Dämonie zeichnet also insoweit das Erhabene nach, dass sie nie eindeutig in ihrer Wirkung charakterisiert werden kann. Vielmehr liegt die (Be-)Wertung Brigittas als gut oder böse, liebenswert oder hassenswert, schön oder hässlich immer im Betrachter.[102] In diesem Sinne bildet sich ein alternierendes Erhabenes ab[103] – ist man Brigittas Wirkung ausgesetzt, so zeigt sich beides zugleich: „delight" und „horror".[104]

Brigittas dämonisches, faszinierendes Wesen und Aussehen, ihre Forderung nach der „allerhöchste[n]" Liebe und Murais Bekenntnis zur „unendlichen" Liebe, die aber auch den unendlichen Hass nicht ausschließt, lassen eine Situation entstehen, die Murai trotz Faszination für die Erhabenheit Brigittas ganz ohne direkten Auslöser zur Flucht treibt. Gabriele, „ein wildes Geschöpf", ausgestattet mit einer Schönheit, die „schon weithin berühmt geworden" war,[105] zieht ihn in den Bann. Nicht Dämonisches ist hier das Faszinosum, sondern gerade das fehlende Dämonische und das dafür gesetzte Engelhafte.[106] Murais Annäherung hat dementsprechend nichts „Furchtsames" an sich,[107] sondern sein Versuch der Eroberung des „himmlische[n] tolle[n], glühende[n] Räthsel[s]" lässt ihn entzücken: „Es war Uebermuth gewesen, aber ein Taumel unbeschreiblichen Entzückens war in jenem Augenblicke in ihm". Nach diesem Betrug löst Brigitta die Beziehung; hier nun ist es wieder Murai, der den Kreis zwischen Lieben und

---

101 Auch im Sturm und Drang wurde das Dämonische als ein „schöpferische[s] dichterische[s] Genie" verstanden, das „weder positiv noch negativ auf moralische Werte gerichtet ist". Axelos, Dämonisch, das Dämonische, 1972, Sp. 4.

102 Auch das Erhabene des glatten Raums sowie das Glatte selbst entstehen immer in der Perspektive des jeweiligen erlebenden Subjekts. Vgl. Kapitel III.1 in dieser Arbeit.

103 Vgl. dazu Strube, Der Begriff des Erhabenen, 1995, S. 282.

104 Burke definiert das Erhabene als „delightful horror". Vgl. Burke, A Philosophical Enquiry, 2008, S. 105. Erinnert sei zudem an Kliches Einschätzung von Burkes Verwendung des Begriffs von *ugliness* statt *deformity*: Mit dieser Setzung werde das Hässliche über den „affektiven Nebensinn des Hasses und der Furcht" in „die semantische Nähe" des Erhabenen gerückt. Vgl. Kliche, Grenzüberschreitungen des Schönen, 1990, S. 355.

105 Alle Zitate aus Brigitta. In: HKG, Bd. 1,5, S. 454, 456 und 458.

106 Sjögren arbeitet die Gegensätzlichkeit der beiden Frauenfiguren heraus: „[T]hese two female figures complement each other in polar relationship within the aesthetic idea-complex. [...] To Stephan, they both represent media from the realm of aesthetic: Brigitta the creative artist; Gabriele the aesthetic form". Das bedeute: „Brigitta is associated with a daemon of darkness, Gabriele with an angel of light." Sjögren, The Allure of Beauty, 1982, S. 52f.

107 So bei einer der ersten Begegnungen von Brigitta und Murai, vgl. Brigitta. In: HKG, Bd. 1,5, S. 452.

Hassen und damit auch den Kreis zurück zur Einleitung schließt:[108] „Weib, ich hasse dich unaussprechlich, ich hasse dich unaussprechlich!"[109] In dieser Reaktion könnte man einerseits wiederum Parallelen zu E. T. A. Hoffmanns Verarbeitung des Hässlichen sehen;[110] andererseits ist dieser Ausbruch von Hass ein Zeichen für Murais Selbsterhaltungstrieb,[111] mit dem er das ewig alternierende, Burke'sche Erhabene zu bewältigen sucht – das zeigt sich hier allerdings nur indirekt, wird aber in Vergleich zur Reaktion des Erzählers weiter erhellt.

Der Erzähler begegnet dem Dämonischen Brigittas im Traum; darin bündeln sich verschiedene Eindrücke, die er bisher von ihr sammeln konnte. Allerdings wurde er zu diesem Zeitpunkt Brigitta noch nicht vorgestellt; er sah sie – ohne zu wissen, um wen es sich handelt – zwar als Reiterin in „weiten landesmäßigen Beinkleider[n]", die „wie ein Mann zu Pferde saß", und er konnte über den Nachbar Gömör einiges über ihr Wirken in der Puszta und über die „Leidenschaft, die der Major zu der häßlichen und bereits auch alternden Brigitta gefaßt" hat,[112] erfahren. Sein Bild von ihr ist aber unvollständig und beruht fast nur auf Einschätzungen Dritter.[113] Dennoch erfährt er im Traum Brigittas Dämonie

> Am Vorabend dieses Tages [i. e. am Vorabend des vom Major angekündigten Besuchs auf Marosheli, E. H.], da schon das tausendstimmige Zirpen der abendlichen Haidegrillen in meine schlaftrunkenen Ohren fiel, dachte ich noch an sie. Dann träumte mir allerlei von ihr, vorzüglich kam ich von dem Traume nicht los, daß ich auf der Haide vor der seltsamen Reiterin stehe, die mir damals die Pferde mitgegeben hatte, daß sie mich mit *schönen* Augen banne, daß ich immer stehen müsse, daß ich keinen Fuß heben könne, und daß ich alle Tage meines Lebens nicht mehr von dem Flecke der Haide weg zu kommen vermöge. Dann schlief ich fest ein, erwachte des andern Tages frisch und gestärkt, die Pferde wurden vorgeführt,

---

108 „Eben so fühlen wir uns manchmal zu einem hingezogen, den wir eigentlich gar nicht kennen, es gefallen uns seine Bewegungen, es gefällt uns seine Art, wir trauern, wenn er uns verlassen hat, und haben eine gewisse Sehnsucht, ja Liebe zu ihm, wenn wir oft noch in späten Jahren seiner gedenken: während wir mit einem Andern, dessen Werth in vielen Thaten vor uns liegt, nicht ins Reine kommen können, wenn wir auch jahrelang mit ihm umgegangen sind." Ebd., S. 411.

109 Ebd., S. 458 f.

110 Bei Hoffmann könne sich die Leidenschaft „zur Raserei" steigern und „als Hass, Wut, Wahnsinn, Mordlust" ausbrechen. Vgl. dazu Fick, Das Böse, das Deformierte, der Ekel, 2004, S. 436. Das kann sicher kaum über Stifter Prosa gesagt werden; auch wenn hier ein Hoffmanns Figurenzeichnung angeführt wird, müsste dem weit ausführlicher nachgegangen werden.

111 Nach Burke gehört das erhabene Gefühl dem Selbsterhaltungstrieb an. Vgl. Burke, A Philosophical Enquiry, 2008, S. 65.

112 Beide Zitate aus Brigitta. In: HKG, Bd. 1,5, S. 418 und 443 f.

113 Dazu zählt auch das Portrait Brigittas. Vgl. ebd., S. 440.

und ich freute mich, nun die auch von Angesicht zu Angesicht zu sehen, die heute so vielfach im Traume bei mir gewesen war.[114]

Der Erzähler erliegt in ähnlicher Weise Brigittas Macht wie schon Stephan Murai, ohne sie aber persönlich getroffen zu haben – natürlich abgesehen von der Begegnung auf dem Weg nach Uwar, wo er sie aber für eine „Art Schaffnerin" hielt. Dass es sich bei der Reiterin in Männerkleidern wirklich um Brigitta handelte, wird in der Erzählung erst sehr viel später, beim hier angekündigten Besuch in Marosheli aufgelöst: „Brigitta ist wirklich jenes reitende Weib gewesen, das mir die Pferde mitgegeben hatte."[115] Im Traum erscheint sie dem Erzähler instinktiv[116] dennoch als „jene seltsame Reiterin", die ihn so fasziniert hat. Gegenstand seiner Faszination sind dabei neben der ‚seltsamen' Erscheinung Brigittas ihre ‚schönen Augen', die hier zum ersten Mal Erwähnung finden. Die Macht dieser Augen ist so groß, dass der Erzähler sie selbst im Traum nicht vergessen kann[117] – und das, obwohl er sie weder beim bisher einzigen Zusammentreffen mit Brigitta noch beim Betrachten ihres Bildes in Murais Arbeitszimmer nicht nur nicht als schöne Augen, sondern überhaupt nicht wahrgenommen hat. Trotzdem bannen die Augen den Erzähler, ‚dass ich immer stehen müsse' – im Traum wird der Erzähler so zu einem Gefangenen Brigittas.

Dabei gerät er gegenüber Brigitta in eine machtlose und zugleich ergebene und sogar erwartende Haltung: Er träumt nicht, sondern ‚es träumte' ihm – entkommen kann er dem eigenen Traum nicht –, ‚daß sie mich mit schönen Augen banne'. Die Konjunktion ‚daß' lässt hier zwei Lesarten zu, nämlich konsekutiv und final. Es offenbart sich also eine Macht Brigittas, der sich der Erzähler möglicherweise entziehen könnte – der er sich aber nicht entziehen will. Nach Burke ist zwar die „idea of bodily pain, in all the modes and degrees of labor, pain, anguish, torment [...] productive of the sublime"; gleichzeitig ist das Erhabene aber gerade deshalb „an idea belonging to self-preservation".[118] Die erhabene Wirkung Brigittas lässt aber nicht den Selbsterhaltungstrieb des Erzählers hervortreten wie im Fall Murais, denn er stellt ihrer Macht nichts entgegen. Deshalb wird er, zumindest im Traum, entgegen aller Vernunft und rein auf der Grundlage seiner Triebhaftigkeit vollständig überwältigt; eine Hingabe, die an Littrows

---

114 Ebd., S. 444 f., Hervorhebung E. H.
115 Beide Zitate ebd., S. 420 und 462.
116 Vgl. dazu Littrow, Wunder des Himmels, 1837, S. 773 f. u. o.
117 „He cannot forget her eyes. They compel his attention even in dream." Rogan, The Eye to the Soul, 1990, S. 246. Allerdings scheint Rogan nicht zu bemerken, dass Brigittas schöne Augen erst in diesem Traum des Erzählers erwähnt werden.
118 Burke, A Philosophical Enquiry, 2008, S. 65.

Wunder des Himmels rückgebunden werden kann. Demnach ließ es die Natur – wie oben schon dargelegt – „bei dem Menschen, wie es scheint, nicht gern auf die Vernunft allein ankommen, und sie schickt oft schon den Trieb über uns, wenn wir mit dem Beweise noch lange nicht fertig sind. Auf diese Weise greift der Instinct fast immer dem geschlossenen Urtheile vor."[119] Damit nimmt auch die Wirkung Brigittas auf den Erzähler – wie schon im Fall des Majors – einen Gedanken der Einleitung wieder auf: Manchmal „fühlen wir uns […] zu einem hingezogen, *den wir eigentlich gar nicht kennen*, es gefallen uns seine Bewegungen, es gefällt uns seine Art, wir trauern, wenn er uns verlassen hat, und haben eine gewisse Sehnsucht, ja Liebe zu ihm, wenn wir oft noch in späten Jahren seiner gedenken".[120] Eine solche Macht des Erhabenen über das erlebende Subjekt kann aber, wie schon angedeutet, kaum mit Burkes *Enquiry* erklärt werden, schließlich folgt der Erzähler seinem Selbsterhaltungstrieb nicht; sie kann aber mit den Ausführungen zum Erhabenen in der antiken Schrift *Perí hýpsus* erfasst wird. Das wird besonders in Johann Georg Schlossers Übersetzung von 1781 deutlich: „[D]as Erhabene überredet nicht, sondern es betäubt; es ist stärker als alle Überredung und alle Künste, womit wir die Menschen gewinnen. […] [D]er Sturm des Erhabenen reißt immer und unwiderstehlich dahin. […] [D]as Erhabene […] trifft wie ein Blitzschlag, und beweist auf einmal die ganze angebotene Gewalt des unwiderstehlichen Redners."[121] Der Selbsterhaltungstrieb des Erzählers, der ja nach Burke Grundlage des Erhabenen ist, wird durch Brigittas Macht vernichtet, wie auch der Hörer durch das Blitzartige des Longin'schen Erhabenen in der Rede nicht überzeugt, sondern in seiner Eigenständigkeit vernichtet wird: „[I]m Augenblick, da das Erhabene zündet", wird „eine mimetische Verschmelzung zwischen Redner und Hörer phantasiert", so dass eine „buchstäbliche Identifikation" des Hörers mit dem Redner erfolgt.[122] So entpuppt sich der Albtraum des Erzählers als Longin'scher erhabener Wunschtraum; seine „Seele", und hier ist nun Otto Schönbergers Übersetzung nützlicher, „wird durch das wirklich Erhabene von Natur aus emporgetragen, schwingt sich hochgemut auf und wird mit stolzer Freude erfüllt, als hätte sie selbst geschaffen, was sie hörte."[123] Der Erzähler gibt sich also mit einem Lustgewinn dem Selbstverlust hin, so dass er – trotz Albtraum – „des andern Tages frisch und gestärkt" erwacht.[124]

---

119 Littrow, Wunder des Himmels, 1837, S. 773.
120 Brigitta. In: HKG, Bd. 1,5, S. 411, Hervorhebung E. H.
121 Longin, Vom Erhabenen, 1781, S. 32.
122 Lehmann, Das Erhabene ist das Unheimliche, 1989, S. 754.
123 Longinus, Vom Erhabenen, 1988, S. 17 (7,2).
124 Brigitta. In: HKG, Bd. 1,5, S. 445.

Brigittas Hässlichkeit zeigt also sehr deutlich eine dämonisch-erhabene Wirkung, der zuerst der Major erliegt, obwohl er die Gefahr darin erkennt und lange nicht weiß, „werde ich dich unendlich lieben oder unendlich hassen müssen." Der Erzähler dagegen leistet keinen Widerstand gegenüber der überwältigenden Macht Brigittas, sondern gibt sich ihr im Traum hin, „daß ich immer stehen müsse [...] und daß ich alle Tage meines Lebens nicht mehr von dem Flecke der Haide weg zu kommen vermöge."[125] Beide, der Major wie auch der Erzähler, nehmen die Ambivalenz wahr, die in Brigittas Wesen liegt: Murai schwankt zwischen Lieben und Hassen, während der Erzähler einen Albtraum als Wunschtraum, also die Bedrohlichkeit Brigittas als so faszinierend erlebt, dass er sich ihr gar nicht entziehen will. In beiden Reaktionen – soweit man überhaupt von Reaktionen sprechen kann, bedenkt man, wie machtlos gerade der Erzähler ist – liegt das ‚gemischte Gefühl', das die meisten Theorien des Erhabenen beschreiben. So schwankt es besonders im Fall des Majors zwischen Anziehung und Abstoßung, zwischen Liebe und Hass, zwischen Burke'schem *delight* und *horror*; einer Wirkung, der sich der Major schließlich zu entziehen vermag.[126] Ganz anders aber der namenlose Ich-Erzähler: Er erfährt in Brigittas Wirkung die Vernichtungsgewalt des Erhabenen Longins.

Es bleibt aber die Frage, wieso die so hässliche und dämonisch-erhaben wirkende Brigitta am Ende vom Erzähler als schön wahrgenommen wird: Nach der Versöhnung mit Murai angesichts der Verletzungen des gemeinsamen Sohnes Gustav verwandelt sich das Äußere Brigittas so sehr, dass dem Erzähler „ihre Züge wie in unnachahmlicher Schönheit strahlten" und sein „Gemüth in tiefer Rührung schwamm".[127] Es kann sich hierbei kaum um eine innere, moralische Schönheit handeln, die nur als eine solche erkannt werden müsse, um auch nach außen hin sichtbar zu werden,[128] noch um die Einlösung eines in der Einleitung formulierten Gesetzes;[129] schließlich ist Brigitta nicht moralisch gut, sondern so ambivalent

---

125 Beide Zitate ebd., S. 456 und 445.
126 Auch bei Burke wird ein möglicher Selbstverlust im Erhabenen angesprochen: „In this case the mind is so entirely filled with its object, that it cannot entertain any other, nor by consequence reason on that object which employs it. Hence arises the great power of the sublime, that far from beeing produced by them, it anticipates our reasonings, and hurries us on by an irresistible force." Allerdings verlangt Longins Erhabenes sehr viel deutlicher nach einem Selbstverlust als das Erhabene Burkes, denn Burke setzt einen sicheren Standort des Subjekts voraus: „When danger and pain press too nearly, they are incapable of giving any delight, and are simply terrible." Ebd., S. 25.
127 Brigitta. In: HKG, Bd. 1,5, S. 472.
128 Vgl. Rogan, The Eye to the Soul, 1990, S. 250; Mayer, Erzählen als Erkennen, 2001, S. 66 f.; Potthast, Überlegungen zur menschlichen Schönheit und Häßlichkeit, 2007, S. 250 und 253 f.
129 Vgl. Meier, Über den Zusammenhang von Dichtung, Wissenschaft und Didaktik, 1984, S. 213; Hertling, Stifters *Brigitta* als Vor-‚Studie' zum *Nachsommer*, 2002/2003, S. 21; Gutjahr, Das *sanfte*

bedrohlich, dass sie den Erzähler mit ihrer dämonisch-erhabenen Macht bannt und den Major in die Flucht treibt. Wie also kann der Erzähler Brigitta dennoch als schön wahrnehmen? Die Erklärung liegt auch hier in Burkes Philosophie des Erhabenen, die, entgegen früherer englischsprachiger Abhandlungen, den Begriff „ugliness" statt des bis dahin verwendeten „deformity" setzt.[130] Wie oben schon dargelegt, rückt diese Setzung das Hässliche semantisch in die Nähe des Erhabenen, so dass das Hässliche in die Theorie des Erhabenen „ein- und untergeordnet" wird.[131] Damit liegt nun aber auch das Hässliche unter der Widersprüchlichkeit des Erhabenen. Da der Erzähler Brigittas Hässlichkeit der paradoxen Struktur des Erhabenen unterordnet, und sie deshalb nie direkt an ihr selbst wahrnimmt,[132] kann er eine Seite dieser Gegensätze – hier nun das Schöne – herausstellen. Dabei wird die Widersprüchlichkeit zwar auch in *Brigitta* nicht aufgelöst,[133] sie wird aber in dem Moment, in dem die Züge Brigittas „wie in unnachahmlicher Schönheit" strahlend erscheinen, verleugnet. Nicht Brigittas inneres Wesen oder eine plötzliche Verwandlung ihres Äußeren sind die Gründe für diese Verleugnung; die Gründe liegen vielmehr in der Wahrnehmung des Erzählers – und das sicherlich nicht von ungefähr, schließlich gab er sich Brigittas Wirkung schon im Traum willentlich hin. Liest man die Erzählung als literarische Bearbeitung der Philosophie des Erhabenen[134] – und um eine solche handelt es sich, schließlich steht eine erhaben-hässliche Figur im Mittelpunkt und nicht nur ein erhabener Gegenstand der Natur[135] –, so ist eine zeitweilige Verleugnung des Hässlichen in der Figur der Brigitta möglich. Das bedeutet aber auch: Schon in Stifters *Brigitta* löst sich der normative Schönheitsbegriff des klassizistischen Kunstideals zumindest an den Rändern auf[136] – ohne aber das Hässliche direkt an

---

Gesetz als psychohistorische Erzählstrategie, 1995, S. 303; Zimmermann, ‚Brigitta' – seelenkundlich gelesen, 1996, S. 428.

130 Vgl. Burke, A Philosophical Enquiry, 2008, S. 92.

131 Vgl. Kliche, Grenzüberschreitungen des Schönen, 1990, S. 355 f.

132 Nach Zimmermann werde Brigittas Hässlichkeit nicht direkt wahrgenommen, weil den „Passagen im Erlebnisbericht [...] eine andere Qualität" zukomme, „da hier eine Objektivität der schlichten Beobachtung suggeriert" werde. Zimmermann, ‚Brigitta' – seelenkundlich gelesen, 1996, S. 418 f. Allerdings bleibt bei einer solchen Einschätzung die Frage, warum der Erzähler das Portrait Brigittas dennoch als hässlich empfindet, unbeantwortet. Vgl. Brigitta. In: HKG, Bd. 1,5, S. 440.

133 Vgl. Pries, Einleitung [in: Das Erhabene], 1989, S. 9. Auch im Kant'schen Erhabenen gibt es keine Versöhnung. Vgl. dazu Fœssel, Analytik des Erhabenen, 2008, S. 119.

134 Vgl. dazu Erhart, Das Erhabene, das Schöne und die moderne Literatur, 1997, S. 90.

135 Z. B. Kant bezieht sich ausschließlich auf Gegenstände der Natur, um das Erhabene zu entwickeln. Vgl. Kant, Analytik des Erhabenen, 1968, S. 331.

136 Vgl. Henckmann, Häßlich, 2000, S. 1–3.

dessen Stelle zu setzen. Vielmehr dient das Erhabene der Auflösung des einen wie des anderen, tastet aber die oppositionelle Stellung – man denke nur an Brigittas Gegenspielerin Gabriele und deren „schon weithin berühmt geworden[e]" Schönheit[137] – der beiden ästhetischen Begriffe kaum an.[138]

Es ist also nicht notwendig, die Einleitung der Erzählung bzw. die Anrufung eines „sanfte[n] Gesetz[es] der Schönheit"[139] nicht zu beachten und so Teile der Erzählung aus der Interpretation auszuschließen, um damit ihrer Komplexität – so Sjögrens Vorgehen – gerecht zu werden.[140] Vielmehr besteht die Komplexität der Erzählung gerade in der paradoxen Wahrnehmung Brigittas, die von geradezu erstaunlicher Hässlichkeit bis hin zu Momenten der Schönheit reicht.[141] Das widerspricht auch der Einleitung der Erzählung trotz der dort aufgeführten „sittliche[n] Gründe" nicht: Denn es ist der „heitere[] unermeßliche[] Abgrund", der hier mit dem Erhabenen ‚überflogen' wird und so – wie angekündigt – kurzzeitig von der „Dichtkunst in kindlicher Unbewußtheit [ge]lüftet" wird;[142] er bleibt aber dennoch bestehen und wird nicht mit Sittlichkeit und Moral ‚aufgefüllt'.

---

137 Vgl. Brigitta. In: HKG, Bd. 1,5, S. 458.

138 Wie oben schon angemerkt, geht Oesterle anhand von Schlegels *Studium*-Aufsatz und Rosenkranz' *Ästhetik des Häßlichen* der Frage nach, inwieweit das Hässliche in der Ästhetik als ‚Ursprung der Moderne' gelten kann. Vgl. Oesterle, Entwurf einer Monographie des ästhetisch Häßlichen, 1997. Die Erzählung *Brigitta* ist zwar an der allmählichen Zersetzung des klassischen Schönheitsdenkens beteiligt, Stifter aber deshalb als einen Vorreiter der Moderne zu sehen, geht meines Erachtens zu weit. Allerdings wurde Stifter mehrfach als Vorreiter der Modern, z. T. gar der Avantgarde gesehen. Vgl. Ingen, Ferdinand van, Stifters Modernität. Bemerkungen zur Eröffnung der Stifter-Ausstellung. In: JASILO 3 (1996), S. 129–132; Baumer, Franz, ‚Musik für das Auge'. Progressive Elemente bei Adalbert Stifter als Maler und Zeichner. In: VASILO 31 (1982), S. 121–144. Zudem fand im fand im Dezember 2003 am Insitute of Germanic Studies in London eine von Helena Ragg-Kirkby und Martin Swales organisierte Tagung zum Thema *Stifter and Modernism* statt; die dort gehaltenen Vorträge wurden 2006 im *Jahrbuch des Adalbert-Stifter-Institutes des Landes Oberösterreich* veröffentlicht. Marcus Hahn spricht sich allerdings gegen solche Zuschreibungen aus: Schreibe man Stifter „eine ‚Modernität' oder ‚Postmodernität' zu", müsse man sich bewusst sein, dass „diese Namen dann weniger Epochenkategorien als die Inkommensurabilität von ‚Literatur' überhaupt bezeichnen". Hahn, Epigonalität/‚Postmoderne', *Narrenburg/Nachkommenschaften*, 2006, S. 60.

139 Brigitta. In: HKG, Bd. 1,5, S. 473.

140 Wie oben schon dargelegt, plädiert Sjögren dafür, die Einleitung nicht zu beachten, weil sie den Leser in die falsche Richtung führe: „[T]his simplistic theory, which draws beauty and eros into the moral sphere and thereby renders them innocuous, does not fit the complexity of the narrative, and it seems artificial and forced." Sjögren, The Allure of Beauty, 1982, S. 48. Vgl. auch Prutti, Zur Semantik des Flüssigen, 2008, S. 39.

141 An einer anderen Stelle ist die Rede von einem „Hauch von Schönheit". Brigitta. In: HKG, Bd. 1,5, S. 467.

142 Vgl. ebd., S. 411 f.

Bedenkt man des Weiteren, wie in *Brigitta* schließlich ‚alles gut‘ wird,[143] aufgrund welchen Ereignisses sich Murai und Brigitta versöhnen, muss man fast zwangsläufig an einer moralisch-sittlichen Kraft der Figuren, ihr eigenes Schicksal zum Guten hin zu bewältigen, zweifeln. Nicht zivilisierte Sittlichkeit führt zur Lösung, sondern der Angriff der Wölfe auf den gemeinsamen Sohn Gustav,[144] dem der nur entrinnen kann, weil sein Vater ihm hilft und dabei – wiederum in den Augen des Erzählers – seine menschliche Zivilisiertheit verliert.[145] Auch hier spielt das Erhabene eine Rolle[146] und auch hier kommt es nicht zu einer (sittlichen oder moralischen) Erhebung über die Natur. Das Erhabene, das sich dem Erzähler im Einbruch der Wölfe am Übergang vom glatten zum gekerbten Raum der Güter und auch im Glatten der Steppe selbst zeigt, steht, wie auch die Figur der Brigitta, in der Tradition Burkes bzw. in der Longins. Der Erzähler wird so sehr in das Schauspiel, das sich ihm bietet, und in Brigittas Dämonie hineingezogen, dass er „betäubt" wird.[147] Gerade er bleibt so im Erhabenen gefangen und lässt sich – im Fall von Brigitta sogar willentlich – überwältigen, eine Tatsache, die auch die in der Einleitung angesprochene „Seelenkunde" bzw., mit Littrow gesprochen, die „Psychologie des Menschen" nicht erhellen kann. Denn psychologisch gesehen wird Brigittas Wirkung „so lange [...] in ihrer bisherigen Nacht verborgen bleiben, bis man eine hinlängliche Masse guter Beobachtungen und Erfahrungen über diesen Gegenstand gesammelt haben wird."[148] Oder, mit Stifter gesprochen: „[A]ber die Wissenschaft mit ihrem Hammer und Richtscheite steht häufig erst an dem Rande, und mag in vielen Fällen noch gar nicht einmal Hand angelegt haben."[149] Es ist also kaum verwunderlich, dass der Erzähler, trotz des guten Ausgangs seiner Erlebnisse, Uwar nicht frohgemut und

---

143 Vgl. ebd., S. 475: „Alles war nun gut".

144 Vgl. ebd., ab S. 468 f.

145 „Als ich ankam, war er schon wie ein verderblich Wunder, wie ein Meteor, mitten unter ihnen – der Mann war fast entsetzlich anzuschauen, ohne Rücksicht auf sich, fast selber wie ein Raubthier warf er sich ihnen entgegen. Wie er von dem Pferde gekommen war, hatte ich nicht gesehen, da ich später ankam; den Knall seiner Doppelpistolen hatte ich gehört, und wie ich auf dem Schauplatze erschien, glänzte sein Hirschfänger gegen die Wölfe, und er war zu Fuß." Ebd., S. 468.

146 Der Erzähler wird Zeuge eines „Schauspiel[s], so gräßlich und so herrlich, daß noch jetzt meine Seele schaudert und jauchzt". Ebd. Vgl. dazu in Kapitel III.1 dieser Arbeit den Abschnitt *Die Steppe – Brigitta*, S. 214–218.

147 Longin, Vom Erhabenen, 1781, S. 32.

148 Littrow, Wunder des Himmels, 1837, S. 774.

149 Brigitta. In: HKG, Bd. 1,5, S. 411 f.

‚geheilt',[150] sondern immer noch gefangen in Brigittas erhabener Wirkung „[m]it trüben, sanften Gedanken" verlässt.[151]

Stifters Erzählung *Brigitta* ist also in besonderem Maße am „Eigenleben" der „ästhetische[n] Praxis des Erhabenen" beteiligt: Nicht nur wird hier – entgegen aller philosophischen Entwürfe des Erhabenen – die erhabene Wirkung einer Figur zugesprochen, deren Wirkung ist zudem innerhalb der Erzählung so vielfältig, dass sie je nach erlebendem Subjekt bzw. je nach Situation mit jeweils unterschiedlichen Theorien des Erhabenen, in diesem Fall Burkes und Longins, beschrieben werden kann. In *Brigitta* liegt also eine besonders komplexe Verarbeitung des erhabenen Gefühls vor; die Erzählung verleiht so dem „Nicht-Darstellbaren" im Erhabenen ganz neue „Topographien, Darstellungen und Bilder[]",[152] die nicht nur den Begriff des Erhabenen betreffen, sondern die auch innerhalb der Entwicklung des Hässlichen hin zu einem ästhetischen Begriff gesehen werden können.

---

150 Begemann geht von einer ‚Heilung' aller Protagonisten am Ende der Erzählung aus. Vgl. Begemann, Natur und Kultur, 1994, S. 47.
151 Brigitta. In: HKG, Bd. 1,5, S. 475.
152 Alle Zitate aus Erhart, Das Erhabene, das Schöne und die moderne Literatur, 1997, S. 90 und 95 f.

3 Das Komische im Erhabenen – *Nachkommenschaften*

„Und so würde sich in dem Häuschen, wenn ich schon mein Ziel nicht erreicht hätte, nur sehr viele Asche gefunden haben."[1] Mit dieser Zukunftsvision seines eigenen Schaffens nimmt der Maler Friedrich Roderer, Held und Ich-Erzähler in Stifters später Künstlernovelle *Nachkommenschaften* (1864),[2] das Ende der Erzählung und das Ende seines Daseins als Maler vorweg. Im Scheitern Friedrichs spielt, so wird sich im Folgenden zeigen, der Komplex des Erhabenen eine außerordentliche Rolle: zum einen im Erzählstil, dessen Komik und Ironie laut Stefan Seeber und Burkhard Meyer-Sickendiek an Jean Pauls „umgekehrte[s] Erhabne[s]"[3] erinnerten, die aber – so meine These – mit Friedrich Theodor Vischers Komischem als „ein *deutlich* gemachtes Erhabenes"[4] und dem das Erhabene zerstörenden Lächerlichen[5] besser, nämlich weit differenzierter erfasst werden können. Zum anderen liegt auch in den *Nachkommenschaften* das Erhabene in der Natur,[6] nämlich in den Gegenständen der Malerei Friedrichs, dem Dachstein und dem Lüpfinger Moor, das derselben Glätte unterworfen ist wie beispielsweise die Hochebene in *Zwei Schwestern*.[7] Friedrich scheitert nicht, so wird sich zeigen, an einem zu ambitionierten[8] bzw. überzogenen[9] Malprogramm – er will beispielsweise „den Dachstein gerade so [...] malen, wie ich ihn oft und stets vom vorderen Gosausee aus gesehen habe" –, sondern an seiner äußerst mangelhaften ästhetischen Wahrnehmung: Ihm geht der Blick eines Malers auch bezüglich der Fähigkeit, „die Düsterheit, die Einfachheit und Erhabenheit des Moores"[10] erfahren zu können, völlig ab. Auch wenn der Reiz für die Forschung bezüglich *Nachkommenschaften* bisher vor allem in Fragen nach Realismus und Medialität lag, die die Erzählung aufwirft, steht hier die Figur Friedrichs und sein Blick auf die Dinge – vom Künstlertum im Allgemeinen über seine Ambitionen im Speziellen

---

1 Nachkommenschaften. In: HKG, Bd. 3,2, S. 30.
2 Die Erzählung liegt nur in einer Fassung vor.
3 Vgl. Seeber, Der Humor in Stifters *Nachkommenschaften*, 2006; Meyer-Sickendiek, Bedingungen moderner Idyllik bei Jean Paul und Stifter, 2007. Zitat aus Jean Paul, Vorschule der Ästhetik, 1963, S. 129.
4 Vischer, Über das Erhabene und Komische, 1967, S. 160.
5 Nach Vischer ist das Lächerliche „der uralte Todfeind des Erhabenen". Ebd., S. 158.
6 Vgl. z. B. Seger, Stifters Verzeichnis des Erhabenen, 2002, S. 295 f.
7 Vgl. dazu Kapitel III.1 in dieser Arbeit.
8 So z. B. Metzger, Kunstgeschichtliche Bemerkungen, 1997.
9 So z. B. Begemann, Einige Überlegungen zu Mimesis, 2008.
10 Nachkommenschaften. In: HKG, Bd. 3,2, S. 28 und 92.

https://doi.org/10.1515/9783110498219-010

bis hin zu seinen eigentlichen Gegenständen – im Fokus des Interesses. Nichtsdestotrotz geht es auch hier um Medialität, allerdings auf einer anderen Ebene. Friedrich, so wird sich zeigen, erfasst eine ästhetische Wirkung des Moors nicht am Moor selbst, sondern nur an einem Medium: an seinem eigenen, gleichwohl unfertigen Bild.

Friedrich Roderer begibt sich in das „gar nicht schön[e]" Lüpfinger Tal, um die „wirkliche Wirklichkeit" des dortigen Moors auf eine Leinwand zu bannen, nachdem er daran gescheitert ist, „den Dachstein so treu und schön zu malen, als er ist". Im Wirtshaus des Lüpfinger Tals trifft er auf den weit älteren Peter Roderer, der gerade im Begriff ist, das Moor trocken zu legen. Peter erzählt Friedrich Geschichten vom Roderer-Geschlecht und stellt die Vermutung auf, dass auch Friedrich aufgrund seines typischen Roderer-Aussehens und seines typischen Roderer-Verhaltens – es ist das Schicksal des Geschlechts, „immer etwas Anderes [zu] erreich[en] [...], als es mit Heftigkeit angestrebt hat" – ein Roderer ist. Mit beidem soll Peter, der sich schließlich wirklich als Verwandter Friedrichs herausstellt, Recht behalten: Nachdem Friedrich Peters Tochter Susanna kennengelernt hat, verliebt er sich in sie, verbrennt sein fast fertiggestelltes Moorbild, gibt die Malerei auf und heiratet sie. Am Ende der Erzählung steht statt eines „große[n] Bild[es]" vom Moor das „Doppelrodererwohl auf grenzenlose Zeit" des jungen Paars.[11] Der eigentlichen Handlung sind Gedanken Friedrichs zum Künstlertum im Allgemeinen und seinem Streben in der Malerei im Besonderen vorangestellt, eine Einleitung, die in besonderem Maße von einer „absurden Komik" zeugt.[12]

Die *Nachkommenschaften* erzählen also eine Geschichte des Scheiterns; das schlägt sich auch in der sehr umfangreichen Forschung nieder,[13] die meist der Frage nachgeht, warum Friedrich die Malerei so plötzlich aufgibt, obwohl ihm das Malen lieber ist „als die ganze Welt", und „es [...] gar nichts auf der Erde [gibt], was [ihn] tiefer ergreifen könnte, als das Malen."[14] Dabei lassen sich vier Argumentationslinien ausmachen; alle vier werden im Folgenden vorgestellt, auch wenn für diese Lektüre besonders drei Beiträge Aknüpfungspunkte bieten, darunter die

---

11 Alle Zitate ebd., S. 65, 29, 49 und 92 f.
12 Mayer, Erzählen als Erkennen, 2001, S. 202.
13 Die *Nachkommenschaften* werden äußerst ausführlich und kontrovers diskutiert. Nach Hans-Peter Ecker liegt der Grund hierfür darin, dass in der Erzählung „mit voller Absicht Ambivalenzen" installiert seien, um damit den „mehr als zweifelhaften Primärtugenden einer modernen technischen Intelligenz einen humanen Spiel-Raum entgegenzusetzen". Hans-Peter Ecker, ‚Darum muß dieses Bild vernichtet werden'. Über wissenschaftliche Sinnspiele und poetisch gestaltete Medienkonkurrenz am Beispiel von Stifters ‚Nachkommenschaften'. In: Laufhütte, Hartmut/Möseneder, Karl (Hg.), Adalbert Stifter. Dichter und Maler, Denkmalpfleger und Schulmann. Neue Zugänge zu seinem Werk, Tübingen 1996, S. 508–523, hier 510.
14 Nachkommenschaften. In: HKG, Bd. 3,2, S. 29.

schon erwähnten von Meyer-Sickendick und Seeber, die keiner dieser Linien zugeordnet werden können und die deshalb am Ende des Überblicks zusammengefasst werden. Ein solches Vorgehen bietet sich an, weil die Ergebnisse der vorliegenden Lektüre – so wird sich am Ende des Kapitels zeigen – weit verbreiteten Deutungen widersprechen.

Die erste Argumentationslinie geht auf Joachim Müller zurück: Ihm zufolge sei Friedrich ein „Narr, der von seiner närrischen Einbildung, ein Landschaftsmaler sein zu müssen und nur als solcher vor sich selbst bestehen zu können", durch die Heirat mit Susanna „geheilt" werde; so werde „statt eines einseitigen Narrentums ein vielseitiges, volles Menschentum entfaltet, und so konstituieren Freiheit, Fröhlichkeit und Größe des Herzens am Ende dieser humorvoll-besinnlichen Erzählung das rechte Leben aus gesunder Ahnenschaft in gesunde Nachkommenschaft hinein."[15] Auch für Klaus Bonn ist die Liebe zwischen Susanna und Friedrich ausschlaggebend. Durch Susannas Blick komme es über eine Initiation Friedrichs zu dessen Erlösung: „Was geschieht, ist nicht mehr und nicht weniger als eine Blendung des Imaginären selber, der Idee des Wirklichen, das [...] zur Bildhaftigkeit zu heben Friedrichs Ansporn künstlerischen Betrachtens von jeher gewesen ist."[16] Konstanze Fliedl stellt dagegen die gesamte Roderer-Familie und vor allem deren Stammbaum in den Mittelpunkt: „Man könnte die Erzählung schlicht als einen narrativen Übergang von der ungeordneten Zeichenmenge der Berg- und Moor-Bilder zu der geordneten Zeichenmenge des Baum-Ikons beschreiben"; dem von Friedrich bezüglich seines Moorbildes formulierten Anspruch, die „wirkliche Wirklichkeit darstellen" zu wollen,[17] entspreche nur etwas, „das ‚realistisch', abstrakt und symbolisch zugleich ist": Der Stammbaum sei ein solches Zeichen.[18] Gemeinsam ist diesen Ansätzen, Friedrichs Leben als Maler als ein eigentlich unerfülltes und ‚närrisches' oder verfehltes Leben zu werten, das mit der Liebe zu einer schönen Frau in die rechte – nämlich bürgerliche, auf Nachkommen abzielende – Richtung gelenkt werde und schließlich im Schoß der weitläufigen Roderer-Familie zur Erfüllung komme. Auch Hans-Peter Ecker sieht in der Heirat mit Susanna eine Art Erlösung von der eigenen Berufung; allerdings wertet er Friedrichs Künstlerdasein nicht als bloßes Narrentum ab, sondern be-

---

15 Vgl. Joachim Müller, Stifters Humor. Zur Struktur der Erzählungen ‚Der Waldsteig' und ‚Nachkommenschaften'. In: VASILO 11 (1962), S. 1–20, hier 20.

16 Vgl. Klaus Bonn, Initiation des Blicks – zur Erzählung der *Nachkommenschaften*. In: JASILO 3 (1996), S. 59–69, hier 67 f.

17 Nachkommenschaften. In: HKG, Bd. 3,2, S. 65.

18 Vgl. Konstanze Fliedl, Berg, Moor und Baum. Eine Lektüre der ‚Nachkommenschaften'. In: Doppler, Alfred u. a. (Hg.), Stifter und Stifterforschung im 21. Jahrhundert. Biographie – Wissenschaft – Poetik, Tübingen 2007, S. 261–282, hier 272.

zieht die Malerei mit ein, indem er den Text vor dem Hintergrund des „Gegensatz [es] von Romantik und Realismus" liest. Friedrich müsse sich „zwischen dem romantischen und einem realistischen Schönheitsideal entscheiden: jenes wäre natürlich im düsteren, abgründigen, unfruchtbaren, gleichwohl ansteckend-verführerischen Moor verbildlicht, dieses im meliorisierenden Haferacker und dessen Erbberechtigter, der braven Susanna." Mit der Heirat wähle Friedrich Letzteres, bezahle das aber „mit seiner Künstlerschaft", nachdem er die Perspektivlosigkeit seiner Malerei – nicht aber das ‚närrische' seines Vorhabens – erkannt habe.[19] Eckers Interpretation zeichnet sich dadurch aus, dass sie Friedrichs Gegenstand, das Moor, nicht von vornherein als – so auch Peter Roderer im Text – „unbedeutend" für die Erzählung vernachlässigt.[20]

Eine weitere Argumentationslinie zu den *Nachkommenschaften* manifestiert sich in der von Ecker schon angesprochenen Realismus-Frage der Erzählung und deren etwaige Verbindung zum Idealismus. Nach Karl Konrad Polheim entspreche die Malart Friedrichs „einer bestimmten malerischen Phase Stifters, und zwar seiner letzten. Denn auch Stifter schwebte da eine solche utopische Vereinigung von realistischer Abschilderung des Einzelnen, Ausdruck der Stimmung und Darstellung des Allgemein-Wesentlichen vor." Polheim setzt also den Maler Friedrich mit dem Maler Stifter gleich: Der humoristische Ton der Erzählung er-kläre sich mit „Stifters eigene[r] Resignation" in der Malerei.[21] Eine solche Gleichsetzung von Figur und Autor ist in der Forschung der 1970er und 1980er Jahre offenbar nichts ungewöhnliches. Ottmar Metzger spricht von „Stifter-Ro-derer"[22] und auch Ursula Mahlendorf setzt „Friedrichs Ringen um die Malerei mit Stifters eigenem Ringen" gleich.[23] Ein solches passgenaues Übereinanderlegen von Figur und Autor führt freilich in erster Linie zu Aussagen über die Biographie des Autors,[24] weniger über den Text.

Gerhard Plumpe zieht nicht die Biographie Stifters heran, fragt aber ebenfalls nach den Grenzen des Realismus in der Kunst. Ihm zufolge stehe Stifters *Nach-*

---

19 Vgl. Ecker, Über wissenschaftliche Sinnspiele, 1996, S. 516 f.

20 Vgl. Nachkommenschaften. In: HKG, Bd. 3,2, S. 50.

21 Vgl. Karl Konrad Polheim, Die wirkliche Wirklichkeit. A. Stifters *Nachkommenschaften* und das Problem seiner Kunstanschauung. In: ders., Kleine Schriften zur Textkritik und Interpretation, Bern u. a. 1992, S. 245–296, hier 278 f. und 255.

22 Metzger, Kunstgeschichtliche Bemerkungen, 1997, S. 35.

23 Ursula Mahlendorf, Stifters Absage an die Kunst? In: Hoffmeister, Gerhart (Hg.), Goethezeit. Studien zur Erkenntnis und Rezeption Goethes und seiner Zeitgenossen, Bern 1981, S. 369–383, hier 369.

24 Nach Wolfgang Matz scheinen in der Erzählung „[a]lle großen Lebensthemen" Stifters auf; dabei gelinge es ihm, „über sich selbst und seine Probleme zu lachen". Matz, Diese fürchterliche Wendung, 1995, S. 348.

kommenschaften innerhalb jener Ästhetik des Realismus, die Schönheit nicht erfindet, sondern findet; es gehe dabei darum, „jenen Realitätseffekt" zu erzeugen, „der eine mehr oder minder problemlose Gleichsetzung von Kunst und Leben möglich machen sollte". Damit stehe man aber vor einem Problem: „Die Überantwortung an die Realität setzte die Kunst unerwarteter Konkurrenz aus; am Maßstab des ‚Real-Schönen' gemessen, trat ihre Ersetzbarkeit durch Wirklichkeit, ihre Überflüssigkeit, in den Bereich des Denkbaren." Friedrich setze sich dieser „Konkurrenz des Realen selbst aus, dessen Übermacht ihn schließlich dazu bewegen wird, von seiner Kunst zu lassen".[25] Auch nach Christine Anton bedeute das „realistische Prinzip [...] für die Kunst dieser Periode nicht Reproduktion dessen, was *ist*, sondern Wiedergabe der Realität, wie sie sein *soll*." Friedrichs Entwicklung laufe darauf hinaus, „den Naturalismus in der Kunst ad absurdum zu führen und damit zu zeigen, dass eine auf mimetische Objektivität zielende, die Subjektivität verdrängende Kunst die Kunst selbst zu einer unkünstlerischen und damit sinnlosen Beschäftigung herabsetzt."[26] Ähnlich argumentiert Christian Begemann, legt dabei aber das Augenmerk nicht auf das Finden von Schönheit, sondern auf das von Wahrheit. Friedrichs Scheitern meine „sehr viel mehr als ein nur individuelles Scheitern, nämlich die Unmöglichkeit, eben jenes Wahre und Wesentliche aufzufinden [...], das in den drei Begriffen [i. e. Düsterheit, Einfachheit, Erhabenheit, E. H.] ausgesagt wird, mit denen das Moor charakterisiert wird."[27] Timothy Attanucci dagegen bindet Friedrichs Vorhaben, „den Dachstein

---

25 Erfüllung finde Friedrich in Susanna: „Der Besitz der schönen Frau ist das höchste dem Künstler erreichbare Ziel, und so ist es nur folgerichtig, daß Roderer auf seine Malerei verzichten wird, um sich im Leben als tätiger Mann zu erweisen." Gerhard Plumpe, An der Grenze des Realismus. Eine Anmerkung zu Adalbert Stifters ‚Nachkommenschaften' und Wilhelm Raabes ‚Der Dräumling'. In: Jahrbuch der Raabe-Gesellschaft 1994, S. 70 – 84, hier 73 f. und 78. Nach Uwe Japp seien Stifters Texte damit befasst, dem „Raum die Signifikation des Ästhetischen einzuschreiben". Dabei zeige sich, „dass dort, wo das Ästhetische exzelliert, das Reale zurückweicht, eine Einschränkung seiner Bedeutung erfährt, und umgekehrt dort, wo das Reale zum Maßstab der Dinge wird, das Ästhetische abfällt, eine Refraktion erleidet oder eine Repulsion hinzunehmen hat." *Nachkommenschaften* sei die „vielleicht einschlägigste Erzählung" in diesem Kontext, denn Friedrich zerstöre das Moorbild, weil er von der ästhetischen in die reale Option wechseln möchte. Vgl. Uwe Japp, Die Signifikation des Ästhetischen im Raum des Realen bei Adalbert Stifter. In: Schneider, Sabine/Hunfeld, Barbara (Hg.), Die Dinge und die Zeichen. Dimensionen des Realistischen in der Erzählliteratur des 19. Jahrhunderts, Würzburg 2008, S. 95 – 105, hier 95 und 102.
26 Christine Anton, Poetologische Kunstreflexion: Adalbert Stifters Plädoyer für den poetischen Realismus in seiner Novelle *Nachkommenschaften*. In: JASILO 17 (2010), S. 9 – 27, hier 11 f. und 20.
27 Begemann, Einige Überlegungen zu Mimesis, 2008, S. 30. Vgl. dazu Nachkommenschaften. In: HKG, Bd. 3,2, S. 92.

so treu und schön zu malen, als er ist",[28] unter dem Vergleichspunkt der Land-
schaftsgemälde von Carl Gustav Carus an Friedrich Simonys Vorlesung über *Die
Bedeutung landschaftlicher Darstellungen in den Naturwissenschaften* (1853) zu-
rück. Simony fehle „eine Theorie der Stimmungsentsprechung zwischen Natur
und Seele. Das Atmosphärische fällt bei ihm ganz auf die Seite der objektiven
Natur". Wenn Friedrich in den *Nachkommenschaften* davon spreche, ‚wirkliche
Wirklichkeit' darstellen zu wollen, gehe es ihm um „die wissenschaftliche
Kenntnis der Gebirge, ihrer Physik und ihrer Geschichte, die Simony in seiner
Vorlesung preist". Das bedeute: „Sind bei Carus für die romantische Land-
schaftstheorie das Leben und die Atmosphäre zwei Seiten einer produktiven
Analogie, so scheinen sie nun also in Stifters Spätwerk einander auszuschlie-
ßen."[29] Dass Friedrichs Vorhaben, ‚wirkliche Wirklichkeit' darstellen zu wollen,
nicht erfüllt werden kann, ist kaum zu bezweifeln; allerdings kündigt sich sein
Scheitern schon im Erzählstil der einleitenden Seiten an – und die werden von
allen vier hier aufgeführten Deutungen des Realismusproblems vernachlässigt.

Otmar Metzger eröffnet eine dritte Interpretationslinie, die auf die Frage nach
der Modernität von Stifters Kunstauffassung zielt. Nach Metzger schildere „Stifter-
Roderer [...] die Malerei seiner Zeit [...] viel moderner, als er selbst als Maler jemals
war, als es die ihm bekannte deutsche Malerei seiner Zeit war, ja als es die von
heute aus gesehen als moderne Malerei der Zeit geltende damals war". Die Darstellung der Malerei trage Züge, die auf Claude Monet, die 90er Jahre des Fin de
siècle und sogar auf Marcel Duchamps – den „Großmeister der Anti-Kunst" –
voraus deuten.[30] Marcus Hahn kritisiert solche Lesarten, wie ich finde, sehr treffend: Der Kunstbegriff des Textes bringe viele Probleme mit sich. „Eines dieser
Probleme besteht darin, daß der Text nicht in die gängigen literarhistorischen
Narrationen integrierbar ist – es sei denn, man schreibt Stifter eine ‚Modernität'
oder ‚Postmodernität' zu, wobei diese Namen dann weniger Epochenkategorien
als die Inkommensurabilität von ‚Literatur' überhaupt bezeichnen würden."[31]

Mit Ursula Mahlendorf kommt schließlich eine vierte Analyselinie auf, die
Friedrichs Scheitern an der Malerei als einen Wechsel der Kunstgattung interpretiert. Nach Mahlendorf wende sich Friedrich mit dem Verbrennen des Moorbildes einer „anderen Kunstgattung zu, nämlich der Beschreibung bürgerlichen
Lebens in bürgerlich novellistischer Art". Er scheitere also daran, „daß das un-
förmige Bild nicht das rechte Formmittel war, das Bedrohliche innerlich zu be-

---

28 Ebd., S. 29.
29 Timothy Attanucci, Atmosphärische Stimmungen. Landschaft und Meteorologie bei Carus,
Goethe und Stifter. In: Zeitschrift für Germanistik. Neue Folge 24 (2014), S. 282–295, hier 293–295.
30 Vgl. Metzger, Kunstgeschichtliche Bemerkungen, 1997, S. 35–37.
31 Hahn, Epigonalität/‚Postmoderne', *Narrenburg/Nachkommenschaften*, 2006, S. 60.

wältigen und verinnerlichte Größe bzw. Erhabenheit darzustellen. In der Erzählung", und Mahlendorf meint hier den Text der *Nachkommenschaften*, „hat er nun
die rechten Formmittel gefunden." In diesem Sinne zeichne Friedrichs Entwicklung die Stifters vom Maler zum Schriftsteller nach; die Figur sei deshalb
„durchaus Stifter gleichzusetzen".[32] Auch Begemann kommt zu einem ähnlichen
Schluss, allerdings ohne Figur und Autor zu ein und derselben Person zu erklären: „Was Friedrich künstlerisch vorschwebt, lässt sich allenfalls im wesentlich
abstrakteren Medium der Sprache realisieren", denn die „Verbalisierung ersetzt,
was auf dem Bild nicht zu sehen ist und aufgrund der notwendigen Konkretion
piktoraler Zeichen auch nicht zu sehen sein kann."[33] Nach Daniel Tobias Seger
müsse Friedrich an der Darstellung des Erhabenen scheitern, weil die „künstlerische Fixierung" der Natur „als erhabene" „problematisch" sei, „insofern das
Gemalte immer schon in einen Rahmen gefasst ist" und also der Eindruck von
Grenzenlosigkeit verloren geht. Friedrich eröffne sich schließlich „[m]it der Absage an das ‚hehre' Projekt, der übergroßen Natur mit einem Kunstwerk entsprechen zu wollen, [...] in der Liebe zu Susanna ein neuer Horizont des Sich-
selbst-Fühlens, der auch Kunst wieder ermöglicht: die (erfolgreiche) Niederschrift
der *Nachkommenschaften*."[34] Zwar wird sich im Folgenden zeigen, dass Friedrich
am Erhabenen der Natur in dem Moment scheitert, als er es – endlich – wahrnimmt; dennoch kann hier den Lesarten Segers, Begemanns und Mahlendorfs
nicht zugestimmt werden, denn darin wird etwas angenommen, was der Text
eigentlich nicht beschreibt: Am Ende ist durchaus nicht klar, was Friedrich in
seinem nun durch Heirat ‚bürgerlichen' Leben tun wird. Die Frage, ob er sich nach
dem Scheitern am Lüpfinger Moor wirklich dem Erzählen im Sinne eines bürgerlichen Realismus zuwendet, ist auch dann nicht zu beantworten, wenn man
annimmt, dass die Erzählung trotz uneindeutiger „Erzählposition und Zeitgerüst"
in der Rückschau präsentiert werde, und, dass „[n]ur ein junger Mensch, der so
glücklich verheiratet" sei wie Friedrich, „seinen eigenen Lebensgang, der zu
diesem glücklichen Ziel geführt hat, so humorvoll erzählen" könne;[35] schließlich

---

32 Mahlendorf, Stifters Absage an die Kunst?, 1981, S. 371, 377 und 369. Polheim interpretiert
Friedrichs Versuch, die ‚wirkliche Wirklichkeit' darzustellen, als eine Aussage über die rechte Art
zu dichten: „Der Dichter Stifter hat das Ziel seiner Kunstanschauung erreicht, [...] dergestalt, daß
er die eindringliche realistische Schilderung einerseits mit der weitgehenden Abstraktion des
Handlungsverlaufs andererseits zu einem bruchlosen Ganzen vereinigt und damit das darstellt,
was ihm als Erfüllung seines Schaffens vor Augen schwebte und was er in seiner Erzählung nennt:
die wirkliche Wirklichkeit." Polheim, Die wirkliche Wirklichkeit, 1992, S. 289 f.
33 Begemann, Einige Überlegungen zu Mimesis, 2008, S. 31.
34 Vgl. Seger, Stifters Verzeichnis des Erhabenen, 2002, S. 295 f.
35 Nach Joachim Müller sei die Zeitkontinuität eindeutig, denn der sich „als Erzählgegenwart
darbietende Eingang" sei „als vergegenwärtigte Erzählvergangenheit aufzufassen [...], in die sich

berichtet Friedrich, selbst wenn man ihn als „Verfasser" von *Nachkommen-schaften* annimmt, nicht von seinem neuen, bürgerlichen Leben, sondern nur von seiner alten Leidenschaft, der Malerei – alles Weitere bleibt reine Spekulation.

Neben Studien zur Epigonalität[36] und Genealogie[37] in *Nachkommenschaften* müssen an dieser Stelle noch drei weitere Beiträge erwähnt werden, die die Erzählung abseits der oben skizzierten Lesarten zu erfassen suchen und deshalb für die hier anschließende Lektüre hilfreich sind. Dominik Müller trägt „Anhaltspunkte für eine Gegenlektüre" zusammen, „welche die Erfolgsgeschichte als Protokoll einer Selbstaufgabe, einer Kapitulation und einer erpreßten Versöhnung" erscheinen lassen. In diesem Sinne liest Müller die Erzählung quasi gegen den Strich, vor allem aber gegen den Strich der Forschung. So sei der Beginn der Erzählung von einer „gereizte[n] Unzufriedenheit" Friedrichs „mit seinem Metier" geprägt, denn er begreife „sich selber als anonymes Glied in einem Heer von Berufskollegen" und gebe deshalb von vornherein „jeglichen Anspruch auf Einzigartigkeit preis". Zugleich empfinde er „Vermehrung, Multiplikation, Anhäufung" in der Kunst „als eine elementare Bedrohung"; Kinder zu zeugen komme ihm aber „noch weit bedenklicher" vor als massenhaft Bilder zu produzieren. „Der Entscheid, eine Malerkarriere einzuschlagen, erweist sich also als Akt der Verweigerung", auch insoweit, als es Friedrich beim Malen der ‚wirklichen Wirklichkeit' des Moors „um etwas Prinzipielles geht, gewissermaßen um die Natur um ihrer selbst willen".[38] Müllers Verdienst ist es, einige Widersprüche der

---

der Erzähler vom Schluß der Erzählung" zurückversetze. Vgl. Müller, Stifters Humor, 1962, S. 12 f. Nach Stefan Willer dagegen lasse der beständige Wechsel von Präsens und Präteritum zu Beginn „die Grenze zwischen erzähltem und erzählendem Ich" verwischen. Stefan Willer, Grenzenlose Zeit, schlingender Grund. Genealogische Ordnungen in Stifters *Nachkommenschaften*. In: Gamper, Michael/Wagner, Karl (Hg.), Figuren der Übertragung. Adalbert Stifter und das Wissen seiner Zeit, Zürich 2009, S. 45 – 62, hier 54 f.

36 Barbara Neymeyr liest die *Nachkommenschaften* unter dem Aspekt der „epigonalen Identitätsproblematik", die „bis zum Grenzwert eines Identitätsverlusts radikalisiert" werde. Barbara Neymeyr, Die Aporie der Epigonen. Zur kulturhistorischen Bedeutung der Identitätsproblematik in Stifters *Nachkommenschaften*. In: Jahrbuch der Deutschen Schillergesellschaft 48 (2004), S. 185 – 205, hier 189. Dirk Oschmann sieht das anders: Der Text reflektiere zwar seine „eigene[] Epigonalität", dabei werde aber „nicht unselbständige Gefolgschaft angestrebt [...], sondern die ironisch distanzierte Sichtung und Darstellung eines speziellen Stoff- und Formenrepertoires." Dirk Oschmann, Absolute Darstellung – Zur Metapoetik von Stifters ‚Nachkommenschaften'. In: Literaturwissenschaftliches Jahrbuch 50 (2009), S. 135 – 149, hier 137 f.

37 Willer liest die Erzählung als „*vormoderne[s]* Konzept der Genealogie", in der sich die „Gegenwart immer nur als unausweichliche Wiederholung von Vergangenem" präsentiere. Willer, Genealogische Ordnungen, 2009, S. 57 – 59.

38 Die „Schlußharmonie der Erzählung" räume nicht „mit den Dissonanzen" auf. Dominik Müller, Des Gezähmten Widerspenstigkeit. Gegenläufige Deutungsperspektiven in Adalbert Stif-

Forschung aufgedeckt zu haben, die oft dazu neigt, Disharmonien in Stifters Texten zu ignorieren; allerdings geht die Stilisierung Friedrichs zum Rebell gegen das Bürgerliche sehr weit. Burkhard Meyer-Sickendiek zeigt beispielsweise, dass in Friedrichs Scheitern am Moorbild auch eine „Anerkennung der bürgerlichen Determiniertheit" liegen könnte.[39]

Meyer-Sickendieks Artikel fragt dabei in erster Linie nach der Rolle der Idyllentheorie Jean Pauls für Stifters *Nachsommer* und *Nachkommenschaften* und kommt so auch zu Aussagen über die Komik in Letzterem. Stifters wiederholte Beschäftigung mit Jean Pauls *Vorschule der Ästhetik* lasse erahnen, „warum jener noch den *Nachsommer* dominierende ‚tiefe Ernst' in den *Nachkommenschaften* durch eine spielerische Geste der Relativierung des eigenen Ichs ersetzt ist. Es gibt ein ‚Vollglück' auch ‚in der Beschränkung'": Gerade die „Anerkennung der bürgerlichen Determiniertheit" erkläre den „ironische[n] Ton der *Nachkommenschaften*", denn Stifter habe „im Rekurs auf Jean Paul die heilsam ‚vernichtende Idee des Humors'" erkannt und über „das Verkehrte, Kauzige und Widersprüchliche auch das eigene Leben zu ertragen" gewusst.[40] Auch Stefan Seeber geht den Spuren Jean Paul'schen Humors in den *Nachkommenschaften* nach – allerdings weit ausführlicher als Meyer-Sickendiek; so beschäftigt er sich auch mit dem Lächerlichen in der Erzählung. Seine Ergebnisse vergleicht er schließlich mit „dem Konzept der Erhabenheit in Stifters *Nachsommer*", ein Vergleich, der unweigerlich dazu führt, dass der *Nachsommer* im Sinne einer Idealwelt bezüglich der „Überwindung der Leidenschaften" den *Nachkommenschaften* als Beispiel schädlicher „Heftigkeit der Emotion" entgegengesetzt wird.[41] Auch in diesem Kapitel wird die Erzählung unter dem Aspekt des Komischen bzw. des Humors und der Rolle des Erhabenen darin analysiert; dabei wird sich aber zeigen, dass das Moor ein weiteres Erhabenes birgt, das eng mit der Glätte des Raums zusammenhängt.[42] Und auch wenn Seebers Beitrag im Folgenden immer wieder herangezogen wird, so wird doch deutlich werden, dass nicht ausschließlich Jean Pauls[43] Theorien zum Lächerlichen, dem „Erbfeind des *Erhabenen*", und zum

---

ters Erzählung ‚Nachkommenschaften'. In: Jahrbuch der Raabe-Gesellschaft 2000, S. 122–135, hier 122, 124 f. und 135.

39 Meyer-Sickendiek, Bedingungen moderner Idyllik bei Jean Paul und Stifter, 2007, S. 314.

40 Ebd., S. 313 f.

41 Vgl. Seeber, Der Humor in Stifters *Nachkommenschaften*, 2006, S. 305–307. „Die Fähigkeit, Erhabenheit erfassen zu können, ist im *Nachsommer* bedingt durch die Entwicklung hin zur Erkenntnis der eigenen Stellung in der Welt und zur Überwindung der Leidenschaften." Ebd., S. 306.

42 Vgl. dazu Kapitel III.1 in dieser Arbeit.

43 Diese Beschränkung ist sicherlich dem gut erforschten Einfluss Jean Pauls auf Stifter geschuldet. Vgl. z. B. Pfotenhauer, Stifters Jean Paul, 2013.

Humor – der liegt nach Jean Paul im ‚umgekehrten Erhabenen'[44] – Grundlage einer Untersuchung der *Nachkommenschaften* sein können. Vielmehr wird sich eine Erweiterung des theoretischen Hintergrunds um Friedrich Theodor Vischers Philosophie,[45] die zudem auf Jean Pauls *Vorschule der Ästhetik* basiert, als sehr dienlich für das Verständnis der *Nachkommenschaften* erweisen.

Trotz Gemeinsamkeiten besonders in der Definition des Lächerlichen – nach Vischer ist das Lächerliche nicht der ‚Erbfeind', jedoch „der uralte Todfeind des Erhabenen"[46] – weicht Vischers Theorie zum Komischen an manchen Punkten stark von der Jean Pauls ab; so galt Vischer Jean Pauls Definition des Humors[47] als ‚umgekehrtes Erhabenes' „für das Komische überhaupt, das alle idealen Gegenstände ergreift".[48] Abgesehen davon ist es aber, so Götz Müller, eine auf den ersten Blick „geringfügige Verschiebung gegenüber Jean Paul", die „große Folgen" für Vischers Komisches habe: „Während Jean Paul die schlechte Endlichkeit der Geschichte und insbesondere der ihn umgebenden Gesellschaft komisch vernichtet und dagegen ein von Vischer rousseauistisch genanntes Ideal aufrichtet, sucht Vischer im Humor eine ästhetische Vermittlung. Die Berechtigung der be-

---

44 Vgl. Jean Paul, Vorschule der Ästhetik, 1963, S. 105 und 129.

45 Seeber zieht Vischers Theorie nur sporadisch und indirekt mittels zeitgenössischer Lexika heran, weil sich Stifter nie zu Vischer geäußert hat. Allerdings hat sich Stifter meines Wissens nach auch nie zu Kants *Analytik des Erhabenen* geäußert – und dennoch scheint sich Seeber in der Analyse zum Erhabenen im *Nachsommer* auf Kant zu stützen. Vgl. Seeber, Der Humor in Stifters *Nachkommenschaften*, 2006, S. 294 und 306.

46 Vischer, Über das Erhabene und Komische, 1967, S. 158. „Wenn sich jemand recht erhaben gebärdet, die Nachbarschaft des Geringen und Niedrigen nicht anerkennen will, dann aber plötzlich durch dieselbe sich in seiner Erhabenheit gestört sieht, so lachen wir ihn aus, und es ist um seine Größe wirklich geschehen." Ebd., S. 166.

47 Humor ist „kein überzeitliches, sondern ein geschichtlich verortbares Phänomen", auch wenn er „heute oft unterschiedslos auf alles gemünzt" wird, „was Lachen erregt". Wolfgang Preisendanz' Artikel zum Humor setzt deshalb mit Jean Paul ein und schenkt vor allem seiner Theorie Beachtung; in der zeitgenössischen Literatur lasse sich dagegen „fast nur noch ein ironischer, sich selbst unterminierender Humor ausmachen. [...] Es ist ein dekonstruktiver Humor, der ein Selbstgericht der vis comica bedeutet." Wolfgang Preisendanz, Humor. In: Reallexikon der deutschen Literaturwissenschaft. Bd. II, hg. von Harald Fricke, Berlin/New York 2000, S. 100 – 103, hier 100 und 102. Nach Jean Paul besteht das Komische nur „im Kontrastieren des Endlichen mit dem Endlichen" und lässt „keine Unendlichkeit" zu. Im Humor dagegen finde man „jenen unendlichen Kontrast zwischen den Ideen (der Vernunft) und der ganzen Endlichkeit selber". Ebd., S. 124f. Jean Paul ordnet das Komische bzw. die Komik dem Humor also nach. Vischer dagegen setzt das Komische an die Stelle des Jean Paul'schen Humors. Vgl. Vischer, Über das Erhabene und Komische, 1967, S. 160.

48 Berthold Emrich, Friedrich Theodor Vischers Auseinandersetzung mit Jean Paul. In: Seiffert, Hans Werner/Zeller, Bernhard (Hg.), Festgabe für Eduard Berend zum 75. Geburtstag am 5. Dezember 1958, Weimar 1959, S. 136 – 159, hier 141.

stimmten Verhältnisse und Individuen zu erweisen, bedarf es einer Liebe zum Unvollkommenen, Zerrissenen und Bedingten."[49] Vischers Humor liegt also ein „Weltkontrast" zugrunde:[50] „Vollkommen übt ihn nur", so schon Berthold Emrichs Einschätzung, „das moderne freie und furchtlose Selbstbewußtsein, das mitten im Scherz das Heilige sicher festhält."[51] Günter Oesterle sieht in diesem ‚Weltkontrast' den „Ausgangspunkt von Vischers ästhetischem Denken" im Gesamten, das auf der Annahme beruhe, „dass das Leben in all seiner Wahrheit, Fülle, Individualität und Zufälligkeit im Widerspruch steht zur einfachen Schönheit."[52] Es geht in Vischers Komischem mit darum, den ‚Weltkontrast' auszuhalten:

---

49 Vischer kritisiere an Jean Pauls Theorie, dass „[d]er mangelhaften Wirklichkeit das Ideal entgegenhaltend [...] eine edlere Satire" entstehe, „nicht jedoch der vermittelnde Humor". Deshalb sieht er im Gegensatz zu Jean Paul „das Erhabene und das Komische in einem Verhältnis des wechselseitigen Widerspruchs". Götz Müller, Zur Bedeutung Jean Pauls für die Ästhetik zwischen 1830 und 1848 (Weisse, Ruge, Vischer). In: ders., Jean Paul im Kontext. Gesammelte Aufsätze, Würzburg 1996, S. 7–28, hier 22.

50 „Faßt der Humor sein Erhabenes qualitativ als das höchste Erhabene, dringt er schon durch seine Richtung in den metaphysischen Mittelpunkt des Komischen ein, so faßt er es eben hiermit auch quantitativ in universalem Sinne und läßt es nicht als ein einzelnes, sondern als das die Welt beherrschende und durchdringende Unendliche selbst erscheinen. Es ist ein Weltkontrast, den der Humor zum Gegenstande hat, es ist ein Riß im Innern des Weltganzen selbst, dessen Bewußtsein ihn erzeugt, nämlich der ewige Kontrast des Unendlichen, das doch nur im Endlichen, in dem, was an sich so klein und winzig ist, zur Erscheinung kommen kann, und sobald es sich den Schein gibt, diese Seite entbehren zu können, durch einen komischen Anprall an dieselbe von dem ewigen Zusammengehören beider belehrt wird." Vischer, Über das Erhabene und Komische, 1967, S. 198 f.

51 Emrich, Vischers Auseinandersetzung mit Jean Paul, 1959, S. 141. Nach Vischer ist das Komische ein „absolute[r] Taumel", der auf die „Schwäche menschlicher Erhabenheit" und einen „inneren Widerspruch des Weltganzen" zurückzuführen sei. Vischer, Über das Erhabene und Komische, 1967, S. 180.

52 „In dieser Situation ist im Entscheidungsfalle ‚Leben oder Schönheit' sein erstes Votum *immer* das Leben! Ansonsten droht Sterilität, der Gegensatz zum Leben!" Günter Oesterle, In den Grenzen des Ästhetischen. Friedrich Theodor Vischers Arbeit an einer Kulturgeschichte und an Inklusion/Exklusion. In: Potthast, Barbara/Reck, Alexander (Hg.), Friedrich Theodor Vischer. Leben – Werk – Wirkung, Heidelberg 2011, S. 231–248, hier 238. Ähnlich sieht das Götz Müller: „Da die Schönheit nach Vischer die Vermittlung des Allgemeinen und Besonderen, des Individuellen und der Idee ist, muß der Humor, wenn schöne Kunst sein soll, den Widerspruch ästhetisch versöhnen." Müller, Zur Bedeutung Jean Pauls, 1996, S. 22. Das Erhabene ist nach Vischer kein eigenständiger Begriff, sondern eine „Gärung innerhalb des Schönen selbst"; es entsteht, wenn die Idee gegenüber dem Gegenstand ein Übergewicht bekommt: „Um nun ihre Selbständigkeit diesem Elemente gegenüber zu bewähren, reißt sich zuerst die Idee aus jener ruhigen Einheit los, greift über die begrenzte, individuelle Erscheinung hinaus und hält ihr ihre Unendlichkeit entgegen. So entsteht [...] der erste *Kontrast* im Schönen." Vischer, Über das Erhabene und

Durch den Humor soll der Einzelne den über ihn hinweggehenden Zweck der Geschichte ertragen lernen. Die ihn ob des Scheiterns seiner partikularen Zwecke ankommende Verzweiflung wird überwunden, indem das Individuum sich einläßt auf die Schwäche und Mangelhaftigkeit des Bestehenden. Das Komische erteilt dem Defizienten sein Recht als ein notwendig Widersprüchliches, dem in der historischen Betrachtung das Individuum einen Sinn beilegt.[53]

Vor diesem Hintergrund wird sich zeigen, dass die einleitenden Passagen der Erzählung – also Friedrichs Reflexionen über die Kunst und seine eigene Stellung darin – nicht rein lächerlich im Jean Paul'schen (und Vischer'schen) Sinn sind,[54] sondern auch komisch im Sinne eines „Ineinandersein des Endlichen und Unendlichen",[55] das den Vischer'schen ‚Weltkontrast' mit bedingt. Dabei ist das Komische mit Beatrix Müller-Kampel nicht über einfache „Gegenstandsattribute" wie „Diskrepanz, Kontrast und Inkongruenz; Antagonismen, Oppositionen und Divergenzen; Dichotomien, Kontraste und Konflikte", mit denen die meisten Definitionsversuche der 2000er Jahre arbeiten, zu erfassen, denn Begriffe wie beispielsweise Inkongruenz seien „zu weit, zu vage und zu wenig trennscharf"; Inkongruenz könne bloß formale Bedingung, nicht aber das Komische selbst sein. Müller-Kampel schlägt deshalb vor, nicht nur irgendeinen, sondern einen qualitativ bestimmten Kontrast, nämlich die „Fallhöhe zwischen Hoch und Niedrig, Erhaben und Gemein, Geist und Körper [...] als gegenständlich-strukturelle[n] Angelpunkt des Komischen" zu definieren.[56] Unter Bezugnahme auf die Ausführungen Müller-Kampels wird sich zeigen, dass in den *Nachkommenschaften* nicht nur eine Fallhöhe im Komischen – mit Vischer vom Erhabenen hin zum Gemeinen, das das Erhabene aber nicht vernichtet, sondern deutlich macht[57] – besteht, sondern auch eine Fallhöhe zwischen dem Komischen und dem das Erhabene zerstörende Lächerlichen, von dem Friedrichs Reflexionen über die Kunst an manchen Stellen geprägt sind.

„So bin ich unversehens ein Landschaftsmaler geworden. Es ist entsetzlich." Mit diesen Worten beginnt der Ich-Erzähler Friedrich Roderer, um sogleich zu erklären, warum es ‚entsetzlich' ist, Landschaftsmaler geworden zu sein: Schuld habe die massenhafte Produktion von Landschaftsgemälden.

Komische, 1967, S. 69 f. Vischer lässt das Erhabene also „als notwendige Entwicklungsstufen aus der Idee des Schönen hervorgehen und in sie zurückkehren". Homann, Erhaben, 1972, Sp. 633 f.

53 Müller, Zur Bedeutung Jean Pauls, 1996, S. 23.

54 So Seeber, Der Humor in Stifters *Nachkommenschaften*, 2006, S. 295 f.

55 Vischer, Über das Erhabene und Komische, 1967, S. 179.

56 Vgl. Beatrix Müller-Kampel, Komik und das Komische: Kriterien und Kategorien. In: Zeitschrift für Literatur- und Theatersoziologie 7 (März 2012), S. 5–39, hier 12 f. und 15.

57 Vgl. Vischer, Über das Erhabene und Komische, 1967, S. 176 und 160.

> Wenn man in eine Sammlung neuer Bilder geräth, welch' eine Menge von Landschaften gibt
> es da; wenn man in eine Gemäldeausstellung geht, welch' eine noch größere Menge von
> Landschaften trifft man da an, und wenn man alle Landschaften, welche von allen Land-
> schaftsmalern unserer Zeit gemalt werden, von solchen Landschaftsmalern, die ihre Bilder
> verkaufen wollen, und von solchen, die ihre Bilder nicht verkaufen wollen, ausstelle, welch'
> allergrößte Menge von Landschaften würde man da finden![58]

Friedrichs Beruf ist deshalb, so Barbara Neymeyr, von vornherein von einer
„quantifizierenden Perspektive auf die Kunst" belastet; dabei „verblaßt" aber
nicht nur das allgemeine „qualitative Einerlei gemalter Landschaften bis zur
Bedeutungslosigkeit",[59] sondern auch Friedrichs eigene Werke können kaum an
Bedeutung gewinnen:[60] „Nun, es sind der in Oelfarben gemalten und mit Gold-
rahmen versehenen Landschaften schon genug. Und ich will nun auch noch so
viele Landschaften mit Oelfarben malen, als in mein noch übriges Leben hin-
eingehen." Und das könnten nicht wenige sein:

> Ich bin jetzt sechsundzwanzig Jahre alt, mein Vater ist sechsundfünfzig, mein Großvater
> achtundachtzig, und beide sind so rüstig und gesund, daß sie hundert Jahre alt werden
> können; mein Urgroßvater, mein Ururgroßvater und deren Großväter und Ururgroßväter sind
> nach der Ueberlieferung der Großmutter über neunzig Jahre alt geworden: wenn ich nun
> auch so alt werde, und stets Landschaften male, so gehören, falls ich sie alle am Leben lasse,
> und sie einmal in Kisten sammt ihren Rahmen verpackt verführen will, fünfzehn zwei-
> spännige Wägen mit guten Rossen dazu, wobei ich noch so manchen malfreien und ver-
> gnügten Tag verleben kann.
> Das ist betrachtungswürdig.[61]

Nach Seeber ist die Passage über das Problem der Massenproduktion von Gemälden „dazu angetan, [...] den Leser zum Lachen zu reizen, sie erscheinen im
ureigensten Sinne des Wortes ‚lächerlich'".[62] Es ist zwar richtig, dass der Leser
zum Lachen gereizt werden kann; dennoch sind Friedrichs Gedanken über die
Kunst nicht rein lächerlich, denn das Erhabene des Künstlertums wird nicht
restlos zerstört.[63] Statt eines reinen Lächerlichen zeigt sich hier Vischers Komi-

---

58 Nachkommenschaften. In: HKG, Bd. 3,2, S. 25.
59 Vgl. Neymeyr, Die Aporie der Epigonen, 2004, S. 193.
60 Der Beginn der *Nachkommenschaften* sei, so Dominik Müller, von einer „gereizte[n] Unzufriedenheit" Friedrichs „mit seinem Metier" geprägt, denn er begreife „sich selber als anonymes
Glied in einem Heer von Berufskollegen". Müller, Gegenläufige Deutungsperspektiven, 2000,
S. 124 f.
61 Beide Zitate aus Nachkommenschaften. In: HKG, Bd. 3,2, S. 25 f.
62 Seeber, Der Humor in Stifters *Nachkommenschaften*, 2006, S. 295.
63 Dem hier diskutierten Künstlertum bzw. der Landschaftsmalerei kommt das Erhabene nicht
direkt, z. B. über das Empfinden eines ‚gemischten Gefühls', zu wie im Fall der „düsteren

sches, das das Erhabene „nicht [[]leugnet, nicht annulliert", sondern „[d]as Erhabene und das unendlich Kleine spielen ineinander", wobei das Erhabene deutlich hervortritt: „Denn die Deutlichkeit besteht im Hervorheben der sinnlichen Einzelheiten, und diese sind es, die alsbald den Schein des Unendlichen aufheben." Wenn nun Friedrich zwar die eigene Bedeutungslosigkeit in der Kunstwelt, also seine eigene Kleinheit, seine Endlichkeit, beschreibt, dennoch aber die Malerei nicht aufgeben und also selbst an der Massenproduktion teilhaben will, schließt er die Möglichkeit, mit seiner Malerei aus den Massen an Landschaftsbildern herauszuragen, nicht aus. Trotz aller Komik bleibt die „Idee", also sein Künstlerideal, bestehen, denn sie wird nur durch die „Erscheinung", also seine Bedeutungslosigkeit, kontrastiert, nicht aber zerstört:[64] Das Erhabene bleibt bestehen – auch wenn es sich nicht einlösen sollte.

Auch die folgenden Reflexionen Friedrichs sind vom Zusammenspiel von Erhabenem und Gemeinem bzw. dem ‚unendlich Kleinen' geprägt:

> Wenn man zu einem Alpensee kommt, und in einem einsamen Gasthause übernachtet, so kommen Abends drei oder vier Landschaftsmaler in die Gaststube, welche unter Tags auf verschiedenen Stellen des Angers gesessen sind und gemalt haben. [...] Unterhalb des Staubbaches sind mehrere sehr große weiße Sonnenschirme ausgespannt, wie das Schildkrötendach der Römer bei Belagerungen, unter denen Männer sitzen und versuchen, den herabwallenden Schleier des Wassers nachzuahmen.
> [...] Und ich bin jetzt auch mit einem dreifüßigen zusammenlegbaren Feldstuhle versehen, dann mit einem weiten groben, weißgrünen Sonnenschirme, den ich in die Erde pflanze und so befestigen kann, daß er wie ein Wartthurme dasteht; dann mit einem Malerkasten, der mit Leinwand, Papier, Farben, Pinseln und so weiter versehen ist, und als Staffelei dient; ich will von den wasserdichten Stiefeln und von dem Wachsmäntelchen und andern Schutzdingen gar nicht reden.
> Das ist bemerkenswerth.[65]

„[B]etrachtungswürdig"[66] bzw., wie es nun heißt, ‚bemerkenswert', ist hier vor allem Friedrichs Vergnügen[67] am eigenen inneren Widerspruch.[68] Dieser wird

---

Schönheit" der Hochebene in *Zwei Schwestern*, sondern das Erhabene bildet sich hier nur, mit Vischer, negativ ab, nämlich in der „Schwäche menschlicher Erhabenheit", die wiederum auf den „inneren Widerspruch des Weltganzen" zurückgeführt wird. Es konstituiert sich also ausschließlich über die eine Seite eines Widerspruchs; es ist „das Wahre", das „vom Niederen unterbrochen" wird, das aber ohne das Niedere nicht erscheint. Vgl. dazu Vischer, Über das Erhabene und Komische, 1967, S. 180 und 177. Vgl. auch Zwei Schwestern. In: HKG, Bd. 1,6, S. 261.

64 Alle Zitate aus Vischer, Über das Erhabene und Komische, 1967, S. 176 und 160.

65 Nachkommenschaften. In: HKG, Bd. 3,2, S. 26 f.

66 Ebd., S. 26.

67 Seeber empfindet die Ausführungen Friedrichs zum Künstlertum als „mit großem Ernst" vorgetragen; deshalb liege das „Lachen über die Differenz zwischen Erwartung und tatsächli-

deutlich, indem Friedrich dem eigenen Streben in der Malerei „Bagatell[en] [der] bloß der niederen Erscheinungswelt angehörenden Ding[e]" entgegensetzt wie den Schirm, den Malerkasten, die wasserdichten Stiefel und den Wachsmantel und es so „zu Fall bringt".[69] So entsteht ein selbstironisches Komisches, ein „Taumel, in welchem nichts sich erhält als die absolute Freiheit und Frechheit des mit allem spielenden, lachenden Subjekts." Was Friedrich hier lachend und frech, zugleich aber taumelnd reflektiert, ist ein Riss, der durch das Innere seines „Weltganzen",[70] also durch seinen Anspruch an die eigene Malerei, geht. Hinter diesem Riss offenbart sich aber, trotz Selbstironie, eine Bedrohung:

> Oft, [...] wenn ich die Verzeichnisse neugemachter Bücher ansah, dachte ich, wie man denn noch ein Buch machen kann, wenn schon so viele vorhanden sind [...]. Und doch ist es mit einem Buche viel besser, als mit einer in Oel gemalten in einem Goldrahmen befindlichen Landschaft. Ein Buch ist an sich klein [...] die Blätter können herausgerissen werden, und die Theile des Einbandes können als Deckel auf Milchtöpfchen dienen; aber die Landschaft, mit deren Goldrahmen die Menschen Mitleid haben, kann mehrere Geschlechter hinter einander warten, bis sie in einem Gange eines Schlosses, oder in dem Vorhause eines Wirthshauses, oder an der Außenwand eines Trödlergewölbes hängt, und endlich, wenn gar kein Gold mehr an dem Rahmen ist, und die Farben alle Töne ihres Lebenslaufes bekommen haben, in der Rumpelkammer alle Jahre in eine andere Ecke gestellt wird, und so *gleichsam als ihr eigenes*

---

chem Geschehen [...] auf der Seite des Lesers". Seeber, Der Humor in Stifters *Nachkommenschaften*, 2006, S. 296. Das Wesen von Ironie ist es aber nun mal, mit einer gewissen Ernsthaftigkeit vorgetragen zu werden: „Bereits der lakonische Ton, mit dem der Erzähler einsetzt, läßt die selbstironische Färbung [...] ahnen." Bonn, Initiation des Blicks, 1996, S. 59. Jochen Berendes, der u. a. der Ironie im Werk Stifters nachgeht, ohne *Nachkommenschaften* zu behandeln, definiert Ironie als „Schwebezustand", in dem „[l]eitende Konzepte [...] durch das Erzählen entsubstantialisiert" würden und „das reflektierende Subjekt vorzüglich in seiner latenten Haltlosigkeit auf sich selbst verwiesen" werde. Das impliziere „ein Plädoyer für eigenständiges Denken, für Individualität und Freiheit." Berendes, Ironie – Komik – Skepsis, 2009, S. 7.

68 Nach Emrich liegt die Zweckwidrigkeit, die Vischer im Unterschied zu Jean Paul für das Komische konstatiert, in einem menschlichen Widerspruch: „Beispielhaft für diese Zweckwidrigkeit ist der Mensch, der wandelnde Widerspruch. Diese pantheistische Ergänzung Jean Pauls muß daher das Komische zu einem Spiel der Gegensätze machen, die sich nicht vernichten, sondern aufheben". Vgl. Emrich, Vischers Auseinandersetzung mit Jean Paul, 1959, S. 141.

69 Das Komische kann, so Vischer, durch das Auflösen von Erwartungen im Erhabenen entstehen: „Veranlaßt ist sie [i. e. die Erwartung, E. H.] durch ein sich ankündigendes, in mehr oder minder pathetischem Schwunge begriffenes *Erhabenes*; aufgelöst wird sie durch das Bagatell eines bloß der niederen Erscheinungswelt angehörenden Dings, das diesem Erhabenen, vorher verborgen, nun auf einmal unter die Beine geräth und es zu Fall bringt." Vischer, Über das Erhabene und Komische, 1967, S. 160.

70 Vgl. ebd., S. 180 und 198 f.

Gespenst umgeht, während von dem Buche schon alle Blätter verbraucht sind, und die Deckel morsch und schimmlig geworden und weggeworfen sind.[71]

Für einen Moment nur verliert sich das selbstironische Komische in Friedrichs Gedankengang zum eigenen Beruf – und mit ihr das Erhabene im darin dargestellten Künstlertum. Als Folge der Massenproduktion von Landschaftsgemälden ergibt sich, so der Ich-Erzähler, ein gewisses Stauraumproblem: Wird man mit Bildern überschwemmt, so weiß man irgendwann nicht mehr, wohin damit. Insoweit, als Friedrich trotz besseren Wissens dieses Problem weiter verschärfen will, sind seine Reflexionen komisch – es besteht weiterhin die Möglichkeit, dass seine Malerei sich über die „allergrößte Menge von Landschaften" erheben kann[72] und also sein Ideal erreichen wird. Was aber, wenn Friedrichs Bildern nicht das besondere, sondern das allgemeine Schicksal von Gemälden beschieden ist? Dann werden auch sie ‚in der Rumpelkammer alle Jahre in eine andere Ecke gestellt', und enden ‚so gleichsam als ihr eigenes Gespenst' – als eine ewige, nur langsam verblassende Erinnerung an die eigene Mittelmäßigkeit, die zudem nur um des Goldrahmens willen bewahrt wird. Mit dieser Zukunftsvision verliert sich nicht nur das Komische, sondern auch das mit Vischer im Komischen immer aufscheinende Erhabene: „[D]ie Komik weiß sich nur darum als die Macht über alles Erhabene, das sie an der gemeinen Erscheinung zerplatzen läßt, weil das Subjekt das Erhabene absorbiert hat, weil es selber alles Erhabene ist, der *Aufbewahrungsort* alles dessen, was es als ein von außen sich Aufdringendes durch einen Scherz zerstört." Doch die Aufbewahrung des Erhabenen im Komischen gelingt Friedrich plötzlich nicht mehr; angesichts der düsteren Vision des möglichen Schicksals der eigenen Schöpfung verschwindet die vorherige „absolute Freiheit und Frechheit des mit allem spielenden, lachenden Subjekts"[73] – zumindest für einen Augenblick.

Statt sich nun diesem Bruch im eigenen Streben zu stellen, weist Friedrich alle Verantwortung weit von sich:

> Aber ich bin ganz unschuldig.
> Ich habe nie daran gedacht, ein Landschaftsmaler werden zu wollen. Habe ich in der lateinischen Schule in der Benediktiner Abtei nicht den ersten Preis erhalten? Muß ich daher nicht tüchtig lateinisch gelernt haben? [...] Da hatten sie auch eine Zeichnungsschule. Ich hüpfte vor Freude empor, als ich von einem Schüler einer höheren Klasse eine mit Tusche gemachte Säule sah, deren Grund schön blaß grünspanngrün, und deren Durchschnitt schön blaß rosenroth war.

---

71 Nachkommenschaften. In: HKG, Bd. 3,2, S. 27, Hervorhebung E. H.
72 Ebd., S. 25.
73 Alle Zitate aus Vischer, Über das Erhabene und Komische, 1967, S. 180.

> Ich schrieb meinem Vater um die Erlaubniß, in diese Schule eintreten zu dürfen, und erhielt sie. Ich malte nun auch solche Säulen mit grünspanngrünem Grunde und rosenrothem Durchschnitte. Dann zeichnete ich aber Bäume, und der Lehrer ließ mich recht viele zeichnen, weil er sagte, ich hätte Anlage. Und da waren im Mittage von der Abtei sehr schöne blaue Berge, grüne Hügel, rauschende Wässer [...]. Ich betrachtete das Alles mit Vergnügen, zeichnete Manches mit schwarzer Kreide, und Anderes malte ich mit Wasserfarben auf weißes oder auf blaues Papier.[74]

Friedrichs Erzählung, wie er als junger Schüler zu seiner Begeisterung für die Malerei kam, trägt komische Züge wie sein Verweis auf seine guten Lateinkenntnisse, die ihn doch zu einem anständigen Beruf abseits der Malerei befähigen sollten; sie trägt aber auch sehr kindliche Züge, schließlich wird hier die Begeisterung eines Kindes für Malerei beschrieben, das, bevor es der neuen Leidenschaft nachgeht, die väterliche Erlaubnis einholt. ‚Unschuldig‘ ist das Kind Friedrich also gewiss, nicht aber der Erwachsene. „Und als ich schon lange nicht mehr in der Abtei war, als ich Menschen und Städte, und Bildersammlungen und Bilderausstellungen angesehen hatte, und als ich in den Alpen oft vielmal kreuz und quer, hin und wieder gewandert war, sagte ich: soll es denn gar nicht möglich sein, den Dachstein gerade so zu malen, wie ich ihn oft und stets vom vorderen Gosausee aus gesehen habe?" In diesem an das obere Zitat direkt anschließenden Satz wird nicht deutlich, wie Friedrich „unversehens"[75] und unwillentlich ein Landschaftsmaler werden konnte, denn er lässt faktisch den Zeitpunkt seiner Berufswahl aus und stellt so eine äußerst brüchige Linie zwischen seiner Kindheit und seinem Erwachsenenleben her. Es ist nicht klar, ob er in der Zeit seiner Reisen und Wanderungen gemalt oder nur die Gemälde anderer betrachtet hat. Erst mit seinem Vorhaben, den ‚Dachstein gerade so zu malen‘, wie er sich ihm zeigt, erwähnt er wieder die Malerei. So verleiht er seiner Berufswahl den Anschein eines, mit Vischer gesprochen, „Bagatell[s] eines äußeren Zufall[s], nicht ein[es] innere[n] Irrtum[s]". Es scheint fast, als mache sich Friedrich in den *Nachkommenschaften* Vischers Erweiterung von Jean Pauls Theorie zunutze, um sich die Verantwortung für sein Tun nicht aufbürden zu müssen: Statt den Riss auszuhalten schiebt er die Verantwortung auf eine höhere Instanz – nach Vischer auf den „Weltgeist", auf den die „Winzigkeit des Zufalles", der das Erhabene im Komischen „stört", zurückgehe.[76] Damit aber verlieren Friedrichs Reflexionen über das

---

74 Nachkommenschaften. In: HKG, Bd. 3,2, S. 28.

75 Ebd., S. 28 und 25.

76 Vischer kritisiert hier Jean Paul: „*J. Pauls* Erklärung paßt auf diejenigen Fälle nicht, wo das Bagatell eines äußeren Zufalls, nicht ein innerer Irrtum, menschliche Tätigkeiten komisch macht [...]. Hier müssen wir, wenn wir das Erhabene und diese Winzigkeit des Zufalls, der es stört, in eine Einheit zusammengreifen wollen, über das Subjekt, an dem dieses Komische erscheint, hinaus-

eigene Künstlertum ihr selbstironisches Augenzwinkern – hier nun[77] gibt er sich der Lächerlichkeit preis:[78] Er fällt vom hohen Ross seiner erhabenen Komik in die selbst verschuldete Bedeutungslosigkeit.

Dieser Eindruck verstärkt sich noch durch den Tempuswechsel: ‚Aber ich bin ganz unschuldig‘, behauptet der Erzähler, um schließlich im Präteritum von seiner Schulzeit zu erzählen. Nach Joachim Müller sei das „Zeitgerüst [...] die unabdingbare Prämisse für die humorvolle Struktur dieser Icherzählung"; man müsse deshalb Einschübe im Präsens wie diesen oder ‚Es ist entsetzlich‘ als humorvolle Rückschau verstehen. Diese Einschätzung ist für die ersten drei Einschübe stimmig, nicht aber für die Behauptung ‚Aber ich bin ganz unschuldig‘; denn darin zeigt sich ein Trotz, der gerade durch das Präsens das das Komische zerstörende Lächerliche an Friedrichs Versuch, jede Verantwortung auch für sein erwachsenes Erzähler-Ich von sich zu weisen,[79] deutlich macht. Es scheint fast, der 26-Jährige[80] wolle dem (Vischer'schen) Zufall – hier dem Panorama, das ihm der Dachstein bietet – jede ‚Schuld‘ dafür zuschreiben, an diesem Projekt gescheitert zu sein.

Die Frage, warum Friedrich am Dachstein scheitert, wurde in der Forschung kontrovers diskutiert. Nach Polheim handle es sich bei dem Vorhaben, „den Dachstein so treu und schön zu malen, als er ist",[81] um „einen naiven Künstlerglauben, um einen krassen Naturalismus", welcher der „ersten, der realistischen Phase Stifters" zuzuschreiben sei.[82] Neymeyr dagegen zieht keine Verbindung zu Stifters Kunstverständnis, sieht aber in der Dachstein-Episode eine Verschärfung des Problems der Epigonalität durch einen „strikt mimetischen Realismus", denn: „In dieser Intention schlägt ausgerechnet der Realismus dialektisch in eine skurrile Wirklichkeitsferne um."[83] Nach Attanucci sei das Gegenteil der Fall:

---

gehen, weil wir jenen Zufall ihm nicht aufbürden können, müssen auf den Weltgeist zurückgehen, in welchem menschliche Erhabenheit und die Friktion derselben mit dem Bagatelle des Zufalls zusammen sind." Vischer, Über das Erhabene und Komische, 1967, S. 179 f.

77 Seeber charakterisiert dagegen die gesamte Eingangspassage der Erzählung als lächerlich. Vgl. Seeber, Der Humor in Stifters *Nachkommenschaften*, 2006, S. 295 – 297.

78 Das Verlachen zerstört das Erhabene. Vischer, Über das Erhabene und Komische, 1967, S. 166.

79 Somit erscheint Joachim Müllers Schlussfolgerung, die er aus dem uneindeutigen Zeitgerüst der Erzählung zieht, fragwürdig: „Nur ein junger Mensch, der so glücklich verheiratet ist wie Friedrich Roderer [...], kann wohl seinen eigenen Lebensgang, der zu diesem glücklichen Ziel geführt hat, so humorvoll erzählen." Müller, Stifters Humor, 1962, S. 13.

80 Vgl. Nachkommenschaften. In: HKG, Bd. 3,2, S. 26.

81 Ebd., S. 29.

82 Polheim, Die wirkliche Wirklichkeit, 1992, S. 272.

83 Vgl. Neymeyr, Die Aporie der Epigonen, 2004, S. 193. Oschmann findet andere Gründe: „Zum einen will sich der Dachstein nicht in der gewünschten Weise malen lassen, zum anderen ist die

Friedrich gehe es um „die wissenschaftliche Kenntnis der Gebirge, ihrer Physik und ihrer Geschichte".[84] Im Folgenden wird es allerdings nicht um die Frage gehen, ob Friedrichs Dachsteinbild für ein naturwissenschaftliches, ein verfehltes oder, so Metzgers Einschätzung, visionäres Kunstverständnis steht,[85] sondern um die Frage – und sie tritt in allen hier aufgeführten Beiträgen sehr in den Hintergrund –, wie die Dachstein-Episode geschildert wird.

> So sehr war ich damals darauf erpicht, den Dachstein so treu und schön zu malen, als er ist, daß ich einmal sagte: ich möchte mir am Ufer des vorderen Gosausees dem Dachsteine gegenüber ein Häuschen mit einer sehr großen Glaswand gegen den Dachstein bauen, und nicht eher mehr das Häuschen verlassen, bis es mir gelungen sei, den Dachstein so zu malen, daß man den gemalten und den wirklichen nicht mehr zu unterscheiden vermöge.[86]

Es ist offensichtlich, dass dieser Anspruch kaum einzulösen ist. Das liegt aber weder ausschließlich daran, dass eine solche „Überantwortung an die Realität [...] die Kunst unerwarteter Konkurrenz" aussetzt[87] und so diese „die Subjektivität verdrängende Kunst die Kunst selbst zu einer unkünstlerischen und damit sinnlosen Beschäftigung herabsetzt",[88] noch ist allein die „Unmöglichkeit, [...] Wahre[s] und Wesentliche[s]" am Dachstein auszumachen,[89] verantwortlich für Friedrichs Scheitern. Nicht nur sein Anspruch der Mimesis, sondern schon seine Wahrnehmung des Dachsteins ist problematisch: Er erzählt überhaupt nicht, *wie* denn der ‚wirkliche' Dachstein aussieht. Geht man davon aus, dass die äußerst kurze und undetaillierte Beschreibung einer spezifischen, nämlich mangelhaften Wahrnehmung geschuldet ist, muss man annehmen, dass Friedrich dem Dachstein wirklich keine Attribute abgewinnen kann, abgesehen davon, dass er ‚schön' sei. Angesichts eines Gegenstands, zudem noch angesichts eines klassischen Gegenstands des Erhabenen – der Alpen[90] – offenbart sich also, dass Friedrich

---

Qualität der im doppelten Sinne zu verstehenden *Vorbilder* zu hoch." Oschmann, Absolute Darstellung, 2009, S. 143.

84 Attanucci, Landschaft und Meteorologie, 2014, S. 294.

85 Nach Metzger sei hier ‚Stifter-Roderer' „der Malerei seiner Zeit fast seherisch weit voraus". Diese Einschätzung macht Metzger an der nun folgenden Passage fest, denn darin stehe „eine Aussage über die realistische Malerei seiner Zeit im Sinne der Coutbets und Daubignys, aber auch – wenn wir blitzschnell ‚Glaswand' assoziieren – Marcel Duchamps ‚Grande fenêtre', also auch Anti-Kunst". Metzger, Kunstgeschichtliche Bemerkungen, 1997, S. 35 f. und 38.

86 Nachkommenschaften. In: HKG, Bd. 3,2, S. 29.

87 Plumpe, An der Grenze des Realismus, 1994, S. 73.

88 Anton, Poetologische Kunstreflexion, 2010, S. 20.

89 Begemann, Einige Überlegungen zu Mimesis, 2008, S. 30.

90 Zur ‚Entdeckung' der erhabenen Alpen vgl. Hofmann, Alpenrausch, 2010. Vischer greift in der *Ästhetik* auf Beispiele der Bergwelt und der Geologie zurück: „Ein Gebirge z. B., neben welchem

trotz aller selbstironischer Behauptungen zu Beginn der Erzählung das Auge eines Malers fehlt[91] und dass er deshalb keine Details des Dachsteins nennen oder beschreiben kann.[92] Er ist nicht in der Lage, eine ihm eigene und individuelle künstlerische Wirklichkeit des Dachsteins zu konstruieren, und bringt deshalb nur „zehn und etliche Versuche" hervor, die „sämmtlich" misslingen.[93] Das aber ist gerade – entgegen Begemanns Einschätzung[94] – ein äußerst individuelles Scheitern.

Statt einer Beschreibung des Dachsteins folgen im Text die Worte eines „Schalk[s]", der die von Friedrich schon früher bediente Argumentation seiner hohen Lebenserwartung wieder aufnimmt:

> Da sagte ein Freund von mir, der aber ein Schalk war: ‚Dann wirst du siebenundfünfzig Jahre in dem Häuschen gewesen sein und gemalt haben. Die Sache wird bekannt, die Zeitungen reden davon, Reisende kommen herzu, Engländer werden auf den Höhen herum sitzen, und mit Ferngläsern auf dein Häuschen schauen, Freunde werden dich mit manchem Nöthigen versehen, und wenn die siebenundfünfzig Jahre aus sind, wirst du sterben, wir werden dich begraben, und das Häuschen wird angefüllt sein mit mißlungenen Dachsteinen.'[95]

Es kommt aber anders. Statt ‚mißlungene Dachsteine' über ‚mißlungene Dachsteine' anzuhäufen, verzichtet Friedrich darauf, eine Hütte am Fuß des wirklichen

---

alles Umliegende sich als unendlich klein darstellt, scheint für sich positiv erhaben. Allein in Wahrheit ist das Materielle an diesem Gebirge in negativem Verhältnisse zu der Kraft, welche diese Massen emporgeworfen hat: die Naturkraft selbst, welche unendlich mehr ist auch als dieses Gebirge, hat das ungeheure Gewicht, als wäre es ohne Schwere, übereinander getürmt." Vischer, Das Schöne im Widerstreit seiner Momente, 1922, S. 238.

91 Nach Wolfgang Preisendanz entstehe die nahezu bis zum Stillstand reichende Langatmigkeit in Stifters Naturschilderungen nicht nur durch deren Detailreichtum, sondern auch durch genaues Beobachten aus der Perspektive der Figuren: „Stifter thematisiert in seinen Schilderungen die Wahrnehmung als eine autonome Bewußtseinsart mit, seine Naturdarstellung impliziert stets die Subjektivität als die Perspektive, in der Natur als objektive Wirklichkeit erscheint." Preisendanz, Die Erzählfunktion der Naturdarstellung, 1966, S. 410. In den *Nachkommenschaften* fehlt eine individuelle Perspektive; der Dachstein wird kaum mehr als benannt.

92 Das ist sicherlich äußerst ungewöhnlich für Stifters besonders in den Landschaftsbeschreibungen so detailreiche Texte, schließlich resultiert gerade daraus der oft vorgebrachte Vorwurf gegen Stifter, langweilig zu sein und keinen epischen Zusammenhang herstellen zu können. Vgl. z. B. Hebbel, Das Komma im Frack, S. 685 – 687; Lukács, Erzählen oder Beschreiben?, 1955, S. 123 f.

93 Vgl. Nachkommenschaften. In: HKG, Bd. 3,2, S. 28 f.

94 Nach Begemann gehe es in Friedrich Malerei um „sehr viel mehr als ein nur individuelles Scheitern, nämlich die Unmöglichkeit, eben jenes Wahre und Wesentliche aufzufinden". Begemann, Einige Überlegungen zu Mimesis, 2008, S. 30.

95 Vgl. Nachkommenschaften. In: HKG, Bd. 3,2, S. 26, Zitat S. 29.

Dachsteins zu errichten, und verbrennt alle bisherigen Versuche;[96] Friedrich ist streng genommen ein Maler ohne Bild. Darin liegt aber mehr als ein „verletzte[s] Ideal des Künstlertums";[97] denn Friedrich fehlt, wie oben schon angedeutet, der Blick des Malers – und mit dem daraus folgenden Scheitern am Dachstein kommt es zu einer Rückkehr des Komischen, aber auch zu einer Rückkehr des Bedrohlichen:

> Diese Sache kann eine merkwürdige Folge haben.
>
> Entweder ich vervollkommne mich von Bild zu Bild, dann ist bei meinem Tode nur <u>ein</u> Bild von mir vorhanden, an dem ich nämlich eben vor dem Tode gearbeitet habe, weil alle andern verbrannt worden sind; oder ich steige rasch empor, und male hierauf lauter Meisterstücke, dann sind bei meinem Tode jene fünfzehn zweispännigen Wägen voll Bilder von mir vorhanden, oder vielleicht zwanzig Wägen voll, weil ich in der Freude über das Gelingen meiner Werke immer eifriger male, und durch die Uebung immer geschwinder zu malen verstehe. Wo würden dann aber jene Bilder sein? Würde ich sie wirklich, wenn ich einmal gegen mein Lebensende im siebenundneunzigsten oder achtundneunzigsten Jahre in eine andere Stadt oder in ein anderes Haus übersiedelte, in den Wägen zu verfahren haben? Oder werden sie zerstreut sein?[98]

Friedrich scheint sich auch hier – zumindest auf den ersten Blick – einem „absolute[n] Taumel" des Komischen hinzugeben, der auf der „Schwäche [seiner] menschliche[n] Erhabenheit" beruht,[99] und in dem nichts mehr in einer klaren Bewertung erfasst werden kann:[100] Friedrich selbst glaubt offenbar nicht daran, dass seine Malerkarriere von Erfolg gekrönt sein wird, seine Bilder also irgendwann einmal ausgestellt werden oder sich irgendwann einmal jemand dafür interessieren könnte. Denn entweder werden sie allesamt in Flammen aufgehen oder es ist nur ein einziges, allerdings unvollendetes Bild vorhanden oder aber er

---

96 „Alles, was mir von meinen Arbeiten nicht gefällt, verbrenne ich. Jene wirklich mißlungenen Dachsteinmalereien sind alle verbrannt worden". Ebd., S. 29 f.

97 Nach Seeber werde an dieser Stelle das Lächerliche über das ‚umgekehrte Erhabene' Jean Pauls „verfeinert und ästhetisiert" und zum „Rohstoff" des Komischen. Dabei weise das „umgekehrte [...] Ideal [...] auf das verletzte Ideal des Künstlertums" hin. Seeber, Der Humor in Stifters *Nachkommenschaften*, 2006, S. 297.

98 Nachkommenschaften. In: HKG, Bd. 3,2, S. 30.

99 Vischer führt die „Schwäche menschlicher Erhabenheit auf einen inneren Widerspruch des Weltganzen zurück". Vischer, Über das Erhabene und Komische, 1967, S. 180.

100 „Im Komischen ist das Erhabene das Wahre, und wieder nicht, denn es wird vom Niederen unterbrochen, das Niedere ist das Wahre, und wieder nicht, denn es ist am und im Erhabenen; so ist denn das eine und das andere wahr, das Wichtige unwichtig und das Unwichtige wichtig, der Gott des Unsinns nimmt die Welt in Besitz, alle Bestimmungen taumeln durcheinander, alles ist gleichgültig, und daß alles gleichgültig ist, ist auch wieder nicht wahr, und dies ist auch wieder nichts." Ebd., S. 177.

verbrennt nicht alle Bilder, so dass das ein oder andere nach seinem Tod „in der Rumpelkammer alle Jahre in eine andere Ecke gestellt wird, und so gleichsam als [sein] eigenes Gespenst umgeht".[101] Das Komische kehrt also wieder, entbehrt aber des ironischen Augenzwinkerns, mit dem der Ich-Erzähler die Gedanken zur massenhaften Produktion von Landschaftsgemälden zuvor garniert hatte. Auch wenn weiterhin „der Gott des Unsinns [...] die Welt in Besitz" nimmt und sich das Erhabene in der absoluten, „allgemeinen Auflösung alles Fixen und Festen" zeigt, ist Friedrich nicht Vischers „fröhliche[s] Subjekt, das lachend die Hände in die Seite stemmt und auf die zur tollen Unruhe und zum Tanze des Widerspruchs verkehrte Welt heruntersieht";[102] denn indem er die Position des Schalks übernimmt, dabei aber sein Problem von innen heraus betrachten muss, steht er nicht über seiner äußerst fragwürdigen Malerei, sondern mittendrin.

Das Erhabene im Komischen, nämlich Friedrichs Streben in der Malerei, wird zwar vorerst nicht zerstört[103] – nach Vischer könne „die wahre Komik, wo sie einmal am Platze ist, den Lebensernst und die Ehrfurcht vor dem Göttlichen keineswegs zerstör[en]"[104] – es erscheint aber tragisch gebrochen, wenn Friedrich trotz seines Scheiterns nicht aufgeben will:

> Er [i. e. der Schalk, E. H.] hätte mögen mit dem Mißlingen Recht haben; aber ich baute das Häuschen nicht, und ich malte keine Dachsteine mehr; allein die Farben hatte ich nun einmal angeschafft, der Sonnenschirm, der Malerkasten, der Feldstuhl waren da, und ich malte weiter. Das Malen ist mir lieber, als die ganze Welt; es gibt gar nichts auf der Erde, was mich tiefer ergreifen könnte, als das Malen. Wenn das Früh rasch dämmert, wache ich auf, und freue mich schon darauf, wieder in den lieblichen Farben zu wirken, und wenn der Abend kommt, denke ich daran, was der Tag gefördert hat, oder worin er zurückgeblieben ist, und male in Gedanken weiter.[105]

Hier zeigt sich, wie mit dem Erhabenen auch das Komische brüchig wird. Friedrich behauptet, weiterhin malen zu wollen, weil er nun einmal alles Notwendige, vom ‚Sonnenschirm' bis zum ‚Feldstuhl', angeschafft hat: Es scheint, als wolle er

---

101 Nachkommenschaften. In: HKG, Bd. 3,2, S. 30 und 27. Friedrich schließt es aus, Bilder zu verkaufen oder Verwandten zu überlassen; nur wenn er seine Meinung ändere – „was sehr übel wäre, so habe ich eine Schwester, die Kinder hat; [...] diese Kinder bekommen einst Kinder [...], so daß ich bei dem hohen Alter, welches ich erreichen werde, Nichten, Neffen, Geschwisterkinder [...], Ururnichten, Ururneffen, Ururgeschwisterkinder, und so weiter, in großer Zahl haben werde, unter welche ich meine Bilder als Geschenke vertheilen kann." Ebd., S. 31.
102 Vischer, Über das Erhabene und Komische, 1967, S. 177.
103 So auch Seeber, Der Humor in Stifters *Nachkommenschaften*, 2006, S. 297.
104 Vischer, Über das Erhabene und Komische, 1967, S. 168.
105 Nachkommenschaften. In: HKG, Bd. 3,2, S. 29.

trotz aller Widrigkeiten, trotz des „Ri[sses] im Innern [seines] Weltganzen"[106] einfach weitermachen wie bisher. Doch schon im nächsten Satz verliert sich das Komische: ‚Das Malen ist mir lieber als die ganze Welt; es gibt gar nichts auf der Erde, was mich tiefer ergreifen könnte, als das Malen'. Ein Leben ohne die Malerei kommt für Friedrich trotz seines Scheiterns am Dachstein nicht in Frage. Allerdings geht es ihm auch hier nicht darum, einen Gegenstand zu erkennen und unter Wiedergabe des eigenen künstlerischen Blicks, der eigenen Wahrnehmungsart in einem Bild zu bannen; vielmehr zeigt sich, dass für ihn der Akt des Malens nur Beschäftigung ist. Ganz unabhängig vom Gegenstand freut er sich darauf ‚wieder in den lieblichen Farben zu wirken'; damit wird aber Malerei selbst zu seinem Gegenstand, so dass eine so erhabene Größe wie der Dachstein nicht in irgendeiner Art von Wirkung wahrgenommen werden muss. Friedrichs Problem ist nicht nur der „strikt mimetische[] Realismus",[107] dem er seine Malerei unterstellt, oder die Qualität der Vorbilder,[108] die es zu übertreffen gilt; vielmehr liegt sein Problem darin, dass ihm jegliche Emotionalität angesichts seines Gegenstands abgeht – sei es nun die Empfindung der eigenen Kleinheit angesichts der Größe oder Pracht des Berges, wie es Victor im *Hagestolz* zuteil wird,[109] oder eine vernunftmäßige Erhebung über das Gebirge, wie es Heinrich im *Nachsommer* gelingt,[110] oder eine irgendwie anders geartete, emotionale Bindung zum Dachstein. Statt sich wieder an einem weit verbreiteten Sujet der Malerei zu versuchen, flieht Friedrich deshalb zu einem Gegenstand, der im Text zwar als „ernst" und „schwierig" beschrieben wird, aber auch als „unbedeutend" für die Kunstwelt.[111] Es ist, als sitze Friedrich der Schalk im Nacken und treibe ihn weg von seinen Malerkollegen, die sich um den Dachstein und andere Gegenstände der Alpen tummeln,[112] hinein in die Einsamkeit des Lüpfinger Moors.

In der Forschung wurde Friedrichs Wechsel des Gegenstands vielfach als Zeichen einer positiven Entwicklung seiner Malerei gedeutet. Nach Polheim zeige das „Kriterium des einfachen Stoffes [...] die Entwicklung Friedrichs und neuerdings seine Qualität."[113] Die „wiederholt betonte Unattraktivität des Moores" verdeutliche, so Dominik Müller, dass es Friedrich „in seinem Engagement um

---

106 Vgl. Vischer, Über das Erhabene und Komische, 1967, S. 198 f.
107 Neymeyr, Die Aporie der Epigonen, 2004, S. 193.
108 Vgl. Oschmann, Absolute Darstellung, 2009, S. 143.
109 Vgl. Der Hagestolz. In: HKG, Bd. 1,6, S. 83.
110 Vgl. Der Nachsommer. In: HKG, Bd. 4,3, S. 105 und in Kapitel III.1 dieser Arbeit den Abschnitt *Auf dem Gipfel – Der Nachsommer*.
111 So Peter Roderer über das Lüpfinger Moor. Vgl. Nachkommenschaften. In: HKG, Bd. 3,2, S. 50.
112 Vgl. ebd., S. 26.
113 Polheim, Die wirkliche Wirklichkeit, 1992, S. 271.

etwas Prinzipielles geht, gewissermaßen um die Natur um ihrer selbst willen". Ein solches Motiv verlange eine Malweise, „die auf jegliche Bilanz verzichtet, um so die Aufmerksamkeit nicht auf sich selber, sondern auf den Gegenstand zu ziehen."[114] Nach Bonn versuche Friedrich über die Malerei, Peter Roderers Trockenlegung des Moors entgegenzuwirken:[115] „Der Maler sucht das vom Verschwinden Bedrohte auf, um es zu bergen, zu bewahren."[116] Im Folgenden wird sich dagegen zeigen, dass Friedrichs Wechsel des Gegenstands nicht als Zeichen einer neu erlangten Qualität in seiner Malerei gewertet werden kann; vielmehr bleiben seine Probleme, der fehlende Blick für die Eigenschaften sowie für die Wirkung seines Gegenstands, bestehen.

> Da bin ich in dem Lüpfinger Thale, an das mich auch eine Hexe gebannt hat. Es ist gar nicht schön, und hat ein langes Moor, von dem man das Fieber bekommt. Ich bekomme aber nicht das Fieber, sondern ich suchte das Moor und den daranstoßenden, einfärbigen Fichtenwald und die gegenüber liegenden Weidehügel und den hinter ihm liegenden, ebenfalls einfärbigen Fichtenwald, und die hinter diesem Fichtenwalde emporstehenden blauen und mit grauen Lichtern glitzernden Berge zu malen. Ich male jetzt wieder daran, weil ich das Frühere verbrannt habe.[117]

Auch hier fehlt, zumindest weitestgehend, eine wie auch immer geartete Wirkung auf Friedrich. Abgesehen davon, dass das Moor eine Bedrohung darstellt[118] – Friedrich verfällt dem Moor, von dem man zudem „das Fieber bekomm[en]" kann, wie als habe ihn eine „Hexe" daran gebannt[119] –, werden keine weiteren Eigenschaften, weder qualitative noch quantitative, beschrieben. Trotz fehlender Details und Emotionen in der Beschreibung entsteht in Friedrichs Blick ein Raum der besonderen Art: Friedrich schildert das Lüpfinger Tal – so zeigt es sich besonders

---

114 Müller, Gegenläufige Deutungsperspektiven, 2000, S. 128.

115 Vgl. Nachkommenschaften. In: HKG, Bd. 3,2, S. 32.

116 Bonn, Initiation des Blicks, 1996, S. 60.

117 Nachkommenschaften. In: HKG, Bd. 3,2, S. 32. Vgl. auch ebd., S. 33.

118 Die Einwohner des Lüpfinger Tals meiden das Moor, „theils der Dünste, theils der Gespenster wegen". Ebd., S. 45. „Das Bedrohliche wird in der Erzählung durch das Moor symbolisiert, denn das Moor ist weder dem einzelnen noch der Gemeinschaft ungefährlich." Mahlendorf, Stifters Absage an die Kunst?, 1981, S. 377.

119 Nach Willer korrespondiere diese Wortwahl mit dem „Teufelmäßigste[n]" in der Familienähnlichkeit – so Friedrich, als er feststellt, dass er möglicherweise mit Peter verwandt ist – und sei damit ein Hinweis für eine „zirkuläre" Lesart: „Aber auch wenn man nicht so weit gehen möchte, hier ein dämonisches Prinzip am Werk zu sehen, wird man den Umstand nicht überlesen können, dass sich in *Nachkommenschaften* jede neue Gegenwart immer nur als unausweichliche Wiederholung von Vergangenem präsentiert." Vgl. Willer, Genealogische Ordnungen, 2009, S. 58 f. Vgl. dazu Nachkommenschaften. In: HKG, Bd. 3,2, S. 64.

am Einerlei der Farben – als glatten Raum. Alle die das Moor umgebenden Fichtenwälder sind ‚einfärbig' und auch die ‚gegenüber liegenden Weidehügel' fallen offenbar kaum auf, sind sie doch nur eine kurze Erwähnung ganz ohne qualitative Beschreibung wert. Einzig die ‚blauen und mit grauen Lichtern glitzernden Berge' am Horizont ragen aus dem Einerlei des Tals heraus. Schaut man in andere Erzählungen Stifters, stößt man auch auf glatte Räume, die auch über eine Figurenperspektive, allerdings ganz anders, nämlich weit emotionaler beschrieben werden. In *Brigitta* ist die „ganze Seele" des namenlosen Ich-Erzählers „von der Größe des Bildes gefaßt", das ihm die „so prachtvoll[e] und öde" Puszta bietet, obwohl auch die ungarische Steppe von Merkmallosigkeit, von einem „Nichts" geprägt ist.[120] Abdias scheidet von der „unendliche[n] Leere" der Wüste, „gleichsam als müßte er von einem Paradiese scheiden".[121] Und Otto Falkhaus in *Zwei Schwestern* bedauert gar, dass die Maler die oberitalienische Hochebene noch nicht für sich entdeckt haben: „[D]a war kein Baum, kein Gesträuchlein, [...] keine Wiese, kein Feld, sondern nur das sehr dürftige Gras und die Felsen – gewiß wenige Künstler hätten das für die Aufgabe eines Meisters gehalten, wenn sie nicht früher die Erfahrung gemacht hätten, wie so unaussprechlich die düstere Schönheit solcher Oeden auf die Seele des Menschen zu wirken vermag."[122] Auch diese Landschaften erscheinen als glatte Räume, sie werden aber gerade deshalb in ihren „Intensitäten" emotional wahrgenommen.[123] Ganz im Gegensatz dazu wird dem Moor in *Nachkommenschaften* noch nicht einmal eine Farbe zugesprochen; genau genommen wird es von Friedrich gar nicht in den Blick genommen.[124] Nur die an das Moor angrenzenden Dinge der Landschaft wie die Fichtenwälder, Weidehügel und besonders die Berge werden überhaupt erfasst. Entgegen Bonns Interpretation „ermattet" Friedrichs Blick nicht, und „senkt sich" auch nicht ab,[125] sondern er geht schlichtweg über das Moor hinweg. Seine Hinwendung zum Moor kann deshalb kaum als eine qualitative Steigerung seiner Malerei verstanden werden; die ästhetische Indifferenz, Friedrichs mangelhafte Wahrnehmung bleiben bestehen.

---

120 Vgl. Brigitta. In: HKG, Bd. 1,5, S. 413.

121 Vgl. Abdias. In: HKG, Bd. 1,5, S. 286.

122 Zwei Schwestern. In: HKG, Bd. 1,6, S. 261. Neben den hier zitierten Erzählungen wurden auch *Der Hagestolz* und die Gletscherwanderung auf den Echern im *Nachsommer* bezüglich der Glätte der Räume besprochen. Vgl. dazu Kapitel III.1 in dieser Arbeit.

123 Vgl. Deleuze/Guattari, Tausend Plateaus, 1992, S. 663 f.

124 Nach Fliedl entziehe sich das Moor aufgrund seiner Widersprüchlichkeit möglichen „Signifikationen" und opponiere „ungegenständlich gegen den Bedeutungszwang". Fliedl, Berg, Moor und Baum, 2007, S. 265.

125 Vgl. Bonn, Initiation des Blicks, 1996, S. 60.

Entsprechend werden auch dem Lüpfinger Tal kaum Attribute zugesprochen; man erfährt nur, dass das Tal ‚gar nicht schön' ist. Offenbar erfasst Friedrich die Gegenstände seiner Malerei, wenn er sie denn erfasst, ausschließlich in dieser Qualität – schon der Dachstein wurde als „schön" bezeichnet –, allerdings ohne zu beschreiben, worin diese Schönheit bzw. fehlende Schönheit besteht. Einzig angesichts von Bildern lässt sich Friedrich zu genaueren Beschreibungen hinreisen. Eine „mit Tusche gemachte Säule [...], deren Grund schön blaß grünspanngrün, und deren Durchschnitt schön blaß rosenroth war", lässt den Knaben Friedrich „vor Freude empor" hüpfen.[126] Von einem Gemälde heißt es:[127] „Vorne geht über Lehmgrund ein klares Wasser, dann sind Bäume, ein Wäldchen, zwischen dessen Stämmen man wieder in freie Luft sieht. Der Himmel hat ein einfaches Wolkengebäude. Das ist mehrere hundert Millionen Male auf der Welt gewesen, und doch ist die Landschaft die gewaltigste und erschütterndste die es geben kann."[128] Entgegen Begemanns Einschätzung, wonach sich hier zeige, dass das „Wesentliche [...] in Roderers Beschreibung lediglich als das durch radikale Reduktion alles Besonderen, aller Gegenständlichkeit und Sinnlichkeit gewonnene Allgemeine" erscheine,[129] ist diese Bildbeschreibung zumindest bezüglich der Wirkung die ausführlichste und emotionalste Schilderung einer Landschaft, die in den *Nachkommenschaften* zu finden ist. Das Moor, ähnlich unbedeutend wie die Gegenstände auf dem beschriebenen Bild, hat an keiner Stelle der Erzählung eine solche erhabene Wirkung auf Friedrich[130] – und dennoch wird es so sehr zu seinem Gegenstand, dass er es als „mein[] Moor[]" bezeichnet. Dementsprechend schildert er zwar sein Vorhaben ausführlich; er will „Moor in Morgenbeleuchtung, Moor in Vormittagbeleuchtung, Moor in Mittagbeleuchtung, Moor in Nachmittagbeleuchtung beginnen, und alle Tage an den Stunden, die dazu geeignet wären, an dem entsprechenden Blatte malen, so lange es der Himmel erlaubte. Moor im Regen hatte ich mir schon vorgenommen, von meinem Fenster aus zu malen."[131] Nach Begemann dienen die Skizzen deshalb dazu, die „Quintessenz des Moores, ein Moor an sich" zu malen; ein solches Bild zeige aber

---

126 Alle Zitate aus Nachkommenschaften. In: HKG, Bd. 3,2, S. 32 und 28 f.

127 Fritz Novotny identifizierte diese Bildbeschreibung als eine von Jacob van Ruisdaels Gemälde *Der Große Wald*. Vgl. Novotny, Stifter als Maler, 1947, S. 12.

128 Nachkommenschaften. In: HKG, Bd. 3,2, S. 65.

129 Begemann, Einige Überlegungen zu Mimesis, 2008, S. 31.

130 Die Gemäldebeschreibung Friedrichs bildet das ‚gemischte Gefühl' des Erhabenen ab: Eine der einfachsten und weit verbreitetsten Landschaften wird die „gewaltigste und erschütterndste" Wirkung zugesprochen. Vgl. dazu in Kapitel II dieser Arbeit den Abschnitt *Das Erhabene als ‚gemischtes Gefühl'*.

131 Nachkommenschaften. In: HKG, Bd. 3,2, S. 33 und 38.

„zwangsläufig wieder etwas Besonderes und Konkretes".[132] Nach Attanucci müsse die Methode „als wörtlich photo-graphisch, eine Art Licht-Malerei" verstanden werden.[133] Das Problem in Friedrichs Malerei liegt aber auch im Fall des Moors weniger im Anspruch einer übertriebenen Objektivität; vielmehr nimmt er wie schon angesichts des Dachsteins gar nichts Konkretes am Moor wahr und kann es also auch nicht malen. Wie bereits zuvor verliert er auch hier kein Wort über das Moor; ja, das Moor büßt sogar seinen Artikel ein: Es erscheint zu jeder Tageszeit und bei jedem Wetter ganz einerlei. Allerdings mit einer Ausnahme: „Ueber *das* Moor im Nebel habe ich noch nicht nachgedacht."[134] Das Moor hat also nur in denjenigen Zuständen einen bestimmten Artikel, die Friedrich noch nicht gemalt bzw. über die er noch nicht nachgedacht hat. So zeigt sich, dass das Moor erst mit Friedrichs Wahrnehmung jede Qualität, selbst diejenige, ein bestimmter Gegenstand zu sein, verliert. Auch in diesem Fall liegt es also nahe, davon auszugehen, dass seine mangelhafte Beschreibung des Moors mit seiner Wahrnehmung desselben korrespondiert. Obwohl Peter Roderer im Laufe der Erzählung Friedrichs Malerei immer wieder lobt[135] und, so Ecker, in der Erzählung „zur kompetentesten ästhetischen Urteilsinstanz aufgebaut" wird,[136] scheint doch die Einschätzung der Wirtin des Lüpfinger Wirtshauses treffender: „Ihr malt keine Vögel und Heiligen, da habe ich eine unerhört große Blahe auf Hölzern ausgespannt, in Eurem Zimmer gesehen, die angestrichen ist und auf der Ihr malt, aber es sind schon wieder lauter Wolken darauf gemalt [...], und da müsset Ihr in Eurer Seele gemüthskrank werden."[137]

Nicht nur seine mangelhafte Wahrnehmung steht Friedrichs Vorhaben, das Moor zu malen, entgegen; hinzu kommt, dass das Moor immer kleiner wird.

---

132 Begemann, Einige Überlegungen zu Mimesis, 2008, S. 30 und 27.
133 Attanucci, Landschaft und Meteorologie, 2014, S. 295.
134 Nachkommenschaften. In: HKG, Bd. 3,2, S. 38, Hervorhebung E. H.
135 „Sie streben nach eigener Billigung, wollen den Dingen ihr Wesen abringen, wollen die Tiefe erschöpfen, darum wählen Sie sich einen Gegenstand, der so ernst, schwierig und unbedeutend ist, daß ihm die Anderen aus dem Wege gehen würden, dieses Moor. [...] Ihre Entwürfe [...] gehören zu dem Allerbesten, was die neue Kunst hervorgebracht hat, an Wahrheit übertreffen sie Alles, was jetzt da ist; und eben deßwegen werden Sie eines Tages sagen: Das ist doch noch nichts als leeres Gethue, ich werfe es zum Teufel." Ebd., S. 50 f.
136 Ecker, Über wissenschaftliche Sinnspiele, 1996, S. 508. Nach Dominik Müller sei es dagegen „nicht zu übersehen, daß der ältere Roderer bei allem Kunstverstand sich eigentlich nicht für die Moorbilder interessiert, sondern nur für deren Schöpfer." Müller, Gegenläufige Deutungsperspektiven, 2000, S. 129.
137 Nachkommenschaften. In: HKG, Bd. 3,2, S. 69 f.

Friedrich befindet sich in einer Art Wettlauf gegen Peter,[138] der das Moor trockenlegen will:

> Aber es ist nicht viel zu malen, denn da hat ein unbillig reicher Mann das Schloß Firnberg gekauft, und läßt so viele Steine und Erde in das Moor führen, und so viele Gräben von ihm hinwegziehen, daß das Moor kleiner und das Fieber weniger geworden ist. Er hat dann ein Bischen Gras und sehr schlechten Hafer auf dem Moore geerntet. Meine Frau Wirthin auf der Lüpf sagt, es sei jetzt gar nicht mehr der Rede werth, was an Fiebern erkranke, und ich sage, es sei nicht der Rede werth, was man an dem Moore malen könne – aber ich muß es malen, denn der reiche Mann vernichtet es am Ende ganz, und dann ist gar nichts zu malen.[139]

Friedrich bettet auch das Moor-Projekt ins Komische ein. Allerdings liegt das Komische entgegen Seebers Einschätzung nicht ausschließlich im Gegenstand selbst;[140] vielmehr ist es wiederum Friedrich, der die „Schwäche [seiner] menschliche[n] Erhabenheit" und den „inneren Widerspruch"[141] seines Vorhabens, einen glatten Raum zu malen, dem er keine Qualitäten abringen kann, im Komischen aufgehen lässt: ‚Es ist nicht viel zu malen'. Die Zerstörung des Moors führt nur zu einer Verschärfung des Problems bzw. zum schnelleren Fall des Projekts in dem Moment, in dem statt eines Wenigen ohne jede Qualität ‚gar nichts mehr zu malen' ist.

Hinzu kommt, dass auch Friedrich – nicht nur die Wirtin der Lüpf – über seinen Gegenstand spottet:

> Da ist auch ein Schlammbad mit einem Hause, das zu dem Schlosse Firnberg gehört; der reiche Mann hat das Haus veröden, und das Schlammbad verfallen lassen, so daß das Schwein des Wegmachers der letzte Schlammbadegast gewesen sein soll. So ändert sich

---

138 So stellt Friedrich fest, dass Peter durch mehrere Tage schlechtes Wetter an Vorsprung gewonnen hat, da „der natürlich durch die regnerischen Tage in seinen Arbeiten im Moore nicht aufgehalten war, ja in der Kühle durch Pferd und Mann mehr wirken konnte, als in den heißen Tagen". Ebd., S. 45.

139 Ebd., S. 32. Interessant ist, wie an dieser Stelle der Ackerbau bewertet wird; Peter Roderer habe nur „ein Bischen Gras und sehr schlechten Hafer [...] geerntet". Meistens werden landwirtschaftliche Erzeugnisse in Stifters Texten, v. a. wenn sie in einer eigentlich unfruchtbaren Gegend produziert werden, hoch gelobt. So beschreibt der Wanderer in *Brigitta* die Felder des Guts Marosheli wie folgt: „Ich habe nie dieses lange, fette, frische Blatt des Maises gesehen, und nicht ein Gräschen war zwischen seinen Stängeln. Der Weinberg, an dessen Rande wir eben ankamen, erinnerte mich an die des Rheins [...]. Das ganze hob sich wunderbar von dem Steinfelde ab, das ich heute durchwandert hatte", Brigitta. In: HKG, Bd. 1,5, S. 419.

140 „Sogar im Objekt, das der Maler zu verewigen gedenkt, kommt so der Gedanke an das umgekehrte Erhabene zum Tragen." Seeber, Der Humor in Stifters *Nachkommenschaften*, 2006, S. 311.

141 Vischer, Über das Erhabene und Komische, 1967, S. 180.

Alles. Wenn nicht das Haus meiner Wirthin auf einem Hügel stände, von dem aus man das ganze noch übrige Moor und die zwei einfarbigen Fichtenwälder und die grauen Hügel gegenüber und die blauen Berge hinten überschauen kann, und wenn nicht der Hügel und das Haus schon seit der Sündfluth dem Wirthe gehörte, und wenn der jetzige Lüpfwirth nicht alles Andere eher thäte, als das Haus dem Lüpfgeschlechte zu entziehen, und es weg zu geben; der reiche Mann hätte es schon gekauft und vielleicht den Hügel und das Haus in das Moor geworfen.[142]

Einmal abgesehen davon, dass sich neben Friedrich nur noch ein Schwein für das Moor interessiert, zeigt diese Passage, wie er selbst zum Komischen seines Gegenstands beiträgt. ‚So ändert sich Alles‘, stellt er fest, nur um im folgenden Satz zu beschreiben, was sich im Lüpfinger Tal ‚seit der Sündfluth‘ nicht geändert hat. Dabei erhebt er das Niedere und Jüngere, das ‚Haus des Lüpfgeschlechts‘, über das Höhere und Ältere und bringt so die Erhabenheit des Moors, dem er ja eigentlich über seine Malerei zu neuer Ehre verhelfen will, zu Fall. Entgegen Bonns Einschätzung erscheint es fraglich, ob es Friedrich wirklich darum geht, das Moor vor dem Verschwinden zu bewahren, indem er es malt;[143] auch Dominik Müller geht davon aus, dass das Moor gerade in seiner Bedeutungslosigkeit und „als Manifestation von Unproduktivität eine Attraktion unwiderstehlicher Art" für Friedrich ist.[144] Allerdings verstärkt Friedrich die Bedeutungslosigkeit noch, erstens indem er das Moor überhaupt nicht erfasst, zweitens indem er sich über seinen Gegenstand lustig macht und drittens indem er dem Lüpfinger Wirtshaus, das kaum bestimmender für das Tal sein kann als das Moor, einen höheren Status zuschreibt. So verleiht er dem Moor – als einzige Qualität – einen gewissen komischen Zug. Das Komische an diesem Mal-Projekt entsteht also vor allem über Friedrichs Zuschreibung, nämlich in seiner Erfassung des Gegenstands.

Wie aber lässt sich darin Friedrichs Vorhaben, die ‚wirkliche Wirklichkeit‘ des Moors darstellen zu wollen, einordnen? Schließlich wurde gerade dieses Zitat in der Forschung immer wieder als Beleg für ein Programm genommen, das so ehrgeizig sei, dass es scheitern müsse.[145] Löst man das Zitat nicht aus dem Zu-

---

142 Nachkommenschaften. In: HKG, Bd. 3,2, S. 32 f. Auch hier zeigt sich Friedrich das Moor und das gesamte Lüpfinger Tal als glatter Raum: Alles ist ‚einfärbig‘ oder ‚grau‘.
143 Vgl. Bonn, Initiation des Blicks, 1996, S. 60.
144 Müller, Gegenläufige Deutungsperspektiven, 2000, S. 126 f.
145 „[D]ie Herausarbeitung der Idee einer Landschaft und die symbolische Vertiefung der Stimmung und die getreue Wiedergabe des Objektes, – das alles zugleich strebt unser Friedrich Roderer auf seinem Moorbild an, um auf diese Weise die wirkliche Wirklichkeit darzustellen"; daran müsse Friedrich scheitern. Vgl. Polheim, Die wirkliche Wirklichkeit, 1992, S. 277. Sollte es Friedrich gelingen, „[k]eine Kopie der Natur [...], sondern Verwirklichung der Wahrnehmungsdaten dessen, der sieht", zu malen, müsse sein Blick ermatten: „Das Betrachten verlöre seine Bestimmung, nämlich ein Streben, ein Trachten und Einschätzen zu sein." Bonn, Initiation des

sammenhang, erscheint es aber fraglich, ob Friedrich wirklich ein eigenes Programm hat, nach dem er malt. „Ich wollte nämlich so wie der Heldendichter Peter Roderer die wirkliche Wirklichkeit darstellen, und dazu die wirkliche Wirklichkeit immer neben mir haben."[146] Friedrichs ‚Malprogramm' erweist sich als texteigenes Zitat; schon Peter Roderer versuchte, in seiner Heldendichtung die ‚wirkliche Wirklichkeit' darzustellen: „Ich beschloß, alle Heldendichter zu übertreffen, und die wirkliche Wahrheit zu bringen", erzählt er Friedrich. Und es ist auch Peter, der Friedrichs Malerei unter dem Aspekt der Wahrhaftigkeit lobt, denn „an Wahrheit übertreffen" seine Bilder „Alles, was jetzt da ist". Friedrich dienen diese Aussagen als Vorbilder, denen er nacheifern kann, trotz Peters Eingeständnis, „die wirkliche Wahrheit nicht" erreicht zu haben.[147] Er hat also nicht nur kein eigenes, sondern schlichtweg überhaupt kein Programm; entgegen Dominik Müllers Interpretation lässt seine Arbeit am Moorbild keine „klare und plausible Programmatik erkennen".[148] Vielmehr findet er in Peter Roderers Worten vorerst eine Legitimation, weiterhin zu malen, im weiteren Verlauf der Erzählung auch eine Legitimation, die Malerei aufzugeben. Peter prophezeit Friedrich, dass er gerade wegen seiner (angeblichen) Qualitäten das Malen aufgeben wird: „[U]nd eben deßwegen werden Sie eines Tages sagen: Das ist doch noch nichts als leeres Gethue, ich werfe es zum Teufel."[149] Friedrich verstrickt sich also nicht nur, so Neymeyr, „in eine verräterische Tautologie", in der sich „die Problematik einer Mimesis-Konzeption" andeutet, „die sich in bloßer Reproduktion erschöpft";[150] vielmehr wird für Friedrichs Vorhaben, die ‚wirkliche Wirklichkeit' des Moors malen zu wollen, wie bereits beim Dachstein-Projekt ein „Bagatell eines äußeren Zufalls, nicht ein innerer Irrtum" ausschlaggebend,[151] nämlich Peter Roderers Erzählung seiner Lebensgeschichte. Damit gibt sich Friedrich aber, weil sein gedanken- und planloses

---

Blicks, 1996, S. 61. Plumpe deutet das etwas anders: „Die Überantwortung an die Realität setzte die Kunst unerwarteter Konkurrenz aus; am Maßstab des ‚Real-Schönen' gemessen, trat ihre Ersetzbarkeit durch Wirklichkeit, ihre Überflüssigkeit, in den Bereich des Denkbaren." Plumpe, An der Grenze des Realismus, 1994, S. 73.

146 Zu diesem Zweck lässt sich Friedrich ein Blockhaus im Moor bauen. Vgl. Nachkommenschaften. In: HKG, Bd. 3,2, S. 65.

147 Alle Zitate ebd., S. 58 und 51.

148 Nach Dominik Müller könne man das Programm „mit den etwas kauzigen Ausfällen des Erzählers über Landschaftsmalerei zur Not in Deckung bringen". Müller, Gegenläufige Deutungsperspektiven, 2000, S. 129.

149 Nachkommenschaften. In: HKG, Bd. 3,2, S. 51. Als Beleg liefert Peter seine und die Lebensgeschichten anderer Roderer. Vgl. ebd., S. 49 – 63.

150 Nach Neymeyr stehe die „epigonale[] Identitätsproblematik" im Mittelpunkt der Erzählung. Vgl. Neymeyr, Die Aporie der Epigonen, 2004, S. 189.

151 Vischer, Über das Erhabene und Komische, 1967, S. 179.

Handeln deutlich wird, ein weiteres Mal der Lächerlichkeit preis:[152] Auch hier fällt er vom hohen Ross seiner erhabenen Komik in die künstlerische Bedeutungslosigkeit.[153]

Lächerlich ist auch, wie Friedrich versucht, seinen Mangel hinter einem Vergleich mit Malerkollegen zu verbergen:

> Freilich sagt man, es sei ein großer Fehler, wenn man zu wirklich das Wirkliche darstelle [...]. Freier Schwung, freies Ermessen, freier Flug des Künstlers müsse dasein, dann entstehe ein freies, leichtes, dichterisches Werk [...] – das sagen die, welche die Wirklichkeit nicht darstellen können. Ich aber sage: warum hat denn Gott das Wirkliche gar so wirklich und am wirklichsten in seinem Kunstwerke gemacht, und in demselben doch den höchsten Schwung erreicht, den ihr auch mit all euren Schwingen nicht recht schwingen könnt? In der Welt und in ihren Theilen ist die größte dichterische Fülle und die herzergreifendste Gewalt. Macht nur die Wirklichkeit so wirklich wie sie ist, und verändert nicht den Schwung, der ohnehin in ihr ist, und ihr werdet wunderbarere Werke hervorbringen als ihr glaubt, und als ihr thut, wenn ihr Afterheiten malt und sagt: Jetzt ist Schwung darinnen.[154]

Friedrich setzt sich mit dem Versuch, die ,wirkliche Wirklichkeit' zu malen, mit dem Schöpfergott gleich;[155] nur so kann er vor anderen Malern und vor sich selbst bestehen, obwohl er kein eigenes Malprogramm vorweisen kann. Dabei spricht er der ,wirklichen Wirklichkeit' – also der Natur wie auch seiner Malerei – ,die herzergreifendste Gewalt' zu. Dieses Attribut bildet zwar das ,gemischte Gefühl' des Erhabenen textuell ab, bleibt aber merkwürdig leer, da es keiner konkreten Landschaft und keinem konkreten Gegenstand zugesprochen wird.[156] Wenn

---

152 Nach Seeber verliere die Malerei Friedrichs unter dem Aspekt der ,wirklichen Wirklichkeit' „ihren lächerlichen Charakter", denn sie weise „auf das umgekehrte Ideal hin: die theoretischen Erklärungen Friedrichs stehen nicht einzeln (und damit lächerlich) da, sondern sind programmatisch verbunden zum Komischen." Seeber, Der Humor in Stifters *Nachkommenschaften*, 2006, S. 302.

153 Nach Vischer wird im Komischen auch „eine wahre Größe [...] nicht völlig aufgehoben und vernichtet". Gefahr droht dem Erhabenen aber durch das Verlachen: „Wenn sich jemand recht erhaben gebärdet, die Nachbarschaft des Geringen und Niedrigen nicht anerkennen will, dann aber plötzlich durch dieselbe sich in seiner Erhabenheit gestört sieht, so lachen wir ihn aus, und es ist um seine Größe wirklich geschehen." Vischer, Über das Erhabene und Komische, 1967, S. 165 f.

154 Nachkommenschaften. In: HKG, Bd. 3,2, S. 65.

155 Nach Oschmann schildere der Text „geradezu ein Wetteifern mit Gott" im Sinn der „genieästhetischen Projektion [...], durch Nachahmung ein Original schaffen zu wollen". Oschmann, Absolute Darstellung, 2009, S. 136. Nach Bonn setze Friedrich „sein Imaginäres an die Stelle des bildenden Schöpfergottes". Bonn, Initiation des Blicks, 1996, S. 61.

156 „Stifter thematisiert in seinen Schilderungen die Wahrnehmung als eine autonome Bewußtseinsart mit, seine Naturdarstellung impliziert stets die Subjektivität als die Perspektive, in

Friedrich etwas emotional erfasst, sich von etwas mitreißen lässt, so ist es immer abstrakt, also ohne einen wahrnehmbaren Gegenstand, oder aber das Kunstwerk eines anderen[157] – im Moor zeigte sich ihm eine solche ‚herzergreifende Gewalt‘ bisher nicht.

Das ändert sich erst am Ende seiner Karriere. Nachdem sich Friedrich mit Peters Tochter Susanna verlobt hat und daraufhin eine Zeit lang „mit einem Eifer und mit einem Feuer, die ich früher gar nicht gekannt hatte", an seinem Bild gemalt hat[158] und schließlich von seiner großen Reise „durch die Länder Holland, Belgien, Frankreich und Italien", auf die er geschickt wurde,[159] zurückgekehrt ist, sieht er das Moor – allerdings nicht das reale, sondern nur anhand seines Bildes – mit neuen Augen.

> Da ich meine zukünftigen Angehörigen in Firnberg begrüßt hatte, ging ich in mein Blockhaus.
> Dort blieb ich zwei Tage vor meinem Bilde sitzen. Dann ging ich zu Susanna, bat sie um eine Unterredung, und sagte zu ihr: ‚Meine geliebte Braut, Du höchstes Gut meines Herzens hienieden! höre mich an. Mein großes Bild, welches bis auf Kleinigkeiten fertig ist, kann die Düsterheit, die Einfachheit und Erhabenheit des Moores nicht darstellen. Ich habe mit der Inbrunst gemalt, die mir deine Liebe eingab, und werde nie mehr so malen können. Darum muß dieses Bild vernichtet werden, und keines kann mehr aus meiner Hand hervorgehen. Wenn Du sagst, ich werde Dich verlieren, wenn ich mein Streben aufgebe, so muß ich Dich mit dem ungeheuren Schmerze verlieren, aber meinen Entschluß ausführen. Jetzt rede.‘[160]

Nach nur zwei Tagen des Betrachtens verbrennt Friedrich sein Bild, in das er eine „unsägliche Zeit und Glut" investiert hat.[161] Mit dieser Entscheidung setzt er sogar die Beziehung zu Susanna aufs Spiel;[162] Friedrichs Liebe zu ihr kann also kaum

---

der Natur als objektive Wirklichkeit erscheint." Preisendanz, Die Erzählfunktion der Naturdarstellung, 1966, S. 410. Hier fehlt zwar nicht die subjektive Perspektive, dafür aber die Natur.

157 Vgl. Nachkommenschaften. In: HKG, Bd. 3,2, S. 65.

158 Vgl. ebd., S. 79–81, Zitat S. 88.

159 „Ich sah den Grund nicht ein; aber in meinem Glücke wollte ich mich gegen nichts auflehnen". Ebd., S. 91.

160 Ebd., S. 92. Simplizität wird hier wörtlich mit dem Erhabenen verbunden. Vgl. dazu Till, Das doppelte Erhabene, 2006, S. 42 und in Kapitel II dieser Arbeit den Abschnitt *Stifters Natur- und Landschaftsbeschreibungen: erhabene Monotonie*.

161 Nachkommenschaften. In: HKG, Bd. 3,2, S. 89.

162 Nach Hahn bestehe die „eigentliche Überraschung [...] nicht darin, daß er die Malerei aufgibt (was durch den unerreichbaren mimetischen Anspruch und die Entdeckung, ein Kind desselben Geschlechtes zu sein, längst vorbereitet ist), sondern daß Friedrich ausdrücklich auch die bereits angebahnte Ehe mit Susanna zur Disposition stellt." Hahn, Epigonalität/‚Postmoderne‘, *Narrenburg/Nachkommenschaften*, 2006, S. 61. Friedrichs Angst, Susanna zu verlieren, ist aber nicht unbegründet, denn Susanna bewundert sein Streben in der Malerei: „Du lieber, du einziger Mann,

Grund für die Zerstörung des Bildes sein,[163] noch ‚heilt' Susannas Liebe ihn von seinem ‚Narrentum'.[164] Der Grund für Friedrichs Scheitern liegt aber sicherlich mit darin, dass das Bild die ‚wirkliche Wirklichkeit' des Moors nicht abbilden kann; und sicherlich liegt darin auch, mit Begemann, „die Unmöglichkeit, eben jenes Wahre und Wesentliche aufzufinden bzw. malerisch wiederzugeben, das in den drei Begriffen ausgesagt wird, mit denen das Moor charakterisiert wird."[165] In erster Linie liegt das Problem aber darin, dass Friedrich keine wie auch immer geartete ‚Wirklichkeit' des Moors erfasst. Eine „objektive Wiedergabe der Realität", so Neymeyr, ist „aufgrund unvermeidliche[r] subjektive[r] Wahrnehmungsbedingungen nicht möglich";[166] dass dem so ist, weiß Friedrich aber erst, nachdem er das Moor subjektiv als düster, erhaben[167] und einfach wahrgenommen hat: Als er das Moor zum ersten Mal mit qualitativen Attributen versieht,[168] muss er zugleich erkennen, dass er diese Qualitäten malerisch nicht abbilden kann. Das ist aber eine Erkenntnis, die er nicht angesichts des Moors gewinnt, sondern mittels seines Bildes. *Nachkommenschaften* ist also eine Künstlernovelle der besonderen Art: Scheitern geschieht nicht aufgrund mangelhafter Fertigkeiten in Sachen Malerei und deshalb geschieht es auch nicht *während* des Malens im

---

[…] der sein All auf einen Gedanken setzt, gegen sie, die kein All haben, und keinen Gedanken, es an ihn zu setzen –! […] [D]u musst deine Gewalt, die ich an dir sehe, auf irgend etwas Großes wenden, und es erreichen, dann lieb ich dich grenzenlos." Nachkommenschaften. In: HKG, Bd. 3,2, S. 80.

163 Nach Anton werde „[d]ie Liebe zu Susanne […] der Kunst Friedrichs buchstäblich zum Verhängnis." Anton, Poetologische Kunstreflexion, 2010, S. 19.

164 Vgl. z. B. Müller, Stifters Humor, 1962, S. 20; Fliedl, Berg, Moor und Baum, 2007, S. 272.

165 Begemann, Einige Überlegungen zu Mimesis, 2008, S. 30.

166 Neymeyr, Die Aporie der Epigonen, 2004, S. 194. Vgl. Anton, Poetologische Kunstreflexion, 2010, S. 17: Friedrich erkenne demnach, „dass Wirklichkeit keine feste und daher objektiv definierbare Größe darstellt, sondern subjektiven wie objektiven Bedingungen untersteht, die seinen Versuch, die mimetische Darstellung einer unveränderlich-konstanten ‚wirklichen Wirklichkeit' zu meistern, unterminieren."

167 Nach Fliedl sei die „Anwendung des Begriffs ‚Erhabenheit' auf das Moor […] ein Paradoxon", denn „sowohl ästhetische als auch die ethische Dimension des Moores" sei „keineswegs gesichert". Fliedl, Berg, Moor und Baum, 2007, S. 265. In dieser Arbeit wurde dagegen gezeigt, dass gerade die merkmalarmen und ‚leeren' Räume in Stifters Texten, die mitunter äußerst unwirtlich sind und zudem für das erlebende Subjekt gefährlich werden können, das Erhabene zeigen. Vgl. dazu Kapitel III.1 in dieser Arbeit.

168 Auch nach Seeber kommt dem Moor in den *Nachkommenschaften* das Erhabene zu, das aber „nur mit der Seele erfasst werden" könne. Allerdings gelinge das Friedrich nicht; in seinem Scheitern zeigen sich seine „fehlenden Entwicklungsstufen, die im *Nachsommer* ausgeführt sind und Heinrich Drendorf, im Gegensatz zu Friedrich Roderer, dazu kommen lassen, die Erhabenheit fassen zu können." Grund dafür sei, dass Friedrich „immer noch in seiner Leidenschaft gefangen" sei. Vgl. Seeber, Der Humor in Stifters *Nachkommenschaften*, 2006, S. 309 f.

Angesicht des Objekts; Scheitern geschieht hier nur angesichts von Malerei selbst, also angesichts eines in der Erzählung erst entstandenen Mediums. Die Attribute düster, einfach und erhaben kommen also nicht dem Moor ‚an sich' zu, sie sind nicht seine Realität, vielmehr entstehen sie erst in Friedrichs Blick und sind deshalb auch nur anhand seines Bildes zu sehen. Das nun stellt – wie auch schon in der Dachstein-Episode der Erzählung – ein äußerst persönliches und individuelles Scheitern dar.[169] Nicht ‚der Realismus', sei er nun visionär[170] oder überzogen[171], noch eine angestrebte Objektivität[172] oder die Kunst schlechthin versagen[173]; nur Friedrich scheitert am Moor, weil er seine eigene subjektive Wahrnehmungsart erkennt[174] und feststellen muss, dass er diesen ganz eigenen Blick nicht auf eine Leinwand zu bannen vermag.

Die Erhabenheit des Moors wird zwar erkannt, aber in ihrer Wirkung nicht weiter spezifiziert, wie das in anderen Texten Stifters, die das Erhabene einer Landschaft zeigen,[175] der Fall ist. Stattdessen kehrt mit der Wahrnehmung des Erhabenen das Komische zurück. Friedrich erklärt Susanna, dass sein „großes Bild [...] die Düsterheit, die Einfachheit und Erhabenheit des Moores nicht darstellen" könne; dennoch sei es „bis auf Kleinigkeiten fertig".[176] Auch hier offenbart sich im Komischen eine „Schwäche menschlicher Erhabenheit"; Friedrich selbst stellt der Erhabenheit seines Vorhabens, die ‚wirkliche Wirklichkeit' des

---

169 Nach Begemann gehe es besonders beim Moorbild um „sehr viel mehr als ein nur individuelles Scheitern, nämlich die Unmöglichkeit, eben jenes Wahre und Wesentliche aufzufinden". Begemann, Einige Überlegungen zu Mimesis, 2008, S. 30. Nach Neymeyr werde die „epigonale[] Identitätsproblematik [...] bis zum Grenzwert eines Identitätsverlusts radikalisiert." Neymeyr, Die Aporie der Epigonen, 2004, S. 189.
170 Vgl. Polheim, Die wirkliche Wirklichkeit, 1992, besonders S. 272.
171 Vgl. u. a. Begemann, Einige Überlegungen zu Mimesis, 2008.
172 Vgl. Neymeyr, Die Aporie der Epigonen, 2004, besonders S. 193; Anton, Poetologische Kunstreflexion, 2010, besonders S. 20; Attanucci, Landschaft und Meteorologie, 2014, besonders S. 294.
173 Vgl. Plumpe, An der Grenze des Realismus, 1994, besonders S. 73.
174 Nach Kant ist das Erhabene ein ästhetisches Urteil und radikal subjektiv. Es wird nicht auf Objekte, sondern auf das reflektierende Subjekt zurückgeführt. Vgl. Fœssel, Analytik des Erhabenen, 2008, S. 103. Auch Vischer bindet das Erhabene an ein Subjekt (allerdings nicht ausschließlich): Es müsse „die Beschaffenheit des sinnlichen Gegenstandes, an welchem die das Sinnliche annullierende Idee zur Erscheinung kommt, eine solche sein, daß er soeben die Grenzen des Endlichen zu überschreiten und sich ins Unbegrenzte zu verlieren scheint, was freilich auf der ersten Stufe des Erhabenen [...] nur durch eine unverkennbare Zutat des Anschauenden möglich ist." Vischer, Über das Erhabene und Komische, 1967, S. 72.
175 Vgl. z. B. Brigitta. In: HKG, Bd. 1,5, S. 413; Zwei Schwestern. In: HKG, Bd. 1,6, S. 261 f.; Der Hagestolz. In: HKG, Bd. 1,6, S. 83 f., Der Nachsommer. In: HKG, Bd. 4,3, S. 105 – 111.
176 Nachkommenschaften. In: HKG, Bd. 3,2, S. 92.

Moors malen zu wollen, „ein Bein" und bringt es so zu Fall,[177] entgeht aber so auch der Lächerlichkeit, die zu Beginn der Erzählung noch bestimmend war. Auch wenn es schließlich Susanna ist, die das Problem auf den Punkt bringt,[178] so erkennt Friedrich doch seine eigene Unzulänglichkeit und kann sich dem ‚Weltkontrast' stellen: Die den Menschen „ob des Scheiterns seiner partikularen Zwecke ankommende Verzweiflung wird überwunden, indem das Individuum sich einläßt auf die Schwäche und Mangelhaftigkeit des Bestehenden."[179] Friedrich bewältigt sein Scheitern am Moorbild mithilfe des Komischen; aus diesem Grund ist es auch eine Befreiung: „Ich fühlte nun eine Freiheit, Fröhlichkeit und Größe in meinem Herzen wie in einem hell erleuchteten Weltall."[180]

Legt man Vischers Theorie *Über das Erhabene und Komische* der Analyse von *Nachkommenschaften* zugrunde, offenbart sich, Vischers Komischem entsprechend, eine Fallhöhe zwischen menschlicher Erhabenheit und menschlicher Schwäche. Der Mensch kann sich, meist selbstironisch, über die eigene Schwäche erheben, so dass das Erhabene bzw. die Idee nicht durch die Erscheinung, die im Komischen die Oberhand gewinnt, zerstört wird, aber um so deutlicher hervortritt. Allerdings erweisen sich in *Nachkommenschaften* das Erhabene sowie das Komische als brüchig: Im einen Fall wird das Erhabene, das bis dato noch im Komischen seinen Platz fand, zerstört, so dass das Erzählte nicht mehr komisch, sondern nur noch lächerlich ist. Im anderen gelangt das Komische an seine Grenzen, weil keine Distanz mehr zum Gegenstand des Komischen gehalten werden kann: Darin aber offenbart sich eine Bedrohung, die ansonsten im Zelebrieren der Fallhöhe zwischen Erhabenem und Komischem verschleiert wurde. *Nachkommenschaften* beweist also einen mannigfaltigen Umgang mit dem Erhabenen – dem angestrebten Ideal – und dem Endlichen – der dargestellten Wirklichkeit in der Erzählung; es ist der jeweilige Umgang mit der Diskrepanz zwischen Ideal und Wirklichkeit, der bestimmt, welche der Komponenten stärker hervortritt und wie die Komponenten verändert werden. Inwieweit das Komische zu einer Bewältigung des Problems führen kann, ist vom jeweiligen Umgang mit dem Komischen und dem jeweiligen Umgang mit dem Erhabenen abhängig.

---

177 Vischer, Über das Erhabene und Komische, 1967, S. 180. Vgl. auch S. 158 und 160.
178 „Deine Bilder sind außerordentlich schön; wenn aber Deine Gedanken höher sind, und Du Dich durch Deine Hervorbringungen gedemüthigt fühlst, vertilge sie." Nachkommenschaften. In: HKG, Bd. 3,2, S. 92.
179 Müller, Zur Bedeutung Jean Pauls, 1996, S. 22f.
180 Nachkommenschaften. In: HKG, Bd. 3,2, S. 93.

4 Das Erhabene in der Musik – *Zwei Schwestern*

Stifters Verhältnis zur Musik wurde in Bezug auf seine Biographie,[1] besonders aber in Bezug auf sein Werk mehrfach besprochen;[2] den Verbindungen seiner Musikdarstellungen zur Philosophie des Erhabenen – erstaunlicherweise auch seine Erzählung *Zwei Schwestern* betreffend – ist bisher nur sehr unzureichend nachgegangen worden.[3] In diesem Kapitel soll deshalb *Zwei Schwestern* unter dem Aspekt der erhabenen Musik analysiert werden. Da Musik teilweise explizit aus der Philosophie des Erhabenen ausgeklammert wird,[4] werden im Besonderen zwei musikästhetische Konzepte zur Analyse herangezogen, in denen das Erhabene verarbeitet wurde: Erstens die „romantische Theorie der ‚reinen, absoluten Tonkunst‘, die in der ‚erhabenen‘ Instrumentalmusik eine ‚Sprache über der Sprache‘ entdeckte“[5] und, so wird sich zeigen, in *Zwei Schwestern* unter anderem über Schillers Pathetischerhabenes erfasst werden kann;[6] zweitens das Konzept vom „Topos von der Gewalt in der Musik“, in dem auch nach dem vorläufigen Höhepunkt der Diskussion über das Erhabene im achtzehnten Jahrhundert[7] beispielsweise der Burke'sche „delightful horror“[8] weiterhin wirkte. In *Zwei Schwestern* verbinden sich – so wird sich zeigen – über diese beiden musikästhetischen Konzepte die literarische Musikdarstellung und die literarische Verarbeitung des Erhabenen in ihrer jeweiligen Fähigkeit zu einem poetischen ‚Eigenleben‘. Die Erzählung arbeitet so an der (Weiter-)Entwicklung beider Diskurse mit: an dem des Erhabenen und an dem der Musik.

---

1 Z. B. Josef van Heukelum, Begegnungen Adalbert Stifters mit der Musik. In: ders., Adalbert Stifter. Beiträge eines Stifterfreundes aus dem Rheinland, Frankfurt a. M. 2003, S. 9–33.
2 Z. B. Hoffmann, Stifters Erzählung ‚Zwei Schwestern‘, 1959; Theophil Antonicek, Musik in den Erzählungen Adalbert Stifters. In: JASILO 19 (2012), S. 21–35.
3 Hinweise finden sich bei Thürmer, Erzählkunst des Biedermeier, 1999, S. 62. Der Begriff des Erhabenen fällt hier allerdings nicht.
4 Vgl. Hans-Georg Nicklaus, Das Erhabene in der Musik oder Von der Unbegrenztheit des Klangs. In: Pries, Christine (Hg.), Das Erhabene. Zwischen Grenzerfahrung und Größenwahn, Weinheim 1989, S. 217–232, hier 219.
5 Dahlhaus, Die Idee der absoluten Musik, 1994, S. 64.
6 Vgl. Schiller, Vom Erhabenen, 1962, S. 192–195.
7 Vgl. Caduff, Die ‚Gewalt der Musik‘ und das Erhabene, 2002, besonders S. 497.
8 Vgl. Burke, A Philosophical Enquiry, 2008, S. 104. Burke bezieht zumindest Töne und Geräusche in seine Philosophie mit ein: „The modifications of sound, which may be productive of the sublime, are almost infinite.“ Ebd., S. 63. Dennoch bleibt die Musik in fast allen Theorien des Erhabenen marginal, „[e]inzig bei Herder nimmt die Musik im Kontext des Erhabenen keinen marginalen Stellenwert ein.“ Vgl. Caduff, Die ‚Gewalt der Musik‘ und das Erhabene, 2002, S. 496.

https://doi.org/10.1515/9783110498219-011

Schon zu Beginn von *Zwei Schwestern* steht die Musik im Fokus der Erzählung: Der Ich-Erzähler Otto Falkhaus macht in Wien Bekanntschaft mit dem weit älteren Franz Rikar und besucht mit ihm ein Geigenkonzert der als Wunderkinder bekannten Geschwister Milanollo.[9] Mehrere Jahre später reist Otto zu Rikar an den Gardasee und hört dort dessen Tochter Camilla Geige spielen, ein Spiel, das ihn an das der Milanollo-Geschwister erinnert. Seine Erfahrungen mit der „Düsterheit" des Geigenspiels sind eingebettet in seine Wahrnehmung der „düstere[n] Schönheit"[10] und der Glätte der Hochebene,[11] auf der Rikar mit seiner Familie lebt. Maria, Rikars ältere Tochter, sorgt mit einer „Pflanzenwirtschaft" für den Lebensunterhalt der Familie.[12] Die jüngere Camilla beteiligt sich nicht daran, sondern gibt sich ganz der Musik hin. Die Musik hat aber eine zerstörerische Wirkung: Camilla droht, an ihrem zwischen den Extremen schwankenden Spiel zu zerbrechen. Erst nachdem sie den Nachbar der Familie, Alfred Mussar, heiratet, scheint die Gefahr, die von der Musik ausgeht, gebannt zu sein.

Stifters Erzählung *Zwei Schwestern* wurde von der Forschung kaum beachtet;[13] es gibt nur einige wenige Untersuchungen, die sich mit der Thematik der Musik in der Erzählung auseinandersetzen. Zudem liegt nur ein Beitrag vor, der Stifters Verhältnis zur Musik biographisch darzustellen versucht. Nach Josef van Heukelum lasse seine Biographie den Schluss zu, dass für Stifter „das Reich der Musik keineswegs ein Randgebiet der Kunst" gewesen sei, auch wenn er sich mehr mit der Malerei beschäftigt habe.[14] Van Heukelums Einschätzung zum Trotz ist Stifters literarischer Darstellung von Musik – so auch die Forschung – eine deutliche Ambivalenz eigen. Nach Christine Oertel Sjögren erscheine Musik besonders im *Nachsommer* ‚fragwürdig': Zum einen werde sie von Risach als zu gefühlvoll und zu leidenschaftlich abgelehnt;[15] zum anderen lasse sie sich nicht in Risachs Konzept der perfekten Gestalt – nach Sjögren offenbare sich dieses Konzept im Umgang mit der Marmorstatue – einordnen, denn Musik „is essen-

---

9 Zu den realen Milanollo-Schwestern vgl. Antonicek, Musik in den Erzählungen Stifters, 2012, S. 25 – 27. Demnach sei Stifters Beschreibung der Musik in *Zwei Schwestern* stark von der zeitgenössischen Musikkritik beeinflusst: Es „entwickelte sich in den Berichten über die Schwestern geradezu ein stark superlativisch bestimmter Stil, der sichtlich auf Stifters Darstellung einwirkte." Ebd., S. 25.
10 Zwei Schwestern. In: HKG, Bd. 1,6, S. 225 und 261.
11 Vgl. dazu in Kapitel III.1 dieser Arbeit den Abschnitt *Die Hochebene – Zwei Schwestern*.
12 Zwei Schwestern. In: HKG, Bd. 1,6, S. 327.
13 Deshalb wird im Folgenden auch Literatur aus den 1950er Jahren Beachtung finden.
14 Vgl. Heukelum, Begegnungen Stifters mit der Musik, 2003, besonders S. 29. Zur Bedeutung der Malerei für Stifter vgl. Novotny, Stifter als Maler, 1947.
15 Nach Risach kann es keine „edlen Leidenschaften" geben. Der Nachsommer. In: HKG, Bd. 4,3, S. 63.

tially *gestaltlos*". Nur im Zitherspiel, besonders in dem von Heinrichs Zitherlehrer Joseph, werde Musik, obwohl leidenschaftlich-gefühlvoll und gestaltlos, zugelassen. Dennoch gelte: „Whereas in *Nachsommer* lengthy discourses are held on the aesthetics of various arts, the art of music receives little comment and no aesthetic analysis."[16] Offenbar ist der marginale Status der Musik in der Stifterforschung ihrer Ablehnung im *Nachsommer* und ihrem daraus resultierenden, dortigen marginalen Status geschuldet; die Thematik Musik in Stifters Erzählungen[17] scheint deshalb lange übersehen worden zu sein. Dabei ist die Erzählung *Zwei Schwestern* nicht die einzige, in der die Musik eine Rolle spielt: Theophil Antonicek geht der Thematik in den Romanen *Der Nachsommer* und *Witiko* und in den Erzählungen *Feldblumen* und *Zwei Schwestern* nach. Gerade in den beiden letzteren sei „Musik überhaupt das tragende Element der Erzählung"; hier würden „musikalische Erlebnisse zum Schlüssel für die Handlung und bereiten Verständnis und Empfänglichkeit für die folgenden Ereignisse vor."[18] Allerdings handelt es sich bei Antoniceks Beitrag eher um einen musikhistorischen Überblick zu Stifters Erzählungen und Romanen; ausführliche Analysen von Musikbeschreibungen liefert er nicht.

Mehr Textarbeit findet sich bei Heidy M. Müller, besonders bezüglich der Ambivalenz der Musik in den Erzählungen *Feldblumen*, *Zwei Schwestern* und *Turmalin*: „In dem Maße, wie die [...] *polyvalente* Wirkung der Musik [...] die Psyche von Protagonisten dauerhaft destabilisiert, verfällt sie der moralischen Mißbilligung der (von der Musik ebenfalls stark beeindruckten) Erzählerinstanz. [...] Hierbei ist zu beachten, daß Enthusiasmus und Bedenklichkeit einander in

---

16 Vgl. Christine Oertel Sjögren, Stifter's Affirmation of Formlessness in *Nachsommer*. In: Modern Language Quarterly. A Journal of Literary History 29 (1968), S. 407–414, hier 409–411. Demnach stehe Joseph außerhalb der gesellschaftlichen Ordnung des Asperhofs und könne als „a completley liberated individual" gesehen werden. Seine Musik habe „little substance and form", werde aber trotzdem als großartig beschrieben. Vgl. ebd., S. 412f.

17 So liefert beispielsweise Renate Bürner-Kotzam eine ausführliche Analyse der Familie Rikar und deren Verhältnis zu ihrem Gast Otto; dabei geht sie aber kaum auf die Thematik, geschweige denn auf die Darstellung und Wirkung der Musik ein. Ihr geht es einzig um den Gastaufenthalt und die Gastfreundschaft, die, „ursprünglich die entscheidende Begegnungsmöglichkeit mit dem Fremden" gewesen sei, die in *Zwei Schwestern* aber „in einer zusätzlichen Versicherung bestehender Alltagskonstrukte stillgestellt" werde. Vgl. Bürner-Kotzam, Befremdende Begegnungen, 2011, S. 164. Auch Marcel Oswald beschäftigt sich in seiner Studie zu *Zwei Schwestern* nur am Rande mit der Thematik der Musik und geht den Beschreibungen von Camillas Geigenspiel überhaupt nicht nach. Vgl. Oswald, Zur gegenständlichen Gestaltung der Wahrnehmung, 1988, S. 44–61.

18 Antonicek, Musik in den Erzählungen Stifters, 2012, S. 24f.

keiner Phase ganz ausschließen.“[19] Dieses Paradox wird in *Zwei Schwestern* sogar reflektiert: „Aber der Künstler kann andererseits nur allein die zarten Tiefen des Kunstwerkes, in das er sich versenkt, ergründen, und muß ihnen die Seele hingeben: während wir [i. e. die Zuhörer, E. H.] blos von der Allgemeinheit der Sache überkommen werden, und nur die Allgemeinheit des Gefühles mit nach Hause tragen.“ Der Künstler ist als „ein höherer Mensch – und jeder wahre Künstler muß das sein“[20] – zwar Schöpfer, zugleich wird er aber von seiner eigenen Schöpfung in seiner persönlichen Autonomie gefährdet. Musik könne bei Stifter, so auch Mathias Mayer, „gar zum gefährdeten Bereich des Krankhaften, Zerstörerischen und Tödlichen werden“.[21] Werner Hoffmann sieht das ähnlich; ihm zufolge habe Stifter die Gefahr der Musik nirgendwo so zum grundsätzlichen Gegenstand seiner dichterischen Gestaltung gemacht wie in der Erzählung *Die Schwestern*, der Journalfassung von *Zwei Schwestern*.[22] In der Studienfassung habe er dagegen eine besonders tiefgreifende Umgestaltung versucht: Das „den Menschen Verlockende, ihn Gefährdende und Zerstörende“ in der Musik werde zurückgedrängt und schließlich überwunden. Hoffmanns These stützt sich auf die unterschiedlichen Ausgänge der Fassungen: In der ersten wird angedeutet, dass Camilla an ihrer Musik zugrunde gehen wird, in der zweiten wird das Problem durch Camillas Heirat mit Alfred gelöst, in deren Folge ihr Geigenspiel keine verzehrende und todbringende Wirkung mehr hat. Hoffmann verortet diese Entwicklung von der ersten zur zweiten Fassung in der Diskussion um die Fragwürdigkeit des Schönen am Ende der Romantik. Die erste Fassung sei noch im Geist der Romantik verhaftet, während sich die zweite mit der Lösung der Problematik – der Bindung der Gefahr der Musik durch Camillas Heirat, aber auch der Bejahung des Alltagsle-

---

19 Heidy M. Müller, ‚Ein Sturmwind über den Wäldern Gottes‘. Die Musik als apokalyptisches Medium des Unsagbaren in Adalbert Stifters Erzählungen. In: JASILO 1 (1994), S. 105–117, hier 105.

20 Zwei Schwestern. In: HKG, Bd. 1,6, S. 230 und 224.

21 Mathias Mayer, Die Angst vor der Musik oder Statisches Erzählen. In: Doppler, Alfred u. a. (Hg.), Stifter und Stifterforschung im 21. Jahrhundert. Biographie – Wissenschaft – Poetik, Tübingen 2007, S. 201–212, hier 207. Mayer geht allerdings nicht der Musikdarstellung, sondern der fehlenden Musikalität in Stifters Stil nach. „[A]ls Medium flüchtiger Zeitlichkeit“ verkörpere die Musik bei Stifter „dasjenige [...], wogegen er mit seinen Texten anschreiben wollte. Es sind gewollt unmusikalische Texte eines vielleicht in Ansätzen musikalischen Autors.“ In seiner Prosa liege ein „statische[s] Erzählen[]“ vor, als das „Anhalten, als Stillstand der Bewegung zu beschreiben“ sei, wobei „nicht das Verlangsamen des Tempos, sondern das Aussetzen der Zeit“ im Fokus stehe: „Ästhetisch gesprochen geht es um die Minimalisierung musikalisch-temporaler Substanzen zugunsten architektonisch-plastischer Gebilde.“ Vgl. ebd., S. 205 und 209.

22 *Die Schwestern* wurde schon 1844/45 geschrieben, die Umarbeitung, die den Titel *Zwei Schwestern* trägt, erschien erst 1850 zusammen mit der Erzählung *Der beschriebene Tännling* im letzten Band der *Studien*. Vgl. Mayer, Erzählen als Erkennen, 2001, S. 82.

bens durch die landwirtschaftliche Tätigkeit der älteren Schwester Maria – auf dem Weg zum Realismus befinde: „Die Wandlung von der ersten zur zweiten Fassung der ‚Schwestern' bedeutet also die Überwindung der Romantik."[23] In diesem Kapitel wird sich dagegen zeigen, dass Hoffmanns Ergebnisse in Bezug auf die Gefahr der Musik und deren Bindung in der zweiten Fassung – Grundlage dieser Analyse – nur bedingt gültig sein können, denn Schönheit ist hier nicht fragwürdig, sondern die Musik wirkt erhaben, eine Erhabenheit, die ihre Bedrohlichkeit auch hier nicht verliert.

Sigrun Heinecke Folter ließt die Thematik der Musik in *Zwei Schwestern* unter den Vorgaben der musikästhetischen Epoche des Biedermeiers, die aufgrund des besonders ausgeprägten bürgerlichen Dilettantismus keine neuen Formen und Kompositionstechniken hervorgebracht und so zu einer Verflachung der Musik geführt habe.[24] Auch wenn Otto ein vom „musikalische[n] Vereinswesen bürgerlicher Prägung"[25] inspirierter musikalischer Dilettant ist,[26] sind Folters Einschätzungen zur Musikästhetik im Biedermeier äußerst undifferenziert. Nach Carl Dahlhaus brachte auch diese musikästhetische Epoche einen eigenen Kompositionsstil hervor, der zwar stark vom romantischen beeinflusst wurde, aber dennoch neue Elemente aufweise. Musikästhetisch müsse der Biedermeier zwar als ein „primär institutionsgeschichtliches Phänomen" gelten, dennoch seien davon

---

23 Vgl. Hoffmann, Stifters Erzählung ‚Zwei Schwestern', 1959, S. 27–30, 154–161, Zitate S. 12 und 162.

24 Einzig die Vertonung von Lyrik wie *Die Winterreise* von Schubert habe Neuerungen hervorgebracht. Vgl. Siegrun Heinecke Folter, Stifters Ansichten über das Wesen und die Grenzen der Musik, Malerei und Dichtkunst im Vergleich zu Lessings Theorien im Laokoon, Ann Arbor, MI 1969, S. 8–11.

25 Nach Carl Dahlhaus sei es in der Restaurationszeit für kurze Zeit gelungen, „das schwierige Gleichgewicht zwischen einer Bildung, die sich in Geselligkeit bewährt, einer Geselligkeit, die Repräsentanz erreicht, und einer Repräsentation, die sich von Bildung getragen weiß, zu wahren. [...] Nach der Jahrhundertmitte ist dieser Zusammenhang zwischen Geselligkeit, Bildungsfunktion und bürgerlicher Repräsentanz immer schwächer geworden: sei es durch Trivialisierung der Geselligkeit in den Chören (Schwund des Bildungseifers), durch den Rückzug der Honoratioren aus den Musikvereinen und die Reduzierung des politischen Moments (Einbuße an Repräsentanz) oder durch die Umwandlung der Konzerthörerschaft in ein anonymes Großstadtpublikum (Zerfall der Geselligkeit)." Carl Dahlhaus, Die Musik des 19. Jahrhunderts, Laaber ²1989 (= Neues Handbuch der Musikwissenschaft, Bd. 6), S. 141–143.

26 Otto berichtet von seiner Mitgliedschaft in einem Streichquartett, das allerdings schon nach kürzester Zeit wieder „in Vergessenheit" gerät. Vgl. Zwei Schwestern. In: HKG, Bd. 1,6, S. 241f.

„greifbare kompositionsgeschichtliche Konsequenzen" ausgegangen, die zumindest als „Bündelung von Merkmalen" die Restaurationsepoche auszeichnen.[27]

Zudem kommt Folter, Hoffmanns These noch überbietend, zu dem Schluss, die Gewalt der Musik werde nur in der ersten Fassung behandelt und sei in der zweiten überhaupt kein Thema mehr.[28] Dass das kaum haltbar ist, zeigt schon eine kurze Beschreibung Camillas aus der Studienfassung: „Sie war sehr weich und zart und edel, aber es war etwas sonderbares an ihr, etwas verwelkendes und verblühendes, als hätte sie einen geheimen Kummer, und als zehre ein innerer Gram an ihr."[29] Bezüglich der Gewalt, die die Musik auf Camilla ausübt, bietet auch die Journalfassung kaum eine radikalere Formulierung: Camilla erscheint hier im Gegensatz zu ihrer Schwester Maria „verwelkt zu sein, und die großen Augen standen schwermüthig in dem verblühenden Angesichte, ihre Bewegungen waren klagend, und doch ging durch ihr Wesen eine solche Unschuld, ja oft Hoheit, als sei sie an einer innern unermeßlichen Schönheit verschmachtet, der man sie überliefert hat."[30] Nicht die Gefahr der Musik, sondern die Überhöhung von Camillas Unschuld schwindet[31] und wird in der Studienfassung nur noch auf die Geschwister Milanollo übertragen, von deren Spiel es heißt: „Gar schön aber war es, wie die Unschuld in dem Spiele herrschte – eine Unschuld, die, möchte ich sagen, nur bei Kindern möglich ist".[32]

Martin Beckmann hingegen reflektiert die Gewalt der Musik gar nicht, sondern sieht in ihr eine Möglichkeit zur Selbstfindung: „In dem äußersten Erstaunen, das das Spiel" auslöse, vollziehe sich „eine innere Identifikation des Zuhörers mit der Zauberkraft der Töne. Das Ich findet sich aus den Verstrickungen der Realität freigesetzt und fühlt sich in die imaginäre Welt des Vollkommenen erhoben. Das Ich findet sein Selbst." Das bewirke, „daß sich der genießende Leser in gleichem Maße wie der Zuhörer in der Teilhabe am scheinbar Vollkommenen erhoben, geläutert und belohnt" fühle. Dabei werde die Wirkung der Musik in die der Hochebene eingebettet: Letztere sei es, die „die heroische imaginäre Kraft der Seele" herausfordere, „das Chaos zu deuten, es mit Sinn zu erfüllen und in eine neue Ordnung zu verwandeln. Das Ich findet in diesem Akt eine neue Identität in

---

27 Demnach zeichne sich besonders Carl Loewes Ballade *Heinrich der Vogler* von 1836 durch neue musikästhetische Elemente aus. Vgl. Dahlhaus, Die Musik des 19. Jahrhunderts, 1989, S. 139 f. und 143 f.

28 Vgl. Folter, Stifters Ansichten über Musik, Malerei und Dichtkunst, 1969, S. 43–45.

29 Zwei Schwestern. In: HKG, Bd. 1,6, S. 308.

30 Die Schwestern. In: HKG, Bd. 1,3, S. 227.

31 So auch Hoffmann, Stifters Erzählung ‚Zwei Schwestern', 1959, S. 18.

32 Zwei Schwestern. In: HKG, Bd. 1,6, S. 224.

der ästhetischen Selbsterfahrung."[33] In diesem Kapitel soll dagegen gezeigt werden, wie neben der Wirkung der Hochebene auf den Ich-Erzähler[34] auch die der Musik eine Identitätserlangung oder „Heilung"[35] keineswegs fördert, sondern gerade entgegensteht.

Offenbar findet sich in der bisherigen Forschung nur ein Beitrag, der das Erhabene der Musikdarstellung in *Zwei Schwestern* zwar nicht direkt, aber doch in seiner paradoxen Struktur erfasst. Nach Wilfried Thürmer liege in Camillas Musik ein „Destruktionspotential", in dem „Schönes und Schreckliches [...] untrennbar ineinander" gehen. Hierbei handle es sich um einen „dialektischen Charakter des Schönen", um einen „Prozeß, worin das Schreckliche zum Schönen" werde, so dass „Kunst entsteht und besteht".[36] Auch wenn aus Thürmers Artikel nicht ersichtlich wird, wie in *Zwei Schwestern* aus dem Schrecklichen das Schöne entsteht, und er das Paradox in den Musikdarstellungen nicht als das theoretische Paradox des Erhabenen beschreibt, wird im Folgenden an seine Interpretation angeschlossen werden.

Bevor aber den Musikdarstellungen in Zwei Schwestern nachgegangen werden kann, müssen die Verbindungen der Musikästhetik zum Erhabenen geklärt werden; schließlich ist es, wie oben schon erwähnt, innerhalb der Philosophie des Erhabenen nicht bzw. höchstens marginal zu einer Diskussion über das Erhabene

---

33 Musik und Natur helfen so, „die innere und äußere Welt des Menschen gleichnishaft [zu] erschließen und [zu] erhellen". Vgl. Beckmann, Formen der ästhetischen Erfahrung, 1988, S. 73, 76 und 54.

34 Die Hochebene hat eine so außerordentliche Wirkung auf Otto, dass er sich selbst verliert. Dieser Selbstverlust – so konnte in dieser Studie gezeigt werden – festigt sein Ich nicht; vielmehr zeigt sich darin eine besonders bedrohliche Wirkung des Erhabenen: Weil Otto hier „alles an sich selbst unterdrückt [...], was [ihn] daran gehindert hat, zwischen die Dinge zu gleiten, inmitten der Dinge zu wachsen", verliert er sich im Erhabenen der Öde und büßt dadurch, zumindest für einen Moment, seine Subjektivität ein. Mit Ottos Subjektivität verschwindet auch die Sprache unter der Last des Erhabenen in einem Gedankenstrich und offenbart so die Bedrohung, die diese Erfahrung für das erlebende Subjekt darstellt. Vgl. dazu Zwei Schwestern. In: HKG, Bd. 1,6, S. 262, Deleuze/Guattari, Tausend Plateaus, 1992, S. 381 f. und in Kapitel III.1 dieser Arbeit den Abschnitt *Die Hochebene – Zwei Schwestern*, S. 231–233.

35 Andrea Bartl liest die Erzählung als ein „Musterfall der Depression und Melancholie und deren Heilung", bezogen auf die Figuren Camilla und Otto. Vgl. Bartl, Ungleiche Zwillinge, 2005, S. 160. Allerdings schenkt auch Bartl der Musik keine Beachtung.

36 Thürmer, Erzählkunst des Biedermeier, 1999, S. 62. Thürmer liest *Zwei Schwestern* als „eine detailliert ausgeführte, utopische Konzeption menschlichen Daseins, richtigen Lebens". Dabei gehe es nicht nur darum, die Utopie als solche zu erkennen, sondern auch ihr Entstehen aus „Verheerungen als Voraussetzungen und Integrale der Bewahrungs-Utopien" zu lesen. Vgl. ebd., S. 38.

in der Musik gekommen.[37] Allerdings galt Musik schon in der Antike als Kunst der Extremwerte, der zwar erzieherische, therapeutische und religiöse Funktionen zugesprochen wurden, die aber dennoch verdächtig erschien,[38] wie auch ein Blick in *Perí hýpsus* beweist:

> Von den anfangs genannten fünf Quellen, die zur Erhabenheit beitragen, müssen wir [...] gerade noch die Fügung der Wörter in einer bestimmten Ordnung behandeln. [...] [H]armonische Ordnung [ist] für uns Menschen nicht nur ein natürliches Mittel zu Überredung und Ergötzung, sondern auch ein wunderbares Instrument für erhabenen Ausdruck und pathetische Rede. Flößt nicht schon die Flöte den Hörern gewisse Affekte ein, versetzt sie in Entzückung und rauschhaften Taumel? Zwingt sie nicht durch den Gang des Rhythmus, den sie angibt, den Hörer dazu, in ihrem Takt zu schreiten und sich der Musik anzupassen, mag er noch so unmusikalisch sein? [...] [D]abei sind dies nur Bilder und unechte Nachahmungen der Überredung, nicht [...] natürliche Tätigkeiten der menschlichen Natur –, werden wir dann nicht glauben, daß die Wortfügung, die eine Art Harmonie der den Menschen angeborenen und zur Seele selbst, nicht nur ans Ohr dringenden Wörter darstellt [...] und sie stets zum Miterleben zwingt, auch durch die Architektonik der Sätze einen majestätischen Bau errichtet – daß die Wortfügung [...] so unser Denken völlig überwältigt?[39]

Diese Stelle bleibt die einzige, in der Longin die Musik direkt erwähnt und dabei als mögliches Medium des Erhabenen ausschließt: Töne erregen nur das Gehör, nicht aber die ‚Seele' und bleiben damit bedeutungslos. Interessant ist aber, wie Longin hier den Begriff *harmonia*[40] für die Zusammenfügung der Wörter in der Rede gebraucht, die, ist sie denn ‚musikalisch', sehr wohl überwältigen könne – in diesem Sinn kommt *harmonia* dem Longin'schen Erhabenen, das auch „unwiderstehliche Macht und Gewalt" ausüben muss, um zu wirken,[41] erstaunlich nahe. Dennoch gibt Longin der Sprache aufgrund ihrer scheinbaren Unbegrenztheit, alles genau benennen zu können, den unbezweifelbaren Rang vor der Musik: Entscheidend für die erhabene Rede ist das Zusammenfallen von Wort und Vorstellung, von sinnlicher und geistiger Präsenz von Bedeutung; die Musik vertrete, so Longin, nur die sinnliche Präsenz und könne keine geistige Präsenz vorwei-

---

37 Musik wird teilweise explizit aus der Philosophie des Erhabenen ausgeklammert. Vgl. Nicklaus, Das Erhabene in der Musik, 1989, S. 219.
38 Vgl. Gess, Gewalt der Musik, 2011, S. 23.
39 Longinus, Vom Erhabenen, 1988, S. 93–95 (39, 1–3).
40 Longin macht sich einen Begriff zunutze, der seit der Antike in der Musiktheorie gebräuchlich ist und der bis ins siebzehnten Jahrhundert hinein im antiken Sinn wirkte. Es handelt sich dabei um die „Vorstellung, daß Musik, wie Platon es formulierte, aus Harmonia, Rhythmos und Logos bestehe"; *harmonia* bezeichnet dabei „geregelte, rational in ein System gebrachte Tonbeziehungen". Vgl. Dahlhaus, Die Idee der absoluten Musik, 1994, S. 14.
41 Longinus, Vom Erhabenen, 1988, S. 7 (1,4).

sen.[42] An einer anderen Stelle in *Perí hýpsus*, so Nicola Gess' These, widerspricht sich Longin aber im Glauben, den Rhythmus der Sprache zu beschränken und dabei „das Schlimmste" der musikalischen Auswüchse zu geißeln: „Wie Arien die Hörer vom Inhalt ablenken und die Aufmerksamkeit mit Gewalt fesseln, so vermittelt auch eine rhythmisierte Prosa den Hörern das Pathos nicht der Rede, sondern des Rhythmus, so daß sie manchmal [...] den Text mit dem Fuß skandieren und wie im Chor die Schlußkadenz vorweg angeben."[43] Nach Gess werde hier dem Rhythmus als Eigenschaft der Musik ein Pathos zugesprochen, das den Hörer zwar nicht durch gewaltige Bedeutung, aber durch den die Bedeutung überlagernden Takt und Ton überwältige – und die überwältigende Gewalt gegen den Geist und die Seele des Menschen ist schließlich der Mittelpunkt der Longin'schen Theorie.[44]

Edmund Burkes *Enquiry* bindet das Erhabene fester an die Gewalt des Tons, denn für Burke ist „[t]he eye [...] not the only organ of sensation, by which a sublime passion may be produced. Sounds have a great power in these as in most other passions." Prinzipiell erfordere das Erhabene im Ton dieselben Voraussetzungen wie das Erhabene in der Natur: „[a] sudden beginning, or sudden cessation of sound of any considerable force", „no light, or an uncertain light" oder auch eine Fremdheit, wie sie sich beispielsweise in „[t]he angry tones of wild beasts" zeigen könne. Zusammenfassend heißt es bei Burke: „The modifications of sound, which may be productive of the sublime, are almost infinite."[45] All diese möglichen Eigenschaften des Tons drohen mit Schmerz; wird diese Drohung nahezu erfüllt, ist die Ebene des Erhabenen erreicht.[46] Burke spricht allerdings nie direkt von Musik, sondern nennt als Beispiele neben den Schreien wilder Tiere „[t]he noise of vast cataracts, raging storms, thunder, or artillery".[47]

Mit Kants kritischer Philosophie entfernt sich das Erhabene von der Burke'schen Gewalt und auch von der Musik. Zum einen nennt Kant fast ausschließlich

---

42 Vgl. Nicklaus, Das Erhabene in der Musik, 1989, S. 219 f.

43 Longinus, Vom Erhabenen, 1988, S. 99 – 101 (41,2).

44 Vgl. Gess, Gewalt der Musik, 2011, S. 247 – 249, vgl. dazu die Longin-Übersetzung von Johann Georg Schlosser (1781): „[D]as Erhabene überredet nicht, sondern es betäubt; es ist stärker als alle Überredung und alle Künste, womit wir die Menschen gewinnen. Der Überredung kann man widerstehen, aber der Sturm des Erhabenen reißt immer und unwiderstehlich dahin." Longin, Vom Erhabenen, 1781, S. 32. Nach Hans-Thies Lehmann herrsche in Longins Erhabenes „die performative Sprache, das Urteilsvermögen wird hintangesetzt". Lehmann, Das Erhabene ist das Unheimliche, 1989, S. 754.

45 Alle Zitate aus Burke, A Philosophical Enquiry, 2008, S. 61 – 63.

46 Vgl. Gess, Gewalt der Musik, 2011, S. 251.

47 Burke, A Philosophical Enquiry, 2008, S. 62.

visuelle Reize der Natur als mögliche Spiegel des Erhabenen,[48] zum anderen rechnet er die Musik mehr dem Genuss als der Kultur zu und weist ihr unter den Künsten den niedrigsten Rang zu: Musik könne zwar intensiv beleben, nicht aber den Geist, sondern ausschließlich den Körper. Für Kant ist die Musik also nahezu bedeutungslos – nämlich nur „angenehm" – und lässt das Subjekt keine Vernunftideen erkennen.[49] Zudem weicht Kant in der *Analytik des Erhabenen* der Frage aus, ob über Kunst überhaupt ein erhabenes Gefühl im erlebenden Subjekt entstehen kann, ob Kunst also das Subjekt sein „Vermögen, das selbst übersinnlich ist", erkennen lassen kann: Prinzipiell bleibe Kunst – so Kant – „immer auf die Bedingungen der Übereinstimmung mit der Natur eingeschränkt".[50]

Die Musik wird also in den meisten Theorien des Erhabenen kaum besprochen bzw. sogar als Träger des Erhabenen abgelehnt; „[e]inzig bei Herder nimmt die Musik im Kontext des Erhabenen keinen marginalen Stellenwert ein."[51] Doch trotz des marginalen Status der Musik in der Philosophie, der sich in erster Linie mit Longins Ablehnung und Kants Einschränkung ihrer Wirkung als bloß angenehm ergeben habe, gibt es Verbindungsmöglichkeiten, in denen, so Gess, die vorkantische wie auch die nachkantische Tradition des Erhabenen weiterleben. Musik komme einerseits „die Gewalt des Erhabenen zu, den Körper und die Seele des Hörers heftig zu erschüttern und auf diese Weise unangenehme Empfindungen und Leidenschaften zu verursachen"; andererseits wende sich die Theorie mit Kant – und in Folge auch mit Schiller – „gegen diese Gewalt der Musik, indem sie sie zum einen durch eine Gewalt der Vernunft zu übertrumpfen suchen [...] und indem sie ihr zum anderen Grenzen ziehen, um den Sieg der Vernunft zu erleichtern."[52]

Vor diesem Hintergrund konnte das Erhabene zu einem terminus technicus der Musikwissenschaft avancieren,[53] obwohl Kant der Musik eine bedeutende Wirkung abspricht. Am Ausgang des achtzehnten Jahrhunderts finden sich gleich mehrere musikästhetische Konstruktionen, die Musik in die Nähe des Erhabenen rücken. Zuerst wäre da das „ästhetische[] Paradigma" der „absoluten Musik".[54]

---

48 Vgl. Kant, Analytik des Erhabenen, 1968, besonders S. 349.

49 Vgl. Gess, Gewalt der Musik, 2011, S. 68–71.

50 Kant, Analytik des Erhabenen, 1968, S. 341 und 330.

51 Caduff, Die ‚Gewalt der Musik' und das Erhabene, 2002, S. 496.

52 Gess, Gewalt der Musik, 2011, S. 276.

53 Vgl. Caduff, Die ‚Gewalt der Musik' und das Erhabene, 2002, S. 485.

54 Vgl. Dahlhaus, Die Idee der absoluten Musik, 1994, besonders S. 15. Demnach geht der Begriff ‚absolut' auf die deutsche Romantik zurück: „[S]ein Pathos" also „die Assoziation der von Texten, Programmen und Funktionen ‚losgelösten' Musik mit dem Ausdruck oder der Ahnung des ‚Absoluten'" verdanke er „der deutschen Dichtung und Philosophie um 1800". Der Begriff ‚Absolute Musik' stammt von Richard Wagner. Vgl. ebd., S. 9 und 25.

Die Idee hinter diesem Begriff, der zu einer weitreichenden Abwertung der Sprache in der Musik und zu einer bis heute wirkenden Aufwertung der reinen Instrumentalmusik führte, ist, „daß Instrumentalmusik gerade dadurch, daß sie begriffs-, objekt- und zwecklos ist, das Wesen der Musik rein und ungetrübt ausspricht." Carl Dahlhaus zeigt dabei mehrere Verknüpfungen zwischen dem Erhabenen und der Musik auf, die in erster Linie von der Literatur geprägt wurden: So lege E. T. A. Hoffmann es nahe, allerdings nicht explizit, „‚klassische‘ Musik mit der ästhetischen Idee des Schönen, ‚romantische‘ dagegen mit der des Erhabenen zu assoziieren"; Ludwig Tieck habe sich, zumindest „formelhaft gesprochen, zu einer Metaphysik der Instrumentalmusik, die von der Ästhetik des Erhabenen zehrte", bekannt. „Die Idee der absoluten Musik – die These, daß die Instrumentalmusik die ‚eigentliche‘ Musik sei – assoziierte sich also [...] mit der Ästhetik des Erhabenen. Die von sprachlichen und funktionalen Bedingtheiten ‚losgelöste‘ Musik ‚erhebt‘ sich über die Begrenztheit des Endlichen zur Ahnung des Unendlichen"[55] – Grundvoraussetzung des Erhabenen.[56] Musik, speziell die Symphonie, konnte so als „Sprache jenseits der Sprache", die „über irdisch greifbare Gefühle erhaben sei", aufgefasst werden.[57] Dieses Konstrukt der Musikästhetik, das auch unter dem Ausdruck ‚Sprache des Herzens‘ gefasst wurde, stützt sich „auf die Formeln und Topoi der Affektenlehre und der Gefühlsästhetik" des achtzehnten Jahrhunderts,[58] die schließlich im neunzehnten Jahrhundert „mit dem Begriff der Romantik" verbunden wurden: „[W]as in der Umgangssprache der an Musik Interessierten romantisch genannt wird, ist die im 19. Jahrhundert zur Populärästhetik gewordene Empfindsamkeit des 18. Jahrhunderts."[59]

Neben dem Begriff von der absoluten Musik stellt auch der „Topos von der Gewalt in der Musik" einem dem Erhabenen verwandten Theorie-Komplex dar, der, so Corina Caduff, im frühen neunzehnten Jahrhundert zu einem „Gemein-

---

55 Alle Zitate ebd., S. 13, 49 und 62f.

56 Vgl. Zimmermann, Zur Geschichte des ästhetischen Naturbegriffs, 1982, S. 122; Longin, Vom Erhabenen, 1781, S. 219; Burke, A Philosophical Enquiry, 2008, S. 43; Kant, Analytik des Erhabenen, S. 334f.

57 Dahlhaus, Die Idee der absoluten Musik, 1994, S. 64.

58 Vgl. ebd., S. 12f. Demnach gab es unterschiedlichste Überlegungen zum „Sprachcharakter" der Musik, vom „Begriff der musikalische[n] Logik" bei Johann Nikolaus Forkel, wonach Melodien „tönende Erscheinungsformen – musikalische Formulierungen – von Empfindungen" sind, über Ludwig Tiecks Überlegungen zum Unsagbaren, wonach in Gedanken- wie Tonsprache „Unsagbares, weder durch Wort noch durch Töne unmittelbar Faßliches das eigentlich und in letzter Instanz Gemeinte" bildet, bis hin zu Kierkegaard, der den Sprachcharakter der Musik zumindest als „brüchig" empfand. Vgl. ebd., S. 105–117.

59 Carl Dahlhaus, Einleitung. In: ders. (Hg.), Die Musik des 18. Jahrhunderts, Laaber ²1994 (= Neues Handbuch der Musikwissenschaft, Bd. 5), S. 1–68, hier 68.

platz in (Musik-)Ästhetik und Literatur" avancierte. Caduff kann anhand von Burkes Ausführungen zur Plötzlichkeit von Tönen und Geräuschen zeigen,[60] wie die „den Topos der Gewalt der Musik, der sich nach 1800 verstärkt ausbreitet, jedoch im Kontext der Erhabenen-Theorie nicht auftaucht", präfigurierten.[61] Mit dem Gewalt-Topos sei die Ambivalenz, die dem Erhabenen eigen ist, auf Musik übertragen worden: Besonders zu Beginn des neunzehnten Jahrhunderts werde mittels dieser Ambivalenz eine Musikerfahrung zur Sprache gebracht, die den „Wunsch, sich der Gewalt [der Musik] hinzugeben", und zugleich „die Angst, sich dadurch zu verlieren", gleichermaßen zeige. Zeitgleich kamen Bewältigungsstrategien auf:

> Als Maßnahme gegen diese Gewalteinwirkung wird auch hier eine Gegen-Gewalt entwickelt, die sich im wesentlichen in zwei Varianten vollzieht: entweder über eine rationalisierende Abwertung der Musik-Gewalt, so daß das reflektierende Subjekt dieser Gewalt überlegen scheint (analog der menschlich-geistigen Überlegenheit über die Natur bei Kant); oder über die (Re-)Introduktion Gottes in die Musik, so daß deren Gewalt von der religiösen Bedeutung aufgefangen und damit gebannt wird.[62]

Abgesehen vom prinzipiellen Fehlen einer Vernunftidee entspreche diese Spannung aus Gewalt und Gegengewalt, so Caduff weiter, präzise Kants Doppelstruktur aus Lust und Unlust im Erhabenen.[63] Auch vielen anderen Theorien liegt eine grundsätzliche Spannung zugrunde, die meist über vermischte Empfindungen ausgedrückt wird,[64] auch wenn es nicht zu einer Erhebung über die Natur und zu einem Erkennen von Vernunftideen kommt. Gerade in Burkes Formulierung „delightful horror"[65] hat diese Ambivalenz des erhabenen Gefühls einen besonders prägnanten Ausdruck gefunden.

Beide Konstrukte – die absolute Musik wie auch der Topos von der Gewalt in der Musik – wurden von einem literarischen Diskurs geprägt. Im Fall des ersteren

---

60 Vgl. Burke, A Philosophical Enquiry, 2008, S. 62.

61 „Die spezifischen Ausformungen dieses Topos aber, unter anderem eben die vielbeschworene *Plötzlichkeit* der jeweils auftretenden Musik-Gewalt, weisen ihn als Figuration des Erhabenen aus." Caduff, Die ‚Gewalt der Musik' und das Erhabene, 2002, S. 489.

62 Alle Zitate ebd., S. 490.

63 Vgl. ebd., vgl. auch Kant, Analytik des Erhabenen, 1968, S. 344 f.: „Das Gefühl des Erhabenen ist also ein Gefühl der Unlust, aus der Unangemessenheit der Einbildungskraft in der ästhetischen Größenschätzung, zu der Schätzung durch die Vernunft, und eine dabei zugleich erweckte Lust, aus der Übereinstimmung eben dieses Urteils der Unangemessenheit des größten sinnlichen Vermögens mit Vernunftideen".

64 Vgl. Mendelssohn, Rhapsodie, S. 154; Vischer, Über das Erhabene und Komische, 1967, S. 69 f. Vgl. dazu in Kapitel II dieser Arbeit den Abschnitt *Das Erhabene als ‚gemischtes Gefühl'*.

65 Burke, A Philosophical Enquiry, 2008, S. 104.

ist, wie oben schon angedeutet, der Einfluss der „literaturästhetischen Diskussion des 17. und 18. Jahrhunderts" besonders groß:

> Musikästhetik – die sprachliche Fassung musikalischer Phänomene und Probleme – ist von der Entwicklung der Literaturästhetik in kaum geringerem Maße abhängig als von Veränderungen in der Musik selbst; und sofern die Sprache, in der man sich über Musik verständigt, in die Sache, wie sie sich im Bewußtsein von Hörern konstituiert, unmittelbar eingreift, gehört die Literaturästhetik, von deren Kategorien und Formeln die Musikästhetik zehrt, zu den Bestimmungsmomenten einer Musikgeschichte, die sich nicht in musikalischer Technikgeschichte erschöpft.[66]

Nach Dahlhaus wäre ohne literarische Inspiration das musikästhetische Konstrukt der absoluten Musik überhaupt nicht entstanden, denn „[o]hne den dichterischen Unsagbarkeits-Topos hätte der Umdeutung des musikalisch Verwirrenden oder Leeren ins Erhabene und Wunderbare die Sprache gefehlt."[67] Wie oben bereits erläutert, spielt die Musik in den Theorien des Erhabenen kaum eine Rolle, dieser „marginale Stellenwert" lasse sich aber, so Caduff, mit einer „zeitliche[n] Inkongruenz" erklären: „Die diskursive Karriere der Musik setzt zu einem Zeitpunkt ein, zu dem die Erhabenen-Diskussion ihren Höhepunkt praktisch schon überschritten hat." Ohne die Literatur wäre deshalb das Erhabene in Form des Topos der Gewalt nie Thema der Musikästhetik geworden: „Aufgrund seiner dem Erhabenen analogen Konstitution aber und aufgrund seiner Strebung zum Literarischen ist er auch als Traditionsfigur zu verstehen, die eine literarische Reflexion des Erhabenen über dessen Niedergang in der Theorie hinaus ermöglicht. Denn in der *Literatur* kommt zusammen, was in der Ästhetik getrennt bleibt: Musik und Erhabenes."[68] Auch Christine Lubkoll betont die besondere Rolle der Literatur für Musik und Musikästhetik; demnach sei der Prosatext der „Ort, an dem die Wunschformen *und* Aporien des musikalischen Sprachkonzepts in aller Radikalität und Widersprüchlichkeit reflektiert und problematisiert werden". Denn „[w]ährend ästhetisch-philosophische Spekulationen im Idealischen und Fragmentarischen verbleiben, geht es in Musik- und Musikererzählungen um eine

---

66 Neben E. T. A. Hoffmann und Ludwig Tieck sei auch Jean Paul daran beteiligt gewesen, vgl. Dahlhaus, Die Idee der absoluten Musik, 1994, S. 59 f. Jean Pauls Texte hatten großen Einfluss auf Stifter. Vgl. z. B. Meyer-Sickendiek, Bedingungen moderner Idyllik bei Jean Paul und Stifter, 2007; Pfotenhauer, Stifters Jean Paul, 2013.
67 Dahlhaus, Die Idee der absoluten Musik, 1994, S. 67.
68 Caduff, Die ‚Gewalt der Musik' und das Erhabene, 2002, S. 497 f.

kritische Ausleuchtung des musikalischen Kreativitäts- und Artikulationsmodells mitsamt seinen Dunkelstellen."[69]

Der Musik kommt also eine ähnliche Bedeutsamkeit in der Diskussion und Entwicklung des Erhabenen zu wie der Literatur, von der sie ja maßgeblich beeinflusst wurde. Es scheint, als könne Walter Erharts Einschätzung zur Rolle der Literatur in der Weiterbearbeitung des Erhabenen auch für Musik und Musikästhetik gelten: „Während die Theorie des Erhabenen allmählich auf die Position um 1800 – von Kant bis Hegel – gleichsam eingefroren wird, führt die ästhetische Praxis des Erhabenen in dem Maße ein Eigenleben, wie sich die erhabenen Gegenstände fortlaufend verändern."[70] Besonders in Stifters *Zwei Schwestern*, so die These, verbinden sich die Darstellung von Musik und Erhabenem in ihrer jeweiligen Fähigkeit, ein poetisches ‚Eigenleben' zu führen; die Erzählung[71] arbeitet so an der (Weiter-)Entwicklung beider Diskurse mit: an dem des Erhabenen und an dem der literarischen Musikdarstellung.

Das Erhabene in der Darstellung der Musik wird in *Zwei Schwestern* aufwendig narrativ vorbereitet. Wie schon dem Ort des hauptsächlichen Geschehens, dem „Haidehaus"[72] auf der Hochebene,[73] kommt auch der Musik etwas Geheimnisvolles zu;[74] über ein verschleierndes Erzählen[75] wird sie zum „tragende[n]

---

69 Christine Lubkoll, Mythos Musik. Poetische Entwürfe des Musikalischen in der Literatur um 1800, Freiburg i. Br. 1995, S. 12. Auch Caduff untersucht literarische Texte wie Goethes *Novelle* und Kleists *Die Heilige Cäcilie oder die Gewalt der Musik* im Hinblick auf die Frage, „inwiefern sich die literarische Darstellung der Töne auch als Arbeit am theoretischen Konzept des Erhabenen manifestiert". Caduff, Die ‚Gewalt der Musik' und das Erhabene, 2002, S. 498.

70 Erhart, Das Erhabene, das Schöne und die moderne Literatur, 1997, S. 90.

71 Lubkoll zieht an anderer Stelle Stifters Erzählung *Turmalin* heran, um zu zeigen, wie „‚das Musikalische' generell als benachbarte oder konkurrierende Kunstform in literarischen Texten reflektiert" werde: „Dabei geht es häufig um sprachkritische und poetologische Implikationen; Musik wird als eine andere Sprache oder ‚das Andere' der Sprache ins Spiel gebracht". Lubkoll, Kontexte: Musik, 2007, S. 381.

72 Zwei Schwestern. In: HKG, Bd. 1,6, S. 378.

73 Das ‚Haidehaus' Rikars erlangt in Ottos Augen den Status einer Insel im glatten Raum: Dabei bewirkt die „Isolation der Insel[] [...] eine gewisse Verunsicherung ihrer Wirklichkeit", die den Ort wie auch die hier gehörte Geigenmusik noch geheimnisvoller wirken lässt. Vgl. Billig, Inseln, 2010, S. 20.

74 Auch Bürner-Kotzam spricht vom ‚Geheimnisvollen' in der Erzählung; demnach verweise das „Geheimnisvolle, auf das er [i. e. Otto, E. H.] immer wieder stößt, [...] auf eine unerklärliche Lücke im Ordnungsgefüge" der Familie Rikar. Bürner-Kotzam, Befremdende Begegnungen, 2011, S. 168.

75 Stifter wendet ein solches Erzählverfahren nicht nur in *Zwei Schwestern* an. Nach Mayer ist v. a. *Der Hagestolz* ein Beispiel für verschleierndes Erzählen; so werde die beginnende Liebesbeziehung zwischen Victor und Hanna nur sehr verhalten angedeutet und das Auftreten des Oheims gegenüber Victor müsse „als Zeichen nicht der Stärke, sondern der Schwäche und Ver-

Element der Erzählung".[76] Nachdem sie sich nach einer gemeinsamen Fahrt im Postwagen (mit dem auch, so zeigt sich später, die Milanollo-Schwestern reisten) zufällig in Wien wiedergetroffen haben,[77] entwickelt sich zwischen Otto und Rikar eine lose Bekanntschaft.[78] Im Zuge dieser Bekanntschaft hören sie gemeinsam ein Konzert der Milanollo-Schwestern, das die Thematik der Musik in die Erzählung einführt. Zum Konzertbesuch kommt es aber nur zufällig: Aus Langeweile heraus „gerieht" Otto „auf einen Einfall [...]. Wir sollten nehmlich in eins der Theater gehen, ohne eher, als wir uns in dem Hause befänden, zu wissen, in welches, und ohne das Stük zu kennen, das aufgeführt würde". Nach der recht komplizierten Ausführung des Plans, die einen Lohndiener, einen eigenen Wagen mit herabgelassenen Vorhängen und in Papier gewickelte Theaterkarten beinhaltet, um nur nicht vorher zu wissen, was gespielt wird, finden sich Otto und Rikar schließlich im Josephstädter Theater wieder, in dem kein Stück, sondern ein Konzert gegeben wird.[79] Im Theater angekommen zeigt sich, dass die Musikerin, die zu Beginn des Konzerts auf die Bühne geführt wird, den beiden schon bekannt ist: „[I]ch gerieth in das äußerste Erstaunen, und mein Nachbar und ich sahen uns plötzlich an; denn das Kind war niemand Anderer, als jenes ältere der zwei Mädchen, die einmal mit uns in dem Postwagen gefahren waren, das immer so ernst gewesen war, und das uns so gefallen hatte". Hier nun, im Konzertsaal, erkennen Rikar und Otto auch, um wen es sich handelt: „[W]ir wussten nun auch, ohne daß es uns jemand sagte, wer [...] vor uns stehe: Theresa Milanollo."[80] Der Musik kommt also von Anfang an das Prädikat ‚geheimnisvoll' zu: Wie die ‚Insel' auf der Hochebene ist auch sie von falschen Annahmen, erstaunlichen Zufällen, die die „unzusam-

---

zweiflung, letztlich also der Ohnmacht [...] dechiffrier[t]" werden. Vgl. Mayer, Erzählen als Erkennen, 2001, S. 74 f., Zitat S. 77.

76 Nach Antonicek werden „musikalische Erlebnisse zum Schlüssel für die Handlung und bereiten Verständnis und Empfänglichkeit für die folgenden Ereignisse vor." Antonicek, Musik in den Erzählungen Stifters, 2012, S. 24 f.

77 Vgl. Zwei Schwestern. In: HKG, Bd. 1,6, S. 218 – 220.

78 Im Lauf der Erzählung kommentiert der Ich-Erzähler das Geheimnisvolle und die Zufälle im Geschehen: „Ich hätte das Ding längst vergessen, wenn nicht der Zufall eine Fortsezung daran gestükt hätte, wie er es oft mit den unzusammengehörigsten Sachen thut. Man wird bei solchen Vorgängen gereizt, nach einer Art Vernunft in dem Gemengsel zu suchen, und wenn wirklich etwas daraus erfolgt, schieben wir es der Vorsehung in die Schuhe – mit welchem Rechte oder Unrechte, weiß ich nicht." Ebd., S. 219.

79 Vgl. ebd., S. 221 f.

80 Ebd., S. 223, vgl. dazu S. 218: „Wir fuhren einmal unser mehrere in einem Postwagen. In dem Kasten saß ein Vater mit zwei Töchtern [...]. Das ältere der Mädchen, ungefähr dreizehn oder vierzehn Jahre alt, erregte durch ihr ernstes und ruhiges Benehmen unsere Aufmerksamkeit und unsern Beifall. Das jüngere war noch fast ein Kind, das mit kindlichen Augen in die Welt hinein schaute."

mengehörigsten Sachen" miteinander verbinden,[81] und erzählerischen Spuren, die scheinbar ins Leere laufen,[82] geprägt.

Im Folgenden werden nun anhand von Theresas Geigenspiel gleich mehrere Aspekte der Musikästhetik des späten achtzehnten und frühen neunzehnten Jahrhunderts angesprochen: von der Musik als ‚Sprache des Herzens' über Plastisches in der Musik[83] bis hin zum Topos der Gewalt in der Musik. Zuerst zieht der Erzähler das Konstrukt Musik als ‚Sprache des Herzens' heran, um das Gehörte in Worte zu fassen.[84]

> Endlich begann die Musik des Orchesters [...]. Als der Augenblik gekommen war, wo sie einfallen mußte, lag die Geige mit einem leichten Ruk an ihrer Schulter – und im Augenblike ging auch der schöne gehaltene Ton durch die Räume und durch alle Seelen. Mir war es auf der Stelle klar, dieser Ton könne gar nicht anders als aus dem Herzen kommen, so wie alle folgenden aus dem Herzen kamen, weil sie so zu Herzen gingen. [...] Ich kann [...] aus andern Umständen nicht beurteilen, wie tief ihr [i. e. Theresas, E. H.] Fühlen sei: aber aus diesen Tönen war es mir eine Unmöglichkeit, zu denken, daß es nicht so sei. Ich mußte mit Befremden in das Antliz eines noch so jungen Kindes schauen, das schon so empfand. Wie ihre Saiten durch die andere Musik hervor tönten, wie sie so entschieden heraus ragte, wie ein Mann: war es mir als höre ich ein inniges, starkes, erzählendes und manchmal auch klagendes Herz.[85]

Der Erzähler hält sich kaum mit der Benennung der von der Musik transportierten Emotionen auf; es wird nichts darüber gesagt, ob sie heiter oder traurig ist, noch, was gespielt wird. Vielmehr glaubt Otto gleich mit dem ersten Ton der Geige Theresas Empfindungen zu erkennen – ohne zu sagen, welche. Er vermeint aber das ‚innige, starke, erzählende und manchmal auch klagende Herz' Theresas zu hören, das ihn wiederum „mit einer tiefen schönen sittlichen Gewalt erfüllt".[86] Das heißt, Theresas Musik ist ‚Sprache' oder Ausdruck ihres Herzens, weil sie so

---

81 Ebd., S. 219.

82 Die erste Erwähnung von Musikalischem ist nicht das Konzert der Milanollo-Schwestern, sondern der „Spottname[]" Paganini für Rikar, der diesen Scherz folgendermaßen kommentiert: „Wer weiß, ob es nicht ein sehr großes Unglük für mich wäre, wenn ich wirklich Paganini wäre." Ebd., S. 218.

83 Vgl. dazu Dahlhaus, Die Idee der absoluten Musik, 1994, S. 47 f.

84 Bei der musikästhetischen Konstruktion ‚Sprache des Herzens' geht es also darum, etwas zu artikulieren, das sich einer Artikulation widersetzt: „Ohne den dichterischen Unsagbarkeits-Topos hätte der Umdeutung des musikalisch Verwirrenden oder Leeren ins Erhabene und Wunderbare die Sprache gefehlt." Ebd., S. 67. Raoul Schrott spricht angesichts der wechselvollen Geschichte des Erhabenen in der Philosophie von einem „Rätsel, das gerade im Unvermögen liegt, es genau mit Worten zu benennen." Schrott, Tropen, 1998, S. 8.

85 Zwei Schwestern. In: HKG, Bd. 1,6, S. 223 f.

86 Ebd.

herzergreifend auf den Rezipienten wirkt. Dabei lässt sie ihn, interpretiert man die Gewalt, von der Otto hier spricht, im Sinne eines „übersinnlichen Vermögens", eine nahezu Kant'sche Erfahrung des Erhabenen zuteil werden.[87]

Das zweite, im weitesten Sinne auch musikästhetische Konstrukt, das hier anklingt, ist das des Plastischen. Theresas Geigenspiel ragt aus der Musik des Orchesters heraus ‚wie ein Mann'; später, nach dem Konzert, resümiert der Erzähler gar: „Es ist nicht [...] bloße außerordentliche Fertigkeit an ihr, sondern sie versteht, empfindet und *erschafft* das Gespielte."[88] So wird der Musik eine eigentümliche Plastizität zuteil,[89] die ihrer zeitlichen Flüchtigkeit entgegensteht. Auch dafür gibt es ein Vorbild in der Musikästhetik: Nach Dahlhaus erkläre E. T. A. Hoffmann in seiner Rezension von Beethovens Fünfter Symphonie den Unterschied zwischen absoluter Musik und programmatischer Instrumentalmusik als „Gegensatz zwischen zwei ästhetischen Ideen, der Idee des eigentlich ‚Musikalischen' und der des ‚Plastischen'". Dieser Gegensatz, auf den sich E. T. A. Hoffmann bezieht, komme aber nicht, so Dahlhaus, aus der Ästhetik, sondern aus einem „geschichtsphilosophischen Kontext", nach dem sich die „antike Gottesidee [...] in der Statue" verwirkliche, die christliche sich aber „in Musik" symbolisiere.[90] Im *Nachsommer* ist es nun gerade ein anhand der antiken Plastik formulierter Anspruch, der Musik fragwürdig werden lässt: So erklärt Sjögren die Ablehnung der Musik im *Nachsommer* durch deren Gestaltlosigkeit, die dem Risach'schen Ideal der Marmorstatue im Asperhof gegenübergestellt werde: „With no *Gestalten* save those of ‚feelings', music becomes the polar opposite of the concrete reality of the marble statue, which is the fundamental symbol of the novel."[91] In *Zwei Schwestern* wird das Plastische dagegen auf das Geigenspiel Theresas übertragen: Auch wenn sie Ausdruck von Gefühlen sind, wirken die Töne hier auf den Erzähler keinesfalls flüchtig,[92] sondern plastisch-fest und scheinbar dauerhaft; Wertung und Darstellung der Musik in *Zwei Schwestern* speisen sich also gerade aus derjenigen (musik-)ästhetischen bzw. geschichts-

---

87 Kant, Analytik des Erhabenen, 1968, S. 336.

88 Zwei Schwestern. In: HKG, Bd. 1,6, S. 229, Hervorhebung E. H.

89 Beckmann spricht von „[g]efühlshaltigen Substantive[n]", die „den Charakter des Substanzhaften und der Dauer" annehmen. Beckmann, Formen der ästhetischen Erfahrung, 1988, S. 75.

90 „Ästhetische und geschichtsphilosophische Kategorien gehen also bei Hoffmann [...] ineinander über." Vgl. Dahlhaus, Die Idee der absoluten Musik, 1994, S. 47 f.

91 Sjögren, Stifter's Affirmation of Formlessness, 1968, S. 411.

92 Selbst Rikars Tränen während des Konzerts erscheinen dem Erzähler plastisch: „[E]s fielen ihm Thränen, eine nach der andern, Schlag auf Schlag, über die gefurchten Wangen herab. Dabei saß er starr und unbeweglich." Zwei Schwestern. In: HKG, Bd. 1,6, S. 226.

philosophischen Konstruktion, die ihr im *Nachsommer* abgesprochen wird – eine Argumentation, die dort schließlich in der Ablehnung der Musik mündet.

Wurde vorerst nur das Plastische und Gefühlvolle im Geigenspiel Theresas betont, wird schließlich auch das Erhabene in einem Vergleich mit dem Spiel der jüngeren Milanollo-Schwester erkennbar:

> Die jüngere Schwester stand nicht, bevor das Spiel begann, mit dem Ernste, und ich möchte sagen, mit der Düsterheit da, wie die ältere gethan hatte, welche wußte, was für ein *tiefes* und *schwankendes Ding* jetzt beginnen werde: sondern sie war, wie ein zuversichtliches Kind, das eine schwere Aufgabe her zu sagen hat, aber auch weiß, daß es dieselbe kann. Das Spiel fing an. Die Kleine spielte es mit Freudigkeit und mit Sicherheit [...]. Ich dachte mir: du liebes Wesen, das Herz mit seinen Freuden und Leiden muß noch nicht in dir erwacht sein; die Töne sind dir nette gute Dinge, aus denen man recht schöne Sachen machen kann – aber du erfuhrst es noch nicht, welch eine *Seligkeit* und auch welch eine *Wehmuth* in ihnen liegen könne.[93]

Ausgehend vom ‚gemischten Gefühl‘ liegt in Theresas Geigenspiel mittels der Perspektive Ottos eine Spannung zwischen Freude und Schmerz, die die Widersprüchlichkeit des Erhabenen nachzeichnet. Schon in Theresas Auftreten zeigt sich eine ‚Düsterheit‘, die auch in ihrer Musik zum Ausdruck kommt: Neben ‚Seligkeit‘ liegt ‚Wehmuth‘ in den Tönen ihrer Geige. Dieses ‚schwankende Ding‘ – also das Erhabene in der Musik – wirkt dennoch, wie oben ja schon gezeigt, plastisch, fest und dauerhaft; Theresa „versteht, empfindet und erschafft das Gespielte", so dass „die Eindrüke", die der Ich-Erzähler „empfangen hatte, nur nach und nach verschwanden". Dabei birgt das Erhabene, auch wenn es im Fall von Theresas Geigenspiel eine „schöne[] sittliche[] Gewalt"[94] hat, zugleich, so Thürmer, das „Destruktionspotential" der Kunst, in der „Schönes und Schreckliches [...] untrennbar ineinander" übergehen. Thürmer spricht hier allerdings nicht vom Erhabenen, sondern von einem „dialektischen Charakter des Schönen", den er weniger an der Beschreibung der Musik selbst, sondern fast ausschließlich an ihren „Verheerungskräften" gegenüber dem Künstler festmacht.[95] Von solchen Kräften bleibt Otto an dieser Stelle verschont, weil er dieser Wirkung der Musik offenbar nicht direkt ausgesetzt ist; schließlich erfasst er das Erhabene von Theresas Geigenspiel nur zeitlich versetzt, nämlich in Vergleichung zum Spiel ihrer jüngeren Schwester. Betroffen davon ist also, Thürmers Einschätzung ent-

---

93 Ebd., S. 225, Hervorhebungen E. H.
94 Alle Zitate ebd., S. 229, 227 und 224.
95 Nach Thürmer liegt dieses „Destruktionspotential" in Camillas Musik; Theresas Geigenspiel wird nicht besprochen. Vgl. Thürmer, Erzählkunst des Biedermeier, 1999, S. 61 f.

sprechend, die Musikerin. Theresa wird, so fürchtet Otto in einer Reflexion über das eben gehörte Konzert, von ihrer eigenen Kunst bedroht:

> [S]o wollte ein Mitleid, und zwar noch ein innigeres, meine Seele um sie beschleichen. Wenn sie sehr oft in solchen heißen Gefühlen ist, so wird ihr Leben darunter ermatten, und ihre Zukunft gefährdet sein. Dies ist jederzeit der Fall, und wenn die Selbstschöpfung gar gewaltig aus dem noch jungen weichen und hülflosen Herzen kommen, so muß dasselbe gleichsam wie in einem Samum welk werden [...]. Aber der Künstler kann andererseits nur allein die zarten Tiefen des Kunstwerkes, in das er sich versenkt, ergründen, und muß ihnen die Seele hingeben: während wir bloß von der Allgemeinheit der Sache überkommen werden, und nur die Allgemeinheit des Gefühles mit nach Hause tragen.[96]

In dieser Thematisierung der ambivalenten Wirkung von Musik[97] wird der Topos von der Gewalt in der Musik präzise nachgezeichnet, nämlich die Spannung zwischen willentlicher Hingabe und der Angst vor einem Selbstverlust.[98] Allerdings wird das Gewalttätige des Geigenspiels weniger zu einem Problem für den Rezipienten, also für das erlebende Subjekt, denn Otto erkennt zwar das Erhabene der Musik wie auch die darin liegende Gefahr; gefährdet ist aber, so zumindest Ottos Annahme, vor allem die Autonomie des Künstlers. Dabei kommt es weder zu einer eindeutigen Ablehnung der Musik, noch zu einer Lösung im Kant'schen Sinn[99] – also zum Erkennen einer Vernunftidee durch den Künstler.[100] Für Theresa

---

96 Zwei Schwestern. In: HKG, Bd. 1,6, S. 229 f. Zu Beginn des Konzerts überwiegt die Sorge um Theresa, allerdings nicht im Sinn des Topos der Gewalt in der Musik: „[S]ogenannte Wunderkinder machten mir jedes Mal einen Schmerz. Welch eine Qual und welche unzähligen Stunden der Anstrengung müssen vorhergehen, ehe das Kind sich die unglaubliche Fertigkeit erwirbt, und die arme gelehrige Seele eine äußerst genau in das Ganze eingreifendes Geräthe wird. Daher hatte ich Mitleiden, als ich das schöne blasse Mädchen vor den Lampen stehen sah." Ebd., S. 223. Diese Sorge um die Kinder ist wohl von der zeitgenössischen Berichterstattung über die Milanollo-Schwestern beeinflusst: „Ein auch in vielen Berichten auftretendes Element ist die Gefährdung der Kinder durch die völlige Inanspruchnahme durch das Geigenspiel bzw. den Konzertbetrieb. Die öffentliche Kritik sah die Gefahr allerdings hauptsächlich in den äußeren Umständen und zog vor allem die Motivation des Vaters Giuseppe Milanollo in starke Zweifel." Antonicek, Musik in den Erzählungen Stifters, 2012, S. 27.
97 An dieser Stelle wird eine Wirkung des erhabenen Gefühls nicht nur präsentiert, sondern auch explizit thematisiert und diskutiert: „[V]ermittelt über die Handlung des Textes, das Verhalten der Figuren [...], und über Objekte, mit denen umgegangen wird oder die beschrieben werden", erscheinen Emotionen implizit. Explizite Vorkommnisse von Emotionen liegen dann vor, wenn sie „thematisiert" werden, also wenn „Figuren oder die Erzählinstanz [...] über Emotionen" sprechen oder über sie „abstrakt" reflektieren. Vgl. Winko, Kodierte Gefühle, 2003, S. 47 f.
98 Vgl. Caduff, Die ‚Gewalt der Musik' und das Erhabene, 2002, S. 490.
99 Nach Müller schließen sich „Enthusiasmus und Bedenklichkeit" in der Musikdarstellung in *Zwei Schwestern* nie aus. Vgl. Müller, Die Musik als apokalyptisches Medium des Unsagbaren,

bleibt nur, möchte man Ottos Einschätzung folgen, das Burke'sche zwischen Schmerz und Freude oszillierende Erhabene,[101] das „Herz mit seinen Freuden und Leiden",[102] zu dem sie kaum in Distanz treten kann.[103]

In Camillas Geigenspiel und in ihrer Person werden alle musikästhetischen Konstrukte, die in der Beschreibung von Theresa Milanollos Konzert angesprochen werden, noch einmal herausgestellt; es bildet dabei in allen Elementen, von der Musik als ‚Sprache des Herzens' über Plastisches in der Musik bis hin zum Topos der Gewalt und zum Erhabenen im Geigenspiel, den eigentlichen Höhepunkt der Musikbeschreibung in der Erzählung. Die Spannung, die auch Camillas Spiel eigen ist, wird aber schließlich, wie im Folgenden gezeigt werden soll, mithilfe des Schönen (nach Burke) noch vor ihrer Ehe mit Alfred Mussar umgangen.[104] Auch der Aspekt des Geheimnisvollen findet sich hier wieder,[105] denn als Otto Camillas Geige zum ersten Mal hört, weiß er nicht, wer spielt. Verstärkt wird das Geheimnisvolle, ja hier fast Irreale durch die besondere Atmosphäre der Raum-Grenze zwischen ‚Haidehaus' und Hochebene, an der sich der Erzähler befindet.[106] Die Dunkelheit[107] der Nacht lässt die Ebene in Ottos Perspektive „gleichsam wie eine schwarze Schlake, an der die Funken des Himmels verknisterten",[108] erscheinen. Wie das Licht der Sterne so sind auch die Töne der Geige der wechselseitigen Vermischung des gekerbten und glatten Raums ausgesetzt:[109]

1994, S. 105. Ähnlich argumentiert auch Thürmer: „Kunst entsteht und besteht in einem Prozeß, worin das Schreckliche zum Schönen wird." Thürmer, Erzählkunst des Biedermeier, 1999, S. 62.

100 Nach Kant ist das Erhabene „in unsern Ideen zu suchen". Kant, Analytik des Erhabenen, 1968, S. 335.

101 Vgl. Burke, A Philosophical Enquiry, 2008, S. 105.

102 Zwei Schwestern. In: HKG, Bd. 1,6, S. 225.

103 In Ottos Augen kann es Theresa kaum möglich sein, einen sicheren Standort gegenüber der erhabenen Wirkung hier Kunst einzunehmen. Zum sicheren Standort als Voraussetzung für das Erlebnis des Erhabenen. Vgl. z. B. Burke, A Philosophical Enquiry, 2008, S. 25.

104 Nach Hoffmann verliere sich die verheerende Wirkung von Camillas Geigenspiel mit ihrer Hochzeit und ihrer Hinwendung zum Praktisch-Alltäglichen. Vgl. Hoffmann, Stifters Erzählung ‚Zwei Schwestern', 1959, S. 27–30.

105 Das Geheimnisvolle in Camillas Geigenspiel wird in der Erzählung ausführlich vorbereitet: Der Hirtenjunge, der Otto schließlich nach mehrtägiger Suche den richtigen Weg zu Rikar weist, glaubt, dass es Rikar sei, „der so wunderbar geigt". Vgl. Zwei Schwestern. In: HKG, Bd. 1,6, S. 250.

106 Zur „wechselseitigen Vermischung" von glatten und gekerbten Räumen vgl. Deleuze/Guattari, Tausend Plateaus, 1992, S. 658.

107 Zur Dunkelheit und dem Erhabenen vgl. Burke, A Philosophical Enquiry, 2008, S. 40 f.

108 Zwei Schwestern. In: HKG, Bd. 1,6, S. 275.

109 Auch wenn das ‚Haidehaus' als ‚Insel' wahrgenommen werden kann, bleibt es doch immer – zumindest in Ottos Blick – vom glatten Raum bedroht. Der Sternenhimmel wird deshalb zwar in seiner erhabenen Unendlichkeit wahrgenommen, doch das Licht der Sterne reicht nicht bis zum

Nachdem Otto „durch ein Geräusch gewekt wurde", ohne zu wissen, „was es sei", erkennt er erst nach und nach „das Ding als Klänge, [...] als Töne einer Geige", die, kaum dass sie als solche erkannt worden sind, wieder verstummen. Otto steht schließlich auf und geht zum Fenster, „um zu horchen". Weiter heißt es:

> An dem ganzen heiteren Himmel stand jezt eine schmale silberne Mondsichel, [...] erleuchtete aber doch so viel, daß ich sah, daß unter meinen Fenstern eine Terasse sei, auf welcher Bäume standen, und auf welcher der schwache Schimmer einer Einfassung hin lief. Sonst sah ich nichts, nicht einmal das Dämmern der Felsen, von denen ich doch wußte, daß sie in einer nicht großen Entfernung sein müßten. Auch woher die Töne kamen, konnte ich mit dem Ohre nicht bemessen, kamen sie von rechts, kamen sie von links, oder kamen sie von unten. Selbst, ob im Haus oder im Garten gespielt wurde, war mir nicht recht klar.[110]

Die Hochebene verschluckt in Ottos Blick nicht nur das Licht der Sterne und das Licht des Hauses,[111] sondern auch den Ursprung der Töne. So wie die Glätte des Raums dem Auge kein Merkmal zur Orientierung bietet,[112] so muss auch das Ohr scheitern. Dabei verstärken sich Verwirrung und Spannung noch, als der Erzähler aufgrund der Kunstfertigkeit glaubt, Theresa Milanollos Geige zu hören: „Das gab sich als höchste edelste Kunst zu erkennen. Es war so ungemein genau begrenzt, kein Har darüber und kein Har darunter, es prägte sich klar, bestimmt, und gegenständlich aus."[113] Der erste Eindruck, den Otto von Camillas Musik erlangen kann, ist also wie schon das Geigenspiel Theresas von einer deutlichen Plastizität bestimmt.

Schließlich wird das Gehörte genauer beschrieben:

> Es begann wieder, nachdem es eine geraume Weile ausgesezt hatte – und man könnte gleichsam sagen, es gab seine Seele in die Lüfte. Ich horchte fort und fort. Wenn es Theresa

---

Menschen hinunter: Die Erde zeigt sich nur als „schwarze Schlake" und Gegenstände sind einzig als „einige Ballen schweigender Bäume, und fahle Dinge, wie Anlagen und Geländer", zu erkennen. Vgl. eBd. Die in der Philosophie traditionelle Erhabenheit des Sternenhimmels scheitert an der Glätte des Raums; der Sternenhimmel wird so zum Ausdruck des Verlusts der Empathie für die Erfahrung der Unendlichkeit. Vgl. dazu Blumenberg, Die Genesis der kopernikanischen Welt, 1975, S. 77 und in Kapitel III.1 dieser Arbeit den Abschnitt *Die Hochebene – Zwei Schwestern*, S. 234 f.

110 Alle Zitate aus Zwei Schwestern. In: HKG, Bd. 1,6, S. 276 f.

111 Von der Lampe der Magd, der Otto nach seiner Wanderung über die Hochebene im Hauseingang begegnet, heißt es: „Die Fäden dieses Lichtes spannen sich in den Garten heraus, der durch sie auf einmal viel dunkler wurde." Ebd., S. 266.

112 Auf seiner Wanderung über die Hochebene bleiben dem Ich-Erzähler zur Orientierung nur der Stand der Sonne und eine „Steinwulst", denn: „Die Steine auf dem Hochlande sehen einer dem andern gleich." Vgl. ebd., S. 259.

113 Ebd., S. 276.

Milanollo ist, so mußte ich denken: ist denn das Kind in dieser kurzen Zeit um so viel älter geworden, daß die süße Unwissenheit sich gewendet hat, die uns sonst so entzükte? [...] Es ist nicht mehr das Ding, das mit einfacher Liebe in den goldenen Tönen gespielt hat, blos aus dem Grunde, weil sie goldene sind; sondern das ist so zu sagen ein schreiendes Herz, welches seinen Jammer erkannt hat. Es lag in dem Spiele ein Schmerz und eine Sehnsucht, die so einleuchtend ausgesprochen waren, daß man sah, das sei nicht ein vorgebildetes und vorgespiegeltes Ding der Kunst, sondern das sei aus dem wirklichen, bitteren, erfahrenen Leben hergenommen. Es war für mein Ohr die ganz natürliche Steigerung des Herzens darinnen.[114]

Das Geigenspiel Camillas – allerdings wissen weder Erzähler noch Leser, dass es Camilla ist, die spielt – verliert im Vergleich zu Theresas das Kindliche und gewinnt dafür an ‚Jammer‘, ‚Schmerz‘ und ‚Sehnsucht‘. An die Stelle der „[g]ar schön[en] [...] Unschuld [...] – eine Unschuld, die [...] nur bei Kindern möglich ist", – von Theresas Vortrag[115] rückt nun die ‚aus dem wirklichen, bitteren, erfahrenen Leben hergenommene‘ Kunst Camillas. Camilla gibt ihre ‚Seele in die Lüfte‘, setzt sich also – möglicherweise bewusst[116] – der Gefahr des Selbstverlusts aus. In diesem Fall ist es aber nicht nur die Künstlerin, der ein solcher Verlust droht, auch der Ich-Erzähler ist dieser Gefahr ausgesetzt. Ähnlich wie in der „Weite und Breite"[117] des glatten Raums der Hochebene, in dem „die Bahn den Stillstand" fortreißt[118] und so zu einer Macht wird, der sich der Wanderer nicht mehr zur Wehr setzen kann, droht auch Camillas Geigenspiel damit, den Zuhörer zu überwältigen: Der Erzähler ‚horchte fort und fort‘, wird also wie auf der Ebene durch die Bewegung der Musik mitgerissen, die so immer mehr zur Burke'schen „irresistible force" wird.[119] Dabei erweist sich Camillas Geigenspiel als wahre Kunst,[120] nicht als ‚ein vorgebildetes und vorgespiegeltes Ding‘, denn in ihm liegt ‚die ganz natürliche Steigerung des Herzens‘ der Künstlerin:

---

114 Ebd., S. 277.
115 Ebd., S. 224.
116 Auch Hoffmann spricht von fehlender Unschuld in Camillas Geigenspiel, da sich Camilla der Opferung ihrer Seele bewusst sei. Vgl. Hoffmann, Stifters Erzählung ‚Zwei Schwestern‘, 1959, S. 18.
117 „[H]ier stand ich in einer Oede, wo alles fehlte, wo gar keine Mittel waren, etwas darzustellen, und wo sich doch eine so ruhige Schönheit zeigte, als legte die Natur ein einfach erhabenes Heldengedicht vor mich hin. Ich war gleichsam gebeugt, und die Lautlosigkeit rükte erst alles recht in die Weite und Breite, daß ich mich verlor." Zwei Schwestern. In: HKG, Bd. 1,6, S. 262.
118 Deleuze/Guattari, Tausend Plateaus, 1992, S. 663.
119 Burke, A Philosophical Enquiry, 2008, S. 39.
120 „[D]er Künstler kann [...] allein die zarten Tiefen des Kunstwerkes, in das er sich versenkt, ergründen, und muß ihnen die Seele hingeben." Zwei Schwestern. In: HKG, Bd. 1,6, S. 230.

Zuerst war es eine sanfte Klage, die versuchsweise bittet, und, wiewohl vergeblich, hinschmilzt – dann war das heiße Flehen, das ein fernes wohlerkanntes Glük so gerne herbei ziehen möchte – dann war die Ungeduld des Heischens – dann stand die Seele auf, und es war ein Zürnen, daß das Gut, das man geben wolle, nicht erkannt werde – und dann war ein Hohn, der da sagt, wie hoch das eigene Herz steht, und wie es sich durch Verachtung rächen will – – endlich war eine Fröhlichkeit, die es sich rauschend vorsagt, daß sie es sei. – – Ich dachte: du armes, armes Kind! was mußt du gelitten haben, daß du diese Dinge verstehst, und sie mit der einzigen Stimme, die dir Gott in so reichlichem Maße gegeben hat, ausdrüken kannst![121]

Der Erzähler liest die Musik als ‚Sprache des Herzens' der Künstlerin und übersetzt sie dabei in emotionale Werte,[122] während Theresas Geigenspiel zwar als gefühlvoll beschrieben wurde, einzelne Emotionen aber kaum genannt wurden. Man könnte von einer erzählten Rückübersetzung der „musikalischen Rhetorik" der Aufklärung sprechen: Deren eigentliches Bestreben ist es, „sich der Sprache und damit der Möglichkeit anzunähern, denotative Mitteilungen zu machen und möglichst gezielt auf den Hörer zu wirken, vor allem durch die Mitteilung und Erzeugung von Affekten", um über Selbstkontrolle den Zuhörer moralisch zu bessern. Auch wenn in *Zwei Schwestern* keinen, eindeutig definierten „musikalische[n] Figuren" und Harmonien eine bestimmte Gefühlswirkung zugesprochen werden,[123] so werden doch einzelne Abschnitte des Geigenspiels mit Emotionen verbunden, indem sie aufgezählt und quasi bestimmt werden; eine Kontrolle wird aber nur suggeriert. Otto rettet sich vorerst mit dem Nach-Erzählen der emotionalen Werte der Musik – also dem Erzählen fremder Gefühle und seinem eigenen Mitleid hierfür[124] – selbst vor dem Fortgerissen-Werden durch die Musik. In diesem Sinne kann man hier von einem Pathetischerhabenen nach Schiller sprechen, denn beide „Hauptbedingungen" sind erfüllt: „*Erstlich* eine lebhafte Vorstellung des *Leidens*, um den mitleidenden Affekt in der gehörigen Stärke zu

---

121 Ebd., S. 277 f.

122 Nach Thürmer liege der „intendierte[] Begründungszusammenhang des Textes für dieses Spiel" u. a. in der „Liebe Camillas zu Alfred und zugleich [in] alle[n] Gefahren, Erfahrungen und Leiden, die damit verbunden sind." Thürmer, Erzählkunst des Biedermeier, 1999, S. 60.

123 „Weite und erweiterte Intervalle etwa stehen für Freude, enge und engste Klangstufen für Traurigkeit". Dabei handle es sich nicht um „individuelle Gefühle, die als solche schwer zu fassen wären, sondern um typisierte Affekte, die jeden Hörer in vorhersehbarer Weise wie äußere Gegenstände affizieren." Vgl. Gess, Gewalt der Musik, 2011, S. 30 – 32. In *Zwei Schwestern* werden die in Musik ausgedrückten Gefühle dagegen immer eindeutig der jeweiligen Musikerin zugesprochen; zudem werden die Stücke, die gespielt werden, nicht benannt – hier wird die musikalische Rhetorik und ihre Affektenlehre also immer an ein Subjekt rückgebunden.

124 Dieses Mitleid für die Künstlerin wurde während des Konzerts der Milanollo-Schwestern vorbereitet. Vgl. Zwei Schwestern. In: HKG, Bd. 1,6, S. 229 f.

erregen" – und eine lebhafte Vorstellung scheint Otto zu haben, schließlich ergeht er sich in Mitleidsbekundungen für das ‚arme, arme Kind'. Aber auch die zweite Bedingung des Pathetischerhabenen ist erfüllt, wonach „eine Vorstellung des *Widerstandes* gegen das Leiden" entstehen müsse, „um die innere Gemüthsfreyheit ins Bewußtseyn zu rufen".[125] Freiheit, also Distanz zum Gehörten, erlangt Otto – zumindest kurzzeitig – über die Rückübersetzung in Gefühlswerte, also über eine Artikulation der erhabenen Erfahrung.[126]

Doch trotz der Übersetzung des Gehörten in Sprache findet Otto sich nicht, so Beckmanns Interpretation, „aus den Verstrickungen in die Realität freigesetzt" und fühlt sich nicht „in die imaginäre Welt des Vollkommenen erhoben"; auch findet er nicht „sein Selbst".[127] Denn gegen Ende des Geigenspiels wird sein Widerstand gebrochen und der Topos der Gewalt in der Musik kommt deutlich zum Tragen – angekündigt hat er sich ja schon im drohenden Selbstverlust der Künstlerin, vermittelt über den Zuhörer:

> Endlich wurde einmal jene Stärke, jene Begeisterung und Emporhebung, die gerne dem Ende einer Musik, namentlich dem einer sich selbst hörenden, vorausgeht, weil gleichsam die Seele sich selbst überholt hat, und das Werkzeug, wodurch sie sich ausgesprochen hatte, weglegt. So war es auch hier. Der Schluß, den ich selber als einen solchen erkannt hatte, offenbarte sich wirklich als einen solchen. Gleichsam wie ein goldener Bliz war der lezte Ton der Saite über die Gegend hinaus gegangen – und es blieb still.[128]

Statt der von der Rhetorik beeinflussten Affektenlehre der Musik offenbart sich nun ihre Gewalttätigkeit. Hier wird die zu Beginn des neunzehnten Jahrhunderts entstandene Musikerfahrung zur Sprache gebracht, nämlich die „Erfahrung eines freigewordenen, eines affektiv tangierenden, überwältigenden und fraglos auch lustbesetzten musikalischen Moments", die unter der „Formel von der *Gewalt in der Musik*" gefasst werden kann.[129] Überwältigt wird der Zuhörer von einer Musik, die ‚gleichsam die Seele überholt hat' und in einem Ton, der einem ‚Bliz' gleichkommt, aufgeht und endet. *Zwei Schwestern* nimmt so einen Natur-Topos

---

125 „Nur durch das erste wird der Gegenstand *pathetisch*, nur durch das zweyte wird das pathetische zugleich *erhaben*". Schiller, Vom Erhabenen, 1962, S. 195.

126 Nach Lehmann handle es sich beim Erhabenen um die Erfahrung einer „beängstigende[n] und berauschende[n] Schwebe", eines „*Vorübergleiten* des Wahns [...], des Selbstverlusts, ein Vorbeistreifen", das aber „sogleich [...] aufatmend in einer begrifflichen Artikulation dingfest gemacht, dadurch aber zugleich in seiner Realität verfälscht" werde. Lehmann, Das Erhabene ist das Unheimliche, 1989, S. 763.

127 Vgl. Beckmann, Formen der ästhetischen Erfahrung, 1988, S. 73.

128 Zwei Schwestern. In: HKG, Bd. 1,6, S. 278.

129 Caduff, Die ‚Gewalt der Musik' und das Erhabene, 2002, S. 490.

auf, der schon in *Perí hýpsus* als Beispiel für das Erhabene diente; demnach müsse „das Erhabene, wo es am rechten Ort hervorbricht, den ganzen Stoff wie ein plötzlich zuckender Blitz zerteil[en] und schlagartig die geballte Kraft des Redners offenbar[en]".[130] In Johann Georg Schlossers Longin-Übersetzung von 1781 kommt dem Erhabenen mittels des Blitzes gar eine nahezu tödliche Macht zu; der Blitz zerteilt nicht nur, sondern: „[D]as Erhabene [...] *trifft* wie ein Blitzschlag, und beweist auf einmal die ganze angebotene Gewalt des unwiderstehlichen Redners."[131] Wie bereits in der Erfahrung der Glätte der Hochebene wird das erlebende Subjekt auch hier vom Erhabenen überwältigt: Die Gewalt der Musik wie auch die „Weite und Breite" der Ödnis[132] erfüllen den Erzähler so sehr, dass sein Geist sich der Erfahrung nicht mehr, auch nicht über eine Artikulation, entziehen kann. Oder, mit den Worten Burkes: „In this case the mind is so entirely filled with its object, that it cannot entertain any other, nor by consequence reason on that object which employs it. Hence arises the great power of the sublime, that far from beeing produced by them, it anticipates our reasonings, and hurries us on by an irresistible force."[133] Der Struktur des Erhabenen wie auch der Struktur des Topos der Gewalt in der Musik (der ja das Erhabene abbildet) folgend liegt in Camillas Geigenspiel eine „Spannung zwischen dem Wunsch, sich der Gewalt hinzugeben, und der Angst, sich dadurch zu verlieren",[134] die an dieser Stelle nun – im Gegensatz zu Ottos Reflexionen über den Künstler – auch vom Erzähler nicht aufgelöst werden kann. Ruhe- und schlaflos senkt er sich, nachdem die Musik, die ihn „in der That zu sehr angegriffen" hatte, zu Ende ging, noch immer „in die Seele, aus der sie gequollen sein mochte". Er kann sich der Gewalt, auch als das Geigenspiel verklungen ist, nicht entziehen und kann keine Distanz zum Gehörten herstellen, bis „doch die Nacht ihr Recht" übt und er einschläft.[135]

Allerdings ist der Ich-Erzähler nicht so sehr von der Gewalt der Musik betroffen wie die Künstlerin. Camilla kann und darf sich ihr nicht entziehen; sie muss sich, nach Ottos oben schon zitierter Reflexion, der Gewalt hingeben, um sie hervorbringen zu können: „Aber der Künstler kann [...] nur allein die zarten Tiefen des Kunstwerkes, in das er sich versenkt, ergründen, und muß ihnen die Seele hingeben". Darin aber liegt ein Paradox: Der Künstler als „ein höherer Mensch – und jeder wahre Künstler muß das sein"[136] – ist Schöpfer des Erhabenen und

---

130 Longinus, Vom Erhabenen, 1988, S. 7 (1,4)
131 Longin, Vom Erhabenen, 1781, S. 32, Hervorhebung E. H.
132 Zwei Schwestern. In: HKG, Bd. 1,6, S. 262.
133 Burke, A Philosophical Enquiry, 2008, S. 39.
134 Caduff, Die ‚Gewalt der Musik' und das Erhabene, 2002, S. 490.
135 Alle Zitate aus Zwei Schwestern. In: HKG, Bd. 1,6, S. 279 f.
136 Alle Zitate ebd., S. 230 und 224.

zugleich bedroht vom Erhabenen: „Musik kann [...] gar zum gefährdeten Bereich des Krankhaften, Zerstörerischen und Tödlichen werden".[137] Zum anderen liegt in diesem Gedanken auch der von Burke und Kant[138] geforderte sichere Standort des erlebenden Subjekts: „When danger and pain press too nearly, they are incapable of giving any delight, and are simply terrible; but a certain distances, and with certain modifications, they may be, and they are delightful, as we every day experience."[139] Otto und andere Zuhörer sind zumindest nicht durchgängig so gefährdet wie die jeweiligen Künstler, denn sie tragen „nur die Allgemeinheit des Gefühls mit nach Hause".[140] Camilla aber untergräbt „durch ihr exzessives Geigenspiel die Substanz ihres Lebens",[141] „[s]ie liebt[] diese Töne ungemessen", und droht deshalb „an dieser Kunst zu sterben".[142] Die Erhabenheit ihrer Musik wird so für Camilla zum Burke'schen „king of terrors" – zum erhabenen Vorboten ihres eigenen Todes.[143]

Otto hört Camillas Geige schließlich auch bei Tag: Mit der Lösung des Rätsels[144] und mit dem Tageslicht (dem Burke im Übrigen abspricht, das Erhabene erzeugen zu können, weil es zu gewöhnlich sei)[145] verändern sich – ganz anders als im Fall des glatten Raums[146] – Beschreibung und Wirkung der Musik. Bei Licht betrachtet werden nicht mehr die durch die Töne hervorgerufenen Emotionen vordergründig beschrieben, sondern Camilla selbst:

---

137 Mayer, Die Angst vor der Musik, 2007, S. 207.

138 Nach Kant wird der „Anblick" eines Objekts des Erhabenen „nur um desto anziehender, je furchtbarer er ist, wenn wir uns nur in Sicherheit befinden". Kant, Analytik des Erhabenen, 1968, S. 349.

139 Burke, A Philosophical Enquiry, 2008, S. 25.

140 Zwei Schwestern. In: HKG, Bd. 1,6, S. 230.

141 Mayer, Die Angst vor der Musik, 2007, S. 207.

142 Zwei Schwestern. In: HKG, Bd. 1,6, S. 336 f.

143 „[A]s pain is stronger in its operation than pleasure, so death is in general a much more affecting idea than pain; because there are very few pains, however exquisite, which are not preferred to death; nay, what generally makes pain itself, if I may say so, more painful, is, that it is considered as an emissary of this king of terrors." Burke, A Philosophical Enquiry, 2008, S. 25.

144 Vor dieser Gelegenheit konnte nicht in Erfahrung gebracht werden, wer für das nächtliche Geigenspiel verantwortlich ist, denn Otto fragt nicht danach. In der zweiten Nacht wartet er vergeblich auf die Musik: „Theresa Milanollo war also ein verborgenes Geheimniß gewesen." Vgl. Zwei Schwestern. In: HKG, Bd. 1,6, S. 291 und 306.

145 „Mere light is too common a thing to make a strong impression on the mind, and without a strong impression nothing can be sublime." Burke, A Philosophical Enquiry, 2008, S. 59 f.

146 Erst bei Tag vermischen sich glatter und gekerbter Raum so sehr, dass man von einem Schwanken der Räume sprechen kann. Vgl. Zwei Schwestern. In: HKG, Bd. 1,6, S. 298 und in Kapitel III.1 dieser Arbeit den Abschnitt *Die Hochebene – Zwei Schwestern*, S. 235–238.

Die Töne, die von der Geige gingen, waren die merkwürdigen, die mich in der ersten Nacht so ergriffen hatten. Sie waren wieder die fast schmerzlich schönen Töne, die so eindrangen. Sie spielte ohne Noten, das Tonstük war mir völlig unbekannt, es mochten eigene hier ausgesprochene Gedanken sein. Das wunderbare Ding, von dem diese Töne hervor gingen, ruhte sicher an ihrem Herzen, als wäre es ein athmender Theil ihres Wesens, und der Bogen ging leicht, ich möchte den Ausdruk gebrauchen, gehaucht über die Saiten, daß die Töne klar und einzeln aber auch zart und bildsam hervor traten, wie flüssiges durchsichtiges Gold, wenn es eines gäbe. [147]

Die Musik Camillas wird auch hier mit dem ‚gemischten Gefühl‘ erfasst: Sie ist immer noch ‚schmerzlich schön‘ – aber die Reaktion Ottos ist eine andere. Die emotionale Wirkung der Töne auf ihn wird nur noch in der Vergangenheit, also im Plusquamperfekt statt im Perfekt, beschrieben; sie *hatten* ihn ‚ergriffen‘ und sind also schon in sein Wesen eingedrungen. Die Töne bei Tag werden zu einem bloßen Abbild der nächtlichen: So kommt es zu einer „Abwertung der Musik-Gewalt, so daß das reflektierende Subjekt dieser Gewalt überlegen scheint",[148] allerdings nicht in Analogie zum Kant'schen Erhabenen. Otto erhebt sich nicht über die Musik, indem er seine eigene Vernunft erkennt;[149] vielmehr stellt er das Plastische der Musik heraus: Die Töne sind ‚bildsam wie flüssiges durchsichtiges Gold‘. Indem er sich schließlich von der Musik ab- und Camillas Person zuwendet, also nicht mehr das „schreiende[] Herz", sondern, „die großen Augenlieder [sic!] mit ihren langen feinen Wimpern" beschreibt, überträgt er die plastische Bildhaftigkeit der Musik ganz auf Camillas Erscheinung: „Als sie jezt bei der Mutter saß, war sie in dieser Gruppe wie ein altgriechisches Bildniß, das aus hartem Marmor so zart gehauen ist, daß man meint, man könne in die Körpertheile durch Berührung ein feines Grübchen drüken".[150] Otto ändert die Perspektive und setzt so der Erhabenheit des Geigenspiels in Form von Camillas ‚antiker‘ Gestalt dessen ästhetische Opposition als eine „Gegen-Gewalt" entgegen:[151] die Schönheit[152] der an-

---

147 Zwei Schwestern. In: HKG, Bd. 1,6, S. 311.

148 Caduff interpretiert das als Analogon zur „menschlich-geistigen Überlegenheit über die Natur bei Kant". Caduff, Die ‚Gewalt der Musik‘ und das Erhabene, 2002, S. 490.

149 Vgl. Kant, Analytik des Erhabenen, 1968, S. 344 f.

150 Alle Zitate aus Zwei Schwestern. In: HKG, Bd. 1,6, S. 277 und 311 f. Auch Theresa wird in die Nähe des Ideals der antiken Plastik gerückt: „Die Züge waren unbeweglich und ich dachte mir damals, diese Büste könnte man in Marmor hauen." Ebd., S. 223.

151 Vgl. Caduff, Die ‚Gewalt der Musik‘ und das Erhabene, 2002, S. 490.

152 Nach Hoffmann stelle Stifter hier die Hinfälligkeit des Schönen dar und versuche gleichzeitig die Gefahr, die darin liege, mit der Bejahung des Lebens, der Landwirtschaft, zu binden. Stifter stehe damit ganz in der literaturhistorischen Entwicklung der Romantik und Klassik: Schönheit werde immer fragwürdiger, je weniger sich Schönheit und Leben gegenseitig durchdringen. Vgl. Hoffmann, Stifters Erzählung ‚Zwei Schwestern‘, 1959, S. 156 f.

tiken Plastik.[153] So wird der Begriff des Plastischen in der Musik sozusagen wieder rückübersetzt, denn nicht Camillas Geigenspiel, sondern ihre Erscheinung wird quasi zur Verwirklichung der „antike[n] Gottesidee [...] in der Statue" erhoben.[154] Die Opposition zwischen erhabener Musik und schöner Gestalt Camillas zeichnet dabei präzise den Burke'schen Gegensatz zwischen Schönheit und Erhabenheit nach, die in deren unterschiedlichen Ursachen liegt:

> For sublime objects are vast in their dimensions, beautiful ones comparatively small; beauty should be smooth, and polished; the great, rugged and negligent; beauty should shun the right line, yet deviate from it insensibly; the great in many cases loves the right line, and then it deviates; beauty should not be obscure; the great ought to be dark and gloomy; beauty should be light and delicate; the great ought to be solid, and even massiv. They are indeed ideas of a very different nature, one beeing founded on pain, the other on pleasure [...].[155]

Hat Camillas nächtliches Geigenspiel den Erzähler noch „in der That zu sehr angegriffen", so bereitet es ihm bei Tag nur noch „Freude, und erregt [ihm] schöne Gefühle",[156] verschafft ihm statt Schmerz (‚pain') nur noch Vergnügen (‚pleasure'). Deshalb wirkt die Musik bei Tag auch nicht mehr verstörend; deshalb ist sie statt erhaben nurmehr noch schön und spielt alsbald keine Rolle mehr in der Erzählung: Nach dieser Passage wird das Geigenspiel Camillas nur noch erwähnt,[157] aber nicht mehr ausführlich beschrieben.

In *Zwei Schwestern* verbinden sich Musik und Erhabenes also in vielfältiger Weise: Zum einen wird in der Beschreibung der Musik das ‚gemischte Gefühl' des Erhabenen nachgezeichnet; zum anderen kommt es unter dem Aspekt der Musik als ‚Sprache des Herzens' mithilfe der musikalischen Rhetorik der Aufklärung zu einer Rückübersetzung der Töne in Emotionen (allerdings nicht über bestimmte Harmonien). Über diese Artikulation der Erfahrung, die dem Schiller'schen Pathetischerhabenen gleichkommt, kann ein Fortgerissen-Werden, ein Selbstverlust durch die Erhabenheit der Musik zumindest kurzzeitig verhindert werden. Kann sich das erlebende Subjekt aber nicht mehr durch eine Artikulation der Erfahrung entziehen, droht ihm ein Burke'scher Selbstverlust. Zudem ist die Wirkung der Musik so sehr von einer Perspektive geprägt, dass sie sich mit Veränderung der Lichtverhältnisse gravierend wandeln kann: Bei Tag erscheint die Musik immer

---

153 Stifters Bewunderung für die Kunst der Antike wurde schon mehrfach anhand seiner Texte – v. a. anhand des *Nachsommers* – belegt. Vgl. Mayer, Erzählen als Erkennen, 2001, S. 147, 163 und 166.
154 Vgl. Dahlhaus, Die Idee der absoluten Musik, 1994, S. 47 f.
155 Burke, A Philosophical Enquiry, 2008, S. 97.
156 Zwei Schwestern. In: HKG, Bd. 1,6, S. 313.
157 Vgl. ebd., z. B. S. 318.

plastischer. Darüber verliert sie zwar vorerst nicht ihre erhabene im ‚gemischten Gefühl' beschreib- sowie erfahrbare Wirkung; dennoch ist die Wirkung bei Tageslicht nicht mehr so stark, so dass schließlich nicht Gehörtes, sondern Gesehenes beschrieben wird: die Erscheinung der Künstlerin, die dabei in die Nähe des antiken Schönheitsideals gerückt wird. Mit diesem Perspektivwechsel verliert die Musik schließlich ihre zerstörerische, gleichwohl erhabene Gewalt und wird als nurmehr schön wahrgenommen. Die jeweiligen Wirkungen des Erhabenen und der Musik sind also immer vom erlebenden Subjekt, das ihre Wirkungen beschreibt, abhängig. Darin aber, also im wandelbaren und immer veränderlichen Blick des erlebenden Subjekts liegt die jeweilige Fähigkeit von Musik- und Erhabenheitsdarstellungen zu einem poetischen ‚Eigenleben'.[158] In *Zwei Schwestern* schwanken beide zwischen äußerst gegensätzlichen Polen: die Darstellung des Erhabenen zwischen sittlicher Erhebung und totaler Überwältigung, zwischen Kant'scher Vernunftidee, Schiller'schem Mitleiden und Burke'schem Schrecken; die der Musik zwischen Hingabe und Kontrolle, zwischen Distanzlosigkeit und Distanz schaffender Artikulation, und schließlich zwischen erhabenem Schmerz und schönem Vergnügen.

---

158 Zur Musik vgl. Lubkoll, Poetische Entwürfe des Musikalischen, 1995, S. 12. Zum poetischen ‚Eigenleben' des Erhabenen vgl. Erhart, Das Erhabene, das Schöne und die moderne Literatur, 1997, S. 90.

5 Ästhetisierung des Wahrscheinlichen – das Erhabene in *Abdias*

„[W]arum nun dieses?"[1] – Mit dieser Frage, die in die Erzählung vom Juden Abdias einleitet, scheint die gleichnamige Novelle Stifters die eigene Rätselhaftigkeit zu reflektieren,[2] also den offenbar fehlenden Sinnzusammenhang zwischen Einleitung und Geschehen. Obschon eine Vielzahl an Beiträgen zur Einleitung von *Abdias* vorliegt, wird auch hier die Frage nach den textimmanenten Beziehungen dieser beiden Teile im Fokus stehen. Ausgehend von Joseph Johann von Littrows *Die Wunder des Himmels* (erstmals 1834–1836), Andreas von Baumgartners *Die Naturlehre nach ihrem gegenwärtigen Zustande* (erstmals 1824) und dessen Schrift *Anfangsgründe der Naturlehre* (1850)[3] wird sich zeigen, wie sich trotz der Rätselhaftigkeit der Einleitung über die zeitgenössischen Naturwissenschaften und über das Erhabene ein spezifischer Sinn in der Erzählung konstituiert. Naturwissenschaftler wie Baumgartner und Littrow verwendeten besonders Kants *Analytik des Erhabenen*, um eigentlich unvorstellbare oder (noch) unerklärbare Phänomene der Natur darzustellen;[4] über dieses Vorgehen können die jeweiligen Phänomene zwar nicht in einer naturwissenschaftlichen Logik, doch aber mithilfe einer spezifischen, nämlich ,erhabenen', Argumentation vermittelt werden. Auch *Abdias* nutzt das Erhabene als Erzähltechnik[5] (und auch einige naturwissenschaft-

---

1 Abdias. In: HKG, Bd. 1,5, S. 239.

2 „Am Anfang stehen Rätsel", so formuliert es Jana Schuster kurz und treffend. Jana Schuster, Der Stoff des Lebens. Atmosphäre und Kreatur in Stifters ,Abdias'. In: Zeitschrift für Germanistik. Neue Folge 24 (2014), S. 296–311, hier 296.

3 Die hier verwendete Auflage von *Anfangsgründe der Naturlehre* ist erst 1850 erschienen, also drei Jahre nach *Abdias* (Buchfassung). Die erste Auflage ist aber bereits 1837 erschienen; zudem kannte Stifter Baumgartner aus seiner Studienzeit in Wien. Vgl. Lachinger, Baumgartner, 2005.

4 Vgl. dazu Kapitel I in dieser Arbeit.

5 Das Erhabene der Blitzschläge wird nicht von einem erlebenden Subjekt erfahren; es konstituiert sich also auch nicht in der Wahrnehmung einer Figur. Vielmehr wird es als ästhetische Argumentation genutzt. Deshalb bietet es sich besonders in diesem Fall an, die Studienfassung der Lektüre zugrunde zu legen. Nach Peter Utz stelle darin die Erzählposition „kaum mehr direkten Zugang zu Abdias" her: „Die Erzählstimme zieht sich hinter die Kulissen zurück, wird selbst unsichtbar." Peter Utz, ,Die Lücken, die jetzt sind'. Visualität und Blindheit in den beiden Fassungen von Stifters *Abdias*. In: Eickenrodt, Sabine (Hg.), Blindheit in Literatur und Ästhetik (1750–1850), Würzburg 2012, S. 251–274, hier 254. Damit tritt das unerklärbare Geschehen der Erzählung unabhängig von Abdias' Verzweiflung zusammen mit dem Erhabenen in den Vordergrund, das so quasi argumentativ verwendet werden kann.

https://doi.org/10.1515/9783110498219-012

liche Theorien der Zeit)[6], um vor allem dem Blitz – heil- und todbringend zugleich – zumindest einen ästhetischen Sinn zu verleihen.

Diesem Vorhaben entsprechend wird sich die folgende Untersuchung auf die Einleitung und den zweiten Teil der Erzählung, also auf Abdias' und Dithas Leben im Böhmerwald konzentrieren,[7] wohin Abdias nach einem Überfall auf seine Wohnstätte in der Wüste und dem Tod seiner Frau Deborah übergesiedelt ist. Das Leben in Europa ist von der Sorge um die Tochter Ditha bestimmt, die offenbar zurückgeblieben ist. Schließlich merkt Abdias nach mehreren Jahren, dass Ditha nicht geistig behindert, sondern blind ist; doch jede ärztliche Kunst versagt. Abdias geht deshalb auch in Europa seinem alten Beruf, dem Handel, nach, um so für Dithas Zukunft vorzusorgen, bis Ditha schließlich eines Tages durch einen Blitzschlag sehend wird. Doch das nun ungetrübte Glück des Abdias ist nur von kurzer Dauer, denn Ditha stirbt nur wenige Zeit später durch einen weiteren unvermittelten Blitzschlag; die einzige Erklärung, die die Erzählung dafür bietet, ist die „Gewitterfreudigkeit" Dithas.[8] Der Erzählung vorangestellt sind einige einleitenden Absätze, die Fragen nach dem Sinn eines von offenbar unmotivierten Schicksalsschlägen gebeutelten Lebens stellen. Dabei werden mehrere Deutungsmuster beschrieben, vom „Begriffe des Fatums" der „Alten" über den „milderen des Schicksals" bis hin zu einer naturwissenschaftlich geprägten „heitre[n] Blumenkette [...] der Ursachen und Wirkungen", deren Glieder nur „recht gezählt" werden müssten, um jeden scheinbaren „Zufall" als „Folge[]" erkennen zu können.[9]

Der nun hier anschließende Forschungsüberblick wird sich aufgrund der Menge an Untersuchungen zu Stifters *Abdias* vor allem auf solche Beiträge konzentrieren, die die scheinbare Sinnlosigkeit der Blitzschläge (und der anderen Schicksalsschläge des Abdias) in Beziehung zur Einleitung setzen;[10] dabei wer-

---

6 Baumgartners *Naturlehre* wurde schon mehrfach zur Interpretation von *Abdias* herangezogen. Vgl. Federmair, Entwicklungspsychologie und Elektrizität, 2008; Gamper, Stifters Elektrizität, 2009.

7 Nach dem Kommentarband zu den *Studien* denke Stifter bei der Beschreibung von Abdias' neuem Wohnort „wohl an seine böhmische Heimat". Siehe HKG, Bd. 1,9, S. 293.

8 In der Erzählung ist die Rede von einem „Naturwunder", nämlich von Dithas „Gewitterfreudigkeit": „Einmal in der Dämmerung einer sehr gewitterschwülen Nacht, da sie eben an dem offenen Fenster stand und dem entfernten Blitzen zusah, bemerkte Abdias [...], daß ein leichter, schwacher, blaßer Lichtschein um ihr Haupt zu schweben beginne, und daß die Enden der Seidenbändchen, womit ihr Haar gebunden war, sich sträuben und gerade empor ständen." Abdias. In: HKG, Bd. 1,5, S. 328.

9 Alle Zitate ebd., S. 237 f.

10 Ein weiterer Forschungsschwerpunkt liegt auf der Figur der Ditha. Nach Wilhelm Kühlmann habe Stifter sich mit Ditha auf ein „subtiles erzählerisches Experiment" eingelassen, dessen

den sich drei grundsätzliche Erklärungsansätze herauskristallisieren, die im Folgenden alle dargestellt werden, auch wenn es der zuletzt aufgeführte ist, der Ansatzpunkte für die hier vorliegende Lektüre bietet. Ein solches Vorgehen scheint gerechtfertigt, weil die jeweiligen Erklärungsansätze stark voneinander abhängig sind bzw. in deutlicher Opposition zueinander stehen. Besonders das letzte Deutungsmuster ist in deutlicher Abgrenzung zu den beiden ersteren gedacht.

Der älteste Ansatz sieht Abdias als gescheiterten Propheten, der seiner göttlichen Erwählung nicht nachkomme. So versucht Johann Lachinger einen Sinnzusammenhang zwischen Einleitung und Geschehen herzustellen, indem er Abdias' Schicksal als Verkennung seiner „religiös-spirituelle[n] Sendung" und Dithas Tod durch einen Blitz als „mythisch-göttliche Bestimmung" interpretiert.[11] Gerhard Kaiser erweitert Lachingers These: Zwar habe Abdias einen „figuralen Bezug [...] auf die Könige, Seher und Propheten des Alten Testaments", in dem sich Abdias' „Bestimmung zum Dichter" ausspreche. Der Versuch, „das Numinose in die Geschichte des Abdias einzubringen, es dann aber theologisch-philosophisch in einem Kontinuum der Kausalität zu mediatisieren", ende aber darin, „daß seine Unbegreiflichkeit nur um so greller hervortritt, ja daß es in seiner Qualität als Göttliches überhaupt zweifelhaft wird."[12] Auch Gunter H. Hertling interpretiert „Abdias' sonderbare[n] Elektrizitätsbezug" innerhalb eines „Verwandtschaftsbereich[s] alttestamentarischer Gottesknechte", von denen sich

---

Vorbild in Diderots *Lettre sur les Aveugle* (1749) zu suchen sei, denn das „Erzählexperiment" reproduziere „eine Versuchsanordnung der empirischen Sinnesphysiologie". Wilhelm Kühlmann, Von Diderot bis Stifter. Das Experiment aufklärerischer Anthropologie in Stifters Novelle ,Abdias'. In: Laufhütte, Hartmut/Möseneder, Karl (Hg.), Adalbert Stifter. Dichter und Maler, Denkmalpfleger und Schulmann. Neue Zugänge zu seinem Werk, Tübingen 1996, S. 395–409, hier 398. Leopold Federmair knüpft an Kühlmanns Argumentation an, bezieht sich aber nicht ausschließlich auf die aufklärerischen Themen Psychologie und Blindheit: In *Abdias* kreuze Stifter vielmehr „das Thema der Entwicklung der Wahrnehmung und, damit engstens verbunden, der Psyche, mit dem Thema der Elektrizität, die zwar die Entwicklungsstörung nicht bedingt, in der Heilsgeschichte aber eine zweischneidige Rolle spielt." Ersteres sei „durch die aufklärerische Tradition geprägt, das andere durch die romantische." Federmair, Entwicklungspsychologie und Elektrizität, 2008, S. 13. Auch Christian Begemann liest Ditha als „anthropologisches Experiment": Stifter entwerfe „eine Figur, der mit dem Augenlicht der Zugang zur Außenwelt fehlt. Deren ontogenetisch normale Ausdifferenzierung gegenüber dem Subjekt findet daher nur unvollständig statt." Begemann, Welt der Zeichen, 1995, S. 156 f.
11 Johann Lachinger, Adalbert Stifters ,Abdias'. Eine Interpretation. In: VASILO 18 (1969), S. 97–114, hier 112.
12 Gerhard Kaiser, Stifter – dechiffriert? Die Vorstellung vom Dichter in ,Das Haidedorf' und ,Abdias'. In: Sprachkunst. Beiträge zur Literaturwissenschaft 1 (1970), S. 273–317, hier 279 und 311.

Abdias aber insofern grundlegend unterscheide, als dass „er weder die zahlreichen Niederlagen noch Yahwes Wunderoffenbarungen als kosmische Botschaften
zu ,sehen' vermag".[13]

Mit Theo Reuchers Beitrag entsteht das zweite Interpretationsmuster, das
auch von einer Schuld des Abdias ausgeht, die liege aber nicht in der Verkennung
seiner göttlichen Sendung; vielmehr müsse der Grund für sein Unglück – von
seiner Pockenerkrankung über den Überfall auf die Wüstenstadt und den Tod
Deborahs bis hin zu Dithas Blindheit und ihren Tod durch einen Blitzschlag – in
Abdias' egoistischem Handeln gesucht werden. Allerdings werde er nicht wis-
sentlich schuldig, denn seine Schuld sei „identisch mit der Begrenztheit seiner
Erkenntnis".[14] Nach Axel Gellhaus habe Abdias mit der Übersiedelung nach Europa „die Bindung zu den eigenen religiösen Wurzeln" verloren: „Das Leben des
Juden Abdias im Exil ist die Parabel einer entfremdeten Kultur, deren Möglichkeiten Abdias selbst im Spiegel seiner Tochter zu erkennen erst begonnen hatte",
als Ditha plötzlich stirbt.[15] Kaiser, der Abdias, wie schon erwähnt, als seine

---

13 Gunter H. Hertling, Adalbert Stifters zeitlose Botschaft. Obadja-Abdias. In: ders., Bleibende
Lebensinhalte. Essays zu Adalbert Stifter und Gottfried Keller, Bern u. a. 2003, S. 43–70, hier 57
(erstmals 1968). Hertling spielt hier auf den „unnatürlichen Schein" an, der von Abdias in Situationen höchster Erregung ausgeht und der in der Erzählung mit Dithas ,Gewitterfreudigkeit'
verglichen wird. Vgl. Abdias. In: HKG, Bd. 1,5, S. 258 und 328.
14 Vgl. Theo Reucher, Das Handeln und Leiden des Abdias. Zur Ich-Problematik in Stifters
,Abdias'. In: Literatur für Leser. Zeitschrift für Interpretationspraxis und geschichtliche Texterkenntnis (1987), S. 107–124, hier 109 f.
15 Allerdings gehe es Stifter nicht darum, Abdias' Schuld vorzuführen, vielmehr lege er nahe,
„sein Verhalten als Resultat von Umständen zu begreifen". Vgl. Axel Gellhaus, ,An Edom!' Die
Figur des *Abdias* bei Heine, Stifter, Susman und Celan. In: Gelber, Mark H. (Hg.), Integration und
Ausgrenzung. Studien zur deutsch-jüdischen Literatur- und Kulturgeschichte von der Frühen
Neuzeit bis zur Gegenwart, Tübingen 2009, S. 403–414, hier 406–408. Auch die Frage, inwieweit
die Erzählung antisemitisch ist, wurde in den letzten Jahren ausführlich diskutiert. So liest Joseph
Metz *Abdias* unter dem Aspekt der zeitgenössischen Krise des Nationalismus in Österreich: „Seen
in this context, Stifter's text represents an allegorically coded strand of the passionate midcentury
debate about the potential dangers of Jewish emancipation and assimilation for the German-
speaking world." Dennoch kommt Metz zu einem versöhnlichen Ergebnis: „[R]eading the figure of
the Jew in Stifter's text reveals itself to be a matter of anti-Semitism and anti-anti-Semitism, a
matter of semiotics and its slippage into the inability to read, and a matter of proscriptions against
reading." Metz, The Jew as Sign, 2002, S. 227–230. Nach Martha B. Helfer sei *Abdias* deutlich
antisemitisch: Die Erzählung sei „a profoundly political text that casts anti-Semitism as a natural
phenomenon and constructs a discursive critique of the nature of ,the Jew' in contemporary
Austrian society and art." Helfer, Natural Anti-Semitism, 2004, S. 262. Daniel Hoffmann dagegen
unterzieht *Abdias* einer „jüdischen Lektüre" und kommt zu dem Schluss, dass Stifter gegen die
Vorurteile seiner Zeitgenossen angeschrieben habe: „In Stifters *Abdias* sehen immer nur die
anderen [...] in dem Unglück, das ihn trifft, eine gerechte Strafe Gottes." Abdias dagegen suche

Sendung verkennenden, prophetischen Dichter interpretiert, kommt dagegen zu dem Schluss, dass dennoch „die großen Wendungen im Leben des Abdias zumindest vorläufig mit dem Maßstab der Schuld nicht auszumessen" seien: Stifter lasse „die Schuldfrage gestellt, aber offen."[16] Peter D. Fenves sieht das ähnlich: „So sehr Abdias' Leben vom alten Begriff des Fatums wie vom neuzeitlichen des Schicksals unberührt bleibt, so sehr bleiben auch die neueren Begriffe der Verschuldung und Bezahlung unfähig, sein unbestimmtes und vieldeutiges ‚Schicksal' zu fassen."[17]

Beide bisher vorgestellten Deutungsmuster vernachlässigen aber einen wichtigen Aspekt der Einleitung: Nur die darin genannten Begriffe Fatum, Schicksal und Schuld werden der Interpretation unterlegt; der naturwissenschaftlich geprägte Kausalnexus wird dagegen nicht beachtet, obwohl dieses Denkmuster in der Einleitung mindestens genau so viel Raum einnimmt wie die Diskussion von Fatum, Schicksal und Schuld und, so Ferdinand van Ingen, den eigentlichen „Erzählanlaß bildet".[18] Dieser Tatsache gerecht werdend beschäftigen sich einige Beiträge mit der Frage, inwieweit (oder ob überhaupt) besonders die Blitzschläge in *Abdias* mithilfe der Naturwissenschaften bzw. einem kausalen Naturgesetz verstehbar werden. So lehnt Hartmut Laufhütte Interpretationen, die das Naturgeschehen als eine Strafe für Abdias deuten, ab, denn der Text lasse „nicht erkennen, *wofür* Abdias so schrecklich bestraft wird, und er referiert zu viele Erklärungen solcher Art aus den verschiedenen Umgebungen des Abdias und diskreditiert sie zu gründlich als Ausdruck von Neid und Ressentiments, als daß man selbst deutend ähnlich verfahren will." Gerade das „gleichmütige[] Nebeneinander von zufälliger Heilung und ebenso zufälliger Zerstörung" in den Blitzschlägen erscheine „demonstrativ sinnentleert", so dass „[j]eder Versuch einer moralisch-harmonisierenden Deutung" versagen müsse: „Es herrscht eine kalte Beziehungslosigkeit zwischen den Abläufen der Naturdinge und denen des menschlichen Lebens, das gleichwohl in sie einbezogen ist."[19] Der Erzählung

---

„nur nach dem rechten Weg, um die wechselnden Herausforderungen an sein Schicksal zu bewältigen." Vgl. Daniel Hoffmann, Leuchtende Tinte auf brüchigem Papier. Eine jüdische Lektüre von Adalbert Stifters *Abdias*, Würzburg 2011, S. 136 f.

16 Vgl. Kaiser, Die Vorstellung vom Dichter, 1970, S. 308.

17 Peter D. Fenves, Die Scham der Schönheit: Einige Bemerkungen zu Stifter. In: Schestag, Thomas (Hg.), ‚Geteilte Aufmerksamkeit'. Zur Frage des Lesens, Frankfurt a. M. 1997, S. 91–111, hier 97.

18 Ferdinand van Ingen, Band und Kette. Zu einer Denkfigur bei Stifter. In: Laufhütte, Hartmut/ Möseneder, Karl (Hg.), Adalbert Stifter. Dichter und Maler, Denkmalpfleger und Schulmann. Neue Zugänge zu seinem Werk, Tübingen 1996, S. 58–74, hier 74.

19 Hartmut Laufhütte, Von der Modernität eines Unmodernen. Anläßlich der Erzählung *Abdias* von Adalbert Stifter. In: JASILO 1 (1994), S. 65–75, hier 66–72. Auch nach Torsten Pettersson

fehle, so Laufhütte an anderer Stelle, der „Maßstab des Ethischen": Die Naturwissenschaft solle zwar als „harmonischer Seinszusammenhang" alles Einzelne
halten und erklärbar machen, sie trete aber in einem zusammenhangslosen Nebeneinander zutage, das die Frage nach dem Sinn ins Leere laufen lasse und die
„Gefahr nihilistischer Verzweiflung" heraufbeschwöre.[20] Arnold Klaffenböck argumentiert ähnlich: Das im ‚Sanften Gesetz' formulierte „grundsätzliche[],
wenngleich nicht uneingeschränkte[] Vertrauen auf die Ordnungs- bzw. Kon-
trollfunktion menschlicher Kultur und Zivilisation" könne für *Abdias* nicht gelten,
denn die „äußere Natur" entziehe sich hier „menschlicher Begrifflichkeit" und
lasse sich deshalb „mit Kategorien der inneren Natur – Ethik, Moral, Gerechtigkeit, Schuld – nicht bemessen; Naturgesetz und Sittengesetz kollidieren miteinander, ihr Antagonismus bleibt letztlich unaufgelöst."[21] Nach van Ingen stehe das
Geschehen der Erzählung in direkter Opposition zur Einleitung, denn die Erzählung bringe „angesichts des Kausalitätsprinzips [...] eine Dauerstörung zuwege".
Deshalb erscheine die Kunst „als das einzig geeignete Instrument der Sinndeutung."[22] Allerdings lässt van Ingen offen, zu welchem Sinn die Kunst gelangen
könnte. Primus-Heinz Kucher kommt diesbezüglich zu dem Schluss, *Abdias* wolle

---

müsse jede Möglichkeit zur menschlichen Erkenntnis angesichts der Blitzschläge versagen. Vgl.
Torsten Pettersson, ‚Eine Welt aus Sehen und Blindheit'. Consciousness and World in Stifter's
‚Abdias'. In: Germanisch-romanische Monatsschrift 40 (1990), S. 40 – 53, hier 48. Diese Deutung
entspricht in etwa der von Wolfgang Matz bezüglich Stifters gesamten Werk: Demnach bleibe den
Protagonisten darin oft nur die „Unterwerfung unter das blinde Sosein" der Natur. Vgl. Matz,
Stifters Werk zwischen Idylle und Angst, 1989, S. 719.
20 Laufhütte, Das sanfte Gesetz und der Abgrund, 2000, S. 62f.
21 Arnold Klaffenböck, Stifters Seelen-Landschaften: Bedrohung und Bewältigung. In: JASILO 18
(2011), S. 33 – 44, hier 34 und 37. Klaffenböcks Ausführungen erinnern sehr an Alfred Dopplers
These von der *Schrecklich schöne Welt* in Stifters Werk. Demnach sei in die erbauliche Oberfläche
von Stifters Texten eine „gegenläufige Erzähleben" eingewoben, die „von einer unaufhebbaren
Lebensspannung" durchzogen sei. Deshalb sei die Verankerung des Sittengesetzes im Naturgesetz in der *Vorrede* zu den *Bunten Steinen* zwar als Analogie beschreibbar; sie erweise sich aber in
der Lebenspraxis als Antagonismus, denn sowohl die Gewaltherrschaft der Natur, als auch die
menschlichen Leidenschaften erscheinen als mächtige Gegenspieler zur ersehnten Gelassenheit.
Vgl. Doppler, Stifters fragwürdige Analogie von Natur- und Sittengesetz, 1994, S. 10f.
22 Ingen, Band und Kette, 1996, S. 74. Hans Gabriel scheint sich an diese Überlegungen anzu-
schließen, legt aber das Augenmerk auf die Religion. *Abdias* und das ‚Sanfte Gesetz' zeigen ihm
zufolge gleichermaßen, „that a comprehensible human explanation of unfathomable natural
processes will always precede and never fully encompass the observed physical data that
ostensibly support it." Beide Texte seien zwischen „rational scientific hypothesis and irrational
religious faith" angesiedelt. Hans Gabriel, ‚The Final Irrationality of Existence': The Language of
Madness and the Madness of Language in Stifter's *Abdias* and *Bergkristall*. In: Thomas, Rebecca S.
(Hg.), Crime and Madness in Modern Austria: Myth, Metaphor and Cultural Realities, Newcastle
2008, S. 1–28, hier 4.

„die Frage nach dem konkreten Sinn der Geschehnisse dem bloßen Erzählen nachgeordnet sehen." Dabei werde das Sinnpotential der Einleitung aber gerade nicht aufgelöst und „traditionelle Texteigenschaften sowie Lesererwartungen" unterlaufen.[23] Auch Barbara Mariacher sieht die Erzählung in erster Linie als außerordentliche Herausforderung an den Leser aufgrund eines kaum zu überschauenden Sinnangebots: Stifter habe „nicht einfach ein geschlossenes theoretische Konzept von Schicksal anhand des Textes exemplifiziert", sondern mehrere „Schicksalsvorstellungen sowohl christlicher als auch jüdischer Art bis hin zur gänzlichen Absage an den Schicksalsbegriff anklingen" lassen.[24] Nach Mathias Mayer habe *Abdias* gar eine „Sinnverweigerung zum Thema", denn eine Interpretation könne trotz verschiedenster Sinnangebote nicht zu einem klaren Ergebnis kommen: „[D]iese Ambivalenz, die die Vorgänge [...] unentscheidbar und unlesbar hält, desavouiert die verharmlosenden Versuche des Erzählers, die Rätselhaftigkeit Abdias' zu reduzieren."[25] Kulturhistorisch gelesen offenbare sich aber, so Monika Ritzer, keine fehlende Kausalität zwischen Einleitung und Geschehen, denn es lasse sich eine durchgängig positiv besetzte Kette der Ursachen und Wirkungen in der Erzählung ausmachen. So könne Dithas Gewitterfreudigkeit und der heilende Blitz mithilfe zeitgenössischer Erkenntnisse über Elektrizität erklärt werden. In *Abdias* gehe es deshalb nicht um Sinnverweigerung, sondern um eine „Öffnung für neue Sinndimensionen": „Objektiv betrachtet" stehe „das Geschehende [...] in eigenen, noch nicht ganz klaren Zusammenhängen."[26]

Nach Peter Utz weise die Einleitung der Studienfassung zwar eine „aufklärerische Grundhaltung" auf, bei der Erzählung handle es sich aber um ein „Experiment, mit dem Stifter seinen einsamen Helden unter einem leeren Himmel den Schlägen einer anonymen Apparatur" aussetze. Das könne nicht zu einer

---

23 Kucher, Verfremdete – fremde Welt, 1999, S. 29 f.

24 Vgl. Barbara Mariacher, Zufall – das ungelenke Organ des Schicksals. Überlegungen zum Zufallsbegriff in der Erzählung *Abdias*. In: Enklaar, Jattie/Ester, Hans (Hg.), Geborgenheit und Gefährdung in der epischen und malerischen Welt Adalbert Stifters, Würzburg 2006, S. 87–93, hier 90 f.

25 Vgl. Mayer, Erzählen als Erkennen, 2001, S. 58 f.

26 Vgl. Monika Ritzer, Von Suppenwürfeln, Induktionsstrom und der Äquivalenz der Kräfte. Zum Kulturwert der Naturwissenschaft am Beispiel von Adalbert Stifters Novelle ‚Abdias'. In: Kultur-Poetik. Journal for Cultural Poetics 2 (2002), S. 44–67, hier 66 und 47. Ritzer findet einige Hinweise im Text, die ihre These stützen, z. B. den Brühwürfel, den Abdias zubereitet. Dabei handle es sich um „die wohl erste Zubereitung eines Fertiggerichts in der deutschen Literatur", das auf Justus Liebig zurückgehe. Ritzer sieht u. a. darin den Beweise für Stifters „neuesten Kenntnisstand", die Naturwissenschaften betreffend, und für sein Bemühen, „durch Fragen nach den Zusammenhängen" der Natur auf den Grund zu kommen. Vgl. ebd., S. 50.

Erkenntnis führen, sondern zeige lediglich „eine fundamentale Lücke in der Kausalkette von Ursache und Wirkungen auf, deren Existenz die Einleitung" behauptet.[27] Diese Lücken seien, so Jana Schuster, der Erzählweise geschuldet: „In der semantischen Ähnlichkeit und Differenz von Ab- und Erzählen spiegelt sich das Verhältnis zwischen der protorealistisch sachlichen Chronik und der romantischen Erzähl- und Genretradition".[28] Michael Gamper dagegen bezieht die Lücken der Kausalkette auf die zeitgenössischen Naturwissenschaften: Mit der Kette aus Ursachen und Wirkungen werde „ein Verfahren ins Spiel gebracht, das bei Baumgartner zur methodischen Propädeutik der Naturlehre gerechnet" werde, das aber auch seine Grenzen habe. „Dieser Ort aber, an dem der Regress endet und der damit die höchste Form des naturwissenschaftlichen Wissens darstellt, ist [...] gleichzeitig auch die Schwelle zum Nicht-Wissen." Stifter weise so in *Abdias* darauf hin, „dass das wissenschaftliche Wissen ein aufgeschobenes, weil die Sache in all ihren Beziehungen noch nicht ergründendes Wissen ist, und er erinnert damit auch daran, dass es zudem ein beschränktes, weil rein funktionales Wissen ist." Gamper untersucht mit diesen Vorgaben die Elektrizität in Stifters *Abdias* und *Winterbriefe aus Kirchschlag* (1866); als naturwissenschaftliches Vergleichswerk dient ihm Andreas von Baumgartners *Naturlehre*,[29] das Stifter aus seiner Zeit im Stift Kremsmünster kannte.[30] Baumgartners *Naturlehre* ist aber nicht Stifters einzige Quelle – so wird sich im Folgenden zeigen, dass der Begriff des Zufalls, wie er in der Einleitung dargestellt wird, offensichtlich auf Überlegungen in Littrows *Die Wunder des Himmels* zurückgeht.[31]

Nach Gamper werde über die Darstellung der Elektrizität „Literatur und Wissenschaft [...] vergleichend problematisiert hinsichtlich ihrer Fähigkeiten der Wissensproduktion, der Wissenspräsentation und der Wissensreflexion."[32] Dieser Studie zum Erhabenen in Stifters Werk ist eine ähnliche Überlegung zugrunde gelegt. Ausgehend von der These, wonach Stifter die Philosophie des Erhabenen nicht über die diversen philosophischen Abhandlungen, sondern über populärwissenschaftliche Texte rezipiert hat, wurde zu Beginn dieser Arbeit der Interre-

---

27 Utz, Visualität und Blindheit, 2012, S. 255, 260 und 264.

28 Schuster, Atmosphäre und Kreatur, 2014, S. 296.

29 Gamper, Stifters Elektrizität, 2009, S. 214 f. und 211.

30 Vgl. Enzinger, Stifters Studienjahre, 1950, S. 71 f.

31 Littrow hielt zur Studienzeit Stifters Vorlesungen in Wien. Vgl. Begemann, Metaphysik und Empirie, 2002, S. 105. Es ist sehr wahrscheinlich, dass Stifter *Die Wunder des Himmels* kannte, auch wenn es nach seinem Tod nicht in seiner Bibliothek vorhanden war. Vgl. Streitfeld, Aus Stifters Bibliothek, 1977. Immerhin war Littrow der „meistgelesene deutschsprachige Astronom"; *Die Wunder des Himmels* wurden sogar ins Französische und Englische übersetzt. Vgl. Daum, Wissenschaftspopularisierung im 19. Jahrhundert, 1998, S. 268.

32 Gamper, Stifters Elektrizität, 2009, S. 209 f.

lation von Literatur, Philosophie und Naturwissenschaft im frühen neunzehnten Jahrhundert mit einer Fokussierung auf das Erhabene nachgegangen.[33] Es konnte gezeigt werden, dass das Erhabene dem naturwissenschaftlichen Diskurs dieser Zeit inhärent ist – vor allem Kants *Analytik des Erhabenen* hielt zusammen mit den anderen *Kritiken* Einzug in naturwissenschaftliche Werke der Zeit.[34] Der Literatur kommt in diesem Verhältnis zwar meist eine rezipierende, aber auch eine visionäre Stellung zu als, so Roland Barthes, Zwischenraum, in dem „alle Wissenschaften präsent" sind, ohne Wissen „letztgültig" zu verhandeln.[35] Nach Walter Erhart sind dabei auch die Naturwissenschaften „keineswegs bloßes Datenmaterial, sondern bestehen ihrerseits aus narrativen Konstruktionen, aus Metaphern, Ikonographien und Fiktionen, die jeweils in ein Wechselspiel mit den literarischen Diskursen eintreten."[36] Das Erhabene ist, so konnte im ersten Kapitel dieser Studie gezeigt werden, eine solche Konstruktion; es wird von Naturwissenschaftlern wie Baumgartner und Littrow gerade dann herangezogen, wenn Naturphänomene behandelt werden, die nicht wahrgenommen bzw. (noch) nicht erklärt werden können. So endet Baumgartners empirischer Blick auf das Planetensystem an der Stelle, an der eine mathematische Größenschätzung bzw. Darstellung seines Gegenstands nicht mehr möglich ist;[37] doch mit dem Mathematisch-Erhabenen Kants[38] gelingt es ihm, sein eigenes Scheitern ästhetisch zu rechtfertigen.[39] In *Dauer des Weltsystems* erörtert Littrow die Frage, ob die Erde und das dazugehörige Planetensystem ewig bestehen können, denn: „[W]o immer im Wechsel der Dinge *Fortgang* ist, da ist auch *Untergang*: scheinbarer Untergang wenigstens, Abwechslung von Gestalten und Formen. Alles, was Körper, das heißt, was sterblich ist, eilt seiner Auflösung entgegen, und kann von keiner Kraft

---

33 Das nun Folgende wurde innerhalb dieser Studie ausführlich in Kapitel I behandelt.

34 So beispielsweise in Littrow, Wunder des Himmels, 1837, S. 3. Vgl. dazu Kant, Kritik der praktischen Vernunft, 1974, S. 300.

35 Barthes, Leçon/Lektion, 1980, S. 27.

36 Erhart, Medizingeschichte und Literatur, 1997, S. 238.

37 Vgl. Baumgartner, Naturlehre, 1829, S. 622f.

38 Vgl. Kant, Analytik des Erhabenen, S. 343.

39 Baumgartner konstruiert mithilfe von Kants Erhabenem einen „moralische[n] Nutzen" der Physik: „[S]ie predigt Demuth und Bescheidenheit, indem sie uns die Größe und Herrlichkeit der Natur, und die Unmöglichkeit sie ganz zu begreifen darstellt; sie zeigt aber auch die Größe des menschlichen Geistes von der schönsten Seite, und flößt Vertrauen zu unseren Kräften ein. Man kann mit vollem Rechte von der ganzen Physik sagen, was ein großer Genius der Deutschen von einem ihrer Theile, der Sternkunde, sagt: daß sie dem Menschen ein erhabenes Herz gibt, und ein Auge, das über die Erde hinausreicht, und Flügel, die in die Unermeßlichkeit heben, und einen Gott, der nicht endlich, sondern unendlich ist." Baumgartner, Naturlehre, 1829, S. 9.

davon zurück gehalten werden."[40] Dabei bettet er einen möglichen Weltuntergang nicht nur in eine auch von Kant vertretene Kausalität der sich jeweils bedingenden Zu- und Abnahme der Materie ein – „es ist einmal ein gewisses Naturgesetz: alles, was einen Anfang hat, nähert sich beständig seinem Untergange, und ist demselben um so viel näher, je mehr es sich von dem Punkte seines Anfanges entfernet hat", heißt es bei Kant.[41] Littrow koppelt den Weltuntergang auch an das Burke'sche Erhabene des Schreckens und des Schmerzes.[42] Das Erhabene wird also Teil einer naturwissenschaftlichen Argumentation und zwar in dem Moment, als eine logische bzw. eine gesicherte empirische Argumentation nicht mehr möglich ist[43] und der jeweilige Gegenstand das menschliche Vorstellungs- und Erkenntnisvermögen übersteigt. *Abdias* adaptiert neben einigen naturwissenschaftlichen Theorien zur Elektrizität – so die These – auch diese ästhetische Argumentation: Die Erzählung erscheint so im besonderen Maße als ein Produkt der „wechselseitigen Amalgamierungen von Literatur und Wissenschaft",[44] in dem sich das Erhabene als eine direkte Verbindung zwischen Literatur und Naturwissenschaften erweist, als ein von beiden Kulturen genutztes motivisches Element der Inszenierung von Wissen bzw. Nicht-Wissen. Gampers Einschätzung, dass „erzählt werden" muss, „weil die Wissenschaft zwar die Kausalkette des elektrischen Phänomens überaus dicht beschreibt, dies aber nur auf einer (zu) kurzen Strecke" tut,[45] wird auch hier angenommen. Allerdings wird sich zeigen, dass in *Abdias* an den Stellen, an denen die Natur trotz einer angenommenen kausalen Gesetzmäßigkeit gar nicht oder nur unzureichend erklärbar bzw. verstehbar ist, die Grenze des Nicht-Wissens[46] mithilfe des Erhabenen in ähnlicher

---

40 Littrow, Wunder des Himmels, 1837, S. 648.

41 Kant, Allgemeine Naturgeschichte, 1960, S. 379.

42 „Whatever is fitted in any sort to excite the ideas of pain, and danger, that is to say, whatever is in any sort terrible, or is conversant about terrible objects, or operates in a manner analogous to terror, is a source of the *sublime*". Burke, A Philosophical Enquiry, 2008, S. 24.

43 Die Möglichkeit zu solchen Konstruktionen liegt im Erhabenen selbst: „Während die Theorie des Erhabenen allmählich auf die Position um 1800 – von Kant bis Hegel – gleichsam eingefroren wird, führt die ästhetische Praxis des Erhabenen in dem Maße ein Eigenleben, wie sich die erhabenen Gegenstände fortlaufend verändern." Erhart, Das Erhabene, das Schöne und die moderne Literatur, 1997, S. 90.

44 Braungart/Till, Kontexte: Wissenschaft, 2007, S. 409.

45 Gamper, Stifters Elektrizität, 2009, S. 217.

46 Gamper geht der Grenze des Nicht-Wissens anhand der in den *Winterbriefen aus Kirchschlag* verhandelten Elektrizität nach. Stifters Gedanken dazu seien „durchsetzt von Wendungen und Bemerkungen, welche die Grenzen dieses Wissens bezeichnen und hervorheben". So weise er „auf die besondere Verwobenheit der epistemologischen Problemlage mit den Fragen des Menschseins hin" und demonstriere damit, „dass ein Unwissen von der Elektrizität immer auch auf die Instanz zurückschlägt, die wissen will, und dass es deren Stellung und Status in der Welt

Weise überschritten wird wie in den zeitgenössischen Naturwissenschaften. Dabei spielen die wiederum von den Naturwissenschaften geprägten Begriffe Zufall und Wahrscheinlichkeit keine unbedeutende Rolle.

In der Einleitung zu *Abdias* geht es aber – wie bereits angesprochen – nicht nur um einen naturwissenschaftlichen Zugang zur Welt; zuerst sieht sich der Leser mit Überlegungen zu den Begriffen Schicksal und Fatum konfrontiert:

> Es gibt Menschen, auf welche eine solche Reihe Ungemach aus heiterm Himmel fällt, daß sie endlich da stehen und das hagelnde Gewitter über sich ergehen lassen: so wie es auch andere gibt, die das Glück mit solchem ausgesuchten Eigensinne heimsucht, daß es scheint, als kehrten sich in einem gegebenen Falle die Naturgesetze um, damit es nur zu ihrem Heile ausschlage.
>
> Auf diesem Wege sind die Alten zu dem Begriffe des Fatums gekommen, wir zu dem milderen des Schicksals.[47]

Die Erzählung verweilt aber nicht bei diesen Deutungsmustern, macht sie also nicht zum Thema der einleitenden Gedanken. Vielmehr wird im Folgenden erklärt, *wie* die ‚Alten‘ angesichts von offenbar unerklärbaren Naturphänomenen zum ‚Begriffe des Fatums‘ und man nun zum ‚milderen des Schicksals‘ gekommen sei: „Aber es liegt auch wirklich etwas Schauderndes in der gelassenen Unschuld, womit die Naturgesetze wirken, daß uns ist, als lange ein unsichtbarer Arm aus der Wolke, und thue vor unsern Augen das Unbegreifliche. Denn heute kömmt mit derselben holden Miene Segen, und morgen geschieht das Entsetzliche. Und ist beides aus, dann ist in der Natur die Unbefangenheit, wie früher."[48] Es scheint, als werbe die Einleitung um Verständnis für Begriffe wie Fatum und Schicksal, die nicht von einem naturwissenschaftlichen Denken gedeckt sind. Das tut sie, indem sie auf eine Qualität der Natur verweist, die immer wieder Thema in Stifters Texten ist: Gemeint sind Naturereignisse wie der Wolfsangriff in *Brigitta* – der Knabe Gustav wehrt sich zwar mit aller Kraft gegen die Angreifer, „aber harrend und lechzend umstanden sie ihn, daß eine Wendung, ein Augenzucken, ein *Nichts* Grund werden könne, mit eins auf ihn zu fallen".[49] In der Erzählung *Das Haidedorf* wird die jegliches Leben bedrohende Dürre von einem „ewig blau und ewig mild" lächelnden Himmel begleitet.[50] In *Zwei Schwestern* schließlich wird diese „tief beunruhigende [...] grau-

---

beeinträchtigt." Diese Einsicht über das Nicht-Wissen bezüglich der Elektrizität habe „ihre Entsprechung in der wissenschaftlichen Literatur der Zeit", z. B. bei Andreas Baumgartner. Vgl. ebd., S. 210 f. Gamper rekurriert nicht auf das Erhabene.

47 Abdias. In: HKG, Bd. 1,5, S. 237.

48 Ebd.

49 Brigitta. In: HKG, Bd. 1,5, S. 468.

50 Das Haidedorf. In: HKG, Bd. 1,4, S. 202.

envolle Beziehungslosigkeit" zwischen Mensch und Natur[51] oder, um mit Wolfgang Matz zu sprechen, „das blinde Sosein" der Natur[52] von der Figur Alfred Mussar auf eine theoretische Ebene gehoben. Nach einer Hierarchisierung der Natur in der Tradition der Drei-Reiche-Lehre[53] vom Stein über die Pflanze bis zum Tier in Abhängigkeit des Fremdheitsgrads zum Menschen, also unter der Prämisse, „wie die Abstufung der Dinge, unter denen wir leben, auf den Menschen wirken", endet Alfred nicht mit einem Lobgesang auf den Menschen als Krone der Schöpfung,[54] sondern stellt das menschliche Unvermögen angesichts der Natur und ihrer undurchschaubaren Gesetzmäßigkeit heraus:

> ‚[...] Freilich ist die Natur im Ganzen, wozu indeß der Mensch auch als Glied gehört, das Höchste. Sie ist das Kleid Gottes, den wir anders als in ihr nicht zu sehen vermögen, sie ist die Sprache, wodurch er einzig zu uns spricht, sie ist der Ausdruk der Majestät und der Ordnung: aber sie geht in ihren großen eigenen Gesezen fort, die uns in tiefen Fernen liegen, sie nimmt keine Rüksicht, sie steigt nicht zu uns herab, um unsere Schwächen zu theilen, und wir können nur stehen und bewundern.' – –[55]

‚Wir können nur stehen und bewundern' – dieser Tatsache sind Deutungsmuster wie Fatum und Schicksal geschuldet, darin liegt der Grund für ihr Entstehen,[56] nämlich in einer grundsätzlichen Unabhängigkeit, manchmal sogar Rücksichtslosigkeit der Natur gegenüber dem Menschen, also in der, so heißt es in *Abdias*, „gelassenen Unschuld, womit die Naturgesetze wirken", und in der menschlichen Schwäche, dem „Unbegreifliche[n]" der Natur ausgeliefert zu sein.[57] Mit der Anrufung der Naturgesetze, von denen auch der Mensch ‚als Glied' der Natur betroffen ist, und der Anrufung Gottes entsteht in *Zwei Schwestern* zwar eine scheinbare Sicherheit des Menschen gegenüber der Natur – Naturgesetze können erkannt, göttliches Walten kann in der Natur und in ihren Gesetzen gesehen werden. Gleichzeitig muss diese Versicherung des eigenen Mensch-Seins in einer

---

51 Laufhütte, Von der Modernität eines Unmodernen, 1994, S. 69.

52 Matz, Stifters Werk zwischen Idylle und Angst, 1989, S. 719.

53 Vgl. den Exkurs *Die Drei-Reiche-Lehre in Stifters Zwei Schwestern* in Kapitel I dieser Arbeit.

54 Dagegen führt Samuel Schilling im *Grundriß der Naturgeschichte des Thier-, Pflanzen und Mineralreichs* – ein Werk, das Stifter kannte – den Menschen als Säugetier „[e]rst[r] Ordnung" auf. Vgl. Schilling, Grundriß der Naturgeschichte, 1862, S. 9. Vgl. auch Streitfeld, Aus Stifters Bibliothek, 1977, S. 139.

55 Zwei Schwestern. In: HKG, Bd. 1,6, S. 357.

56 „Dieses war den Alten Fatum, letzter starrer *Grund* des Geschehenden, über den man nicht hinaus sieht, und jenseits dessen auch nichts mehr ist, so daß ihm selber die Götter unterworfen sind: uns ist es Schicksal, also ein von einer höhern Macht Gesendetes, das wir empfangen sollen." Abdias. In: HKG, Bd. 1,5, S. 237 f., Hervorhebung E. H.

57 Ebd., S. 237.

Kränkung desselben münden, deren Abgründigkeit in zwei Gedankenstrichen einen textuellen Ausdruck findet. Die „unendlichen Wandlungen"[58] der Natur können nie restlos erkannt werden, die Naturgesetze bleiben unabhängig und ungerührt gegenüber der menschlichen Erkenntnis wie auch gegenüber dem menschlichen Schicksal.[59] Die Natur erscheint deshalb nicht mehr als das „selbstverständlich Vertraute", sondern sie ist „zugleich nah und fern, vertraut und unheimlich."[60]

Dieser Bruch zwischen Mensch und Natur wird aber nicht nur in Stifters Erzählungen, sondern auch in den Naturwissenschaften selbst diskutiert. So stellt sich Littrow in *Die Wunder des Himmels* die Frage, welche Folgen die menschliche Beschränktheit angesichts der Natur für die Wissenschaft hat:

> Dieselbe Regelmäßigkeit aber, die wir in der Bewegung der Kometen kennen gelernt haben, wird ohne Zweifel auch bei allen übrigen Erscheinungen der Natur uns sichtbar werden, wenn wir auch von ihnen die Gesetze, nach welchen sie fortgehen, einmal kennen werden. Die krummen Linien, welche der Staub oder die, welche die Elemente der Luft um uns her beschreiben, sind gewiß eben so bestimmten und unveränderlichen Gesetzen unterworfen, als die großen Bahnen, welche von jenen Himmelskörpern in dem Weltraume beschrieben werden, und der Unterschied, der zwischen beiden *für uns* noch statt hat, liegt nicht in *ihnen*, sondern einzig in uns selbst, in *unserer* Beschränktheit, in *unserer* Unkenntniß dieser Gegenstände. [...]
>
> Mitten unter den höchst veränderlichen und uns meistens zufällig erscheinenden Phänomenen der Natur bemerken wir, daß die Unregelmäßigkeit derselben in dem Maaße abnimmt, je öfter sie vorkommen, und daher dort, wo anfangs der *Zufall* allein zu walten schien, alle Art von fester Ordnung immer mehr sichtbar zu werden scheint, die wir dann, vielleicht mit demselben Unrechte, einer gewissen, uns übrigens noch verborgenen Absicht zuzuschreiben geneigt sind.[61]

Littrow vermischt hier mehrere Ebenen: Zum einen geht er davon aus, dass der Mensch die Naturgesetze grundsätzlich erkennen kann, aber zum Teil noch nicht bis zur ersten Ursache bestimmter Phänomene gelangen konnte bzw. möglicherweise auch nie gelangen wird. Zum anderen zweifelt er an, ob der Natur, trotz ihrer Gesetzlichkeit, eine ‚Absicht' zugeschrieben werden kann. Littrow reflektiert, dass mithilfe der Naturwissenschaften zwar eine „Lenkung" der Natur suggeriert wird;

---

58 Zwei Schwestern. In: HKG, Bd. 1,6, S. 353.

59 Martin Beckmanns Interpretation von Alfred Mussars Monolog scheint deshalb kaum haltbar, denn Beckmann liest in der „abgestufte[n] Welt der Dinge" eine Welt hinein, die zu „Alfreds Haus im höheren Sinne" und „damit zum Haus des Menschen schlechthin" führe. Beckmann, Formen der ästhetischen Erfahrung, 1988, S. 107.

60 Mayer, Erzählen als Erkennen, 2001, S. 86.

61 So Littrow in einem Abschnitt über die „Hinneigung aller Erscheinungen der Natur zu einer gewissen Ordnung". Littrow, Wunder des Himmels, 1837, S. 769.

doch auch eine solche Lenkung setzt „das Bewußtsein von der Fundamentalität und faktischen Dominanz der Natur" voraus[62] – die Natur bleibt Grundlage jeder Berechnung, übersteigt gleichzeitig aber die menschlichen Erkenntnismöglichkeiten und scheint sich zudem manchmal, und in manchen Fällen gar mit ‚Absicht', gegen den Menschen zu richten, der sie doch zu beherrschen sucht.

Was das bedeuten kann, wird in *Abdias* eindrucksvoll illustriert:

> Dort, zum Beispiele, wallt ein Strom in schönem Silberspiegel, es fällt ein Knabe hinein, das Wasser kräuselt sich lieblich um seine Locken, er versinkt – und wieder nach einem Weilchen wallt der Silberspiegel, wie vorher. – – Dort reitet der Beduine zwischen der dunklen Wolke seines Himmels und dem gelben Sande seiner Wüste: da springt ein leichter glänzender Funke auf sein Haupt, er fühlt durch seine Nerven ein unbekanntes Rieseln, hört noch trunken den Wolkendonner in seine Ohren, und dann auf ewig nichts mehr.[63]

Natur wird hier als besonders grausam dargestellt; in ihrer Rücksichtslosigkeit und Gefühllosigkeit erscheint sie auch nach dem Ertrinken eines Knaben ‚wie vorher'. In eben dieser Rücksichtslosigkeit wird aber auch das ‚gemischte Gefühl' des Erhabenen, allerdings nicht abhängig von einer bestimmten figürlichen Perspektive im Text,[64] vermittelt: Das Gewässer ist ein ‚schöner Silberspiegel' und das eigentlich schreckliche Ertrinken des Knaben wird vom ‚sich lieblich' kräuselnden Wasser begleitet – das grausame Ungerührt-Sein der Natur gegenüber dem Menschen wird also schon in der Einleitung erzähltechnisch in die Widersprüchlichkeit des Erhabenen eingebettet.

Auch die Beschreibung des den Beduinen tötenden Blitzschlags ist aufschlussreich. Ein Blick in Baumgartners *Naturlehre* zeigt, dass Stifter den Blitz, ohne das Naturphänomen direkt zu nennen, ganz nach zeitgenössischen naturwissenschaftlichen Maßstäben erfasst:[65]

> Die Electricität kann sich in einem guten Leiter ohne die mindeste Spur einer Lichterscheinung fortpflanzen; aber sobald sie hinreichend stark ist, und durch einen durchsichtigen, schlecht leitenden Körper geht, (wahrscheinlich auch, wenn sie sich ganz frei fortbewegt, ohne an einen Körper gebunden zu seyn, etwa wie strahlende Wärme) bezeichnet sie ihren Weg durch eine *Lichterscheinung*. [...]
> Der Übergang eines starken Funkens durch die Luft ist immer von einem eigenthümlichen Schall begleitet, den sich jeder leicht erklären kann, der weiß, daß die E[lektrizität] die Luft durchbohrt, sie zusammendrückt und hinter sich einen leeren Raum zurückläßt.[66]

---

62 Ritzer, Zur Bedeutung der Naturwissenschaft für Stifter, 2007, S. 141.
63 Abdias. In: HKG, Bd. 1,5, S. 237.
64 Vgl. dazu in Kapitel II dieser Arbeit den Abschnitt *Das Erhabene als ‚gemischtes Gefühl'*.
65 So auch Ritzer, Zum Kulturwert der Naturwissenschaft, 2002, S. 55–59.
66 Baumgartner, Naturlehre, 1829, S. 527–529.

Doch auch wenn die Wirkung des elektrischen Stroms in Körpern mit wissen-schaftlicher Sprache beschreibbar ist, bleibt in *Abdias* ein Rest von Unerklärba-rem: Der Beduine ‚fühlt ein *unbekanntes* Rieseln‘, hört zuletzt noch einen Donner, ‚dann auf ewig nichts mehr‘. Auch hier muss die scheinbare Versicherung des eigenen Mensch-Seins mithilfe der Naturwissenschaften und der menschlichen Vernunft nahezu zwangsläufig in einer Kränkung derselben münden. Und auch hier findet diese Abgründigkeit der Natur, wie auch in *Zwei Schwestern*, in Ge-dankenstrichen einen textuellen Ausdruck.[67] Der Blitz kündigt sich so bereits in der Einleitung der Erzählung als ein Phänomen an, dessen Wirkung zwar in Grundzügen bekannt ist – trifft ein Blitz einen Menschen, so stirbt er –, dessen tödliche Kraft aber zugleich so wenig erforscht, so ‚unbekannt‘ ist, dass er als unbegreifliches Naturphänomen das Erhabene mit sich führen kann.[68] Zudem ist dem Blitz schon hier eine merkwürdige Paradoxie zu eigen: Es ist kein ‚plötzlich zuckender Blitz‘, der ‚schlagartig‘ mit Gewalt seine Wirkung entfaltet,[69] sondern er ist ein fast lieblich anmutender, ‚leichter glänzender Funke‘, der aber dennoch den Tod bringt. Er wird also auch, wie schon das Ertrinken des Knaben, durch den Erzähler in die Widersprüchlichkeit des Erhabenen eingeschrieben.

Im Gegensatz zu *Zwei Schwestern* bleibt *Abdias* aber nicht bei der grund-sätzlichen Beziehungslosigkeit zwischen Mensch und Natur bzw. fehlenden Er-klärungen stehen, sondern stellt verschiedene Möglichkeiten menschlicher Er-kenntnis dar:

> Aber eigentlich mag es weder ein Fatum geben, als letzte Unvernunft des Seins, noch auch wird das Einzelne auf uns gesendet; sondern eine heitre Blumenkette hängt durch die Un-endlichkeit des Alls und sendet ihren Schimmer in die Herzen – die Kette der Ursachen und Wirkungen – und in das Haupt des Menschen ward die schönste dieser Blumen geworfen, die Vernunft, das Auge der Seele, die Kette daran anzuknüpfen, und an ihr Blume um Blume, Glied um Glied hinab zu zählen bis zuletzt zu jener Hand, in der das Ende ruht. Und haben wir dereinstens recht gezählt, und können wir die Zählung überschauen: dann wird uns kein Zufall mehr erscheinen, sondern Folgen, kein Unglück mehr, sondern Verschulden; denn die Lücken, die jetzt sind, erzeugen das Unerwartete, und der Mißbrauch das Unglückselige.[70]

Neben den Deutungsmodellen wie Fatum und Schicksal zu Beginn der Einleitung bringt dieser Abschnitt in der Tat, wie Gamper schreibt, „ein Verfahren ins Spiel

---

67 Utz interpretiert die Gedankenstriche in der Einleitung in *Abdias* als Zeichen der Lücken in der Kette aus Ursachen und Wirkungen. Vgl. Utz, Visualität und Blindheit, 2012, S. 273.

68 Vgl. dazu Burke, A Philosophical Enquiry, 2008, S. 43; Schiller, Ueber das Erhabene, 1963, S. 50.

69 So bei Longin, dem zufolge das Erhabene wie ein Blitz wirke. Longinus, Vom Erhabenen, 1988, S. 7 (1,4).

70 Abdias. In: HKG, Bd. 1,5, S. 238.

[...], das bei Baumgartner zur methodischen Propädeutik der Naturlehre gerechnet wird."[71] Auch kann man, wie Gamper es tut, ‚jene Hand, in der das Ende ruht‘, als den Ort, der „die höchste Form des naturwissenschaftlichen Wissens" und „gleichzeitig auch die Schwelle zum Nicht-Wissen" bezeichnet,[72] interpretieren und mit Baumgartner[73] unabhängig von einer göttlichen Kraft erfassen.[74] Sehr viel aufschlussreicher ist aber ein Blick in Littrows *Wunder des Himmels*, denn darin findet sich ein weiteres, oft kaum beachtetes Deutungsmuster,[75] das die Einleitung in *Abdias* heranzieht: das des Zufalls. Bei Littrow heißt es dazu:

> Auch schreiben wir bei weitem die meisten dieser Erscheinungen, da wir ihre Ursache und ihren Zusammenhang nicht kennen, dem *Zufalle* zu, obschon sie, selbst die geringfügigsten unter ihnen, ohne Zweifel eben so nothwendige Folgen derselben ewigen Gesetze der Natur sind, als es die Bewegungen der Sonne und aller Körper des Himmels nur immer seyn können. Auf diese Weise ist aber, was wir Zufall nennen, nur der Ausdruck unserer Unkenntniß der Dinge. Vor der höchsten Erkenntniß der Welt muß alles als Zusammenhang, und nichts als Zufall erscheinen und auch für uns selbst werden diese sogenannten zufälligen Erscheinungen, mit der Erweiterung unserer Kenntniß der Dinge, immer mehr verschwinden, und die nächste Folge davon wird seyn, daß sich auch das Heer von Vorurtheilen vermindern wird, die so lange schon die Plage des armen Menschengeschlechtes sind, und gegen die es, wie gegen den Moder der Verwesung, kein besseres Mittel gibt, als das helle Licht der Sonne, als das Licht der Aufklärung und der Erkenntniß.[76]

---

71 Gamper, Stifters Elektrizität, 2009, S. 214. Deutlicher wird dieses Verfahren aber in Baumgartners *Anfangsgründe der Naturlehre*: „Bei der Untersuchung des Causalnexus der Erscheinungen lernt man häufig Phänomene kennen, die von einer sinnlich wahrnehmbaren Ursache herrühren und welche Ursache daher selbst wieder der Zurückführung auf eine andere Ursache bedarf, mithin zugleich Ursache und Wirkung ist." Baumgartner, Anfangsgründe der Naturlehre, 1850, S. 4. Diese Überlegung ist offenbar der *Analytik der teleologischen Urteilskraft* Kants entnommen: „Die Kausalverbindung [...] ist eine Verknüpfung, die eine Reihe (von Ursachen und Wirkungen) ausmacht, welche immer abwärts geht; und die Dinge selbst, welche als Wirkungen andere als Ursache voraussetzen, können von diesen nicht gegenseitig zugleich Ursache sein. Diese Kausalverbindung nennt man die der wirkenden Ursachen (nexus effectivus)." Kant, Kritik der Urteilskraft 2, 1968, S. 484.
72 Gamper, Stifters Elektrizität, 2009, S. 214 f.
73 „Verfolgt man eine solche Reihe, so kommt man zuletzt auf eine Erscheinung, für welche sich kein sinnlich wahrnehmbarer Grund mehr auffinden läßt." Baumgartner, Anfangsgründe der Naturlehre, 1850, S. 4.
74 Nach Kaiser dagegen gehe es in der Einleitung darum, „die Unfaßbarkeit Gottes zu begreifen". Kaiser, Die Vorstellung vom Dichter, 1970, S. 307.
75 Vgl. Mariacher, Überlegungen zum Zufallsbegriff, 2006.
76 Littrow, Wunder des Himmels, 1837, S. 768. Littrow bringt auch einige Beispiele, darunter das eines Kometen, der noch 1456 Angst und Schrecken in ganz Europa verbreitet habe, aber bei seine Wiederkehr zwei Jahrhunderte später mit Newtons Gesetz des Weltsystems erklärbar war: „Früher

Wenn in der Einleitung zu *Abdias* zu lesen ist, dass einmal „uns kein Zufall mehr erscheinen [wird], sondern Folgen",[77] geht es also weder um die Rettung des christlichen Glaubensverständnisses,[78] noch um die Rettung des Schicksalsbegriffs;[79] *Abdias* reagiert auch nicht „auf die verunsichernden Folgen eines nach- bzw. nicht mehr unproblematischen christlichen Wirklichkeitsverständnisses",[80] noch zeigt sich hier eine „verstörende[] und bedrohliche[] Skepsis" statt eines Vernunftglaubens an die Natur.[81] Vielmehr geht es, nimmt man Littrows Überlegungen als Quelle Stifters, um Wahrscheinlichkeit. Dazu Littrow:

> Selbst in den mathematischen Wissenschaften, wo wir uns so gern der erkannten reinen Wahrheit rühmen möchten, sind doch die vorzüglichsten Mittel, uns ihr zu nähern, *Analogie* und *Induktion*, die sich beide wieder auf Wahrscheinlichkeit gründen. – Vor allem aber stellen sich uns die Erscheinungen der Natur, die gesammten Phänomene der physischen sowohl, als auch selbst der geistigen Welt, nur unter dem Bilde von *Wahrscheinlichkeiten* dar, von welchen wir die Sache selbst, die *Wahrheit*, welche ihnen zu Grunde liegt, nur selten oder bloß zufällig erfassen können.[82]

Wenn in *Abdias* der Natur eine „heitre Blumenkette [...] der Ursachen und Wirkungen", also eine kausale Gesetzmäßigkeit zugeschrieben wird, deren Erkenntnis jeden „Zufall" als „Folge[]",[83] jedes „Unglück" als „Verschulden" erscheinen las-

---

war der Komet der Gegenstand einer grundlosen Furcht, der Bote drohenden Unglücks, und jetzt ist er ein Gegenstand aufmerksamer Beobachtung und Berechnung geworden." Vgl. ebd., S. 768 f.

77 Abdias. In: HKG, Bd. 1,5, S. 238.

78 So Mariacher, die dessen ungeachtet dennoch feststellt, dass der „Zufall" in der Einleitung „als ‚Lücke' im Erkenntnisprozess von Ursache und Wirkung" erscheine und deshalb „nichts von außen auf den Mensch Kommendes" sei, sondern „auf seiner Unfähigkeit alle Kausalzusammenhänge [...] zu erkennen, beruhe". Vgl. Mariacher, Überlegungen zum Zufallsbegriff, 2006, S. 92 und 88.

79 Nach Utz versuche die Einleitung, „den Zugriff rationaler Erklärungen auf den Begriff des ‚Schicksals' zu verhindern, damit wir diesem gegenüber nicht ‚blind' bleiben, auch wenn jenseits davon ein ‚Nichts' droht." Utz, Visualität und Blindheit, 2012, S. 255 f.

80 Laufhütte, Von der Modernität eines Unmodernen, 1994, S. 69. Vielmehr reagiert *Abdias* direkt auf den Auslöser der Verunsicherung: die Naturwissenschaften. Zum Weltbildwandel durch die Naturwissenschaften vgl. *Voraussetzungen für das Erhabene in Astronomie und Geologie* in Kapitel I dieser Arbeit.

81 Vgl. Kühlmann, Das Experiment aufklärerischer Anthropologie, 1996, S. 395.

82 Littrow, Wunder des Himmels, 1837, S. 768.

83 Auch diese Formulierung gibt es bei Littrow: „Ein Geist, der alle Kräfte kennt, von welchen die Natur belebt ist, und der den gegenwärtigen Zustand aller Wesen in ihren Wechselwirkungen übersieht, würde mit Einem Blicke, vielleicht mit einem einzigen Ausdrucke seiner höheren Analyse, alle vergangenen und künftigen Phänomene der Natur zu umfassen im Stande seyn. Er würde ohne Zweifel die vergangenen und künftigen Bewegungen der Wassertropfen im Weltmeere und der Sonnenstäubchen in der Atmosphäre eben so, wie die der Planeten und Kometen

se,[84] dann bleibt zwar gerade mit dem „Kettenbild", wie van Ingen feststellt, „die Frage in erkenntnistheoretischer Hinsicht" ungelöst[85] – allerdings auf eine ganz eigene Weise. Denn mit Littrows Überlegungen zum Zufall und zu den Möglichkeiten menschlicher Erkenntnis kann es auch in den Naturwissenschaften nicht darum gehen, eine Wahrheit in allen Zusammenhängen zu finden, sondern es können nur Wahrscheinlichkeiten ermittelt werden;[86] und selbst wenn die Wahrheit über naturwissenschaftliches Forschen erfasst wird, dann geschieht auch das ,bloß zufällig'. Von der Natur und ihren Gesetzmäßigkeiten, so die Einleitung in *Abdias*, „können wir wohl kaum ein Tausendstel des Tausendstels ahnen" und „das Geschehen [fließt] wie ein heiliges Räthsel an uns vorbei".[87] Die Frage ist deshalb, mit Littrow, ob und inwieweit sich etwas an diesem Zustand – auch mit den Fortschritten in den Naturwissenschaften – ändern wird, denn: „Was sind unsere menschlichen Erkenntnisse anders, als bloße Wahrscheinlichkeiten?"[88]

Geht man nun aber davon aus, dass in der Erzählung keine Wahrheiten erzählt werden, also keine eindeutigen, empirisch gesicherten und logischen Ursachen für Naturphänomene und deren Wirkungen dargestellt werden, kommt es gerade nicht zu einer „Öffnung neuer", naturwissenschaftlich belegbarer „Sinndimensionen",[89] wie Ritzer schreibt. Vielmehr eröffnet sich die Erzählung mit der Einleitung selbst einen eigenen Experimentierraum: Einen Raum, in dem Naturphänomene nicht objektiv logisch, sondern nur wahrscheinlich sein müssen. Die Einleitung bereitet das Geschehen der Erzählung vor, das zwar auch mit Verweisen auf die zeitgenössischen Naturwissenschaften zumindest etwas erhellt werden kann, das aber dennoch – und auch das ist von den zeitgenössischen Naturwissenschaften gedeckt – nicht mehr als wahrscheinlich möglich ist. Wahrscheinlichem aber wohnt immer auch ein Rest nicht zu Erklärendes inne; es lässt sich nicht beweisen – und kann gerade deshalb ein Gefühl des Erhabenen erzeugen. So heißt es bei Schiller über die „sinnlich unendliche [...] Natur":

---

im Himmelsraume übersehen, und für ihn würde kein Zufall sein, sondern alles notwendige Folge, für ihn würde keine *Wahrscheinlichkeit*, sondern alles nur *Wahrheit* seyn und die Vergangenheit, wie die Zukunft, würde klar und offen vor seinen Augen liegen." Ebd., S. 769.

84 Abdias. In: HKG, Bd. 1,5, S. 238.

85 Ingen, Band und Kette, 1996, S. 70.

86 Zumindest im *Nachsommer* werde, so Ritzer, die Tatsache anerkannt, dass auch die Wissenschaft nur „notwendig relative[s] Wissen" liefern kann. Vgl. Ritzer, Zur Bedeutung der Naturwissenschaft für Stifter, 2007, S. 156.

87 Abdias. In: HKG, Bd. 1,5, S. 238 f.

88 Littrow, Wunder des Himmels, 1837, S. 768.

89 Auch Ritzer geht davon aus, dass die Blitzschläge „[o]bjektiv betrachtet [...] in eigenen, noch nicht ganz klaren Zusammenhängen" stehen. Vgl. Ritzer, Zum Kulturwert der Naturwissenschaft, 2002, S. 47.

> Wie ganz anders, wenn man darauf resignirt, sie zu *erklären*, und diese ihre Unbegreif-
> lichkeit selbst zum Standpunct der Beurtheilung macht. Eben der Umstand, daß die Natur im
> Großen angesehen, aller Regeln, die wir durch unsern Verstand ihr vorschreiben, spottet,
> daß sie auf ihrem eigenwilligen freyen Gang die Schöpfung der Weisheit und des Zufalls mit
> gleicher Achtlosigkeit in den Staub tritt, daß sie das Wichtigste wie das Geringe, das Edle wie
> das Gemeine in Einem Untergang mit sich fortreißt, daß sie hier eine Ameisenwelt erhält,
> dort ihr herrlichstes Geschöpf den Menschen in ihre Riesenarme faßt und zerschmettert, daß
> sie ihre mühsamsten Erwerbungen oft in einer leichtsinnigen Stunde verschwendet, und an
> einem Werk der Thorheit oft Jahrhunderte lang baut – mit einem Wort – dieser Abfall der
> Natur im Großen von den Erkenntnißregeln, denen sie in ihren einzelnen Erscheinungen sich
> unterwirft, macht die absolute Unmöglichkeit sichtbar, durch *Naturgesetze* die *Natur selbst*
> zu erklären, [...] und das Gemüth wird also unwiderstehlich aus der Welt der Erscheinungen
> heraus in die Ideenwelt, aus dem Bedingten, ins Unbedingte getrieben.[90]

Auch in *Abdias* ,spottet' die Natur über die Blitzschläge – selbst, so wird sich
zeigen, über den todbringenden – ,aller Regeln, die wir durch unsern Verstand ihr
vorschreiben', obwohl die Erzählung in ihrem weiteren Verlauf dem Naturphänomen Wahrscheinlichkeit verleiht. Restlos erklären kann sie die Blitzschläge
und deren Wirkung aber nicht; stattdessen begibt sie sich – mit Schiller – ,ins
Unbedingte' und beginnt mithilfe des Erhabenen davon zu erzählen: „Wir wollen
nicht weiter grübeln, wie es sei in diesen Dingen, sondern schlechthin von einem
Manne erzählen, an dem sich manches davon darstellte [...]. Auf jeden Fall wird
man durch Lebenswege wie der seine zur Frage angeregt: ,warum nun dieses?'
und man wird in ein düsteres Grübeln hinein gelockt über Vorsicht, Schicksal und
letzten Grund aller Dinge."[91]

Nimmt man an, dass *Abdias* nicht Wahres, aber nach zeitgenössischen
Maßstäben Wahrscheinliches erzählt, erscheint die als Ursache für die Blitzschläge konstruierte[92] „Gewitterfreudigkeit" Dithas[93] in einem neuen Licht. So
heißt es von Ditha, kurz vor dem ersten, heilenden Blitzschlag:

> Ditha war beinahe völlig herangewachsen – eine schlankes Mädchen mit blühenden Glie-
> dern, die sich auszubilden versprachen, und eine große Schönheit zu hoffen berechtigten.
> [...] [S]ie war in dieser Zeit nicht gesund gewesen: ein seltsames Zittern war an ihren Gliedern,
> das öfter verschwand, öfter kam und anhielt, zu verschiedenen Zeiten erschien, und na-

---

90 Schiller, Ueber das Erhabene, 1963, S. 50.
91 Abdias. In: HKG, Bd. 1,5, S. 239.
92 Ritzer interpretiert Dithas Gewitterfreudigkeit als „immanente Voraussetzung" für die Blitzschläge. Ihr zufolge belege sie den „Satz von der Erhaltung der Kraft" von Stifters Zeitgenossen
Robert Mayer, wonach „Kräftepotentiale [...] ineinander umwandelbar sind und dabei die ,le-
bendige Kraft' [...] gleich bleibt." Vgl. Ritzer, Zum Kulturwert der Naturwissenschaft, 2002, S. 64 f.
und 59 – 62.
93 So benannt in der Erzählung. Vgl. Abdias. In: HKG, Bd. 1,5, S. 338.

mentlich, wenn heiße dunstige Tage waren. Der Arzt konnte es nicht recht erkennen, und sagte, es sei von dem Wachsen, weil sie in letzter Zeit ganz vorzüglich in die Höhe gegangen sei, und sich die Glieder wider Vermögen gedehnt hätten. Bis sie sich voller rundeten, würden die Erscheinungen verschwinden.[94]

Schon als das erste Mal von Dithas Gewitterfreudigkeit die Rede ist – hier nur als Zittern beschrieben –, wird sie in den Kontext der Naturwissenschaften eingeordnet. Der herbeigerufene Arzt kann zwar ‚nicht recht erkennen‘, woran Ditha leidet, er findet aber eine möglichen Erklärung für die offenbar elektrische Spannung in ihrem Körper: Dithas Wachstum lässt sie beständig erzittern. Das Phänomen ist zwar erstaunlich, wird aber nicht als etwas „Übersinnliches“ dargestellt, das nur einem „Himmelswesen, das sich auf die Erde verirrt hat“,[95] zukommen kann. Geht man nun zudem von zeitgenössischen Annahmen über Elektrizität aus, erscheint Dithas Zittern nicht unwahrscheinlich. Baumgartner schreibt im Abschnitt zur Elektrizität in der *Naturlehre*, dass „alle Körper das magnetische Princip besitzen“ – also auch der menschliche:

> Es ist kein Zweifel, daß durch die Lebensthätigkeit ununterbrochen Electricität erregt wird und große Physiologen haben die *E[lektrizität]* als beständigen Begleiter des Lebensprocesses angesehen. Die Haare von Katzen, Pferden, ja selbst von jungen Personen sind oft ohne äußere Veranlassung so stark electrisch, daß sie sich abstoßen und sträubend in die Höhe stehen, Pflanzen sah man im Zustande des intensivsten Lebens Lichtfunken ausstrahlen.[96]

Besonders nach dem ersten Blitzschlag, der Ditha sehend macht, wird ihr Zittern genau nach Baumgartners Beschreibung solcher Phänomene dargestellt und erklärt. Ditha unterscheide sich von anderen durch ein

> Naturwunder, das *wohl zuweilen, aber selten vorkömmt.* [...] Man bemerkte nemlich an Ditha seit dem Tage, an welchem der Blitz in ihr Zimmer geschlagen, und ihre Nerven umgestimmt hatte, daß sie an Gewittertagen, oder auch nur an solchen, wo Gewitter drohten, und an dem entfernten Gesichtskreise hinauszogen, ganz besonders lebhaft, sogar heiter und freudig gestimmt sei, unähnlich den andern Mädchen und Frauen, welche Gewitter gewöhnlich fürchten. Sie liebte dieselben [...]. Einmal in der Dämmerung einer sehr gewitterschwülen Nacht, [...] bemerkte Abdias [...], daß ein leichter, schwacher, blaßer Lichtschein um ihr

---

94 Ebd., S. 318 f.

95 So Federmairs These, der auch Baumgartners *Naturlehre* heranzieht. Federmair, Entwicklungspsychologie und Elektrizität, 2008, S. 15 f. Auch Lachinger und Reucher sehen in Ditha ein göttliches Wesen bzw. etwas „Heiligmäßiges“, allerdings ohne auf die zeitgenössische Naturwissenschaft zu rekurrieren. Vgl. Lachinger, Stifters ‚Abdias‘, 1969, S. 106; Reucher, Zur Ich-Problematik, 1987, S. 123.

96 Baumgartner, Naturlehre, 1829, S. 460 und 501.

Haupt zu schweben beginne, und daß die Enden der Seidenbändchen, womit ihr Haar gebunden war, sich sträuben und gerade empor ständen. Er erschrack [sic!] nicht, denn gerade
dieses war auch die Erscheinung gewesen, die bei ihm in der Jugend öfters ohne Veranlas-
sung und in späteren männlichen Jahren bei starker Erregung wahrgenommen, und ihm von
seiner Mutter mehr als einmal erzählt worden war. Er ist gewöhnlich, wie die Mutter sagte, zu
solchen Zeiten sehr heiter gewesen, oder ist sehr stark gewachsen. Einen Nachtheil aber
hatte die Erscheinung für seinen Körper nie gehabt. [...] Er erinnerte sich jetzt auch, daß ihm
einmal im Morgenlande erzählt worden war, daß wenn es Nachts an dem Himmel blitze und
ein Gewitter nicht auszubrechen vermöge, die Blumen unten manchmal eine leichte Flamme
aus ihrem Kelche entlassen, oder daß gar ein fester ruhiger Schein darüber steht, der nicht
weicht und doch nicht die Blätter und die zarten Fäden verbrennt.[97]

Nach dem Wissensstand der Zeit ist Dithas Gewitterfreudigkeit kein unerklärbares
Phänomen; entgegen van Ingens Einschätzung muss nicht „jeder Versuch des
Verstehenwollens am seltsamen Naturphänomen [...] scheitern".[98] Vielmehr
handelt es sich um ein mögliches Naturszenario, das *noch* nicht restlos erklärt
werden kann. In *Abdias* wird Ditha an die Stelle der ‚Katzen, Pferde' und ‚jungen
Personen' gesetzt, an denen laut Baumgartner ein solches Phänomen beobachtet
wurde.[99] Es handelt sich zwar, so die Erzählung, um ein ‚Naturwunder', aber nur
in dem Sinne wie auch ein Komet oder ein Vulkanausbruch Naturwunder sind: Es
kommt ‚zuweilen, aber selten vor'. Dithas Gewitterfreudigkeit ist also erstaunlich,
aber nach den Maßstäben der zeitgenössischen Physik keinesfalls völlig un-
denkbar.

Zudem stellt Baumgartner am Ende seines über siebzig Seiten langen Abschnitts über die Elektrizität in der *Naturlehre* fest: „Die in diesem Abschnitte
enthaltenen Thatsachen machen zwar das Wesentlichste von dem aus, was wir
gegenwärtig über das Verhalten der Electricität und der electrisierten Körper
kennen, sind aber bei weitem noch nicht hinreichend, uns über die Natur des
electrischen Principes die nöthige Aufklärung zu verschaffen, und sein Verhältniß
zu Magnetismus, Licht und Wärme nachzuweisen."[100] Unter diesen Vorausset-

---

97 Abdias. In: HKG, Bd. 1,5, S. 328 f., Hervorhebung E. H. Diese Erscheinung wird in der Erzählung schon früher, nämlich während des Überfalls auf die Wüstenstadt beschrieben. Hier heißt es
von Abdias: „Sein häßliches Antlitz funkelte in maßloser Entschlossenheit, die Augen strahlten,
und einige behaupteten nachher, sie hätten in jenem Augenblicke auch ganz deutlich einen
unnatürlichen Schein um sein Haupt gesehen, von dem die Haare einzeln und gerade empor
gestanden wären wie feine Spieße." Ebd., S. 257.
98 Ingen, Band und Kette, 1996, S. 73.
99 Auch Littrow spricht von einem „thierischen Magnetismus". Littrow, Wunder des Himmels,
1837, S. 774.
100 Baumgartner, Naturlehre, 1829, S. 561. Bezüglich des Magnetismus kommt Baumgartner zu
einer noch ernüchternden Einschätzung: „Ungeachtet aller unserer Kenntnisse über die Wir-

zungen kann in *Abdias* auch der heilende Blitzschlag ohne Probleme als seltenes, aber mögliches Wunder der Natur beschrieben werden:

> Es geschah eine wundervolle Begebenheit – eine Begebenheit, die so lange wundervoll bleiben wird, bis man nicht jene großen verbreiteten Kräfte der Natur wird ergründet haben, in denen unser Leben schwimmt, und bis man nicht das Liebesband zwischen diesen Kräften und unserm Leben wird freundlich binden und lösen können. Bisher sind sie uns kaum noch mehr als blos wunderlich, und ihr Wesen ist uns fast noch nicht einmal in Ahnungen bekannt.[101]

Auch hier gilt: Was noch nicht ausreichend naturwissenschaftlich erforscht werden konnte, erscheint ‚wundervoll', muss aber kein Wunder im biblischen Sinn und deshalb beispielsweise als göttliche Sendung interpretiert werden,[102] denn eines Tages könnten ‚jene großen verbreiteten Kräfte der Natur' auch in all ihrer Wirkung erkannt sein. Der heilende Blitzschlag zeigt damit gerade kein „Infragestellen von Erkenntnis überhaupt",[103] sondern nur ein Ausloten der – gegenwärtigen – Grenzen der Erkenntnis.[104] Zudem spricht hier der Erzähler davon, dass ‚uns *fast* noch nicht mal in Ahnungen bekannt' ist, wie ein solches Wunder möglich sein kann. Dieses ‚fast' aber lässt sich mit diversen Ausführungen und Hypothesen Baumgartners und Littrows füllen. Baumgartner nimmt „[a]ls Grundursache der electrischen Erscheinungen [...] einen eigenthümlichen unwägbaren (ätherischen) ausdehnsamen Stoff an, der sich wie die magnetische Materie in den Körpern befindet und *electrische Materie* genannt wird." Wie man sich einen solchen Stoff genau vorstellen muss, wird nicht erklärt. Baumgartner beschreibt zwar zwei verschiedene Theorien, jedoch: „Welche von diesen beiden Ansichten die richtigere sey, ist schwer zu entscheiden."[105] Was ‚electrische Materie' ist, wie sie wirkt und welche Eigenschaften sie hat, lässt sich also nach dem Stand der 1830er Jahre nicht genau sagen. Damit aber lässt der Gegenstand Elektrizität einen großen Spielraum für Spekulation offen. Littrow nutzt diese

---

kungsweise des magnetischen Princips ist uns dasselbe doch seiner Natur nach noch ganz und gar unbekannt. Es wirkt auf keinen unserer Sinne, und es ist keine anderweitige Wirkung desselben erwiesen, denn die chemischen Processe, welche durch Beistand des Magnetismus erzeugt worden seyn sollen [...], sind noch keineswegs hinreichend bestätigt. Es bleibt uns daher für die Annahme einer eigenen magnetischen Flüssigkeit kein anderer Grund als der, daß sich dadurch die magnetischen Phänomene unserem Verstande zusammenhängend darstellen lassen." Ebd., S. 489.

101 Abdias. In: HKG, Bd. 1,5, S. 318.
102 Vgl. z. B. Lachinger, Stifters ‚Abdias', 1969, S. 106; Reucher, Zur Ich-Problematik, 1987, S. 123.
103 So Mariacher, Überlegungen zum Zufallsbegriff, 2006, S. 93.
104 So auch Gamper, Stifters Elektrizität, 2009, S. 214 f.
105 Baumgartner, Naturlehre, 1829, S. 501 f.

Offenheit und schreibt über die Elektrizität bzw. über den Magnetismus von Tieren folgendes:

> Die thierischen Nerven sind vielleicht die feinsten Instrumente, die man zur Beobachtung der Natur gebrauchen kann, besonders wenn sie durch irgend einen Zufall in den Stand einer höheren Reizbarkeit versetzt werden. Durch sie hat man die äußerst schwache Electricität entdeckt, welche durch die Berührung zweier heterogener Metalle erregt wird, und sie sind es auch, die uns jene sonderbaren Erscheinungen kennen gelehrt haben, die wir, so wenig wir auch noch von ihnen wissen, dem thierischen Magnetismus und dem Einflusse der Sonne und des Mondes auf verschiedene Krankheiten zuschreiben. Diese Wirkungen sind, wenn sie anders in der That existiren, ohne Zweifel nur sehr schwach, und sie können daher leicht verkannt und *von einer zu lebhaften Phantasie* auch wohl überschätzt werden: aber dieß kann kein Grund seyn, sie, wie Manche gethan haben, ohne alle weitere Untersuchung zu verwerfen. Wir sind noch so weit entfernt, alle Agentien der Natur zu kennen, daß es durchaus nicht gebilliget werden kann, die Existenz solcher Erscheinungen bloß aus der Ursache zu läugnen, weil sie uns, bei dem gegenwärtigen Zustande unserer Kenntnisse, *noch unerklärbar* oder *unglaublich* erscheinen. Auch hier soll man es sich daher, nach jenem goldenen Wahlspruche, angelegen seyn lassen, Alles zu prüfen und *das Beste zu behalten*.[106]

Wenn sich, wie van Ingen schreibt, in *Abdias* die „Kunst als das einzig geeignete Instrument der Sinndeutung" erweist, dann nicht, weil „die Möglichkeit der Kausalitätserkenntnis mit den Mitteln der Naturwissenschaft [...] utopisch" ist,[107] sondern weil die kausal aufgebauten Erkenntnisse über elektrische Energie (noch) so lückenhaft sind, dass sie auch ‚von einer lebhaften Phantasie' gefüllt werden können – mit einem Blitzschlag beispielsweise, der Blinde sehend machen kann. Der heilende Blitz ist also zumindest im Sinne Littrows „wahrscheinlich".[108]

Dafür spricht auch – wie oben schon dargelegt –, dass Stifters Darstellungen der Blitzschläge auf der Höhe des damaligen Forschungsstands sind.[109] Am Tag des ersten Blitzschlags – also des heilenden – sitzt Abdias über seinen Büchern:

> Aber mit einem Male, wie er wieder so rechnete, und da der Regen noch kaum leise auf die Dächer niederträufelte, geschah ein schmetternder Schlag, von Feuer begleitet, das das ganze Haus in einen blendenden Schein setzte. Abdias erkannte augenblicklich, daß der Blitz in sein Haus gefahren sei. Sein erster Gedanke war Ditha. Obgleich in den Gliedern noch ermüdet, eilte er sogleich in ihr Zimmer. Der Blitz war durch dasselbe gegangen, er hatte die Decke und den Boden durchschlagen, daß dicker Staub in der Stube war, er hatte die eisernen Drähte des Käfigs, in dem das Schwarzkelchen war, dessen Singen Ditha so erfreute, niedergeschmolzen, ohne den Vogel zu verletzen; denn derselbe saß gesund auf seinen

---

106 Littrow, Wunder des Himmels, 1837, S. 774, Hervorhebungen E. H.
107 Ingen, Band und Kette, 1996, S. 74.
108 Vgl. Littrow, Wunder des Himmels, 1837, S. 768.
109 Vgl. dazu Ritzer, Zum Kulturwert der Naturwissenschaft, 2002, S. 55–59.

Sprossen – auch Ditha war unbeschädigt; denn sie saß aufrecht in ihrem Bette, in das sie sich gelegt hatte, weil sie heute ganz besonders mit dem Zittern behaftet gewesen war.[110]

Der Blitzschlag bringt, abgesehen von der Heilung Dithas,[111] alles mit, was ein Blitzeinschlag in ein Haus gemeinhin ausmacht: Donner, Feuer, Hitze und Zerstörung.[112] Die Beschreibung des Blitzes transportiert nichts Wundervolles oder Verwunderliches; auch dass der Vogel in seinem Käfig überleben kann, ist ganz auf der Höhe des zeitgenössischen Wissensstands, schließlich wurde der erste Faradaysche Käfig 1836 gebaut.[113] Trotz der naturwissenschaftlich korrekten Schilderung ist der Blitz aber eine „wundervolle Begebenheit",[114] denn Ditha überlebt, obwohl sie nicht in einem Faradayschen Käfig saß, und wird gar sehend.[115]

[U]nd wie er genauer hinblickte, bemerkte er, daß eine fürchterliche Erregung auf ihrem Antlitze lag, wie Entsetzen, wie Todesschreck. Als er näher ging [...], kreischte sie, als drohte sich ein Ungeheuer über sie zu legen, und sie regte die Hände wie abwehrend entgegen – es war das erste Mal, daß sie die Hände nach etwas geradezu ausstreckte. – – Eine wahnsinnige Vermuthung stieg in Abdias auf.[116]

Solange Ditha, ob der neu erlangten Sehkraft in ‚Todesschreck', noch nicht gelernt hat, mit der neuen Gabe umzugehen, muss ihr Zimmer verdunkelt werden,[117] ansonsten droht ihr Geist an den neuen Eindrücken schaden zu nehmen – alles Maßnahmen, die sich nach Kühlmann mit Diderots *Lettre sur les Aveugle* bzw. nach Federmair mit der zeitgenössischen Psychologie erklären lassen.[118] Unerklärbar bleibt nur die heilende Wirkung des Blitzes; sie könnte aber, bedenkt man die wenigen Erkenntnisse, die man im neunzehnten Jahrhundert über Elektrizität erlangen konnte, wahrscheinlich sein. Auch in *Abdias* geht es also um „die engen

---

110 Abdias. In: HKG, Bd. 1,5, S. 319 f.

111 Nach Gamper handle es sich beim heilenden Blitzschlag um eine Art Elektroschocktherapie; dabei gehe es um die „Überführbarkeit von Kräften innerhalb heterogener Körperverhältnisse". Vgl. Gamper, Stifters Elektrizität, 2009, S. 216.

112 Zum Blitz in den zeitgenössischen Naturwissenschaften vgl. Baumgartner, Naturlehre, 1829, S. 729–732.

113 Vgl. dazu Ritzer, Zum Kulturwert der Naturwissenschaft, 2002, S. 55.

114 Abdias. In: HKG, Bd. 1,5, S. 318.

115 Nach Utz trete der Blitz „fast provokativ-aufdringlich an die Stelle des aufklärerischen Heilungswunders, der Staroperation." Utz, Visualität und Blindheit, 2012, S. 262.

116 Beide Zitate aus Abdias. In: HKG, Bd. 1,5, S. 318–320.

117 „Abdias fing nun an, Ditha sehen zu lehren." Abdias. In: HKG, Bd. 1,5, S. 322 f.

118 Vgl. dazu Kühlmann, Das Experiment aufklärerischer Anthropologie, 1996 bzw. Federmair, Entwicklungspsychologie und Elektrizität, 2008.

Grenzen unseres Verstandes", so Baumgartner zum Planetensystem.[119] Stifter lässt den heilenden Blitz in derselben ästhetischen Konstellation aus lückenhaftem Wissen über die Natur auf der einen Seite und Unbegreiflichkeit der Natur bzw. beschränktem menschlichen Geist auf der anderen Seite aufgehen:[120] „It is our ignorance of things that causes all our admiration, and chiefly excites our passions. Knowledge and acquaintance make the most striking causes affect but little. It is thus with the vulgar, and all men are as the vulgar in what they do not understand."[121] Der ‚wundervollen Begebenheit' des ersten Blitzschlags kommt so das Erhabene zu; seine Wahrscheinlichkeit wird zwar nicht naturwissenschaftlich-empirisch oder kausal-logisch, dennoch aber ästhetisch verarbeitet. Auf diese Weise nutzt auch die Erzählung *Abdias* eine ‚erhabene' Argumentation, die sich bereits in Baumgartners *Naturlehre* und Littrows *Wunder des Himmels* findet.

Als Ditha schließlich durch einen weiteren Blitzschlag zu Tode kommt, ist keine Rede mehr von Naturgesetzen, die der Mensch nur zu erkennen brauche, um das ‚Wunder' zu verstehen; dafür erscheint das Gewitter, das Ditha tötet, selbst in einem wunderlichen bzw. auch wundervollen Licht. Während der erste Blitz von Regen, Sturm und Hagel, die das Hausdach und die Ernte zerstörten,[122] begleitet wurde, ist das Gewitter zum Zeitpunkt von Dithas Tod, so lassen es zumindest die Anzeichen am Himmel vermuten, noch weit entfernt. Der verhängnisvolle Blitz scheint nahezu aus dem Nichts zu kommen:

> In den oberen Theilen des Himmels mußte schon der Wind herrschen; denn die grauen Schleier, welche dem Gewitter vorher zu gehen pflegen, liefen sichtlich dahin, sie hatten schon die Sonne überholt, standen bereits über den Häuptern der Zuschauenden und eilten gegen Morgen.
> [...] Die Donner waren noch immer ferne, obgleich die Wolken schon den ganzen Himmel angefüllt hatten, und nicht nur über ihre Häupter, sondern auch schon weit gegen Morgen hinaus gegangen waren.
> [...]

---

119 Baumgartner, Naturlehre, 1829, S. 623. Vgl. dazu in Kapitel I dieser Arbeit den Abschnitt *Das Erhabene in Physik und Astronomie – Baumgartner und Littrow*, S. 84 – 87.
120 Wie oben schon erwähnt, gibt es auch im Schiller'schen Erhabenen einen solchen Gedanken zur „sinnlich unendliche[n] [...] Natur". Vgl. Schiller, Ueber das Erhabene, 1963, S. 50.
121 Burke, A Philosophical Enquiry, 2008, S. 43. Gerade der Verweis auf den „vulgar", den einfachen und nicht-wissenden Mann, scheint mir das Verhältnis von Natur und Mensch, wie es sich hier und auch in *Zwei Schwestern* darstellt, besonders zu illustrieren; denn nach Kant kann Nicht-Wissen oder fehlende „Sittlichkeit" nicht zu einem Gefühl des Erhabenen, sondern nur zu Furcht vor den Dingen der Natur führen: „In der Tat wird ohne Entwicklung sittlicher Ideen das, was wir, durch Kultur vorbereitet, erhaben nennen, dem rohen Menschen bloß abschreckend vorkommen." Kant, Analytik des Erhabenen, S. 354.
122 Vgl. Abdias. In: HKG, Bd. 1,5, S. 322.

Sie [i. e. Ditha, E. H.] schwieg plötzlich. Ihm [Abdias] war es, als hätte er seitwärts an der Garbe einen sanften Schein lodern gesehen. [...] Da er hinblickte, war schon alles vorüber. Es war auf den Schein ein kurzes heiseres Krachen gefolgt, und Ditha lehnte gegen eine Garbe zurück, und war todt.

Kein Tropfen Regen fiel, nur die dünnen Wolken rieselten, wie schnell gezogene Schleier, über den Himmel.[123]

Der Blitz, der Ditha tötet, kommt so unvermittelt und entgegen allen Erfahrungen mit Gewittern lautlos, dass es scheint, als habe er „dem Kinde mit seiner weichen Flamme das Leben von dem Haupte geküßt". Dieses liebliche Bild der grausamen Natur wiederholt so das Bild des in einem „schöne[n] Silberspiegel" ertrinkenden Knaben der Einleitung[124] – auch hierin liegt die Widersprüchlichkeit des Erhabenen. Des Weiteren erscheint das zweite Gewitter, dessen todbringender Blitz[125] in keiner Weise bekannten Naturgesetzen widerspricht,[126] als „neue[s] Wunder",[127] während der Wirkung des ersten Blitzes eine Naturgesetzlichkeit zugesprochen wurde, die sie nicht hat, die aber nach zeitgenössischen Erkenntnissen zumindest wahrscheinlich sein könnte. Der zweite, todbringende Blitz dagegen kommt fast unvermittelt.[128] Dennoch stirbt Ditha augenblicklich und lautlos und Abdias, der in derselben Getreidegarbe Schutz gesucht hat, „hatte nicht die geringste Erschütterung empfunden". Danach ist es „als sei auch noch kein Gewitter an die Stelle gekommen. Die folgenden Donner waren wieder ferne, es ging kein Lüftchen, und zeitweise sang noch die Lerche."[129] Nach Baumgartners *Naturlehre* sind nur „Blitze, die sehr weit entfernt" sind, „von schwachen Donnerschlägen

---

123 Ebd., S. 339 f.

124 Vgl. ebd., S. 341 und 237.

125 Auch im Fall des zweiten Blitzschlags wird ein kausaler Zusammenhang zu Dithas „Gewitterfreudigkeit" hergestellt. Vgl. ebd., S. 338. Einen Ansatz zur Erklärung gibt es daher: Ditha ist auch dann ‚gewitterfühlig', wenn ein Gewitter weit entfernt ist: „Man bemerkte nemlich an Ditha [...], daß sie an Gewittertagen, oder auch nur an solchen, wo Gewitter drohten, und an dem entfernten Gesichtskreise hinauszogen, ganz besonders lebhaft, sogar heiter und freudig gestimmt sei." Ebd., S. 238.

126 So heißt es in der *Naturlehre:* Ein Stromstoß kann „eine Lähmung, Blutspeien und andere Übel hervorbringen; man kann dadurch sogar Thiere tödten." Baumgartner, Naturlehre, 1829, S. 526.

127 So im Text. Vgl. Abdias. In: HKG, Bd. 1,5, S. 341.

128 Nach Utz zeige sich gerade im „entleert[en]" Himmel über dem Geschehen eine „fundamentale Lücke in der Kausalkette von Ursache und Wirkung auf, deren Existenz die Einleitung doch [...] behauptet." Utz, Visualität und Blindheit, 2012, S. 264.

129 Abdias. In: HKG, Bd. 1,5, S. 341. Regen kommt erst später: „Das Gewitter[...] schüttete an dem Tage noch auf alle Wesen reichlichen Segen herab, und hatte, wie jenes, das ihr das Augenlicht gegeben, mit einem schönen Regenbogen im weiten Morgen geschlossen." Ebd.

begleitet".[130] Der Blitz in *Abdias* aber ist trotz des nur schwachen Donners nahe genug, um Ditha zu töten – nicht aber Abdias, der direkt neben ihr sitzt. Auch hier versagt also der Kausalnexus der Naturwissenschaften, allerdings in umgekehrter Richtung: Die Wirkung des Blitzes ist erklärbar, seine Ursache aber fehlt. Dithas Tod wird so in ein wundervolles Licht getaucht, das zur Erklärung des Geschehens nicht notwendig wäre – so wird das Erhabene des ersten Blitzschlags beim zweiten wieder aufgenommen, denn auch hier wird, mit Schiller, „die absolute Unmöglichkeit sichtbar, durch *Naturgesetze* die *Natur selbst* zu erklären, [...] und das Gemüth wird also unwiderstehlich aus der Welt der Erscheinungen heraus in die Ideenwelt, aus dem Bedingten, ins Unbedingte getrieben."[131]

Beide Gewitter verschließen sich, nimmt man die in der Einleitung beschworene Kette aus Ursachen und Wirkungen als Grundlage aller Naturerscheinungen, zumindest teilweise einer rationalen Deutung – das erste in seiner Wirkung, das zweite in seiner Erscheinung bzw. in der fehlenden Ursache für den Blitz. Man könnte nun, so Mayer, die Thematik des *Abdias* in einer naturwissenschaftlichen „Sinnverweigerung" sehen.[132] Legt man aber Äußerungen zeitgenössischer Naturwissenschaftler zugrunde, ergibt sich ein neues, anderes Bild: Die zeitgenössischen Erkenntnisse über Elektrizität und ihre Wirkung sind „bei weitem noch nicht hinreichend, uns über die Natur des electrischen Principes die nöthige Aufklärung zu verschaffen".[133] Nach Littrow stellen sich gar alle „Erscheinungen der Natur [...] nur unter dem Bilde von *Wahrscheinlichkeiten* dar, von welchen wir die Sache selbst, die *Wahrheit*, welche ihnen zu Grunde liegt, nur selten oder bloß zufällig erfassen können." Erscheinungen, die die engen Grenzen der Naturwissenschaften überschreiten, „können daher leicht verkannt und *von einer zu lebhaften Phantasie* auch wohl überschätzt werden: aber dieß kann kein Grund seyn, sie, wie Manche gethan haben, ohne alle weitere Untersuchung zu verwerfen."[134] Das schließt aber die Wirkung des heilenden Blitzschlags, wie sie in *Abdias* dargestellt wird, nicht aus, sondern lässt sie, ebenso wie den todbringenden Blitz eines noch weit entfernten Gewitters, entsprechend der zeitgenössischen Naturwissenschaften wenigstens wahrscheinlich erscheinen.

Abdias nutzt also die Lücken gesicherter naturwissenschaftlicher Erkenntnis und füllt sie mit Wahrscheinlichem: Die Erzählung arbeitet „in den Zwischenräumen der Wissenschaften", indem sie „Kenntnisse zum Kreisen" bringt, ohne

---

130 Baumgartner, Naturlehre, 1829, S. 731.
131 Schiller, Ueber das Erhabene, 1963, S. 50. Vgl. dazu auch Burke, A Philosophical Enquiry, 2008, S. 43.
132 Vgl. Mayer, Erzählen als Erkennen, 2001, S. 58 f.
133 Baumgartner, Naturlehre, 1829, S. 561.
134 Littrow, Wunder des Himmels, 1837, S. 768 und 774.

sie „letztgültig" zu verhandeln.[135] Dabei kommt das Erhabene zum Zuge, denn damit werden Grenzen der Erkenntnis dargestellt und (noch) unererklärbare Naturphänomene ästhetisch erfahrbar gemacht, ein Vorgehen, das sich aus zeitgenössischen populärwissenschaftlichen Schriften und aus Theorien des Erhabenen gleichermaßen speist. Für die Naturwissenschaften gilt, trotz des in der Einleitung dargestellten Naturgesetzes von Ursache und Wirkung: „[D]as kleine Aufgefundene ist schon ein großer herrlicher Reichthum, und immer größer immer herrlicher wird der Reichthum, je mehr da kommen, welche leben und enthüllen – und was noch erst die Woge aller Zukunft birgt, davon können wir wohl kaum das Tausendstel des Tausendstels ahnen."[136] Das ist allerdings auch in *Abdias* kein Grund, das Ahnen sein zu lassen und nicht davon zu erzählen.

---

135 Vgl. Barthes, Leçon/Lektion, 1980, S. 27.
136 Abdias. In: HKG, Bd. 1,5, S. 238 f.

6 Das Erhabene und die Geologie – *Der Nachsommer*

In Adalbert Stifters Roman *Der Nachsommer* wird bekanntermaßen der Bildungs- und Werdegang Heinrich Drendorfs erzählt. Das Zentrum dieses Bildungsprozesses sei, so die Stifterforschung im Allgemeinen, Gustav von Risachs Asperhof, vom Ich-Erzähler auch „Rosenhaus" genannt.[1] Es handelt sich also scheinbar um einen Prozess, dessen Kern nicht Heinrich und seine Neugier bilden, sondern vielmehr Risach, der Heinrich während dessen Aufenthalten unter seinem Dach an ausgewählte Gegenstände vor allem aus Kunst und Kunsthandwerk heranführt. Eine solche Lesart des *Nachsommers*, also eine, die in erster Linie – und nicht selten auch ausschließlich – das wohlgeordnete, von jeglichen Trieben und Leidenschaften und scheinbar von jeglicher Subjektivität befreite Rosenhaus ins Zentrum der Interpretation stellt,[2] muss fast zwangsläufig zu dem Ergebnis kommen, „den Roman als [...] das Resultat eines ausgeprägten Bedürfnisses nach Ordnung, Ritual und Regelmäßigkeit, nach einem normierten Ablauf des Immergleichen zu lesen."[3] Eine solche Lesart[4] liegt bezüglich des Asperhofs sicherlich auch nahe; allerdings wird darüber ein wichtiges Themenfeld des *Nachsommers* vergessen: die Geologie, der sich Heinrich im Hochgebirge ausgiebig widmet.

Mit der Entstehung der Geologie im neunzehnten Jahrhundert änderte sich der Blick auf ihren Gegenstand der ersten Stunde – das Hochgebirge – grundlegend:[5] Wo ehemals furchterregende Berge waren, entstand jetzt ein neues wissenschaftliches Forschungsfeld, eingebettet in das Erhabene.[6] Gerade Stifters *Nachsommer* zeugt von dieser Entwicklung. Hier wird – so die These – besonders die geologisch-erhabene[7] Alpenwahrnehmung bearbeitet und auch weiterentwi-

---

1 Vgl. Der Nachsommer. In: HKG, Bd. 4,1, S. 177.

2 Vgl. z. B. Selbmann, Rolf, Adalbert Stifter: ‚Der Nachsommer'. In: ders., Der deutsche Bildungsroman, Stuttgart/Weimar ²1994, S. 133–141, hier 139.

3 Becker, Inszenierte Ordnung in Stifters *Nachsommer*, 2007, S. 318.

4 Nach Christian Begemann gibt es „[v]iele Möglichkeiten" der *Nachsommer*-Lektüre, denn der Roman drehe sich „unter jeder vereindeutigenden Lesart hinweg". Begemann, Stifter: Der Nachsommer, 2000, S. 204.

5 Vgl. dazu z. B. Engelhardt, Wandlungen des Naturbildes der Geologie, 1982.

6 Vgl. dazu Gisi, Der Wandel des ‚Blicks' auf die Alpen, 2004.

7 Der Begriff des „*Geologisch*-Erhabene[n]" wurde von Georg Braungart geprägt. Braungart, Die Geologie und das Erhabene, 2005, S. 166.

https://doi.org/10.1515/9783110498219-013

ckelt.[8] Dem Erhabenen kommen dabei unterschiedliche Funktionen zu: Erstens findet Heinrich, so wird sich zeigen, erst über das Erhabene zur Geologie und damit zu einem Beruf, dessen Ausübung ein Gegengewicht zu Risachs Rosenhauswelt und der dort verordneten, affektlosen Bildung darstellt. Denn in der geologischen Forschungsarbeit – so die zweite These – kommt es gerade nicht zu einer Objektivierung des Selbst,[9] sondern sie ist, verbunden mit dem Erhabenen, für Heinrich eine Möglichkeit, die eigene Individualität zu festigen. In diesem Sinne steht sie, wie auch ihr Gegenstand, die Berge, außerhalb der geordneten Welt des Asperhofs und wird zu einem ‚Ort der emotionalen Freiheit‘. Voraussetzung dafür ist auch die Geologie selbst,[10] in der sich keine abgeschlossene Ordnung zeigt,[11] schließlich sind die unfassbaren Zeiträume der Erdgeschichte, ihre ‚Tiefenzeit‘,[12] ihr Gegenstand. Die Tiefenzeit kann zwar erforscht werden, sie entzieht sich aber jeglichem Ordnungs- und Erkenntniswillen. Über die gewaltigen Zeiträume der Erdgeschichte im *Nachsommer* eröffnet sich so auch für Heinrich eine „transhumane Perspektive", die seine Existenz gegenüber der Erdgeschichte zeitlich marginalisiert.[13] Auch im *Nachsommer* erweist sich Natur deshalb als unabhängige, nicht zu beherrschende und nie ganz zu erforschende Gewalt,[14] die aber mit dem Erhabenen für Heinrich auf besondere Weise erfahrbar wird.

Die Handlung des *Nachsommers* ist schnell zusammengefasst: Zu Beginn des Romans beschreibt der Ich-Erzähler Heinrich Drendorf, dessen Namen man erst auf den letzten Seiten erfährt, sein Elternhaus, seinen und den Unterricht seiner Schwester Klotilde und schließlich erste Schritte ins autodidaktische Lernen, das sich auch aus ausgedehnten Wanderungen in der Umgebung speist. Schon früh in diesem Prozess fasst Heinrich den Plan, dem „Entstehen d[er] Erdoberfläche"

---

8 Dieses Kapitel geht zu Teilen auf meinen Artikel *Die Erfahrung der ‚Tiefenzeit‘ im Erhabenen* zurück. Vgl. Häge, Die Erfahrung der ‚Tiefenzeit‘ im Erhabenen, 2014.
9 Nach Stefan Braun gehe es auch in Heinrichs wissenschaftlicher Tätigkeit um Objektivierung des Selbst. Vgl. Braun, Naturwissenschaft als Lebensbasis?, 2006, S. 227 f.
10 Stifter hat sich ausgiebig mit der Geologie beschäftigt. Vgl. dazu in Kapitel I dieser Arbeit den Abschnitt *Das Erhabene in der Geologie – Simony und Morlot*.
11 Nach Roland Duhamel erlerne Heinrich anhand der Geologie Ordnung. Vgl. Duhamel, Natur und Kunst, 1994, S. 154.
12 Dieser Begriff stammt vom amerikanischen Sachbuchautor John McPhee. Vgl. Gould, Die Entdeckung der Tiefenzeit, 1990, S. 14.
13 Braungart, Die transhumane Perspektive in der Kulturgeschichte der Geologie, 2008, S. 18.
14 Auch in einigen Erzählungen Stifters wird die Natur als vom Menschen völlig unabhängige Gewalt dargestellt, z. B. in *Zwei Schwestern*, *Brigitta* und in *Abdias*. Vgl. dazu besonders Kapitel III.5 in dieser Arbeit.

nachzuspüren und Geologe zu werden.[15] Um dieses Ziel zu erreichen, begibt er sich auf immer weiter ausgedehnte Wanderungen ins Hochgebirge, bis er im Zuge eines drohenden Gewitters an die Tür des Asperhofs klopft und dort vom Freiherrn Gustav von Risach beherbergt wird. Aus diesem ersten, zufälligen Treffen entwickelt sich eine Lehrer-Schüler-Beziehung. Risach nimmt Heinrich von nun an jeden Sommer in seinem Haus auf und versucht, ihm vor allem Kunst, Kunsthandwerk und auch, mithilfe des Schreiners Eustach, das Restaurieren von Kunst- bzw. von Alltagsgegenständen nahezulegen. Heinrich wird dabei immer mehr zu einem festen Teil des Rosenhauses und schließlich auch offiziell zu einem Familienmitglied: Am Ende des Romans heiratet er Risachs Ziehtochter Natalie. Vor der Hochzeit offenbart Risach Heinrich seine im Lauf der Handlung immer wieder anklingende Lebensgeschichte, die vom traumatischen Erlebnis einer nicht zur Erfüllung gekommenen Liebe zu Mathilde Torona – Natalies Mutter – geprägt ist, zu der er nun eine freundschaftliche Beziehung pflegt. Neben seinen Erfahrungen im Asperhof und in Mathildes Sternenhof betreibt Heinrich über den gesamten Roman hinweg die Geologie: Er vermisst einen See, erfährt die gewaltvolle Bedeutung der unermesslichen Zeiträume der Erdgeschichte, kartographiert Teile des Hochgebirges und erklimmt im Winter einen Gletscher. Bei all diesen Unternehmungen spielt das Erhabene jeweils eine ganz eigene Rolle für Heinrichs Persönlichkeit wie auch für seine geologischen Forschungen.

Besonders in der älteren Forschung[16] zum *Nachsommer* liegt der Fokus auf der geordneten Welt des Rosenhauses. So sind nach Marianne Schuller „die Figuren wesentlich als Funktion des Raumes" – Schuller meint hier den Asperhof – „repräsentiert". Deshalb seien sie „nicht als ,Personen', denen ein autonomes Seelenleben zustände, sondern eher als integrale Bestandteile schöner Arrangements, schöner Bilder konstituiert." Auch die Natur des Hochgebirges unterstehe diesem Streben: Sie erscheine als „total entfremdete, gläsern unberührbare und insofern schöne."[17] Nach Renate Obermaier müsse die Natur aufgrund der im Asperhof betriebenen Kultivierungsarbeit an ihr als „nach außen projizierte

---

15 Der Nachsommer. In: HKG, Bd. 4,1, S. 44.

16 Beiträge, die vor 1980 erschienen sind, werden nur beachtet, wenn sie einschlägig oder für die vorliegende Studie aufschlussreich sind, da die ältere Forschung oft nur „einseitige Beschreibungen" bietet. Vgl. Mayer, Erzählen als Erkennen, 2001, S. 150. Für Beiträge von 1962–1983 vgl. Eduard Eisenmeier, Adalbert Stifter. Bibliographie, Linz 1964–1983. Auch die jüngere Forschung kann nicht im Ganzen berücksichtigt werden.

17 Marianne Schuller, Das Gewitter findet nicht statt oder die Abdankung der Kunst. Zu Adalbert Stifters Roman *Der Nachsommer*. In: Poetica. Zeitschrift für Sprach- und Literaturwissenschaft 10 (1978), S. 25–52, hier 35 und 38.

Triebnatur, die gezügelt werden muß", gelesen werden.[18] So entstehe eine Idylle, in der, so Alfons Glück, das bis 1848 bestehende, wohlgeordnete „österreichische Alte Regime als ‚Natur'" erscheine.[19] Nach Gerhart Mayer handle es sich beim *Nachsommer* um eine „normative Utopie", die die „differenzierende Individualität zur generalisierten Person zu reduzieren" versuche, um Harmonie zu erhalten.[20] Ein profunderes Bild zeichnet Margret Walter-Schneider. Ihr zufolge entstehe die Emotionslosigkeit der Figuren – Arno Schmidt sprach von „Menschen ohne Gesichter"[21] – durch die Erzählinstanz, denn Heinrich erzähle, ohne „die Grenzen des Sichtbaren [...] durch einen auch noch so harmlosen Übertritt in den Bereich des Denkbaren" zu erweitern, eine Erzählhaltung die aus der „Idee der Schicklichkeit" resultiere: „Die Grenzen der Sprache [...] stimmen überein nur mit den Grenzen jenes Sichtbaren, das das Gebot der Schicklichkeit zu betrachten erlaubt"; das gelte auch für Heinrichs geologische Forschungen.[22] In diesem Kapitel wird sich allerdings zeigen, dass Heinrich über das Erhabene und die der Geologie inne liegende transhumane Perspektive[23] sehr wohl vom nicht Sichtbaren und

---

18 Obermaier, Stadt und Natur, 1985, S. 309 f.

19 Glück, Naturreservate und künstliche Paradiese nach 1848, 1996, S. 312 f. und 343. Auch neuere Beiträge beschäftigen sich mit der Bedeutung von 1848 für den *Nachsommer*, z. B. von Werner Michler. Stifter habe 1848 sein „anthropologisches Urvertrauen verloren", die Integration der Naturwissenschaften in den Roman verweise aber auf „die Zukunft einer neuen Allianz". Werner Michler, Vulkanische Idyllen. Die Fortschreibung der Revolution mit den Mitteln der Naturwissenschaft bei Moritz Hartmann und Adalbert Stifter. In: Lengauer, Hubert/Kucher, Primus-Heinz (Hg.), Bewegung im Reich der Immobilität. Revolutionen in der Habsburgermonarchie 1848–1849, Wien u. a. 2001, S. 472–495, hier 492.

20 Mayer, Stifter: Der Nachsommer, 1992, S. 133.

21 Schmidt, Der sanfte Unmensch, 1985, S. 225.

22 Vgl. Margret Walter-Schneider, Das Unzulängliche ist das Angemessene. Über die Erzählfigur in Stifters *Nachsommer*. In: Jahrbuch der Deutschen Schillergesellschaft 34 (1990), S. 317–342, hier 317–319 und 323 f. Ulrich Kinzel beschreibt dieses Phänomen als „Ethopoetik"; es gehe um „Askese des Selbst" im Sinne einer „moralische[n] Übung". Ulrich Kinzel, Ethische Projekte. Literatur und Selbstgestaltung im Kontext des Regierungsdenkens. Humboldt, Goethe, Stifter, Raabe, Frankfurt a. M. 2000, S. 391 f. Da der letzte Satz des Romans im Präsens und im Futur steht, der Rest der Erzählung aber durchgängig im Präteritum erzählt sei, falle nach Uwe-Karsten Ketelsen das Erzähler-Ich und der Gegenstand der Erzählung erst am Ende zusammen. Das führe zu einer erheblichen Distanz zwischen Erzähler-Ich und Figur: „Nicht seine Entwicklung aus seiner erzählten Figur ‚Heinrich Drendorf' konstituiert das ‚Ich' des Erzählers [...]; vielmehr konstituiert der Vorgang seiner eigenen Erzählung das ‚Ich' des Erzählers." Uwe-Karsten Ketelsen, Adalbert Stifters Roman Der Nachsommer: Die Selbstformierung eines Erzählers. In: Orbis linguarum. Legnickie Rozprawy Filologiczne 1 (1994), S. 5–14, hier 10–12.

23 Vgl. Braungart, Die transhumane Perspektive in der Kulturgeschichte der Geologie, 2008, S. 18.

Spekulativen erzählt und dabei auch sein ‚Inneres', seine eigenen, höchst subjektiven Emotionen zur Sprache bringt.

In den letzten Jahren wurde der *Nachsommer*, ausgehend vom Kapitel *Rückblick* im dritten Band,[24] verstärkt als Vergangenheitsbewältigung Risachs interpretiert. Nach Sabina Becker liege es nahe, „den Roman als das Produkt einer sublimatorischen Ordnungsphantasie" zu lesen, denn selbst die „Liebe" werde „dem Bedürfnis nach Ordnung und Disziplinierung (des Leidenschaftlichen) im Rahmen von Ehe und Familie untergeordnet und damit den Maßstäben bürgerlicher Ideale [...] angeglichen". Risachs Lebensgeschichte fungiere dabei als „Kontrastentwurf des gesamten Geschehens und Handlungsverlaufs."[25] „Passionen", so auch Rina Schmeller, würden nur im *Rückblick* thematisiert. Im restlichen Roman gehe es darum, die „Lücke", die sich in Risachs Leben aufgrund der unglücklichen Liebe zu Mathilde auftue, über die leidenschaftslose Verbindung von Heinrich und Natalie zu überwinden. Dennoch zeige sich die Lücke in der Architektur des Asperhofes: „Das Rosenhaus steht im Zeichen einer individuellen Vergangenheit, es verweist auf die Lebenslücken und den Versuch, sie auf erzieherischem Wege zu schließen."[26] Brahim Moussa liest den Roman als „großes Entsagungs- und Verklärungsprojekt"; dabei werde der Asperhof als ein „Raum der Zwänge und Gewaltausübung" entlarvt.[27] Helena Ragg-Kirkby plädiert dafür, den *Nachsommer* unter einer „characteristically Stifterian ‚dual perspective'" zu lesen: „[I]f we focus on the whole novel, we see ‚Bildung', marriage, neighbourly respect, and a whole host of worthy ideals; but if we fix our gaze on the brief ‚Rückblick' chapter, we see only passion, hate, misery, potential suicide, unappeasable guilt."[28] Jochen Berendes weicht diese Lesart auf, indem er den „po-

---

24 Darin erzählt Risach seine Lebensgeschichte. Vgl. Der Nachsommer. In: HKG, Bd. 4,3, S. 150 – 228.

25 Becker, Inszenierte Ordnung in Stifters *Nachsommer*, 2007, S. 317–320. Günter Saße interpretiert den Roman als „Leben im Zeichen dieses Traumas". Risachs „verfehlte Vergangenheit" solle „durch eine auf die nächste Generation projizierte Zukunft überwunden werden". Günter Saße, Familie als Traum und Trauma. Adalbert Stifters *Nachsommer*. In: Becker, Sabina/Grätz, Katharina (Hg.), Ordnung – Raum – Ritual. Adalbert Stifters artifizieller Realismus, Heidelberg 2007, S. 211–233, hier 227–230.

26 Schmeller, Pädagogische und poetologische Dimensionen der Architektur, 2013, S. 318 f.

27 Moussa, Heterotopien im poetischen Realismus, 2012, S. 119 und 122. Albrecht Koschorke und Andreas Ammer schreiben bereits 1987: „Es ist inzwischen ein gängiger Topos, daß das dezidiert glückliche Ende, zu dem vom *Nachsommer* an alle Dichtungen Stifters finden, um den Preis rigoroser Verzichtsleistungen erreicht wird, die vorzugsweise, wie die Gestalt Heinrich Drendorfs illustriert, als stillschweigende Voraussetzungen der Mechanik des Gelingens in den Texten zugrundegelegt sind." Koschorke/Ammer, Der Text ohne Bedeutung, 1987, S. 692.

28 Helena Ragg-Kirkby, ‚Äußeres, Inneres, das ist alles eins': Stifter's *Der Nachsommer* and the Problem of Perspectives. In: German Life and Letters 50 (1997), S. 323–338, hier 324 f.

tentiell komische[n] Defizite[n]" in den „schwelende[n] bzw. verleugnete[n] Krisen" der Protagonisten nachgeht. Der Roman offenbare dabei zwei Zentren – Risach und Heinrich – und führe zur „Frage: wie sich Risachs Vita neben der Heinrichs ausnimmt, welche Funktion Heinrich in der Lebensproblematik eines Risach besitzt und ob diese möglicherweise bestehende Funktionalisierung die intendierte Bildungsgeschichte untergräbt."[29] Neben dieser Problematik führt die Vernachlässigung Heinrichs in der Lesart ‚vom *Rückblick* aus' wie bereits in den Beiträgen von Schuller, Obermaier oder Glück zu einer konsequenten Vernachlässigung bzw. Nicht-Beachtung des Themenfelds Geologie. Gerade aber Heinrichs Forschungen im Hochgebirge bedeuten eine Ausbruchsmöglichkeit aus den engen Grenzen des Asperhofs: Nur hier können Chaos und Gewalt der Natur affektiv, nämlich über das Gefühl des Erhabenen erfahren werden.

Auch wenn das Hochgebirge in der bisher dargestellten Forschung verhältnismäßig wenig Beachtung fand, so gehen einige Beiträge zumindest den Brüchen der Natur im *Nachsommer* nach.[30] Christian Begemanns dekonstruktive Analyse greift einerseits denjenigen Studien vor, die den *Nachsommer* von Risachs *Rückblick* aus interpretieren: Spätestens hier zeige sich, dass „die Welt des Rosenhauses und letztlich die des Romans eine einzige grandiose Veranstaltung zur Abwehr und Bearbeitung jener Leidenschaften" seien, „die einstmals Risachs Lebensglück zerstörten. Das besondere Subjekt mit seinen willkürlichen Wünschen, Strebungen und Affekten" werde so einerseits „mit einer Radikalität verabschiedet, die allenfalls noch vom ‚Witiko' überboten wird." Andererseits aber sei „im Innersten von Risachs vermeintlich ökologischer Kulturation der Natur

---

29 Berendes, Ironie – Komik – Skepsis, 2009, S. 6 f. und 325. Nach Berendes erhebe Stifter „den Mangel zum Prinzip. Geraten die Texte zum kunstvoll ironischen Eingeständnis, den versprochenen positiven Wurf nicht leisten zu können, [...] vermögen sie doch in der Reflexion des Mangels die Grenze zu übersteigen. Die in sich einbrechenden Entwürfe umfassender Ordnungsmuster [...] erlauben im Medium literarischer Texte die vorübergehende Ablösung und Befreiung von einer orientierungsheischenden Disposition und distanzierende Kritik an überkommenen Konzepten." Ebd., S. 383.

30 Zudem gibt es einige Beträge, die zwar Brüche in Stifters Werk sehen, den *Nachsommer* aber daraus ausschließen. Nach Horst Dieter Rauh lebe „Stifters Ästhetik [...] insgeheim von jenem Abgrund, den sie in der Natur wie im Menschen erahnt"; diesen Abgrund wolle Stifter zugleich verschleiern, was im *Nachsommer* „weithin gelungen" sei. Rauh, Der verschleierte Abgrund, 2006, S. 96. Nach Alfred Doppler entwickle der Roman „ein Lebensmodell, das gegen die Gefahren einer ungezügelten Natur und gegen unbeherrschte Leidenschaften immunisieren soll", indem diese nicht gezeigt würden. Doppler, Das sanfte Gesetz und die unsanfte Natur, 2006, S. 19. Solche Einschätzungen haben bezüglich der Rosenhauswelt sicherlich ihre Berechtigung; für das Hochgebirge (das im Übrigen auch von diesen Autoren kaum oder gar nicht besprochen wird) kann das aber nicht gelten.

wieder nur das Subjekt am Werk".[31] Markéta Balcarová schließt direkt an Begemanns Lesart an, indem sie die Naturkultivierung als „Durchbrechung einer harmonischen Symbiose zwischen dem Menschen und seiner Umwelt" interpretiert. Stifters „Erzählstrategie" sei „insofern spezifisch, als sie sehr konsequent eine idyllische Naturkonzeption entwickelt, um diese schließlich zu brechen."[32] In beiden Beiträgen wird kaum ein Wort über Heinrichs geologische Forschungen verloren, die ihn auch in die „wildesten und abgelegensten Gründe"[33] des Gebirges führen; Brüche in der Natur werden ausschließlich in Risachs Kultivierung gesehen, der ‚unkultivierten' Natur wird dabei nicht nachgegangen.

Erhard Banitz dagegen sprach bereits 1957 vom „Berufsbild [...] eines Geologen", allerdings mit Einschränkung: Die Figur Heinrichs entspreche nicht der „Darstellung eines reinen Typus", sondern eines „Gelehrten [...], dessen geistiges Gepräge [...] darüber hinaus aber durch eine starke künstlerische Komponente charakterisiert" sei.[34] Thomas L. Buckley lässt zwar eine „objectified, scientific perspective on nature" im *Nachsommer* gelten; in Heinrichs Bildungsgang gewinne aber die Kunst die Oberhand: „It is art, the final and most significant stage

---

31 Begemann, Welt der Zeichen, 1995, S. 322 und 346.

32 Balcarová, Stifters doppelbödige Erzählstrategie, 2013, S. 29 f. Auch in anderen Motiven und Thematiken des *Nachsommers* wurden Brüche ausgemacht. Saskia Haag interpretiert die Restaurierung im Roman als „Entortung", denn dabei werde auch „transportiert. Doch scheinen diese Transporte [...] die Arbeit der Restaurierung [...] letztlich auch in Frage zu stellen." Saskia Haag, Versetzt. Restaurierung als Entortung in Stifters *Nachsommer*. In: Gamper, Michael/Wagner, Karl (Hg.), Figuren der Übertragung. Adalbert Stifter und das Wissen seiner Zeit, Zürich 2009, S. 77–86, hier 78. Nach Barbara Thums könne der *Nachsommer* „als äußerst prekärer und letztlich aporetischer Versuch gelesen [werden], Restlosigkeit im Modus einer Poetik des Reinen zu denken." Barbara Thums, Adalbert Stifters *Der Nachsommer*: Reste-lose Poetik des Reinen?. In: dies./ Werberger, Annette (Hg.), Was übrig bleibt. Von Resten, Residuen und Relikten, Berlin 2009, S. 79–97, hier 80. Claudia Öhlschläger und Antonio Roselli versuchen in Anlehnung an Judith Butler, „die textinterne Gewaltförmigkeit" über die „Figur des Hypertrophen" lesbar zu machen und „sie mit den Mitteln des Textes kritisch" zu wenden, denn für den *Nachsommer* gelte: „Das Verschwiegene wird in dem Maße unterdrückt, wie es zugleich mitformuliert wird." Claudia Öhlschläger/Antonio Roselli, Der hypertrophe Text als Ort des Widerstands: Rousseau und Stifter in ethischer Perspektive. In: Öhlschläger, Claudia (Hg.), Narration und Ethik, Paderborn 2009, S. 111–125, hier 114 f.

33 Der Nachsommer. In: HKG, Bd. 4,2, S. 185.

34 Banitz, Das Geologenbild Stifters, 1957, S. 209 und 213. Allerdings: „Vollendung als Künstler war nicht Heinrichs Bestimmung, wohl aber sollte die Kunst [...] den Wissenschaftler vollenden helfen." Ebd., S. 233. Nach Hartmut Laufhütte stifte im *Nachsommer* nur die Kunst Sinn: „Wir haben es zu tun mit dem Geist induktiv verfahrener Naturwissenschaft, die [...] zur Findung des alles Einzelne umfassenden Ganzen zu gelangen sucht, das es geben *muß*, damit Sinn ist. [...] Das aber leistet vielleicht irgendwann einmal die Wissenschaft und vorerst nur die Kunst". Laufhütte, Der ‚Nachsommer' als Vorklang der literarischen Moderne, 1996, S. 505.

of his education, which expedits his search for beauty and ultimately love".[35] Mathias Mayer geht von einer „komplexe[n] und ambivalente[n] Überlagerung von naturwissenschaftlicher Optik und künstlerischer Perspektive" aus. Die Naturwissenschaften bekämen „den Charakter des Propädeutischen zugesprochen [...], dessen, was die Basis der Kunst bilden sollte"; zugleich gelten sie als das einzige Medium, mithilfe dessen die Kunst der Antike übertroffen werden könne.[36] Mayer bezieht sich aber fast ausschließlich auf Äußerungen Risachs und lässt Heinrichs Erfahrungen im Hochgebirge nahezu außen vor. Herwig Gottwald dagegen bezieht auch die Geologie mit ein: Die „Stein- und Mineral-Motivik" sei von „zentraler Bedeutung". Dennoch zeige sich eine „Grundtendenz Stifters [...]: die synthetische Zusammenführung der unterschiedlichen Interessensgebiete des Helden durch das Element des Ästhetischen". Deshalb erweise sich Heinrich „im Laufe der Handlung mehr als Restaurator denn als Mineraloge und Geologe"[37] – allerdings restauriert Heinrich im Roman kein einziges Möbelstück oder Kunstwerk, noch gibt er eine Restauration in Auftrag. Des Weiteren wird sich in diesem Kapitel zeigen, dass er sich an keiner Stelle des Romans ausschließlich der Kunst zuwendet. Vielmehr findet die Beschäftigung mit Kunst besonders im Asperhof, in Mathildes Sternenhof und in Heinrichs Elternhaus statt; in den Gebirgsexpeditionen Heinrichs spielt sie aber kaum eine Rolle.

Umgekehrt gibt es einige Studien, die explizit die Naturwissenschaftlichkeit des *Nachsommers* herausarbeiten. Nach Birgit Ehlbeck werde darin „erstmals einer Naturwissenschaft das Potential einer bildenden Kraft zugeschrieben, nachdem in der Tradition des Bildungsromans stets die Kunst Ziel und Inhalt" gewesen sei.[38] Dabei gelange Heinrich aber, nachdem er „die positivistische

35 Thomas L. Buckley, Nature, Science, Realism: A Re-Examination of Programmatic Realism and the Works of Adalbert Stifter and Gottfried Keller, New York, NY, u. a. 1995, S. 116 und 131.
36 Vgl. Mayer, Erzählen als Erkennen, 2001, S. 166.
37 Gottwald, Felsen, Steine, Mineralien, 2009, S. 74 f. Nach Ulrike Zeuch sind weder Kunst noch Geologie Heinrichs Ziel; vielmehr münde sein Bildungsweg „zielstrebig in der Heirat". Ulrike Zeuch, Der Zugang zu den Phänomenen – für immer verschlossen? Zum Wissenschaftsbegriff in Stifters *Nachsommer*. In: Scientia Poetica. Jahrbuch für Geschichte der Literatur und der Wissenschaft 3 (1999), S. 72–94, hier 94.
38 Birgit Ehlbeck, Denken wie der Wald. Zur poetologischen Funktionalisierung des Empirismus in den Romanen und Erzählungen Adalbert Stifters und Wilhelm Raabes, Bodenheim 1998, S. 67. Ob bzw. inwieweit der *Nachsommer* der Gattung Bildungsroman angehört, wurde kontrovers diskutiert. Nach Duhamel stellt er „dessen reinsten Typus" dar. Duhamel, Natur und Kunst, 1994, S. 151. Jürgen Jacobs und Markus Krause erklären den Roman zum „Sonderfall" in der „Geschichte des Bildungsromans": Er entspreche nicht dem „kennzeichnenden Postulat, den Helden in seinen – grundsätzlich problematischen – Beziehungen zur äußeren Wirklichkeit seiner Zeit zu zeigen." Jürgen Jacobs/Markus Krause, Der deutsche Bildungsroman. Gattungsgeschichte vom 18. bis zum 20. Jahrhundert, München 1989, S. 159 f. Mathias Mayer weist darauf hin, dass die Defi-

Grundhaltung der neuen Naturwissenschaft" übernommen habe, zur „Erkenntnis, in den empirischen Wissenschaften sei das Weltumfassende nicht greifbar." Seine Persönlichkeitsbildung verlagere sich deshalb, „in den Bereich ästhetischer Erfahrung", also in die Kunst.[39] Nach Eva Sophie Wiedemann seien die Naturwissenschaften im *Nachsommer* nicht allein vom modernen Empirismus geprägt; vielmehr gewinne der Roman „seine eigentümliche Gestalt gerade aus der ungelösten Spannung zwischen den naturkundlichen Auslegungen der Welt und den übersinnlichen Ordnungskategorien der Naturwissenschaften." Allerdings kommt Wiedemann zu dem Schluss – und hier deckt sich ihre Interpretation mit der Ehlbecks –, dass „Heinrichs ästhetische[] Entfaltung" in der Kunst schließlich die Geologie überlagere: „Allmählich weitet sich Heinrichs Wahrnehmung vom [sic!] einem merkmalorientierten, naturwissenschaftlichen Sehen zu einem holistischen, ästhetischen Sehen."[40] In dieser Studie wird sich dagegen zeigen, dass Heinrichs künstlerische Betätigung immer ‚merkmalorientiert' bleibt. Seinen wissenschaftlichen Forschungen dagegen ist von Anfang an ein ästhetisches Moment eigen: das des Erhabenen. Nach Stefan Braun sei im *Nachsommer* „die gesamte Perspektivität menschlichen Seins aus der Logik modernen Wissenschaftsverständnisses heraus" durchformt, allerdings um den Preis der „Degradierung des Subjekts zum Betrachter, der Entfremdung menschlicher Existenz durch eine rigorose Objektivierungskampagne." Der Roman trage dabei „eine *naturwissenschaftliche Botschaft* in sich [...], das seine Utopie [...] als Zukunftsmoment das Experiment einer *naturwissenschaftlichen menschlichen Existenz* in den Raum stellt und konkret durchspielt."[41] Für Heinrich bedeute das: „[S]ein eigener Wille zählt nichts", sondern „nur die ‚Dinge', von denen er sich (als wäre

---

nition der Gattung „sich kaum je aus der Bindung an das eine oder andere historische Vorbild befreien konnte". Mayer, Erzählen als Erkennen, 2001, S. 152. Indem man, so Guillaume van Gemert, den *Nachsommer* zum „Entwicklungsroman" erkläre, reihe man sich „implizit in eine Tradition der Selbstprofilierung österreichischer Literatur ein, die in Stifters Roman das Pendant zu Goethes *Wilhelm Meister* erblicken wollte, um sich so gleichsam auch eine nationalliterarische Klassik zu erschaffen." Guillaume van Gemert, Zur Nachhaltigkeit des Nachsommers. Stifters Roman und die Debatte um das Österreichische einer österreichischen Literatur. In: Enklaar, Jattie/Ester, Hans (Hg.), Geborgenheit und Gefährdung in der epischen und malerischen Welt Adalbert Stifters, Würzburg 2006, S. 23–34, hier 28.

39 Ehlbeck, Zur poetologischen Funktionalisierung des Empirismus, 1998, S. 87 und 91.

40 Wiedemann, Stifters Kosmos, S. 84 und 144 f.

41 Braun, Naturwissenschaft als Lebensbasis?, 2006, S. 227 f. und 11. Michael Gamper geht von einer „spezifischen ‚Experimentalisierung der Bildung' im *Nachsommer*" aus, die zeige, wie Individualität entsteht. Vgl. Michael Gamper, ‚Ich versuchte wieder und immer wieder'. Experimentalität der Bildung in Adalbert Stifters *Der Nachsommer*. In: Menke, Bettine/Glaser, Thomas (Hg.), Experimentalanordnungen der Bildung. Exteriorität – Theatralität – Literarizität, Paderborn 2014, S. 171–186, hier 173.

er selbst ein solches ‚Ding‘) schieben" lasse.[42] Nach Tobias Bulang entstehe die „Tilgung des Geschichtlichen" im *Nachsommer* nicht durch „ausgespartes politisches Zeitgeschehen" – eine verbreitete Forschungsmeinung[43] –, sondern aus der „Konkurrenz verschiedener Geschichtskonzepte", die „in einem Ensemble naturwissenschaftlicher, ästhetischer, historiographischer, wissenschafts- und kunstgeschichtlicher Reflexionen" verhandelt würden. Dabei komme es zu einer „Privilegierung der Naturwissenschaft", die wiederum „dezidiert aus der Ablehnung subjektzentrierten Denkens" resultiere.[44] Sabine Schneider sieht aufgrund von „Stifters Strategien semantischer Umcodierung wissenschaftlicher Topoi" gar den „Abgrund der Zeit" über die „Totalwissenschaft" Geologie im Sinne eines „Auge Gottes" ganz eingeebnet – er werde subjektiv nicht wahrgenommen.[45] Einerseits offenbart sich dieser Abgrund aber gerade in der Geologie, andererseits erfährt Heinrich die Bedrohung, die davon ausgeht, äußerst subjektiv und individuell über das Erhabene. Des Weiteren wird sich erweisen, dass sich Heinrich über das Erhabene im Hochgebirge in ganz besonderer Weise von seinen Emotionen leiten lässt – die Beschäftigung mit der Geologie führt also nicht zur Ob-

---

42 Braun, Naturwissenschaft als Lebensbasis?, 2006, S. 228. Nach Martin Selge werde durch die Wissenschaft die „aus dem Text als emotionaler und reflexiver Ausdruck eliminierte Subjektivität der generalisierten Objektivität in der Form kategorialer Repräsentanz einverleibt". Stifter habe so eine „Poesie des Allgemeinen" geschaffen. Selge, Poesie aus dem Geiste der Naturwissenschaft, 1996, S. 83 und 89.

43 Z. B. Begemann, Welt der Zeichen,1995, S. 323.

44 Bulang, Die Rettung der Geschichte, 2000, S. 386. Nach Monika Ritzer fungiert die Wissenschaftlichkeit „als Basis und Bezugspunkt der Lebensgestaltung überhaupt". Allerdings wechsle Heinrich aufgrund der Konfrontation „mit der Unabschließbarkeit des wissenschaftlichen Weltbildes [...] zur Kunst". Ritzer, Zur Bedeutung der Naturwissenschaft für Stifter, 2007, S. 153 f. und 157. Nach Peter Schnyder sei der Roman kein „Manifest geschichtsfremder, konservativ-klassizistischer Erstarrung", sondern „eine hochreflektierte Auseinandersetzung mit der im 19. Jahrhundert neu entdeckten Dynamik und Prozesshaftigkeit der Erdgeschichte", eine These, die an Bulangs Beitrag erinnert. Der zyklische, nach den Jahreszeiten organisierte Ablauf im Asperhof sei in einen „übergreifenden, im emphatischen Sinne historischen Prozess der Natur" eingebunden. In der „Engführung von Erdgeschichte und Kulturgeschichte" überlagerten sich so „zwei unterschiedliche historische Rhythmen", eine Überlagerung, die „auch entscheidend für die Poetologie" des *Nachsommer* sei. Dafür aber seien nicht Risachs „agrikulturelle[] Praktiken", sondern das „Wissen des Geologen und Ich-Erzählers" konstitutiv. Vgl. Schnyder, Medien geologischen Wissens, 2009, S. 237 und 244 f. Eine eindeutige Hierarchie zwischen Heinrichs Beruf und Risachs Kultivierung zu eröffnen, wird aber dem Roman nicht gerecht. Zum einen bestehen beide Tätigkeiten immer parallel nebeneinander; es handelt sich also vielmehr um eine Auseinandersetzung, die gleichwohl nicht offen ausgetragen wird. Zum anderen verliert die Geologie über eine solche Hierarchie die Möglichkeit, ein Freiheitsmoment darzustellen – ein solches Moment kann sie schließlich nur in Abhängigkeit von den Zwängen des Rosenhauses erlangen.

45 Vgl. Schneider, Stifters prekäre geologische Übertragung, 2009, S. 255 f. und 261.

jektivierung seines Selbst. Ähnlich sieht das Sean Ireton, der aber nicht die Geologie, sondern das Klettern in den Fokus stellt: „[T]he idea of *Bildung* is inextricably linked with the activity of climbing." Dabei werde das Klettern wichtiger als die Geologie, denn, wenn Heinrich und seine Helfer „finish their work [...], they waste no time before engaging in an aspect of mountaineering that [...] would replace the previously dominant motive of scientific research: climbing for pure pleasure or sport."[46] Eine solche Sichtweise vernachlässigt nicht nur die Rolle Risachs – Ireton verliert nicht ein Wort über den Asperhof –, sondern auch die von Heinrichs Beruf, der Geologie, sowie die Funktion des Erhabenen. Nach Ireton sei zwar ein „panoramic height of reflection" wichtig für Heinrichs Bildung; allerdings verbindet Ireton diesen Blick nicht direkt mit dem Erhabenen, sondern recht uneindeutig mit „feelings of awe" und Petrarcas Besteigung des Mont Ventoux[47] – Petrarcas Bericht im Zeichen des Erhabenen zu werten, ist aber umstritten.[48]

Neben dieser Andeutung bei Ireton wird das Erhabene noch in weiteren Beiträgen zu Stifters *Nachsommer* erwähnt. Hans Dietrich Irmscher beschäftigt sich ausgiebig mit den „Landschaftsformen" in Stifters Texten, die „durch *Monotonie* charakterisiert sind", denn hier habe er „die Qualität des Erhabenen entdeckt."[49] Auch wenn seine Überlegungen bezüglich des Erhabenen in Stifters ‚leeren' Räumen aufschlussreich sind,[50] interpretiert Irmscher das Erhabene im *Nachsommer* als ein das erlebende Subjekt objektivierendes: In der Gletscherwanderung werde Heinrichs „Subjektivität zurückgenommen [...], um das Große der Wirklichkeit in ihrer Gesetzlichkeit zur Geltung zu bringen". Dabei handle es sich nur um das „Präludium zu seiner Entdeckung der oft gesehenen [...] Treppenstatue".[51] Auch nach Franziska Schößler, die Alexander von Humboldts

---

46 Ireton, Geology, Mountaineering, and Self-Formation, 2012, S. 193 und 198.

47 Vgl. ebd., S. 194 f. Rauh spricht von „Reste[] von Erhabenheitsästhetik" im *Nachsommer*. Rauh, Der verschleierte Abgrund, 2006, S. 107.

48 Nach Ruth und Dieter Groh reflektiere Petrarca nur „Gelesenes", nicht aber „Gefühle für die Schönheit oder Erhabenheit der Natur". Man sei hier „am Nullpunkt mittelalterlicher Naturerfahrung" angelangt. Groh/Groh, Kulturelle Muster, 1996, S. 28. Hartmut Böhme betont, dass es zwar „nicht zufällig ein Berg" sei, der „zum Topos dieser spirituellen Erfahrung wird"; denn der Berg sei „die Metapher der sündigen Weltverfallenheit und *zugleich* die Metapher der Offenbarung". Dennoch handle es sich nicht um das Erhabene im Sinne der „Wende zu einer neuzeitlichen Naturästhetik". Böhme, Berg, 2011, S. 57.

49 Irmscher, Phänomen und Begriff des Erhabenen, 1991, S. 33.

50 Vgl. dazu Kapitel III.1 in dieser Arbeit.

51 Irmscher, Phänomen und Begriff des Erhabenen, 1991, S. 44 und 53. Auch Gerhard Neumann betont das Erhabene in der Treppenstatue und in Heinrichs Liebe zu Natalie. Vgl. Gerhard Neumann, Imprévu und Déjà-vu. Liebe auf den ersten Blick und Wahrnehmung der Welt: Das Drama

Spuren im *Nachsommer* nachgeht, werde im Erhabenen die „völlig entäußerlichte Hauptfigur [...] nicht in einem plastischen, detailreichen Innenleben präsentiert, sondern als leere Hülle den Naturprozessen analogisiert."[52] Burkhard Meyer-Sickendiek geht der Epigonalität des *Nachsommers* nach – der Roman lasse sich als Fortschreibung von Goethes *Wilhelm Meisters Wanderjahren* begreifen – und kommt im Zuge dessen auch auf das Erhabene zu sprechen. Heinrichs „Persönlichkeitsentwicklung" entfalte sich „anhand jener Erhabenheitssphäre, die auch der Wilhelm Meister der ‚Wanderjahre'" durchlaufe. Allerdings sei „Heinrichs ‚Einweihung' in das Erhabene vermittelt durch [...] die Gespräche mit Risach. Dagegen reicht die Erfahrung, die Heinrich aus seinen Arbeiten als Geologe und Erdforscher gewann, für eine solche geistige Sicherheit nicht aus."[53] Neben dieser schon von Irmscher und Schößler vertretenen, meines Erachtens aber eklatanten Fehleinschätzung – gerade das Erhabene, das Heinrich im Gebirge zuteil wird, konstituiert seine Persönlichkeit – zieht Meyer-Sickendiek nur die Stellen heran, in denen das Wort ‚erhaben' fällt. Auf diese Weise wird er dem Erhabenen im *Nachsommer* (und auch möglicherweise dem Erhabenen in Goethes *Wanderjahren*) nicht gerecht.[54]

Zudem offenbart sich Heinrich im Erhabenen des Gebirges eine Bedrohung, die von den bisher besprochenen Forschungsbeiträgen kaum erwähnt wird. Nach Franziska Frei Gerlach liege aber schon in der geologischen Thematik der Erosion eine überaus große Gewalt der Natur, nämlich „die stete und unaufhaltsame Zersetzung und letztlich Auflösung ins Indifferente, von dem her es zum Nichts nur noch ein kleiner Schritt ist".[55] Georg Braungart interpretiert Heinrichs geo-

---

des Erkennens. In: Oesterle, Günter (Hg.), Déjà-vu in Literatur und bildender Kunst, München 2003, S. 79–100, hier 93.

52 Schößler, Das naturwissenschaftliche Projekt, 2007, S. 278. Nach Stefan Seeber sei die „Fähigkeit, Erhabenheit erfassen zu können, [...] im *Nachsommer* bedingt durch die Entwicklung hin [...] zur Überwindung der Leidenschaften." Seeber zieht so den Roman als Schablone für seine Interpretation der *Nachkommenschaften* heran und interpretiert die Erzählung dabei als Beispiel schädlicher „Heftigkeit der Emotion". Seeber, Der Humor in Stifters *Nachkommenschaften*, 2006, S. 305–307. So wird Seeber aber weder dem *Nachsommer* noch den *Nachkommenschaften* gerecht. Vgl. dazu Kapitel III.3 in dieser Arbeit.

53 Vgl. Meyer-Sickendiek, Die Ästhetik der Epigonalität, 2001 S. 175 und 202f. An anderer Stelle heiß es: „Heinrich Drendorfs Persönlichkeitsentwicklung entfaltet sich [...] anhand diverser Erhabenheitssphären, die [...] jedoch nurmehr als Ansammlung von Gegenständen der Kunstgeschichte" zu haben seien. Meyer-Sickendiek, Bedingungen moderner Idyllik bei Jean Paul und Stifter, 2007, S. 310.

54 Vgl. dazu Kapitel II in dieser Arbeit.

55 Franziska Frei Gerlach, Erosive Entschleunigung. Stifters Semiotisierung des Raums im Modus der Geologie. In: Berbig, Roland/Göttsche, Dirk (Hg.), Metropole, Provinz und Welt. Raum und Mobilität in der Literatur des Realismus, Berlin u. a. 2013, S. 273–287, hier 277.

logische Forschungen unter der von ihm herausgearbeiteten „transhumane[n] Perspektive", die die „Relativierung des Menschen in seinem Narzissmus" gegenüber der Erdgeschichte ausdrücke. Heinrich versuche über die Geologie, „die scheinbar statische Landschaft in Bewegung zu bringen, unterstützt durch die Einbildungskraft das große Epos von der Entstehung der Welt zu singen", das ihn aber auch zeitlich nahezu marginalisiere.[56] In dieser Lektüre wird besonders an Braungarts Ausführungen zur transhumanen Perspektive und zum *„Geologisch-Erhabene[n]"*[57] angeknüpft; dabei wird sich die Erfahrung des Erhabenen als Heinrichs Motivation für die Geologie, als Ausdruck des Endes aller Erkenntnis in der Geologie und auch als Moment der Freiheit von den Zwängen des Rosenhauses erweisen. Im Folgenden wird deshalb erstens Heinrichs Bildungsweg zum Geologen und zweitens die Bedeutung der geologischen Tiefenzeit[58] nachgezeichnet; in einem dritten Schritt wird die Rolle der im Asperhof betriebenen Auseinandersetzung mit der Kunst beschrieben, um anschließend Heinrichs Forschungsexpeditionen in Abgrenzung zum Rosenhaus und unter den Prämissen des Erhabenen nachgehen zu können.

6.1 Heinrichs Berufung zur Geologie

Zunächst steht also die Frage im Mittelpunkt, wie Heinrich zur Geologie kommt und welche Rolle das Erhabene bei seiner Berufswahl spielt. Im ersten Kapitel des *Nachsommers* ist noch keine Rede von der „Wissenschaft der Erdbildung";[59] Heinrich beschreibt zunächst nur seinen Unterricht durch Hauslehrer und sein autodidaktisches Lernen, besonders in der Mathematik. Schließlich legt er die Mathematik zur Seite und widmet sich „der Betrachtung meiner Umgebungen", vorerst nur bezüglich „aller Vorkommnisse des Hauses, in dem ich wohnte". Auf seinen anschließenden Ausflügen in die nähere Umgebung beschäftigt er sich mit der Landwirtschaft und den „Gegenständen des Gewerbfleißes" und beginnt, „die Naturgeschichte zu betreiben".[60] All diese Bildungszweige verfolgt er ohne be-

---

56 Braungart, Poetik der Natur. Literatur und Geologie, 2009, S. 69 f.

57 Braungart, Die Geologie und das Erhabene, 2005, S. 166.

58 Vgl. dazu Gould, Die Entdeckung der Tiefenzeit, 1990.

59 So heißt es später im Roman. Vgl. Der Nachsommer. In: HKG, Bd. 4,1, S. 126.

60 Alle Zitate ebd., S. 23, 27 und 30 f. Die Verwendung des Begriffs Naturgeschichte belegt, dass auch im *Nachsommer* noch keine eindeutige terminologische Trennung von Naturgeschichte und Naturwissenschaft vollzogen ist. Nach Wolf Lepenies verlief der Übergang von einem klassifikatorischen zu einem historischen Denken im Wissenschaftsbereich „keineswegs synchron", denn die „Beschäftigung mit der Naturgeschichte [...] bildet [...] bis ins 20. Jahrhundert den Topos

stimmtes (berufliches und gesellschaftliches) Ziel, sondern er wird auf seinen Wunsch vom Vater zum „Wissenschafter im Allgemeinen" bestimmt, eine Bezeichnung, die es ihm erlaubt, in seinen Tätigkeiten ganz seinem „Gefühl", und sei es noch so „unbestimmt", zu folgen.[61] Aus diesem „Gefühl" heraus widmet er sich nun auf längeren Reisen der „Pflanzenkunde". Dabei legt er eine große Sammelleidenschaft an den Tag und beginnt mit ersten eigenen Beschreibungen, in denen „die Pflanzen nach sinnfälligen Linien, und [...] nach ihrer Bauführung beisammen" stehen. Schließlich entwirft er auch in der Gesteinskunde – Heinrich spricht von „Mineralien" – ein eigenes Beschreibungs- und Klassifikationssystem.

> Das Sistem von Mohs hatte einmal großes Aufsehen gemacht, ich war durch meine mathematischen Arbeiten darauf geführt worden, hatte es kennen und lieben gelernt. Allein da ich jezt meine Mineralien in der Gegend meines Aufenthaltes suchte, und zusammen trug, fand ich sie weit öfter in unkristallisirtem Zustande als in kristallisirtem, und sie zeigten da allerlei Eigenschaften für die Sinne, die sie dort nicht haben. [...] Ich konnte nicht lassen, auch hier neben den Eintheilungen, die gebräuchlich waren, mir ebenfalls meine Beschreibungen zu machen.[62]

Nachdem er Erfahrung im Klassifizieren von Naturgegenständen gesammelt hat, weitet Heinrich seine Wanderungen nach und nach bis in das nahegelegene Hügelland aus. Hier kommt es nun über das Gefühl des Erhabene zu einer – inszenierten – Initiation, die ihn schließlich Geologe werden lässt, eine Inszenierung, die sich dadurch erklärt, dass *Der Nachsommer* rückblickend erzählt ist.[63] Heinrich beschreibt, wie er das Gebirge, vom Hügelland aus betrachtet, wahrnimmt:

> An der Mittagsseite war das ganze Hügelland viele Meilen lang von Hochgebirge gesäumt. Auf einer Stelle der Basteien unserer Stadt kann man zwischen Häusern und Bäumen ein Fleckchen Blau von diesem Gebirge sehen. Ich ging oft auf jener Bastei, sah oft dieses kleine blaue Fleckchen, und dachte nichts weiter, als: das ist das Gebirge. Selbst da ich von dem Hause meines ersten Sommeraufenthaltes einen Theil des Hochgebirges erblickte, achtete

---

eines Verhaltens, in welchem Sammelleidenschaft und Klassifikationsdrang sich mischen." Lepenies, Das Ende der Naturgeschichte, 1976, S. 10 und 57. Braun und Wiedemann arbeiten jeweils eine Vermischung beider Denkweisen im *Nachsommer* heraus. Vgl. Braun, Naturwissenschaft als Lebensbasis?, 2006, S. 89; Wiedemann, Stifters Kosmos, 2009, S. 82–84.

61 Der Nachsommer. In: HKG, Bd. 4,1, S. 17 f. Heinrichs Bildungsgang wurde aufgrund dieses Zitats mehrfach als Ausformulierung des Humboldt'schen Wissenschaftsideals gelesen. Vgl. z. B. Schößler, Das naturwissenschaftliche Projekt, 2007; Wiedemann, Stifters Kosmos, 2009, S. 99–138.

62 Alle Zitate aus Der Nachsommer. In: HKG, Bd. 4,1, S. 27 und 32 f.

63 Ketelsen arbeitet heraus, wie das Erzähler-Ich und die Figur Heinrich Drendorf erst am Ende des Romans zusammenfallen. Vgl. Ketelsen, Die Selbstformierung eines Erzählers, 1994, S. 10–12.

ich nicht weiter darauf. Jezt sah ich zuweilen mit Vergnügen von einer Anhöhe oder von dem Gipfel eines Hügels ganze Strecken der blauen Kette, welche in immer undeutlicheren Gliedern ferner und ferner dahin lief. Oft, wenn ich durch wildes Gestrippe plötzlich auf einen freien Abriß kam, und mir die Abendröthe entgegen schlug, weithin das Land in Duft und rothen Rauch legend, so sezte ich mich nieder, ließ das Feuerwerk vor mir verglimmen, und es kamen allerlei Gefühle in mein Herz.[64]

Hier nun wird die Entstehung der oben noch sehr unbestimmten Gefühle, die Heinrich Pflanzen- und Gesteinskunde betreiben ließen, differenzierter geschildert. Heinrich beschreibt eine Art Übung im Wahrnehmen des Erhabenen. Dafür betrachtet er das Gebirge aus der Ferne, erfasst es aber zunächst, so seine Erzählung, überhaupt nicht emotional – er ‚dachte nichts weiter, als: das ist das Gebirge‘ –, um schließlich auf den zweiten Blick doch ein ‚Vergnügen‘ angesichts der ‚Strecken der blauen Ketten‘ zu äußern. Es muss aber erst noch ein ganzes Jahr vergehen, ehe er von einer Wirkung erzählt, die eindeutig mit Topoi des Erhabenen verbunden ist. Er schlägt sich durch ‚wildes Gestrippe‘, bis er ‚plötzlich‘ – Plötzlichkeit ist nach Edmund Burke ein Merkmal des Erhabenen,[65] Wildes und Unwirtliches in der Natur wird auch in Kants *Analytik* erwähnt[66] – an einem ‚Abriss‘ steht, der ihm einen Blick in die Tiefe,[67] aber auch einen Blick in die Weite als Zeichen des Unendlichen[68] gewährt. Des Weiteren ist auch diese Landschaft, wie so viele in Stifters Texten, in ein „verflüssigendes Medium" getaucht – hier ‚Duft‘ und ‚rother Rauch‘ –, das, so Irmscher, bei Stifter mithin die „Qualität des Erhabenen" entstehen lasse.[69] Für Heinrich aber hat das Erhabene hier noch nicht die Wirkung, die es später im Hochgebirge bekommen wird; nur unbestimmt spricht er von ‚allerlei Gefühlen in meinem Herz‘. Nach Walter-Schneider werde aufgrund Heinrichs aussparender Erzählweise „[a]n keiner Stelle [...] die Grenzen des Sichtbaren erweitert durch einen auch noch so harmlosen Übertritt in den

---

64 Der Nachsommer. In: HKG, Bd. 4,1, S. 34.
65 Vgl. Burke, A Philosophical Enquiry, 2008, S. 62.
66 Vgl. Kants Beispiele des Dynamisch-Erhabenen. Kant, Analytik des Erhabenen, 1968, S. 349.
67 Zur Schlucht vgl. Kant, Beobachtungen über das Gefühl des Schönen und Erhabenen, 1960, S. 828; Friedrich Schiller, Der Spaziergang. In: Schillers Werke. Nationalausgabe. Bd. 2,I, hg. von Norbert Oellers, Weimar 1983, S. 308–314; besonders Schiller, Vom Erhabenen, 1962, S. 187: „Ein Abgrund, der sich zu unsern Füßen aufthut [...] u. d. gl. sind solche Mächte der Natur, gegen welche unser Widerstehendes [sic!] Vermögen für nichts zu rechnen ist, und die mit unsrer physischen Existenz doch im Widerspruche stehen."
68 Nach Burke sind „[t]he ideas of eternity, and infinity [...] among the most affecting we have". Burke, A Philosophical Enquiry, 2008, S. 43. Kants Mathematisch-Erhabenes gründet auf der unfassbaren Größe der das erhabene Gefühl beilegenden Objekte. Vgl. Kant, Analytik des Erhabenen, 1968, S. 340.
69 Vgl. Irmscher, Phänomen und Begriff des Erhabenen, 1991, S. 33 f.

Bereich des Denkbaren"; alles, was er erzähle, sei auf das Auge bezogen, und seine Sprache verweigere sich „dem Ausdruck des Denkbaren, Imaginierbaren". Deshalb müsse man sich fragen: „[K]ann er denn überhaupt Geschichten erzählen?"[70] Bezüglich des Erhabenen und des Gebirges, und beides erwähnt Walter-Schneider mit keinem Wort, muss nun diese Frage mit Ja beantwortet werden. Hier erzählt Heinrich nicht nur das Nicht-Sichtbare, nämlich ‚allerlei', wenn auch noch unbestimmte ‚Gefühle', sondern er inszeniert dabei auch – bedenkt man, dass *Der Nachsommer* im Rückblick erzählt ist – mittels dieses ersten, noch strukturlosen Erhabenen eine langsame und schrittweise erfolgende Initiation, die ihn aber dennoch, besonders für die Verhältnisse des *Nachsommers*, sehr direkt und in kurzer Erzählzeit und erzählter Zeit, zur Geologie führen wird. So geht Heinrich den unbestimmten Gefühlen schon im folgenden Jahr (und nur zwei Seiten später) nach – und offenbart dabei plötzlich einen von seinen Empfindungen Getriebenen: „[E]ndlich" ist er im Gebirge, nachdem er es „auf dem kürzesten Wege" erreicht hat; „sofort" begibt er sich auf Wanderungen, ohne Zeit am Ankunftsort zu verlieren.[71] Das Erzähler-Ich bleibt hier aufgrund der Distanz zur Figur Heinrich Drendorf nicht „leer" – so Ketelsens viel zu undifferenzierte Einschätzung –, auch wenn es versucht, über die Erzählung „Ordnung [zu] manifestieren".[72] Gerade bezüglich der Wahrnehmung des Gebirges tritt das erzählende Ich quasi aus der Distanz zur Figur heraus und lässt trotz aller Versuche, es zu verschleiern, eine Triebhaftigkeit erkennen, die sich über das im Asperhof geltende Leidenschaftsverbot hinwegsetzt.[73]

Diese zweigliedrige Struktur der Initiation wird auch im Folgenden beibehalten: Erst beim zweiten Besuch (der auch in diesem Fall schon im nächsten Jahr und nur wenige Seiten später erfolgt) kommt es zu einer detaillierteren geologischen und vor allem emotionalen Auseinandersetzung mit dem Gesehenen: „Hatte ich das erste Mal nur im Allgemeinen geschaut, und waren die Eindrücke wirkend auf mich heran gekommen, so ging ich jezt schon mehr in das Einzelne, ich war meiner schon mehr Herr, und richtete die Betrachtung auf besondere Dinge. Viele von ihnen drängten sich an meine Seele."[74] Heinrich hat also bei seinem ersten noch ‚allgemeinen' Besuch das ‚richtige' Wahrnehmen des Gebirges gelernt – ‚ich war meiner schon mehr Herr' –, so dass beim zweiten Besuch zum

---

70 Walter-Schneider, Das Unzulängliche ist das Angemessene, 1990, S. 319 und 321.

71 Schon hier erklimmt Heinrich „manchen Gipfel, und suchte von ihm die Gegend zu sehen". Der Nachsommer. In: HKG, Bd. 4,1, S. 36 f.

72 Ketelsen, Die Selbstformierung eines Erzählers, 1994, S. 12.

73 Nach Risach kann es keine „edlen Leidenschaften" geben. Vgl. Der Nachsommer. In: HKG, Bd. 4,3, S. 63.

74 Ebd., Bd. 4,1, S. 39.

einen nicht mehr das Allgemeine, sondern das Besondere im Fokus liegt, zum anderen aber auch die emotionale Erfahrung[75] differenzierter – vieles drängt sich an Heinrichs ‚Seele‘ – beschrieben wird. Doch auch wenn er nun das Augenmerk auf das Einzelne legt, rührt die emotionale Wirkung des Gebirges nicht von Gegenständen, sondern vom Licht im Hochgebirge her. So heißt es im Anschluss an obiges Zitat: „Ich saß auf einem Steine, und sah die breiten Schattenflächen und die scharfen oft gleichsam mit einem Messer in sie geschnittenen Lichter. Ich dachte nach, weßhalb die Schatten hier so blau seien und die Lichter so kräftig und das Grün so feurig und die Wässer so blizend.“[76] Diese Art der Wahrnehmung erinnert an die anderer Figuren in Stifters Texten. So beschreibt auch Otto Falkhaus, Ich-Erzähler in *Zwei Schwestern*, kaum Gegenständliches, sondern fast ausschließlich „schwermüthig dämmernde schwebende webende Tafeln von Farben“, „mattschimmernde Lichtzuckungen“ und „Flächen fahlen Glanzes oder sanft gebrochene Farbtöne“.[77] Victor im *Hagestolz* beobachtet das „Gehen und Kommen der Lichter auf den Bergen aufmerksam, und erkannte nach und nach die Schauer der Farben, die über sie gingen, wenn gemach die Tageszeiten wechselten, oder wenn die Wolken schneller an der blanken Deke des Himmels hin liefen.“[78] Wenn Stifters Figuren das Erhabene in der Natur erfahren – und im Fall der Erzählungen tun sie das an den zitierten Stellen[79] –, dann werden meist keine Gegenstände, sondern vielmehr die Wirkung des Lichts beschreiben. Auch Heinrich wird diese Erfahrung hier schon zumindest in Grundzügen zuteil.

Zudem rückt die Geologie immer mehr und vor allem konkreter ins Blickfeld, denn Heinrich sucht nun auch das „Eis der Gletscher“ und „die höchsten Zinnen der Berge“ auf und leistet damit erste Vorarbeiten zu späteren geologischen Forschungsprojekten. Dabei erfährt er bereits hier – im zweiten Kapitel des *Nachsommers* und im Handlungsverlauf noch vor dem ersten Treffen mit Risach – die unendlichen Zeiträume der Erdgeschichte in den Marmoren, „Überreste einer alten untergegangenen Welt“.[80] Diese Erkenntnis bildet zum einen die Grundlage für seine ganz persönliche ‚Entdeckung‘ der Tiefenzeit[81] und damit auch die

---

75 Auch Dopplers Einschätzung, wonach in Stifters Spätwerk „die Dinge so konkret als möglich nebeneinander gestellt, aufgezählt und in Gruppen geordnet“ werden und „menschliche Emotionen“ nur „eingeschlossen in registrierende und generalisierende Beschreibungen der Außenwelt“ erscheinen, muss hier widersprochen werden. Vgl. Doppler, Die unaufhebbare Lebensspannung, 1990, S. 79.
76 Der Nachsommer. In: HKG, Bd. 4,1, S. 39.
77 Zwei Schwestern. In: HKG, Bd. 1,6, S. 261.
78 Der Hagestolz. In: HKG, Bd. 1,6, S. 106.
79 Vgl. dazu Kapitel III.1 in dieser Arbeit.
80 Der Nachsommer. In: HKG, Bd. 4,1, S. 40.
81 Vgl. dazu Gould, Die Entdeckung der Tiefenzeit, 1990.

Grundlage für seine Erfahrung der über die Geologie offenbarten transhumanen Perspektive.[82] Zum anderen liegen hier die Anfänge für Heinrichs spätere Faszination für den Marmor.[83] Bereits während des zweiten Besuchs im Hochgebirges ist also vieles in ersten Ansätzen enthalten, was im gesamten Roman bezüglich der Geologie und des Erhabenen verhandelt werden wird.

Über diese kleinen und langsamen, also bedachten und eben nicht gewaltsamen, aber dennoch leidenschaftlichen Schritte, die Heinrich haarklein und zielstrebig erzählt, kann das Erhabene nun zur Motivation – und da es sich in seiner Inszenierung um ein scheinbar gewaltloses Erhabenes handelt[84] – auch zur Legitimation seiner Berufswahl werden:

> Ich habe schon gesagt, daß ich gerne auf hohe Berge stieg, und von ihnen aus die Gegenden betrachtete. Da stellte sich nun dem geübteren Auge die bildsamen Gestalten der Erde in viel eindringlicheren Merkmalen dar, und faßten sich übersichtlicher in großen Theilen zusammen. Da öffnete sich dem Gemüthe und der Seele der Reiz des Entstehens dieser Gebilde, ihre Falten und ihre Erhebungen, ihres Dahinstreichens und Abweichens von einer Richtung, ihres Zusammenstrebens gegen einen Hauptpunkt und ihrer Zerstreuungen in die Fläche. [...] Die Betrachtung der unter mir liegenden Erde, der ich oft mehrere Stunden widmete, erhob mein Herz zu höherer Bewegung, und es erschien mir als ein würdiges Bestreben, ja als ein Bestreben, zu dem alle meine bisherigen Bemühungen nur Vorarbeiten gewesen waren, dem Entstehen dieser Erdoberfläche nachzuspüren, und durch Sammlung vieler kleiner Thatsachen an den verschiedensten Stellen sich in das große und erhabene Ganze auszubreiten, das sich unsern Blicken darstellt, wenn wir von Hochpunkt zu Hochpunkt auf unserer Erde reisen, und sie endlich alle erfüllt haben, und keine Bildung dem Auge mehr zu untersuchen bleibt als die Weite und die Wölbung des Meeres.[85]

Hier offenbart sich kein „sachliche[r], distanzierte[r] Beschreibungsmodus", es liegt auch keine „naturwissenschaftliche Exaktheit" vor,[86] noch kommt es zu einer Objektivierung des Selbst.[87] Vielmehr entscheidet Heinrich sich, nachdem er ein ,geübteres Auge' erlangt hat, aufgrund des erfahrenen Erhabenen, ,dem Entstehen dieser Erdoberfläche nachzuspüren'. Darin liegt aber sehr viel mehr als

---

82 Vgl. dazu Braungart, Poetik der Natur. Literatur und Geologie, 2009.

83 Heinrichs Faszination für den Marmor zeigt sich besonders in Gesprächen mit Natalie. Vgl. Der Nachsommer. In: HKG, z. B. Bd. 4,2, S. 254 f.

84 Im Folgenden wird sich zeigen, dass das scheinbar gewaltlose Erhabene vor allem zu Beginn des Romans eine Rolle spielt; im Lauf seiner Erzählung gibt sich Heinrich der Gewalt des Gefühls immer mehr hin.

85 Der Nachsommer. In: HKG, Bd. 4,1, S. 43 f.

86 Moussa, Heterotopien im poetischen Realismus, 2012, S. 108.

87 Vgl. Braun, Naturwissenschaft als Lebensbasis?, 2006, S. 227 f.

nur „Reste[] von Erhabenheitsästhetik".[88] Heinrich wird im Erhabenen ein Gefühl zuteil, das – mit Kant – „in dem möglichen *Gebrauche* [seiner] Anschauungen [...] eine von der Natur ganz unabhängige Zweckmäßigkeit in uns selbst fühlbar" macht.[89] Das Erhabene als subjektives Gefühl[90] – also die Öffnung seiner ‚Seele' – treibt Heinrich zu seiner Tätigkeit; es wird so zu einem handlungsbestimmenden Motiv: „Ich begann, durch diese Gefühle und Betrachtungen angeregt, gleichsam als Schlußstein oder Zusammenfassung aller meiner bisherigen Arbeiten die Wissenschaft der Bildung der Erdoberfläche und dadurch vielleicht der Bildung der Erde selber zu betreiben."[91] Heinrich wählt also keine „Schwebe, die während der gesamten Dauer seiner Entwicklung anhält",[92] sondern ganz explizit eine Wissenschaft, die nicht nur den ‚Schlußstein' seiner bisherigen Sammel- und Forschungstätigkeit bildet, sondern auch das Ziel seiner bisherigen Bildung von der Mathematik über Landwirtschaft und Gewerbe bis hin zur Pflanzen- und Gesteinskunde darstellt: die Geologie.[93] Sogleich geht er ans Werk, erwirbt „die vorzüglichsten Werke [...], welche über diese Wissenschaft handeln" und macht sich „mit den Vorrichtungen, die man braucht, bekannt so wie mit der Art ihrer Benützung", um schon am Ende des zweiten Kapitels im *Nachsommer* zu schließen: „Meine Besuche der Berge hatten nun fast ausschließlich diesen Zweck zu ihrem Inhalte."[94]

Außerdem legitimiert Heinrich rückblickend – und dies erscheint notwendig, bedenkt man die im Asperhof verordnete Affektlosigkeit – sein Berufsziel über das Erhabene. Dabei öffnet sich nicht nur seine „Seele" dem „Reiz des Entstehens dieser Gebilde", nicht nur sein Herz erhebt sich „zu höherer Bewegung", sondern auch seinem Gegenstand selbst wird das Erhabene zugesprochen. Ziel seiner

---

88 Rauh, Der verschleierte Abgrund, 2006, S. 107.

89 Kant, Analytik des Erhabenen, 1968, S. 331.

90 Martin Scharfe zeigt, dass der Blick vom Gipfel im „frühen 19. Jahrhundert noch viel mehr [war] als Informationsverarbeitung von Reizen: nämlich Ahnung, Emotion, Erregung, ja zuweilen Erschütterung von Geist, Seele und Leib." Scharfe, Berg-Sucht, 2007, S. 231.

91 Der Nachsommer. In: HKG, Bd. 4,1, S. 44.

92 Kinzel, Ethische Projekte, 2000, S. 393.

93 Der Begriff „Geologie" fällt im *Nachsommer* nicht. Nach Braun zeige das, dass es um ein „*Streben* nach Wissenschaftlichkeit, nach der Wahrheit der Dinge schlechthin" gehe, nicht aber um das Ausüben einer bestimmten Einzelwissenschaft. Vgl. Braun, Naturwissenschaft als Lebensbasis?, 2006, S. 85 f.

94 Der Nachsommer. In: HKG, Bd. 4,1, S. 44. Heinrichs autodidaktisches Vorgehen darf nicht verwundern, schließlich gab es bis weit ins neunzehnte Jahrhundert hinein noch keine Studiengänge in der Geologie. Vgl. Braun, Naturwissenschaft als Lebensbasis?, 2006, S. 91. Zudem spielt *Der Nachsommer* nach Stifters Aussage „nicht in unsern Tagen, sondern um 30 und mehr Jahre zurück". Brief an Gustav Heckenast am 22. März 1857. In: PRA, Bd. 19, S. 14.

neuen Tätigkeit ist es, „sich in das große und erhabene Ganze auszubreiten, das sich unsern Blicken darstellt, wenn wir von Hochpunkt zu Hochpunkt auf unserer Erde reisen". Indem Heinrich das Erhabene auf den Gegenstand seiner Forschungen überträgt und zugleich darlegt, wie die Beschäftigung mit diesem Gegenstand sein „Herz zu höherer Bewegung" erhebt,[95] zeichnet er in Grundzügen die beispielsweise von Andreas Baumgartner dargestellte Legitimation der Physik nach: „Man kann mit vollem Rechte von der ganzen Physik sagen, was ein großer Genius der Deutschen von einem ihrer Theile, der Sternkunde, sagt: daß sie dem Menschen ein erhabenes Herz gibt, und ein Auge, das über die Erde hinausreicht."[96] Zugleich inszeniert er seine Wahl – wie schon angedeutet – als eine langsame, bedachte Initiation und kommt so dem Vorwurf der Leidenschaftlichkeit in seiner rückblickenden Erzählung zuvor – schließlich kennt Heinrich zum Zeitpunkt des Erzählens Risachs Ablehnung aller Leidenschaften und Affekte bereits,[97] zu denen auch das Gefühl des Erhabenen zählen muss.[98] Den gesamten „Roman als das Produkt einer sublimatorischen Ordnungsphantasie" und als „Kontrolle von Leidenschaften und Trieben" zu lesen,[99] erfasst zwar Heinrichs Erzählweise, wird aber seinem Trieb hin zur Geologie, und sei er noch so verschleiert, kaum gerecht. Und bedenkt man, dass er diesen Trieb rückblickend erzählerisch ‚entschärft' und der Rosenhauswelt anpasst, kann auch Brauns Interpretation kaum gelten, denn Heinrich lässt sich nicht von den „„Ding[en]' [...] (als wäre er selbst ein solches ‚Ding') schieben und ziehen".[100] Vielmehr legitimiert er seinen – leidenschaftlichen – Hang zur Geologie, indem er ein solches, aus der Rosenhauswelt betrachtet notwendig leidenschaftsloses Schieben und Ziehen durch die Dinge erzählerisch inszeniert.

Hinzu kommt, dass Heinrich schon an dieser Stelle eine Argumentation übernimmt, die er im weiteren Verlauf des Romans erst noch von Risach vermittelt bekommen wird. Dazu die Auslassung des letzten Zitats, in der die Entstehung

---

95 Der Nachsommer. In: HKG, Bd. 4,1, S. 43 f.

96 Baumgartner, Naturlehre, 1829, S. 9. Vgl. dazu in Kapitel I dieser Arbeit den Abschnitt *Das Erhabene in Physik und Astronomie – Baumgartner und Littrow*, S. 79 f.

97 Vgl. Der Nachsommer. In: HKG, Bd. 4,3, S. 63.

98 Selbst beim Kant'schen Erhabenen kommt es, so Michaël Fœssel, nicht zu einer Versöhnung im Gefühl: „Es gibt keine Offenbarung des Geistes, die den Abgrund zwischen dem Sinnlichen und dem Intelligiblen auffüllen könnte: Das Erhabene ist das Zeichen dieser Unmöglichkeit. [...] Angesichts des Erhabenen versteht sich also das Subjekt als frei, indem es den sich zwischen dem Sinnlichen und dem Intelligiblen etablierenden ‚Widerstreit' reflektiert. Doch dieser Prozeß hebt den Widerspruch nicht auf: *Er setzt ihn voraus.*" Fœssel, Analytik des Erhabenen, 2008, S. 119.

99 Becker, Inszenierte Ordnung in Stifters *Nachsommer*, 2007, S. 318.

100 Braun, Naturwissenschaft als Lebensbasis?, 2006, S. 228.

und stetige Veränderung der Berge mit einem anderen, weitaus kleineren Naturphänomen verglichen wird:

> Wenn das Wasser in unendlich kleinen Tröpfchen, die kaum durch ein Vergrößerungsglas
> ersichtlich sind, aus dem Dunste der Luft sich auf die Tafeln unserer Fenster absetzt, und die
> Kälte dazu kömmt, die nöthig ist, so entsteht die Decke von Fäden Sternen Wedeln Palmen
> und Blumen, die wir gefrorene Fenster heißen. Alle diese Dinge stellen sich zu einem Ganzen
> zusammen, und die Strahlen die Thäler die Rücken die Knoten des Eises sind durch ein
> Vergrößerungsglas angesehen bewunderungswürdig. Eben so stellt sich von sehr hohen
> Bergen aus gesehen die niedriger liegende Gestaltung der Erde dar. Sie muß aus einem er-
> starrenden Stoffe entstanden sein, und streckt ihre Fächer und Palmen in großartigem
> Maßstabe aus. Der Berg selber, auf dem ich stehe, ist der weiße helle und sehr glänzende
> Punkt, den wir in der Mitte der zarten Gewebe unserer gefrorenen Fenster sehen. Die Pal-
> menränder der gefrorenen Fenstertafeln werden durch Abbröckelung wegen des Luftzuges
> oder durch Schmelzung wegen der Wärme lückenhaft und unterbrochen. An den Gebirgs-
> zügen geschehen Zerstörungen oder Verwitterung in Folge des Einflusses des Wassers der
> Luft der Wärme und der Kälte. Nur braucht die Zerstörung der Eisnadeln an den Fenstern
> kürzere Zeit als der Nadeln der Gebirge.[101]

Indem Heinrich dem besonders Großen, den Bergen, das besonders Kleine, Eisblumen an Fenstern, zur Seite stellt und das Große aus dem Kleinen heraus zu
erklären sucht, zeichnet er Risachs Gedanken zur Wettervorhersage nach, geäußert bei ihrer ersten Begegnung. Demnach wusste Risach, dass das Gewitter nicht
ausbrechen wird, weil er „die Insekten und [...] die kleinen Thiere" beobachtet hat.
Da deren „Nerven schon berührt werden, wenn noch alle menschlichen wissenschaftlichen Werkzeuge schweigen, so kann eine Voraussage über das Wetter, die
auf eine genaue Betrachtung [...] der Thiere gegründet ist, mehr Anhalt gewähren,
als die aus allen wissenschaftlichen Werkzeugen zusammengenommen."[102] Diese
Beobachtung wiederum führt Risach – ähnlich wie im Stifter'schen ‚Sanften Gesetz'[103] – zu einer Relativierung von Großem und Kleinem: „[D]as ist nicht groß,
an dem wir vielmal unsern Maßstab umlegen können, und das nicht klein, wofür
wir keinen Maßstab mehr haben."[104] Wenn Heinrich nun seinen Gegenstand, die

---

101 Der Nachsommer. In: HKG, Bd. 4,1, S. 43.
102 Ebd., S. 121.
103 „Das Wehen der Luft das Rieseln des Wassers [...] halte ich für groß: das prächtig einherziehende Gewitter, den Bliz, [...] halte ich nicht für größer als obige Erscheinungen, ja ich halte sie
für kleiner, weil sie nur Wirkungen viel höherer Geseze sind." Vorrede [zu den Bunten Steinen]. In:
HKG, Bd. 2,2, S. 10.
104 Risach kritisiert hier „Menschen, welche gewohnt sind, sich und ihre Bestrebungen als den
Mittelpunkt der Welt zu betrachten". Der Nachsommer. In: HKG, Bd. 4,1, S. 122. Auch nach dieser
Aussage richtet sich Heinrich nur im Asperhof. Im Gebirge dagegen macht er die Erfahrung einer

Erdoberfläche, in direkten Zusammenhang – ‚eben so' sei es mit den Bergen – mit etwas so Kleinem bringt, das nur ‚durch ein Vergrößerungsglas' zu sehen ist, bezieht er sich implizit auf solche Aussagen Risachs. Auf diese Weise wird nicht nur Heinrichs Berufswahl, die Geologie, im Erzählen rückblickend, im Handlungsverlauf aber vor Heinrichs erstem Treffen mit Risach legitimiert; auch das Erhabene, das Heinrich in besonderer Weise vom Gipfel hoher Berge aus erfahren wird, wird hier aus dem besonders Kleinen heraus und damit im Sinne Risachs aufgewertet. Das geschieht über eine Gleichsetzung der Entstehung von Eisblume und Erdoberfläche, die Heinrich auch erste Hypothesen zur Erdbildung formulieren lässt: Wie die Eisblumen müsse die Erde „aus einem erstarrenden Stoffe entstanden sein", wie die „Palmränder der gefrorenen Fenstertafeln [...] durch Abbröckelung [...] oder durch Schmelzung [...] lückenhaft werden", genau so „geschehen Zerstörung oder Verwitterung" im Gebirge. Dabei ist der Blick vom Gipfel,[105] gerade in Verbindung zur Eisblume am Fenster, ausschlaggebend: „Der Berg selber, auf dem ich stehe, ist der weiße helle und sehr glänzende Punkt, den wir in der Mitte [...] unserer gefrorenen Fenster sehen." Zum einen wird der Berg so zum Mittelpunkt der Erdbildung erklärt – wie im Fall des Wassertropfens, der Anfang und Mitte der Eisblume ist, so ist auch der Berg Anfang und Mitte der gesamten Erdoberfläche. Zum anderen sind die vom Berg ausgehenden Erdgestaltungen nur vom Berg aus wirklich wahrnehmbar: Wie „die Thäler die Rücken die Knoten des Eises" der gefrorenen Fenster von ihrem Mittelpunkt aus betrachtet werden, so stellt sich auch „von sehr hohen Bergen aus gesehen die niedriger liegende Gestaltung der Erde dar."[106] Das Wahrnehmen wie das Erkennen der Gestaltungen ist also von Anfang an an den Blick vom Gipfel geknüpft. Im *Nachsommer* wird der Berg – der ‚weiße helle und sehr glänzende Punkt' – zum „Symbol der Vergeistigung", nach Hartmut Böhme Grundlage der „Numinosität", aber auch der „postreligiöse[n], naturästhetische[n] Erhabenheit der Berge".[107] Geologische Erkenntnisse über das, was unten ist, nämlich die Erdoberfläche, kann dann am besten erlangt werden, wenn man selbst oben steht

---

Kant'schen Erhebung über die Natur. Vgl. dazu auch in Kapitel III.1 dieser Arbeit den Abschnitt *Auf dem Gipfel – Der Nachsommer*.

105 Schößler spricht vom „olympischen Blick", in dem sich die Landschaft „buchstäblich als erhabene" präsentiere. Dieser Blick sei ein „genuin wissenschaftlicher [...], [der] gleichwohl die Seele erhebt und einen ästhetischen Genuss verschafft"; allerdings nur spiegelbildlich: Die „völlig entäußerlichte Hauptfigur" werde „nicht in einem plastischen, detailreichen Innenleben präsentiert, sondern als leere Hülle den Naturprozessen analogisiert". Schößler, Das naturwissenschaftliche Projekt, 2007, S. 277 f. Im Folgenden wird sich zeigen, dass die Subjektivität Heinrichs gerade über das Erhabene an Kontur gewinnt.

106 Der Nachsommer. In: HKG, Bd. 4,1, S. 43.

107 Böhme, Berg, 2011, S. 50 und 53.

und so das Erhabene erleben kann:[108] Das „große und erhabene Ganze" stellt sich „unsern Blicken" nur dann „dar[], wenn wir von Hochpunkt zu Hochpunkt auf unserer Erde reisen".[109]

Heinrich hat also schon am Ende des zweiten Kapitels sehr genaue Vorstellungen von seinem weiteren Werdegang: Er möchte Geologe werden, um, ausgehend vom Gebirge, „dem Entstehen dieser Erdoberfläche nachzuspüren".[110] Erst nachdem er über die Erfahrung des Erhabenen im Gebirge zu diesen Einsichten bezüglich seines eigenen Berufswunsches gekommen ist, trifft er auf Risach, der ein Bildungsideal verfolgt,[111] das Heinrichs Spezialisierung eigentlich widerspricht – dieser Tatsache muss sich Heinrich aber erst noch bewusst werden. Beim ersten Treffen, und auch das stellt eine ‚Initiation' dar, nämlich eine, die Heinrich in Risachs Welt einführt,[112] drehen sich die Gespräche deshalb nicht nur um das Wetter, also um das drohende Gewitter, das ja bekanntlich nicht stattfindet,[113] sondern auch um die Gegend und deren Untergrund. Auf die Frage Heinrichs hin, ob zu seinem Anwesen auch „Waldgrund gehöre", beschreibt Risach Lage und Beschaffenheit eines Waldes. Heinrich nun offenbart sich daraufhin sehr freimütig und ohne die spätere Scheu[114] als Kenner dieser Gegend: „Ich kenne den

---

108 Anthony Ozturk prägte für ähnliche Darstellungen der Bergwelt den „term ‚geo-poetics' to define a particular kind of sublime [...] in the cultural landscapes of the Swiss and Savoyard Alps. This notion [...] demands a fusion of ethics and aesthetics and intuits a paradoxical dynamic between metaphysics and natural science." Ozturk, Geo-Poetics, 2012, S. 78.

109 Der Nachsommer. In: HKG, Bd. 4,1, S. 44.

110 Ebd., S. 43.

111 In der Forschung wird Risachs Bildungsideal meist als humanistisch-klassizistisches im Sinne Humboldts interpretiert. Vgl. Duhamel, Natur und Kunst, 1994, S. 153; Schuller, Abdankung der Kunst, 1978, S. 38 f.; Mayer, Stifter: Der Nachsommer, 1992, S. 130. Nach Gamper habe Humboldt aber nur zum Betrachten der Dinge aufgefordert; im *Nachsommer* werde dagegen „durch die bildkünstlerische Darstellung oder die literarische Beschreibung die Entfremdung zwischen dem Menschen und den Dingen" aufgehoben. Vgl. Gamper, Experimentalität der Bildung, 2014, S. 185.

112 Schmeller spricht von einer „Initiation", weil Heinrich, mit dem Asperhof einen „‚anderen' Raum", also einen von allen anderen Orten grundsätzlich verschiedenen Raum betritt. Vgl. Schmeller, Pädagogische und poetologische Dimensionen der Architektur, 2013, S. 321.

113 Aufgrund des nicht ausbrechenden Gewitters wurde die Natur im *Nachsommer* oft als artifiziell interpretiert. So müsse nach Schuller selbst die Natur „auf die Austragung von Spannungen verzichten". Schuller, Abdankung der Kunst, 1978, S. 52. Doppler sieht das ähnlich: „Der Roman entwickelt ein Lebensmodell, das gegen die Gefahren einer ungezügelten Natur [...] immunisieren soll", indem sie nicht gezeigt werden. Doppler, Das sanfte Gesetz und die unsanfte Natur, 2006, S. 19. Auch Balcarová geht von einer „idyllisch angelegten Naturkonzeption" aus, die aber durch Kultivierung gebrochen werde. Vgl. Balcarová, Stifters doppelbödige Erzählstrategie, 2013, S. 28 f.

114 Vgl. Der Nachsommer. In: HKG, z. B. Bd. 4,1, S. 307.

Wald recht gut [...]. Es ist der Alizwald." Auf Risachs verwunderte Nachfrage: „Ihr kennt den Wald", lässt sich Heinrich gar dazu hinreißen, seine Tätigkeit im Alizwald darzulegen: „Ich habe dort die größte Doppelbuche gezeichnet, die ich je gesehen, ich habe Pflanzen und Steine gesammelt, und die Felsenlagen betrachtet." Nun entspinnt sich ein kurzes Gespräch, das im gesamten Roman seinesgleichen sucht, das aber nichtsdestotrotz den Pädagogen und auch Restaurator Risach erkennen lässt. So erzählt Risach von einem „Bergbühel [...], auf dem stellenweise die Birke sehr verkrüppelt vorkommt, welche zum Brennen wenig taugt; aber Holz zu feinen Arbeiten gibt." Heinrich dagegen – auch diesen Bühel kennt er – bekundet sein Interesse an der Geologie sowie seinen Wissensstand darin: „[D]ort geht der Granit zu Ende, aus dem der ganze mitternächtliche Theil unseres Landes besteht, und es beginnt gegen Mittag zu nach und nach der Kalk, der endlich in den höchsten Gebirgen die Landesgrenze an der Mittagseite macht." Nun aber endet Heinrichs Karriere als Geologieexperte im Rosenhaus,[115] denn Risach sieht sich genötigt, die Expertise seines Besuchers zwar nicht zu korrigieren – Heinrichs Beschreibung ist natürlich völlig richtig –, sie aber in Teilen zu wiederholen und um den Hinweis auf die Wasserscheide und Bergnamen zu erweitern: „Dort ist die Klamspize, [...] die noch Granit hat, rechts der Gaisbühl, dann die Asser, der Losen, und zuletzt die Grumhaut, die noch zu sehen ist." Auf diese (für Risachs Verhältnisse sehr kurze) Rede, gibt Heinrich erzählend einen Satz wieder, der im Rosenhaus noch oft fallen wird: „Ich stimmte in Allem bei"[116] – damit sind die Rollen, auch bezüglich der Geologie, klar verteilt.

Am nächsten Tag nun – Heinrich hatte inzwischen Gelegenheit, Risachs gesamtes Anwesen zu besichtigen – kommt die Rede, nachdem Risach erklärt hat, wie er „zu einer so entschiedenen Gewißheit in Hinsicht des Wetters gekommen" ist,[117] wiederum auf Heinrichs Tätigkeitsbereich. Und auch hier offenbart sich Risach als kluger Pädagoge, denn er versucht, die Kränkung Heinrichs – schließlich fand das Gewitter nicht statt – wieder zurückzunehmen, indem er seine richtige Wetterprognose für nahezu nichtig erklärt gegenüber den modernen Naturwissenschaften, als deren Anhänger sich sein neuer Zögling schon offenbart hat: „Mir kommen diese Dinge so zufällig in den Garten und in das Haus; ihr aber werdet sie weit besser und weit gründlicher kennen lernen, wenn ihr die Wege der neuen Wissenschaftlichkeit wandelt." Heinrichs berechtigte Nachfrage, woher

---

115 Nach den Gründen seines Aufenthalts im Gebirge gefragt antwortet Heinrich: „[M]ein Zweck ist, [...] wissenschaftliche Bestrebungen zu verfolgen, und nebenbei, was ich auch nicht für unwichtig halte, das Leben in der freien Natur zu genießen." Ebd., S. 65.

116 Alle Zitate ebd., S. 73–75.

117 Im Übrigen eine sehr deutliche Aufforderung Heinrichs an Risach, sich zu erklären. Vgl. ebd., S. 117.

Risach das trotz der falschen Wetterprognose wisse, bietet nun Gelegenheit zu einem Lob: „[E]ure Äußerung zeigte, weil sie so bestimmt war, daß ihr den Gegenstand genau beobachtet habt [...]; daß eure Meinung deßohngeachtet irrig war, kam nur daher, weil ihr einen Umstand [...] nicht leicht kennen konntet; sonst würdet ihr anders geurtheilt haben." Für Heinrich aber bietet dieses Lob wiederum Gelegenheit für eine wichtige Einsicht bezüglich der Rosenhauswelt: „[I]ch werde nicht mehr so voreilig urtheilen." Im nun folgenden Gespräch über die Erdwissenschaften, das Sammeln und Risachs Anwesen übt er sich schon darin und hält sich vornehm zurück. Risach dagegen fasst die Vorgehensweise der Geologie zusammen, vom „gegenwärtigen [...] Standpunkt der Wissenschaft", dem Sammeln bis hin zu „[e]ntfernte[n] Zeiten", die „aus dem Stoffe etwas bauen" werden, „was wir noch nicht kennen".[118] Damit leitet er geschickt auf seine Marmorsammlung über – und zwingt seinen jungen Zuhörer, seine Ausführungen zur Geologie, die zudem weit hinter Heinrichs Stand zurückbleiben,[119] nicht zu kommentieren. So ist nicht nur die Rollenverteilung geklärt: Risach ist der Lehrer, Heinrich hat sich ihm als Schüler unterzuordnen[120] und tut das auch aus einem Gefühl der Schicklichkeit heraus.[121] Es wird hier auch der Grundstein für Heinrichs Zurückhaltung in Sachen Geologie gelegt[122] – gegenüber Risach wird er nie wieder ungefragt über seine Fortschritte berichten.[123]

---

118 Alle Zitate ebd., S. 125 – 127. Nach Ehlbeck mache „Risachs pädagogischer Einfluß vor den Pforten der von Heinrich angestrebten Wissenschaft halt". Ehlbeck, Zur poetologischen Funktionalisierung des Empirismus, 1998, S. 81. Hier zeigt sich aber deutlich, wie Risach über die Geologie versucht, Einfluss auf Heinrich zu gewinnen.

119 Vgl. Der Nachsommer. In: HKG, Bd. 4,1, S. 43 f.

120 Saße sieht in Heinrich schon von Beginn an den perfekten Zögling Risachs, denn er bringe „die besten Voraussetzungen von Haus aus mit". Vgl. Saße, Familie als Traum und Trauma, 2007, S. 215. Priebe dagegen geht von einem „schwelenden Konflikt zwischen wissbegieriger Spontaneität und disziplinierter Einordnungsbereitschaft" Heinrichs zu Anfang des Romans aus. Vgl. Priebe, Entwicklungszyklen, 1999, S. 73.

121 Nach Walter-Schneider hat im *Nachsommer* die „Idee der Schicklichkeit [...] die Funktion einer Erzählzensur angenommen". Walter-Schneider, Das Unzulängliche ist das Angemessene, 1990, S. 323. An einer Stelle kommentiert Heinrich seine eigene Zurückhaltung: Auf Nachfrage von Risach erzählt er auf Spaziergängen einiges über seine Tätigkeiten, also über die Geologie; „[e]r erzählte mir dagegen von der seinigen, und ich hörte ihm freundlich zu, wenn er auch Dinge brachte, die mir schon besser bekannt waren." Der Nachsommer. In: HKG, Bd. 4,1, S. 238 f.

122 Nur Gustav, Ziehsohn Risachs, fragt Heinrich geradezu aus: „Gustav fragte, wie es dort aussehe, wo ich jezt gearbeitet habe, ob hohe Berge sind weite Thäler, und ob es so freundlich ist wie am Lautersee, und ob ich noch weiter vordringen wolle, und in welche Berge ich dann komme". Ebd., Bd. 4,2, S. 212.

123 Es gibt allerdings eine Ausnahme. Bei seinem ersten Besuch auf dem Sternenhof lässt sich Heinrich zu einer Offenbarung seines Wissens hinreißen: „Ich gerieth nach und nach in das

Nichtsdestotrotz zeigt sich noch im selben Jahr Heinrichs immer weiter entwickelte Professionalität; er schreitet in seinen Arbeiten, deren Ausgangspunkt
nun offenbar das „Ahornhaus" ist,[124] immer schneller voran: „Es entwickelte sich
aus den Arbeiten ein Weiteres und Neues, und hielt mich fest. Ich drang später
noch tiefer in das Gebirgsthal ein, und begann Dinge, die ich mir für diesen
Sommer gar nicht einmal vorgenommen hatte." Ziel seiner Arbeit ist es, das Gebirge aufs Papier zu bringen,

> daß jeder, der sich auf diese Dinge verstände, das Gebirge mit allem, woraus es bestehe, vor
> Augen habe. [...] Sie [i. e. Heinrichs Helfer, E. H.] meinten, daß dieses sehr klug gethan sei,
> um, wenn einer einen Stein oder sonst etwas zu einem Baue oder dergleichen bedürfe, gleich
> aus der Karte heraus lesen zu können, wo er zu finden sei. Ich sagte ihnen, daß ein anderer
> Zweck auch darin bestehe, aus dem, was man in den Gebirgen finde, schließen zu können,
> wie sie entstanden seien.[125]

Nicht nur die „Kartographierung des Gebirges" ist Heinrichs Ziel[126] – und mit
diesem Projekt liegt er ganz auf der Höhe der Zeit[127] –, sondern auch die Frage
nach der Entstehung der Gebirge. Mit diesem Vorhaben benennt er zugleich auch
die Grenze der Geologie – was diese Grenze bedeutet, wird Heinrich aber erst im
zweiten Buch erkennen, wiederum vermittelt über das Erhabene, das aber nun
weit differenzierter wahrgenommen wird.

Reden, da man mich um verschiedene Punkte fragte, und sah, daß ich die Antwort zu geben
wußte. Ich nannte die Berge, deren Spizen erkennbar hervortraten, ich nannte auch Theile von
ihnen, ich bezeichnete die Thäler, deren Windungen zu verfolgen waren, zeigte die Schneefelder,
bemerkte die Einsattelungen, durch welche Berge oder ganze Gebirgszüge zusammenhingen oder
getrennt waren, und suchte die Richtungen zu verdeutlichen, in denen bekannte Gebirgsort-
schaften lagen." Aufgrund des Stellenwerts, den Zurückhaltung im Kreise Risachs genießt, erklärt
sich Heinrich aber trotz seiner Profession nur zum „fast Bewandertsten" auf dem Gebiet der
Geologie. Vgl. ebd., Bd. 4,1, S. 307.
124 Der Name Ahornhaus fällt erst im zweiten Band. Vgl. ebd., Bd. 4,2, S. 10. Es wird aber schon
im ersten Band beschrieben. Vgl. ebd., Bd. 4,1, S. 231.
125 Beide Zitate ebd., S. 180 und 232.
126 Nach Robert Stockhammer sei Heinrich in erster Linie Kartograph. Vgl. Stockhammer, Kartierung der Erde, 2007, S. 173 – 177. Nach Ehlbeck formuliere Heinrich hier „implizit Grundsätze der
modernen empirischen Naturwissenschaft" wie die induktive Methode und die Nachvollzieh-
barkeit. Vgl. Ehlbeck, Zur poetologischen Funktionalisierung des Empirismus, 1998, S. 84.
127 Vgl. Morlot, Erläuterungen zur geologischen Übersichtskarte, 1847, S. 16 und in Kapitel I
dieser Arbeit den Abschnitt *Das Erhabene in der Geologie – Simony und Morlot.*

6.2 Die Grenzen der Geologie

Das erste Kapitel des zweiten Bands steht fast ausschließlich im Zeichen der Geologie und nimmt dafür eine Schlüsselrolle ein, denn das Thema ist die Frage: „[W]ie ist das alles geworden?" – in Verbindung zum Gefühl des Erhabenen:

> Als ich in dem Frühling die Hauptstadt verlassen hatte, und dem langsam über einen Berg empor fahrenden Wagen folgte, war ich einmal bei einem Haufen von Geschiebe stehen geblieben, das man aus einem Flußbette genommen, und an der Straße aufgeschüttet hatte, und hatte das Ding gleichsam mit Ehrfurcht betrachtet. Ich erkannte in den rothen weißen grauen schwarzgelben und gesprenkelten Steinen, welche lauter plattgerundete Gestalten hatten, Bothen von unserem Gebirge, ich erkannte jeden aus seiner Felsenstadt, von der er sich losgetrennt hatte, und von der er ausgesendet worden war. Hier lag er unter Kameraden, deren Geburtsstätte oft viele Meilen von der seinigen entfernt ist, alle waren sie an Gestalt gleich geworden, und alle harrten, daß sie zerschlagen und zu der Straße verwendet würden. Besonders kamen mir die Gedanken, wozu den alles da sei, wie es entstanden sei, wie es zusammenhänge, und wie es zu unserem Herzen spreche.[128]

Schon in diesen Gedanken Heinrichs deuten sich alle Aspekte der Geologie an, die im weiteren Verlauf des Kapitels diskutiert werden. Außerdem liegt hier sein Wissensstand offen zutage: Er erkennt jeden Stein und weiß um seine ‚Geburtsstätte'. Vor allem aber fragt er sich, ‚wozu den alles da sei, wie es entstanden sei, wie es zusammenhänge'. Es geht also um eine Auseinandersetzung mit den – so wird sich noch deutlich zeigen – unermesslichen Zeiträumen der Erdgeschichte, die notwendig zu einer „Relativierung des Menschen in seinem Narzissmus" führen.[129] Zugleich lassen sie das Gefühl des Geologisch-Erhabenen[130] im erlebenden Subjekt entstehen: So nimmt Heinrich mit der Frage, ‚wie es zu unserem

---

128 Beide Zitate aus Der Nachsommer. In: HKG, Bd. 4,2, S. 31 und 27 f.

129 Braungart, Poetik der Natur. Literatur und Geologie, 2009, S. 69 f.

130 „Die unermeßlichen Zeiträume, welche nicht das Anschauungsvermögen des Menschen in quantitativer Hinsicht überfordern (wie beim Mathematisch-Erhabenen Kants) oder seine Selbsterhaltung bedrohen (wie beim Dynamisch-Erhabenen), sondern ihn in der zeitlichen Dimension nahezu annihilieren, wären der Ausgangspunkt für das *Geologisch*-Erhabene". Braungart, Die Geologie und das Erhabene, 2005, S. 166. Nach Sean Franzel ist die Verbindung von Zeit und Erhabenem gängige Praxis in der Literatur um 1800: „[W]riters take the sublime as an occasion for narrating the eventfulness of human perception and natural phenomena. In turn, these writers juxtapose different temporal frames of reference that track flitting human emotion and geological processes; momentary weather patterns and historical memory; sudden interruptions and lasting durations." Franzel, Time and Narrative in the Mountain Sublime, 2012, S. 103. Auch nach Böhme ist das Erhabene der Berge mit der Geologie „nicht mehr nur ein Effekt ihrer Größe, sondern vor allem davon, daß sie historische Zeugen der Erdentstehung sind". Böhme, Berg, 2011, S. 58.

Herzen spreche', seine von Beginn an empfundene ,Ehrfurcht' wieder auf. Im Folgenden nun spielt er die angesichts dieses unscheinbaren ,Haufen von Geschiebe' gestellten Fragen auch an anderen Gegenständen der Geologie durch; zunächst angesichts des Sees im Lauterthal, den er von nun an und über Jahre hinweg immer wieder besuchen wird, um das Seebecken nach und nach zu vermessen:

> In dem Seegrunde sah ich ein Thal, in dessen Sohle, die sich bei andern Thälern mit dem vieltausendfachen Pflanzenreichthume und den niedergestürzten Gebirgstheilen füllt, und so einen schönen Wechsel von Pflanzen und Gestein darstellt, kein Pflanzengrund sich entwickelt, sondern das Gerölle sich sachte mehrt, der Boden sich hebt, und die ursprünglichen Klüftungen ausfüllt. Dazu kommen die Stücke, die unmittelbar von den Wänden in den See stürzen, dazu kommen die Hügel, die außer der gewöhnlichen Ordnung von bedeutenden Hochwassern in den See geschoben, und von dem nachträglichen Wellenschlage wieder abgeflacht werden. In Jahrtausenden und Jahrtausenden füllt sich das Becken immer mehr, bis einmal, mögen hundert oder noch mehr Jahrtausende vergangen sein, kein See mehr ist, auf der ungeheuren Dicke der Geröllschichten der menschliche Fuß wandelt, Pflanzen grünen, und selbst Bäume stehen. So kannte ich manche Stellen, die einst Seegrund gewesen waren.[131]

Heinrich imaginiert über seine Erfahrungen in der Geologie das Ende des Lautersees. Es scheint, also wolle er mit der Seevermessung dessen drohendem Verschwinden entgegenwirken und die jetzige Gestalt wenigstens auf Papier festhalten, um so nicht nur einen Beitrag zur Forschung zu leisten, sondern auch die Zeit, die den See und auch alle anderen Dinge in ihrer derzeitigen Gestalt bedrohen, zumindest scheinbar aufzuhalten.[132] Dabei zeigt sich auch das Erhabene: Die geologische Kraft bzw. die Zeit werden in zwei der philosophischen Entwürfe als Gegenstände, die das Erhabene zeigen können, beschrieben. So heißt es bei Friedrich Theodor Vischer: „Ein Gebirge z. B., neben welchem alles Umliegende sich als unendlich klein darstellt, scheint für sich positiv erhaben. Allein in Wahrheit ist das Materielle an diesem Gebirge in negativem Verhältnisse zu der Kraft, welche diese Massen emporgeworfen hat: die Naturkraft selbst, welche unendlich mehr ist auch als dieses Gebirge, hat das ungeheure Gewicht, als wäre es ohne Schwere, übereinander getürmt."[133] Schiller nennt direkt die Zeit: „Selbst gewisse idealische Gegenstände wie z. B. die *Zeit*, als eine Macht be-

---

131 Der Nachsommer. In: HKG, Bd. 4,2, S. 29.

132 Die Vermessung des Lautersees und die daraus entstehende Seekarte sind von Bedeutung für Heinrichs Beschäftigung mit der Kunst; deshalb wird darauf im nächsten Abschnitt näher eingegangen.

133 Vischer, Das Schöne im Widerstreit seiner Momente, 1922, S. 238. Vischer ordnet die Hebungskraft unter das negative Erhabene ein. Vgl. ebd., besonders S. 235 f.

trachtet, die still aber unerbitterlich wirkt, [...] sind furchtbare Gegenstände, sobald die *Einbildungskraft* sie auf den Erhaltungstrieb bezieht; und sie werden erhaben, sobald die *Vernunft* sie auf ihre höchsten Gesetze anwendet."[134] Dass Heinrich die folgenden Erfahrungen über das Erhabene erleben wird, kündigt sich also schon hier an; der Ausgangspunkt ist dabei die Zeit, deren Spuren sich im Lautersee und auch in den angrenzenden Bergwänden zeigen:

> Ich betrachtete vom See aus die Schichtungen der Felsen. Was bei Kristallen der Blätterdurchgang ist, das zeigt sich hier in großen Zügen. [...] Sind diese ungeheuren Blätter einst gestürzt worden, sind sie erhoben worden, werden sie noch immer erhoben? Ich zeichnete manche Lagerungen in ihren schönen Verhältnissen und in ihren Neigungen gegen die wagrechte Fläche. Wenn ich so die Blätter durchging, und die Gestaltungen ansah war es mir wie eine unbekannte Geschichte, die ich nicht enträthseln konnte, und zu der es doch Anhaltspunkte geben mußte, um die Ahnungen in Nahrung zu sezen.
>
> Wenn ich die Stücke unbelebter Körper, die ich für meine Schreine sammelte, ansah, so fiel mir auf, daß hier diese Körper liegen, dort andere, daß ungeheure Mengen desselben Stoffes zu großen Gebirgen aufgethürmt sind, und daß wieder in kleinen Abständen kleine Lagerungen mit einander wechseln. [...] Wie sind sie an den Plaz gekommen? Wie ist überhaupt an einer Stelle gerade dieser Stoff entstanden und nicht ein anderer? Woher ist die Berggestalt im Großen gekommen? Ist sie noch in ihrer Reinheit da, oder hat sie Veränderungen erlitten, und erleidet sie dieselben noch immer? Wie ist die Gestalt der Erde selber geworden, wie hat sich ihr Antliz gefurcht, sind die Lücken groß, sind sie klein?[135]

Interessant ist hier, dass der Mehrzahl der Fragen bezüglich der Berge eine grundsätzliche Erkenntnis vorangestellt ist: Heinrich weiß, dass er ‚eine unbekannte Geschichte', die er nicht enträtseln kann, auch wenn es ‚Anhaltspunkte' dazu gibt, vor sich hat. Schon hier sieht er ein, dass auch über die Empirie kein – und nach Schößler sei das Heinrichs Ziel – „holistische[s] Bild der Erde synthetisiert werden" kann. Heinrichs Herangehensweise an die Geologie kann also kaum mit Alexander von Humboldts Projekt, „die Erde in ihrer Ganzheit empirisch auszuloten",[136] in Deckung gebracht werden, auch wenn es Überschneidungen geben mag. Gerade die „Tiefenzeit",[137] deren „Anschauung die Idee ihrer Unendlichkeit bei sich führt"[138] und die die Geologie zu erforschen, und das heißt,

---

134 Schiller, Vom Erhabenen, 1962, S. 187 f.
135 Der Nachsommer. In: HKG, Bd. 4,2, S. 29 f.
136 Schößler, Das naturwissenschaftliche Projekt, 2007, S. 273 f.
137 Gould reiht die ‚Entdeckung' der Tiefenzeit in Sigmund Freuds Liste der menschlichen Kränkungen durch die Wissenschaften – die Kopernikanische Wende, Darwins Evolutionstheorie und Freuds eigene Psychoanalyse – als „vierte Kränkung" im Sinne einer zeitlichen Marginalisierung ein. Vgl. Gould, Die Entdeckung der Tiefenzeit, 1990, S. 13.
138 Kant, Analytik des Erhabenen, 1968, S. 342.

offenzulegen, sucht, entzieht sich diesem Ansinnen.[139] Nicht einmal im Kleinen, also bezüglich einzelner Felsenstücke, kann Gewissheit bestehen: „Woher sind sie gekommen, wie haben sie sich gehäuft? Liegen sie nach einem Geseze, und wie ist dieses geworden? Oft sind Theile eines größeren Körpers in Menge oder einzeln an Stellen, wo der Körper selber nicht ist, wo sie nicht sein sollen, wo sie Fremdlinge sind. Wie sind sie an den Plaz gekommen?"[140]

Statt Antworten findet Heinrich nur neue Gegenstände, deren Entstehung und Geschichte er nicht erfassen kann – Marmore und Fossilien:

> Wenn ich auf meinen Marmor kam – wie bewunderungswürdig ist der Marmor! Wo sind denn die Thiere hin, deren Spuren wir ahnungsvoll in diesen Gebilden sehen? Seit welcher Zeit sind die Riesenschnecken verschwunden, deren Andenken uns hier überliefert wird? Ein Andenken, das in ferne Zeiten zurück geht, die niemand gemessen hat, die vielleicht niemand gesehen hat, und die länger gedauert haben, als der Ruhm irgend eines Sterblichen.[141]

Nach Barbara Thums gehe es in der Geologie Heinrichs um den „Wunsch nach klaren Grenzziehungen, de[n] Wunsch, die Dinge unabhängig von ihren raumzeitlichen Bedingtheiten erfassen zu können", also um einen „Wunsch nach Reinheit", der „in eins zu setzen" sei „mit dem Wunsch nach einer Welt, die keine Reste und deshalb auch nicht den bedrohlichen Charakter kennt, sich als künftiges Überbleibsel in einer Ordnung der Natur sehen zu müssen".[142] Hier zeigt sich aber: Heinrich geht es eben nicht um Reinheit oder um die Darstellung einer abgeschlossenen Ordnung ohne ‚Reste'; vielmehr beschäftigt er sich gerade mit Resten, und zwar mit Resten, die die Erdgeschichte in sich tragen, die aber dennoch nie restlos zu erkennen ist. Seine Gefühle angesichts von Marmor – „Überreste einer alten untergegangenen Welt", wie es früher heißt[143] – sind deshalb zwiegespalten: Der Marmor und die darin eingeschlossenen Fossilien zeigen

---

139 Auch Risach weiß um die Undurchschaubarkeit der Zeit; so äußert er sich über die Geschichte des Menschen: „Wir wissen zuletzt gar nicht, welche Zeiträume es in der Geschichte gegeben hat [...]. Wer weiß, wie viele Völkerabschnitte es gegeben hat, und wie viele unbekannte Geschichtsquellen noch verborgen sind. Wenn einmal ganze Reihen solcher Völkerzustände [...] vorliegen, dann läßt sich eher über unsere Frage etwas sagen. Oder sind etwa solche Reihen nur dagewesen und vergessen worden, und werden überhaupt die hintersten Stücke der Weltgeschichte vergessen [...]? Wer wird dann nach zehntausend Jahren noch von Hellenen oder von uns reden? Ganz andere Vorstellungen werden kommen [...] und wir würden sie gar nicht verstehen." Der Nachsommer. In: HKG, Bd. 4,2, S. 225 f.

140 Ebd., S. 30.

141 Ebd.

142 Thums, *Der Nachsommer*: Reste-lose Poetik des Reinen?, 2009, S. 84.

143 Der Nachsommer. In: HKG, Bd. 4,1, S. 40.

in besonderem Maße die unermesslichen Zeiträume,[144] die den Menschen in seiner gesamten Existenz nichtig erscheinen lassen und ihn so bedrohen,[145] denn im Vergleich zum Alter dieser Fundstücke wird ihm kaum eine Sekunde in der Erdgeschichte zugestanden.[146] Gerade deswegen aber ist der Marmor ‚bewunderungswürdig' – eine ästhetische Einschätzung, die im *Nachsommer* immer wieder zur Sprache kommt.[147] Heinrichs Gedanken angesichts des Marmors und der Versteinerungen tragen also auch Züge des ‚gemischten Gefühls' des Erhabenen[148] in sich.

Zudem begegnet Heinrich dem in Versteinerungen – ‚Spuren' längst gestorbener Tiere – inne liegenden Tod. So heißt es anschließend an die Gedanken zu den Marmoren:

> Eine Thatsache fiel mir auf. Ich fand todte Wälder, gleichsam Gebeinhäuser von Wäldern, nur daß die Gebeine hier nicht in eine Halle gesammelt waren, sondern noch aufrecht auf ihrem Boden standen. Weiße abgeschälte todte Bäume in großer Zahl, so daß vermuthet werden mußte, daß an dieser Stelle ein Wald gestanden sei. Die Bäume waren Fichten oder Lärchen oder Tannen. Jezt konnte an der Stelle ein Baum gar nicht mehr wachsen, es sind nur Kriechhölzer um die abgestorbenen Stämme, und auch diese selten. Ist diese Thatsache eine vereinzelte nur durch vereinzelte Ortsursachen hervorgebracht? Hängt sie mit der großen Weltbildung zusammen? [...] [W]ie ist das alles geworden?[149]

---

144 Nach Bulang bilde sich in Fossilien die „sedimentierte Zeit" ab, „die in Schichten des Gebirges, in Fossilien, im Sosein der Pflanzen, Tiere und Menschen aufgrund kausaler landschaftlicher und klimatischer Zusammenhänge zur Anschauung" komme. Der Roman offenbare so seinen Hang zu den modernen Naturwissenschaften, denn er laufe „naturgeschichtlichen Klassifikationssystemen gleichermaßen quer". Vgl. Bulang, Die Rettung der Geschichte, 2000, S. 383.
145 Vgl. Braungart, Poetik der Natur. Literatur und Geologie, 2009, S. 69.
146 Bei Gould findet sich ein Beispiel: „Wenn man sich die Erdgeschichte als das alte englische ‚Yard' vorstellt, das heißt, als die Entfernung zwischen der Nase des Königs und der Spitze seiner ausgestreckten Hand, dann würde eine Nagelfeile am Mittelfinger des Königs mit einem einzigen Strich die ganze Menschheitsgeschichte in Staub zerfallen lassen." Gould, Die Entdeckung der Tiefenzeit, 1990, S. 16.
147 Vgl. Der Nachsommer. In: HKG, z. B. Bd. 4,1, S. 233. Natalie und Heinrich unterhalten sich, kurz bevor sie den *Bund* – so der Titel des Kapitels – schließen, über den weißen Marmor: „Mir ist immer, wenn ich ihn lange betrachte, [...] als hätte er eine sehr große Tiefe, als sollte man in ihn eindringen können [...]. Er hält seine reine Fläche den Augen entgegen, die so zart ist, daß sie kaum Widerstand leistet, und in der man als Anhaltspunkte nur die vielen feinen Splitter funkeln sieht." Auch aus Marmor geschaffene Kunstwerke werden immer wieder erwähnt, besonders die Marmorstatue im Asperhof spielt eine wichtige Rolle. Vgl. ebd., Bd. 4,2, S. 254 und 75.
148 Braungart zeigt, wie mit der Entstehung der Geologie um 1800 die Natur weiter verzeitlicht wird und die Geologie „geradezu eine Symbiose [...] mit dem Konzept des Erhabenen" eingeht. Vgl. Braungart, Die Geologie und das Erhabene, 2005, S. 159.
149 Der Nachsommer. In: HKG, Bd. 4,2, S. 31.

Nach Böhme sind die Gebirge „[ü]berall dort, wo man den Erdball in Analogie
zum menschlichen Körper deutet [...] das Skelett, das Knochengerüst des Erd-
leibs"; deshalb seien „[d]as Steinerne und der Tod [...] mithin eng benachbart."[150]
In diesem Sinne vergleicht Heinrich die auf den Höhen der Berge gefundenen
‚todten Wälder' mit ‚Gebeinhäusern', also mit menschengemachten Gruften und
Katakomben. Gegenstände der Bergwelt bzw. Berge selbst mit Tod und Zerstörung
in Verbindung zu bringen, ist kein neuer Gedanke, sondern geht auf Thomas
Burnets „Schrecklich-Erhabenes" in *Theoria sacra telluris* zurück.[151] Darin werden
Berge als „Ruinen" der „Sündfluth" gelesen[152] und so als fast außerweltlich bzw.
als „Gedenckmahle[] eines uralten Verfalls" beschrieben,[153] eine Tradition, in der
offenbar auch der *Nachsommer* noch steht. Neben diesem Burnet'schen
Schrecklich-Erhabenen ist es aber auch der für Stifter typische Gebrauch des
Worts ‚gleichsam', der die Natur dem Menschen fremd werden lässt: „Whilst by no
means destroying the mutuality between the laws of man and those of nature, the
use of ‚gleichsam' nevertheless begins to suggest that this is not absolute. This
word gives only a hint of the alienation between man and nature which is symbolically played out by the majority of the texts."[154] Heinrich zieht also über den
Vergleich mit menschlichen ‚Gebeinhäusern' das Bild der ‚weißen abgeschälten

---

150 Böhme, Das Steinerne, 1989, S. 127 f.

151 Nach Carsten Zelle entsprang die „Poetik der Ruine und die Entdeckung der schrecklich-
erhabenen Schönheit des Gebirges [...] dem gleichen melancholischen Impuls". Wie die Ruinen
der Römer an deren Macht erinnern, so „erscheinen Burnet Alpen und Apennin [...] unmittelbar
als Gedenksteine göttlicher Allmacht": Die „mächtige Gestalt des Hochgebirges erinnert an die
Schönheit göttlicher Schöpfung und gemahnt zugleich an die Zerstörungskraft göttlichen Zornes.
In der Reflexion des Betrachters verschränken sich die Affekte Bewunderung und Schrecken zur
eigentümlichen Doppelempfindung des Erhabenen." Zelle, ‚Angenehmes Grauen', 1987, S. 84. Im
Nachsommer ist es aber weniger göttliche Allmacht als die Macht der Natur und der Zeit, die
Heinrich angesichts des Gebirges erlebt.

152 „Es ist wol wahr/daß die Berge der Erde nichts anders seyn als nachgebliebene grosse
Erd=Scherben [...]; aber doch solche/welche einige Herzligkeit der Natur andeuten/wie wir aus
der Römer alten Tempel und zerfallenen Schaubühnen/die Großmüthigkeit dieses Volck's er-
kennen". Thomas Burnet, Theoria sacra telluris, d. i. Heiliger Entwurff oder Biblische Betrachtung
Des Erdreichs [...] Anietzo aber ins Hochteutsche übersetzt [...] durch M. Joh. Jacob Zimmermann,
Hamburg 1703, S. 71, zur Sintflut vgl. S. 72.

153 Ebd., S. 73. In Burnets Beschreibungen erscheinen die Alpen zum Teil als ein jenseitiger Ort:
„Wir wollen setzen/es sey jemanden/welcher auff der Ebene erbohren und erzogen ist/von Wein
und Schlaff befallen einmals dahin gebracht und mitten in solchem Gebürge und alten
Erd=Fällen der Alpen gelassen worden. Wann nun derselbe erwachte/und nichts anders vor sich
hätte als diese neue und schröckliche Natur=Gestalt/diese grosse Felsen/Steine und gähe
Schrofen/Unrath und Ungeheur; Derselbe solte meynen/er wäre ausser den Grenzen deß be-
wohnbaren Erd-Kreises verworffen". Ebd., S. 76.

154 Ragg-Kirkby, Stifter and the Alienation of Man and Nature, 1999, S. 351.

todten Bäume' noch näher in sein eigenes Leben hinein: Er erklärt den Berg zu einem Friedhof, dessen Tote einst an dieser Stelle lebten, bis offenbar gravierende Naturveränderungen ihr Leben beendeten. Die stattgefundenen Veränderungen kann er aber trotz des Vergleichs mit der menschlichen Lebenswelt nicht erklären; Heinrich kennt die Ursache nicht: „Sind die Berge gestiegen, und haben sie ihren Wälderschmuck in höhere todbringende Lüfte gehoben? Oder hat sich der Boden geändert, oder waren die Gletscherverhältnisse andere?"[155] Heinrich, der sich nun schon seit mehreren Jahren mit der Geologie beschäftigt, ist genauso von den undurchschaubaren Naturgesetzen abhängig wie die einstmals lebendigen, nun aber versteinerten Wälder. Darin aber erscheint auch die Natur im *Nachsommer* bedrohlich[156] – sie trägt deutliche Züge von Gewalt. Zwar kommt es nicht zu einem lebensbedrohlichen Gewaltausbruch in der Natur wie beispielsweise im Wolfsangriff in *Brigitta*;[157] das Moment der Naturgewalt findet sich dennoch und zwar in der Tiefenzeit der Erde,[158] also in der unermesslichen Dauer der Natur, die den Menschen im Vergleich nahezu inexistent werden lässt, und in ihrer Rücksichtslosigkeit gegenüber allen Lebewesen, wie sie sich an den ‚todten Wäldern' zeigt. Selbst Gegenstände der Natur sind davor nicht gefeit.[159]

Im Folgenden zeigt sich deutlich, dass Heinrich dieser Bedrohung durch die Natur trotz seines geologischen Wissens nicht beikommen kann:

> Wird sich vieles, wird sich alles noch einmal ganz ändern? In welch schneller Folge geht es? Wenn durch das Wirken des Himmels und seiner Gewässer das Gebirge beständig zerbrö-

---

155 Der Nachsommer. In: HKG, Bd. 4,2, S. 31.

156 Z. B. nach Begemann finden im *Nachsommer* keine „bedrohliche[n] Ereignisse in der äußeren Natur" statt. Begemann, Welt der Zeichen, 1995, S. 326.

157 Vgl. Brigitta. In: HKG, Bd. 1,5, S. 468 f.

158 Nach Gould geht die ‚Entdeckung' der Tiefenzeit u. a. auf Thomas Burnet zurück; besonders der Frontispiz der *Theoria sacra telluris* zeige den „alte[n] Gegensatz zwischen Zeitpfeil und Zeitkreis", einen Gegensatz, den Burnet zu versöhnen versuche. Burnet kenne also beides: Die „Notwendigkeit des Pfeils zur Sichtbarmachung von Geschichte [...] und die des Kreises zur Dokumentation göttlicher Herrschaft und Lenkung." Diese Konstruktion sei Voraussetzung für die Entdeckung der Tiefenzeit. Vgl. Gould, Die Entdeckung der Tiefenzeit, 1990, S. 66 und 75.

159 Im *Hagestolz* offenbart sich auch eine transhumane Perspektive angesichts der Natur; in diesem Fall aber ganz unabhängig von der Geologie. Deshalb sind keine natürlichen Gegenstände und Lebewesen betroffen, sondern allein der Mensch und seine Errungenschaften: „Einen Gegensaz mit dieser trauernden Vergangenheit machte die herumstehende blühende ewig junge Gegenwart. Die hohen Bergwände schauten [...] herein, und so groß und so überwiegend war ihre Ruhe, daß die Trümmer der Gebäude, dieser Fußtritt einer unbekannten menschlichen Vergangenheit, nur ein graues Pünktlein waren, das nicht beachtet wird in diesem weithin knospenden und drängenden Leben." Der Hagestolz. In: HKG, Bd. 1,6, S. 91 f. Vgl. auch in Kapitel III.1 dieser Arbeit den Abschnitt *Das Gebirge – Der Hagestolz*, S. 271 f.

ckelt wird, wenn die Trümmer herabfallen, wenn sie weiter zerklüftet werden, und der Strom sie endlich als Sand und Geschiebe in die Niederungen hinausführt, wie weit wird das kommen? Hat es schon lange gedauert? Unermeßliche Schichten von Geschieben in ebenen Ländern bejahen es. Wird es noch lange dauern? So lange Luft Licht Wärme und Wasser dieselben bleiben, so lange es Höhen gibt, so lange wird es dauern. Werden die Gebirge also einstens verschwunden sein? Werden nur flache unbedeutende Höhen und Hügel die Ebenen unterbrechen, und werden selbst diese auseinander gewaschen werden? Wird dann die Wärme in den feuchten Niederungen oder in tiefen heißen Schluchten verschwinden, so wie die kalte Luft in Höhen auf die Erde ohne Einfluß sein wird, so daß alle Glieder in unsern Ländern von demselben lauen Stoffe umflossen sind, und sich die Verhältnisse aller Gewächse ändern? Oder dauert die Thätigkeit, durch welche die Berge gehoben wurden, noch heute fort, daß sie durch innere Kraft an Höhe ersezen oder übertreffen, was sie von Außen her verlieren? Hört die Hebungskraft einmal auf? Ist nach Jahrmillionen die Erde weiter abgekühlt, ist ihre Rinde dicker, so daß der heiße Fluß in ihrem Innern seine Kristalle nicht mehr durch sie empor zu treiben vermag? Oder legt er langsam und unmerklich stets die Ränder dieser Rinde auseinander, wenn er durch sie seine Geschiebe hinan hebt? Wenn die Erde Wärme ausstrahlt, und immer mehr erkaltet, wird sie nicht kleiner? Sind dann die Umdrehungsgeschwindigkeiten ihrer Kreise nicht geringer? Ändert das nicht die Passate? Werden Winde Wolken Regen nicht anders?[160]

Weitere Fragen zur Erdentstehung und zu ihrer Zukunft brechen unaufhaltsam aus Heinrich hervor. Zwar versucht er zu Anfang noch, Antworten zu finden, doch mit der Frage, ob die ‚Gebirge also einst verschwunden sein‘ werden, endet die Suche. Was bleibt, ist ein sich immer weiter verengender Strudel an Fragen,[161] der – scheinbar – in Resignation mündet: „Wie viele Millionen Jahre müssen verfließen, bis ein menschliches Werkzeug die Änderung messen kann?"[162] Hierbei handelt es sich aber, so auch Ritzer, nicht um fundamentale Wissenschaftsskepsis, sondern um die Anerkennung der Tatsache, dass auch die Wissenschaft nur „notwendig relative[s] Wissen" liefern kann.[163] Mit dieser Einsicht erreicht Heinrich zweierlei: Erstens weiß er nun aus eigener Erfahrung, dass seine Möglichkeiten zur Erkenntnis angesichts der Erdgeschichte äußerst beschränkt sind; er ist mit der Empfindung, die die eben erfahrene transhumane Perspektive der Geologie[164] in ihm auslöst, an der Grenze seiner Wissenschaft angelangt. Es ist

---

160 Der Nachsommer. In: HKG, Bd. 4,2, S. 31 f.

161 Dennoch offenbart sich hier ein wissenschaftliches Programm; Heinrich scheint, da er an keiner Stelle eruptive Veränderungen in Betracht zieht, ein Anhänger des Aktualismus zu sein. Auch damit ist der *Nachsommer* auf der Höhe seiner Zeit. Vgl. Haberkorn, Geologie und Poesie um 1800, 2004, S. 68 f.

162 Der Nachsommer. In: HKG, Bd. 4,2, S. 31 f.

163 Vgl. Ritzer, Zur Bedeutung der Naturwissenschaft für Stifter, 2007, S. 156.

164 Die These, im *Nachsommer* gebe es Natur nur als kultivierte bzw. artifiziell geordnete, ist in der Forschung weit verbreitet. Vgl. z. B. Doppler, Das sanfte Gesetz und die unsanfte Natur, 2006,

also ganz offensichtlich, dass im *Nachsommer* der Abgrund der Zeit gerade nicht eingeebnet wird;[165] vielmehr zeigt sich, wie der Bruch zwischen Vorhandenem und der Zeit der Entstehung, auch rückblickend,[166] zelebriert wird. Der Strudel an Fragen, die sich Heinrich stellt, offenbart eine Lust am Nicht-Wissen, in der eine Leidenschaft und ein Leidenswille liegt; es offenbart sich eine Passion, der er sich kaum entziehen kann und die fast zwangsläufig in einer für ihn ganz neuen Erfahrung des Erhabenen – und hier liegt die zweite Bedeutung dieses Kapitels – enden muss: „Solche Fragen stimmten mich ernst und feierlich, und es war, als wäre in mein Wesen ein inhaltreicheres Leben gekommen."[167] Dabei handelt es sich um ein Gefühl, das dem Umstand geschuldet ist, so Braungart, „dass es vielleicht keine Antworten gibt".[168] Besonders an dieser Stelle muss also Bulangs These, wonach die „Privilegierung der Naturwissenschaft [...] aus der Ablehnung subjektzentrierten Denkens" resultiere,[169] widersprochen werden. Vielmehr ist es gerade die Naturwissenschaft, die Heinrich die geologische Tiefenzeit erfahren und sein ‚Inneres' am Gefühl des Erhabenen wachsen lässt.

Dass es sich hier um ein Gefühl handelt, das die paradoxe Struktur des Erhabenen als – so Kant – „ein Gefühl der Unlust [...] und eine dabei zugleich erweckte Lust" abbildet,[170] deutet sich weniger in den Attributen ‚ernst und feier-

---

S. 19; Begemann, Welt der Zeichen, 1995, S. 322 und 346; Balcarová, Stifters doppelbödige Erzählstrategie, 2013. Die Überlegenheit der Natur lässt sich aber auch im *Nachsommer* nicht überwinden, die Gewalt der Zeit kann nicht kultiviert werden.

165 So Schneiders These. Vgl. Schneider, Stifters prekäre geologische Übertragung, 2009, S. 261. Ähnlich sieht das Bulang; ihm zufolge könne hier sehr wohl „[v]om erhabenen Erschrecken über Langzeitprozesse", nicht aber „von Unzeitgemäßheit" die Rede sein. Bulang, Die Rettung der Geschichte, 2000, S. 378. Es ist aber Braungarts Verdienst, den Zusammenhang zwischen transhumaner Perspektive und Erhabenem deutlich gemacht zu haben. Vgl. Braungart, Die Geologie und das Erhabene, 2005, S. 166; Braungart, Stifter besucht den Gletscherforscher Friedrich Simony, 2004, S. 103.

166 *Der Nachsommer* ist im Rückblick geschrieben. Vgl. Ketelsen, Die Selbstformierung eines Erzählers, 1994, S. 10–12.

167 Der Nachsommer. In: HKG, Bd. 4,2, S. 32. Schon bei früheren Besuchen der Alpen deutet Heinrich eine solche Wirkung des Erhabenen an: „Oft, wenn ich von dem Arbeiten ermüdet war, [...] saß ich auf der Spize eines Felsens, und schaute sehnsüchtig in die Landschaftsgebilde, welche mich umgaben, oder blickte in einen der Seen nieder, [...] oder betrachtete die dunkle Tiefe einer Schlucht, oder suchte mir in den Moränen eines Gletschers einen Steinblock aus, und saß in der Einsamkeit, und schaute auf die blaue oder grüne oder schillernde Farbe des Eises. Wenn ich wieder thalwärts kam, und unter meinen Leuten war, die sich zusammenfanden, war es mir, als sei mir alles wieder klarer und natürlicher." Ebd., S. 10.

168 Braungart, Poetik der Natur. Literatur und Geologie, 2009, S. 70.

169 Bulang, Die Rettung der Geschichte, 2000, S. 386. Mit dieser Einschätzung steht Bulang nicht alleine da. Vgl. z. B. Braun, Naturwissenschaft als Lebensbasis?, 2006, S. 227 f.

170 Kant, Analytik des Erhabenen, 1968, S. 344 f.

lich' an, denn paradox ist vor allem, wie Heinrich dazu kommt, sein Leben als ein ‚inhaltreicheres' zu bezeichnen. Mehr Inhalt im Leben, also mehr Leben im Leben, erreicht er angesichts des Todes, nämlich der „todte[n] Wälder, gleichsam Gebeinhäuser von Wäldern",[171] die den Strudel an Fragen auslösen. Heinrichs neu entdeckte Lebendigkeit resultiert also aus einem mit der Zeit verbundenen „Schrecklich-Erhabenen", dessen ‚Entdeckung' ohne Burnets Alpenbeschreibung nicht zu denken ist,[172] und aus dem Burke'schen „king of terrors", dem Tod[173] – wie oben schon beschrieben. Dieses Paradox aber, Leben aus dem Tod zu gewinnen, lässt Heinrich zum wahren Geologen werden.[174] Denn trotz der Erkenntnisgrenze, die er soeben in der Tiefenzeit erfahren musste, hält er an der Geologie fest – gerade weil sie ihm den Tod vor Augen führt und ihn so in seiner Existenz marginalisiert:

> Wenn eine Geschichte des Nachdenkens und Forschens werth ist, so ist es die Geschichte der Erde, die ahnungsreichste, die reizendste, die es gibt, eine Geschichte, in welcher die der Menschen nur ein Einschiebsel ist, und wer weiß es, welch ein kleines, da sie von anderen Geschichten vielleicht höherer Wesen abgelöset werden kann. Die Quellen zu der Geschichte der Erde bewahrt sie selber wie in einem Schriftengewölbe in ihrem Innern auf, Quellen, die vielleicht in Millionen Urkunden niedergelegt sind, und bei denen es nur darauf ankömmt, daß wir sie lesen lernen, und sie durch Eifer und Rechthaberei nicht verfälschen. Wer wird diese Geschichte einmal klar vor Augen haben? Wird eine solche Zeit kommen, oder wird sie nur der immer ganz wissen, der sie von Ewigkeit her gewußt hat?[175]

Heinrich möchte sich bewusst mit der ‚Geschichte der Erde' auseinandersetzen, obwohl er weiß, dass diese Geschichte ihn selbst zu einem ‚Einschiebsel' degradiert, ein Einschiebsel, das zudem vielleicht gar keine Zukunft hat und vielleicht von ‚höheren Wesen abgelöst' wird. Das heißt, Heinrich nimmt die leidvolle Marginalisierung seiner selbst gegenüber seinem Gegenstand bewusst an, denn er

---

171 Der Nachsommer. In: HKG, Bd. 4,2, S. 31.

172 „Sowohl die positive Wertung der unförmigen Gebirgshaufen als auch der ruinösen Trümmer ist bei Thomas Burnet mit einem komplexen Erleben verbunden, bei dem die unmittelbare sinnliche Anschauung der Ungestalt von einer reflexiven Betrachtung überlagert wird, die den ersten abschreckenden Eindruck relativiert. Ohne das zweite Moment bliebe die wilde Natur stumm und abscheulich." Zelle, ‚Angenehmes Grauen', 1987, S. 84 f.

173 Vgl. Burke, A Philosophical Enquiry, 2008, S. 24.

174 Bei dieser Erfahrung handelt es sich also um weit mehr als eine, so Ireton, „spiritual component". Ireton, Geology, Mountaineering, and Self-Formation, 2012, S. 199. Auch von „Resten von Erhabenheitsästhetik" zu sprechen, erfasst das Phänomen nicht. Vgl. dazu Rauh, Der verschleierte Abgrund, 2006, S. 107.

175 Der Nachsommer. In: HKG, Bd. 4,2, S. 32 f.

kann sich auch dann nicht vor der Bedeutungslosigkeit retten,[176] wenn er davon ausgeht, die Geschichte der Erde sei wie in einem ‚Schriftengewölbe' in ihrem Inneren aufbewahrt;[177] schlussendlich bleiben doch wieder nur neue Fragen, deren Antworten er schuldig bleiben muss.[178]

Dennoch stellt die Erfahrung der eigenen Marginalisierung einen zweifachen Gewinn für Heinrich dar. Zum einen liegt er mit der Einsicht, nie alles erklären zu können, ganz auf der Linie der zeitgenössischen Geologie. So heißt es bei Adolph von Morlot:

> Dass aber noch genug Räthsel zu lösen bleiben, haben wir gesehen und dass überhaupt des Dunkeln immer viel sein wird, geht aus der Beschränktheit der Natur des Menschen hervor, dessen Geist nur Schritt für Schritt die Grenzen der Erkenntniss weiter hinausrücken und nur allmählig sein erst so ganz kleines Gebiet erweitern kann, welches aber immer, so gross und herrlich es oft scheinen mag, gegen das unendliche All verschwindend klein bleibt. Auch wir [i. e. die Geologen, E. H.] sind [...] ans Unerklärliche gelangt, werden aber streben weiter zu dringen, ermuntert durch das Resultat des schon zurückgelegten Weges, durch die Entwicklungsgeschichte der Wissenschaft [...].[179]

Was Morlot hier mit Bezug auf das Astronomisch-Erhabene formuliert,[180] wurde für Heinrich angesichts der geologischen Tiefenzeit ersichtlich: Seine naive wis-

---

176 Nach Frei Gerlach komme es zwar zu einer „radikale[n] Dezentrierung des Menschen" angesichts der unermesslichen Zeiträume, die lasse den Menschen aber nicht bedeutungslos werden: „Der Index des Kleinen, der dem Einschiebsel zugeordnet ist, meint in Stifter'schem Deutungskontext nun aber gerade nicht das Unbedeutende. Vielmehr liegen im Kleinen und Kleinsten die Grundlagen von Bedeutungsstiftung und werden Regeln von Gesetzmäßigkeiten ablesbar." Frei Gerlach, Stifters Semiotisierung des Raums, 2013, S. 280 f. Der Erfahrung der geologischen Tiefenzeit mithilfe des Stifter'schen ‚sanften Gesetzes' ihre grundsätzliche Bedrohung abzusprechen, wird Heinrichs Reflexionen aber kaum gerecht.
177 Nach Braungart greift Heinrich hier „auf die Metapher von der Lesbarkeit der Welt zurück". Braungart, Poetik der Natur. Literatur und Geologie, 2009, S. 70. Auch Morlot nutzt diese Metapher: „So wird die Geschichte der verschiedenartigsten stattfindenden Ereignisse in die steinernen Blätter des grossen Buches der Geologie einregistrirt, um wieder ein Kapitel der Geschichte der Erde zu liefern." Morlot, Erläuterungen zur geologischen Übersichtskarte, 1847, S. 177.
178 Nach Wiedemann stehe Heinrich hier „in der Tradition der Naturphilosophie": Der „Versuch der Entschlüsselung der Naturgeschichte durch den Menschen", sei „dem Denken der Physikotheologie zuzuordnen". Zudem weise die Verwendung des Wortes Ewigkeit auf eine „theologische Verankerung" hin. Wiedemann, Stifters Kosmos, 2009, S. 193. Der Bezug auf Gott könnte aber auch der auch im neunzehnten Jahrhundert noch zum Zuge kommenden Praxis geschuldet, die Geologie zumindest versuchsweise mit der religiösen Lehrmeinung zu versöhnen, vgl. Haberkorn, Geologie und Poesie um 1800, 2004, S. 69.
179 Morlot, Erläuterungen zur geologischen Übersichtskarte, 1847, S. 16.
180 Friedrich Simonys Berichte vom Dachstein sind also nicht Stifters einzige Quelle bezüglich der Geologie, denn Stifter besaß auch einen Band von Adolph von Morlot. Vgl. Streitfeld, Aus

senschaftliche Haltung, sich „durch Sammlung vieler kleiner Thatsachen an den verschiedensten Stellen [...] in das große und erhabene Ganze aus[]breiten" zu können,[181] ist einer Haltung gewichen, die auch die Grenzen der eigenen Erkenntnismöglichkeiten in die Forschungsarbeit mit einbezieht. So erreicht Heinrich nun wahre Professionalität in der Geologie; sie ist nun sein „Beruf".[182] Des Weiteren führt die Erfahrung des Geologisch-Erhabenen zu einer Persönlichkeitsfestigung: Indem Heinrich seinen Blick vom „Reich der Wolken, [...] Reich der blauen Luft" und vom „Reich der Sterne" – nach Böhme Zeichen der „Transzendenz schlechthin" – abwendet und stattdessen in die Tiefen der Zeit schaut, wird ihm, auch vermittelt über den Berg als „Medium [...] des Überstiegs und der Transgression",[183] ein Erhabenes zuteil, das, gerade weil es ihn seine Grenzen erfahren lässt, seine Persönlichkeit festigt. Sein Leben wird „inhaltreicher" und sein „Inner[es]" wird „bei weitem mehr gefördert als in vergangenen Zeiten."[184] Indem Heinrich also die eigene Marginalisierung angesichts der geologischen Tiefenzeit akzeptiert, das Problem dabei aber deutlich erfasst und – wie sich im Lauf des Romans zeigt – dennoch weiterhin und mit Eifer geologischen Forschungen nachgeht, beweist er „ein Vermögen, das selbst übersinnlich ist". Das „gegebene Unendliche" der Tiefenzeit und der der Geologie inne liegenden transhumanen Perspektive denkt Heinrich quasi „ohne Widerspruch"[185] – so aber kommt er in den Genuss eines dezidiert Kant'schen Erhabenen. Hält man sich nun

---

Stifters Bibliothek, 1977, S. 142. Meist wird in der Forschung aber nur Simony genannt, sicherlich auch weil in nahezu allen Stifter-Biographien die Beziehung zwischen Simony und Stifter als große Freundschaft beschrieben wird. Vgl. z. B. Jungmair, Stifters Linzer Jahre, 1958, S. 14–16; Roedl, Stifter, 2005, S. 75 und 84 f.; Krökel, Stifters Freundschaft mit Friedrich Simony, 1955. Auch nach Ireton sei die Beschreibung der Gletscherwanderung im *Nachsommer* „largly based on, if not copied from, Simony's article ,Drei Dezembertage auf dem Dachsteingebirge' [...]. To Stifter's credit, he is paying homage to his geologist friend rather than simply appropriating images". Ireton, Geology, Mountaineering, and Self-Formation, 2012, S. 200 f. Nach Braungart handelt es sich beim Rückgriff Stifters auf Simony allerdings nicht um ein reines Kopieren oder um einen Freundschaftsdienst; vielmehr suche Stifter die „direkte Auseinandersetzung mit Simonys Wissenschaftsverständnis". Seine Texte lesen sich „wie eine späte Antwort auf Simonys damalige, stilistisch-poetisch durchaus ehrgeizige Schilderungen." Es geht also „um die Hoheit über den Natur-Diskurs." Braungart, Stifter besucht den Gletscherforscher Friedrich Simony, 2004, S. 106 f.
181 Der Nachsommer. In: HKG, Bd. 4,1, S. 44.
182 So Heinrichs Bezeichnung seiner Tätigkeit nach dieser Erfahrung, vgl. ebd., Bd. 4,2, S. 66. Nach Ehlbeck sei die Geologie erst nach der Gletscherwanderung im dritten Band „als seriöser Beruf endgültig etabliert". Ehlbeck, Zur poetologischen Funktionalisierung des Empirismus, 1998, S. 91.
183 Vgl. Böhme, Berg, 2011, S. 50.
184 Der Nachsommer. In: HKG, Bd. 4,2, S. 32.
185 Kant, Analytik des Erhabenen, 1968, S. 341.

noch einmal den Titel des Kapitels vor Augen – *Die Erweiterung* –, zeigt sich deutlich, dass es sich um eine geologische ‚Erweiterung' bzw. Entfaltung handelt, die Heinrich auch das Geologisch-Erhabenes erfahren lässt. Diese wissenschaftliche Erweiterung wird begleitet von einer ‚Erweiterung' hin zur Dichtung – „[v]on solchen Fragen flüchtete ich zu den Dichtern"[186] – und zur Malerei; welche Rolle Malerei, Kunst und Kunsthandwerk für Heinrich im weiteren Verlauf des Romans spielen, und inwieweit sie in Konkurrenz zu seiner bisher ausschließlich wissenschaftlichen Naturaneignung treten, soll im anschließenden Abschnitt geklärt werden.

6.3 Natur oder Kunst?

Heinrichs ‚Erweiterung' hin zur Kunst, besonders zur Malerei, geht zunächst unabhängig von Risachs Einfluss vonstatten. Grund für seine Ambitionen ist die gerade erfahrene Tiefenzeit der Geologie: „Da gerieth ich auch auf das Malen. Die Gebirge [...] waren jezt Bilder so wie früher blos Gegenstände. In die Bilder konnte man sich versenken, weil die eine *Tiefe* hatten".[187] Des Weiteren hofft er, die gerade verlorene Ganzheit, also das „große und erhabene Ganze [...], das sich unsern Blicken darstellt, wenn wir von Hochpunkt zu Hochpunkt auf unserer Erde reisen",[188] seines Forschungsgegenstands zurückzugewinnen. Er versucht

> jezt auch, den ganzen Blick, in dem ein Hintereinanderstehendes im Dufte Schwebendes vom Himmel sich Abhebendes enthalten war, auf Papier oder Leinwand zu zeichnen und mit Ölfarben zu malen. Das sah ich sogleich, daß es weit schwerer war als meine früheren Bestrebungen, weil es sich hier darum handelte, ein Räumliches, das sich nicht in gegebenen

---

186 Der Nachsommer. In: HKG, Bd. 4,2, S. 33. Eine solche Engführung von Dichten und Naturwissenschaft hat Tradition. Aufgrund des, so Haberkorn, „Paradigmenwechsel [...] innerhalb der Wissenschaftslandschaft des ausgehenden 18. Jahrhunderts" und aufgrund von „Programme[n] der Subjektivierung und Ästhetisierung in den Wissenschaften" finden sich „verstärkt naturwissenschaftliche Ideen in der Literatur und literarische Elemente in der Wissenschaft". Haberkorn, Geologie und Poesie um 1800, 2004, S. 89 f. Im Besonderen gilt das für die transhumane Perspektive der Geologie: Nach Braungart stellte die ‚Entdeckung' des Erdalters „eine fundamentale Erschütterung" dar, „an deren Verarbeitung nicht zuletzt auch die Literatur beteiligt war". Braungart, Poetik der Natur. Literatur und Geologie, 2009, S. 56.
187 Der Nachsommer. In: HKG, Bd. 4,2, S. 34, Hervorhebung E. H. An künstlerischen Portraitzeichnungen hat sich Heinrich schon früher versucht. Im Anschluss an eine Begegnung mit Natalie fragt er sich, „ob denn nicht eigentlich das menschliche Angesicht der schönste Gegenstand zum Zeichnen wäre". Nachdem er Natalie am Hoftheater wiedergesehen hat, versucht er sich schließlich darin. Vgl. ebd., Bd. 4,1, S. 178 und 199 f.
188 Ebd., S. 44.

Ausmessungen und mit seinen Naturfarben sondern gleichsam als die Seele eines Ganzen darstellte, zu erfassen [...]. Die ersten Versuche mißlangen gänzlich. [...] Ich versuchte wieder und wieder. Endlich vertilgte ich die Versuche nicht mehr, wie ich früher gethan hatte, sondern bewahrte sie zur Vergleichung auf. [...] Es war ein gewaltiger Reiz für das Herz, *das Unnennbare*, was in den Dingen vor mir lag, zu ergreifen, und je mehr ich nach dem Ergreifen strebte, desto schöner wurde auch *dieses Unnennbare* vor mir selbst.[189]

Heinrich geht es also auch hier in erster Linie um das Erleben des Erhabenen, nämlich um „die Benennung von etwas Unnennbarem", nach Christine Pries die grundsätzliche Grenze, die im Erhabenen ausgelotet werde.[190] Er kann diese Grenze aber auch in der Malerei nicht überschreiten, jedoch kann er die Schönheit und den ‚gewaltigen Reiz' dieses ‚Unnennbaren' erfahren, obwohl es ihm nicht gelingt, so Risachs und Eustachs Kritik an den Bildern, die Erhabenheit des Gebirges auch nur in Ansätzen malerisch zu erfassen:

Ihr Urtheil ging einstimmig darauf hinaus, daß mir das Naturwissenschaftliche viel besser gelungen sei als das Künstlerische. Die Steine, die sich in den Vordergründen befänden, die Pflanzen, die um sie herum wüchsen, ein Stück alten Holzes, das da läge, Theile von Gerölle, die gegen vorwärts säßen, selbst die Gewässer, die sich unmittelbar unter dem Blicke befänden, hätte ich mit Treue und mit den ihnen eigenthümlichen Merkmalen ausgedrückt. Die Fernen die großen Flächen der Schatten und der Lichter an ganzen Bergkörpern und das Zurückgehen und Hinausweichen des Himmelsgewölbes seien mir nicht gelungen. [...] [D]urch Deutlichkeit der Malerei und durch die Vergrößerung der Fernen hätte ich die letzteren näher gerückt, und ihnen das Großartige benommen, das sie in der Wirklichkeit besäßen.[191]

Heinrich muss feststellen, dass er nur naturwissenschaftlich zeichnen kann, das heißt, er kann Gegenstände wie Steine und Pflanzen ihren ‚Merkmalen' nach getreu abbilden,[192] nach Eigentümlichkeiten also, die ihn zu Beginn des Romans

---

189 Ebd., Bd. 4,2, S. 34 f., Hervorhebungen E. H.
190 Vgl. Pries, Einleitung [in: Das Erhabene], 1989, S. 6. Vgl. auch Schrott, Tropen, 1998, S. 8: „[W]enn die Natur eins ist, dann indifferent. Um diese Gleichgültigkeit trotzdem irgendwie faßbar zu machen, müßte man imstande sein, von den Kategorien des menschlichen Denkens zu abstrahieren. Da uns aber kein anderer Ausgangspunkt zur Verfügung steht, wird sie uns eigentlich nur als Differenz bewußt – darin besteht das Paradoxon, dem man mit dem Begriff des Erhabenen Ausdruck zu verleihen sucht. Es ist ein Rätsel, das gerade im Unvermögen liegt, es genau mit Worten zu benennen."
191 Der Nachsommer. In: HKG, Bd. 4,2, S. 36.
192 Heinrichs Wahrnehmung weitet sich also nicht, so Wiedemanns These, von „einem merkmalorientierten, naturwissenschaftlichen Sehen zu einem holistischen, ästhetischen Sehen". Vgl. Wiedemann, Stifters Kosmos, S. 144 f.

seine eigenen „Eintheilungen" dieser Naturgegenstände entwerfen ließen.[193] Das, was sich dem Auge in der Ferne darstellt, verliert durch seinen von ‚Deutlichkeit' geprägten Malstil aber seine ‚Großartigkeit' – er kann die schon zu Beginn des Romans beobachteten „breiten Schattenflächen und [...] scharfen oft gleichsam mit einem Messer in sie geschnittenen Lichter" des Gebirges[194] nicht malen. Eustachs Rat in „Hinsicht der Farbgebung der Fernen" erfasst Heinrichs Problem an der Wurzel: Heinrich solle, wo er „Zweifel" habe, ob er „etwas sähe oder nur *wisse*, es lieber nicht an[]geben, und überhaupt in der Farbe lieber unbestimmter als bestimmter [...] sein, weil dadurch die Gegenstände an Großartigkeit gewinnen. Sie werden durch die Unbestimmtheit ferner und durch dieses allein größer."[195] Bereits beim ersten Besuch in Eustachs Schreinerei auf dem Asperhof offenbart Heinrich einen mangelnden Blick fürs Künstlerische und einen äußerst geschulten Blick fürs Naturwissenschaftliche: „Bei den Bauverzierungen, welche von Gegenständen der Natur genommen waren, von Pflanzen oder selbst von Thieren, kamen bedeutende Fehler vor, ja es kamen sogar Unmöglichkeiten vor, die kaum ein Anfänger macht, sobald er nur die Pflanzen gut betrachtet."[196] Er ist trotz mehrfacher Erfahrungen des Erhabenen so sehr von dem bestimmt, was er über Naturgegenstände weiß, dass er nicht in der Lage ist, malerisch von diesem Wissen zu abstrahieren. Etwas Erhabenes und Unbestimmtes, in seinen Einzelheiten nicht zu Erfassendes kann er nicht malen, obwohl er mit der Tiefenzeit das geologische Extrem eines solchen Unbestimmten erfahren hat.

Sein mangelndes Talent zeigt sich deshalb auch in seiner, natürlich nur gedanklichen Erwiderung auf die Einwände von Risach und Eustach:

> Durch Luft Licht Dünste Wolken durch nahe stehende andere Körper gewinnen die Gegenstände ein anderes Aussehen, dieses müsse ich ergründen, und die veranlassenden Dinge müsse ich, wenn es mir möglich wäre, so sehr zum Gegenstande meiner Wissenschaft machen, wie ich früher die unmittelbar in die Augen springenden Merkmale gemacht hatte. Auf diese Weise dürfte es zu erreichen sein, daß die Darstellung von Körper gelänge, die in einem Mittel und in einer Umgebung von anderen Körpern schwimmen.[197]

---

193 Vgl. Der Nachsommer, Bd. 4,1, S. 32f. Pflanzen, Falter und Mineralien zeichnet Heinrich schon zu Beginn des Romans: „Da verfiel ich eines Tages auf das Zeichnen. Ich könnte mir ja meine Naturgegenstände, dachte ich, eben so gut zeichnen als beschreiben, und die Zeichnung sei am Ende noch sogar besser als die Beschreibung." Ebd., S. 41f.

194 Ebd., S. 39.

195 Ebd., Bd. 4,2, S. 37, Hervorhebung E. H.

196 Ebd., Bd. 4,1, S. 103.

197 Ebd., Bd. 4,2, S. 38.

Trotz der Kritik blickt Heinrich weiterhin aus der Warte der Naturwissenschaften auf seine Malversuche: Er glaubt, ‚Luft Licht Dünste Wolken' erst – naturwissenschaftlich – ‚ergründen' zu müssen, um sie mit dem neu gewonnenen Wissen schließlich auf die Leinwand bannen zu können. Er kann das Erhabene im Gebirge zwar immer wieder empfinden und es auch für seinen Beruf wie für seine persönliche Entwicklung nutzen – er kann es aber nicht malen, denn er lässt sich nicht auf das ‚Unbestimmte' ein, sondern fragt fast zwanghaft nach dem Grund der Erscheinungen. Über ein solches Vorgehen kann er sich zwar, so Banitz, als „Wissenschaftler vollenden";[198] im dritten Band erweist sich Heinrich als Experte für die Witterung, also als Experte für Luft, Licht, Wolken usw. im Gebirge.[199] Ein solchen Vorgehen ersetzt aber nicht sein mangelndes künstlerisches Talent. Deshalb haben seine Bilder eine ausschließlich merkmalbestimmende Wirkung.[200]

> Obgleich meine Malereien keine Kunstwerke waren, wie ich jezt immer mehr einsah, so hatten sie doch einen Vorzug, den ich erst später recht erkannte, und der darin bestand, daß ich nicht wie ein Künstler nach Abrundung nach zusammenstimmender Wirkung oder Anwendung von Schulregeln rang, sondern mich ohne vorgefaßter Einübung den Dingen hingab, und sie so darzustellen suchte, wie ich sie sah. Dadurch gewannen sie, was sie auch an Schmelz und Einheit verloren, an Naturwahrheit in einzelnen Stücken, und gaben dem Nichtkenner und dem, der nie die Gebirge gesehen hatte, eine bessere Vorstellung als schöne und künstlerisch vollendete Gemälde, wenn sie nicht die vollendetsten waren, die dann freilich auch die Wahrheit im höchsten Maße trugen.[201]

Heinrichs Bilder richten sich nach der ‚Naturwahrheit' und zeigen keinen künstlerischen Blick auf Gegenstände, sondern einen rein naturwissenschaftlichen, der aber dafür ‚eine bessere Vorstellung' vom Gebirge vermittelt. Auch wenn

---

198 Nach Banitz sei „Vollendung als Künstler [...] nicht Heinrichs Bestimmung, wohl aber sollte die Kunst [...] den Wissenschaftler vollenden helfen." Banitz, Das Geologenbild Stifters, 1957, S. 233.
199 Das gilt im Besonderen für die Gletscherwanderung: „Auf den erklommenen Feldern war es schon ganz licht; allein die Berge, welche wir am östlichen Rande derselben unter uns und weit draußen erblicken sollten, waren nicht zu sehen, sondern am Rande der mit Schnee bedeckten Felder sezte sich eine Farbe [...] fast ins Unermeßliche fort, die des Nebels. Er hatte seit gestern noch mehr überhand genommen, und begrenzte unsere Höhe als Insel. Kaspar wollte erschrecken. Ich aber machte ihn aufmerksam, daß der Himmel über uns heiter sei, daß dieser Nebel von jenem sehr verschieden sei, der bei Beginne des Regen- oder Schneewetters zuerst die Spizen der Berge [...] einhüllt [...], und den Wanderern so fürchterlich ist; unser Nebel sei kein Hochnebel sondern ein Tiefnebel." Der Nachsommer. In: HKG, Bd. 4,3, S. 107.
200 Nach Stockhammer zeige sich daran, dass Heinrich in erster Linie „thematische[r] Kartograph[]" sei. Vgl. Stockhammer, Kartierung der Erde, 2007, S. 174.
201 Der Nachsommer. In: HKG, Bd. 4,2, S. 53.

seine Bilder von einer ‚Hingabe' an das Gebirge zeugen, sieht er dennoch ein, dass künstlerisch bessere Bilder die ‚Wahrheit im höchsten Maße' tragen – diese Erkenntnis ist aber keine, die er aus eigener Erfahrung gewonnen hat, sondern eine, die ihm von Risach während einem seiner Aufenthalte im Asperhof vermittelt wird.[202] Der These, Heinrich entwickle sich im Lauf des Romans immer mehr in Richtung Kunst bzw. werde gar Künstler, muss also widersprochen werden,[203] auch wenn er es versucht. Das Erhabene ist für ihn noch immer reiner Wahrnehmungsmodus; in einem Gemälde darstellen kann er es nicht.

Trotz seiner Bemühungen um die Malerei und trotz seiner Entdeckung der Dichter[204] sieht sich Risach genötigt, Heinrich eine Unterbrechung seiner geologischen Arbeiten ans Herz zu legen.[205] Er solle seinem „Wesen eine breitere Grundlage legen", denn „[d]as Streben in einer Richtung legt dem Geiste eine Binde an, verhindert ihn, das Nebenliegende zu sehen, und führt ihn in das Abenteuerliche." Heinrich müsse sich nicht „in das Tiefste des Lebens in alle Richtungen versenken", sondern nur „seine Erscheinungen auf sich wirken lasse[n], damit sie Spuren einprägen, unmerklich und unbewußt, ohne daß man diese Erscheinungen der Wissenschaft unterwerfe."[206] Risach billigt also prinzipiell Heinrichs Geologendasein, sieht aber die Gefahr einer Verwissenschaftlichung aller Lebensbereiche;[207] diese ‚Abenteuerlichkeit' sucht er mit seinem Rat zu verhindern. Bedenkt man Heinrichs Herangehensweise an die Malerei ist das sicherlich nicht unberechtigt, allerdings, so wird sich zeigen, mangelt es sehr an der Ausführung.

---

202 Am deutlichsten wohl ebd., S. 143, aber auch schon im ersten Band. Vgl. ebd., Bd. 4,1, S. 285.

203 Vgl. z. B. Buckley, Nature, Science, Realism, 1995, S. 131; Mayer, Erzählen als Erkennen, 2001, S. 166; Wiedemann, Stifters Kosmos, 2009, S. 144 f.

204 Im ersten Band äußert Heinrich noch seine Enttäuschung darüber, in Risachs Lesezimmer „blos beinahe lauter Dichter" zu finden und greift zielsicher nach einem Buch von Alexander von Humboldt. Vgl. Der Nachsommer. In: HKG, Bd. 4,1, S. 57. Nach der Erfahrung der Tiefenzeit spricht Heinrich mit Risach auch über Dichter „und erzählt ihm von dem großen Eindrucke, welche ihre Worte auf mich machten"; seine neuen Erfahrungen in der Geologie teil er aber offenbar nicht mit ihm. Vgl. ebd., Bd. 4,2, S. 38.

205 Auch hier zeigt sich, dass Risachs „pädagogischer Einfluß" keineswegs, so Ehlbecks These, „vor den Pforten der von Heinrich angestrebten Wissenschaft halt" macht. Ehlbeck, Zur poetologischen Funktionalisierung des Empirismus, 1998, S. 81 f.

206 Der Nachsommer. In: HKG, Bd. 4,2, S. 44.

207 Nach Braun dienen die Naturwissenschaften als Basis der Kunst: „So wie naturwissenschaftlich geforscht wird, so soll gedichtet, gemalt, ja so soll letztlich *gelebt* werden!" Braun, Naturwissenschaft als Lebensbasis?, 2006, S. 114. Meines Erachtens bringt die Naturwissenschaft keine Kunst hervor, sondern bloß naturwissenschaftliche Produkte, die in einigen Fällen auch eine künstlerische Wirkung haben.

Heinrich befolgt Risachs Rat, die Geologie ein Jahr lang ruhen zu lassen – eigentlich handelt es sich nur um einen Sommer –, im darauffolgenden Jahr,[208] allerdings nicht so umfassend wie gefordert. Schon bei der Ankunft im Asperhof offenbart sich seine Angst vor Unterbeschäftigung: „Ich hatte viele Bücher und Schriften mitgebracht, hatte alle Werkzeuge zur Öhlmalerei bei mir, und hatte doch *aus Vorsicht* auch einige Vorrichtungen zu Vermessungen und dergleichen eingepackt." Wie es Risachs Wunsch ist, beschäftigt er sich dennoch mit Bereichen abseits der Geologie, nämlich wiederum mit der Malerei:

> Ich malte je nach Laune bald ein Stück Himmel bald eine Wolke bald einen Baum oder Gruppen von Bäumen entfernte Berge Getreidehügel und dergleichen. Auch schloß ich menschliche Gestalten nicht aus, und versuchte Theile derselben. [...] Ich malte die Hände oder Büsten verschiedener Leute, die sich in dem Rosenhause oder in dem Meierhofe befanden. Meinen Gastfreund oder Eustach oder Gustav zu bitten, daß sie mir als Gegenstand meiner Kunstbestrebungen dienen sollten, hatte ich nicht den Muth, weil die Erfolge noch gar zu unbedeutend waren.[209]

Heinrichs Vorgehen offenbart geradezu eine Unlust an der Malerei: Er malt ‚je nach Laune bald' diesen oder jenen Gegenstand, ohne wirkliche Studien zu versuchen; von einem systematischen Lernen oder Üben, das Heinrich in der Geologie und in anderen Naturwissenschaften betrieben hat,[210] kann keine Rede sein. Seine einzige Entwicklung in der Malerei besteht darin, dass er nun weiß, wie dilettantisch seine Bilder sind; deshalb wagt er es nicht, Eustach, Risach oder Gustav zu malen. Die einzige Ablenkung, die ihm bleibt, ist Mathildes Sohn Gustav, der sich „heuer auch mit den Landeschaften" beschäftigt, allerdings eine weit größere Begeisterung an den Tag legt: „Da unter seiner Hand ein Baum ein Stein ein Berg ein Wässerchen in lieblichen Farben hervorging, hatte er eine unaussprechliche Freude. [...] Er redete auf Spaziergängen davon, wie dieser Baum sich baue, wie jener Berg sich runde, und er erzählte mir, daß ihm oft von dem Zeichnen lebhaft träume."[211]

Dennoch haben die gemeinsamen Malstunden eine Wirkung: Heinrich und Gustav nähern sich einander an, bis sie schließlich sogar gemeinsame, mehrtägige Ausflüge unternehmen, die – und wie sollte es anders sein – „fast immer [...] in das Gebirge" führen: „Wir bestiegen hohe Berge, wir gingen an Felswänden hin,

---

208 Vgl. Der Nachsommer. In: HKG, Bd. 4,2, S. 171 f. und 66.
209 Beide Zitate aus Der Nachsommer. In: HKG, Bd. 4,2, S. 67 und 70, Hervorhebung E. H.
210 Zur Mathematik und anderen Wissenschaften vgl. ebd., Bd. 4,1, S. 23, 27 und 30 f., zur Geologie ebd., besonders S. 44.
211 Ebd., Bd. 4,2, S. 70 f.

wir begleiteten den Lauf rauschender Bäche, und schifften über Seen."[212] Es scheint, als nutze Heinrich die Gelegenheit, als Begleiter Gustavs wenigstens Kletter- und Wanderausflüge unternehmen zu können[213] – beim Klettern allein bleibt es aber nicht:

> Ich ging auch einige Male zu dem Lautersee. Ich hatte im vorigen Jahre angefangen, seine Tiefe an verschiedenen Stellen zu messen, um ein Bild darzustellen, in welchen sich die Berge, die den See umstanden, sichtbar auch unter der Wasserfläche fortsezten, und nur durch einen tieferen Ton gedämpft waren. Der Reiz, der diese Aufnahme herbei geführt hatte, stellte sich wieder ein, und *ich sezte die Messungen nach einem Plane fort*, um die Thalsohle des Sees immer richtiger zu ergründen, und das Bild einer größeren Sicherstellung entgegen zu führen. Gustav begleitete mich mehrere Male, und arbeitete mit den Männern, die ich gedungen hatte, das Schif zu lenken, die Schnüre auszuwerfen, die Kolben zu richten, an denen sich die Senkgewichte abwickelten, oder andere Dinge zu thun, die sich als nothwendig erwiesen.[214]

Hier zeigt sich: Heinrich befolgt Risachs Rat, die Geologie für ein Jahr ruhen zu lassen, nur vordergründig. Er nimmt es sich sogar heraus, an einem seiner größten Forschungsprojekte – der Seevermessung im Lautertal – weiterzuarbeiten und dabei auch noch Risachs Ziehsohn Gustav zu involvieren. Auch wenn das Musenjahr Heinrich die Schönheit der Marmorstatue in Risachs Haus[215] endlich[216] erkennen und zugleich seine Gefühle für Natalie stärker hervortreten lässt[217] –

---

212 Ebd., S. 71.
213 Nach Ireton gehe es Heinrich bei seinen Expeditionen ins Gebirge um „climbing for pure pleasure or sport". Ireton, Geology, Mountaineering, and Self-Formation, 2012, S. 198.
214 Der Nachsommer. In: HKG, Bd. 4,2, S. 72, Hervorhebung E. H.
215 Vgl. ebd., S. 73–74, 89–91 und 94 f.
216 Nach Berendes sei Risachs Enttäuschung über Heinrichs späte ‚Entdeckung' der Statue „unüberhörbar". Vgl. Berendes, Ironie – Komik – Skepsis, 2009, S. 352 f.
217 Der Zusammenhang zwischen der ‚Entdeckung' der Statue und Heinrichs Liebe zu Natalie wurde mehrfach beschrieben. Sepp Domandl interpretiert beides als „Wiedergeburt" und „Augenblick der radikalen Erneuerung", der „von einer unergründlichen höheren Macht" ausgehe. Sepp Domandl, Wiedergeburt aus der Schönheit. Der ‚Kern' in Adalbert Stifters ‚Nachsommer'. In: VASILO 32 (1983), S. 45–60, hier 51 f. Nach Joseph Vogl stelle die Statue „ein Modell des Schönen ebenso wie ein Modell für das erotische Verlangen" dar. Natalie dagegen erscheine „als lebende[s] Bild und Statue". Joseph Vogl, Der Text als Schleier. Zu Stifters *Der Nachsommer*. In: Jahrbuch der Deutschen Schillergesellschaft 37 (1993), S. 198–312, hier 305 f. Nach Schößler gelinge es nicht, „die erotischen Phantasien des traditionsreichen Statuen-Motivs" still zu stellen; das „Erotische der Prätexte" dränge „in den Roman hinein". Franziska Schößler, Rahmen, Hüllen, Kleider und das Phantasma der Durchsichtigkeit. Verschwindende Medien in Stifters *Nachsommer*. In: Pusse, Tina-Karen (Hg.), Rhetoriken des Verschwindens, Würzburg 2008, S. 105–119, hier 106. Neumann interpretiert die Episode als „Spiel zwischen Imprévu und Déjà-vu als generatives Muster des Erzählens": Heinrichs Bildung bestehe im „Erwerb des Imprévu [...] durch produktive Rekapitu-

schließt man sich Berendes an, war das Risachs Ziel[218] –, so nutzt er doch jede Gelegenheit,[219] der Risach'schen Einflusssphäre zumindest für einige Zeit zu ‚entwischen‘, um sich mit seinem Beruf zu beschäftigen; und man fragt sich nun, tut er das heimlich? Auch wenn diese Frage nicht eindeutig beantwortet werden kann – schließlich ist Heinrich als Erzähler sehr vom Gebot der „Schicklichkeit" geprägt[220] –, so zeigt sich hier doch deutlich, dass Risach nicht der einzige ist, der sich selbst verwirklicht, „indem er bei den anderen ein eigenes Selbst, das sich in Differenz zu den allseits geforderten Verhaltensweisen bestimmt, gar nicht erst aufkommen lässt."[221] In seinen Ausbrüchen aus dem von Risach verordneten Musenjahr tritt deutlich zutage, dass Heinrichs Verhältnis zu Risach sehr wohl Konfliktpotential bietet,[222] auch wenn es nicht offen ausgetragen wird. Es ist also kaum überraschend, dass er trotz seiner Erfahrungen, die er im Asperhof machen konnte, diesen Sommer schon im darauffolgenden Winter als verloren empfindet:

> Meinen Beruf, den ich im Sommer bei Seite gesezt hatte, nahm ich wieder auf. Ich machte mir gleichsam Vorwürfe, daß ich ihn so verlassen und mich einem planlosen Leben hatte hingeben können. Ich that das, wozu der Winter gewöhnlich ausersehen war, und sezte die Arbeiten der vorigen Zeiten fort. Das Regelmäßige der Beschäftigung übte bald seine sanfte Wirkung auf mich; denn was ich troz der freudigen Stimmung, in welcher ich aus meinen Erinnerungen in der Kunst und in der Wissenschaft war, doch Schmerzliches in mir hatte,

---

lation aller in der Geschichte seit der Antike bewahrten Déjà-vus, die dieser – unmittelbar wahrgenommenen – Gestalt des geliebten Anderen zur Sichtbarkeit verhelfen." Neumann, Imprévu und Déjà-vu, 2003, S. 93–96.

218 Vgl. Berendes, Ironie – Komik – Skepsis, 2009, S. 354.

219 Nach Priebe sei der „aus Bindungen erwachsende Erfahrungserfolg" dagegen „so groß, dass die ursprüngliche Wertschätzung der Freiheit an Gewicht" einbüße. Priebe, Entwicklungszyklen, 1999, S. 75.

220 Nach Walter-Schneider hat im *Nachsommer* die „Idee der Schicklichkeit [...] die Funktion einer Erzählzensur angenommen". Walter-Schneider, Das Unzulängliche ist das Angemessene, 1990, S. 323.

221 So Saßes Einschätzung. Saße, Familie als Traum und Trauma, 2007, S. 215. Diese These ist zudem nicht neu. Bereits nach Schuller werde die „Entfaltung eines vollkommenen Subjekts [...] nicht nach der Figur des Konflikts, sondern nach der kontinuierlichen Angleichung aller – vor allem aber Heinrichs – an die von Risach repräsentierte Position gedacht." Schuller, Abdankung der Kunst, 1978, S. 31.

222 Gemeinhin wird *Der Nachsommer* als konfliktfrei beschrieben. So durchlaufe Heinrich nach Gerhart Mayer einen „typologisch reduzierten Bildungsprozess, [...] unbehelligt von antagonistischen subjektiven Bedürfnissen". Mayer, Stifter: Der Nachsommer, 1992, S. 130. Nach Selbmann sind Konflikte in die Geschichte Risachs und Mathildes verschoben; hier würden die „Fehlentwicklungen eines Bildungshelden vorweggenommen, abgebogen und gleichsam unschädlich gemacht". Vgl. Selbmann, Stifter: ‚Der Nachsommer‘, 1994, S. 140. Eine Ausnahme ist Brauns Einschätzung: Ihm zufolge werde die „Spannung zwischen Risachs und Heinrichs Weltsicht [...] im gesamten Roman nicht abgebaut." Braun, Naturwissenschaft als Lebensbasis?, 2006, S. 116.

das wich zurück, und mußte erblassen vor der festen ernsten strengen Beschäftigung, die der Tag forderte, und die ihn in seine Zeiten zerlegte. [...]
Die Thätigkeit stärkte, und wenn ein Schwung und eine Erhebung in meinem Wesen war, so wurde der Schwung und die Erhebung durch die Thätigkeit noch klarer und fester.[223]

Wenn es um die Geologie geht, ist Heinrich keinswegs ein „willenloser Nachfolger Risachs";[224] vielmehr ist es gerade die Geologie, die ihn trotz allem ‚Schmerzlichen', also die bis dato unglückliche Liebe zu Natalie, festigt, während Muse und künstlerische Beschäftigung ihn aufzuwühlen scheinen. Wie oben dargelegt offenbart Heinrichs geologische Tätigkeit neben dem Stärkenden einer regelmäßigen Tätigkeit auch einen triebhaften Hang zum Erhabenen des Gebirges; es ist aber nicht die Geologie, sondern die von Risach eingeforderte Beschäftigung mit der Kunst,[225] die in Heinrich schädliche Leidenschaften – die wiederum von Risach abgelehnt werden[226] – hevortreten lässt.

Dennoch wird Heinrich im Rosenhaus dazu angehalten, sich der Kunst zu widmen. So lädt Risach ihn auf eine Reise zum Kerberger Altar ein,[227] laut Risach ein Beispiel für eine gelungene Restaurierung durch „die Behörden des Landes".[228] In der Kirche betrachtet Heinrich den Altar und lauscht – als Schüler – den Ausführungen Eustachs und Risachs. Eine persönliche Meinung zum Gegenstand hat er nicht, er äußert nur, dass er „nicht" alles „ganz begrif".[229] Ganz anders erzählt er von der Landschaft um Kerberg, das in einem Teil des Gebirges liegt, den er bisher kaum besucht hat:

---

223 Der Nachsommer. In: HKG, Bd. 4,2, S. 171f. Später heißt es: „So erfreulich der lezte Sommer für mich gewesen war, so sehr er mein Herz gehoben hatte, so war doch etwas Unliebes in dem Grunde meines Innern zurück geblieben, was nichts anders schien als das Bewußtsein, daß ich in meinem Berufe nicht weiter gearbeitet habe, und einer planlosen Beschäftigung anheim gegeben gewesen sei. Ich wollte das nun einbringen, und den größten Theil des Sommers einer festen und anstrengenden Thätigkeit weihen." Ebd., S. 181f. Heinrich verwendet hier das Passiv, denn es war nicht seine Entscheidung, ‚einer planlosen Beschäftigung anheim gewesen' zu sein.
224 Öhlschläger/Roselli, Der hypertrophe Text als Ort des Widerstands, 2009, S. 123.
225 Auch nach Kinzel ist es die Kunst, die Heinrich das „Schmerzliche[]" erst fühlen lässt. Vgl. Kinzel, Ethische Projekte, 2000, S. 393.
226 Vgl. Der Nachsommer. In: HKG, Bd. 4,3, S. 63.
227 Für diesen Besuch in Kerberg verlängert Heinrich seinen Aufenthalt im Rosenhaus, nicht ohne den Hinweis, „das, was mir an Zeit entginge, durch ein länger in den Herbst hinein fortgeseztes Verweilen im Gebirge wieder einzubringen". Vgl. Der Nachsommer. In: HKG, Bd. 4,1, S. 279f.
228 Ebd., S. 284. Zum Restaurieren von Kunstgegenständen im *Nachsommer* vgl. z. B. Haag, Restaurierung als Entortung, 2009.
229 Vgl. Der Nachsommer. In: HKG, Bd. 4,1, S. 283–286, Zitat S. 286.

Ich hatte bei meinem ersten Besuche dieses Hochlandes die Bemerkung gemacht, daß es mir da stiller und schweigsamer vorkomme, als wenn ich durch andere ebenfalls stille und schweigende Landeschaften zog. Ich dachte nicht weiter darüber nach. Jezt kam mir die Empfindung wieder. In diesem Lande liegen die wenigen größeren Ortschaften sehr weit von einander entfernt, die Gehöfte der Bauern stehen einzeln auf Hügeln oder in einer tiefen Schlucht oder an einem nicht geahnten Abhange. [...] [W]enn man die ausgedehnte südliche Ebene und das Hochgebirge sieht, so ist es nur ein sehr großer aber stiller Gesichtseindruck.[230]

Zum Altar kann Heinrich nicht viel sagen; zur Landschaft, die er durchfährt, allerdings schon. Dabei wiederholt sich die zweigliedrige Struktur der Initiation, die ihn zu Beginn des Romans über das Erhabene des Gebirges zur Geologie geführt hat. Auch im Fall des Hochlandes – so seine Erzählung – denkt Heinrich erst beim zweiten Besuch über dessen ästhetische Wirkung und die Ursachen dafür nach. Es scheint, als müsse er auch an dieser Stelle seine Empfindungen beim Anblick des Gebirges verschleiern, um sie so überhaupt gegenüber seiner Gesellschaft rechtfertigen zu können. Das zeigt sich auch in der Fortsetzung dieser Initiation im zweiten Buch des *Nachsommers*: „Es war unsäglich, wie mir alles gefiel, es gefiel mir bei weitem mehr, als früher, das ich das erste Mal dieses Land mit meinem Gastfreunde genauer besah. Ich tauchte meine ganze Seele in den holden Spätduft, ich senkte sie in die tiefen Einschnitte, an denen wir gelegentlich hin fuhren, und übergab sie mit tiefem innerem Abschlusse der Ruhe und Stille, die um uns waltete.“ Erst hier offenbart er also seine leidenschaftliche Liebe für das Hochland; damit wird er aber auch der Risach'schen Forderung nach Bedächtigkeit gerecht, schließlich hatte Heinrich nun genug Zeit, die Landschaft auf sich wirken zu lassen. Zudem resümiert er seine Initiationserfahrung in einem Gespräch mit Natalie – und bedenkt man, wie wenig er von persönlichen Dingen spricht, ist das möglicherweise auch für seine Beziehung zu Natalie bedeutungsvoll:[231] „[I]ch fand mich zu dieser Weitsicht und Beschränktheit zu dieser Enge und Großartigkeit zu dieser Einfachheit und Manigfaltigkeit hingeneigt. Ich fühlte mich bewegt [...]. Heute aber gefällt mir alles [...], es gefällt mir so, daß ich es kaum zu sagen im Stande bin.“[232] Heinrich legt also – ohne Scheu und ohne die übliche Zurückhaltung – Natalie seine Gefühle angesichts der Landschaft dar; dabei zeichnet er die widersprüchliche Struktur des Erhabenen nach, betont

---

230 Ebd., S. 282.
231 Man könnte auch der Frage nachgehen, inwieweit Geologie und Gebirge in Heinrichs Beziehung zu Natalie eine Rolle spielen. Das beides wichtig ist, zeigt sich schon in ihrem Gespräch, das zu Verlobung führt: Sie unterhalten sich über den Marmor, von dem auch Natalie fasziniert ist. Vgl. ebd., Bd. 4,2, besonders S. 254.
232 Ebd., Bd. 4,2, S. 140.

beispielsweise die ‚Großartigkeit' und die ‚Einfachheit'[233] seiner Umgebung. Bezüglich des Kerberger Altars stellt er auch bei diesem zweiten Besuch weit weniger euphorisch als angesichts der Landschaft fest: „Mir gefiel er jezt viel besser [...]. Ich begriff nicht, wie ich damals mit so wenig Antheil vor diesem außerordentlichen Werke hatte stehen können." Und in der Unterhaltung wiederholt er nur das, was er bereits beim ersten Besuch von Risach gelernt hat: „Ich äußerte mich, wie schön wie groß einmal die Kunst gewirkt habe, und wie dies jezt anders geworden scheine."[234] Eine eigene Meinung oder eine eigene Empfindung angesichts des Kerberger Altars entwickelt er nicht; das Erhabene des Hochlandes aber hat eine so große Wirkung auf ihn, dass er ‚es kaum zu sagen im Stande' ist. Heinrich offenbart sich also höchstens in Fragen der Kunst als meinungs- und „willenloser Nachfolger Risachs",[235] denn sie interessiert ihn schlichtweg nicht; für die Geologie und das Gebirge kann das aber, so zeigt sich deutlich über seine Empfindungen des Erhabenen, nicht gelten.

Auch mit anderen Kunst- bzw. Kunsthandwerksgegenständen beschäftigt sich Heinrich nur, um anderen eine Freude zu machen – mit Ausnahme der Marmorstatue.[236] So kauft er eine „Vertäfelung von zwei Fensterpfeilern" und eine dazugehörige, unvollständige Wandverkleidung, um sie seinem Vater zu schenken. Sein Fund offenbart sich aber als Zufall; es ist sein Helfer Kaspar, der den Wert der Vertäfelung erkennt: „Einmal sagte er mir, daß [...] er mir etwas zeigen könne, das sehr alt und sehr merkwürdig wäre." Zurück im Haus der Eltern packt Heinrich „zuerst die Kiste mit den Alterthümern aus" und übergibt die Vertäfelung seinem Vater, der sie eingehend betrachtet, woran auch Heinrichs Mutter Anteil nimmt: „Die Mutter verstand diese Dinge durch die langjährige Übung viel besser

---

233 Dietmar Till zeigt, wie über die Rezeption Longins im siebzehnten Jahrhundert eine „Verbindung von Sublimität und Simplizität, von erhabenem Inhalt und einfachem Stil" legitimiert wurde. Vgl. Till, Das doppelte Erhabene, 2006, S. 42 und in Kapitel II dieser Arbeit den Abschnitt *Stifters Natur- und Landschaftsbeschreibungen: erhabene Monotonie*.

234 Der Nachsommer. In: HKG, Bd. 4,2, S. 142f. Beim ersten Besuch in Kerberg erläutert Risach Heinrich Entwicklungen in der Kunstgeschichte: „[E]s müßten einmal [...] viel kunstsinnigere Zeiten gewesen sein als heute". Ebd., Bd. 4,1, S. 285. Zur Frage nach Kunstverfall bzw. Zukunft der Kunst im *Nachsommer* vgl. z. B. Ralph Häfner, Stifters Geschichtsentwurf im *Nachsommer* – eine Replik auf die *Querelle des Anciens et des Modernes?*. In: VASILO 40 (1991), S. 6–29.

235 Öhlschläger/Roselli, Der hypertrophe Text als Ort des Widerstands, 2009, S. 123. Vgl. auch Saße, Familie als Traum und Trauma, 2007, S. 215; Schuller, Abdankung der Kunst, 1978, S. 31.

236 So beschreibt Heinrich die Statue während eines Gewitters wie folgt: „Ich hatte eine Empfindung, als ob ich bei einem lebenden schweigenden Wesen stände, und hatte fast einen Schauer, als ob sich das Mädchen in jedem Augenblicke regen würde. Ich blickte die Gestalt an, und sah mehrere Male die röthlichen Blize und die graulich weiße Farbe auf ihr wechseln." Der Nachsommer. In: HKG, Bd. 4,2, S. 75.

als ich, und ich sah jezt, daß ich dem Vater etwas weit Schöneres gebracht habe, als ich wußte", räumt er ohne Zögern ein. Ohne das Zutun Kaspars und ohne die Einschätzung seiner Eltern hätte Heinrich den Wert der Vertäfelung überhaupt nicht erkannt. Gegenüber Risach erklärt er deshalb sehr deutlich, warum er trotzdem nach den fehlenden Teilen suchen will: „Es handle sich um einen Gegenstand, der meinem Vater nahe gehe. Nicht vorzüglich, weil diese Dinge schön seien, obwohl dies auch ein Antrieb für sich sein könnte, sondern hauptsächlich darum suche ich darnach zu forschen, weil sie dem Vater Freude machen." Das gilt auch für die Zeichnungen, die er im Asperhof und im Sternenhof anfertigt: „Weil mein Vater an alterthümlichen Dingen eine so große Freude hatte, [...] so that ich an meinen Gastfreund [...] eine Bitte. [...] Ich ersuchte nehmlich meinen Gastfreund, daß er erlaube, daß ich einige seiner alten Geräthe zeichnen und malen dürfe, um meinem Vater die Abbilder zu bringen".[237] Heinrichs Beschäftigung mit Kunst und Kunsthandwerk geschieht also nicht aus einem Interesse heraus, nicht einmal ihre Schönheit erkennt er – ganz im Gegensatz zum Ästhetischen des Hochgebirges. Deshalb entwickelt er sich – trotz der Bemühungen Risachs und seines Vaters – gerade nicht „ganz konsequent vom Naturwissenschaftler zum Kunstkenner und darstellenden Künstler",[238] noch wird er „Restaurator",[239] sondern er bleibt immer Geologe, der sich, weil es nun mal verlangt ist bzw. anderen eine Freude macht, auch mit Kunst beschäftigt.

Allerdings gibt es, neben der schon erwähnten Statue, eine Ausnahme, den Marmor:[240] Beeindruckt von Risachs Marmorsammlung beginnt Heinrich auch „eine Sammlung von Marmoren anzulegen. [...] Wenn ich größere Stücke fand, so bestimmte ich sie [...] zu allerlei Gegenständen, zu kleinen Dingen des Gebrauches auf Schreibtischen Schreinen Waschtischen oder zu Theilen von Geräthen oder zu Geräthen selbst."[241] Er sucht deshalb eine Werkstatt im „Rothmoor" auf, „damit [...] etwas für den Vater gemacht würde", nämlich ein „Wasserbecken für den Garten". Und auch wenn Heinrichs Motivation wiederum von seinem Vater herrührt, so wird er hier doch künstlerisch tätig, denn er entwirft die Vorlage für das

---

237 Alle Zitate ebd., S. 13, 15 f., 64 und 20. Zu den Gegenständen im Sternenhof vgl. ebd., S. 23. Des Weiteren fertigt Heinrich eine Zeichnung des Kerberger Altars für seinen Vater an und eine von der Wandvertäfelung für Risach. Vgl. ebd., Bd. 4,1, S. 230 und Bd. 4,2, S. 208.
238 So eine weit verbreitete These in der Stifterforschung, hier Schößler, Das naturwissenschaftliche Projekt, 2007, S. 275. Vgl. auch Buckley, Nature, Science, Realism, 1995, S. 131; Mayer, Erzählen als Erkennen, 2001, S. 166; Wiedemann, Stifters Kosmos, 2009, S. 144 f.
239 Entgegen Gottwalds These. Vgl. Gottwald, Felsen, Steine, Mineralien, 2009, S. 75.
240 Als Heinrich nach seinem ersten Aufenthalt im Rosenhaus in die Stadt zurückkehrt, beschreibt er für seinen Vater den Asperhof: „Die Marmore konnte ich ihm fast ganz genau beschreiben, die alten Geräthe beinahe auch." Der Nachsommer. In: HKG, Bd. 4,1, S. 184.
241 Ebd., Bd. 4,2, S. 11 f.

Marmorbecken: „Aus großer Vorliebe für Gewächse hatte ich seine Gestalt aus dem Gewächsreiche genommen. Es war ein Blatt, welches dem der Einbeere sehr ähnlich war [...]. Ich hatte das Blatt nach einem wirklichen aus Wachs gebildet". Doch trotz seiner Bemühungen ist er mit dem „Gipsvorbild[]" der Arbeiter nicht zufrieden und sucht deshalb nach einer neuen Vorlage:

> Ich ging in die Berge, suchte Pflanzen der Einbeere, und brachte sie sammt ihrer Erde in Töpfen zurück, damit sie nicht zu schnell welkten, und uns länger als Muster dienen könnten. An diesen Pflanzen suchte ich zu zeigen, was an dem Vorbilde noch fehle. Ich erklärte, wo ein Blatttheil sich sanfter legen ein Rand sich weicher krümmen müsse, damit endlich das Steinbild, wenn es fertig wäre, nicht den Eindruck hervorbringe, als ob es gemacht worden, sondern den, als ob es gewachsen wäre.[242]

Nur bezüglich dieses Wasserbeckens entwickelt Heinrich eine künstlerische Kreativität, die darin besteht, sein Wissen in der „Pflanzenkunde", das er sich schon zu Beginn des Romans erworben hat,[243] mit seinem geologischen Wissen zu verbinden. Auch hier gibt er sich als Naturwissenschaftler zu erkennen, der nicht nur die Merkmale von Pflanzen, sondern auch deren spezifischen Wuchs zu beschreiben und nachzubilden weiß. Deshalb gelingt das Vorhaben – ganz im Gegensatz zu seinen Versuchen in der Landschaftsmalerei. Auch die „Werkmeister" im Rothmoor erkennen das: „Daß man sich an Pflanzen als Vorbilder wenden könne, war ihnen nicht eingefallen. Jezt richtete man den Blick auf sie, und fand, daß alle Berge voll von Dingen ständen, die ihnen Fingerzeige geben könnten, wie sie ihre Werke zu verfertigen und zu veredeln hätten."[244]

Heinrichs Beschäftigung mit der Kunst ergibt sich also zum größten Teil nicht aus ihm selbst heraus, sondern wird ihm angetragen. Zwar findet er ohne Zutun Risachs zur Malerei, muss aber feststellen, dass ihm dafür jedes Talent fehlt. Die Hoffnung von Heinrichs Vater – geäußert schon zu Beginn des Romans – erfüllt sich also nur bedingt: „Der Vater pflegte zu sagen, ich müßte einmal ein Beschreiber der Dinge werden, oder ein Künstler, welcher aus Stoffen Gegenstände fertigt, an denen er so Antheil nimmt, oder wenigstens ein Gelehrter, der die Merkmale und Beschaffenheiten der Sachen erforscht." In dieser Wertung stehen die Naturwissenschaften am untersten Rand – reicht es nicht zum Künstler, sollte Heinrich „wenigstens" ein Wissenschaftler werden. Dass Heinrichs Vater dennoch nicht ablässt, verwundert; schließlich ist es auch er, der sagt: „Jedes Ding und

---

242 Alle Zitate ebd., S. 115 f.
243 Vgl. ebd., Bd. 4,1, S. 27.
244 Ebd., S. 117.

jeder Mensch [...] könne nur eines sein, dieses aber muß er ganz sein."[245] Und Heinrich taugt nun mal – nur – zum Geologen.

In besonderem Maße zeigt sich das an der Vermessung des Lautersees, die Heinrich, nachdem ihm unter anderem dieser See die unermesslichen geologischen Zeiträume vor Augen geführt hat, im zweiten Buch beginnt. Der See ist ihm aber auch ein Beispiel besonderer Naturschönheit:

> Einmal gelangte ich zu dem See hinunter, und betrachtete an dem sonnigen Nachmittage die Thatsache, daß die Schönheit der absteigenden Berge meistens gegen einen Seespiegel am größten ist. Kömmt das aus Zufall, haben die abstürzenden dem See zueilenden Wässer die Berge so schön gefurcht gehöhlt geschnitten geklüftet, oder entspringt unsere Empfindung von dem Gegensaze des Wassers und der Berge, wie nehmlich das erste eine weiche glatte feine Fläche bildet, die durch die rauhen absteigenden Riffe Rinnen und Streifen geschnitten wird, während unterhalb nichts zu sehen ist, und so das Räthsel vermehrt wird?[246]

Heinrichs Überlegungen, woher die Schönheit dieser Landschaft herrührt, paraphrasiert Burkes Ausführungen zur Unterscheidung von Klarheit und Dunkelheit. Darin heißt es: „And I think there are reasons in nature why the obscure idea [...] should be more affecting than the clear. It is our ignorance of things that causes all our admiration, and chiefly excites our passions. Knowledge and acquaintance make the most striking causes affect but little."[247] Im Folgenden geht Heinrich aber nicht ästhetischen Fragen auf den Grund, sondern dem See selbst:

> Ich dachte bei dieser Gelegenheit: wenn das Wasser durchsichtiger wäre, zwar nicht so durchsichtig wie die Luft, doch beinahe so; dann müßte man das ganze innere Becken sehen, nicht so klar wie in der Luft sondern in einem grünlichen feuchten Schleier. Das müßte sehr schön sein. Ich blieb in Folge dieses Gedankens länger an dem See, miethete mich in einem Gasthofe ein, und machte mehrere Messungen der Tiefe des Wassers an verschiedenen Stellen, deren Entfernung vom Ufer ich mittelst einer Meßschnur bezeichnete. Ich dachte, auf diese Weise könnte man annähernd die Gestalt des Seebeckens ergründen, könnte es zeichnen, und könnte das innere Becken von dem äußeren durch eine sanftere grünlichere Farbe unterscheiden.[248]

Heinrich will die Frage praktisch klären, indem er das Becken per Messung auslotet. Die Frage nach der Schönheit aber bildet die Motivation. Er möchte den See nicht einfach nur erfassen, um so seiner, mit Burke, Unwissenheit Herr zu werden; er möchte zugleich in seiner Seekarte den Effekt erhalten, der nach Burke Be-

---

245 Beide Zitate ebd., Bd. 4,1, S. 30 und 11.
246 Ebd., Bd. 4,2, S. 28.
247 Burke, A Philosophical Enquiry, 2008, S. 43.
248 Der Nachsommer. In: HKG, Bd. 4,2, S. 28 f.

wunderung hervorrufen kann: die ‚obscure idea', die ‚sanftere grünlichere Farbe'
des Seespiegels. Heinrich kombiniert hier also die Geologie direkt mit der Philosophie des Erhabenen:[249] Er möchte einerseits das Geologische, das die Beschaffenheit des Sees offenlegt,[250] darstellen; indem er das Seebecken in seiner
Zeichnung nachträglich wieder verschleiert,[251] möchte er aber andererseits auch
das Erhabene abbilden, so dass ‚das Rätsel' trotz Vermessung wieder ‚vermehrt'
werde. Damit aber versucht er etwas zu erlangen, was in der Populärwissenschaft
des neunzehnten Jahrhunderts gang und gäbe war: nämlich eine „Wiederverzauberung" der gerade durch die Naturwissenschaften entzauberten Welt mithilfe
des Erhabenen.[252] An dieser Stelle wird das Erhabene also als das zweite Ziel der
Seevermessung der Geologie gleichberechtigt zur Seite gestellt. Deshalb verwundert es nicht, dass, nach mehrmaligen Besuchen des Sees,[253] auch das Produkt zugleich geologisch und erhaben ist. Zum einen gelingt es Heinrich über eine
Vielzahl von Messungen,[254] Aussagen über Veränderungen zu treffen, die dezidiert geologisch sind und im Interesse der Wissenschaft stehen: „In größeren
Entfernungen von dem Ufer hatte sich der Seegrund seit dem Beginne meiner
Messungen nicht geändert [...]. Aber an seichten Stellen bei flacheren Ufern, wo

---

249 Nach Stockhammer zeige sich an dieser Karte besonders, dass im *Nachsommer* „zwei verschiedene Konzeptionen von Schönheit gleichberechtigt nebeneinander stehen". Die „Schönheit"
der Karte liege „nicht so sehr ‚in' der Natur, als dass sie [...] mit graphischen Operationen der Natur
abgerungen wird. So durchkreuzt die Kartierung den üblichen Gegensatz von Naturbeherrschung
und -betrachtung, von instrumentellem und ästhetischem Verhalten gegenüber der Natur" und
wird zu einem „Produkt graphischer Operationen mit fließenden Grenzen zwischen Kunst und
Wissenschaft, Schreiben, Rechnen und Zeichnen." Stockhammer, Kartierung der Erde, 2007,
S. 177–179.
250 Braun interpretiert die Seevermessung als „Absage an die romantische Begeisterung für das
Dunkle, Rätselhafte" und als „Absage an die ‚raunenden' Naturphilosophien"; es handle sich um
„eine Hinwendung zur Erhellung durch Wissenschaft". Braun, Naturwissenschaft als Lebensbasis?, 2006, S. 113. Eine solche Interpretation wird aber Heinrichs Ziel, auch die Wasseroberfläche auf der Karte abzubilden, nicht gerecht.
251 Nach Rauh gehe es Stifter auch in der Lauterseevermessung einzig darum, „[d]en Abgrund in
der Natur literarisch zu verschleiern, zu ästhetisieren und damit erträglich zu machen." Rauh, Der
verschleierte Abgrund, 2006, S. 105 f. Hier zeigt sich aber: Offenlegung und Verschleierung des
Seegrunds sind beiderseits das Ziel und bedingen zusammen das Erhabene.
252 Vgl. Daum, Wissenschaftspopularisierung im 19. Jahrhundert, 1998, S. 14.
253 Heinrich setzt die Messungen auch während des von Risach verordneten Musenjahrs fort.
Vgl. Der Nachsommer. In: HKG, Bd. 4,2, S. 72.
254 Nach Ehlbeck finde hier eine „weitere grundlegende empirische Idee [...] Eingang in den
Roman: die idealistische Überzeugung, mit Hilfe von Instrumenten und Rechnungen in Bereiche
vorzudringen, die der sinnlichen Erfahrung des Menschen verschlossen bleiben." So begründe
Heinrich „die positivistische Grundhaltung der neuen Naturwissenschaft". Ehlbeck, Zur poetologischen Funktionalisierung des Empirismus, 1998, S. 86 f.

der Regen Gerölle und andere Dinge einführt, fanden sich schon Veränderungen vor. Am meisten aber waren die Wandlungen [...], wo eine Schlucht sich gegen das Wasser öffnete, aus welcher ein Bergbach hervorströmte". Zum anderen zeigt der Entwurf mehr als nur geologische Erkenntnisse: „Nach langer Arbeit und nach vielen Schwierigkeiten, die ich zur Erzielung einer großen Genauigkeit zu überwinden hatte, war das Werk eines Tages fertig, und der ganze Entwurf lag in schwermüthiger *Düsterheit* und in einer *Schönheit* vor meinen Augen, die ich selber nicht erwartet hatte."[255] Der Karte des Seebeckens kommt also das Erhabene direkt als ‚Düsterheit' und gleichzeitiger ‚Schönheit' zu, ein Paradox, das in Stifters Texten immer wieder als textueller Ausdruck des ‚gemischten Gefühls' herangezogen wird.[256] Die Naturwissenschaften, speziell die Geologie, dienen also nicht als „Basis der Kunst",[257] so beispielsweise Mathias Mayers Einschätzung, vielmehr wird die Geologie in Verbindung mit dem Erhabenen selbst zur Kunst: Eine Kunst, die sich Heinrich offenbar von den Kunstkennern des Romans nicht nehmen lassen will – er zeigt die Karte weder Risach noch seinem Vater.[258] Heinrich kann Erhabenheit nicht in einem Gemälde dargestellen; er kann sie aber in einem anderen, nämlich naturwissenschaftlichen Medium zum Ausdruck bringen: in der Karte vom Lautersee.

6.4 Das Freiheitsmoment im Erhabenen: Heinrichs Gebirgsexpeditionen

In den weiteren Forschungsprojekten, die Heinrich bearbeitet, geht es um einen anderen Aspekt des Erhabenen: um Freiheit. Dabei spielt in den Kartierungsvorhaben der Tann und des Kargats, wie schon in Heinrichs ‚Entdeckung' der Tiefenzeit zu Beginn des zweiten Bands, die mit Thomas Burnet entstandene

---

255 Beide Zitate aus Der Nachsommer. In: HKG, Bd. 4,2, S. 231 f. und 233, Hervorhebungen E. H.
256 So hat Brigitta „schöne[] düster[e] Augen". Brigitta. In: HKG, Bd. 1,5, S. 447. In *Zwei Schwestern* kommt die „düstere Schönheit" der Hochebene zu. Zwei Schwestern. In: HKG, Bd. 1,6, S. 261. Zum ‚gemischten Gefühl' vgl. in Kapitel II dieser Arbeit den Abschnitt *Das Erhabene als ‚gemischtes Gefühl'*.
257 Mayer, Erzählen als Erkennen, 2001, S. 166.
258 Zuerst heißt es: „Ich betrachtete allein die Abbildung eine Weile, da niemand war, der das Anschauen mit mir geteilt hätte." Wieder im Elternhaus angekommen, zeigt Heinrich nur seine Zeichnung des Kerberger Altars und im Asperhof nur die Zeichnung der Holzvertäfelung. Vgl. Der Nachsommer. In: HKG, Bd. 4,2, S. 235 und 242, Zitat S. 233.

Tradition, Berge als „Orte des Schreckens" zu beschreiben,[259] eine wichtige Rolle. So zeichnet sich die Tann vor allem durch Schwärze, Enge und Düsternis aus:

> An einer Stelle, wo das Gebirge weit verzweigt und wild verflochten aber deßohngeachtet bei Weitem nicht so schön war, wie das, welches ich verlassen hatte, sezte ich mich wie in einem Mittelpunkte meiner Bestrebungen fest. [...] In einem Hause, das in der Öffnung dreier Thäler lag und mir daher den geeignetsten Plaz abgab, miethete ich mich ein. Schwarzer Tannenwald sah auf mein Fenster, schritt an den Bächen, welche aus den drei Thälern kamen, neben feuchten Wiesen und andern offnen Stellen in die Thalgründe hinein, und zog sich auf die Berge. Die höheren Kuppen oder gar die Schneeberge konnte man wegen der Enge des Thales über den finstern Tannen nicht sehen. [...] Mauern mit grünem Moose bewachsen bildeten mein Haus, und grenzten an ein zerfallenes Gärtchen, in welchem wenig mehr als Schnittlauch wuchs. Auf der Gasse war der Boden schwarz, und dieselbe Schwärze zog sich in das Gras hinein; denn das Einzige, welches häufig an diesem Wirthshause ankam, [...] waren Kohlenfuhren. In dem ganzen bei näherer Besichtigung sich als ungeheuer zeigenden Waldgebiethe waren die Kohlenbrennereien zerstreut, und ganze Züge von den schwarzen Fuhrwerken und den schwarzen Fuhrmännern zogen die düstere Straße hinaus, um die Kohle gegen die Ebenen zu bringen [...]. Die Sonne, welche am späten Vormittage bei einem Fenster meines Zimmers hereinkam, streifte am Nachmittage das andere, um bald die Spizen der Tannen zu vergolden und zu verschwinden.[260]

Heinrich findet sich in einem Teil der Alpen wieder, der sich vor allem durch Mangel auszeichnet. Nicht nur ist das Gebirge hier ‚nicht so schön‘, wie das, in dem er zuvor war; auch dem Gasthaus, Heinrichs neuem Wohnort, fehlt alles, was das nun vermisste, „heitere fensterschimmernde Ahornhaus" hatte:[261] Wohnlichkeit, Gemütlichkeit und Licht. Selbst die eigentlich kultivierte Natur in der Tann, der Garten des Gasthauses, ist von Unfruchtbarkeit und Verfall geprägt. Zudem dominiert die Farbe Schwarz das Tal und macht selbst vor dem Grün des Grases nicht halt. Und auch die Sonne ‚vergoldet‘ nur kurz die schwarzen Tannen, um sogleich wieder hinter eben diesen zu verschwinden. Heinrich befindet sich also in einem der unwirtlichsten Teile des Gebirges, nämlich in einer Burnet'schen Landschaft, die „kein Schatten einiger Schönheit/keine Spur einer Kunst oder Vernunfft=Mässigkeit" zeigt.[262] Doch gerade eine solche Landschaft kann ihm wissenschaftlichen und persönlichen Nutzen bringen, „[w]eil hier Alles großartiger war, da wir uns tiefer im Gebirge und näher seinem Urstocke befanden". Hier nun ergründet er zusammen mit seinen Helfern „die Bestandtheile eines ganzen

---

259 Böhme, Berg, 2011, S. 56–58, Zitat S. 56. Vgl. auch Zelle, ‚Angenehmes Grauen‘, 1987, S. 83–85.

260 Der Nachsommer. In: HKG, Bd. 4,2, S. 182f.

261 Ebd., S. 182.

262 Burnet, Theoria sacra telluris, 1703, S. 74.

Gesteinzuges", sammelt „Zeugen der verschiedenen Bodenbeschaffenheiten", untersucht „alle Wässer, die der Gesteinzug in die Thäler sendet", betrachtet und beschreibt „jedes Geschiebe, das der Bach führt"[263] und fragt – deutlicher als noch vor der Erfahrung der geologischen Tiefenzeit und der damit verbundenen transhumanen Perspektive[264] – nach den Ursachen all dessen:

> Wie in der jüngstvergangenen Zeit konnte ich auch jezt nicht mehr mit der bloßen Sammlung des Stoffes meiner Wissenschaft mich begnügen, ich konnte nicht mehr das Vorgefundene blos einzeichnen, daß ein Bild entstehe, wie Alles über einander und neben einander gelagert ist – ich that dieses zwar jezt auch sehr genau – sondern ich mußte mich stets um die Ursachen fragen, warum etwas sei, und um die Art, wie es seinen Anfang genommen habe. Ich baute in diesen Gedanken fort, und schrieb, was durch meine Seele ging, auf. Vielleicht wird einmal in irgend einer Zukunft etwas daraus.[265]

Beim geologischen Sammeln und Forschen bleibt es nicht, sondern Heinrich versucht, sich des Gebirgszugs „selbst zu bemächtigen, und seine Glieder, so weit es die Macht und Gewalt der Natur zuließ, zu begehen".[266] Darin liegt nicht nur „Abenteuerlust, Unerschrockenheit und Exzentrik" – Eigenschaften, die nach Ehlbeck dem Geologen Heinrich gerade nicht zukommen[267] –, darin liegt auch eine Selbstermächtigung Heinrichs und seiner Helfer über die unwirtliche Natur der Tann.

> In die wildesten und abgelegensten Gründe führte uns so unser Plan, auf die schroffsten Grate kamen wir, wo ein scheuer Geier oder irgend ein unbekanntes Ding vor uns aufflog, und ein einsamer Holzarm hervor wuchs, den in Jahrhunderten kein menschliches Auge gesehen hatte; auf lichte Höhen gelangten wir, welche die ungeheure Wucht der Wälder, in denen unser Wirthshaus lag, und die angebauterer Gefilde draußen, in denen die Menschen wohnten, wie ein kleines Bild zu unsern Füßen legten. Meine Leute wurden immer eifriger. Wie überhaupt der Mensch einen Trieb hat, die Natur zu besiegen, und sich zu ihrem Herrn zu machen […], so sucht auch der Bergbewohner seine Berge, die er lieb hat, zu zähmen, er sucht sie zu besteigen zu überwinden, und sucht selbst dort hinan zu klettern, wohin ihn ein weiterer wichtigerer Zweck gar nicht treibt. […] Meine Leute waren in einer gesteigerten Freude und Empfindung, wenn wir mit dem Hammer und Meißel theils Stufen in die glatten Wände schlugen, theils Löcher machten, unsere vorräthigen Eisen eintrieben, auf solche Weise Leitern verfertigten, und auf einen Standort gelangten, auf den zu gelangen eine Unmöglichkeit schien.[268]

---

263 Alle Zitate aus Der Nachsommer. In: HKG, Bd. 4,2, S. 184f.
264 Vgl. dazu Braungart, Die Geologie und das Erhabene, 2005.
265 Der Nachsommer. In: HKG, Bd. 4,2, S. 187.
266 Ebd., S. 185.
267 Vgl. Ehlbeck, Zur poetologischen Funktionalisierung des Empirismus, 1998, S. 58.
268 Der Nachsommer. In: HKG, Bd. 4,2, S. 185f.

Heinrich und seine Begleiter betreten auch außerhalb des Tals eine Landschaft, die in ihrer Wildheit, in ihren Verflechtungen und Verzweigungen[269] ihrer ‚schroffsten Grate' an Burnets Schrecklich-Erhabenes der Alpen erinnert: „Die Gestalt aller und jeder Berge betreffend/so ist nichts ungewissers/ungeschickters oder verwirrters; eben wie die Mauer=Brüche eingefallener Gebäuden/allerhand gestalten und Figuren/und nur keine regulmässige/zu haben pflegen; es sind gäh abgerissene und schrofächtig zu brochene Läste; es erscheint an ihnen kein Manier/keine geordnete gleich=Verhältnis (oder proportion) dertheilen".[270] Fehlende Proportionen und die Abgelegenheit dieser Bergwelt, die gar ‚unbekannte Dinge' gebiert, seit ‚Jahrhunderten' von ‚keinem menschlichen Auge' betrachtet wurden und die bewohnten Täler ‚wie ein kleines Bild zu unsern Füßen' erscheinen lässt, schrecken Heinrich aber nicht; vielmehr liegt in dieser Burnet'schen Landschaft eine sportliche – einen Aspekt, den besonders Ireton betont[271] – wie auch mentale Herausforderung. Denn „[i]n der Metaphorik der Berge findet sich eine grundlegende Antinomie: Sie sind zum einen das Unwirtliche, Unzivilisierte und Schreckenerregende; [...] sie enthalten quasi natürliche Vermeidungsimperative. Zum anderen aber repräsentieren sie durch ihre Aszendenz das Göttliche und Heilige" bzw. „führen [...] zur Transzendenz, sie sind – schon visuell – Medium des Aufstiegs, des Überstiegs und der Transgression."[272] Befördert wird diese Wirkung durch den ‚Sieg' über die Natur: Heinrich und seine Helfer erreichen äußerst abgelegene Orte, ‚auf die zu gelangen eine Unmöglichkeit schien'. Dabei erheben sie sich über die Natur und erleben so in dieser Burnet'schen Landschaft das Kant'sche Dynamisch-Erhabene:

> Kühne überhangende gleichsam drohende Felsen [...] u. d. gl. machen unser Vermögen zu widerstehen, in Vergleichung mit ihrer Macht, zur unbedeutenden Kleinigkeit. Aber ihr Anblick wird nur um desto anziehender, je furchtbarer er ist, wenn wir uns nur in Sicherheit befinden; und wir nennen diese Gegenstände gern erhaben, weil sie die Seelenstärke über ihr gewöhnliches Mittelmaß erhöhen, und ein Vermögen zu widerstehen von ganz anderer

---

269 Vgl. ebd., S. 182.
270 Burnet, Theoria sacra telluris, 1703, S. 74.
271 „[W]hen he [i. e. Heinrich, E. H.] and his crew finish their work at a given site, they waste no time before engaging in an aspect of mountaineering that, by the end of the nineteenth century, would replace the previously dominant motive of scientific research: climbing for pure pleasure or sport." Deshalb würden Hammer und Meißel – „the trademark tools of the geologist" – in einem „mountaineering context" gebraucht: „This dual iconic functionality illustrates the fusion of science and sport." Daraus schließt Ireton: „Heinrich's development unfolds [...] analogous to that of the mountainous formations in whose midst he wanders, climbs, and *gradually* comes of age." Ireton, Geology, Mountaineering, and Self-Formation, 2012, S. 198 f. und 196.
272 Böhme, Berg, 2011, S. 50 f.

Art in uns entdecken lassen, welches uns Mut macht, uns mit der scheinbaren Allgewalt der Natur messen zu können.[273]

Allerdings erheben sich Heinrich und die anderen Bergsteiger zunächst nicht vernunftgemäß über die Natur, als ein „Vermögen, uns als von ihr unabhängig zu beurteilen", sondern in erster Linie physisch, obwohl nach Kant die „physische Ohnmacht" gegenüber der Natur Voraussetzung für das Gefühl des Erhabenen ist.[274] Wenn aber die ‚schroffsten Grate' erklommen und die Natur damit ‚besiegt' ist, dann wird sie rein körperlich bezwungen. Heinrich und seine Helfer werden so zu Pionieren des Bergsteigens,[275] auch wenn sie immer davon abhängig bleiben, was „die Macht und Gewalt der Natur zuließ".[276]

In Heinrichs Fall bedeutet das Erklimmen der Berge aber noch mehr als ein physischer Sieg über die Natur. Die Menschenwelt zeigt sich in seiner Perspektive nicht nur „wie ein kleines Bild zu unsern Füßen";[277] sie wird ihm vom Gipfel aus betrachtet vollständig fremd:

> Ich suchte auch gerne auf die Gipfel hoher Berge zu gelangen [...]. Ich stand auf dem Felsen, der das Eis und den Schnee überragte [...], ich stand auf der zuweilen ganz kleinen Fläche des lezten Steines, oberhalb dessen keiner mehr war, und sah auf das Gewimmel der Berge um mich und unter mir, die entweder noch höher mit den weißen Hörnern in den Himmel ragten, und mich besiegten, oder die meinen Stand in anderen Luftebenen fortsezten, oder

---

273 Kant, Analytik des Erhabenen, 1968, S. 349. Bei Zelle heißt es unter Hinweisen auf Kants *Analytik des Erhabenen:* „In Burnets Beschreibung des Hochgebirges, in der sich eigene Anschauung niedergeschlagen hatte, versammeln sich erstmals diejenigen Motive, die im Verlaufe des 18. Jahrhunderts als Inhalte der ästhetischen Kategorie des – mathematisch und dynamisch – Erhabenen Karriere machen sollten." Zelle, ‚Angenehmes Grauen', 1987, S. 219. Vgl. dazu Burnet, Theoria sacra telluris, 1703, S. 71: „Neben des Himmels=Gestalt und unermäßlicher Räumlichkeit/ auch annehmlichster Anschauung der Sternen/pfleget meine Augen und Gemüthe nichts mehres zu belustigen/als die Besichtigung des Oceans und der grossen Bergen auf Erden. [...] Wir ersehen hieraus leichtlich den höchsten Urheber und Schöpfer der Natur/und bewundern denselben/und erkennen wir nicht sonder Freuden/daß unser Gemüthe/welches mit Lust die grosse Dinge beschauet/nicht ein geringes Ding seyn müsse."
274 Vgl. Kant, Analytik des Erhabenen, 1968, S. 349 f.
275 Nach Braungart sind solche Pionierleistungen im *Nachsommer* von Friedrich Simonys Berichten vom Dachstein geprägt: „Der Wissenschaftler setzt sich, als exemplarischer Vertreter der Gattung Mensch und als Vorposten seines Lesepublikums, einer Natur aus, die ihm prinzipiell feindlich gesonnen ist, ja, er sucht geradezu jene Natursphären, die statt den Charakter einer bergenden Idylle, eines ‚locus amoenus' zu haben, eher ein ‚locus desertus' bzw. ‚locus terribilis' sind. Durch diese Konstellation liegt der Diskurs des ‚Erhabenen' nahe." Braungart, Stifter besucht den Gletscherforscher Friedrich Simony, 2004, S. 103.
276 Der Nachsommer. In: HKG, Bd. 4,2, S. 185.
277 Ebd.

die einschrumpften, und hinab sanken, und kleine Zeichnungen zeigten, ich sah die Thäler wie rauchige Falten durch die Gebilde ziehen und manchen See wie ein kleines Täfelchen unten stehen, ich sah die Länder wie eine schwache Mappe vor mir liegen, ich sah in die Gegend, wo gleichsam wie in einen staubigen Nebel getaucht die Stadt sein mußte, in der alle lebten, die mir theuer waren, Vater Mutter und Schwester, ich sah nach den Höhen, die von hier aus wie bläuliche Lämmerwolken erschienen, auf denen das Asperhaus sein mußte und der Sternenhof, wo mein lieber Gastfreund hauste, wo die gute klare Mathilde wohnte, wo Eustach war, wo der fröhliche feurige Gustav sich befand, und wo Nataliens Augen blickten. Alles schwieg unter mir, als wäre die Welt ausgestorben, als wäre das, daß sich Alles von Leben rege und rühre, ein Traum gewesen. Nicht einmal ein Rauch war auf die Höhe hinauf zu sehen, und da wir zu solchen Besteigungen stets die schönen Tage wählten, so war auch meistens der Himmel heiter und in der dunkelblauen Finsterniß hin eine endlosere Wüste, als er in der Tiefe und in den mit kleinen Gegenständen angefüllten Ländern erscheint.[278]

Nach Christine Oertel Sjögren erblicke Heinrich an dieser Stelle den Tod: „On the summit he gains insight into the fundamental unreality of existence, into the nothingness beyond concrete physical nature: Face to Face with the absolute void, Heinrich's isolation takes on the measure of infinity and his being is in utmost peril." Er überstehe die Gefahr aber, indem er an seine Familie und an Natalie denke: „[L]ove is shown to be the power that saves man from the forces of destruction."[279] Zwar wirkt die Welt zu Heinrichs Füßen, ‚als wäre das, was sich vom Leben rege und rühre, ein Traum gewesen', und trägt damit Züge des Todes bzw. lässt Heinrich absolute Isolation erfahren – insoweit kann hier Sjögrens Einschätzung zugestimmt werden. Doch weder ‚Nataliens Augen' noch seine Familie oder Risach bewahren ihn vor dieser Imagination; alles schwindet, ‚als wäre die Welt ausgestorben', – auch Natalie – unter seiner erhöhten Position hinweg. Heinrichs „Gipfelblick, das freie Auge in panoramatischer Souveränität belohnt nicht nur das Bestehen von Angst, sondern wird zum positiven Paradigma der Freiheit überhaupt", allerdings – in diesem Fall – zum Paradigma einer besonderen Freiheit. Berge bezeichnen, so Böhme weiter, sofern sie heilig sind, „das ‚ganz Andere' (das *Mirum*). [...]. Darum ist die Sprache über heilige Berge nicht begrifflich, sondern metaphorisch. Dies gilt auch für die postreligiöse, naturäs-

---

278 Ebd., S. 186 f.

279 Christine Oertel Sjögren, Isolation and Death. In: dies., The Marble Statue as Idea. Collected Essays on Adalbert Stifter's *Der Nachsommer*, Chapel Hill 1972, S. 10 – 19, hier 17 f. Ähnlich interpretiert Ragg-Kirkby solche Gipfelblicke Heinrichs, allerdings ohne Verweis auf die Liebe zu Natalie. Vielmehr zeige sich hier die „dual perspective" des *Nachsommers*: „In one perspective, then, we are shown man in harmony with a world which is divine, smiling and coherent – but, in another perspective, we find him faced with the unfathomable otherness of the abyss, the dark and silent waste that so fascinates the artist in Stifter." Ragg-Kirkby, *Der Nachsommer* and the Problem of Perspectives, 1997, S. 324 und 326 f.

thetische Erhabenheit der Berge, insoweit Metaphern auch innerhalb säkulari-
sierter Sprachen Spuren eines Inkommensurablen und Geheimnishaften behalten."[280] In Heinrichs Blick nun wird nicht der Berg zum Inkommensurablen,
sondern das, was er an seinem Fuß zurückgelassen hat: sein Leben in der Stadt
und in Risachs Asperhof. Denn das einzige, was Heinrich noch deutlich wahrnimmt, ist nicht diese Welt zu seinen Füßen, sondern nur die Gipfel in seiner
Nähe – alles andere erscheint in seinem Blick verfremdet. Die „Erforschung im
Sinne moderner Wissenschaft" dient ihm also entgegen Brauns Einschätzung
gerade nicht dazu, „die dämonische[n] Schatten kosmischer Seinsregionen" zu
bezwingen;[281] vielmehr sucht er solche Erfahrungen des Erhabenen mittels seiner
geologischen Expeditionen direkt und bewusst[282] als Gegengewicht zu seinem
Leben abseits der Freiheit versprechenden Berge.[283] Hier liegt, mit Martin Beckmann, im Bergsteigen ein „Akt der Ich-Überwindung", und Heinrich wird „seiner
Verstrickung in d[ie] Wirklichkeit" für einen Moment enthoben;[284] allerdings ist
das nicht die einzige Wirkung. Wenn Heinrich den Blick nach oben ins Leere
wendet, in die ‚dunkelblaue Finsternis' und in die ‚endlose Wüste' des Himmels,
vollzieht er das Kant'sche Mathematisch-Erhabene. Denn an dieser Stelle erblickt
Heinrich nicht nur, „was *schlechthin groß* ist";[285] sondern es zeigt sich in der
Verfremdung des Himmels und der Erdoberfläche, wie er auf seine eigene Einbildungskraft und damit auf sich selbst zurückgeworfen wird. Darin liegt die

---

280 Böhme, Berg, 2011, S. 60 und 53. Nach Ozturk sei „mountain reverence […] eventually de-
spoiled by the earth sciences, which eliminated the numinous from nature." Ozturk, Geo-Poetics,
2012, S. 92 f. Für den *Nachsommer* kann das nicht gelten, hier dient das Erhabene wie auch in
vielen populärwissenschaftlichen Texten des neunzehnten Jahrhunderts einer „Wiederverzauberung" der durch die Naturwissenschaften entzauberten Welt. Vgl. Daum, Wissenschaftspopularisierung im 19. Jahrhundert, 1998, S. 14.
281 Braun, Naturwissenschaft als Lebensbasis?, 2006, S. 117.
282 Schmeller sieht das anders: „Angesichts des Bildungsfortschritts, der im Rosenhaus statthat,
sind Heinrichs Exkursionen […] nebensächlich." Schmeller, Pädagogische und poetologische
Dimensionen der Architektur, 2013, S. 328. Hier zeigt sich aber, dass Heinrich gerade auf seinen
Exkursionen im Gebirge über das Erhabene eine ganz spezifische Unabhängigkeit von Risachs
Asperhof erlangt.
283 Von einer „spiritual component" – so Iretons Einschätzung – zu sprechen, erfasst die Erfahrung bei Weitem nicht. Vgl. Ireton, Geology, Mountaineering, and Self-Formation, 2012, S. 199.
284 So Beckmann zum Gletscher. Vgl. Beckmann, Die ästhetische Funktion des Weg-Motivs,
1990, S. 6.
285 Schlechthin groß ist ein Objekt, wenn „die bloße Größe desselben, […] ein Wohlgefallen bei
sich führen könne, das allgemein mittelbar ist, mithin Bewußtsein einer subjektiven Zweckmäßigkeit im Gebrauche unserer Erkenntnisvermögen enthalte; aber nicht etwa ein Wohlgefallen am
Objekte […]: sondern an der Erweiterung der Einbildungskraft an sich selbst." Kant, Analytik des
Erhabenen, 1968, S. 333 – 335.

Reaktion Heinrichs, die das Erhabene Kants einfordert: Er allein bildet den Mittelpunkt im Universum, während sich um ihn herum, sei es nun oben oder unten, nichts mehr eindeutig zeigt. Vermittelt über diese Erfahrung vollzieht er den Übergang zum reinen Erkenntnisvermögen, also den Übergang vom Gebiet der Naturbegriffe zum Gebiet des Freiheitsbegriffs im Erhabenen[286] und beweist so – mit Kant – „ein Vermögen, das selbst übersinnlich ist".[287] Nach Kinzel sei Heinrichs „Naturforschung [...] mit der Askese des Subjekts verbunden" und diene so der Verhinderung von Leidenschaften;[288] hier aber zeigt sich, wie Heinrich gerade mit der Geologie – sie ist es ja, die ihn auf hohe Berge führt – eine Leidenschaftlichkeit erfährt, die weder mit Risachs verordneter Leidenschaftslosigkeit[289] noch mit dessen Kritik an „Menschen, welche gewohnt sind, sich und ihre Bestrebungen als den Mittelpunkt der Welt zu betrachten",[290] vereinbart werden kann. Heinrich gelingt es also, sich mittels des Erhabenen über all diese Verbote und Forderungen Risachs hinwegzusetzen – deshalb bedeutet das Gefühl des Erhabene für ihn in besonderem Maße Freiheit.

Beweis dafür sind aber nicht nur Heinrichs Beschreibungen dieser Erfahrung, Beweis dafür ist auch seine Verspätung im Asperhof: „In der tiefen Abgeschiedenheit und der hohen kühlen Lage der Tann hatte ich mich über das, was draußen geschah, getäuscht. In dem freieren Lande war ein warmer Frühling und ein sehr warmer Frühsommer gewesen, was ich in den Bergen nicht so genau hatte ermessen können. Darum blühten schon die Rosen mit freudiger Fülle in allen Gärten, an denen ich vorüber kam."[291] Heinrich, der erfahrene Geologe und Meteorologe, der im Winter auf einen Gletscher steigt, um zu beweisen, dass „die Wärme hier oben größer sei, als wir sie gestern zur gleichen Tageszeit unten in der Ebene des Sees gehabt hatten",[292] verpasst den Tag der ersten Rosenblüte, weil er sich bezüglich des Wetters verschätzt hat. Das heißt, entweder er wird so sehr von der Erfahrung der Freiheit gefangen, dass er wirklich die Zeit vergisst; oder aber er will – sei es bewusst oder unbewusst – jede Sekunde, die er in der Tann verbringen kann, auskosten. Für Letzteres spricht, dass er möglichst schnell in die

---

286 Vgl. Fœssel, Analytik des Erhabenen, 2008, S. 101.
287 Kant, Analytik des Erhabenen, 1968, S. 341.
288 Vgl. Kinzel, Ethische Projekte, 2000, S. 448 f.
289 Vgl. Der Nachsommer. In: HKG, Bd. 4,3, S. 63.
290 Vgl. ebd., Bd. 4,1, S. 122.
291 Ebd., Bd. 4,2, S. 188. Auch Heinrichs Helfer sind von der Erfahrung betroffen: „Wenn wir hinab stiegen, [...] so zeigte sich in dem Ernste von Kaspars harten Zügen oder in den Angesichtern der andern, die uns begleiteten, eine gewisse Veränderung, so daß ich schloß, daß der Stand, auf dem wir gestanden waren, einen Eindruck auf sie gemacht haben mußte." Ebd., S. 187.
292 Ebd., Bd. 4,3, S. 104.

Tann zurückkehren möchte: In diesem Jahr findet zur Feier der abgeschlossenen Renovierungsarbeiten ein Fest im Sternenhof statt, zu dem Heinrich von Mathilde eingeladen wird. Der aber nimmt die Einladung nur an, „vorausgesetzt, daß die Zeit nicht zu spät bestimmt ist, da ich doch wohl noch in diesem Sommer in den Ort meiner jezigen Thätigkeit zurückkehren, und Einiges vor mich bringen möchte."[293]

Diese Freiheitserfahrung bleibt nicht einmalig, denn Heinrich setzt im Lauf des Romans seine Forschungen in der Tann fort[294] und weitet sie bis ins Kargat aus, „ein Dörfchen auf grasigen baum- und buschlosen Anhöhen ganz nahe an dem ewigen Eise mit armen Bewohnern". Er befindet also nun in einer Gegend, die eigentlich jeglichem Leben hinderlich ist, nämlich kurz unterhalb der Gletscher:

> Wir waren nun in der Nähe der höchsten Höhen. In mein winziges Fenster sahen die drei Schneehäupter der Leiterköpfe, hinter denen die steile ziemlich schlanke blendend weiße Nadel der Karspize hervorragte, und neben denen die edelsteinglänzenden Bänke der Simmen oder des Simmieses sich dehnten. Um den sehr spizen Kirchthurm des Dörfchens wehte die scharfe fast harte Gebirgsluft, und senkte sich auf unsere Häupter und Angesichter nieder. Weit ab gegen die Tiefe zu lagen die anderen Berge und die dichter bewohnten und bevölkerten Länder.[295]

In diese Gegend nun kann Heinrich seinen für längere Zeit verschollenen „Zitherspiellehrer", den Vagabunden und Jäger Joseph, locken.[296] Dass ihm das gerade in einer solchen unwirtlichen, zivilisationsfernen Höhe gelingt, kommt nicht von ungefähr, denn Joseph steht außerhalb jeder im *Nachsommer* entworfenen gesellschaftlichen Ordnung und kann als das, so Sjögrens These, einzige „completley liberated individual" des Romans gelten.[297] Deshalb werden er und auch die Zither selbst, so Hans-Georg von Arburg, im Asperhof nicht zugelassen – mit Ausnahme von Heinrichs und Natalies Hochzeit,[298] während der sich zudem das

---

293 Vgl. ebd., Bd., 4,2, S. 190 f.
294 Vgl. ebd., S. 231.
295 Alle Zitate ebd., S. 244. Später heißt es: „Wie uns im vorigen Jahre Wälder und Wände eingeschlossen hatten, und nur wenige Stellen uns freien Umblick verschafften, so waren wir heuer fast immer auf freien Höhen, und nur ausnahmsweise umschlossen uns Wände oder Wälder. Der häufigste Begleiter unserer Bestrebungen war das Eis." Ebd., S. 245.
296 Joseph war „einige Zeit gleichsam verschollen". Vgl. ebd., S. 244.
297 Sjögren, Stifter's Affirmation of Formlessness, 1968, S. 412.
298 Nach Arburg stifte zwar „Josephs Zitherspiel das bürgerliche Glück zwischen dem Ich-Erzähler Heinrich Drendorf und der spröden Schönen Natalie wesentlich mit. Aber es stellt dieses Glück auch ganz grundsätzlich in Frage, indem es sich der restaurativen Logik einer patriarchalen Ökomonie und Genealogie entzieht, worin der Protagonist auf- und schließlich untergeht." Hans-

überaus Ambivalente in Josephs Spiel offenbart: Seine „Zither war ein lebendiges Wesen, das in einer Sprache sprach, die allen fremd war, und die alle verstanden."[299] Die Zither als das Instrument der Freiheit ist – zusammen mit Joseph – „ganz in den Bergen zu Hause".[300] Aus diesen Gründen kann Heinrich seinen Lehrer nur im Kargat zumindest für eine kurze Zeit an sich binden. Es ist aber nicht nur Josephs Anwesenheit, die das Freiheitsmoment des Kargats bezeugt, sondern auch die nun wiederholte Verspätung Heinrichs im Rosenhaus. Wie schon nach seiner Expedition in die Tann trifft er nach seinem Aufenthalt im Kargat nicht rechtzeitig zur Rosenblüte im Asperhof ein; in diesem Fall aber nicht aufgrund falscher Annahmen bezüglich des Wetters in der Ebene, seien diese nun vorgeschoben oder nicht, sondern mit voller Absicht: „Als die Kalendertage sagten, daß die Rosenblüthe schon beinahe vorüber sein müsse, beschloß ich, meine Freunde zu besuchen."[301] Die Abwandlung des üblichen Jahresablaufs[302] sowie Josephs Mitarbeit bei seinen geologischen Forschungen belegen also die besondere befreiende und freiheitliche Wirkung der „Größe und Öde" des Kargats;[303] eine Freiheit, die Heinrich direkt sucht und die er solange wie möglich auskostet – auch wenn das bedeutet, dem Rosenhaus fern zu bleiben.

Neben seinen Forschungsexpeditionen unternimmt Heinrich auch zusammen mit seiner Schwester Klotilde eine Reise ins Gebirge. Schon vor dieser Reise beginnt er, Klotilde in der Geologie und im Zitherspiel zu unterrichten. Da die Zither, wie oben schon angedeutet, sich „der restaurativen Logik einer patriarchalen Ökonomie und Genealogie entzieht"[304] und damit eine Bedrohung für die Risach'sche Rosenhauswelt darstellt, spielt Heinrich sie nur im Gebirge und in seinem Elternhaus, zusammen mit Klotilde: „Ich versprach ihr, in diesem Winter

---

Georg von Arburg, Zitherpartie. Vom Schwinden der Stimmung in Stifters *Nachsommer* (1857). In: Reents, Friederike/Meyer-Sickendiek, Burkhard (Hg.), Stimmung und Methode, Tübingen 2013, S. 199 – 217, hier 200.

299 Der Nachsommer. In: HKG, Bd. 4,3, S. 272. Sjögren bringt Josephs Zitherspiel über diese Ambivalenz mit dem Erhabenen zusammen. Vgl. Sjögren, Stifter's Affirmation of Formlessness, 1968, S. 413 f.

300 Vgl. Arburg, Vom Schwinden der Stimmung, 2013, S. 200 und 206. Demnach visualisiere sich Josephs Zitherspiel auf dem winterlichen Gletscher: „Im tiefen Schweigen [...] liegt der Fluchtpunkt von Heinrichs Gletscherbericht. Die Farbtöne, die unterhaltsam ineinander übergehen und sich so jeder einzelnen Bestimmung entziehen, verdichten sich zu einem ‚Ton', der alles Hörbare transzendiert." Ebd., S. 208.

301 Der Nachsommer. In: HKG, Bd. 4,2, S. 245.

302 Auch Priebe betont die „beträchtliche Kombinationsvielfalt" in Heinrichs Jahresabläufen. Priebe, Entwicklungszyklen, 1999, S. 68.

303 So heißt es später im Roman. Vgl. Der Nachsommer. In: HKG, Bd. 4,3, S. 91.

304 Arburg, Vom Schwinden der Stimmung, 2013, S. 200.

ihr Lehrer in dieser Kunst zu sein".[305] Nachdem Heinrich die geologische Tiefenzeit und die Freiheit der erhabenen Bergwelt erfahren konnte, bringt er diese
Freiheit, wie sie sich auch in der Zither verkörpert, mit in sein Elternhaus und
vermittelt sie über das gemeinsame Spiel Klotilde.[306] Auch aufgrund dieser neuen
Konstellation ändert Heinrich den üblichen Jahresablauf und bleibt „bis ziemlich
tief in das Frühjahr hinein in der Stadt".[307]

Während dieses Winters fassen Heinrich und Klotilde den Plan, gemeinsam
das Gebirge zu bereisen. Den Ausschlag dafür geben Heinrichs dilettantische
Landschaftsbilder:

> Klotilden mußte ich die Blätter noch einmal und allein in ihrem Zimmer zeigen. Sie ver-
> langte, daß ich ihr beinahe alles erkläre. Sie war nie in höherem oder im Urgebirge gewesen,
> sie wollte sehen, wie diese Dinge beschaffen seien, und sie reizten ihre Aufmerksamkeit sehr.
> Obgleich meine Malereien keine Kunstwerke waren, [...] so hatte sie doch einen Vorzug, [...]
> der darin bestand, daß ich [...] mich ohne vorgefaßter Einübung den Dingen hingab, und sie
> so darzustellen suchte, wie ich sie sah. Dadurch gewannen sie [...] an Naturwahrheit [...]. Aus
> diesem Grunde sagte mir Klotilde durch eine Art unbewußter Ahnung, sie wisse jezt, wie die
> Berge aussehen, was sie aus vielen und guten Bildern nicht gewußt hätte. Sie äußerte auch
> den Wunsch, einmal die hohen Berge selber sehen zu können [...].[308]

Klotilde profitiert von Heinrichs Ölgemälden, gerade weil sie nicht künstlerisch
sind, sondern seine jahrelange Beschäftigung mit naturwissenschaftlichem

---

305 Der Nachsommer. In: HKG, Bd. 4,2, S. 53.
306 Klotilde lebt weit eingeschränkter als Heinrich. Ihre Eltern billigen zwar das Unterrichten
Klotildes, aber „die Mutter verlangte ausdrücklich, daß diese Arbeiten nur Nebendinge sein
sollen, Dinge zum Vergnügen, nicht Hauptbeschäftigungen; denn die Hauptpflicht des Weibes sei
ihr Haus." Ebd., S. 54. Das Frauenbild im *Nachsommer* wird äußerst kontrovers diskutiert. Nach
Sabine Schmidt werde „Natalie [...] konsequent zu einem (passiven) Beobachtungsobjekt reduziert." Ähnlich ergehe es Klotilde: „Die Allegorie der idealen, vollkommenen Frau, als die Natalie
vom Erzähler gesehen wird, erhält in Heinrichs Schwester [...] eine Art Komplementärfigur. [...] Die
ideale Frau ‚ist' nicht einfach, sie wird geschaffen, sie wird ‚modelliert' – und zwar nach Maßgabe
seiner, Heinrichs, Bedürfnissen." Sabine Schmidt, Adalbert Stifters *Nachsommer*: Subjektive
Idealität. Heinrich Drendorfs Subjektkonstitution im Spiegel seiner Selbstdefinition. In: Loster-
Schneider, Gudrun (Hg.), Geschlecht – Literatur – Geschichte I, St. Ingbert 1999, S. 81–104, hier 94
und 100 f. Nach Helga Ebner dagegen ist das im *Nachsommer* entworfene Frauenbild weit vi-
sionärer, auch wenn der Wirkungskreis von Frauen auf das Häusliche beschränkt bleibe: „Die
Frauen im Nachsommer sind kultiviert und gebildet und wichtig für die Entwicklung des jungen
Heinrich Drendorf." Vgl. Helga Ebner, Spiegelungen weiblicher Erziehungs- und Bildungskonzepte in Stifters Werk. In: Pintar, Regina/Schacherreiter, Christian (Hg.), Kein Wesen wird so
hülflos geboren als der Mensch. Adalbert Stifter als Pädagoge, Linz 2005, S. 30–42, hier 35 f.
307 Der Nachsommer. In: HKG, Bd. 4,2, S. 62.
308 Ebd., S. 53.

Zeichnen belegen.[309] Deshalb gelangt sie zu einer sehr viel realistischeren Vorstellung von den Bergen, als sie bisher über ‚wahre' Kunstwerke erlangen konnte. Das, was Heinrichs Bilder nicht zeigen, nämlich die erhabene Stimmung der Berglandschaften und seine Fortschritte in der Geologie, erzählt er Klotilde: „Ich erzählte ihr nun recht viel von den Bergen, beschrieb ihr ihre Herrlichkeit und Größe, machte sie mit manchen Eigenthümlichkeiten derselben bekannt, und sezte ihr meine verschiedenen Reisen in denselben und meine Bestrebungen ausführlicher als sonst auseinander. Ich hatte nie so viel von den Gebirgen mit ihr geredet."[310] Bedenkt man, dass Heinrich weder seinem Vater noch Risach ausführlich von seinen Arbeiten in den Alpen erzählt – beide sind sehr viel mehr der Kunst und dem Kunsthandwerk zugetan –, erweist sich Klotilde, abgesehen von Natalie[311] und von Gustav, als seine einzige Verbündete[312] in Sachen Geologie: „Klotilde wendete sich immer mehr und mehr zu mir, sie war gleichsam mein Bruder, ich war ihr Freund ihr Rathgeber ihr Gesellschafter."[313] Mit diesen Voraussetzungen[314] kann Heinrich zu Klotildes Gebirgsführer werden,[315] dabei seine eigene, vorhergehende Gebirgserfahrung lehrend vermitteln und – so wird sich zeigen – vor allem noch einmal nacherleben.

Die gemeinsame Reise[316] hat von Anfang an eine große Wirkung auf Klotilde: „Als die blauen Berge in der klaren Luft, die einen milchig grünlichen Schimmer

---

309 Siehe dazu den Abschnitt *Natur oder Kunst?* oben in diesem Kapitel.

310 Der Nachsommer. In: HKG, Bd. 4,2, S. 53.

311 Natalie ist die erste, der Heinrich von seinem Plan erzählt, im Winter einen Gletscher zu erklimmen. Vgl. ebd., Bd. 4,3, S. 21.

312 Nach Frei Gerlach unterlaufe ein „geschwisterlicher Subtext" die „Dominanz des väterlichen Gesetzes". Die „Geschwistersozialisation" werde „als planvoll angelegte Modellierung kenntlich: Für eine geglückte Familie bildet eine Geschwisterbeziehung die Basis". Franziska Frei Gerlach, Im Namen der Schwester: Liebesnarration bei Jean Paul und Adalbert Stifter. In: JASILO 20 (2013), S. 53–63, hier 53 und 59.

313 Der Nachsommer. In: HKG, Bd. 4,2, S. 239.

314 „Erziehung" bedeute, so Ebner, „für Stifter auch Beziehung". Ebner, Spiegelungen weiblicher Erziehungs- und Bildungskonzepte, 2005, S. 36.

315 Die Geschwister wanderten schon früher zusammen: „Wir übten uns da im Zurücklegen bedeutender Wege oder in Besteigung eines Berges." Der Nachsommer. In: HKG, Bd. 4,1, S. 22.

316 Die gemeinsame Reise der Geschwister war Gegenstand einer Auseinandersetzung in der Stifterforschung: Sjögren interpretiert die Beziehung der Geschwister als „fragwürdig anmutende Liebesbeziehung", die an Inzest grenze: Das „eigentliche Thema" der gemeinsamen Reise sei das „Streben nach psychologischer Erkenntnis". Heinrich übernehme eine Rolle, „die dem eines modernen Psychoanalytikers nicht unähnlich ist. Die Reise wäre dann zu sehen als äußerliche Erscheinungsform eines Vorgangs, der sich auch im Inneren von Klotildes Seele abspielt. Die Prinzipien, die der Handlung zugrunde liegen, sind denen der Freudschen Psychoanalyse erstaunlich ähnlich", denn es gehe „um Erkennen und Verstehen der eigenen Libido und um die

hatte, uns entgegen traten, leuchtete ihr Auge immer freundlicher, und ihre Mienen waren theilnehmend der Gegend, in die wir fuhren, zugekehrt." Heinrich fördert das, indem er „jeden Namen eines vorzüglichen Berges" nennt, „auf die Bildungen aufmerksam" macht und „die Farben die Lichter und die Schatten zu erörtern" sucht.[317] Auf diese Weise wiederholt er die eigene Initiation im Gebirge, deren erster, wichtiger Schritt auch darin bestand, „die breiten Schattenflächen und die scharfen oft gleichsam mit einem Messer in sie geschnittenen Lichter" zu beobachten und sich zu fragen, „weßhalb die Schatten hier so blau seien und die Lichter so kräftig und das Grün so feurig und die Wässer so blizend."[318] Dass Heinrich während der Reise seinen beruflichen Werdegang nachzeichnet, zeigt sich auch am erstes Reiseziel, dem von ihm vermessenen Lautersee, erster Gegenstand seiner Erfahrung der Tiefenzeit: „Ich zeigte ihr, wie ich in verschiedenen Richtungen auf dem See gefahren war, um seine Tiefe zu messen, und wie wir uns bald auf dieser bald auf jener Stelle des Wassers festsezen mußten". Dem Lautersee folgt das wohnliche Ahornhaus, dessen „Thäler und einige Berge" besucht werden, bis die Geschwister schließlich im öden Kargat anlangen, um zusammen „auf die Wölbung des Gletschers" zu gehen.[319] So schreitet Heinrich alle Stationen seiner bisherigen Forschungsarbeit – mit Ausnahme der besonders dunklen Tann – nach und nach noch einmal ab und führt Klotilde seine Fortschritte auch mithilfe von Zeichnungen vor Augen.[320] Asperhof und Sternenhof dagegen werden nur von Weitem durch ein Fernrohr betrachtet.[321]

Ziel des Unternehmens ist es aber nicht nur, Klotilde die Geologie nahezubringen, sondern: „Ich unterstüzte sie mit allen meinen Erfahrungen, die ich mir durch meine mehrfältigen Aufenthalte in dem Gebirge gesammelt hatte. Sie nahm

---

dadurch erzielbare Heilung". Christine Oertel Sjögren, Klotildes Reise in die Tiefe: Psychoanalytische Betrachtungen zu einer Episode in Stifters *Nachsommer*. In: VASILO 24 (1975), S. 107–111, hier 107–109. Heinrich Teutschmann kritisiert Sjögrens Interpretation scharf: „Die Spekulation über Klotilde und Sexualität sind abwegig. Sie legen dem Text des Dichters falsche Gedanken unter und kränken das Bild des Mädchens, das sich nicht verteidigen kann, vor dem Leser." Mit der Reise ins Gebirge wolle Heinrich seine Schwester „einblicken lassen in die Orte seiner Seele, die er mit seinem warmen Herzen [...] durchmißt. Auch Klotilde ist ein bildungsfähiger und schöpferisch veranlagter Geist." Heinrich Teutschmann, Noch einmal Klotilde. Zu einer Episode im ‚Nachsommer'. In: VASILO 25 (1976), S. 63–65.
317 Der Nachsommer. In: HKG, Bd. 4,3, S. 85f.
318 Ebd., Bd. 4,1, S. 39.
319 Vgl. ebd., Bd. 4,3, S. 87 und 90f.
320 Heinrich legt Klotilde „mehrere Zeichnungen, die ich von Gletschern ihren Einfassungen Wölbungen Spaltungen Zusammenschiebungen und dergleichen gemacht hatte, vor, damit sie in der frischen Erinnerung das Gesehene mit dem Abgebildeten vergleichen konnte." Ebd., S. 92.
321 Vgl. ebd., S. 94f.

alles mit einer tiefen Seele auf, und durch meine Hilfe waren ihr manche Umwege erspart, welche diejenigen, die zum ersten Male die Berge besuchen, machen müssen, ehe es ihnen gelingt, sich die Größe und Erhabenheit der Gebirge aufschließen zu können."[322] Das wichtigste Ziel ist also, Klotilde das Erhabene der Berge und damit das Gefühl von Freiheit, das Heinrich im Besonderen in der Tann und im Kargat empfunden hat, zuteil werden zu lassen. Der „naturkundliche Unterricht" Klotildes bekomme deshalb, so Braungart, den „Charakter einer Initiation",[323] der noch lange nach der Rückkehr ins Elternhaus wirkt: „Nun folgte für Klotilden fast eine Zeit der Betäubung, sie beschrieb, sie erzählte wieder, sie sezte sich vor Zeichnungen hin, blätterte in ihnen, oder zeichnete selbst, und suchte in der Erinnerung Gesehenes nachzubilden." Neben Klotildes Initiierung ist es aber vor allem Heinrich, der von Beginn an von dieser besonderen Reise profitiert:[324]

> Aber auch für mich war diese Reise nicht ohne Erfolg gewesen. Was ich halb im Scherze halb im Ernste gesagt hatte, daß ich durch diese Reise zu einer größeren Ruhe kommen werde, ist in Wirklichkeit eingetroffen. Klotilde, welche alle die Gegenstände, die mir längst bekannt waren, mit neuen Augen angeschaut, welche alles so frisch, so klar und so tief in ihr Gemüth aufgenommen hatte, hatte meine Gedanken auf sich gelenkt, hatte mir selbst etwas Frisches und Ursprüngliches gegeben, und mir Freude über ihre Freude mitgetheilt, so daß ich gleichsam gestärkter und befestigter über meine Beziehungen nachdenken, und sie mir gewissermaßen vor mir selbst zurecht legen konnte.[325]

Heinrich wird sich an dieser Stelle des Weges bewusst,[326] den er im Verlauf des Romans auf dem Feld der Geologie und auch in seiner persönlichen Entwicklung zurückgelegt hat. Dabei spielt das schon in der Tann erlebte Moment der erhabenen Freiheit eine Rolle, in diesem Fall aber rezeptiv, nämlich vermittelt über die Erfahrungen seiner Schwester. Die ‚größere Ruhe‘, die Heinrich ‚gestärkter und befestigter über seine Beziehungen nachdenken‘ lässt, zeichnet eine Erfahrung

---

322 Ebd., S. 88.

323 Braungart, Stifter besucht den Gletscherforscher Friedrich Simony, 2004, S. 111.

324 „Ihre schwesterliche Rede und die frische Weise, alles, was ihr neu war, in die vollkommen klare Seele aufzunehmen, war mir unaussprechlich wohlthätig." Der Nachsommer. In: HKG, Bd. 4,3, S. 85.

325 Ebd., S. 96 f. Dieses Zitat kann als Ergänzung zu Heinrichs Dank an Risach im Kapitel *Der Abschluß* gelten; hier heißt es: „[W]enn ich irgend etwas bin, so bin ich es hier geworden." Ebd., S. 230 f.

326 So Beckmann zur Gebirgsreise. Vgl. Beckmann, Die ästhetische Funktion des Weg-Motivs, 1990, S. 17.

nach, die er schon öfter mittels des Erhabenen im Gebirge machen konnte[327] und die am Ende von Heinrichs letzter großer Expedition, der Gletscherwanderung,[328] ihren Höhepunkt findet:

> Ich war aber von dem, was ich oben gesehen und gefunden hatte, vollkommen erfüllt. Die tiefe Empfindung, welche jezt immer in meinem Herzen war, und welche mich angetrieben hatte, im Winter die Höhen der Berge zu suchen, hatte mich nicht getäuscht. Ein erhabenes Gefühl war in meine Seele gekommen, fast so erhaben wie meine Liebe zu Natalien. Ja diese Liebe wurde durch das Gefühl noch gehoben und veredelt, und mit Andacht gegen Gott den Herrn, der so viel Schönes geschaffen und uns so glücklich gemacht hat, entschlief ich, als ich wieder zum ersten Male in meinem Bette in der wohnlichen Stube des Ahornhauses ruhte.[329]

---

327 So heißt es früher: „Oft, wenn ich von dem Arbeiten ermüdet war, [...] saß ich auf der Spize eines Felsens, und schaute sehnsüchtig in die Landschaftsgebilde, welche mich umgaben, oder blickte in einen der Seen nieder, [...] oder betrachtete die dunkle Tiefe einer Schlucht, oder suchte mir in den Moränen eines Gletschers einen Steinblock aus, und saß in der Einsamkeit, und schaute auf die blaue oder grüne oder schillernde Farbe des Eises. Wenn ich wieder thalwärts kam, und unter meinen Leuten war, die sich zusammenfanden, war es mir, *als sei mir alles wieder klarer und natürlicher.*" Nach dem Musenjahr reflektiert Heinrich die Wirkung seiner Arbeit: „Die Thätigkeit stärkte, und wenn ein Schwung und eine Erhebung in meinem Wesen war, so wurde der Schwung und die Erhebung durch die Thätigkeit noch klarer und fester." Der Nachsommer. In: HKG, Bd. 4,2, S. 10 und S. 172, Hervorhebung E. H.

328 Die Erfahrung des glatten Raums des winterlichen Gletschers ist die bedeutendste Freiheitserfahrung, die Heinrich machen kann: „[E]in einfaches wagrechtes weißlichgraues Nebelmeer war zu meinen Füssen ausgespannt. Es schien riesig groß zu sein, und ich über ihm in der Luft zu schweben." Ebd., Bd. 4,3, S. 105. Mit dem Nebel, der alles verdeckt, gewinnt das Hochgebirge Ähnlichkeit zum Meer, dem „Archetypus aller glatten Räume". Deleuze/Guattari, Tausend Plateaus, 1992, S. 665. Zudem ist man an Caspar David Friedrichs *Der Wanderer über dem Nebelmeer* erinnert, denn die Positionen der jeweiligen ‚Nebelmeer'-Betrachter sind ähnlich: Auch der Wanderer bei Friedrich scheint ‚in der Luft zu schweben'. Dieser Zustand der Erhöhung ist Ausdruck des Erhabenen; Friedrichs Wanderer und Heinrich im *Nachsommer* werden beide zur ‚Insel' und garantieren so „Orientierung, Sicherheit und Stabilität" als einzige „Punkte des Stillstandes" im Glatten. Vgl. Moser, Die Insel als Topos der Kulturisation, 2005, S. 409; Deleuze/ Guattari, Tausend Plateaus, 1992, S. 663. Heinrich erlebt dabei ein dezidiert Kant'sches Erhabenes; er vollzieht – wie schon in der Tann – den Übergang von den Naturbegriffe zum Freiheitsbegriffs und beweist so „ein Vermögen, das selbst übersinnlich ist". Kant, Analytik des Erhabenen, 1968, S. 341. Es sind in erster Linie die Erfahrungen des Kant'schen Erhabenen und deren anhaltende Wirkung, die Heinrichs Persönlichkeit trotz Risachs Ordnungzwang festigen; die „Raumerkenntnis verbindet sich" für ihn „mit elementarer Selbsterkenntnis". Vgl. Albrecht, Kultur und Physiologie des Wanderns, 1999, S. 3. Das Erhabene wird so zum Motor und im Fall der Gletscherwanderung auch zum Abschluss seiner Persönlichkeitsbildung. Vgl. in Kapitel III.1 dieser Arbeit den Abschnitt *Auf dem Gipfel – Der Nachsommer*.

329 Der Nachsommer. In: HKG, Bd. 4,3, S. 111.

Auch wenn Heinrichs Gebirgsexpeditionen Risachs Bildungs- und Erziehungsmaßnahmen nicht offen untergraben,[330] so sind sie doch ausschlaggebend für
seine persönliche ‚Vollendung'. Denn über das Erhabene des Gebirges vollzieht
Heinrich immer wieder den Übergang vom Gebiet der Naturbegriffe zum Gebiet
des Freiheitsbegriffs[331] und beweist so – nach Kant – „ein Vermögen, das selbst
übersinnlich ist".[332] Diese Vermögen ist es aber, das ihn in seiner Individualität
fördert und festigt – ganz unabhängig von Risachs Rosenhauswelt.

6.5 Resümee

Heinrichs Weg zu seiner Berufung, der Geologie, wird rückblickend[333] in mehreren
Schritten erzählt, die das Erhabene – es dient als Initiation und Motivation für
sein Interesse am Gebirge – leidenschafts- und gewaltlos erscheinen lassen. Die
Beschreibung der Entscheidung, Geologe zu werden, zeugt dabei auch von Risachs Relativierung von Großem und Kleinem,[334] die Heinrich aber zu diesem
Zeitpunkt noch nicht kennen kann. Dennoch erklärt er das besonders Große in der
Natur, die Berge und deren geologischen Veränderungen, über das besonders
Kleine, nämlich über Eisblumen an Fenstern,[335] und übernimmt so die Risach'sche Argumentation. Über diese rückblickende Inszenierung eines unbestimmten und deshalb auch gewaltfreien erhabenen Gefühls und über die Relativierung seines Gegenstands legitimiert er seine Berufswahl und auch seinen
Trieb zum Gebirge, der ansonsten kaum mit Risachs Leidenschaftsverbot in Einklang zu bringen wäre.[336]

Auf die Initiation durch das Erhabene folgt im zweiten Buch eine Auseinandersetzung mit geologischen Phänomenen, mittels derer Heinrich zum professionellen Geologen wird. Angesichts von Bergseen, Marmoren und Versteinerungen, besonders aber von „todte[n] Wälder[n], gleichsam Gebeinhäuser[n] von

---

330 Nach Berendes führe die Konstellation des Romans, zwei Zentren – Risach und Heinrich – zu
haben, zu der „Frage: wie sich Risachs Vita neben der Heinrichs ausnimmt, welche Funktion
Heinrich in der Lebensproblematik eines Risach besitzt und ob diese möglicherweise bestehende
Funktionalisierung die intendierte Bildungsgeschichte untergräbt." Vgl. Berendes, Ironie – Komik – Skepsis, 2009, S. 325.
331 Vgl. Fœssel, Analytik des Erhabenen, 2008, S. 101.
332 Kant, Analytik des Erhabenen, 1968, S. 341.
333 Vgl. dazu Ketelsen, Die Selbstformierung eines Erzählers, 1994, S. 10 – 12.
334 „[D]as ist nicht groß, an dem wir vielmal unsern Maßstab umlegen können, und das nicht
klein, wofür wir keinen Maßstab mehr haben." Der Nachsommer. In: HKG, Bd. 4,1, S. 122
335 Vgl. ebd., S. 43.
336 Vgl. ebd., Bd. 4,3, S. 63.

Wäldern" – Ausdruck des auf Thomas Burnet[337] zurückgehenden „Schrecklich-Erhabenen" der Berge[338] – drängt sich ihm die Frage auf: „[W]ie ist das alles geworden?"[339] – Ohne aber eine Antwort darauf finden zu können. Dabei wird Heinrich die eigene zeitliche Marginalisierung im Vergleich zum unermesslichen Alter der Erde im Sinne der Braungart'schen transhumanen Perspektive vor Augen geführt:[340] Er muss erfahren, dass er, der sich nun schon seit mehreren Jahren mit der Geologie beschäftigt, im selben Maße von den undurchschaubaren Zeiträumen der Erdgeschichte abhängig ist wie die versteinerten Wälder: „Wie viele Millionen Jahre müssen verfließen, bis ein menschliches Werkzeug die Änderung" der Erdoberfläche und des Planeten „messen kann?" Auch im *Nachsommer* offenbart sich so, mittels des Geologisch-Erhabenen,[341] ein Moment der Gewalt in der Natur,[342] das zwar nie eruptiv-zerstörerisch zum Ausdruck kommt, das aber in der Tiefenzeit der Erde immer vorhanden ist,[343] ohne je vollständig erfasst werden zu können. Heinrich gelangt so an die Grenzen seiner Wissenschaft; er wird sich nicht seiner naiven Annahme zu Beginn des Romans entsprechend „durch Sammlung vieler kleiner Thatsachen [...] in das große und erhabene Ganze aus[]breiten" können. Dennoch nimmt er die leidvolle Marginalisierung seiner selbst gegenüber seinem Gegenstand an und akzeptiert, vermittelt über das Gefühl des Erhabenen, als Mensch „nur ein Einschiebsel" in der Geschichte der Erde zu sein.[344] Über diese Einsicht erreicht er schließlich wahre Professionalität in der Geologie; sie ist nun sein „Beruf".[345] Zugleich kann er sich auch persönlich weiterentwickeln: Er erlebt, vermittelt über den Berg als „Medium [...] des Überstiegs und der Transgression",[346] ein Erhabenes, das, gerade weil es ihn seine Grenzen erfahren lässt, seine Persönlichkeit festigt: Sein Leben wird „inhaltreicher" und sein „Inner[es]" wird „bei weitem mehr gefördert als in vergangenen Zeiten."[347]

---

337 Vgl. Burnet, Theoria sacra telluris, 1703, besonders S. 76.

338 Vgl. dazu Zelle, ‚Angenehmes Grauen', 1987, S. 84.

339 Der Nachsommer. In: HKG, Bd. 4,2, S. 31.

340 Vgl. Braungart, Poetik der Natur. Literatur und Geologie, 2009.

341 Vgl. Braungart, Die Geologie und das Erhabene, 2005, S. 166.

342 Die These, im *Nachsommer* gebe es Natur nur als kultivierte bzw. artifiziell geordnete, ist in der Forschung weit verbreitet. Vgl. z. B. Doppler, Das sanfte Gesetz und die unsanfte Natur, 2006, S. 19; Begemann, Welt der Zeichen, 1995, S. 322 und 346; Balcarová, Stifters doppelbödige Erzählstrategie, 2013.

343 Vgl. dazu Gould, Die Entdeckung der Tiefenzeit, 1990.

344 Alle Zitate aus Der Nachsommer. In: HKG, Bd. 4,2, S. 32f. und Bd. 4,1, S. 44.

345 So Heinrichs Wortwahl nach der Erfahrung der transhumanen Perspektive. Ebd., Bd. 4,2, S. 66.

346 Vgl. Böhme, Berg, 2011, S. 50.

347 Der Nachsommer. In: HKG, Bd. 4,2, S. 32.

Mehr Inhalt im Leben erreicht er aber angesichts des Todes, nämlich angesichts der „todte[n] Wälder" im Gebirge. Heinrichs neu entdeckte Lebendigkeit resultiert also neben dem Geologisch-Erhabenen und dem Burnet'schen „Schrecklich-Er-habenen" auch aus dem Burke'schen „king of terrors", dem Tod[348] – in ihm bildet sich die widersprüchliche Struktur des Erhabenen ab.

Nach dieser Erfahrung wendet sich Heinrich der Kunst zu: Er beginnt zu malen, muss aber feststellen, dass er kein Talent für die Malerei hat. Seine Bilder richten sich nach der „Naturwahrheit"; sie zeigen keinen künstlerischen Blick auf die Gegenstände, sondern einen rein naturwissenschaftlichen, der zwar nicht das Erhabene, aber dafür „eine bessere Vorstellung" vom Gebirge vermittelt. Für Heinrich bleibt das Erhabene zunächst reiner Wahrnehmungsmodus; in einem Gemälde kann er es nicht darstellen. Er kann es aber in einem anderen Medium zeichnerisch erfassen: in der Karte vom Lautersee. Schon in seinen Überlegungen, warum die „Schönheit" der Berge „meist gegen einen Seespiegel am größten ist",[349] paraphrasiert Heinrich Burkes Ausführungen zur Unterscheidung von Klarheit und Dunkelheit: „And I think there are reasons in nature why the obscure idea [...] should be more affecting than the clear. It is our ignorance of things that causes all our admiration, and chiefly excites our passions."[350] Heinrich möchte das Seebecken nicht einfach nur erfassen; er möchte zugleich in der Seekarte den Effekt erhalten, der nach Burke Bewunderung hervorrufen kann: die „obscure idea", die „sanftere grünlichere Farbe" des Seespiegels.[351] Deshalb verwundert es nicht, dass die Karte geologisch *und* erhaben ist. Zum einen gelingt es Heinrich, Aussagen über Veränderungen zu treffen, die dezidiert geologisch sind; zum anderen kommt der Karte „Düsterheit" und „Schönheit" zugleich zu,[352] ein Pa-radox, das in Stifters Texten immer wieder als Ausdruck des ‚gemischten Gefühls' herangezogen wird.[353] Heinrich kann Erhabenheit also nicht in einem künstleri-schen, sondern nur in einem naturwissenschaftlichen Medium darstellen. Er ist kein Künstler,[354] vielmehr ist er Geologen, dessen naturwissenschaftliche Er-zeugnisse künstlerischen Wert haben; die Geologie dient also nicht als „Basis der Kunst",[355] wird aber in Verbindung mit dem Erhabenen selbst zur Kunst.

---

348 Burke, A Philosophical Enquiry, 2008, S. 25.
349 Alle Zitate aus Der Nachsommer. In: HKG, Bd. 4,2, S. 53 und 28.
350 Burke, A Philosophical Enquiry, 2008, S. 43.
351 Der Nachsommer. In: HKG, Bd. 4,2, S. 29.
352 Vgl. ebd., S. 231f., Zitate S. 233.
353 So ist die Rede von Brigittas „schönen düstern Augen". Brigitta. In: HKG, Bd. 1,5, S. 447.
354 So eine weit verbreitete These. Vgl. Schößler, Das naturwissenschaftliche Projekt, 2007, S. 275; Buckley, Nature, Science, Realism, 1995, S. 131; Wiedemann, Stifters Kosmos, 2009, S. 144f.
355 Mayer, Erzählen als Erkennen, 2001, S. 166.

In den Gebirgsexpeditionen Heinrichs geht es um einen anderen Aspekt des Erhabenen: um Freiheit. In der Tann und im Kargat, Regionen, deren Beschreibung wiederum an Burnets Berge als „Orte des Schreckens" erinnern,[356] gelingt ihm eine Selbstermächtigung über die unwirtliche Natur. Er erreicht Orte, „auf d[ie] zu gelangen eine Unmöglichkeit schien" und „besieg[t]" so die Natur aus einem menschlichen „Trieb" heraus.[357] In Heinrichs Blick wird dabei nicht der Berg zum Inkommensurablen,[358] sondern das, was er an dessen Fuß zurückgelassen hat – sein Leben in der Stadt und in Risachs Asperhof: „Alles schwieg unter mir, als wäre die Welt ausgestorben, als wäre das, daß sich Alles von Leben rege und rühre, ein Traum gewesen." Indem sich sein Blick schließlich nach oben in die „dunkelblaue[] Finsterniß", in die „endlose[] Wüste" wendet[359] und dabei auch den Himmel stark verfremdet, vollzieht Heinrich das Kant'sche Erhabene: Er allein bildet den Mittelpunkt im Universum, während sich um ihn herum, sei es nun oben oder unten, nichts mehr eindeutig zeigt. Vermittelt über diese Erfahrung vollzieht er den Übergang vom Gebiet der Naturbegriffe zu dem des Freiheitsbegriffs[360] und beweist so „ein Vermögen, das selbst übersinnlich ist".[361] Diese Erfahrung des Freiheit gewährenden Erhabenen teilt Heinrich auf einer gemeinsamen Gebirgsreise mit seiner Schwester Klotilde. Ziel des Unternehmens ist es aber nicht nur, Klotilde die Geologie nahezubringen, sondern ihr „die Größe und Erhabenheit der Gebirge aufschließen zu können",[362] sprich: die Erfahrung der Freiheit in der als erhaben wahrgenommenen Bergwelt. Neben Klotilde ist es aber

---

356 Böhme, Berg, 2011, S. 56.
357 Vgl. Der Nachsommer. In: HKG, Bd. 4,2, S. 185 f.
358 Vgl. dazu Böhme, Berg, 2011, S. 53.
359 Der Nachsommer. In: HKG, Bd. 4,2, S. 186 f.
360 Vgl. Fœssel, Analytik des Erhabenen, 2008, S. 101.
361 Kant, Analytik des Erhabenen, 1968, S. 341. Heinrich ist also entgegen Gerhart Mayers These mitnichten austauschbar, noch wird seine „Individualität zur generalisierten Person" reduziert. Vgl. Mayer, Stifter: Der Nachsommer, 1992, S. 133. Er wird auch nicht, in diesem Fall entgegen Begemann, als „besondere[s] Subjekt mit seinen willkürlichen Wünschen, Strebungen und Affekten [...] verabschiedet." Begemann, Welt der Zeichen, 1995, S. 322. In Heinrichs Tätigkeit geht es deshalb auch nicht um „Entfremdung menschlicher Existenz durch eine rigorose Objektivierungskampagne". Braun, Naturwissenschaft als Lebensbasis?, 2006, S. 227 f. Auch Walter-Schneiders Einschätzung, wonach in Heinrichs Erzählweise „[a]n keiner Stelle [...] die Grenzen des Sichtbaren erweitert" würden „durch einen auch noch so harmlosen Übertritt in den Bereich des Denkbaren", muss hier widersprochen werden. Vgl. Walter-Schneider, Das Unzulängliche ist das Angemessene, 1990, S. 319. Vielmehr zeigt sich mittels seines äußerst individuellen Erlebnisses des Erhabenen, dass Heinrich einerseits sehr wohl Denk- und Imaginierbares erzählt, andererseits kommt ihm über das Gefühl des Erhabenen eine eigene und individuelle Subjektivität zu.
362 Vgl. Der Nachsommer. In: HKG, Bd. 4,3, S. 88.

vor allem Heinrich, der von dieser besonderen Expedition profitiert: „[I]ch [konnte] gleichsam gestärkter und befestigter über meine Beziehungen nachdenken, und sie mir gewissermaßen vor mir selbst zurecht legen", eine Erfahrung, deren Höhepunkt die Erklimmung des Echerngletschers im Winter sein wird: „Ich war aber von dem, was ich oben gesehen und gefunden hatte, vollkommen erfüllt. [...] Ein erhabenes Gefühl war in meine Seele gekommen".[363]

Es sind also die Geologie und die damit verbundenen Erhabenheitserfahrungen im Hochgebirge, die Heinrichs Persönlichkeit festigen: beginnend mit einem eher unbestimmten erhabenen Gefühl über das Schrecklich-Erhabene Burnets, das Geologisch-Erhabene der Tiefenzeit und den Burke'schen „king of terrors"[364] bis hin zum Freiheitsmoment im Kant'schen Erhabenen. Im Gebirge kann er mittels dieser Variationen des Erhabenen eine Leidenschaftlichkeit erfahren und vor allem auch ausleben, die weder mit der von Risach verordneten Leidenschaftslosigkeit noch mit dessen Kritik an „Menschen, welche gewohnt sind, sich und ihre Bestrebungen als den Mittelpunkt der Welt zu betrachten",[365] vereinbart werden kann. Heinrich gelingt es so, sich mittels des Erhabenen über all diese Verbote und Forderungen Risachs hinwegzusetzen – deshalb bedeutet das Gefühl des Erhabene für ihn in besonderem Maße Freiheit. Auch wenn seine Gebirgsexpeditionen Risachs Bildungs- und Erziehungsmaßnahmen nicht offen untergraben und Heinrich sich besonders als Erzähler an dessen Weltbild anpasst, so sind sie doch ausschlaggebend für seine ,Vollendung'. Die Erfahrungen des Erhabenen im Gebirge werden zum Motor und im Fall der Gletscherwanderung auch zum Abschluss von Heinrichs Persönlichkeitsbildung.

---

363 Alle Zitate ebd., S. 96 und 111.
364 Burke, A Philosophical Enquiry, 2008, S. 25.
365 Vgl. Der Nachsommer. In: HKG, Bd. 4,3, S. 63, Zitat Bd. 4,1, S. 122.

7 Selbstverlust in der Erinnerung – *Die Narrenburg*

„Millionenmal Millionen haben mitgearbeitet, daß es rolle, aber sie wurden weggelöscht und ausgetilgt, und neue Millionen werden mitarbeiten, und ausgelöscht werden. Es muß auch so sein: was Bilder, was Denkmale, was Geschichte, was Kleid und Wohnung des Geschiedenen – wenn das *Ich* dahin ist, das süße schöne Wunder, das nicht wieder kommt!"[1] Jodok Scharnasts Klage über die eigene Sterblichkeit umschreibt das eigentliche Thema von Stifters Erzählung *Die Narrenburg:* nämlich die menschliche Vergänglichkeit und Nichtigkeit in der Ewigkeit des Gedächtnisses und der Erinnerung. Die Bewohner der Narrenburg sind gezwungen, sich über das Lesen von Lebensbeschreibungen beständig mit der Vergangenheit des eigenen Geschlechts auseinanderzusetzen und sich zu erinnern; gleichzeitig haben sie die Vergangenheit in den Ruinen der Burganlage, Zeugen der jahrhundertelangen eifrigen Bautätigkeit der Familie Scharnast und damit auch Gedächtnis ihrer Geschichte, stets vor Augen. Diese Auseinandersetzung mit den „unauslotbaren Abgründe[n] von Erinnerung und Gedächtnis" wird dabei zur Bedrohung für das eigene Ich, denn scheinbar wird nichts vergessen. Erinnerung ist aber – eigentlich – durch „Verkürzungen ausgezeichnet", nämlich durch eine „Reduktion eines Unendlichen auf jeweilige Themen; durch ein Vergessen also".[2] In den scheinbar unverkürzten Massen an Geschichten und Schicksalen der Narrenburg drohen deshalb Selbstverlust und Wahnsinn. In diesem Sinne zeichnet die Erzählung das Longin'sche Erhabene[3] nach, wonach nur das „wahrhaft groß ist [...], wogegen man nur schwer, besser gesagt, gar nicht, aufkommt und was sich dem Gedächtnis fest und unauslöschlich einprägt."[4] Das

---

1 Die Narrenburg. In: HKG, Bd. 1,4, S. 410 f.

2 Weinberg, Erinnerung und Gedächtnis, 2006, S. 657 und 17.

3 Auch bei Burke wird ein möglicher Selbstverlust im Erhabenen angesprochen: „In this case the mind is so entirely filled with its object, that it cannot entertain any other, nor by consequence reason on that object which employs it. Hence arises the great power of the sublime, that far from beeing produced by them, it anticipates our reasonings, and hurries us on by an irresistible force." Allerdings verlangt Longins Erhabenes sehr viel deutlicher nach einem Selbstverlust als das Burkes, denn Burke setzt einen sicheren Standort des Subjekts voraus: „When danger and pain press too nearly, they are incapable of giving any delight, and are simply terrible". Burke, A Philosophical Enquiry, S. 39 und 25.

4 Longinus, Vom Erhabenen, 1988, S. 17 (7,3). In Johann Georg Schlossers Übersetzung von 1781 heißt es: „Denn das ist nur wahrhaft groß, was sich immer, je öfter man es hört, tiefer und tiefer eindrückt, und endlich so fest in der Seele hängt, daß man es schwer, oder gar nicht mehr her-

https://doi.org/10.1515/9783110498219-014

Erhabene in der *Narrenburg* wird also in erster Linie nicht über das ‚gemischte Gefühl' – textueller Ausdruck der Empfindung in anderen Erzählungen und im *Nachsommer* – vermittelt; in der Erinnerung der Figuren zeigt sich das Erhabene nicht über seine Widersprüchlichkeit, sondern über eine absolute Identifikation mit der Vergangenheit,[5] die ein eigenständiges Leben in der Gegenwart nahezu unmöglich macht. Die Protagonisten der *Narrenburg*, Heinrich und Jodok, entwickeln je unterschiedliche Strategien, dieses Longin'sche Erhabene zu bewältigen, um so dem Wahnsinn – vorgeführt anhand des Kastellans Ruprecht – zu entgehen.

Die Erzählung[6] beginnt mit dem ‚gegenwärtigen' Protagonisten Heinrich. Eigentlich zum Zweck des Steine- und Pflanzensammelns in die Fichtau gekommen, entdeckt er eines Tages die Mauern eines Schlosses. Im anschließenden Gespräch mit dem Wirt Erasmus entsteht in Heinrich der Verdacht, ein Nachfahre der früheren Besitzer, der „recht närrischen Familie" Scharnast zu sein und somit Anspruch auf das Schloss zu haben. Um der Sache auf den Grund zu gehen, besucht er zusammen mit seinem Freund, dem Stadtschreiber Robert, die Anlage, die sie, geführt vom Kastellan Ruprecht, ausführlich erkunden. In den folgenden Wochen gelingt es den Freunden, Heinrichs Anspruch auf das Schloss zu bekräftigen – Heinrich kann, zusammen mit seiner frisch angetrauten Ehefrau Anna, das Schloss beziehen und beginnt mit einer umfassenden Restaurierung der Bauwerke. Allerdings ist sein Erbe an außergewöhnliche Bedingungen geknüpft, denn „Hanns von Scharnast hatte ein lächerliches Fideicommiß gestiftet", wonach jeder Erbe der Burg zwei Dinge leisten muss: „*[E]rstens* mußte er schwören, daß er [...] seine Lebensgeschichte aufschreiben wolle, und zwar von der Zeit seiner ersten Erinnerung an bis zu jener, da er nur noch die Feder zu halten im Stande war [...]; – *zweitens* mußte er schwören, daß er sämmtliche [...] Lebensbeschreibungen lesen wolle". Der Grund für diese Klausel liegt in Hanns' Narrheit, denn „obwohl er ein sehr frommer und tugendhafter Mann war, so hatte er doch in seinem Leben so viele Narrheiten und Uebereilungen begangen, [...] daß er beschloß, alles haarklein aufzuschreiben, damit sich Jeder, der nach ihnen käme, daran zu spiegeln und zu hüten vermöge."[7] Die erste Schrift, die Heinrich

---

ausbringen kann." Longin, Vom Erhabenen, 1781, S. 69. Beide Übersetzungen werden zur Interpretation der *Narrenburg* herangezogen.

5 Nach Hans-Thies Lehmann und Winfried Menninghaus fordert das Longin'sche Erhabene eine solche Identifikation. Vgl. Lehmann, Das Erhabene ist das Unheimliche, 1989, S. 754; Menninghaus, Macht und Gewalt in Longins und Kants Erhabenem, 1991, S. 4f.

6 Diesem Kapitel liegt die Buchfassung der *Narrenburg* zugrunde (1844); die Journalfassung erschien 1842 im *Iris*-Taschenbuch für 1843. Vgl. Mayer, Erzählen als Erkennen, 2001, S. 48.

7 Alle Zitate aus Die Narrenburg. In: HKG, Bd. 1,4, S. 329 und 321 f.

liest, ist die Jodoks, der dadurch zum ‚Protagonisten der Vergangenheit' firmiert; aus ihr erfährt Heinrich vom Ehebruch Chelions mit Sixtus, dem Bruder ihres Mannes, und von Jodoks daraus resultierendem, aber nicht in die Tat umgesetzten Plan, Chelion zu töten.

Die *Narrenburg* besteht also für Stifters Verhältnisse aus außergewöhnlich vielen Erzählsträngen – ein Umstand, der ihr seitens der Forschung, besonders in älteren Beiträgen, viel Kritik einbrachte. Der „künstlerische Wert der *Narrenburg*" werde, so Erich Burgstaller, „gemindert durch offensichtliche Mißstimmigkeiten zwischen äußerer und innerer Gliederung und durch stellenweise recht umständliche Handlungsführung"; „[e]rzähltechnisch" nehme sie aber „eine interessante Stellung im Stifterschen Œuvre ein. Sie zeigt den Dichter auf der Suche nach der zähmenden Form, im Bemühen um das bändigende Ebenmaß in der Darbietung des noch reichlich wirren Stoffes."[8] Nach Rudolf Wildbolz gebe *Die Narrenburg* aufgrund ihrer Mängel „viel von dem preis[], was als ‚Ursprung' und als bewußtes ‚Ziel' durch die Lektüre des Gesamtwerkes bestätigt wird". Deshalb könne man „aus der Kenntnis der ‚Narrenburg' recht eindringlich […] verstehen, was dann im ‚Nachsommer' unter der Oberfläche mitschwingt", nämlich „die Subjektivität, welche die Entfaltung des Ichs aus Leidenschaft begehrt und dieses Ich eben dadurch zerstört." Für die Zerstörung des Ich stehe Jodok, der in seiner Lebensbeschreibung „zugleich für den Erzähler Stifter" spreche. Heinrich dagegen stehe für „Verharmlosung" und „Formalisierung seines zunächst unbürgerlichen Suchens in abgemessener Alltäglichkeit, die Leerheit verrät"; in seinem Fall handle es sich um „bloße Wiederholung spannungsloser Gegenwart", da er „der Lektüre abschreckender Schicksale gar nicht bedürftig" sei.[9] Auch Klaus Neugebauer stellt das Schicksal Jodoks gegen das Heinrichs: Letzterer habe „nicht mehr den Wunsch nach ausufernden, in die Geschichte eingreifenden Handlungen"; so werde die „Sinnlosigkeit dieses Geschichtsgangs", die Jodok noch betraf, „von Stifter […] erzählerisch balanciert mit dem neuen, in der Tat geschichtsfreien, und positiv gemeinten Anfang des Heinrich Scharnast."[10] Nach der älteren Forschung[11] enthalte *Die Narrenburg* also bereits die für Stifter essentiellen Formen, Motive und Themen, diese seien aber erst im *Nachsommer* vervollkommnet; insofern handle es sich bei der *Narrenburg* um eine missglückte Erzählung. Eine

---

8 Erich Burgstaller, Zur künstlerischen Gestalt von Adalbert Stifters *Narrenburg*. In: Seminar. A Journal of Germanic Studies 12 (1976), S. 89–108, hier 107 f. und 90.

9 Wildbolz, Langeweile und Faszination, 1976, S. 22 f. und 26 f.

10 Klaus Neugebauer, Selbstentwurf und Verhängnis. Ein Beitrag zu Adalbert Stifters Verständnis von Schicksal und Geschichte, Tübingen 1982, S. 69–71.

11 Zu erwähnen bleibt noch Erika Tunners Studie zur Farbsymbolik. Erika Tunner, Farb-, Klang- und Raumsymbolik in Stifters *Narrenburg*. In: Recherches Germaniques 7 (1977), S. 113–127.

solche Einordnung führt aber zwangsläufig dazu, dass der Erzählung ein eigener Wert jenseits der nachsommerlichen Idylle abgesprochen wird, ein Vorgehen, das in der Stifterforschung zwar weit verbreitet ist,[12] das jedoch der Komplexität der *Narrenburg* kaum gerecht werden kann.

Trotz der recht eindimensionalen älteren Forschung sind in den letzten zwanzig Jahren einige Studien erschienen, die der Komplexität der Erzählung gerechter werden.[13] Dazu zählt Christian Begemanns *Welt der Zeichen*, worin auch *Die Narrenburg* vor dem Hintergrund eines ‚durchkreuzten Gegensatzes‘ von Natur und Kultur interpretiert wird:[14] Das Schloss sei der Ort der Kultur und Geschichte im Sinne eines „überdimensionierte[n] Aufzeichnungssystem[s]“, der aber zunehmend von der Natur zurückerobert werde; die Fichtau dagegen erscheine als Ort der „reine[n] Natur“, welcher Natur aber „negiert“ und „substituiert“. Die „Gegensätze befinden sich also in einem ständigen semiotischen Austausch, auf jeder Seite wiederholt sich die Spaltung der Natur, ein Geflecht von Korrespondenzen überlagert die Opposition.“[15] Roland Schneider geht in Anschluss an Begemann dem „widersprüchlichen Verweisungszusammenhang von Natur und Kultur“ in der Figur der Chelion nach. Zum einen sei „die Opferung und Eliminierung der ursprünglichen Natur“ schon in Jodoks Suche nach ihr „angelegt“; zum anderen weise Chelion selbst Züge der Kultur der Burg auf.[16] Sigrid Weigel wirft der semiotischen Lesart Begemanns allerdings vor, den Aspekt der biologischen Vererbung gegenüber dem kulturellen zu marginalisieren. Stifters Text bekomme über „ein subtiles Zusammenspiel von leiblicher Reproduktion und verschiedenen Kulturtechniken wie Schrift, Bild und Architektur“ eine ganz eigene Dynamik. Begemanns Konstruktion des ‚durchkreuzten Gegensatzes‘ von Natur und Kultur führe aber zu einer Verfremdung der „zeitgenössischen Semantik“ dieser Kulturtechniken, da Begemann deren Begrifflichkeiten in eine aktuellere Terminologie übertrage. Unabhängig von ihrer These, wonach Stifters *Narrenburg* die „einsetzende[] Verwissenschaftlichung genealogischen Wissens“

---

12 So bezüglich *Brigitta* Hertling, Stifters *Brigitta* als Vor-‚Studie‘ zum *Nachsommer*, 2002/2003. Bezüglich *Nachkommenschaften* Seeber, Der Humor in Stifters *Nachkommenschaften*, 2006, besonders S. 305–307; Meyer-Sickendiek, Bedingungen moderner Idyllik bei Jean Paul und Stifter, 2007, besonders S. 313 f.

13 Vgl. dazu Mayer, Erzählen als Erkennen, 2001, S. 49.

14 Für eine ausführlichere Darstellung vgl. die *Einleitung* in dieser Arbeit, S. 6–8.

15 Begemann, Welt der Zeichen, 1995, S. 224–226 und 237. Begemann überträgt diesen ‚durchkreuzten Gegensatz‘ auch auf Jodok und Chelion: In deren Beziehung wiederhole sich die „Grundopposition von Kultur und Natur“. Vgl. ebd., S. 235.

16 Vgl. Schneider, Zum Problem von Natur, Kultur und Subjekt, 2002, S. 134–136.

im neunzehnten Jahrhundert abbilde,[17] scheint mir Weigels Kritik berechtigt; Begemanns Konstruktion sowie seine semiotische Lesart lassen zudem ein Deutungsmuster entstehen, in dem kaum Raum für Aspekte bleibt, die sich nicht in diesen Dualismus einordnen lassen.

Dennoch beziehen sich einige Beiträge auf Begemanns Ausführungen, darunter auch Jutta Müller-Tamms, die dem Aspekt der „Verschriftlichung des Lebens" in der Erzählung nachgeht. Begemann deute das Schriftprinzip zwar richtig als „Ausfaltung der Ambivalenz des Zeichen zwischen Buchstäblichkeit und Bedeutung", übersehe aber, dass die Erzählung selbst „gelingende[] Schrift" sei: „[I]nnerhalb einer Erzählung werden zwei Aufschreibemodelle gegeneinander in Stellung gebracht: die unmittelbare Verschriftlichung des Lebens, wie sie die Autobiographien der Scharnasts [...] vertreten, und die Literarisierung des Lebens, wie sie die *Narrenburg* selbst repräsentiert." Erzähler der *Narrenburg* sei Heinrich, dem es „um die Entgegensetzung von Aufschreiben und Dichten, von Autobiographie als subjektiv-unmittelbarem Schreiben und Dichtung als Form der Selbstdistanzierung" gehe. „Im vorausgesetzten Wechsel vom Ich- zum Er-Sagen" werde er so „als Dichter zum Erlöser seiner selbst und seines Geschlechts", und Literatur zur Bedingung von Identität und zur „Form eines gelingenden Lebens".[18] In diesem Kapitel wird sich dagegen zeigen, dass das die Erinnerung begleitende Longin'sche Erhabene eine von den Schicksalen der Scharnasts unabhängige Identitätsbildung verhindert. Zudem legen die unterschiedlichen Strategien zur Bewältigung des Erhabenen, die in der Erzählung anhand von Jodok und Heinrich dargelegt werden, sowie deren Erfolgsaussichten den Schluss nahe, dass Heinrich gerade nicht der Erzähler der *Narrenburg* sein kann. Auch nach Michael Titzmanns viel beachteter Lektüre *Text und Kryptotext* der *Narrenburg* kann Heinrich

---

17 Vgl. Sigrid Weigel, Genea-Logik. Generation, Tradition und Evolution zwischen Kultur- und Naturwissenschaften, München 2006, S. 147 und 152. Es handle sich um eine „Geschlechtererzählung" im Sinne einer Wiederherstellung des Geschlechts durch Zugabe eines „neuen Samenkorns" (Heinrich und Anna), also um „Genea-Logie im buchstäblichen Sinne", um „Geschlechts-Kunde". Vgl. ebd., S. 148 f. Marcus Twellmann greift in seinem Beitrag auch auf den Begriff des Geschlechts zurück; er sieht in der *Narrenburg* allerdings keinen Vorgriff auf genealogisches Wissen, sondern vielmehr einen Rückgriff auf den vormodern geprägten Begriff des Hauses: „Dass Stifters späte Erzählungen irritierend wirken", habe „darin einen Grund, dass sie bürgerliche Leser mit vorbürgerlichen Wahrnehmungsformen konfrontieren." Vgl. Marcus Twellmann, Spätökonomik. Zum ‚Haus' in Adalbert Stifters letzten Erzählungen. In: Deutsche Vierteljahrsschrift für Literaturwissenschaft und Geistesgeschichte 83 (2009), S. 597–618, hier 600 f.
18 Vgl. Jutta Müller-Tamm, ‚Alles nicht zu Ende, alles falsch ...'. Allegorie und Erzählstruktur in Stifters ‚Narrenburg'. In: Zeitschrift für Germanistik. Neue Folge 17 (2007), S. 561–574, hier 563–565 und 570.

kaum als ‚Erlöser' aller Scharnasts gesehen werden. Über den Begriff des Kryptotexts, der dem eigentlichen Text unterlegt sei und der auf diese Weise das Fremde und Verleugnete in der Psyche der Figuren zeige, erklärt Titzmann den Ehebrecher Sixtus zur verleugneten Hälfte von Jodok selbst; eine Tragik, die in der gegenwärtigen Idylle Heinrichs nur aufgefangen werde.[19] Auch wenn Titzmanns Beitrag einige wichtige Aspekte der *Narrenburg* erstmals ausführlich analysiert,[20] ist es kaum notwendig, einen Kryptotext anzunehmen bzw. über einen solchen den Figuren ihre Eigenständigkeit zu nehmen, um den Einbruch des Fremden oder Anderen aufzuzeigen – mir scheint vielmehr, als liege schon in der Burg selbst und in der darin aufgehobenen, scheinbar unendlichen Erinnerung ein bedrohliches Fremdes, das jeder Identitätsbildung entgegensteht.

Katharina Grätz beschäftigt sich mit der Zeit im Zeichen des Historismus in der *Narrenburg*. Es gehe um „Grenzverwischung", die sich vor allem in der Burganlage zeige: „Historische Zeit scheint im Gegenständlichen kristallisiert und zum Stillstand gekommen; Museum und Gegenwart werden kongruent." So entstehe ein „Panoptikum der Geschichte", in dem keine historische Chronologie entfaltet werde; vielmehr gehe der Text „von der Präsenz des Gegenständlichen aus" und werfe „lediglich Schlaglichter auf die Vergangenheit". Stifter konstatiere so den „Zerfall der Tradition und den damit verbundenen Verlust von Gegenwart" und thematisiere die „Kehrseite des Fortschritts", indem er „die in der Gegenwart akkumulierten und bedeutungslos gewordenen Zeichen" in den Blick nehme.[21] Auch Hans-Georg von Arburg geht es um die Frage nach der Verquickung von Tradition und Fortschritt speziell in der Architektur. Stifters Erzählung stehe zwischen „Historismus und Neuem Bauen", wobei „mit der Erneuerung der Baukunst aus historischen Vorbildern" die „Renovierung der Dichtkunst im Banne der Tradition" verschränkt sei.[22] In dieser Lektüre wird sich dagegen zei-

---

19 Der Text der *Narrenburg* sei so „konstruiert, *als ob* er einen Kryptotext präsupponiere." Vgl. Michael Titzmann, Text und Kryptotext. Zur Interpretation von Stifters Erzählung ‚Die Narrenburg'. In: Laufhütte, Hartmut/Möseneder, Karl (Hg.), Adalbert Stifter. Dichter und Maler, Denkmalpfleger und Schulmann. Neue Zugänge zu seinem Werk, Tübingen 1996, S. 335–373, hier 358–361 und 366.

20 Z. B. die Erotik in Jodoks Mordphantasien und im Gewitter, das in der Nacht des Ehebruchs über der Burg hereinbricht. Vgl. ebd., S. 356 f.

21 Katharina Grätz, Traditionsschwund und Rekonstruktion von Vergangenheit im Zeichen des Historismus. Zu Adalbert Stifters *Narrenburg*. In: Deutsche Vierteljahrsschrift für Literaturwissenschaft und Geistesgeschichte 71 (1997), S. 607–634, hier 608 f. Grätz liest die *Narrenburg* als „Schlüsseltext" des Historismus. Ebd., S. 634.

22 Hans-Georg von Arburg, Neues von der *Narrenburg*? Stifters Architekturen zwischen Historismus und Neuem Bauen. In: Gamper, Michael/Wagner, Karl (Hg.), Figuren der Übertragung. Adalbert Stifter und das Wissen seiner Zeit, Zürich 2009, S. 109–133, hier 110.

gen, dass erst Heinrichs Restaurierung die Burg in ein gedächtnisloses Museum verwandelt, denn erst hier werden die Spuren der Vergangenheit und damit auch das Erhabene zum Verschwinden gebracht.

Ein weiterer Aspekt der Forschungsgeschichte zur *Narrenburg* ist die schon von Müller-Tamm erwähnte Schriftlichkeit,[23] die in der Erzählung verhandelt wird. Nach Marcus Hahn ist in der Erbschaftsregelung der Scharnasts unschwer „eine Metapher für ‚Literatur‘ zu erkennen", die aber kaum identitätsfestigend wirken könne: „Gegründet, um zur moralischen *imitatio* anzuleiten, setzt der monströse Textspeicher eine Logik originalitätsästhetischer *emulatio* in Gang" und verursache so „die Ökonomie der Überbietung" – also die Narrheit der Scharnasts –, die sie eigentlich verhindern soll.[24] Britta Herrmann dagegen interpretiert „Familie – das ‚Wort‘ für Geborgenheit, Geschichte und ewiges Leben – als Gegenentwurf zu einer existenziellen Unbehaustheit, zur Vereinzelung und temporalen Beschleunigung". Die Schriften seien Zeichen dafür, dass die rein biologische Vererbung nicht mehr ausreicht: *Die Narrenburg* markiere somit „ein Bedürfnis, Biologie und Schrift ineinander zu übersetzen und auf diese Weise das Konzept ‚Familie‘ als eines der Dauer und der Kontinuität zu begründen."[25]

Im Folgenden wird sich dagegen zeigen, dass weder das Gedächtnis der Schriften noch das der Burganlage – als Gedächtnis, als Speicher der Vergangenheit des Geschlechts fungieren beide – geeignet sind, über die Erinnerung, wie sie von den Figuren im Narrativ erlebt wird, Dauer und Kontinuität oder Identität herzustellen: Denn die Zeit, die sich jeweils darin darstellt, verliert für keinen der Protagonisten ihren bedrohlichen Charakter. Das diffuse Gefühl der eigenen Vergänglichkeit angesichts der Masse an verfallenden Gebäuden und der Masse an längst vergangenen, aber immer wieder erinnerten Schicksalen bleibt über die gesamte Erzählung hinweg bestehen. Gerade diese eigentümliche Verschwommenheit ist es, die es nahelegt, dieses Gefühl angesichts einer scheinbar nichts vergessenden Vergangenheit mit dem Erhabenen zu fassen; schließlich wird im Erhabenen das Unendliche thematisiert[26] und damit festgestellt, eine Wider-

---

23 Demnach seien „Selbsterzeugung, Selbsterwerb durch und als Literatur [...] das eigentliche Thema der *Narrenburg*". Müller-Tamm, Allegorie und Erzählstruktur, 2007, S. 567.

24 Hahn, Epigonalität/‚Postmoderne‘, *Narrenburg/Nachkommenschaften*, 2006, S. 57 f.

25 Britta Herrmann, Verweigerte Ich-Ausdehnung, historische Kontinuitätsbildung und mikroskopische Wirklichkeit. Familienroman im 19. Jahrhundert. In: Deutsche Vierteljahrsschrift für Literaturwissenschaft und Geistesgeschichte 84 (2010), S. 186 – 208, hier 198 und 204.

26 Nach Kant entsteht das erhabene Gefühl angesichts von „Erscheinungen, deren Anschauung die Idee ihrer Unendlichkeit bei sich führ[en]". Kant, Analytik des Erhabenen, 1968, S. 342. Bei Burke heißt es: „The ideas of eternity, and infinity, are among the most affecting we have". Burke, A Philosophical Enquiry, 2008, S. 43. Bei Longin ist der Bezug auf das Unendliche nicht so eindeutig; Schlosser nutzt aber in seiner Übersetzung von 1781 ein Vokabular, das deutlich vom

sprüchlichkeit, die nach Manfred Weinberg auch dem Gedächtnis eigen ist: „Thematisierung und Unendlichkeit stehen in einem Ausschlussverhältnis. Die Formel vom ‚unendlichen Thema' ist [...] paradox – und gerade deshalb dem Phänomen des Gedächtnisses angemessen." Dieses Paradox resultiere daraus, „dass das Gedächtnis einerseits stets als begrenzt erscheint, dass aber andererseits immer auch etwas über solche Begrenzungen Hinausgehendes mit ‚im Spiel' ist."[27] Indem Weinberg die widersprüchliche Struktur der Zeitlichkeit im Kant'-schen Erhabenen als „Prozess einer ‚vorausgeeilten Konsequenz'" erfasst, „die in der Erinnerung erst jenes hervorbringt, was dem ganzen Prozess vorausgesetzt erscheint", kann er „das Erhabene mit den besonderen Verhältnissen des Gedächtnisses [...] zuletzt zur Deckung" bringen.[28] In der Burganlage wie in den Schriften ist das, was nach Weinberg Gedächtnis und Erhabenes gleichermaßen ausmacht, literarisch bearbeitet, nämlich die Thematisierung der Unendlichkeit – also der Versuch, das Unendliche zu fassen. Das Erhabene in der *Narrenburg* trägt dabei aber nicht Züge des Kant'schen Entwurfs, sondern – so wird sich im Folgenden zeigen – Züge einer Longin'schen „Vergegenwärtigung", in der die erfahrene „Seelengröße" des Redners oder Dichters nachgeahmt wird: „Denn unsere Seele wird durch das wirklich Erhabene von Natur aus emporgetragen, schwingt sich hochgemut auf [...], als hätte sie selbst geschaffen, was sie hörte."[29]

Erhabenen des achtzehnten Jahrhunderts gefärbt ist: „Deswegen begnügt sich auch unsere Aussicht nicht mit den Gränzen dieser Welt allein; sondern unsere Gedanken steigen darüber hinaus ins *Unendliche*. Sehet an den ganzen Kreis der menschlichen Dinge! Ueberzeugt uns nicht unser ganzes Gefühl von dem größern Eindruck des Großen und Schönen, wozu wir geboren sind? Schon von Natur bewundern wir nicht den Lauf des kleinen Bachs, so hell er dahin fließt, so nützlich er ist; aber, wie *erweitert sich unsere Seele* beim Anblick des Nils, der Donau, des Rheins, und vor allem des Oceans?" Longin, Vom Erhabenen, 1781, S. 219 f., Hervorhebung E. H.

27 Hans-Georg Gadamer sprach vom „unendlichen Thema" der Memoria. Vgl. Weinberg, Erinnerung und Gedächtnis, 2006, S. 10 f.

28 Ebd., S. 540. Weinberg setzt die zeitliche Struktur des Kant'schen Erhabenen mit anderen Fassungen gleich: „Die lineare Zeit, die allen Anschauungen ‚zum Grunde liegt', gründet ihrerseits auf dem Abgrund eines anderen, nicht-linearen Zeit-Modells, in dem die Zeit keine der Anschauung vorausgehende, sondern in ihr je erst hervorgebrachte ist". Deshalb gewähre „das Erhabene einen kurzen Blick auf solche vorausgeeilte Konsequenz. Allerdings wird in der zweiten Phase des erhabenen Gefühls die ‚radikal unverfugte Zeit' auch wieder ‚verfugt' [...], indem [...] gleichsam eine Ersatzsynthese über die vernünftige Erkenntnis eigener Unendlichkeit vorgenommen wird [...]. So wird auch im Erhabenen zuletzt die andere Zeit wieder vergessen und die alte – lineare – Erinnerungsordnung wieder hergestellt. Dieser Bruch aber charakterisiert somit offensichtlich *alle* Fassungen des Erhabenen – jenseits ihrer sonstigen stärkeren Ausrichtung auf anschauliche Darstellung oder bloß vernünftige Vorstellung." Ebd., S. 536.

29 Longinus, Vom Erhabenen, 1988, S. 51 (15,12) und 17 (7,2). Nach Longin ist das Erhabene „Widerhall von Seelengröße" des Redners bzw. Dichters. Vgl. ebd., S. 21 (9,2).

Mit Weinberg gelesen geht es bei Longin immer auch um Erinnerung, denn das, „was die Seele als Erhabenes vernimmt und was in ihr nachhallt, was sie erinnernd wiederholt, wird *so* wahrgenommen, dass es als selbst Hervorgebrachtes erscheint und sein Wiederholungscharakter vergessen bleibt."[30] In diesem Sinne steht das Erhabene Longins, so Hans-Thies Lehmann, im Zeichen der „Ekstase", der „Erschütterung", des „Rausch[s]" und der „irrationale[n] Hingebung an den Augenblick". Hier herrsche „die performative Sprache, das Urteilsvermögen" werde dagegen „hintangesetzt", so dass es zu einer „Identifikation" des Zuhörers mit dem Redner komme.[31] In der *Narrenburg* ist es dabei nicht nur – um Longins Bezeichnung zu übernehmen – eine Rede, die durch die Figuren ekstatisch erinnert wird; es ist die gesamte, siebenhundertjährige Geschichte der Scharnasts,[32] wie sie sich in der Burganlage und in den Schriften, also im Gedächtnis des Geschlechts, abbildet, dessen Schicksale in der Erinnerung immer wieder nachgelebt werden müssen. Heinrich und Jodok entwickeln dabei je unterschiedliche Strategien zur Bewältigung des ihre Erinnerung begleitenden Erhabenen, um so dem Wahnsinn Ruprechts zu entgehen.

Die unendliche Vergangenheit und ihre Abbilder in der Gegenwart sind in der *Narrenburg* aber nicht nur Thema – das Motto lautet: „Sieh nur, welch düstere Geschichten diese Trümmer reden"[33] –, sondern auch Rahmung. Nach einem Blick in die „grüne Fichtau", der neben der idyllisch anmutenden Landschaft auch Heinrich und seine zukünftige Gattin Anna vorstellt, wechselt die Erzählung auf das „graue Schloß" der Scharnasts[34] – dabei kommen Erhabenes wie Erinnerung gleichermaßen ins Spiel:

> Allein der Zweck der vorliegenden Blätter führt uns aus dieser harmlosen Gegenwart, die wir mit Vorliebe beschrieben haben, einer dunklen schwermüthigen Vergangenheit entgegen, die uns hie und da von einer zerrissenen Sage, oder einem stummen Mauerstücke erzählet wird, denen es wir wieder nur eben so dunkel und mangelhaft nacherzählen können. Zu Ende versprechen wir wieder in die Gegenwart einzulenken, und so ein dämmerndes, düsteres Bild in einen heitern freundlichen Rahmen gestellt zur Ansicht zu bringen.[35]

---

30 Weinberg, Erinnerung und Gedächtnis, 2006, S. 488.

31 Lehmann, Das Erhabene ist das Unheimliche, 1989, S. 754.

32 Vgl. Die Narrenburg. In: HKG, Bd. 1,4, S. 375.

33 Ebd., S. 320.

34 So die jeweiligen Kapitelüberschriften. Vgl. ebd., S. 321 und 353. Nach Arburg bleibe das „Verhältnis zwischen historischer Vergangenheit und lebendiger Gegenwart" nicht stabil. Vielmehr werde es „als ein vertracktes und unabschließbares problematisiert". Arburg bezieht sich dabei auf Heinrichs Blick von der Bergzunge der Burg in die Fichtau, in dem sich das Bild verkehre; allerdings zieht er hier nicht die Studien-, sondern die Journalfassung der *Narrenburg* heran. Vgl. Arburg, Stifters Architekturen, 2009, S. 120 f.

35 Die Narrenburg. In: HKG, Bd. 1,4, S. 361.

Der Erzähler stellt das ‚dämmernde, düstere Bild' der Vergangenheit des Schlosses in einen ‚heitern freundlichen Rahmen' und verbindet so die Fichtau mit dem Schloss im Paradox des Erhabenen.[36] Dabei kennzeichnet er die Vergangenheit des Schlosses nicht nur als abgründig erhaben, sondern auch sein eigenes Erzählen als dieser Abgründigkeit angemessen, nämlich ebenso fragmentarisch. Seine Quellen bezieht er aus ‚zerrissenen Sagen, oder einem stummen Mauerstücke'; es kann also kaum ein lückenloser Bericht erwartet werden. Der Mangel des Erzählens rührt vom Mangel des Erinnerns her, das nach Weinberg immer verkürzt und der Unendlichkeit des Vergangenen unangemessen sein muss, zugleich aber das Wissen um die Unendlichkeit weiter bereithält. Eine stabile, sich selbst nicht in der Zeit bzw. in der Unendlichkeit verlierende Erinnerung ist also nur um den Preis des Vergessens möglich; nur so kann zumindest ein Ausschnitt der eigentlich unendlichen, also nicht zu fassenden Vergangenheit in die Gegenwart transportiert und erinnert werden. Auch das Erhabene versuche, nach Weinberg, die Unendlichkeit zum Thema zu machen und so festzustellen: Hierbei wird „in der zweiten Phase [...] die ‚radikal unverfugte Zeit' auch wieder ‚verfugt' [...], indem [...] gleichsam eine Ersatzsynthese über die vernünftige Erkenntnis eigener Unendlichkeit vorgenommen wird".[37] In der *Narrenburg* wird dieses erhabene Paradox der Erinnerung umschrieben und als gegeben akzeptiert: ‚Wir' werden die Ereignisse ‚wieder nur eben so dunkel und mangelhaft nacherzählen können'. Der Erzähler schreibt also dem eigenen Erzählen das Vergessene der Erinnerung mit ein, ohne das Vergessene zu vergessen und ohne zu vergessen, dass das Vergessene jederzeit im Erhabenen aufblitzen kann.[38] Die Opposition zwischen „eine[r] holde[n] Gegenwart" und einer „unklare[n] Vergangenheit"[39] lässt dabei das Erhabene der Erzählung – geknüpft an die unendlichen, gleichzeitig vom Vergessen gezeichneten und das Vergessene nie ganz vergessenden Zeiträume des Erinnerns – schon entstehen. Nicht der Fichtau wird dieses Paradox zugeschrieben: Sie bleibt bis zuletzt „heiter" und den „trüben Geschichten des Rothensteins" entgegengesetzt,[40] sie bleibt scheinbar vergangenheitslose Gegenwart.

---

36 Stifter verbindet immer wieder ‚Düsteres' mit ‚Heiterem' bzw. Schönheit. So ist in der gleichnamigen Erzählung die Rede von Brigittas „schönen düstern Augen". Brigitta. In: HKG, Bd. 1,5, S. 447. In *Zwei Schwestern* kommt die „düstere Schönheit" der Hochebene zu. Zwei Schwestern. In: HKG, Bd. 1,6, S. 261.

37 Vgl. Weinberg, Erinnerung und Gedächtnis, 2006, S. 128 und 536.

38 Vgl. ebd., S. 546.

39 So heißt es an einer anderen Stelle. Die Narrenburg. In: HKG, Bd. 1,4, S. 369.

40 So ihr Name; die Bezeichnung „Narrenburg" kommt von den Fichtauern. Vgl. ebd., S. 434 und 411.

Die Burg aber ist von der eigenen Vergangenheit gezeichnet; in welchem Maße, zeigt sich schon auf Heinrichs und Roberts Weg dorthin:

[H]eute finden wir die zwei Freunde, Robert und Heinrich, allein, wie sie, ehe noch die Strahlen des ganz heitern Tages heiß zu werden begannen, den verhängnißvollen Berg zu dem Schloss Rothenstein hinanstiegen [...]. Die laue Vormittagsluft seufzte schwermüthig in den Zweigen, und je höher sie kamen, wurde es immer einsamer, und das sonntägliche Schweigen der Fluren wurde immer noch tiefer und noch schweigender. Endlich gelangten sie zu einer grauen, von dichten Fichtenzweigen gestreichelten eisenglatten Mauer von ungewöhnlicher Höhe. Dem Fahrwege der Allee gegenüber stand der weiße Fleck des zugemauerten Thores, und darüber starrten mißstimmige Trümmer eines Wappens.[41]

Hier werden durch den Erzähler unbelebten Dingen Gefühle zugesprochen, die an dieser Stelle zudem kaum verständlich sind. Dem Leser kann sich trotz des oben dargelegten Erzählerkommentars und trotz des Gesprächs zwischen Heinrich und dem Wirt,[42] in dem einiges über die Burg angedeutet wird, zumindest nicht vollständig erschließen, warum es sich um einen ‚verhängnißvollen Berg' handelt, dessen Geschichten offenbar so traurig sind, dass selbst die Luft ‚schwermüthig' seufzt und die Trümmer des Wappens ‚mißstimmig' starren. Den hier artikulierten Gefühlen fehlt ein eindeutiges Subjekt, das sie empfindet – sie bleiben abstrakt, aber dennoch vorhanden.[43] Dabei werden die Trümmer über das Verb ‚starren' auf eigentümliche Weise belebt; sie erscheinen, mit Jacques Lacan, als Bild, in dem sich etwas „Blickhaftes" manifestiert, obwohl weder Augenpaare noch eine menschliche Gestalt zu sehen sind.[44] Es entsteht ein „feststeckende[r]

---

41 Ebd., S. 363.

42 Vgl. ebd., S. 361 und 326–339.

43 Hartmut Böhme versucht, den topischen Gegensatz zwischen Natur und Kultur über „objektive Gefühle" aufzuheben, indem er Natur „nicht [...] als unser Echo", sondern uns „als das ihre" definiert, z. B. in der Trauer: „Die Trauer der Natur kann nicht eine individuelle Trauer sein. Sie ist vielmehr eine allgemeine und abstrakte, gleichsam subjektlose Trauer. Es ist auch keine Trauer, die der Natur an sich zu käme – jenseits und außer ihres Wahrgenommenwerdens. Gleichwohl ist die Trauer objektiv – sie soll der Natur, nicht uns zukommen." Hartmut Böhme, Gibt es objektive Gefühle? – Zu einem Problem der Naturästhetik aus der Sicht der Goethezeit. In: Zimmermann, Jörg (Hg.), Ästhetik und Naturerfahrung, Stuttgart-Bad Cannstatt 1996, S. 13–25, hier 16 und 19 f.

44 Nach Lacan manifestiert sich in jedem „Bild mit Sicherheit immer etwas Blickhaftes. [...] Selbst wenn Sie Bilder vor sich haben, denen der sogenannte Blick, den ein Augenpaar bildet, fehlt, Bilder, auf denen Sie keine Darstellungen der menschlichen Gestalt finden, [...] werden Sie letzten Endes filigranhaft etwas sehen, das für den einzelnen Maler so spezifisch ist, daß Sie das Gefühl der Gegenwart eines Blicks haben." Denn: „Auf dem Feld des Sehens gliedert sich alles zwischen zwei Polen, die in einem antinomischen Verhältnis zueinander stehen – auf seiten der Dinge gibt es den Blick, daß heißt, die Dinge blicken mich/gehen mich an, und ich wiederum sehe

Blick", der, so Slavoj Žižek unter Bezug auf Lacan, „einen Fleck im Realen, ein Detail, das aus dem Rahmen der symbolischen Realität ‚heraussticht', kurz, einen traumatischen *Überschuß des Realen über das Symbolische*" isoliert und, ohne eingelöst zu werden, dem Leser „für einen Augenblick aufgedrängt wird."[45] Im ‚Starren' der Trümmer kehrt sich so das Verhältnis zwischen Realem und Symbolischen um: Nach Lacan sind Symbole „Elemente, die absolut nichts mit der Realität zu tun haben", die dennoch „Punkte" darstellen, „an denen das Symbol die menschliche Realität konstruiert, an denen es diese menschliche Realität erschafft". Das Symbolische ist also „[a]ll das", was „keine sinnliche Evidenz in der menschlichen Realität" hat, das aber „anschließend [seine] Bestätigung in der Realität finden" kann.[46] Hier nun wird, über Žižeks ‚feststeckenden Blick', etwas eigentlich Symbolisches sinnlich der Realität zugesprochen; die ‚starrenden Trümmer' erhalten so eine Evidenz, die nicht eingelöst wird und die zudem trotz der ihnen zugesprochenen Empfindungen subjektlos ist. Die subjektlosen, negativen Gefühle – Missklang und Schwermütigkeit – laden dabei kaum zu einem Besuch der Burg ein; im Verb ‚starren' aber, also im ‚Überschuss des Realen über das Symbolische', offenbart sich eine eigentümliche Attraktion der Anlage. Diese Attraktion entsteht, indem der ‚feststeckende Blick' die „sichere Distanz" im Sehen durchbricht: „Das Blickfeld wird von einem Element erfaßt, das nicht der

---

sie." Jacques Lacan, Das Seminar. Buch XI (1964): Die vier Grundbegriffe der Psychoanalyse, Olten/Freiburg i. Br. ²1980, S. 107 und 115.

45 Slavoj Žižek geht innerhalb seiner Lacan-Lektüre Bedeutungsüberschüssen in Filmen Alfred Hitchcocks nach, die „in sich selbst keinerlei positive Substanz" haben, die „durch den feststeckenden Blick" verursacht werden und mit dem Lacan'schen Objekt *a* erfasst werden können: „Das *objet petit a* dieser Szene ist daher der Blick selbst, der Blick nämlich, der dem Betrachter für einen Augenblick aufgedrängt wird." Slavoj Žižek, Hitchcocks Universum. In: ders. u. a., Was Sie immer schon über Lacan wissen wollten und Hitchcock nie zu fragen wagten, Frankfurt a. M. 2002, S. 188 – 255, hier 220. Das Objekt *a* ist nach Lacan der „andere, der gar kein anderer ist, weil er wesentlich mit dem Ich gekoppelt ist, in einer immer reflexiven, austauschbaren Beziehung – das *Ego* ist immer ein *Alter-Ego*". Jacques Lacan, Das Seminar. Buch II (1954–1955): Das Ich in der Theorie Freuds und in der Technik des Psychoanalyse, Olten/Freiburg i. Br. 1980, S. 407.

46 Jacques Lacan, Namen-des-Vaters, Wien 2006, S. 53f. Das Reale (wie auch das Symbolische) wurde von Lacan im Fortschritt seiner Forschungen unterschiedlich definiert. Zwischen 1953 und 1955 – und die Zitate hier entstammen der Diskussion über den 1953 gehaltenen Vortrag *Das Symbolische, das Imaginäre und das Reale* – sprach Lacan vom Realen als „das, was außerhalb der Sprache liegt und vom Symbolischen nicht assimiliert werden kann", das also „unmöglich imaginiert oder in die symbolische Ordnung integriert werden kann, und jedenfalls nicht zu erlangen ist. Dieser Wesenszug von Unmöglichkeit und von Widerstand gegenüber der Symbolisierung verleiht dem Realen seine wesentlich traumatische Eigenschaft." Vgl. Dylan Evans, Wörterbuch der Lacanschen Psychoanalyse, Wien 2002, S. 251.

diegetischen Welt angehört",[47] so dass an dieser Stelle einerseits der Leser, der ja schon um die „dunkle[] schwermüthige[] Vergangenheit" der Burg weiß, andererseits aber auch Heinrich, der seinem sowie dem Geheimnis dieser „wundervollsten Ruinen"[48] auf den Grund gehen will, „gezwungen" werden, „einzusehen, daß der pulsierende Fleck, der die Klarheit [ihrer] Sicht beeinträchtigt, Teil [ihres] Auges ist und nicht Teil der Realität, die [sie] betrachten".[49] Deshalb werden Heinrich und der Leser über den real erscheinenden Blick der Trümmer direkt in den Bann der Vergangenheit gezogen; ein Bann, der nicht von den Trümmern, sondern von den aufgrund des Erzählerkommentars und des bisherigen Geschehens entstandenen Erwartungen des Betrachters bzw. Lesers ausgeht. Dennoch werden diese Erwartungen an dieser Stelle nicht eingelöst, sondern nur im ,Starren' der Trümmer subjektlos und körperlos wiedergegeben, also quasi gespiegelt.

Der erste Eindruck vom Inneren der Anlage ist nicht weniger verwirrend. Nachdem die Freunde eingelassen wurden, ist vom „eigentlichen Schlosse [...] nichts zu erblicken, als graues Dachwerk"; erst als sie einen höheren Punkt erreichen, überblickt Heinrich die Anlage:

> Es war Alles viel großartiger, weiter und auch verworrener, als er gedacht hatte. Ein ganzes Geschlecht mußte durch Jahrhunderte hindurch auf diesem Berge gehauset, gegraben und gebaut haben. Abgesonderte Bauwerke, gleichsam selber wieder Schlösser, standen auf verschiedenen Punkten, niedere Mauern liefen hin und her, Brüstungen bauschten sich, die Anmuth griechischer Säulen blickte sanft herüber, ein spitzer Turm zeigte von einem rothen Felsgiebel empor, eine Ruine stand in einem Eichenwalde, und weit draußen auf einer Landzunge, deren Ränder steil abfielen, schimmerte das Weiß neuester Gebäude.[50]

Von einem ordnenden Überblick kann allerdings keine Rede sein, denn trotz des günstigen Aussichtspunkts ist das, was Heinrich und Robert sehen, eigentümlich ,bewegt': die Mauern ,laufen hin und her', die Brüstungen ,bauschen sich', griechische Säulen ,blicken' und erinnern so an die ,starrenden Trümmer des Wappens', und ein Turm ,zeigt empor'. Einzelne Gebäude werden zwar erwähnt, es wird aber nicht beschrieben, wo sie stehen bzw. wie sie angeordnet sind. Entgegen Begemanns Einschätzung ist die Burganlage also kaum als ein „Ort [...] einer linear-zeitlich gedachten Geschichte herausragender Ereignisse und Leistungen"

---

47 Žižek, Hitchcocks Universum, 2002, S. 222.
48 Beide Zitate aus Die Narrenburg. In: HKG, Bd. 1,4, S. 361 und 326. Wie sehr der Blick auf die Burg vom betrachtenden Subjekt abhängig ist, zeigt sich im Wirt Erasmus: Er nennt die Burg „das verrückte Schloß". Vgl. ebd.
49 Žižek, Hitchcocks Universum, 2002, S. 222.
50 Beide Zitate aus Die Narrenburg. In: HKG, Bd. 1,4, S. 365 und 366 f.

lesbar. Denn obwohl die einzelnen Gebäude ihren Erbauern zugeordnet werden,[51] zeigt sich weder eine Chronologie oder Linearität, noch bildet eines der Gebäude einen festen, herausragenden Mittelpunkt,[52] um den sich andere anordnen könnten. Trotz der ihnen zugeschriebenen Aktivität verschwimmen die einzelnen Bauwerke, abgesehen von einem merkwürdig unscharfen Platz direkt hinter dem Eingang, der „ein breites, weites räthselhaftes Vieleck" darstellt,[53] nicht so miteinander, dass sich das Erhabene auf ähnliche Weise wie in *Aussicht und Betrachtungen von der Spitze des St. Stephansthurmes* einstellen könnte. Dort erscheint Wien als ein von „kontinuierliche[r] Variation"[54] bestimmter, mit Deleuze und Guattari glatter Raum, ein „Häusermeer", in dem zeitweise selbst der Stephansturm verschwindet, und sich die am Anfang des Textes versprochene „Erhabenheit" einstellt.[55] Die Erhabenheit der Burganlage ist dagegen nicht an den glatten Raum geknüpft, sondern – so wird sich zeigen – an die Unübersichtlichkeit und Unendlichkeit der Vergangenheit, die in den Gebäuden wie in einem Gedächtnis gespeichert sind.

Zudem ist die Anlage von ganz speziellen, wechselseitigen Verschiebungen zwischen Gebäuden und Natur geprägt – Verschiebungen, die so komplex sind, dass sie nicht in einem einfachen ‚durchkreuzten Gegensatz' von zyklischer Natur und verfallener Kultur erklärt werden können:[56] Vielmehr trägt die Natur in der Burganlage Züge einer sich ewig erneuernden Kraft und zugleich Züge eines erstarrten Verfalls. Dabei bedroht die Natur zum einen die Anlage, indem sie sich Teile davon zurückerobert. So ist das schon erwähnte „räthselhafte[] Vieleck" hinter dem Burgtor „mit Quadersteinen gepflastert, aber aus den Fugen trieb üppiges Gras hervor"; das Becken des versiegten Springbrunnens hat „der Wind [...] halb mit feinem Sande angefüllt; aus den Randsimsen quollen Halme und dürre Blümchen; und um die Busen der Sphinxe liefen glänzende Eidechsen." Der Weg vom Eingang zu den Gebäuden ist von „ganze[n] Wuchten des verwilderten

---

51 Vgl. ebd., S. 367 f. Nach Grätz sind die Gebäude „wie fragmentarische Biographien" lesbar: „Sie verweisen in ihrer Besonderheit auf die Eigentümlichkeiten des jeweiligen Erbauers." Grätz, Traditionsschwund und Rekonstruktion, 1997, S. 611.

52 Nach Arburg „verschieben und verschachteln" sich die einzelnen Bauten aufgrund der Zuordnung zu ihren Bauherren: „Nicht obwohl, sondern gerade weil die Architekturen im Detail durch signifikante Requisiten exakt identifiziert werden, führen die vielen Requisitenverschiebungen und -parallelen zu einer De-Identifikation der markanten Einzelbauten." Arburg, Stifters Architekturen, 2009, S. 119.

53 Die Narrenburg. In: HKG, Bd. 1,4, S. 365.

54 Vgl. Deleuze/Guattari, Tausend Plateaus, 1992, S. 663.

55 Vgl. Aussicht und Betrachtungen von der Spitze des St. Stephansthurmes. In: HKG, Bd. 9,1, S. Vf. Vgl. dazu Kapitel III.1 dieser Arbeit, S. 298–300.

56 So Begemann, Welt der Zeichen, 1995, S. 224–226.

Weinstockes" gesäumt, „der seiner Zucht entronnen, sich längs des Bodens hinwarf, und sein junges frühlingsgrünes Blatt gegen das uralte Roth der Marmorblöcke legte, die hie und da hervorstanden". Der „Sixtusbau" hat inzwischen neue Bewohner gefunden, die sich seinen Zerfall zunutze machen: „[E]s lief ein langer schmaler Glasgang mit erblindeten regenbogigen Scheiben längs des Gebäudes, und aus einigen zerbrochenen Scheiben desselben wogte es von Bienen aus und ein, und so viel man durch das trübe Glas erkennen mochte, war der Gang […] mit riesenhaften Waben bebaut, und die allergrößte Thätigkeit herrschte fort".[57] Das Gebäude des Julian, dessen Geschichte in der Erzählung *Prokopus* geschildert wird,[58] ist gar von einem ganzen Eichenwald bedroht, der – die eigentümliche Bewegtheit der Gebäude wieder aufnehmend – gegen den Bau in den Kampf zu ziehen scheint: „Ein Gedränge uralter riesenarmiger Eichen *schritt* von dem Neubau *gegen* die Ruine hinüber".[59] Diese kurze Aufzählung zeigt zweierlei: Erstens offenbart sich die „Schloßwirklichkeit" keinesfalls „als ein verzerrtes und erstarrtes Raum-Zeitgefüge monströser Natur", geprägt von einem „Stillstand der Zeit" oder einer „Überzeitlichkeit";[60] zweitens ist nicht nur die Natur der Fichtau, sondern auch die Natur des Rothensteins zyklisch[61] – das ‚junge frühlingsgrüne Blatt' des Rebstocks kommt jedes Jahr wieder.

Dieser Gegensatz zwischen den Ruinen und dem jungen, grünen Blatt des Rebstocks erinnert an eine ähnliche Gegenüberstellung im *Hagestolz*. Dort heißt es angesichts des verfallenen Klosters auf der Insel im Bergsee:

> Einen Gegensaz mit dieser trauernden Vergangenheit machte die herumstehende blühende ewig junge Gegenwart. Die hohen Bergwände schauten mit der heitern Dämmerfarbe auf die grünende mit Pflanzenleben bedekte Insel herein, und so groß und so überwiegend war ihre Ruhe, daß die Trümmer der Gebäude, dieser Fußtritt einer unbekannten menschlichen Vergangenheit, nur ein graues Pünktlein waren, das nicht beachtet wird in diesem weithin knospenden und drängenden Leben. Dunkle Baumwipfel schatteten schon darüber, die

---

57 Die Narrenburg. In: HKG, Bd. 1,4, S. 365 und 378.
58 Vgl. Prokopus. In: HKG, Bd. 3,1, S. 211–281. Die Erzählung entstand als „[e]inzige Fortsetzung des Scharnast-Komplexes, den der Erzähler am Ende der Studienfassung der *Narrenburg* angekündigt hat". Mayer, Erzählen als Erkennen, 2001, S. 197.
59 Die Narrenburg. In: HKG, Bd. 1,4, S. 368, Hervorhebungen E. H.
60 Burgstaller, Zur künstlerischen Gestalt, 1976, S. 101.
61 Nach Titzmann ist die Fichtau ein *„archaische[r] Grenzraum der Zivilisation"*, in dem „die lineare Zeit der Geschichte* negiert und allenfalls die *zyklische Zeit der Natur* zugelassen" werde. „Der *statischen, immobilen, zyklischen Ordnung* der Fichtau wird nun die *mobile, ereignishafte Ordnung* des *Rothensteins* konfrontiert." Titzmann, Text und Kryptotext, 1996, S. 343. Aber auch die Natur in der Burganlage erneuert sich zyklisch.

> Schlingpflanze kletterte mauerwärts und nikte hinein, unten blizte der See, und die Son-
> nenstrahlen feierten auf allen Höhen ein Fest in Gold- und Silbergeschmeide.[62]

Die Natur, in der sich die Zeit, also ‚die ewig junge Gegenwart' von den Bergen bis
zur kleinsten ‚Schlingpflanze', räumlich abbildet, wird im *Hagestolz* zu einem
Sichtfenster, das den Blick auf die Unendlichkeit freigibt. Zugleich lässt dieser
Blick die Ruinen des Klosters zu einem ‚grauen Pünktlein' werden, trotz seiner
Abbildung im Raum kaum wahrnehmbar in der Ewigkeit der sich stets erneuernden Natur. Heinrich und Robert machen in der *Narrenburg* eine ähnliche Erfahrung – allerdings unter anderen Vergleichspunkten: „Mit den schwermüthigen
Gefühlen menschlicher Nichtigkeit und Vergänglichkeit wandelten die Freunde
durch diese Stätten versunkenen Glückes und Elendes".[63] Beide Erzählungen
umschreiben eine Macht der Zeit, wie sie über geologische Erkenntnisse ins Bewusstsein des Menschen getreten ist: Mit der Entdeckung des unvorstellbar hohen
Erdalters beschränkt sich „das menschliche Erdendasein letzten Endes auf eine
Millimikrosekunde";[64] über die unendlichen Zeiträume der Erdgeschichte eröffnet
sich, so Georg Braungart, mit der Geologie eine „transhumane Perspektive", die
zu einer radikalen zeitlichen Marginalisierung des Menschen führt.[65] Zugleich
wird in dieser „Kränkung"[66] das Erhabene greifbar.[67] Im *Hagestolz* und in der
Narrenburg ist die zeitliche Marginalisierung des Menschen Thema, obwohl, anders als im *Nachsommer*,[68] die Geologie in beiden Erzählungen kaum eine Rolle
spielt.[69] Hinzu kommt, dass die transhumane Perspektive in der *Narrenburg*, auch
wenn sie in ein Gefühl der Marginalisierung des Einzelnen mündet und zum Teil
sicherlich auch dem „junge[n] frühlingsgrüne[n] Blatt"[70] des Rebstocks geschul-

---

62 Der Hagestolz. In: HKG, Bd. 1,6, S. 91 f. Vgl. dazu in Kapitel III.1 dieser Arbeit den Abschnitt *Das
Gebirge – Der Hagestolz*, S. 271–275.

63 Die Narrenburg. In: HKG, Bd. 1,4, S. 381 f.

64 Gould, Die Entdeckung der Tiefenzeit, 1990, S. 13 f.

65 Durch die Geologie werden demnach „Dimensionen eröffnet, welche den Menschen in seinen
individuellen und kollektiven Bedeutsamkeiten radikal relativiert." Braungart, Poetik der Natur.
Literatur und Geologie, 2009, S. 60.

66 Stephen Jay Gould reiht die ‚Entdeckung' der Tiefenzeit in Sigmund Freuds Liste der
menschlichen Kränkungen durch die Wissenschaften – die Kopernikanische Wende, Darwins
Evolutionstheorie und Freuds eigene Psychoanalyse – als „vierte Kränkung" im Sinne einer
zeitlichen Marginalisierung ein. Vgl. Gould, Die Entdeckung der Tiefenzeit, 1990, S. 13.

67 Vgl. Braungart, Poetik der Natur. Literatur und Geologie, 2009, S. 60.

68 Zur transhumanen Perspektive im *Nachsommer* vgl. ebd., S. 69 f. Vgl. auch in Kapitel III.6
dieser Arbeit den Abschnitt *Die Grenzen der Geologie*.

69 Heinrich ist zum Steine- und Pflanzensammeln in die Fichtau gekommen; Näheres erfährt
man nicht. Vgl. Die Narrenburg. In: HKG, Bd. 1,4, S. 324.

70 Ebd., S. 365.

det ist, streng genommen nicht transhuman vermittelt wird: Heinrich und Robert erfahren die Macht der Zeit weniger mittels der Natur, auch wenn sie den Verfall der Anlage mit befördert; vielmehr erfahren sie deren Macht angesichts der Zeugen längst vergangener – menschlicher – Schicksale: Sie werden sich der ‚menschlichen‘, also der eigenen ‚Nichtigkeit und Vergänglichkeit‘ über die Vergänglichkeit anderer Menschen bewusst, wie sie in den Bauten des Rothensteins gespeichert ist.

Es ist aber nicht nur so, dass die Natur als ewig junge, sich stets erneuernde der Vergänglichkeit des menschlichen Lebens, also den verfallenden Gebäuden der Burg, entgegengesetzt wird; der Verfall des Rothensteins macht, anders als beim Klostergarten im *Hagestolz*, auch vor der Natur nicht Halt – Begemanns These vom ‚durchkreuzten Gegensatz‘ im Verhältnis Natur und Kultur[71] greift also in beiden Richtungen zu kurz. So ist der blitzförmige Turm des Prokopus von „einem Fichtenwalde“ umgeben, „der, durch den Borkenkäfer abgestorben, wie ein weißes Gegitter da stand“,[72] eine Beschreibung, die an die „todte[n] Wälder, gleichsam Gebeinhäuser von Wäldern“ im *Nachsommer* erinnert.[73] Beide Wälder erscheinen jeweils auf ihre Art skelettartig; ihnen geht dabei zwar das ewig Junge der zyklischen Natur ab, dafür transportieren sie eine andere Zeitlichkeit: die Zeitlichkeit des Dauerhaftesten und unendlich Bestehenden, des Todes, wie er sich im Stein und im Knochen zeigt.[74]

In einem ehemals gepflegten Park unweit des roten Felsen, in dem die Schriften der Scharnasts aufbewahrt werden, vermischen sich diese beiden Zeitlichkeiten der Natur:

> Wenn ein Wald oder Garten auch eine Ruine sein könnte, so wäre es dieser gewesen. Eingesunkne Gartenbeete, blecherne Blumentäfelchen mitten im Grase, eine fröhliche Wildniß von Unkraut, ein verdorrter Obstbaum, ein anderer ein bloßer Pflock mit zwei Wasserschößlingen, ein dritter mit herrlicher Frucht, eine zwecklose späte Gabe – die Pfirschzweige an der Wand, einst die Liebe und der Stolz des Herrn, hingen seitwärts, unangebunden, unfruchtbar, wie schlechte Weidenruthen – eine Ulme war emporgeschossen, und

---

71 Vgl. Begemann, Welt der Zeichen, 1995, S. 224–226.

72 Die Narrenburg. In: HKG, Bd. 1,4, S. 367.

73 Der Nachsommer. In: HKG, Bd. 4,2, S. 31.

74 Hartmut Böhme zeigt Verbindungen zwischen Stein und Knochen auf: „Überall dort, wo man den Erdball in Analogie zum menschlichen Körper gedeutet hat […], sind die Gebirge das Skelett, das Knochengerüst des Erdleibes“. Wie dieses imaginierte Knochengerüst der Erde, so gebe auch das menschliche Skelett dem Leib Halt – zugleich aber sei „[d]as, was uns Halt und Gestalt gibt“, auch „das Tote, uns Überdauernde“, das immer schon in uns ist. „Diese leibliche Verankerung von Leben und Tod impliziert merkwürdigen Schauer, Angst, aber wie so oft auch Angst-Lust-Schauer.“ Böhme, Das Steinerne, 1989, S. 128.

> streckte ihre Zweige lustig in den Säulengang hinein. Tausend Bienen und Käfer summten und arbeiteten in den üppigen Blüthen des Unkrautes.[75]

In diesem Garten wird selbst die Natur zur ‚Ruine', zugleich ist er von einer ‚fröhlichen Wildniß von Unkraut' geprägt; hier gibt es Obstbäume in allen Lebens- bzw. Sterbenszuständen: den verdorrten und unfruchtbaren, den neu austreibenden, den besonders fruchtbaren. Und all das ist bevölkert von unzähligen ‚Bienen und Käfern', die dem paradoxen Bild der Natur zum Trotz ihrer summenden Tätigkeit nachgehen. Die Zeit, wie sie sich in der Natur auf der Burg zeigt, ist also weder eine ausschließlich zerstörende[76] noch eine ausschließlich zyklisch erschaffende Kraft; vielmehr ist sie beides zugleich. In diesem Sinne transportiert die Darstellung der Natur in der *Narrenburg* eine Widersprüchlichkeit, nämlich Tod und Leben, Bewegung und Erstarrung, die die Widersprüchlichkeit des Erhabenen nachzeichnet.

Auch einem der Innenräume kommt eine doppelte Zeitlichkeit zu, allerdings unabhängig von der Natur. Im Malersaal wird die Vergangenheit so gegenwärtig, dass sie überhaupt nicht vergangen, sondern als Teil des Hier und Jetzt der Erzählung erscheint:

> Und auf eine schaurige Weise legte er jetzt den späten Besuchern diese seine einstige Bestimmung vor Augen; denn Alles lag und stand noch so, als wäre der Künstler vor einem Augenblicke hinweggegangen: aber ausgedorrte Farben, Staub und Spinnweben zeigten, daß hier jahrelang keine menschliche Hand thätig gewesen sei. Dennoch waren noch alle Fenstervorhänge niedergelassen, bis auf einen, um das Licht auf die Leinwand zu sammeln. Eine lebensgroße Gliederpuppe saß da, und schwere, schön geordnete grünseidne Drapperie hing an ihr nieder, um auf das Bild gemalt zu werden; aber die scharfen Seidenfalten derselben lag voll dichten alten Staubes, und der Glanz des Stoffes war erblindet. Der rothe Sammtsessel, auf dem die saßen, die abgebildet werden sollten, stand leer; aber daneben auf der Staffelei war auch das unvollendete Bild von *der*, die zuletzt auf dem Stuhle gesessen.[77]

Über die Infinitivsätze – noch immer ist ein Vorhang offen, ‚um' jetzt ‚das Licht auf die Leinwand zu sammeln', noch immer sitzt die Gliederpuppe da, ‚um' just in diesem Moment ‚auf das Bild gemalt zu werden' – wird der Eindruck erweckt, der Maler könnte jeden Moment wiederkommen, um seine Arbeit fortzusetzen. Dieser Eindruck wird über die grammatischen Zeiten, die Verwendung finden, noch

---

75 Die Narrenburg. In: HKG, Bd. 1,4, S. 374.

76 Nach Grätz sei die „Macht der Zeit höchst spürbar. Allerdings nicht als eine hervorbringende, sondern ausschließlich als eine destruktive Kraft." Grätz, Traditionsschwund und Rekonstruktion, 1997, S. 614f.

77 Die Narrenburg. In: HKG, Bd. 1,4, S. 394.

verstärkt. Der Abschnitt ist, wie die Erzählung überhaupt, im Präteritum gehalten. Die Verwendung des Präteritums führt aber an einer Stelle zu einer merkwürdigen Gleichzeitigkeit von schon Vergangenem und der gegenwärtigen Betrachtung bzw. Beschreibung des Malersaals: ‚Der rothe Sammtsessel, auf dem die *saßen*, die abgebildet werden sollten, *stand* leer‘, heißt es. Die logische zeitliche Abfolge würde aber für den ersten Nebensatz das Plusquamperfekt verlangen: ‚Der rothe Sammtsessel, auf dem die gesessen hatten, die abgebildet werden sollten, stand leer‘. Das Plusquamperfekt wird aber erst im nächsten Satz verwendet, wenn das unvollendete Bild von Narcissa[78] erwähnt wird, ‚die zuletzt auf dem Stuhle gesessen [hatte]‘. Offenbar wirkt der Malersaal, obwohl ‚hier jahrelang keine menschliche Hand tätig‘ war, so unverändert, dass der Erzähler das schon Vergangene des Beschriebenen in den Zeitpunkt hineinzieht, in dem Heinrich den Malersaal betrachtet. Hier bestätigt sich, was im ersten Satz des Zitats mit Schauer angekündigt wurde: Die einstige Bestimmung des Raums wird dem Besucher so sehr vergegenwärtigt, dass er kaum noch wissen kann, ob sie denn wirklich vergangen ist. Die Erinnerung im Sinne eines Abbilds aus der Vergangenheit, die der Malersaal gegenwärtig vorstellt, ist gerade *nicht* durch „Verkürzungen ausgezeichnet", durch eine „Reduktion eines Unendlichen auf jeweilige Themen; durch ein Vergessen also".[79] Vielmehr wird „seine einstige Bestimmung" so sehr vergegenwärtigt, dass sich in ihm die Vergangenheit nicht bloß repräsentiert, sondern *„lebendig* wiederholt";[80] das Vergangene ist ihm als „Gedächtnis" der Scharnasts, mit Longin, so „fest und unauslöschlich" eingeprägt,[81] dass sich der ‚späte Besucher‘ kaum des Eindrucks erwehren kann, ‚als wäre der Künstler vor einem Augenblicke hinweggegangen‘ und könne jeden Moment wieder kommen, um sein Bild zu vollenden. Der Malersaal erweist sich als ein Raum, der nichts vergessen kann und das, was er nicht vergessen kann, ständig und für jeden Besucher neu wiederholt.

Neben dem Malersaal scheint auch der Kastellan Ruprecht[82] nicht vergessen zu können; an seiner Figur zeigt sich, wie die Unendlichkeit der Erinnerung und die übermäßige Identifikation mit ihr in den Wahnsinn treiben kann. Schon in seiner äußeren Erscheinung deutet sich das an: Heinrich sah, als er den Eingang zur Burg erreicht hat,

---

78 Narcissa ist die Tochter Ruprechts und Mutter Pias, die aus einer unehelichen Verbindung mit Christoph, dem letzten Scharnast vor Heinrich, hervorging. Pia lebt auch auf der Burg. Vgl. ebd., S. 435.

79 Weinberg, Erinnerung und Gedächtnis, 2006, S. 17 f.

80 So Weinberg über das Longin'sche Erhabene. Vgl. ebd., 491 f.

81 Longinus, Vom Erhabenen, 1988, S. 17 (7,3).

82 Manchmal auch „Rupprecht". Vgl. Die Narrenburg. In: HKG, Bd. 1,4, z. B. S. 364 und 365.

da er zufällig emporblickte, am Mauerrande ein Haupt: Gesicht und Haare so grau, wie daneben die uralte Steinmetzarbeit, und die Augen starr auf die beiden Männer geheftet. Nach einer Weile verschwand es, und kurz darauf hörte man ein seltsames Aechzen und Knarren in der Mauer, und zum Erstaunen des Wanderers schob sich ein Stück derselben gleichsam ineinander, und es wurde die dunkle Mündung eines Pförtchens sichtbar, darinnen, wie in einem Rahmen eine große Gestalt stand, dieselben steingrauen Gesichtszüge tragend, die Heinrich auf der Mauer gesehen hatte, nur ein Lächeln war jetzt auf ihnen, so seltsam, wie wenn im Spätherbste ein einsamer Lichtstrahl über Felsen gleitet.[83]

Ruprechts erster Auftritt in der Erzählung lässt ihn zu einem Teil der steinernen Vergangenheit der Burg werden – zugleich verliert er, ganz im Gegensatz der eigentlich unbelebten, aber dennoch ‚missstimmig starrenden Trümmer des Wappens‘,[84] an Lebendigkeit: In ihm ist mehr Tod als Leben,[85] mehr Erinnerung an das Vergangene als Gegenwart und Zukunft. Und doch ist es Ruprecht, der als einzige Stimme der Vergangenheit für eine neue Zukunft seines Wohnorts sorgt. Schon am Eingang der Burg erkennt er in Heinrich seinen Herrn und spricht ihn mit „Erlaucht" an; allerdings hält er ihn in seinem Wahnsinn – und der deutet sich hier schon an – für den Grafen Sixtus. Des Weiteren „verbeugte er sich gegen Stellen, wo niemand stand", wirft Heinrich „furchtsame[] Blick[e]" zu[86] und redet wirr und scheinbar völlig unzusammenhängend.[87] Offenkundig wird sein Wahnsinn aber erst, als er Heinrich die versteckten Weinvorräte der Burg zeigt. Ruprecht fällt plötzlich vor Heinrich nieder und bittet ihn unter Tränen um Verzeihung: „Seid nun nicht mehr zornig, nun ist ja Bertha längst gestorben – und sehet, ich habe für Alles und Alles gesorgt und es gehütet, wie mein eigenes Herz." Heinrich, der zu diesem Zeitpunkt nicht wissen kann, wovon[88] Ruprecht spricht, dringt nicht weiter in ihn und fordert ihn nicht zu einer Erklärung auf. Dem Erzähler zufolge fürchtet er zum einen, sollte er „nur um ein Haar breit in der verdunkelten Seele des Andern weiter [...] forschen, [...] sie [...] noch tiefer zu zerrütten"; zum anderen geht von Ruprechts Wahnsinn eine Gefahr aus, die auch Heinrich betreffen könnte: „Die Verrückung jener Gesetze, auf deren Dasein im

---

83 Ebd., S. 364.

84 Vgl. ebd., S. 363 und oben.

85 Vgl. Böhme, Das Steinerne, 1989, S. 128.

86 Vgl. Die Narrenburg. In: HKG, Bd. 1,4, S. 364 und 371. Sixtus ist Jodoks Bruder, mit dem Jodok Frau Chelion Ehebruch begeht.

87 So schließt er die Geschichte über Christoph mit den an Heinrich gerichteten Worten: „Eine Stille war euch, Graf Sixtus, eine Stille im Sonnen- und Mondscheine – und immer fort still, nur daß die Todtengeige des Prokopus, die er wieder hatte aufziehen lassen, zuweilen Nachts oder Tags tönte oder läutete." Ebd., S. 371.

88 Bertha, die Frau Ruprechts, erzählt Jodok von Chelions und Sixtus' Ehebruch und löst so die Katastrophe – Jodoks Beinahe-Mord an Chelion – mit aus. Vgl. ebd., S. 418.

Haupte jedes Andern man mit Zuversicht baut, als des Einzigen, was er untrüglich mit uns gemein hat, trägt etwas so Grauenhaftes an sich, daß man sich nicht getraut, das fremdartige Uhrwerk zu berühren, daß es nicht noch grellere Töne gebe, und uns an dem eigenen irre mache."[89] In diesem recht verklausulierten Satz des Erzählers, der eigentlich darauf zielt, die von Ruprechts Wahnsinn ausgehende Gefahr durch eine Erklärung zu bannen, offenbart sich eine Wirkung des Wahns, die auch dem Erhabenen zukommt: die Erfahrung einer „beängstigende[n] und berauschende[n] Schwebe", eines „*Vorübergleiten* des Wahns [...], des Selbstverlusts, ein Vorbeistreifen" – die aber „sogleich [...] aufatmend in einer begrifflichen Artikulation dingfest gemacht" wird.[90] Auch wenn die Reflexion in ihrer Verklausuliertheit selbst nahezu wahnsinnige Züge trägt, wird über sie doch eine Distanz geschaffen, die dem von Kant und Burke geforderten sicheren Standpunkt als Voraussetzung für das Erhabene gleichkommt.[91] Ruprecht aber ist seinen Erinnerungen schutzlos ausgesetzt; so vergisst er im Weinkeller selbst seine geliebte Enkelin Pia, denn sie gehört der Gegenwart und nicht der Vergangenheit an: „Sein Geist hatte in Jahren geschwebt, wo Pia nicht war, und der Geier, der an seinem Gehirne fraß, das Mißtrauen an sich selbst, stand auf, und schlug ihm die düstern Flügel um das Haupt."[92]

Diese Szene wiederholt sich in der Erzählung noch einmal im Bildersaal des Schlosses, dem Raum, in dem die Porträts aller Scharnasts hängen. Ruprecht führt die Besucher durch die Sammlung und erzählt ihnen die Geschichte Jodoks,[93] dessen Lebensbeschreibungen Heinrich später lesen wird. Seine Erzählung ist aber so wirr und unverständlich für die Freunde, dass sie es regelrecht mit der Angst zu tun bekommen. Sie sind nicht mehr in der Lage, sich auf die Bilder zu konzentrieren,

> denn der alte Mann neben ihnen war von einer so furchtbaren Erregung gefaßt, daß er bei seinen letzten Worten in ein krampfhaftes Weinen ausbrach, die Hände vor das Gesicht schlug, und die überreichlichen Tropfen zwischen den dürren, faltigen Fingern hervorquellen ließ, so daß sein ganzer Riesenbau vor Schmerz zitterte, wie die See schwankt, wenn ein ferner Sturm tobt. Das Herz der Freunde that einen Blick in die Schlucht einer verworrenen, vielleicht grausenhaften That – sie konnten nicht forschen, und wollten es nicht; denn bereits funkelte der Wahnsinn, wie ein düstres Nordlicht, an allen Punkten des unglückli-

---

89 Alle Zitate ebd., S. 380.
90 Lehmann, Das Erhabene ist das Unheimliche, 1989, S. 763.
91 Vgl. Kant, Analytik des Erhabenen, 1968, S. 348; Burke, A Philosophical Enquiry, 2008, S. 25.
92 Die Narrenburg. In: HKG, Bd. 1,4, S. 381.
93 Manchmal auch „Jodokus". Vgl. ebd., z. B. S. 427.

chen Wesens vor ihnen, und sie mochten ihn nicht steigern, daß er nicht etwa überschlage und dem, wenn auch uralten, Körper Riesenkräfte gebe, und zu Entsetzlichem treibe [...].[94]

Heinrich und Robert sind wie paralysiert von Ruprechts hervorbrechender Trauer – „Alle sind sie todt".[95] Sie sehen einen Mann, der so sehr von den Geistern der Vergangenheit heimgesucht wird, dass er in seinem Wahn[96] ,wie die See schwankte, wenn ein ferner Sturm tobt', und sich die ,Schlucht' einer ,grausenhaften That' auftut – Bilder, die traditionell mit dem Erhabenen verbunden sind.[97] Zugleich erscheint er riesenhaft und zu ,Riesenkräften' fähig; Ruprechts Wahnsinn könnte auch für Heinrich und Robert zu einer Gewalt werden, „wogegen man nur schwer, besser gesagt, gar nicht aufkommt",[98] bzw., so in Johann Georg Schlossers *Perí hýpsus*-Übersetzung von 1781, zu einer so wirkmächtigen Gewalt, dass sie „endlich so fest in der Seele hängt, daß man [sie] schwer, oder gar nicht mehr herausbringen kann."[99] Heinrich und Robert, die nun gar physische Angst vor Ruprecht verspüren, versuchen, den Saal zu verlassen, in der Hoffnung, Ruprecht möge sich „sänftigen[]" und „stille folgen". Und der Erzähler flüchtet sich wiederum in eine Reflexion: „[A]uch hatte das Menschenherz eine natürliche Scheu, den dunklen Spuren eines Anderen nachzugehen, auf denen es zu Schuld und Unglück wandelte",[100] heißt es weiter.

Ruprechts wahnsinnige Erinnerungen tragen also Züge eines Longin'schen Erhabenen im Sinne von „Erschütterung, Rausch, irrationale[r] Hingebung"[101] an das Schicksal seiner Herren. Er identifiziert sich so sehr mit der Vergangenheit der Scharnasts, dass er sein Selbst verliert, denn er vergisst nichts, das heißt, er ist

---

94 Ebd., S. 389.

95 Mit diesem Satz endet Ruprechts Erzählung, nachdem er aufgezählt hat, wer alles tot ist. Dabei schließt er Sixtus-Heinrich mit ein: „[D]ie arme Chelion starb, mein Weib Bertha starb, ihr starbet". Vgl. ebd., S. 388.

96 Ruprechts Wahnsinn kennt auch klare Momente; angesichts des Bildes von Sixtus, das „Heinrichs Zug für Zug, nur in fremden Kleidern", ist, heißt es: „Bloß der wahnwitzige Greis war der einzige, der völlig klar war". Ebd., S. 391.

97 Zum Sturm auf See vgl. z. B. Schiller, Zerstreute Betrachtungen, 1962, S. 225; Kant, Analytik des Erhabenen, 1968, S. 343. Zur Schlucht vgl. z. B. Kant, Beobachtungen über das Gefühl des Schönen und Erhabenen, 1960, S. 828; Schiller, Der Spaziergang, 1983; Schiller, Vom Erhabenen, 1962, S. 187. Auch die Erwähnung des Nordlichts könnte in diesem Zusammenhang stehen. Zumindest scheint es in Stifters *Bergkristall* eine dem Nordlicht ähnliche Erscheinung zu sein, die über ihre Erhabenheit die Kinder Konrad und Sanna vor dem Erfrierungstod bewahrt. Vgl. dazu die *Schlussbetrachtung* in dieser Arbeit.

98 Longinus, Vom Erhabenen, 1988, S. 17 (7,3).

99 Longin, Vom Erhabenen, 1781, S. 69.

100 Die Narrenburg. In: HKG, Bd. 1,4, S. 389.

101 Lehmann, Das Erhabene ist das Unheimliche, 1989, S. 763.

nicht in der Lage, die Unendlichkeit des Vergangenen, dessen er sich erinnert, „durch ein Vergessen" zu reduzieren[102] – somit ist er immer allen „trüben Geschichten des Rothensteins" ausgesetzt.[103] Die Schicksale seiner Herren Jodok, Sixtus und Christoph haben auf ihn eine so „unwiderstehliche Macht und Gewalt" ausgeübt, dass sie sich seinem „Gedächtnis fest und unauslöschlich" eingeprägt haben.[104] Hier zeigt sich, dass es „[k]ein großer Schritt ist von der Erfahrung des mimetischen Einswerden mit dem anderen zur lächerlichen Verkennung kategorialer Grenzen und Abstände. Erschütterung kann sich in unkontrollierbare Selbstauflösung verwandeln."[105] Ruprecht geht diesen Schritt und verkennt die Grenzen zwischen seinem eigenen Ich und dem der Anderen. In diesem Sinne ist er nach Lacan ein „Verrückter", der am „Imaginären hängt". Das heißt, er unterscheidet nicht (mehr) zwischen der „Ebene des Spiegels", also zwischen dem Lacan'schen Objekt *a*, das sein Ich wesentlich ausmachen sollte, und dem „wirklich[en] Andere[n]", den „wahre[n] Subjekt[en]" Jodok, Sixtus und Christoph.[106] Damit zieht Ruprecht etwas Symbolisches, seine Beziehung zu den Scharnasts, ins Imaginäre (dem das Objekt *a* angehört), obwohl der „Andere [...]" sowohl ein anderes Subjekt, in seiner radikalen Alterität und unassimilierbaren Einzigartigkeit" als auch „die symbolische Ordnung, welche die Beziehung mit diesem anderen Subjekt vermittelt",[107] ist. Deshalb muss er alle Schicksale der

---

102 Vgl. Weinberg, Erinnerung und Gedächtnis, 2006, S. 17.

103 Die Narrenburg. In: HKG, Bd. 1,4, S. 434.

104 Longinus, Vom Erhabenen, 1988, S. 7 (1,4) und 17 (7,3). Auch hier lohnt ein Blick in die Übersetzung von Schlosser: Demnach verzückt das Erhabene nicht nur, sondern „es betäubt; es ist stärker als alle Überredung und alle Künste, womit wir die Menschen gewinnen. Der Überredung kann man widerstehen, aber der Sturm des Erhabenen reißt immer und unwiderstehlich dahin." Longin, Vom Erhabenen, 1781, S. 32.

105 Lehmann, Das Erhabene ist das Unheimliche, 1989, S. 757. Weinberg, der das Erhabene Longins im Gegensatz zu dem Kants grundsätzlich als positive Darstellung fasst, kommt bezüglich der Verbindung Longins zur rhetorischen Mnemotechnik zu einem ähnlichen Schluss: „Allerdings bleibt darauf hinzuweisen, dass in den Überlegungen zur Gründungslegende der Mnemotechnik anhand dieser Erinnerbarkeit garantierenden Auffälligkeiten ein Abgrund in der rhetorisch motivierten Memoria freigelegt wurde: Die vermeintliche Ordnung, die das Gedächtnis stabilisieren und Erinnerung optimieren sollte, zeigte sich als dem Chaos der Affekte aufruhend und *nur so* wirksam; die Effektivität des Erinnerns gründet in der ‚Unordnung' der Affekte." Vgl. Weinberg, Erinnerung und Gedächtnis, 2006, S. 484 f.

106 Vgl. Jacques Lacan, Das Seminar. Buch III (1955–1956): Die Psychosen, Weinheim/Berlin 1997, S. 361 f. An manchen Stellen nutzt Lacan statt Psychose den Begriff Wahnsinn, der auch oft mit „*Verrücktheiten*" übersetzt wurde. Vgl. ebd., S. 10 und Evans, Wörterbuch der Lacanschen Psychoanalyse, 2002, S. 337.

107 So Evans über das „große Andere", auch A geschrieben in der Lancan'schen Algebra. Vgl. ebd., S. 39 f.

Scharnasts immer und immer wieder erleben, und so werden sie immer mehr zu seinem eigenen;[108] die Geschichten der Scharnasts endeten aber immer tödlich – ‚alle sind sie tot'.

Erstaunlich hieran ist nun, dass Ruprecht selbst Pia, die letzte Verwandte, die er noch hat, als tot imaginiert. So spricht er zu den Freunden angesichts seiner auf einem Balkongeländer balancierenden Enkelin:

> Die Raben des Grahns werden kommen, über meine Hütte fliegen, und mir Botschaft brin-
> gen, wenn sie schon Tagelang nicht nach Hause gekommen ist – weil sie auf einem rothen
> Steine liegt; die gierige Kohlmeise wird ihre Äuglein ausgehackt haben – oder die Wasser der
> Pernitz werden um ihre zarten Glieder waschen, und die Fische werden heimlich herum-
> schießen, wie stumme Pfeile, hastig zupfen, sich um das Stückchen balgen, das einer er-
> wischte – – ich werde indeß suchen, und suchen, immer, immer – – und werde dann zum
> fürchterlichen Himmel heulen, daß die Sterne daran zittern; denn sie ist das Allerschönste
> auf der Erde, das Schönste zwischen Sonnen und Sternen, wie Narcissa war.[109]

Ruprechts Leben ist so sehr vom Tod der Scharnasts bestimmt, dass er sich selbst an das gegenwärtig Lebende nur über dessen imaginierten Tod ‚erinnern' kann.[110] Auch hier zeigt sich deutlich, dass er seine Vernunft an seine eigene lückenlose Erinnerung und an die Unendlichkeit der Vergangenheit verloren hat, eine Un-endlichkeit, die so bodenlos ist, dass sie nur über den Tod – und hier lässt sich neben Ruprechts steinerner Erscheinung eine weitere Verbindung zur Burg zie-hen, in der ja selbst die Natur Züge des Todes trägt – ausgedrückt werden kann. Mit dieser Imagination zeigt sich an Ruprecht, wie „die vermeintlich bloß rück-wärtsgewandte Fähigkeit zu erinnern Auswirkungen selbst auf die Zukunftser-wartungen" hat: „Das stets gegenwärtig modifizierte Vergangene *stiftet* eine Kontinuität, die sich in Zukunftserwartungen äußert"[111] – diese Erwartungen an die Zukunft bedeuten aber im Fall Ruprechts eine immerwährende, sich stetig wiederholende Imagination des gegenwärtig Lebenden als tot.

Ruprecht lebt also in einer durchgängigen wahnhaften „Ekstase"; die dem Longin'schen Erhabenen inne liegende „irrationale Hingebung an den Augen-blick" ist für ihn ein Dauerzustand, der ein ewiges „Einswerden" mit den

---

108 Nach Weinberg wird bei Longin das, „was die Seele als Erhabenes vernimmt und was in ihr nachhallt, was sie erinnernd wiederholt, [...] *so* wahrgenommen, dass es als selbst Hervorge-brachtes erscheint und sein Wiederholungscharakter vergessen bleibt." Weinberg, Erinnerung und Gedächtnis, 2006, S. 488.

109 Die Narrenburg. In: HKG, Bd. 1,4, S. 373.

110 Dennoch ist es Ruprecht, der Heinrich auffordert, für eine Zukunft der Burg zu sorgen. Vgl. ebd., S. 392.

111 Weinberg, Erinnerung und Gedächtnis, 2006, S. 107 f.

Scharnasts zur Folge hat.[112] „Die ‚erhabenen Gegenstände' erweisen [...], dass sich ‚auf' dem Chaos nur eine Ordnung begründen lässt, wenn dessen fortwährende ‚Präsenz' verdeckt bleibt und d. h. vergessen (gemacht) wird", um es ertragen bzw. Lust empfinden zu können.[113] Ruprecht aber kann nicht vergessen – und somit auch nicht die verschiedenen Zeiten nicht mithilfe der Erinnerung auseinander-halten,[114] denn es ist das Erinnern, „das die Zeit erst hervor[bringt]", sie aber auch ordnen muss, um sie erfassen zu können.[115] Die Folge daraus ist ein „Selbstver-lust",[116] allerdings ein Selbstverlust der besonderen Art. Ruprecht hat sich so sehr mit den Geschichten der Scharnasts identifiziert und wurde so sehr ein Teil von ihnen, dass er keine eigene, von der Vergangenheit der Scharnasts unabhängige Identität mehr vorweisen kann. Dennoch folgt dem Selbstverlust ein Gewinn: Ruprechts Geist lebt nur noch für und durch das Schicksal seiner Herren – er wird zum Gedächtnis ihrer Geschichten, und die Geschichten sind sein Leben, sein Geist und die einzigen Erinnerungen, die er hat, kurz: seine neue Identität, sein neues Objekt *a*,[117] also sein neues Ich.

Auch Heinrich ist nicht vor dieser Wirkung der Erinnerung gefeit; schon zu Beginn der Burgbesichtigung ruft er begeistert aus: „Das ist ja ganz herrlich und närrisch [...]. Mir ist es, wie in einem uralten Märchen, alles so wunderlich, als läge die Fichtau gar nicht unten, in der ich doch gestern noch war."[118] Seine Begeis-terung rührt aber nicht nur von der „mit Abenteuerlichkeit geziert[en]" Anlage her;[119] vielmehr zeigt sich Heinrichs Faszination für Altes, ehemals Lebendiges, nun aber Erstarrtes schon zu Beginn der Erzählung in seiner Sammelleidenschaft

---

112 Vgl. Lehmann, Das Erhabene ist das Unheimliche, 1989, S. 754.

113 Vgl. Weinberg, Erinnerung und Gedächtnis, 2006, S. 546.

114 Das zeigt sich auch an Ruprechts Verwechslung von Heinrich mit Sixtus; so erklärt Ruprecht Heinrich-Sixtus: Jodok „hätte euch über den Stein hinabgestürzt". Die Narrenburg. In: HKG, Bd. 1,4, S. 388.

115 Die aus der Erinnerung entstandenen „Zukunftserwartungen" haben nach Weinberg „Rückwirkungen darauf [...], was erinnert wird [...], in eben diesem Sinne bringt Erinnern [...] auch Zeit erst hervor". Vgl. Weinberg, Erinnerung und Gedächtnis, 2006, S. 107 f.

116 Lehmann, Das Erhabene ist das Unheimliche, 1989, S. 754.

117 Mit Lacan werden die Schicksale der Scharnasts zu Ruprechts Objekt *a*, also zum „andere[n], der gar kein anderer ist, weil er wesentlich mit dem Ich gekoppelt ist, in einer immer reflexiven, austauschbaren Beziehung". Lacan, Das Ich in der Theorie Freuds, 1980, S. 407.

118 Die Narrenburg. In: HKG, Bd. 1,4, S. 368. Die Burg scheint sogar aus der Welt ‚herausge-schnitten' zu sein: „Und diese ganze weitläufige Mischung von Bauten, Gärten und Wäldern war umfangen durch dieselbe klafterdicke hohe graue Eisenmauer [...]. Wie ein dunkles Stirnband umzirkelte sie den weiten Berg, und *schnitt* seinen Gipfel von der übrigen Welt *heraus*." Ebd., S. 367, Hervorhebung E. H. Heinrich braucht trotz seiner ausgedehnten Wanderungen Wochen, um sie überhaupt zu finden. Vgl. ebd., S. 326 f.

119 So Heinrich über das Schloss im Gespräch mit dem Wirt Erasmus. Vgl. ebd., S. 328.

von Naturdingen: Sein Zimmer im Wirtshaus „erglänzte indeß freundlich von den Strahlen des Morgens, und sein Schimmer fiel auf die allerlei Stufen und Steine, die umherlagen und traurig funkelten, oder auf Kräuterleichen, deren dürre und spröde Geripppe die wohlthuende Helle und Wärme nicht mehr empfanden, [...] die ihnen einst auf ihren freien Bergen so herrlich war".[120] Heinrich umgibt sich mit toten Dingen, mit ‚Kräuterleichen' und ‚Gerippen', die in dem Moment, als er sie als noch lebendige Pflanzen von ‚ihren freien Bergen' genommen hat, der Vergänglichkeit und dem Tod preisgegeben sind. Es scheint also nicht von ungefähr, dass er als Schlossherr nicht nur restauriert, sondern schließlich doch etwas zu der Anlage hinzugibt[121] – nämlich ein Naturmuseum, das neben lebendigen „Pflanzen aller Länder" auch ganze „Säle mit den Heerden ausgestopfter Thiere" umfasst.[122] Aus seiner Faszination für Gestorbenes, aber nicht Verschwundenes, sondern im Tod Konserviertes versucht Heinrich – obwohl er die Lebensfeindlichkeit der Burg erkennt[123] – eine Zukunft für das Schloss zu finden. So gesteht er Robert nach der Besichtigung in einem Gespräch über seinen möglichen Anspruch auf die Burg: „[E]ntweder rollt Alles schön und klar wie Perlen heraus, oder ich bin ganz und gar keiner von Jenen. – Nur leid thäte mirs dann, sehr leid um das schöne Schloß, daß ich nicht auf seinem Berg arbeiten und schaffen dürfte, und daß ich es nicht mit all seinen Schätzen und Mälern von dem Heimfalle an Verderbniß und Unheimlichkeit retten könnte."[124]

---

120 Ebd., S. 356f.
121 Arburg lässt das nicht gelten, weil die Gewächshäuser auf alten Fundamenten gebaut seien. Vielmehr versuche Heinrich, sich mit einem Trick vor der Lebensfeindlichkeit der Burg zu retten: „Er baut nichts Eigenes, stellt die unheilvolle Geschichte der Scharnasts durch seine Restauration programmatisch still und will sie damit abschließen. Aber gerade darin verschafft sich sein Individualismus widersinnigerweise Geltung. Und genau dies ist die Krux an seiner Restauration." Arburg geht also auch, unter Bezug auf Begemann, von einem „semiotischen Ordnungsmuster" aus, das „durch unterschwellige Verschiebungs- und Austauschbewegungen zu einer gleitenden, beweglichen Textsemiose" führe, die auch die Figuren betreffe. Vgl. Arburg, Stifters Architekturen, 2009, S. 127 und 119. Zur Rückkehr von „Strukturen eines narzisstischen Individualismus" in der Figur des Heinrich vgl. Begemann, Welt der Zeichen, 1995, S. 223.
122 Die Narrenburg. In: HKG, Bd. 1,4, S. 435.
123 Schon „[a]uf dem ganzen Wege" vom Eingang bis zur eigentlichen Anlage „erblickten sie kein einziges menschliches Wesen. [...] Es hüpften Hasen empor, und flohen seitwärts, alle Arten von Schmetterlingen und Insekten flogen und summten, und eine Lindengruppe [...] hing voll wimmelnder Bienen. Aber nirgends war ein Mensch." Ebd., S. 366. Nach Arburg erkenne Heinrich die Lebensfeindlichkeit der Burg erst, nachdem er Jodoks Schrift gelesen hat. Vgl. Arburg, Stifters Architekturen, 2009, S. 127.
124 Die Narrenburg. In: HKG, Bd. 1,4, S. 402.

Mit diesem Vorhaben, das Heinrich schließlich auch in die Tat umsetzt,[125] wird die Burg aber genau das verlieren, was ihn an ihr fasziniert: ‚Verderbniß und Unheimlichkeit'. Stabilisierung von Vergangenem im Erinnern ist nur mit Vergessen möglich – die Restaurierung der Anlage ist also von Anfang an ungeeignet, Ordnung ins Chaos des Gedächtnisses zu bringen. Denn um Ordnung schaffen zu können, muss die in den Gebäuden aufgehobene Erinnerung dem endlichen Blick des Menschen angepasst, also etwas weggelassen werden; das wiederum führt zwangsläufig zu einer Verfälschung der in den Gebäuden gespeicherten Zeit.[126] Damit aber verliert die Burg auch das Erhabene, denn nach Weinberg ist Zeit im Erhabenen nicht einfach nur vorausgesetzt wie vermeintlich im Schönen, das vergessen lasse, dass die Zeit erst in ihm entstehe, sondern „im Erhabenen wird solches *Werden* der Zeit offensichtlich".[127] Indem Heinrich die Spuren der Vergänglichkeit, also die Spuren der Zeit an den Gebäuden verschwinden lässt und „Alles ordne[t], daß es heiter würde", um „ein klares und freundliches Leben [...] über den Trümmern dieser verworrenen, vielleicht sündhaften Vergangenheit" führen zu können,[128] bringt er auch das zum Verschwinden, was das Erhabene ausmacht: die „Geschichte solchen Vergessens", die sich „als blitzhaftes Aufleuchten" im Erhabenen sowie in der Erinnerung zeigen kann.[129] Entgegen Grätz' Einschätzung ist es nicht der „Verlust des einheitlichen Stils" der Anlage, der eine Distanz gegenüber der Geschichte" zum Ausdruck bringt.[130] Erst Heinrichs Restaurierung führt zur Distanz, indem sie die Spuren der Zeit und damit auch die Spuren der Geschichte durch die Musealisierung der Anlage verdeckt und zerstört. Heinrichs Vorhaben folgt dabei einem bestimmten Grundsatz: „Alles sollte vorerst schön sein, und sich sittig erweisen, wenn etwa in Bälde Augen kämen, es zu sehen".[131] Er versucht, die Anlage von allem Unsittlichen und Unmoralischen zu reinigen – vor allem von der ‚sündhaften Vergangenheit' der Scharnasts. Das

---

125 Vgl. ebd., S. 428.

126 Man könnte also von einer Überwindung des romantischen Raums durch eine „*biedermeierliche Restauration*" sprechen. Vgl. Titzmann, Text und Kryptotext, 1996, S. 347. Allerdings gibt es diese Überwindung nur um den Preis des Vergessens.

127 Vgl. Weinberg, Erinnerung und Gedächtnis, 2006, S. 518.

128 Die Narrenburg. In: HKG, Bd. 1,4, S. 402. Vgl. auch 428f.: Alles wird „gereinigt[]" und „herausgeputzt", dass „Alles spiegele und schimmere und nichts mehr fehle."

129 Vgl. Weinberg, Erinnerung und Gedächtnis, 2006, S. 518f.

130 Nach Grätz spiegle sich im „Verlust des einheitlichen Stils [...] der Verlust einer als Einheit erfahrbaren Gegenwart. Die Stildiskussion verweist also letztlich auf den Bruch zwischen Gegenwart und Vergangenheit". Grätz, Traditionsschwund und Rekonstruktion, 1997, S. 613f.

131 Die Narrenburg. In: HKG, Bd. 1,4, S. 429. Heinrich lässt das gesamte Gelände vermessen; damit verschwindet auch das „räthselhafte[] Vieleck" des Platzes der „Sphinxe". Vgl. ebd., S. 428 und 365.

heißt, er säubert die Burg auf ähnliche Weise, wie Kant „die Erfahrung" des Erhabenen „ganz vom pathologischen und sexuellen Beigeschmack" gesäubert hat; damit wird die Anlage aber „gleichsam farblos"[132] und verliert den Charakter eines „verlassenen Zauberberg[s] [...], wie er fahl, gleich einem Luftbilde in der Dämmerung draußen hing".[133] Heinrichs Strategie zur Bewältigung des Longin'schen Erhabenen liegt also darin, es durch Restaurierung der Burg zum Verschwinden zu bringen und es somit wirkungslos zu machen.

Mit dem Schicksal der Burg ist auch Ruprechts Schicksal besiegelt: „Der alte Ruprecht lebt noch. Er sitzt ewig hinten an der Sandlehne in der Sonne, dreht lächelnd seinen Stab in den Fingern, und erzählt Geschichten, die Niemand versteht; er erzählt sie auch Niemanden, und meint, er sei noch immer Kastellan, obgleich schon ein anderer ein neues Häuschen neben dem Thore der Ringmauer hat."[134] Ruprecht, die Stimme der Vergangenheit, wird nicht mehr gehört; er wird seinem Wahnsinn und all den Geschichten der Scharnasts überlassen und findet keinen Anteil an der aus den Trümmern der Vergangenheit konstruierten Gegenwart.[135]

Doch auch Heinrich kann die Vergangenheit nicht verschwinden lassen, denn er muss, wie alle Scharnasts, die Lebensbeschreibungen im roten Felsen lesen und sich also aktiv erinnern.[136] Dieser letzte Ort, in dem die Vergangenheit auch nach der Restaurierung präsent bleibt, wird als Teil der ‚alten' Burg, also der vor Heinrichs Herrschaft, beschrieben:

---

132 So Lehmanns These zur *Analytik des Erhabenen*. Vgl. Lehmann, Das Erhabene ist das Unheimliche, 1989, S. 754. Ähnlich sieht das Menninghaus: „Erhaben ist bei ihm [i. e. Kant, E. H.] und Schiller der Widerstand gegen das, was vorher das Erhabene hieß." Allerdings haben ihm zufolge „Longin und Burke [...] ihre Kritik durch Kant selbst schon vorweggenommen." So habe Longin „im enthusiastischen Transport reflexive Wendungen eingebaut, welche die überwältigende Macht des Hohen daran hindern, einfach mit sich selbst gleichzubleiben. Er inszeniert gewissermaßen, ohne es zu sagen, einen Prozeß der Macht mit sich selbst und nicht nur ihre irrationale Affirmation als ekstatischer Freiheitsberaubung, von der seine theoretischen Äußerungen künden." Menninghaus, Macht und Gewalt in Longins und Kants Erhabenem, 1991, S. 6 und 9 f. Nach Weinberg gewähre das Erhabene Kants dagegen einen Blick auf eine „vorausgeeilte Konsequenz" und offenbare so einen Bruch in der Zeit. Vgl. Weinberg, Erinnerung und Gedächtnis, 2006, S. 536.
133 Die Narrenburg. In: HKG, Bd. 1,4, S. 403.
134 Ebd., S. 435 f.
135 „Vergangenes" existiere „nur als Erinnertes [...]. Einesteils ist also vorauszusetzen, dass Erinnerungen Konstruktionen sind und nichts anderes sein können; andernteils vorzustellen, wie sich diese Konstruktionen *als* Wirklichkeit etablieren", also wie sie „die *Wirk*lichkeit des Vergangenen in der Gegenwart und für alle Zukunft ‚sind'". Weinberg, Erinnerung und Gedächtnis, 2006, S. 42.
136 Vgl. Die Narrenburg. In: HKG, Bd. 1,4, S. 321.

[W]ährend Arbeitsleute aller Art auf dem Rothensteine beschäftigt waren, so daß es schien, als rühre sich nun der ganze Berg, der früher so vereinsamt gewesen, während das vermauerte Tor nun wieder gastlich seine Wölbung offen hielt, und auf einem Gerüste Steinmetzen oder Steinhauer an seiner Verzierung arbeiteten; während kein Weg auf dem Berge war, auf dem nicht ein Karren quiekte, kein Busch, hinter dem es sich nicht rührte, kein Dach, auf dem es nicht ging, kein Zimmer, in dem es nicht scheuerte – – während dieses Alles geschah, ging Heinrich langsam bei dem großen verfallenen Thore des Julianschlosses hinein, in das einzige Bauwerk, in welchem keine Hand sich regte; er ging den betretenen Pfad über den Schutthügel; er ging bei der entgegengesetzten Oeffnung wieder hinaus, durchwandelte den verfallenen Garten auch auf dem wohlbetretenen Pfade, und hielt vor dem hohen rothen Felsen stille [...]. Hier zog er einen Schlüssel aus seinem Busen hervor, [...] drehte ihn dreimal in dem Schlosse, und öffnete sanft den hohen, glatten, eisernen Thorflügel.[137]

Der Felsensaal ist von der neuen Gegenwart, der neuen Zeit des Schlosses ausgenommen. Hier und selbst in den Gebäuden und Gärten davor ist kein Mensch, während die übrige Burg geradezu bevölkert ist von Scharen von Handwerkern, die im Begriff sind, die ‚starrenden, missstimmigen Trümmer des Wappens‘ am Burgtor[138] – erstes Symbol der ‚sündhaften Vergangenheit‘ der Scharnasts – zum Verschwinden zu bringen. Zudem steht die Anlage inzwischen offen, jeder kann herein und hinaus; das gilt aber nicht für den Felsensaal: Neben dem äußeren Tor findet sich im Inneren eine weitere, „eiserne, goldbelegte Pforte“,[139] für die nur Heinrich einen Schlüssel hat. Während also ‚das vermauerte Tor‘ in der eisernen Burgmauer ‚nun wieder gastlich seine Wölbung offen hielt‘, ist das Herzstück der Anlage,[140] der rote Felsen, nur für Heinrich zugänglich. Des Weiteren trägt gerade dieser Ort, der Ort der Erinnerung, keinerlei Züge von Vergänglichkeit, denn alles darin ist aus unzerstörbarem Material (abgesehen von den Schriften): Der Saal ist aus rotem Marmor, die Türen sind aus Eisen und Gold, die Schriften liegen in gleichfalls geschlossenen Eisenschränkchen, es gibt einen „marmornen Tisch[]“, und selbst der Stuhl, der dem Lesenden als Sitzgelegenheit dienen soll, ist „aus Erz“.[141] Die Schriften der Scharnasts werden also in einem Saal aufbewahrt und

---

137 Ebd., S. 408 f.

138 Vgl. ebd., S. 363 und oben.

139 Ebd., S. 409.

140 Schon bei der ersten Besichtigung der Anlage mit Ruprecht zeichnet sich dieser Ort aus, denn nur hier gibt es ausgetretene Wege, die die regelmäßige Benützung des Saals anzeigen. Vgl. ebd., S. 374 f.

141 Vgl. ebd., S. 409 f. Man kann deshalb kaum Titzmanns Interpretation des Saals als „Vagina“ und „Uterus“ zustimmen. Vgl. Titzmann, Text und Kryptotext, 1996, S. 348.

gelesen,[142] der aus so massivem und totem Material gebaut ist, das nichts darin „von dem Heimfalle an Verderbniß" gerettet werden müsste.[143]

Aufgrund dieser steinernen und metallenen Beschaffenheit und aufgrund der mehrmaligen Bezeichnung als „Gewölbe"[144] erinnert der rote Saal in der *Narrenburg* an ein anderes ‚Schriftengewölbe' in Stifters Werk – allerdings unter umgekehrten Vorzeichen. Der Heinrich des *Nachsommers* beschäftigt sich im Zuge seiner Profession als Geologe mit den „Seltsamkeiten unserer Erdgestaltungen" in den Alpen, die sich hier „wie in einem Schriftengewölbe" ablesen lassen. Doch daran scheitert er letztlich; er ist nicht in der Lage, die unendlichen Zeiträume, die in diesem Gewölbe aufgehoben sind, zu überblicken. Seine Messwerkzeuge versagen und seine zeitliche Begrenzung und Beschränktheit gegenüber der Natur degradieren ihn zu einem „Einschiebsel",[145] im Vergleich zur Geschichte der Erde zeitlich kaum wahrnehmbar. In der *Narrenburg* dagegen wird der Versuch unternommen, alles, was ein ganzes, siebenhundert Jahre altes Geschlecht erlebt, geschaffen und gedacht hat, in einem eigens dafür ausgebauten ‚Schriftengewölbe' aufzuheben, um so das Vergessen von vornherein auszuschließen. Im Gegensatz zum Heinrich des *Nachsommers*, der zwar aufgrund der unermesslichen geologischen ‚Tiefenzeit' auch von einer zeitlichen Marginalisierung betroffen ist, dieses Scheitern aber über das Erhabene für sein Leben fruchtbar machen kann,[146] ist der Heinrich der *Narrenburg* dem im Felsensaal aufgehobenen Gedächtnis schutzlos ausgesetzt. Schutzlos heißt: Es gibt faktisch kein Vergessen; die Erinnerung wie das Gedächtnis werden gerade nicht durch eine einschränkende Thematisierung auf ein Endliches reduziert. Denn die Klausel im „Fideicommiß" des Hanns von Scharnast verlangt, das eigene Leben „getreu und ohne geringsten Abbruch der Wahrheit", also „haarklein" aufzuschreiben und gleichzeitig „sämmtliche bereits in dem rothen Steine befindlichen Lebensbeschreibungen" zu lesen. „Wer eine von diesen Bedingungen nicht erfüllen könne oder wolle", der wird als „gar nicht geboren betrachtet, also ist auch seine ganze Nachkommenschaft nicht geboren".[147] Ein solcher Umgang mit dem eigenen wie dem fremden Leben steht jeglicher Ich-Entfaltung im Wege. Zum einen ist der Erbe

---

142 Es ist „nicht gestattet", eine der Schriften „von dem Gemache ihrer Aufbewahrung wegzutragen". Die Narrenburg. In: HKG, Bd. 1,4, S. 321.

143 Ebd., S. 402.

144 Vgl. ebd., z. B. S. 375 und 412.

145 Alle Zitate aus Der Nachsommer. In: HKG, Bd. 4,2, S. 29 und 32.

146 Vgl. zur geologischen Tiefenzeit im *Nachsommer* Braungart, Poetik der Natur. Literatur und Geologie, 2009, S. 69 f. Vgl. auch in Kapitel III.6 in dieser Arbeit den Abschnitt *Die Grenzen der Geologie*.

147 Die Narrenburg. In: HKG, Bd. 1,4, S. 321 f.

gezwungen, sein eigenes Leben genau so zu erzählen, wie es verläuft; das heißt, eine echte Reflexion über das eigene Dasein im Sinne einer „Selbstdistanzierung" ist kaum möglich,[148] soll doch der Schreiber immer wahrheitsgetreu und genau bleiben. Zugleich ist er gezwungen, sich mit dem Leben aller vorangegangener Scharnasts zu beschäftigen, die unter denselben Bedingungen schrieben – so kann er sich kaum auf sein Leben konzentrieren.[149]

In den Lebensbeschreibungen kommt es also zu einer Art absoluter Darstellung unzähliger Erinnerungen. Wie schon Ruprechts Wahnsinn trägt auch ein solcher Umgang mit der eigenen Erinnerung Züge des Longin'schen Erhabenen – und das vielfach potenziert: „Denn wahrhaft groß ist nur, was zu langem Sinnen aufregt, wogegen man nur schwer, besser gesagt, gar nicht ankommt und was sich dem Gedächtnis fest und unauslöschlich einprägt", heißt es bei Longin. In den Schriften der *Narrenburg* soll aber nicht nur das Große und Außergewöhnliche, sondern restlos *alles* dargestellt und gelesen werden. Mit dieser absoluten Memoria wird also nicht nur das vergegenwärtigt, was „Widerhall von Seelengröße" ist,[150] sondern eben alles, was alle Scharnastseelen in den letzten siebenhundert Jahren hervorgebracht haben.[151] Heinrich, Rezipient wie Schreibender in Personalunion, ist gezwungen, sich seines eigenen, bisherigen Lebens und des Lebens aller anderen Scharnasts zu erinnern, ohne aktiv vergessen zu können[152] oder auch nur zu dürfen. Das heißt, in der

---

148 Nach Müller-Tamm gehe es darum, „die Verwandlung des Autobiographischen in Literatur zur Darstellung zu bringen und auf diesem Weg die Stiftung von Identität durch Selbstdistanzierung im dichterischen Transformationsprozess zu behaupten." Müller-Tamm, Allegorie und Erzählstruktur, 2007, S. 567.

149 Nach Herrmann verhindere dieser Umgang mit den Schriften jegliche „Ich-Ausdehung", weil „das Vergangene in der Gegenwart eine Art wiedergängerisches, bedrohliches Leben entfaltet." Herrmann, Verweigerte Ich-Ausdehnung, 2010, S. 201. Auch nach Grätz und Hahn nehme Heinrich über das Lesen der Schriften zwangsläufig Schaden. Vgl. Grätz, Traditionsschwund und Rekonstruktion, 1997, S. 617; Hahn, Epigonalität/‚Postmoderne', *Narrenburg/Nachkommenschaften*, 2006, S. 57f.

150 Beide Zitate aus Longinus, Vom Erhabenen, 1988, S. 17 (7,3) und 21 (9,2).

151 Herrmann beschreibt die Erbschaftsregelung sehr treffend als ein „nahezu vampirisches Verfahren", denn: „Mit dem Papiergebilde ‚Familie' ist so eine für das Individuum durchaus bedrohliche Geisterbeschwörung verbunden. Während die Überführung von genus in logos einerseits ein Verfahren zu sein scheint, ewige Dauer oder gar ewiges Leben zu erlangen, so muss dafür doch andererseits jeder Tropfen Blut zur Schrift gerinnen und stets von Neuem durch den Leser einverleibt werden, um weiter zu zirkulieren." Herrmann, Verweigerte Ich-Ausdehnung, 2010, S. 200.

152 So heißt es bei Weinberg zu Longin: „Insofern Erhabenheit *auch* durch ‚Vergegenwärtigung' entsteht, hat man es allerdings hier nicht nur mit der passiven Unvergesslichkeit eines dem Gedächtnis ‚unauslöschlich' Eingeprägten zu tun, sondern das Gedächtnis ist zumindest in diesem

Narrenburg wird einerseits versucht, die Grundlage des Erhabenen selbst wieder einzuholen, nämlich das (Kant'sche) Undarstellbare im Erhabenen zu überwinden.[153] Andererseits wird versucht, auch die Unendlichkeit des Gedächtnisses in seiner Gänze zu thematisieren; „Thematisierung und Unendlichkeit stehen" aber, so Weinberg, „in einem Ausschlussverhältnis".[154] Wenn nun also das Erhabene wie auch die Erinnerung bzw. das Gedächtnis jeweils von einen Abgrund geprägt sind – vom „Abgrund einer ekstatischen Zeit" –, dann wird mit den Schriften der *Narrenburg* der Versuch unternommen, diesen Abgrund, der im Erhabenen wie in der Erinnerung nur „aufblitz[t]", aber sofort wieder „vergessen (gemacht) wird",[155] restlos auszuleuchten,[156] und alles darin in eine absolute Darstellung zu bringen. Das Longin'sche Erhabene wird nicht einfach bloß im Narrativ erfahren und erfahrbar gemacht; vielmehr wird der Versuch unternommen, es durch die Überwindung des Undarstellbaren zu dekonstruieren – und zwar in Wiederholung: Die Erbschaftsregel der Scharnasts versucht nicht nur das darzustellen, was eigentlich weder in der Erinnerung noch im Erhabenen erfasst werden kann – nämlich das Unendliche; sie führt auch zu einer ständigen Wiederholung dieses Darstellungsversuchs und lässt sich über diesen Aspekt der Wiederholung wiederum mit Longin fassen. Denn hier wird das, „was die Seele als Erhabenes vernimmt und was in ihr nachhallt, was sie erinnernd wiederholt, [...] *so* wahrgenommen, dass es als selbst Hervorgebrachtes erscheint und sein Wiederholungscharakter vergessen bleibt." Für das Erhabene Longins gilt deshalb wie für das Erhabene Kants, dass es sich „nicht ‚fassen', vor- und

---

Fall an seiner Hervorbringung aktiv beteiligt." Weinberg, Erinnerung und Gedächtnis, 2006, S. 487.

153 Z. B. in „Lyotards Vorstellung des Kantischen Erhabenen" wird „das ‚Absolute', auf das das Erhabene verweist, [...] ebenfalls als unvergesslich" und „niemals in einer Darstellung *gegeben*" benannt; es ist nicht *als* Dargestelltes unvergesslich, sondern gerade weil es ob seiner Unfassbarkeit in keine Darstellung ‚passt'." Ebd., S. 502. Nach Lyotard zeichnet sich die „postmoderne" Kunst dadurch aus, „in der Darstellung selbst auf ein Nicht-Darstellbares" anzuspielen; es geht also um ein Erhabenes, „das sich auf die Suche nach neuen Darstellungen begibt, jedoch nicht, um sich an deren Genuss zu verzehren, sondern um das Gefühl dafür zu schärfen, dass es ein Undarstellbares gibt." Lyotard, Was ist postmodern?, 2009, S. 31.

154 Weinberg, Erinnerung und Gedächtnis, 2006, S. 10 f. Demnach zeige sich bei Kant, wie das Erhabene „das Fassungsvermögen der für alle Anschauung verantwortlichen Einbildungskraft übersteigt. Diese ‚Endlichkeit' der Einbildungskraft aber wird als eine Begrenztheit des Gedächtnisses gedacht". Ebd., S. 478.

155 Ebd., S. 546.

156 Und das obwohl der Erzähler der *Narrenburg*, wie oben dargestellt, weiß, dass die „dunkle[] schwermüthige[] Vergangenheit" des Rothensteins, „die uns hie und da von einer zerrissenen Sage, oder einem stummen Mauerstücke erzählt wird", nur „eben so dunkel und mangelhaft", also fragmentarisch „nacherzähl[t]" werden kann; dass also Erinnerung nur um den Preis des Vergessens möglich ist. Vgl. Die Narrenburg. In: HKG, Bd. 1,4, S. 361 und oben.

darstellen" lässt, „ohne dass es sich über sich selbst beugt [...]. Dies aber resultiert daraus, dass das Erhabene keine bloße Re-Präsentation von Ereignissen ist, sondern diese *lebendig* wiederholt."[157] Denn – und hier ist Schlossers Übersetzung aufschlussreich – nur das ist „wahrhaft groß, was sich immer, je öfter man es hört, tiefer und tiefer eindrückt, und endlich so fest in der Seele hängt, daß man es schwer, oder gar nicht mehr herausbringen kann."[158] Das Longin'sche Erhabene zeigt sich also nicht nur – und hier ja recht offensichtlich – in Ruprechts Wahnsinn; es ist schon in der Struktur der Erzählung angelegt und wird hier zugleich bis zum Kollaps dekonstruiert.

Was in diesem Abgrund der endlosen und ewig wiederholten Erinnerung drohen kann, zeigt eindrucksvoll die Schrift Jodoks, die Heinrich liest. Jodok beginnt darin mit einer Reflexion,[159] was Leben unter dem Eindruck all dieser Lebensberichte bedeutet – eine Einsicht, die für ihn aber zu spät kommt.

> Und darum kann ich euch keinen Dank haben, Ubaldus und Johannes, und Prokopus und Julianus – und wie ihr heißet; denn der Dämon der Thaten steht jederzeit in einer neuen Gestalt vor uns, und wir erkennen ihn nicht, daß er einer sei, der auch schon euch erschienen war – und eure Schriften sind mir unnütz. Jedes Leben ist ein neues, und was der Jüngling fühlt und thut, ist ihm zum ersten Male auf der Welt: ein entzückend Wunderwerk, das nie war, und nie mehr sein wird – aber wenn es vorüber ist, legen es die Söhne zu dem andern Trödel der Jahrtausende, und es ist eben nichts als Trödel; denn jeder wirkt sich das Wunder seines Lebens aufs Neue.
>
> Was ich hier schreibe, bin nicht ich – mich kann ich nicht schreiben, sondern nur, was es durch mich that. Ich habe die Erde und die Sterne verlangt, die Liebe aller Menschen, auch der vergangenen, und der künftigen, die Liebe Gottes, und aller Engel – ich war der Schlußstein des millionenjährig bisher Geschehenen, und der Mittelpunkt des All, wie es auch du einst sein wirst; – – aber da rollt Alles fort – wohin? das wissen wir nicht. – Millionenmal Millionen haben mitgearbeitet, daß es rolle, aber sie wurden weggelöscht und ausgetilgt, und neue Millionen werden mitarbeiten, und ausgelöscht werden. Es muß auch so sein: was Bilder, was Denkmale, was Geschichte, was Kleid und Wohnung des Geschiedenen – wenn das *Ich* dahin ist, das süße schöne Wunder, das nicht wieder kommt![160]

Der Bericht Jodoks beginnt mit einer Absage an Hanns' Klausel im „Fideicommiß". Die Schriften haben ihm nichts genützt, sie haben ihn den „Dämon der Thaten" nicht erkennen lassen.[161] Auch warum die Schriften unnütz für ihn wa-

---

157 Weinberg, Erinnerung und Gedächtnis, 2006, S. 488 f.
158 Longin, Vom Erhabenen, 1781, S. 69.
159 Allerdings handelt es sich nicht um den ‚wahren' Beginn, sondern um die Stelle, an der Heinrich gerade weiter liest. Vgl. Die Narrenburg. In: HKG, Bd. 1,4, S. 410.
160 Ebd., S. 410 f.
161 Hanns geht es darum, über die Lebensbeschreibungen weitere ‚Narrheiten' zu verhindern. Vgl. ebd., S. 322.

ren, weiß Jodok: ‚Jedes Leben ist ein neues', ein ‚entzückend Wunderwerk', auf das weiteres Leben folgt. Demnach ist es nicht möglich, aus den Fehlern anderer zu lernen,[162] denn jedes Leben hat seinen eigenen Wert, der aber mit dem Tod zwangsläufig vergeht – zurück bleibt nur ‚Trödel'. Auch der zweite Absatz zeugt von einer Reflexion des Problems. Hier wird, wie Begemann schreibt, der „Zusammenbruch der narzißtischen Größenphantasien [...] folgerichtig der kopernikanischen Wende nachgebildet." Die „namenlose Macht" des Universums, die die „Nichtigkeit und Bedeutungslosigkeit des Menschen" konstatiert und „die Preisgabe der Erinnerung an das Ich und die Einstimmung in das, was geschieht", fordert, wird zwar, und insoweit muss Begemann zugestimmt werden, von Schiller unter dem Begriff des Erhabenen gefasst;[163] demnach ist dem Menschen „nichts so unwürdig, als Gewalt zu erleiden, denn Gewalt hebt ihn auf." Das bedeutet: „Kann er also den physischen Kräften" der Natur, wie beispielsweise der Größe des Universums, „keine verhältnismäßige physische Kraft mehr entgegen setzen, so bleibt ihm, um keine Gewalt zu erleiden" und damit sein Mensch-Sein einzubüßen, „nichts anders übrig, als: *ein Verhältniß*, welches ihm so nachteilig ist, *ganz und gar aufzuheben*, und eine Gewalt, die er der That nach erleiden muß", über sein moralisches Vermögen „*dem Begriff nach zu vernichten*."[164] Allerdings ist Jodoks Reaktion angesichts der Größe des Alls nicht so egozentrisch, wie von Begemann dargestellt: Jodok durchfliegt nicht nur „[a]ls ein grandioses Größen-Selbst, Telos alles Geschehens, [...] in hypertrophierter romantischer Sehnsucht die unermeßlichen Weiten des Raums, [...] dessen Mittelpunkt er [...] zugleich ist";[165] er räumt zugleich freiwillig seinen Platz im Mittelpunkt *seines* Universums und überlässt ihn den ‚Millionen', die da folgen mögen: ‚Es muß auch so sein'. Jodoks Egozentrik beinhaltet also bereits die Einsicht, dass auch die ihm Nachfolgenden ein Recht auf dieselbe Egozentrik haben, um ihr Leben leben zu können. Natürlich lässt das das eigene Leben ‚bedeutungslos' erscheinen – gleichzeitig gibt Jodok aber auch seinen Nachkommen den Raum,[166] den sie verdienen, wie er ihn verdient hat, und zwar aus einem bestimmten Grund heraus: um sie zu warnen.

‚Was ich hier schreibe, bin nicht ich – mich kann ich nicht schreiben, sondern nur, was es durch mich that'. Nun ist es sicherlich richtig, dass die Lebensbe-

---

162 Grätz zeigt, wie hier der „Sinn des Historischen radikal in Frage" gestellt wird, da Jodok keine Werte und keine Anknüpfungspunkte für eine Tradition liefere. Vgl. Grätz, Traditionsschwund und Rekonstruktion, 1997, S. 617.

163 Begemann, Welt der Zeichen, 1995, S. 213 f. und 216.

164 Schiller, Ueber das Erhabene, 1963, S. 38 f.

165 Begemann, Welt der Zeichen, 1995, S. 213.

166 Jodoks letztes geschriebene Wort ist „Sohne". Vgl. Die Narrenburg. In: HKG, Bd. 1,4, S. 426.

schreibung nicht mit dem Schreibenden gleichgesetzt werden kann; Jodok kann nicht sich selbst erzählen, sondern nur, was *er* tat. Er aber schreibt: ‚Was *es* durch mich that'. Jodok Scharnast verabschiedet sich also ganz plötzlich und kaum merkbar davon, Gewalt über sein eigenes Tun zu haben – der Handelnde ist ein ‚es'. In diesem ‚es' kündigt sich eine viel wirkmächtigere und konkretere Gewalt als die des Universums an; zudem trägt es ein ganz anderes Erhabenes in sich als das Schillers.

> Wundere dich nicht über diesen meinen Schmerz [...]; denn ich gehe dem Engel meiner schwersten That entgegen, und aus den Pergamenten des rothen Felsensaales kam dieser Engel zu mir. Dort liegen die Schläfer, von ihrem Ahnherrn verurtheilt, daß sie nicht sterben können; eine schauderhaft durcheinanderredende Gesellschaft liegt dort, vor jedem Ankömmling müssen sie ihre Thaten wieder neu thun, sie seien groß oder klein; – diese Thaten, genug, sie waren ihr Leben, und verzehrten dieses Leben.[167]

Jodok macht seine Vorfahren, deren guten Taten wie Verfehlungen er studieren muss, für seine eigene, schwerste, seine wahnsinnige Tat verantwortlich – die Planung des Mordes an seiner Frau Chelion.[168] Zwar setzt er den Plan nicht in die Tat um, dennoch bedeutet allein der Entschluss dazu Chelions Tod.[169] Mitschuld daran haben – so Jodok – die ‚Schläfer', die ‚nicht sterben können', weil jeder nachkommende Scharnast ihr Leben, das heißt ihre Taten mit ihnen neu erleben muss. Mit Lacan könnte man an dieser Stelle von einem Gesetz im „Namen-des-Vaters" sprechen: „Der Vater ist wirklich der Erzeuger. Doch bevor wir das aus sicherer Quelle wissen, erschafft der Name des Vaters die Funktion des Vaters."[170] In der *Narrenburg* dient dieses Gesetz aber nicht der Stabilisierung des Subjekts, also dessen Identität, sondern der Destabilisierung, wie die zweifache Bedeutung des letzten Satzes zeigt: Die Taten der Vorfahren ‚verzehrten' nicht nur ihr eigenes Leben, sondern sie ‚verzehrten' auch ‚dieses', also Jodoks Leben. Hier wird das ‚es' – eigentlich ein „fundamentale[r] Signifikant", der in der symbolischen Ordnung immer vorliegt[171] – mit dem Lesen der Lebensbeschreibungen ins Rea-

---

167 Beide Zitate ebd., S. 410 f.

168 Vgl. ebd., S. 419.

169 „Sie hatte mich einmal mit dem Mörderauge an dem Bette stehen gesehen, und dieß war nicht mehr aus ihrer Seele zu nehmen. [...] Ich habe jahrelang das Uebermenschliche versucht, daß Alles wieder sei, wie früher". Chelion starb „an einem Nachmittage; die brechenden Augen noch auf mich gerichtet, wie das arme Thier den Mörder anschaut, der ihm die Kugel in das furchtsame Herz gejagt hatte." Ebd., S. 424 f.

170 Lacan, Namen-des-Vaters, 2006, S. 54. Bei Lacan steht der Begriff meist im Plural. Vgl. ebd., S. 66.

171 Vgl. Evans, Wörterbuch der Lacanschen Psychoanalyse, 2002, S. 197.

le,[172] das heißt in die Realität der Scharnast'schen Schicksale gezerrt. Der ‚fundamentale Signifikant', das Gesetz im ‚Namen-des-Vaters', wird quasi mit realem, zudem noch närrischem Leben gefüllt und verliert so seine gesetzgebende Funktion: Das Gesetz steht nicht mehr als Symbol hinter der Realität des Lesenden, sondern davor, angefüllt mit individuellen Schicksalen, die kaum als Vorbild dienen können; dennoch soll sich der Lesende an den fremden Realitäten ein Beispiel nehmen.[173] Wenn man mit Lacan also den ‚Namen-des-Vaters' als den „fundamentale[n] Signifikant[en] nimmt, welcher der Bedeutung ein normales Vorgehen erlaubt" und welcher dem Subjekt „Identität" verleiht, dieser Signifikant aber über die Lebensbeschreibungen – die Verfehlungen aller Scharnast-Väter – „verworfen wird",[174] birgt das eine Gefahr, die, so Lacan, in der Psychose enden kann: Jeder „Eintritt in eine Psychose" ist der „Moment, wo [...] der Ruf eines wesentlichen Signifikanten kommt, der nicht empfangen werden kann."[175] Hier kann der ‚Ruf' nicht empfangen werden, weil die Lebensbeschreibungen der Scharnasts, närrisch, wie sie sind, dem Gesetz widersprechen, aber dennoch ständig rezipiert werden müssen; so kann keine Stabilität mehr gewährleistet werden. Neben dem Erhabenen Schillers, das dem Menschen sein Mensch-Sein über die moralische Kultur versichern soll,[176] liegt hier auch das Erhabene Longins vor, das im Gegensatz zu dem Schillers jede Vernunft und jedes (moralische) Urteilsvermögen des Menschen zerstört. Das ewige Lesen der Schriften „aus dem Blute unsrer Grafen" – „und jeder Tropfen ist aufgeschrieben, der seit siebenhundert Jahren aus einem ihrer Herzen rann"[177] – führt zu einer „Identifikation" des Lesenden mit dem Schreibenden, zu einem „Einswerden" und einem daraus

---

172 Das Reale wird hier allerdings nicht im Sinne Lacan verwendet, denn demnach ist das Reale zusammen mit dem Symbolischen und dem Imaginären eines der drei „wesentliche[n] Register der menschlichen Realität". Vgl. Lacan, Namen-des-Vaters, 2006, S. 15. Das Reale kann also nicht mit ‚Realität' gleichgesetzt werden, vielmehr ist es „das, was außerhalb der Sprache liegt und vom Symbolischen nicht assimiliert werden kann", das also „unmöglich imaginiert oder in die symbolische Ordnung integriert werden kann, und jedenfalls nicht zu erlangen ist". Evans, Wörterbuch der Lacanschen Psychoanalyse, 2002, S. 251.

173 Hanns von Scharnast geht es mit seiner besonderen Klausel darum, Narrheit zu verhindert: „[O]bwohl er ein sehr frommer und tugendhafter Mann war, so hatte er doch in seinem Leben so viele Narrheiten und Uebereilungen begangen, [...] daß er beschloß, alles haarklein aufzuschreiben, damit sich Jeder, der nach ihnen käme, daran zu spiegeln und zu hüten vermöge." Die Narrenburg. In: HKG, Bd. 1,4, S. 322.

174 Vgl. Evans, Wörterbuch der Lacanschen Psychoanalyse, 2002, S. 197.

175 Lacan, Die Psychosen, 1997, S. 361. „[I]n der Psychose ist die Vaterfunktion auf das Bild des Vaters reduziert (das Symbolische ist auf das Imaginäre reduziert)." Evans, Wörterbuch der Lacanschen Psychoanalyse, 2002, S. 244.

176 Vgl. Schiller, Ueber das Erhabene, 1963, S. 39.

177 So Ruprecht über die Schriften im Felsensaal. Die Narrenburg. In: HKG, Bd. 1,4, S. 375.

resultierenden „Selbstverlust",[178] also einem Verlust der eigenen Identität jenseits der Schicksale der Scharnasts, der wie im Fall Ruprechts im Wahnsinn enden bzw. wie im Fall Jodoks wahnsinnige Taten gebären kann – das ist es, was Jodok angesichts seiner eigenen wahnsinnigen Tat erkennt.

Zudem werden die Schriften „sowohl zum Ort, an dem sich das Erhabene (schon einmal) realisiert (hat), als auch zum Medium, in dem es tradiert wird und zwar [...] in einer bewussten Nachahmung des schon Vorhandenen, einer Rede also, die an bereits geäußerte erhabene Rede bewusst erinnert und so immer wieder erneuert werden kann."[179] Jodoks Schicksal und das seiner Vorfahren lässt sich deshalb auch als eine Überbietung der ab dem späten achtzehnten Jahrhundert diskutierten Vererbungslehre lesen. Nach Weigel hatte die Entdeckung der genetischen Konzeption weitreichende Folgen: Denn darin wird das Wissen, „daß Anteile der eigenen Person in der Ähnlichkeit der Nachkommen fortleben werden, [...] zugleich durch die Kränkung konterkariert, vorab selbst von den Vorfahren geprägt worden und abhängig zu sein."[180] Im Fall der Scharnasts potenziert sich die Abhängigkeit von den Vorfahren durch die ständige Wiederholung ihrer Schicksale im Lesen; die so auf zwei Wegen – über die Genetik[181] und über die Schriften – weitervererbte „Narrheit" entwickelt deshalb eine so große Kraft, dass „selbst Die, welche bisher ein stilles und manierliches Leben geführt hatten, [...] in dem Augenblicke um[schlugen], als sie in den Besitz der verwetterten Burg kamen, und die Sache wurde immer ärger, je mehr Besitzer bereits gewesen waren, und mit je mehr Wust sich der neue den Kopf anfüllen mußte."[182] Und ‚darum kann' Jodok ‚keinen Dank haben' für seine Vorfahren ‚Ubaldus und Johannes, und Prokopus und Julianus', denn sie brachten ihm das namenlose,

---

178 Lehmann, Das Erhabene ist das Unheimliche, 1989, S. 754. Nach Arburg komme es nur zu einer Verschiebung der Identitäten. Vgl. Arburg, Stifters Architekturen, 2009, S. 120. Mit dem Erhabenen Longins zeigt sich aber, dass es sich um mehr handelt, nämlich um eine so weitgehende Vergegenwärtigung anderer Identitäten, dass Jodok kaum in der Lage ist, eine eigene zu bilden und zu festigen.

179 So Weinberg über das Longin'sche Erhabene. Weinberg, Erinnerung und Gedächtnis, 2006, S. 530.

180 Weigel, Genea-Logik, 2006, S. 67.

181 Von den Portraits im grünen Saal heißt es, dass über sie, „obwohl in tausend Gedanken und Leidenschaften zersplittert, doch dieselbe Familienähnlichkeit hinlief". Die Narrenburg. In: HKG, Bd. 1,4, S. 382f.

182 Ebd., S. 322f. Hanns erreicht mit der Klausel also das Gegenteil dessen, was er eigentlich erreichen wollte, nämlich die Verhinderung weiterer ‚Narrheiten'. Die schon in seiner Lebensbeschreibung dargestellte ‚Narrheit' führt nicht zu Tugendhaftigkeit, sondern nur zu noch mehr ‚Narrheit'. Die ‚Narrheit' potenziert sich in jedem neuen Lesenden und damit auch in seiner Lebensbeschreibung.

geschlechtlose ‚es' – den Lacan'schen „Namen-des-Vaters", der im Scharnast'schen Regelwerk aber nicht mehr funktioniert, weil er seine Bedeutung als „fundamentale[r] Signifikant" eingebüßt hat.[183] Stattdessen findet sich Jodok in einer absolut vergegenwärtigten, sich ewig wiederholenden Erinnerung wieder, die er für sein Handeln mit verantwortlich macht und die ihn nicht als eigenständige Person existieren lässt;[184] seine Vorfahren brachten ihm ein Longin'sches Erhabenes, das er nicht bewältigen kann – denn er hat selbst Anteil daran.

Das Longin'sche Erhabene bricht nicht ohne Jodoks Zutun über ihn herein; zu einer Identifikation mit den Schicksalen der Scharnasts kommt es aufgrund einer *aktiven* „Vergegenwärtigung" und „Nachahmung von Seelengröße".[185] Jodok wird also nicht einfach von der Gewalt, die von den Schicksalen seiner Vorfahren ausgeht, überwältigt, vielmehr trägt er selbst dazu bei: „Insofern Erhabenheit *auch* durch ‚Vergegenwärtigung' entsteht, hat man es [...] nicht nur mit der passiven Unvergesslichkeit eines dem Gedächtnis ‚unauslöschlich' Eingeprägten zu tun, sondern das Gedächtnis ist [...] an seiner Hervorbringung aktiv beteiligt."[186] Das heißt: Jodoks „Seele" wird „durch das Erhabene" der Schriften von *seiner* „Natur aus emporgetragen", sie „schwingt sich hochgemut auf und wird mit stolzer Freude erfüllt, als hätte sie selbst geschaffen, was sie hörte";[187] zumindest solange er nicht reflektiert, was geschieht, und sich voll und ganz von den unvergesslich gemachten Geschichten aller Scharnasts einnehmen lässt. Denn gerade für die Gewalt des Longin'schen Erhabenen gilt: „Alles kommt darauf an, diese Aufwallung selbst zu unterscheiden von der gedanklichen Verarbeitung, die sie erfährt"[188] – eine solche Abgrenzung zwischen den durch das Erhabene der Schriften hervorgerufenen Affekten und der eigenen Vernunft gelingt Jodok aber erst zu einem Zeitpunkt, als es für sein Leben zu spät ist:[189] nämlich nach Chelions

---

183 Vgl. Evans, Wörterbuch der Lacanschen Psychoanalyse, 2002, S. 197.

184 Nach Grätz habe sich „[i]n dem Moment, in dem Jodoks Horizont sich um das historische Bewußtsein erweiterte, [...] ihm sein eigenes Leben notwendig entwertet. Historischer Relativismus und subjektiver Absolutheitsanspruch lassen sich nicht zur Synthese führen, sondern stehen einander unvereinbar gegenüber." Grätz, Traditionsschwund und Rekonstruktion, 1997, S. 617 f.

185 Vgl. Longinus, Vom Erhabenen, 1988, S. 51 (15,12).

186 Weinberg, Erinnerung und Gedächtnis, 2006, S. 487.

187 Longinus, Vom Erhabenen, 1988, S. 17 (7,2).

188 Lehmann, Das Erhabene ist das Unheimliche, 1989, S. 752.

189 Jodok versucht schon vorher der Gewalt der Schriften zu entkommen, nicht durch Reflexion, sondern durch einen Ortswechsel, der ihn – so wünscht er es sich hier zumindest – in den „glatte[n] Raum par excellence", das Meer, führt: „Aus den Pergamentrollen hatte ich gelernt, wie Alles nichtig und eitel sei, worauf Menschen ihr Glück setzen; denn es war Thorheit, was alle meine Vorfahren thaten. Ich wollte Neues thun. [...] Da fiel mir ein, wie ich oben sagte, ich wolle

Ehebruch, der ihn beinahe zum Mörder werden lässt, ein Plan, der sie schließlich doch tötet.

Auch wenn er selbst diesem Schicksal nicht entgehen konnte, so hat Jodok doch einen Rat an seine Nachkommen:

> Helft das Gräschen tilgen, das sein Fuß betrat, die Sandspur verwehen, auf der er ging, und die Schwelle umwandeln, auf der er saß, daß die Welt wieder jungfräulich sei, und nicht getrübt von dem nachziehenden Afterleben eines Gestorbenen. Sein Herz konntet ihr nicht retten, und was er übrig gelassen, wird durch die Gleichgültigkeit der Kommenden geschändet. Gebt es lieber dem reinen, dem goldnen, verzehrenden Feuer, daß nichts bleibe, als die blaue Luft, die er geathmet, die wir athmen, die Billionen vor uns geathmet, und die noch so unverwundet und glänzend über dir steht, als wäre sie eben gemacht, und du thätest den ersten, frischen, erquickenden Zug daraus. Wenn du seinen Schein vernichtest, dann schlage die Hände vor die Augen, weine bitterlich um ihn, so viel du willst – aber dann springe auf, und greife wieder zu an der Speiche, und hilf, daß es rolle – – bis auch du nicht mehr bist, Andere dich vergaßen, und wieder Andere, und wieder Andere an der Speiche sind.[190]

Die Erlösung von der Tatsache, nur einer unter Millionen zu sein und angesichts der eigenen Vorfahren selbst in der Bedeutungslosigkeit zu versinken,[191] kann Jodok zufolge darin liegen, jede Spur der eigenen Väter und Vätersväter von der Erdoberfläche zu tilgen. „[W]enn das *Ich* dahin ist, das süße schöne Wunder, das nicht wieder kommt", muss die Welt restlos davon befreit werden, so dass auch die Nachkommenden die Möglichkeit haben, sich selbst als „Schlußstein des millionenjährig bisher Geschehenen, und de[n] Mittelpunkt des All" zu fühlen – Jodok fordert also das absolute Vergessen aller Schicksale, aller Gesetze und Erbschaftsregelungen, auf ‚dass es' weiterhin ‚rolle'. Damit aber überbietet er Heinrichs Restauration der Burg. Heinrich tilgt zwar die Spuren von „Verderbniß und Unheimlichkeit" in der Anlage[192] und passt so die darin sich konstituierenden riesigen Zeiträume des Gedächtnisses der endlichen – gegenwärtigen – Erinnerung des Menschen an. Dabei verliert die Burg das Erhabene freilich weitestgehend, denn es wird das kaschiert, was den Abgrund des Erhabenen wie

---

nach dem Himalaia gehen […], und eher noch wollte ich das große, einfache Meer versuchen." Die Narrenburg. In: HKG, Bd. 1,4, S. 412f. Zum glatten Raum vgl. Deleuze/Guattari, Tausend Plateaus, 1992, S. 657–693, Zitat S. 664. Zum glatten Raum bei Stifter vgl. Kapitel III.1 in dieser Arbeit. Im Zuge dieser Reise lernt Jodok allerdings auch Chelion kennen – er kann seinem eigenen Schicksal also nicht entkommen. Vgl. dazu Die Narrenburg. In: HKG, Bd. 1,4, S. 413–416.

190 Die Narrenburg. In: HKG, Bd. 1,4, S. 411.

191 Auch hier wird das Wissen, „daß Anteile der eigenen Person in der Ähnlichkeit der Nachkommen fortleben werden, […] zugleich durch die Kränkung konterkariert, vorab selbst von den Vorfahren geprägt worden und abhängig zu sein." Weigel, Genea-Logik, 2006, S. 67.

192 Alle Zitate aus Die Narrenburg. In: HKG, Bd. 1,4, S. 410f. und 402.

auch den Abgrund der Erinnerung ausmacht: das „*Werden* der Zeit", das sich in beiden „als blitzhaftes Aufleuchten" zeigen kann.[193] Jodok dagegen fordert das Gegenteil dessen, was die „Klausel" des Hanns von Scharnast möchte:[194] nämlich den Abgrund der Memoria ganz zuzuschütten, so ‚daß die Welt wieder jungfräulich sei'. Neben Ruprechts Überidentifikation mit der siebenhundertjährigen Geschichte der Scharnasts, die im Wahnsinn endet, und neben Heinrichs Restauration der Burg, die das Longin'sche Erhabene zum Verschwinden bringen will, zeigt sich bei Jodok nun eine weitere Strategie im Umgang mit dem Erhabenen: eine im Vergleich zur Erbschaftsklausel umgekehrte Dekonstruktion. Statt einer Ausleuchtung des erhabenen Abgrunds der Erinnerung fordert er, den Abgrund zu schließen, indem alles dem Vergessen anheimgegeben wird – damit aber verschwindet jegliche Unendlichkeit, wie sie in der Erinnerung und im Erhabenen erfahren werden kann.

Daraus ergibt sich eine weitere deutliche Handlungsanweisung Jodoks an die Nachkommenden: „Wenn es dein Gewissen zuläßt, später Enkel, so verbrenne die Rollen, und sprenge den Saal in die Luft."[195] In weiser Voraussicht aber und dem Wissen, dass der ‚späte Enkel' so nicht nur die Vergangenheit der Burg zerstören wird, sondern auch seine sowie die Zukunft seiner Nachkommen auf der Burg,[196] geht er natürlich nicht davon aus, dass irgendeiner den Saal zerstören wird. Deshalb hat er einen alternativen Rat bei der Hand: „[L]ese nun das Folgende, weil du zu lesen geschworen, so wie ich es schrieb, weil ich zu schreiben geschworen –: aber wenn du das Eisenthor des Gewölbes zuschlägst, so lasse Alles hinter dir zurück, und streue die Erinnerung in die Winde, damit du keinen Hauch davon, kein trübes Atom zu den Deinen nach Hause trägst".[197] Doch an Heinrichs Reaktion auf Jodoks Bericht und an einigen Hinweisen durch den Erzähler zeigt sich, dass sich dieser gut gemeinte Rat nicht umsetzen lässt.

Nachdem Heinrich Jodoks Schrift, die mit der Anmerkung „† (gestorben) einundzwanzig Tage nach dem Worte: Sohne" endet, gelesen und den Felsensaal verlassen hat, denkt er, der mitten im Leben steht und bald heiraten wird, an seinen eigenen Tod: „Er sah deutlich nun auch schon das Kreuz von fremder Hand auf *seinem* letzten Blatte stehen, und dabei ‚gestorben nach dem Worte …' –

---

193 Vgl. Weinberg, Erinnerung und Gedächtnis, 2006, S. 518 f.

194 Nämlich „alles haarklein aufzuschreiben". Vgl. Die Narrenburg. In: HKG, Bd. 1,4, S. 321 f.

195 Ebd., S. 411 f. Diese Aufforderung zur Bandstiftung kommt nicht von ungefähr, denn Jodok zündet nach Chelions Tod das von ihm gebaute Parthenon an, „daß Alles und Alles durch das Feuer verzehrt würde, was übrig wäre von ihr und mir". Ebd., S. 426.

196 Wer sich nicht an seinen Eid hält, „der wird als gar nicht geboren betrachtet, also ist auch seine ganze Nachkommenschaft nicht geboren". Ebd., S. 322.

197 Ebd., S. 412.

welches Wort mag es wohl sein? etwa ‚Gattin'? oder ein anderes, oder eins im Wörterbuche, auf das man jetzt gar nicht denkt?!"[198] Heinrichs Leben wird schon von der ersten Lebensbeschreibung, die er liest, überschattet – auch in seiner Reaktion zeigt sich, dass die Schriften weit mehr bedeuten als einen „böse[n] Albtraum aus einer dunklen Vergangenheit",[199] nämlich eine ständige Longin'sche Vergegenwärtigung auch des eigenen Todes über die Wiederholung eines fremden Todes in der Erinnerung:

> ‚Das ist keine gute Einrichtung unserer Vorfahren,' dachte er, als er den von so vielen Lesern und Schreibern betretenen Pfad durch den alten Garten zurückging, und im Schutte die Fußstapfen drückte, die so viele vor ihm gedrückt. Er konnte dem Rathe des Jodok nicht folgen, und das Gelesene in die Winde streuen, sondern mit beschwertem Herzen überall die Gestalt des Jodokus sehend, der vor Kurzem hier gewandelt, dachte er: ‚wie viele Gestalten mögen sich noch hinzugesellen, bis der Garten voll Gespenster ist? – Und wenn alle Ähnlich diesem Jodok sind, wie wenig verdient ihr Haus den Namen, den ihm die Leute draußen geben – ihre Narrheit ist ihr Unglück, und ihr Herz. – – Wie fürchte ich schon die Geschichte jenes Prokopus mit dem düsteren, funkelnd dürstenden Auge, das vielleicht zuletzt aus Verzweiflung nach den Sternen geschaut – – oder was wird in der von Julianus stehen – oder von dem ersten Sixtus – oder von dem verwahrlosten Christoph mit Narcissa und Pia? – – Was wird von mir selber noch stehen müssen?'[200]

Wenn Heinrich nach dem Lesen der Schrift ‚überall die Gestalt des Jodokus' sieht, zeigt sich in dieser Vergegenwärtigung der Vergangenheit mehr als „ein Unbehagen [...], dass das Vergangene in der Gegenwart eine Art wiedergängerisches, bedrohliches Leben" entfalten könnte.[201] Vor Heinrich tut sich ein Abgrund der Erinnerung auf, der für ihn existenzbedrohend wird und dem er, im Gegensatz zur von der Burg transportierten Erinnerung, nicht durch Kaschieren beikommen kann. Auch er muss sich, wie schon Jodok und all die anderen Scharnasts vor ihm, dem Erhabenen der unendlichen Erinnerungen durch Vergegenwärtigung immer wieder schutzlos aussetzen und sich gleichzeitig fragen: ‚Was wird von mir selber noch stehen müssen?' Trotz der Restaurierung der Burg kann er die ‚Gespenster' der Vergangenheit, wie sie im Felsensaal in ihren Eisenkästen liegen, nicht vertreiben. Deshalb äußert auch der Erzähler der *Narrenburg* Zweifel am zukünftigen Glück der Scharnasts.[202]

---

198 Ebd., S. 426 f.

199 Burgstaller, Zur künstlerischen Gestalt, 1976, S. 106.

200 Die Narrenburg. In: HKG, Bd. 1,4, S. 427 f.

201 Herrmann, Verweigerte Ich-Ausdehnung, 2010, S. 201.

202 Nach Arburg deute der „Schlusskommentar des Erzählers unmissverständlich auf die Problematik des Happy End hin", denn hier werde in der „Umkehrung der sakralen Segnungsgeste [...] noch dem finalen Glücksversprechen sein Gegenteil" eingeschrieben. Arburg, Stifters Archi-

Nach der Beschreibung der Hochzeit von Heinrich und Anna heißt es: „Wir enthalten uns, die Empfangsfeierlichkeiten auf dem Rothensteine zu beschreiben, sondern beschließen unsere Erzählung mit diesem heitern Ausgang der trüben Geschichten des Rothensteins, und wünschen dem Paare, daß es so glücklich fortlebe, wie ihre Ehe glücklich begonnen." Allerdings hält sich der Erzähler nicht an seine Ankündigung; so heißt es schon im folgenden Satz: „Ein Anfang dazu ist schon gemacht; denn die einigen Jahre, die seit dem, was wir eben erzählten, bis auf heute verflossen, sind ganz glücklich gewesen."[203] Es scheint, der Erzähler muss sich mit diesem letzten Blick – Jahre nach Heinrichs Hochzeit – auf seine Protagonisten selbst vergewissern, ob denn auch wirklich alles ‚ganz glücklich' vorangeht. Müller-Tamms These, wonach Heinrich als Autor der *Narrenburg* zum „Erlöser seiner selbst und seines Geschlechts" und „Literatur [...] als dasjenige Medium" inszeniert werde, „in dem sich gelingendes Leben vollzieht und in dem sich das Leben seiner selbst versichert", ist also kaum zu halten. Denn das Longin'sche Erhabene, von dem auch seine Erinnerung gezeichnet ist, verlangt eine aktive Vergegenwärtigung und führt deshalb zu einer so absoluten Identifikation mit der Vergangenheit der Scharnasts, dass auch Heinrich keine „Selbstdistanzierung" von den Schriften gelingt[204] – und der Erzähler der *Narrenburg* weiß das.

Die Narrenburg führt also mehrere Strategien zur Bewältigung des Longin'schen Erhabenen vor – von denen aber keine wirklich funktioniert. Ruprecht hat jede Gegenwehr aufgegeben und ist dem Wahnsinn verfallen. Seine Erinnerung an das Geschlecht seiner Herren führt zu einer Überidentifikation mit den Scharnasts, bis er schließlich nur noch durch deren Vergangenheit lebt: Er ist, wie die Burg, Gedächtnis fremder Schicksale, die aber schon lange keine Zukunft mehr bringen, denn „Alle sind sie todt". Jodok erkennt nach seiner „schwersten That", dem Beinahe-Mord an seiner Frau Chelion, die Gefahr der Schriften und fordert deshalb – ganz im Gegensatz zur Erbschaftsklausel des Hanns von Scharnast, nach der „alles haarklein" aufzuschreiben ist – absolutes Vergessen, also die Dekonstruktion des Erhabenen und der Erinnerung über das ‚Zuschütten' des Unendlichen. Heinrich schließlich versucht, dem Erhabenen durch die Restaurierung der Burg beizukommen; so gelingt es ihm zwar, die Spuren der Vergangenheit an den Gebäuden zu tilgen und damit deren Charakter als erhabene Gedächtnisse zum Verschwinden zu bringen. Doch auch er muss sich aktiv mit der Vergangenheit der Scharnasts auseinandersetzen und sich lesend ständig erin-

---

tekturen, 2009, S. 127 f. Vgl. dazu Die Narrenburg. In: HKG, Bd. 1,4, S. 436: „Und so, du glückliches Paar, lebe wohl! Gott der Herr segne dich, und führe noch unzählige glückliche Tage über deinen Berg und die Herzen der Deinen empor."

203 Ebd., S. 434 f.

204 Vgl. Müller-Tamm, Allegorie und Erzählstruktur, 2007, S. 568–570 und 565.

nern. Ob er wirklich ein „stilles und manierliches Leben" führen wird, ist zumindest fraglich; es bleibt die beunruhigende Möglichkeit, dass sich das „verschiedene[] Böse" seines Geschlechts[205] auch in ihm und in seinem Leben zeigen wird. Denn auch Heinrich kann sich den „Gespenster[n]" der Vergangenheit,[206] den „unauslotbaren Abgründe[n] von Erinnerung und Gedächtnis" nicht entziehen.[207] Er kann nicht leben und seine Vorfahren können „nicht sterben".[208]

205 Alle Zitate aus Die Narrenburg. In: HKG, Bd. 1,4, S. 388, 411 und 322 f.
206 So Heinrich und Jodok gleichermaßen. Vgl. ebd., S. 412 und 427.
207 Weinberg, Erinnerung und Gedächtnis, 2006, S. 657.
208 Die Narrenburg. In: HKG, Bd. 1,4, S. 411.

Schlussbetrachtung

Stifter schrieb – so die Grundthese dieser Studie – an der literarischen Geschichte des Erhabenen mit: Die Theorie des Erhabenen wurde zwar allmählich auf Definitionen des achtzehnten Jahrhunderts eingefroren, besonders auf die Immanuel Kants. In der ästhetischen Praxis aber führt das Erhabene ein Eigenleben: Die erhabenen Gegenstände, die Prägung des Erhabenen und seine Funktionen verändern sich in Literatur und Kunst fortlaufend[1] – genau an diesen fortlaufenden Veränderungen partizipiert Stifters Prosa. Seine Texte bieten einen überaus großen Variantenreichtum an Verarbeitungen des Erhabenen. Ein Grund dafür ist Stifters Rezeption des Erhabenen über einen Umweg, nämlich über populärwissenschaftliche Texte des frühen neunzehnten Jahrhunderts. Entsprechend ist es nicht Ziel der Studie, das Erhabene in Stifters Texten als reine ‚Illustration‘ des philosophischen Diskurses oder einer Theorie zu beschreiben, sondern die vielfältigen Möglichkeiten zur Interpretation aufzuzeigen.

Grundlage hierfür sind verschiedene Dimensionen des Erhabenen: erstens Naturtopoi, die in philosopischen Ausführungen als erhaben beschrieben werden wie die überwältigende Weite einer Hochebene oder die kaum zu erfassende Höhe eines Berges – alles Topoi, die Stifter immer wieder eingehend schildert – und zweitens Stifters montoner, zur Langatmigkeit neigender Stil, der der Philosophie des Erhabenen gerade nicht widerspricht: In seinen Texten verbindet sich Sublimität mit Simplizität, also der erhabene Inhalt mit dem einfachen oder auch montonen Stil – eine Verbindung, die in der Folge der Rezeption Longins im siebzehnten Jahrhundert entstand und die im achtzehnten Jahrhundert prägend wurde für alle folgenden philosophischen Konzepte.[2] Drittens findet das Erhabene als textuell dargestellte Emotion einen Ausdruck im ‚gemischte Gefühl‘.[3] Schiller umschreibt mit dieser Formulierung eine Qualität des Widersprüchlichen, die dem erhabenen Gefühl auch in anderen Theorien zugesprochen wird: Burke spricht von „delightful horror“;[4] Kant definiert das Erhabene als ein „Gefühl der Unlust [...] und eine dabei zugleich erweckte Lust“.[5] In Stifters Texten wird diese Widersprüchlichkeit sprachlich nachvollzogen, beispielsweise wenn Otto Falkaus in *Zwei Schwestern* die „düstere Schönheit“ der oberitalienischen Hoch-

---

1 Vgl. Erhart, Das Erhabene, das Schöne und die moderne Literatur, 1997, S. 90.
2 Vgl. Till, Das doppelte Erhabene 2006, S. 42 f.
3 Vgl. Schiller, Ueber das Erhabene, 1963, S. 42.
4 Burke, A Philosophical Enquiry, 2008, S. 105.
5 Kant, Analytik des Erhabenen, 1968, S. 344 f.

https://doi.org/10.1515/9783110498219-015

ebene schildert und so versucht, deren „unaussprechliche" Wirkung in Worte zu fassen.[6]

Diese Dimensionen des Erhabenen werden in Stifters Texten vielfältig kombiniert, aber auch erweitert. Nicht immer erscheint das Erhabene an Gegenständen der Natur, nicht immer wird es mit Einfachheit verbunden, nicht immer wird es direkt an das ‚gemischte Gefühl' gebunden. Stifters Verarbeitungen des Erhabenen kennen Spielarten, die so nicht in den Theorien beschrieben werden. ‚Erhaben' ist bei ihm nicht nur die Natur, erhaben wirkt beispielsweise in *Brigitta* auch die Titelfigur. Darin aber liegt eine Überschreitung der Philosophie: Burke zieht zwar eine Verbindung zwischen Hässlichkeit und Erhabenheit;[7] Menschen kommt das Erhabene aber nicht zu. In *Zwei Schwestern* zeigt sich, dass Erharts Einschätzung zur Rolle der Literatur auch für die literarisch verhandelte Erhabenheit von Musik gelten kann. Die Darstellung von Musik und Erhabenem berühren sich in ihrer jeweiligen Fähigkeit, ein poetisches ‚Eigenleben' zu führen. Die Erzählung arbeitet so an der (Weiter-)Entwicklung beider Diskurse mit: an dem des Erhabenen *und* an dem der Musik.

Nun wurden in dieser Studie bei Weitem nicht alle Texte Stifters analysiert, sondern – und betrachtet man den Umfang seines Werks, so muss man sagen: nur – sechs Erzählungen und ein Roman. Auch wenn das herausgearbeitete Spektrum der Erhabenheitsvariationen groß ist, kann es sicherlich über die Interpretation weiterer Texte nuanciert werden. Besonders bezüglich der Musikdarstellung bietet sich eine weitere Erzählung Stifters an: *Der beschriebene Tännling*. Darin erhält die Musik eine ganz andere Charakteristik als in *Zwei Schwestern*. Ist sie dort zwar ein „tiefes und schwankendes Ding", in dem „Seligkeit" und „Wehmuth" zugleich liegen, so birgt sie doch zuweilen eine „schöne[] sittliche[] Gewalt".[8] Im *Tännling* aber wird sie zu einem schrecklichen Werkzeug des Todes – und bleibt dennoch erhaben. So heißt es von der Netzjagd: „[Es] begann eine rauschende Waldmusik von Hörnern und andern klingenden Instrumenten; aber von dem Jagdraume herauf erschwollen Schrektöne und plötzliche Rufe der Angst; denn die Ohren des Waldes kannten nur die Laute des Donners und Sturmes, nicht den Schrekklang tönender Musik." Schließlich ist es der „helle auffordernde liebliche Ruf[]" eines „einzelne[n] Jagdhorn[s]",[9] das die Jagd – eine äußerst blutige und grausame Angelegenheit, der eine Vielzahl von Waldtieren zum Opfer fällt – beginnen lässt und das die Widersprüchlichkeit des Erhabenen im Sinne Burkes komplementiert.

---

6 Zwei Schwestern. In: HKG, Bd. 1,6, S. 261.
7 Vgl. Burke, A Philosophical Enquiry, 2008, S. 92.
8 Alle Zitate aus Zwei Schwestern. In: HKG, Bd. 1,6, S. 224 f.
9 Der beschriebene Tännling. In: HKG, Bd. 1,6, S. 411 f.

Eine noch gewaltvollere, obwohl unblutige Variante des Erhabenen bietet eine andere Erzählung Stifters: *Die Narrenburg*. Hier wird der Versuch unternommen, eine der Grundlagen des Erhabenen einzuholen, nämlich das Unendliche, Unfassbare und Undarstellbare, wie es sich in der Erinnerung und im Gedächtnis darstellen kann. Mit den Schriften der Scharnasts – jeder Burgherr des Geschlechts muss seine Lebensgeschichte „haarklein" aufschreiben und alle schon existierenden Lebensbeschreibungen seiner Vorgänger lesen[10] – wird das Unendliche, das das Erhabene wie auch die Erinnerung bzw. das Gedächtnis gleichermaßen ausmacht,[11] scheinbar restlos ausgeleuchtet und alles darin Liegende in eine absolute Darstellung gebracht. Das Erhabene wird auch in dieser Erzählung im Narrativ erlebt und erlebbar gemacht; zugleich soll es aber durch die Überwindung des Undarstellbaren in der Erinnerung dekonstruiert werden. Allerdings führt dieser Versuch am Ende nicht zu einer Dekonstruktion des Erhabenen, sondern zu einer absoluten Identifikation im Sinne Longins mit den Schicksalen der jeweiligen Burgherren: Ruprecht, der Kastellan der Burg, hat jede Gegenwehr gegenüber seiner eigenen Erinnerung und der anderer aufgegeben und ist dem Wahnsinn verfallen. Er endet in einer Überidentifikation mit den Scharnasts, bis er schließlich nur noch durch deren Vergangenheit lebt: Er ist – wie die Burg – Gedächtnis fremder Schicksale. Jodok, dessen Lebensbeschreibung der gegenwärtige Burgherr Heinrich liest, erkennt nach dem Beinahe-Mord an seiner Frau Chelion die Gefahr der Schriften und fordert deshalb – im Gegensatz zur Erbschaftsklausel – absolutes Vergessen, also die Dekonstruktion des Erhabenen sowie der Erinnerung über das Zuschütten des Unendlichen. Heinrich schließlich versucht, dem Erhabenen durch die Restaurierung der Burg beizukommen; so gelingt es ihm zwar, die Spuren der Vergangenheit an den Gebäuden zu tilgen und damit deren Charakter als erhabene Gedächtnisse zum Verschwinden zu bringen. Doch auch er muss sich aktiv mit den Schicksalen aller Scharnasts auseinandersetzen und sich lesend ständig erinnern: „Er konnte dem Rathe des Jodok nicht folgen, und das Gelesene in die Winde streuen, sondern mit beschwertem Herzen überall die Gestalt des Jodokus sehend, der vor Kurzem hier gewandelt, dachte er: ‚wie viele Gestalten mögen sich noch hinzugesellen, bis der Garten voll Gespenster ist? [...]'" Auch Heinrich kann sich dem Abgrund der Erinnerung nicht entziehen; er kann nicht leben, weil seine Vorfahren „nicht sterben" können.[12] *Die Narrenburg* inszeniert so eine Fassung des Erhabenen, die den Theorien des achtzehnten Jahrhunderts, besonders der Kants, diametral entge-

---

10 Vgl. Die Narrenburg. In: HKG, Bd. 1,4, S. 321 f.
11 Vgl. Weinberg, Erinnerung und Gedächtnis, 2006, S. 546.
12 Beide Zitate aus Die Narrenburg. In: HKG, Bd. 1,4, S. 427 f. und 411.

gensteht: Nicht das Erkennen der eigenen Vernunft begleitet das erhabene Gefühl, sondern der Verlust bzw. die Gefahr des Verlusts ebendieser Vernunft – bedrohlicher für die Protagonisten ist das Erhabene in keinem Text Stifters.

Trotz dieser Vielfalt an Gegenständen, die Stifter in seinem Werk als erhaben verhandelt, sind es doch seine berühmten Naturschilderungen, die auf besondere Art vom Erhabenen geprägt sind – und mit dem Erhabenen zeigt sich: Die Einschränkung Stifters auf idyllische Naturdichtung ist nicht zu halten. Zieht man neben dem Erhabenen auch Deleuzes und Guattaris Raumtheorie heran, offenbart sich eine ganz spezifische Darstellung von Landschaften in Stifters Texten. Besonders in der Wirkung von gegenstandsarmen Natur-Räumen wie der Hochebene in *Zwei Schwestern* oder dem Gletscher im *Nachsommer* liegt eine Widersprüchlichkeit, die die Figuren im Modus des Erhabenen erleben. Das Bedrohliche, aber auch die Schönheit, die diesen Natur-Räumen eigen sind, werden mittels des erhabenen Gefühls erfahren. Stifters Landschaften sind also gerade nicht idyllisch oder von einem Immer-Gleichen geprägt; vielmehr leben sie von äußerst ambivalenten Wirkungen auf die Figuren – je abhängig von deren Wahrnehmung –, die Schönheit und Bedrohung gleichermaßen umfassen und deren Spektrum vom absoluten Selbstverlust in der Natur wie in *Zwei Schwestern* bis hin zu einer Kant'schen Erhebung über die Natur wie im *Nachsommer* reicht.

Eine solche positive Wendung der Überwältigung bildet aber die Ausnahme: Von den in dieser Studie analysierten Texten bietet nur *Der Nachsommer* eine Erhebung über die Natur, die Kants Erhabenem gleichkommt, beispielsweise in dem Moment, als Heinrich während der winterlichen Wanderung auf den Echerngletschern über dem glatten Raum des ‚Nebelmeers' zu schweben scheint.[13] Die Gletscherwanderung im *Nachsommer* steht in Stifters Werk aber nicht allein; auch in *Bergkristall* – eine der berühmtesten Erzählungen Stifters, die in dieser Studie bisher nicht Gegenstand war – wird ein Gletscher erklommen, allerdings nicht freiwillig. Die Kinder Sanna und Konrad verirren sich auf den Gletscher, weil die ihnen eigentlich bekannte Landschaft mit einsetzendem Schneefall mehr und mehr Züge des glatten Raums erhält, die eine Orientierung kaum mehr zulassen. Schon zu Beginn des Schneefalls sind die Bäume am Wegrand kaum mehr zu sehen, „daß sie wie neblige Säke in der Luft standen". Konrad kann „den Weg nicht erkennen, weil er so weiß ist", und auch die Fußspuren der Kinder sind sofort wieder verschwunden. Selbst als sie stehen bleiben, um sich umzusehen, „erblikten sie nichts. [...] Wie bei dem Hagel über die weißen oder grünlich gedunsenen Wolken, die finsteren fransenartigen Streifen herabstarren, so war es hier, und das stumme Schütten dauerte fort. Auf der Erde sahen

---

13 Vgl. Der Nachsommer. In: HKG, Bd. 4,3, S. 105.

sie nur einen runden Flek Weiß und dann nichts mehr." Als sie versuchen, etwas zu hören, „war nicht ein einziger Laut auch nicht der leiseste außer ihrem Athem zu vernehmen"; es ist „unermeßlich still".[14]

Die Kinder erleben einen ähnlichen Raum wie Heinrich im *Nachsommer*, der den Gletscher allerdings nicht bei Schneefall erklimmt und zudem aufgrund seiner Ortskenntnis Orientierungspunkte ausmachen kann. Heinrich befindet sich immer, im Gegensatz zu den Kindern in *Bergkristall*, in Sicherheit: Während ihm beim Blick über das ‚Nebelmeer' eine außerordentliche Erfahrung des Erhabenen zuteil wird, obwohl er „die Thäler nicht sehen" kann,[15] verstärkt in *Bergkristall* der mehrmalige Blick des Erzählers ins Tal das Bedrohliche: Nichts davon, was der Erzähler erwähnt, weder die Lichter noch das Glockengeläut der Weihnachtsnacht, dringt zu den Kindern empor. Und auch am nächsten Tag war es „nicht, als ob sie sich auf einem Berg befänden, von dem man hinab sieht, sondern in einer fremden seltsamen Gegend, in der lauter unbekannte Gegenstände sind." Dennoch bemüht der Erzähler ein ähnliches Bild wie im *Nachsommer:* Konrad und Sanna sind, als sie den Gletscher erreicht haben, „winzigkleine wandelnde Punkte in diesen ungeheuren Stüken".[16] Gegensätzlich zu Heinrichs Erfahrung drohen die Kinder aber, am glatten Raum zugrunde zu gehen: Nur knapp entrinnen sie dem Tod. Es ist die Natur, möchte man dem Erzählerkommentar Glauben schenken, die die Kinder vor dem Schlaf und damit vor dem Erfrieren bewahrt. Denn das wäre geschehen, „wenn nicht die Natur in ihrer Größe ihnen beigestanden wäre, und in ihrem Innern eine Kraft aufgerufen hätte, welche im Stande war, dem Schlaf zu widerstehen." Die Rede ist hier von zwei Dingen: Erstens vom „Krachen des Eises", das klingt, „als ob die Erde entzwei gesprungen wäre";[17] zweitens von einer Lichterscheinung, die an ein Nordlicht erinnert[18] und die von Sanna später als der „heilige[] Christ" beschrieben wird.[19] Nicht Vernunft steht hier am Ende der Erzählung, sondern der kindliche Glaube an das Christkind – darin liegt die ‚innere Kraft', die Sanna und Konrad rettet.

Der Blick von oben bzw. das scheinbare Schweben über einem Abgrund ist nicht generell Ausdruck des (Kant'schen) Erhabenen. In *Prokopus* – eine Erzählung Stifters, der in dieser Studie nicht ausführlich nachgegegangen wird – ist der

---

14 Alle Zitate aus Bergkristall. In: HKG, Bd. 2,2, S. 211–216.
15 Vgl. Der Nachsommer. In: HKG, Bd. 4,3, S. 105.
16 Vgl. Bergkristall. In: HKG, Bd. 2,2, S. 224, 226 f., Zitate S. 229 und 219. Vgl. Der Nachsommer. In: HKG, Bd. 4,3, S. 108: „[I]n der einfachen großen Fläche, die die Natur hieher gelegt hatte, standen nur die zwei Menschen, die da winzig genug sein mußten."
17 Bergkristall. In: HKG, Bd. 2,2, S. 227 f.
18 Vgl. dazu Baumgartner, Naturlehre, 1829, S. 735.
19 Vgl. Bergkristall. In: HKG, Bd. 2,2, S. 228 und 240.

Blick in den Abgrund reiner Schrecken: Während Heinrich im *Nachsommer* das ‚Schweben' über dem Nebelmeer die außergewöhnliche Position verleiht, der einzige wahrnehmbare Punkt im Raum zu sein, und damit „ein Vermögen, das selbst übersinnlich ist",[20] empfindet Gertraud in *Prokopus* angesichts eines ähnlichen Blicks von der Burg nur Schrecken: „Es ist schauerlich, [...] wir schweben ja mit dem Berge nur in der Luft und rings um uns ist nichts"[21] – selbst das Erhabene nach Burke, das ja keine vernunftgemäße Erhebung kennt, greift hier nicht mehr.[22]

Es scheint, als formuliere Stifter an dieser Stelle wie auch besonders an solchen, in denen den Protagonisten eine Entsubjektivierung im Erhabenen droht, eine sicherlich leise, vorsichtige, aber doch nicht zu überhörende Kritik an der Vorstellung einer umfassenden Naturbeherrschung oder Aneignung – sei es nun kantisch über die Vernunft oder über die Naturkultivierung, die ja zugleich exzessiv praktiziert wird in seinen Texten, besonders im *Nachsommer*. Und doch ist es gerade der *Nachsommer*, der diese Kritik besonders deutlich macht. Auf der einen Seite steht natürlich Risachs repressive Welt im Rosenhaus, die alles und jeden zu kultivieren scheint, in der auch nicht davor Halt gemacht wird, Schädlinge ohne Gnade auszurotten; auf der anderen Seite ist da aber Heinrichs unbändiger Drang in das Hochgebirge, seine mannigfaltigen Erfahrungen des Erhabenen in der schön-bedrohlichen Natur, die schließlich auch das wichtigste Thema und Vorhaben Risachs konterkarieren: Heinrich die Kunst nahezubringen. Denn schlussendlich schafft Heinrich doch ‚Kunst' – nicht aber in einem ‚klassischen' Sinne, beispielsweise in einem seiner Ölgemälde von der Gebirgslandschaft, sondern in einem naturwissenschaftlichen Produkt, Ergebnis seiner jahrelangen Forschungs- und Vermessungstätigkeit als Geologe: in der ‚düsterschönen' Karte vom Lautersee.[23]

Dass Stifters populärwissenschaftliche Rezeption des Erhabenen etwas Neues entstehn lässt, zeigt besonders die Erzählung *Abdias*. Hier wird eine Umgang mit dem Erhabenen verarbeitet, der Stifter aus populärwissenschaftlichen Texten geläufig war. Naturwissenschaftler wie Andreas Baumgartner und Joseph Johann von Littrow ziehen das Erhabene dann heran, wenn sie Phänomene behandeln, die (noch) nicht erklärt werden können. Das Erhabene wird so zum Bestandteil einer naturwissenschaftlichen Argumentation und zwar in dem Moment, in dem eine empirische Erörterung nicht mehr möglich ist und der Ge-

---

20 Kant, Analytik des Erhabenen, 1968, S. 341.
21 Prokopus. In: HKG, Bd. 3,1, S. 256.
22 Burke definiert das Erhabene als „delightful horror". Burke, A Philosophical Enquiry, 2008, S. 105. Gertraud empfindet aber ganz offensichtlich kein Vergnügen beim Blick vom Balkon.
23 Vgl. Der Nachsommer. In: HKG, Bd. 4,3, S. 233.

genstand menschliche Vorstellungs- und Erkenntnisvermögen weit übersteigt. Stifters Erzählung *Abdias* adaptiert diese Argumentation und verleiht darüber den paradox anmutenden Blitzschlägen – heil- und todbringend zugleich – einen ästhetischen Sinn. Beide Blitzschläge verschließen sich, nimmt man die zu Beginn der Erzählung beschworene Kette aus Ursachen und Wirkungen, einer rationalen Deutung – der erste in seiner Wirkung, der zweite in seiner Erscheinung. Man könnte *Abdias* nun als „Sinnverweigerung" lesen;[24] legt man aber die zeitgenössischen Naturwissenschaften zugrunde, ergibt sich ein anderes Bild: Die Erkenntnisse über Elektrizität sind „bei weitem noch nicht hinreichend, uns über die Natur des electrischen Principes die nöthige Aufklärung zu verschaffen", so Baumgartner.[25] Nach Littrow stellen sich gar alle „Erscheinungen der Natur [...] nur unter dem Bilde von *Wahrscheinlichkeiten* dar".[26] *Abdias* nutzt diese Wissenslücken und füllt sie mit Wahrscheinlichem. Dabei kommt das Erhabene zum Zuge, denn mit ihm werden die Grenzen der Erkenntnis dargestellt und unerklärbare Naturphänomene ästhetisch eingebettet, nicht aber in einem rationalen Sinn: *Abdias* zeigt keine naturwissenschaftlich-rationale Aneignung der Natur, bleibt aber zugleich dem naturwissenschaftlichen Forschungsgedanken verhaftet. Denn für die Naturwissenschaften gilt: „[W]as noch erst die Woge aller Zukunft birgt, davon können wir wohl kaum das Tausendstel des Tausendstels ahnen."[27] Das ist allerdings auch in *Abdias* kein Grund, das Ahnen sein zu lassen und nicht davon zu erzählen – allerdings um den Preis, die Dinge eben gerade nicht erklären zu können, sich die Dinge nicht über eine rationale naturwissenschaftliche Überlegung abschließend aneignen zu können.

Auch die Künstlernovelle *Nachkommenschaften* formuliert eine Kritik: die Kritik an einem vom Geniekult geprägten Künstlerideal, vorgetragen in einem Spannungsfeld, das sich – entsprechend Vischers Theorie – über das Erhabene und einem diesem Erhabenen entgegengesetzten Komischen konstituiert. Dem zu Beginn der Erzählung diskutierten Künstlerideal ist das Erhabene nicht direkt eigen, vielmehr bildet es sich darin nur negativ ab, nämlich über eine Fallhöhe zwischen Erhabenem und menschlicher Schwäche. Friedrich kann sich meist selbstironisch über die eigene Schwäche erheben, so dass das Erhabene nicht durch die Erscheinung, die im Komischen die Oberhand gewinnt, zerstört wird. Nun kann man natürlich fragen: Wenn das Ideal nur in Verbindung mit seinen Schwächen in der Wirklichkeit hervortritt, gibt es dieses Ideal dann? Was bleibt vom Künstlertum, wenn es von Banalitäten, das es selbst produziert, zerstört

---

24 Vgl. Mayer, Erzählen als Erkennen, 2001, S. 58 f.
25 Baumgartner, Naturlehre, 1829, S. 561.
26 Littrow, Wunder des Himmels, 1837, S. 768.
27 Abdias. In: HKG, Bd. 1,5, S. 238 f.

wird? Stifters *Nachkommenschaften* reißen diese Fragen an, nicht, um sie zu beantworten, sondern um eine besondere Geschichte des künstlerischen Scheiterns
zu erzählen, die sich an der erhabenen Wirkung einer Naturlandschaft entzündet:
Friedrich gibt in dem Moment die Malerei auf, als er feststellen muss, dass sein
Bild vom Lüpfinger Moor dessen „Düsterheit, [...] Einfachheit und Erhabenheit"
nicht wiedergeben kann, er also die „wirkliche Wirklichkeit" des Moors nicht
darstellen kann.[28] Nun ist es nicht mehr ein Ideal, das an seiner eigenen Banalität
scheitert, denn Scheitern geschieht nicht während des Malens im Angesicht des
Objekts; Scheitern geschieht hier angesichts von Malerei selbst, also angesichts
eines in der Erzählung erst entstandenen Mediums – Friedrichs Moorbild. Die
Attribute düster, einfach und erhaben kommen nicht dem Moor ‚an sich' zu,
vielmehr entstehen sie erst in Friedrichs Blick (entsprechend der erhabenen
Wirkungen anderer Naturräume in Stifters Texten; sie sind immer an eine subjektive Perspektive gebunden) und sind deshalb auch nur anhand seines Bildes ex
negativo als Fehlendes zu sehen. Das nun stellt – entgegen der bisherigen Forschung – ein äußerst persönliches und individuelles Scheitern dar. Nicht ‚der
Realismus' als Ideal, sei er nun visionär oder überzogen, noch eine angestrebte
Objektivität oder die Kunst schlechthin versagen;[29] Friedrich scheitert, weil er
seine eigene subjektive Wahrnehmungsart erkennt und feststellen muss, dass er
diesen ganz eigenen Blick nicht auf eine Leinwand zu bannen vermag. Die erhabene Natur kann im Medium der Landschaftsmalerei nicht festgehalten werden. Was bleibt, ist die oben erwähnte Karte vom Lautersee als einzige von einem
Stifter'schen Protagonisten produzierte ‚Darstellung' des Erhabenen – also eine
naturwissenschaftliche Fassung des künstlerisch-philosophischen Konstrukts
Erhabenheit.

Stifters Erzählungen und Romane offenbaren ein sehr variantenreiches Erhabenes: Seine Texte kennen unterschiedlichste Gegenstände, denen das Erhabene zukommt, unterschiedlichste Modi, in denen Figuren das Erhabene erfahren
und in denen das Erhabene auf sie wirkt, sowie unterschiedlichste Ausprägungen, die mithilfe der vielfältigen philosophischen Entwürfe des Erhabenen beschrieben werden können. Das Erhabene übernimmt dabei mannigfaltige Funktionen für die jeweilige Erzählung, das jeweilige erlebende Subjekt wie auch für
den jeweiligen Gegenstand, an dem es erscheint. Es spielt also eine außerordentliche Rolle in Stifters Schreiben und eröffnet für nicht wenige seiner Texte
ganz neue Zugänge. Doch nicht nur Stifters Naturschilderungen erscheinen mit-

---

28 Beide Zitate aus Nachkommenschaften. In: HKG, Bd. 3,2, S. 92 und 65.
29 Zum Visionären vgl. Polheim, Die wirkliche Wirklichkeit, 1992. Zu Objektivität und Realismus
vgl. u. a. Neymeyr, Die Aporie der Epigonen, 2004; Begemann, Einige Überlegungen zu Mimesis,
2008. Zum Versagen der Kunst vgl. Plumpe, An der Grenze des Realismus, 1994.

tels des Erhabenen in einem neuen Licht; auch das Erhabene als Gegenstand eines philosophisch-ästhetischen Diskurses wird erweitert und umgedeutet, es taucht in neuen Kombinationen und Variationen, in neuen Ausprägungen und an neuen Gegenständen auf. Das Erhabene erweist sich so zum einen als ein Ansatzpunkt, der immer wieder Besonderheiten in Stifters Texten ins Zentrum rückt, die bisher vernachlässigt bzw. ganz anders bewertet wurden; umgekehrt stehen aber auch Stifters Texte für die mäandernde und gerade nicht starre Existenz des Erhabenen im ästhetisch-literarischen Diskurs.

Literatur

Adalbert Stifter. Werke und Briefe. Historisch-kritische Gesamtausgabe, im Auftrag der Kommission für Neuere Deutsche Literatur der Bayerischen Akademie der Wissenschaften hg. von Alfred Doppler und Wolfgang Frühwald, seit 2001 Hartmut Laufhütte, Stuttgart u. a. 1978 ff. (Sigle: HKG).

Adalbert Stifters Sämtliche Werke, begründet und hg. von August Sauer, fortgeführt von Franz Hüller u. a. Prag 1904 ff., seit 1927: Reichenberg, seit 1958: Graz [Prager Ausgabe] (Sigle: PRA).

Adamy, Bernhard, Beitrag zum Verständnis von Stifters Erzählung ‚Der Hagestolz'. In: VASILO 25 (1976), S. 83–100.

Adamy, Bernhard, Widerschein des göttlichen Waltens. Eine Nachbemerkung zu: Beitrag zum Verständnis von Stifters Erzählung ‚Der Hagestolz'. In: VASILO 26 (1977), S. 95–109.

Albrecht, Wolfgang, Kultur und Physiologie des Wanderns. Einleitende Vorüberlegungen eines Germanisten zur interdisziplinären Erforschung der deutschsprachigen Wanderliteratur. In: ders./Kertscher, Hans Joachim (Hg.), Wanderzwang – Wanderlust. Formen der Raum- und Sozialerfahrung zwischen Aufklärung und Frühindustrialisierung, Tübingen 1999, S. 1–12.

Alfes, Henrike F., Literatur und Gefühl. Emotionale Aspekte literarischen Schreibens und Lesens, Opladen 1995.

Althaus, Hans-Joachim, Bürgerliche Wanderlust. Anmerkungen zur Entstehung eines Kultur- und Bewegungsmusters. In: Albrecht, Wolfgang/Kertscher, Hans Joachim (Hg.), Wanderzwang – Wanderlust. Formen der Raum- und Sozialerfahrung zwischen Aufklärung und Frühindustrialisierung, Tübingen 1999, S. 25–43.

Ameriks, Karl, Kant on Science and Common Knowledge. In: Watkins, Eric (Hg.), Kant and the Sciences, Oxford 2001, S. 31–52.

Anton, Christine, Poetologische Kunstreflexion: Adalbert Stifters Plädoyer für den poetischen Realismus in seiner Novelle *Nachkommenschaften*. In: JASILO 17 (2010), S. 9–27.

Antonicek, Theophil, Musik in den Erzählungen Adalbert Stifters. In: JASILO 19 (2012), S. 21–35.

Anz, Thomas, Literaturwissenschaftliche Text- und Emotionsanalyse. Beobachtungen und Vorschläge zur Gefühlsforschung. In: Schöll, Julia (Hg.), Literatur und Ästhetik. Texte von und für Heinz Gockel, Würzburg 2008, S. 39–66.

Aprent, Johann, Adalbert Stifter. Eine biographische Skizze, Nürnberg 1955.

Arburg, Hans-Georg von, Neues von der *Narrenburg?* Stifters Architekturen zwischen Historismus und Neuem Bauen. In: Gamper, Michael/Wagner, Karl (Hg.), Figuren der Übertragung. Adalbert Stifter und das Wissen seiner Zeit, Zürich 2009, S. 109–133.

Arburg, Hans-Georg von, Zitherpartie. Vom Schwinden der Stimmung in Stifters *Nachsommer* (1857). In: Reents, Friederike/Meyer-Sickendiek, Burkhard (Hg.), Stimmung und Methode, Tübingen 2013, S. 199–217.

Attanucci, Timothy, Atmosphärische Stimmungen. Landschaft und Meteorologie bei Carus, Goethe und Stifter. In: Zeitschrift für Germanistik. Neue Folge 24 (2014), S. 282–295.

Axelos, Christos, Dämonisch, das Dämonische. In: Historisches Wörterbuch der Philosophie. Bd. 2, hg. von Joachim Ritter u. a., Darmstadt 1972, Sp. 4–5.

https://doi.org/10.1515/9783110498219-016

Azzouni, Safia, Der Topos des Erhabenen als Schlüssel zur Methode populärwissenschaftlichen Schreibens um 1900. In: Hahnmann, Andy/Oels, David (Hg.), Sachbuch und populäres Wissen im 20. Jahrhundert, Frankfurt a. M. 2008, S. 211–220.

Bachmann-Medick, Doris, Spatial Turn. In: dies., Cultural Turns. Neuorientierungen in den Kulturwissenschaften, Reinbek bei Hamburg ³2009, S. 284–328.

Balcarová, Markéta, Adalbert Stifters doppelbödige Erzählstrategie am Beispiel seiner Naturbeschreibungen. In: Germanoslavica. Zeitschrift für germano-slawische Studien 24 (2013), S. 19–32.

Banitz, Erhard, Das Geologenbild Adalbert Stifters. In: Müller, Joachim (Hg.), Gestaltung, Umgestaltung. Festschrift zum 75. Geburtstag von Hermann August Korff, Leipzig 1957, S. 206–238.

Bardachzi, Karl, Andreas Freiherr von Baumgartner als Risach in Adalbert Stifters ‚Nachsommer'. In: Anzeiger der österreichischen Akademie der Wissenschaften 88 (1951), S. 139–149.

Bardachzi, Karl, Andreas Freiherr von Baumgartner als Vorbild und Wegweiser Adalbert Stifters. In: Anzeiger der österreichischen Akademie der Wissenschaften 87 (1950), S. 523–543.

Barthes, Roland, Leçon/Lektion. Französisch und Deutsch. Antrittsvorlesung im Collège de France. Gehalten am 7. Januar 1977. Übersetzt von Helmut Scheffel, Frankfurt a. M. 1980.

Bartl, Andrea, Ungleiche Zwillinge: Adalbert Stifters *Zwei Schwestern* – mit einem anthropologischen Seitenblick auf Ernst von Feuchtersleben. In: Onnen-Isemann, Corinna/Rösch, Gertrud Maria (Hg.), Schwestern. Zur Dynamik einer lebenslangen Beziehung, Frankfurt a. M. 2005, S. 153–169.

Baumann, Christiane, Angstbewältigung und ‚sanftes Gesetz'. Adalbert Stifter: *Brigitta* (1843). In: Freund, Winfried (Hg.), Deutsche Novellen. Von der Klassik bis zur Gegenwart, München 1993, S. 121–129.

Baumer, Franz, Adalbert Stifter, München 1989.

Baumer, Franz, ‚Musik für das Auge'. Progressive Elemente bei Adalbert Stifter als Maler und Zeichner. In: VASILO 31 (1982), S. 121–144.

Baumgartner, Andreas, Anfangsgründe der Naturlehre. Zweite, umgearbeitete und vermehrte Auflage, Wien 1850.

Baumgartner, Andreas, Das Große und Kleine in der Natur. In: Österreichischer Volks- und Wirtschaftskalender 9 (1860), S. 3–11.

Baumgartner, Andreas, Die Naturlehre nach ihrem gegenwärtigen Zustande mit Rücksicht auf mathematische Begründung. Dritte umgearbeitete und vermehrte Auflage, Wien 1829.

Bayertz, Kurt, Spreading the Spirit of Science: Social Determinants of the Popularisation of Science in Nineteenth-Century Germany. In: Shinn, Terry/Whitley, Richard (Hg.), Expository Science: Forms and Functions of Popularisation, Dordrecht 1985, S. 209–227.

Becker, Sabina, Nachsommerliche Sublimationsrituale. Inszenierte Ordnung in Adalbert Stifters *Nachsommer*. In: dies./Grätz, Katharina (Hg.), Ordnung – Raum – Ritual. Adalbert Stifters artifizieller Realismus, Heidelberg 2007, S. 315–338.

Becker, Sabina/Grätz, Katharina, Einleitung. In: dies. (Hg.), Ordnung – Raum – Ritual. Adalbert Stifters artifizieller Realismus, Heidelberg 2007, S. 7–16.

Beckmann, Martin, Die ästhetische Funktion des Weg-Motivs in Stifters *Nachsommer*. In: VASILO 39 (1990), S. 3–23.

Beckmann, Martin, Formen der ästhetischen Erfahrung im Werk Adalbert Stifters. Eine Strukturanalyse der Erzählung ‚Zwei Schwestern‘, Frankfurt a. M. 1988.

Beer, Gillian, Darwin's Plot. Evolutionary Narrative in Darwin, George Eliot and Nineteenth-Century Fiction, London u. a. 1983.

Begemann, Christian, Adalbert Stifter: Der Nachsommer. In: Klein, Dorothea/Schneider, Sabine M. (Hg.), Lektüren für das 21. Jahrhundert. Schlüsseltexte der deutschen Literatur von 1200 bis 1990, Würzburg 2000, S. 203–225.

Begemann, Christian, Die Welt der Zeichen. Stifter-Lektüren, Stuttgart/Weimar 1995.

Begemann, Christian, Erhabene Natur. Zur Übertragung des Begriffs des Erhabenen auf Gegenstände der äußeren Natur in den deutschen Kunsttheorien des 18. Jahrhunderts. In: Deutsche Vierteljahrsschrift für Literaturwissenschaft und Geistesgeschichte 58 (1984), S. 74–110.

Begemann, Christian, Erkundungen im ‚inneren Afrika‘. Adalbert Stifter und das Unbewusste. In: JASILO 18 (2011), S. 11–29.

Begemann, Christian, Metaphysik und Empirie. Konkurrierende Naturkonzepte im Werk Adalbert Stifters. In: Danneberg, Lutz/Vollhardt, Friedrich (Hg.), Wissen in Literatur im 19. Jahrhundert, Tübingen 2002, S. 92–126.

Begemann, Christian, Natur und Kultur. Überlegungen zu einem durchkreuzten Gegensatz im Werk Adalbert Stifters. In: JASILO 1 (1994), S. 41–52.

Begemann, Christian, Roderers Bilder – Hadlaubs Abschriften. Einige Überlegungen zu Mimesis und Wirklichkeitskonstruktion im deutschsprachigen Realismus. In: Schneider, Sabine/Hunfeld, Barbara (Hg.), Die Dinge und die Zeichen. Dimensionen des Realistischen in der Erzählliteratur des 19. Jahrhunderts. Für Helmut Pfotenhauer, Würzburg 2008, S. 25–41.

Beiser, Frederick, Kant and *Naturphilosophie*. In: Friedman, Michael/Nordmann, Alfred (Hg.), The Kantian Legacy in Nineteenth-Century Science, Cambridge, MA/London 2006, S. 7–26.

Benjamin, Walter, Stifter. In: Walter Benjamin. Gesammelte Schriften. Bd. II,2, hg. von Rolf Tiedemann und Hermann Schweppenhäuser, Frankfurt a. M. ²1989, S. 608–610.

Berendes, Jochen, Ironie – Komik – Skepsis. Studien zum Werk Adalbert Stifters, Tübingen 2009.

Berentsen, Antoon, ‚Vom Urnebel zum Zukunftsstaat‘. Zum Problem der Popularisierung der Naturwissenschaften in der deutschen Literatur (1880–1910), Berlin 1986.

Bertschik, Julia, Gesammeltes Wissen. Wissenschafts-Dilettanten und ihre Sammlungen bei Stifter, Raabe und Vischer. In: Jahrbuch der Raabe-Gesellschaft 2006, S. 78–96.

Bies, Michael, *Im Grunde ein Bild*. Die Darstellung der Naturforschung bei Kant, Goethe und Alexander von Humboldt, Göttingen 2012.

Billig, Volkmar, Inseln. Geschichte einer Faszination, Berlin 2010.

Blasberg, Cornelia, Erschriebene Tradition. Adalbert Stifter oder das Erzählen im Zeichen verlorener Geschichte, Freiburg i. Br. 1998.

Block, Richard A., Stone Deaf: The Gentleness of Law in Stifter's *Brigitta*. In: Monatshefte für deutschen Unterricht, deutsche Sprache und Literatur 90 (1998), S. 17–33.

Blumenberg, Hans, Die Genesis der kopernikanischen Welt, Frankfurt a. M. 1975.

Blumenberg, Hans, Die kopernikanische Wende, Frankfurt a. M. 1965.

Blumenberg, Hans, Ein Buch von der Natur wie ein Buch der Natur. In: ders., Die Lesbarkeit der Welt, Frankfurt a. M. 1981, S. 281–299.

Boden, Petra/Müller, Dorit, Popularität – Wissen – Medien. In: dies. (Hg.), Populäres Wissen im medialen Wandel seit 1850, Berlin 2009, S. 7–16.

Böhme, Hartmut, Ästhetische Wissenschaft. Aporien der Forschung im Werk Alexander von Humboldts. In: Ette, Otmar u. a. (Hg.), Alexander von Humboldt – Aufbruch in die Moderne, Berlin 2001, S. 17–32.

Böhme, Hartmut, Berg. In: Wörterbuch der philosophischen Metaphern, hg. von Ralf Kornersmann, Darmstadt ³2011, S. 49–63.

Böhme, Hartmut, Das Steinerne. Anmerkungen zur Theorie des Erhabenen aus dem Blick des ‚Menschenfremdesten'. In: Pries, Christine (Hg.), Das Erhabene. Zwischen Grenzerfahrung und Größenwahn, Weinheim 1989, S. 119–141.

Böhme, Hartmut, Gibt es objektive Gefühle? – Zu einem Problem der Naturästhetik aus der Sicht der Goethezeit. In: Zimmermann, Jörg (Hg.), Ästhetik und Naturerfahrung, Stuttgart-Bad Cannstatt 1996, S. 13–25.

Bohrer, Karl Heinz, Naturgefühl ist kein Gefühl der Natur. Die surrealistische Evokation der Natur mit Rücksicht auf das romantische Erhabene. In: Zimmermann, Jörg (Hg.), Ästhetik und Naturerfahrung, Stuttgart-Bad Cannstatt 1996, S. 419–440.

Bonn, Klaus, Initiation des Blicks – zur Erzählung der *Nachkommenschaften*. In: JASILO 3 (1996), S. 59–69.

Bosshard, Hans Heinrich, Natur, Atopon des Erhabenen, in Stifters ‚Nachsommer'. In: ders., Natur-Prinzipien und Dichtung, Bonn 1979, S. 6–35.

Braun, Stefan, Naturwissenschaft als Lebensbasis? Adalbert Stifters Roman *Der Nachsommer* und weitere Schriften Stifters als Dokument eines Versuchs der Daseinsgestaltung auf der Grundlage naturwissenschaftlichen Forschens, Linz 2006.

Braungart, Georg, Der Hauslehrer, Landschaftsmaler und Schriftsteller Adalbert Stifter besucht den Gletscherforscher Friedrich Simony. Hallstatt, im Sommer 1845. In: ders. u. a. (Hg.), Bespiegelungskunst. Begegnungen auf den Seitenwegen der Literaturgeschichte, Tübingen 2004, S. 101–118.

Braungart, Georg, Die Geologie und das Erhabene. In: ders./Greiner, Bernhard (Hg.), Schillers Natur. Leben, Denken und literarisches Schaffen, Hamburg 2005, S. 157–176.

Braungart, Georg, ‚Katastrophen kennt allein der Mensch'. Die transhumane Perspektive in der Kulturgeschichte der Geologie. In: Recherche. Zeitung für Wissenschaft Nr. 2 (Oktober/November 2008), S. 17–19.

Braungart, Georg, Poetik der Natur. Literatur und Geologie. In: Anz, Thomas (Hg.), Natur – Kultur. Zur Anthropologie von Sprache und Literatur, Paderborn 2009, S. 55–77.

Braungart, Georg/Till, Dietmar, Kontexte: Wissenschaft. In: Anz, Thomas (Hg.), Handbuch Literaturwissenschaft. Bd. 1: Gegenstände und Grundbegriffe, Stuttgart/Weimar 2007, S. 407–419.

Breil, Reinhold, Die Grundlagen der Naturwissenschaft. Zu Begriff und Geschichte der Wissenschaftstheorie, Würzburg 2011.

Breitinger, Johann Jakob, Critische Dichtkunst. Faksimiledruck nach der Ausgabe von 1740. Bd. 1, Stuttgart 1966.

Brittnacher, Hans Richard/Koebner, Thomas (Hg.), Vom Erhabenen und vom Komischen. Über eine prekäre Konstellation, Würzburg 2010.

Buckley, Thomas L., Nature, Science, Realism: A Re-Examination of Programmatic Realism and the Works of Adalbert Stifter and Gottfried Keller, New York, NY u. a. 1995.

Bulang, Tobias, Die Rettung der Geschichte in Adalbert Stifters Nachsommer. In: Poetica.
    Zeitschrift für Sprach- und Literaturwissenschaft 32 (2000), S. 373–405.
Burgstaller, Erich, Zur künstlerischen Gestalt von Adalbert Stifters Narrenburg. In: Seminar. A
    Journal of Germanic Studies 12 (1976), S. 89–108.
Bürner-Kotzam, Renate, Vertraute Gäste – Befremdende Begegnungen in Texten des
    bürgerlichen Realismus, Heidelberg 2001.
Burnet, Thomas, Theoria sacra telluris, d. i. Heiliger Entwurff oder Biblische Betrachtung Des
    Erdreichs [...] Anietzo aber ins Hochteutsche übersetzt [...] durch M. Joh. Jacob
    Zimmermann, Hamburg 1703.
Burke, Edmund, A Philosophical Enquiry into the Origin of Our Ideas of the Sublime and the
    Beautiful, Mineola, NY 2008.
Burke, Edmund, Philosophische Untersuchung über den Ursprung unserer Ideen vom
    Erhabenen und Schönen. Übersetzt von Friedrich Bassenge, hg. von Werner Strube,
    Hamburg ²1988.
Busch, Werner, Die Naturwissenschaften als Basis des Erhabenen in der Kunst des 18. und
    frühen 19. Jahrhunderts. In: Jahrbuch des Historischen Kollegs 2004, S. 83–109.
Caduff, Corina, Die ‚Gewalt der Musik‘ und das Erhabene. In: Weimarer Beiträge. Zeitschrift für
    Literaturwissenschaft, Ästhetik und Kulturwissenschaften 48 (2002), S. 485–519.
Certeau, Michel de, Kunst des Handelns. Aus dem Französischen übersetzt von Ronald Voullié,
    Berlin 1988.
Dahlhaus, Carl, Die Idee der absoluten Musik, Basel u. a. ³1994.
Dahlhaus, Carl, Die Musik des 19. Jahrhunderts, Laaber ²1989 (= Neues Handbuch der
    Musikwissenschaft, Bd. 6).
Dahlhaus, Carl, Einleitung. In: ders. (Hg.), Die Musik des 18. Jahrhunderts. Unter Mitarbeit von
    Ludwig Finscher u. a., Laaber ²1994 (= Neues Handbuch der Musikwissenschaft, Bd. 5),
    S. 1–68.
Darwin, Charles, Die Entstehung der Arten durch natürliche Zuchtwahl, oder Die Erhaltung der
    bevorzugten Rassen im Kampfe ums Dasein. Aus dem Englischen von Paul Seliger,
    Leipzig/Wien [1901].
Darwin, Charles, Die Entstehung der Arten durch natürliche Zuchtwahl. Übersetzt von Carl W.
    Neumann, Stuttgart 1963.
Darwin, Charles, The Origin of Species, by Means of Natural Selection or the Preservation of
    Favoured Races in the Struggle for Life, hg. von J. W. Burrow, Harmondsworth, Middlesex
    1970.
Daum, Andreas W., Wissenschaftspopularisierung im 19. Jahrhundert. Bürgerliche Kultur,
    naturwissenschaftliche Bildung und die deutsche Öffentlichkeit 1848–1914, München
    1998.
Deleuze, Gilles/Guattari, Félix, Kapitalismus und Schizophrenie. Tausend Plateaus. Aus dem
    Französischen übersetzt von Gabriele Ricke und Ronald Voullié, Berlin 1992.
Dettmering, Peter, Mutter- und Vaterwelt in Konflikt: Zu Adalbert Stifters ‚Der Hagestolz‘. In:
    ders., Konfliktbewältigung durch Kreativität. Studien zu Literatur und Film, Würzburg
    2004, S. 72–78.
Dittmann, Ulrich, Die hermeneutische Relevanz der Journalfassungen von Adalbert Stifters
    Studien. In: JASILO 4 (1997), S. 8–15.
Domandl, Sepp, Die philosophische Tradition von Adalbert Stifters ‚Sanftem Gesetz‘. In:
    VASILO 21 (1972), S. 79–103.

Domandl, Sepp, Wiedergeburt aus der Schönheit. Der ‚Kern' in Adalbert Stifters ‚Nachsommer'. In: VASILO 32 (1983), S. 45–60.

Domandl, Sepp, Wiederholte Spiegelungen. Von Kant und Goethe zu Stifter. Ein Beitrag zur österreichischen Geistesgeschichte, Linz 1982.

Doppler, Alfred, Das sanfte Gesetz und die unsanfte Natur in Stifters Erzählungen. In: Enklaar, Jattie/Ester, Hans (Hg.), Geborgenheit und Gefährdung in der epischen und malerischen Welt Adalbert Stifters, Würzburg 2006, S. 13–22.

Doppler, Alfred, Der Abgrund des Ichs. Ein Beitrag zur Geschichte des poetischen Ichs im 19. Jahrhundert, Wien u. a. 1985.

Doppler, Alfred, Die unaufhebbare Lebensspannung: Themen und Tendenzen bei Adalbert Stifter und Thomas Bernhard. In: ders., Geschichten im Spiegel der Literatur. Aufsätze zur österreichischen Literatur des 19. und 20. Jahrhunderts, Innsbruck 1990, S. 75–83.

Doppler, Alfred, Schrecklich schöne Welt? Stifters fragwürdige Analogie von Natur- und Sittengesetz. In: JASILO 1 (1994), S. 9–15.

Döring, Eberhard, Immanuel Kant. Eine Einführung, Wiesbaden 2004.

Duhamel, Roland, Natur und Kunst. Zum didaktischen Konzept von Stifters *Nachsommer*. In: JASILO 1 (1994), S. 151–168.

Ebner, Helga, Spiegelungen weiblicher Erziehungs- und Bildungskonzepte in Stifters Werk. In: Pintar, Regina/Schacherreiter, Christian (Hg.), Kein Wesen wird so hülflos geboren als der Mensch. Adalbert Stifter als Pädagoge, Linz 2005, S. 30–42.

Ecker, Hans-Peter, ‚Darum muß dieses Bild vernichtet werden'. Über wissenschaftliche Sinnspiele und poetisch gestaltete Medienkonkurrenz am Beispiel von Stifters ‚Nachkommenschaften'. In: Laufhütte, Hartmut/Möseneder, Karl (Hg.), Adalbert Stifter. Dichter und Maler, Denkmalpfleger und Schulmann. Neue Zugänge zu seinem Werk, Tübingen 1996, S. 508–523.

Ehlbeck, Birgit, Denken wie der Wald. Zur poetologischen Funktionalisierung des Empirismus in den Romanen und Erzählungen Adalbert Stifters und Wilhelm Raabes, Bodenheim 1998.

Ehlers, Monika, Grenzwahrnehmungen. Poetiken des Übergangs in der Literatur des 19. Jahrhunderts. Kleist – Stifter – Poe, Bielefeld 2007.

Eichinger, Ludwig M., Beispiele einer Syntax der Langsamkeit. Aus Adalbert Stifters Erzählungen. In: Laufhütte, Hartmut/Möseneder, Karl (Hg.), Adalbert Stifter. Dichter und Maler, Denkmalpfleger und Schulmann. Neue Zugänge zu seinem Werk, Tübingen 1996, S. 246–260.

Eisenmeier, Eduard, Adalbert Stifter. Bibliographie, Linz 1964–1983.

Elkins, James, Gegen das Erhabene. In: Hoffmann, Roald/Whyte, Iain Boyd (Hg.), Das Erhabene in Wissenschaft und Kunst. Über Vernunft und Einbildungskraft, Berlin 2010, S. 97–113.

Elsner, Norbert/Frick, Werner, Einführung. In: dies. (Hg.), ‚Scientia poetica'. Literatur und Naturwissenschaft, Göttingen 2004, S. 7–8.

Emrich, Berthold, Friedrich Theodor Vischers Auseinandersetzung mit Jean Paul. In: Seiffert, Hans Werner/Zeller, Bernhard (Hg.), Festgabe für Eduard Berend zum 75. Geburtstag am 5. Dezember 1958, Weimar 1959, S. 136–159.

Engelhardt, Wolf von, Wandlungen des Naturbildes der Geologie von der Goethezeit bis zur Gegenwart. In: Zimmermann, Jörg (Hg.), Das Naturbild des Menschen, München 1982, S. 45–73.

Enklaar-Lagendijk, Jannetje, Adalbert Stifter. Landschaft und Raum, Alphen an den Rijn 1984.

Enzinger, Moriz, Adalbert Stifters Erzählung ‚Brigitta' und Ungarn. In: Südostdeutsches Archiv 1 (1958), S. 122–132.

Enzinger, Moriz, Adalbert Stifters Studienjahre (1818–1830), Innsbruck 1950.

Enzinger, Moriz, Der Schauplatz von A. Stifters ‚Hagestolz'. In: ders., Gesammelte Aufsätze zu Adalbert Stifter, Wien 1967, S. 54–66.

Enzinger, Moriz, Einleitung. In: Aprent, Johann, Adalbert Stifter. Eine biographische Skizze, Nürnberg 1955, S. 7–22.

Erhart, Walter, Medizingeschichte und Literatur am Ende des 19. Jahrhunderts. Ein Forschungsbericht. In: Scientia Poetica. Jahrbuch für Geschichte der Literatur und der Wissenschaften 1 (1997), S. 224–267.

Erhart, Walter, Verbotene Bilder? Das Erhabene, das Schöne und die moderne Literatur. In: Jahrbuch der Deutschen Schillergesellschaft 41 (1997), S. 76–106.

Eroms, Hans-Werner, Ansätze zu einer sprachlichen Analyse von Stifters Erzählweise in den ‚Studien' am Beispiel der Erzählung ‚Zwei Schwestern'. In: Laufhütte, Hartmut/Möseneder, Karl (Hg.), Adalbert Stifter. Dichter und Maler, Denkmalpfleger und Schulmann. Neue Zugänge zu seinem Werk, Tübingen 1996, S. 435–454.

Ette, Ottmar, Insulare ZwischenWelten der Literatur. Inseln, Archipele und Atolle aus transarealer Perspektive. In: Wilkens, Anna E. u. a. (Hg.), Inseln und Archipele. Kulturelle Figuren des Insularen zwischen Isolation und Entgrenzung, Bielefeld 2011, S. 13–56.

Etzlstorfer, Hannes, ‚Die Wolken, ihre Bildung […] waren mir wunderbare Erscheinungen' (‚Nachsommer'). Bemerkungen zu Adalbert Stifters Motiverepertoire als Landschaftsmaler. In: JASILO 12 (2005), S. 61–74.

Evans, Dylan, Wörterbuch der Lacanschen Psychoanalyse. Aus dem Englischen von Gabriella Burkhart, Wien 2002.

Exler, Siegfried, Literatur und Wissenschaft. Josef Johann von Littrow und Rudolf Kippenhahn im Vergleich, Frankfurt a. M. 2007.

Falkenburg, Brigitte, Kants Kosmologie. Die wissenschaftliche Revolution der Naturphilosophie im 18. Jahrhundert, Frankfurt a. M. 2000.

Färber, Andreas, Die Begründung der Wissenschaft aus reiner Vernunft. Descartes, Spinoza und Kant, Freiburg/München 1999.

Fauser, Markus, Die Kulturbedeutung des Alten in Adalbert Stifters *Studien*. In: Becker, Sabina/Grätz, Katharina (Hg.), Ordnung – Raum – Ritual. Adalbert Stifters artifizieller Realismus, Heidelberg 2007, S. 17–40.

Federmair, Leopold, Das himmlische Kind. Entwicklungspsychologie und Elektrizität in Stifters ‚Abdias', mit Blick auf das autobiographische Fragment ‚Mein Leben'. In: Sprachkunst. Beiträge zur Literaturwissenschaft 39 (2008), S. 3–20.

Fenves, Peter D., Die Scham der Schönheit: Einige Bemerkungen zu Stifter. In: Schestag, Thomas (Hg.), ‚Geteilte Aufmerksamkeit'. Zur Frage des Lesens, Frankfurt a. M. 1997, S. 91–111.

Fick, Monika, Das Böse, das Deformierte, der Ekel: Prolegomena zu einer Phänomenologie des Hässlichen von der Romantik bis zur Gegenwart. In: Kapp, Volker u. a. (Hg.), Subversive Romantik, Berlin 2004, S. 433–461.

Fick, Monika, Laokoon: oder über die Grenzen der Malerei und Poesie. In: dies., Lessing-Handbuch. Leben – Werk – Wirkung, Stuttgart/Weimar ²2004, S. 216–241.

Fiehler, Reinhard, Wie kann man über Gefühle sprechen? Sprachliche Mittel zur Thematisierung von Erleben und Emotionen. In: Ebert, Lisanne u. a. (Hg.), Emotionale

Grenzgänge. Konzeptualisierungen von Liebe, Trauer und Angst in Sprache und Literatur, Würzburg 2011, S. 17–33.

Fischer, Ernst Peter, Wovon man nicht sprechen kann, davon muß man erzählen. Poetische Hilfen für die Wissenschaften von der Natur. In: Elsner, Norbert/Frick, Werner (Hg.), ,Scientia poetica'. Literatur und Naturwissenschaft, Göttingen 2004, S. 9–29.

Fliedl, Konstanze, Berg, Moor und Baum. Eine Lektüre der ,Nachkommenschaften'. In: Doppler, Alfred u. a. (Hg.), Stifter und Stifterforschung im 21. Jahrhundert. Biographie – Wissenschaft – Poetik, Tübingen 2007, S. 261–282.

Fœssel, Michaël, Analytik des Erhabenen (§ 23–29). In: Höffe, Otfried (Hg.), Immanuel Kant. Kritik der Urteilskraft, Berlin 2008, S. 99–119.

Foucault, Michel/Deleuze, Gilles, Die Intellektuellen und die Macht. In: Michel Foucault, Schriften in vier Bänden. Dits et Ecrits. Bd. II: 1970–1975, hg. von Daniel Defert und François Ewald, Frankfurt a. M. 2002, S. 382–393.

Franzel, Sean, Time and Narrative in the Mountain Sublime around 1800. In: Ireton, Sean/Schaumann, Caroline (Hg.), Heights of Reflection. Mountains in the German Imagination from the Middle Ages to the Twenty-First Century, Rochester, NY 2012, S. 98–115.

Frei Gerlach, Franziska, Erosive Entschleunigung. Stifters Semiotisierung des Raums im Modus der Geologie. In: Berbig, Roland/Göttsche, Dirk (Hg.), Metropole, Provinz und Welt. Raum und Mobilität in der Literatur des Realismus, Berlin u. a. 2013, S. 273–287.

Frei Gerlach, Franziska, Die Macht der Körnlein. Stifters Sandformationen zwischen Materialität und Signifikation. In: Schneider, Sabine/Hunfeld, Barbara (Hg.), Die Dinge und die Zeichen. Dimensionen des Realistischen in der Erzählliteratur des 19. Jahrhunderts. Für Helmut Pfotenhauer, Würzburg 2008, S. 109–122.

Frei Gerlach, Franziska, Im Namen der Schwester: Liebesnarration bei Jean Paul und Adalbert Stifter. In: JASILO 20 (2013), S. 53–63.

Frick, Werner, ,Und sehe, daß wir nichts wissen können …'. Poetische Wissenschaftsskepsis bei Goethe, Kleist und Büchner. In: Elsner, Norbert/ders. (Hg.), ,Scientia poetica'. Literatur und Naturwissenschaft, Göttingen 2004, S. 243–271.

Friedman, Michael, Kant – *Naturphilosophie* – Electromagnetism. In: ders./Nordmann, Alfred (Hg.), The Kantian Legacy in Nineteenth-Century Science, Cambridge, MA/London 2006, S. 51–79.

Friedman, Michael, Matter and Motion in the *Metaphysical Foundation* and the First *Critique*: The Empirical Concept of Matter and the Categories. In: Watkins, Eric (Hg.), Kant and the Sciences, Oxford 2001, S. 53–69.

Friedrich, Caspar David, Äußerungen bei Betrachtung einer Sammlung von Gemälden von größtenteils noch lebenden und unlängst verstorbenen Künstlern. In: Caspar David Friedrich. Kritische Edition der Schriften des Künstlers und seiner Zeitzeugen. Bd. 1, Frankfurt 1999.

Frühwald, Wolfgang, Eine Kosmologie des Schmerzes. Über die Naturerfahrung Adalbert Stifters. In: JASILO 13 (2006), S. 9–14.

Frühwald, Wolfgang, ,Wie eine versteinerte Träne'. Adalbert Stifters Naturgefühl. In: JASILO 12 (2005), S. 29–34.

Fuhrmann, Manfred, Die Dichtungstheorie der Antike. Aristoteles – Horaz – ,Longin'. Eine Einführung, Darmstadt ²1992.

Gabriel, Hans, ‚The Final Irrationality of Existence': The Language of Madness and the Madness of Language in Stifter's *Abdias* and *Bergkristall*. In: Thomas, Rebecca S. (Hg.), Crime and Madness in Modern Austria: Myth, Metaphor and Cultural Realities, Newcastle 2008, S. 1–28.

Gamper, Michael (Hg.), Experiment und Literatur. Themen, Methoden, Theorien, Göttingen 2010.

Gamper, Michael, ‚Ich versuchte wieder und immer wieder'. Experimentalität der Bildung in Adalbert Stifters *Der Nachsommer*. In: Menke, Bettine/Glaser, Thomas (Hg.), Experimentalanordnungen der Bildung. Exteriorität – Theatralität – Literarizität, Paderborn 2014, S. 171–186.

Gamper, Michael, Stifters Elektrizität. In: ders./Wagner, Karl (Hg.), Figuren der Übertragung. Adalbert Stifter und das Wissen seiner Zeit, Zürich 2009, S. 209–234.

Gamper, Michael/Wagner, Karl, Einleitung. In: dies. (Hg.), Figuren der Übertragung. Adalbert Stifter und das Wissen seiner Zeit, Zürich 2009, S. 7–12.

Gellhaus, Axel, ‚An Edom!' Die Figur des *Abdias* bei Heine, Stifter, Susman und Celan. In: Gelber, Mark H. (Hg.), Integration und Ausgrenzung. Studien zur deutsch-jüdischen Literatur- und Kulturgeschichte von der Frühen Neuzeit bis zur Gegenwart. Festschrift für Hans Otto Horch zum 65. Geburtstag, Tübingen 2009, S. 403–414.

Gemert, Guillaume van, Zur Nachhaltigkeit des Nachsommers. Stifters Roman und die Debatte um das Österreichische einer österreichischen Literatur. In: Enklaar, Jattie/Ester, Hans (Hg.), Geborgenheit und Gefährdung in der epischen und malerischen Welt Adalbert Stifters, Würzburg 2006, S. 23–34.

Genette, Gérard, Die Erzählung. Übersetzt von Andreas Knop, Paderborn ³2010.

Gess, Nicola, Gewalt der Musik. Literatur und Musikkritik um 1800, Freiburg i. Br./Berlin ²2011.

Geulen, Eva, Stifter-Gänge. In: Gellhaus, Axel u. a. (Hg.), Kopflandschaften – Landschaftsgänge. Kulturgeschichte und Poetik des Spaziergangs, Köln u. a. 2007, S. 219–231.

Geulen, Eva, Worthörig wider Willen. Darstellungsproblematik und Sprachreflexion in der Prosa Adalbert Stifters, München 1992.

Gil, Thomas/Wilke, Joachim, ‚Natur' im Umbruch: Zur Einführung. In: Bien, Günther u. a. (Hg.), ‚Natur' im Umbruch. Zur Diskussion des Naturbegriffs in Philosophie, Naturwissenschaft und Kunsttheorie, Stuttgart-Bad Cannstatt 1994, S. 11–21.

Gilby, Emma, Sublime Worlds. Early Modern French Literature, London 2006.

Gillispie, Charles Coulston, Genesis and Geology, Cambridge, MA/London 1996.

Gisi, Lucas Marco, ‚Für lauter Wollust sah gar nichts'. Der Wandel des ‚Blicks' auf die Alpen im 18. Jahrhundert. In: Variations. Literaturzeitschrift der Universität Zürich 12 (2004), S. 91–107.

Glück, Alfons, Stifter – Naturreservate und künstliche Paradiese nach 1848. In: Koebner, Thomas/Weigel, Sigrid (Hg.), Nachmärz. Der Ursprung der ästhetischen Moderne in einer nachrevolutionären Konstellation, Opladen 1996, S. 312–345.

Göritz, Matthias, Vom Lesen in der Landschaft. Topografie und Wissen in Adalbert Stifters ‚Bunte Steine'. In: Text + Kritik. Zeitschrift für Literatur 160 (2003), S. 21–35.

Gottwald, Herwig, Felsen, Steine, Mineralien. Wandlungen eines Motivs im Werk Stifters. In: JASILO 16 (2009), S. 71–81.

Gould, Stephen Jay, Die Entdeckung der Tiefenzeit. Zeitpfeil und Zeitzyklus in der Geschichte unserer Erde. Aus dem Amerikanischen von Holger Fließbach, München/Wien 1990.

Gould, Stephen Jay, The Heart of the Andes: Eine Begegnung von Kunst und Wissenschaft im Schicksalsjahr 1859, als Curch malte, Humboldt starb, Darwin schrieb und die Natur blinzelte. In: ders., Das Ende vom Anfang der Naturgeschichte. Aus dem Amerikanischen von Sebastian Vogel, Frankfurt a. M. 2005, S. 125–148.

Gradmann, Stefan, Topographie/Text. Zur Funktion räumlicher Modellbildung in den Werken von Adalbert Stifter und Franz Kafka, Frankfurt a. M. 1990.

Grage, Joachim, Chaotischer Abgrund und erhabene Weite. Das Meer in der skandinavischen Dichtung des 17. und 18. Jahrhunderts, Göttingen 2000.

Grätz, Katharina, Traditionsschwund und Rekonstruktion von Vergangenheit im Zeichen des Historismus. Zu Adalbert Stifters *Narrenburg*. In: Deutsche Vierteljahrsschrift für Literaturwissenschaft und Geistesgeschichte 71 (1997), S. 607–634.

Graubner, Hans, Erhaben. In: Reallexikon der deutschen Literaturwissenschaft. Bd. I, hg. von Klaus Weimar u. a., Berlin/New York 1997, S. 490–493.

Grave, Johannes, Caspar David Friedrich, München u. a. 2012.

Groh, Ruth/Groh, Dieter, Kulturelle Muster und ästhetische Erfahrung. In: Zimmermann, Jörg (Hg.), Ästhetik und Naturerfahrung, Stuttgart-Bad Cannstatt 1996, S. 27–41.

Gümbel, Wilhelm von, Morlot, Ch. Adolph von. In: Allgemeine Deutsche Biographie 22 (1885), S. 325–327.

Gutjahr, Ortrud, Das *sanfte Gesetz* als psychohistorische Erzählstrategie in Adalbert Stifters *Brigitta*. In: Cremerius, Johannes u. a. (Hg.), Psychoanalyse und die Geschichtlichkeit von Texten, Würzburg 1995, S. 285–305.

Haag, Saskia, Versetzt. Restaurierung als Entortung in Stifters *Nachsommer*. In: Gamper, Michael/Wagner, Karl (Hg.), Figuren der Übertragung. Adalbert Stifter und das Wissen seiner Zeit, Zürich 2009, S. 77–86.

Haberkorn, Michaela, Naturhistoriker und Zeitenseher. Geologie und Poesie um 1800. Der Kreis um Abraham Gottlob Werner (Goethe, A. v. Humboldt, Novalis, Steffens, G. H. Schubert), Frankfurt a. M. 2004.

Häfner, Ralph, Stifters Geschichtsentwurf im *Nachsommer* – eine Replik auf die *Querelle des Anciens et des Modernes?*. In: VASILO 40 (1991), S. 6–29.

Häge, Elisabeth, Die Erfahrung der ‚Tiefenzeit‘ im Erhabenen. Geologische Alpen-Wahrnehmung in Adalbert Stifters *Nachsommer*. In: Lughofer, Johann Georg (Hg.), Das Erschreiben der Berge. Die Alpen in der deutschsprachigen Literatur, Innsbruck 2014, S. 99–109.

Hager, Fritz-Peter, Dämonen. In: Historisches Wörterbuch der Philosophie. Bd. 2, hg. von Joachim Ritter u. a., Darmstadt 1972, Sp. 1–4.

Hahn, Marcus, Stifters ‚Garten voll Gespenster‘. Epigonalität/‚Postmoderne‘, *Narrenburg/Nachkommenschaften*. In: JASILO 11 (2006), S. 56–65.

Hahn, Roger, Pierre Simon Laplace, 1749–1827. A Determined Scientist, Cambridge, MA/London 2005.

Hahn, Walther L., Zu Stifters Konzept der Schönheit: ‚Brigitta‘. In: VASILO 19 (1979), S. 149–159.

Hallet, Wolfgang/Neumann, Birgit, Raum und Bewegung in der Literatur: Zur Einführung. In: dies. (Hg.), Raum und Bewegung in der Literatur. Die Literaturwissenschaften und der Spatial Turn, Bielefeld 2009, S. 11–32.

Hartkopf, Winfried, Literarische Gärten. Anmerkungen zum Gartenmotiv in Stifters Erzählung ‚Der Hagestolz‘. In: Cepl-Kaufmann, Gertrude u. a. (Hg.), ‚Stets wird die Wahrheit hadern mit dem Schönen'. Festschrift für Manfred Windfuhr zum 60. Geburtstag, Köln 1990, S. 289–320.

Häusler, Wolfgang, Adalbert Stifter und Friedrich Simony entdecken die Alpen. Die geologische Grundlegung der Geographie in Österreich. In: Österreich in Geschichte und Literatur 53 (2009), S. 113–140.

Hebbel, Friedrich, Das Komma im Frack. In: Friedrich Hebbel. Werke. Bd. 3, hg. von Gerhard Fricke u. a., München 1965, S. 684–687.

Hebbel, Friedrich, Der Nachsommer. Eine Erzählung von Adalbert Stifter. In: Friedrich Hebbel. Werke. Bd. 3, hg. von Gerhard Fricke u. a., München 1965, S. 682–683.

Hebbel, Friedrich, Die alten Naturdichter und die neuen. In: Friedrich Hebbel. Werke. Bd. 3, hg. von Gerhard Fricke u. a., München 1965, S. 122.

Heinecke Folter, Siegrun, Stifters Ansichten über das Wesen und die Grenzen der Musik, Malerei und Dichtkunst im Vergleich zu Lessings Theorien im Laokoon, Ann Arbor, MI 1969.

Heininger, Jörg, Erhaben. In: Ästhetische Grundbegriffe. Historisches Wörterbuch in sieben Bänden. Bd. 2, hg. von Karlheinz Barck u. a. Stuttgart/Weimar 2001, S. 275–310.

Helfer, Martha B., Natural Anti-Semitism: Stifter's *Abdias*. In: Deutsche Vierteljahrsschrift für Literaturwissenschaft und Geistesgeschichte 78 (2004), S. 261–286.

Henckmann, Wolfgang, Häßlich. In: Reallexikon der deutschen Literaturwissenschaft. Bd. II, hg. von Harald Fricke u. a., Berlin/New York 2000, S. 1–3.

Herrmann, Britta, Verweigerte Ich-Ausdehnung, historische Kontinuitätsbildung und mikroskopische Wirklichkeit. Familienroman im 19. Jahrhundert. In: Deutsche Vierteljahrsschrift für Literaturwissenschaft und Geistesgeschichte 84 (2010), S. 186–208.

Hertling, Gunter H., Adalbert Stifters *Brigitta* (1843) als Vor-,Studie' zur ,Erzählung' seiner Reife *Der Nachsommer* (1857). In: JASILO 9/10 (2002/2003), S. 19–54.

Hertling, Gunter H., Adalbert Stifters zeitlose Botschaft. Obadja-Abdias. In: ders., Bleibende Lebensinhalte. Essays zu Adalbert Stifter und Gottfried Keller, Bern u. a. 2003, S. 43–70.

Hertling, Gunter H., Grenzübergang und Raumverletzung. Zur Zentralthematik in Adalbert Stifters *Studien*. In: ders., Bleibende Lebensinhalte. Essays zu Adalbert Stifter und Gottfried Keller, Bern u. a. 2003, S. 13–42.

Heukelum, Josef van, Begegnungen Adalbert Stifters mit der Musik. In: ders., Adalbert Stifter. Beiträge eines Stifterfreundes aus dem Rheinland, Frankfurt a. M. 2003, S. 9–33.

Heyer, Stefan, Deleuzes & Guattaris Kunstkonzept. Ein Wegweiser durch Tausend Plateaus, Wien 2001.

Hoffmann, Daniel, Leuchtende Tinte auf brüchigem Papier. Eine jüdische Lektüre von Adalbert Stifters *Abdias*, Würzburg 2011.

Hoffmann, Torsten, Konfigurationen des Erhabenen. Zur Produktivität einer ästhetischen Kategorie in der Literatur des ausgehenden 20. Jahrhunderts (Handke, Ransmayr, Schrott, Strauß), Berlin/New York 2006.

Hoffmann, Werner, Adalbert Stifters Erzählung ,Zwei Schwestern'. Ein Vergleich der beiden Fassungen, Frankfurt a. M. 1959.

Hofmann, Thomas, Alpenrausch. Die Entdeckung der hochalpinen Landschaft im Zeitalter des Rokoko. In: Oster, Angela (Hg.), Das ,andere' 18. Jahrhundert. Komparatistische Blicke auf das Rokoko der Romania, Heidelberg 2010, S. 163–191.

Höller, Hans, Thomas Bernhard und Adalbert Stifter. Die Radikalisierung der Isolation und Todesfixierung von Stifters ‚Hagestolz'. In: Pittertschatscher, Alfred/Lachinger, Johann (Hg.), Literarisches Kolloquium Linz 1984: Thomas Bernhard. Materialien, Linz 1985, S. 29–41.

Holub, Robert C., Adalbert Stifter's *Brigitta*, or the Lesson of Realism. In: Kontje, Todd (Hg.), A Companion to German Realism. 1848–1900, Rochester, NY u. a. 2002, S. 29–51.

Homann, Renate, Erhaben, das Erhabene. In: Historisches Wörterbuch der Philosophie. Bd. 2, hg. von Joachim Ritter u. a., Darmstadt 1972, Sp. 624–635.

Hover, Winfrid, Der Begriff der Herzens bei Blaise Pascal. Gestalt, Element der Vorgeschichte und der Rezeption im 20. Jahrhundert, Fridingen a. D. 1993.

Howe, Patricia, Faces and Fortunes: Ugly Heroines in Stifter's *Brigitta*, Fontane's *Schach von Wuthenow* and Saar's *Sappho*. In: German Life and Letters 44 (1991), S. 426–442.

Huber, Martin, ‚Noch einmal mit Gefühl'. Literaturwissenschaft und Emotion. In: Erhart, Walter (Hg.), Grenzen der Germanistik. Rephilologisierung oder Erweiterung?, Stuttgart/Weimar 2004, S. 343–357.

Hügel, Hans-Otto, Hinwendung zur Unterhaltung. Die Tageskritik zum Sachbuch im 19. Jahrhundert. In: Hahnmann, Andy/Oels, David (Hg.), Sachbuch und populäres Wissen im 20. Jahrhundert, Frankfurt a. M. 2008, S. 159–179.

Hughes, Peter, The Grotesque & the Alpin Sublime. In: Hedinger, Martin u. a. (Hg.), Das Groteske. Le grotesque. The Grotesque, Fribourg 2005, S. 143–159.

Humboldt, Alexander von, Ansichten der Natur. In: Alexander von Humboldt. Darmstädter Ausgabe. Bd. V, hg. von Hanno Beck, Darmstadt 2008.

Hunter-Lougheed, Rosemarie, Adalbert Stifter: Brigitta. In: Interpretationen. Erzählungen und Novellen des 19. Jahrhunderts. Bd. 2, Stuttgart 1990, S. 41–97.

Hurstel, Sylvie, Zur Entstehung des Problems des Erhabenen in der Ästhetik des 18. Jahrhunderts. J. J. Winckelmann und G. E. Lessing. In: Raulet, Gérard (Hg.), Von der Rhetorik zur Ästhetik. Studien zur Entstehung der modernen Ästhetik im 18. Jahrhundert, Rennes 1992, S. 108–144.

Ingen, Ferdinand van, Band und Kette. Zu einer Denkfigur bei Stifter. In: Laufhütte, Hartmut/Möseneder, Karl (Hg.), Adalbert Stifter. Dichter und Maler, Denkmalpfleger und Schulmann. Neue Zugänge zu seinem Werk, Tübingen 1996, S. 58–74.

Ingen, Ferdinand van, Stifters Modernität. Bemerkungen zur Eröffnung der Stifter-Ausstellung. In: JASILO 3 (1996), S. 129–132.

Ireton, Sean, Geology, Mountaineering, and Self-Formation in Adalbert Stifter's *Der Nachsommer*. In: ders./Schaumann, Caroline (Hg.), Heights of Reflection. Mountains in the German Imagination from the Middle Ages to the Twenty-First Century, Rochester, NY 2012, S. 193–209.

Irmscher, Hans Dietrich, Adalbert Stifter. Wirklichkeitserfahrung und gegenständliche Darstellung, München 1971.

Irmscher, Hans Dietrich, Phänomen und Begriff des Erhabenen im Werk Adalbert Stifters. In: VASILO 40 (1991), S. 30–58.

Jacobs, Jürgen/Krause, Markus, Der deutsche Bildungsroman. Gattungsgeschichte vom 18. bis zum 20. Jahrhundert, München 1989.

Jäger, Dietrich, Erzählte Räume. Studien zur Phänomenologie der epischen Geschehensumwelt, Würzburg 1998.

Janz, Rolf-Peter, Erhaben und lächerlich – eine denkwürdige Allianz. In: Brittnacher, Hans Richard/Koebner, Thomas (Hg.), Vom Erhabenen und vom Komischen. Über eine prekäre Konstellation, Würzburg 2010, S. 15 – 23.

Japp, Uwe, Die Signifikation des Ästhetischen im Raum des Realen bei Adalbert Stifter. In: Schneider, Sabine/Hunfeld Barbara (Hg.), Die Dinge und die Zeichen. Dimensionen des Realistischen in der Erzählliteratur des 19. Jahrhunderts. Für Helmut Pfotenhauer, Würzburg 2008, S. 95 – 105.

Jauß, Hans Robert, Aisthesis und Naturerfahrung. In: Zimmermann, Jörg (Hg.), Das Naturbild des Menschen, München 1982, S. 155 – 182.

Jean Paul, Vorschule der Ästhetik. In: Jean Paul. Werke. Bd. 5, hg. von Norbert Miller, München 1963, S. 7 – 456.

Jungmair, Otto, Adalbert Stifters Linzer Jahre. Ein Kalendarium, Nürnberg 1958.

Kaiser, Gerhard, Stifter – dechiffriert? Die Vorstellung vom Dichter in ‚Das Haidedorf' und ‚Abdias'. In: Sprachkunst. Beiträge zur Literaturwissenschaft 1 (1970), S. 273 – 317.

Kallendorf, Craig, Das Erhabene. 1. Antike. Übersetzt von Lisa Gondos. In: Historisches Wörterbuch der Rhetorik. Bd. 2, hg. von Gert Ueding, Tübingen 1994, Sp. 1357 – 1361.

Kant, Immanuel, Allgemeine Naturgeschichte und Theorie des Himmels. In: Immanuel Kant. Werke. Bd. I: Vorkritische Schriften bis 1768 1, hg. von Wilhelm Weischedel, Wiesbaden 1960, S. 219 – 400.

Kant, Immanuel, Analytik des Erhabenen. In: Immanuel Kant. Werke. Bd. X: Kritik der Urteilskraft 1, hg. von Wilhelm Weischedel, Frankfurt a. M. 1968, S. 328 – 371.

Kant, Immanuel, Beobachtungen über das Gefühl des Schönen und Erhabenen. In: Immanuel Kant. Werke. Bd. II: Vorkritische Schriften bis 1768 2, hg. von Wilhelm Weischedel, Wiesbaden 1960, S. 820 – 884.

Kant, Immanuel, Kritik der reinen Vernunft 1/2. In: Immanuel Kant. Werke. Bd. III und IV, hg. von Wilhelm Weischedel, Frankfurt a. M. 1968.

Kant, Immanuel, Kritik der Urteilskraft 1/2. In: Immanuel Kant. Werke. Bd. IX und X, hg. von Wilhelm Weischedel, Frankfurt a. M. 1968.

Kant, Immanuel, Metaphysische Anfangsgründe der Naturwissenschaft. In: Immanuel Kant. Werke. Bd. IX: Schriften zur Naturphilosophie, hg. von Wilhelm Weischedel, Frankfurt a. M. 1957, S. 11 – 135.

Kant, Immanuel, Schriften zur Ethik und Religionsphilosophie 1. In: Immanuel Kant. Werke. Bd. VII, hg. von Wilhelm Weischedel, Frankfurt a. M. 1974.

Keen, Suzanne, Introduction: Narrative and the Emotions. In: Poetics Today. International Journal for Theory and Analysis of Literature and Communication 32 (2011), S. 1 – 53.

Ketelsen, Uwe-Karsten, Adalbert Stifters Roman *Der Nachsommer*: Die Selbstformierung eines Erzählers. In: Orbis linguarum. Legnickie Rozprawy Filologiczne 1 (1994), S. 5 – 14.

Kinzel, Ulrich, Ethische Projekte. Literatur und Selbstgestaltung im Kontext des Regierungsdenkens. Humboldt, Goethe, Stifter, Raabe, Frankfurt a. M. 2000.

Klaffenböck, Arnold, Stifters Seelen-Landschaften: Bedrohung und Bewältigung. In: JASILO 18 (2011), S. 33 – 44.

Kleine, Sabine, Ästhetik des Häßlichen. Von Sade bis Pasolini, Stuttgart/Weimar 1998.

Kliche, Dieter, Grenzüberschreitungen des Schönen. Versuch einer Begriffsgeschichte des Häßlichen bis zur Mitte des 19. Jahrhunderts. In: Barck, Karlheinz u. a. (Hg.), Ästhetische Grundbegriffe. Studien zu einem historischen Wörterbuch, Berlin 1990, S. 345 – 377.

Koopmann, Helmut, Kleinere Schriften nach der Begegnung mit Kant. In: ders. (Hg.),
Schiller-Handbuch, Stuttgart 1998, S. 575–586.

Koroliov, Sonja, Einleitung. In: dies. (Hg.), Emotion und Kognition. Transformationen in der
europäischen Literatur des 18. Jahrhunderts, Berlin/Boston 2013, S. 1–7.

Koschorke, Albrecht/Ammer, Andreas, Der Text ohne Bedeutung oder die Erstarrung der Angst.
Zu Stifters letzter Erzählung *Der fromme Spruch*. In: Deutsche Vierteljahrsschrift für
Literaturwissenschaft und Geistesgeschichte 61 (1987), S. 676–719.

Koyré, Alexandre, Von der geschlossenen Welt zum unendlichen Universum, Frankfurt a. M.
1980.

Krause, Marcus/Pethes, Nicolas (Hg.), Literarische Experimentalkulturen. Poetologien des
Experiments im 19. Jahrhundert, Würzburg 2005, S. 7–18.

Kretschmann, Carsten, Einleitung: Wissenspopularisierung – ein altes, neues Forschungsfeld.
In: ders. (Hg.), Wissenspopularisierung. Konzepte der Wissensverbreitung im Wandel,
Berlin 2003, S. 7–21.

Kretschmann, Carsten, Wissenspopularisierung. Verfahren und Beschreibungsmodelle – ein
Aufriss. In: Boden, Petra/Müller, Dorit (Hg.), Populäres Wissen im medialen Wandel seit
1850, Berlin 2009, S. 17–34.

Kreuzer, Stefanie, Zur ‚unerhörten' Erzähldramaturgie einer realistischen Novelle. Adalbert
Stifters ‚Brigitta' (1847). In: Der Deutschunterricht. Beiträge zu seiner Praxis und
wissenschaftlichen Grundlegung 59 (2007), S. 25–35.

Krökel, Fritz, Stifters Freundschaft mit dem Alpenforscher Friedrich Simony. In: VASILO 4
(1955), S. 97–117.

Kucher, Primus-Heinz, Verfremdete – fremde Welt: Zu Stifters *Abdias* (1842). In: Bobinac,
Marijan (Hg.), Literatur im Wandel. Festschrift für Viktor Žmegač, Zagreb 1999, S. 25–37.

Kühlmann, Wilhelm, Von Diderot bis Stifter. Das Experiment aufklärerischer Anthropologie in
Stifters Novelle ‚Abdias'. In: Laufhütte, Hartmut/Möseneder, Karl (Hg.), Adalbert Stifter.
Dichter und Maler, Denkmalpfleger und Schulmann. Neue Zugänge zu seinem Werk,
Tübingen 1996, S. 395–409.

Küpper, Peter, Literatur und Langeweile. Zur Lektüre Stifters. In: Stiehm, Lothar (Hg.), Adalbert
Stifter. Studien und Interpretationen. Gedenkschrift zum 100. Todestag, Heidelberg 1968,
S. 171–188.

Lacan, Jacques, Das Seminar. Buch II (1954–1955): Das Ich in der Theorie Freuds und in der
Technik des Psychoanalyse. Übersetzt von Hans-Joachim Metzger, Olten/Freiburg i. Br.
1980.

Lacan, Jacques, Das Seminar. Buch III (1955–1956): Die Psychosen. Übersetzt von Michael
Turnheim, Weinheim/Berlin 1997.

Lacan, Jacques, Das Seminar. Buch XI (1964): Die vier Grundbegriffe der Psychoanalyse.
Übersetzt von Norbert Haas, Olten/Freiburg i. Br. ²1980.

Lacan, Jacques, Namen-des-Vaters. Übersetzt aus dem Französischen von Hans-Dieter Godnek,
Wien 2006.

Lachinger, Johann, Adalbert Stifter – Natur-Anschauungen. Zwischen Faszination und
Reflexion. In: Laufhütte, Hartmut/Möseneder, Karl (Hg.), Adalbert Stifter. Dichter und
Maler, Denkmalpfleger und Schulmann. Neue Zugänge zu seinem Werk, Tübingen 1996,
S. 96–104.

Lachinger, Johann, Adalbert Stifters ‚Abdias'. Eine Interpretation. In: VASILO 18 (1969),
S. 97–114.

Lachinger, Johann, Andreas Freiherr von Baumgartner (1793–1865). Naturwissenschaftler, Minister, Akademiepräsident und Förderer Adalbert Stifters. In: JASILO 12 (2005), S. 50–60.

Lachinger, Johann, Schreiben gegen den ‚Weltschmerz'. Adalbert Stifter am Horizont von Byronismus und Skeptizismus. In: JASILO 1 (1994), S. 17–27.

Lafond-Kettlitz, Barbara, Die Alpen in Literatur und Malerei. Albrecht von Haller, Caspar Wolf, Ludwig Hohl, Ferdinand Hodler. In: Etudes germaniques. Allemagne, Autriche, Suisse, pays scandinaves et néerlandais 64 (2009), S. 933–953.

Laufhütte, Hartmut, Das sanfte Gesetz und der Abgrund. Zu den Grundlagen der Stifterschen Dichtung ‚aus dem Geiste der Naturwissenschaft'. In: Hettche, Walter u. a. (Hg.), Stifter-Studien. Ein Festgeschenk für Wolfgang Frühwald zum 65. Geburtstag, Tübingen 2000, S. 61–74.

Laufhütte, Hartmut, Der ‚Nachsommer' als Vorklang der literarischen Moderne. In: ders./Möseneder, Karl (Hg.), Adalbert Stifter. Dichter und Maler, Denkmalpfleger und Schulmann. Neue Zugänge zu seinem Werk, Tübingen 1996, S. 486–507.

Laufhütte, Hartmut, Harmoniemetaphern gegen das Chaos. Naturkonzepte und ihre Funktionalisierung bei Adalbert Stifter und Gottfried Keller. In: Enklaar, Jattie/Ester, Hans (Hg.), Geborgenheit und Gefährdung in der epischen und malerischen Welt Adalbert Stifters, Würzburg 2006, S. 107–120.

Laufhütte, Hartmut, Von der Modernität eines Unmodernen. Anläßlich der Erzählung *Abdias* von Adalbert Stifter. In: JASILO 1 (1994), S. 65–75.

Lehmann, Hans-Thies, Das Erhabene ist das Unheimliche. Zur Theorie einer Kunst des Ereignisses. In: Merkur. Deutsche Zeitschrift für europäisches Denken 43 (1989), S. 751–764.

Lehnert, Gertrud, Raum und Gefühl. In: dies. (Hg.), Raum und Gefühl. Der Spatial Turn und die neue Emotionsforschung, Bielefeld 2011, S. 9–25.

Leibetseder, Mathis, Die Kavalierstour. Adlige Erziehungsreisen im 17. und 18. Jahrhundert, Köln 2004.

Lepenies, Wolf, Das Ende der Naturgeschichte. Wandel kultureller Selbstverständlichkeiten in den Wissenschaften des 18. und 19. Jahrhunderts, München/Wien 1976.

Lepenies, Wolf, Historisierung der Natur und Entmoralisierung der Wissenschaften seit dem 18. Jahrhundert. In: ders., Gefährliche Wahlverwandtschaften. Essays zur Wissenschaftsgeschichte, Stuttgart 1989, S. 7–38.

Lindemann, Uwe, Die Wüste. Terra incognita, Erlebnis, Symbol. Eine Genealogie der abendländischen Wüstenvorstellungen in der Literatur von der Antike bis zur Gegenwart, Heidelberg 2000.

Littrow, Joseph Johann von, Darstellung der grossen und merkwürdigen Sonnenfinsterniss des 7. Septembers 1820. Für die vorzüglichsten Städte Deutschlands, Pesth 1820.

Littrow, Joseph Johann von, Die Wunder des Himmels oder gemeinfaßliche Darstellung des Weltsystems. Zweite verbesserte Auflage in Einem Bande, Stuttgart 1837.

Longin, Vom Erhabenen, mit Anmerkungen und einem Anhang von Johann Georg Schlosser, Leipzig 1781.

Longinus, Vom Erhabenen. Griechisch/Deutsch. Übersetzt und hg. von Otto Schönberger, Stuttgart 1988.

Lubkoll, Christine, Kontexte: Musik. In: Anz, Thomas (Hg.), Handbuch Literaturwissenschaft. Bd. 1: Gegenstände und Grundbegriffe, Stuttgart/Weimar 2007, S. 378–382.

Lubkoll, Christine, Mythos Musik. Poetische Entwürfe des Musikalischen in der Literatur um 1800, Freiburg i. Br. 1995.

Lukács, Georg, Erzählen oder Beschreiben? Zur Diskussion über Naturalismus und Formalismus. In: ders., Probleme des Realismus, Berlin ²1955, S. 103–145.

Lyotard, Jean-François, Antwort auf die Frage: Was ist postmodern?. In: ders., Postmoderne für Kinder. Briefe aus den Jahren 1982–1985. Aus dem Französischen von Dorothea Schmidt, Wien ³2009, S. 13–32.

Lyotard, Jean-François, Das Erhabene und die Avantgarde. In: Le Rider, Jacques/Raulet, Gérard (Hg.), Verabschiedung der (Post-)Moderne? Eine interdisziplinäre Debatte, Tübingen 1987, S. 251–269.

Mahlendorf, Ursula, Stifters Absage an die Kunst?. In: Hoffmeister, Gerhart (Hg.), Goethezeit. Studien zur Erkenntnis und Rezeption Goethes und seiner Zeitgenossen. Festschrift für Stuart Atkins, Bern 1981, S. 369–383.

Mainzer, Klaus, Von der Naturphilosophie zur Naturwissenschaft. Zum neuzeitlichen Wandel des Naturbegriffs. In: Weber, Heinz-Dieter (Hg.), Vom Wandel des neuzeitlichen Naturbegriffs, Konstanz 1989, S. 11–31.

Makropoulos, Michael, Meer. In: Wörterbuch der philosophischen Metaphern, hg. von Ralf Kornersmann, Darmstadt ³2011, S. 240–252.

Mann, Thomas, Brief an Fritz Strich am 27. November 1945. In: ders., Briefe 1937–1947, hg. von Erika Mann, Frankfurt a. M. 1963, S. 458–459.

Mariacher, Barbara, Zufall – das ungelenke Organ des Schicksals. Überlegungen zum Zufallsbegriff in der Erzählung *Abdias*. In: Enklaar, Jattie/Ester, Hans (Hg.), Geborgenheit und Gefährdung in der epischen und malerischen Welt Adalbert Stifters, Würzburg 2006, S. 87–93.

Marin, Demetrio St., Bibliography of the ‚Essay on the Sublime‘ (Perí hýpsus), o. O. 1967.

Matz, Wolfgang, Adalbert Stifter oder Diese fürchterliche Wendung der Dinge. Biographie, Wien 1995.

Matz, Wolfgang, Gewalt des Gewordenen. Adalbert Stifters Werk zwischen Idylle und Angst. In: Deutsche Vierteljahrsschrift für Literaturwissenschaft und Geistesgeschichte 63 (1989), S. 715–750.

Mayer, Gerhart, Adalbert Stifter: Der Nachsommer. In: ders., Der deutsche Bildungsroman. Von der Aufklärung bis zur Gegenwart, Stuttgart 1992, S. 130–136.

Mayer, Mathias, Adalbert Stifter. Erzählen als Erkennen, Stuttgart 2001.

Mayer, Mathias, Die Angst vor der Musik oder Statisches Erzählen. In: Doppler, Alfred u. a. (Hg.), Stifter und Stifterforschung im 21. Jahrhundert. Biographie – Wissenschaft – Poetik, Tübingen 2007, S. 201–212.

Meier, Albert, Diskretes Erzählen. Über den Zusammenhang von Dichtung, Wissenschaft und Didaktik in Adalbert Stifters Erzählung ‚Brigitta‘. In: Aurora. Jahrbuch der Eichendorff Gesellschaft 44 (1984), S. 213–223.

Mellmann, Katja, Emotionalisierung – Von der Nebenstundenpoesie zum Buch als Freund. Eine emotionspsychologische Analyse der Literatur der Aufklärungsepoche, Paderborn 2006.

Mendelssohn, Moses, Anmerkungen über das englische Buch: On the sublime and the beautiful. In: ders., Ästhetische Schriften, hg. von Anne Pollok, Hamburg 2006, S. 108–126.

Mendelssohn, Moses, Rhapsodie, oder Zusätze zu den Briefen über die Empfindungen. In: ders., Ästhetische Schriften, hg. von Anne Pollok, Hamburg 2006, S. 142–187.

Menke, Bettine, Rahmen und Desintegrationen. Die Ordnung der Sichtbarkeit, der Bilder und der Geschlechter. Zu Stifters ‚Der Condor'. In: Weimarer Beiträge. Zeitschrift für Literaturwissenschaft, Ästhetik und Kulturwissenschaften 44 (1998), S. 325–363.

Menninghaus, Winfried, Zwischen Überwältigung und Widerstand. Macht und Gewalt in Longins und Kants Theorie des Erhabenen. In: Poetica. Zeitschrift für Sprach- und Literaturwissenschaft 23 (1991), S. 1–19.

Metz, Joseph, ‚Es ist ein seltsam, furchtbar erhabenes Ding, der Mensch': Verdinglichung, absoluter Mehrwert und das perverse Erhabene in Adalbert Stifters proto-benjaminischen Stadtbildern. In: Arndt, Christiane/Brodersen, Silke (Hg.), Organismus und Gesellschaft. Der Körper in der deutschsprachigen Literatur des Realismus (1830–1930), Bielefeld 2011, S. 49–67.

Metz, Joseph, The Jew as Sign in Stifter's Abdias. In: The Germanic Review. Literature, Culture, Theory 77 (2002), S. 219–232.

Metzger, Ottmar, Kunstgeschichtliche Bemerkungen zu Stifters ‚Nachkommenschaften'. In: VASILO 26 (1977), S. 35–38.

Meyer-Kalkus, Reinhart, Schreit Laokoon? Zur Diskussion pathetisch-erhabener Darstellungsformen im 18. Jahrhundert. In: Raulet, Gérard (Hg.), Von der Rhetorik zur Ästhetik. Studien zur Entstehung der modernen Ästhetik im 18. Jahrhundert, Rennes 1992, S. 67–110.

Meyer-Sickendiek, Burkhard, Die Ästhetik der Epigonalität. Theorie und Praxis wiederholenden Schreibens im 19. Jahrhundert: Immermann – Keller – Stifter – Nietzsche, Tübingen/Basel 2001.

Meyer-Sickendiek, Burkhard, Vollglück in der Beschränkung. Bedingungen moderner Idyllik bei Jean Paul und Stifter. In: Becker, Sabina/Grätz, Katharina (Hg.), Ordnung – Raum – Ritual. Adalbert Stifters artifizieller Realismus, Heidelberg 2007, S. 287–314.

Michler, Werner, Vulkanische Idyllen. Die Fortschreibung der Revolution mit den Mitteln der Naturwissenschaft bei Moritz Hartmann und Adalbert Stifter. In: Lengauer, Hubert/Kucher, Primus-Heinz (Hg.), Bewegung im Reich der Immobilität. Revolutionen in der Habsburgermonarchie 1848–1849, Wien u. a. 2001, S. 472–495.

Minden, Michael, Stifter and the Postmodern Sublime. In: JASILO 11 (2004), S. 9–21.

Morlot, Adolph von, Erläuterungen zur geologischen Übersichtskarte der nordöstlichen Alpen. Ein Entwurf zur vorzunehmenden Bearbeitung der physikalischen Geographie und Geologie ihres Gebietes, Wien 1847.

Möseneder, Karl, Stimmung und Erdleben. Adalbert Stifters Ikonologie der Landschaftsmalerei. In: Laufhütte, Hartmut/ders. (Hg.), Adalbert Stifter. Dichter und Maler, Denkmalpfleger und Schulmann. Neue Zugänge zu seinem Werk, Tübingen 1996, S. 18–57.

Moser, Christian, Archipele der Erinnerung: Die Insel als Topos der Kulturisation. In: Böhme, Hartmut (Hg.), Topographien der Literatur. Deutsche Literatur im transnationalen Kontext, Stuttgart/Weimar 2005, S. 408–432.

Moser, Christian, Der Weltrand als mythopoetischer Reflexionsraum. Epische Passagen an die Grenzen der Erde von ‚Gilgamesch' bis zu Mary Shelleys ‚Frankenstein'. In: Geulen, Eva/Kraft, Stephan (Hg.), Grenzen im Raum – Grenzen in der Literatur, Berlin 2010, S. 51–73.

Moussa, Brahim, Heterotopien im poetischen Realismus. Andere Räume, andere Texte, Bielefeld 2012.

Müller, Dominik, Des Gezähmten Widerspenstigkeit. Gegenläufige Deutungsperspektiven in Adalbert Stifters Erzählung ‚Nachkommenschaften'. In: Jahrbuch der Raabe-Gesellschaft 2000, S. 122–135.

Müller, Götz, Zur Bedeutung Jean Pauls für die Ästhetik zwischen 1830 und 1848 (Weisse, Ruge, Vischer). In: ders., Jean Paul im Kontext. Gesammelte Aufsätze. Mit einem Schriftenverzeichnis, hg. von Wolfgang Riedel, Würzburg 1996, S. 7–28.

Müller, Heidy M., ‚Ein Sturmwind über den Wäldern Gottes'. Die Musik als apokalyptisches Medium des Unsagbaren in Adalbert Stifters Erzählungen. In: JASILO 1 (1994), S. 105–117.

Müller, Joachim, Stifters Humor. Zur Struktur der Erzählungen ‚Der Waldstieg' und ‚Nachkommenschaften'. In: VASILO 11 (1962), S. 1–20.

Müller, Joachim, Stifters ‚Zwei Schwestern'. Versuch einer Strukturanalyse. In: VASILO 8 (1959), S. 2–18.

Müller-Kampel, Beatrix, Komik und das Komische: Kriterien und Kategorien. In: Zeitschrift für Literatur- und Theatersoziologie 7 (März 2012), S. 5–39.

Müller-Tamm, Jutta, ‚Alles nicht zu Ende, alles falsch ...'. Allegorie und Erzählstruktur in Stifters ‚Narrenburg'. In: Zeitschrift für Germanistik. Neue Folge 17 (2007), S. 561–574.

Mumot, André, Irrwege zum Ich. Eine kleine Literaturgeschichte des Gehens, Marburg 2008.

Nate, Richard, Wissenschaft, Rhetorik und Literatur. Historische Perspektiven, Würzburg 2009.

Neugebauer, Klaus, Selbstentwurf und Verhängnis. Ein Beitrag zu Adalbert Stifters Verständnis von Schicksal und Geschichte, Tübingen 1982.

Neumann, Gerhard, Imprévu und Déjà-vu. Liebe auf den ersten Blick und Wahrnehmung der Welt: Das Drama des Erkennens. In: Oesterle, Günter (Hg.), Déjà-vu in Literatur und bildender Kunst, München 2003, S. 79–100.

Neymeyr, Barbara, Die Aporie der Epigonen. Zur kulturhistorischen Bedeutung der Identitätsproblematik in Stifters *Nachkommenschaften*. In: Jahrbuch der Deutschen Schillergesellschaft 48 (2004), S. 185–205.

Nicklaus, Hans-Georg, Das Erhabene in der Musik oder Von der Unbegrenztheit des Klangs. In: Pries, Christine (Hg.), Das Erhabene. Zwischen Grenzerfahrung und Größenwahn, Weinheim 1989, S. 217–232.

Nobbe, Frank, Das Erhabene in Stifters *Bergkristall*. In: Hilmes, Carola/Mathy, Dietrich (Hg.), Die Dichter lügen, nicht. Über Erkenntnis, Literatur und Leser, Würzburg 1994, S. 149–162.

Novotny, Fritz, Adalbert Stifter als Maler, Wien ³1947.

Obermaier, Renate, Stadt und Natur. Studien zu Texten von Adalbert Stifter und Gottfried Keller, Frankfurt a. M. u. a. 1985.

Oertel Sjögren, Christine, Isolation and Death. In: dies., The Marble Statue as Idea. Collected Essays on Adalbert Stifter's *Der Nachsommer*, Chapel Hill 1972, S. 10–19.

Oertel Sjögren, Christine, Klotildes Reise in die Tiefe: Psychoanalytische Betrachtungen zu einer Episode in Stifters *Nachsommer*. In: VASILO 24 (1975), S. 107–111.

Oertel Sjögren, Christine, Stifter's Affirmation of Formlessness in *Nachsommer*. In: Modern Language Quarterly. A Journal of Literary History 29 (1968), S. 407–414.

Oertel Sjögren, Christine, The Allure of Beauty in Stifter's *Brigitta*. In: Journal of English and Germanic Philology 81 (1982), S. 47–54.

Oesterle, Günter, Entwurf einer Monographie des ästhetisch Häßlichen. Die Geschichte einer ästhetischen Kategorie von Friedrich Schlegels *Studium*-Aufsatz bis zu Karl Rosenkranz'

Ästhetik des Häßlichen als Suche nach dem Ursprung der Moderne. In: Bänsch, Dieter (Hg.), Zur Modernität der Romantik, Stuttgart 1997, S. 217–297.

Oesterle, Günter, In den Grenzen des Ästhetischen. Friedrich Theodor Vischers Arbeit an einer Kulturgeschichte und an Inklusion/Exklusion. In: Potthast, Barbara/Reck, Alexander (Hg.), Friedrich Theodor Vischer. Leben – Werk – Wirkung, Heidelberg 2011, S. 231–248.

Öhlschläger, Claudia/Roselli, Antonio, Der hypertrophe Text als Ort des Widerstands: Rousseau und Stifter in ethischer Perspektive. In: Öhlschläger, Claudia (Hg.), Narration und Ethik, Paderborn 2009, S. 111–125.

Orth, Geoffrey Charles, The Biedermeier Odyssey: The Motif of the Journey in Adalbert Stifter's Studien and Der Nachsommer, o. O. 1976.

Oschmann, Dirk, Absolute Darstellung – Zur Metapoetik von Stifters ‚Nachkommenschaften'. In: Literaturwissenschaftliches Jahrbuch 50 (2009), S. 135–149.

Oswald, Marcel, Das dritte Auge. Zur gegenständlichen Gestaltung der Wahrnehmung in A. Stifters Wegerzählungen, Bern 1988.

Owen, Claude, Zur Erotik in Stifters ‚Brigitta'. In: Österreich in Geschichte und Literatur 15 (1971), S. 106–114.

Ozturk, Anthony, Interlude: Geo-Poetics: The Alpin Sublime in Art and Literature, 1779–1860. In: Ireton, Sean/Schaumann, Caroline (Hg.), Heights of Reflection. Mountains in the German Imagination from the Middle Ages to the Twenty-First Century, Rochester, NY 2012, S. 76–97.

Paetzold, Heinz, Rhetorik-Kritik und Theorie der Künste in der philosophischen Ästhetik von Baumgarten bis Kant. In: Raulet, Gérard (Hg.), Von der Rhetorik zur Ästhetik. Studien zur Entstehung der modernen Ästhetik im 18. Jahrhundert, Rennes 1992, S. 9–40.

Pascal, Blaise, Über die Religion und über einige andere Gegenstände (Pensées). Übersetzt und hg. von Ewald Wasmuth, Heidelberg ⁶1963.

Pethes, Nicolas, Literatur und Wissenschaftsgeschichte. Ein Forschungsbericht. In: Internationales Archiv für Sozialgeschichte der deutschen Literatur 28 (2003), S. 181–231.

Pettersson, Torsten, ‚Eine Welt aus Sehen und Blindheit'. Consciousness and World in Stifter's ‚Abdias'. In: Germanisch-romanische Monatsschrift 40 (1990), S. 40–53.

Pfotenhauer, Helmut, Stifters Jean Paul. Neue Anmerkungen zu einem alten Thema – am Beispiel des *Condor*. In: JASILO 20 (2013), S. 13–22.

Pichler, Franz, Andreas Baumgartner und sein Werk zur ‚Naturlehre'. In: Doppler, Alfred u a. (Hg.), Stifter und Stifterforschung im 21. Jahrhundert. Biographie – Wissenschaft – Poetik, Tübingen 2007, S. 117–125.

Pietsch, Lutz-Henning, Topik der Kritik. Die Auseinandersetzung um die Kantische Philosophie (1781–1788) und ihre Metaphern, Berlin/New York 2010.

Plumpe, Gerhard, An der Grenze des Realismus. Eine Anmerkung zu Adalbert Stifters ‚Nachkommenschaften' und Wilhelm Raabes ‚Der Dräumling'. In: Jahrbuch der Raabe-Gesellschaft 1994, S. 70–84.

Poenicke, Klaus, Eine Geschichte der Angst? Appropriationen des Erhabenen in der englischen Ästhetik des 18. Jahrhunderts. In: Pries, Christine (Hg.), Das Erhabene. Zwischen Grenzerfahrung und Größenwahn, Weinheim 1989, S. 75–90.

Polheim, Karl Konrad, Die wirkliche Wirklichkeit. A. Stifters *Nachkommenschaften* und das Problem seiner Kunstanschauung. In: ders., Kleine Schriften zur Textkritik und Interpretation, Bern u. a. 1992, S. 245–296.

Potthast, Barbara, ‚Ô Beauté! monstré énorme!' Überlegungen zur menschlichen Schönheit und Häßlichkeit in der Literatur. In: Weimarer Beiträge. Zeitschrift für Literaturwissenschaft, Ästhetik und Kulturwissenschaften 53 (2007), S. 241–266.

Preisendanz, Wolfgang, Die Erzählfunktion der Naturdarstellung bei Stifter. In: Wirkendes Wort. Deutsche Sprache und Literatur in Forschung und Lehre 16 (1966), S. 407–418.

Preisendanz, Wolfgang, Humor. In: Reallexikon der deutschen Literaturwissenschaft. Bd. II, hg. von Harald Fricke, Berlin/New York 2000, S. 100–103.

Priebe, Walter, Bild und Gegenbild – Entwicklungszyklen eines hermetischen Erfolgsmodells in Stifters *Nachsommer*. In: JASILO 6 (1999), S. 64–82.

Pries, Christine, Einleitung. In: dies. (Hg.), Das Erhabene. Zwischen Grenzerfahrung und Größenwahn, Weinheim 1989, S. 1–30.

Prutti, Brigitte, Künstliche Paradiese, strömende Seelen: Zur Semantik des Flüssigen in Stifters *Brigitta*. In: JASILO 15 (2008), S. 23–45.

Quinn, Justin, American Errancy. Empire, Sublimity & Modern Poetry, Dublin 2005.

Quintilian (Marcus Fabius Quintilianus), Ausbildung des Redners. Zwölf Bücher. Institutionis oratoriae libri XII, hg. und übersetzt von Helmut Rahn, Darmstadt ³1995.

Raff, Georg Christian, Naturgeschichte für Kinder, Frankfurt/Leipzig 1780.

Ragg-Kirkby, Helena, ‚Äußeres, Inneres, das ist alles eins': Stifter's *Der Nachsommer* and the Problem of Perspectives. In: German Life and Letters 50 (1997), S. 323–338.

Ragg-Kirkby, Helena, ‚Sie geht in ihren großen eigenen Gesetzen fort, die uns in tiefen Fernen liegen, […] und wir können nur stehen und bewundern': Adalbert Stifter and the Alienation of Man and Nature. In: The German Quarterly. A Journal of the American Association of Teachers of German 72 (1999), S. 349–361.

Ragg-Kirkby, Helena, ‚So ward die Wüste immer größer': Zones of Otherness in the Stories of Adalbert Stifter. In: Forum for Modern Language Studies 35 (1999), S. 207–222.

Ramponi, Patrick u. a., Vorwort. In: ders. u. a. (Hg.), Inseln und Archipele. Kulturelle Figuren des Insularen zwischen Isolation und Entgrenzung, Bielefeld 2011, S. 7–11.

Rauh, Horst Dieter, Der verschleierte Abgrund. Mensch und Natur bei Stifter. In: Allgaier, Karl/Schreier, Josef (Hg.), Begegnungen mit Adalbert Stifter. Aachener Akademietagung zum 200. Geburtstag, Aachen 2006, S. 93–115.

Reinhardt, Hartmut, Literarische Trauerarbeit. Stifters Novellen *Das alte Siegel* und *Der Hagestolz* als Erzähltragödien. In: Hettche, Walter u. a. (Hg.), Stifter-Studien. Ein Festgeschenk für Wolfgang Frühwald zum 65. Geburtstag, Tübingen 2000, S. 20–39.

Reucher, Theo, Das Handeln und Leiden des Abdias. Zur Ich-Problematik in Stifters ‚Abdias'. In: Literatur für Leser. Zeitschrift für Interpretationspraxis und geschichtliche Texterkenntnis (1987), S. 107–124.

Reulecke, Anne-Kathrin, Der Thesaurus der Literatur. ‚Semiotropische' Perspektiven auf das Verhältnis von Literatur und Wissenschaft. In: dies. (Hg.), Von null bis unendlich. Literarische Inszenierungen naturwissenschaftlichen Wissens, Köln u. a. 2008, S. 7–16.

Ritter, Joachim, Landschaft. Zur Funktion des Ästhetischen in der modernen Gesellschaft. In: ders., Subjektivität. Sechs Aufsätze, Frankfurt a. M. 1974, S. 141–163.

Ritzer, Monika, Die Ordnung der Wirklichkeit. Zur Bedeutung der Naturwissenschaft für Stifters Realitätsbegriff. In: Doppler, Alfred u. a. (Hg.), Stifter und Stifterforschung im 21. Jahrhundert. Biographie – Wissenschaft – Poetik, Tübingen 2007, S. 137–159.

Ritzer, Monika, Von Suppenwürfeln, Induktionsstrom und der Äquivalenz der Kräfte. Zum
Kulturwert der Naturwissenschaft am Beispiel von Adalbert Stifters Novelle ‚Abdias'. In:
KulturPoetik. Journal for Cultural Poetics 2 (2002), S. 44 – 67.

Ritzer, Monika, Zur Formierung von Stifters Naturbegriff im Kontext der zeitgenössischen
Philosophie. In: Gamper, Michael/Wagner, Karl (Hg.), Figuren der Übertragung. Adalbert
Stifter und das Wissen seiner Zeit, Zürich 2009, S. 63 – 76.

Roedl, Urban, Adalbert Stifter. Mit Selbstzeugnissen und Bilddokumenten, Reinbek bei
Hamburg [17]2005.

Rogan, Richard G., Stifter's *Brigitta*. The Eye to the Soul. In: German Studies Review 13 (1990),
S. 243 – 251.

Rosenkranz, Karl, Geschichte der Kant'schen Philosophie, hg. von Steffen Dietzsch, Berlin
1987 (Nachdruck der Ausgabe von 1840).

Rösler, Winfried, Spiegelverkehrte Bildungswelten. Zu Adalbert Stifters Nachsommer und
Thomas Manns Zauberberg. Ein Essay, Würzburg 2012.

Rüdiger, Horst, Exotische Landschaft am Garda-See. Zu Stifters Erzählung ‚Zwei Schwestern'.
In: Rössner, Michael/Wagner, Birgit (Hg.), Aufstieg und Krise der Vernunft.
Komparatistische Studien zur Literatur der Aufklärung und des Fin-de-siècle, Wien u. a.
1984, S. 365 – 372.

Runte, Annette, ‚Sonderlich beschieden'. Genealogie und Generation in Adalbert Stifters *Der
Hagestolz*. In: dies (Hg.), Literarische ‚Junggesellen-Maschinen' und die Ästhetik der
Neutralisierung, Würzburg 2011, S. 103 – 123.

Ruprecht, Robert, Subtile Signale. Beobachtungen zur Syntax bei Adalbert Stifter, Bern 2001.

Ruston, Sharon, Introduction. In: dies. (Hg.), Literature and Science, Cambridge 2008, S. 1 – 12.

Saße, Günter, Familie als Traum und Trauma. Adalbert Stifters *Nachsommer*. In: Becker,
Sabina/Grätz, Katharina (Hg.), Ordnung – Raum – Ritual. Adalbert Stifters artifizieller
Realismus, Heidelberg 2007, S. 211 – 233.

Saur, Pamela S., Victor's Journey in Adalbert Stifter's Novella ‚Der Hagestolz'. In: South
Carolina Modern Language Review 9 (2010), S. 62 – 79.

Schäfer, Lothar, Wandlungen des Naturbegriffs. In: Zimmermann, Jörg (Hg.), Das Naturbild des
Menschen, München 1982, S. 11 – 44.

Scharfe, Martin, Berg-Sucht. Eine Kulturgeschichte des frühen Alpinismus 1750 – 1850, Wien
u. a. 2007.

Schellenberger-Diederich, Erika, Geopoetik. Studien zur Metaphorik des Gesteins in der Lyrik
von Hölderlin bis Celan, Bielefeld 2006.

Schiewer, Gesine Lenore, Kognitive Emotionstheorien – Emotionale Agenten – Narratologie.
Perspektiven aktueller Emotionsforschung für die Sprach- und Literaturwissenschaft. In:
Huber, Martin/Winko, Simone (Hg.), Literatur und Kognition. Bestandsaufnahmen und
Perspektiven eines Arbeitsfeldes, Paderborn 2009, S. 99 – 114.

Schiffermüller, Isolde, Buchstäblichkeit und Bildlichkeit bei Adalbert Stifter. Dekonstruktive
Lektüren, Bozen 1996.

Schiller, Friedrich, Der Spaziergang. In: Schillers Werke. Nationalausgabe. Bd. 2,I: Gedichte
1799 – 1805, hg. von Norbert Oellers, Weimar 1983, S. 308 – 314.

Schiller, Friedrich, Ueber das Erhabene. In: Schillers Werke. Nationalausgabe. Bd. 21:
Philosophische Schriften. Zweiter Teil, hg. von Benno von Wiese, Weimar 1963, S. 38 – 54.

Schiller, Friedrich, Vom Erhabenen. (Zur weiteren Ausführung einiger Kantischen Ideen). In: Schillers Werke. Nationalausgabe. Bd. 20: Philosophische Schriften. Erster Teil, hg. von Benno von Wiese, Weimar 1962, S. 171–195.

Schiller, Friedrich, Zerstreute Betrachtungen über verschiedene ästhetische Gegenstände. In: Schillers Werke. Nationalausgabe. Bd. 20: Philosophische Schriften. Erster Teil, hg. von Benno von Wiese, Weimar 1962, S. 222–240.

Schilling, Samuel, Grundriß der Naturgeschichte des Thier-, Pflanzen- und Mineralreichs, Breslau ⁸1862.

Schlitte, Annika, Das Erhabene als Ortserfahrung. Vorüberlegungen zu einer Hermeneutik des Ortes. In: dies. u. a. (Hg.), Philosophie des Ortes. Reflexionen zum Spatial Turn in den Sozial- und Kulturwissenschaften, Bielefeld 2014, S. 45–61.

Schmeller, Rina, Die Lücken schließen. Pädagogische und poetologische Dimensionen der Architektur in Adalbert Stifters ‚Nachsommer‘. In: Hofmannsthal. Jahrbuch. Zur europäischen Moderne 21 (2013), S. 315–352.

Schmidt, Arno, Der sanfte Unmensch. Einhundert Jahre Nachsommer. In: ders., Dya na sore. Gespräche in einer Bibliothek, Frankfurt a. M. 1985, S. 195–229.

Schmidt, Sabine, Adalbert Stifters *Nachsommer:* Subjektive Idealität. Heinrich Drendorfs Subjektkonstitution im Spiegel seiner Selbstdefinition. In: Loster-Schneider, Gudrun (Hg.), Geschlecht – Literatur – Geschichte I, St. Ingbert 1999, S. 81–104.

Schmitz-Emans, Monika, Literatur und Wissenschaft. Einleitung. In: dies. (Hg.), Literature and Science. Literatur und Wissenschaft, Würzburg 2008, S. 35–57.

Schneider, Roland, Naturgestalten. Zum Problem von Natur, Kultur und Subjekt in den Erzählungen Joseph von Eichendorffs und Adalbert Stifters, Marburg 2002.

Schneider, Sabine, Kulturerosionen. Stifters prekäre geologische Übertragung. In: Gamper, Michael/Wagner, Karl (Hg.), Figuren der Übertragung. Adalbert Stifter und das Wissen seiner Zeit, Zürich 2009, S. 249–269.

Schnyder, Peter, Die Dynamisierung des Statischen. Geologisches Wissen bei Goethe und Stifter. In: Zeitschrift für Germanistik. Neue Folge 19 (2009), S. 540–555.

Schnyder, Peter, Schrift – Bild – Sammlung – Karte. Medien geologischen Wissens in Stifters ‚Nachsommer‘. In: Gamper, Michael/Wagner, Karl (Hg.), Figuren der Übertragung. Adalbert Stifter und das Wissen seiner Zeit, Zürich 2009, S. 235–248.

Schoenborn, Peter A., Adalbert Stifter. Sein Leben und Werk, Bern 1992.

Scholz, Ingeborg, ‚Melancholie‘ hinter dem Abbild der heilen Welt – Adalbert Stifters Erzählung *Der Hagestolz.* In: JASILO 9/10 (2002/2003), S. 7–18.

Schößler, Franziska, Der Weltreisende Alexander von Humboldt in den österreichischen Bergen. Das naturwissenschaftliche Projekt in Adalbert Stifters *Nachsommer.* In: Becker, Sabina/Grätz, Katharina (Hg.), Ordnung – Raum – Ritual. Adalbert Stifters artifizieller Realismus, Heidelberg 2007, S. 261–285.

Schößler, Franziska, ‚Die düstere Schönheit solcher Oeden‘. Zu Stifters Landschaften. In: Ritter, Alexander (Hg.), Sealsfield-Studien 2, München 2000, S. 43–54.

Schößler, Franziska, Rahmen, Hüllen, Kleider und das Phantasma der Durchsichtigkeit. Verschwindende Medien in Stifters *Nachsommer.* In: Pusse, Tina-Karen (Hg.), Rhetoriken des Verschwindens, Würzburg 2008, S. 105–119.

Schröder, Hans, Der Raum als Einbildungskraft des Dichters bei Stifter, Frankfurt a. M. u. a. 1985.

Schrott, Raoul, Tropen. Über das Erhabene, München/Wien 1998.

Schuller, Marianne, Das Gewitter findet nicht statt oder die Abdankung der Kunst. Zu Adalbert Stifters Roman *Der Nachsommer*. In: Poetica. Zeitschrift für Sprach- und Literaturwissenschaft 10 (1978), S. 25–52.

Schulz, Armin, Die Verlockungen der Referenz. Bemerkungen zur Emotionalitätsdebatte. In: Beiträge zur Geschichte der deutschen Sprache und Literatur 128 (2006), S. 472–495.

Schuster, Jana, Der Stoff des Lebens. Atmosphäre und Kreatur in Stifters ‚Abdias'. In: Zeitschrift für Germanistik. Neue Folge 24 (2014), S. 296–311.

Schwarz, Angela, Bilden, überzeugen, unterhalten: Wissenschaftspopularisierung und Wissenskultur im 19. Jahrhundert. In: Kretschmann, Carsten (Hg.), Wissenspopularisierung. Konzepte der Wissensverbreitung im Wandel, Berlin 2003, S. 221–234.

Schwarz, Angela, Der Schlüssel zur modernen Welt. Wissenschaftspopularisierung in Großbritannien und Deutschland im Übergang zur Moderne (ca. 1870–1914), Stuttgart 1999.

Seeber, Stefan, Der Humor in Adalbert Stifters *Nachkommenschaften*. In: Jahrbuch der Österreichischen Goethe-Gesellschaft 110 (2006), S. 291–317.

Seger, Daniel Tobias, ‚… die wunderbar aneignende Kraft des menschlichen Gemüthes …'. Alexander von Humboldt und das Erhabene. In: Scientia Poetica. Jahrbuch für Geschichte der Literatur und der Wissenschaften 6 (2002), S. 59–76.

Seger, Daniel Tobias, Jenseits der Rahmen. Stifters Verzeichnis des Erhabenen. In: Weimarer Beiträge. Zeitschrift für Literaturwissenschaft, Ästhetik und Kulturwissenschaften 48 (2002), S. 290–296.

Seidler, Herbert, Adalbert Stifters Novelle ‚Der Hagestolz'. In: Interpretationen zur österreichischen Literatur, Wien 1971, S. 5–30.

Seidler, Herbert, Gestaltung und Sinn des Raumes in Stifters ‚Nachsommer'. In: Stiehm, Lothar (Hg.), Adalbert Stifter. Studien und Interpretationen. Gedenkschrift zum 100. Todestag, Heidelberg 1968, S. 203–226.

Selbmann, Rolf, Adalbert Stifter: ‚Der Nachsommer'. In: ders., Der deutsche Bildungsroman, Stuttgart/Weimar ²1994, S. 133–141.

Selge, Martin, Adalbert Stifter. Poesie aus dem Geiste der Naturwissenschaft, Stuttgart u. a. 1996.

Shaw, Philip, The Sublime. London u. a. 2006.

Simony, Friedrich, Auf dem hohen Dachstein, Wien 1921.

Simony, Friedrich, Das Dachsteingebiet. Ein geographisches Charakterbild aus den österreichischen Nordalpen, Wien 1895.

Simony, Friedrich, Die Alterthümer vom Hallstätter Salzberg und dessen Umgebung, Wien 1851.

Simony, Friedrich, Eine Winterwoche auf dem Hallstätter Schneegebirge und Ersteigung der 9492 Wiener Fuss hohen Dachsteinspitze am 14. Jänner 1847. In: Haidinger, Wilhelm von (Hg.), Berichte über die Mittheilungen von Freunden der Naturwissenschaften in Wien. Bd. 2, Wien 1847, S. 124–136.

Snelders, Harry A. M., Über den Einfluß des Kantianismus und der romantischen Naturphilosophie auf Physik und Chemie in Deutschland zu Beginn des 19. Jahrhunderts. In: Donnert, Erich (Hg.), Europa in der Frühen Neuzeit. Bd. 3, Weimar u. a. 1997, S. 767–777.

Steeg, Christian van der, Wissenskunst. Adalbert Stifter und Naturforscher auf Weltreise, Zürich 2011.

Stockhammer, Robert, Kartierung der Erde. Macht und Lust in Karten und Literatur, München 2007.

Streitfeld, Erwin, Aus Adalbert Stifters Bibliothek. Nach den Bücher- und Handschriftenverzeichnissen in den Verlassenschaftsakten von Adalbert und Amalie Stifter. In: Jahrbuch der Raabe-Gesellschaft 1977, S. 103–148.

Strube, Werner, Der Begriff des Erhabenen in der deutschsprachigen Ästhetik des 18. Jahrhunderts. In: Kreimendahl, Lothar (Hg.), Aufklärung und Skepsis. Studien zur Philosophie und Geistesgeschichte des 17. und 18. Jahrhunderts. Günter Gawlick zum 65. Geburtstag, Stuttgart-Bad Cannstatt 1995, S. 272–302.

Stüben, Jens, Naturlandschaft und Landschaftskultur. Zur Symbolik des Schauplatzes in Adalbert Stifters ‚rumänischer‘ Erzählung *Brigitta*. In: Transcarpathica. Germanistisches Jahrbuch Rumänien 2 (2003), S. 132–157.

Stückelberger, Johannes, Wolkenbilder. Deutungen des Himmels in der Moderne, München 2010.

Teutschmann, Heinrich, Noch einmal Klotilde. Zu einer Episode im ‚Nachsommer‘. In: VASILO 25 (1976), S. 63–65.

Thums, Barbara, Adalbert Stifters *Der Nachsommer*: Reste-lose Poetik des Reinen?. In: dies./Werberger, Annette (Hg.), Was übrig bleibt. Von Resten, Residuen und Relikten, Berlin 2009, S. 79–97.

Thürmer, Wilfried, ‚Die ganze Welt kömmt in ein Ringen sich nutzbar zu machen, und wir müssen mit‘. Zur Ambivalenz der Liebes-Geschichte in Stifters Erzählung *Brigitta*. In: Wirkendes Wort. Deutsche Sprache und Literatur in Forschung und Lehre 57 (2007), S. 231–256.

Thürmer, Wilfried, Von der Dauer des Schönen – nach des Schrecklichen Anfang. Erzählkunst des Biedermeier als Modell einer Geschichtskorrektur in Adalbert Stifters Erzählung ‚Zwei Schwestern‘. In: JASILO 6 (1999), S. 38–63.

Till, Dietmar, Das doppelte Erhabene. Eine Argumentationsfigur von der Antike bis zum Beginn des 19. Jahrhunderts, Tübingen 2006.

Titzmann, Michael, Text und Kryptotext. Zur Interpretation von Stifters Erzählung ‚Die Narrenburg‘. In: Laufhütte, Hartmut/Möseneder, Karl (Hg.), Adalbert Stifter. Dichter und Maler, Denkmalpfleger und Schulmann. Neue Zugänge zu seinem Werk, Tübingen 1996, S. 335–373.

Tunner, Erika, Farb-, Klang- und Raumsymbolik in Stifters *Narrenburg*. In: Recherches Germaniques 7 (1977), S. 113–127.

Twellmann, Marcus, Spätökonomik. Zum ‚Haus‘ in Adalbert Stifters letzten Erzählungen. In: Deutsche Vierteljahrsschrift für Literaturwissenschaft und Geistesgeschichte 83 (2009), S. 597–618.

Ueding, Gert/Steinbrink, Bernd, Grundriß der Rhetorik. Geschichte – Technik – Methode, Stuttgart ⁵2011.

Utz, Peter, ‚Die Lücken, die jetzt sind‘. Visualität und Blindheit in den beiden Fassungen von Stifters *Abdias*. In: Eickenrodt, Sabine (Hg.), Blindheit in Literatur und Ästhetik (1750–1850), Würzburg 2012, S. 251–274.

Vierle, Andrea, Die Wahrheit des Poetisch-Erhabenen. Studien zum dichterischen Denken. Von der Antike bis zur Postmoderne, Würzburg 2004.

Vischer, Friedrich Theodor, Das Schöne im Widerstreit seiner Momente. In: ders., Aesthetik oder Wissenschaft des Schönen. Erster Teil. Die Metaphysik des Schönen, München ²1922, S. 226–358.

Vischer, Friedrich Theodor, Über das Erhabene und Komische. In: ders., Über das Erhabene und Komische und andere Texte zur Ästhetik, Frankfurt a. M. 1967, S. 37–215.

Vogl, Joseph, Der Text als Schleier. Zu Stifters *Der Nachsommer*. In: Jahrbuch der Deutschen Schillergesellschaft 37 (1993), S. 198–312.

Vogl, Joseph, Einleitung. In: ders. (Hg.), Poetologien des Wissens um 1800, München 2002, S. 7–16.

Wagner, Kirsten, Im Dickicht der Schritte. ‚Wanderung‘ und ‚Karte‘ als epistemologische Begriffe der Aneignung. In: Böhme, Hartmut (Hg.), Topographien der Literatur. Deutsche Literatur im transnationalen Kontext, Stuttgart 2005, S. 177–206.

Wagner, Lori, Schick, Schichten, Geschichte: Geological Theory in Stifter's *Bunte Steine*. In: JASILO 2 (1995), S. 17–41.

Walter-Schneider, Margret, Das Unzulängliche ist das Angemessene. Über die Erzählfigur in Stifters *Nachsommer*. In: Jahrbuch der Deutschen Schillergesellschaft 34 (1990), S. 317–342.

Weber, Heinz-Dieter, Die Verzeitlichung der Natur im 18. Jahrhundert. In: ders. (Hg.), Vom Wandel des neuzeitlichen Naturbegriffs, Konstanz 1989, S. 97–131.

Wedekind, Martina, Adalbert Stifter: *Der Nachsommer*. Eine intertextuelle Untersuchung. In: Euphorion. Zeitschrift für Literaturgeschichte 89 (1995), S. 401–427.

Weidinger, Rosemarie, Adalbert Stifter und die Naturwissenschaften. In: VASILO 3 (1954), S. 129–138 und VASILO 4 (1955), S. 1–13.

Weigel, Sigrid, Genea-Logik. Generation, Tradition und Evolution zwischen Kultur- und Naturwissenschaften, München 2006.

Weinberg, Manfred, Das ‚unendliche Thema‘. Erinnerung und Gedächtnis in der Literatur/Theorie, Tübingen 2006.

Welle, Florian, Der irdische Blick durch das Fernrohr. Literarische Wahrnehmungsexperimente vom 17. bis zum 20. Jahrhundert, Würzburg 2009.

Wessel, Elsbeth, Am Rande der Existenz. Über Adalbert Stifters Novelle *Der Hagestolz*. In: Osloer Beiträge zur Germanistik 13 (1991), S. 167–184.

Whitley, Richard, Knowledge Producers and Knowledge Acquirers: Popularisation as a Relation between Scientific Fields and Their Publics. In: Shinn, Terry/ders. (Hg.), Expository Science: Forms and Functions of Popularisation, Dordrecht 1985, S. 3–28.

Wiedemann, Eva Sophie, Adalbert Stifters Kosmos. Psychische und experimentelle Weltbeschreibung in Adalbert Stifters Roman *Der Nachsommer*, Frankfurt a. M. 2009.

Wildbolz, Rudolf, Adalbert Stifter. Langeweile und Faszination, Stuttgart u. a. 1976.

Willer, Stefan, Grenzenlose Zeit, schlingender Grund. Genealogische Ordnungen in Stifters *Nachkommenschaften*. In: Gamper, Michael/Wagner, Karl (Hg.), Figuren der Übertragung. Adalbert Stifter und das Wissen seiner Zeit, Zürich 2009, S. 45–62.

Wilson, Rob, American Sublime. The Genealogy of a Poetic Genre, Madison, WI u. a. 1991.

Winko, Simone, Kodierte Gefühle. Zu einer Poetik der Emotionen in lyrischen und poetologischen Texten um 1900, Berlin 2003.

Wülfing, Wulf, Von ‚schauernder Lust‘ zum ‚tyrannisierenden Gesellschafts-Etwas‘: Spuren literarischer Angst im 19. Jahrhundert. In: Fuchs, Anne/Strümper-Krobb, Sabine (Hg.), Sentimente, Gefühle, Empfindungen. Zur Geschichte und Literatur des Affektiven von 1770 bis heute. Tagung zum 60. Geburtstag von Hugh Ridley im Juli 2001, Würzburg 2003, S. 75–94.

Zelle, Carsten, ,Angenehmes Grauen'. Literaturhistorische Beiträge zur Ästhetik des Schrecklichen im achtzehnten Jahrhundert, Hamburg 1987.

Zelle, Carsten, Ästhetik des Häßlichen: Friedrich Schlegels Theorie und die Schock- und Ekelstrategien der ästhetischen Moderne. In: Vietta, Silvio/Kemper, Dirk (Hg.), Ästhetische Moderne in Europa. Grundzüge und Problemzusammenhänge seit der Romantik, München 1998, S. 197–233.

Zelle, Carsten, Die doppelte Ästhetik der Moderne. Revision des Schönen von Boileau bis Nietzsche, Stuttgart 1995.

Zelle, Carsten, Vom Erhabenen (1793)/Über das Pathetische (1801). In: Luserke-Jaqui, Matthias (Hg.), Schiller-Handbuch. Leben – Werk – Wirkung, Stuttgart/Weimar 2005, S. 398–406.

Zeuch, Ulrike, Der Zugang zu den Phänomenen – für immer verschlossen? Zum Wissenschaftsbegriff in Stifters *Nachsommer*. In: Scientia Poetica. Jahrbuch für Geschichte der Literatur und der Wissenschaft 3 (1999), S. 72–94.

Zimmermann, Christian von, ,Brigitta' – seelenkundlich gelesen. Zur Verwendung ,kalobiotischer' Lebensmaximen Feuchterslebens in Stifters Erzählung. In: Laufhütte, Hartmut/Möseneder, Karl (Hg.), Adalbert Stifter. Dichter und Maler, Denkmalpfleger und Schulmann. Neue Zugänge zu seinem Werk, Tübingen 1996, S. 410–434.

Zimmermann, Jörg, Konstellationen von bildender Kunst und Natur im Wandel der ästhetischen Moderne. In: Bien, Günther u. a. (Hg.), ,Natur' im Umbruch. Zur Diskussion des Naturbegriffs in Philosophie, Naturwissenschaft und Kunsttheorie, Stuttgart-Bad Cannstatt 1994, S. 283–329.

Zimmermann, Jörg, Zur Geschichte des ästhetischen Naturbegriffs. In: ders. (Hg.), Das Naturbild des Menschen, München 1982, S. 118–154.

Zimmermann, Sylvia, Atlas (1). In: Metzler Lexikon Antike, hg. von Kai Brodersen und Bernhard Zimmermann, Stuttgart/Weimar 2000, S. 66–67.

Žižek, Slavoj, Das Einzelne: Hitchcocks Universum. In: ders. u. a., Was Sie immer schon über Lacan wissen wollten und Hitchcock nie zu fragen wagten. Übersetzt von Isolde Chraim u. a., Frankfurt a. M. 2002, S. 219–225.

Personenregister

https://doi.org/10.1515/9783110498219-017